革命文献与民国时期文献
保护计划

成 果

国家图书馆 编

民国时期
图书总目

医药卫生

国家图书馆出版社

图书在版编目（CIP）数据

民国时期图书总目.医药卫生 / 国家图书馆编 .
北京 : 国家图书馆出版社, 2025. 4. -- ISBN 978-7-
5013-8180-7

Ⅰ . Z812.6

中国国家版本馆 CIP 数据核字第 2024BF2272 号

书　　名	民国时期图书总目·医药卫生	
著　　者	国家图书馆　编	
责任编辑	闫　悦	
责任校对	霍　玮	
封面设计	陆智昌	

出版发行　国家图书馆出版社（北京市西城区文津街7号　　100034）
　　　　　　（原书目文献出版社　北京图书馆出版社）
　　　　　　010-66114536　63802249　nlcpress@nlc. cn（邮购）
网　　址　http://www. nlcpress. com
排　　版　京荷（北京）科技有限公司
印　　装　河北三河弘翰印务有限公司
版次印次　2025年4月第1版　2025年4月第1次印刷

开　　本　787×1092　1/16
印　　张　48.5
字　　数　1200千字
书　　号　ISBN 978-7-5013-8180-7
定　　价　500.00元

革命文献与民国时期文献整理出版

编纂委员会

《民国时期图书总目》编委会

主　　编：陈　樱

副 主 编：魏　崇　张志清　陈　力

执行主编：马　静　王　洋

编　　委（按姓氏笔画排列）：

本卷编委会

主 编：黄炜宇

编 委（按姓氏笔画排列）：

于菲菲 孙 珀 李 蔓 张新宇 周 娜

出版说明

《民国时期图书总目》主要收录 1911 年 1 月至 1949 年 9 月我国出版的中文图书，酌情收录这段时间内国外出版的中文图书，是一部大型的回溯性书目。

基于目前普查情况统计，在这段时期里，我国出版的中文图书约 20 余万种。20 世纪 80—90 年代，北京图书馆（今国家图书馆）曾编过一套《民国时期总书目》，主要收录了北京图书馆、上海图书馆和重庆图书馆收藏的中文图书，并补充了一些其他图书馆的藏书，基本上反映了这段时期中文图书的出版概貌。《民国时期总书目》由北京图书馆参考研究部自 1961 年开始组织编纂，编委和顾问主要成员包括田大畏、王润华、邱崇丙、朱光暄等，1985 年开始分卷册陆续出版，为民国时期的书目存录、学术研究和文献保护提供了便利。前辈专家学者严谨求实的工作作风，他们为民国时期文献整理和保护事业做出的卓越贡献，值得我们永远铭记。感念于斯，我们深知责任重大，只有砥砺前行，在前辈专家学者工作的基础上不断充实和完善其内容，争取为广大读者提供一部可供参考利用的书目。

《民国时期图书总目》是在参与民国时期文献普查的各个机构的大力支持下，依托"革命文献与民国时期文献联合目录"并吸收了全国图书馆联合编目中心各省级成员馆，"大学数字图书馆国际合作计划"（China Academic Digital Associative Library, CADAL）的主要高校成员馆以及一些专业图书馆等民国时期文献主要收藏机构的书目数据，在此基础上编纂而成。在收书范围、书目分类、著录方式及编纂体例上，大体延续了《民国时期总书目》的做法，同时根据目前书目数据的实际情况进行了一些调整。从书目的完整性、藏书机构的代表性等各方面都较《民国时期总书目》有了显著的提高。此外，本书目一大特色是待陆续出版完成后将实现与"革命文献与民国时期文献联合目录"线上数据联动，以满足在数字时代大背景下读者对于民国时期文献数据的实时便捷查找、识别、选择和获取。

本书目基本依据《中国图书馆分类法》（第四版）体系，按学科分为哲学，宗教，社会科学总论，政治，法律，军事，经济，文化、科学、教育、体育，语言文字，文学理论、世界文学、外国文学，中国文学，艺术，历史、地理，自然科学（基础科学），医药卫生，农业科学，工业技术、交通运输、航空航天、环境科学，综合性图书 18 卷，将分卷陆续出版。

随着时代的发展和技术的进步，图书馆编目工作发生了巨大变化，编目方式由卡片目录发展为机读目录，各藏书机构间的书目交流也日趋频繁和便捷。如何以海量的机读格式书目数据为基础，编纂一部大型的印刷本回溯性书目，对于编纂人员来说充满挑战，实施过程复杂且动态，不易掌控，而且这部书目涉及的藏书机构多、书目数据量大、图书版本情况复杂、学科范围广，并且有一些图书破损严重，著录信息无从查起，需要编纂人员考证或推测，加之编纂人员水平有限，难免会有错误或不当之处，敬请读者批评指正。

本书编委会

2018 年 4 月

前　言

　　民国时期是中国历史上一个短暂但又十分重要的时期。这一时期，社会变化剧烈，学术思想活跃，留下了大量文献，包括图书、期刊、报纸、档案、日记、手稿、票据、传单、海报、图片及声像资料等。这些文献是反映民国时期政治、经济、社会、文化、军事等方面情况的重要资料。但是，由于种种原因，民国时期文献老化、损毁现象严重，亟待抢救与保护。自20世纪80年代以来，民国时期文献日益受到关注，抢救、保护与开发利用工作逐步展开，并取得了阶段性成果。

　　为了进一步促进民国时期文献的保护和利用，2011年，国家图书馆联合国内部分文献收藏单位策划了"革命文献与民国时期文献保护计划"，希望通过文献普查、海内外文献征集与整理出版、文献保护技术研究等工作的开展，加强民国时期文献的原生性和再生性保护。这一计划，得到了文化部（今文化和旅游部）、财政部的大力支持，并于2012年正式启动。

　　项目开展以来，在各收藏单位以及相关专家学者的大力支持下，各方面工作均取得了重要成果。在文献普查方面，建成"革命文献与民国时期文献联合目录"系统，收录国家图书馆等22家大型文献收藏机构的书目数据30余万条，馆藏数据60余万条。在此基础上，2015年2月，《民国时期图书总目》编纂工作正式启动，力争全面揭示普查成果，提供社会各界使用。为了做好这项工作，我们制订了《〈民国时期图书总目〉实施方案》，确定了客观著录图书信息的原则，界定了文献收录时间，规范了编纂体例与工作细则等。

　　《民国时期图书总目》是一部收集、整理民国时期图书的大型工具书，收录1911年1月至1949年9月除线装古籍以外在我国出版的中文图书，并酌情收录这段时间内国外出版的中文图书。

　　北京图书馆（今国家图书馆）曾于20世纪80年代中期陆续整理出版了一套联合目录性质的《民国时期总书目》，被学者广泛使用。为使书目更加丰富完整、资料来源更加可靠、著录更加详细准确、分类更加合理，我们在充分吸收《民国时期总书目》成果的基础上，对书目及著录内容进行了大量的补充和校订，收藏单位数量也大大增加。

《民国时期图书总目》按学科分卷出版，同时还将发行《民国时期图书总目》数据库版，并随时补充、订正，以方便读者查检使用。

陈力

2018 年 4 月

凡　例

一、收录范围

1.本书目主要收录 1911 年 1 月至 1949 年 9 月我国出版的中文图书，酌情收录这段时间内国外出版的中文图书。

2.连续出版的丛书、多卷书涉及 1911 年前或 1949 年 10 月后的卷次，酌情收录；同一著作，1911 年前的版本不予收录。

3.期刊、报纸、少数民族文字图书及线装书等不在本书目收录范围。

二、著录项目

1.著录内容：顺序号、题名、责任说明、版本、出版发行、形态细节、丛书、提要及附加说明、馆藏标记，共 9 个项目。

（1）顺序号：每个条目有 5 位数字序号，各卷依条目顺序单独编号。

（2）题名：包括正题名、副题名、分辑题名、交替题名、外文题名等。正题名、外文题名单独著录，其他题名信息一律置于正题名后的圆括号内，之间按性质用空格隔开（交替题名单独列出）。三种及以下的合订书，依次著录各题名，其间用中圆点隔开。三种以上的合订书，正题名著录第一种，其他题名在附注中说明。

（3）责任说明：包括责任者名称和责任方式。责任方式包括著、译、编等。责任说明之间以空格隔开，不同责任者的合订书，责任说明之间用中圆点隔开。

（4）版本：包括版次、版本的附加说明等。"初版"不予著录。

（5）出版发行：包括出版地（或发行地、经售地点）、出版者（或发行者、印刷者、经售者）、出版时间（或发行时间、印刷时间）等。发行者为个人的，在发行者个人名称后著录 [发行者]。

（6）形态细节：包括册数、页数、开本、装帧等。图书中分段表示的页码，用加号相连。开本依据普查数据著录的载体尺寸和民国时期的通用纸型标准转换，并参照《民国时期总书目》进行整理。特殊尺寸以厘米（cm）为单位著录，个别数据缺失尺寸信息。普通平装本不著录装帧形式。

（7）丛书：包括丛书名、丛书编号等，丛书责任者不予著录。丛书项置于出版发行项后的圆括号内，有多个丛书名时，分别置于各自的圆括号内。

（8）提要及附加说明：包括图书的内容提要、适用范围、题名及责任者的补充说明以及其他著录内容的补充说明。同一条目内容相同的，只保留一个提要及附加说明。根据普查数据的实际情况，有部分书目提要及附加说明原缺。

（9）馆藏标记：按条目著录提供馆藏数据的收藏单位简称，以汉语拼音排序。此外，本书还收录了部分来自《民国时期总书目》和其他来源的书目信息，因为无对应普查馆，所以无馆藏标记。

2. 著录标准：依照中文图书著录规则，以题名页、版权页为主要信息源，同时参考其他信息源。以客观著录为基本原则，对相关内容进行必要的规范化处理。原书著录项目缺漏，经编者考证后酌情补充，加方括号以示区别。未能详考补充者，以缺省方式处理。

三、分类与编排

1. 本书目按学科分卷，分册编辑出版。按照书目数量的多寡一个学科编成一册或多册；或由若干学科合成一册。

2. 本书目分类和类目设置主要依据《中国图书馆分类法》（第四版），并结合各卷收录图书的具体情况进行调整。

3. 本书目类目不作交替和互见。凡属学科界限不清或有争议者，一般归入上一级类目或按照主要内容归类。

4. 本书目把《四部丛刊》《丛书集成》和《四部备要》三套丛书统一放在"综合性图书"卷。

5. 本书目各卷在划分类目的基础上，依次按照题名、责任者和出版者三个项目汉语拼音顺序编排。三个项目完全相同的，原则上合并为一个条目，计为一种；三个项目相同但内容差异较大的，可析为单独条目。

6. 同一条目下的不同版本，按出版时间先后排序，同时兼顾版次顺序。出版发行信息不全的版本，放在最后。

7. 在编排上，为集中同一责任者的同一作品，凡使用不同笔名和署名，以及有不同中译名的外国原著者，一般选用当时较常见的署名，不拘于本名和标准译名，必要时在附注中说明。

四、索引及用字

1. 本书目各卷都附有汉语拼音为序的题名索引以及题名首字汉语拼音检索表。

2. 本书目使用的汉字除了按规定必须使用的繁体字和异体字外，均以现行的简化字为标准。

本卷编制说明

一、本卷主要收录 1911 年 1 月至 1949 年 9 月我国出版的医药卫生方面的中文图书，并酌情收录这段时间内国外出版的此类图书，共计 5900 种 9235 个版本。

二、本卷分医药、卫生总论，预防医学、卫生学，中国医学，基础医学，临床医学，内科学，外科学，妇产科学，儿科学，肿瘤学，神经病学与精神病学，皮肤病学与性病学，耳鼻咽喉科学，眼科学，口腔科学，特种医学，药学 17 个类目，在 17 个类目下，又分为卫生基础科学、劳动卫生、战备卫生等 232 个细目。

三、本卷收录的图书归类主要依据《中国图书馆分类法》（第四版），并根据民国时期图书具体情况分编。凡属学科界限不清或有争议者，一般归入上一级类目或按照主要内容归类。

四、医药卫生论文和报告的抽印本、单行本，均予以收录。

五、本卷基本依题名、责任者、出版者相同的原则划分条目，每一条目计为一种。部分出版者名称不同但具有沿革关系，亦酌情将其合并为一个条目。

六、各类目图书的排序，原则上以正题名、责任者、出版者三个项目的汉语拼音顺序编排。同一条目下的不同版本，按出版时间排序，兼顾版次顺序；个别出版发行信息不全的图书，放在该条目的最后。

七、书目编纂以客观著录文献信息为基本原则，但为给读者提供更多丰富有效的信息，对于古代责任者的朝代、外国责任者的国别、原名形式等，即使著录信息源上没有，亦尽可能予以补充。亦对部分著录内容实施必要的规范化处理，如对开本尺寸等信息进行人为转换，对责任者形式、责任方式等信息进行统一。

八、部分图书无题名页、版权页等著录信息源，或破损严重，因此某些著录项目存在空缺，或由编纂者推测考证后加方括号注明。

本卷收藏单位简称表

收藏单位简称	收藏单位全称
安徽馆	安徽省图书馆
北师大馆	北京师范大学图书馆
成都馆	成都图书馆
重庆馆	重庆图书馆
大理馆	大理白族自治州图书馆
大连馆	大连市图书馆
大庆馆	大庆市图书馆
东北师大馆	东北师范大学图书馆
福建馆	福建省图书馆
复旦馆	复旦大学图书馆
甘肃馆	甘肃省图书馆
广东馆	广东省立中山图书馆
广西馆	广西壮族自治区图书馆
贵州馆	贵州省图书馆
桂林馆	广西壮族自治区桂林图书馆
国家馆	国家图书馆
河南馆	河南省图书馆
黑龙江馆	黑龙江省图书馆
湖北馆	湖北省图书馆
湖南馆	湖南图书馆
华东师大馆	华东师范大学图书馆
吉大馆	吉林大学图书馆
吉林馆	吉林省图书馆
江西馆	江西省图书馆
近代史所	中国社会科学院近代史研究所
辽大馆	辽宁大学图书馆
辽东学院馆	辽东学院图书馆
辽宁馆	辽宁省图书馆
辽师大馆	辽宁师范大学图书馆

收藏单位简称	收藏单位全称
南大馆	南京大学图书馆
南京馆	南京图书馆
内蒙古馆	内蒙古自治区图书馆
宁夏馆	宁夏回族自治区图书馆
农大馆	中国农业大学图书馆
青海馆	青海省图书馆
人大馆	中国人民大学图书馆
山东馆	山东省图书馆
山西馆	山西省图书馆
上海馆	上海图书馆（上海科学技术情报研究所）
绍兴馆	绍兴图书馆
首都馆	首都图书馆
四川馆	四川省图书馆
天津馆	天津图书馆
武大馆	武汉大学图书馆
西交大馆	西安交通大学图书馆
西南大学馆	西南大学图书馆
云南馆	云南省图书馆
浙江馆	浙江图书馆
中科图	中国科学院文献情报中心

说明：

1. 本表按收藏单位简称音序排序。

2. 简称规则：公共图书馆一般以行政区划名称加"馆"字简称，如吉林省图书馆简称为"吉林馆"；高校图书馆以高校简称加"馆"字简称，如北京大学图书馆简称为"北大馆"；其他类型图书馆以常用简称为准，如中国科学院文献情报中心简称为"中科图"。

3. 本书目中所收录的首都图书馆的部分馆藏，来源于"北京市公共图书馆联合目录"。

目　录

医药、卫生总论

00001

大众医学（救急篇） 顾寿白著

上海：开明书店，1931.8，114 页，32 开

上海：开明书店，1932.6，再版，114 页，32 开

　　本书共 4 章：救急处置、传染病和消毒法、家庭应备的药品、家庭应备的器械和绷带材料。

　　收藏单位：安徽馆、重庆馆、广东馆、广西馆、国家馆、江西馆、南京馆、上海馆、首都馆、天津馆、西南大学馆、浙江馆

00002

大众医学（生理篇） 顾寿白著

上海：开明书店，1933.9，155 页，32 开

　　收藏单位：重庆馆、广东馆、国家馆、黑龙江馆、湖南馆、江西馆、南京馆、山西馆、上海馆、首都馆、天津馆

00003

大众医学（症候篇） 顾寿白著

上海：开明书店，1931.4，194 页，32 开

上海：开明书店，1932.6，再版，195 页，32 开

　　本书介绍人体各系统常见疾病的症状及病理生理变化。共 12 章，内容包括：体温异常、呼吸异常、血液循环异常、消化异常、尿异常等。

　　收藏单位：安徽馆、重庆馆、东北师大馆、广东馆、国家馆、黑龙江馆、江西馆、南京馆、上海馆、首都馆、天津馆、浙江馆

00004

疾病与医药概要 徐志敏编

上海：中华书局，1948.6，16+232 页，32 开

　　本书共两篇。第 1 篇"疾病"共 15 章，内容包括：内科、新陈代谢病、运动器疾病等；第 2 篇"药物"共 8 章，内容包括：对于一般细胞作用之药物、对于消化系作用之药物、对于尿及泌尿器作用之药物等。

　　收藏单位：重庆馆、广东馆、国家馆、湖南馆、辽宁馆、南京馆、上海馆、西南大学馆

00005

家庭必备医药须知 顾鸣盛编译

上海：文明书局，1922.5，114 页，22 开

上海：文明书局，1929.7，4 版，114 页，22 开

上海：文明书局，1931.1，5 版，114 页，22 开

上海：文明书局，1934.12，6 版，114 页，22 开

　　本书共两篇，上篇"医之部"共 48 章，内容包括：医有优劣、名医之难为、名医之治法、八法之精义等；下篇"药之部"共 28 章，内容包括：西药对于个人之关系、触电急救法、药物之作用等。版权页题名：医药须知。

　　收藏单位：广西馆、黑龙江馆、上海馆、浙江馆

00006

家庭医书 江逢治　黄胜白辑

上海：同德医学杂志社，1922.3，再版，2 册（84+113 页），32 开

00007

精武医说 罗伯夔著

中央精武，[1911—1949]，[100] 页，22 开（精武丛书 54）

　　本书论多种病症和药方。

　　收藏单位：广西馆

00008

满洲医学二十讲 周自魁著

新京（长春）：益智书店，1942，12+325 页，32 开

　　本书讲述防治传染病、地方病、性病的医疗卫生常识。共 20 讲，内容包括：法定传

染病、结核及其关系知识、性病的知识等。

收藏单位：国家馆

00009

民众医药　傅辟支　林学英编辑

上海：汉文正楷印书局，1933.12，[21]+106页，50开

本书共8章，内容包括：外伤、内症、妇人及小儿、中毒、人工呼吸法等。

收藏单位：国家馆、黑龙江馆、湖南馆、内蒙古馆

00010

民众医药常识　张少波　尤学周编辑

上海：张少波，1931，4册，25开

本书内容包括：普通医药常识、外科医药常识、青年医药常识、妇女医药常识、儿科医药常识等。

收藏单位：安徽馆、河南馆、南京馆、上海馆、浙江馆

00011

普通医学新智识　丁福保译

上海：文明书局，1913.1，再版，104页，22开，精装（丁氏医学丛书）

本书共7章：传染病、呼吸器病、胃肠病、神经病、皮肤病、妇人病、花柳病。

收藏单位：国家馆

00012

人与医学　（瑞士）西格里斯（H. S. Segerist）著　顾谦吉译　胡适校

外文题名：Man and medicine

上海：商务印书馆，1936.4，[15]+315页，22开，精装

上海：商务印书馆，1936.8，再版，[15]+315页，22开，精装

上海：商务印书馆，1947.5，3版，[15]+315页，22开（新中学文库）

本书讲述医学职业的性质、历史沿革、医学临床的思维方法及医学教育方法。共7篇：人、病人、病的征象、疾病、病因、医治、医生。

收藏单位：安徽馆、重庆馆、东北师大馆、广西馆、贵州馆、国家馆、黑龙江馆、湖南馆、江西馆、辽大馆、辽宁馆、南京馆、山西馆、上海馆、绍兴馆、首都馆、天津馆、西南大学馆、浙江馆、中科图

00013

西医学常识　陈爽秋编

上海：经纬书局，1936.10，116页，50开（经纬百科丛书）

上海：经纬书局，1946.11，116页，36开

本书共8章：小言、医学的概念、解剖生理学、病原简述、重要的内科疾病、妇女卫生、急救疗法、卫生教育的必要。

收藏单位：重庆馆

00014

现代医学　医学书局编

上海：医学书局，1929.10，再版，74页，32开

上海：医学书局，1930.8，再版，77页，32开

上海：医学书局，1932.8，5版，74页，32开

上海：医学书局，1933.3，6版，77页，32开

本书收丁福保、陈邦贤、丁惠康等人所撰《青年之摄生》《肺痨患者之自疗法》《医学笔记二十条》《卫生要语十则》等短文7篇，并以提要形式推荐医学门径书130余种。

收藏单位：广西馆、国家馆、河南馆、江西馆、上海馆、天津馆

00015

学医初步　顾鸣盛编

上海：大东书局，1922，112页，22开

上海：大东书局，1923，再版，112页，22开

上海：大东书局，1925，3版，112页，22开

上海：大东书局，1933.10，6版，112页，22开

本书共4章：解剖生理学、病理学、诊断学、药物学。

收藏单位：广东馆、广西馆、国家馆、河南馆、首都馆、天津馆

00016

医病的问题

出版者不详，[1911—1949]，81 页，32 开

　　收藏单位：广西馆

00017

医护常识讲义　周昱　徐沔池编

军事委员会战时工作干部训练团第三团第一处，1939.7，88 页，32 开

　　本书内容包括：传染病概论、普通外科概要、急救法、防毒常识等。

　　收藏单位：安徽馆、重庆馆、广东馆

00018

医家备考　汪洋编

上海：中西医院，1924.10，改正 2 版，2 册（68+108 页），32 开

上海：中西医院，1925.9，改正 3 版，2 册（68+108 页），32 开

　　本书分前、后两编，共 14 章，内容包括：病理学、诊断学、药物学、外科学、传染病学、内科学、眼科学等。

　　收藏单位：广东馆

00019

医学常识　顾子静编著

上海：文明书局，1926.6，[196] 页，32 开

上海：文明书局，1931.7，5 版，[196] 页，32 开

上海：文明书局，1932.5，6 版，[196] 页，32 开

上海：文明书局，1933.8，7 版，[196] 页，32 开

上海：文明书局，1934.8，8 版，[196] 页，32 开

上海：文明书局，1935.9，9 版，[196] 页，32 开

上海：文明书局，1937.2，10 版，[196] 页，32 开

　　本书共两编。上编《关于疾病状况及治疗之常识》共 13 章，内容包括：传染病、呼吸器病、消化器病、循环器病等；下编《关于药物之常识》共 20 章，内容包括：下剂、退热剂、健胃剂、收敛剂等。

　　收藏单位：广东馆、广西馆、内蒙古馆、

山西馆、天津馆

00020

医学常识　孙祖烈著

上海：华东书局，1937.6，142 页，32 开

　　收藏单位：湖南馆、上海馆、天津馆

00021

医学常识　孙祖烈著

上海：泰东图书局，1922.11，142 页，32 开

上海：泰东图书局，1926.11，再版，142 页，32 开

上海：泰东图书局，1933.8，4 版，142 页，32 开

　　收藏单位：河南馆

00022

医学常识　陶炽孙编

上海：北新书局，1934.9，161 页，25 开（常识丛书 2）

　　本书共 26 章，内容包括：病理学、内科的疾患、小儿病、精神病及神经病、近世外科之发达、产妇科疾患、救急疗法等。

　　收藏单位：重庆馆、广东馆、国家馆、山西馆、上海馆

00023

医学常识

一纵卫生部，1948.1 印，1 册，32 开

　　本书内容包括：寄生虫大概、烧伤及冻伤急救等。

00024

医学常识（公共卫生讲义）　福建省县政人员训练所编

福建省县政人员训练所，1935，[200] 页，16 开

　　收藏单位：广东馆

00025

医学常识（上、下册）　太岳纵队卫生部编

太岳纵队卫生部，1943.5，2 册（168 页），64 开

收藏单位：国家馆

00026

医学初步　顾鸣盛编

上海：文明书局，1920.11，[76] 页，22 开

上海：文明书局，1929，4 版，[76] 页，22 开

上海：文明书局，1931.1，5 版，[76] 页，22 开

上海：文明书局，1934.4，6 版，[76] 页，22 开

　　收藏单位：重庆馆、广西馆、黑龙江馆、湖南馆、山西馆、首都馆、天津馆、浙江馆

00027

医学概说　许达年　许斌华译

上海：中华书局，1936.6，234 页，32 开（初中学生文库）

上海：中华书局，1936.10，再版，234 页，32 开（初中学生文库）

上海：中华书局，1941.1，4 版，234 页，32 开（初中学生文库）

上海：中华书局，1947.12，234 页，32 开（中华文库 初中第 1 集）

　　本书按系统讲述人体解剖、生理、病理及防病治病常识。共 14 章，内容包括：疾病是甚么、骨与肌肉、消化器、胃肠病等。

　　收藏单位：重庆馆、东北师大馆、广东馆、广西馆、桂林馆、国家馆、黑龙江馆、湖南馆、江西馆、南京馆、内蒙古馆、山西馆、上海馆、天津馆、西南大学馆、浙江馆

00028

医学纲要　丁福保译

上海：医学书局，1915.12，3 版，1 册，22 开，精装（丁氏医学丛书）

　　本书共 3 编。第 1 编共 6 章：序录、肺痨病新学说、胎生学大意、产科学大意、育儿法大意、产妇摄生法；第 2 编共 6 章：传染病学大意、霉菌学大意、内科学大意、外科学大意、皮肤病学大意、妇人科学大意；第 3 编共 7 章：内科病之救急法、中毒之救急法、异物之取出法、火伤及冻伤、止血法、失气及假死、创伤。第 1 编"序录"收作者所著各

书序文：历代医学书目序、丁氏医学丛书总例言、内科全书序、内科学纲要序、育儿谈序、药物学纲要绪言、二十世纪新本草序等 17 篇。

　　收藏单位：国家馆、河南馆

00029

医学基本知识　吴之理著

吉林：新中国书局，1949.8，3 版，[12]+281 页，50 开

　　本书共 7 篇：生理解剖、护病技术、常见药物、卫生、疾病概论、应急疗法、常见疾病。

　　收藏单位：成都馆、国家馆

00030

医学基本知识　先锋医务社编著

哈尔滨：光华书店，1949，再版，314 页，50 开

　　收藏单位：辽大馆、天津馆

00031

医学小识　周靖邦著

开封：周靖邦，1929.12，90 页，32 开

　　本书共 5 章：摄生类、解释常见现象类、妇科产科类、小儿传染症及虫症类、常见杂症类。

　　收藏单位：国家馆、江西馆、南京馆、天津馆

00032

医学与卫生　洪式闾编

上海：新亚书店，1935.9，87 页，32 开，精装（近代自然科学丛书 3）

　　本书共 10 讲：医学变迁的史迹、人体的构成与各器官调整的作用、循环障碍、营养障碍、炎症之治愈的作用、寄生虫病及其预防法、原虫病及其预防法、传染病及其预防法、饮料水与卫生、衣食住卫生的条件。

　　收藏单位：国家馆、辽宁馆、天津馆、浙江馆

00033

医学与现代生活　（日）杉田直树著　高遥译

上海：华通书局，1929.11，64页，36开（民众文库）

　　本书讲述医学知识及医学对社会发展的作用。共8章，内容包括：医学的构成、医学的研究范围、医学的本义、医学的社会应用等。

　　收藏单位：安徽馆、广西馆、国家馆、上海馆、天津馆、浙江馆

00034

医学与药学　杭州市医师药师公会编

杭州市医师药师公会，1934，1册，16开（杭州市医师药师公会刊物2）

　　本书为学术栏汇订本。

　　收藏单位：广东馆

00035

医药常识　大生制药公司编

上海：大生制药公司，1923.6，184页，27开

上海：大生制药公司，1924.4，再版，184页，27开

　　收藏单位：上海馆

00036

医药常识　文汉长编

福建省立民众教育处，1936.10，60页，32开（民众甲种小丛书）

　　本书共4章：病理浅释、简易治疗药品、简易治疗方法、简易治疗手技。

　　收藏单位：浙江馆

00037

医药常识　鄞县中山民众教育馆编

鄞县中山民众教育馆，1936.11，67页，32开

　　本书介绍常见各种疾病及处理方法。

　　收藏单位：浙江馆

00038

医药常识（第1辑）　顾一帆主答　新中国报社社会服务栏编

上海：新中国报社，1944.11，17页，50开

本书为该报社会服务栏读者信箱文章选辑。

00039

医药常识病家福音合刊　陈其昌编

上海：陈其昌，[1935]，18页，32开

　　收藏单位：国家馆

00040

医药常识与急救　教育部民众读物编审委员会编

教育部民众读物编审委员会，[1911—1949]，40页，大64开（民众文库）

　　本书共10章，内容包括：患病的现象、看护的常识、疾病的原因、疾病的治疗、防疫的大意等。

　　收藏单位：国家馆

00041

医药卫生常识　易景戴编著

上海：世界书局，1947.10，新再版，81页，32开

　　本书共3编：医学之部、药物之部、卫生之部。

　　收藏单位：重庆馆、广东馆、辽大馆、辽宁馆、上海馆、首都馆

00042

医药与卫生　许啸天主编

上海：明华书局，[1936]，再版，184页，32开（现代百科家庭生活丛书5）

　　本书内容包括：病人应有的常识、卫生与看护的常识、内脏病治疗法、创争急救法等。

　　收藏单位：广东馆、内蒙古馆

一般理论

00043

恋爱卫生宝鉴　申江医学研究社编纂

申江医学研究社，[1911—1949]，108页，32开

本书共 10 章，内容包括：爱情与色之原理、婚前卫生、结婚卫生、性欲卫生等。

收藏单位：首都馆

00044

卫生工作新方向 太岳政报社编

太岳新华书店，1947.3，27 页，32 开（医药卫生丛书）

本书收文 9 篇，内容包括：《毛主席关于卫生工作的指示》《李富春同志在医药卫生座谈会上的发言》《用实际事实来破除迷信》等。

收藏单位：国家馆

00045

卫生行政论 钮满（G. Newman）著 （英）梅益盛（Isaac Mason）译

外文题名：The health of the state

上海：广学会，1918，1 册，32 开，环筒页装

本书共 12 章，内容包括：预防法之发生及进步、英国卫生之政策、食物总论、国家保护工人之法令等。

收藏单位：重庆馆、首都馆

00046

医学与哲学 （日）永井潜著 汤尔和译

外文题名：Medicine and philosophy

上海：商务印书馆，1926.8，[14]+285 页，22 开，精装

上海：商务印书馆，1928.6，再版，[14]+285 页，22 开，精装

上海：商务印书馆，1934.12，国难后 1 版，[10]+268 页，22 开

[长沙]：商务印书馆，1939.5，国难后 2 版，[10]+268 页，22 开

本书共 3 编 13 章，内容包括：古代希腊、中世纪思想界之大势、中世纪之医学、十六世纪之医学与哲学、过渡时代之医学等。

收藏单位：安徽馆、重庆馆、广东馆、广西馆、国家馆、湖南馆、南京馆、上海馆、首都馆、西南大学馆、浙江馆、中科图

00047

医业伦理学 宋国宾著

上海：宋国宾，1933.6，[50]+138 页，22 开

本书讲述医生的职业道德修养。共 4 编：医师之人格、医师与病人、医师与同道、医师与社会。附中医伦理学之一斑。

收藏单位：国家馆、南京馆、上海馆

00048

暂行司药工作条例草案 晋绥军区司令部编

[兴县]：晋绥军区司令部，[1942—1949]，油印本，8 页，32 开

收藏单位：国家馆

00049

助产士职业伦理学 俞松筠编

上海：中德医院出版部，1939.8，145 页，32 开

本书介绍助产士应具备的条件以及助产的相关技术。共两部分。"本论"共 12 章，内容包括：助产士之年龄、助产士之资格、助产士之地位与责任等；"业务论"共 33 章，内容包括：助产士必要之技术、消毒之意义、产妇之大小等。

收藏单位：上海馆

医学史

00050

国医小史 秦伯未著述

上海：学海书局，1926.8，46 页，32 开（谦斋医学小丛书）

本书采用问答体词句，概述著名医家学医之方针及其他。

收藏单位：广东馆、浙江馆

00051

敬告汉医学家等 张稷孙等著

出版者不详，[1911—1949]，142 页，22 开

收藏单位：广东馆

00052

南洋热带医药史话　黄素封编著

上海：商务印书馆，1936.1，136 页，32 开

上海：商务印书馆，1937.2，再版，136 页，32 开

　　本书共 14 章，内容包括：荷兰东印度公司的由来、荷兰商船开始东航、东印度公司名医潘夏斯、天花等。书前有卫聚贤序、著者序。书后有刘士木跋。

　　收藏单位：重庆馆、广西馆、贵州馆、国家馆、黑龙江馆、湖北馆、湖南馆、江西馆、南京馆、上海馆、浙江馆

00053

日本的医学　（日）竹内松次郎 [著]

东京：东亚交通公社，1944.3，50 页，32 开（日本国态丛书 4）

　　本书共 18 部分，内容包括：古代日本的医学、奈良朝以前、奈良朝的医学、平安朝的医学、室町时代的医学等。

　　收藏单位：国家馆、天津馆、中科图

00054

日本医学发达史谈　方石珊著

北京：[首善医院]，1928.5，22 页，24 开

　　本书为著者民国十七年五月一日在北京协和医科大学的讲演稿。附日本德川时代医书目录、本篇日本年号人名名地读法。

　　收藏单位：国家馆、首都馆

00055

三民主义与医学　黄雯著

世界论坛社，1943.4，16 页，32 开（医学小丛书）

　　本书内容曾先后在刊物上发表，整理后作为中华医学会会员大会论文刊印，文中提倡发扬国医国药、立足自力的精神，并提出实现免费医疗等设想。共 4 部分：民族主义与医学、民权主义与医学、民生主义与医学、结论。

　　收藏单位：重庆馆、国家馆、南京馆

00056

十九世纪前中华基督教对于医药之贡献　江道源著

兖州：保禄印书馆，1942.8，60 页，大 64 开

　　本书共 3 部分：唐代基督教医学之痕迹、元代基督教医学史之鳞爪、明清之际入华天主教士在医学上之成绩。

　　收藏单位：国家馆

00057

世界医学变迁史（上古篇）　宋大仁著

外文题名：Introduction to the history of medicine

上海：中西医药研究社，1949.4，48 页，25 开（海煦楼丛书 3）

　　本篇共 3 章：史前医学溯原、中国上古时期之医学、外国上古时期之医学。

　　收藏单位：重庆馆、广东馆、国家馆

00058

四川省卫生教育实施概况　四川省政府教育厅编

成都：四川省政府教育厅，1942，56 页，32 开（四川省教育厅教育丛刊 卫字 1 号）

　　本书内容包括：卫生教育工作的开始、萌芽、推展，健康教育督导队工作，卫生教育委员会正式成立，卫生教育督导队的设置等。

　　收藏单位：重庆馆

00059

泰西奇效医术谭　（英）马克斐（R. C. Macfie）著　（英）高葆真（W. A. Cornaby）译　曹曾涵校

上海：广学会，1911.7，134 页，22 开

　　本书共 15 章，内容包括：医术之缘始、医术之进步、历代运血之理说、哈斐发明之功用、免毒术之发明、种痘术之缘始等。

　　收藏单位：国家馆、首都馆

00060

西洋医学史　丁福保译

上海：医学书局，1914.2，102 页，22 开，精装（丁氏医学丛书）

　　本书共两编：内科学史、外科学史。

收藏单位：国家馆、南京馆、上海馆

00061

西洋医学史　陶炽孙编

[上海]：东南医学院出版股，1933，74页，24开

00062

西医浅说　程瀚章著

上海：商务印书馆，1933.12，103页，32开（万有文库 第1集）（百科小丛书）

上海：商务印书馆，1934.7，再版，103页，32开（百科小丛书）（万有文库 第1集）

上海：商务印书馆，1935.4，再版，103页，32开（百科小丛书）

上海：商务印书馆，1937.3，3版，103页，32开（万有文库）（百科小丛书）

重庆：商务印书馆，1945.2，87页，32开（百科小丛书）

　　本书共8章，内容包括：西医的历史、西医传入中国的沿革、西医所负的使命、西医的造就等。

　　收藏单位：安徽馆、重庆馆、大连馆、大庆馆、东北师大馆、广东馆、广西馆、贵州馆、国家馆、黑龙江馆、江西馆、近代史所、辽大馆、辽师大馆、南京馆、内蒙古馆、宁夏馆、上海馆、绍兴馆、天津馆、西南大学馆、浙江馆

00063

新医业概况（研究职业分析）　汪于冈　葛成慧著

上海：中华职业教育社，1930.8，再版，24页，32开（职业教育研究丛辑8）

　　本书介绍西医输入我国以后的发展情况。

00064

药品检查及营养研究计划书　国民政府内政部编

南京：国民政府内政部，1928.10，14页，16开

　　本书内容包括：编修药典、设立卫生试验机关、设立大规模药用植物苗圃等。

收藏单位：国家馆

00065

一九三四年中国最新医术之发明　滋常甫编

出版者不详，1934，64页，32开

　　本书内容包括：发明动机、发明时的感觉、发明的思想、发明的原则、发明后的研究等。

　　收藏单位：浙江馆

00066

医术　翁崇和编著

上海：正中书局，1936.5，69页，32开（正中少年故事集5）（中国历代发明或发见故事集7）

[重庆]：正中书局，1943.3，4版，69页，32开（正中少年故事集5）（中国历代发明或发见故事集7）

上海：正中书局，1948.6，69页，32开（中国发明发见故事集）

　　本书讲述我国历代医术的发展。共7章，内容包括：原始时代的医术、周秦的医术、两汉的医术、唐宋的医术、金元明的医术等。

　　收藏单位：安徽馆、重庆馆、广东馆、广西馆、贵州馆、国家馆、江西馆、南京馆

00067

医术的浪漫史

上海：广学会，[1911—1929]，[118]页，32开

上海：广学会，1929，2版，[118]页，32开

　　本书记述医学的起源、发展、消毒术与种痘的发明等。共15章，内容包括：医术的缘起、医术的进步、总论微生物界、免毒术的发明等。

　　收藏单位：重庆馆、广东馆

00068

医学的境界　（美）斐士朋（M. Fishbein）著　顾学箕译

上海：商务印书馆，1937.3，159页，32开（万有文库 第2集）（自然科学小丛书）

[长沙]：商务印书馆，1939.9，159页，32开（万有文库 第1—2集 简编191）（自然科学小

丛书）

　　本书共 19 章，内容包括：医学的创始、医学鼻祖希波克拉提斯、格林、中世纪、预防医学、麻醉术的发明等。

　　收藏单位：安徽馆、重庆馆、大理馆、大连馆、大庆馆、东北师大馆、国家馆、黑龙江馆、湖南馆、江西馆、辽师大馆、内蒙古馆、宁夏馆、天津馆、浙江馆

00069

医学史纲　李涛编著

上海：中华医学会，1940.2，298 页，18 开，精装

　　本书共 4 章：史前之医学、古代医学、中古之医学、近代医学。

　　收藏单位：国家馆、辽宁馆、中科图

00070

医学史纲要　陈邦贤编著　周培梗校

新化：西南医学杂志社，1943.1，230 页，32 开

　　本书共 6 章：史前之医学、上古之医学、中古之医学、近世之医学、现代之医学、现代医学学科史。

　　收藏单位：国家馆、近代史所

00071

医学史话　程瀚章编著

上海：商务印书馆，1936.3，2 册，32 开（小学生分年补充读本 六年级卫生科）

　　收藏单位：宁夏馆、绍兴馆

00072

医学史话　（日）石川光昭著　沐绍良译

上海：商务印书馆，1937.6，222 页，32 开（万有文库 第 2 集 369）（自然科学小丛书）

长沙：商务印书馆，1939.2，222 页，32 开（自然科学小丛书）

　　本书介绍西方医学发展史。共 5 章：古代希腊及其前后、中世纪、十六十七世纪、十八世纪及十九世纪初叶、十九世纪以后。

　　收藏单位：重庆馆、大连馆、大庆馆、广东馆、贵州馆、国家馆、黑龙江馆、湖南馆、

江西馆、辽宁馆、南京馆、内蒙古馆、上海馆、天津馆、浙江馆

00073

医学史讲义

出版者不详，[1911—1949]，[86] 页，25 开

　　本书共两章：医籍史、医政史。

　　收藏单位：广西馆

00074

中国历代医学史略　张赞臣编纂

上海：中国医药书局，1933.9，1 册，25 开

　　本书分纵、横两个方面。"纵的方面"按时间顺序从周秦、汉唐、宋、金元、明、清时期介绍中国医学史；"横的方面"按典籍与科目进行介绍，内容包括：本草、女科、幼科、推拿等。

　　收藏单位：南京馆

00075

中国历代医学之发明　王吉民著

上海：新中医社出版部，1928.9，84 页，32 开

上海：新中医社出版部，1930.6，84 页，32 开

　　本书内容包括：生理、神经、优生、解剖、病理解剖、疗学、矿物等。

　　收藏单位：重庆馆、广西馆、浙江馆

00076

中国人对于西洋医药和医药学的反应　江绍著

出版者不详，[1911—1949]，[100] 页，16 开

　　本书为《贡献》第 2 卷第 4 期至第 4 卷第 8 期的抽印合订本。

00077

中国医史文献展览会展览品目录　王吉民编

上海：中华医学会，[1937.4]，53 页，22 开

　　本书书前印有高烈支医眼图，书后有华佗为关公刮骨疗伤图、英文序言及凡例。

　　收藏单位：安徽馆、国家馆、浙江馆

00078

中国医事艺术品集影 王吉民编
出版者不详，1941.11，[8] 页，18 开

本书为《中华医学杂志》第 27 卷第 11 期抽印本。收 14 幅照片，内容包括：灸艾图、医眼图、炼丹炉、药瓶、针盒等，每幅均有说明。

00079

中国医学史 陈邦贤著
上海：商务印书馆，1937.2，406 页，32 开，精装（中国文化史丛书 第 1 辑）
上海：商务印书馆，1937，再版，24+406 页，32 开，精装（中国文化史丛书 第 1 辑）
上海：商务印书馆，1937，3 版，406 页，32 开，精装（中国文化史丛书 第 1 辑）
上海：商务印书馆，1937.5，4 版，24+406 页，32 开，精装（中国文化史丛书 第 1 辑）

本书讲述我国医学的起源、演变，医术的发展，外国医学的传入。共 5 篇：上古的医学、中古的医学、近世的医学、现代的医学、疾病史。附中国历代医学大事年表。

收藏单位：安徽馆、重庆馆、东北师大馆、甘肃馆、广东馆、广西馆、贵州馆、桂林馆、国家馆、黑龙江馆、湖南馆、吉林馆、江西馆、辽大馆、南京馆、内蒙古馆、宁夏馆、山西馆、上海馆、首都馆、天津馆、西南大学馆、浙江馆、中科图

00080

中国医学史 陶炽孙编
[上海]：东南医学院出版股，[1933]，[234] 页，24 开

收藏单位：近代史所、中科图

00081

中国医学史
上海：医学书局，[1914]，74 页，22 开，精装（丁氏医学丛书）

收藏单位：国家馆

00082

中国医学史纲要 陈永梁著
[广东中医药专科学校]，1947.9，134 页，32 开

本书共 4 篇：上古医学、中古医学、近世医学、现代医学。

收藏单位：浙江馆

00083

中国医学史纲要
出版者不详，[1911—1949]，202 页，16 开

收藏单位：广东馆、国家馆

00084

中外医学史概论 李廷安著
重庆：商务印书馆，1944.11，51 页，32 开
重庆：商务印书馆，1945，再版，51 页，32 开
重庆：商务印书馆，1945.9，3 版，51 页，32 开
上海：商务印书馆，1946.3，51 页，32 开
上海：商务印书馆，1947.2，再版，51 页，32 开（新中学文库）

本书共 3 编：外国医学史、中国医学史、中外医学之异同及对我国新医学之展望。

收藏单位：安徽馆、重庆馆、广东馆、广西馆、贵州馆、国家馆、黑龙江馆、湖南馆、江西馆、辽大馆、辽宁馆、南京馆、内蒙古馆、青海馆、上海馆、首都馆、天津馆、浙江馆

机构、团体、会议

00085

北京医师公会会员录（中华民国三十一年）
北京医师公会编
北京医师公会，1942.12，41 页，16 开

本书收录职员 10 名、会员 483 名。

收藏单位：国家馆

00086

大精神医学研究会会则 大精神医学研究会编

上海：大精神医学研究会，1927.4，重订13版，39页，22开

　　本书收大精神医学研究会的规定、就诊办法细则、催眠术讲义和各方来信等。

00087

第一次全国医药团体代表大会提案汇录　全国医药团体总联合会编

全国医药团体总联合会，1929.10，[115]页，16开

　　本书收提案138件。

　　收藏单位：国家馆、南京馆

00088

东亚医学会中华民国分会工作概要　东亚医学会中华民国分会编

南京：东亚医学会中华民国分会，1943.3，22页，22开

　　本书共9节，内容包括：成立会所、征求会员、成立支会等。

　　收藏单位：国家馆、南京馆

00089

福建省立卫生试验所五周年纪念刊　[福建省立卫生试验所编]

[福建省立卫生试验所]，1941，36页，16开

　　本书分论文、工作报告、杂录3部分。论文部分收文6篇，内容包括：《卫生试验与民族健康》《糙米之研究》《妊娠早期简便诊断法》等；工作报告部分收文6篇，内容包括：《五年来化学组工作概况简述》《国药研究组工作概况》《市售治疟药品之化验》等；杂录部分内容包括：本所五年来总务组收发文件表、修正福建省立卫生试验所试验物品规则、福州市井水化验表等。

　　收藏单位：福建馆

00090

国立北平研究院生理学研究所报告——本草药品实地之观察（华北之部）　赵燏黄著

北平：[国立北平研究院生理学研究所]，1937.3，2册（168页），16开

　　本书介绍86种主产于北方的中草药，记述其产地、品质、形态、科属、植物特征、入药部分、化学成分、炮制过程和方法、主治功用等。附参考文献及其略字解。

　　收藏单位：广东馆、国家馆、山西馆

00091

国立中央研究院医学研究所筹备处概况（民国三十三年至三十七年六月）

国立中央研究院，[1948—1949]，[17]页，16开

　　收藏单位：上海馆

00092

全国医药团体代表大会特刊　全国医药总会编

上海：全国医药总会，1929.7，64页，18开

　　收藏单位：南京馆

00093

全国医药团体总联合会会务汇编　全国医药团体总联合会编

全国医药团体总联合会，[1931]，[24]+188页，16开

　　本书共10章，内容包括：组织案、中医学校问题、国医馆问题、杂案、经济报告等。

　　收藏单位：广东馆、国家馆、山西馆、上海馆

00094

上海市卫生局卫生试验所工作概况（中英文对照）　程树榛报告

上海：上海市卫生局，1937.3，[56]页，12开

00095

上海市医师公会会员录　上海市医师公会编　朱善基主编

上海：上海市医师公会，1936.11，[60]页，30开

00096

上海市医师公会会员录（中华民国三十二年）　上海市医师公会编

上海：上海市医师公会，[1943]，[70]页，25开

00097

上海市医师公会会员录（中华民国三十六年）
　上海市医师公会编

上海：上海市医师公会，[1947]，[240] 页，
30 开

　　收藏单位：上海馆

00098

上海市医士公会章程　上海市医士公会大会
编

上海：上海市医士公会大会，[1927.7]，11 页，
32 开

00099

神州医药总会会员录　神州医药总会编

上海：神州医药总会，1929.9，[88] 页，18 开

00100

四川省医药学术研究会成立大会特刊　四川
省医药学术研究会编

成都：四川省医药学术研究会，[1944.11]，32
页，18 开

　　本书共 8 部分，内容包括：四川省医药学
术研究会宣言、纪录、提案、论文等。

　　收藏单位：国家馆

00101

卫生研究所概况　大连卫生研究所编

大连：大连卫生研究所，1949.9，22 页，16
开

　　收藏单位：国家馆、辽宁馆

00102

中华民国医学会第二届常会会报　中华民国
医学会编

北京：中华民国医学会，1942.7，107 页，16
开

　　本书共 10 节：照片、开会日程、学术讲
演内容摘要、开会辞、闭会辞、出席人数统
计、会员人数统计、药品器械展览商店、筹
委会工作人员一览、理事暨评议员联席会议
议决案摘要。

　　收藏单位：国家馆

00103

中华民国医学会第三届常会会报　中华民国
医学会编

北京：中华民国医学会，1942.9，18+142 页，
16 开

　　本书共两部分：会务、学术讲演内容摘
要。会务部分共 11 节，内容包括：开会日程、
开会辞、会务报告、补充职员等。

　　收藏单位：国家馆

00104

中华民国医学会第一届大会会报　中华民国
医学会编

北京：中华民国医学会，1941.7，109 页，16
开

　　本书共 22 节，内容包括：本会缘起、本
会章程、学术讲演内容摘要，会务报告等。

　　收藏单位：国家馆

00105

中华民国医学会第二届大会会报　中华民国
医学会编

北京：中华民国医学会，1944.1，160 页，16
开

　　本书共 17 节，内容包括：学术讲演目录、
学术讲演内容摘要、通过本会改组案、改选
职员等。

　　收藏单位：国家馆

00106

中华医学会第二次会务报告　中华医学会编

[上海]：中华医学会，1935.10，22 页，16 开

　　本书共 16 节，内容包括：会员人数、经
济概况、续收会所捐款、第四版中国医界指
南之完成、花柳病委员会及花柳病诊疗所之
创设、中文杂志社之经济等。

　　收藏单位：上海馆

00107

中华医学会第六届大会手册　中华医学会编

[重庆]：中华医学会，1943.5，110 页，32
开

　　本书共 5 节：绪论、中华医学会之回顾与

前瞻、第六届大会会员须知、日记、附录。

收藏单位：重庆馆、国家馆

00108

中华医学会第七届大会手册　中华医学会编

南京：中华医学会，1947.5，66 页，32 开

本书共 8 节，内容包括：中华医学会概况、入会须知、第七届年会会员须知等。

收藏单位：国家馆、南京馆、上海馆

00109

中华医学会第三届大会日程　中华医学会编

[广州]：中华医学会，1935.11，[52] 页，32 开

00110

中华医学会会务报告　中华医学会编

[上海]：中华医学会，1934.3，134 页，16 开

本书共 15 节，内容包括：本会历年会员人数、经济概况、会所之筹建、图书馆藏书目录、办理医师研习所经过、建议政府事项等。

收藏单位：国家馆、南京馆、上海馆

00111

中华医学会会员姓名录　中华医学会编

[上海]：中华医学会，1926.4，29 页，横 36 开

本书收录该会会员 254 名。

收藏单位：国家馆

00112

中华医学会秋季大会特刊　中华医学会编

南京：中华医学会，1941.11，81 页，16 开

本书内容包括：医学论文、该会会章及会员录等。

收藏单位：南京馆

00113

中华医学会上海分会会员录　[中华医学会上海分会编]

上海：[中华医学会上海分会]，[1947]，1 册，32 开

本书收录 798 名中外会员。

收藏单位：国家馆

00114

中西医药研究社宣言　中西医药研究社编

上海：中西医药研究社，[1935.6]，42 页，32 开

本书内容包括：宣言、章程、概况、职员与社员名录等。附中西医药研究社成立纪念特刊之内容。

00115

中央卫生试验所年报（中华民国十八年）　中央卫生试验所编

南京：中央卫生试验所，[1930.1]，[211] 页，16 开，环筒页装

收藏单位：国家馆、首都馆

00116

中央卫生试验所年报（中华民国十九年）　中央卫生试验所编

南京：中央卫生试验所，[1931]，30+188+88 页，16 开，环筒页装

本书共 3 篇：章则汇刊、研究调查报告、业务报告。

收藏单位：国家馆、上海馆

医学研究方法、工作方法

00117

研究医学指导书　张崇熙编　沈逸南校

杭州：宋经楼书店，1949.9，增订 5 版，32 页，32 开

本书讲述医学专业的一般情况及职业特点。

收藏单位：重庆馆、国家馆

教育与普及

00118

北京协和医科大学教职员一览　北京协和医

科大学编
北京：北京协和医科大学，1928，油印本，[7] 页，16 开

收藏单位：国家馆

00119
北平协和医学院说明书 私立北平协和医学院编
北平：私立北平协和医学院，[1929]，6 页，22 开

收藏单位：国家馆

00120
病的秘密 楼方岑著
上海：中国文化服务社，1948，96 页，32 开（国民文库）

本书以轻松流利的笔调，揭穿病的秘密，使人了解为什么生病。

收藏单位：重庆馆、广东馆、湖南馆、南京馆

00121
大学医学院及独立医学院或医科教材大纲
教育部医学教育委员会编 教育部鉴定
南京：教育部，1935.9，224 页，22 开

本书分绪言和各科教材大纲两部分。各科教材大纲共 29 节，内容包括：物理学、生理学、生物化学、药理学等。

收藏单位：国家馆、湖南馆、江西馆、南京馆、上海馆

00122
大学医学院及医科暂行课目表·医学专科学校暂行课目表·大学医学院医科及医学专科学校设备标准 教育部医学教育委员会编
南京：教育部医学教育委员会，1935.6，172 页，22 开

收藏单位：国家馆、湖南馆、江西馆、山西馆、上海馆

00123
东南医科大学一览 东南医科大学编
上海：东南医科大学，[1929]，80 页，23 开

00124
东南医学院八周纪念特刊 东南医学院编
上海：东南医学院，1934，66 页，16 开

收藏单位：南京馆

00125
东南医学院二二级毕业纪念刊 东南医学院二二级编
上海：东南医学院二二级，1933，186 页，16 开

00126
东南医学院历届毕业同学录 上海同学会出版委员会编
上海：上海同学会出版委员会，1949，64 页，25 开

收藏单位：广东馆

00127
二十六年全国医药专科以上学生集中训练大队纪念刊 全国医药专科以上学生集中训练大队纪念刊筹备委员会编
全国医药专科以上学生集中训练大队纪念刊筹备委员会，1937，1 册，16 开，精装

收藏单位：国家馆、湖南馆

00128
二周年校庆特刊 福建省立医学院编
福建省立医学院，[1940]，114 页，16 开

本书内容包括：二年来的本院情形、本校两年来实施概况、附设省立医院概况、两年来本院救亡工作概况、两年来之本院学生自治会等。

收藏单位：福建馆、国家馆

00129
奉天医科专门学校概况 奉天医科专门学校编
奉天（沈阳）：奉天医科专门学校，1933，[136] 页，32 开

00130
福建省立医学院概览 福建省立医学院编

福建省立医学院，[1947]，36 页，32 开

本书共 6 节：简史、组织大纲及系统表、设备状况、经费概况表、员生名录、出版物及论著。

收藏单位：重庆馆、福建馆、国家馆

00131

福建省立医学院青年节纪念特刊　侯宗濂 广仁 [等] 著　福建省立医学院自治会编

福建省立医学院，[1940]，20 页，16 开

收藏单位：福建馆

00132

福建省立医学院三周年院庆纪念特刊　侯宗濂　贾国藩 [等] 著

福建省立医学院，[1940]，16 页，16 开

收藏单位：福建馆

00133

福建省立医学院四周年院庆纪念特刊　福建省立医学院编

福建省立医学院，1941.11，40 页，16 开

本书内容包括：院庆四年、本院概况、本届院庆活动事项等。

收藏单位：福建馆、国家馆

00134

高级护士职业学校暂行通则、课程标准合刊　教育部普通教育司编

教育部普通教育司，1935.2，96 页，32 开

00135

高级护士助产职业学校立案须知（民国二十五年十一月）　教育部编

上海：商务印书馆，1937.4，再版，87 页，32 开

本书内容包括：职业学校法、高级护士职业学校暂行通则、护士助理短期职业训练班暂行办法等。

收藏单位：贵州馆、国家馆、湖南馆、浙江馆

00136

高级助产职业学校暂行通则课程标准合刊　教育部编

上海：商务印书馆，1935.11，110 页，25 开

本书共两部分：高级助产职业学校暂行通则、高级助产职业学校课程标准。

收藏单位：重庆馆、国家馆、江西馆、浙江馆

00137

高普考医事人员试题解答　新医同仁研究社编　方植民校

杭州：新医书局，1948.10，增订再版，362 页，32 开，精装

本书共两篇。上篇"应考须知"共 4 章：高等及普通检定考试应考基本知识、高等及普通医事人员检定考试科目、高等及普通检定考试之主要法规、高等及普通考试之主要法规；下篇"高普考各科考试试题解答"共 20 章，内容包括：物理及化学题解、解剖生理学题解、生理卫生学题解、药用植物学题解、内科学题解等。版权页题名：高等普通医事人员试题解答。

收藏单位：重庆馆、国家馆

00138

高普考医事人员问题解答　大众医学杂志社编

杭州：宋经楼书店，[1933—1949]，362 页，32 开

收藏单位：广东馆

00139

广大医科周年纪念号　广州大学医科编

广州：广州大学医科，[1927]，79 页，32 开

本书共 16 章，内容包括：医科周年纪念的意义、一周年之广大医科、护士学校招生等。

收藏单位：国家馆

00140

广西省立医学院概览　广西省立医学院概览出版组编

广西省立医学院概览出版组，1941.11，210页，25开

本书内容包括：沿革、大事记、章则、概况、人员一览等。

收藏单位：广东馆、桂林馆、南京馆、浙江馆

00141

广西省立医学院工作报告　广西省立医学院编

桂林：广西省立医学院，1942.11，40页，16开

本书共3部分：报告、纪念文、概况与统计。

收藏单位：国家馆、南京馆

00142

广西省立医学院教员姓名册　广西省立医学院编

桂林：广西省立医学院，1946，1册，22cm×29cm

收藏单位：国家馆

00143

广西省立医学院科目时数表　广西省立医学院编

广西省立医学院，[1934—1949]，油印本，[5]页，28cm×40cm

收藏单位：国家馆

00144

广西省立医学院一览　广西省立医学院编

南宁：广西省立医学院，1936.7，[159]页，16开

桂林：广西省立医学院，1947.11，183页，16开

本书内容包括：沿革、组织、院历、章则、概况、本院历届毕业生一览等。

收藏单位：重庆馆、桂林馆、国家馆、湖南馆、上海馆

00145

广西省立医学院在校学生名册　广西省立医学院编

桂林：广西省立医学院，1946，1册，22cm×29cm

收藏单位：国家馆

00146

广西省立医学院职员姓名册　广西省立医学院编

桂林：广西省立医学院，1946，1册，20cm×29cm

收藏单位：国家馆

00147

广西省立医药研究所第一班毕业纪念特刊

广西省立医药研究所编

出版者不详，1942.6，32页，32开

本书内容包括：班的三年生活小史、医药研究所同学录和课程表等。

收藏单位：桂林馆

00148

国防医学院（第1—2号公报）　国防部联合勤务总司令部军医署编

国防部联合勤务总司令部军医署，1947.6，2册（53+34页），16开

收藏单位：国家馆

00149

国防医学院专科部医十期毕业同学录（1948年）　同学录编辑委员会编

同学录编辑委员会，1948，1册，16开，精装

本书内容包括：本届毕业同学通讯录、本届毕业同学个人照片、教职员通讯录、校景及学校生活（照片）、专科部前期同学通讯录、大学部前期同学通讯录、职业部同学通讯录等。

收藏单位：重庆馆

00150

国立贵阳医学院毕业同学录　朱懋根编

贵阳：国立贵阳医学院，1948，38 页，32 开

　　收藏单位：广东馆

00151

国立贵阳医学院毕业同学录

出版者不详，1946，34 页，32 开

　　收藏单位：广东馆

00152

国立贵阳医学院便览　国立贵阳医学院教务处编

贵阳：国立贵阳医学院教务处，1941.7，38 页，32 开

　　本书内容包括：简史、医科一览、卫生工程专修科一览、附属医院一览等。

　　收藏单位：重庆馆、贵州馆、国家馆

00153

国立贵阳医学院成立十周年暨附属医院成立七周年纪念特刊　国立贵阳医学院成立十周年暨附属医院成立七周年纪念筹备委员会出版股编

贵阳：国立贵阳医学院成立十周年暨附属医院成立七周年纪念筹备委员会出版股，1948.3，56 页，16 开

　　本书共 3 部分：本学院概况、论著、院庆纪念文。

　　收藏单位：国家馆、湖南馆、吉林馆、南京馆、中科图

00154

国立贵阳医学院三十七学年度第一学期职员名册

出版者不详，[1911—1949]，油印本，1 册，16 开，环筒页装

　　收藏单位：重庆馆

00155

国立江苏医学院概览　国立江苏医学院出版组编

[重庆]：国立江苏医学院出版组，1940.4，66 页，16 开

　　本书内容包括：绪言、沿革、大事记、章

则、院友录等。

　　收藏单位：重庆馆、国家馆、上海馆

00156

国立江苏医学院概览（民国三十六年国庆院庆日）　国立江苏医学院出版组编

镇江：国立江苏医学院出版组，1947，28 页，25 开

　　本书共 12 节，内容包括：简史、组织大纲、学制、设备状况、经费概况等。

　　收藏单位：重庆馆、国家馆、湖南馆、南京馆、西南大学馆、浙江馆

00157

国立江苏医学院十周年纪念特刊　国立江苏医学院编

镇江：国立江苏医学院，1948.10，134 页，16 开

　　本书内容包括：论著、各科著述摘要、本院简史、院况等。

　　收藏单位：重庆馆、贵州馆、国家馆、吉林馆、南京馆、浙江馆

00158

国立上海医学院第五届毕业特刊　国立上海医学院编

上海：国立上海医学院，1935.6，30 页，18 开

　　本书收文两篇：《中国医学教育之近状》（颜福庆）、《本学院之回顾与前瞻》（朱恒璧、方子川）。

　　收藏单位：国家馆

00159

国立上海医学院上海中山医院奠基典礼特刊　国立上海医学院　上海中山医院编

上海：[国立上海医学院]、[上海中山医院]，1936，94 页，16 开，环筒页装

　　本书内容包括：本学院第一实习医院医务概况、国立上海医学院职员录、上海中山医院筹备经过、上海中山医院计划概要等。

　　收藏单位：国家馆

00160

国立上海医学院一览（中华民国二十二年度）

国立上海医学院编

上海：国立上海医学院，1933.4，116 页，18 开

　　本书内容包括：沿革、组织、学程概要、设备、经费、章则，统计等。

　　　收藏单位：国家馆、近代史所

00161

国立上海医学院一览（中华民国二十三年度）

国立上海医学院编

上海：国立上海医学院，1934，135 页，16 开

　　本书内容包括：绪言、教职员录、沿革、组织、学程概要等。

　　　收藏单位：湖南馆、首都馆

00162

国立上海医学院一览（中华民国二十五年度）

国立上海医学院编

上海：国立上海医学院，1936，102 页，18 开

　　本书内容包括：沿革、组织概要、学程概要、设备、章则、教职员表等。

　　　收藏单位：广东馆、国家馆、湖南馆、上海馆、浙江馆

00163

国立上海医学院一览（中华民国二十六年度）

国立上海医学院编

上海：国立上海医学院，1937，120 页，18 开

　　本书内容包括：沿革、组织概要、学程概要、设备、章则、统计等。

　　　收藏单位：广东馆、国家馆、上海馆

00164

国立上海医学院一览（中华民国三十三年度）

国立上海医学院编

上海：国立上海医学院，1944.4，135 页，16 开

　　本书内容包括：沿革、组织、学程、设备、章则、教职员录等。

　　　收藏单位：浙江馆

00165

国立上海医学院院舍落成纪念特刊　国立上海医学院编

上海：国立上海医学院，1937.4，67 页，18 开

　　本书内容包括：《国立上海医学院之回顾与前瞻》（颜福庆）、《本院寄生虫学科之过去情形及现在状况》（朱佐治）、《本院泌尿科之工作状况》（高日枚）、《本院生理学科之过去与现在》（张鸿德）等。

　　　收藏单位：国家馆

00166

国立上海医学院招生简章（中华民国二十六年度）　国立上海医学院编

上海：国立上海医学院，1937，8 页，22 开

　　本书共 7 章：沿革、学制、校舍及设备、入学资格及手续、入学考试、插班、纳费及用费。

　　　收藏单位：国家馆

00167

国立西北医学院新生入学须知　国立西北医学院编

南郑：国立西北医学院，1941.9，93 页，32 开

　　本书共 9 节，内容包括：院史、本院组织大纲、章则、本院职教员姓名表等。

　　　收藏单位：国家馆、南京馆

00168

国立湘雅医学院毕业同学录　国立湘雅医学院编

[长沙]：国立湘雅医学院，1947，18 页，16 开

　　本书为该院第一届至第二十一届毕业同学录。

　　　收藏单位：重庆馆

00169

国立湘雅医学院三十四周年纪念院庆特刊

国立湘雅医学院编

长沙：国立湘雅医学院，1948.12，25 页，16

开

　　本书收《本学院之缘起与经历》《湘雅医院——本院合作实习医院之一》《在改进中之本学院课程》《院庆与毕业同学》《复员以后之湘雅》等文章。

　　收藏单位：湖南馆

00170

国立湘雅医学院要览　国立湘雅医学院编

贵阳：国立湘雅医学院，1942.8，68 页，16 开

　　本书内容包括：沿革、现任教员名录、章则、课程纲要、历届毕业生名录等。

　　收藏单位：重庆馆、国家馆、湖南馆、南京馆

00171

河北省立医学院同学录

出版者不详，1935.11，石印本，[80] 页，25 开，环筒页装

　　收藏单位：国家馆

00172

河北省立医学院职教员暨学生姓名录　[河北省立医学院编]

河北省立医学院，1936.12，1 册，25 开

　　本书共 3 部分：职教员姓名录、学生姓名录、毕业生姓名录。

　　收藏单位：国家馆

00173

湖南私立湘雅医学院附设高级护士职业学校章程　[私立湘雅医学院编]

长沙：[私立湘雅医学院]，1937.9，重订版，30 页，25 开

　　本书共两部分：湖南私立湘雅医学院附设高级护士职业学校章程、湖南私立湘雅医学院附设高级护士职业学校管理细则。

　　收藏单位：南京馆

00174

护士学校医学院校助产学校课程标准及教材大纲汇编　教育部医学教育委员会编

南京：教育部，1935，1 册，精装

　　收藏单位：南京馆

00175

护士学校之教育程序　Isabel M. Stewart 著

吴建庵译

外 文 题 名：The educational programme of the school of nursing

上海：广协书局，1941.2，152 页，25 开

　　收藏单位：江西馆

00176

华西协合大学章程汇录

成都：华英书局，1920，60 页，25 开

　　本书共 12 章，内容包括：华西协合大学校历、大学职员及各专科教员、大学预科正科课程、大学附设各校、大学校特班学生与旁听学生规则、本校得奖学生全录等。

　　收藏单位：重庆馆

00177

急救、细菌、免疫、传染病学问答合编　刘岑生编述

永嘉：碧美艺印刷所，1943，58 页，18 开

　　本书内容包括：急救术原理、普通遭遇之急救法、病原菌、微生虫等。

　　收藏单位：重庆馆

00178

家庭医师　邹竹崖编著

外文题名：Home doctor

上海：康健书局，1937.8，534 页，25 开

　　本书内容包括：生理、病理、诊察、证治、药物等。

　　收藏单位：广东馆

00179

家庭医药顾问

上海：商务印书馆，[1911—1949]，1 册，32 开

　　收藏单位：南京馆

00180

简明医学教科书　海得兰著

出版者不详，[1940—1948]，224+11 页，25 开

　本书介绍治病用药的方法。

　　收藏单位：广东馆、浙江馆

00181

江苏公立医学专门学校校友会杂志十周纪念刊　江苏公立医学专门学校校友会编

苏州：江苏公立医学专门学校校友会学术股，1923.5，160 页，16 开

　本书内容包括：专论、统计、实验谈、通讯、纪事等。书前有林世伟弁言。

　　收藏单位：国家馆

00182

江苏南通医学专门学校学则　[江苏南通医学专门学校编]

[南通]：[江苏南通医学专门学校]，[1912—1949]，16 页，22 开

　　收藏单位：河南馆

00183

江苏省立医政学院入学预备训练讲演集（二十五年度上学期）　江苏省立医政学院编

江苏省立医政学院，[1936]，48 页，23 开

　　收藏单位：重庆馆

00184

江苏省医政学院院友会一周纪念特刊　江苏省立医政学院院友会编

镇江：江苏省立医政学院院友会，1936.3，344 页，16 开

　本书内容包括：论著、调查报告、卫生行政、卫生教育、院史等。

　　收藏单位：国家馆、南京馆、浙江馆

00185

江西省立医学专科学校学则

出版者不详，1935.6，12 页，32 开

　　收藏单位：南京馆

00186

江西省立医学专科学校章程　江西省立医学专科学校编

江西省立医学专科学校，1931.10，32 页，22 开

　本书共 6 章：总则、学制、组织、会议、附属医院、附则。

　　收藏单位：国家馆、南京馆

00187

历届医事人员考试试题汇编　西南医学杂志社读者服务部编

上海：西南医学杂志社读者服务部，1947，19 页，32 开

　　收藏单位：广东馆

00188

辽宁医科专门学校概况　辽宁医科专门学校编

奉天（沈阳）：辽宁医科专门学校，1931，130 页，23 开

00189

南洋医科大学戊辰年刊　南洋医大年刊社编

[上海]：南洋医大年刊社，1928.9，162 页，16 开，精装

　本书内容包括：校长训言、教职员、各级同学、实习、社论、医药等。

　　收藏单位：国家馆

00190

评论南京医学教育委员会及所拟医学院课程大纲草案　李赋京　张静吾著

[开封]：河南大学，[1936.1]，[18] 页，40 开

00191

青岛医学进修会会刊　青岛市医学进修会编

青岛市医学进修会，[1911—1949]，25 页，16 开

00192

山西川至医学专科学校学则　山西川至医学专科学校编

太原：山西川至医学专科学校，[1919—1932]，9 页，16 开

　本书共 16 章，内容包括：名称、宗旨、

学制、学科、学历、试验及考查成绩等。

　　收藏单位：国家馆

00193

山西省立桐旭医学专科学校成立一周年纪念特刊　山西省立桐旭医学专科学校编
太原：山西省立桐旭医学专科学校，1943.9，77 页，16 开

　　本书内容包括：章则、课程标准、职员一览表等。

　　收藏单位：国家馆

00194

陕西省立医学专科学校教职员名册　[陕西省立医学专科学校编]
[西安]：[陕西省立医学专科学校]，1944.6，手写本，10 页，16 开，环筒页装

　　本书为陕西省立医学专科学校教职员名单。

　　收藏单位：国家馆

00195

陕西省立医学专科学校三十二学年度校务行政计划进度表　[陕西省立医学专科学校编]
[西安]：[陕西省立医学专科学校]，1943.10，手写本，8 页，16 开

　　本书共 3 方面：总务方面、教务方面、训导方面。

　　收藏单位：国家馆

00196

上海私立东南医学院一览　东南医学院编
上海：东南医学院，1926.5，[168] 页，16 开
上海：东南医学院，[1935]，1 册，16 开

　　本书内容包括：大事记、规程、学生通则、教职员学生名录等。书前有《创办本校宣言》（郭琦元）。

　　收藏单位：国家馆、上海馆

00197

上海同德医专季刊（民国十九年）
上海：出版者不详，1930，1 册，16 开，精装

00198

上海中西医药函授学校十周纪念迁移新校医学特刊
[上海中西医药函授学校]，[1926]，[27] 页，16 开

　　收藏单位：广东馆

00199

世界各国的医学教育　李涛编
外文题名：Medical education in various countries
北平：中华医学杂志社，[1933.6]，[156] 页，18 开

　　本书据《中华医学杂志》所发表的文章汇编。分别介绍中、日、印、俄、美、英、德、法、奥、荷、丹、瑞士、瑞典 13 国的医学教育发展史和教育事业状况。

　　收藏单位：国家馆

00200

私立北平协和医学院简章　私立北平协和医学院编
私立北平协和医学院，1930.10，36 页，22 开
私立北平协和医学院，1935.10，42 页，22 开
私立北平协和医学院，1936.9，43 页，22 开
私立北平协和医学院，1937.9，44 页，22 开
私立北平协和医学院，1938.9，44 页，22 开
私立北平协和医学院，1939.9，44 页，22 开
私立北平协和医学院，1940.9，42 页，22 开

　　本书内容包括：沿革、组织、入学资格、课程等。

　　收藏单位：广东馆、国家馆、南京馆、西交大馆

00201

私立北平协和医学院教职员一览表　私立北平协和医学院编
私立北平协和医学院，1934.7，油印本，1 册，22 开
私立北平协和医学院，1939.9，15 页，22 开

　　收藏单位：国家馆

00202

私立北平协和医学院学生一览表　私立北平

协和医学院编

私立北平协和医学院，1939.12，油印本，1
册，22 开，环筒页装

　　收藏单位：国家馆

00203

私立广东光华医科大学章程　私立广东光华
医科大学编

[广州]：私立广东光华医科大学，1928.9，
64 页，22 开

　　本书共 11 节，内容包括：校董会章程、
校务会议、教授联席会议、学生规则、学校
时间表等。

　　收藏单位：国家馆

00204

私立广东光华医科学院概况　私立广东光华
医科学院总务处编

广州：私立广东光华医科学院总务处，1935.6，
[296] 页，16 开

　　本书内容包括：医社社况、医学院概况、
附属留医院概况、附属第一分院概况等。

　　收藏单位：国家馆、南京馆、上海馆

00205

私立华西协合大学概况

出版者不详，1934，15 页，32 开

　　收藏单位：南京馆

00206

**私立华西协合大学教职员名录（1943—
1945）**　私立华西协合大学教务处编

[成都]：私立华西协合大学教务处，1943.12，
68 页，25 开

　　收藏单位：国家馆

00207

**私立华西协合大学文、理学院课程纲要（二
十三年秋季至二十四年春季）**　私立华西协合
大学文理学院编

成都：私立华西协合大学文理学院，1934，
100 页，21 开

00208

私立华西协合大学一览　私立华西协合大学
编

[成都]：私立华西协合大学，1928.8，218
页，22 开

[成都]：私立华西协合大学，1930.7，210
页，22 开

　　本书内容包括：沿革、组织与行政、教职
员、学生一览、毕业生一览等。

　　收藏单位：国家馆

00209

**私立华西协合大学一览（中华民国二十五年
度 1936—1937）**　私立华西协合大学编

[成都]：私立华西协合大学，[1937]，376
页，32 开

　　本书内容包括：沿革概要、各项规程、课
程一览、毕业生一览等。

　　收藏单位：国家馆、西南大学馆

00210

**私立华西协合大学一览（中华民国三十年度
1941—1942 规程与概况）**　私立华西协合大
学编

[成都]：私立华西协合大学，[1942]，150
页，22 开

　　本书内容包括：沿革概要、组织纲要、教
职员一览表、各项规程等。

　　收藏单位：国家馆、天津馆

00211

私立山西川至医学专科学校一览　私立山西
川至医学专科学校编

太原：私立山西川至医学专科学校，1936.1，
[199] 页，16 开

　　本书内容包括：校史、规程、学则、课程
纲要等。

　　收藏单位：国家馆、山西馆

00212

私立同德医学院章程　同德医学院制订

上海：同德医学院，[1935]，56 页，25 开

　　本书共 14 节，内容包括：本学院史略、

历年学生人数统计表、历届毕业学生统计表、职员一览等。

　　收藏单位：国家馆

00213

私立夏葛医学院章程（中华民国二十三年至二十四年） 夏葛医学院编

广州：夏葛医学院，[1935]，73 页，22 开

　　本书共 21 节，内容包括：校历、本学院史略、本学院组织大纲、入学规则、征费规则等。

　　收藏单位：国家馆、南京馆、宁夏馆

00214

私立湘雅医学院入学简章 私立湘雅医学院编

长沙：私立湘雅医学院，1932，8 页，22 开

　　本书内容包括：总则、学制、入学、转学等。

　　收藏单位：国家馆

00215

私立湘雅医学院章程 私立湘雅医学院编

长沙：私立湘雅医学院，1932.11，11 次校订，58 页，22 开

长沙：私立湘雅医学院，1933，12 次校订，74 页，22 开

　　本书内容包括：本学院学历、职员一览表、教员一览表、本学院组织大纲等。

　　收藏单位：国家馆

00216

私立中国医药专科学校创办缘起、组织简章、教育方案 私立中国医药专科学校编

私立中国医药专科学校，[1911—1949]，[21] 页，12 开，环筒页装

　　收藏单位：重庆馆

00217

私立中国医药专科学校教育方案 私立中国医药专科学校编

私立中国医药专科学校，[1911—1949]，7 页，12 开，环筒页装

　　收藏单位：重庆馆

00218

四川国医学院概况 四川国医学院编

[成都]：四川国医学院，1946，26 页，36 开

　　本书介绍该院设立经过以及教育计划等情况。附民国三十五年春季招生简章。

　　收藏单位：重庆馆

00219

苏联医学教育 （苏）夏巴诺夫著　李志译

上海：时代书报出版社，1948.2，91 页，32 开（苏联医学丛书）

上海：时代出版社，1949.8，再版，91 页，32 开（苏联医学丛书）

　　本书共两部分：苏联医学教育、苏联医学研究院。"苏联医学教育"共 8 章，内容包括：革命前之俄国医学教育、苏联之高等医学校、战时之高等医学校等。

　　收藏单位：广东馆、国家馆、江西馆、上海馆、云南馆

00220

孙逸仙博士医学院公函（医字第 2 号）

出版者不详，[1935.12]，[30] 页，14 开

00221

同德 同德医学专门学校编

上海：同德医学专门学校，[1927]，58 页，16 开

00222

同德医学院一九三七年级特刊 何明谔主编　吴宝谷　侯琐编

上海：同德医学院 1937 年级级会，[1938]，132 页，18 开，精装

00223

同德医学院一九三三级毕业纪念刊 同德医学院编

上海：同德医学院，1933，[128] 页，16 开

　　本书内有论文及译著等。

　　收藏单位：南京馆

00224

同德医学专门学校报告 同德医学专门学校编

[上海]：同德医学专门学校，[1922]，59 页，16 开

00225

同德医学专门学校章程 同德医学专门学校编

上海：同德医学专门学校，[1918—1949]，13 页，16 开

00226

王吉人先生长浙江省立医药专科学校浙江省立杭州高级医事职业学校十周年纪念同学录

出版者不详，1945.12，1 册，18 开

本书共两部分。专校之部内容包括：沿革、历任校长、在校学生等；职校之部内容包括：沿革、现任教员、在校学生等。

收藏单位：浙江馆

00227

卫生教程

北平武学书局，[1940—1949]，30+358 页，32 开

本书共 12 编，内容包括：卫生勤务概要、人体之构造及其作用、绷带术、患者之输送、看护、按摩术等。

收藏单位：国家馆

00228

乡村卫生员训练课本 福建全省卫生处编

福建全省卫生处，[1911—1949]，92 页，32 开

收藏单位：重庆馆

00229

湘雅医风（招待新同学特刊） 李昌甫等编

长沙：湘雅医学院学生自治会干事会，1936.6，23 页，16 开

本书收文 17 篇，内容包括：《献给投考诸君的几句话》（程治平）、《湘雅与湖南的卫生事业》（魏炳坤）、《我为什么要学医》（念

甫）、《谈谈湘雅》（徐行敏）等。

收藏单位：国家馆

00230

湘雅医学专门学校第二次报告书（中华民国五至六年）

出版者不详，1916—1917，[40] 页，22 开

收藏单位：广东馆

00231

小医室 程瀚章著

上海：商务印书馆，1933.10，102 页，32 开（小学生文库 第 1 集 童子军类）

上海：商务印书馆，1934.10，再版，102 页，32 开（小学生文库 第 1 集 童子军类）

本书共 15 章，内容包括：小医室的组织、小医室的设备、小医室的任务、消毒法大要、绷带的使用法、外伤的急救等。

收藏单位：湖南馆、吉林馆、上海馆、首都馆

00232

协医年刊（中英文对照） 北京协和医学院编

北京：北京协和医学院，1924，186+28 页，16 开，精装

本书介绍学院各年级学生的学习生活情况。

收藏单位：国家馆

00233

新文化与新医学 中国医科大学教育处编

[沈阳]：[中国医科大学教育处]，1949.5，156 页，32 开

本书内容包括：新民主主义的文化、对专科教育计划草案、新医学思想、医学专科教育计划中的组织工作、人的阶级性、医务工作者的道路等。

收藏单位：天津馆

00234

新医学答问 余天希编译

上海：商务印书馆，1949.3，219 页，32 开（医学小丛书）

本书内容包括：产科的进步、初生婴儿的护理、正常儿童的发育、营养不足的儿童、肥胖、恶性贫血、人体营养中之氨基酸等。

收藏单位：广东馆、国家馆、辽宁馆、内蒙古馆、首都馆、浙江馆

00235
新中国医学院院刊

上海：新中国医学院，[1937]，[192]页，16开

本书书脊题名：新中国医学院研究院第一届毕业纪念刊、新中国医学院第一期院刊合刊。

收藏单位：南京馆

00236
修学旅行记（药科民二六级毕业参观团） 董振舜著

[杭州]：浙江省立医药专科学校，1937.6，24页，16开

本书记述该团赴上海、南京、北平、天津、济南、泰安等地参观工厂、机关、学校概况。

收藏单位：国家馆

00237
修正医学院教材大纲

出版者不详，[1911—1949]，油印本，1册，13开，环筒页装

收藏单位：国家馆

00238
学医门径 陈迫强著

上海：经纬书局，1936.10，118页，50开（经纬百科丛书）

上海：经纬书局，1946.11，118页，50开

本书共8章：总说、学习西医的步骤、细胞、解剖生理学、病理学、诊断学、药物学、西医最要的注意点。

收藏单位：重庆馆

00239
验毒洗冤 民众读物社编辑

上海：广益书局，1949.3，60页，32开（广

益民众丛书7）

本书内容包括：验毒洗冤、水火会谈、浑身小事等。

收藏单位：上海馆

00240
医科学校讲义

出版者不详，[1911—1949]，油印本，1册，16开，环筒页装

本书共4章：外科概要、初级量血压法、高级护病技术、妇科概要。

收藏单位：重庆馆

00241
医师考试各科试题详解 王瑞清　顾旭初编

新化：西南医学书店，1942.4，2册（192+254页），50开

新化：西南医学杂志社，1943.8，再版，2册（192+254页），50开

本书内容包括解剖学、生理学、药理学及临床各科问答题共563则。

收藏单位：浙江馆

00242
医学补习科讲义 丁福保译

上海：文明书局，[1911—1933]，478页，22开

本书内容包括：《生理学概论》（丁福保）、《卫生学概论》（丁福保）、《说传染病》（北里柴三郎）、《淋病与家庭》（土肥庆藏）等。

收藏单位：广东馆

00243
医学补习科讲义 丁福保译

上海：医学书局，1935.10，477页，32开，精装（丁氏医学丛书）

收藏单位：南京馆

00244
医学上的问题 陈少怀编译

上海：商务印书馆，1936.4，19+149页，22开

本书以问答形式讲述生理卫生及医疗防病常识。共10章，内容包括：普通问题、皮肤方面的问题、骨骼方面的问题、肌肉方面

的问题等。

收藏单位：安徽馆、重庆馆、贵州馆、国家馆、江西馆、南京馆、上海馆、首都馆、浙江馆

00245

医学问答　张文熙著

大连：实业印书馆，1943.1，200 页，32 开

大连：实业印书馆，1943.5，再版，[22]+185 页，32 开，精装

本书内容包括：守着不动气主义即是解决胃病的妙药神丹、吐血药方、淋病与睾丸关系、咳嗽药方、人工肾病治法等。书前有周静庵、岛屋进治序。

收藏单位：国家馆、首都馆、浙江馆

00246

医学问答（初集）　张寿山编著

杭州：家园月刊社，1948.9，[14]+182 页，32 开

杭州：家园月刊社，1948.11，增订再版，[14]+182 页，32 开

本书共 13 章，内容包括：内科病问答、肠胃病问答、呼吸系病问答、心脏病问答、神经系病问答、妇产科病问答、儿童疾病问答等。

收藏单位：国家馆、首都馆、天津馆

00247

医学问答大全（上卷基础医学）　张希渠等编

上海：大众医学杂志社，1936.12，[158] 页，25 开（大众医学杂志社丛书）

本书共 4 部分：解剖学、生理学、病理学、卫生学。

收藏单位：国家馆

00248

医学专科学校教材大纲　教育部医学教育委员会编订

南京：教育部，1935.9，194 页，25 开

本书为各科教材大纲，共 27 节，内容包括：物理学、化学、生物学、解剖学、药理学等。

收藏单位：湖南馆

00249

医药学生　浙江省立医药专科学校学生自治会编

[杭州]：浙江省立医药专科学校，1934，[200] 页，16 开

收藏单位：广西馆

00250

优良护士学校之要素　美国护士教育联合会编纂　吴建庵译

外文题名：Essentials of a good school of nursing

上海：广协书局，1940.10，65 页，25 开

收藏单位：江西馆

00251

云南军医学校特刊　[云南军医学校编]

[昆明]：[云南军医学校]，1935.2，[30+213] 页，16 开

本书内容包括：论说、演讲、校务、公文等。书前有总理遗像、周晋熙像，军医学校校园、设施、学生生活学习方面照片。

收藏单位：重庆馆、国家馆

00252

浙江公立医药专门学校同学录

出版者不详，[1913—1949]，1 册，横 28 开

收藏单位：浙江馆

00253

浙江广济医药产三科五十周纪念册

出版者不详，[1911—1949]，1 册，16 开

本书内容包括：论著、简史、院况、姓名录等。

收藏单位：上海馆、浙江馆

00254

浙江省立医药专科学校一览　浙江省立医药专科学校出版委员会编

杭州：浙江省立医药专科学校出版委员会，1937.6，288 页，16 开

本书内容包括：沿革、大事记、主要章则、教务之部、事务之部等。

收藏单位：国家馆、南京馆、上海馆、浙

江馆

00255
浙江省立医药专科学校章规
出版者不详，[1931—1947]，70 页，32 开
　　收藏单位：南京馆

00256
中国医学院第一届毕业纪念刊　中国医学院
第一届毕业同学会编
上海：中国医学院第一届毕业同学会，1929.7，
54 页，23 开
　　本书收中医论文及同学通讯录等。

00257
中国医学院第四届毕业纪念刊　中国医学院
教务处编辑
上海：中国医学院事务处，1933.7，[226] 页，
16 开
　　本书内容包括：教职员作品、毕业论文、
院况等。
　　收藏单位：国家馆、南京馆

00258
中国医学院第五届毕业纪念刊　中国医学院
教务处编
上海：中国医学院事务处，1934.7，[278] 页，
16 开
　　本书内容包括：本院教学方案、二三级级
史、毕业论文等。
　　收藏单位：东北师大馆、国家馆

00259
中国医学院第六届毕业纪念刊　中国医学院
教务处编
上海：中国医学院事务处，1935，374 页，16
开
　　本书大部分为医学论文。附本院概况。

00260
中国医学院第七届毕业纪念刊　中国医学院
教务处编
上海：中国医学院事务处，1936.7，[718] 页，

16 开
　　本书内容包括：级史、毕业论文、本学院
院董一览表、本学院现任职员一览表等。
　　收藏单位：国家馆、近代史所

00261
中国医学院第十二届毕业纪念刊　中国医学
院教务处编
中国医学院教务处，1939.10，302 页，18 开
　　本书内容包括：发刊词、序、级史、院
景、现任教职员、毕业同学留影等。
　　收藏单位：广东馆

00262
中国医学院学生自治会第二届特刊　中国医
学院学生自治会出版股编
上海：中国医学院学生自治会出版股，
1934.12，96 页，16 开
　　本书内容包括：医药评论、医药研究、医
药笔记、文艺、杂俎等。

00263
中国医学院学生自治会第三届特刊　中国医
学院学生自治会出版股编
[上海]：中国医学院学生自治会出版股，
1935，108 页，16 开
　　收藏单位：浙江馆

00264
中央护士学校章程
出版者不详，[1932—1949]，10 页，22 开
　　本书内容包括：课程表、管理规则、教室
规则、宿舍规则、食堂规则、浴室规则、惩
戒规则、学生请假规则等。
　　收藏单位：山东馆

丛书、文集、连续性出版物

00265
处女及其他　祝枕江编
上海：开明书店，1931.6，278 页，32 开

上海：开明书店，1932，再版，278 页，32 开

本书收文 18 篇，内容包括：《西医鼻祖希卜克拉德斯的生涯和学说》《西洋人的中医观》《名人的疾病》《原始古代人的疾病与死亡观》《独身主义》《才子伟人的性生活》《处女》《月经奇观》等。

收藏单位：重庆馆、广东馆、广西馆、贵州馆、国家馆

00266

德国医学丛书　丁福保译

上海：医学书局，1918.3，再版，3 册（272+326+262 页），22 开（丁氏医学丛书）

上海：医学书局，1938.7，3 版，3 册（272+326+262 页），22 开，精装（丁氏医学丛书）

本书据日本寺尾国平的日译本重译。共 15 编：《安氏外科学》《皮氏外科学》《维纳内科学》《莫氏小儿科学》《惠氏儿科学》《富氏产科及妇人科学》《倍氏精神系病学》《马氏精神病学》《喜氏颈病及胸病》《施氏喉头病学》《司氏眼科学》《克氏耳科学》《加氏皮肤病学》《伍氏泌尿器病学》《诺氏花柳病学》。

收藏单位：上海馆、首都馆

00267

第二回中华民国国医师讲习录　同仁会编

东京：同仁会，1931.6，183 页，22 开

本书共 20 篇讲习录，内容包括：《化学疗法之大意》（秦佐八郎）、《十二指肠探管使用法》（宫用米次）、《结核早期诊断》（武正一）等。书后有讲习员名簿。

收藏单位：国家馆

00268

东南医学院卫生学教室论文集（第 2 集）　东南医学院卫生学教室编

东南医学院卫生学教室，1935，60 页，16 开

本书收论文 6 篇，内容包括：《天花罗患及种痘经历的研究初报》（李昌沚）、《正常中国人包皮之调查》（陶炽孙等）、《背筋力和肺活量的小数目》（曹惠民、朱嘉炎）等。每篇论文后有英译文。

收藏单位：重庆馆

00269

东亚医学会第三届大会演讲摘要录　东亚医学会编

[上海]：[东亚医学会]，1944.4，[100] 页，16 开

本书收基础医学及临床各科论文 200 余篇。

收藏单位：上海馆

00270

范氏医论集　范守渊著

上海：九九医学社，1947.7，2 册（677 页），32 开

本书辑录各种体例的医药卫生杂短文 100 余篇，内容包括：言论、评议、闲话、漫笔及其他、常识等。

收藏单位：安徽馆、广东馆、国家馆、黑龙江馆、湖南馆、南京馆、中科图

00271

福建省立医学院五周年院庆纪念论文集　福建省立医学院编

福建省立医学院，1942.11，94 页，16 开

本书收论文 18 篇，内容包括：《短持续电流刺激所生两极兴奋及费氏间隙之研究简报》（侯宗濂、李茂之、贾国藩）、《短持续电流所生顾氏间隙及其成立原因之检讨》（贾国藩、侯宗濂）、《中华疟蚊体内检出一种巨大发育之丝状虫幼虫》（屠宝琦）、《迷走神经对于蛙心紧张之影响》（贾国藩）、《慢性疟疾脾肿之肾上腺素皮下注射疗法》（陈礼节、朱庆云、陈宗安）、《福建沙县红菇之研究（第一次报告）》（许植方、郑重知）、《福建沙县民间药之调查及初步研究报告（第一次报告）》（许植方、刘为经）、《国产各种纸张代用滤纸之研究（一）》（许植方、梅士芳）、《福建沙县之疟疾》（叶文彬）、《福建沙县小学儿童肠寄生蠕虫之调查》（郑文泉）等。书前有侯宗濂序。

收藏单位：重庆馆、国家馆、南京馆

00272

福建省立医学院六周年院庆纪念论文集　福

建省立医学院编辑

福建省立医学院，1943，132 页，16 开

本书收论文 20 篇，内容包括：《几种国药之价值》（王长忍）、《血型概说》（郭光庭）、《肛门部之梭形细胞肉肿》（陈文茹、黄德赡）、《翻车脊髓损伤之一例》（林琴友）等。

收藏单位：福建馆、国家馆、南京馆

00273

福建省立医学院七周年院庆纪念论文集　福建省立医学院编辑

福建省立医学院，1944.11，1 册，16 开

收藏单位：南京馆

00274

高维医学讲演集　高维讲演

上海：商务印书馆，1926.6，59 页，32 开

本书收讲演稿 8 篇，内容包括：《社会医学》《劳工卫生》《学校卫生》《行军卫生》《霍乱及其预防法》《化学治疗》等。

收藏单位：宁夏馆、上海馆

00275

国立北京大学医学院论文集（第 2 卷 第 1 册）　北京大学医学院编

北京：北京大学医学院，1940.6，377 页，16 开

本书收文 27 篇，内容包括：《金鱼体色变化之实验》（刘其端）、《晋北居民所食之油面》（徐开）、《家兔注射氯化钙后对于赤血球及血色素之影响》（刘治汉）、《初生儿之致命的自发性小脑出血》（林振纲、文兴柄）、《乳嘴性汗腺样囊腺瘤》（刘国聪）、《北京最近所见之白喉杆菌型（第二次报告）》（鲍鉴衡）、《局部淋巴管扩张症之一例》（郭应槐）、《眼睑小圆形细胞肉肿之一例》（王恩注）等。

收藏单位：国家馆、首都馆

00276

国立北京医学专门学校十周年纪念论文集

国立北京医学专门学校编

北京：国立北京医学专门学校，1922，[340]

页，16 开

本书共 27 节，内容包括：序文、沿革、泌尿器患者统计表、历年经费比较、历年招生投考人数比较等。

收藏单位：国家馆、近代史所

00277

国立北平大学医学年刊（第 1 卷 第 1 期）

国立北平大学医学院编

北平：国立北平大学医学院，1932.5，350 页，16 开

本书收文 21 篇，内容包括：《二十四小时以内孵化鸡胎之处置法》（鲍鉴清）、《豆乳培养基》（鲍鉴衡）、《肾脏知觉神经之研究》（李茂之）、《中国人之正常眼压》（刘宝华）、《Avertin 之直肠麻醉》（葛秉仁）、《中国人肺活量之统计》（李茂之、王同观）等。

收藏单位：国家馆

00278

国立上海医学院论文集（第 2 卷）　国立上海医学院编

上海：国立上海医学院，[1932]，[400] 页，13 开，精装

本书汇集该院 1931 年至 1932 年在中外医学杂志上发表的论文 36 篇。有中、英、德文及中英对照等。

收藏单位：国家馆

00279

嘉定医学选刊　金勋衢编　夏寿颐校订

嘉定：中医选刊社，1936.10，63 页，22 开

本书封面题名由何杏林题写。

收藏单位：南京馆

00280

论症集　裘景舟编译

杭州：远志医药服务社，1947.3，164 页，32 开

本书收文 13 篇，内容包括：《下痢讯论》《内外科领域之疾患》《惹起微热诸疾患》《肺结核之热及疗法》《盗汗论》《发疹伤寒与发疹热之异同》等。

收藏单位：国家馆、辽宁馆

00281

民众新医学丛书　丁福保编

上海：医学书局，1933.3，1 册，32 开，精装

上海：医学书局，1947.6，1 册，32 开

　　本书内容包括：《生命一夕谈》《胎生学一夕谈》《儿科一夕谈》《胃肠病一夕谈》《性病一夕谈》《寄生虫一夕谈》等。

　　收藏单位：广东馆、国家馆、宁夏馆、上海馆、浙江馆

00282

民众医学（第 1 集 汇刊）　李菜编

上海：民众医学社，1934.7，[320] 页，32 开

　　本书汇辑 1932 年 10 月至 1933 年 11 月刊登在上海《新闻报》上有关医学常识及疾病问答的文章。

00283

乳房及其他　祝枕江著

上海：开明书店，1933.4，219 页，32 开

　　本书收医学杂论 22 篇，内容包括：《印度的医学》《乳房》《人工妊娠法》《男女异味说》等。

　　收藏单位：重庆馆、国家馆、首都馆

00284

沙滩讲集　[钱稻孙著]

北京：国立北京大学，1943，1 册，22 开

　　收藏单位：吉林馆、首都馆

00285

同德年刊　同德医专年刊筹备会编

[上海]：同德医专年刊筹备会，1930，215 页，16 开，精装

　　本书内容包括：论文、译著、常识、杂俎等。

　　收藏单位：国家馆

00286

"亚济普隆"文献集（第 5—6 辑）

大阪：株式会社盐野义商店，[1911—1949]，2 册，16 开

　　本书内容包括：《小儿肺炎注射"亚济普隆"（Adiplon）之效验》（奥村雅延）、《小儿肺炎之最新化学疗法》（滨田宗之助）、《Sulfapyridin 对于百日咳之作用》（今井久弥）等。

　　收藏单位：国家馆

00287

医光汇刊（第 1 卷）　医光社编

北平：京报馆出版部，1930.2，186 页，32 开（京报丛书）

　　本书汇编曾发表在《京报》上的有关医学卫生知识的文章 45 篇。内容包括：《求谅与希望》（向初）、《卫生当局应尽的责任》（兆兰）、《卫生当局应猛省》（葛启东）、《男子生殖不适》（月波）、《怎样美容》（明霞）等。

　　收藏单位：国家馆、首都馆

00288

医光汇刊二集

北平：京报馆出版部，1930.2，2 册，32开（医光社丛书）

00289

医海一滴　万钧编

上海：医学书局，[1911—1949]，[153] 页，22 开，精装（丁氏医学丛书）

　　本书内容包括：《妇女寿长于男子说》（郑建侯）、《死之医学观察》（宁宗麟）、《尿之物理的考验法》（张启贤）、《论日光之有益于卫生》（张若霞）、《血液之检查谭》（陈邦才）、《催眠剂之研究》（马梦樵）等。

　　收藏单位：国家馆

00290

医镜　周靖邦著

开封：周靖邦，1930.3，74 页，32 开

　　本书内容包括：人体、习医、西医、杂记、择医、待遇等。

收藏单位：国家馆、上海馆、首都馆、天津馆

00291

医学革命论集（原名，余氏医述） 余云岫著

上海：社会医报馆，1932.12，2 版，404+12 页，32 开

本书共 6 卷，内容包括：科学的国产药物研究之第一步、研究国产药物刍议、气论、结核病发生论等。

收藏单位：大庆馆、国家馆

00292

医学革命论二集 余云岫著

上海：社会医报馆，1933.8，[16]+440 页，32 开

上海：社会医报馆，1933.12，再版，[16]+440 页，32 开

本书共 4 卷，为《医学革命论》续集。收著者 1928—1931 年间所撰写的有关中国医学事业改进的文章、言论、书信等 94 篇。第 4 卷收著者所作诗词 48 首。

收藏单位：大庆馆、国家馆、南京馆、内蒙古馆、上海馆

00293

医学革命论三集 余云岫著

上海：余氏研究室，1937.6，1 册，32 开

本书共 7 卷，内容包括：《对于虎疫之必要常识》《虎疫社会应有之觉悟》《诊余常谈》《我国药的问题之概本工作》《时令病自疗法之商榷》《寸口诊脉的讨论》等。

收藏单位：大庆馆、上海馆

00294

医学卫生论说集 邓光济编

贵阳：[合兴教育用品社]，1937.8，192 页，32 开

本书共 3 卷：上卷医药类、中卷卫生类、下卷杂组类。

收藏单位：贵州馆

00295

医学小丛书四种 丁福保编

上海：医学书局，[1911—1949]，1 册，22 开（丁氏医学丛书）

本书共 4 部分：《内科类症鉴别一览表》（孙祖烈）、《实验救吞鸦片法》（邱景瀛）、《中毒之征候及处置》（汪大濒）、《药库叙言》（陈邦贤）。

收藏单位：国家馆

00296

医药顾问 蔡济平 刘左同解答 严谔声 陆思红编

上海：新声通讯社出版部，1933.7，107 页，16 开

本书为 1930 年与 1931 年两年合刊。

00297

医药顾问 蔡济平解答 严谔声 陆思红编

上海：新声通讯社出版部，1931.1，108 页，16 开

本书将 1930 年《新闻报》附刊"药学顾问"栏文章汇编成书，介绍医药卫生常识。

收藏单位：天津馆

00298

医药特刊（周年纪念专号） 暹罗华侨西医药总会编

[曼谷]：暹罗华侨西医药总会，1948.8，98 页，16 开

本书内容包括：《戒烟专论》（詹世芳）、《人类能长生不死吗？》（黄亦颜）、《如何可以得子福》（洪兆汉）、《如何保卫儿童的健康》（钟子亭）等。

收藏单位：国家馆

00299

医育周年纪念刊 教育部医学教育委员会编

南京：教育部医学教育委员会，1936.10，80 页，16 开

本书收文 13 篇，内容包括：《现代寄生物学研究之范围及学者应有之训练》（何博礼、强一宏）、《研究淡水鱼类传染中华分枝

睾吸虫之方法》（徐锡藩、许丽阶）、《胃分泌与血生成之关系》（张孝骞）、《人类喉头肌之组织学的研究（初步报告）》（钟季襄）、《生体动脉 X 线摄影法》（刘赋强）、《预防性学校牙科卫生》（巴伦诺夫）、《尸体解剖的方法和检验程序》（王典义）、《一年来之医学教育（二十四年八月至二十五年六月）》（朱季青）、《国内助产教育之过去现在与将来》（葛成慧）、《我国医药学院之初步统计》（武文忠）等。

收藏单位：国家馆

00300

中华民国医学会第一届常会学术讲演摘要
中华民国医学会编
北京：中华民国医学会，[1940—1942]，[84]页，16 开

收藏单位：国家馆

00301

中华民国医学会第二届大会学术讲演摘要
中华民国医学会编
北京：中华民国医学会，[1943.10]，20+111页，16 开

收藏单位：广东馆、国家馆

00302

中华民国医学会第三届常会学术讲演摘要
中华民国医学会编
北京：中华民国医学会，1942.8，9+27+107页，16 开

收藏单位：广东馆、国家馆

00303

中华医学会第四届大会论文表题及节略（民国二十六年四月一日至八日） 中华医学会编
上海：中华医学会，1937.4，365 页，16 开

收藏单位：国家馆、上海馆

00304

中华医药 李克蕙编
吉安：李克蕙，1943.6，166 页，32 开
本书汇编《江西捷报》副刊《中华医药》1940—1942 年间所载有关医药卫生知识的文章 150 篇。

收藏单位：重庆馆

参考工具书

00305

高氏医学辞汇 鲁德馨 （英）孟合理（P. L. McAll）编
外文题名：Cousland's English-Chinese medical lexicon
[上海]：[中华医学会]，1934.3，增订 8 版，390 页，25 开，精装
上海：中华医学会，1939.9，9 版，449 页，25开，精装
上海：中华医学会，1949.7，10 版，449 页，25开，精装
本书遵照中国科学名词审查会颁布标准收录。少量未经审定名词则用其通行习惯名称。第 10 版作修订，增辑新药名及化学、牙科、血液病学、寄生虫学、免疫学方面的新名词。初版由英国高似兰于 1908 年编订，自第 7 版以后由英国孟合理及鲁德馨合编。

收藏单位：国家馆、湖南馆、上海馆、天津馆

00306

汉英医药辞典 刘汝刚编 博医会编译部增订
外文题名：Chinese-English medical dictionary
上海：中国博医会，1931.8，331 页，22 开，精装

收藏单位：国家馆、上海馆

00307

健康小辞典（又名，医药小辞典） 志平编
联益出版社，1938.11，[203] 页，32 开
联益出版社，[1938]，87+100 页，32 开
本书共 11 方面，内容包括：人体器官、卫生常识、妇女卫生、性卫生与性病、小儿摄生与治疗、运动与摄生、病因与诊断、各科治疗、急救法等，近 1000 词条。按首字笔

画顺序编排。

收藏单位：重庆馆、国家馆

00308

科学名词审查会第五次医学名词审查本（组织学 胎生学 显微镜术） 汤尔和等编

上海：科学名词审查会，[1918—1949]，120页，横16开

收藏单位：广东馆、绍兴馆

00309

科学名词审查会第七次医学名词审查本（寄生虫学）

[上海]：[科学名词审查会]，[1933.7]，1册，横16开

00310

田家医药指南 张雪岩　刘龄九编

成都：田家社，1942.1，2册（226+238页），32开（田家丛书）

本书共16编，内容包括：卫生常识、药理问答、内科病问答、妇女常识、偏方、皮肤病问答等。

收藏单位：重庆馆、贵州馆、南京馆

00311

外国文医药名词拼读秘诀 上海东亚医学社编

上海东亚医学社，[1940—1947]，12页，32开

收藏单位：国家馆

00312

外国文医药名词拼读秘诀 张崇熙编

杭州：宋经楼书店，1936.7，12页，32开

杭州：宋经楼书店，1947.5，增订5版，12页，32开（最新实用医学各科全书）

本书介绍26个英文字母发音与组合发音规律，70种常用药名、病名的拼读方法。

收藏单位：国家馆、南京馆、上海馆

00313

新医药辞典 程瀚章　庄畏仲编

上海：世界书局，1935.10，[94]+1628页，50开

上海：世界书局，1935.12，再版，[94]+1628页，50开，精装

上海：世界书局，1936.2，3版，[94]+1628页，50开

上海：世界书局，1937.6，4版，[94]+1628页，50开

本书以汉字笔画为序，收载常用医药名词7300余条。每词均附拉丁、德、英、法文名。其他题名：西医实用医药辞典。

收藏单位：重庆馆、广东馆、广西馆、贵州馆、国家馆、湖南馆、上海馆、首都馆

00314

新医药顾问 殷鉴编

上海：医学研究社，1933.4，4册（728页），32开

本书内容包括：看护法、妇人病之类、整形外科之类、小儿病之类等。

收藏单位：国家馆、黑龙江馆、南京馆、天津馆

00315

袖珍医学辞典 吴建庵编

外文题名：A pocket medical dictionary for nurses and medical students

上海：广协书局，1949.7，272页，36开，精装

上海：广协书局，1949.8，再版，272页，50开

本书收集医学及相关学科的专有名词，按英文字母顺序编列，或仅注译名，或酌加解释。附处方用简字表、度量衡比较表、普通传染病一览表、各种救急疗法等。

收藏单位：国家馆

00316

医事手册（第1辑） 汪黄瑛编

上海：医药学杂志社，1941.6，408页，32开

上海：医药学杂志社，1947.12，再版，408页，32开（医学小丛书）

本书共18章，内容包括：产院设备及工作实施、产科临床概要、妇科临床概要、育

儿概要、小儿科临床概要、内科临床概要、外科临床概要、急救法概要等。

　　收藏单位：重庆馆、湖南馆、上海馆、首都馆

00317
医学百科大全　（日）斋藤次六著　吴瑞书译　杨月川　沈济川校
上海：大通图书社，1939.4，524 页，32 开，精装
　　收藏单位：南京馆

00318
医学百科大全　（日）斋藤次六著　吴瑞书译　杨月川　沈济川校
上海：中西书局，1926.8，[40]+524 页，32 开，精装
上海：中西书局，1933.5，3 版，[40]+524 页，32 开，精装
　　本书共 11 编，内容包括：一般健康法及疗病总则、内科病治疗法、传染病治疗法、外科治疗法等。
　　收藏单位：天津馆、浙江馆、中科图

00319
医学辞汇
出版者不详，[1911—1949]，473 页，32 开
　　收藏单位：南京馆

00320
医学辞汇补遗　（英）孟合理（P. L. McAll）
鲁德馨编
上海：中华医学会，1937.4，41 页，24 开

00321
医学辞源（中英法对照）　宋国宾著　宋恩溥校
上海：医药评论社，1937.1，402 页，48 开
　　本书共 5 编：部首、部尾、续编部首、续编部尾、索引。
　　收藏单位：江西馆、浙江馆

00322
医学各科全书　张崇熙　沈逸南校
上海：东亚医学编辑所，1934.7，3 册，25 开，精装
上海：东亚医学编辑所，1935.12，再版，3 册，25 开，精装
上海：东亚医学编辑所，1939.5，3 版，3 册，25 开，精装
上海：东亚医学编辑所，1941.8，4 版，3 册，25 开，精装
　　本书上册辑入 9 种：解剖学、组织学、胎生学、生理学、细菌学、病理学、诊断学、医化学、药物学；中册辑入 11 种：传染病学、内科学、外科学、皮肤病学、花柳病学、妇科学、产科学、小儿科学、眼科学、耳鼻喉科学、急救学；下册辑入 10 种：各种注射疗法、新药集（上、下卷）、临床经验处方、诊疗实用指南、显微镜用法及检查细菌、法医学、调剂学、看护学、卫生学、医药法规。
　　收藏单位：安徽馆、国家馆、南京馆、山西馆、首都馆

00323
医学名词　科学名词审查会编
[上海]：科学名词审查会，1919，2 册（78+79 页），横 16 开
　　本书收解剖学名词，内容包括：骨骼、韧带、肌肉、内脏等。
　　收藏单位：国家馆、上海馆、首都馆

00324
医学名词（审查会第一次审查本 解剖学 骨骼）　沈恩孚等编
[中华民国医药学会]，1916，76 页，横 16 开
　　收藏单位：国家馆

00325
医学名词汇编（拉英德汉对照）　科学名词审查会编　鲁德馨汇编
外文题名：A Latin-English-German-Chinese medical terminology

上海：科学名词审查会，1931.7，520 页，22 开

上海：科学名词审查会，1940.4，再版，520 页，22 开，精装

本书为拉英德汉对照。字序依拉丁文名编排，后列英文名、德文通用名、日译名、中文参考名及决定名。

收藏单位：重庆馆、国家馆、湖南馆、吉林馆、上海馆、天津馆、中科图

00326

医学新名词解释 万钧编

上海：医学书局，1927.10，98 页，22 开（丁氏医学丛书）

上海：医学书局，1931.4，再版，98 页，22 开

收藏单位：安徽馆、广西馆、国家馆、上海馆、浙江馆

00327

医学用语简易读本 （英）孟合理（P. L. McAll）编

外文题名：Easy Chinese medical reader

上海：中华医学会，1934.8，110+18 页，22 开，精装

本书共 7 章，内容包括：解剖学与生理学、外科治疗法、内科病的料理法、产科等。

收藏单位：国家馆

00328

医学指南正续三合编 丁福保编

上海：医学书局，1912.1，[462] 页，22 开，精装

上海：医学书局，1922.9，4 版，[462] 页，22 开，精装

本书内容包括：历代医学书目序、丁氏医学丛书总序、内科全书序、育儿谈序、实验却病法等。

收藏单位：广东馆、国家馆、上海馆

00329

英汉新医辞典 辞典编译委员会编译

外文题名：English-Chinese modern medical dictionary

杭州：新医书局，1949.7，836 页，25 开，精装

本书译名均以科学名词审查会及编译馆所定者为标准。附处方应用简字表、元素名词、药量表等。

收藏单位：安徽馆、广东馆、国家馆

00330

中西医学名辞对照（第 1 集） 李荣 章次公著

上海：民众医学社，1933.10，46 页，32 开（李氏医学丛书 4）

本书收 15 个病名，内容包括：白喉、猩红热、霍乱、丹毒、卒中等。每病均有中西医病名对照、病理简说、学理解释。

收藏单位：国家馆、南京馆

00331

中西医药指导 顾羽著

上海：新生活书店，1935.4，140 页，32 开

本书共 4 编：医学指导、西医指导、中药指导、卫生指导。

收藏单位：国家馆、南京馆

00332

最新实用医学各科全书 张崇熙编 沈逸南校

杭州：宋经楼书店，1936.7，3 册（[3027] 页），32 开，精装

杭州：宋经楼书店，1948.12，增订 5 版，3 册（[3027] 页），32 开，精装

本书共 28 部分，内容包括：解剖生理学、组织胎生学、细菌学、病理学、诊断学、药物学、内科学、外科学、看护学、急救学、卫生学、法医学、临床处方、医药法规等。

收藏单位：广东馆、国家馆、山西馆、上海馆

00333

最新医学指南 医学书局编

上海：医学书局，1930.11，378 页，23 开

本书按分类收该书局出版医学书籍的序文 136 篇。

收藏单位：国家馆、湖南馆

预防医学、卫生学

00334

保健捷径　邱起祥医师诊所编

上海：邱起祥，[1939]，24页，24开

　　本书附传染病之症状及疗法、民国廿八年阴阳对照历书。

00335

保健浅说　张查理编著

重庆：正中书局，1941.3，48页，32开（特教丛刊第17种）

上海：正中书局，1946.2，48页，32开（特教丛刊第17种）

　　本书共8章：引言、环境卫生、膳食的卫生、个人卫生、公共卫生、学校卫生、妇婴卫生、传染病的预防。

　　收藏单位：安徽馆、重庆馆、东北师大馆、广东馆、国家馆、湖南馆、辽大馆、南京馆、上海馆、首都馆

00336

保健手册　新中国科学建设协进会卫生助学运动委员会编

上海：新中国科学建设协进会卫生助学运动委员会，[1911—1949]，16页，32开

　　本书共5章：食物与营养、传染病及其预防法、病菌简易消毒法、中毒急救法、日常病疗养法。

　　收藏单位：南京馆

00337

保健卫生

出版者不详，1943，42页，32开

　　本书共10章：个人卫生、人体各器官之卫生、卫生设备、教授卫生、卫生教授、传染病及其预防、运动竞赛应注意之事项、保健施设、工厂卫生设备之标准、乡村卫生。

　　收藏单位：国家馆

00338

保健要录　毕汝刚著

重庆：商务印书馆，1946.1，139页，32开

　　本书共10章，内容包括：健康总论、个人保健、妇婴卫生、环境卫生、营养常识、疾病常识、药物常识等。附录12种，内容包括：卫生格言、民族健康运动十二纲目、卫生署附属机关一览表、各国医事人员人数比较表、各国普通死亡率比较表等。

　　收藏单位：重庆馆、国家馆、南京馆

00339

保健指南（第1期 通俗卫生专号）　杨郁生著

出版者不详，[1929.1]，44页，32开

00340

初级卫生学　顾秉臣译

上海：广学会，1917.8，188页，22开

　　本书共27章，内容包括：疾病之原因、疾病原生物、瘟疫、结核病等。附鸦片烟之正用及滥用、预防霍乱吐泻症之单传、华英名词对照表。

　　收藏单位：国家馆、湖南馆、江西馆、首都馆

00341

公共卫生　程瀚章编

上海：商务印书馆，1924.12，172页，32开（新知识丛书）

00342

公共卫生　江苏省立教育学院研究实验部编

无锡：江苏省立教育学院，1932.5，12页，25开（民众卫生丛书7）

　　收藏单位：重庆馆、江西馆

00343

公共卫生　卫楚材著

上海：亚细亚书局，1935.4，[14+162]页，32开（基本知识丛书）

本书共 10 章，内容包括：医学和公共卫生的发达、环境卫生、传染病的预防、妇孺卫生、学校卫生、劳工卫生、都市安全和健康设施、国民健康问题等。

收藏单位：安徽馆、重庆馆、广东馆、广西馆、桂林馆、国家馆、上海馆、天津馆、浙江馆

00344

公共卫生　卫楚材著

上海：中国文化服务社，1935.4，[14+162] 页，32 开（基本知识丛书）

上海：中国文化服务社，1936，再版，[14+162] 页，32 开（基本知识丛书）

收藏单位：广东馆、广西馆、国家馆、南京馆、首都馆

00345

公共卫生　许世瑾等编著

上海：中华医学会，[1933]，[22] 页，16 开

本书为《中华医学杂志》第 19 卷第 5 期抽印本。

收藏单位：广西馆

00346

公共卫生　叶绍钧等编

上海：中华书局，1947.12，28 页，32 开

上海：中华书局，1948.8，再版，28 页，32 开（中华文库 卫生类）

收藏单位：国家馆

00347

公共卫生　张崇德等著

上海：中华医学杂志社，1933，[28] 页，18 开

本书为《中华医学杂志》第 19 卷第 4 期抽印本。

收藏单位：国家馆

00348

公共卫生　中国国民党中央执行委员会训练委员会编

中国国民党中央执行委员会训练委员会，

1943.12，81 页，32 开（乡镇干部教程 11）

本书共 7 章，内容包括：我国公共卫生行政组织、环境卫生、传染病管理等。

收藏单位：广西馆、国家馆、江西馆、辽宁馆、南京馆、浙江馆

00349

公共卫生（简易治疗）　江西全省卫生处编

[赣县（赣州）]：江西省地方政治讲习院政治干事组，1939，32 页，32 开（分组训练教材 8）

本书内容包括：本省习见几种急性传染病之认识与其防治法概要、几种普通病症简易疗法、急救法、常备药箱（即保健箱）内药品用法说明等。

收藏单位：重庆馆

00350

公共卫生常识　翟培庆编

上海：中华书局，1939.1，108 页，32 开（义务教育丛书）

重庆：中华书局，1943.6，76 页，32 开

重庆：中华书局，1944，重排版，76 页，32 开

[赣县（赣州）]：中华书局，1944，76 页，32 开

本书共 6 章，内容包括：环境卫生、保健事业、卫生教育等。

收藏单位：安徽馆、重庆馆、广东馆、贵州馆、桂林馆、国家馆、江西馆、南京馆、上海馆

00351

公共卫生概论　胡鸿基著

上海：商务印书馆，1929.10，62 页，32 开（万有文库 第 1 集 529）（医学小丛书）

上海：商务印书馆，1931.9，62 页，32 开（医学小丛书）

上海：商务印书馆，1933.2，国难后 1 版，62 页，32 开（医学小丛书）

上海：商务印书馆，1934.2，国难后 2 版，62 页，32 开（医学小丛书）

上海：商务印书馆，1934.7，62 页，再版，32

开（万有文库 第1集 529）（医学小丛书）

上海：商务印书馆，1934，国难后3版，62页，32开（医学小丛书）

上海：商务印书馆，1935.5，国难后4版，62页，32开（医学小丛书）

[长沙]：商务印书馆，1939.12，62页，32开（万有文库 第1—2集 简编 199）（医学小丛书）

重庆：商务印书馆，1944.12，50页，32开（医学小丛书）

本书共3篇：绪论、预防医学与公共卫生、结论。

收藏单位：安徽馆、重庆馆、大理馆、大连馆、东北师大馆、广东馆、广西馆、贵州馆、国家馆、黑龙江馆、湖南馆、江西馆、辽大馆、辽师大馆、南京馆、内蒙古馆、宁夏馆、上海馆、首都馆、天津馆、西南大学馆、浙江馆

00352

公共卫生概要　赖斗岩编

上海：中华书局，1937.4，2册（190+160页），32开（中华百科丛书）

上海：中华书局，1939.8，增订版，2册（194+[11]+190页），32开（中华百科丛书）

上海：中华书局，1941.8，增订再版，2册（194+[11]+190页），32开（中华百科丛书）

重庆：中华书局，1944.1，重排版，252页，32开（中华百科丛书）

本书参照教育部医学教育委员会1935年颁布的"大学医学院及独立医学院或医科教材大纲"编辑。共28章，内容包括：个人保健概要、粪污之处理、住宅和新村、公共卫生护士、学校卫生、工业卫生等。附中英文名词索引。

收藏单位：重庆馆、广西馆、桂林馆、国家馆、湖南馆、辽宁馆、宁夏馆、首都馆、浙江馆

00353

公共卫生护病学　（美）茹特纳（M. S. Gardner）著　吴建庵译

外文题名：Public health nursing

上海：广协书局，1934，410页，22开

上海：广协书局，1938，再版，410页，22开

上海：广协书局，1946，3版，410页，22开

本书共6卷：公共卫生护病之发展、私人办理之公共卫生护病、公家办理之公共卫生护病、护病团体、公共卫生护病之专门部分、纪录与统计。

收藏单位：安徽馆、广东馆、国家馆、上海馆

00354

公共卫生浅说　胡定安编著　程瀚章校

上海：商务印书馆，1927.1，29页，25开（通俗医书）

本书编著者原题：胡赟。

收藏单位：广东馆、广西馆

00355

公共卫生浅说　余德荪著

出版者不详，[1911—1949]，62页，22开

本书内容包括：为什么要提倡公共卫生、急性传染病的预防、社会病和寄生虫病的预防、污物的处置等。

收藏单位：浙江馆

00356

公共卫生实施概要　军事委员会军医署编

[军事委员会军医署]，1935，18页，64开

收藏单位：重庆馆

00357

公共卫生实施概要　庐山暑期训练团编

庐山暑期训练团，1937.7，20页，64开

00358

公共卫生实施概要　卫生署编

[南京]：卫生署，1936.5，16页，32开

收藏单位：上海馆

00359

公共卫生实施概要

南京：训练总监部，[1927—1949]，15 页，32
开

　　收藏单位：南京馆

00360

公共卫生学　毕汝刚编著　教育部医学教育
委员会主编
重庆：商务印书馆，1945.9，253 页，32 开
上海：商务印书馆，1946.12，253 页，32 开
（新中学文库）
上海：商务印书馆，1948.6，3 版，253 页，32
开（新中学文库）
上海：商务印书馆，1949.2，4 版，253 页，32
开

　　本书共 9 章，内容包括：保健设施、医药
管理、环境卫生、卫生教育等。

　　收藏单位：安徽馆、重庆馆、东北师大
馆、广东馆、国家馆、黑龙江馆、辽宁馆、
南京馆、绍兴馆、首都馆、天津馆、浙江馆、
中科图

00361

公共卫生学　（美）兰安生（J. B. Grant）　余
潢译
南京：中华卫生教育研究会，1930.9，376 页，
22 开

　　本书共 10 章，内容包括：医学与公共卫
生、公共卫生之组织、统计学、传染病之管
理等。书前有刘瑞恒序。

　　收藏单位：重庆馆、国家馆、江西馆、南
京馆、西南大学馆

00362

公共卫生学
出版者不详，[1911—1949]，油印本，282 页，
16 开

　　收藏单位：重庆馆

00363

公共卫生学（第 1 期讲义）　余德荪编
[浙江省地方自治专修学校]，[1927—1949]，
172 页，22 开

　　本书内容包括：绪论、传染病的预防、

水、污物的处置、饮食物等。编者原题：余继
敏。

　　收藏单位：浙江馆

00364

公共卫生学（第 2 期讲义）　余德荪编
[浙江省地方自治专修学校]，[1927—1949]，
184 页，22 开

　　本书编者原题：余继敏。

　　收藏单位：浙江馆

00365

公共卫生学（第 3 期讲义）　余德荪编
[浙江省地方自治专修学校]，[1927—1949]，
234 页，22 开

　　本书编者原题：余继敏。

　　收藏单位：浙江馆

00366

公共卫生学纲要讲义（第 4 届前期）　余德荪
编
[浙江省地方自治专修学校]，[1927—1949]，
282 页，22 开

　　本书著者原题：余继敏。

　　收藏单位：浙江馆

00367

公民卫生　程瀚章编纂
上海：商务印书馆，1924，172 页，32 开（新
智识丛书）
上海：商务印书馆，1931.3，再版，172 页，32
开（新智识丛书）

　　本书共两编，第 1 编"总论"共 4 章：公
民卫生的定义和范围、公民卫生的效果、在
各种年龄阶级公民卫生的观察、在各种职业
阶级公民卫生的观察。第 2 编"各论"共 10
章，内容包括：衣服制和浴制、国民营养问
题、交通卫生等。

　　收藏单位：安徽馆、重庆馆、广东馆、桂
林馆、国家馆、湖南馆、江西馆、南京馆、
内蒙古馆、首都馆、浙江馆

00368

公众卫生　周晦庵编著

[北平]：中华平民教育促进会，1933.3，4册，50开（平民读物170）

　　本书介绍公共卫生常识。

　　收藏单位：国家馆

00369

公众卫生宝鉴　马兼善等编　仲靖澜校

上海：普益书局，1931.4，180页，32开（康健顾问卫生宝鉴）

　　本书共5章：导言、卫生机关、卫生设施、卫生运动、卫生法令。

　　收藏单位：重庆馆、广东馆、贵州馆、黑龙江馆、首都馆、浙江馆

00370

公众卫生学　黄岛晴著

成都：华英书局，1928.1，410页，24开，精装

　　收藏单位：上海馆

00371

公众卫生学　（英）雷实礼（P. C. Leslie）编纂

外文题名：Handbook on hygiene & public health

上海：协和书局，1926，181页，25开，精装

上海：协和书局，1929.11，3版，181页，25开

　　本书共10章，内容包括：空气、水、土地、食物、秽物之处置法、传染、传染性病等。

　　收藏单位：广东馆、国家馆、浙江馆

00372

公众卫生学　（英）雷实礼（P. C. Leslie）编

外文题名：Handbook on hygiene and public health

上海：中国博医会，1916.5，[13+181]页，32开，精装

上海：中国博医会，1932.1，3版，[13+181]页，32开，精装

　　收藏单位：广东馆、上海馆、首都馆

00373

国立同济大学医学院公共卫生学馆工作报告

[国立同济大学医学院公共卫生学馆编]

宜宾：国立同济大学医学院公共卫生学馆，1944.5，油印本，1册，25开

　　本书收文两篇：《指垢内肠寄生虫卵之检查》《我国各种社会阶级出生率之调查》。文后附瘠病之历史、宜宾伤兵与驻军梅毒病率之调查。

　　收藏单位：国家馆、南京馆

00374

国民卫生常识　张国强著

桂林：文化供应社，1943.4，59页，50开

　　本书共8章，内容包括：为什么要注重卫生、人体是怎样构成的、个人卫生习惯等。

　　收藏单位：重庆馆、国家馆

00375

国民卫生须知　中国卫生社编

天津：中国卫生社，1932.8，316页，16开，精装

天津：中国卫生社，1935，316页，16开，精装

天津：中国卫生社，1936，316页，16开，精装

　　本书共10章，内容包括：公共卫生门、学校卫生门、妇女卫生门、儿童卫生门等。

　　收藏单位：广东馆、国家馆、南京馆

00376

好健康（第1卷）　F. G. Jewett著　李荣春译

上海：广学会，1915，99页，23开

上海：广学会，1924，再版，99页，23开

　　本书讲述日常生活卫生及环境卫生常识。

其他题名：顾氏卫生学好健康。

　　收藏单位：国家馆、南京馆、首都馆

00377

护士简易卫生学　达林氏著　余文光编译

上海：中华医学会教会医事委员会，1949，317页，26开

　　本书根据达林氏简易卫生学英文本译成，

书中第 1 章"公共卫生之意义"及第 13 章"生命统计"为编译者所撰述。

收藏单位：重庆馆

00378

疾病及其预防 司马淦 王培信编著
重庆：正中书局，1945.11，128 页，32 开（卫生教育小丛书）

00379

健康生活丛书 丁福保编纂
上海：医学书局，1933.12，307 页，32 开
本书共两篇：积极的卫生、消极的卫生。
收藏单位：重庆馆、上海馆

00380

民族卫生学 （美）赖斯（Thurman B. Rice）著 朱懋祺译
[杭州]：朱懋祺，1935.11，138 页，22 开
本书内容包括：绪论、三角式的人生、变异、选择、性细胞、孟特尔遗传律及其他遗传现象等。
收藏单位：上海馆、浙江馆

00381

清洁卫生 教育部通俗教育研究会编
出版者不详，1921，13 页，32 开
收藏单位：首都馆

00382

实用卫生讲话 （日）清水秀夫原著 白天助译
新京（长春）：艺文书房，1944.9，10+310 页，32 开
本书共 27 章，内容包括：个人卫生与公众卫生、殖民与卫生、肺结核及其豫防法、近视与色盲等。
收藏单位：国家馆

00383

四季卫生问答 庄觉著
上海：大华书局，1934.5，160 页，32 开（医学卫生问答丛书）

本书共 5 章：总说、春季卫生、夏季卫生、秋季卫生、冬季卫生。
收藏单位：重庆馆、贵州馆、国家馆、湖南馆、山西馆、浙江馆

00384

通俗卫生 金子直编著
上海：商务印书馆，1934.6，54 页，32 开（医学小丛书）
上海：商务印书馆，1934.8，再版，54 页，32 开（医学小丛书）
上海：商务印书馆，1935.7，3 版，54 页，32 开（医学小丛书）
[长沙]：商务印书馆，1939.9，4 版，54 页，32 开，精装（医学小丛书）
本书共 6 章：家庭及个人卫生、学校卫生、城市卫生、乡村卫生、灭蝇、婴儿卫生。附预防疾病。
收藏单位：重庆馆、广东馆、贵州馆、国家馆、江西馆、宁夏馆、上海馆、首都馆、浙江馆

00385

通俗卫生小丛书（第 1 册） 中央刻经院编
北平：中央刻经院，[1911—1949]，[254] 页，48 开
本书内容包括：疾病之媒介、卫生问题、疾病传染预防法、病、霍乱伤寒痢疾一夕谈、鼠疫、伤风、白喉等。
收藏单位：国家馆

00386

卫生（第 1—8 册）
出版者不详，[1911—1949]，8 册，16 开
收藏单位：国家馆

00387

卫生常识（第 1 期） 张翼编
汉口：张翼，1931.3，30 页，16 开
本书共 46 节，内容包括：早婚之害、血统结婚之害、难产之预防、小儿饮食宜加节制等。
收藏单位：国家馆

00388

卫生常识演讲集（第1集）　卫生署编

[南京]：卫生署卫生教育组，1935.6，190页，22开

　　本书共48篇，内容包括：快种牛痘以防天花、个人卫生之要则、扁桃腺肿大、产妇卫生常识等。

　　收藏单位：重庆馆、国家馆、江西馆、南京馆、浙江馆

00389

卫生初步　郭延谟译

上海：商务印书馆，1918.5，175页，25开

　　收藏单位：重庆馆、国家馆、湖南馆、江西馆、首都馆、天津馆

00390

卫生丛刊　中国国民党浙江省执行委员会宣传部编

杭州：中国国民党浙江省执行委员会宣传部，1931.5，382页，32开

　　本书内容包括：法规类、卫生类、疾病及预防类、常识类等。

　　收藏单位：浙江馆

00391

卫生丛刊

上海：医学书局，[1911—1949]，1册，22开，精装（丁氏医学丛书）

　　收藏单位：南京馆

00392

卫生广播讲演集　吴骥伯等编

北平：北平市卫生局第一卫生区事务所，1937.5，410页，25开

　　本书共8编，内容包括：一般卫生常识、疾病预防、饮食卫生、牙齿卫生、家庭卫生等。

　　收藏单位：国家馆、首都馆、中科图

00393

卫生讲义　卫生部编

南京：江苏省区长训练所，[1930—1939]，1册，25开（江苏省区长训练所政治丛书20）

　　收藏单位：国家馆、南京馆

00394

卫生教育用品目录　卫生实验处售品室编

卫生实验处售品室，1936.7，增订版，1册，32开

　　收藏单位：国家馆、内蒙古馆

00395

卫生手册（1）　[林炎]等编

辽北东北印刷厂，1948.9，71页，32开

　　本书共24篇，内容包括：《肺结核的疗养》（林炎）、《肺结核的症状》（范文博）、《肺结核怎样预防》（王震夫、张可）、《天花病》（王一介）、《谈伤风》（马林）等。

　　收藏单位：东北师大馆、广东馆、国家馆、山西馆、天津馆

00396

卫生问答　王泽民编

教育部民众读物编审委员会，[1938—1945]，58页，64开（民众文库）

　　收藏单位：重庆馆、南京馆

00397

卫生问答

出版者不详，[1911—1949]，25页，32开（中华卫生教育会小丛书31）

　　收藏单位：广东馆

00398

卫生学ABC　沈霁春著

上海：ABC丛书社，1928.8，135页，32开，精装（ABC丛书）

上海：ABC丛书社，1929.2，再版，135页，32开（ABC丛书）

上海：ABC丛书社，1930.4，3版，135页，32开（ABC丛书）

上海：ABC丛书社，1932.12，4版，135页，32开（ABC丛书）

上海：ABC丛书社，1934.10，5版，135页，32开（ABC丛书）

本书共两篇。上篇"卫生通论"共5章：导言、空气土地与水、衣食住、身体的卫生、行为的卫生；下篇"应用卫生学"共5章：家庭卫生、学校卫生、市镇卫生、工厂卫生、结论。

收藏单位：重庆馆、广东馆、广西馆、国家馆、湖南馆、江西馆、辽大馆、南京馆、内蒙古馆、宁夏馆、山西馆、首都馆、西南大学馆、浙江馆

00399

卫生学常识问答　钱舜鹤著

上海：新民书社，1931，186页，50开

上海：新民书社，1932，续版，186页，50开

上海：新民书社，1932.3，5版，186页，50开

上海：新民书社，1933.3，6版，186页，50开

上海：新民书社，1933.6，7版，186页，50开

上海：新民书社，1934.3，8版，186页，50开

上海：新民书社，1935.7，10版，186页，50开

本书共5部分：概论、生理、饮食、微生物、医药。

收藏单位：重庆馆、广东馆、国家馆、江西馆、浙江馆

00400

卫生学教程

航空委员会，1943，206页，22开

收藏单位：广东馆

00401

卫生要旨　中法大药房编

上海：中法大药房，[1919.8]，50页，32开

上海：中法大药房，1933.12，80页，32开

本书为该药房药品广告，内容包括：通俗卫生常识、本药房良药与舶来品对照表摘要、本药房良药对症表摘要、本药房出品分类汇览。

收藏单位：重庆馆、国家馆

00402

卫生医药常识　庄畏仲编著

上海：庄畏仲，1936.9，[22]+178+[64]页，22开

本书共8章，内容包括：中国民族积弱之原因及其救策、人体重要生理、康健之法、常用之药、细菌及免疫消毒常识等。

收藏单位：广东馆、国家馆、南京馆、上海馆

00403

卫生治疗新书　王倬编译

上海：商务印书馆，1913.7，392页，32开，精装

上海：商务印书馆，1914，3版，392页，32开

上海：商务印书馆，1915，4版，392页，32开，精装

上海：商务印书馆，1916.6，5版，392页，32开，精装

上海：商务印书馆，[1917.6]，6版，392页，32开，精装

上海：商务印书馆，1920.6，7版，392页，32开

上海：商务印书馆，1929.3，8版，392页，32开

上海：商务印书馆，1934.4，国难后1版，392页，25开（家庭丛书）

上海：商务印书馆，1935.6，国难后2版，392页，25开（家庭丛书）

本书共两篇。"卫生篇"共11编，内容包括：衣食住之卫生、气候之卫生、人体之病理与卫生等；"治疗篇"共13编，内容包括：呼吸器病、血行器病、脑神经系病等。

收藏单位：国家馆、湖南馆、南京馆、山西馆、上海馆、绍兴馆、首都馆、西南大学馆

00404

夏季卫生讲座　乔君琦编著

上海：中华书局，1936.11，再版，30页，32开（小朋友文库 第1辑）

本书内容包括：可恶的苍蝇、可怕的蚊虫、夏季的瘟疫、饮食的卫生等。

收藏单位：重庆馆

00405

一般的卫生常识　赵水澄编选

[北平]：中华平民教育促进会，1930.11，34页，50开

　　本书共10章：卫生的好习惯、健康的门径、空气的用处、人人应当每天刷牙漱口、公众地方的卫生、晒太阳有甚么好处、防备生病的妙法、冬日白炉的卫生、冬季的皮肤卫生、微生物。

　　　　收藏单位：国家馆

00406

医务文摘（干部学习材料）　中原军区卫生部编

中原军区卫生部，1948.11，35页，32开

　　本书收文9篇，内容包括：《毒气预防和急救法》《第一线救护组织与技术上的一般问题》《关于出院工作的初步研究》《抢救病院介绍》《内科医生在执行业务中应注意的几点意见》《木制下肢牵引副木》等。

　　　　收藏单位：重庆馆

00407

中国卫生杂志贰年全集（1）　中国卫生社编

天津：中国卫生社，1931.1，600页，16开，精装

天津：中国卫生社，1933.1，再版，600页，16开，精装

　　本书共10编，内容包括：市政公共卫生编、工商卫生编、学校卫生编、家庭卫生编等。

00408

中国预防医学研究所报告第1号（痹病问题闻见纪要）　洪式闾著

[重庆]：中国预防医学研究所，1942.8，6页，18开

　　　　收藏单位：国家馆

00409

最新卫生学　张重行编著

广州：中华科学教育改进社，1934.8，140页，

32开

广州：中华科学教育改进社，1935.7，再版，140页，32开

　　本书共5章：现代医学的由来、现代科学医学的特点、社会文化和民族健康、健康和经济、个人对于社会和民族健康应有的理解和行为。

　　　　收藏单位：安徽馆、河南馆、江西馆

卫生基础科学

00410

大众卫生常识　陕甘宁边区编

[威县]：冀南书店，1947.7，30页，32开（工农兵丛书）

　　本书内容包括：农村常见的染传病及简易急救法、农村卫生、妇孺卫生等。

　　　　收藏单位：国家馆

00411

公共卫生学讲义　林琼轩编

杭州：浙江省警官学校，1930.6，112页，22开（浙江省警官学校讲义 第1期29）

　　本书内容包括：人体之解剖卫生、传染病、防疫法、水之卫生、废弃物之处置等。

　　　　收藏单位：浙江馆

00412

国际卫生会议最后议定书

出版者不详，1946，57页，10开

　　本书内容包括：国际卫生会议议定书、世界卫生组织组织法、国际卫生会议与会各国政府所订定之过渡办法等。

　　　　收藏单位：国家馆、上海馆、中科图

00413

罗氏卫生学　（美）罗森奥（M. J. Rosenau）著

外文题名：Preventive medicine and hygiene

上海：中国博医会，1927.5，672+12页，18开，精装

上海：中华医学会，1940.7，再版，1501页，18开，精装

本书共13篇，内容包括：传染性病之预防、公共卫生之法则、食品、空气、土壤、水等。

收藏单位：重庆馆、广东馆、国家馆、辽宁馆、首都馆

00414
民众通俗卫生常识　湖南省卫生实验处编
耒阳：湖南省政府，1940，32页，32开

本书内容包括：环境卫生、健康生活、妇婴卫生、防疫等。

收藏单位：重庆馆、湖南馆、南京馆

00415
民众卫生　戴安乐编著
外文题名：Health and hygiene
上海：时兆报馆，1934.3，95页，32开
上海：时兆报馆，1934.8，再版，95页，32开
上海：时兆报馆，1935.4，4版，95页，32开
上海：时兆报馆，1935.7，5版，95页，32开

本书共6章：国家之卫生问题、家庭卫生、工厂及商店之卫生、疾病之原因及治疗、合乎卫生原则的食物、急救法。

收藏单位：重庆馆、广东馆、国家馆、湖南馆、上海馆、浙江馆

00416
民众卫生　段松椿撰
安徽敬业山房，1944.3，90页，32开

收藏单位：安徽馆、国家馆

00417
平民卫生　傅若遇　高镜朗编
上海：青年协会智育部，1924.7，47页，32开
上海：青年协会智育部，1936.9，6版，47页，32开

本书编者"高镜朗"原题：高镜郎。

00418
普通卫生　（美）J. A. Tobey 著　梅晋良译
外文题名：The common health

上海：广协书局，1939.6，112页，64开（国民健康丛书6）

本书共7章，内容包括：绝对健康之条件、疾病之预防、家庭卫生、地方公众卫生等。

收藏单位：辽宁馆、上海馆

00419
日用卫生　孙佐编　严保诚校
上海：商务印书馆，1916.4，103页，32开（通俗教育丛书）
上海：商务印书馆，1920.6，4版，103页，32开（通俗教育丛书）
上海：商务印书馆，1923，6版，103页，32开（通俗教育丛书）
上海：商务印书馆，1925，7版，103页，32开（通俗教育丛书）
上海：商务印书馆，1927.1，8版，103页，32开（通俗教育丛书）
上海：商务印书馆，1931.2，9版，103页，32开（通俗教育丛书）
上海：商务印书馆，1933，国难后1版，104页，32开（通俗教育丛书）
上海：商务印书馆，1935，国难后2版，104页，32开（通俗教育丛书）

本书共18节，内容包括：总论、体温、空气与呼吸、食事卫生、衣类及寝具等。

收藏单位：安徽馆、重庆馆、广东馆、国家馆、湖南馆、江西馆、南京馆、首都馆、西南大学馆、浙江馆

00420
实验卫生学讲本　（日）山田谦次著　丁福保译
上海：医学书局，1930.10，再版，215页，25开（丁氏医学丛书）

收藏单位：安徽馆

00421
实用卫生常识　张克成著
上海：泰东图书局，1924.7，86页，32开

本书内容包括：人类的寿命、人种改良学、卫生学的关系等。

收藏单位：浙江馆

00422

实用卫生学　夏永新著

成都：日新工业社，1936.1，再版，80页，32开

　　本书宗旨是使我国同胞能获得普通的卫生常识，共享健康之幸福。共3篇：救急法、卫生法、疾病防治法。

　　收藏单位：重庆馆

00423

实用细菌学检验法　陈少伯编著

陈少伯，1943.7，136页，24开

陈少伯，1944.9，再版，[10]+166页，24开（医用微生物学 第4集）

　　本书共11章，内容包括：器械、培养基、染料及染色法、实验动物、培养法、鉴定法、重要致病菌之检验法、临床血清诊断等。

　　收藏单位：重庆馆、广东馆

00424

实用细菌学检验法　陈少伯编著

上海：龙门联合书局，1947.8，修订版，129页，24开

　　收藏单位：重庆馆、广东馆

00425

太岳区卫生座谈会专刊　太岳政报社编

太岳政报社，1947.5，50页，32开（卫生丛书2）

　　收藏单位：国家馆、山东馆

00426

通俗卫生须知　杨文镐编

[上海]：杨文镐，[1939.7]，54页，32开（西湖养生医庐养生丛书）

00427

卫生　江西全省卫生处编

赣县（赣州）：江西省地方政治讲习院，1939.10，70页，32开（共同训练教材13）

[赣县（赣州）]：江西省地方政治讲习院，1940.3，70页，32开（共同训练教材13）

赣县（赣州）：江西省地方政治讲习院，1941.2，70页，32开（共同训练教材13）

　　本书共两章：公共卫生概论、公共卫生各论。

　　收藏单位：重庆馆、江西馆、浙江馆

00428

卫生常识　高一光　项柏仁合编

太岳新华书店，1946.12，34页，32开（群众宣讲教材）

　　本书共3部分：卫生常识、流行传染病及防治法、如何开展卫生工作。

　　收藏单位：国家馆

00429

卫生常识　国民政府内政部编

南京：国民政府内政部，1928.9，96页，48开

00430

卫生常识　国民政府行政院卫生部编印　浙江省民政厅仿制

浙江省民政厅，1929.1，96页，32开

　　本书内容包括：如何使我国人民死亡率减少、助产士应赶快培植等。

　　收藏单位：东北师大馆、湖南馆、浙江馆

00431

卫生常识　河南省农村合作委员会编

河南省农村合作委员会，[1911—1949]，30页，36开（合作讲习教材1）

　　收藏单位：重庆馆

00432

卫生常识　胡光翟编纂

上海：商务印书馆，1925.2，2册，50开（平民小丛书 第35种 卫生类）

上海：商务印书馆，1931，3版，19页，50开（平民小丛书）

　　本书内容包括：说洗澡与人身体健康的关系、说鼠疫的预防法、说瓜果宜少食等。

　　收藏单位：广东馆、首都馆

00433

卫生常识 江西省地方政治讲习院编

[赣县（赣州）]：江西省地方政治讲习院，1938.4，56 页，25 开

收藏单位：江西馆

00434

卫生常识 江西省妇女生活改进会编

南昌：江西省妇女生活改进会，1939.8，120 页，23 开（妇女组训丛书 7）

收藏单位：江西馆、南京馆

00435

卫生常识 军区卫生部编

边区政府编委会，[1911—1949]，石印本，22 页，32 开（大众常识丛书 1）

收藏单位：国家馆

00436

卫生常识 军人小丛书编辑社编

南京：拔提书店，1931，72 页，64 开（军人小丛书）

收藏单位：广东馆

00437

卫生常识 王立才等编

出版者不详，[1918.2]，[100] 页，32 开

00438

卫生常识问答 黄子方编著

上海：商务印书馆，1937.2，54 页，32 开

本书共 7 章：生理常识、疾病常识、妇婴卫生、卫生习惯、公共卫生、防疫常识、急救常识。

收藏单位：国家馆、湖南馆、江西馆、南京馆、浙江馆

00439

卫生常识·衣食住·卫生浅说 胡光翟著·江红蕉著·凌鸿瑶著

上海：商务印书馆，1924—1926，再版，1 册，64 开（平民小丛书 卫生类）

收藏单位：重庆馆

00440

卫生丛话 俞凤宾著

上海：商务印书馆，1927，4 册（72+118+124+113 页），32 开（医学丛书）

上海：商务印书馆，1933.9，国难后 1 版，17+404 页，32 开（医学丛书）

上海：商务印书馆，1934.9，国难后 2 版，17+404 页，32 开（医学丛书）

[长沙]：商务印书馆，1940，国难后 3 版，17+404 页，32 开（医学丛书）

本书共 4 集。第 1 集共 44 篇，内容包括：《公民之卫生常识》《长寿之一解》《商店卫生之一斑》等；第 2 集共 41 篇，内容包括：《弹棉业之卫生》《爱克司光与个人卫生》《爱克司光与公众卫生》等；第 3 集共 40 篇，内容包括：《人体中之战争》《鸦片与吗啡之流毒》《广告与卫生》等；第 4 集共 20 篇，内容包括：《卫生标准与统计》《医学注重实验谈》《夏令卫生谈》等。

收藏单位：安徽馆、重庆馆、广东馆、国家馆、湖南馆、江西馆、南京馆、上海馆、首都馆、浙江馆

00441

卫生丛话（第 1 集） 俞凤宾著 申报馆编辑

外文题名：Short talks on hygiene

上海：申报馆，1921.6，60 页，25 开

本书内容包括：《公民之卫生常识》《长寿之一解》《商店卫生之一斑》《老年卫生之提倡》等。

收藏单位：上海馆

00442

卫生丛话（第 2 集） 俞凤宾著 申报馆编辑

上海：申报馆，1923.6，112 页，25 开（医学丛书）

本书内容包括：《弹棉业之卫生》《择配中之卫生观》《家庭卫生之维持》《肺痨病中之静养》等。

收藏单位：首都馆、西南大学馆

00443

卫生丛书 中华卫生教育联合会编 余云岫

校订

上海：商务印书馆，1920.2，152 页，25 开

上海：商务印书馆，1920.9，再版，152 页，25 开

上海：商务印书馆，1922.12，3 版，152 页，25 开

上海：商务印书馆，1923.11，4 版，152 页，25 开

上海：商务印书馆，1927，5 版，152 页，25 开

　　本书共 18 篇，内容包括：中国城市卫生论、疾病传染防御论、痨病、家庭卫生、伤风防御法等。

　　收藏单位：重庆馆、广东馆、国家馆、湖南馆、江西馆、辽宁馆、内蒙古馆、首都馆、天津馆、浙江馆

00444

卫生撮要　上海工部局卫生处编

上海：上海工部局卫生处，[1911—1949]，31 页，32 开

00445

卫生概要　广西省地方行政干部训练团编

广西省地方行政干部训练团，1944.1，48 页，32 开

　　本书为广西省各县（市）地方行政干部训练所乡镇村街干部训练教材。共 4 课：本省卫生行政概况、环境卫生、防疫、其他有关卫生事项。

　　收藏单位：重庆馆、国家馆

00446

卫生概要　潘骥著

南昌：江西省县政人员训练所，1935.5，60 页，24 开（县训丛书 7）

00447

卫生概要

出版者不详，[1911—1949]，56 页，32 开

　　本书内容包括：中心工作、卫生法规、一般工作等。

　　收藏单位：贵州馆

00448

卫生浅说　凌鸿瑶编

上海：商务印书馆，1924.6，2 册，50 开（平民小丛书 第 3 种 卫生类）

上海：商务印书馆，1935.11，3 版，2 册（[58] 页），50 开（民众基本丛书 第 1 集 9—10 卫生类）

　　本书内容包括：饮食、衣服、居住、运动等。

　　收藏单位：重庆馆、国家馆、首都馆

00449

卫生浅说　徐澄著

上海：中华书局，1930.11，22 页，36 开（民众常识丛书）

上海：中华书局，1932.9，再版，22 页，36 开（民众常识丛书）

　　本书共 17 章，内容包括：人体的构造、消化器官的构造和卫生、食的卫生、衣的卫生等。

　　收藏单位：重庆馆、桂林馆、湖南馆、江西馆、南京馆、上海馆、首都馆、天津馆

00450

卫生浅说（儿童的卫生）　凌鸿瑶编　周建人校订

上海：商务印书馆，1935.9，2 册（32+26 页），50 开（民众基本丛书 第 1 集 卫生类）

上海：商务印书馆，1935.10，再版，2 册（32+26 页），50 开（民众基本丛书 第 1 集 卫生类）

　　收藏单位：重庆馆、宁夏馆、首都馆

00451

卫生设计教授

上海：中华卫生教育会，[1920—1930]，37 页，22 开（学校卫生丛书 71）

　　收藏单位：广西馆

00452

卫生新义　谢洪赉编译　黄稻孙校

上海：青年协会，1911，1 册，32 开，环筒页装

上海：青年协会，1918.2，再版，122 页，32 开

本书收 30 篇文章，内容包括：《个人卫生简要规则》《论补药之真功用及人生元气之重要》《论心思与体魄之关系》《论步行之益》《肺病余谈》《论课堂不洁为学生致疾之由》《理想的健全法》《烟害之科学的说明》等。

收藏单位：重庆馆、国家馆、首都馆、天津馆、浙江馆

00453
卫生须知　吴克潜　张汝伟编
上海：大众书局，1934.5，71 页，36 开
上海：大众书局，1947.3，重版，71 页，36 开

本书内容包括：卫生须分年龄、卫生须别男女、卫生须按时令、卫生须求娱乐等。

收藏单位：上海馆、天津馆

00454
卫生学　张崇熙编辑
上海：东亚医学编辑所，1934.7，56 页，25 开
上海：东亚医学编辑所，1935.12，再版，56 页，25 开

本书共 8 章，内容包括：细菌为一切传染病之病原、公共卫生、改革恶习惯、个人卫生、妇女卫生等。

收藏单位：重庆馆、国家馆、湖南馆

00455
卫生学　张仲山编
北平陆军军医学校，1928.3，386 页，18 开

本书内容包括：防疫、微生物、水、衣服、淋浴等。

收藏单位：国家馆

00456
卫生学
出版者不详，[1933]，126 页，25 开
出版者不详，[1939]，243 页，25 开

收藏单位：江西馆

00457
卫生学表解　蒋蓉生编著
上海：东方文学社，1936.1，46 页，32 开
上海：东方文学社，1937.3，3 版，46 页，32 开
上海：东方文学社，1939.9，46 页，32 开
上海：东方文学社，1946.6，46 页，32 开

本书共 20 章，内容包括：人体的构成、骨骼、肌肉、皮肤、消化器等。

收藏单位：重庆馆、广东馆、浙江馆

00458
卫生学大纲　中西医学研究会编辑
上海：医学书局，1927.6，1 册，22 开

本书内容包括：疾病传染防御论、婴孩卫生等。

收藏单位：浙江馆

00459
卫生学纲要（上卷）　任生　丁求真编
杭州：浙江省立医药专科学校，1926，124 页，22 开

收藏单位：国家馆

00460
卫生学讲义　陈鸿禧编述
福建省保卫团干部训练所，1933，40 页，32 开

本书为福建省保卫团干部训练所讲义。

00461
卫生学讲义　毛咸　朱孝文合编
[杭州]：浙江省警官学校，[1928—1949]，176 页，22 开

本书内容包括：一般公共卫生、救急法大意、传染病大意等。

收藏单位：浙江馆

00462
卫生学通论　宋健编　余云岫校
上海：商务印书馆，1921.10，[10]+152 页，22 开，精装
上海：商务印书馆，1923，再版，[10]+152 页，

22 开，精装

上海：商务印书馆，1928.4，3 版，[10]+152 页，22 开，精装

上海：商务印书馆，1931.8，4 版，[10]+152 页，22 开

上海：商务印书馆，1934.5，国难后 1 版，[10]+152 页，22 开

上海：商务印书馆，1935.5，国难后 3 版，[10]+152+9 页，22 开（医学丛书）

　　本书共 8 章，内容包括：饮食、衣服、居处、空气等。

　　收藏单位：重庆馆、东北师大馆、广东馆、广西馆、贵州馆、国家馆、湖南馆、江西馆、南京馆、内蒙古馆、山西馆、首都馆、天津馆、西南大学馆、浙江馆

00463

卫生学新编　陈万钟编著　董其章修正

三合书店，1944，130 页，32 开

　　本书内容包括：呼吸、消化、循环、淋巴、营养、运动、避病等。

　　收藏单位：重庆馆

00464

卫生学要义　T. S. Tuttle 著　李栥编译

外文题名：Principles of public health

上海：民众医学社，1933.4，128 页，32 开（李氏医学丛书）

　　本书共两编：健康之奋斗、健康之仇敌。

00465

卫生学要义　蒋维乔编

出版者不详，[1917]，140 页，25 开

　　收藏单位：江西馆

00466

卫生学与卫生行政　陈方之编

上海：商务印书馆，1934.12，276 页，25 开

上海：商务印书馆，1935.5，再版，276 页，25 开

长沙：商务印书馆，1938，3 版，276 页，25 开

　　本书共两编。第 1 编"总论"共 6 章，内容包括：释名、历史、定义等；第 2 编"实验卫生学"共 7 章，内容包括：处理污物、水供注意、空气卫生等。

　　收藏单位：重庆馆、广东馆、贵州馆、国家馆、湖北馆、湖南馆、南京馆、内蒙古馆、山西馆、上海馆、首都馆、天津馆、西南大学馆、浙江馆

00467

卫生要览　卫生部编

南京：卫生部，1929.2，74 页，16 开（卫生部刊物 21 册籍类 6）

　　本书内容包括：个人卫生十二要、家庭卫生十二要、社会卫生十二要、学校卫生十二要、工厂卫生十二要、理发馆卫生十二要等。

　　收藏单位：湖南馆、辽宁馆、南京馆

00468

卫生要义　俞凤宾　程瀚章著

上海：商务印书馆，1930.10，95 页，32 开（万有文库 第 1 集 528）（百科小丛书）

上海：商务印书馆，1934.7，95 页，32 开（万有文库 第 1 集 528）（百科小丛书）

　　本书共 11 章，内容包括：营养卫生、维生素、食品与消化、动作机能等。

　　收藏单位：安徽馆、重庆馆、大理馆、大连馆、东北师大馆、广西馆、贵州馆、国家馆、黑龙江馆、江西馆、辽大馆、辽师大馆、内蒙古馆、宁夏馆、上海馆、天津馆、西南大学馆、浙江馆

00469

卫生纂要　吴嘉猷编著

上海：文明书局，1925.7，64 页，32 开

　　本书内容包括：绪论、个人卫生、公众卫生等。

　　收藏单位：山西馆、天津馆、浙江馆

环境卫生、环境医学

00470

北京公共卫生刍议　（美）兰安生（J. B. Grant）

著 [中央防疫处] 译
北京：中央防疫处，1925.5，28 页，25 开
　　本书共 3 篇：绪论、外国城市公共卫生之标准与北京公共卫生之现状、改良北京公共卫生之具体办法。封面印：中央防疫处卫生杂志第二特刊号。
　　收藏单位：国家馆

00471
北京市处理粪便事务所业务报告 北京市处理粪便事务所编
北京：北京市处理粪便事务所，1938.12，88 页，16 开
　　本书内容包括：所务总论、登记事项、改善与整顿事项等。
　　收藏单位：国家馆

00472
城市卫生 念慈编
松江县第一民众教育馆，1931.5，13 页，36 开（卫生小丛书 5）

00473
都市卫生 沙古山著
出版者不详，1930，42 页，22 开
　　本书内容包括：街道卫生、葬事等。
　　收藏单位：浙江馆

00474
都市卫生行政之标准 （美）兰安生（J. B. Grant） 金宝善著
出版者不详，1928，34 页，22 开
　　收藏单位：国家馆

00475
都市卫生与杭州 厉绥之著
杭州市政府卫生科，[1935.1]，37 页，16 开
　　本书共两部分：都市卫生行政方针概说、二十三年中杭市卫生事务概况。

00476
房屋卫生 曲玉梅著
教育部民众读物编审委员会，[1911—1949]，

14 页，50 开（民众文库）
　　收藏单位：重庆馆、首都馆

00477
废弃物处置 陈果夫 胡定安主编 高梅芳编著
上海：正中书局，1947.5，57 页，32 开（卫生教育小丛书）
　　本书共 4 章：总论、下水处置、粪便处置、垃圾处置。
　　收藏单位：重庆馆、东北师大馆、国家馆、南京馆、上海馆、浙江馆

00478
福建省环境卫生之推进 [福建省政府秘书处编]
福建省政府秘书处，[1938]，1 册，32 开（闽政丛刊）
福建省政府秘书处，[1939]，36 页，32 开，环筒页装（闽政丛书）
　　本书共 10 章，内容包括：饮水、垃圾、粪便、灭蚊、学校环境卫生等。
　　收藏单位：重庆馆、福建馆、国家馆、江西馆、南京馆、浙江馆

00479
公共卫生讲义
出版者不详，[1934—1949]，30 页，25 开
　　收藏单位：江西馆

00480
公路卫生 全国经济委员会中央卫生设施实验处编
全国经济委员会中央卫生设施实验处，1933.7，70 页，32 开
　　本书共 3 部分：公路卫生实施大纲、普通卫生医药常识、附录。
　　收藏单位：重庆馆、国家馆

00481
国民政府救济水灾委员会卫生防疫组驻鄂办事处工作报告 国民政府救济水灾委员会卫生防疫组驻鄂办事处编

国民政府救济水灾委员会卫生防疫组驻鄂办事处，1931，66 页，10 开，环筒页装

本书共 5 部分：医药救济、防疫工作、卫生工程、本处十一月份摘要记事、统计表。

收藏单位：国家馆

00482

喝水 李劭青著

北平：中华平民教育促进会，1932.10，再版，22 页，50 开（平民读物 79）

本书介绍水的利害、清洁的方法、检查的方案等。

收藏单位：国家馆

00483

家庭饮料用水含有毒质解剖说 （英）毕克司著

上海：科发药房，[1911—1949]，[12] 页，23 开

00484

健康必携 大众健康服务社编

[重庆]：大众健康服务社，[1943]，44 页，64 开（大众健康丛书）

本书内容包括：公共卫生的定义、健康与经济、环境卫生的重要、垃圾的处置、饮水消毒法等。

收藏单位：重庆馆

00485

旅行卫生 庄适编

上海：商务印书馆，1916.7，10+76 页，48 开（通俗教育丛书）

上海：商务印书馆，1917，再版，10+76 页，48 开（通俗教育丛书）

上海：商务印书馆，1917.7，3 版，10+76 页，48 开（通俗教育丛书）

上海：商务印书馆，1920.12，4 版，10+76 页，48 开（通俗教育丛书）

上海：商务印书馆，1925.2，6 版，10+76 页，48 开（通俗教育丛书）

上海：商务印书馆，1927.7，7 版，10+76 页，48 开（通俗教育丛书）

上海：商务印书馆，1931.7，8 版，10+76 页，

48 开（通俗教育丛书）

本书讲述旅行中衣食住行的卫生，以及疾病的预防和急救知识。共 16 章，内容包括：旅行时期与卫生、汽车旅行之卫生、海上旅行之卫生、旅馆与卫生等。

收藏单位：重庆馆、广东馆、国家馆、湖南馆、江西馆、南京馆、首都馆、浙江馆

00486

旅行卫生法 陈剑恒编著

上海：中华书局，1947.2，46 页，32 开（中华儿童教育社儿童卫生教育丛书）

本书共 27 章，内容包括：热爱野外生活的欧美人、日光是慈母也是医生、如何实行日光浴、旅舍的选择等。

收藏单位：重庆馆、广东馆、国家馆、湖北馆、江西馆、辽宁馆、南京馆、上海馆、天津馆

00487

农村卫生常识 东北行政委员会卫生部编

[威县]：冀南新华书店，[1948—1949]，21 页，32 开

收藏单位：国家馆

00488

农村卫生常识

新华书店，1945，82 页，32 开

收藏单位：南京馆

00489

农村卫生的改进 湖南省立农民教育馆编委会编

长沙：湖南省立农民教育馆，1935.7，16 页，32 开（农教丛书 3）

收藏单位：湖南馆、南京馆

00490

农村卫生工程概说 江西省政府建设厅编

江西省政府建设厅，1940.5，[51] 页，25 开

本书论述农村住房、饮水、厕所、蓄舍等卫生改造问题。共 5 章，内容包括：计划概要、改善住屋、开疏沟渠等。

收藏单位：安徽馆、重庆馆、广东馆、江西馆、南京馆

00491
农村卫生研究（第1辑） 农村卫生研究社编
农村卫生研究社，1948.7，94页，32开（华中农村卫生建设专号）
　　本书收文9篇，内容包括：《组织农村中医西医》《淮北农村助产工作初步设施》《漫谈乡村卫生运动》等。附苏联之保健概况。
　　收藏单位：重庆馆

00492
清华大学环境卫生实验区工作年报（第4期）
　　清华大学编
清华大学，[1936]，27页，16开
　　本书为该实验区与协和卫生科合作第4年工作报告，并收各项工作成绩表25种。内容包括：概论、卫生稽查工作、饮水管理、饮食物之管理等。
　　收藏单位：国家馆

00493
人类日常生活 沙玉彦编著
上海：世界书局，1930.7，100页，32开（生活丛书）
上海：世界书局，1935.4，再版，100页，32开
　　本书共10章，内容包括：空气、水、食物、房屋、衣服、交通等。
　　收藏单位：重庆馆、广东馆、国家馆、湖南馆、南京馆、首都馆、天津馆、西交大馆、浙江馆

00494
日常用水问题 孙云焘著
上海：商务印书馆，1936.8，83页，32开（医学小丛书）
　　本书共8章：水之分布与功用、水之性质、水之历史和分类、水之来源、水之洁治法、水之检验、海水和矿泉水、水对健康的关系。
　　收藏单位：安徽馆、重庆馆、广东馆、贵

州馆、桂林馆、国家馆、湖南馆、南京馆、内蒙古馆、首都馆、浙江馆

00495
市卫生论 宋介著
上海：商务印书馆，1926.3，61页，32开（市政丛书）
上海：商务印书馆，1928，再版，61页，32开（市政丛书）
上海：商务印书馆，1935.3，国难后1版，61页，32开（市政丛书）
　　本书共13章，内容包括：市卫生与细菌学、牛乳、食物、隔离与消毒、卫生教育等。
　　收藏单位：重庆馆、东北师大馆、广东馆、广西馆、桂林馆、国家馆、湖南馆、南京馆、内蒙古馆、上海馆、浙江馆

00496
水检查法 林公际编
林公际，1934.6，196页，32开
　　本书内容包括：绪论、水之调查与采取、物理学的检查法等。
　　收藏单位：广东馆、国家馆

00497
水与疾病 蒙藏委员会编译室编译
蒙藏委员会编译室，1940.9，[125]页，32开（卫生常识小丛书1）
　　本书为汉蒙藏回四种文字对照。共5章：水的用途、水的分类、水的污染、水的来源、水与疾病。
　　收藏单位：国家馆、江西馆、南京馆

00498
水与疾病 内政部卫生署编
[南京]：内政部卫生署，1931.8，27页，50开（传染病小丛书7）（内政部卫生署刊物8册籍类8）
[南京]：内政部卫生署，1932.6，再版，27页，50开（传染病小丛书7）（内政部卫生署刊物8册籍类8）
[南京]：内政部卫生署，1934.6，3版，27页，50开（传染病小丛书7）（内政部卫生署

刊物 8 册籍类 8）

南京：内政部卫生署，1936.6，5 版，27 页，50 开（传染病小丛书 7）（内政部卫生署刊物 8 册籍类 8）

本书共 5 章：水的用途、水的分类、水的污染、水的来源、水与疾病。

收藏单位：重庆馆、广东馆、国家馆、江西馆、南京馆

00499

水与疾病　朱皆平编

出版者不详，1930.12，74 页，32 开（市政卫生通俗论文小册）

本书共 8 章，内容包括：疾病之分类、传染病之种类及其影响、食用水之来源及其清洁程度、水之人工清洁法与天然清洁法等。

收藏单位：国家馆、南京馆

00500

水与清洁卫生　陈良士编

上海：中华书局，1934.3，244 页，32 开

本书共两编。上编共 10 章，内容包括：水与人生的关系、水的来源、水的性质等；下编共 10 章，内容包括：都市积水的收集、都市积水的排除、都市积水的治理等。

收藏单位：重庆馆、广西馆、贵州馆、桂林馆、国家馆、黑龙江馆、江西馆、辽大馆、辽宁馆、南京馆、内蒙古馆、山西馆、上海馆、首都馆、天津馆、西南大学馆、浙江馆

00501

铁道卫生（第 7 期）　铁道部总务司卫生科编

南京：铁道部总务司卫生科，1934.12，[13]+198 页，16 开

本书内容包括：言论、医药丛谈、临床经验、卫生常识等。

收藏单位：国家馆

00502

铁路卫生警察讲义　铁道队警总局编

铁道队警总局，1936.9，36 页，25 开

本书共 5 章，内容包括：卫生、卫生警察、卫生警察应有的医识等。附灭蝇方法、灭蚊方法。

收藏单位：国家馆

00503

卫生和空气水土　（日）晖峻义等著　杨祖诒译

上海：商务印书馆，1937.3，90 页，32 开（万有文库 第 2 集 370）（自然科学小丛书）

本书共 4 章：绪论、空气及气候风土、土地对于健康上之影响、水之卫生。

收藏单位：安徽馆、重庆馆、大理馆、大连馆、大庆馆、东北师大馆、国家馆、黑龙江馆、湖南馆、辽师大馆、内蒙古馆、宁夏馆、天津馆、浙江馆

00504

乡村卫生　薛建吾编著

南京：正中书局，1936.1，[11]+404 页，32 开

南京：正中书局，1937.3，再版，[11]+404 页，32 开

重庆：正中书局，1943.1，4 版，[11]+404 页，32 开

上海：正中书局，1947.3，[11]+404 页，32 开

本书共 8 章，内容包括：概论、乡村环境卫生、乡村家庭卫生、乡村个人卫生等。

收藏单位：安徽馆、重庆馆、东北师大馆、广东馆、贵州馆、国家馆、湖南馆、江西馆、宁夏馆、天津馆、浙江馆

00505

乡村卫生常识　[广东省县训所编]

出版者不详，[1911—1949]，16 页，32 开（广东省县训所讲义）

本书介绍农村疾病原因与预防和农村的卫生行政建设等。

收藏单位：重庆馆

00506

乡村卫生问题　民团周刊社编

南宁：民团周刊社，1939.6，40 页，32 开（基层建设丛刊 第 4 辑 8）

本书共 5 部分：本省卫生事业的设施、乡村卫生问题的关键、清洁工作的实施、传染

病的预防及处置、村街常备药箱之设置。

收藏单位：重庆馆、国家馆

00507

学校卫生宝鉴　马兼善等编　仲靖澜校订
上海：普益书局，1931.4，200 页，25 开

本书共 6 章：导言、卫生设施、卫生教育、预防治疗法、简易急救、学校卫生实施方案。

收藏单位：重庆馆、江西馆、浙江馆

00508

饮料水标准检验法　方乘著
上海：商务印书馆，1937.12，258 页，32 开
[长沙]：商务印书馆，1938.6，再版，258 页，32 开

本书共 4 编：理学及化学检验法、水的显微镜检验法、水的细菌学检验法、饮料水判定标准。

收藏单位：重庆馆、贵州馆、国家馆、辽宁馆、南京馆、上海馆、浙江馆、中科图

00509

饮水的卫生　江苏省立教育学院研究实验部编
无锡：江苏省立教育学院，1932.5，14 页，25 开（民众卫生丛书 8）

收藏单位：重庆馆、江西馆

00510

饮水卫生　刘德绮编撰
上海：正中书局，1947.5，37 页，32 开（卫生教育小丛书）

本书共 14 章，内容包括：水的重要、水对人类的功用、水在人体内的重要、水的来源等。

收藏单位：东北师大馆、国家馆、湖南馆、辽宁馆、南京馆、上海馆

00511

饮水卫生影片教学方案　江苏省立镇江民众教育馆编
镇江：江苏省立镇江民众教育馆，1930，增订再版，[28] 页，16 开（电化教学指导丛刊）

本书为通过影片进行饮水卫生教育的教学方案，内容包括：影片的产生、教学准备、教学进行等。

收藏单位：国家馆

00512

有关环境卫生工程图说　福建省卫生处编
福建省卫生处，1944.12，1 册，28cm×21cm

收藏单位：南京馆

00513

战后建国首要住屋与卫生　陈嘉庚著
外文题名：Housing and sanitation: an important proposal for the reconstruction of post-war China
新加坡：南洋华侨筹赈祖国难民总会，1946.2，12 页，32 开
新加坡：南洋华侨筹赈祖国难民总会，1946.4，再版，12 页，32 开
新加坡：南洋华侨筹赈祖国难民总会，1949.2，4 版，13 页，32 开

本书内容包括：论述市镇建筑、住屋卫生与人寿命关系等。

收藏单位：安徽馆、重庆馆、广西馆、桂林馆、国家馆、江西馆、南京馆、上海馆、浙江馆

00514

中国城市卫生之概况　李廷安著
上海：上海市卫生局，1937.3，17 页，16 开

00515

中国乡村卫生问题　李廷安著
上海：商务印书馆，1935.6，134 页，22 开
上海：商务印书馆，1935.8，再版，134 页，22 开

本书共 5 章：我国乡村卫生之重要、我国乡村卫生之现状、我国举办乡村卫生应行注意之事项、我国乡村卫生现有之事业、我国乡村卫生应行如何办理之探讨。

收藏单位：重庆馆、广西馆、贵州馆、国家馆、湖南馆、江西馆、近代史所、南京馆、内蒙古馆、上海馆、首都馆、天津馆、浙江馆

00516

注意公共卫生　沈为芳编

上海：商务印书馆，1936.3，18 页，32 开

本书为小学生分年补充读本，介绍公共卫生知识。

收藏单位：广东馆

劳动卫生

00517

工厂卫生　工商部劳工司编

南京：工商部，1928.12，30 页，22 开（工商特刊 4）

收藏单位：国家馆、南京馆、首都馆

00518

工厂卫生浅说　施穆编

上海：中华书局，1930.10，22 页，36 开（民众工业丛书）

上海：中华书局，1932，再版，22 页，36 开（民众工业丛书）

本书共 6 章，内容包括：绪论、职业病的调查、特种工人雇佣的禁止等。

收藏单位：重庆馆、黑龙江馆、江西馆、内蒙古馆、山西馆、首都馆、天津馆

00519

工业卫生学　严镜清著　教育部医学教育委员会主编

重庆：商务印书馆，1945.5，130 页，32 开

上海：商务印书馆，1945.12，130 页，32 开

本书共 9 章，内容包括：工业卫生发达史、工业卫生之范围、环境卫生、职业与疾病、健康保险等。

收藏单位：重庆馆、广东馆、国家馆、江西馆、南京馆、上海馆、天津馆

00520

简明防毒教材及嫌气性菌喰菌体　陈述译

东北军区卫生部，1948.9，58 页，32 开

本书共两部分。"简明防毒教材"共 5 章：窒息性毒气、糜烂性毒气、全身中毒性毒气、催泪性毒气、刺激性毒气，附毒气检查法；"嫌气性菌喰菌体"共 15 章，内容包括：引言、嫌气性菌喰菌体、嫌气性菌喰菌体的制法等。

收藏单位：重庆馆、东北师大馆、国家馆、辽宁馆

00521

劳工卫生　南京特别市政府卫生局编

南京：南京特别市政府卫生局，[1939—1945]，18 页，32 开（卫生小丛书 6）

00522

农业与国民之卫生　夏树人著

学术讲演会，[1911—1949]，36 页，22 开

本书为学术讲演会讲演录。

收藏单位：首都馆

00523

人生常识讲义　赵授新编

[杭州]：浙江省警官学校附属警士教练所，[1928—1949]，153 页，32 开

00524

实用工业卫生学　程瀚章译

上海：商务印书馆，1927.9，301 页，25 开

上海：商务印书馆，1932，国难后 1 版，301 页，25 开

本书为新学制高级工业学校教科书。共 9 编，内容包括：工业卫生学之定义及研究方法、工业与健康、工业与工作的过劳及预防、工场之尘埃及其危害之预防等。附关于工业卫生之中华民国法令。

收藏单位：安徽馆、重庆馆、广东馆、广西馆、国家馆、湖南馆、江西馆、南京馆

00525

首都工人卫生展览会报告

[南京]：国民政府工商部，[1928]，28 页，22 开（工商特刊 3）

本书内容包括：筹备经过、会场布置、一周间记事等。

收藏单位：国家馆、南京馆、首都馆

战备卫生

00526

防空救护概要　防空学校编
防空学校，[1940.5]，76 页，25 开
　　收藏单位：江西馆

00527

防空救急法　东北行政委员会卫生部编
哈尔滨：东北书店，1948，28 页，50 开（大众卫生小丛书 6）
　　本书共 8 章，内容包括：人工呼吸法、简单的止血法、创伤的简单处置、三角巾使用法、防毒法等。
　　收藏单位：国家馆、吉大馆、吉林馆、辽宁馆

00528

国防卫生（第 2 卷 第 2 期）　陕西肤施青年文化沟国防卫生编辑委员会编
第十八集团军军医处，1941.7，89 页，32 开
　　本书共收文 14 篇，内容包括：《论传染病中的神经作用》（季梅）、《肺结核的诊断与治疗》（黄树则）、《作战中的卫生勤务》（马寒冰）、《军用毒气（续）》（李治）等。
　　收藏单位：山西馆

00529

社会部重庆市空袭服务临时保健院工作报告（三十年一月至九月）　社会部重庆市空袭服务临时保健院编
[重庆]：[社会部重庆市空袭服务临时保健院]，[1941]，油印本，1 册，16 开，环筒页装
　　本书共 4 部分：业务方面、调查统计方面、总务方面、人事方面。
　　收藏单位：国家馆

00530

社会部重庆市空袭服务临时保健院工作报告

（三十年十月）　社会部重庆市空袭服务临时保健院编
[重庆]：[社会部重庆市空袭服务临时保健院]，[1941]，油印本，1 册，16 开，环筒页装
　　本书共 5 部分：业务方面、调查统计方面、总务方面、会计方面、人事方面。
　　收藏单位：国家馆

00531

社会部重庆市空袭服务临时保健院工作报告（三十年十一月）　社会部重庆市空袭服务临时保健院编
[重庆]：[社会部重庆市空袭服务临时保健院]，[1941]，油印本，1 册，16 开，环筒页装
　　本书共 4 部分：业务方面、调查统计方面、总务方面、人事方面。
　　收藏单位：国家馆

00532

怎样做防护工作　中央宣传部主编
[福州]：福建战时青年社，[1938]，36 页，32 开（战时青年丛刊 10）
　　本书共 4 章：防空、防毒、防火、急救。
　　收藏单位：福建馆

00533

战时防护常识　中国国民党中央执行委员会宣传部编
中国国民党中央执行委员会宣传部，1937.8，44 页，50 开（抗敌手册 3）
　　本书共 4 章：防空、防毒、防火、急救。
　　收藏单位：安徽馆、重庆馆、国家馆、江西馆、南京馆

00534

战时防护学　狄震编著
开封：河南大学医学院救护队，1937.9，134 页，18 开
　　本书内容包括：救急用品、我国战时救护机关组织概况、防空、防毒、细菌学常识、药物志要、创伤急救法等。

收藏单位：重庆馆

00535

战时卫生教育　周尚著

长沙：商务印书馆，1938.7，[10]+295+13 页，32 开（战时常识丛书）

　　本书共 6 章，内容包括：战时卫生教育的实施、战时安全教育、战时疾病预防教育、战时营养教育等。

　　收藏单位：广东馆、贵州馆、国家馆、湖南馆、江西馆、南京馆、西南大学馆

00536

战时卫生与体育　陈柏青编

重庆：独立出版社，1939.11，125 页，32 开

　　本书共 4 部分：卫生、医药、体育、童子军。

　　收藏单位：重庆馆、国家馆、湖南馆、江西馆、南京馆、首都馆、浙江馆

营养卫生、食品卫生

00537

吃的问题（一个参观营养卫生展览会的记述）
　谷韫玉　杨芒莆编著

重庆：行政院营养改进运动，1941.8，53 页，32 开（行政院营养改进运动刊物 10）

　　本书内容包括：热量之需要、蛋白质之需要、矿物质与维生素之需要等。

　　收藏单位：安徽馆、重庆馆、广东馆、国家馆、江西馆、南京馆

00538

东方之营养问题及其缺乏症（内科进展）　斯纳珀（I. Snapper）著　余新恩编译

[上海]：中华医学会，1948.7，18 页，22 开（中华医学会—近代医学丛书 1）

　　本书内容包括：东方人民之主要食物、热力总入量、动物蛋白质、脂肪、维生素等。

　　收藏单位：重庆馆、广东馆、国家馆

00539

养生学要论　（日）井上兼雄著　朱建霞译

上海：商务印书馆，1946.5，193 页，32 开（医学小丛书）

上海：商务印书馆，1947.3，再版，193 页，32 开（医学小丛书）

　　本书从营养学角度介绍养生防病及长寿的知识。共 6 章，内容包括：蛋白质、脂肪、碳水化物、生活素等。

　　收藏单位：重庆馆、广东馆、国家馆、南京馆、内蒙古馆、宁夏馆、山西馆、首都馆、西南大学馆、浙江馆

营养学

00540

常吃的蔬菜　黄人济编著

上海：商务印书馆，1936.5，40 页，32 开（小学中年级自然副课本）

　　收藏单位：重庆馆、内蒙古馆

00541

吃饭问题　单英民编著

上海：时兆报馆，1944.5，158 页，32 开

　　本书共 12 章，内容包括：民族健康话饮食、消化器官应爱护、食物营养且估值、维生必需维生素、再论荤食与素食、五谷蔬果皆上品、三分医治七分养等。

　　收藏单位：重庆馆、广东馆、国家馆、湖南馆、江西馆、南京馆、内蒙古馆、上海馆、首都馆、天津馆、浙江馆

00542

大众营养知识　张诚著

广州：群学出版社，1947.6，73 页，32 开

　　本书从食物开始，讲述人体所需营养及食物中包含人体各种所需的健康成分。内容包括：食物——生命的泉源、碳水化合物——人体能力的来源、蛋白质——身体组织的后备军、矿物质等。

　　收藏单位：重庆馆、黑龙江馆

00543

大众营养知识　张诚著

桂林：文献出版社，1941.12，73页，32开

桂林：文献出版社，1942.5，再版，73页，32开

　　收藏单位：重庆馆、贵州馆、桂林馆、国家馆、浙江馆

00544

蛋白质之营养化学　罗登义著

上海：中国科学社，1934.11，[144]页，16开

　　本书为《科学》第18卷第9期的抽印本。共7章，内容包括：合亚基酸及其代谢作用、蛋白质之胞内外代谢、蛋白质之特力作用、氮素平衡等。

00545

蛋在食物上之价值　C. F. Langworthy 著　朱作容译

汉口：实业部汉口商品检验局，1933.10，14页，22开

　　收藏单位：国家馆、南京馆

00546

改良民众营养概说　任邦哲等编著

[重庆]：行政院营养改进运动，1941.1，[12]页，32开（行政院营养改进运动刊物1）

　　本书共4章：引言、营养价值的分析、食物的选择与烹调、促进国民营养的办法。

　　收藏单位：重庆馆、国家馆、南京馆

00547

国立四川大学农学院营养专报（第6号）　国立四川大学农学院编辑委员会编

[成都]：国立四川大学农学院编辑委员会，1947.4，16页，16开

　　本书收文4篇：《四川鱼肉蛋白质之营养价值》（陈朝玉、端木道）、《中国茶叶中丙种维生素之含量》（陈朝玉、易禄康）、《成都辣椒中丙种维生素之含量》（陈朝玉、易禄康）、《海产动物蛋白质与玉蜀黍蛋白质之互补作用》（陈朝玉、端木道）。

　　收藏单位：国家馆

00548

果品及蔬菜中丙种维生素之含量　张宽厚编

安顺：军医学校陆军营养研究所，1944.1，16页，16开（营养研究专刊4）

　　本书介绍果品、蔬菜中丙种维生素含量。

　　收藏单位：国家馆

00549

鸡蛋之成分及其营养价值　陈朝玉著

[上海]：中国科学社，1931.7，[15]页，16开

　　本书为《科学》第15卷第7期抽印本。内容包括：鸡卵之性质及其成分、鸡卵之营养价值、鸡卵之腐败等。

　　收藏单位：国家馆

00550

家庭必备食物须知　顾鸣盛编译

上海：文明书局，1922.1，126页，23开

上海：文明书局，1928，3版，126页，23开

上海：文明书局，1929，4版，126页，23开

上海：文明书局，1934.4，5版，126页，23开

　　本书介绍各种食物的营养成分及食用方法。共23章，内容包括：水类、乳汁及乳汁制品类、果实类、根菜类、菌及地衣类、脂肪及食油类等。

　　收藏单位：安徽馆、重庆馆、黑龙江馆、湖南馆、江西馆、南京馆、山西馆、首都馆、天津馆

00551

科学养生术　张永馨编

奉天（沈阳）：新亚书店，1943.10，199页，32开

　　本书共6章：健康是成功的源泉、营养的要素、食物的成分及其类别、饮食的卫生条件、饮食的技功、病人的营养。

　　收藏单位：国家馆、辽宁馆、首都馆

00552

论文集（生理科学组 第1卷）　[雷氏德医学研究院编]

[上海]：[雷氏德医学研究院]，1936，[202]页，18开，精装

　　本书收15篇论文，内容包括：《上海镀铬业工人之卫生研究》（伊博恩等）、《食物和营养》（侯祥川）、《丙种维生素与疾病之关系》（侯祥川）、《甲种维生素来源之推测》（马弼德）等。

　　收藏单位：国家馆

00553

米汤之成分及其对于米饭营养上之影响　周建侯等著

北平：国立北平大学农学院，1937.3，5页，18开

　　收藏单位：国家馆

00554

民众营养　罗登义著

贵阳：文通书局，1944.3，96页，32开

　　本书共8章，内容包括：怎样吃饭、蔬菜问题、一个蛋的运动、贵州人之营养问题、中国人在营养学上的贡献等。

　　收藏单位：重庆馆、贵州馆、国家馆

00555

民族健康与营养环境　张君俊著

重庆：中华书局，1945.1，158页，32开

上海：中华书局，1947.2，再版，158页，32开

　　本书共8章：我国南北之营养概况、中国学生营养之分析与提高、孕妇乳母及婴儿之营养、乙种维他命与民族健康、豆类之营养价值等。附科学食谱。

　　收藏单位：重庆馆、广东馆、国家馆、黑龙江馆、湖南馆、辽大馆、辽宁馆、南京馆、宁夏馆、上海馆、西南大学馆、浙江馆

00556

牛乳研究　顾学裘编著

[上海]：中华书局，1940.9，105页，32开（科学常识丛书）

　　本书共11章，内容包括：牛乳之物理性质、牛乳之化学组成、牛乳中之酵素、牛乳

中之细菌及消毒法、牛乳中质量变迁之影响、牛乳之营养价值、异常乳等。

　　收藏单位：重庆馆、大庆馆、国家馆、湖南馆、南京馆、宁夏馆、上海馆、首都馆、西南大学馆

00557

人类的生活——食　朱尧铭编辑

上海：新中国书局，1932，31页，32开

上海：新中国书局，1933.3，再版，31页，32开

　　本书为小学校社会科补充读物。

　　收藏单位：重庆馆、首都馆

00558

人体营养概论　傅和平编纂

南京：教育部社会教育司，1937，29页，32开（教育部教育播音小丛书 第3种）

　　本书共6节：序言、人体的构成、营养品对于人体的功用、营养品的来源与分析、一日营养品的支配、结论。

　　收藏单位：重庆馆、南京馆

00559

人与食物　钟净云著

成都：中国医药文化服务社，1943.4，37页，36开

　　本书介绍人体与食物营养的关系，内容包括：人体内之化学原素、人体内之化合物、食物的消化和营养的吸收、食物营养成份的吸收率等。

　　收藏单位：重庆馆

00560

荣养论　顾寿白著

外文题名：Talks on nutrition

上海：商务印书馆，1930.10，99页，32开（万有文库 第1集527）（医学小丛书）

上海：商务印书馆，1931.9，99页，32开（医学小丛书）

上海：商务印书馆，1933.5，国难后1版，99页，32开（医学小丛书）

上海：商务印书馆，1934.2，国难后2版，99

页，32 开（医学小丛书）

上海：商务印书馆，1934.6，国难后 3 版，99页，32 开（医学小丛书）

上海：商务印书馆，1935，国难后 4 版，99页，32 开（医学小丛书）

本书介绍国外各种营养学说、营养成分、不同年龄人的营养需求等。共 8 编：绪论、荣养素、特种荣养素、荣养素之新陈代谢、食品、食物、荣养之实际问题、各种荣养学说之概要。

收藏单位：重庆馆、大理馆、大连馆、东北师大馆、广东馆、国家馆、湖南馆、辽大馆、辽师大馆、南京馆、内蒙古馆、宁夏馆、上海馆、首都馆、浙江馆

00561

荣养浅说　（日）铃木梅太郎著　孙锡洪译

上海：开明书店，1947.1，211 页，36 开

本书共两编。"荣养编"共 11 章，内容包括：荣养是什么、怎样成长、怎样产生体温和运动力、怎样组成骨骼、生活素是什么等；"食品编"共 5 章：食物、植物性的食品、动物性食品、调味料及香辛料、嗜好品。

收藏单位：重庆馆、广东馆、桂林馆、国家馆、湖南馆、辽大馆、内蒙古馆

00562

膳食及健康　方文渊　周璇著

北平协和医院，1939.7，314+14 页，32 开

本书共 4 编：食物概论、普通膳食、营养治疗、医院膳食。

收藏单位：国家馆、首都馆、天津馆

00563

膳食与生长及生殖　吴宪　万昕著

外文题名：Diet, growth and reproduction

[上海]：[中华医学杂志社]，1934.1，[25]页，16 开

本书为《中华医学杂志》第 20 卷第 1 期抽印本。

收藏单位：国家馆

00564

上海食物　葛成慧　胡惇五译

[上海]：[教育部医学教育委员会]，[1911—1949]，1 册，16 开

收藏单位：南京馆

00565

身体和食物　（美）麦克法登（Bernarr Macfadden）著　张日池译

长沙：商务印书馆，1938.1，466 页，25 开（家庭健康丛书 卷 1）

本书共 4 部分：身体和它的构造、从食物里所获得的健康、增进健康的烹调法、体重的控制。

收藏单位：广东馆、贵州馆、国家馆、湖南馆、上海馆

00566

身体与营养　任清玉等著

上海：广学会，1946，16 页，36 开（基督化家庭小丛书 9）

本书共 7 节：身体的营养、经济的膳食、烹调的方法、孩童的营养、饮食的习惯等。

收藏单位：重庆馆、南京馆

00567

实用营养学　郑集编著

上海：正中书局，1947.4，201 页，25 开

本书共 23 章，内容包括：营养的意义及其重要、热量与营养、食品、食物与中毒等。

收藏单位：安徽馆、重庆馆、东北师大馆、广东馆、桂林馆、国家馆、南京馆、内蒙古馆、上海馆、浙江馆

00568

食物常识　上官悟尘编纂

上海：商务印书馆，1932.11，83 页，32 开（医学小丛书）

上海：商务印书馆，1933.3，再版，83 页，32开（医学小丛书）

上海：商务印书馆，1933.11，3 版，83 页，32开（医学小丛书）

上海：商务印书馆，1933.12，83 页，32 开（万

有文库 第 1 集 526）（医学小丛书）

上海：商务印书馆，1935.1，5 版，83 页，32 开（医学小丛书）

上海：商务印书馆，1937.5，6 版，83 页，32 开（医学小丛书）

重庆：商务印书馆，1943.12，83 页，32 开（医学小丛书）

重庆：商务印书馆，1945，2 版，70 页，32 开（医学小丛书）

上海：商务印书馆，1947.1，7 版，83 页，32 开（新中学文库）（医学小丛书）

　　本书共 11 章，内容包括：绪论、食物消化之顺序、食物之注意、动物性食品、植物性食品等。

　　收藏单位：安徽馆、重庆馆、大理馆、大连馆、东北师大馆、广东馆、广西馆、贵州馆、国家馆、黑龙江馆、湖南馆、江西馆、辽大馆、辽宁馆、辽师大馆、南京馆、内蒙古馆、宁夏馆、上海馆、绍兴馆、首都馆、天津馆、西南大学馆、浙江馆

00569
食物成分表　吴宪编著

长沙：商务印书馆，1940.5，67 页，32 开

长沙：商务印书馆，1941.3，3 版，67 页，32 开

　　本书系《营养概论》一书附录的单行本。收 13 张表格和图，内容包括：植物类食物之成分、动物类食物之成分、中国各种酒之成分、食物中乳芬素之含量等。

　　收藏单位：广东馆、国家馆、山西馆、上海馆、首都馆

00570
食物的故事　倪锡英编

上海：大众书局，[1946]，16 页，36 开（儿童知识文库）

　　收藏单位：国家馆

00571
食物概要　陈朝玉著

成都：四川大学出版部，1944.11，72 页，36 开（粮食部营养改进小丛书 2）

　　本书共 10 章，内容包括：食物之成分与

功用、食物之风味、食物之调理、食物之选择、食物之配合、食物取缔法等。

　　收藏单位：重庆馆

00572
食物和营养

上海：大东书局，1948.4，23 页，36 开（新儿童基本文库 中年级常识 22）

　　本书共 5 部分：食物营养和人生关系、食物的成分——营养素、新营养素——各种维生素、普通食品含有的营养素、食物的应用和注意进食。

　　收藏单位：国家馆

00573
食物及营养　（日）永井潜著　顾寿白译

上海：商务印书馆，1937.6，2 册（256 页），32 开（万有文库第 2 集 364）（自然科学小丛书）

长沙：商务印书馆，1939.2，256 页，32 开（自然科学小丛书）

　　本书共 6 章：生活体之新陈代谢、生活体成分之化学的组成、食物、营养之数量的研究、食物之调理、食物之消化。

　　收藏单位：重庆馆、大连馆、甘肃馆、贵州馆、国家馆、黑龙江馆、湖南馆、浙江馆

00574
食物论　邹德谨　蒋正陆编译　秦同培校

上海：商务印书馆，1916.12，97 页，32 开（通俗教育丛书）

上海：商务印书馆，1917，再版，97 页，32 开

上海：商务印书馆，1921，3 版，97 页，32 开（通俗教育丛书）

上海：商务印书馆，1922.3，4 版，97 页，32 开（通俗教育丛书）

上海：商务印书馆，1925.2，5 版，97 页，32 开（通俗教育丛书）

上海：商务印书馆，1926.11，6 版，97 页，32 开（通俗教育丛书）

上海：商务印书馆，1931，7 版，97 页，32 开（通俗教育丛书）

　　本书讲述人类日常饮食的品种、营养成

分、含量、科学卫生的食用方法等。共 35 章，内容包括：食物之重要、食物之消化、消化不良、营养素、食物之吸收等。

收藏单位：重庆馆、广东馆、国家馆、江西馆、山西馆、上海馆、首都馆、浙江馆

00575

食物维生素含藏的研究　周氏著

[广州]：李莲食物研究所，1941.10，28 页，32 开（营养丛书 1）

收藏单位：南京馆

00576

食物营养化学　顾学箕编著

上海：医药评论社，1937.3，172 页，24 开（医药评论社丛书）

本书共 13 章，内容包括：有机食素、食物的成份和酵素的作用、食物在消化道中的路程、食素在新陈代谢中的命运等。

收藏单位：上海馆、浙江馆

00577

食物与健康　（美）萧尔曼（Henry G. Sherman）著　李德贤译

上海：今代书店，1936.9，246 页，32 开，精装（今代知识文库）

本书内容包括：慎重利用食物之重要性、损害与假冒之避免、日常工作所需之热能、节制体重、消化等。

收藏单位：上海馆

00578

食物与养生　侯祥川著

[上海]：青年会，1942.6，12 页，36 开

收藏单位：黑龙江馆

00579

食物与营养　陈其斌编译

[重庆]：中国粮食工业公司研究室，1944.6，86 页，32 开（中国粮食工业丛书）

本书共 12 章，内容包括：食物之成分与目的、饮食量、平均食谱、维生素分类等。

收藏单位：重庆馆、国家馆、南京馆、西

南大学馆

00580

食物与早老　丁福保著　丁惠康校勘

上海：医学书局，1939.1，44 页，32 开（虹桥疗养院丛书）

本书共 5 章：总论、主食品宜改良、副食品宜改良、食物过多之自家中毒、结论。

收藏单位：上海馆、浙江馆

00581

食物之分析与荣养　邹竹崖编

[上海]：康健书局，1937.5，106 页，32 开

本书内容包括：绪论、食物之种类及其荣养性质、有机荣养素之性质及效用等。

收藏单位：广东馆、浙江馆

00582

食物之营养价值　（日）岛园顺次郎著

出版者不详，[1911—1949]，手抄本，1 册，25 开，环简页装

本书介绍白米、半碾米、玄米、胚芽等的营养价值。

收藏单位：重庆馆

00583

食物最经济法　丁福保编

上海：虹桥疗养院，1941.4，58 页，32 开

本书共 8 章，内容包括：总论、食物之切要、食物之经济何以切要、维他命等。

收藏单位：上海馆

00584

维他命　薛任编著　薛德焜校

南京：正中书局，1936.5，34 页，32 开（国民说部 第 9 集 国民科学集 4）

本书以故事形式介绍维生素对人体健康的重要性及缺乏维生素所带来的疾病。共 7 回，内容包括：锡先生海外归来 海阳村欢迎演讲、航海常备鲜果淡茶 每饭不忘叶绿蔬菜、烧香拜佛富室难子嗣 淡饭粗衣贫儿多健美等。

收藏单位：重庆馆、国家馆、湖南馆、南京馆

00585
维他命 朱洗著
上海：文化生活出版社，1949.7，340页，28开（现代生物学丛书2）

本书共11章，内容包括：人类食物的进化、食物的三大要素、人体矿物质的需要、发现维他命令的略史、维他命A等。

收藏单位：重庆馆、东北师大馆、广西馆、国家馆、黑龙江馆、辽宁馆、南京馆、绍兴馆、首都馆、天津馆、西交大馆

00586
维他命与健康 （美）荷姆斯（H. N. Holmes）著 黄素封 林洁娘编译
上海：开明书店，1940.1，88页，32开
上海：开明书店，1947.2，再版，88页，32开
上海：开明书店，1949.2，3版，88页，32开

本书共9章，内容包括：维他命小史、维他命B的别种价值、健骨的维他命D、维他命E及其他等。附维他命的新发现。

收藏单位：重庆馆、贵州馆、国家馆、湖南馆、江西馆、南京馆、内蒙古馆、上海馆、首都馆、西南大学馆、浙江馆

00587
维他命与人生 （英）哈利斯（L. J. Harris）著 黄素封 林洁娘译
长沙：商务印书馆，1938.7，10+236页，32开
长沙：商务印书馆，1939.2，再版，10+236页，32开

本书共10章，内容包括：维他命发现史、维他命的种数、维他命D和软骨症、维他命A、含维他命E的食物和不孕症等。

收藏单位：重庆馆、广东馆、贵州馆、国家馆、江西馆、南京馆

00588
我们吃甚么？ 天津华北卫理公会公共卫生组 山东济南齐鲁大学医院营养会乡村服务社编
成都：华西卫理公会乡村卫生组，1949，再版，3册，40开

本书以表格的形式介绍一些常见食物的营养成分。

收藏单位：重庆馆

00589
现代营养学 叶维法著
贵阳：文通书局，1949，370+11页，32开（医学丛书）

本书介绍人体必需的营养成分蛋白质、脂肪、糖、钙、矿物质等的功用及营养与健康的关系。

收藏单位：重庆馆

00590
叶氏营养学 叶维法编著
叶维法，1945.4，266页，32开（大学丛书）
叶维法，1945.8，2版，266页，32开（大学丛书）

本书共13章，内容包括：绪论、蛋白质、脂肪、矿物质、水、维生素、消化与吸收等。

00591
一日三餐 吴廉铭编
上海：中华书局，1948.5，28页，32开（中华文库 民众教育1）

本书介绍一日三餐中的科学营养常识。共7节，内容包括：为什么要吃、吃些什么好、多吃或少吃、怎样吃才对、三餐以外等。

收藏单位：重庆馆、南京馆

00592
饮料 程瀚章编
上海：商务印书馆，1933.4，62页，32开

本书共10章，内容包括：维持健康所必要的水、水和疾病的关系、饮料水、不良的饮料水和安全处置、家用水、乳汁等。

收藏单位：重庆馆、广东馆、桂林馆、国家馆、湖南馆、江西馆、上海馆、首都馆、浙江馆

00593
饮食学问答 J. M. Logan S. H. Chen 编辑
上海：广协书局，1938.10，38页，32开

收藏单位：重庆馆

00594

饮食与健康 张恩廷编

上海：商务印书馆，1936.4，200页，32开（医学小丛书）

上海：商务印书馆，1936.10，再版，200页，32开（医学小丛书）

本书共22章，内容包括：健康与疾病、食物与健康的关系、维生素、矿物质、脂肪、蛋白质、食物中毒与食物卫生、嗜好品与调味品、蛋白质需量、能力需量、均衡饮食等。

收藏单位：重庆馆、广东馆、国家馆、南京馆、宁夏馆、山西馆、首都馆、天津馆、浙江馆

00595

饮食与健康（健康通讯 第2集） 舒新城著

上海：中华书局，1949.7，136页，32开（新中华丛书 健康问题汇刊）

本书共23章，内容包括：饮食与健康、规定饮食热量的标准、老年饮食与健康、低血压的疗养方法、怎样平衡情绪、失眠的原因及其治疗、胆怯与习惯等。

收藏单位：国家馆

00596

营养 吴襄著

成都：中西书局，1944.3，163页，32开（医学常识小丛书）

本书共12章，内容包括：人体之组成和能力的来源、脂肪、蛋白质、水及矿物质、维生素、我国的重要食品等。

收藏单位：重庆馆、广东馆、国家馆

00597

营养

上海：中华卫生教育会，[1920—1949]，63页，大32开

收藏单位：南京馆

00598

营养的基本知识 （日）照内丰著 薛德焞 缪维水编译

上海：新亚书店，1935.12，107页，32开（科学知识普及丛书）

本书共8编，内容包括：有机养素、酵素、有机养素的消化和吸收、无机养素与维他命等。

收藏单位：重庆馆、广东馆、国家馆、辽宁馆、南京馆、浙江馆

00599

营养概论 吴宪编

外文题名：General treatise on nutrition

上海：商务印书馆，1929.12，145页，32开

上海：商务印书馆，1933，国难后1版，145页，32开

上海：商务印书馆，1934.10，国难后2版，145页，32开

上海：商务印书馆，1935，国难后3版，145页，32开

[长沙]：商务印书馆，1939，国难后4版，145页，32开

[长沙]：商务印书馆，1940.5，增订1版，1册，32开

上海：商务印书馆，1946，1册，32开（新中学文库）

上海：商务印书馆，1946，增订5版，[10]+172+67页，32开（职业学校教科书）

上海：商务印书馆，1947.2，增订6版，[10+172+67]页，32开（新中学文库）

本书内容包括：食物总论、新陈代谢概要、营养之需要、营养不良之状态、中国人之膳食、营养与健康等。

收藏单位：安徽馆、重庆馆、广东馆、广西馆、国家馆、黑龙江馆、湖南馆、江西馆、辽宁馆、南京馆、内蒙古馆、山西馆、绍兴馆、首都馆、天津馆、西南大学馆、浙江馆

00600

营养概要 陈美愉著

上海：商务印书馆，1937.11，233页，22开

长沙：商务印书馆，1939.4，再版，233页，22开

本书共3篇：营养素、普通饮食物、营养的实施问题。

收藏单位：广东馆、贵州馆、南京馆、内

蒙古馆、首都馆、天津馆

00601

营养化学 （日）三浦政太郎　松冈登著　周建侯译

上海：商务印书馆，1935.9，3 册（344 页），32 开（万有文库 第 2 集 371）（自然科学小丛书）

上海：商务印书馆，1936.2，2 册（344 页），32 开（自然科学小丛书）

上海：商务印书馆，1936.11，再版，2 册（344 页），32 开（自然科学小丛书）

本书共 8 编，内容包括：营养素、酵素、消化及吸收、营养素之摄取等。

收藏单位：安徽馆、重庆馆、大理馆、大连馆、大庆馆、东北师大馆、贵州馆、国家馆、黑龙江馆、湖南馆、江西馆、辽师大馆、南京馆、内蒙古馆、宁夏馆、上海馆、首都馆、天津馆、浙江馆

00602

营养化学 郑贞文著

上海：商务印书馆，1924.3，82 页，32 开（百科小丛书）

上海：商务印书馆，1926.5，再版，82 页，32 开（百科小丛书 40）

上海：商务印书馆，1929.10，74 页，32 开（百科小丛书）（万有文库 第 1 集 463）

上海：商务印书馆，1933.3，国难后 1 版，74 页，32 开（百科小丛书）

上海：商务印书馆，1934.7，再版，74 页，32 开（百科小丛书）（万有文库 第 1 集 463）

上海：商务印书馆，1935.5，国难后 2 版，74 页，32 开（百科小丛书）

本书共 9 章，内容包括：主要营养素的性质和作用、食物的发热量、活力素的种类和性质、活力素的试验法、活力素的来源、自营养上看来活力素的利用等。

收藏单位：安徽馆、重庆馆、大理馆、大连馆、东北师大馆、福建馆、广东馆、广西馆、桂林馆、国家馆、黑龙江馆、湖南馆、江西馆、辽大馆、辽宁馆、辽师大馆、南京馆、内蒙古馆、宁夏馆、上海馆、首都馆、

天津馆、西南大学馆、浙江馆

00603

营养论丛（第 1 集） 罗登义著

重庆：中华书局，1945.11，85 页，32 开（新中华丛书）

上海：中华书局，1948.3，再版，82 页，32 开（新中华丛书 科学知识汇刊）

本书收文 13 篇，内容包括：《如何改进我们的营养》《维生素的构造及功用》《我国膳食中之甲类维生素问题》《米麦之营养化学》《黄豆的营养》《中国辣椒的营养化学》《茶和酒的营养观》等。

收藏单位：重庆馆、国家馆、辽大馆

00604

营养论丛（第 2 集） 罗登义著

上海：中华书局，1948.3，104 页，32 开（新中华丛书 科学知识汇刊）

本书收文 17 篇，内容包括：《营养与健康》《营养与寿命》《营养与疾病》《野菜和野果的营养》《豆芽菜的化学》《贵州人之膳食》等。

收藏单位：重庆馆、国家馆、辽大馆、南京馆

00605

营养问题之研讨 叶仲篪编

出版者不详，[1911—1949]，1 册，16 开

本书共 6 章，内容包括：营养与营养学、学童之营养与发育、病人之营养等。

收藏单位：南京馆

00606

营养新论 沈同著

[重庆]：中国文化服务社，1944.4，112 页，32 开（青年文库）

[重庆]：中国文化服务社，1944.7，再版，112 页，32 开（青年文库）

上海：中国文化服务社，1946.11，再版，112 页，32 开（青年文库）

本书共 7 章，内容包括：营养与人类幸福、营养的六个重要概念、营养不良的疾病、

抗战时期的营养等。

收藏单位：重庆馆、广东馆、国家馆、黑龙江馆、南京馆

00607
营养新知 叶维法撰
上海：中国文化服务社，1948.6，74页，32开（国民文库）

本书共12章，内容包括：营养与健康的关系、营养素的功用及成分、蛋白质、脂肪、矿物质、水、维生素、热的新陈代谢等。

收藏单位：重庆馆、国家馆、南京馆

00608
营养学 何静安著
上海：商务印书馆，1937.1，401页，32开

本书共14章，内容包括：蛋白质、脂肪、食物之消化作用、食物同化作用中之变化、人体需热之条件、儿童需热之研究、矿物质等。

收藏单位：贵州馆、国家馆、黑龙江馆、湖南馆、首都馆、浙江馆

00609
营养学校 罗登义著
上海：中华书局，1947.12，138页，32开（中华文库 初中第1集）

本书共20章，内容包括：营养学的第一课、食物的消化吸收和新陈代谢、矿物质的营养、蛋白质的营养、维生素的营养、脂油的营养、谷类的营养、豆类的营养、肉蛋乳的营养等。

收藏单位：重庆馆、东北师大馆、广东馆、桂林馆、国家馆、黑龙江馆、湖南馆、江西馆、辽大馆、南京馆、内蒙古馆、上海馆

00610
营养与健康 时兆报馆编译部编
上海：时兆报馆，1949.3，63页，32开

本书共8章，内容包括：关于饮食、身体怎样获得营养、水果当药吃、酒非食品、漫谈烟草等。

收藏单位：广东馆、内蒙古馆

00611
营养与健康 赵恩赐著
香港：浸会少年团部，1940.11，78页，32开
香港：浸会少年团部，1940.12，3版，80页，32开

收藏单位：广东馆、南京馆、上海馆

00612
鱼类蛋白质之生理价值 万昕 李德明编著
安顺：军医学校陆军营养研究所，1943.12，7页，18开（营养研究专刊3）

收藏单位：国家馆

00613
怎样保留食物中的维他命 黄立之编
上海：世界书局，1941.11，23页，32开

本书共6章，内容包括：维他命的必要性、怎么保留食物中的维他命、维他命的性质等。

收藏单位：国家馆、上海馆

00614
战时军民营养缺陷之补救方法 卫生署第一次营养研究会编著
[重庆]：行政院营养改进运动，1941.3，[10]页，32开（行政院营养改进运动刊物7）

收藏单位：重庆馆、国家馆、南京馆、首都馆、西南大学馆

00615
战时军民营养问题 金宝善著
重庆：中央训练团党政训练班，1943.3，86页，32开

本书共4章：人类如何能以生长繁殖与工作、正常人营养素之日需量、战时与平时军民之膳食营养状况、营养之缺点与改进之管见。附杂粮食品之制法和食谱。

收藏单位：重庆馆

00616
战时米麦混食之科学观 邵惕公著

汉口：华中图书公司，1938.8，16 页，32 开

本书研究米麦主食的营养成分、热量及利弊。大部分内容引自中外研究者的结论。

收藏单位：重庆馆、南京馆

00617

战时民众膳食　齐鲁、华西、中央三大医学院公共卫生联合委员会编

重庆：行政院营养改进运动，1941.1，翻版，22 页，32 开（行政院营养改进运动刊物 2）

本书为行政院营养改进运动刊物，内容包括：食物的分类、食时的卫生规则、烹调法等。

收藏单位：重庆馆、国家馆、南京馆、上海馆

00618

中国柑属及其制成物之丙种维生素　侯祥川著

外文题名：Vitamin C content of Chinese citrus fruits and some of their commercial preparations

上海：[中华医学杂志社]，1936.9，[15] 页，16 开

本书为《中华医学杂志》第 22 卷第 9 期抽印本。

收藏单位：国家馆

00619

中国各项食品之营养价值　陈朝玉著

[上海]：中国科学社，1931.2，[12] 页，16 开

本书为《科学》第 15 卷第 2 期抽印本。

收藏单位：国家馆

00620

中国民众最低限度之营养需要　中华医学会编

上海：中华医学会，1938，32 页，18 开（中华医学会特刊 10）

收藏单位：重庆馆、南京馆、上海馆

00621

中国民众最低限度之营养需要

教育部，[1911—1949]，15 页，32 开

本书为中华医学会公共卫生委员会特组营养委员会报告。

收藏单位：广东馆、南京馆

00622

中国食品成分表

出版者不详，[1911—1949]，石印本，1 册，25cm×35cm

收藏单位：国家馆

00623

中国最重要之营养物　（德）巴斯勒著　梁仲谋译

广州：国立中山大学出版部，1932，[33] 页，18 开

本书为《国立中山大学医科集刊》第 5 卷第 5 期单行本。

收藏单位：广东馆

00624

中央卫生实验院营养实验室民国三十二年度工作年报

出版者不详，[1943]，油印本，1 册，16 开

收藏单位：南京馆

00625

最近之生理化学及维他命概说　张伯豪编

广州：广东省教育会秘书处，1932，94+12 页，32 开

收藏单位：广东馆

各类型人群的营养

00626

儿童的营养　战时儿童保育会四川分会　赵铁玫编

成都：[战时儿童保育会四川分会]，68 页，32 开，环筒页装（儿童保育小丛书 1）

本书内容包括：食物的分类与功用、食物的来源、食物的选择、营养缺乏病的食物、食的卫生等。

收藏单位：重庆馆、南京馆

00627

儿童食物小挂图　梅倪逢吉　朱敬初编绘
华北基督教父母教育研究委员会，1944.8，再版，10页，横16开
华北基督教父母教育研究委员会，1947.11，3版，10页，横16开
　　收藏单位：国家馆

00628

儿童食物小挂图　燕京大学家政学系编
[燕京大学家政学系]，[1911—1949]，1册，16开
　　收藏单位：南京馆

00629

儿童营养　苏祖斐著
上海：亚美股份有限公司，1933.10，108页，25开
上海：亚美股份有限公司，1934，89页，25开
上海：亚美股份有限公司，1935.6，再版，91页，25开
上海：亚美股份有限公司，1943.7，增订3版，108页，25开
　　本书共14章，内容包括：食物与其生理作用、乳类与代乳品、普通儿童之营养需要、人乳喂哺、婴儿副助食物支配方法、粪便之观察、肠胃失调等。
　　收藏单位：重庆馆、南京馆、上海馆、首都馆

00630

儿童营养报告书　联合国粮食及农业组织与联合国世界卫生组织过渡委员会儿童营养问题委员会编
华盛顿：联合国粮食及农业组织与联合国世界卫生组织过渡委员会儿童营养问题委员会，1947，33页，23开
　　本书共5部分：绪论、受战争破坏欧洲各国及中国儿童之一般状况、儿童营养原则、建议、结论。附委员会委员名单。

收藏单位：重庆馆

00631

儿童营养问题
出版者不详，[1911—1949]，44页，32开
　　收藏单位：南京馆

00632

儿童营养问题研究　全国儿童年实施委员会儿童问题咨询处编
出版者不详，1936.10，60页，25开
　　本书共3部分：儿童营养品的选择问题、儿童营养品的支配问题、儿童营养缺乏病的预防问题。
　　收藏单位：重庆馆、江西馆、首都馆

00633

儿童营养研究　上海中学实验小学编
上海中学实验小学，[1911—1949]，64页，32开（新研究23）

00634

儿童与食物　李兰编译
上海：新中国书局，1932，68页，32开
上海：新中国书局，1933，再版，68页，32开
　　本书为小学校健康读物。
　　收藏单位：重庆馆、广东馆、河南馆

00635

妇孺营养　程美玉著
长沙：商务印书馆，1941.4，209页，36开
　　本书共14章，内容包括：营养素、活力素、消化与同化、营养与热量、妇孺所需热量、孕妇乳母之营养、不足月婴儿之营养、幼童之营养等。
　　收藏单位：国家馆

00636

小孩子的饮食　谷韫玉　杨芒莆编著
[重庆]：行政院营养改进运动，1941.8，30页，32开（行政院营养改进运动刊物9）
　　收藏单位：重庆馆、国家馆、南京馆

00637

小学儿童营养之研究　朱佐廷编著

上海：开华书局，1935.1，86 页，32 开

　　本书内容包括：小学儿童营养之要则、小学儿童营养之障碍、营养障碍之处理等。

　　收藏单位：安徽馆、国家馆、南京馆、上海馆、浙江馆

00638

学生营养卫生问题　金宝善讲

[重庆]：中央训练团，1942.11，45 页，32 开

　　本书共 4 节：食物之意义、正常人营养素之日需量、战时与平时学生之膳食营养状况、营养之缺点与改进之管见。

　　收藏单位：重庆馆、广东馆、国家馆、湖南馆、南京馆、西南大学馆

00639

婴儿食物学　[华英书局编]

成都：华英书局，[1911—1949]，22 页，32 开

　　本书共 7 章，内容包括：食物纲要、由初生至六月之饮食与料理法、论睡眠及其他事项、六月后婴儿之饲法等。

　　收藏单位：国家馆

00640

营养饮食学与儿童营养

出版者不详，[1911—1949]，油印本，112 页，大 16 开

　　收藏单位：广东馆

00641

幼儿的营养　吴维亚著

[重庆]：中国文化服务社，1945.3，77 页，32 开（国民文库）

上海：中国文化服务社，1946.11，3 版，78 页，32 开（国民文库）

上海：中国文化服务社，1949，4 版，77 页，32 开（国民文库）

　　本书共 6 章：幼儿食物宜含之养料、母乳喂养、乳儿之补充食物、人工喂养等。附表10 张，内容包括：幼儿食物宜含之养料、维生素、幼儿食物之营养价值等。

　　收藏单位：重庆馆、东北师大馆、广东馆、国家馆、南京馆、天津馆、西南大学馆

00642

职工营养问题研究　工商管理咨询所编

[上海]：工商管理咨询所，1938，16 页，16 开

00643

中国建军与学生营养　张君俊著

重庆：商务印书馆，1942.7，53 页，32 开

重庆：商务印书馆，1943，再版，53 页，32 开

赣县（赣州）：商务印书馆，1943.4，53 页，32 开

　　本书共 3 章：我国建军与民族素质、我国学生之营养、怎样提高学生营养。附科学食谱。

　　收藏单位：重庆馆、广东馆、广西馆、贵州馆、国家馆、湖南馆、南京馆

食物的调配、烹饪、运输、保藏与营养

00644

厨房新知识　苍德玉著

旅顺：农业进步社，1942，107 页，32 开

　　本书内容包括：厨房的位置和面积、厨房的电灯、防备鼠害之法、怎样学烹饪、味与生理、蛋白质、脂肪、脂肪的需要量等。

　　收藏单位：首都馆

00645

食物　程瀚章编

上海：商务印书馆，1933.2，87 页，32 开

上海：商务印书馆，1933.10，87 页，32 开（小学生文库 第 1 集 生理卫生类）

　　本书共 15 章，内容包括：食物的意义、消化作用、吸收作用、食物的成分、烹调、米和饭、豆类和豆制品、蔬菜等。

　　收藏单位：重庆馆、广东馆、国家馆、湖南馆、江西馆、南京馆、上海馆、首都馆、天津馆、浙江馆

饮食卫生与食品检查

00646
北平市政府财政局屠宰场检疫规则　北平市政府财政局屠宰场编
北平市政府财政局屠宰场，[1928—1949]，15页，32开
　　收藏单位：国家馆

00647
病从口入　华汝成编
上海：中华书局，1948.5，20页，36开（中华文库 民众教育1）
上海：中华书局，1949.4，再版，20页，36开（中华文库 民众教育1）
　　本书共3章：霍乱、伤寒、赤痢。
　　收藏单位：南京馆

00648
吃饭问题　陈德征著
上海：世界书局，1929.4，86页，32开
　　收藏单位：重庆馆、广东馆、国家馆、湖南馆、南京馆、内蒙古馆、天津馆、浙江馆

00649
粗食猛健法（军民宝书）（日）井上正贺著　刘仁航译
上海：乐天修养馆，1917.11，[184]页，25开（中华国民乐天修养馆丛书 乙部2）
　　本书共两编。上编共23章，内容包括：粗食之意义、人体要求之成分、食物嗜好之变化、一日不限三食等；下编共17章，内容包括：古今学者食物之差异、糙米养身之功效、菜食与肉食、梅干之效用等。
　　收藏单位：国家馆、辽宁馆、上海馆、天津馆、浙江馆

00650
粗食猛健法（军民宝书）（日）井上正贺著　刘仁航译述
上海：阳明书店，1928.1，3版，1册，25开

（中华天养馆丛书 乙部2）
　　收藏单位：上海馆

00651
动物性食品与植物性食品之优劣　汪培令编著
上海：五教书局，1942.11，[74]页，32开

00652
家常营养食谱　陈费润著
重庆：中央训练团，1943，250页，36开

00653
健康不老废止朝食论　蒋维乔编
上海：商务印书馆，1915.6，[16]+138页，25开
上海：商务印书馆，1915.12，3版，[16]+138页，25开
上海：商务印书馆，1916.10，4版，[16]+138页，25开
上海：商务印书馆，1919.6，6版，[16]+138页，25开
上海：商务印书馆，1924.5，8版，[16]+138页，25开
　　本书共14章，内容包括：废止朝食二食主义之根据、过食与健康长寿、多食主义与不老长寿、二食主义与少食主义、二食主义与废止朝食主义、废止朝食二食主义与早寝早起、废止朝食二食主义副次之利益等。
　　收藏单位：重庆馆、广东馆、国家馆、河南馆、湖南馆、江西馆、首都馆、浙江馆

00654
陆地食物概要（下）　徐亚生著
上海：商务印书馆，1936.3，48页，32开（小学生分年补充读本）
　　收藏单位：重庆馆、宁夏馆

00655
肉食论　李石曾著
北平：国立北平研究院，[1930.1]，23页，18开
　　本书提倡素食，并主张改良烹饪方法。

共 8 章，内容包括：不肉食之宗派、肉食素食就科学上观之、不肉食之利益等。

收藏单位：重庆馆、国家馆、中科图

00656

实用素食卫生集　香港道德会福庆堂编

香港道德会福庆堂，1929.1，再版，157 页，32 开

本书收辑印光、妙圆、谭佛果等人撰写短文 22 篇。共两部，前部宣传佛教素食戒杀的经义及西医营养学理论中的素食论点；后部介绍素食简易烹调法 100 余种。

收藏单位：国家馆

00657

实用饮食学　龚兰真　周璇编

长沙：商务印书馆，1939.4，158 页，32 开（家庭丛书）

本书内容包括：食物与人生之关系、食物之组成与各类食物素之功用、各类食物之供献等。

收藏单位：安徽馆、广东馆、贵州馆、国家馆、南京馆、上海馆

00658

食物卫生　张鋆编　程瀚章校

上海：商务印书馆，1925.7，89 页，32 开（通俗教育丛书）

上海：商务印书馆，1931.5，再版，89 页，32 开（通俗教育丛书）

上海：商务印书馆，1933.9，国难后 1 版，93 页，32 开（通俗教育丛书）

本书共 14 章，内容包括：食物成分和人体的关系、体质和食物的关系、保健食料、饮食的时间、饮食物之简易试验、饮食物之种类、消化剂之功效等。

收藏单位：重庆馆、广东馆、国家馆

00659

食物与卫生　东方杂志社编

外文题名：Food and health

上海：商务印书馆，1924.4，104 页，50 开（东方文库 54）

上海：商务印书馆，1924，再版，1 册，50 开（东方文库 54）

上海：商务印书馆，1925.6，3 版，104 页，50 开（东方文库 54）

本书共 9 篇，内容包括：食物养生法、爱迭生之减食养生法、保加利亚乳酪之效用、菜蔬疗病之力、鲜果之滋补力等。题名页印有：东方杂志二十周年纪念刊物。

收藏单位：安徽馆、重庆馆、东北师大馆、广东馆、桂林馆、国家馆、黑龙江馆、湖南馆、江西馆、辽大馆、内蒙古馆、山东馆、上海馆、天津馆、武大馆、西南大学馆、浙江馆、中科图

00660

水生食物概要　徐亚生著

上海：商务印书馆，1936.3，2 册（33+36 页），32 开（小学生分年补充读本）

收藏单位：重庆馆

00661

素食特刊　三乐农产社编

上海：三乐农产社，1935.6，50 页，24 开

00662

素食养生论　杨章父　孙鞱公编译

上海：中华书局，1921.12，64 页，32 开

上海：中华书局，1922，再版，64 页，32 开

上海：中华书局，1928.2，5 版，64 页，32 开

上海：中华书局，1930.9，6 版，64 页，32 开

上海：中华书局，1933.10，7 版，64 页，32 开

上海：中华书局，1937.6，8 版，64 页，32 开

本书据山崎今朝弥的日译本转译，讲述消化生理知识，并介绍素食养生的根据、益处及具体方法。共 8 章，内容包括：吾人当思如何保有此身、食物消化之妙用、牛乳与鸡卵及其他之害生物、吾人所以主张素食等。

收藏单位：安徽馆、重庆馆、广东馆、广西馆、国家馆、河南馆、黑龙江馆、湖南馆、江西馆、南京馆、内蒙古馆、山西馆、首都馆、浙江馆

00663

卫生化学 林公际编著

杭州：浙江省立医药专科学校，1936.5，18+479 页，22 开，精装

本书讲述营养学概论及食物的一般化学卫生检验法。共 20 章，内容包括：荣养概论、饮食物一般实验法、乳汁及乳制品、肉类及肉制品、食用脂肪及油类、植物性嗜好品、酒精性饮料、清凉饮料、甘味料、罐头食品等。

收藏单位：国家馆、上海馆、浙江馆、中科图

00664

卫生新食谱 有正书局编译

上海：有正书局，1917.10，105 页，32 开

本书共两篇。上篇"通论"共 7 章，内容包括：食物之效用、人体之化学的研究、消化及吸收、食量之标准等；下篇"各论"共 16 章，内容包括：谷类、豆类、叶菜类、根菜类、菌类、调味品、果实类、糖类、水、茶类、酒类、乳类等。

收藏单位：河南馆、首都馆、天津馆

00665

夏令饮食卫生 刘冠生编撰

上海：正中书局，1946.9，48 页，32 开（卫生教育小丛书）

收藏单位：重庆馆、东北师大馆、广东馆、国家馆、湖南馆、辽宁馆、南京馆、上海馆、浙江馆

00666

饮食（科学常识） 刘儒珍著 中华平民教育促进会平民文学部校订

北平：中华平民教育促进会，1930.11，12 页，50 开（平民读物 92）

北平：中华平民教育促进会，1932.11，再版，12 页，50 开（平民读物 92）

收藏单位：国家馆

00667

饮食防毒法 余云岫编

上海：商务印书馆，1919.8，57 页，32 开（通俗教育丛书）

上海：商务印书馆，1920，再版，57 页，32 开（通俗教育丛书）

上海：商务印书馆，1921.11，3 版，57 页，32 开（通俗教育丛书）

上海：商务印书馆，1923，4 版，57 页，32 开（通俗教育丛书）

上海：商务印书馆，1924.6，5 版，57 页，32 开（通俗教育丛书）

上海：商务印书馆，1931.6，7 版，57 页，32 开

上海：商务印书馆，1933.5，国难后 1 版，57 页，32 开（通俗教育丛书）

上海：商务印书馆，1935.3，国难后 2 版，57 页，32 开（通俗教育丛书）

[长沙]：商务印书馆，1939.8，国难后 4 版，57 页，32 开（通俗教育丛书）

本书共两章。第 1 章"中毒总论"共 18 节，内容包括：论饮食之中毒、论夏秋期之饮食物、论中毒之种类、论外来中毒有急慢两性、论毒物之作用、论普通中毒之症候等；第 2 章"中毒各论"共 8 节，内容包括：论动物性食物之中毒、论谷类中毒、论金属诸毒药之中毒、论腐蚀性药物中毒等。

收藏单位：重庆馆、广东馆、国家馆、河南馆、江西馆、辽宁馆、上海馆、首都馆、天津馆、浙江馆

00668

饮食卫生法 潘仁编著

重庆：中华书局，1945.1，50 页，32 开（中华儿童教育社儿童卫生教育丛书）

上海：中华书局，1946.8，再版，50 页，32 开（中华儿童教育社儿童卫生教育丛书）

本书共 8 章，内容包括：饮食的重要、食物的成分、保护消化器、饮食的时间等。

收藏单位：重庆馆、贵州馆、国家馆、辽宁馆、南京馆

00669

饮食问题 南京市政府卫生局编

南京：南京市政府卫生局，1930.12，8 页，32

开

收藏单位：国家馆

00670

饮食学 新医进修社编

上海：新医进修社，1939.8，89页，32开

本书共6章，内容包括：饮食学之前提智识、食物之分类及来源、因饮食失宜食物中毒而起之疾病、哺婴法及孕产妇之饮食等。

收藏单位：国家馆、黑龙江馆、内蒙古馆、上海馆

00671

杂粮营养食谱 陈费润讲

[重庆]：中央训练团，1943.5，24页，36开

本书为中央训练团膳食管理员训练班讲演录。共两部分：代替筵席之杂粮点心十样、代饭杂粮食物十二样。

收藏单位：重庆馆、国家馆

00672

中国食料之选择 丘玉池编著

南京：金陵大学理学院学业会，1931.7，56页，22开（金陵大学理学院科学小丛书1）

本书略述营养学原理、食物功用、我国营养概况、膳食缺点，并提出科学的食料选择法。

收藏单位：国家馆

个人卫生

00673

北新生理卫生 薛德焴编

上海：北新书局，1932.2，233页，25开
上海：北新书局，1932.8，3版，233页，25开
上海：北新书局，1933.8，4版，233页，32开

本书共21章，内容包括：血液及淋巴、食物、饮料及麻醉料、呼吸、呼吸之卫生、消化、由消化管至心脏、消化吸收之卫生等。

收藏单位：南京馆、浙江馆

00674

耳·目 华汝成编

中华书局，1948.6，18页，36开（中华文库民众教育1）

本书共11节，内容包括：外耳是怎样的、中耳是怎样的、内耳是怎样的、怎样保护你的耳、耳有那些疾病、眼球是怎样的等。

收藏单位：东北师大馆、辽大馆

00675

个人日常卫生 南京特别市政府卫生局编

南京：南京特别市政府卫生局，[1939—1945]，18页，32开（卫生小丛书2）

00676

个人卫生 江苏省立教育学院研究实验部编

无锡：江苏省立教育学院，1931.6，12页，25开（民众卫生丛书6）

本书为一些个人卫生的常识。

收藏单位：重庆馆、江西馆

00677

个人卫生 尤寿山著

重庆：黄河书局，1945.3，154页，32开（医学小丛书）

本书共12章，内容包括：饮食、心理卫生、性与生殖、休息与睡眠、姿势与运动、消化与排泄等。

收藏单位：国家馆

00678

个人卫生 赵省谋著

杭州：新医书局，1949.9，96页，32开

本书共18章，内容包括：个人卫生总论、饮食卫生、居住卫生、皮肤卫生、牙齿卫生、眼的卫生、烟酒之害、精神卫生、性的卫生、孕期卫生等。

收藏单位：国家馆、江西馆

00679

个人卫生 中华教育卫生联合会编

上海：中华教育卫生联合会，[1916—1920]，12页，36开（中华教育卫生联合会小丛书16

国语）

收藏单位：国家馆

00680

个人卫生宝鉴　马兼善等编　仲靖澜校订

上海：普益书局，1931.4，110 页，32 开（康健顾问卫生宝鉴）

收藏单位：重庆馆、黑龙江馆、江西馆、首都馆、天津馆、浙江馆

00681

个人卫生论丛　俞凤宾著

上海：商务印书馆，1935.5，国难后 2 版，181 页，32 开（医学丛书）

本书共 12 章，内容包括：卫生学小史、消化器之大纲、胃肠之卫生、呼吸器之大纲、胸与肺之组织、耳之组织与卫生等。

收藏单位：广东馆

00682

个人卫生篇　俞凤宾编著　教育部医学教育委员会　助产教育专门委员会主编

上海：正中书局，1947.10，20 版，70 页，32 开

本书内容包括：卫生学小史、消化器之大纲、皮肤须发指甲之大要、胃肠之卫生、呼吸之大纲等。

收藏单位：上海馆

00683

个人卫生篇（卫生学要义）　俞凤宾编著

上海：商务印书馆，1917.7，141 页，25 开

上海：商务印书馆，1920.11，4 版，141 页，25 开

上海：商务印书馆，1922，5 版，141 页，25 开

上海：商务印书馆，1925.4，6 版，141 页，25 开

上海：商务印书馆，1927.1，7 版，141 页，25 开

上海：商务印书馆，1931.7，8 版，141 页，25 开

上海：商务印书馆，1934，国难后 1 版，181 页，32 开（医学丛书）

本书共 12 章，内容包括：卫生学小史、卫生学之界说、消化器之大纲、胃肠之卫生、呼吸器之大纲、胸与肺之组织、耳之组织与卫生等。

收藏单位：重庆馆、广东馆、国家馆、河南馆、湖南馆、江西馆、南京馆、上海馆、首都馆、西南大学馆、浙江馆

00684

个人卫生须知　海军总司令部军医处编

南京：海军总司令部军医处，1948.3，16 页，32 开

收藏单位：南京馆

00685

个人卫生学　葛成慧编著　教育部医学教育委员会　助产教育专门委员会主编

重庆：正中书局，1941.3，70 页，32 开

重庆：正中书局，1944，6 版，70 页，32 开

上海：正中书局，1946.7，70 页，32 开

上海：正中书局，1946.11，8 版，70 页，32 开

上海：正中书局，1947.5，14 版，70 页，32 开

上海：正中书局，1947.10，20 版，70 页，32 开

本书共 9 章，内容包括：健康生活、骨系统之卫生、肌系统之卫生、呼吸系统之卫生、循环系统之卫生、消化系统之卫生等。

收藏单位：重庆馆、广东馆、国家馆、江西馆、南京馆

00686

个人卫生学　赵士法编著

上海：南京书店，1933.9，200 页，25 开

本书讲述人体各器官的卫生常识。共 10 章，内容包括：筋肉系统之卫生、营养之卫生、呼吸器之卫生、排泄器之卫生、神经系统之卫生等。

收藏单位：安徽馆、重庆馆、广东馆、国家馆、江西馆、南京馆、天津馆、西南大学馆

00687

寒季自我卫生（卫生讲话）　黄贻清著

重庆：中国科学图书仪器公司，1944.11，124页，32开（时令行动卫生）

上海：中国科学图书仪器公司，1947.1，再版，124页，32开（时令行动卫生）

　　本书共6章：衣、食、住、行、乐、育。

　　收藏单位：重庆馆、东北师大馆、国家馆、黑龙江馆、南京馆、山西馆、西南大学馆、浙江馆

00688

湖南乡村学校卫生实施草案　湖南卫生实验处编拟

出版者不详，[1911—1949]，32页，32开

　　收藏单位：湖南馆、南京馆

00689

家庭经济及普通营养　李玉英编著

汉口：中国基督圣教书会，1948.1，2版，132页，32开

　　本书重点讲述家庭卫生保健知识，并介绍教子、家庭理财、事务管理等方法。

　　收藏单位：国家馆

00690

家庭卫生　陈美愉　贾金华编著

上海：商务印书馆，1936.11，47页，32开（民众教育儿童卫生 第4册）

　　收藏单位：国家馆

00691

家庭卫生　范铨　汪静庐编

上海：普益书局，1933.4，178页，32开（家庭万宝全书）

　　本书共6章，内容包括：导言、日常卫生、妇孺卫生、却病常识等。

　　收藏单位：贵州馆、国家馆、湖南馆、辽宁馆、山西馆、天津馆、浙江馆

00692

家庭卫生　胡宣明著

上海：中华教育卫生联合会，[1916—1920]，12页，32开（中华教育卫生联合会小丛书6）

　　本书介绍家庭卫生知识，共5个方面：居室、饮食、起居、侍疾、救急。

　　收藏单位：国家馆

00693

家庭卫生　鲁德馨著

汉口：中国基督圣教书会，1939.6，再版，26页，32开

00694

家庭卫生　念慈著

[松江县第一民众教育馆]，1931.5，9页，32开（卫生小丛书6）

00695

家庭卫生　汤汉志　叶维法著

[重庆]：中国文化服务社，1944.9，60页，32开（国民文库）

[重庆]：中国文化服务社，1945，78页，32开（国民文库）

重庆：中国文化服务社，1945.4，3版，78页，32开（国民文库）

重庆：中国文化服务社，1945.5，4版，78页，32开（国民文库）

上海：中国文化服务社，1946.4，2版，78页，32开（国民文库）

上海：中国文化服务社，1946.11，3版，78页，32开（国民文库）

上海：中国文化服务社，1948.5，4版，78页，32开（国民文库）

　　本书共15章，内容包括：空气的卫生、用水的注意、饮食的守则、洗浴的利益、运动和劳作、休息和睡眠、污物的处理、口腔的清洁、眼睛的保护等。

　　收藏单位：重庆馆、广东馆、桂林馆、国家馆、辽宁馆、南京馆、天津馆、浙江馆

00696

家庭卫生　王世伟　陈志潜编

上海：中华书局，1936.6，123页，32开（初中学生文库）

上海：中华书局，1936.10，再版，123页，32开（初中学生文库）

上海：中华书局，1941.1，4版，123页，32开

（初中学生文库）

本书共 10 章，内容包括：家庭卫生概要、营养与健康、传染病之预防、医药常识及择医标准、孕期卫生等。

收藏单位：安徽馆、重庆馆、广西馆、黑龙江馆、江西馆、南京馆、内蒙古馆、西南大学馆、浙江馆

00697

家庭卫生 乐怡民著

中国文化建设公司出版部，[1911—1949]，192 页，32 开

本书内容包括：生理、饮食、衣服、起居、运动、急救、胎产、育儿等。

收藏单位：重庆馆

00698

家庭卫生 周郁年著

上海：广益书局，1930.1，1 册，32 开（卫生丛书 3）

上海：广益书局，1934，再版，1 册，32 开（卫生丛书 3）

本书内容包括：产妇类、育儿类、饮食类、防护类等。

收藏单位：南京馆、首都馆

00699

家庭卫生宝鉴 马兼善等编 仲靖澜校

上海：普益书局，1931.4，178 页，32 开（康健顾问卫生宝鉴）

本书共 6 章：导言、日常卫生、妇孺卫生、却病常识、急救方法、看护须知。

收藏单位：重庆馆、浙江馆

00700

家庭卫生常识浅说 新运总会妇女指导委员会编

新运总会妇女指导委员会，1937.4，60 页，32 开（新运妇女丛书）

00701

家庭医药卫生 许啸天 高剑华合编

上海：明华书局，1947.12，176 页，32 开

收藏单位：广东馆

00702

家用卫生论 朱文骐编

上海：青年协会书报部，1921.5，再版，106 页，32 开

收藏单位：重庆馆、湖南馆、南京馆、天津馆

00703

健全的家庭

上海：时兆报馆，1935.1，63 页，32 开

上海：时兆报馆，1935，3 版，63 页，32 开

本书介绍家庭卫生常识，内容包括：清洁快乐的家、太阳光、空气、水、冷热病、大家睡觉吧等。

收藏单位：重庆馆、上海馆、首都馆

00704

经济的健康 陈振民著

上海：康健书局，1936.10，再版，73 页，32 开（康健丛书）

本书共 9 章，内容包括：肉体康健与精神康健、食物的选择、多食与杂食、有害的消遣品、衣服的需要与制作等。

收藏单位：广东馆、国家馆

00705

经济的健康 陈振民著

上海：康健杂志社，1935.11，73 页，32 开

收藏单位：国家馆、内蒙古馆

00706

军民卫生手册 陕甘宁边区政府卫生处编

吕梁文化教育出版社，[1940—1949]，71 页，64 开

收藏单位：国家馆

00707

口鼻的卫生 沈见洪编著

上海：商务印书馆，1947.10，31 页，32 开（新小学文库 第 1 集）

上海：商务印书馆，1949.3，31 页，32 开

本书内容包括：怎样保护牙齿、口腔的卫生、鼻的卫生等。

收藏单位：广东馆、湖南馆、首都馆

00708

人体生理卫生学提要　薛德焴著

上海：商务印书馆，1921.12，1册，23开，精装（高等教育理科丛书 第1编）

上海：商务印书馆，1924.3，3版，1册，23开，精装（高等教育理科丛书 第1编）

上海：商务印书馆，1926.8，4版，1册，23开，精装（高等教育理科丛书 第1编）

上海：商务印书馆，1929.4，5版，[354]页，23开，精装（高等教育理科丛书 第1编）

上海：商务印书馆，1933.3，国难后1版，1册，23开，精装（高等教育理科丛书 第1编）

上海：商务印书馆，1934，国难后2版，1册，23开，精装（高等教育理科丛书 第1编）

上海：商务印书馆，1935.4，国难后3版，1册，23开，精装（武昌高等师范学校丛书）

上海：商务印书馆，1937.6，国难后4版，1册，23开，精装（武昌高等师范学校丛书）

[长沙]：商务印书馆，1939.5，国难后5版，[354]页，23开，精装（武昌高等师范学校丛书）

本书为高等师范学校、医专学校教科书及中等学校博物教员参考书，共8篇：总论、骨骼系统、肌肉系统、消化系统、循环系统、呼吸系统、排泄系统、神经系统。附公共卫生大意、急救疗法。

收藏单位：重庆馆、广西馆、贵州馆、国家馆、黑龙江馆、湖南馆、江西馆、南京馆、上海馆、天津馆、西南大学馆、浙江馆

00709

生理及卫生（简易师范教科书）　赖斗岩　王有琪编　马汝梅校订

上海：商务印书馆，1948.9，3册（64+141+72页），32开

本书共5编，内容包括：人体解剖生理和保健、环境卫生、卫生教育等。

收藏单位：重庆馆、国家馆

00710

生理与卫生　黄劳逸等著　张达玉　萧熙校订

上海：校经山房书局，1933.7，87页，25开

本书内容包括：睡眠之原理、消化液、脑主知觉之考证、产妇最要之卫生、美容之根本法、提倡素食的我见等。

收藏单位：广东馆、江西馆

00711

生理与卫生　吴章编辑

上海：大众书局，1934.12，179页，32开

上海：大众书局，1936.4，重版，179页，32开

本书内容包括：呼吸之部、循环之部、消化之部、排泄之部、筋肉之部等。

收藏单位：浙江馆

00712

实用教科书生理卫生学　吴冰心编纂　凌昌焕校订

上海：商务印书馆，1915.12，164页，25开

上海：商务印书馆，1918.2，再版，164页，25开

上海：商务印书馆，1921.11，7版，164页，25开

本书共3编：运动生理、营养生理、神经生理。

收藏单位：湖南馆、绍兴馆、首都馆

00713

卫生　陈雨苍编著　薛德焴校订

南京：正中书局，1937.2，199页，32开

本书内容包括：健康促进、疾病的认识和预防、学校环境卫生、乡村环境卫生等。

收藏单位：重庆馆

00714

卫生　华汝成　陈志潜编

上海：中华书局，1941.3，9版，264页，32开

本书为教育部审定的新课程标准，师范、乡村师范学校适用。共5章：健康的促进、疾病的认识与预防、学校环境卫生、乡村环境

卫生、健康教育。

　　收藏单位：国家馆

00715

卫生　赖斗岩　苏德隆编

上海：商务印书馆，1935.10，246 页，32 开

上海：商务印书馆，1948，6 版，[17]+241 页，32 开

上海：商务印书馆，1949.2，7 版，246 页，32 开

　　本书为师范学校教科书，共 4 编：健康促进、疾病的认识和预防、环境卫生、健康教育。

　　收藏单位：重庆馆、贵州馆

00716

卫生（1）　陈雨苍编著　薛德焴校订

南京：正中书局，1936，142 页，32 开

重庆：正中书局，1939，28 版，142 页，32 开

上海：正中书局，1948，142 页，32 开

　　收藏单位：重庆馆、国家馆、黑龙江馆

00717

卫生（2）　陈雨苍编著　薛德焴校订

南京：正中书局，1936，128 页，32 开

上海：正中书局，1948，127 页，32 开

　　收藏单位：重庆馆、国家馆

00718

卫生（3）　陈雨苍编著　薛德焴校订

重庆：正中书局，1938，9 版，148 页，32 开

重庆：正中书局，1939.7，11 版，148 页，32 开

上海：正中书局，1948，148 页，32 开

　　收藏单位：重庆馆、国家馆

00719

卫生（4）　陈雨苍编著　薛德焴校订

南京：正中书局，1938.12，21 版，156 页，32 开

　　收藏单位：重庆馆

00720

卫生行为　（美）吴德（T. D. Wood）（美）雷利国（M. O. Lerrigo）著　周尚　叶华编译

长沙：商务印书馆，1940.7，281 页，36 开（汉译世界名著）

重庆：商务印书馆，1944，281 页，36 开（汉译世界名著）

重庆：商务印书馆，1945.9，2 版，281 页，32 开（汉译世界名著）

　　本书从体格、精神、道德等方面提出儿童、成人的卫生标准，内容包括：量表的应用、目标完成的可能性、儿童的健全生长、家庭和学校的合作等。

　　收藏单位：重庆馆、广东馆、桂林馆、国家馆、江西馆、南京馆、内蒙古馆、上海馆、天津馆、浙江馆

00721

卫生学　王冈编

江西省政府保安处，[1911—1949]，44 页，25 开

　　收藏单位：江西馆

00722

卫生学常识（个人卫生编）　鄞县中山民众教育馆编

鄞县中山民众教育馆，1936.11，42 页，32 开

　　本书内容包括：卫生学的价值、个人卫生等。

　　收藏单位：浙江馆

00723

主妇须知家庭卫生及家政概要

全国经济委员会卫生实验处，[1934]，128 页，25 开

　　收藏单位：重庆馆

00724

主妇须知家庭卫生及家政概要

南京：卫生署，1932.9，128 页，25 开

南京：卫生署，1934.5，再版，104 页，25 开

南京：卫生署，1943.9，4 版，104 页，25 开

南京：卫生署，1947.2，5版，104页，25开

　　本书将北平保婴事务所母职训练班各科讲义汇编成书，共4篇：家政、卫生、育婴技术、婴儿及幼童疾病常识。

　　收藏单位：重庆馆、广东馆、贵州馆、国家馆、南京馆、上海馆、首都馆、浙江馆

00725
最新实用家庭万有常识　唐真如著

上海：启文书局，1939.6，106+100页，32开

　　本书收集各种家庭生活常识。封面题名：最新实验家庭万有常识。

　　收藏单位：广东馆

一般保健法

00726
保健法　（美）韩森（L. H. Hansen）著　单英民译

外文题名：Keeping well

上海：时兆报馆，1940.4，125页，32开

上海：时兆报馆，1940，再版，125页，32开

上海：时兆报馆，1941.2，3版，125页，32开

上海：时兆报馆，1941.8，4版，125页，32开

　　本书共14章，内容包括：我们的健康、当心你的身体、关于食物的几件事、健康的保安队、吃的艺术、健康的几个仇敌、成药的害处等。

　　收藏单位：安徽馆、重庆馆、广东馆、贵州馆、国家馆、湖南馆、江西馆、南京馆、内蒙古馆、浙江馆

00727
保健疗病新法　黄励农编译

上海：生活研究社，1920.4，100页，22开，环筒页装（实用丛书第3编）

　　本书按人体器官系统讲述个人医疗卫生保健常识。共17编，内容包括：日常强身法、脑及神经之卫生、胃肠卫生、排泄物、传染病、其他之内科病、皮肤卫生、齿之卫生、耳之卫生等。封面题名：强健疗病新法。

　　收藏单位：国家馆、首都馆

00728
保健免病法　周瑞庭著

大生医院，1938.6，[14]+118页，32开

　　本书共121节，内容包括：难免生病、什么是病、择医问题、如何诊病、信任医师、如何治病、治标与治本等。

　　收藏单位：国家馆、首都馆、天津馆

00729
保健新编　钟绥臣著

出版者不详，1943.1，9页，36开

　　收藏单位：上海馆

00730
保健延寿谈　黄伯樵著

上海：中华书局，1948.6，51页，32开

　　本书共9章，内容包括：导言、饮食之作用、食物饮料之营养与营养价值、食物饮料之分配、饮食之注意、调节饮食与个人健康及寿命之关系等。

　　收藏单位：重庆馆、广东馆、国家馆、江西馆、辽宁馆、南京馆、上海馆、天津馆

00731
奔纳氏返老还童运动法　（美）奔纳（S. Bennett）著　雷通群译　顾寿白　程瀚章校订

外文题名：Sanford Bennett's rejuvenation

上海：商务印书馆，1931.1，106页，32开（通俗医书）

上海：商务印书馆，1933，国难后1版，97页，32开（医学小丛书）

上海：商务印书馆，1934.7，国难后2版，97页，32开（医学小丛书）

上海：商务印书馆，1935.2，国难后3版，97页，32开（医学小丛书）

长沙：商务印书馆，1937.7，国难后4版，97页，32开（医学小丛书）

长沙：商务印书馆，1938.11，国难后5版，97页，32开（医学小丛书）

　　本书共23章，内容包括：奔纳氏之身世

及其发明、奔纳氏运动法之特色、衰老之原因及豫防法、人生之寿命、研究长寿法之诸学说、消化之秘诀及排泄、断食疗法、日光空气与土、日常应注意之事项、咽喉及颈、全身运动等。

　　收藏单位：广东馆、广西馆、辽宁馆、南京馆、宁夏馆、上海馆

00732

避疾原理浅说　谭溯溪编

南京：谭溯溪，1933.12，[82] 页，23 开

　　收藏单位：上海馆

00733

臂部锻练法　赵竹光　王学政编著

长沙：商务印书馆，1940.2，52 页，36 开（健与力小丛书）

长沙：商务印书馆，1940.11，再版，52 页，36 开（健与力小丛书）

　　本书共 5 章：绪论、臂部的构造及其功能、臂之质与量、臂部的锻练法、你的臂部不能练大的原因。

　　收藏单位：广东馆、国家馆、南京馆、上海馆

00734

病的预防和治法　庄畏仲　程念劬编

上海：新中国书局，1932，67 页，32 开（高年级健康丛书）

上海：新中国书局，1932.5，再版，67 页，32 开（高年级健康丛书）

上海：新中国书局，1932，3 版，67 页，32 开（高年级健康丛书）

　　本书共 12 章，内容包括：什么叫做疾病、疾病是怎样发生的、用什么方法可以治疗、几种重要的传染病、肠胃里的普通疾病、皮肤的普通疾病等。

　　收藏单位：重庆馆、湖南馆、首都馆

00735

病家常识　张梦痕著

上海：中医书局，1931.6，65 页，32 开

　　本书共 3 卷。内容包括：请医生的心理、

秘方的流弊、富人的病、看看病人的气色举动舌苔、春天常有的几样病、夏天常有的几样病、秋天常有的几样病、冬天常有的几样病等。

　　收藏单位：浙江馆

00736

不老不死法（又名，长生术）　朱方等编译

上海：有正书局，1916.5，95 页，32 开

　　本书从运动、饮食习惯、生活外界因素等方面讲述养生之道，内容包括：精神不老法、肉体不老法、食养不老法、少食不老法、呼吸不老法、运动不老法等。

　　收藏单位：首都馆、天津馆、浙江馆

00737

不老健身法　王怀琪　吴洪兴编译

上海：大东书局，1925.4，再版，38 页（健学社丛书 3）

　　本书共 5 章：原序、练习须知、起身以前、起身以后、练习方法。

　　收藏单位：西交大馆

00738

不老仙丹全集　成扶平编辑

北京：广德堂，1941，4 版，78 页，36 开

　　收藏单位：首都馆

00739

长生不老法　顾实译述　秦同培校订

上海：商务印书馆，1916.9，137 页，25 开

上海：商务印书馆，1917，再版，137 页，25 开

上海：商务印书馆，1919.8，4 版，137 页，25 开

上海：商务印书馆，1925，7 版，137 页，25 开

上海：商务印书馆，1928.1，8 版，137 页，25 开

　　本书共 10 篇，内容包括：精神的不老法、肉体的不老法、食养的不老法、少食不老法、呼吸的不老法、运动的不老法等。

　　收藏单位：重庆馆、国家馆、江西馆、南

京馆、内蒙古馆、上海馆、绍兴馆、首都馆、
浙江馆

00740
长生不老之秘诀　顾鸣盛编
上海：进步书局，1915.12，76页，22开
上海：进步书局，1919，4版，76页，22开
上海：进步书局，1922，5版，76页，22开
上海：进步书局，1926.3，6版，76页，22开
上海：进步书局，1931.3，9版，76页，22开
　　本书参照日本山崎增造的《不老青春术》
编纂，从性别、心理、寿相、饮食等方面讲
述长寿道理及方法。共16章，内容包括：长
生与男女之关系、长生与体质之关系、长生
与贫富之关系、长生与遗传之关系、长生与
风土之关系、精神上之长生、身体上之长生、
常观佛经可以长生、勤习导引可以长生、长
生之新理论等。
　　收藏单位：安徽馆、重庆馆、广东馆、国
家馆、黑龙江馆、湖南馆、江西馆、南京馆、
上海馆、绍兴馆、首都馆、浙江馆

00741
长生防老之科学的研究　佛慈药厂国产药物
研究所编
上海：佛慈药厂，[1931]，57页，32开
　　本书内容包括：宇宙与人生、电子与生
命、电子与衰老、电子与病理、长寿与药理
等。
　　收藏单位：上海馆

00742
长生秘诀　（清）石成金编著
上海：道德书局，1935，55页，32开

00743
长生真谛　西胜造氏创作
出版者不详，[1932]，32页，16开
　　收藏单位：南京馆

00744
长寿法新论　厉裔华编
北平：北平医刊社，1937.5，47页，32开

本书共4编：关于人寿界限之研究——人
之生存可能性、老衰现象、长寿法、返老还
童论。
　　收藏单位：重庆馆、国家馆、南京馆

00745
长寿秘诀　慈山居士编著
上海：大东书局，1924.5，86页，32开
上海：大东书局，1928.5，3版，86页，32开
　　收藏单位：安徽馆、广东馆、上海馆、天
津馆

00746
长寿哲学　（日）铃木美山著　蒋维乔译
上海：商务印书馆，1918.5，273页，25开
上海：商务印书馆，1918.12，再版，273页，
25开
上海：商务印书馆，1920，3版，273页，25
开
上海：商务印书馆，1922.3，4版，273页，25
开
上海：商务印书馆，1925，5版，273页，25
开
　　本书据铃木美山的《健全之原理》译成。
共12章，内容包括：健全之原理、宇宙论、
神者何、物质与精神、心灵界之自然法、宗
教及道德、社会、疾病等。
　　收藏单位：广东馆、广西馆、国家馆、河
南馆、湖南馆、南京馆、首都馆、天津馆、
浙江馆

00747
长寿之条件　丁福保著
上海：医学书局，[1911—1949]，10页，32开
　　收藏单位：上海馆

00748
二百五十岁老人李青云长生不老秘诀　养鹤
轩主人编　华震东校
上海：大通图书社，1939.4，114页，32开
　　本书内容包括：长生大道章、长命初基
章、达道章等。
　　收藏单位：江西馆、浙江馆

00749

返老还童法（学理实验）

上海：神州学会，1922，128 页，32 开，精装

本书共 24 章，内容包括：人生之福音、五十岁已完全衰老之彭纳脱、衰老之原因及其预防法、人类之寿命、长寿法之研究、消化之秘诀与排泄、绝食疗法、日光空气与土、腹部运动、全身运动等。

收藏单位：重庆馆、南京馆

00750

返老还童术　石运鹏编译

上海：新民图书馆兄弟公司，1924.4，44 页，32 开

本书介绍国外一种保健疗法的发明者吴东诺夫（法国）与斯丹南虚（澳大利亚）的保健理论及应用效果。

收藏单位：内蒙古馆

00751

防老术　马济翰编

上海：康健书局，1936.6，26 页，32 开（康健丛书）

上海：康健书局，1948.11，再版，26 页，32 开

本书共 5 章：老境的可怕、分泌腺的移植、防老有效的自然法则、防老操、附长寿的秘诀。

收藏单位：国家馆、上海馆、首都馆

00752

寒季自我卫生（卫生短波）　黄贻清著

重庆：侨光印书馆，1944.11，124 页，32 开（时令行动卫生）

本书内容包括：衣、食、住、行、乐等。

收藏单位：重庆馆、贵州馆、内蒙古馆、上海馆

00753

家庭保健法　施竞奎编

浙江省立严州民众教育馆，1941.9，38 页，50 开（社会教育技术指导丛书 1）

本书共两章：家庭卫生、家庭普通疾病的

医治。

收藏单位：国家馆

00754

家庭防病救险法　（美）凌骐著　中华卫生教育会译述

外文题名：First aids and disease prevention for households

上海：商务印书馆，1919.7，45 页，32 开

上海：商务印书馆，1920，再版，45 页，32 开

上海：商务印书馆，1921.4，3 版，45 页，32 开

上海：商务印书馆，1921，4 版，45 页，32 开

上海：商务印书馆，1925.3，5 版，45 页，32 开

上海：商务印书馆，1927，6 版，45 页，32 开

本书共 4 章：防病与救险、身体之构造、急救法、服事病者。

收藏单位：重庆馆、广东馆、国家馆、河南馆、湖南馆、南京馆、首都馆、天津馆、浙江馆

00755

家庭健康讲话　刘济群编

上海：中华书局，1948，79 页，32 开（中华文库 初中第 1 集）

本书共 6 章，内容包括：家庭是怎样构成的、怎样才是健康的家庭、住所的健康原则和方法、食的健康原则和方法等。

收藏单位：重庆馆、广东馆、桂林馆、国家馆、黑龙江馆、湖南馆、江西馆、辽大馆、南京馆、内蒙古馆、上海馆、绍兴馆

00756

家庭卫生概要　刘静和著

上海：广学会，1946，再版，9 页，32 开（基督化家庭小丛书 5）

本书介绍家庭中的个人卫生、环境卫生、妇婴卫生以及疾病的预防。

收藏单位：重庆馆、南京馆

00757

健康常识　杨文达著

南昌：江西省民生印刷第一厂，[1941]，18页，32开

　　本书内容包括：食物、饮水、空气与换气法、运动等。

　　收藏单位：重庆馆

00758

健康法　胡宣明编纂

上海：商务印书馆，1934.10，国难后1版，42页，32开（通俗教育丛书）

上海：商务印书馆，1935.5，国难后2版，43页，32开（通俗教育丛书）

[长沙]：商务印书馆，1940.6，国难后3版，43页，32开（通俗教育丛书）

　　本书共3编：个人处理身体的卫生法、疾病传染的预防、公共卫生之重要。

　　收藏单位：重庆馆、国家馆、湖南馆、辽大馆、南京馆、山西馆、首都馆、浙江馆

00759

健康、法律指导（第1集）　甘纯权编

上海：甘纯权，1933.4，45页，32开

　　本书共15节，内容包括：耳炎、吐血、神经衰弱、胃病等。

　　收藏单位：国家馆

00760

健康精言　王怀琪等编

上海：中国健学社，1924，167页，25开（中国健学社体育丛书）

　　本书共14章，内容包括：运动、衣服、饮食、居住、沐浴、治疗、妇女、性育、旅行等。

　　收藏单位：浙江馆

00761

健康秘诀　卢世英著

上海：道德书局，[1911—1949]，106页，32开

　　本书共27节，内容包括：却病延年之要义、延年法、除浊气法、活动四支法、二人交互运动法、深呼吸法、静养法、睡眠法等。

　　收藏单位：重庆馆、南京馆、浙江馆

00762

健康浅说　胡宣明编著

上海：正中书局，1946.12，103页，32开

　　本书共10章，内容包括：日光、空气、饮食、清洁、运动、休息等。附关于传染病源的研究。

　　收藏单位：重庆馆、东北师大馆、广东馆、国家馆、河南馆、湖南馆、辽大馆、南京馆

00763

健康实验录　马问我编

上海：亦庐医室，1949.2，46页，30开

00764

健康手册　吴维吾编

成都：甲申出版社，1945.7，2版，93页，50开

　　本书为读者提供一些获得健康的知识和方法。

　　收藏单位：重庆馆

00765

健康术问答　庄畏仲编著

上海：大华书局，1934.5，180页，32开（医学卫生问答丛书）

　　本书共10章，内容包括：健康术总论、体格和姿势、饮食和排泄、运动和节制、血液和内分泌等。

　　收藏单位：重庆馆、贵州馆、国家馆、湖南馆、内蒙古馆、首都馆、浙江馆

00766

健康说约　胡宣明著

上海：东方书社，1946.8，49页，32开

　　本书共14章，内容包括：何谓健康、健康的因素、饮食、呼吸、运动、休息、防疫、求医、健康教育等。

　　收藏单位：南京馆、上海馆

00767

健康问题　宓锡磐著

上海：商务印书馆，1926，122 页，32 开

　　本书共 4 部分：论著、学说、杂俎、谈屑。

　　收藏单位：重庆馆

00768

健康问题　宓锡磐著

上海：协和书局，1926，122 页，32 开

　　收藏单位：河南馆

00769

健康修养法

中国精神研究社，[1911—1949]，[170] 页，25 开

　　收藏单位：重庆馆、南京馆

00770

健康学　（美）沙井特（W. R. Sargent）著　江孝贤等译

上海：中华书局，1921.12，188 页，32 开

上海：中华书局，1922.7，再版，188 页，32 开

上海：中华书局，1925，3 版，188 页，32 开

上海：中华书局，1926.3，4 版，188 页，32 开

上海：中华书局，1930.3，5 版，188 页，32 开

上海：中华书局，1931.7，6 版，188 页，32 开

上海：中华书局，1933.10，7 版，188 页，32 开

上海：中华书局，1936.8，8 版，188 页，32 开

　　本书共 20 章，内容包括：身体用否之结果、运动与身体、职业与身体、体育之重要、徒手之运动、青年体育、少女体育、妇女体育、中年体育、饮食论、肥瘦论、衣服论、家庭体育等。

　　收藏单位：重庆馆、广东馆、国家馆、河南馆、黑龙江馆、湖南馆、江西馆、南京馆、内蒙古馆、首都馆、西南大学馆、浙江馆

00771

健康要诀　李宝贵　徐华编译

外文题名：The key to health

上海：时兆报馆，1930.3，81 页，32 开

上海：时兆报馆，1930.5，2 版，81 页，32 开

上海：时兆报馆，1930.12，4 版，81 页，32 开

上海：时兆报馆，1931.9，5 版，81 页，32 开

上海：时兆报馆，1932，7 版，81 页，32 开

　　本书共 15 节，内容包括：人生的乐趣、长寿的秘诀、家庭卫生、夏季的病症、冬季的病症、各种的杂症、急救法、神圣的人体等。

　　收藏单位：重庆馆、广东馆、国家馆、湖南馆、江西馆、南京馆、浙江馆

00772

健康与保养　肯容等著　芷痕编

上海：家庭医药社，1948.11，81 页，32 开（家庭医药手册 2 健康篇）

　　本书共 4 章：血统与遗传、怎样保养小生命、怎样做母亲、营养与食物。

　　收藏单位：辽宁馆、上海馆

00773

健康与经济　内政部卫生署编

内政部卫生署，1931.5，30 页，32 开（卫生署刊物 1 册籍类 1）

内政部卫生署，1933.1，再版，30 页，32 开（卫生署刊物 1 册籍类 1）

　　本书共 7 章，内容包括：超格的死亡率、平均人寿、预防医学及公共卫生之利益、世界各国能够享受此种利益之原因等。

　　收藏单位：广东馆、国家馆、南京馆、宁夏馆、上海馆

00774

健康与人生（健康通讯第 1 集）　舒新城著

上海：中华书局，1948.6，142 页，32 开（新中华丛书 健康问题汇刊）

上海：中华书局，1949.4，再版，142 页，32 开（新中华丛书 健康问题汇刊）

　　本书内容包括：我的生活、食物与健康、养生之道、谈自然疗养问题、神经衰弱、睡

眠问题、多梦与健康等。

　　收藏单位：重庆馆、广东馆、国家馆、江西馆、南京馆、内蒙古馆、首都馆

00775

健康与卫生　胡贻谷编

上海：青年协会书报部，1925.3，86 页，32 开

　　本书内容包括：家常卫生举要、学校卫生谈、个人卫生简章等。

　　收藏单位：湖南馆、南京馆、西南大学馆、浙江馆

00776

健康真铨生命之华　丁惠康编

[上海]：中西医学研究会，1926.10，[170]页，32 开

　　本书共两篇：人寿夭折之由来、长寿之原理。逐页题名：生命之华。

　　收藏单位：广东馆、河南馆、浙江馆

00777

健康之路　陈海量编

上海：大雄书局，1948.5，41 页，32 开

　　本书介绍起居、饮食、生殖等健康知识。

　　收藏单位：重庆馆、贵州馆、南京馆、上海馆

00778

健康之路　陈俊编译

上海：文源书局，1946.4，再版，69 页，32 开

　　本书共 13 章，内容包括：我们的身体、小病化大病、精神疗病法、怎样对付头痛、睡眠与失眠、最讨厌的胃病、危险的肺炎等。

　　收藏单位：广东馆、浙江馆

00779

健康之路　陈俊编译

桂林：远东书局，1942.4，69 页，32 开

桂林：远东书局，1943.7，再版，69 页，32 开

　　收藏单位：重庆馆、广东馆、广西馆、国家馆、江西馆、南京馆、上海馆

00780

健康之路　达尔卡纳基等著　冯洪等译

激流书店，1945，177 页，25 开

　　收藏单位：江西馆、绍兴馆

00781

健康之路　（美）麦克法登（Bernarr Macfadden）著　赵竹光译

上海：商务印书馆，1934.11，[10]+120 页，32 开

上海：商务印书馆，1935.2，再版，[10]+120 页，32 开

上海：商务印书馆，1937.4，4 版，[10]+120 页，32 开

长沙：商务印书馆，1939.6，6 版，[10]+120 页，32 开

　　本书介绍衣食住行的保健常识与体育锻炼方法。共 11 章，内容包括：卓越的精力之培养、澎湃的生命之力、脊骨、行路与精力之加增、呼吸——生命之源泉等。著者原题：麦佛登。

　　收藏单位：广东馆、贵州馆、国家馆、江西馆、南京馆、上海馆、首都馆、浙江馆

00782

健康之路　梅迪克司（Medicus）著　吕迺瑛译

外文题名：Guide to health

长沙：商务印书馆，1941.4，184 页，32 开

　　本书共 33 章，内容包括：健康与疾病、健康之维护、健康者之食物、皮肤病、最重要之鼻疾及其治疗、牙齿之卫生、通常之耳疾及其治疗、通常之血管疾病及其治疗、通常之胃病及其治疗等。

　　收藏单位：广东馆、国家馆、辽宁馆、天津馆、中科图

00783

健康之路（第 1 集）　李廷安等著

外文题名：The road of health

成都：基督教联合出版社，1946.10，再版，176 页，32 开（希望丛书 6）

　　本书内容包括：孕妇须知、育婴常识、家

庭性教育、预防传染病、花柳病、水与卫生、预防注射、呕吐、贫血、杀蚊、中毒急救法、流血与止血、输血、火伤、植皮、结核病等。

收藏单位：国家馆

00784
健康之研究 （英）汤穆森（J. A. Thomson）著 （英）莫安仁　周云路译
外文题名：Towards health
上海：广学会，1930.4，220页，32开

本书共7章，内容包括：生物学上之健康说、健康与遗传性、健康与人生之曲线、心理上之健康、应当如何行作等。

00785
健康知识（国民健康运动周） 中华基督教青年会编
上海：中华基督教青年会，[1912—1949]，25页，50开

收藏单位：上海馆

00786
健康指导 丁捷臣编
上海：中华书局，1934.9，98页，32开
上海：中华书局，1935.6，88页，32开（初中学生文库）
上海：中华书局，1936，再版，87页，32开（初中学生文库）
上海：中华书局，1941.1，4版，87页，32开（初中学生文库）

本书共8章，内容包括：绪论、健康之敌、健康的主要条件、身体的运动法等。

收藏单位：重庆馆、国家馆、黑龙江馆、江西馆、辽宁馆、南京馆、内蒙古馆、上海馆、首都馆、浙江馆

00787
健美常识 （日）石原忍等著　任一碧译
上海：商务印书馆，1937.3，16+246页，32开
上海：商务印书馆，1937.6，再版，260页，32开
长沙：商务印书馆，1940，3版，260页，32开
长沙：商务印书馆，1941.1，4版，260页，32

开

本书共5部：《眼》（石原忍）、《毛发》（旭宪吉）、《耳鼻咽喉》（久保猪之吉）、《皮肤》（远山郁三）、《体质与姿势》（田代义德）。

收藏单位：重庆馆、东北师大馆、广东馆、贵州馆、国家馆、湖南馆、南京馆、山西馆、上海馆、绍兴馆、首都馆、天津馆、浙江馆

00788
健脑新法　陈滋编译
上海：医学丛书社，1911.1，91页，23开

收藏单位：首都馆

00789
健身寿世　林润涵著
北京：国民健康快乐指南社，1938，再版，1册，32开
北京：国民健康快乐指南社，1941，3版，1册，32开
北京：国民健康快乐指南社，1943，4版，38页，32开

本书介绍多种健身功式。

收藏单位：安徽馆、国家馆、南京馆、首都馆

00790
健与美　安谷等译
上海：读者文摘出版社，1946.11，61页，32开（读者文摘丛书）
上海：读者文摘出版社，1946.12，再版，61页，32开（读者文摘丛书）

本书摘录《读者文摘》创刊号至第2卷第6期的文章。共收文14篇，内容包括：《长寿法》（安谷译）、《明天你将会更年轻》（平西林译）、《尽量利用你的早晨》（祥燕译）、《多花点时间去思考》（余人译）等。书前有张泉生序。

收藏单位：江西馆、浙江馆

00791
近世长寿法　丁福保译述

出版者不详，1913.5，44 页，32 开

本书共 8 章，内容包括：动物与动物寿数之比较、动物长寿之研究、动物大肠容易发生菌细中毒之理由、各家所主张长寿之学说、长寿与卫生之研究等。

收藏单位：上海馆

00792

敬祝健康　养生居士著

杭州：西湖养生医庐，1939.4，74 页，32 开（西湖养生医庐养生丛书）

本书内容包括：最寻常的却是最紧要的（吃饭—穿衣—睡觉—出恭）、最微细的却是最利害的（细菌—瘟疫—防卫）、最害羞的却是最神秘的（恋爱—婚姻）、最劳动的却是最幸运的（工作及游戏）等。

收藏单位：国家馆

00793

静坐要法　百炼居士著

上海：大法轮书局，1948.11，58 页，64 开

本书内容包括：原理篇、方法篇、援古篇等。附谈太极拳、静坐的体验。

收藏单位：上海馆

00794

科学与健康　（英）W. B. Little 著　吴廉铭译

上海：中华书局，1939.4，160 页，32 开（科学丛书）

本书从人体、食物、睡眠等方面对人体的健康进行科学的论述。共 16 章，内容包括：绪论、人体、食物的科学、救急与科学等。

收藏单位：江西馆、上海馆、天津馆

00795

老人延年术·老人性尿闭症　丁福保编

上海：医学书局，[1911—1949]，65+47 页，32 开

本书内容包括：老人之一般卫生法、老人宜求闲适、老人宜知足、老人宜断绝女色、老人宜玩山水花木等。

收藏单位：国家馆

00796

灵肉回春秘话（返老还童的秘法及秘药）　新文编译社编译　平洁生校

上海：新文编译社，1934.11，164 页，32 开

本书共 12 章，内容包括：不老的秘诀、从哲学到生活现象的科学、内分泌和返老还童、史坦那返老还童法、健康长寿的药物的批判等。附三个月间减少体重三十斤的瘦法、三个月间增加体重三十斤的变肥法。

收藏单位：国家馆

00797

美的经验（一名，美容驻颜术）　（美）E. W. Hopper 著　黄邦俊　叶新华译

上海：女子书店，1932.12，142 页，32 开

上海：女子书店，1933.3，再版，142 页，32 开

本书介绍女子健美与美容知识。共 17 章，内容包括：我的美容和驻颜的经验、我的运动、我的沐浴、我的饮食、体重失常的避免、皮肤的修养、手的修养、我的牙齿、正当的姿态、艺术的建立等。

收藏单位：浙江馆

00798

美容健身术　彭梅魁编著

上海：群学书店，1946.12，97 页，32 开

上海：群学书店，1947.3，97 页，32 开

本书内容包括：标准美人究竟怎样造成、颜面怎么能够永久美丽、研究美眉美眼的秘术、研究毛发美的秘术、研究口耳美的秘术等。

00799

美容术　朱振声编

上海：幸福书局，1936.3，100 页，25 开

上海：幸福书局，1936.9，再版，100 页，25 开

本书收有关美容文章 50 余篇。共 8 部分：总论、美容术、毛发之美、面部之修整、五官缺点之补救、美容与皮肤、减除肥胖法、手之美观。

收藏单位：重庆馆、广东馆、上海馆

00800

美容卫生法　丁惠康编

上海：医学书局，1933.5，110页，32开，精装

　　本书内容包括：婴儿篇、幼儿篇、儿童篇、发育期篇等。

　　收藏单位：天津馆

00801

美容与健身　许啸天　高剑华编著

上海：国光书店，1947.7，126页，36开

　　本书内容包括：标准美人的研究、颜面美的研究、眉眼的研究、毛发美的研究、口耳美的研究、手足美的研究、胸腹美的研究、肥瘦病的治疗、美容的秘诀与秘方、美容与健身的两种重要工作、女子的健身运动、两种最快乐的健身方法、最普通的健身方法等。

　　收藏单位：上海馆

00802

名医康健谈　石运舲著

出版者不详，[1911—1949]，32页，32开

　　收藏单位：国家馆

00803

男女美容新法　魏国基编

上海：大通图书社，1939.3，91页，32开

　　本书内容包括：面部修饰法、发之修饰法、身段修饰法、手足修饰法等。

00804

脑筋之健全法　（日）杉田直树等著　牟鸿彝译述

上海：东方编译社，1940.5，136页，32开

上海：东方编译社，1941.10，再版，136页，32开

上海：东方编译社，1947.5，3版，136页，32开

　　本书讲述科学用脑、睡眠及防治神经衰弱的方法。共3辑，内容包括：休养和睡眠、生理上的健脑方法、现代生活和神经衰弱、感情及情绪、好奇的感情、运动和精神卫生、娱乐和精神卫生等。

　　收藏单位：东北师大馆、广东馆、江西馆、内蒙古馆、首都馆

00805

廿四种精神奇术　啸苍　镜尘编译

上海：学海书局，1919.10，再版，346页，32开，精装

上海：学海书局，1920.6，3版，346页，32开，精装

　　本书共24卷，内容包括：催眠术概论、静坐呼吸法、人身自由术、劳动无想疗法、环境转换疗法等。书前有编译者自序。

　　收藏单位：上海馆

00806

女性人体美与科学美容法　俞寄凡编著

上海：新亚书店，1937.6，175页，32开

　　本书共两编。前编"女性人体美"共15章，内容包括：女性人体美之要素、女性的体格、女性之发育及成长、女性之发情期、女性之皮肤及体臭等；后编"科学美容法"共10章，内容包括：姿态之流行、个性美与美容法、齿牙及指甲的美容法、眼之美容法、发之美容法等。

　　收藏单位：上海馆

00807

女子美容运动法　陈咏声编

上海：文明书局，1924.5，110页，32开

　　本书共9章，内容包括：优美的姿势、基本的美容体操及其实行方法、上半身的美容运动法、腹和腰的室内运动法、美的姿势和下肢的运动等。

　　收藏单位：江西馆、内蒙古馆、上海馆、天津馆

00808

七大健康法　（日）松尾荣编　刘仁航编译

上海：汇文书局，1917.5，[18]+176页，18开

上海：汇文书局，1934.6，7版，[18]+176页，18开

　　本书内容包括：二木医学博士腹式呼吸法、冈田式静坐法、裸仙人强健法、藤田式

心气调和法、高野式抵抗养生法、川合式强健术等。

　　收藏单位：内蒙古馆、天津馆、浙江馆

00809

强健身心法　董兰伊译

上海：中华书局，1916.7，127页，32开（卫生丛书）

上海：中华书局，1919，4版，128页，32开（卫生丛书）

上海：中华书局，1921，6版，128页，32开（卫生丛书）

上海：中华书局，1923，7版，127页，32开（卫生丛书）

上海：中华书局，1926.3，9版，127页，32开（卫生丛书）

上海：中华书局，1928.8，12版，128页，32开（卫生丛书）

上海：中华书局，1931，14版，127页，32开（卫生丛书）

上海：中华书局，1932.10，15版，127页，32开（卫生丛书）

上海：中华书局，1933.3，16版，12+128页，32开（卫生丛书）

上海：中华书局，1939.6，18版，127页，32开（卫生丛书）

　　本书共32章，内容包括：健康之日行方法、脑之休养与安眠法、修学时脑疲之预防法、勤学时脑之使用法、脑病之原因、有益脑与神经之食物、奥脱美尔、胃肠病之疗法及其原理等。

　　收藏单位：安徽馆、重庆馆、广东馆、国家馆、河南馆、湖南馆、南京馆、首都馆、浙江馆

00810

强身功行二十派　余萍客编述

上海：心灵科学书局，1933.11，2版，89页，50开

　　本书内容包括：发声法、修养法、断食法、大食法、食养法、静坐法、调息法、整身法、蠕动法、抵抗法、腹式呼吸、神仙术、日光浴法、土治疗法、干浴法、热气疗法、

水疗法及心理术等。

　　收藏单位：国家馆、首都馆

00811

强身十律　康伯尔　梅晋良编

外文题名：Decalogue of health

上海：时兆报馆，1938.3，94页，32开

上海：时兆报馆，1938.4，2版，94页，32开

上海：时兆报馆，1938.5，3版，94页，32开

上海：时兆报馆，1938，4版，94页，32开

　　本书内容包括：清鲜空气要多吸、要多在阳光中做人、要每天多运动、坐正立直睡要稳、要清洁、穿衣要合卫生等。

　　收藏单位：重庆馆、广东馆、国家馆、内蒙古馆、上海馆、首都馆

00812

强身术　王达和著

南京：王达和，1948.3，4版，12页，32开

　　本书内容包括：曲线运动的特点、曲线运动的要点、曲线运动的方式与姿态。

　　收藏单位：国家馆、南京馆

00813

强身之道　陈维宝译著

外文题名：Going to health

上海：中华康健会康健杂志社，1934.5，[36]+500页，32开

上海：中华康健会康健杂志社，1934.8，再版，[36]+500页，32开

上海：中华康健会康健杂志社，1935.10，3版，500页，32开，精装

[上海]：中华康健会康健杂志社，1937.3，500页，32开，精装

　　本书共30章，内容包括：生理与卫生、常态与病态、健康的生活、肠胃病的诸症与其疗法、寄生虫的诸症与其疗法、不安的病症与其疗法、肺病的诸症与其疗法、生命关键的血管的诸症、小儿的疾病及其治疗法等。

　　收藏单位：广东馆、国家馆、湖南馆、南京馆、上海馆、首都馆、天津馆、浙江馆

00814

青春保持法　H. W. Haggard 著　梅晋良译
外文题名：Staying young beyond your years
上海：广协书局，1940.7，109 页，64 开（国民健康丛书 10）

　　本书内容包括：社会变迁中之年龄问题、长寿、身体之老、精神之老、老年之疾病等。

　　收藏单位：内蒙古馆

00815

青春生理常识　杨哲民译
上海：乐华图书公司，1934.9，145 页，32 开（常识丛书）

　　本书共 18 章，内容包括：青春何以多烦恼、青春与年龄、早婚与晚婚、禁欲病理学、作为性教育的文学与电影、结婚病理学、神经衰弱论、歇斯的里论、娱乐的生理学等。

　　收藏单位：国家馆、上海馆

00816

青春生理谈　曹观来编译
南京：正中书局，1936.5，143+10 页，32 开，精装（正中科学知识丛书）

　　本书共 23 章，内容包括：青春和年龄成比例吗、早婚好呢晚婚好、性教育的文学和电影、结婚病理、青年的教育、神经衰弱、精神病论、娱乐的生理、烟草咖啡和酒等。

　　收藏单位：安徽馆、北师大馆、重庆馆、贵州馆、国家馆、江西馆、南京馆、首都馆

00817

青春生理谈　三通书局编辑部编
上海：三通书局，1940.10，101 页，42 开（三通小丛书）

　　收藏单位：广东馆

00818

青年必读学生病　顾鸣盛编译
上海：文明书局，1919.11，74 页，23 开
上海：文明书局，1922.2，再版，74 页，23 开
上海：文明书局，1931，3 版，74 页，23 开

　　本书共两编，前编"疾病论"共 12 章，内容包括：神经衰弱、心气病、脑充血、消化

不良、近视眼、神经性头痛、偏头痛等；后编"卫生论"内容包括：空气及光线之卫生、眼之卫生、校具之卫生、饮食物之卫生、休养之卫生、皮肤之卫生等。

　　收藏单位：安徽馆、重庆馆、湖南馆、江西馆、山西馆、天津馆、浙江馆

00819

青年健康的关键　无相居士编
上海：国光印书局，[1934]，68 页，32 开
上海：国光印书局，1936.4，再版，68 页，32 开

　　本书共 4 章：青年的健康、青年的危机、危机的爆发、危机的挽救。附谈烟、谈酒、谈麻将。

　　收藏单位：贵州馆、湖南馆、南京馆、上海馆、首都馆、天津馆、浙江馆

00820

青年健康的关键　无相居士编
上海：世界新闻社，[1934.5]，68 页，32 开

　　本书讲述青春期心理、生理变化，性生理卫生知识，以及保持身心健康的方法。附谈烟、谈酒、谈麻将。

　　收藏单位：国家馆、江西馆、西南大学馆

00821

青年健康之路　陈独醒编著
成都：甲申出版社，1945.5，2 版，95 页，36 开

　　本书共 12 章，内容包括：健康总论、运动、清洁、沐浴、衣服、饮食、居住、工作和劳动、器官的健康等。

　　收藏单位：重庆馆

00822

青年健康之路　陈独醒编著
上海：经纬书局，1936.2，95 页，32 开（青年必读书）

　　收藏单位：重庆馆、南京馆、浙江馆

00823

青年健康指导　张秋涛著　凌善清校

上海：大东书局，1933.1，[22]+160 页，32 开

上海：大东书局，1934.4，[22]+160 页，32 开

　　本书共 14 章，内容包括：饮食对于青年健康的关系、烟酒的害处、住屋卫生、工作对于青年健康的关系、衣服与健康的关系、运动与健康、娱乐的方法等。

　　收藏单位：重庆馆、国家馆、江西馆、辽宁馆、南京馆、首都馆、天津馆、浙江馆

00824

青年科学 （日）系左近著　丁惠康译

上海：医学书局，[1911—1949]，146 页，32 开（青年丛书）

　　本书讲述青少年生理、心理卫生及易患疾病。

　　收藏单位：南京馆、上海馆

00825

青年男女卫生指南　张赞臣编

上海：青年书局，1931.9，1 册，32 开

　　收藏单位：南京馆

00826

青年时期之卫生　M. A. Bigelow 著　梅晋良译述　中华护士学会审订

外文题名：Adolescence educational and hygienic problems

上海：广协书局，1938.12，110 页，64 开（国民健康丛书 3）

　　本书共 7 章，内容包括：青年时期与春机发动期、青年时期之性本能与生殖机能、青年时期体格之变迁、青年时期之特殊教育问题等。

　　收藏单位：上海馆

00827

青年卫生　张克成著

上海：北新书局，1932.4，174 页，36 开（青年丛书）

上海：北新书局，1933.3，再版，174 页，36 开（青年丛书）

　　本书共 27 章，内容包括：何谓青年卫生、青年底期限究应如何论定、青年期底皮肤、

青年的皮肤强壮法、青年易犯的皮肤病、筋骨强壮法、运动的效果、特别肥身法、青年底消化器、青年的饮食卫生、青年底神经系、神经系强壮法等。

　　收藏单位：东北师大馆、广东馆、国家馆、湖南馆、南京馆、上海馆、首都馆、西南大学馆

00828

青年卫生必读　张殿杰著

上海：文明书局，1922.10，62 页，32 开

上海：文明书局，1930.6，4 版，62 页，32 开

　　本书共 10 章，内容包括：生命发生的根源、生命发生的顺序、青春时期的生理、青年贞洁的利益、克制情欲的方法等。

　　收藏单位：国家馆、黑龙江馆、首都馆、天津馆

00829

青年卫生常识　刘典文编译

重庆：军学编译社，1939.11，18+194 页，32 开

　　本书共 11 章，内容包括：一般卫生、衣服、饮食物、体格检查、体格常态与病态、传染病、消毒法等。

　　收藏单位：重庆馆、广东馆、国家馆、南京馆

00830

青年卫生讲话　范守渊编著

上海：正中书局，1947.10，64 页，36 开

　　本书共 3 部分：开端、青年期的生理卫生、青年期的心理卫生。

　　收藏单位：重庆馆、广东馆、国家馆、辽大馆、南京馆、上海馆

00831

却病延年长生术　萧萍编著

上海：大众书局，1933.5，46 页，32 开

上海：大众书局，1933.9，再版，46 页，32 开

上海：大众书局，1936.4，重版，46 页，32 开

　　本书共 5 章：静坐、运动、饮食、起居、沐浴。编著者原题：萧屏。

收藏单位：重庆馆、江西馆、南京馆、内蒙古馆、上海馆、首都馆、天津馆、浙江馆

00832

却病延年图说　吕子彬编

上海：大东书局，1926，1 册，32 开

上海：大东书局，1931.3，再版，20 页，32 开

本书收锻炼图九幅，每图配练习说明。

收藏单位：重庆馆、湖南馆、首都馆、浙江馆

00833

却老方　（美）奔纳（S. Bennett）著　严鸥客译

外文题名：Old age, its cause and prevention

上海：严鸥客，1934.2，92 页，32 开

本书介绍床上健身体操，并附图解。

收藏单位：上海馆、首都馆、浙江馆

00834

人生必携（上卷）

上海：生计印局，[1911—1949]，14+112 页，25 开

本书收文 352 篇，内容包括：《长寿保险之术》《使身体肥壮法》《生健儿之术》《必定怀妊之妙术》《睡眠自在法》等。

收藏单位：国家馆

00835

人生为什么　杨郁生著

杭州：西湖医院，1929.3，46 页，32 开

本书讲述卫生保健及防病治病知识。

收藏单位：浙江馆

00836

摄生论　胡宣明　杭海译述

上海：中华教育卫生联合会，1919.4，2 册，32 开

上海：中华教育卫生联合会，1919.5，再版，2 册（97+70 页），32 开

上海：中华卫生教育会，1920—1921，3 版，2 册（97+70 页），32 开

上海：中华卫生教育会，1923—1924，4 版，

2 册（97+70 页），25 开

本书共两卷。上卷共 5 章：空气、饮食、免毒、动与静、卫生要领；下卷共 8 章，内容包括：食物、肥瘦、体态、酒、烟草等。

收藏单位：重庆馆、广东馆、国家馆、内蒙古馆、首都馆

00837

深呼吸与冷水浴　褚东郊编

上海：中华书局，1927.11，128 页，32 开（常识丛书 29）

上海：中华书局，1929.4，再版，128 页，32 开（常识丛书 29）

上海：中华书局，1931.3，3 版，128 页，32 开（常识丛书 29）

上海：中华书局，1932.8，4 版，128 页，32 开（常识丛书 29）

上海：中华书局，1935.10，82 页，32 开（初中学生文库）

上海：中华书局，1936.11，再版，82 页，32 开（初中学生文库）

上海：中华书局，1941.1，4 版，82 页，32 开（初中学生文库）

本书详细介绍深呼吸的各种方法派别、冷水浴的各项深浅步骤以及深呼吸与冷水浴对于身体各部所起的作用等卫生常识。共 4 章：绪言、深呼吸、冷水浴、结论。

收藏单位：重庆馆、广东馆、国家馆、黑龙江馆、湖南馆、江西馆、南京馆、内蒙古馆、首都馆、浙江馆

00838

生命与健康

上海：医学书局，[1911—1949]，100 页，32 开

收藏单位：南京馆

00839

实验长寿秘诀　郁道庵编

上海：格言丛辑社，1929.1，40 页，32 开

本书共 10 章，内容包括：实验长寿不老法、简易长生不老法、实验返老还童法、保险长寿六法、却病延年法等。

00840

实验美容法　蓬莱馆主人纂述

上海：崇文书局，1919，80 页，32 开

本书内容包括：皮肤美丽法、用牛乳洗面法、毛发伸长法、去酒刺法等。

收藏单位：首都馆

00841

实用家庭卫生课本　乐泳王著

上海：广学会，1933，22 页，32 开

本书共 6 章，内容包括：房屋、母亲、小孩的病、家庭的小药箱等。

收藏单位：重庆馆

00842

寿世全书　万国长寿学会编

上海：大陆图书公司，1922.6，1 册，32 开

上海：大陆图书公司，1923.5，再版，2 册，32 开

本书由 6 种书汇辑而成，内容包括：《（脱俗超凡）仙术秘库》（王肯堂著，清岚氏校）、《（古今中外）实验长命法》（胡嘉英、叶冠群著）、《（延年益寿）男女养生术》（吴履吉著）、《（妙手回春）百病治疗法》《（家庭必备）育儿指南》《（欲海明灯）男女节欲宝鉴》（刘仁达编）。介绍道家养生、炼丹成仙之法、民间神话传说与生理卫生、精神卫生知识。

收藏单位：国家馆、南京馆、绍兴馆、天津馆、浙江馆、中科图

00843

衰老之原因及其预防　（德）罗兰著　（日）太平得三　丁福保译

上海：医学书局，1940.5，253 页，32 开（世界医学百科全书）

上海：医学书局，1947.10，253 页，32 开

本书共 15 章，内容包括：内分泌腺与衰老之关系、衰老、解毒作用之促进、皮肤及肾脏机能之促进、日光空气及运动、睡眠、性的生活、情绪之卫生、衰老之特殊疗法等。

收藏单位：广东馆、国家馆、辽大馆、首都馆、天津馆、浙江馆

00844

四十岁后无病生活法　曹成修译

上海：中国文化服务社，1948.6，173 页，32 开

本书讲述 40 岁后人体易患疾病的预防及日常生活卫生知识。内容包括：人生的区分、四十以后的关节、人寿几何、衰老的原因、生命与内分泌、长寿与生殖腺、牙齿与寿命、长生不老之术等。

收藏单位：重庆馆、国家馆、南京馆、上海馆、首都馆

00845

卫生延年术　丁福保著

上海：医学书局，1940.9，253 页，32 开

上海：医学书局，1941.10，再版，253 页，32 开（虹桥疗养院丛书）

本书共 14 章，内容包括：余一生之经验谈、卫生思想之发端、生育及遗传之卫生、乳儿之卫生、幼儿及学龄儿童之卫生、青年及壮年期之卫生、环境之卫生、保持清洁等。

收藏单位：南京馆、上海馆

00846

我们的健康（上册）　吴廉铭编译

上海：中华书局，1949.7，166 页，32 开

本书共 14 章，内容包括：健康先生起居注、健康的愚智问题、生死关头话呼吸、阳光是生命之母、近代医术的进步、睡眠之谜、精神肉体的平衡等。

收藏单位：安徽馆、广东馆、国家馆、江西馆、辽大馆、南京馆、内蒙古馆、上海馆、天津馆

00847

我怎样恢复健康的　舒新城著

上海：中华书局，1947.7，[10]+198+33 页，32 开（健康生活丛书）

上海：中华书局，1947.12，再版，[10]+198+33 页，32 开（健康生活丛书）

本书著者以患者身份述说饮食起居的卫生保健，防病治病的知识与心得。共 12 章，内容包括：从病说起、苦难的日子、从新学

起、错在那里、吃饭问题、维生素问题、清洁与健康、精神健康等。

收藏单位：安徽馆、重庆馆、东北师大馆、广东馆、贵州馆、国家馆、湖南馆、江西馆、辽宁馆、南京馆、内蒙古馆、上海馆、绍兴馆、首都馆

00848

五大健康修练法 洪万馨编著 周子秀校订
厦门：新义成，1933.9，[118]+[21] 页，32 开

00849

心身康健法 邹德谨 蒋正陆编译 秦同培校订
上海：商务印书馆，1917.1，24 页，32 开
上海：商务印书馆，1931.7，9 版，22 页，32 开（通俗教育丛书）
上海：商务印书馆，1933.9，国难后 1 版，24 页，32 开（通俗教育丛书）
上海：商务印书馆，1935.2，国难后 2 版，24 页，32 开（通俗教育丛书）

本书共 5 章：精神对于肉体之消极的方面、精神对于肉体之积极的方面、在社会国家上之肉体与精神关系、神经卫生之必要、使用头脑之经济。

收藏单位：重庆馆、国家馆、江西馆、南京馆、上海馆、首都馆

00850

学生卫生宝鉴 吴传绂译述 欧阳瀚存校
上海：中华书局，1916.12，192 页，32 开
上海：中华书局，1919.4，再版，192 页，32 开
上海：中华书局，1922，3 版，192 页，32 开
上海：中华书局，1927.3，6 版，192 页，32 开
上海：中华书局，1928.8，7 版，192 页，32 开
上海：中华书局，1930.9，8 版，192 页，32 开
上海：中华书局，1933.2，9 版，192 页，32 开
上海：中华书局，1936.8，10 版，192 页，32 开

本书共 15 章，内容包括：模范男子、武士道之卫生法、文士之身体、试验前之卫生、健脑强记法、眼之摄生法、长寿术、疾病述略、神经性胃病、胃病等。附卫生问答。

收藏单位：安徽馆、重庆馆、广东馆、河南馆、黑龙江馆、湖南馆、江西馆、辽大馆、南京馆、内蒙古馆、上海馆、首都馆、天津馆、西南大学馆、浙江馆

00851

延年益寿 （美）施列民（A. C. Selmon）编
外文题名：Health and longevity
上海：时兆报馆，1916.6，153 页，25 开，精装
上海：时兆报馆，1918.7，[20]+343 页，25 开，精装
上海：时兆报馆，1918，4 版，153 页，25 开，精装
上海：时兆报馆，1918，5 版，153 页，25 开，精装
上海：时兆报馆，1919.3，再版，[20]+343 页，25 开，精装
上海：时兆报馆，1920.5，3 版，[20]+343 页，25 开，精装
上海：时兆报馆，1921.4，4 版，[20+343] 页，25 开，精装
上海：时兆报馆，1922.9，5 版，13+343 页，25 开，精装
上海：时兆报馆，1923.9，6 版，[20]+343 页，25 开，精装
上海：时兆报馆，1924，[20]+347 页，25 开，精装
上海：时兆报馆，1924.7，7 版，346 页，25 开，精装
上海：时兆报馆，1926.1，再版，[20]+347 页，25 开，精装
上海：时兆报馆，1926.6，9 版，石印本，346 页，25 开，精装
上海：时兆报馆，1928，10 版，[20]+346 页，25 开，精装
上海：时兆报馆，1928，11 版，346 页，25 开，精装
上海：时兆报馆，1929.7，再版，[20]+343 页，25 开
上海：时兆报馆，1931，14 版，[20]+343 页，25 开，精装
上海：时兆报馆，1932.2，16 版，[20]+343 页，25 开，精装

本书前部分介绍人体各部的组织、生理及保健，后部分详述中国所见普通病症的预防与治疗。共53章，内容包括：健康之价值、育道与消化、血与循环器官、论饮酒、吸烟等。

收藏单位：重庆馆、广东馆、国家馆、湖南馆、吉林馆、江西馆、南京馆、内蒙古馆、山西馆、上海馆、绍兴馆、首都馆、西交大馆、浙江馆、中科图

00852

延寿通论 （美）刻罗格（J. H. Kellogg）著（美）蔚利高（M. C. Wilcox）译

外文题名：The living temple

上海：华美书局，1912，136页，23开

本书内容包括：论灵殿或身体之总说、论饮食消化之法、论血液等。著者原题：蔚克约翰。

收藏单位：天津馆

00853

眼耳的卫生（三年级常识科） 李宗法编著

上海：商务印书馆，1947.10，39页，32开（新小学文库 第1集）

本书共4章：有害眼睛的危害、读书书本的印刷和眼镜、看得见的耳朵、看不见的耳朵。

收藏单位：湖南馆、首都馆

00854

养生宝鉴 梅忠达著

外文题名：How to live

上海：时兆报馆，1935.2，94页，32开

上海：时兆报馆，1935.4，2版，94页，32开

本书共9章，内容包括：吃和喝的问题、身体内外的清洁、优待我们的身体、疾病的预防与医治、杀人不见血的毒物、小国民的抚养等。

收藏单位：重庆馆、广东馆、国家馆、湖南馆、江西馆、南京馆、上海馆、绍兴馆

00855

养生保命论

上海：大雄书局，[1911—1949]，46页，32开

收藏单位：首都馆

00856

养生论 张越尘著

重庆：文化建设印务局，1945.7，[10]+86页，32开

本书介绍卫生保健知识以及日常生活中的养生长寿方法。

收藏单位：重庆馆、南京馆

00857

医药健康顾问 曾金编著

成都：经纬书局，1945.8，100页，42开

本书为医药顾问健康宝典。附健康格言。

收藏单位：南京馆

00858

用科学来改造中年后之命运法 丁福保著

上海：医学书局，1941.3，200+26页，32开，精装（虹桥疗养院丛书）

上海：医学书局，1947.5，200+26页，32开，精装（虹桥疗养院丛书）

本书共21章，内容包括：四十以后之人生、早老及不自然之死、返老还少、血压、如何可使高血压降低、如何应付动脉硬化、四十以后之性生活、长生不老之神秘等。附《丁仲祜先生奋斗史》（鲍鼎）。

收藏单位：东北师大馆、国家馆、上海馆

00859

运动与健康 J. F. Williams 著　梅晋良译

外文题名：Exercise and health

上海：广协书局，1940.7，84页，64开（国民健康丛书8）

本书共10章，内容包括：何为健康、运动之各方面关键、活动之种类、自然的活动、未受体育训练者之运动、运动之卫生等。

收藏单位：上海馆

00860

运动与健康 徐丰彦著

[重庆]：黄河书局，[1911—1949]，76页，

32 开（医学小丛书）

收藏单位：重庆馆

00861

怎样才能够健康　逸人编

大连：大众书店，1948.11，141 页，32 开

本书共 41 章，内容包括：健康之道、我们的身体、睡眠与失眠、性卫生谈、谈神经衰弱、头痛、大便秘结、大笑、日光改造体格、肺痨与结婚、谈砂眼、我们吃的东西等。

收藏单位：国家馆、辽宁馆、内蒙古馆、山东馆、首都馆、天津馆

00862

怎样创造我的健康生活　丁福保著

上海：医学书局，1942.7，182 页，32 开

本书共 20 章，内容包括：人生旅行过程中之变化、饮食与精力、香烟与雪茄之害毒、日光空气气候睡眠、住宅、青年与肺结核、精神卫生、人生之研究等。

收藏单位：黑龙江馆、上海馆

00863

怎样调理使你身体强壮　丁福保编著

上海：医学书局，1941.9，253 页，32 开

上海：医学书局，1948.5，再版，253 页，32 开

本书共 3 编：健康生活、锻炼及不服药之自然疗法、疾病之豫防与疗养。

收藏单位：广东馆、上海馆

00864

怎样增进健康　李涯夫著

香港：青年知识社，1949.5，51 页，36 开（青年生活丛书）

本书共 5 章，内容包括：健全的社会与健康的人、首先认识你自己、一个人怎样失去健康等。

收藏单位：国家馆、南京馆

00865

哲理应用健脑术　（日）深谷瑞辅著　余萍客编译

上海：心灵科学书局，1932.6，76+[20] 页，32 开

上海：心灵科学书局，1933，76+[20] 页，32 开

本书共 13 章，内容包括：头脑的健全活动、哲理健脑法提唱的意义、消极与积极法、学生与脑力、头脑之生理、疗养法等。版权页、目录页题名：哲理应用健脑法。

收藏单位：广东馆、国家馆、上海馆

00866

最新发明实验奇效百法　（日）濑川未三著　醒昔居士编译

汉口：图书书社，1911.6，42 页，32 开

本书介绍世界各国新发明的奇异术 90 余种，内容包括：使身体肥壮法、老人不生白发之法、治夜盲法、避疫病新法、治发少之妙法等。书前有编译者序。

00867

最真确之健康长寿法（一名，保寿法）　丁福保著

北平：中央刻经院佛经善书局，[1944.10]，30 页，32 开

00868

最真确之健康长寿法（一名，保寿法）（五十年著述生活纪念）　丁福保撰

上海：虹桥疗养院，[1934—1949]，1 册，32 开（虹桥疗养院丛书）

本书内容包括：饮食、深呼吸、睡眠、洁净、居处、性生活法、运动等。

收藏单位：绍兴馆

生活制度与卫生

00869

安眠法　知新　琴宗编译

上海：有正书局，1918.4，134 页，32 开

本书内容包括：睡眠、睡眠障碍之原因、各种安眠法等。

收藏单位：首都馆、天津馆、浙江馆

00870

健康生活 （美）米勒耳（H. W. Miller）著
安得烈　戴安乐编译

外文题名：The way to health

上海：时兆报馆，1932.8，536 页，25 开，精装

上海：时兆报馆，1933.4，2 版，[13]+535 页，25 开，精装

上海：时兆报馆，1933.6，4 版，535 页，25 开，精装

上海：时兆报馆，1934.2，5 版，[13]+535 页，25 开，精装

上海：时兆报馆，1941.1，6 版，535 页，25 开

上海：时兆报馆，1941.6，7 版，535 页，25 开

重庆：时兆报馆，1946.2，再版，509 页，25 开

上海：时兆报馆，1948.5，修订版，[13]+535 页，25 开，精装

上海：时兆报馆，1948，再版，1 册，25 开，精装

　　本书共 54 章，内容包括：疾病之原因、复原之能力、住所之卫生、个人卫生、食物之消化、细菌与疾病、牙齿之卫生、消化道之疾病、血液、心脏病、肺部之疾病、眼疾与卫生、耳疾与卫生等。

　　收藏单位：重庆馆、贵州馆、国家馆、黑龙江馆、湖南馆、江西馆、南京馆、内蒙古馆、上海馆、首都馆、天津馆、西南大学馆、浙江馆、中科图

00871

健康生活指导 严沙编著

上海：博文书店，1941.8，156 页，32 开

　　本书内容包括：吃的健康生活、衣的健康生活、工作与健康生活、运动与健康生活、休息与健康生活、心理的健康生活等。

　　收藏单位：重庆馆、首都馆、天津馆

00872

健康之敌 斐以文编纂

外文题名：Enemies of health

上海：时兆报馆，1928，118 页，32 开

上海：时兆报馆，1931.2，修订再版，81 页，32 开

　　本书共 7 章，内容包括：人如何用其金钱、诱惑人之麻醉剂、屏除恶习之善法、名人之与香烟等。

　　收藏单位：安徽馆、重庆馆、广东馆、国家馆、南京馆、天津馆、浙江馆

00873

戒酒 河北省教育厅编

河北省教育厅，1931.12，6 页，42 开（民众小丛书）

　　本书讲述张二酗酒并酒后杀死媳妇的故事来说明喝酒对人类的危害。

　　收藏单位：国家馆

00874

戒烟 河北省教育厅编

河北省教育厅，1931.12，4 页，42 开（民众小丛书）

　　本书以实例说明抽烟对人体的危害。

　　收藏单位：国家馆

00875

戒烟宝筏 文琢之编

成都：四川医学改进社，1940.1，17 页，32 开（四川医学改进社丛书）

　　本书共 20 节，内容包括：鸦片之沿史、成瘾之原因、心瘾之根治、控制之常识、饮食之寓戒、单方之简易、厌烟之密法、禁忌之信条等。

　　收藏单位：国家馆

00876

戒烟必读 徐锡骥著

上海：新药社，1911.1，162 页，25 开

上海：新药社，1917，增订 16 版，162 页，25 开

上海：新药社，1917.2，46 版，162 页，25 开

上海：新药社，1918，56 版，184 页，25 开

　　本书内容包括：总论鸦片之害、鸦片之名称、鸦片之历史、鸦片之产地、鸦片之成分、

鸦片之毒性、吗啡毒性等。

收藏单位：广东馆、国家馆、河南馆、华东师大馆、吉林馆、南京馆、上海馆

00877

戒烟调验及治疗　张崇熙编　沈逸南校

杭州：宋经楼书店，1936.7，26 页，32 开

杭州：宋经楼书店，1938.12，2 版，26 页，32 开

杭州：宋经楼书店，1944.6，4 版，26 页，32 开

杭州：宋经楼书店，1949.9，5 版，26 页，32 开（最新实用医学各科全书）

本书共 9 章，内容包括：鸦片之历史、鸦片之成分、鸦片之毒性、现代各种戒烟法等。附国府公布禁毒暂行治罪条例、内政部何部长报告全国禁烟情形。

收藏单位：甘肃馆、国家馆、上海馆、浙江馆

00878

戒烟经验谈　上海福寿公司编

上海福寿公司，1936.9，14 版，16 页，42 开

本书为福寿公司推销该公司出品戒烟药福寿米的宣传品。

收藏单位：安徽馆

00879

戒烟快乐奇书　顾海帆著

上海：大鸣书局，1927.10，343 页，32 开

本书共 12 篇，内容包括：戒烟常识、戒烟实验良方、鸦片与人体之害、鸦片与生活之害、鸦片与职务之害、鸦片与家庭之害等。书前有温宗尧、虞洽卿、江逢治的序各 1 篇。

收藏单位：国家馆

00880

戒烟全书　庄畏仲著

上海：新医进修社，1941.10，59 页，32 开

本书共 7 章：总论、原因论、毒害论、禁断症状论、方法论、施戒论、结论。

收藏单位：上海馆

00881

戒烟新法大全　威廉斯（H. Willams）著　汪奎东编译

上海：汪奎东，1928.10，164 页，32 开，精装

00882

戒烟指南　夏慎初编

上海：诊疗医报社，1936.7，158 页，32 开

上海：诊疗医报社，1936.8，再版，158 页，32 开

本书论述鸦片的成分，介绍各种戒烟方法及烟毒调验法。共 3 篇。第 1 篇 "总论" 共 5 章，内容包括：鸦片之来历、鸦片之成分、鸦片（吗啡）成立习惯之原因等；第 2 篇 "各论" 共 9 章，内容包括：戒烟药物、戒烟药方、精神戒烟法等；第 3 篇 "烟毒调验法" 共 3 章：一般检查法、临床检查法、小便试验法。

收藏单位：国家馆、湖南馆、浙江馆

00883

快乐之路（戒烟者须知）　江苏省禁烟委员会编

江苏省禁烟委员会，[1932—1949]，49 页，64 开

本书内容包括戒烟的好处、戒烟的手续、戒烟的章则等。

收藏单位：国家馆

00884

每日健康的生活　王学政著

长沙：商务印书馆，1940.6，58 页，32 开

长沙：商务印书馆，1940.12，再版，58 页，32 开

本书介绍日常时期中最简便和有效的体格锻炼方法，以增强国人之体格。内容包括：营养、运动、新鲜空气、休息、洁卫和卫生等。

收藏单位：重庆馆、广东馆、华东师大馆

00885

青岛市麻醉毒品戒验所各项规则　青岛市公安局编

青岛：青岛市公安局，1933.6，14 页，32 开

00886
清毒 （美）米勒耳（H. W. Miller）著　梅晋良译
外文题名：Temperance
上海：时兆报馆，1937.3，94 页，32 开
上海：时兆报馆，1937.5，2 版，94 页，32 开
上海：时兆报馆，1942.9，再版，94 页，32 开
　　本书共 7 章：引言、毒物之王、食祸、荼毒生灵的火、一种害子害孙的病等。
　　收藏单位：重庆馆、广东馆、广西馆、贵州馆、国家馆、湖南馆、吉林馆、江西馆、南京馆、内蒙古馆、上海馆、天津馆、西南大学馆、浙江馆

00887
驱毒务尽（拒土文牍辑要） 俞黼编
天津：俞舜卿，1919.4，2 册（160 页），22 开
　　本书收惠复南浔商会忠告亿昌庄股东函文、上海青年会已开禁烟大会之表示、丁义华请大总统速颁禁烟令之原书等。
　　收藏单位：天津馆

00888
劝告同胞竭力拒酒（第 2 册） 郝坤巽等编
留美中国学生禁酒会，[1911—1949]，76 页，22 开
　　收藏单位：广东馆

00889
三化戒烟法 樊任卿撰
出版者不详，[1911—1949]，16 页，32 开
　　收藏单位：广东馆

00890
生活指南 马问我编
上海：复兴书局，[1948.3]，10 页，30 开

00891
睡眠养生谈（长寿研究） 步毓森著
上海：大华书局，1937，378 页，16 开
　　收藏单位：山西馆

00892
睡眠与休息　D. A. Laird 原著　梅晋良译述中华护士学会审订
外文题名：How to sleep and rest better
上海：广协书局，1940.7，72 页，64 开（国民健康丛书 9）
　　本书共 5 章，内容包括：吾人应有几许睡眠、休憩与养神、饮食与睡眠之关系等。
　　收藏单位：广东馆、上海馆

00893
卫生和衣住清洁 （日）晖峻义等著　杨祖诒译
上海：商务印书馆，1937.3，96 页，32 开（万有文库 第 2 集 372）（自然科学小丛书）
　　本书共 7 章，内容包括：衣服之卫生、房屋之卫生、暖室卫生及暖室装置、换气之卫生等。
　　收藏单位：安徽馆、重庆馆、大理馆、大连馆、大庆馆、东北师大馆、国家馆、黑龙江馆、湖南馆、辽师大馆、宁夏馆、天津馆、武大馆、浙江馆

00894
卫生习惯养成法　奥喜爱（M. V. Oshea）（美）刻罗格（J. H. Kellogg）著　程瀚章译胡道鎣校
上海：商务印书馆，1931.2，333 页，32 开
　　本书共 27 章，内容包括：健康的意义、卫生习惯、步行和工作的卫生习惯、心脏和生命的源流、食品选择法和清洁法等。
　　收藏单位：重庆馆、广东馆、山西馆、上海馆、浙江馆

00895
物理的健康增进法 龚厚生编译
上海：公民书局，1921.10，64+8 页，50 开（家庭医学丛书 5）
　　本书内容包括：绪论、吐纳法、深呼吸法、腹式呼吸法等。
　　收藏单位：浙江馆

00896

吸纸烟论说　陶龙撰述　马林译

上海：美华书馆，1918，83 页，22 开

　　收藏单位：首都馆

00897

心理戒洋烟法　余萍客著

上海：中国心灵研究会，1931，88 页，32 开

　　收藏单位：国家馆、吉林馆、南京馆

00898

新生活与健康　刘瑞恒著

南京：正中书局，1934.7，92 页，50 开（新生活丛书）

南京：正中书局，1935.10，4 版，91 页，50 开（新生活丛书）

南京：正中书局，1937.4，5 版，91 页，50 开（新生活丛书）

　　本书共 8 节：绪言、健康的意义、健康在日常生活上的价值、健康与经济建设、健康与民族前途、如何使国民获得健康的幸福、个人健康一般的法规、新生活与健康。

　　收藏单位：重庆馆、广西馆、贵州馆、桂林馆、湖南馆、江西馆、南京馆

00899

休息与节欲　陈邦贤编著

上海：正中书局，1947.7，96 页，32 开（卫生教育小丛书）

　　本书共 16 章，内容包括：休息的意义、休息的原理、休息的必要、睡眠和休息、静坐与休息、休息时应怎样的消遣娱乐、节欲的意义、饮食欲的节制等。

　　收藏单位：重庆馆、东北师大馆、广东馆、南京馆、上海馆

00900

鸦片戒除法　曹炳章著

上海：中医书局，1931.9，[156] 页，32 开

　　本书共 4 编：鸦片流毒沿革史、鸦片产地及其原质之作用、烟毒成瘾损脏腑原因之戒除法、处方。

　　收藏单位：国家馆、吉林馆、上海馆、浙

江馆

00901

鸦片与吗啡之流毒　俞凤宾著

出版者不详，[1911—1949]，11 页，40 开（中华卫生教育小丛书 33）

00902

烟酒茶与人生　孙云焘编

上海：商务印书馆，1935.11，39 页，32 开（百科小丛书）

上海：商务印书馆，1936，再版，39 页，32 开（百科小丛书）

　　本书记述烟、酒、茶、鸦片等对人身体及事业的影响。共 5 章：绪论、烟草、鸦片、酒类、茶。

　　收藏单位：重庆馆、广东馆、贵州馆、国家馆、湖南馆、江西馆、辽大馆、辽宁馆、南京馆、宁夏馆、首都馆、天津馆

00903

烟酒害　刘元忠撰

出版者不详，[1941]，38 页，32 开

　　收藏单位：国家馆

00904

烟酒害　缪瑞编著

上海：正中书局，1936.5，42 页，32 开（国民说部 第 9 集 国民科学集 7）

　　本书共 8 回，内容包括：道往事学者伤心 论万恶烟酒为首、炼烟精头昏脑胀 试毒药犬迷象鸣、恶烟臭佳儿嫌父 徇嗜好劳神伤财、猴儿造酒倭国奇谈 蔡生试药高粱最烈等。

　　收藏单位：重庆馆、国家馆、湖南馆、南京馆、西南大学馆

00905

衣服卫生法　王晋齐编著

上海：中华书局，1947.2，54 页，32 开（中华儿童教育社儿童卫生教育丛书）

　　本书共 10 节，内容包括：衣服和卫生、衣服的功用、衣料的选择、衣服的厚薄等。

00906

衣服与健康　薛德焴著

上海：新亚书店，1933.3，50 页，36 开（科学知识普及丛书）

　　本书共 13 章，内容包括：衣服的目的、衣服的保温、衣服与通气、衣服的染色、衣服与干燥、衣服的吸气性、衣服与传染等。

　　收藏单位：重庆馆、广东馆、贵州馆、国家馆、江西馆、南京馆、浙江馆

00907

怎样戒除不良嗜好　徐培仁编

上海：经纬书局，1947.9，93 页，36 开

　　本书共 10 讲，内容包括：嗜好的普遍性、那几种被称为不良嗜好、你决心戒除吗、确定计划和方针、请跨着有节奏的步伐前进等。

　　收藏单位：黑龙江馆

00908

纸烟与你（一位名医的意见）（美）克雷士（D. H. Kress）著　夏咏华译

外文题名：The cigarette as a physician sees it

上海：时兆报馆，1940.12，118 页，32 开

上海：时兆报馆，1941.2，再版，118 页，32 开

上海：时兆报馆，1941.8，3 版，118 页，32 开

　　本书讲述吸烟对人体的危害及戒除方法。共 10 章，内容包括：烟草对于身体的影响、烟草何以有害、儿童与纸烟、运动员与纸烟、有害的纸烟广告等。

　　收藏单位：重庆馆、国家馆、江西馆、内蒙古馆、上海馆

00909

最新实验戒烟指南　朱振声编

上海：国光书店，1938.10，82 页，32 开

上海：国光书店，1940.5，再版，82 页，32 开

　　本书共 4 部分：论文、鸦片之害、戒烟须知、戒烟方剂。

　　收藏单位：江西馆、南京馆、天津馆

性卫生

00910

爱的丛书　（英）霭理斯（H. Ellis）著　张竞生编　金镜华译

上海：美化出版社，[1911—1949]，160 页，32 开

　　本书内容包括：裸体的恐怖与进化、新的裸体观念等。附性爱的价值。

00911

爱的人生　刘远名著　李石岑校

上海：光华书局，[1928.3]，91 页，32 开

　　本书讨论性知识。

00912

爱的艺术　（英）霭理斯（H. Ellis）著

上海：北新书局，1929，134 页，32 开

　　本书介绍性知识。

00913

巴哥罗底两性教育观　潘公展述

上海：商务印书馆，1925.12，76 页，50 开（教育丛著 42）

　　本书介绍美国巴哥罗（M.A.Bigelow）的性教育学说。共 14 节，内容包括：两性教育底意义、两性教育底范围、两性教育底目的、少年时期以前的两性教训、少年时期早期的两性教训等。

　　收藏单位：重庆馆、广东馆、广西馆、国家馆、南京馆、内蒙古馆、宁夏馆、上海馆、首都馆、天津馆、浙江馆

00914

夫妇的性生活　张希渠编译

上海：卿云书局，1931.10，98 页，25 开

上海：卿云书局，1932.5，再版，98 页，25 开

　　本书共 8 章：绪论、结婚之意义及其目的、配偶之选择、夫妻与性欲及其爱情、夫妻间的性交、夫妻与生殖能力、不妊之夫妻、产儿及调节。附贞操问题商榷。

收藏单位：南京馆

00915

夫妇的性卫生　汪洋著

上海：中央书店，1935.5，再版，70页，32开

上海：中央书店，1935.7，再版，70页，32开

上海：中央书店，1936.5，再版，70页，32开

上海：中央书店，1947.10，再版，70页，32开

　　本书共5章：性之意义、配偶选择、性欲调节、变态性欲、女性卫生。封面题名：夫妇性卫生。

　　收藏单位：重庆馆、国家馆、绍兴馆

00916

夫妇间之性智识　（日）田中香涯著　吴瑞书译

上海：性学研究社，1927.2，96页，32开（性学丛书4）

　　本书共12章，内容包括：新婚旅行之害、处女之生殖器畸形、半阴阳者之结婚、多产之害、妇人独身难等。

00917

夫妇性爱技艺　（英）哈敦（I. E. Hutton）著

上海：中国健康学会，1941.5，219页，32开（健康文库6）

　　本书共7章，内容包括：结婚的准备、性活动的初步曲、节制生育等。

00918

夫妇性爱原理　陈爽秋编著

上海：康健出版社，1946.12，170页，32开

　　本书共13章，内容包括：性的认识、发育状况、月经、性欲本能、结婚、妊娠、分娩等。

00919

夫妇性爱原理　袁佐临编著

上海：健康生活社，1943，117页，32开

00920

夫妻间之性智识　（日）田中香涯著　吴瑞书译

上海：大通图书社，1937，96页，32开（世界名著译本）

00921

夫妻秘密常识　顾羽编

上海：明华书局，1934.4，80页，32开

　　本书共8章，内容包括：新婚夫妻的常识、夫妻性欲上的研究、夫妻的贞操研究、调节生产的常识等。

00922

夫妻性智识　庄青美编纂

上海：中央书店，1940.6，新1版，110页，32开

　　本书共12章，内容包括：男女性欲之发动时期、春机发动期与结婚、男女结婚之适当年龄、男女结婚之适当人物、新婚之警戒、妊孕等。

　　收藏单位：安徽馆

00923

夫与妇（两性生活）　张荫潭编

天津：张荫潭，1934，260页，32开

天津：[张荫潭]，1934.8，再版，260页，32开

　　本书收录谈两性生活琐事的杂文及小品文。共3辑：夫妇之道、两性生活、夫妇会话。

　　收藏单位：重庆馆、东北师大馆、湖南馆、吉大馆、首都馆

00924

父母处世教育　（美）夏南（T. W. Shannon）著　凌新译

大陆书店，1940.7，216页，32开（青年修养丛书）

　　本书共5编：儿童时代、少年女子时代、少年男子时代、青年女子时代、青年男子时

代。

收藏单位：国家馆、首都馆

00925

妇女的性生活 （美）斐尔丁（W. J. Fielding）
著　张让生译

重庆：健康出版社，1945.5，83 页，36 开

本书内容包括：妇女的性本能、妇女的感情气质、影响性生活的诸因素、月经的初现等。

收藏单位：重庆馆

00926

妇女的性生活 （美）斐尔丁（W. J. Fielding）
著　张让生译

上海：生活书店，1934.8，83 页，50 开

00927

闺房圣经（又名，艺术化的两性生活）（两性生活指导） 徐大风　孙秀生编

上海：大风书店，1946.8，5 版，[173] 页，32 开

上海：大风书店，1948.1，6 版，[173] 页，32 开

本书内容包括：小家庭与大家庭、性欲论、爱情论、结婚的指导、两性行乐、女人的研究、科学眼光下的各种补品、种子术、节育与避孕等。

00928

婚前卫生　周郁年著

上海：广益书局，1930.10，186 页，32 开（卫生丛书）

上海：广益书局，1934.4，再版，148 页，32 开

本书共 7 章，内容包括：青年之发育、男子生殖器、男女不妊症等。

收藏单位：国家馆、江西馆

00929

婚姻生活指导　汉娜·史东（Hannah M. Stone）　亚勃南·史东（Abraham Stone）著　叶群　黄嘉音译

外文题名：A marriage manual

上海：家杂志社，1948.10，208 页，32 开

上海：家杂志社，1949.3，再版，208 页，32 开

本书共 9 章，内容包括：结婚应备的条件、结婚的生理知识、生殖的机构原理、避孕的方法、生育的问题等。

收藏单位：重庆馆

00930

妓女的性生活（下卷） （英）霭理斯（H. Ellis）著　杨虎啸译　张竞生编

上海：美的书店，1927，69 页，50 开

本书著者原题：霭理思。

收藏单位：吉林馆

00931

家庭性教育实施法 （美）桑格（Margaret Higgins Sanger）著　封熙卿译

外文题名：Sex education in the home

上海：商务印书馆，1922.10，57 页，64 开（妇女丛书 第 1 集 第 6 编）

上海：商务印书馆，1923.12，再版，57 页，64 开（妇女丛书 第 1 集 第 6 编）

上海：商务印书馆，1925，3 版，57 页，64 开（妇女丛书 第 1 集 第 6 编）

上海：商务印书馆，1928.4，4 版，57 页，64 开（妇女丛书 第 1 集 第 6 编）

本书介绍如何对孩子进行性教育。共 7 章，内容包括：花、鸟类与其家族生活、父子的关系与爱、哺乳类等。著者原题：珊格尔夫人。

收藏单位：重庆馆、桂林馆、国家馆、南京馆、内蒙古馆、宁夏馆、上海馆、首都馆、天津馆、浙江馆

00932

健康的性生活 （美）朗（H. W. Long）著 Y. D. 译

上海：北新书局，1930，6 版，188 页，32 开

重庆：北新书局，1946.4，135 页，32 开

本书共 12 节，内容包括：解释的引言、解题和记载、正确的心理态度、性器官、性

器官的机能、爱的技术、清洁、妊娠等。书中题名：新婚夫妇幸福之南针。

　　收藏单位：重庆馆

00933

健康性技术（续编） 瑞莱司克脱著　中国健康学会编

[上海]：健康生活社，1938.6，3版，78页，32开（健康文库4）

　　本书内容包括：指示婚姻上应该去取的标准、性的生理学、月经的状态、年龄对于婚姻生活的影响、甜美的蜜月等。

　　收藏单位：国家馆

00934

健康性生活 （美）朗（H. W. Long）著　Y. D. 译

上海：博济医学会，1926，181页，32开

上海：博济医学会，1931.5，8版，181页，32开

上海：博济医学会，1934，11版，181页，32开

　　收藏单位：上海馆

00935

健康性生命 乌尔巴士特著　中国健康学会编

上海：健康生活社，1937.5，150页，32开（健康文库2）

上海：健康生活社，1946，8版，114页，32开（健康文库2）

　　本书介绍性与性生活卫生常识，内容包括：性的成熟时期、婚姻阶段上的观察与分析、婚姻的卫生学等。

　　收藏单位：广东馆、国家馆、上海馆

00936

接吻的艺术 C. Wood 著　朱泽淮译

上海：唯爱丛书社，1929.1，1册，32开（唯爱丛书）

　　本书共6章，内容包括：接吻的起源、嘴唇接吻的历史、接吻的技术等。

　　收藏单位：桂林馆、浙江馆

00937

结婚初夜须知 张宛华编译

[辉煌社]，1941.8，83页，32开（性科学丛书）

00938

结婚的性艺术 （英）哈敦（I. E. Hutton）著　许杰译

南昌：强华书局，1946.11，3版，95页，25开

　　本书共7章，内容包括：结婚的准备、最初的性行为、结婚期间的性生活、可治疗的不育症等。著者原题：伍顿。

　　收藏单位：江西馆

00939

结婚前后之卫生 姚昶绪编著

上海：大东书局，1925.8，再版，66页，32开

上海：大东书局，1930.3，4版，66页，32开

上海：大东书局，1931.3，5版，68页，32开

　　本书共9章，内容包括：男女之发育、性欲与恋爱、结婚、分娩、遗传、疾病等。

　　收藏单位：河南馆、江西馆

00940

结婚性生活（新婚第一课） R.哈同著　张宛华译述

辉煌社，1946.10，154页，32开

辉煌社，1947.4，154页，32开

　　本书共12章，内容包括：做人的责任、性器官的组织、性器官的机能、两性的调和、新婚第一夜须知、怀孕之后等。

00941

结婚性指导（夫妻顾问） 章康道编

上海：健康书社，1935.12，166页，32开

上海：健康书社，1940，新1版，166页，32开

　　本书共21节，内容包括：结婚和合婚、结婚年龄的注意、结婚与性爱、结婚和贞操、新娘的性生活、蜜月旅行的利弊、最简单的

节育法、夫妻体质之生理的影响、因性的原因而离婚等。

　　收藏单位：国家馆、上海馆

00942

结婚医学 （日）柏原长弘著　柏华译

上海：乐群书店，1928.11，81 页，32 开

　　收藏单位：上海馆

00943

结婚医学 （日）柏原长弘著　殷启华译

上海：大通图书社，1936.9，201 页，32 开

00944

结婚与健康　杨汉璋编译

上海：大方书局，1946.5，198 页，36 开（青年自修成功丛书）

上海：大方书局，1946.8，再版，198 页，36 开（青年自修成功丛书）

　　本书内容包括：恋爱生活的发展、恋爱的起因、恋爱生活的变态、结婚的准备等。

　　收藏单位：重庆馆

00945

两性的健康 （英）霭理斯（H. Eliss）著　彭兆良译

上海：金钟书店，[1911—1949]，52 页，50 开

　　收藏单位：上海馆

00946

两性的控制 （英）魏善海（L. D. Weatherhead）著　明灯报社编译

外文题名：The mastery of sex

上海：广学会，1934.1，114 页，32 开

上海：广学会，1940.3，3 版，114 页，32 开

上海：广学会，1946，4 版，114 页，32 开

　　本书共 10 章，内容包括：对青年所讲的是什么、交友与调戏、不快活的结婚、对于不结婚者的谈话、性生活上的错误、两性与社会等。著者原题：魏德海。

　　收藏单位：重庆馆、浙江馆

00947

美的世界

上海：自由书店，1928.5，[231] 页，25 开

　　本书以科学小品文的形式介绍性知识及医疗卫生常识。

　　收藏单位：上海馆

00948

男女婚姻卫生宝鉴　万选青编　万启明校订

[上海]：进化社，1916.1，1 册，32 开，精装

上海：进化社，1928.10，重版，138 页，32 开

[上海]：进化社，1929.6，重版，138 页，32 开，精装

上海：进化社，1930.10，4 版，138 页，32 开

上海：进化社，1932.12，续版，8+140 页，32 开，精装

上海：进化社，1933.10，重版，138 页，32 开

上海：进化社，1934.7，重版，8+138+[10] 页，32 开，精装

上海：进化社，1935.7，再版，138 页，32 开，精装

　　本书共 9 编，介绍男女生理、生殖等方面的卫生知识。附秘本素女方。

　　收藏单位：重庆馆、国家馆、江西馆、上海馆

00949

男女性库（健康指导）　章康道编

上海：健康书社，1935.6，346 页，32 开

上海：健康书社，1935.8，再版，346 页，32 开

上海：健康书社，1936，5 版，346 页，32 开

上海：健康书社，1937.6，6 版，346 页，32 开

上海：健康书社，1941，新 4 版，346 页，32 开

上海：健康书社，1946.9，再版，346 页，32 开

　　本书内容包括：为什么要研究性欲、关于性的常识、性器官的解剖、求孕方法、避孕方法等。

　　收藏单位：重庆馆

00950

男女性生活   余顺田著

上海：中央书局，1935.8，114 页，32 开

上海：中央书局，1947.3，再版，114 页，32 开

本书共 3 部分：概论、各论、结论。"概论"共 6 章，内容包括：性之现象、性之调节、性之变态等；"各论"共两章：男性之性生活、女性之性生活。

收藏单位：国家馆、绍兴馆

00951

男女性生活   中国健康学会编辑

上海：健康生活社，[1940—1949]，153 页，32 开

本书共 5 章：结婚的资格、结婚的生理学、结婚的生理学（续）、生殖的机能、结婚的艺术。

收藏单位：国家馆

00952

男女性之分析   林昭音著

外文题名：The analysis of sex

上海：商务印书馆，1925.12，72 页，50 开（教育丛著 40）

本书共 4 章：心理学上男女性本能说之种种谬误、男女性动作与习惯、男女性之反射图、男女性刺戟之替代及反应之改变。附儿童性教育之实施、性教育之倡导者。

收藏单位：重庆馆、广东馆、国家馆、南京馆、内蒙古馆、人大馆、上海馆、首都馆、天津馆、浙江馆

00953

男女性知识   陈爽秋编著

上海：康健出版社，1947.4，187 页，32 开

本书内容包括：性的认识、发育状况、月经、性欲本能、结婚等。

00954

男女性知识   屾云节译

出版者不详，1946.1，86 页，32 开

出版者不详，1946.3，再版，86 页，32 开

本书共 3 编：青年男性的性知识、青年女性的性知识、性知识经验谈。

收藏单位：上海馆

00955

男青年性问题   （美）蓄耳兹（M. Scholtz）著   杨铭鼎译

外文题名：Sex problems of man in health and disease

上海：中华书局，1933.12，81 页，32 开

上海：中华书局，1935.3，再版，81 页，32 开

上海：中华书局，1935.6，81 页，32 开（初中学生文库）

上海：中华书局，1936，再版，81 页，32 开（初中学生文库）

上海：中华书局，1941.1，3 版，81 页，32 开（初中学生文库）

本书共 3 篇：性之健康、性之病理、花柳病。附问答十六则。

收藏单位：重庆馆、国家馆、黑龙江馆、江西馆、南京馆、天津馆、浙江馆

00956

男性与健康   W. J. Filding 著   张慈涵译

上海：唯爱丛书社，1929.1，1 册，32 开（唯爱丛书）

本书内容包括：成人的大道、身心的发达、生命的进化论、爱的冲动等。

收藏单位：浙江馆

00957

男子性生活   （美）麦克法登（Bernarr Macfadden）著   赵竹光译

外文题名：Man's sex life

上海：健力美杂志社，1941.12，135 页，32 开（健力美丛书 1）

本书共 12 章，内容包括：新婚的第一课、性行为的调节、手淫的真意义、生殖力的丧失与其补救法、增加性能的运动、增加性能的食物等。著者原题：麦佛登。

收藏单位：上海馆

00958

脑性病概论   汪浩然著

汉口：汪浩然，1937，54 页，32 开

本书内容包括：脑与性连带之关系、脑病各论、性病各论等。

收藏单位：重庆馆、南京馆

00959

女性的性生活　袁佐临编著

上海：健康生活社，1943.1，103 页，42 开

收藏单位：绍兴馆

00960

女性与结婚　（美）鲁滨逊（W. J. Robinson）著　立兼译

外文题名：Woman: her sex and her life

上海：中华书局，1946.6，190 页，32 开（卫生丛书）

本书共 55 章，内容包括：妇女性知识的重要、女性器官的解剖、性的本能、月经、月经异常、妊娠病、胎儿的大小、哺乳、所谓胎教、性病的范围、性病的预防、结婚与淋病等。

收藏单位：国家馆、南京馆

00961

女子的性冲动　（英）霭理斯（H. Ellis）著　夏斧心译

上海：北新书局，1927.4，3 版，[130] 页，32 开

00962

女子性教育　孔心灵著

女子出版社，1947，再版，63 页，32 开

收藏单位：广东馆

00963

女子性教育　振麟编

上海：艺流书店，[1911—1949]，130 页，32 开

本书共 19 章，内容包括：生的秘密、结婚前后的性爱初步、新婚的性生活、更年期的障碍、带下的原因与症状、性机能障碍与内分泌、行经时的卫生、分娩时的卫生、妇女与生殖等。

收藏单位：重庆馆

00964

女 子 性 生 活　（ 美 ）麦 克 法 登（Bernarr Macfadden）著　赵竹光译

外文题名：Woman's sex life

上海：健身学院，1947.6，111 页，32 开（健力美丛书 2）

本书共 16 章，内容包括：热恋和她的危险性、一个上了当的女子、纯正的爱与她的流露、两性间的调节、节育问题的正反面、月经病、妇女特殊的毛病、妇女的周期等。著者原题：麦佛登。

收藏单位：上海馆

00965

女子之性的知识　（美）鲁滨逊（W. J. Robinson）著　味辛译　章锡琛校订

外文题名：Sex knowledge for women and girls

上海：商务印书馆，1923.11，139 页，64 开（妇女丛书 第 1 集 第 7 编）

上海：商务印书馆，1925.7，3 版，139 页，64 开（妇女丛书 第 1 集 第 7 编）

上海：商务印书馆，1927.3，4 版，97 页，64 开（妇女丛书 第 1 集 第 7 编）

上海：商务印书馆，1931.2，5 版，97 页，64 开（妇女丛书 第 1 集 第 7 编）

上海：商务印书馆，1934.8，国难后 1 版，97 页，64 开（妇女丛书）

上海：商务印书馆，1935.2，国难后 2 版，97 页，64 开（妇女丛书）

本书共 29 章，内容包括：女子生殖器的解剖、女子生殖器的生理、性欲本能、春机发动期、月经、月经异状、月经时的卫生、受胎、妊娠、医生的需要、胎儿的成长、哺乳、月经终止、花柳病、少女的感染等。著者原题：维廉鲁滨孙。

收藏单位：国家馆、首都馆、浙江馆

00966

青春宝鉴　杨志一编

上海：国医出版社，1934.5，162 页，25 开

00967

青年期之性的卫生及道德（《教育杂志》十六

周年汇刊）　任白涛　易家钺著

外文题名：Sex hygiene and morality during adolescence

上海：商务印书馆，1925.12，114 页，50 开（教育丛著 41）

本书共两部分。"青年期之性的卫生及道德"共 10 节，内容包括：内分泌与健康、绝对的禁欲、性欲之抑制等；"中国的性欲教育问题"共 5 节，内容包括：零碎的感想、根本的探求、当然的原理等。

收藏单位：重庆馆、广东馆、国家馆、南京馆、宁夏馆、上海馆、首都馆

00968

青年性生活　（美）艾迪（Sherwood Eddy）著　李经邦译

实用出版社，1945.10，94 页，32 开

本书共 7 章，内容包括：性与生活、健全的性教育、青年与性道德、选择终身伴侣等。

收藏单位：上海馆

00969

青年性知识　任一碧　邓涧云编著

长沙：商务印书馆，1941.7，189 页，32 开

本书共两部分。第 1 部共 8 章，内容包括：性欲游戏化的现代、雌雄之别与美丑之分、恋爱与性欲等；第 2 部共 8 章，内容包括：永远辉煌着的灿烂的生命、少女时代的事、女性的恋病等。

收藏单位：重庆馆、广东馆、国家馆

00970

人类的性生活　程浩著

上海：亚东图书馆，1925.8，186 页，32 开

上海：亚东图书馆，1929.1，6 版，186 页，32 开

上海：亚东图书馆，1934，186 页，32 开

上海：亚东图书馆，1941.6，12 版，186 页，32 开

本书共 24 章，内容包括：性的环境、儿童时代的性生活、老年时代的性生活、性的早期成熟、性欲的分析、生殖腺的一般、月经和性生活、性交的条件等。

收藏单位：国家馆

00971

人性医学（附恋爱学）　（日）正木不如丘著　张我军译

北平：人文书店，1932.7，380 页，32 开

本书共两部分。"人性医学"内容包括：性欲、生殖之机能障碍、夫妇生活、性病等。"恋爱学"内容包括：自人生价值观察恋爱、恋爱疾病论、感觉与恋爱、结婚坟墓论等。

收藏单位：国家馆、上海馆、首都馆、浙江馆

00972

人之初　王逸夫编

上海：卫生研究社，1937.8，137 页，36 开（性生活丛书）

上海：卫生研究社，1938.11，再版，137 页，36 开（性生活丛书）

上海：卫生研究社，1946.12，137 页，36 开（性生活指导丛书）

本书共 15 章，内容包括：性之意义、对于性欲之大众观念、性欲之研究、男性滥用性欲之害、女性性欲之研究、胎儿之次序、妊孕原理、妊孕后之母体影响等。

00973

肉欲害　傅幼圃著

上海：百新书店，1926.11，268+10 页，23 开（夫妻讲义 1）

上海：百新书店，1932，4 版，修正版，268+10 页，23 开（夫妻讲义 1）

上海：百新书店，1939.5，9 版，修正版，268+10 页，23 开（夫妻讲义 1）

本书讲述性生活卫生知识以及有关疾病的防治。附中西药名对照表。

00974

色欲之爱

上海：中亚书局，[1911—1949]，90 页，32 开（性理丛书 3）

00975

少年人　Max Hodaun 著　袁文彬编译

上海：申报馆，1933.10，162 页，32 开（申报丛书 18）

　　本书收有关性知识文章。共 12 篇，内容包括：《言人所不言者》《女性生殖器》《男性生殖器》《妊娠避孕法》《堕胎法条文》《私生子》《讨论难题的信》《青年时代》等。

　　收藏单位：重庆馆、江西馆、上海馆、天津馆

00976

生育宝典　上海生理学社编

上海：上海家庭书店，1935.6，34 页，25 开

上海：上海家庭书店，1936.2，再版，34 页，25 开

　　本书分为图像、文字两部分，图像部分共 18 张图，内容包括：女阴的正面、睾丸、睾丸的内部组织、乳腺的剖视等；文字部分共 5 节：女子性的生理、男子性的生理、营养与使用、艺术的一课、不适当的痛苦。

　　收藏单位：重庆馆、国家馆

00977

生育指导　医学研究社著

上海：卫生书店，1934.4，再版，81 页，32 开

　　本书共 6 章：男子生殖器谈、女子生殖器、生殖作用之部、生殖器之养生法、防遏手淫之法、男女卫生指南。

　　收藏单位：国家馆

00978

实验优生学（生育研究）　殷师竹编著　周志贤校

上海：中西医药书局，1935.7，240 页，32 开

　　本书介绍优生优育、性卫生等内容。内容包括：泌尿器及生殖器、梅毒、淋疾等。

00979

手淫与遗精预防及根治法　陈爽秋著

上海：康健出版社，1946，92 页，60 开

　　收藏单位：重庆馆

00980

苏俄性教育的理论与实际　日本苏俄问题研究所译　张郁光重译

上海：商务印书馆，1936.7，174 页，32 开（师范小丛书）

　　本书共 3 篇：性教育的一般问题、性教育的特殊问题、性变态问题。

　　收藏单位：安徽馆、重庆馆、东北师大馆、广东馆、贵州馆、桂林馆、国家馆、黑龙江馆、湖南馆、江西馆、南京馆、宁夏馆、上海馆、天津馆、浙江馆

00981

我的性史　乃诚著

出版者不详，1926，[30] 页，32 开（性育丛书）

　　收藏单位：国家馆

00982

销魂的性艺术　E. Rossner 著　张宛华译

外文题名：Cream of sexual technique

上海：美华书店，1948，83 页，32 开

　　本书内容包括：结婚前夜须知、几个重要先决问题、男子性器讲座、最销魂的一幕揭开以后等。

00983

新的性库　明星书局编

上海：明星书局，[1911—1949]，90 页，32 开（男女性知识丛书 2）

　　本书讲述不孕的医治办法，并有中药处方。

00984

新婚性知识　（英）斯梯生著

北平协和医学会，[1928—1949]，影印本，144 页，32 开

　　本书为《人生性教育》的影印本。

　　收藏单位：上海馆

00985

新结婚教程　（美）斐尔丁（W. J. Fielding）著　吴啸仙译

外文题名：Sex and love-life

上海：南强书局，1931.10，386页，32开，精装

本书共14章。书前有井泽三村的日译序。

收藏单位：重庆馆、国家馆、南京馆、上海馆

00986

行房秘诀 徐哲身著

上海：新新书局，1938，116页，32开

上海：新新书局，1946.9，18版，116页，32开（性的丛书1）

本书介绍性生活的基本知识，内容包括：怎么节欲才合理、血崩、血崩的现象怎样、阻经、妇女白带的由来、白带的性质、梅毒之害、营养上的方法、运动上的注意等。

收藏单位：江西馆、首都馆

00987

性爱研究 （日）羽太锐治著 一之译

上海：新宇宙书店，1928，119页，32开（妇女问题研究会丛书）

00988

性爱研究及初夜的智识 （日）羽太锐治著 黄孤帆译

上海：启智书局，1928.10，224页，32开

上海：启智书局，1932.12，再版，224页，32开

上海：启智书局，1935.6，3版，224页，32开

本书共3编：女性底独占和初夜权底由来、结婚和初夜的智识、性的鉴赏和女性的肉体。附避妊底要领。

收藏单位：重庆馆、广东馆、国家馆

00989

性爱与结婚 许啸天 高剑华编

上海：明华书局，1936.6，156页，32开（现代百科家庭生活丛书1）

上海：明华书局，1936.9，再版，156页，32开（现代百科家庭生活丛书1）

本书介绍结婚时的性知识、世界各地有关性的风俗等。共3章：恋爱胜利法、失恋预防法、结婚的预备及结婚。

00990

性的残疾与人工受妊 弗兰克·大卫著 张晓槐译

上海：明日书店，1930.8，118页，36开

收藏单位：上海馆、天津馆

00991

性的卫生 杨志一编著

上海：国医出版社，1933.4，141页，25开（青年丛书）

本书共11章，内容包括：性的生理、性的心理、性的诱惑、不合法之卫生、相思与色狂、可怕之手淫、节欲养身法、遗精病之常识等。

收藏单位：江西馆、内蒙古馆

00992

性的卫生 尤学周编著

上海：大众书局，1933.10，98页，32开

上海：大众书局，1934.9，3版，98页，32开

上海：大众书局，1936.4，重版，98页，32开

本书共5章：性欲概论、性欲发生之动机、手淫、性欲过度之影响、性欲卫生。

收藏单位：重庆馆、湖南馆、浙江馆

00993

性的卫生学 （美）昊尔（W. S. Hall）著 张景明译

上海：卫生书局，1939.12，154页，32开（家庭应用丛书 第2集）

收藏单位：江西馆

00994

性的知识 李宝梁编

上海：中华书局，1937.1，[14]+202+[10]页，32开（中华百科丛书）

上海：中华书局，1938.10，再版，[14]+202+[10]页，32开（中华百科丛书）

上海：中华书局，1941.2，4版，202页，32开（中华百科丛书）

本书共 6 章：性之生物学、性之生理学、青年之性卫生、妊娠与遗传、性择与社会、花柳病及其救济法。附中文名词索引、西文名词索引。

收藏单位：重庆馆、广东馆、国家馆、黑龙江馆、上海馆、首都馆、天津馆、浙江馆

00995

性的知识　（美）鲁滨逊（W. J. Robinson）著　方可译

上海：开明书店，1926.9，15+279 页，32 开，精装（妇女问题研究会丛书）

上海：开明书店，1927.7，再版，15+279 页，32 开，精装（妇女问题研究会丛书）

上海：开明书店，1928.4，3 版，14+279 页，32 开，精装（妇女问题研究会丛书）

上海：开明书店，1931，4 版，11+171 页，32 开（妇女问题研究会丛书）

上海：开明书店，1937，[5 版]，279 页，32 开（妇女问题研究会丛书）

上海：开明书店，1939.4，6 版，11+171 页，32 开（妇女问题研究会丛书）

赣县（赣州）：开明书店，1943.5，内 1 版，11+171 页，32 开（妇女问题研究会丛书）

上海：开明书店，1947.3，9 版，11+171 页，32 开（妇女问题研究会丛书）

上海：开明书店，1948.1，10 版，11+171 页，32 开（妇女问题研究会丛书）

上海：开明书店，1949.3，11 版，11+171 页，32 开（妇女问题研究会丛书）

本书共两卷。男子之部共 34 章，内容包括：男性生殖器、性的不能、生殖不能、花柳病等；女子之部共 30 章，内容包括：女子生殖器的解剖、受胎、妊娠等。

收藏单位：重庆馆、广东馆、桂林馆、国家馆、湖南馆、南京馆、内蒙古馆

00996

性的知识（普及版）（美）鲁滨逊（W. J. Robinson）著　方可译

上海：开明书店，1930.6，3 版，15+279 页，32 开（妇女问题研究会丛书）

本书共两卷。男子之部共 34 章，内容包括：男性生殖器、生殖器的生理、手淫之害、性的不能、生殖不能、花柳病等；女子之部共 30 章，内容包括：女子生殖器的解剖、性欲本能、月经异状、受胎、妊娠等。著者原题：维廉鲁滨逊。

收藏单位：国家馆、首都馆

00997

性典　（日）长滨繁著　王风译

大连：实业印书馆，1942.11，251 页，32 开

本书内容包括：男子生殖器之解剖、生理、卫生，生殖器机能之障害，花柳病等。

收藏单位：首都馆

00998

性典　（日）赤津诚内著　一碧译

上海：启智书局，1930.11，[21]+360 页，32 开，精装

上海：启智书局，1934.1，3 版，360 页，32 开

上海：启智书局，1935.1，7 版，360 页，32 开

本书共两部分。"性篇"共 7 章，内容包括：性和性欲、两性之身体的差异、实际的性生活、儿童的思春期及性教育等。"病篇"共 3 章：最可恐的霉毒、软性下疳及其他、执拗的淋疾。

收藏单位：安徽馆、重庆馆、国家馆、南京馆、内蒙古馆、首都馆

00999

性典　金祖馨著　吴峦编辑

上海：民生书局，1934.10，再版，[300] 页，32 开

本书讲述男女性生理卫生知识等。

收藏单位：重庆馆

01000

性典　康健编辑部编　飘萍校阅

康健出版社，1936.11，再版，1 册，32 开

收藏单位：绍兴馆

01001

性典　卫生研究社编

上海：民生书局，1947.1，2 版，281 页，32

开

　　收藏单位：江西馆

01002

性典　吴瑞书编著　吴峦编辑

上海：中央书店，1947.1，3版，174页，25开

　　本书讲述男女性生理卫生知识等。

　　收藏单位：重庆馆

01003

性典（一切性的泉源）（日）赤津诚内著

范天磐　唐真如译

上海：百新书店，1933.9，[26]+265页，22开

上海：百新书店，1935.5，再版，[26]+265页，22开

上海：百新书店，1939.3，12版，[26]+265页，22开

　　本书共10篇，内容包括：性之原理、性之组织、性之障害、性之乐趣、性之常识、性与生育、性器之异常等。

　　收藏单位：国家馆

01004

性教育　W. L. Stowell 著　Y. D. 译

北京：北新书局，1926.11，203页，32开

　　本书介绍性生理知识，内容包括：性教育、男子的解剖和生理、两性的差异、胚胎学、结婚、遗传、优生学、儿童的问题等。

　　收藏单位：重庆馆、桂林馆、湖南馆、南京馆、内蒙古馆、上海馆

01005

性教育的理论　教育杂志社编

外文题名：Principles of sex education

上海：商务印书馆，1925.12，89页，50开（教育丛著38）

　　本书共3部分:《性教育之真谛及欧美各国之性教育运动》（陈兆衡）、《性教育的几条原理》（周建人）、《两性生活与性教育》（潘公展）。

　　收藏单位：重庆馆、广东馆、国家馆、吉大馆、南京馆、内蒙古馆、宁夏馆、上海馆、首都馆、天津馆、西南大学馆、浙江馆

01006

性教育法　杨冠雄著

上海：黎明书局，1930.3，172页，32开

上海：黎明书局，1932.12，再版，10+172页，32开

上海：黎明书局，1941.6，169页，32开

　　本书共10章：什么是性教育、性欲的根本原理、两性的关系、两性生活与性教育、家庭的性教育、性教育与学校课程、性教育的效能、性教育实施的程序、男女同校问题、性教育的过去与将来。

　　收藏单位：安徽馆、重庆馆、广东馆、桂林馆、国家馆、湖南馆、江西馆、南京馆、首都馆、浙江馆

01007

性教育概论　教育杂志社编

外文题名：A general study of sex education

上海：商务印书馆，1925.12，89页，50开（教育丛著37）

　　本书包括常道直、市川源三（日本）、黄公觉3人关于性教育的论文各1篇。

　　收藏单位：重庆馆、广东馆、广西馆、国家馆、南京馆、内蒙古馆、宁夏馆、上海馆、首都馆、天津馆、浙江馆

01008

性教育概论　朱云平著

上海：世界书局，1941.10，158页，32开

　　本书共9章：绪论、性教育的沿革、性教育的生物观、性教育的心理学观、性教育的社会学观、儿童时期的性教育、青年期的性教育、性教育与社会教育、结论。

　　收藏单位：重庆馆、广东馆、桂林馆、国家馆、辽大馆

01009

性教育新论　（德）布式克（A. Buschke）（德）雅各生（F. Jacobsohn）著　董秋斯译

外文题名：Introduction to sexual hygiene

上海：生活书店，1946.4，123页，32开（生活丛书）

上海：生活书店，1946.9，再版，123页，32

开（生活丛书）
上海：生活书店，1947.1，3 版，123 页，32 开（生活丛书）
上海：生活书店，1947.10，4 版，123 页，32 开（生活丛书）

本书介绍有关性的生理卫生知识。共 24 章，内容包括：男性生殖器官之构造及功用、精液、女性生殖器官之解剖、生殖概论、受胎、男性的性冲动、女性的性冲动、女方的不生育等。

收藏单位：重庆馆、广东馆、桂林馆、国家馆、浙江馆

01010
性教育指南 （美）夏南（T. W. Shannon）著 杜佐周 钱亦石译
外文题名：Guide to sex instruction
上海：中华书局，1934.4，188 页，32 开
上海：中华书局，1939.8，再版，188 页，32 开
上海：中华书局，1949，3 版，188 页，32 开

本书共 5 编：儿童时代、少年女子时代、少年男子时代、青年女子时代、青年男子时代。书前有杜佐周的自序。

收藏单位：安徽馆、重庆馆、广东馆、贵州馆、国家馆、黑龙江馆、湖南馆、江西馆、辽大馆、辽宁馆、上海馆、首都馆、天津馆、浙江馆

01011
性库（男女卫生奇书）
上海：新新书局，[1911—1939]，90 页，32 开
上海：新新书局，1939，3 版，97 页，32 开

收藏单位：安徽馆

01012
性论 中华学艺社编
上海：商务印书馆，1928.1，136 页，32 开（学艺汇刊 17）
上海：商务印书馆，1933.2，国难后 1 版，136 页，32 开（学艺汇刊 17）

本书收文 4 篇：《两性的本性及其作用》（费鸿年）、《两性生活与内分泌》（胡步蟾）、《两性决定论之批判》（罗宗洛）、《性择》（高铦）。

收藏单位：安徽馆、重庆馆、广东馆、广西馆、贵州馆、国家馆、湖南馆、江西馆、辽宁馆、南京馆、上海馆、天津馆、西南大学馆

01013
性期现象 （英）霭理斯（H. Eliss）著 薛以恒译
[上海]：金钟书店，[1911—1949]，52 页，48 开（新文化教育小丛书）

本书封面题名：爱的动机。

01014
性生活的控制 （英）魏善海（L. D. Weatherhead）著 干熙俭译述
上海：青年协会书局，1936.12，148 页，32 开（青年丛书 42）
上海：青年协会书局，1940.8，再版，148 页，32 开（青年丛书 42）
上海：青年协会书局，1947.8，3 版，148 页，32 开（青年丛书 42）

本书共 9 章。内容包括：沉默和无知的错误、男女之爱与性的诱惑、对于婚姻所应抱的态度、不快乐的婚姻、节制生育问题、给独身主义者等。

收藏单位：重庆馆、南京馆、上海馆

01015
性生活底卫生学 （德）克鲁伯（M. V. Gruber）著 周燡昭译
上海：民智书局，[1926]，142 页，21 开
上海：民智书局，1927.5，再版，142 页，21 开

本书共 9 章，内容包括：受精、遗传与淘汰、性器官、过度性交与适度性交的结果、性欲的过失等。

收藏单位：江西馆、上海馆、浙江馆

01016
性生活之转化 林昭音编
上海：北新书局，1929.7，78 页，32 开

本书共 4 部分：男女性隐机的来历、男女性刺激的替代、男女性隐机的表现、结论。

收藏单位：重庆馆、广西馆、上海馆、天津馆

01017

性生理讲座 （美）罗丝诺著　张宛华译

重庆：辉煌出版社，[1911—1949]，95 页，32 开

本书共 7 编：一个忠告、男子性生理讲座、女子性生理讲座、最合理的夫妇性生活、月经是女子健康的枢纽、如果你们没有孩子、漫谈节欲。

收藏单位：重庆馆

01018

性心理 （英）霭理斯（H. Ellis）著　冯明章译

外文题名：Psychology of sex

重庆：文摘出版社，1944.11，293 页，32 开

重庆：文摘出版社，1945.1，再版，293 页，32 开

重庆：文摘出版社，1945.3，3 版，293 页，32 开

重庆：文摘出版社，1945.6，4 版，293 页，32 开

上海：文摘出版社，1945.11，293 页，32 开

上海：文摘出版社，1948.1，7 版，293 页，32 开

上海：文摘出版社，1948.10，8 版，293 页，32 开

本书共 8 章，内容包括：绪论、性的生物基础、青春期的性冲动、性变态及性象征主义、结婚、恋爱的艺术等。书前有原序、重版前记。

收藏单位：重庆馆、广东馆、桂林馆、国家馆、湖南馆、南京馆、上海馆、首都馆

01019

性心理学 （英）霭理斯（H. Ellis）著　潘光旦译

重庆：商务印书馆，1946.4，406 页，25 开

上海：商务印书馆，1946.10，406 页，25 开

上海：商务印书馆，1947.2，再版，406 页，25 开

上海：商务印书馆，1948.8，3 版，406 页，25 开

本书为《性心理》的不同译本。论述性与心理的关系。共 8 章，内容包括：绪论、性的生物学、青年期的性冲动、婚姻、恋爱的艺术等。附霭理士传略、中国文献中同性恋举例。题名页著者题：霭理士。

收藏单位：安徽馆、重庆馆、桂林馆、南京馆、宁夏馆、首都馆、西南大学馆、浙江馆

01020

性心理学 （英）霭理斯（H. Eliss）著　张畹香译

重庆：大时代书局，1947.10，388 页，32 开

本书为《性心理》的不同译本。

收藏单位：重庆馆、桂林馆、首都馆

01021

性心理学（上册） （英）霭理斯（H. Ellis）著　潘光旦译

昆明：云南省经济委员会印刷厂，1944，176 页，23 开

本书著者原题：霭理士。

收藏单位：重庆馆、桂林馆、南京馆

01022

性医学　钱挹青编

上海：商务印书馆，1935.6，[23]+420 页，32 开，精装

上海：商务印书馆，1935.10，再版，[21]+420 页，32 开，精装

上海：商务印书馆，1936.8，3 版，[21]+420 页，32 开

本书共 4 编：性之解剖、性之生理、性之卫生、性之疾病。

收藏单位：重庆馆、国家馆、天津馆、中科图

01023

性艺的喜剧　E. Rossner 著　张宛华译

外文题名：The comedy of the art of sex

上海：美华书店，1947.6，108 页，32 开

上海：美华书店，1948.3，108 页，32 开

　　本书讲两性性知识。共 29 章，内容包括：男子性器解说、女子性器解说、月经的秘密、怎样渡蜜月、性的生理讲座、交接前后、经期与性交、避孕术、怎样节制生育等。

　　收藏单位：重庆馆

01024

性与婚姻　罗炳臣著

上海：文通书局，1948.11，48 页，36 开（保健文库）

　　本书内容包括：婚前应注意的事情、生殖器的解剖与性之生理、婚后的性生活、月经与受孕等。

　　收藏单位：上海馆

01025

性与青年　（美）艾迪（Sherwood Eddy）著

　青年协会书报部译

外文题名：Sex and youth

上海：青年协会书局，1930.1，112 页，32 开（艾迪丛书 2）

上海：青年协会书局，1930.3，再版，100 页，32 开

上海：青年协会书局，1931.7，3 版，100 页，32 开（艾迪丛书 2）

上海：青年协会书局，1931，4 版，100 页，32 开（艾迪丛书 2）

上海：青年协会书局，1931.10，5 版，100 页，32 开（艾迪丛书 2）

上海：青年协会书局，1941.2，6 版，92 页，32 开

　　本书向青年介绍性知识。共 6 章，内容包括：性与生活、健全的性教育、青年的问题、选择终身伴侣等。6 版题：公侠译。

　　收藏单位：重庆馆、广东馆、国家馆、湖南馆、江西馆、南京馆、绍兴馆、天津馆、浙江馆

01026

性欲常识　（日）羽太锐治著　华纯甫编译

上海：文明书局，1926.12，388 页，32 开

上海：文明书局，1932.5，4 版，388 页，32 开

　　本书共 15 章，内容包括：性欲学总论、性的特质论、男女性因论、性的生活发达论、性欲心理论、性欲满足论、病的性欲概论、花柳病要论、恋爱论等。

　　收藏单位：上海馆

01027

性欲的原理　陆露沙编

上海：大仁书局，1947.4，[165] 页，32 开（性欲丛书 1）

　　本书讨论性欲、贞操、节育问题。

01028

性欲镜（一名，夫妻须知）　卫生研究社著

上海：卫生研究社，1933.9，82 页，32 开

　　本书共 8 部分，内容包括：夫妻性欲上的贞操、男女生殖器的作用、性交的选择、夫妻性生活的基础、性欲与爱情等。

　　收藏单位：国家馆

01029

性欲通论　（日）羽太锐治著　唐轶康译

上海：卿云图书公司，1925.10，136 页，32 开

上海：卿云图书公司，1926.4，再版，136 页，32 开

上海：卿云图书公司，1927.4，4 版，136 页，32 开

　　本书讲述性知识与卫生。共 10 章，内容包括：绪论、生殖器及其作用、性的特征、性交传染病、卖淫之观察等。

　　收藏单位：重庆馆、上海馆

01030

性欲卫生　胡定安　谢筠寿编　顾寿白校

上海：商务印书馆，1925.11，36 页，64 开

上海：商务印书馆，1927，再版，28 页，64 开（医学小丛书）

上海：商务印书馆，1931.3，3 版，36 页，64 开（医学小丛书）

上海：商务印书馆，1934.9，国难后 2 版，36 页，64 开（医学小丛书）

本书讲述男女青春期生理卫生知识，手淫、纵欲的危害及自疗法。共 11 章，内容包括：男性生殖器、女性生殖器、怀春期、制欲之利害、制欲之方法等。

收藏单位：重庆馆、贵州馆、国家馆、河南馆、上海馆、浙江馆

01031

性欲卫生论丛 俞凤宾著

[上海]：商务印书馆，[1925]，88 页，32 开（家庭丛书）

上海：商务印书馆，1933.5，国难后 1 版，84 页，32 开（家庭丛书）

上海：商务印书馆，1934.9，国难后 2 版，84 页，32 开（家庭丛书）

[长沙]：商务印书馆，1939，国难后 5 版，88 页，32 开（家庭丛书）

本书介绍男女生理、心理卫生常识。共收文 14 篇，内容包括：《婚姻与家庭卫生之关系》《花柳病之防御》《社会中性欲卫生之需要》《提倡高尚娱乐与废止性欲生涯论》《近世卫生思潮中之社会卫生》等。

收藏单位：重庆馆、广东馆、湖南馆、宁夏馆、山西馆

01032

性欲卫生篇（卫生学要义） 俞凤宾编著

外文题名：Talk on sexual hygiene

上海：商务印书馆，1925.8，84 页，25 开

上海：商务印书馆，1926.12，再版，84 页，25 开

上海：商务印书馆，1931.5，3 版，84 页，25 开

本书收文 14 篇，内容包括：《婚姻与家庭卫生之关系》《花柳病之防御》《社会中性欲卫生之需要》《提倡高尚娱乐与废止性欲生涯论》《近世卫生思潮中之社会卫生》等。

收藏单位：重庆馆、广东馆、河南馆、湖南馆、吉林馆、上海馆、首都馆、天津馆、浙江馆

01033

性欲与性爱（一名，已婚将婚男女必读婚姻指导） 陈劳薪著

上海：北新书局，1927.3，再版，294 页，32 开

上海：北新书局，1929.7，3 版，294 页，32 开

本书介绍性知识。共 8 章，内容包括：生殖器的构造及其机能、选择配偶的方针、性欲与爱情、结婚与性交、男女性原论等。书前有薛良叔、费鸿年的序。

收藏单位：国家馆、湖南馆

01034

性欲与性害

上海：中亚书局，[1911—1949]，84 页，32 开（性理丛书 2）

本书内容包括：求孕实验谈、妊娠之研究、安胎须知、避孕之研究、妊娠期中的现象、私交之害、产期的预备等。

01035

性源（男女秘密与健康） 沈勇著

健育研究社，1936.8，210 页，32 开

健育研究社，1937.3，再版，210 页，32 开

健育研究社，1941.6，6 版，210 页，32 开

本书共 9 章，内容包括：社会中性欲卫生之需要、婚姻与性欲、男性之性研究、女性之性研究、妊娠篇等。

收藏单位：首都馆

01036

性之生理 赫伯特（S. Hebert）著 朱建霞译 周建人校

上海：商务印书馆，1928.8，134 页，32 开（医学小丛书）（新知识丛书）

上海：商务印书馆，1930.6，再版，134 页，32 开（医学小丛书）

上海：商务印书馆，1934.8，国难后 1 版，134 页，32 开（医学小丛书）

上海：商务印书馆，1935.4，国难后 2 版，134 页，32 开（医学小丛书）

本书共 7 章：性之生物学、性之生理、

生殖作用之生理学、性之心理、性之心理（续）、性的异常、性的常态。

收藏单位：广东馆、国家馆、南京馆、首都馆、浙江馆

01037

性之生理与卫生　R. T. Trall 著　任厂译

北新书局，1927.7，239 页，32 开

北新书局，1927.10，再版，239 页，32 开

北新书局，1929.6，3 版，239 页，32 开

本书共 16 章，内容包括：生命的由来、有性底生殖、经期中的生理和卫生、授精、怀孕、论胚胎、临盆、乳哺、性的定律等。书中题名：性底生理与卫生。

收藏单位：国家馆、上海馆、首都馆

01038

性知识　范熊编著

上海：人人书店，1936.9，222 页，25 开

本书内容包括：胎生学上两性之不同、生理学上两性之不同、两性生殖器之不同、心理学上之不同、性欲学上之不同等。

01039

性知识百问百答

重庆：渝联书店，1948.11，38 页，32 开

收藏单位：重庆馆

01040

性知识手册　（美）霍克司著　陈爽秋译述

成都：经纬书局，1945，再版，29 页，56 开

本书内容包括：性欲的解释、男性生殖器、女性生殖器、两性生殖器的比较等。

收藏单位：重庆馆

01041

性知性识　周越然著

上海：天马书店，1936，265+14 页，32 开

本书收《理想国之婚嫁》《西学之半》《优生学》《纯洁之爱》《几个真理》等文章。

收藏单位：重庆馆

01042

性智识百问百答　（日）秋琴著　李佐成译

上海：健康书社，1935.9，36 页，32 开

上海：健康书社，1937.4，2 版，36 页，32 开

上海：健康书社，1938.4，3 版，36 页，32 开

上海：健康书社，1938.9，4 版，36 页，32 开

本书介绍性的基本知识。

01043

欲海　（德）海嘉氏著　顾鸣盛编译

上海：文艺编译社，1915.8，112 页，22 开

上海：文艺编译社，1917，3 版，112 页，22 开

上海：文艺编译社，1922.11，4 版，112 页，22 开

上海：文艺编译社，1930.2，5 版，112 页，22 开

本书介绍性欲对人体身心健康的影响和危害，提倡节欲。共 12 章，内容包括：交接之定义、脑之催起作用及抑制作用、交接之强度、男女房事之嗜好、个人之实验、僧尼及善男信女寿命之观察等。

收藏单位：重庆馆、黑龙江馆、首都馆、浙江馆

01044

怎样健康性爱（怎样调整夫妇性）　中国健康学会编

出版者不详，[1911—1949]，2 册（254+ 282 页），32 开

本书共两册：怎样调整夫妇性、怎样做个好妻。

收藏单位：首都馆

01045

最新情欲宝鉴　（日）佐藤得斋编　萃香馆主著译

上海：[新中华书社]，1915.8 重刊，102 页，23 开

上海：[新中华书社]，1917 重刊，102 页，23 开

本书介绍男女婚姻生活的生理知识，包括：结婚之部、生殖作用之部等。

收藏单位：国家馆

01046

最新种子法 顾鸣盛编

上海：文艺编译社，1915.7，100 页，22 开

上海：文艺编译社，1916.11，3 版，100 页，22 开

上海：文艺编译社，1930.8，13 版，100 页，22 开

上海：文艺编译社，1935.12，14 版，100 页，22 开

本书共 9 章：总论、论男女之成熟、论男女阴之解剖生理、论月经、论婚姻、论爱情、论色欲、论交合、论妊孕。

收藏单位：重庆馆、黑龙江馆、南京馆、首都馆、天津馆、浙江馆

计划生育与卫生

01047

避妊法 王逸慧 刘宗蕴编著 黄贻清校

上海：中华医学杂志社编辑部，1935.1，71 页，22 开

本书共两部分。"引言"内容包括：女性生殖器官的解剖、受孕的生理、性交等；"避妊法各论"内容包括：棉球及栓塞、连合方法、洗涤法、杂项方法等。

收藏单位：国家馆、江西馆

01048

避孕法 汪企张著

上海：大东书局，1924.2，33 页，42 开（通俗医言 第 3 编）

上海：大东书局，1928.4，4 版，33 页，42 开（通俗医言 第 3 编）

本书共 8 章，内容包括：在生物学上要限制生产、在优生学上要限制生产、防止疾病和改良种族上的关系、限制生产在实际上的效果等。

收藏单位：国家馆、上海馆

01049

避孕新术 王君纲编译

上海：良友图书公司，1935，145 页，32 开

（妇人丛书）

上海：良友图书公司，1936，再版，145 页，32 开（妇人丛书）

本书共 7 章：避孕原则、个人的情形、男子适用的方法、女子适用的方法、并合的方法、生理的避孕、妊娠的助成。附妊娠的传说、月经的传说和迷信。

收藏单位：国家馆

01050

产儿调节之理论与实际 缪端生著

上海：新亚书店，1933.3，46 页，36 开（科学知识普及丛书）

收藏单位：重庆馆、广西馆、贵州馆、国家馆、江西馆、南京馆、浙江馆

01051

传种改良问答

上海：卫生学社，[1911—1949]，1 册，25 开，环筒页装

本书共 7 章，叙述生育方面的知识。

收藏单位：重庆馆

01052

德国优生政策的实施与儿童的教养 张梦石著

广州：国立中山大学出版部，1938.4，50 页，22 开

本书共 5 章：德国施行优生政策的几个重要出发点、健全和纯正的后裔与婚姻的法定、结婚和生育的奖励与孕妇和产妇的保护、儿童的护养、儿童的教养。附德国最新的学制系统表。

收藏单位：国家馆

01053

第三种水与卵珠及生机的电和优生的关系
张竞生著

上海：美的书店，1927.5，44 页，64 开

01054

儿童爱（原名，明智的父母）（英）司托泼（M. C. Stopes）著 潘公展译

外文题名：Wise parenthood

上海：光华书局，1926.3，112 页，32 开

上海：光华书局，1926.10，再版，16+122 页，32 开

上海：光华书局，1932.10，3 版，128 页，32 开

上海：[光华书局]，1936.8，4 版，112 页，32 开

本书为《结婚的爱》附编。宣传节育并介绍避孕方法。

收藏单位：安徽馆、重庆馆、江西馆、南京馆、上海馆、天津馆、浙江馆

01055

夫妇良箴　（英）司托泼（M. C. Stopes）著　伍连德译

上海：英商别发有限公司，1926.8，40 页，25 开，精装

本书为《结婚的爱》附编。宣传节育并介绍避孕方法。内容包括：限制受孕与人类生存论、宗教观念与限制生养之关系、论限制生育之关系社会国交等。著者原题：马利士笃。

收藏单位：国家馆、上海馆

01056

广嗣全书（男女婚姻多子宝鉴）　沈鸿飞著

上海：世界书局，1922.1，46 页，32 开

上海：世界书局，1924，4 版，22+30+46 页，32 开

上海：世界书局，1925.2，5 版，22+30+46 页，32 开

上海：世界书局，1926.4，5 版，22+30+46 页，32 开

上海：世界书局，1929.11，6 版，22+30+46 页，32 开

本书共 6 编：解剖、生理、婚交、病症、妊娠、摄生。

收藏单位：重庆馆、广东馆、绍兴馆

01057

节育避妊的方法　陈爽秋编

上海：经纬书局，1936.12，108 页，36 开

本书为青年必读书。共 6 章：绪论、各国的节制生育运动、两性的生殖机能、妊娠、不妊的原因、避妊的研究。

01058

节育的理论与方法　严与宽编著

上海：大东书局，1930，120 页，32 开

上海：大东书局，1933.6，再版，120 页，32 开

本书共 8 章，内容包括：总论、各学者的节育主张、人口过剩的危机、节育主义的历史、节育的适当时期等。

收藏单位：重庆馆、国家馆、华东师大馆、江西馆、南京馆、上海馆、首都馆

01059

节育的实施　[蛮石著]

外文题名：Latest methods of birth control

上海：新文化编译社，1933.11，75 页，32 开

上海：新文化编译社，1935.4，3 版，75 页，32 开

上海：新文化编译社，1935.9，4 版，75 页，32 开

上海：新文化编译社，1937.1，5 版，75 页，32 开

本书共 10 章，内容包括：节育主义在中国、节育主义与佛教、节育主义与人生观、节育主义与女子职业、优生与绝育等。

收藏单位：国家馆

01060

节育实施　（英）和涅部禄夫人（Hornibrook）著　胡仁夫人译

上海：远东图书公司，1929.3，74 页，48 开（家庭知识小丛书）

01061

节育问题　[瓒璋编]

北平：[传信书局]，1936.5，44 页，64 开（新蓝宣讲录 第 59 期）

本书介绍中国以往的节育运动和中国现代的节育理论等。

收藏单位：国家馆

01062

节育新法　郝尼布鲁克著　张蓝珊译

上海：北新书局，1929.8，48 页，32 开

上海：北新书局，1930.4，3 版，48 页，32 开

上海：北新书局，1939，48 页，32 开

　　本书共 7 部分，内容包括：结婚、避孕、避孕常识、疑难解答等。

　　收藏单位：重庆馆、广东馆、首都馆

01063

节育原理及方法　（英）玛里孙（J. Malleson）著　史济本译

外文题名：The principles of contraception

南京：正中书局，1937.3，73 页，32 开

　　本书共 6 章，内容包括：医生应当有节制生育的知识、节制生育的原理、最通行的节育方法、结婚以前的豫备等。

　　收藏单位：国家馆、南京馆、首都馆、天津馆、浙江馆

01064

结婚与优生学　丁福保编

上海：医学书局，1940.6，108 页，32 开（世界医学百科全书）

　　本书共 13 章，内容包括：何谓遗传、遗传之起因、遗传之情形、生男生女问题、环境之响影、人类之遗传（一）、人类之遗传（二）等。

　　收藏单位：桂林馆、上海馆

01065

科学的生育　（英）霭理斯（H. Eliss）著　彭兆良译

上海：民新书局，1927.12，59 页，32 开

上海：民新书局，1929.1，再版，59 页，32 开（新文化丛书）

　　本书探讨人类生育与文化、宗教的关系，提倡优生节育，并介绍几种避孕的方法与药物。

　　收藏单位：重庆馆、黑龙江馆、上海馆

01066

两性生殖学（一名，生子方法与不生子方法）

（日）泽田顺次郎著　吴瑞书编译　平洁生校

上海：新文编译社，1934.11，216 页，32 开

　　本书共 4 编：受胎之理、如何保护孕妇、避妊、如何保护产儿。附生男生女法。

　　收藏单位：国家馆、内蒙古馆

01067

美乐之家（原名，生育节制法）　（美）桑格（Margaret Higgins Sanger）著　宋学安编译

外文题名：The case for bitrh control

上海：世界出版协社，1927.1，40+26 页，32 开

　　本书著者原题：山格夫人。

　　收藏单位：黑龙江馆

01068

求子百法

新华书局，[1911—1949]，110 页，32 开

　　本书共 3 部：男子部、女子部、婴儿部。

　　收藏单位：重庆馆

01069

人工流产术　林筱海编译

广州：真平印务局，1931，76+41 页，32 开

广州：真平印务局，1940，76+41 页，32 开

　　收藏单位：广东馆、广西馆

01070

妊娠避妊与育儿　（日）泽田顺次郎著　怀牲叔译述

上海：文明书局，1926.9，158 页，22 开

上海：文明书局，1928.8，再版，158 页，22 开

上海：文明书局，1930.1，3 版，158 页，22 开

上海：文明书局，1933.4，4 版，158 页，22 开

　　本书共 4 编：受胎、妊娠如何保护自身乎、避妊论、产儿如何保护乎。

　　收藏单位：重庆馆、天津馆、浙江馆

01071

生育节制法 （美）桑格（Margaret Higgins Sanger）著

生育节制宣传社，1926，再版，1 册，32 开

　　本书著者原题：山格夫人。

　　收藏单位：广东馆

01072

生育节制法 （美）桑格（Margaret Higgins Sanger）著　中华节育研究社译

上海：中华节育研究社，1922.6，26 页，36 开

　　本书著者原题：山格夫人。

　　收藏单位：国家馆

01073

生育限制法 （日）大川浩著　沈石顽译

上海：昌明医药学社，1933.9，114 页，32 开

上海：昌明医药学社，1934.7，再版，114 页，32 开

　　本书共 10 部分，内容包括：细胞与生殖、产儿之调节为生物学自然之理法、男性生殖器图解、女性生殖器图解、内分泌等。

　　收藏单位：国家馆、南京馆

01074

实验避孕法（产儿制限）　中外书局编

上海：中外书局，1923.11，252 页，42 开

上海：中外书局，1924.7，再版，252 页，42 开

　　本书共 4 编，内容包括：论产儿制限之必要、论妊娠之生理、论避孕之必要、论避孕之实施法。

01075

实验避孕术　卫生研究社编　苏海若编辑

上海：春明书店，1941.10，新 1 版，180 页，32 开

　　本书内容包括：绪论、男女两性的生殖能力、怎样会妊娠、不妊的原因、避孕术、各种避孕术的讨论等。

　　收藏单位：湖南馆

01076

实验避孕术（产儿制限）　黎振寰编

上海：四明书店，1935.5，180 页，32 开

上海：四明书店，1937.4，再版，180 页，32 开

　　本书共 6 章：绪论、男女两性的生殖能力、怎样会妊娠、不妊的原因、避孕术、各种避孕术的讨论。

　　收藏单位：天津馆

01077

实用避孕法　郭泉清著　家杂志社编校

上海：家杂志社，1947.9，再版，[15]+82 页，32 开

上海：家杂志社，1947.11，3 版，82 页，32 开

上海：家杂志社，1948.2，4 版，[15]+82 页，32 开

上海：家杂志社，1948.6，5 版，82 页，32 开

上海：家杂志社，1949.1，6 版，82 页，32 开

　　本书共 16 章，内容包括：一对双生的弃儿、节育的历史、从各个角度看节育、避孕方法的管制、避孕法的原理、生理避孕法、化学避孕法、器械避孕法等。

　　收藏单位：重庆馆、南京馆

01078

胎教优生常识　裴斐编

成都：经纬书局，1946，79 页，36 开

成都：经纬书局，1947，79 页，36 开

　　收藏单位：重庆馆

01079

现代节育法 （英）司托泼（M. C. Stopes）著　中国健康学会编

上海：健康生活社，1937.6，146 页，32 开（健康文库 3）

　　本书共 10 章，内容包括：节育方法中几种重要点的检讨、我们应当节制的性器官、家庭临时节育方法、科学的节育方法、男性的节育方法、有危险性的节育方法等。书前有序文。著者原题：玛丽斯托泼。

　　收藏单位：上海馆

01080

优生概论　潘光旦著

上海：商务印书馆，1946.1，259 页，32 开（人文生物学论丛 1）

上海：商务印书馆，1947.3，再版，259 页，32 开（人文生物学论丛 1）

本书收录关于优生及性教育方面的论文。内容包括：《优生概论》《二十年来世界之优生运动》《近代种族主义史略》《今日之性教育与性教育者》等。

收藏单位：重庆馆、国家馆、黑龙江馆、湖南馆、江西馆、辽大馆、辽宁馆、南京馆、天津馆、浙江馆

01081

优生与抗战　潘光旦著

赣县（赣州）：商务印书馆，1943.8，263 页，32 开（人文生物学论丛 7）

重庆：商务印书馆，1945，再版，263 页，32 开（人文生物学论丛 7）

上海：商务印书馆，1947.6，263 页，32 开（人文生物学论丛 7）

本书共 5 篇：优生与思想背景、优生与抗战、优生与人口政策、优生与家庭、优生在外国。

收藏单位：安徽馆、重庆馆、广东馆、广西馆、贵州馆、桂林馆、国家馆、湖南馆、近代史所、南京馆、内蒙古馆、宁夏馆、上海馆、首都馆、西南大学馆、浙江馆

01082

中国民族主义原人论　杨荫蘖编

武昌：开化书局，1933.6，234 页，16 开

本书共 11 章：改良血统之研究、改良器官之研究、改良习俗上对于处女误会之研究、改良月经之研究、改良婚姻制度之研究、改良种精受孕之研究、改良怀胎之研究、改良产生之研究、改良产后保母保赤之研究、改良乳养之研究、改良教育之研究。

收藏单位：国家馆、上海馆

01083

子女选孕法与自然避孕法　（英）爱司琼著

关熙和译

人生研究社，1929.12，146 页，32 开

人生研究社，1930.5，再版，146 页，32 开

人生研究社，1932.6，3 版，145 页，32 开

本书探讨性别选择的机理和规律。共 18 章，内容包括：性的决定、从优生学方面看来、适当人种的选择、母亲的责任、未成熟的胎儿、性的成因、孕男、孕女、左右定律等。

收藏单位：广东馆、国家馆、南京馆、首都馆

01084

子之有无法　（日）田村化三郎著　丁福保译

上海：医学书局，1916.8，4 版，60 页，22 开，精装（丁氏医学丛书）

上海：医学书局，1926.8，60 页，22 开（丁氏医学丛书）

上海：医学书局，1931.8，再版，60 页，22 开（丁氏医学丛书）

本书内容包括：订婚时应注意之事项、早婚之害、交接时期、避娠法等。

收藏单位：国家馆、天津馆、浙江馆

01085

最近节育的精义和实施

上海：新文化编译社，1933.6，36 页，27 开

本书简述节育与中国礼教的关系、节育方法等。

01086

最新避孕法　孙严予著

出版者不详，1948.7，再版，1 册，32 开（中国优生节育协进会丛书 1）

出版者不详，1948.10，增订 4 版，1 册，32 开（中国优生节育协进会丛书 1）

本书内容包括：男女生殖器与受孕原理、各种避孕方法等。封面题名：最新避孕法与性问题。

收藏单位：上海馆

01087

最新生育节制、不育症疗法合编　黄裕纶编

著

上海：春申诊疗所，1949.5，36 页，36 开

　　本书附安特保克氏选孕男女法。

01088

最新实验男女避孕法　许晚成著　傅积仁校订

上海：国光书店，1939.1，68 页，32 开

上海：国光书店，1941.6，再版，68 页，32 开

　　本书共 9 章，内容包括：世界文明和避孕的必要、著名各学者的节育主张、避孕与女子幸福和女子职业、避孕法概论、避孕与性教育的实施、避孕的研究等。

　　　　收藏单位：安徽馆、国家馆

妇幼卫生

01089

产妇及其婴儿　满玉如著

成都：华英书局，1937.7，112 页，竖 25 开，环简页装

　　　　收藏单位：重庆馆

01090

从生产到育婴　家编辑部选编

上海：家出版社，1949.1，98 页，32 开

　　本书内容包括：《最新无痛生产术》（朱维继）、《那一个月生小孩最好》（伊思文）、《产妇与婴儿同房》（胡光荣）、《克服哺乳的困难》（李迪亚）、《婴儿便溺的训练》（肯容）等。

　　　　收藏单位：黑龙江馆

01091

妇女和小孩的卫生常识　李润生编著

韬奋书店，1945.6，39 页，36 开

　　本书共 17 章，内容包括：月经、坐胎、坐胎后的卫生、坐月子时的调养、吃的问题、穿的问题、睡觉的问题、学走的问题、教育问题等。

　　　　收藏单位：国家馆、天津馆

01092

妇女与育儿　张茵著

新京（长春）：国民书局，1946.12，104 页（新女性丛书）

　　本书共 19 章，内容包括：怎样迎接小天使、最新的哺乳知识、母乳与乳儿、关于人工哺乳、关于混合哺乳、生牙齿的时候、增长智慧的时候、幼儿会走的时候等。

　　　　收藏单位：南京馆

01093

妇孺卫生常识　沈元晖等编著

新华书店，1945.3，43 页，32 开

　　本书共 12 课，内容包括：怀娃娃的道理、孕妇的卫生、怎样作产前检查、临产时的准备、怎样照顾娃娃、产妇产后一月内的休养、卫生生活等。

　　　　收藏单位：南京馆

01094

妇孺卫生常识　沈元晖等编著　苏光绘图

太岳新华书店，1946.7，43 页，32 开

太岳新华书店，1948.4，3 版，43 页，32 开

太岳新华书店，1948.6，4 版，43 页，32 开

　　　　收藏单位：国家馆

01095

妇婴保健　赵淑英编著

重庆：中央卫生实验院，1941.12，92 页，32 开

[重庆]：中央卫生实验院，1944.2，再版，92 页，32 开（民众读物）

　　本书共 3 章：胎儿保健、婴儿保健、幼儿保健。

　　　　收藏单位：重庆馆、国家馆、南京馆

01096

妇婴健康（第 1 册 母乳的喂养）

出版者不详，[1911—1949]，12 页，64 开

　　　　收藏单位：南京馆

01097

妇婴健康手册　（英）全洁梅（J. Parfit）著

甄尚灵译

上海：广学会，1948.10，108 页，32 开

本书内容包括：月经、怀孕与生产、母乳的喂养、婴儿的照护与发展、幼儿训练、性教育等。

收藏单位：重庆馆

01098

妇婴卫生常识 沈元晖等编 苏光绘图

陕甘宁边区新华书店，1944.9，再版，40 页，36 开

收藏单位：重庆馆、国家馆

01099

妇婴卫生纲要 中央卫生实验院妇婴卫生组编

中央卫生实验院妇婴卫生组，1940，182 页，32 开

中央卫生实验院妇婴卫生组，1944，再版，182 页，32 开

中央卫生实验院妇婴卫生组，1948，3 版，1 册，32 开

本书共 14 章，内容包括：妇婴卫生的意义、妇婴卫生的沿革、妇婴卫生之组织、妇婴卫生设施、产前卫生、产时卫生、产后卫生等。

收藏单位：安徽馆、重庆馆、国家馆、南京馆、浙江馆

01100

妇婴卫生讲座 杨崇瑞撰述 新运妇女指导委员会文化事业组编

[重庆]：新运妇女指导委员会，1945.4，86 页，32 开（妇女新运丛书 5）

本书原为 30 多篇短文，在《妇女新运月刊》连载，后经整理成 12 讲。内容包括：孕期卫生、临产预备及产时卫生、产后卫生及产后检查、断乳须知及幼童饮食、婴儿的哭、婴儿的吐、婴儿的大便等。

收藏单位：重庆馆、国家馆、南京馆

01101

妇婴卫生学 新医进修社编 庄畏仲主编

上海：新医进修社，1939.8，82 页，32 开

上海：新医进修社，1941.4，再版，82 页，32 开

本书为高级助产职业学校适用。共 8 章，内容包括：月经期及更年期之卫生、产后之卫生及产后检查、婴儿卫生设施等。

收藏单位：首都馆

01102

妇婴卫生学 杨崇瑞 王诗锦编 中央卫生实验院妇婴卫生组主编

中央卫生实验院妇婴卫生组，1944.12，156 页，32 开

中央卫生实验院妇婴卫生组，1947.12，再版，156 页，32 开

中央卫生实验院妇婴卫生组，1948.11，3 版，144 页，32 开

本书为高级助产学校适用。共 12 章，内容包括：妇婴卫生的意义及重要、妇婴卫生的沿革、妇婴卫生的工作范围、妇婴卫生工作的设施、婚前卫生、孕期卫生、产时卫生等。

收藏单位：国家馆、南京馆、浙江馆

01103

闺房金鉴（第 1 集 育儿术） 李定夷著

上海：国华书局，1918.3，31+92 页，32 开

本书共 5 编，内容包括：妊娠时代、哺乳时代、入学时代等。

收藏单位：国家馆、南京馆

01104

闺房金鉴（第 3 集 行乐术） 吴绮缘著

上海：国华书局，1918.3，[132] 页，32 开

本书共 7 编，内容包括：行乐之时期、行乐之利益、行乐之方法、行乐之避忌等。

01105

闺房金鉴（第 6 集 争宠术） 吴红侠著

上海：国华书局，1918.3，74 页，32 开

本书内容包括：妻妾之争宠、婢女之争宠、娼妓之争宠、容色与争宠之关系、才能与争宠之关系等。

收藏单位：首都馆

01106

好母亲　教育部民众读物编审委员会编

教育部民众读物编审委员会，[1911—1949]，61 页，50 开（民众文库）

本书共 13 章，内容包括：为什么家庭教育是重要的、家庭教育的原则、新胎教、孩子吃奶、玩具的选择、怎样养成卫生习惯等。

收藏单位：国家馆

01107

民族健康　田中修著

北京：曲园出版社，1942.10，125 页，32 开

本书共 8 编，讲述妇女围产期的生理卫生知识、幼儿喂养、儿童教育等。

收藏单位：国家馆、首都馆

01108

敏儿的母亲　彭望芬著

[上海]：[中华职业教育社]，1930，31 页，32 开（职业指导小丛书）

上海：中华职业教育社，1931.8，3 版，47 页，32 开（职业指导小丛书）

本书讲述妇幼卫生知识及幼儿教育。

收藏单位：国家馆

01109

母与子（妇婴健康手册）（英）全洁梅（J. Parfit）著　（英）全乐民（N. Parfit）校　甄尚灵译

外文题名：Mother and child health

成都：华西协合大学公共卫生学系，1944.1，110 页，32 开，环筒页装

本书共 9 章：月经、怀孕与生产、母乳的哺喂、婴孩饲养法、婴儿的照护与发展、幼儿训练、儿童的衣服及玩具、性教育、家庭的计划。

收藏单位：重庆馆、国家馆

01110

女人之一生　桂质良著

南京：正中书局，1937.3，111 页，32 开，精装（趣味中心正中科学知识丛书）

重庆：正中书局，1942，3 版，111 页，32 开，

精装（趣味中心正中科学知识丛书）

南京：正中书局，1944，4 版，111 页，32 开（趣味中心正中科学知识丛书）

上海：正中书局，1947.7，111 页，32 开（趣味中心正中科学知识丛书）

本书共 16 章，内容包括：生产、孕、不孕、通经、婴儿的卫生、儿童的怪癖、青春与月经、婚姻与疾病、婚姻与事业、结婚的恩怨等。

收藏单位：重庆馆、贵州馆、国家馆、南京馆、首都馆、浙江馆

01111

生育快览　冯志光编著

上海：明华书局，1934.4，4 册（108+104+156+88 页），32 开

上海：明华书局，1934.9，3 版，4 册（108+104+156+88 页），32 开

上海：明华书局，1934.11，4 版，4 册（108+104+156+88 页），32 开

上海：明华书局，1935.5，5 版，4 册（108+104+156+88 页），32 开

上海：明华书局，1947.9，11 版，4 册，32 开

上海：明华书局，1946.12，新 1 版，2 册（456 页），32 开

上海：明华书局，1949.1，新 12 版，2 册（456 页），32 开

本书共 4 卷。卷 1：生育通论、月经通论、妊孕通论；卷 2：生产通论；卷 3：育儿通论；卷 4：儿病通论。

收藏单位：重庆馆、广东馆、湖南馆、江西馆

01112

生育快览（下册）

上海：新生书店，[1911—1949]，97 页，32 开

本书内容包括：少女难言之隐病和疗法、测验处女爱情方法、夫妇性感异常之常识人、性与健康之解释、性教育的常识等。

收藏单位：首都馆

01113

做母亲的指南　（苏）斯比兰斯基著　孟昌译

北平：天下图书公司，1947.8，66 页，32 开（大众科学丛书 6）

北平：天下图书公司，1949.3，66 页，32 开

北平：天下图书公司，1949.6，华北版第 2 版，66 页，32 开（人民科学丛书）

本书共两部分。第 1 部分"做母亲的指南"共 13 章，内容包括：哺乳婴孩、食饵、牛奶的喂养、混合哺乳等；第 2 部分收文 4 篇：《小儿百日咳》（赖希尔）、《五个月以内婴孩的养育法》（埃格斯）、《为什么有软骨症》（杜里茨基）、《软骨症的特征》（斯比兰斯基）。

收藏单位：国家馆

妇幼保健事业与组织

01114

幼年母职团　（美）卜克约瑟（S. J. Baker）著　李冠芳译

外文题名：Little mothers' league

上海：广学会，1930.3，76 页，32 开

本书介绍美国保护婴儿健康的组织——幼年母职团的情况，以及该组织讲授的婴儿护理知识与卫生健康法。共 30 课，内容包括：婴儿之发育、着衣之方法、婴儿大小便净布的用法、五官之发育及保护、牙齿的发长及其保护法、婴儿的居室、哺乳、婴儿的乳品、婴孩进食之分量等。

收藏单位：国家馆

妇女保健与卫生

01115

妇科针灸　白求恩学校编

白求恩学校，[1940—1946]，油印本，48 页，32 开

收藏单位：国家馆

01116

妇女保健良箴　查芬斯（Chavasse）著　朱汪筱译

上海：商务印书馆，1930.11，179 页，32 开

上海：商务印书馆，1933.11，国难后 1 版，172 页，32 开（妇女丛书）

上海：商务印书馆，1935，国难后 2 版，179 页，32 开（妇女丛书）

本书讲述妇女卫生知识。共 5 章：概论、通经、妊娠、分娩、乳期。

收藏单位：重庆馆、广东馆、贵州馆、国家馆、江西馆、南京馆、内蒙古馆、上海馆、浙江馆

01117

妇女必读　明晴著

华中新华书店九分店，1948.6，18 页，64 开

收藏单位：国家馆

01118

妇女的健康　塞斯里（B. M. Seslie）著　余幼尘译

北京：晨报社，1925.1，94 页，32 开

北京：晨报社，1925，再版，94 页，32 开（晨报社丛书 23）

北京：晨报社，1925.6，3 版，94 页，32 开（晨报社丛书 23）

北京：晨报社，1925.8，4 版，94 页，32 开（晨报社丛书 23）

本书共 11 章，内容包括：春机发动期和月经闭止期、饮食、清洁、运动、衣服、便秘及其结果等。

收藏单位：国家馆、首都馆

01119

妇女的健康美　（美）雪维亚（Sylvia）著　赵竹光译

上海：中华书局，1937.1，186 页，32 开（卫生丛书）

上海：中华书局，1939.8，再版，186 页，32 开（卫生丛书）

本书共 21 章，内容包括：这个世界是属于你们的、要有怎样的体格自己决定、对于贫血者的减瘦法、增加皮肤美的食物、增加气力的食物、美丽的手和足、在妊娠前后等。

收藏单位：重庆馆、广东馆、贵州馆、国

家馆、辽大馆、辽宁馆、南京馆、上海馆、天津馆、浙江馆

01120

妇女康健指南　毕凤章编

出版者不详，[1911—1949]，21 页，32 开

　　本书内容包括：经血的性质、月经来时的注意、月经痛、绝经期等。

　　收藏单位：南京馆

01121

妇女生理常识　家编辑部选编

上海：家杂志社，1949.2，76 页，32 开

　　本书内容包括：《揭破月经之谜》（刘本立）、《怎样决定婴孩性别》（法士旦）、《子宫外孕大血案》（刘本立）、《RH 怎样杀死婴儿》（慕鸣）等。

　　收藏单位：天津馆

01122

妇女卫生　朱孔昭编辑

上海：民众教育研究社，1933，55 页，42 开

　　收藏单位：首都馆

01123

妇女卫生常识　赵禁娈著

大连：新中国书局，1949.2，138 页，32 开（光华丛刊 11）

　　本书共 7 章，内容包括：孩儿时代的卫生、青春期女性的卫生、妊娠卫生、更年期卫生等。附妇女生殖器各部解剖、普通食物成分表。

　　收藏单位：国家馆、辽宁馆、首都馆、浙江馆

01124

妇女卫生新论　（英）莎利勃著　景逊译

上海：商务印书馆，1925.4，291 页，32 开（妇女丛书 第 1 集 8）

上海：商务印书馆，1927，再版，291 页，32 开（妇女丛书 第 1 集 8）

上海：商务印书馆，1930.12，3 版，291 页，32 开（妇女丛书 第 1 集 8）

上海：商务印书馆，1933.9，国难后 1 版，201 页，32 开（妇女丛书）

上海：商务印书馆，1934，国难后 2 版，201 页，32 开（妇女丛书）

[长沙]：商务印书馆，1939，4 版，201 页，32 开（妇女丛书）

　　本书共 7 篇，内容包括：少女、青年的妻、青年的母亲、中年妇女等。

　　收藏单位：重庆馆、广东馆、贵州馆、国家馆、江西馆、南京馆、首都馆、浙江馆

01125

给已婚女子的几封信　萧剑青著

上海：经纬书局，[1911—1949]，68 页，50 开（经纬百科丛书）

　　本书共 6 篇，内容包括：为什么要组织家庭、怎样管理你们的家庭、怎样对付你的丈夫、怎样教育儿童等。

　　收藏单位：重庆馆

01126

健康与妇女运动　吴兴业编译　章锡琛校

外文题名：Health and woman movement

上海：商务印书馆，1928.10，45 页，32 开（现代妇女丛书）

上海：商务印书馆，1934.5，国难后 1 版，45 页，32 开（妇女丛书）

上海：商务印书馆，1935，国难后 2 版，45 页，32 开（妇女丛书）

　　本书介绍妇女生理、生活卫生知识，强调健康是妇女解放的重要方面。

　　收藏单位：重庆馆、东北师大馆、广东馆、贵州馆、国家馆、湖南馆、江西馆、南京馆、上海馆、天津馆、浙江馆

01127

女性卫生　郭人骥　郦人麟著

外文题名：Advice to women and girls

上海：商务印书馆，1922.12，99 页，32 开（医学小丛书）

上海：商务印书馆，1930.4，99 页，32 开（万有文库 第 1 集 551）（医学小丛书）

上海：商务印书馆，1932.11，国难后 1 版，99

页，32 开（医学小丛书）

上海：商务印书馆，1934.3，国难后 2 版，99 页，32 开（医学小丛书）

上海：商务印书馆，1934.7，再版，99 页，32 开（万有文库 第 1 集 551）（医学小丛书）

上海：商务印书馆，1935.4，国难后 3 版，99 页，32 开（医学小丛书）

[长沙]：商务印书馆，1939.5，国难后 5 版，99 页，32 开（医学小丛书）

本书共 5 编：少女时代之卫生、青春时代之卫生、家妇时代之卫生、老年时代之卫生、妇人科花柳科之疾患及其注意。

收藏单位：安徽馆、重庆馆、大连馆、东北师大馆、广东馆、广西馆、贵州馆、国家馆、黑龙江馆、湖南馆、江西馆、辽大馆、辽宁馆、辽师大馆、南京馆、内蒙古馆、宁夏馆、上海馆、首都馆、天津馆、武大馆、浙江馆

01128

女性卫生常识　苏仪贞编

上海：中华书局，1923.11，57 页，32 开

上海：中华书局，1924，再版，57 页，32 开

上海：中华书局，1927.3，5 版，57 页，32 开

上海：中华书局，1929，7 版，57 页，32 开

上海：中华书局，1930.11，8 版，57 页，32 开

上海：中华书局，1932.6，9 版，57 页，32 开

上海：中华书局，1935.10，48 页，32 开（初中学生文库）

上海：中华书局，1936.8，11 版，57 页，32 开

上海：中华书局，1936.10，再版，48 页，32 开（初中学生文库）

昆明：中华书局，1941，4 版，48 页，32 开（初中学生文库）

本书共 10 章：行经时之卫生、妊娠认知法、妊娠中之卫生、分娩时之卫生、产褥中之卫生、早产及小产之卫生、女子疾病卫生（上）、女子疾病卫生（下）、女子与生殖、其他之卫生。

收藏单位：重庆馆、广东馆、国家馆、河南馆、黑龙江馆、湖南馆、江西馆、南京馆、内蒙古馆、上海馆、首都馆、浙江馆

01129

女性卫生指导　贾幼樵著

上海：卫生研究社，1947.5，96 页，32 开（新女性指导丛书 3）

本书共 6 章：生殖器和泌尿器的构造、少女时期、成熟时期、婚后时期、老年时期、女性疾病。

收藏单位：浙江馆

01130

女性养生鉴　郭人骥　郦人麟编著

外文题名：Hygiene for women

上海：商务印书馆，1922.12，166 页，32 开（医林丛刊）

上海：商务印书馆，1925.2，再版，166 页，32 开（医林丛刊）

上海：商务印书馆，1928.4，3 版，166 页，32 开（医林丛刊）

本书参照日本相马又二郎所著《妇人卫生之卷》编写，并加入各部脏器之卫生、各部常见疾患之预防法等。讲述妇女各时期的卫生保健知识。共 6 编：少女时代之卫生、青春时代之卫生、家妇时代之卫生、老年时代之卫生、妇人科花柳科之疾患及其注意、各部脏器之卫生法。

收藏单位：重庆馆、国家馆、湖南馆、上海馆、首都馆、天津馆

01131

女子卫生　程浩编著

南京：正中书局，1936.12，160 页，32 开，精装（女子与家庭丛书）

上海：正中书局，1947.7，160 页，32 开，精装（女子与家庭丛书）

本书共 13 章，内容包括：身体构造的大意、一般的卫生、月经的起闭和摄生法、女子各时期的生理病理和摄生法、妊娠中的卫生、分娩时的注意点、产后的卫生等。

收藏单位：广东馆、贵州馆、国家馆、首都馆、天津馆、浙江馆

01132

女子卫生新论　顾鸣盛编辑

上海：进步书局，1915.12，[10]+56 页，22 开

上海：进步书局，1918.4，再版，56 页，22 开

上海：进步书局，1924，7 版，56 页，22 开

上海：进步书局，1928.2，9 版，[10]+56 页，22 开

上海：进步书局，1930.8，10 版，[10]+56 页，22 开

　　本书从生理、心理、婚姻、娱乐等多方面讲述妇女卫生知识。共 10 章，内容包括：论神经、论习惯、论女子之职业、论女子之娱乐等。初版题名：女子卫生学。

　　收藏单位：重庆馆、国家馆、黑龙江馆、湖南馆、山西馆、上海馆、浙江馆

01133
女子卫生学　戈绍龙著

上海：有正书局，1918.6，170 页，32 开

　　收藏单位：国家馆、南京馆、首都馆、天津馆

01134
女子卫生学　李玉蓉著

上海：女子书店，1935.11，84 页，32 开（女子卫生丛书）（女子文库）

　　本书共 3 章：女性卫生、育儿法、传染病。

　　收藏单位：国家馆、江西馆、上海馆、天津馆

01135
实用妇女医疗操　芹尼裴乐（Jane Bellows）著　陈韵兰译

上海：勤奋书局，1935.6，104 页，32 开（体育丛书）

　　本书介绍妇女常见病的保健操、健美操和不良体态的纠正操等。共 16 章，内容包括：普通体操、月经病者的练习、心脏病者的练习、消化不良者的练习、大便闭结者的练习、体重过度者的练习等。

　　收藏单位：国家馆、南京馆

婴幼儿保健与卫生

01136
保婴须知　周深甫著

上海：校经山房书局，1934.4，106 页，32 开

上海：校经山房书局，1936.10，106 页，32 开

　　本书共两卷。上卷共 3 章：断脐论、浴儿及将护法、初生治要；下卷共 3 章：疳疾、喘咳、小儿杂证。

　　收藏单位：广东馆、国家馆、江西馆

01137
保育法　冯顺伯编

南京：南京书店，1931.6，312 页，25 开

　　本书共 5 编：养成儿童服从习惯的方法、增加儿童自制力的方法、发展儿童心智的方法、道德之训育、儿童健康上训育。

　　收藏单位：重庆馆、国家馆、南京馆、上海馆、绍兴馆、浙江馆

01138
保育法　关瑞梧编

长沙：商务印书馆，1940.6，144 页，32 开

长沙：商务印书馆，1941，2 版，144 页，32 开

上海：商务印书馆，1946，3 版，144 页，32 开

　　本书为幼稚师范学校教科书。共 10 章，内容包括：受孕之生理及产前后卫生、育婴常识、未及学龄儿童的衣食住、学龄前儿童的游戏运动与休息、营养与发育、心理卫生及性教育等。附儿童起居生活训练表。

　　收藏单位：重庆馆、东北师大馆、广东馆、贵州馆、国家馆、黑龙江馆、江西馆

01139
保育法　沈毓芬编著

上海：黎明书局，1935.6，137 页，32 开

上海：黎明书局，1935.9，再版，137 页，32 开

　　本书为黎明师范教本。共 3 篇：绪论、儿童心理的保育法、儿童生理的保育法。

收藏单位：重庆馆、国家馆、江西馆、南京馆、首都馆

01140

保育法　杨道弘编

上海：上海幼稚师范学校丛书社，1936.5，132页，25开

　　本书内容包括：何谓保育法、保育法之目标、保育法的范围、婴儿保育法等。

　　收藏单位：浙江馆

01141

病恙儿童休乐指导　（美）魏登马莉著　傅葆琛译编　苏季芸校订

外文题名：Pastimes for sick children

成都：华西大学教育研究所，1945，84页，32开（华西大学教育研究所社会教育丛书1）

　　收藏单位：重庆馆、西南大学馆

01142

哺乳儿养育法　颜守民编

上海：商务印书馆，1932.11，121页，32开（医林丛刊）

上海：商务印书馆，1933.3，再版，121页，32开（家庭丛书）

上海：商务印书馆，1934，3版，121页，32开（医林丛刊）

上海：商务印书馆，1935.4，4版，121页，32开（家庭丛书）

　　本书共5章：产前之注意、健常初生儿及乳儿之身体状况及其发育、乳儿之荣养、哺乳儿之看护、哺乳儿期常见之疾病。

　　收藏单位：重庆馆、广东馆、国家馆、湖南馆、江西馆、辽宁馆、南京馆、山西馆、首都馆、天津馆、浙江馆

01143

初期儿童保育法　（美）斯密司（R. M. Smith）撰　吕实荣译

北平：香山慈幼院，1930.7，94页，32开（幼稚师范丛书）

　　本书共9章，内容包括：医生母亲及看护、育婴房、生理的发育、身体的养护、衣服等。

　　收藏单位：国家馆、浙江馆

01144

儿童保育　张雪门著

重庆：中华书局，1944.6，104页，32开

　　本书为幼稚师范教科书。本书共16章，内容包括：胎儿的保育、婴儿的发育、幼儿的发育、营养、服装居室与设备、疾病预防、疾病看护与急救常识、心理卫生等。

　　收藏单位：重庆馆、国家馆、南京馆、上海馆、西南大学馆

01145

儿童的衣服　战时儿童保育会四川分会编

[成都]：战时儿童保育会四川分会，[1937—1945]，17页，32开（儿童保育小丛书3）

　　收藏单位：南京馆

01146

儿童福音　舒国华　刘宏光编辑

长沙：湖南省教育厅全省儿童实施委员会，1936，64页，18开

　　本书共7章，内容包括：育婴须知、产妇须知、父母须知、儿童本位教育的意义等。

　　收藏单位：广东馆、贵州馆、湖南馆、南京馆

01147

家庭必备育儿全书　陈滋著

新学会社，[1911—1949]，128页，22开

　　收藏单位：首都馆

01148

家庭实用育婴学　王桂亭著

王子佩，1933.9，124页，25开

　　本书共4章：孕妇须知、婴儿营养、婴儿卫生、婴儿教育。附育婴实例、育婴格言。

　　收藏单位：国家馆、江西馆

01149

家庭育婴法　沈潜德著　王慎轩鉴定　王南山校

苏州：苏州国医书社，1933.11，28 页，32 开
（王氏医学小丛书）

　　本书内容包括：胎教时期、褓袱时期、幼年时期等。附小儿诸疾之简单治法。

　　收藏单位：国家馆

01150

经验育儿法　陈爽秋编

上海：经纬书局，1936.6，128 页，50 开（经纬百科丛书）

上海：经纬书局，1936.11，再版，127 页，50 开（经纬百科丛书）

上海：经纬书局，1947.1，128 页，50 开

　　本书共 7 章，内容包括：初生儿、乳儿的生理、乳儿的母乳营养、乳儿的人工营养等。

　　收藏单位：重庆馆、国家馆、上海馆、浙江馆

01151

母亲应有的智识（良母须知）

上海：经纬书局，1936.4，84 页，50 开（经纬百科丛书）

　　本书共 4 章：初生儿的保育、婴儿的保育、小儿病的常识、看护与急救法。

　　收藏单位：重庆馆、辽师大馆

01152

日本妇女最新育儿法　农业进步社编

农业进步社，[1930—1949]，111 页，32 开

　　本书共 14 章，内容包括：产后一周间育儿法、初生儿容易患的几种病、教导言语的方法、选择玩具的要领、虚弱儿童之保健等。

　　收藏单位：国家馆

01153

乳儿保育法及看护法　颜守民著

上海：大东书局，1933.6，118 页，32 开（家庭医学丛书 1）

　　本书共 6 部分：关于初生儿者、关于乳儿身体精神者、关于母乳营养者、关于人工营养者等。

　　收藏单位：重庆馆、国家馆、湖南馆、江西馆、南京馆、首都馆、浙江馆

01154

实用育婴问答　（美）班德逊（H. N. Bundersen）著　黄嘉音　江同编译

外文题名：The baby manual: the first two years

上海：家杂志社，1947.12，204 页，32 开

上海：家杂志社，1948.6，再版，204 页，32 开

上海：家杂志社，1949.4，3 版，204 页，32 开

　　本书共 15 章，按孩子出生后的月份来讲养育法，介绍婴儿从出生到二十四个月大的婴儿的养育法。

　　收藏单位：重庆馆、广东馆、国家馆、黑龙江馆、南京馆、首都馆、西南大学馆、浙江馆

01155

首都婴儿健康比赛报告　南京市立民众教育馆编

南京：首都婴儿健康比赛委员会，1940.10，24 页，32 开

　　收藏单位：南京馆

01156

现代育婴方法　李伯棠著

重庆：商务印书馆，1945.10，110 页，32 开（国立中央民众教育馆进修丛书）

上海：商务印书馆，1947.5，110 页，32 开（国立中央民众教育馆进修丛书）

上海：商务印书馆，1949.4，3 版，110 页，32 开（国立中央民众教育馆进修丛书）

　　本书共 32 章，内容包括：一个可怕的统计数字、假如你怀孕了、分娩以后、初生儿的护理、牛乳和奶粉、断乳、穿的衣服、爱好的玩具、健康的婴儿、最易患的肠胃病、救急法等。

　　收藏单位：广东馆、国家馆、辽宁馆、南京馆、内蒙古馆

01157

小儿按年养育医治法　顾鸣盛编

上海：文明书局，1917.6，152 页，22 开

上海：文明书局，1922，再版，152 页，22 开

上海：文明书局，1928.4，3 版，152 页，22 开

上海：文明书局，1933.2，5 版，152 页，22 开

上海：文明书局，1940.5，6版，152页，22开

本书论述从出生后3天小儿到16周岁小儿的养育及医治。共11章，内容包括：生后三日之小孩、生后两岁之小孩、小儿食物烹调法、小儿救急法等。

收藏单位：安徽馆、重庆馆、国家馆、湖南馆、江西馆、南京馆、内蒙古馆、首都馆、天津馆、浙江馆

01158

小儿保育法 陈振民 朱建霞译著

上海：康健书局，1947.2，再版，234页，32开

收藏单位：南京馆

01159

一岁至六岁儿童的养育 美国劳工部儿童局编 宋显礼译

外文题名：The child from one to six, his care and training

上海：商务印书馆，1937.6，237页，32开（家庭丛书）

长沙：商务印书馆，1941.4，再版，237页，32开（家庭丛书）

本书共10章，内容包括：从婴儿时代到幼儿时代、儿童的物体环境、保持健康与预防疾病、牙齿、食物与吃饭习惯、衣服、儿童的发育等。

收藏单位：安徽馆、广东馆、贵州馆、国家馆、吉林馆、南京馆、上海馆、首都馆

01160

一至六岁教养法 美国儿童局编 陶芸译

外文题名：Your child, one to six

南京：中国儿童福利研究社，1947.10，118页，22开

本书讲述1—6岁儿童的教养法，内容包括：生长与发育、保健、日常生活、食物、衣服、学习饮食、学习穿衣、学习爱、游戏等。

收藏单位：安徽馆、国家馆、吉林馆、江西馆、南京馆

01161

婴儿保健学 方植民著

上海：启智书局，1933，再版，106页，32开

收藏单位：广西馆

01162

婴儿哺育法 江逸著

[哈尔滨]：光华书店，1948.8，46页，50开（医药卫生小丛书）

本书共7章，内容包括：概论、哺乳、人工哺育法、婴儿的哭等。

收藏单位：东北师大馆、国家馆、吉林馆、辽宁馆、山东馆、首都馆、天津馆

01163

婴儿的卫生 江苏省立教育学院研究实验部编

无锡：江苏省立教育学院，1932.5，10页，25开（民众卫生丛书11）

本书为宣传婴儿卫生的常识。

收藏单位：重庆馆、江西馆

01164

婴儿教保实际问题 关瑞梧编

[北平]：香山慈幼院婴儿教保园，1936.7，73页，23开（香山慈幼院婴儿园丛书2）

本书共5章：总论、教保园儿童的起居饮食简表、儿童日常生活之问题及解决方法、保姆的训练、结论。

收藏单位：首都馆

01165

婴儿日常生活 （美）史普克（B. Spock）著 江同译

外文题名：Baby and child care

上海：家杂志社，1948.10，再版，114页，32开

本书共4编：婴儿的起居、便溺的训练、婴孩吃的习惯、特殊的问题。

收藏单位：重庆馆、东北师大馆、广西馆、国家馆、黑龙江馆、辽宁馆、内蒙古馆、上海馆、天津馆、浙江馆

01166

婴儿赛美会临时特刊　山西省立新民教育馆编

山西省立新民教育馆，1942.5，22 页，32 开

本书内容包括：初生婴儿之护理法、两岁以下儿童发育之标准、两岁以上儿童教育及卫生等。

收藏单位：国家馆

01167

婴儿养育法　陈驭欧著　蔡翘校订

上海：远东图书公司，1946，98 页，32 开（家庭医学常识丛书）

上海：远东图书公司，1949.5，98 页，32 开（家庭医学常识丛书）

本书共 7 章，内容包括：父母本身的问题、新生儿和婴儿的一般护理、婴儿的喂养法、婴儿正常的发育等。

收藏单位：重庆馆、浙江馆

01168

婴儿养育法　美国劳工部儿童局编　宋显礼译

外文题名：Infant care

上海：商务印书馆，1936.9，208 页，32 开（家庭丛书）

上海：商务印书馆，1937.5，再版，208 页，32 开（家庭丛书）

长沙：商务印书馆，1938.11，3 版，208 页，32 开（家庭丛书）

本书共 17 章，内容包括：新生婴儿、婴儿的发育、保持婴儿的健康、寓所、衣服、淋浴、特别器官的保护、牙齿、睡眠、户外生活、运动、游玩、习惯训练与管束等。

收藏单位：广东馆、贵州馆、国家馆、湖南馆、辽大馆、辽宁馆、南京馆、上海馆、天津馆、浙江馆

01169

婴孩保育法　（美）史普克（B. Spock）原著　江同译

外文题名：Baby and child care

上海：家杂志社，1948.7，90 页，32 开

上海：家杂志社，1948.10，再版，90 页，32 开

本书共 4 编：正当的开始、日常的照顾、婴孩的发展、进食和发育的问题。

收藏单位：国家馆、黑龙江馆、辽宁馆、上海馆、浙江馆

01170

婴孩的食物与卫生　（美）巴勒特（F. H. Bartlett）著　吴廉铭译

上海：中华书局，1941.8，298 页，32 开（卫生丛书）

上海：中华书局，1949.3，再版，298 页，32 开（卫生丛书）

本书内容包括：母乳、母乳牛乳以外的食物、配合牛乳、婴孩的看护、习惯、食物的本质、传染病、其他病症等。

收藏单位：东北师大馆、广东馆、国家馆、江西馆、辽宁馆、南京馆、内蒙古馆、上海馆、天津馆

01171

婴孩卫生　胡宣明著

上海：商务印书馆，[1911—1949]，14 页，32 开（中华教育卫生联合会小丛书 4）

收藏单位：广东馆

01172

婴孩养育法　陈崇龙编

上海：中华书局，1936.12，182 页，36 开（常识丛书 47）

本书共 8 章，内容包括：生理、看护法、营养、早产孩及其看护法、婴孩之教育等。

收藏单位：广东馆、贵州馆、国家馆、黑龙江馆、江西馆、南京馆、内蒙古馆、上海馆、天津馆、浙江馆

01173

幼儿保育法　顾倬编纂　沈恩孚校订

外文题名：How to train a child

上海：商务印书馆，1920.7，44 页，50 开（妇女丛书 第 1 集 第 5 编）

上海：商务印书馆，1921，3 版，44 页，50 开

（妇女丛书 第1集 第5编）

上海：商务印书馆，1923.8，4版，44页，50开（妇女丛书 第1集 第5编）

上海：商务印书馆，1925.1，5版，44页，50开（妇女丛书 第1集 第5编）

上海：商务印书馆，1931，7版，44页，50开（妇女丛书 第1集 第5编）

本书共6章：总论、养护身体、授与知识、陶冶性情、保育事项、结论。

收藏单位：广东馆、国家馆、江西馆、上海馆、首都馆

01174

幼儿之康健及营养 （美）豪慈（L. E. Holt）著　钱星海译

京华印书馆，1928.7，260页，32开，精装

本书共4章：婴儿之健康、婴儿之营养、较长的婴儿、杂论。著者原题：霍尔德。

收藏单位：国家馆、南京馆、中科图

01175

幼儿之养护法及其心理　田中修编译

太原：太原中外语文学会，1935，100页，32开

收藏单位：国家馆

01176

幼童教养法　沈陈式译

外文题名：Your child from one to six

上海：西风社，1946.10，206页，32开

上海：西风社，1947.12，2版，206页，32开

上海：西风社，1948，3版，206页，32开

本书共11章，内容包括：婴儿至幼童时期、幼童的环境、保持健康免除疾病、疾病预防法、牙齿、食物和饮食的习惯、睡眠和睡的习惯、衣服、游戏等。

收藏单位：重庆馆、广东馆、广西馆、国家馆、黑龙江馆、湖南馆、江西馆、上海馆

01177

幼童教养新导　胡叔异　洪宝林编译

重庆：商务印书馆，1945.9，86页，32开

上海：商务印书馆，1947.5，86页，32开

本书共17章，内容包括：优生与遗传、产期卫生、初生儿的保育、幼儿的饮食、睡眠、幼儿的游戏、幼儿的语言、幼儿的倔强、家庭看护、急救用品等。

收藏单位：重庆馆、广东馆、广西馆、国家馆、南京馆、西南大学馆、浙江馆

01178

育儿　卢寿籛译

上海：中华书局，1921.5，156页，32开

上海：中华书局，1922.9，再版，156页，32开

上海：中华书局，1926，[3版]，156页，32开

上海：中华书局，1929，4版，156页，32开

上海：中华书局，1932.11，5版，156页，32开

本书共5部分：育儿之研究、初生儿时代、哺乳儿时代、幼稚儿时代、小学校时代。

收藏单位：重庆馆、贵州馆、国家馆、江西馆、首都馆、浙江馆

01179

育儿　王泽民编

重庆：中央卫生实验院，1943，62页，32开（民众卫生读物 第2种）

本书内容包括：谈喂奶、谈大小便和洗澡、谈睡眠晒太阳和哭等。

收藏单位：重庆馆

01180

育儿宝鉴　爱兰百利有限公司编

上海：爱兰百利有限公司，1926.7，138页，27开

本书内容包括：适当食物之紧要、制造之谨慎、维生素、乳类之比较、调制的方法等。

收藏单位：南京馆、上海馆

01181

育儿常识　京市第一卫生事务所保健课　京市第一卫生事务所公共卫生护士课　京市卫生局保健股合编

南京：南京市婴儿健康促进会，1931.5，14页，32开

本书共10章，内容包括：脐带的处理、

哺乳和饮食、沐浴、衣服、户外生活等。

　　收藏单位：国家馆、南京馆

01182

育儿常识　南京市卫生事务所编

南京：南京市卫生事务所，1934.10，再版，26 页，32 开

　　收藏单位：国家馆

01183

育儿常识　内政部卫生署编

南京：内政部卫生署，[1931—1949]，18 页，32 开（卫生署刊物 15）

　　收藏单位：国家馆

01184

育儿法　黄仁惠编译

上海：新民书局，1934.8，94 页，32 开（卫生丛书）

上海：新民书局，1935.9，再版，94 页，32 开（卫生丛书）

上海：新民书局，1936.2，再版，94 页，32 开（卫生丛书）

上海：新民书局，1938.2，再版，94 页，32 开（卫生丛书）

上海：新民书局，1938.12，再版，94 页，32 开（卫生丛书）

　　本书共 3 编 16 章，内容包括：妊娠、妊娠中之经过、妊娠摄生法、分娩、初生儿之调护、婴儿之发育、婴儿之营养、普通之小儿病及其看护、小儿传染病等。

　　收藏单位：重庆馆、广东馆、国家馆、南京馆、宁夏馆、首都馆

01185

育儿法　黄问羹编

南京：正中书局，1936.3，[12]+132 页，32 开，精装（女子与家庭丛书）

上海：正中书局，1939，再版，[12]+132 页，32 开（女子与家庭丛书）

上海：正中书局，1947.11，[12]+132 页，32 开（女子与家庭丛书）

　　本书专论婴儿及幼儿的养护法。共 5 编：

保育概说、乳儿养育法、幼儿养育法、小儿之异常体质及其养护方针、小儿病。

　　收藏单位：重庆馆、广东馆、广西馆、国家馆、江西馆、上海馆、首都馆、西南大学馆、浙江馆

01186

育儿法　卢寿籛编

上海：中华书局，1936.6，130 页，32 开（初中学生文库）

上海：中华书局，1936.10，再版，130 页，32 开（初中学生文库）

上海：中华书局，1941.1，4 版，103 页，32 开（初中学生文库）

　　本书共 5 章：育儿的研究、初生儿时代、哺乳儿时代、幼稚儿时代、小学校时代。

　　收藏单位：重庆馆、黑龙江馆、江西馆、辽宁馆、南京馆、内蒙古馆、天津馆、西南大学馆

01187

育儿法　姚昶绪著

外文题名：Care of children

上海：商务印书馆，1920.6，46 页，32 开（医学小丛书）

上海：商务印书馆，1921.8，再版，46 页，32 开

上海：商务印书馆，1922，3 版，46 页，32 开（医学小丛书）

上海：商务印书馆，1925.1，4 版，46 页，32 开

上海：商务印书馆，1926，5 版，46 页，32 开（医学小丛书）

上海：商务印书馆，1927，6 版，46 页，32 开（医学小丛书）

上海：商务印书馆，1930.10，60 页，32 开（万有文库 第 1 集 552）（医学小丛书）

上海：商务印书馆，1931.3，7 版，46 页，32 开（医学小丛书）

上海：商务印书馆，1933.5，国难后 1 版，60 页，32 开（医学小丛书）

上海：商务印书馆，1934.7，再版，46 页，32 开（万有文库 第 1 集 552）（医学小丛书）

上海：商务印书馆，1934，国难后2版，60页，32开（医学小丛书）

上海：商务印书馆，1934，国难后4版，60页，32开（医学小丛书）

上海：商务印书馆，1935，国难后5版，60页，32开（医学小丛书）

上海：商务印书馆，1937.5，国难后6版，60页，32开（医学小丛书）

[长沙]：商务印书馆，1939.4，国难后7版，60页，32开（医学小丛书）

上海：商务印书馆，[1933—1949]，60页，32开（医学小丛书）

本书共3章：小儿之生理、小儿之营养、小儿之卫生。

收藏单位：安徽馆、重庆馆、大理馆、大连馆、大庆馆、东北师大馆、广东馆、广西馆、贵州馆、国家馆、黑龙江馆、湖南馆、江西馆、辽大馆、辽师大馆、南京馆、内蒙古馆、宁夏馆、上海馆、首都馆、天津馆、浙江馆

01188

育儿快览　梁世铎编

文化社，1942.11，149页，32开

本书共15章，内容包括：育儿的方法、育儿防病之心法与要诀、初生小儿之医治法、小儿喘咳之医治法、乳儿的发育、乳母营养的方法、人工营养的方法、乳儿的保育方法等。

收藏单位：南京馆、浙江馆

01189

育儿谈　（日）足立宽著　丁福保译

上海：医学书局，1917.5，4版，64页，23开，精装（丁氏医学丛书）

本书共8章，内容包括：小儿发育及一般之看护者、小儿之母乳养育、乳母、牛乳等。

收藏单位：安徽馆、广东馆、江西馆、上海馆

01190

育儿卫生常识　陈虞光著

上海：虞光医院，1928.9，[12]+110页，32开

本书共8编，内容包括：小儿之生理、小儿养育上之注意、一般小儿看护法、传染病

豫防法等。

收藏单位：国家馆、南京馆

01191

育儿问答　（美）豪慈（L. E. Holt）著　瞿宣颖译　王蕴章校订

外文题名：The care and feeding of children

[上海]：商务印书馆，1918.1，111页，32开（家庭丛书）

上海：商务印书馆，1918.7，再版，163页，32开（妇女丛书第1集第3编）

上海：商务印书馆，1922.5，4版，163页，32开（妇女丛书第1集第3编）

上海：商务印书馆，1924，5版，111页，32开（妇女丛书第1集第3编）

上海：商务印书馆，1931.7，7版，163页，32开（妇女丛书第1集第3编）

上海：商务印书馆，1933.9，国难后1版，111页，32开（家庭丛书）

上海：商务印书馆，1934.6，国难后2版，111页，32开（家庭丛书）

上海：商务印书馆，1935，国难后3版，111页，32开（家庭丛书）

[长沙]：商务印书馆，1938.11，国难后4版，163页，32开（家庭丛书）

本书共3章：论调护小儿、论婴儿饮食、杂问。著者原题：何尔特。

收藏单位：重庆馆、广东馆、广西馆、贵州馆、国家馆、湖南馆、江西馆、上海馆、首都馆、浙江馆

01192

育儿新法　（美）格理（C. G. Kerley）著　朱润深译

外文题名：Short talks with young mothers

上海：商务印书馆，1928.9，133页，32开（医林丛刊）

上海：商务印书馆，1930.6，再版，133页，32开（医林丛刊）

上海：商务印书馆，1934.6，国难后1版，126页，32开（家庭丛书）

上海：商务印书馆，1935.2，国难后2版，126页，32开（家庭丛书）

上海：商务印书馆，1937.5，国难后 4 版，126 页，32 开（家庭丛刊）

[长沙]：商务印书馆，1940.10，国难后 5 版，126 页，32 开（家庭丛书）

本书介绍实用的育儿新法。共 59 篇，内容包括：婴儿衣服、健康之小儿、小儿之体重、小儿之身长、小儿之卧室、母乳及哺乳法等。

收藏单位：安徽馆、重庆馆、广东馆、广西馆、贵州馆、国家馆、湖南馆、江西馆、内蒙古馆、上海馆、首都馆、天津馆、西南大学馆、浙江馆

01193

育儿须知　方白著

重庆：中国文化服务社，1944.11，78 页，32 开（国民文库）

上海：中国文化服务社，1945.12，78 页，32 开（国民文库）

上海：中国文化服务社，1946.4，2 版，78 页，32 开（国民文库）

上海：中国文化服务社，1946.12，3 版，78 页，32 开（国民文库）

本书共 10 章，内容包括：喂奶、大小便和洗澡、睡眠晒太阳和哭、副食品和断奶、孩子生病的时候等。

收藏单位：重庆馆、广东馆、国家馆

01194

育儿一斑　卢寿笺编

上海：中华书局，1917.4，128 页，22 开（女学丛书）

上海：中华书局，1919.4，再版，128 页，22 开（女学丛书）

上海：中华书局，1921.7，4 版，128 页，22 开（女学丛书）

上海：中华书局，1929.9，7 版，128 页，22 开（女学丛书）

上海：中华书局，1932.12，8 版，128 页，22 开（女学丛书）

本书共 21 章，内容包括：为母之责任、胎教、初生儿之生理、初生儿之摄生、乳儿新论、婴儿保育法、乳腺与乳汁、乳之作用、健康育儿之秘诀、小儿夜啼之研究、小儿种

痘谈等。

收藏单位：重庆馆、广东馆、国家馆、湖南馆、江西馆、辽宁馆、南京馆、内蒙古馆、首都馆、天津馆、西南大学馆、浙江馆

01195

育儿之模范（家庭实用）　孙祖烈译

上海：医学书局，1917.2，204 页，22 开

上海：医学书局，1931.5，204 页，22 开

本书译自日本田村贞策、朝夷孤舟合编的《育儿之务》一书。内容包括：初生儿到七岁孩子的养育法、柔弱之小儿、小儿用食物之专卖品、诊病上之要领等。

收藏单位：湖南馆、浙江馆

01196

育儿指南　（美）豪慈（L. E. Holt）著　阮其煜译

上海：商务印书馆，1916.6，134 页，32 开

本书著者原题：霍尔德。

收藏单位：安徽馆、南京馆

01197

育儿指南　史安纳（A. V. Scott）编著　鲁德馨　舒舍予校订

外文题名：Care and feeding of infants and children

上海：中华医学会，1932.3，149 页，32 开

上海：中华医学会，1936.1，增订再版，149 页，32 开

本书共 4 章：平常照料小儿法、小儿身体与理智的发育、婴孩养育法、小儿之疾病。

收藏单位：广东馆、国家馆、南京馆

01198

育婴常识　（美）格理（C. G. Kerley）著　（美）狄珍珠（Madge D. Mateer）译

上海：广学会，1931.3，116 页，32 开

上海：广学会，1931.4，再版，10+116 页，32 开

收藏单位：上海馆

01199

育婴常识　山东省立民众教育馆出版部编

济南：山东省立民众教育馆出版部，1930，62页，36开（民众常识小丛书4）

本书为育儿常识读物。

收藏单位：重庆馆

01200

育婴常识　王祖德著

[天津]：出版者不详，[1930.3]，64页，22开

本书内容包括：孕妇之卫生、乳头之卫生、脐带之卫生、眼睛之卫生、婴儿衣服、小儿体重与身高、病母之乳、混合哺乳、各种乳品等。

收藏单位：国家馆

01201

育婴须知　全国儿童年鉴委员会编

全国儿童年鉴委员会，1935.12，24页，42开

本书共9章：初生婴儿护理的方法、婴儿的营养、婴儿看护方法摘要、两岁以下儿童发育的标准、两岁以下的儿童卫生、防病常识、普通疾病的护理方法、传染病的护理方法、结论。

收藏单位：贵州馆、南京馆、首都馆

01202

育婴一助　蒯思乐　蔡书绅编译

上海：时兆报馆，1945.1，3版，126页，32开（基督化家庭小丛书2）

本书共8章：从植物的繁殖说起、孕妇的卫生、怀孕期中的病症、婴儿的诞生、婴儿的饮食、婴儿的教养、婴儿的疾病与保健、前程万里的婴孩。

收藏单位：国家馆、南京馆

01203

育婴一助　时兆报馆编译部编译

上海：时兆报馆，1940.12，171页，32开

上海：时兆报馆，1943.10，修正再版，126页，32开

本书为父母学习养育婴儿的课本，共8章：从植物的繁殖说起、孕妇的卫生、怀孕期中的病症、婴儿的诞生、婴儿的饮食、婴儿

的教养、婴儿的疾病与保健、前程万里的婴孩。

收藏单位：重庆馆、国家馆、江西馆、上海馆、首都馆

01204

育婴指南　邓金鎏著

北京：邓金鎏，1941.12，130页，32开

本书共14章，内容包括：初生婴儿的护理、婴儿每日的生活、婴儿的保健、婴儿的生长和发育、人工哺乳、居室、衣服、洗澡和清洁、睡眠等。

收藏单位：国家馆、首都馆、浙江馆

01205

育婴指南（勒吐精代乳粉）　英瑞炼乳公司编

上海：英瑞炼乳公司，[1911—1949]，109页，32开

本书为英瑞炼乳公司宣传品，内容包括：孕妇须知、产前准备、婴孩卫生设计、母乳哺儿之困难、人工哺乳法等。

收藏单位：重庆馆、国家馆、绍兴馆、首都馆、浙江馆

01206

孕妇与婴儿卫生　（美）脑门逮著　梅晋良译

外文题名：The expectant mother and her baby

上海：广协书局，1938.12，100页，64开（国民健康丛书1）

上海：广协书局，1948.6，再版，100页，64开（国民健康丛书1）

本书共11章，内容包括：受孕之诊断、孕期、妊娠期内之卫生、妊娠之不适与疾患、分娩之准备、分娩、婴儿之抚育等。

收藏单位：南京馆

01207

怎样保护婴儿　杨士达著

上海：大德出版社，1949.7，9页，32开（妇婴卫生特刊）

本书共3节：婴儿出生前的保护、婴儿出生时的保护、婴儿出生后的保护。

收藏单位：国家馆

01208

怎样带小孩　渤海妇联编

东北书店辽东总分店，1949.6，翻版，37页，32开

本书共10章，内容包括：初生婴儿的保育法、两岁以前小孩身体上的特点、哺奶、两岁以前小孩的卫生、怎样照护不足月和瘦弱的小孩、初生小孩一般疾病和照护、一般小孩生病时的照护等。翻印自华东渤海新华书店版。

收藏单位：辽宁馆

01209

怎样带小孩　彭庆昭著

华北新华书店，1947.6，50页，36开（大众科学丛书3）

华北新华书店，1949.3，再版，50页，36开（大众科学丛书3）

本书共9章，内容包括：两岁以前小孩身体上的特点、哺奶、两岁以前小孩的卫生、怎样照护不足月的和瘦弱的小孩、小孩的一些零星毛病等。

收藏单位：国家馆、南京馆

01210

怎样带小孩　彭庆昭著

华中新华书店，1948.12，50页，48开（大众读物 卫生知识类）

收藏单位：国家馆、山东馆

01211

怎样带小孩　彭庆昭著

冀中新华书店，1947.7，40页，32开

收藏单位：国家馆、南京馆、天津馆

01212

怎样带小孩　彭庆昭著

晋察冀新华书店，1947.11，48页，32开

收藏单位：山东馆

01213

怎样带小孩　彭庆昭著

山东新华书店总店，1947.10，35页，32开

（大众文库卫生）

收藏单位：南京馆、山东馆

01214

怎样使婴孩健康　（苏）斯比兰斯基等著　孟昌译

上海：天下图书公司，1947.8，66页，36开

上海：天下图书公司，1947.12，再版，66页，36开

本书内容包括：哺乳婴孩、混合哺乳、体重的秤量等。

收藏单位：首都馆

01215

怎样养孩子　张晓非画

涉县：新华书店，1945.6，20页，横18开

本书用图画注字形式宣传胎产育儿卫生常识。

收藏单位：国家馆

01216

最新实用婴儿养育法　（美）郝美丽（A. C. Hausske）著

华北基督教父母教育研究出版委员会，1940.6，30页，32开

华北基督教父母教育研究出版委员会，1947.11，再版，30页，32开

本书内容包括：婴儿的养育方法、儿童从三岁到十八岁的饮食标准。

收藏单位：国家馆

01217

最新实用育婴法（初生至一岁）　（美）郝美丽（A. C. Hausske）著　刘兰华译

上海：广学会，1938.5，[16]+80页，32开

上海：广学会，1940.4，再版，[16]+80页，32开

上海：广学会，1948.7，3版，[16]+80页，32开

本书内容包括：新生婴儿的发育、体重、衣服、重要习惯的训练与养成、饮食的习惯等。

收藏单位：浙江馆

01218

最新实用育婴法（初生至一岁）（美）郝美丽（A. C. Hausske）著　刘兰华译

华北基督教父母教育研究出版委员会，1938.5，[16]+80 页，32 开

华北基督教父母教育研究出版委员会，1947.11，3 版，[16]+80 页，32 开

收藏单位：广东馆、国家馆、上海馆、首都馆

01219

最新育儿法　广益书局编辑部编译

上海：广益书局，1918.5，94 页，25 开，精装

本书内容包括：新生儿喂养、卫生、教育等。

收藏单位：国家馆

托儿所、幼儿园卫生

01220

幼稚园的卫生教育　周尚编

上海：商务印书馆，1936.1，[12]+333 页，32 开（幼稚教育丛书）

上海：商务印书馆，1937，再版，[12]+333 页，32 开（幼稚教育丛书）

长沙：商务印书馆，1938.5，3 版，[12]+333 页，32 开（幼稚教育丛书）

本书共 14 章，内容包括：幼稚儿童与成人的差异、缺点和传染病及其防治、检查与矫治、清洁等。

收藏单位：重庆馆、广东馆、广西馆、国家馆、湖南馆、江西馆、辽宁馆、南京馆、内蒙古馆、上海馆、绍兴馆、首都馆、西南大学馆、浙江馆

01221

幼稚园儿童的健康保护　（美）洛克兰兹著　田锡安译

上海：世界书局，1936.4，116 页，32 开

本书共 27 章，内容包括：幼稚园儿童身体检查的概要、保姆对于幼儿的健康调查、

幼稚园儿童的传染病预防、幼稚园儿童的视觉保护、幼稚园儿童的听觉保护、心脏病幼儿的保护等。

收藏单位：北师大馆、贵州馆、国家馆、南京馆、浙江馆

儿童、少年卫生

01222

保健儿童衣食住暂行标准　赈济委员会编

赈济委员会，1939.5，32 页，32 开

收藏单位：南京馆

01223

晨间检查　内政部卫生署编

内政部卫生署，[1931—1949]，8 页，42 开

本书内容包括：检查手续、矫正不卫生习惯、处理疾病等。

收藏单位：国家馆

01224

创建中国儿童健康实验站计划大纲初稿（中英文对照）　董焜藩　董广英著

[出版者不详]，[1936.10]，[56] 页，16 开

本书阐述建立中国儿童健康实验站的意义及工作范围。共 3 章：我们为甚么要创建中国儿童健康实验站、甚么是中国儿童健康实验站应当做的工作、结尾的几句话。

收藏单位：国家馆

01225

聪明的小医生　张九如　周耄青合编

上海：中华书局，1929.5，73 页，32 开

上海：中华书局，1933.3，4 版，73 页，32 开（儿童课余服务丛书 第 7 种）

上海：中华书局，1934.1，5 版，73 页，32 开（儿童课余服务丛书 第 7 种）

本书共 10 章，内容包括：参观人眼中的儿童医院、儿童医院的办事法、病人自己催眠的神效、生死关头、病魔退避三舍等。

收藏单位：国家馆、黑龙江馆、内蒙古

馆、上海馆

01226

儿童保健与教师　周尚著

长沙：商务印书馆，1940.6，42 页，36 开

上海：商务印书馆，1947.9，再版，42 页，36 开

上海：商务印书馆，1948.2，文库本 1 版，42 页，36 开（国民教育文库）

长沙：商务印书馆，1948.6，文库本 2 版，42 页，36 开（国民教育文库）

长沙：商务印书馆，1948.8，文库本 3 版，42 页，36 开（国民教育文库）

　　本书论述教师在儿童保健方面的作用，并介绍在给儿童进行身体检查时的一些基本常识。共 13 章，内容包括：体格和心理的关系、检查用具、一般的检查、详细的检查、传染病、其他疾病等。

　　收藏单位：安徽馆、重庆馆、东北师大馆、广东馆、广西馆、贵州馆、桂林馆、国家馆、湖南馆、吉林馆、江西馆、辽大馆、辽宁馆、上海馆、首都馆、天津馆、西南大学馆

01227

儿童健康比赛特刊　腾冲县党部编

腾冲县党部，1939.4，24 页，32 开（宣传丛书 2）

　　本书共 13 节，内容包括：为儿童节举办健康比赛宣言、如何纪念儿童节、儿童健康比赛之我见、儿童健康比赛感言、儿童健康比赛之意义、教室设备与儿童健康等。

　　收藏单位：国家馆

01228

儿童健康检查　冯公智编著

镇江：江南印书馆，1937.6，56 页，32 开

　　本书共 7 章，内容包括：绪论、定期检查的准备事项、普通检查、检查后的处理方法等。

　　收藏单位：南京馆

01229

儿童健康检查　内政部卫生署编

内政部卫生署，[1931—1949]，14 页，42 开

　　收藏单位：国家馆

01230

儿童健康教育　龙秀章编

[知行书店]，1936.7，116 页，32 开

　　本书共 4 章：健康教育、健康保护、儿童传染病管理、环境卫生。

　　收藏单位：首都馆

01231

儿童健康之路　任一碧编译

上海：商务印书馆，1934.12，427 页，32 开（家庭丛书）

上海：商务印书馆，1935.3，再版，427 页，32 开（家庭丛书）

长沙：商务印书馆，1939.3，4 版，427 页，32 开（家庭丛书）

　　本书共 3 卷。前卷共 9 篇：健康之基础、儿童之身体、儿童之卫生、儿童心身之发达与健康、儿童之运动与健康、都市学校之儿童保健法、学校卫生与应急手术、在一般学校的几种保健法、在家庭的儿童保健法；后卷内容包括：儿童之身体卫生、儿童之荣养、儿童之精神卫生等；附卷：幼儿保育学校。

　　收藏单位：安徽馆、重庆馆、广东馆、贵州馆、国家馆、江西馆、辽宁馆、南京馆、绍兴馆、首都馆、天津馆、浙江馆

01232

儿童健康指南　（日）吉田章信原著　葛云从译

生生牧场，1935.10，54 页，32 开

　　收藏单位：南京馆、上海馆

01233

儿童教养法　陈驭欧著　蔡翘校

上海：远东图书公司，1949.5，164 页，32 开（家庭医学常识丛书 2）

　　本书共 9 章，内容包括：儿童卫生习惯的训练、儿童心理的发展、父母的训导、儿童

之食物、儿童的一般普通传染病等。

收藏单位：重庆馆、南京馆、内蒙古馆

01234

儿童生理卫生活页指导　胡宣明著

出版者不详，[1911—1949]，1 册，25 开

本书内容包括：儿童卫生习惯、注意睡眠、注意衣服等。

收藏单位：浙江馆

01235

儿童卫生　陈美愉　贾金华编著

上海：商务印书馆，1936，4 册（24+25+32+47 页），32 开

本书第 1 册为婴儿卫生，第 2 册为幼儿卫生，第 3 册为儿童心理卫生，第 4 册为家庭卫生。

收藏单位：国家馆

01236

儿童养育与家庭看护　刘百川　朱佐廷著

上海：亚细亚书局，1935.3，222 页，32 开（基本知识丛书）

本书共 12 章，内容包括：儿童之发育、儿童之卫生、儿童之游戏与休息、儿童之疾患、儿童教育法、婴儿及幼童之保育等。

收藏单位：重庆馆、国家馆、上海馆、天津馆、浙江馆

01237

儿童养育与家庭看护　刘百川　朱佐廷著

[上海]：中国文化服务社，[1927—1936]，222 页，32 开（基本知识丛书）

上海：中国文化服务社，1936.4，再版，222 页，32 开（基本知识丛书）

收藏单位：重庆馆、广东馆、国家馆、南京馆

01238

儿童之卫生　张任华编译　顾寿白校

上海：商务印书馆，1924.1，41 页，32 开（医学小丛书）

上海：商务印书馆，1931.3，3 版，41 页，32

开（医学小丛书）

上海：商务印书馆，1934.6，国难后 1 版，56 页，32 开（医学小丛书）

上海：商务印书馆，1935.3，国难后 2 版，56 页，32 开（医学小丛书）

本书共 12 章，内容包括：儿童强壮体格之标准、衣食住之注意、有益于儿童之健康增进法、父母对于养育儿童之义务及其注意、学校头痛及其预防与治疗、佝偻病与其预防及治疗等。

收藏单位：安徽馆、重庆馆、国家馆、湖南馆、南京馆、首都馆、浙江馆

01239

父母手册　亚利德（A. H. Arlitt）　迈尔斯（G. Myers）著　史馨编译

桂林：综合出版社，1943.4，119 页，32 开

本书共 20 章，内容包括：现代父母应具备的条件、儿童的健康问题、养成儿童重视礼节的习惯、耐心教导避免谴责、不做无知的父母、纠正儿童说谎的恶习、防止儿童的妒忌心、避免儿童的反感、培植儿童的自立精神、养成儿童的良好情绪等。

收藏单位：重庆馆、国家馆、南京馆

01240

家庭必备育儿宝鉴　林玉书编

上海：大通图书社，1935.4，134 页，32 开

本书共 4 章：发育、卫生、营养、疾病。附通俗卫生讲演。

收藏单位：国家馆、首都馆

01241

健康与卫生　周尚著　汪子美绘图

重庆：文风书局，1943.10，86 页，32 开（新少年文库 第 1 集）

本书共 10 章，内容包括：知道你自己、不要钱的补品、人体是一架机器、学学马吧、高高兴兴等。

收藏单位：重庆馆、国家馆

01242

康博士畅谈传染病　胡宣明编　陶行知校

上海：儿童书局，1933.4，2 册，32 开（儿童科学丛书）

　　收藏单位：广西馆、贵州馆、首都馆

01243

卫生（1 健康儿怎样得到健康） 胡宣明编

上海：儿童书局，1932.4，21 页，32 开（儿童科学丛书）

上海：儿童书局，1933，再版，21 页，32 开（儿童科学丛书）

上海：儿童书局，1933，3 版，21 页，32 开（儿童科学丛书）

　　本书共 4 章：卷头语、一个健康的小国民、健康儿为什么健康、结论。

　　收藏单位：广西馆、国家馆、首都馆

01244

卫生（2 应去病怎样把病去掉） 胡宣明编

上海：儿童书局，1932.4，27 页，32 开（自然学园 儿童科学丛书）

　　本书共 5 章：小引、一个可怜的小病夫、应去病为什么常常生病、应去病的新生活、去病的病去了。

　　收藏单位：国家馆、首都馆

01245

卫生故事 林月兰著

上海：广学会，1932，55 页，32 开

　　本书收文 12 篇，内容包括：《快乐的小兔子》《帮助人的小河》《注意卫生的一份人家》《无礼的改变》《糖国之游》《好精神》等。

　　收藏单位：重庆馆

01246

卫生故事 张粒民等编 计志中校订

上海：商务印书馆，1923.8，4 册，32 开（儿童卫生丛书）

上海：商务印书馆，1930.11，再版，2 册（34+37 页），32 开（儿童卫生丛书）

　　收藏单位：重庆馆、国家馆、首都馆

01247

卫生习惯故事（1 衣的卫生习惯故事） 朱镜

坚撰述

上海：南京书店，1932.11，42 页，32 开（儿童健康丛书）

　　本书收文 10 篇，内容包括：《为了一件背心而失败》《笑话出在两件衣服上》《时常带点汗酸气》《远足所得的教训》《他是为了伤风缺席的》等。

　　收藏单位：国家馆

01248

卫生习惯故事（2 食的卫生习惯故事） 吴龢撰述

上海：南京书店，1932.11，38 页，32 开（儿童健康丛书）

　　本书收文 10 篇，内容包括：《大肚子》《一张好医方》《哥哥不好》《原来是他的功劳》《显微镜下的奇观》等。

　　收藏单位：国家馆

01249

卫生习惯故事（3 住的卫生习惯故事） 朱建侯撰述

上海：南京书店，1932.11，43 页，32 开（儿童健康丛书）

　　本书收文 10 篇，内容包括：《睡国奇异记》《书儿的话真合理》《玲儿多恶梦》《整儿和洁儿的合作》《太阳公公的威力》等。

　　收藏单位：国家馆

01250

卫生习惯故事（4 行的卫生习惯故事） 丁叔明撰述

上海：南京书店，1932.11，40 页，32 开（儿童健康丛书）

　　本书收文 10 篇，内容包括：《坐着跑》《不要命的乱闯》《病菌欢迎会》《小东西真会做怪》《好像一只呆鹅》等。

　　收藏单位：国家馆

01251

卫生习惯故事（5 育的卫生习惯故事） 黄坚白撰述

上海：南京书店，1932.11，41 页，32 开（儿

童健康丛书）

本书收文 10 篇，内容包括：《每星期一次的身体大扫除》《不要忘记了鼻子》《十个黑帽哥哥》《半年算一回账》《不抵抗将军》等。

收藏单位：国家馆

01252

卫生习惯故事（6 乐的卫生习惯故事） 乔一乾撰述

上海：南京书店，1932.11，50 页，32 开（儿童健康丛书）

本书收文 10 篇，内容包括：《王儿的却病法》《他的身体多好看》《飞毛腿》《一个小游泳家》《陶醉了》等。

收藏单位：国家馆

01253

小朋友医术 朱雨尊著

上海：北新书局，1931.11，84 页，32 开（小朋友丛书）

收藏单位：上海馆

01254

小学生卫生 黄蕊珠著

上海：广益书局，1935，再版，74 页，32 开（新时代小学生丛书）

收藏单位：首都馆

01255

学习卫生法 程德一编

上海：中华书局，1947.2，42 页，32 开（中华儿童教育社儿童卫生教育丛书）

本书共 10 章，内容包括：不要在动荡中看书、先用日光消毒一下、饭后须要静息、看书的姿势要正确、和缓的运动是很好的休息等。

收藏单位：重庆馆、广东馆、国家馆、辽宁馆、南京馆、内蒙古馆、上海馆、首都馆

01256

运动卫生法 丁叔明编著

上海：中华书局，1947.2，52 页，32 开（中华儿童教育社儿童卫生教育丛书）

本书共 18 节，内容包括：运动和生活、运动和健康、运动和生理、运动和肌肉、运动和皮肤、运动和呼吸、运动和血行、运动和关节、运动和神经、身长和体重等。

收藏单位：重庆馆、东北师大馆、国家馆、辽宁馆、南京馆、上海馆、首都馆

01257

中国儿童健康协会首都儿童健康实验区概况

[中国儿童健康协会编]

南京：[中国儿童健康协会]，[1911—1949]，1 册，16 开

收藏单位：南京馆

流行病学与防疫

01258

传染病管理与流行病学 方植民编译

杭州：宋经楼书店，1947.5，240 页，32 开（公共卫生丛书 1）

收藏单位：广东馆

01259

防疫方法 卫楚材 韦息予 王志瑞著 周建人校

上海：商务印书馆，1933.12，20 页，32 开（小学生文库 第 1 集 生理卫生类）

本书内容包括：疫病及疫病之由来、疫病传染的途径、疫病的发见、预防接种、消毒方法等。

收藏单位：湖南馆、上海馆、首都馆

01260

防疫概要 祝绍煌等编著

重庆：商务印书馆，1943.1，52 页，36 开

本书共 9 章，内容包括：疫情报告、诊断之确定、病例调查及记录、消毒、预防接种等。

收藏单位：重庆馆、广东馆、广西馆、国家馆、南京馆、宁夏馆、浙江馆

01261

防疫讲话　京师模范通俗教育讲演所编辑

教育部通俗教育研究会，[1915—1949]，1 册，18 开，环筒页装

　　收藏单位：首都馆

01262

防疫须知（国民必读）　顾鸣盛编

上海：文明书局，1918.3，62 页，25 开

上海：文明书局，1924.2，3 版，62 页，25 开

上海：文明书局，1927.4，4 版，62 页，25 开

上海：文明书局，1929.2，5 版，62 页，25 开

上海：文明书局，1932.12，6 版，62 页，25 开

　　本书讲述天花、伤寒、枯草热等 15 种传染病的预防及清洁消毒等。共 3 编：病源豫防论、审症论、清洁消毒论。

　　收藏单位：重庆馆、广西馆、国家馆、黑龙江馆、湖南馆、江西馆、南京馆、山西馆

01263

防疫针谈　祝枕江编

上海：开明书店，[1926—1949]，28 页，50 开

　　本书内容包括：防疫针的原理、制法、注射法、注射分量和次数、反应、禁忌症等。

　　收藏单位：浙江馆

01264

海盐防疫报告　李光宇编

[海盐县政府]，[1911—1949]，72 页，16 开

　　本书内容包括：疫症初起及防治情形、设立防疫所后之疫势情形、关于此次防疫之各项统计图表等。

　　收藏单位：浙江馆

01265

抗战与防疫　高士其著

上海：读书生活出版社，1937.3，277 页，32 开

　　本书共 5 编：总论、细菌怎样侵略、细菌的分途进攻、人类怎样防御、关于疟疾及其他。

　　收藏单位：重庆馆、国家馆、吉林馆、江西馆、上海馆、西南大学馆

01266

陇海铁路防疫之经过　朱森基编

出版者不详，[1932.9]，76 页，23 开

　　本书共 8 部分，内容包括：绪论、工作报告、文电摘要、附载、经验琐谈等。

　　收藏单位：上海馆

01267

通俗防疫谈　杨文镐著

北京：京师传染病医院，1922.8，40 页，23 开

　　本书讲述防疫意义、种类及传染病防疫方法。

　　收藏单位：首都馆

流行病学基本理论与方法

01268

北平第一卫生区事务所管理传染病之初步计划　李廷安　左吉订

北平：北平第一卫生区事务所，[1930.4]，8 页，16 开

　　本书为《中华医学杂志》第 16 卷第 23 期抽印本。

　　收藏单位：国家馆

01269

传染病管理　乔树民编

公医丛刊社，1946.4，122 页，32 开（公医丛刊）

01270

近年全国十二种传染病统计表　卫生部编

[南京]：卫生部，[1947]，1 册，横 6 开

　　收藏单位：广东馆、贵州馆、国家馆、湖南馆

01271

全国十二种传染病患病死亡人数统计表·全国八种传染病发现地点分布人数表　卫生部编

[南京]：卫生部，[1947]，18 页，8 开

本书前表列出全国 48 个省市 1947 年 7—12 月有关霍乱、天花、伤寒、流行性脑脊髓膜炎、白喉、猩红热、鼠疫、斑疹伤寒、回归热、疟疾、赤痢、黑热病 12 种传染病死亡人数统计数字；后表列出前 8 种传染病各地区发病人数统计数字。

收藏单位：贵州馆、国家馆

01272

卫生常识时疫预防法 天全县地方政干部训练所编

天全县地方政干部训练所，1942，[18] 页，32 开

本书共 7 章：空气、日光、水、土地、房屋、衣服、食物之卫生。

收藏单位：重庆馆

传染病预防

01273

传染病的预防

上海：大东书局，1948.4，41 页，36 开（新儿童基本文库）

本书共 9 章，内容包括：传染病和怎样传染、传染病一般的预防方法、传染性消化器病及其预防、传染性呼吸器病及其预防、创伤性传染病及其预防等。

收藏单位：国家馆

01274

传染病防治报告集

出版者不详，[1911—1949]，154 页，18 开

01275

传染病及其预防法 中国国民党浙江省执行委员会编

[杭州]：中国国民党浙江省执行委员会，1933.6，136 页，72 开（卫生小丛书 2）

01276

传染病预防法 王庚编

上海：文明书局，1924.3，98 页，23 开

上海：文明书局，1928，再版，98 页，23 开

上海：文明书局，1930，3 版，98 页，23 开

上海：文明书局，1936.5，4 版，98 页，23 开

本书介绍什么是传染病以及传染病的预防方法。

收藏单位：重庆馆、广西馆、黑龙江馆、湖南馆、山西馆、上海馆、天津馆

01277

传染病预防法浅说 南京特别市政府卫生局编

南京特别市政府卫生局，[1911—1949]，14 页，32 开（卫生小丛书 8）

收藏单位：广西馆

01278

传染病预防工作指南 陈述译

东北行政委员会卫生委员会，1948.2，154 页，32 开

东北行政委员会卫生委员会，1949，154 页，32 开

本书译自苏联《防疫工作指南》。共 23 部分，内容包括：细菌性赤痢之预防工作指南、霍乱简述、对霍乱之消毒指南、鼠疫报告书之发送及其格式、死菌瓦克辛使用指南、疫区居民地带封锁之指南、疟疾预防等。书前有译者序言。

收藏单位：安徽馆、东北师大馆、国家馆、江西馆、天津馆

01279

传染病之警告 丁福保译述

上海：文明书局，1911.3，87 页，大 32 开

收藏单位：南京馆

01280

传染病之警告 丁福保译述

上海：医学书局，1924，再版，87 页，22 开（丁氏医学丛书）

收藏单位：河南馆

01281

防疫常识 上海市人民政府卫生局编

出版者不详，[1949]，60页，32开
　　收藏单位：上海馆

01282

福建省地方病情形与防治　福建省政府秘书处编
福建省政府秘书处，[1939]，30页，32开，环筒页装（闽政丛刊）
　　本书内容包括：本省疫病蔓延之原因、本省之重要地方病、本省地方病之防治情形等。
　　收藏单位：重庆馆、国家馆、南京馆、浙江馆

01283

孟河名医谢利恒先生夏秋卫生嘉言录　谢利恒述　夏征兰等录
上海：[同益名药流通社]，[1936.6]，22页，48开
　　收藏单位：上海馆

01284

疟疾·黑热病·鼠疫　华汝成编
上海：中华书局，1948.7，20页，32开（中华文库 民众教育1）
　　收藏单位：东北师大馆、上海馆

01285

夏季卫生指南　姚伯麟编
上海：太平洋书店，1929，140页，32开
　　本书共3部分。"文言部"共28节，内容包括：梅雨与衣服、使用电扇常识、水果与肠胃等；"白话部"共16节，内容包括：梅雨期中家庭的卫生法、冰淇淋与细菌、蚊及驱除法等；"儿童部"共14节，内容包括：夏季乳儿之保护法、夏季儿童之汗疹、百日咳等。
　　收藏单位：重庆馆、国家馆、江西馆、上海馆、天津馆

01286

夏令疾病及其预防方法　安徽省立第一民众教育馆编
安徽省立第一民众教育馆，[1927—1949]，30页，42开（民众特刊2）

本书共4章：霍乱、伤寒、痢疾、疟疾。
　　收藏单位：国家馆、湖南馆

01287

夏令卫生　江苏省立苏州图书馆编著
苏州：江苏省立苏州图书馆，1939.5，19页，32开（社会教育小丛书8）
　　本书内容包括：卫生学浅说、夏天的传染病、苍蝇与蚊虫之扑灭、公共卫生处置等。
　　收藏单位：南京馆、浙江馆

01288

夏令卫生　南京特别市政府卫生局编
南京：南京特别市政府卫生局，[1911—1949]，[14]页，32开（卫生小丛书）

01289

夏令卫生新论　俞凤宾著
上海：俞凤宾，[1916]，12页，32开
　　收藏单位：上海馆

01290

夏秋卫生常识　徐州市人民政府卫生局编
徐州市人民政府卫生局，1949.6，53页，32开
　　本书内容包括：初谈夏令卫生、霍乱、赤痢、伤寒等。
　　收藏单位：南京馆

01291

预防传染病　教育部通俗教育研究会编
教育部通俗教育研究会，[1915—1949]，12页，32开（北五省旱灾灾区讲演集2）
　　收藏单位：国家馆、首都馆

01292

预防传染病之大研究　丁福保译
上海：文明书局，1911.5，128页，24开
　　本书内容包括：绪论、传染病之定义、病原性微生体之性质、各种预防法等。
　　收藏单位：上海馆、首都馆、天津馆

01293

预防传染病之大研究　丁福保译

上海：医学书局，1926，128 页，22 开（丁氏医学丛书）

　　收藏单位：河南馆

01294

怎样防疫　向近敏著

上海：文通书局，1948.4，42 页，32 开（保健文库）

　　本书共 3 章：疾病简释、传染病是怎样蔓延的、怎样防疫。

　　收藏单位：重庆馆、广东馆、南京馆、首都馆

防疫措施和管理

01295

办理绥远临时防疫经过汇编　卫生部编

[南京]：卫生部，1929.3，[138] 页，16 开（卫生部刊物 35 册籍类 17）

　　本书内容包括：法规、命令、重要工牍、统计报告、附录等。

　　收藏单位：国家馆、辽宁馆

01296

捕蝇运动告乡村民众书　河北省立实验乡村民众教育馆编

北平：京津印书局，1931.7，14 页，50 开（民众读物 17）

　　收藏单位：国家馆

01297

苍蝇和蚊虫　江苏省立教育学院研究实验部编

无锡：江苏省立教育学院，1931.6，8 页，25 开（民众卫生丛书 1）

　　本书介绍苍蝇和蚊虫是怎样传播疾病，以及对人的危害。

　　收藏单位：重庆馆、江西馆

01298

除蝇　教育部通俗教育研究会编

教育部通俗教育研究会，[1915—1949]，13 页，32 开（北五省旱灾灾区讲演集 10）

　　收藏单位：首都馆

01299

船只防鼠装置概要　戴芳渊编著

上海：海港检疫所检疫丛书编译委员会，1949.2，14 页，32 开（检疫丛书 4）

　　收藏单位：南京馆

01300

船只防鼠装置浅说　戴芳渊编

汉宜渝检疫所，1941.5，油印本，1 册，32 开

　　本书共 6 节，内容包括：引言、船只带鼠及鼠疫、船只防鼠装置之历史及其成绩等。

　　收藏单位：国家馆

01301

东北防疫处报告大全书　伍连德编纂

出版者不详，1931，订正版，154 页，18 开

　　收藏单位：上海馆

01302

东三省北境防疫事务总处报告全书（中英文对照 第 2 册）　东三省北境防疫事务总处编

东三省北境防疫事务总处，1917.12，44+133 页，16 开，精装

　　本书收 1914—1917 年的东三省北境防疫事务总处报告。内容包括：绪言、鼠疫之毒与毒力、卫生餐法、东三省北境防疫事务总处第二年全年报告书等。

　　收藏单位：国家馆

01303

东三省防疫事务总处报告大全书（第 3 册）
伍连德编纂

东三省防疫事务总处，1922.9，订正版，170 页，18 开

　　本书内容包括：肺疫病理的研究、霍乱症最近流行于中国详记、中国最近之医史、营口医院之史略等。

收藏单位：国家馆

01304

东三省防疫事务总处报告大全书（第4册）
伍连德编纂
东三省防疫事务总处，[1924.7]，订正版，152+[19]页，16开

　本书内容包括：鼠疫之发源地、中外常见疾病、中国的猩红热论、中国共和后医学之进步等。

　　收藏单位：国家馆

01305

东三省防疫事务总处报告大全书（第5册）
伍连德编纂
东三省防疫事务总处，1926，订正版，209页，16开

　本书共3章：绪论、现有卫生机关、创办公共卫生新机关。

　　收藏单位：首都馆

01306

东三省防疫事务总处报告大全书（第6册）
伍连德编纂
东三省防疫事务总处，[1928.9]，订正版，208页，16开

　本书内容包括：肺疫的问题、防鼠疫论、猩红热在吾国之考察等。

　　收藏单位：上海馆

01307

东北防疫处报告大全书（第7册）　伍连德编纂
东北防疫处，[1931.9]，[184]页，18开

　　收藏单位：广东馆

01308

东三省疫事报告书　奉天全省防疫总局编译
奉天全省防疫总局，1911.11，2册，16开

　　收藏单位：天津馆

01309

防疫汇报（二十八年度）　中央防疫委员会编

[北平]：中央防疫委员会，[1940]，1册，16开

　本书共8部分，内容包括：委员名单、法规、防疫实施纲要、业务进展等。

　　收藏单位：国家馆

01310

防疫汇报（二十九年度）　华北防疫委员会编
[北平]：华北防疫委员会，1940，64页，16开

　本书辑录伪中央防疫委员会组织条例、章程、传染病防疫规则及统计表。

　　收藏单位：首都馆

01311

防疫汇报（三十年度）　华北防疫委员会编
[北平]：华北防疫委员会，1942.11，94页，16开

　本书内容包括：法规、业务、统计、专载等。

　　收藏单位：国家馆

01312

家庭害虫　顾玄编　吴福桢校
上海：商务印书馆，1934.9，108页，32开（家庭丛书）
上海：商务印书馆，1935.6，再版，108页，32开（家庭丛书）

　本书共两编。第1编"总论"共5章，内容包括：昆虫与家庭、家庭害虫之防除、家庭杀虫药剂等；第2编"各论"共9章，内容包括：人体害虫、衣服害虫、仓库害虫、食物害虫、家畜害虫等。附家庭杀虫药剂用具价格表、度量衡制对照表、本书参考书籍表。

　　收藏单位：重庆馆、广东馆、贵州馆、国家馆、江西馆、南京馆、内蒙古馆、山西馆、上海馆、首都馆、天津馆、浙江馆

01313

简便灭虱法　军医署编
[重庆]：军医署，1945.4，再版，16页，50开（医防23）

　　收藏单位：重庆馆、广东馆

01314

简便灭虱说明书　军政部军医署编

重庆：军政部军医署，1944.5，修正版，16页，大64开

　　收藏单位：南京馆

01315

江西省会防疫报告书（民国二十一年份）　江西省会临时防疫委员会编

南昌：江西省会临时防疫委员会，[1932]，[13]+160页，22开

　　本书内容包括：本会组织经过、预防方面、治疗方面、事务方面等。

　　收藏单位：广西馆、国家馆、南京馆

01316

可怕的蝇　陆衣言　蒋镜芙编

重庆：中华书局，1943，23页，32开

重庆：中华书局，1944.6，重排初版，22页，32开

　　收藏单位：重庆馆、贵州馆、国家馆

01317

灭虱　行政院卫生署编

南京：行政院卫生署，1931.8，10页，60开

南京：行政院卫生署，1935.10，4版，10页，60开（传染病小丛书12）

　　收藏单位：上海馆

01318

灭虱治疗站工作须知　卫生署编

[南京]：卫生署，1941.1，44页，32开

　　本书共两部分：三十年度灭虱治疗站设置办法、灭虱治疗站说明书。

　　收藏单位：国家馆

01319

南京蚊蝇问题和驱除的方法　尤其伟著

江苏大学农学院推广部，[1911—1949]，17页，24开（农业浅说丛书13）

　　收藏单位：上海馆

01320

驱除蚊蝇运动　赵夐著　赵景源校

上海：商务印书馆，1934.2，35页，32开（小学生文库 第1集 生理卫生类）

上海：商务印书馆，1934.10，再版，35页，32开（小学生文库 第1集 生理卫生类）

上海：商务印书馆，1935.6，4版，35页，32开（小学生文库 第1集 生理卫生类）

　　本书共6章：桥头镇的时疫和疟疾、桥头镇小学的学生自治会、驱除蚊蝇运动的发动、各个击破先除苍蝇、接着进行驱蚊运动、成绩的检阅和庆祝大会。

　　收藏单位：贵州馆、湖南馆、宁夏馆、上海馆、首都馆

01321

全国防疫计画书　国民政府内政部编

南京：国民政府内政部，1928.10，16页，16开

　　本书内容包括：国内防疫之设施、国际防疫之设施、防疫经费之筹划、培养防疫人才等。

　　收藏单位：国家馆

01322

人类的仇敌　刘俊生著

中华平民教育促进会，[1923—1949]，14页，50开（民众读物 第1辑 10）

中华平民教育促进会，1932.10，再版，18页，50开（平民读物58）

　　本书介绍灭蝇的方法。

　　收藏单位：国家馆、首都馆

01323

山西省疫事报告书　王承基　山西防疫总局编辑处纂辑

太原：山西防疫总局，[1919.6]，3册，16开，精装

　　本书共3编：山西省疫势蔓延情形、防疫行政纪实、电文法令汇集。

　　收藏单位：广东馆、首都馆

01324

实用的灭蝇方法　猷光著

中华平民教育促进会，1929.6，[16] 页，50 开

中华平民教育促进会，1932.7，再版，14 页，50 开（平民读物 12）

中华平民教育促进会，[1923—1949]，14 页，50 开（民众读物 第 1 辑 9）

　　本书介绍灭蝇的方法，分为防止苍蝇孳生和捕杀长成之蝇。

　　收藏单位：国家馆、首都馆

01325

鼠害的素描　远东纳丁公司编

远东纳丁公司，[1911—1949]，17 页，32 开

　　收藏单位：国家馆

01326

四川鼠患及肃清方法　曾省等执笔

四川地方实际问题研究会，1940，22 页，32 开（四川地方实际问题研究会丛刊 7）

　　本书共 12 节，内容包括：鼠之种类及本性、鼠之繁殖、鼠与人类之关系、老鼠之害、四川鼠害情形、一般人对鼠之误解等。

　　收藏单位：重庆馆、国家馆

01327

绥远防疫特刊　绥远省政府临时防疫处编

绥远省民政厅，1929.4，[29]+220 页，16 开

　　本书内容包括：命令、指令、公函、电文、法规、专载等。

　　收藏单位：国家馆

01328

天津特别市公署防疫报告　[傅汝勤] 编

[天津特别市公署]，1938，1 册，16 开

　　本书内容包括：会务纪要、章则、人事、报告、宣传等。书中题名：天津特别市公署二十七年夏季防疫报告。

　　收藏单位：国家馆、首都馆

01329

卫生署第二次全国防疫会议报告　卫生署编

[重庆]：卫生署，1943.5，80 页，16 开

　　本书共 8 部分，内容包括：会议召集经过、出席人员、会议日程、各长官致辞、各组决议案等。

　　收藏单位：重庆馆、国家馆、南京馆

01330

蚊虫防治法　李凤荪　吴希澄著

上海：商务印书馆，1934.12，[20]+262 页，25 开

长沙：商务印书馆，1939.7，再版，[20]+262 页，25 开

　　本书共 7 章：蚊虫之形态及其生活史、蚊虫与疾病、人工防治法、药剂防治法、生物防治法、防治蚊虫计划、附录。

　　收藏单位：安徽馆、重庆馆、广东馆、广西馆、贵州馆、国家馆、湖南馆、江西馆、辽宁馆、南京馆、内蒙古馆、首都馆、浙江馆、中科图

01331

蚊的故事　宗亮晨编

上海：大众书局，[1946]，16 页，36 开（儿童知识文库）

　　本书讲述蚊子的习性、如何传染疾病和灭蚊的方法。

　　收藏单位：国家馆

01332

蚊蝇　江苏省昆虫局蚊蝇股编

南京：江苏省昆虫局，1923.7，[236] 页，22 开（江苏省昆虫局丛书）

　　本书共 16 篇文章，内容包括：《改进南京卫生之计划》（杨惟义）、《论太平水缸之利害》（陈家祥）、《美国驱除蚊蝇之事业》（郭文辉）等。

　　收藏单位：国家馆、南京馆、宁夏馆、天津馆

01333

蚊蝇消灭法　陈家祥编

外 文 题 名：How to extinguish mosquitoes and flies

上海：商务印书馆，1927.3，45 页，32 开（平民丛书）

上海：商务印书馆，1935，32 页，32 开（平民丛书）

本书介绍消灭蚊子和苍蝇的方法。

收藏单位：安徽馆、国家馆、宁夏馆、首都馆

01334

蚊蝇与臭虫   南京特别市政府卫生局编

南京：南京特别市政府卫生局，[1911—1949]，1 册，32 开（卫生小丛书 11）

收藏单位：南京馆

01335

徐州防疫委员会工作报告   江苏省立徐州民众教育馆编

徐州防疫委员会，1932.10，44 页，16 开

本书内容包括：章则、组织、会议录、公牍摘要、统计、经费、附录等。

收藏单位：国家馆

01336

治蝇要览   费耕雨编

上海：商务印书馆，1922.7，46 页，32 开

本书介绍消灭苍蝇的方法。

收藏单位：安徽馆、重庆馆、广东馆、广西馆、国家馆、湖南馆、上海馆、首都馆、浙江馆

01337

中华民国红十字会总会救护总队部防疫计划（1 斑疹伤寒回归热及疥疮之防治）   容启荣等编著

贵阳：中华民国红十字会总会救护总队部，1939，38 页，32 开

本书共 3 章：防治计划、诊疗简要、预防方法。

收藏单位：重庆馆、南京馆

01338

中华民国红十字会总会救护总队部防疫计划（2 疟疾之防治）   施正信   周寿恺编著

贵阳：中华民国红十字会总会救护总队部，1940.8，16 页，32 开

收藏单位：广东馆

01339

中华民国红十字会总会救护总队部防疫计划（3 霍乱痢疾之伤寒之防治）   容启荣等编

贵阳：中华民国红十字会总会救护总队部，1940.5，再版，42 页，32 开

本书共 3 章：防治计划、诊疗简要、预防及管制方法。

收藏单位：国家馆

检 疫

01340

海港检疫管理处报告书（第 2 册）   伍连德   伍长耀编

[南京]：[卫生署]，[1932]，130 页，18 开

本书内容包括：海港检疫管理处略史、厦门海港检疫沿革、广州市医药卫生状况等。

收藏单位：国家馆、上海馆

01341

海港检疫管理处报告书（第 3 册）   伍连德   伍长耀编

[南京]：[卫生署]，[1933]，98 页，18 开

本书共 3 部分：论著、讲演、报告。

收藏单位：广东馆、上海馆

01342

海港检疫管理处报告书（第 4 册）   伍连德   伍长耀编

[南京]：[卫生署]，1934.7，93 页，18 开

收藏单位：国家馆、上海馆

01343

海港检疫管理处报告书（第 5 册）   伍连德   伍长耀编

[南京]：[卫生署]，[1935]，156 页，22 开

本书内容包括：论著、演讲、各科报告、各所报告、专载等。

收藏单位：国家馆、南京馆、上海馆

01344

海港检疫处报告书（第6册） 伍连德 伍长耀编

［南京］：［卫生署］，［1936］，127页，22开

本书内容包括：中国医学之复兴、中国之公众医院、武汉检疫所报告等。

收藏单位：国家馆、南京馆、上海馆

01345

海港检疫章程 ［国民政府内政部 中央防疫委员会编］

［南京］：国民政府内政部、中央防疫委员会，1939.7，42页，32开

本书共9章，内容包括：检疫总则、传染病之处置办法、船舶之蒸熏、移民等。

收藏单位：国家馆

01346

航空检疫 施毅轩著

［南平］：施毅轩，1945.2，72页，32开

本书介绍航空运输中的边境卫生检疫工作，有关流行性传染病——黄热病的辨别、检疫和处理方法。

01347

京汉铁路防疫始末记 李遂贤编

京汉铁路管理局，［1911—1949］，30页，18开

本书介绍1918年晋北瘟疫流行时，京汉铁路局采取的防范措施与经过。内容包括：办理情形、各项章程、各项广告等。

收藏单位：国家馆

01348

台湾省检疫总所工作概况 台湾省检疫总所编

外文题名：Report of the Taiwan Quarantine Administration

台湾省检疫总所，1947.10，57页，22开

本书分7个阶段介绍台湾海港船舶检疫工作的历史沿革及现状。

收藏单位：国家馆

01349

通俗卫生法（防疫法之部） （日）川田德治郎著

北京：日本人会医局，1919，3版，52页，32开

本书共两编。第1编共8章，内容包括：传染病之源因、病源细菌之种类、病源细菌之传染等；第2编共两章：传染病之豫防法、消毒法。

收藏单位：国家馆、首都馆

01350

战后检疫工作一年 卫生署上海海港检疫所编

上海：卫生署上海海港检疫所，1946.10，39页，16开

预防接种、计划免疫、药物预防

01351

安徽省会施种牛痘委员会工作报告 安徽省会施种牛痘委员会编

［安庆］：安徽省会施种牛痘委员会，1934，24页，16开

本书共5部分：工作述要、章程、会议录、收支报告、统计。

收藏单位：广西馆、湖南馆、南京馆

01352

快种牛痘 乐柯冰玉（E. Rowley）著

汉口：中国基督圣教书会，1936.7，再版，6页，56开

01353

新法种痘 钟铎编著

杭州增智书局，1941.3，54页，50开

杭州增智书局，1946.3，再版，54页，50开

本书内容包括：天花概要、天花症状、新旧法种痘之比较、种痘方法等。

收藏单位：重庆馆

01354

中国痘科学　卜惠一编

上海：中医书局，1931.2，62 页，32 开

本书共两章：天痘、种痘。

收藏单位：浙江馆

01355

中西种痘全书　陈滋著

上海：医学丛书社，1919.12，5 版，153 页，25 开

收藏单位：江西馆

01356

种痘常识　龙伯坚著述

长沙：湘雅医科大学，1929.10，38 页，32 开（医药常识丛刊 1）

本书共 5 部分，内容包括：种痘之原理、中国之旧法种痘、牛痘接种法之历史等。

收藏单位：国家馆、南京馆、浙江馆

01357

种痘须知　国民政府内政部编

南京：国民政府内政部，1928.8，18 页，50 开

01358

种痘与痘苗　中央防疫处编

外文题名：Vaccination and smallpox vaccine

北平：中央防疫处，[1928—1935]，14 页，32 开

本书共 6 节，内容包括：种痘原理、选择痘苗、种痘方法等。

收藏单位：国家馆

01359

种痘与治疗　张达玉　萧熙编纂

上海：校经山房书局，1936.10，86 页，25 开

本书介绍种痘的方法及治疗措施等。共两部分，"痘疮总论"共 6 章，内容包括：素质、传染径路、看护等；"痘疮各论"共 4 章：痘疮、假痘、水痘、种痘。

收藏单位：广东馆、湖南馆、江西馆

01360

种痘原理及免疫概要　萧培拭编述

出版者不详，[1911—1949]，16 页，25 开

本书为江西省立种痘传习所讲义。

收藏单位：江西馆

01361

种痘章程

出版者不详，[1939.7]，4 页，32 开

本书为政府公布的种痘条例。封面题名下题：二十八年八月二十六日府令公布。

收藏单位：国家馆

01362

种痘专科讲义　汪洋编

上海：中西医院，1925，改正 3 版，12 页，32 开

上海：中西医院，1926.10，改正 5 版，12 页，32 开

本书内容包括：种痘方法、痘后之应用药品及处方等。

收藏单位：广东馆

01363

种牛痘　教育部通俗教育研究会编

教育部通俗教育研究会，[1915—1949]，15 页，32 开（北五省旱灾灾区讲演集 3）

本书介绍种牛痘的方法和意义。

收藏单位：国家馆、首都馆

01364

种牛痘　钱选青编

上海：中华书局，1947，14 页，32 开（中华文库 小学 第 1 集 低级 卫生类）

收藏单位：广西馆

消　毒

01365

消毒法　周庆云编著

上海：商务印书馆，1932.11，32 页，32 开（医学小丛书）

上海：商务印书馆，1933.5，再版，32 页，32
开（医学小丛书）

上海：商务印书馆，1934.9，4 版，32 页，32
开（医学小丛书）

上海：商务印书馆，1935.5，6 版，32 页，32
开（医学小丛书）

长沙：商务印书馆，1938.5，7 版，32 页，32
开（医学小丛书）

上海：商务印书馆，1947.7，9 版，32 页，32
开（医学小丛书）

　　本书共 4 章：消毒法之种类、消毒应用之
药品、传染病流行时之各项消毒方法、手术
时之各项消毒方法。

　　收藏单位：广东馆、广西馆、贵州馆、国
家馆、黑龙江馆、江西馆、南京馆、内蒙古
馆、宁夏馆、天津馆

01366

消毒概要　王抒青　叶立热编

出版者不详，[1911—1949]，10 页，25 开

　　本书为江西省立种痘传习所讲义。

　　收藏单位：江西馆

01367

消毒技术　中央陆军军官学校特科干部教育
班编

中央陆军军官学校特科干部教育班，1944，
32 页，32 开

　　收藏单位：广东馆

01368

学校家庭传染病预防消毒及救急疗法　郭人
骥编

上海：中华书局，1940.6，158 页，32 开

上海：中华书局，1947.2，158 页，32 开（中
华文库 初中 第 1 集）

　　本书共两编。第 1 编"传染病预防及消
毒法纲要"共 3 篇：传染病、一般消毒法、井
水之消毒；第 2 编"实用救急疗法"共 6 篇，
内容包括：外伤、急病及其处置、急性中毒
等。版权页题名：传染病预防消毒及救急疗
法。

　　收藏单位：重庆馆、广东馆、广西馆、桂

林馆、国家馆、黑龙江馆、湖南馆、江西馆、
南京馆、内蒙古馆、上海馆、绍兴馆、天津
馆、浙江馆

医学地理学

01369

气候与健康　顾寿白著

外文题名：Climate and health

上海：商务印书馆，1924.3，64 页，32 开（百
科小丛书 39）

上海：商务印书馆，1926.6，再版，64 页，32
开（百科小丛书 39）

上海：商务印书馆，1929.10，58 页，32 开（万
有文库第 1 集 525）（百科小丛书）

上海：商务印书馆，1933.3，国难后 1 版，58
页，32 开（百科小丛书）

上海：商务印书馆，1934.7，58 页，32 开（万
有文库 第 1 集 525）（百科小丛书）

上海：商务印书馆，1934，再版，58 页，32
开（万有文库 第 1 集）（百科小丛书）

上海：商务印书馆，1935.4，国难后 2 版，58
页，32 开（百科小丛书）

　　本书共 6 章，内容包括：气候之科学的意
义、气候之种类、气候疗法、养生院疗法之
实际等。

　　收藏单位：安徽馆、重庆馆、大理馆、大
连馆、东北师大馆、广东馆、广西馆、贵州
馆、国家馆、黑龙江馆、湖南馆、江西馆、
辽大馆、辽宁馆、辽师大馆、南京馆、内蒙
古馆、宁夏馆、山东馆、上海馆、首都馆、
天津馆、武大馆、西南大学馆、浙江馆

01370

气候与健康　佘曼金编著

上海：正中书局，1946.9，56 页，32 开（卫
生教育小丛书）

　　本书共 4 章：什么是气候、气候的各种因
素对于健康有什么影响、气候区域之画分及
其对于健康的关系、气候驯化问题。

　　收藏单位：重庆馆、国家馆、黑龙江馆、
辽大馆、南京馆、内蒙古馆

保健组织与事业（卫生事业管理）

01371
卫生行政　广西民团干部学校编

广西民团干部学校，[1937—1949]，162 页，32 开

　　本书为广西民团干部学校教本，内容包括：民族健康与国家命运、广西卫生之现状、广西卫生行政之方针及实施、广西卫生行政之组织系统及任务、乡村卫生、疾病、防疫、生命统计、环境卫生、妇婴卫生、学校卫生、劳工卫生、军阵卫生、个人卫生等。

　　收藏单位：桂林馆

01372
卫生行政　江西省地方行政干部训练团编

江西省地方行政干部训练团，1941.1，46 页，25 开（分组训练教材 2）

　　本书共 3 章：卫生行政机关之组织、县卫生行政纲要、本省卫生行政施政纲要。附江西省二十九年度卫生行政计划提要。

　　收藏单位：江西馆

01373
卫生行政　江西省地方行政干部训练委员会编

江西省地方行政干部训练委员会，1942.6，40 页，25 开

　　收藏单位：江西馆

01374
卫生行政　江西省地方政治讲习院编

赣县（赣州）：江西省地方政治讲习院，1940.3，43 页，32 开（分组训练教材 2）

　　收藏单位：重庆馆

01375
卫生行政　金宝善等编

中央训练委员会，1942.1，78 页，32 开

　　本书共 4 章：绪论、卫生机关、卫生工作、我国县卫生行政问题。

　　收藏单位：重庆馆、广东馆、贵州馆、国

家馆、湖南馆、江西馆、南京馆、西南大学馆、浙江馆

01376
卫生行政　马维骈编

广东省地方行政干部训练团，1940.11，30 页，32 开（民政类 1）

广东省地方行政干部训练团，1942，24 页，32 开（民政类 1）

　　本书共 9 章，内容包括：我国卫生行政机构、卫生行政工作范围、各县地方卫生行政人员之职务、保健行政、乡村预防行政、乡村治疗行政、生命统计等。

　　收藏单位：重庆馆

01377
卫生行政　陕西省训团编

陕西省训团，[1911—1949]，78 页，32 开

　　本书内容包括：卫生的行政意义、卫生机关、卫生工作等。

　　收藏单位：重庆馆、南京馆

01378
卫生行政　四川省训练团编

四川省训练团，1940.5，68 页，32 开

　　本书内容包括：我国卫生行政组织、本省各县卫生事业之建设计划、各（乡镇长）联保主任应有的卫生常识、战时救护法、有关地方卫生事业之法规等。

　　收藏单位：重庆馆、南京馆

01379
卫生行政　西康省地方行政干部训练团编

西康省地方行政干部训练团，1941.4，[26] 页，32 开

西康省地方行政干部训练团，1942，17 页，32 开

　　本书内容包括：健全民族与地方卫生行政之关系、地方卫生应如何设施方能普及、中央对于地方行政卫生机构之树立、西康现有之卫生设备等内容。附各国及西康有关卫生统计之各种图表。

　　收藏单位：重庆馆

01380

卫生行政　虞乔僧编

[广西印刷厂]，1937.8印，212页，32开

[广西印刷厂]，1938.6印，再版，211页，32开

　　本书为广西县政公务员政治训练班讲义。

共5章：总论、组织、培才、事业、结论。

　　收藏单位：桂林馆、国家馆、南京馆

01381

卫生行政

出版者不详，1936.7，178页，32开

　　收藏单位：桂林馆

01382

卫生行政法论　（日）山田准次郎著　鄂章陵

　高仲和译　吴贯因校

内务部编译处，1918.6，16+390页，18开

　　本书共4章：预防行政、治疗行政、保健行政、卫生行政机关。

　　收藏单位：国家馆、首都馆、天津馆

01383

卫生行政概论

出版者不详，1943，30页，32开

　　收藏单位：国家馆

01384

卫生行政讲义　内务部编

上海：泰东图书局，[1922]，210页，32开（地方自治讲义7）

　　本书共4章：保健行政、豫防行政、治疗行政、卫生行政机关。

　　收藏单位：安徽馆、广东馆、国家馆、吉林馆、江西馆、首都馆

01385

卫生行政讲义　翁文渊编

广西省地方行政干部训练委员会，1941.1，[83]页，32开

　　本书为广西地方行政干部训练团讲义。共4章：卫生行政的重要、卫生行政组织、本省卫生行政概况、本省现行卫生行政计划。

　　收藏单位：重庆馆、广东馆、桂林馆

01386

卫生行政问题　方石珊编

[北京]：北京协和医科大学，1928，22页，22开

　　本书为北京协和医科大学讲演稿。

　　收藏单位：首都馆

01387

卫生行政问题　金宝善讲

[重庆]：中央训练团党政高级训练班，1944.3，22页，36开

　　收藏单位：辽宁馆、南京馆

01388

卫生行政学　周成编

上海：泰东图书局，1929.8，210页，32开

　　收藏单位：安徽馆、国家馆、首都馆、天津馆

01389

卫生行政学概要　方植民编著

临海：方植民，1944.12，96页，25开

　　本书内容包括：绪论、卫生行政的历史、人才、组织、行政业务分类、行政人员修养等。

　　收藏单位：浙江馆

01390

医务人员管理暂行条例·医院诊疗所及产院管理暂行条例·中西药商管理暂行条例　东北行政委员会颁布

东北行政委员会，1948.7，41页，32开

　　收藏单位：国家馆

01391

医药卫生宝鉴　沈守渊编

上海：经纬书局，1936.12，503页，36开

　　本书共9辑，内容包括：生理卫生常识、传染病常识、五官及消化器常识、肺病常识、皮肤病常识等。

　　收藏单位：广东馆、浙江馆

卫生医务人员

01392

第一助产学校成立五周年概览　第一助产学校编

北平：第一助产学校，1934.11，18 页，22 开

　　本书介绍该校沿革及概况，内容包括：组织、教务、医务等。

　　收藏单位：国家馆

01393

第一助产学校十周年纪念册

出版者不详，[1930—1939]，160 页，22 开

　　本书共 16 章，内容包括：论著、本校十周年小史、本校历年各股工作报告、本校大事记等。

　　收藏单位：国家馆、湖南馆、南京馆、上海馆

01394

高等普通考试医事人员考试声请检核须知

考试院考选委员会编

考试院考选委员会，1943.1，油印本，6 页，32 开

　　本书介绍医事人员考试与分类、医事人员检核、应检核资格。

　　收藏单位：国家馆

01395

公共卫生事务所之卫生护士事业

外文题名：Public health nursing service of a health centre

上海：广学书局，1931，15+15 页，32 开

　　收藏单位：广东馆、上海馆

01396

广西省卫生及医药人员实习服务办法

出版者不详，[1942]，油印本，1 册，大 16 开

　　收藏单位：南京馆

01397

广西省政府训练医师助产士护士计划大纲

广西省政府编

广西省政府，[1934]，22 页，32 开

01398

护士季报　中国护士学会编译委员会编

重庆：中国护士学会总会，1942.3，66 页，32 开

　　本书共 10 节，内容包括：第一次全国代表大会祝词、第一次全国代表大会开会程序、第一次全国代表大会记录、中国护士学会会章等。

　　收藏单位：国家馆、南京馆

01399

护士伦理学　爱金斯（R. N. Aikens）著　袁宗周　吴建庵译

外文题名：Studies in ethics for nurses

上海：广协书局，1933.12，3 版，255 页，32 开

上海：广协书局，1935，修正再版，255 页，32 开

上海：广协书局，1940，修正 3 版，255 页，32 开

上海：广协书局，1946，3 版，255 页，32 开

上海：广协书局，1947，4 版，265 页，32 开

上海：广协书局，1949.2，5 版，255 页，32 开

　　收藏单位：广东馆、河南馆、湖南馆、江西馆、南京馆、山东馆、首都馆

01400

护士伦理学　爱金斯（R. N. Aikens）著　袁宗周　吴建庵合译

中华护士会，1931，255 页，32 开

中华护士会，1932.12，再版，255 页，32 开

　　本书共 3 编 26 章，内容包括：护士之新环境、论护士本身、人格之表现、伦理与经济、训练护生之费用、护士学校之风气、护士之态度与性情、护士长之伦理标准、护士服务之范围、护士与金钱、伦理学杂问等。

　　收藏单位：广东馆

01401

护士伦理学 梅教士编 袁宗周译
外文题名：Studies in ethics for nurses
上海：广协书局，1938，4 版，76 页，25 开
上海：广协书局，1940，5 版，76 页，25 开
上海：广协书局，1946，6 版，76 页，25 开
   收藏单位：江西馆

01402

护士卫生员手册 ［宫乃泉编译］
第一野战军卫生部，1949 印，2 册（206+207 页），64 开
   本书介绍一些对伤病临时处理的知识。根据英国 A.D.Belilios 医师等著的《急救与绷带学手册》和美国 W.H.Cole 教授作的《内外科急救学》编译。
   收藏单位：重庆馆

01403

护士职业概论 王惠因著
上海：商务印书馆，1946.8，225 页，32 开
上海：商务印书馆，1947.6，225 页，32 开
   本书共 6 编：护士职业导论、护士职业工作范围、就业、护士职业团体、护士职业特殊问题、增进护士职业效能。书前有弗罗南斯·南丁格尔的誓约。
   收藏单位：重庆馆、东北师大馆、国家馆、黑龙江馆、江西馆、辽宁馆、南京馆、山东馆、上海馆、天津馆、浙江馆

01404

接生员训练方案 江西省卫生处编
江西省卫生处，［1941.1］，65 页，25 开
   本书内容包括：妇婴卫生概论、女子生殖器之简明构造、胎儿之长成、产妇局部清洁及卧床方法、手之清洁消毒法等。
   收藏单位：重庆馆

01405

论医务工作者的道路 东北军区后勤卫生部
   东北政委会卫生部辑
沈阳：东北军区后勤卫生部、东北政委会卫生部，1949.5，122 页，32 开

   本书系医务工作者的整风文献，共 12 篇文章，内容包括：《学习白求恩》（毛泽东）、《纪念白求恩同志》（朱德）、《医务工作者的道路》（贺诚）、《对技术观点的检讨》（贺诚）、《勉新类型的南丁格尔》（《健康报》社论）、《论外科医生的道德问题》（M. M. 巴斯）等。附南丁格尔小传。
   收藏单位：重庆馆、广东馆、国家馆、湖北馆、近代史所、辽宁馆、天津馆、中科图

01406

论医务工作者的道路 东北人民政府卫生部编
沈阳：东北新华书店，1949，再版，152 页，32 开
   收藏单位：东北师大馆、山西馆

01407

人民的护士 林镜竹等著 旅大妇联总会编
大连：东北书店，1949.6，44 页，32 开
   本书收文 10 篇，内容包括：《一切为了伤病人》（林镜竹）、《严整医护作风》（廖鉴亭）、《模范医疗队长李兰丁》（董边）、《病人的天使》（潘洵）等。

01408

上海市政府医药卫生人员叙用规则 马中平主编 彭令恒协编
上海：上海市政府技术人员资历审查委员会，1947.3，17 页，16 开

01409

卫生事业人员任用条例 卫生部人事室编
［南京］：卫生部人事室，［1928—1949］，12 页，18 开
   收藏单位：重庆馆、南京馆、天津馆

01410

卫生署公共卫生人员训练所概况 卫生署编
南京：卫生署，1937.3，168 页，16 开
   本书内容包括：本所概况、导言、沿革、教育方针、教职人员、教学设备等。
   收藏单位：南京馆

01411

卫生员方案　陈志潜编著

湖南省卫生处，1941.1，86 页，32 开

　　本书共 6 部分：序言、行政院令颁县各级卫生组织大纲、卫生员之选择、卫生员之训练、卫生员之监督、结论。

　　收藏单位：安徽馆、国家馆

01412

卫生员方案　陈志潜编著　佘焕文　谷韫玉校

农村建设协进会乡政学院卫生组，1939.4，76 页，32 开

　　本书共 5 部分：序言、卫生员之选择、卫生员之训练、卫生员之监督、结论。

　　收藏单位：广东馆、国家馆、南京馆

01413

卫生员讲义　兰溪实验县卫生行政管理处编

兰溪实验县卫生行政管理处，1936.2，64 页，25 开

01414

卫生员训练方案　江西省卫生处编

赣县（赣州）：江西省卫生处，[1911—1949]，82 页，24 开（江西全省卫生处丛刊）

　　本书共两部分：卫生员之选择、卫生员训练课程表。

　　收藏单位：重庆馆

01415

卫生组学员手册　湖南省地方党政干部训练团编

湖南省地方党政干部训练团，1942.4，[184] 页，32 开

　　本书内容包括：中华民国陆海空军军人读训、抗战建国纲领表解、湖南省地方行政干部训练团训练纲要表、公共卫生概要、防疫概要、卫生教育等。

　　收藏单位：重庆馆

01416

现代医师开业术　石云子编著

外文题名：The modern doctor's business guide

杭州：新医书局，1949.4，104 页，25 开

　　本书共两部分。"总论"内容包括：开业的艰难、社会与医师的关系、开业医界的现状、开业的要素等；"各论"内容包括：诊察论、预后篇、治疗篇等。

　　收藏单位：广东馆、浙江馆

01417

小医院护士长之职务　诺顿（Norton）著　吴建庵译述

外文题名：Duties of sisters in small hospitals

上海：中华护士会，1929.6，56 页，32 开

　　本书内容包括：护士长之位置、病室护士长之职务、手术室护士长之职务、门诊室护士长之职务等。

　　收藏单位：浙江馆

01418

医籍考预约办法　中西医药研究社编

上海：中西医药研究社，[1936.1]，影印本，[9] 页，18 开

　　收藏单位：国家馆

01419

医师开业术　（日）立神正夫著　万钧译

上海：医学书局，1915.10，120 页，32 开，精装（丁氏医学丛书）

上海：医学书局，1924.10，再版，120 页，32 开（丁氏医学丛书）

上海：医学书局，1930.6，120 页，32 开（丁氏医学丛书）

上海：医学书局，1935.10，5 版，120 页，32 开

　　本书讲述开业医生应具有的学识、经验、设备等条件及注意事项。共两部分，"总论"内容包括：开业之难、社会与医师、开业医界之现状、开业准备等；"各论"内容包括：诊察论、豫后编、治疗编等。

　　收藏单位：广西馆、国家馆、河南馆、湖南馆

01420

医师伦理学纲要　余德荪编

杭州：新医书局，1948.10，48 页，32 开

杭州：新医书局，1949，再版，48 页，32 开

　　本书论述医师应遵守的品德、仪表、敬业等，还论及诊察、治疗等各方面的伦理道德。共两篇。"总论"共 4 章：品德、仪表、敬业、康乐；"各论"共 8 章，内容包括：诊察之伦理、治疗之伦理、酬金之伦理等。编者原题：余继敏。

　　收藏单位：重庆馆、国家馆、江西馆

01421

医师甄别须知　西南医学杂志读者服务部编

新化：西南医学书店，1941.1，39 页，32 开

　　本书内容包括：医师甄别委员会章程、牙医甄别委员会章程、医师甄别办法、卫生署医师甄别委员会第三第四两次会议审查合格发给证书之 599 人之医师姓名录、医师暂行条例等。

　　收藏单位：重庆馆

01422

医事人员考试声请检核须知　考试院考选委员会编订

上海：上海市卫生局，1947.3，8 页，50 开

　　本书收中西医师考试获取开业资格的法规两种。

01423

医药技术指导　刘正确　高达著

出版者不详，[1911—1949]，76 页，32 开

　　本书共 7 章，内容包括：医药技术的内涵、优良医药技术人员应具的条件、卫生行政系统概述、今后医药技术人员应有的努力等。

　　收藏单位：广东馆、国家馆、湖南馆、南京馆

01424

怎样做医师　西南医学杂志读者服务部编邹保罗校

新化：西南医学书店，1942.7，98 页，32 开

　　本书共 27 篇，内容包括：《怎样做一个外科医师》（胡希荣译）、《医师的风度》（庞掬如）、《欧洲外科名医嘉言录》（瑜若选译）、《替病人想想》（陈果夫）等。附医师条例、医院管理条例、医师应知之法律、Hippocratic 誓言、美国医学家道德条例等。

　　收藏单位：国家馆

01425

战时初级卫生人员须知　顾学箕编著

重庆：正中书局，1943.7，187 页，32 开

　　本书共 4 部分 17 章，内容包括：人体解剖生理大要、细菌学大要及消毒法、个人卫生、营养概述、环境卫生、普通急性传染病预防法等。

　　收藏单位：安徽馆、重庆馆、国家馆、南京馆、浙江馆

01426

中国护士学会第二届全国会员代表大会报告　中国护士学会编

上海：广协书局，1947.2，91 页，22 开

　　本书内容包括：报告、演讲、分会工作报告、酬谢委员会报告等。

　　收藏单位：广东馆、国家馆、首都馆

01427

中华护士会护士学校标准课程

外文题名：The standard curriculum for schools of nursing of the Nurses' Association of China

上海：广学书局，1933，81 页，25 开

　　本书内容包括：绪言、护病历史、解剖生理学、细菌学、护士化学、实用护病学、高级护病、内科护病、小儿科护病、产科护理、妇科护病、泌尿生殖器护病、眼耳鼻咽喉科护病、外科护病、手术室技术、心理学、饮食学等。

　　收藏单位：江西馆

01428

中华护士学会章程与办事细则

中华护士报，[1911—1949]，17 页，32 开

　　收藏单位：南京馆

01429

中华医学会医师条诫 中华医学会编

[上海]：中华医学会，1937.3，3 版，[23] 页，32 开

本书内容包括：医师之职司、医业概要、医师对于病家之责任、医师与其他医师所诊病人之关系等。

收藏单位：国家馆

01430

助产职业伦理学 俞松筠编

上海：中德医院出版部，1939.8，145 页，36 开

卫生宣传教育

01431

第三届首都卫生运动大会特刊 南京特别市卫生局编

南京：首都卫生运动大会，1929.12，154 页，32 开

01432

第十五届卫生运动会特刊

[上海]：出版者不详，[1936.6]，54 页，25 开

本书为上海医药界多家医院、公司、药店 1936 年 6 月 15—30 日在上海西门文庙公园共同举办第十五届医药卫生商品展览会的宣传品。

01433

福建卫生教育之推进 [福建省政府秘书处编]

[福建省政府秘书处]，1938，36 页，32 开，环筒页装（闽政丛刊）

[福建省政府秘书处]，[1939]，46 页，32 开，环筒页装（闽政丛刊）

本书共上、下两篇。上篇"学校卫生教育"共 3 章：沿革、行政组织、实施概况；下篇"社会卫生教育"共 3 章：沿革、实施概况、研究与试办事项。

收藏单位：重庆馆、国家馆、南京馆、浙江馆

01434

湖南省健康教育委员会工作年报 湖南省健康教育委员会编

长沙：湖南省健康教育委员会，1935.8，150 页，16 开

本书内容包括：摄影、论文、组织、工作实施、各种纪录、本会经费、一年来本会简要记事等。

收藏单位：湖南馆、浙江馆

01435

疾病新观念 新四军一师兼苏中军区卫生部编

新四军一师兼苏中军区卫生部，1944.1，38 页，32 开

收藏单位：南京馆

01436

健康教育实施法 王庚编著

上海：勤奋书局，1933，325 页，32 开（体育丛书）

本书共上、下两篇，上篇"民众健康教育之基本题材"共 4 章：健康习惯之生理基础、防病之基本知识、防病医学与健康、民众健康事业之宣传；下篇"民众卫生指导"内容包括：民众卫生与生命统计、民众卫生的行政系统、民众生活环境与健康等。

收藏单位：重庆馆、东北师大馆、广东馆、贵州馆、国家馆、南京馆、上海馆、浙江馆

01437

健康教育实施概况 福建省立福州师范学校第二附属小学编

[福州]：福建省立福州师范学校第二附属小学，1934.11，28 页，32 开

本书共 8 部分，内容包括：目标、行政组织、环境设备、教学知能等。

收藏单位：福建馆

01438

健康教育研究集　省三小学编审股编辑

[莆田]：省三小学，1934，1 册，16 开

　　收藏单位：福建馆

01439

民众健康教育　莫善乐编

上海：中华书局，1948.7，113 页，36 开（中华文库 民众教育 1）

　　本书共 5 章：民众健康教育的重要、我国民众健康教育概观、民众健康教育的事业、民众健康教育的事业（续）、民众健康教育实施的原则。

　　收藏单位：重庆馆、广西馆、贵州馆、桂林馆、国家馆、上海馆

01440

民众卫生教育实施法纲要

西康省地方行政干部训练团，1941.5，30 页，32 开

　　本书共 6 章：概论、概述民众卫生教育的意义与目的、介绍民众卫生的行政组织、设备、民众卫生教育的内容与教育实施方案、卫生训练。

　　收藏单位：重庆馆

01441

南中实小健康教育实施报告　江苏省立南京中学实验小学编译部编

南京：江苏省立南京中学实验小学出版部，1932.10，64 页，22 开

　　本书内容包括：导言、目标、行政组织、环境设备、教训实施、保健预防、疾病治疗等。

　　收藏单位：浙江馆

01442

平民卫生教育学摘要　金宝善编

中华平民教育促进会总会，[1923—1949]，21 页，22 开（平民卫生丛书 1）

　　本书论述个人卫生、公共卫生及城市行政卫生管理的意义、范围与措施等。共 13 章，内容包括：公共卫生之意义、实施公共卫生地方与未实施地方之健康比较、欧洲各国健康状况增进较早之原因、现代公共卫生之目的、健康及疾病之意义、个人卫生及各项预防之价值等。

　　收藏单位：国家馆

01443

清洁规矩运动推行办法　新生活运动促进总会编

[南京]：新生活运动促进总会，1937.4，30 页，32 开

　　本书介绍推行清洁运动的目的、注意事项、实施办法等。

　　收藏单位：重庆馆、南京馆

01444

上海市第十四届卫生运动展览大会　上海市卫生局编

出版者不详，1935，1 册，16 开

　　收藏单位：广东馆

01445

上海市第十五届卫生运动展览大会特刊

上海：出版者不详，1936，27 页，25 开

　　本书内容包括：止哭的两种方法、睡眠与婴儿、怎样对付小儿的遗尿、婴儿饮食、衣服卫生与儿童健康的关系等。

　　收藏单位：国家馆、南京馆

01446

卫生教育讲义　卫生部编著

南京：卫生部，1930.7，146 页，22 开（卫生部刊物 67 册籍类 41）

　　本书共 5 编：概论、卫生教育之基本智识、疾病学大义、卫生学浅论、附录。

　　收藏单位：重庆馆、广东馆、国家馆、江西馆、南京馆

01447

卫生教育实施方案　卫生部编

卫生部，1930.2，再版，10 页，32 开

　　收藏单位：南京馆

01448

卫生教育之实施与研究 杭州市市立太庙巷小学编著

杭州：杭州市市立太庙巷小学，1937.2，206页，32开

本书收文21篇，内容包括：《实施卫生教育的计划》（郑兆麟）、《卫生教育实施概况》（马新超）、《卫生设备一瞥》（童友三）、《小医院的一般情形》（林慈之）、《厨房厕所浴池之管理》（方子云）、《儿童一天的卫生生活》（吕湘南）等。

收藏单位：浙江馆

01449

卫生须知 福建省政府建设厅合作事业管理局编

福建省政府建设厅合作事业管理局，1939.7，30页，32开（福建省合作训练小丛书）

收藏单位：南京馆

01450

卫生运动的办法 赵光涛 范永祥等编

南京：中央大学区立通俗教育馆推广部，1929.3，[82]页，23开（民众教育设施丛书2）

本书共3章。"设计"内容包括：中央大学区立通俗教育馆巡回讲学团十县卫生运动设计；"报告"内容包括：松江县、上海县、宝山县、吴县、昆山县等县卫生运动概况；"材料"内容包括：卫生运动标语、民众卫生信条、卫生运动宣传大纲等。

收藏单位：浙江馆

01451

卫生运动实施计划 陆干臣编 青年协会书报部校订

上海：青年协会书报部，[1928.8]，298页，32开（公民教育）

本书分甲、乙两部分：（甲）计划为广州、上海、南京等地的卫生运动计划；（乙）参考资料为卫生论文及各种卫生宣传材料。

收藏单位：安徽馆、重庆馆、国家馆、湖南馆、内蒙古馆、上海馆、首都馆、浙江馆

01452

卫生运动宣传纲要 中国国民党中央执行委员会宣传部编

中国国民党中央执行委员会宣传部，1929.4，34页，32开

本书共4章：卫生运动之意义、卫生运动之常识、卫生运动实际上应有之努力、标语。

收藏单位：重庆馆、广东馆、湖南馆、南京馆、宁夏馆、首都馆

01453

浙江省会二十一年度夏季卫生运动纪念册
浙江省会夏季卫生运动大会编

杭州：浙江省会夏季卫生运动大会，[1932]，60页，[16]开

本书共21节，内容包括：筹备委员会会议录、大会开幕情形、宣传组工作实况、防疫组工作实况、儿童健康比赛组工作实况、演讲录等。封面题名：中华民国二十一年卫生运动纪念册。

收藏单位：南京馆、浙江馆

01454

浙江省会夏季卫生运动纪念刊 中国国民党浙江省执行委员会宣传部编

杭州：中国国民党浙江省执行委员会宣传部，1931.7，132页，16开

本书收论文8篇、演讲13篇、纪载5篇、宣传品9篇。附浙江省会夏季卫生运动大会工作人员一览。

收藏单位：广东馆、上海馆、浙江馆

01455

中国卫生教育社第三届社员大会手册
出版者不详，[1935—1949]，1册，32开

收藏单位：南京馆

01456

中国卫生教育社第四届社员大会手册
出版者不详，1948，1册，32开

收藏单位：南京馆

01457

中国卫生教育社第一届年会特刊　胡定安等编

[南京]：中国卫生教育社，1936.7，306页，25开

本书共4部分：一般卫生教育、特殊卫生教育、报告、介绍。

收藏单位：广东馆、国家馆、江西馆、南京馆、首都馆、天津馆、浙江馆

卫生标准、卫生检查、医药管理

01458

学生健康的检查　（美）麦克乐（Charles Harold McCloy）　胡宣明著

外文题名：Health examination of students

上海：商务印书馆，1931.1，59页，32开（中华教育改进社丛书6）

本书介绍学校卫生保健、身体健康检查等。

收藏单位：重庆馆、广东馆、国家馆、湖南馆、江西馆、南京馆、天津馆

01459

学校学生健康检查规则　教育部　卫生部颁布

出版者不详，1929.11，10页，23开

收藏单位：南京馆、上海馆

卫生调查与统计

01460

救疗患者统计　恩赐财团济生会编

东京：恩赐财团济生会，1938，33页，16开

收藏单位：首都馆

01461

生命表编制法　罗志如著

上海：商务印书馆，1934.8，128页，25开（国立中央研究院社会科学研究所丛刊 第2种）

本书共9章，内容包括：生命表之意义、生命表人口与实际人口、死亡率之公式、人口材料之初步整理、求中年段年龄之死亡率等。

收藏单位：安徽馆、重庆馆、广东馆、广西馆、国家馆、湖南馆、吉林馆、江西馆、辽大馆、南京馆、内蒙古馆、上海馆、浙江馆、中科图

01462

医学与生物统计方法　郭祖超著

上海：正中书局，1948.9，388页，25开

本书共13章，内容包括：绪论、平均数、相关、常态曲线、计数资料、变异数分析、共变数分析等。

收藏单位：重庆馆、国家馆、江西馆、辽大馆、辽宁馆、南京馆、内蒙古馆、天津馆、中科图

医疗卫生制度与机构

01463

保健院问答　重庆市空袭服务总队保健院[编]

重庆：重庆市空袭服务总队保健院，[1937—1945]，8页，32开

收藏单位：南京馆

01464

丙寅医学社二周年纪念特刊

出版者不详，1928.11，64页，16开

本书内容包括：新旧医学斗争与复古、论医学卫生事业之重要、营养与健康、现代医学之由来、器官切开术等。

收藏单位：浙江馆

01465

重庆电疗院诊疗概要　重庆电疗院编

重庆：重庆电疗院，1936，25页，32开

本书主要介绍重庆电疗院的诊疗规则（诊病时间、挂号费、诊病规则、电疗费、接生规则），电疗治病摄影及说明（柯罗梅亚灯治疗痔疮的情形、太阳灯治疗肺病的情形）。

附本院每年夏季送打防疫诊的通知。

　　收藏单位：重庆馆

01466

川沙县立医院章程　川沙县立医院编

川沙县立医院，[1931.3]，14 页，16 开

01467

慈溪保黎医会十周纪念册　慈溪保黎医会编

出版者不详，[1911—1949]，54 页，22 开

　　收藏单位：广东馆

01468

定县保健制度之实验　中华平民教育促进会
编

[北平]：中华平民教育促进会，1933.9，44
页，32 开

　　本书为 1930—1932 年河北省定县农村卫
生保健情况调查及试行改进的工作报告。

　　收藏单位：国家馆、南京馆、上海馆、天
津馆、浙江馆

01469

定县社会改造事业中之保健制度　中华平民
教育促进会编

[北平]：中华平民教育促进会，1934.9，33
页，32 开

　　收藏单位：重庆馆、国家馆、辽大馆、南
京馆

01470

儿童病院　茅文培　柴子飞著

上海：乐华图书公司，1935，99 页，32 开（新
儿童生活丛书）

　　本书共 15 节，内容包括：汪鸿琪被疫痢
所杀、大病都从小病起、一个保障健康的建
议、儿童病院创设计划等。

　　收藏单位：重庆馆

01471

馥南金针医院特刊　馥南金针医院编

上海：馥南金针医院，1941.9，[56] 页，32 开

01472

甘肃省立医院开幕纪念特刊　甘肃省立医院
编

[兰州]：甘肃省立医院，1936.4，[132] 页，
16 开

　　收藏单位：甘肃馆

01473

公医制度　王子玕讲

南京：国立中正医学院筹备处，1937.6，18
页，32 开

　　收藏单位：南京馆

01474

公医制度的理论与实施　朱云达著

重庆：公医建设促进社，1940.11，21 页，32
开（公医建设丛书 1）

　　收藏单位：广东馆、湖南馆、南京馆

01475

公医制度的理论与实施　朱云达著　邹今循
校

新化：西南医学书店，1941.2，再版，36 页，
32 开

新化：西南医学书店，1941.12，3 版，36 页，
32 开

　　本书共 5 章：公医制度的定义、我国需要
施行公医制度的理由、国父关于公医建设的
遗教、公医制度的三平原则、实施公医制度
的方法。

　　收藏单位：国家馆、江西馆

01476

广慈医院廿五周纪念　广慈医院编

上海：土山湾印书馆，1932.10，18 页，30 开

　　本书介绍该院自 1907 年创办至 1932 年
期间的医疗工作和发展建设情况。

01477

广济第一次报告　洪式间编

杭州：广济医院，[1927.10]，74 页，32 开

　　本书介绍杭州广济医院 1927 年度工作概
况。

01478

广州惠爱堂募建平民医院小启 广州惠爱堂编

广州：广州惠爱堂，1937.4，影印本，[12]页，16开

本书收吴铁城等人为惠爱堂募捐的公函、筹建医院设计图等。

01479

国医开业术 胡安邦著 秦伯未校

上海：胡氏医院，1933.11，[10]+82页，32开

本书讲述中医开业的条件、环境、管理方法、资金、诊疗程序与医德。共15章，内容包括：开业之易难、吾国医界之现状、开业要素、选医、换医、开业准备、开业地、广告法等。

收藏单位：国家馆、上海馆

01480

护士病案研究 D. M. Jensen 著 方孙端 吴建庵译

外文题名：Students' handbook on nursing case studies

上海：广协书局，1935.8，180+30页，32开

上海：广协书局，1947.9，再版，180+30页，32开

本书共两卷。上卷"护士须知"共5章，内容包括：绪言、病人之个性、预防与指导等；下卷"研究方法"内容包括：护士病案研究之内容、各科病案研究之方式等。附病室教授法。

收藏单位：重庆馆、广东馆、浙江馆

01481

集义善会虹口时疫医院二十一年报告兼征信录 集义善会虹口时疫医院编

[上海]：集义善会虹口时疫医院，[1933]，348页，24开

本书共15部分，内容包括：简章、该院的历史、该院设备、院务概况、医务股报告、收支报告等。书前有窦辉庭的序文。

01482

集义善会虹口时疫医院二十二年报告兼征信录 集义善会虹口时疫医院编

[上海]：集义善会虹口时疫医院，[1934]，302页，23开

本书内有该院简章、设备情况、1933年就诊患者姓名录和收支帐目表。

01483

家庭工业社儿童齿科院概况

出版者不详，1934.10，32页，24开

01484

江苏省办理公医院概况 江苏省卫生处秘书室编

镇江：江苏省卫生处秘书室，1948.5，34页，32开

本书内容包括：筹设医院的动机、公医院的性质、发动组织和协助筹备的经过、完成组织的几个基本条件、各地公医院办理的情形。

收藏单位：南京馆、浙江馆

01485

精神病院问答 北平精神病院编

北平：北平精神病院，[1933]，36页，32开

本书共4部分：患者问答、羡慕问答、学者问答、经过问答。

收藏单位：国家馆、首都馆

01486

蓝十字会谦益伤科专门医院第三周年纪念报告书 蓝十字会谦益伤科专门医院编

上海：蓝十字会谦益伤科专门医院，[1928]，33页，23开

本书内容包括：上海谦益伤科医院的章程、经济收支及治愈病人一览等。

01487

蓝十字会谦益伤科专门医院第四周年纪念报告书 蓝十字会谦益伤科专门医院编

上海：蓝十字会谦益伤科专门医院，[1929]，40页，23开

01488

蓝十字会谦益伤科专门医院第五周年纪念报告书　蓝十字会谦益伤科专门医院编

上海：蓝十字会谦益伤科专门医院，[1930]，40页，23开

01489

蓝十字会谦益伤科专门医院第六周年纪念报告书　蓝十字会谦益伤科专门医院编

上海：蓝十字会谦益伤科专门医院，1931.3，48页，25开

01490

民众诊疗所（实验工作报告之一）　张千里 杜宇鸣编述

吴县实验民众教育馆，1933.1，10页，32开

　　本书介绍江苏吴县民众诊疗所的工作情况。

01491

莫干山肺病疗养院章程　莫干山肺病疗养院编

[上海]：莫干山肺病疗养院，[1928.7]，[36]页，50开

　　收藏单位：内蒙古馆、上海馆

01492

南京市戒烟医院工作年报　南京市戒烟医院编

南京市戒烟医院，1936，30页，16开

　　本书为报告首都肃清烟毒委员会1936年戒烟工作概况。共5部分：总论、人员与组织、工作概况、经费、劳动服务。

　　收藏单位：南京馆、上海馆

01493

南京市立鼓楼医院实况　陈方之述

[南京]：出版者不详，[1911—1949]，40页，16开

　　收藏单位：南京馆

01494

南京中央医院社会服务部工作报告（民国三十六年一月至六月）　南京中央医院[编]

[南京中央医院]，[1947]，20页，32开

　　收藏单位：南京馆

01495

宁波华美医院三十六年度工作报告

宁波：[华美医院]，[1947]，油印本，1册，16开

　　收藏单位：浙江馆

01496

瞿氏夫妇医院简章　瞿氏夫妇医院编

上海：瞿氏夫妇医院，[1911—1949]，16页，32开

01497

群众医药合作社　第一届全国卫生会议筹备委员会编

出版者不详，[1949]，24页，32开（人民卫生丛刊）

　　本书共5章，内容包括：延安大众卫生合作社、沈阳市铁西区联合医院介绍、平山医药合作社等。

　　收藏单位：国家馆

01498

上海潮州和济医院第九期廿八年全年收支报告　上海潮州和济医院编

上海：上海潮州和济医院，[1939]，66页，25开

01499

上海疯癫专门医院院务概要　宋诚彰等编

上海：疯癫专门医院，1934.12，[144]页，25开

　　本书介绍该院组织章程、住院简章、病人状态及医治经过情形等。

　　收藏单位：上海馆

01500

上海公济医院纪念刊（民国三十四年九月至三十七年九月）　公济医院纪念刊编辑委员会编

上海：公济医院，1948.9，258 页，16 开，精装

本书内容包括：院史、本院今后之计划、本院之规章、内科之部、外科之部、妇产科之部、其他各科等。

01501

上海骨科医院一览（牛公惠生逝世三周纪念 中英文对照） 牛徐蘅著

[杭州]：牛徐蘅，1940.5，[46] 页，32 开

01502

上海广东医院募捐委员会成绩总报告 上海广东医院编

上海：上海广东医院，1935，59 页，16 开

本书介绍民国二十四年募捐概况。

收藏单位：上海馆

01503

上海急救时疫医院工作报告 急救时疫医院事务处编 顾元常主编

上海：急救时疫医院事务处，1940.11，118 页，16 开

本书为中国红十字会上海市新药业同业会主办。附征信录。

收藏单位：上海馆

01504

上海联青儿童施诊所第八年报告（民国二十三年七月至二十四年六月 中英文对照） 陆梅僧著

上海：上海联青儿童施诊所，[1935]，46 页，32 开

收藏单位：上海馆

01505

上海时疫医院十七年报告兼征信录 上海时疫医院编

上海：上海时疫医院，[1929.1]，210 页，24 开

01506

上海时疫医院二十年报告兼征信录 上海时疫医院编

上海：上海时疫医院，[1932]，182 页，24 开

01507

上海时疫医院廿三年报告兼征信录 上海时疫医院编

上海：上海时疫医院，[1934]，192 页，22 开

本书内容包括：本院之内容、常识、二十三年捐款清数、二十三年收付总数中西文各一张、病人住址区别统计表等。

收藏单位：国家馆

01508

上海时疫医院廿四年报告兼征信录 上海时疫医院编

上海：上海时疫医院，[1935]，162 页，22 开

本书内容包括：二十三年捐款清数、二十三年收付总数中西文各一张、病人统计表等。

收藏单位：国家馆

01509

上海时疫医院廿五年报告兼征信录 刘鸿生等著

上海：上海时疫医院，[1937]，210 页，24 开

01510

上海时疫医院征信录 上海时疫医院编

上海：上海时疫医院，[1941]，[60] 页，22 开

本书内容包括：三十年份上海时疫医院报告书、上海时疫医院章程、本院之内容等。

收藏单位：国家馆

01511

上海市国医分馆特刊 上海市国医分馆编

上海：上海市国医分馆，1935.11，18 页，16 开

01512

上海市立沪北戒烟医院年报（民国二十四年度） 上海市立沪北戒烟医院编

上海市立沪北戒烟医院，[1936]，[32] 页，16 开

本书内容包括：上海市立沪北戒烟医院创办日期、经费、病房设备、工作人员、烟民待遇、入院处置、戒烟方法等。

收藏单位：上海馆

01513

上海市立沪北戒烟医院年报附册（民国二十四年度） 上海市立沪北戒烟医院编

上海市立沪北戒烟医院，[1936]，35 页，32 开

收藏单位：上海馆

01514

上海市立沪北戒烟医院一千烟民成瘾原因统计上探讨普及卫生教育与中国禁烟戒烟之关系 梅卓生 严霈章著

上海市立沪北戒烟医院，1935.12，5 页，16 开

本书原载于《卫生月刊》第 5 卷第 12 期。

01515

上海市市立第四医院三十五年度工作概况 上海市市立第四医院编

上海：上海市市立第四医院，[1947.1]，28 页，16 开

收藏单位：上海馆

01516

上海西门妇孺医院五十周年纪念册（中英文对照） 上海西门妇孺医院编

上海：上海西门妇孺医院，[1935]，90 页，18 开

01517

上海永川医院二十周纪念册 王振川编

上海：永川医院，1942.1，[90] 页，16 开，精装

01518

上海浙绍医院募捐碑记及征信录（二十九年十一月至三十一年十一月止） 上海浙绍医院编

华艺印刷厂股份有限公司，[1942]，92 页，

32 开

01519

上海中山医院筹备会第一次征信录 上海中山医院编

上海：上海中山医院，1931.6，[24] 页，32 开

01520

上海中山医院计划书（中英文对照） 上海中山医院编

上海：上海中山医院，[1911—1949]，18 页，21 开

收藏单位：上海馆

01521

尚贤堂妇孺医院第一年度报告册 尚贤堂妇孺医院编

上海：尚贤堂妇孺医院，[1929.10]，45 页，16 开

01522

四明医院十五周纪念册 四明医院编

上海：四明医院，1937.6，68 页，22 开

收藏单位：上海馆

01523

铁樵医药事务所三周纪念特刊 章巨膺主编

上海：铁樵医药事务所，1936.11，114 页，16 开

本书内容包括：《恽氏学说施诸治验之近例》（周伟筠）、《对于铁樵医学之认识》（陈殿方）、《读铁师新著感言》（缪俊德）、《恽氏学说之我见》（陈文旭）、《恽氏学说之立场》（洪吉卿）、《对于恽氏学说之感想》（胡会公）等。

收藏单位：国家馆

01524

铁樵医药事务所问业简章 [铁樵医药事务所编]

上海：铁樵医药事务所，1935.1，[180] 页，32 开

本书内容包括：铁樵医药事务所问业简

章、课艺选刊、答问汇编、国医馆与恽铁樵往来文件、铁樵函授医学简章。

01525

卫生材料之重要性及保护法 卫生处编

[南京]：军事委员会后方勤务部，[1928—1946]，14页，42开

　　收藏单位：南京馆

01526

卫生署西北医院年报（民国三十五年度） 卫生署西北医院编

兰州：卫生署西北医院，[1946—1949]，30页，16开

　　收藏单位：广东馆、南京馆

01527

无锡扬名戒烟医院概况 扬名戒烟医院编

无锡：扬名戒烟医院，1930.6，[212]页，16开

01528

西湖疗养院章程 西湖疗养院编

[杭州]：西湖疗养院，[1911—1949]，8页，64开

01529

下关防疫医院第一届征信录

出版者不详，[1911—1949]，33页，22开

　　收藏单位：南京馆

01530

杨永泰纪念医院概况

出版者不详，[1947]，8页，32开

　　收藏单位：南京馆

01531

医院管理 张锦文等著

台北：大林出版社，[1911—1949]，712页，32开（大林医学丛书15）

01532

医院社会工作 宋思明　邹玉阶著

重庆：中华书局，1944.3，114页，32开（社会行政丛书 社会工作类）

上海：中华书局，1946.8，再版，114页，32开（社会行政丛书 社会工作类）

　　本书共8章，内容包括：绪论、工作内容、工作步骤、个案记录等。

　　收藏单位：重庆馆、广东馆、广西馆、贵州馆、国家馆、辽宁馆、上海馆、浙江馆

01533

云南省立昆华医院第一届年报（民国廿九年度） 云南省立昆华医院编

[昆明]：云南省立昆华医院，[1941]，64页，24开

01534

振务委员会中央国医馆设立中医救护医院工作报告书 张锡君报告

重庆：[中医救护医院]，[1931—1949]，16+28+17页，16开

　　本书介绍该院的创办缘起、扩充经过、内部组织等情况。附中医救护医院章程、中医救护医院疾病统计表等。

　　收藏单位：重庆馆

01535

镇海同义医院二十年汇志 [镇海同义医院编]

镇海同义医院，[1938—1949]，260页，18开，精装

　　本书内容包括：序言、文献、公文批示、各种章则、历年议案、历年医务报告等。

　　收藏单位：上海馆

01536

中国公立医院征信录（第1届） 中国公立医院编

[上海]：中国公立医院，[1913.1]，[240]页，20开，环筒页装

　　本书收该院章程、捐款清单并介绍医疗工作情况。

01537

中国红十字会第十二救护医院征信录　张已任　周莘耕编辑

中国红十字会第十二救护医院，1937，126页，16开

01538

中国红十字会时疫医院征信录（第1册）　中国红十字会时疫医院编

上海：中国红十字会时疫医院，1916，188页，23开

本书为中国红十字会时疫医院章程、捐款人名录等。书前有照片。

收藏单位：上海馆

01539

中国红十字会时疫医院征信录（第2册）　中国红十字会时疫医院编

上海：中国红十字会时疫医院，1921，216页，23开

01540

中国红十字会时疫医院征信录（第3册）　中国红十字会时疫医院编

上海：中国红十字会时疫医院，1923，162页，23开

01541

中华麻疯疗养院建筑费征信录（自1934年1月至1935年1月止）　中华麻疯救济会编

中华麻疯救济会，[1935—1949]，28页，23开

本书内容包括：捐款褒奖条例、各队经募成绩比较表、已认而尚未缴入的捐款。

01542

中央防疫处民国二十、二十一年度报告　中央防疫处编

北平：中央防疫处，1933.6，76页，22开

本书共4章：组织、技术、疫务，事务。

收藏单位：广东馆、国家馆、南京馆

01543

中央防疫处二十八年度工作报告　中央防疫处编

[昆明]：中央防疫处，[1939]，23页，16开

本书共5节：现行组织、技术委员会、临时设备、制造概况、事务。

收藏单位：国家馆

01544

中央防疫处三十四年工作报告　中央防疫实验处编

[北平]：中央防疫实验处，[1946]，33页，16开

本书共6部分：人事动态、技术工作之概况、进修研究及讲习、事务工作、会计工作、人事工作。

收藏单位：国家馆

01545

中央防疫处十二周年刊　中央防疫处编

[北平]：中央防疫处，1931.6，116页，23开

本书介绍中央防疫处12年来的工作动态、组织、设备及防疫状况等。共3章：组织、设备、事业。

收藏单位：广东馆、国家馆

01546

中央防疫处一览　中央防疫处编

[北京]：中央防疫处，1926.7，73页，22开

本书共5章：缘起、设备、组织、事业、研究。

收藏单位：国家馆

01547

中央医院处方录　中央医院编

南京：中央医院，1931，33页，50开，精装

收藏单位：南京馆

01548

中央医院年报（民国十九年及二十年）　中央医院编

南京：中央医院，1931，118页，22开

本书内容包括：院长报告、各科报告、手术分类表、病源分类表、章程等。

收藏单位：广东馆、国家馆

01549

中央医院年报（第 2 期 民国二十一年） 中央医院编

南京：中央医院，[1933]，104 页，22 开

本书内容包括：院长报告、内科报告、外科报告、牙科报告、检验科报告、手术分类表、病原分类表、中央医院门诊暂行规则等。

收藏单位：广东馆、国家馆

01550

中央医院年报（第 3 期 民国二十二年） 中央医院编

南京：中央医院，1934，162 页，22 开

本书内容包括：院长报告、内科报告、外科报告、眼科报告、电疗科报告、护士部报告、手术分类表、疾病分类表、中央医院职员录等。

收藏单位：国家馆、首都馆

01551

中央医院年报（第 4 期 民国二十三年） 中央医院编

南京：中央医院，[1935]，202 页，22 开

本书内容包括：院长报告、内科报告、外科报告、X 光科报告、护士部报告、社会服务科报告、手术分类表、疾病分类表、中央医院职员录、中央护士学校教职员录等。

收藏单位：国家馆、江西馆

01552

中央医院年报（第 5 期 民国二十四年份） 中央医院编

南京：中央医院，1936，170 页，22 开

本书内容包括：院长报告、内科报告、外科报告、产妇科报告、眼科报告、手术分类表、疾病分类表、中央医院职员录、中央医院护士部职员录等。

收藏单位：广东馆、国家馆、南京馆

01553

中央医院年报（第 6 期 民国二十五年份） 中央医院编

南京：中央医院，[1937]，194 页，22 开

本书内容包括：院长报告、内科报告、外科报告、药局报告、饮食部报告、手术分类表报告、疾病分类表、职员录、护士部职员录、中央高级护士职业学校教职员及学生姓名录等。附中央医院诊疗章程。

收藏单位：国家馆

01554

资中县卫生院工作计划大纲 资中县卫生院编

资中县卫生院，[1911—1949]，油印本，1 册，16 开，环筒页装

本书分总纲、分则两部分，介绍该院的组织及工作等情况。

收藏单位：重庆馆

各国卫生保健事业概况

世　界

01555

医疗中的奇迹 （德）爱文·李克（E. Liek）著　周宗琦译

上海：中国科学社，1936.7，212 页，32 开（中国科学社梁绍桐纪念基金出版丛书）

上海：中国科学社，1939.12，再版，212 页，32 开（中国科学社梁绍桐纪念基金出版丛书）

本书介绍医疗事业的新发展、医生的作用和医疗的成就等。共 7 部分，内容包括：生命的奇迹、医疗史的一角、方外奇医、试作解释等。

收藏单位：重庆馆、广东馆、国家馆、南京馆、宁夏馆、上海馆、浙江馆

中　国

01556

百龄福寿全书 魏兆良编著

上海：九福公司，1926.1，1 册，32 开

本书共 10 编，内容包括：生理类、卫生类、医药类、育儿类、防疫类等。附百龄机学说。

收藏单位：浙江馆

01557

办理地方卫生须知　内政部编

重庆：商务印书馆，1944.12，47 页，32 开（内政丛书 地方自治业务参考丛刊 9）

　　本书共 7 节，内容包括：地方卫生概况、地方卫生人员、地方卫生经费、地方卫生设备、地方卫生工作等。

　　收藏单位：重庆馆、广东馆、贵州馆、桂林馆、国家馆、湖南馆、吉林馆、南京馆

01558

保黎医院报告　保黎医院编

出版者不详，[1911]，再版，44 页，25 开

出版者不详，[1914]，4 版，42 页，25 开

　　本书书前的《组织保黎医院缘起》写于 1910 年 12 月。4 版封面印"癸丑第 4 次刊布"字样。封面题名：保黎医会报告。

　　收藏单位：国家馆

01559

北京市保健卫生之现状暨急需进行之各项问题　北京特别市卫生局编

北京：北京特别市卫生局，1939.8，8 页，16 开

　　本书内容包括：医疗事项、防疫事项、卫生教育事项、秽物处理事项等。

　　收藏单位：国家馆

01560

北京特别市公署卫生局业务报告（二十五年度）　北京特别市公署卫生局编

北京：北京特别市公署卫生局，1938.10，350 页，16 开

　　本书为 1936 年 7 月至 1937 年 6 月业务报告，内容包括：局务总论、生命统计、保健设施、传染病管理、医药管理、环境卫生、卫生教育等。

　　收藏单位：上海馆

01561

北京特别市公署卫生局业务报告（二十六年

下半年至二十七年全年度）　北京特别市公署卫生局编

北京：北京特别市公署卫生局，[1940.1]，230 页，16 开

　　收藏单位：国家馆、近代史所

01562

北京特别市公署卫生局业务报告（民国二十八年度）　北京特别市公署卫生局编

北京：北京特别市公署卫生局，1941.1，22+360 页，16 开

　　本书共 9 部分：局务总论、生命统计、保健设施、传染病管理、医药管理、环境卫生、卫生教导、卫生技术、附属院所工作报告。

　　收藏单位：国家馆

01563

北京特别市公署卫生局职员录　北京特别市公署卫生局编

北京：北京特别市公署卫生局，1939.11，12 页，32 开，环简页装

　　收藏单位：国家馆

01564

北平大学医学院在军委会第一重伤医院工作报告

北平：[北平大学医学院]，1933.7，40 页，22 开

　　本书共 5 章：筹备经过、病院组织、疾患治疗、各种统计之解说、结论。

　　收藏单位：国家馆

01565

北平市公安局第一卫生区事务所第五年年报（第 5 期）　北平市公安局编

北平：北平市公安局，1930，76 页，16 开

　　收藏单位：广西馆

01566

北平市公安局第一卫生区事务所第六年年报（第 6 期）　北平市公安局编

北平：北平市公安局，1931，70 页，16 开

　　本书共 6 章：总论、第一股工作报告、第

二股工作报告、第三股工作报告、第四股工作报告、第五股工作报告。

收藏单位：国家馆

01567

北平市公安局第一卫生区事务所第七年年报（第7期） 北平市公安局编

北平：北平市公安局，1932，128页，16开

收藏单位：国家馆

01568

北平市公安局第一卫生区事务所第八年年报（第8期） 北平市公安局第一卫生区事务所编

北平：北平市公安局，1933，123页，16开

本书共10章：总论、防疫统计、环境卫生、妇婴卫生、学校卫生、工厂卫生、医药救济、检验工作、公共卫生劝导、社会服务工作。

收藏单位：国家馆

01569

北平市卫生处第一卫生区事务所第九年年报（第9期） 北平市卫生处编

北平：北平市卫生处，1934，140页，16开

本书共11章：总论、生命统计、传染病管理、环境卫生、妇婴卫生、学校卫生、工厂卫生、医药救济、劝导工作、社会服务工作、检验工作。

收藏单位：广东馆、国家馆

01570

北平市卫生局第一卫生区事务所第十年年报（第10期） 北平市卫生局编

北平：北平市卫生局，1935，130页，16开

本书共12章，内容包括：总论、生命统计、传染病管理、环境卫生、妇婴卫生、学校卫生、医药救济、社会服务等。

收藏单位：国家馆

01571

北平市卫生局第一卫生区事务所第十一年年报（第11期） 北平市卫生局编

北平：北平市卫生局，1936，122页，16开

本书共11章，内容包括：总论、生命统计、传染病管理、环境卫生、妇婴卫生、学校卫生、医药救济等。

收藏单位：国家馆

01572

北平市卫生处第二卫生区事务所第一年度年报（第1期） 北平市卫生处第二卫生区事务所编

北平：北平市卫生处第二卫生区事务所，1934.7，72页，16开

本书共5章：总论、总务兼卫生教育及宣传、第二股卫生报告、第三股卫生报告、保健。

收藏单位：国家馆

01573

北平市卫生局第二卫生区事务所年报（第2期） 北平市卫生局编

北平：北平市卫生局，1935.7，123页，16开

本书共10章，内容包括：总论、生命统计、传染病管理、环境卫生、妇婴卫生、学校卫生等。书前有董事会及全所职工合影及工作情况的照片。

收藏单位：国家馆

01574

北平市卫生局第二卫生区事务所年报（第3期） 北平市卫生局编

北平：北平市卫生局，1936.7，174页，16开

本书共9章，内容包括：总论、生命统计、传染病管理、环境卫生、妇婴卫生等。

收藏单位：国家馆

01575

北平市政府卫生处业务报告 北平市政府卫生局编印

北平：北平市政府卫生局，1934.9，280页，16开

本书共9部分：处务总论、环境卫生、生命统计、传染病管理、保健设施、医药管理、附属机关、第一次卫生运动大会纪要、本处

现行章程。

收藏单位：国家馆、近代史所、南京馆、浙江馆

01576

北平市政府卫生局业务报告　北平市卫生局编

北平：北平市卫生局，[1935.10]，342页，16开

收藏单位：国家馆

01577

北平特别市公安局公共卫生事务所第二年暨第三年年报　北平特别市公安局编

北平：北平特别市公安局，[1928.6]，120页，18开

收藏单位：国家馆

01578

北平协和医院报告书　北平协和医院[编]

北平：北平协和医院，1930.7，63页，25开

本书按科室汇编该院1929年7月至1930年6月的医疗工作情况，内容包括：概况、门诊处、药房、物理治疗、校医处、特别门诊等。

收藏单位：国家馆、首都馆

01579

北平协和医院第二十五次报告书（民国二十一年七月一日至二十二年六月三十日）

北平协和医院编

北平：北平协和医院，[1933]，62页，25开

本书为该院各科室及门诊的工作报告，内容包括：概况、门诊处、特别门诊、校医处、药剂室、物理治疗部、内科报告、外科报告、妇产科报告等。

收藏单位：国家馆

01580

重庆国粹医馆医药特刊　郭又生编

重庆：出版者不详，[1935.3]，[89]页，16开

本书共9节：照片、题词、序言、宣言、法规、公牍、函简、赠词、附录。

收藏单位：国家馆

01581

重庆市卫生局工作报告（廿九年三月至八月）

重庆市卫生局编

重庆：重庆市卫生局，1940，油印本，1册，16开，环筒页装

本书是针对环境卫生的整理、医疗防疫之设施、促进健康厉行卫生教育以及防止霍乱和空袭救护等方面作出的工作总结报告。附防疫、接种、诊病人数、传染病、诊疗、收取垃圾、收检死鼠、出生婴孩、死亡人数等方面的统计表。

收藏单位：重庆馆

01582

重庆市卫生局工作报告（廿九年九月至卅年二月）　重庆市卫生局编

重庆：重庆市卫生局，1941，油印本，1册，16开，环筒页装

本书为医疗、防疫、救护、环境卫生、保健、公共卫生方面作出的工作总结报告。包括市民医院、市立诊疗所、市立流动医疗队、治疟防疟、霍乱伤寒痢疾等预防苗之注射、夏季防疫医院之筹划、法定传染病之管理等内容。附门诊及住院病人、市属医疗机关一览表及工作年报表、传染病、收取垃圾、出生婴孩、死亡人数等类统计表。

收藏单位：重庆馆

01583

慈善医院之广建　俞凤宾著

上海：中华卫生教育会，1921，17页，32开（中华卫生教育会小丛书15）

收藏单位：首都馆

01584

大邑县医药改进支会第一周年纪念特刊　大邑县医药改进支会编

大邑县医药改进支会，1938，130页，16开

本书内容包括：纪念序、发刊词、学术论著、内科研究、方剂研究、医案选粹、验方一束等。附本会简章、本会职员一览表。

收藏单位：重庆馆

01585

地方卫生行政初期实施方案　国民政府卫生部编

南京：国民政府卫生部，1929.1，26页，32开（卫生部刊物 19 册籍类 4）

　　收藏单位：安徽馆

01586

第二次卫生行政会议报告书　广西政府民政厅编

桂林：广西政府民政厅，[1928—1949]，178页，25开

　　本书目录页题名：广西省第二届卫生行政会议报告书。

　　收藏单位：桂林馆、南京馆

01587

第一届胃肠病展览会、医药书画展览会提要（卅一年四月二十日至五月十一日止）　宋大仁主编　中西医药研究社同人编

上海：上海胃肠病院，1942.4，[20]+118页，50开

　　本书内容包括：胃肠病展览会缘起、中国医药书画艺术展览会缘起等。编者原题：海煦楼主。

　　收藏单位：国家馆、上海馆

01588

对于县乡卫生组织之我见　卫生署编

南京：卫生署，1936.2，6页，32开

　　收藏单位：广东馆

01589

二十年来中国医事刍议　汪企张著

上海：诊疗医报社，1935.1，2册（478页），22开

　　本书收 100 余篇文章，内容包括：《论今日卫生建设可利用外资不可为外资利用》《医林正俗谭》《三民主义下我医之期望》《心胃痛辨》《希望医药教育致力国化》等。书前有余岩、褚民谊、胡定安等人的序文及著者自序。版权页题：中国医事刍议。

　　收藏单位：重庆馆、广西馆、国家馆、湖南馆、南京馆、内蒙古馆、上海馆、首都馆、中科图

01590

非常时期之公共卫生与救护　金宝善编

上海：中华书局，1937.11，72页，32开（中国新论社 非常时期丛书）

　　本书共 10 部分，内容包括：地方公共卫生及救护事业现况、非常时期之公共卫生设施、地方病及传染病之防止、国民营养问题、国民体格问题、地方救护事业等。

　　收藏单位：重庆馆、广东馆、国家馆、辽宁馆、南京馆

01591

奉贤县立戒烟医院半年来之报告　奉贤县立戒烟医院编

奉贤县立戒烟医院，1931.4，32页，16开

　　本书共 19 节，内容包括：戒烟委员会议录、捐款征信录、烟民进出报告录、委员会组织大纲等。

　　收藏单位：国家馆

01592

福建省会卫生防疫委员会报告书（第 1 期）

[福建省会公安局卫生防疫会编]

[福建省会公安局卫生防疫会]，1933，1册，16开

　　本书内容包括：本会全体摄影、题词、发刊词、规章、工作纪要、会议录、报告书、演讲词、论著、图画、计划、标语、表式、特载等。

　　收藏单位：福建馆

01593

福建省会新生活清洁运动周报告书　福建省新生活运动促进会编

福州：福建省新生活运动促进会，1935.5 印，138页，16开

　　本书共 3 部分：编者前言、论坛、报告。

　　收藏单位：福建馆

01594

福建省立福州医院十周年纪念刊　省立福州
医院编

福州：省立福州医院，1948.4，94页，18开

　　本书共29节，内容包括：十八个月来伤
寒病之统计、罕见之病例二则、维他命与健
康等。

　　收藏单位：福建馆、国家馆、天津馆

01595

福建省卫生建设经过　[福建省政府秘书处
编]

福建省政府秘书处，[1939]，90页，32开，
环筒页装（闽政丛刊）

　　本书共4章：本省卫生建设政策、本省各
卫生机关进行经过、卫生附属机关概况、战
时卫生工作。

　　收藏单位：福建馆、国家馆、南京馆、浙
江馆

01596

福建省卫生统计提要　福建省卫生处编

福建省卫生处，1947.10，18页，25开

　　本书收表格15张，内容包括：历年全省
卫生人员、历年卫生人员训练、历年卫生机
关经费、历年预防接种人数、历年全省法定
传染病等。

　　收藏单位：福建馆、南京馆

01597

福建卫生　福建省政府秘书处统计室编

福建省政府秘书处公报馆，1938，34页，16
开

01598

福建仙游私立协和医院沿革　福建仙游私立
协和医院[编]

外文题名：Sienyu Christian Union Hospital

福建仙游私立协和医院，[1947]，32页，25
开

　　本书介绍福建仙游私立协和医院自20世
纪初建立之后45年的发展历程，详细记载
1946年度该院医务概况及治疗工作。附民国

三十五年度院务报告。

　　收藏单位：福建馆

01599

甫澄纪念医院甫公殉国周年纪念报告册　甫
澄纪念医院编

[成都]：甫澄纪念医院，[1939]，30页，25
开，环筒页装

　　本书共5节：暴风雨时代、功德在民、五
月二十三日、八个月来、浦澄纪念堂。

　　收藏单位：国家馆

01600

甘肃省之卫生事业　甘肃省政府编

兰州：甘肃省政府，1942.2，26页，32开

　　本书共7章：沿革及组织、医疗工作、保
健工作、防疫工作、卫生教育、卫生经费、
今后工作计划。

　　收藏单位：重庆馆、甘肃馆、广东馆、国
家馆、南京馆

01601

公众卫生浅说（通俗医书）　胡定安编纂

外文题名：Introduction to the study of public
health

上海：商务印书馆，1927.1，29页，25开

　　本书共10章，内容包括：开宗明义、卫
生的真义和目的、中国社会的惨象、时疫流
行之恐怖、改良恶习惯的必要等。编纂者原
题：胡赟。

　　收藏单位：重庆馆、桂林馆、国家馆、湖
南馆、南京馆、浙江馆

01602

关于分配华北区全年卫生事业费的命令　华
北人民政府颁行

华北人民政府，1949.3，油印本，[4]页，16
开

　　收藏单位：国家馆

01603

广东省卫生处工作概要

广州：广东省卫生处，[1939]，油印本，1册，

大 16 开，环筒页装

　　收藏单位：国家馆

01604

广东省卫生工作人员手册　广东省政府卫生处编

广东省政府卫生处，1947.1，220 页，32 开

　　本书为政府卫生管理人员的工作范围及各项标准制度。共 11 部分，内容包括：行政组织、医疗设备、医药管理、卫生训练、防疫、保健、环境卫生等。

　　收藏单位：国家馆、南京馆

01605

广东省卫生行政概要　广东省卫生处编

广东省政府民政厅，1939.10，16 页，32 开（广东省各县市局乡镇长保甲长集中讲习教材 13）

　　本书内容包括：推进卫生之意义、本省卫生行政机构、乡镇保甲长应有的卫生责任等。

　　收藏单位：重庆馆、南京馆

01606

广东卫生　广东省政府秘书处编译室编

广东省政府秘书处，1941.11，146 页，32 开（广东省政丛书 5）

　　本书共 5 章，内容包括：卫生行政的意义及其使命、广东省各级卫生组织概况、广东省卫生处工作概况等。

　　收藏单位：重庆馆、国家馆、南京馆

01607

广东卫生表格　广东省卫生处编

[广州]：广东省卫生处，[1928—1949]，282 页，16 开

　　本书收防疫报告、传染病管理、妇婴卫生、医政、学校卫生、生命统计、环境、诊疗工作等空白表格的标样近 200 种。

　　收藏单位：重庆馆、南京馆

01608

广西省第三次卫生行政会议报告书　广西省政府民政厅卫生处编

桂林：[广西省政府民政厅卫生处]，1941.3，

80 页，18 开

　　本书共 6 章，内容包括：出席会员一览、提案总目表、会议日程表等。

　　收藏单位：国家馆

01609

广西省二十六七两年度卫生行政工作报告　广西省政府民政厅编

桂林：广西省政府民政厅，[1939]，231 页，25 开

　　收藏单位：桂林馆、南京馆

01610

广西省卫生行政会议报告书　广西省政府编

桂林：广西省政府，1936.5，404 页，22 开

　　收藏单位：南京馆

01611

广西梧州医师节特刊　梧州医师庆祝首届医师节筹备委员会编

梧州医师庆祝首届医师节筹备委员会，1948.11，38 页，23 开

　　本书内有学术论文及介绍梧州医药卫生机构建设发展情况的文章。附梧州市医师一览表、广西梧州庆祝首届医师节筹备委员会人员一览表。

　　收藏单位：广东馆、桂林馆

01612

广州博济医院创立百周年纪念　孙逸仙博士医学院筹备委员会编

广州：岭南大学，1935.11，32 页，22 开

　　本书介绍该院创立 100 周年以来的概况和变迁。共 15 章，内容包括：东方新医术之开始、博济医院之创立、英苏分会之成立、历任院长医师之努力、中外人士之赞助、博济之特殊贡献、医药之推广事业等。

　　收藏单位：国家馆

01613

广州市卫生局三十四年九月至三十五年八月工作报告书　广州市卫生局编

广州：广州市卫生局，1946.10，51 页，16 开

01614

广州市卫生局十六年度卫生年刊　广州市卫生局编

广州：广州市卫生局，1928，20+262 页，18开

　　收藏单位：国家馆

01615

广州市卫生行政之检讨　邓真德编著

广州：广州市政府卫生局，1935.11，[78] 页，25 开

　　本书系广州卫生局的工作总结报告，共 4 章：历史及沿革、最近工作之进行、将来之计划、行政经费之支配状况。

　　收藏单位：国家馆、南京馆、上海馆

01616

广州市卫生展览会特刊　广州市政府卫生局编

广州：广州市政府卫生局，[1936.2]，39 页，32 开

01617

广州卫生统计资料（三十五年度）　广州市卫生局编

广州：广州市卫生局，[1947]，34 页，32 开

　　收藏单位：南京馆

01618

广州卫生统计资料（三十六年度）　广州市卫生局编

广州：广州市卫生局，[1948.1]，58 页，横 16开

　　本书共 3 部分：序文、统计图、统计表。

　　收藏单位：重庆馆、国家馆、南京馆

01619

贵州省卫生概要　贵州省地方行政干部训练委员会编

贵阳：贵州省地方行政干部训练委员会，1940.11，184 页，36 开

　　本书共 10 章：省立中心及各县卫生行政机构、抑止地方病及传染病之流行、戒烟、推进学校卫生、妇婴卫生、改良各地环境卫生、卫生教育、贵州省会生命统计工作、医药管理、附录。

　　收藏单位：重庆馆、贵州馆

01620

贵州省卫生行政概况　贵州省政府民政厅编

贵州省政府民政厅，1937.4，58 页，25 开

　　本书共 4 章：绪言、过去之检讨、今后之计划、结论。

　　收藏单位：广东馆、广西馆、贵州馆、国家馆、湖南馆、南京馆、山西馆、上海馆、首都馆、浙江馆

01621

贵州卫生概要　贵州省地方行政干部训练委员会编

[贵阳]：贵州省地方行政干部训练委员会，1942，50 页，36 开

　　本书共 12 节，内容包括：沿革及绪言、组织、经费、医药救济、医药管理、卫生教育等。

　　收藏单位：重庆馆

01622

贵州医药卫生界二十年来之演进　范日新编著

出版者不详，[1938]，62 页，32 开

　　本书将贵州医药卫生界二十年来所发生的大小事件，依时间先后编辑而成。共 7 部分，内容包括：引言、演进、结论等。

　　收藏单位：重庆馆、贵州馆、湖南馆

01623

国府卫生施政概况　中央电讯社出版所编

南京：中央电讯社出版所，1945.7，40 页，32开

　　本书介绍 1944 年度全国卫生行政机构、卫生署组织法以及江苏、安徽、淮海省和南京、上海市的地方卫生行政概况。共 3 部分：全国卫生行政机构、中央卫生行政概况、地方卫生行政概况。版权页题名：时事通信国府卫生施政概况。

收藏单位：国家馆、南京馆

01624

国力与健康　李廷安著

成都：中西书局，1943.11，106 页，32 开（医学常识小丛书）

成都：中西书局，1944.4，再版，106 页，32 开（医学常识小丛书）

本书论述人民健康与强国的关系，提倡社会发展公共卫生、预防保健事业、健全卫生行政组织。共 4 章：国力与健康、公共卫生之演化及其原理、民族保健中之重要问题、卫生行政之组织。

收藏单位：重庆馆、国家馆、南京馆

01625

国立上海医学院卫生科暨上海市卫生局高桥卫生事务所年报（民国二十三年度）　[上海市卫生局高桥卫生事务所编]

[上海市卫生局高桥卫生事务所]，1934，35 页，18 开

本书共两部分。第 1 部分"卫生科"共 10 节，内容包括：教学旨趣、充实人员、经费来源、教学方法、医院设施等；第 2 部分"卫生事务所"共 5 章，内容包括：总论、第一课工作报告、第二课工作报告等。

收藏单位：国家馆

01626

国立上海医学院卫生科暨上海市卫生局高桥卫生事务所年报（民国二十四年度）　[上海市卫生局高桥卫生事务所编]

[上海市卫生局高桥卫生事务所]，[1935]，38 页，18 开

收藏单位：国家馆

01627

国立中山大学第一医院概览　国立中山大学第一医院编

广州：国立中山大学第一医院，1929.10，[41]+84 页，16 开

本书共 7 部分，内容包括：本院概况、本院发展计划、本院各科病人病症统计、本院

规章、护士学校章程等。

收藏单位：国家馆、南京馆、上海馆、浙江馆

01628

国民参政会第三届第二次大会卫生署答复询问案　金宝善编

重庆：大同印刷厂，[1943]，12 页，16 开

收藏单位：南京馆

01629

海南卫生建设计划草案

出版者不详，[1911—1949]，12 页，32 开

本书内容包括：卫生情况概述、卫生建设计划、计划大纲等。

收藏单位：重庆馆

01630

汉持医院、汉持护士学校奠基专刊　汉持医院编

广州：汉持医院，1935，130 页，16 开

收藏单位：国家馆

01631

汉口天主堂梅神父纪念医院纪实录　陆德泽编

汉口：[陆德泽]，[1936.6]，[841] 页，16 开，精装

本书共 24 编，辑录该院自 1924 年筹办至 1936 年春历年的医院工作报告、文件、公函及大事记。

收藏单位：国家馆

01632

河北省卫生事务局业务报告（二十九年度）　河北省卫生事务局编

[保定]：河北省卫生事务局，1941.1，[23+110] 页，18 开

本书共 4 章：总务事项、保健设施、医事管理、卫生技术事项。

收藏单位：国家馆

01633

河北省卫生事务局业务报告（三十年度） 河北省卫生事务局编

[保定]：河北省卫生事务局，1942.1，118 页，16 开

收藏单位：国家馆

01634

河北省卫生事务局业务报告（三十一年度） 河北省卫生事务局编

[保定]：河北省卫生事务局，1943.1，102 页，16 开

收藏单位：国家馆

01635

河北省卫生事务局业务报告（三十二年度） 河北省卫生事务局编

[保定]：河北省卫生事务局，1944.1，油印本，1 册，16 开

收藏单位：国家馆

01636

厚和公教医院概况 厚和公教医院编

[西安]：厚和公教医院，1939.8，20 页，22 开

本书介绍该医院行政系统、各部重要器械表、一年工作报告、附属仁和高级护士职业学校章程。

收藏单位：国家馆

01637

胡定安公众卫生言论集 胡定安著

上海：大东书局，1930.1，[22]+161 页，32 开

本书收公共卫生方面的短文 50 篇，共 4 部分：论说、讲演、建议、杂著。书前有胡汉民、陈果夫等 4 人题词，薛笃弼、褚民谊等 5 人序言。

收藏单位：重庆馆、国家馆、湖南馆、江西馆、南京馆、天津馆

01638

胡定安医事言论集 胡定安著

镇江：中国医事改进社，1935.6，332 页，32 开

本书分论述、专著、叙文 3 部分，内容包括：地方自治与卫生行政、地方自治中卫生基本工作、民族的力量在国民健康、清洁与文明、性欲卫生之研究、总理执行医业时之广告等。

收藏单位：广东馆、国家馆、湖南馆、江西馆、南京馆、上海馆、首都馆、天津馆、浙江馆、中科图

01639

湖南长沙县卫生院概况 [长沙县卫生院编]

长沙县卫生院，1936.7，[60] 页，22 开

本书共 5 章：长沙县概况、成立经过、行政之概况、工作之进展、今后之计画。

收藏单位：国家馆

01640

湖南肺病疗养院概况 湖南肺病疗养院编

长沙：湖南肺病疗养院，1931.8，[44] 页，22 开

本书共 5 编：摄景、略史、医务报告、章程规则、病人须知。附湖南肺病疗养院职员表。

收藏单位：国家馆、江西馆、南京馆、浙江馆

01641

湖南省第三次扩大行政会议湖南省卫生处工作报告 张维编

湖南省卫生处，1941.12，138 页，16 开

收藏单位：南京馆

01642

湖南省各县卫生工作实施纲要 湖南卫生实验处编

长沙：湖南卫生实验处，1937，54 页，22 开

收藏单位：南京馆

01643

湖南省会健康教育委员会报告书 湖南省会健康教育委员会编

长沙：湖南省会健康教育委员会，1934.8，

[92] 页，16 开

本书介绍该省社会、环境卫生及医疗保健等事业发展情况。

收藏单位：国家馆、湖南馆

01644

湖南省立传染病医院周年工作报告　湖南省立传染病医院编

湖南省立传染病医院，1937.7，20 页，22 开

本书共 8 节，内容包括：成立之经过、组织、院址、人员等。

收藏单位：国家馆

01645

湖南卫生实验处工作报告（自民国二十三年七月至二十五年十二月止）　湖南卫生实验处编

长沙：湖南卫生实验处，1937.1，36 页，20 开

收藏单位：国家馆、南京馆

01646

化病夫为壮夫　郑延谷编著

上海：大东书局，1930.11，[20]+212 页，32 开

本书共 4 部分：锻炼身体、个人卫生、公共的卫生道德、政府应做的卫生事宜。

收藏单位：重庆馆、国家馆、湖南馆、江西馆、天津馆、浙江馆

01647

集美医院概况　集美学校编

厦门：集美学校，1947.7，10 页，16 开

本书共 9 部分：沿革、组织与编制、建筑与设备、收费办法、诊疗规则、工作近况、工作计划、现任职员一览表、插图。

收藏单位：重庆馆、国家馆、南京馆

01648

济南市医药业调查统计报告　济南市政府秘书处编

济南：济南市政府秘书处，1937.4，[20]+60 页，16 开（统计资料 22）

本书共 15 部分，内容包括：济南市医药业调查统计报告、济南市中药业概况统计表、济南市西药业概况统计表、济南市医院概况统计表、济南市中西医师公会会员籍贯表等。

收藏单位：国家馆

01649

济南私立齐鲁大学新医院开幕典礼纪念册　齐鲁大学新医学院编

济南：齐鲁大学新医学院，1936，6 页，10 开

收藏单位：国家馆

01650

监察院首都巡察团社会卫生组巡察报告　监察院首都巡察团 [编]

[南京]：监察院首都巡察团，1948，油印本，1 册，16 开，环筒页装

收藏单位：国家馆

01651

建设川康地区卫生院计划草案

出版者不详，[1911—1949]，油印本，1 册，13 开，环筒页装

收藏单位：国家馆

01652

建设三千个农村医院　朱殿著

上海：农村医药改进社，1933.3，162 页，32 开

本书共 14 章，内容包括：农村经济崩溃的检讨、悲惨中的农村病夫、这是我们最大的仇敌、都市医生过剩的危机、医药到农村去、农村医院设备等。

收藏单位：重庆馆、国家馆、上海馆、浙江馆

01653

江苏两年来之卫生工作　江苏省卫生处秘书室编

镇江：江苏省卫生处秘书室，1948.1，36 页，32 开

镇江：江苏省卫生处秘书室，1948.7，再版，36 页，32 开

本书共 9 章，内容包括：绪言、倡导设

立公医院、省立医院的恢复与设置、接接连连的医药救济工作、防治地方病的重要性等。附两年来工作简表。

收藏单位：国家馆、南京馆、浙江馆

01654

江苏省会卫生事务所工作概况（民国二十三年七月至十二月）　江苏省会卫生事务所编

江苏省会卫生事务所，[1934]，28 页，16 开

01655

江苏省立镇江乡区卫生实验区第一年工作概况　镇江乡区卫生实验区办事处编

镇江：镇江乡区卫生实验区办事处，1936.7，[95] 页，16 开

收藏单位：浙江馆

01656

江西全省卫生处概况　江西省政府秘书处编

江西省政府秘书处，1935.9，68 页，23 开（江西事业丛刊 9）

本书内容包括：概述、实施之业务、推进中之事项及计划等。

收藏单位：重庆馆、南京馆、上海馆

01657

江西省抗战以来卫生工作报告　江西全省卫生处编

泰和：江西全省卫生处，1939.7，32 页，25 开

本书共 12 节，内容包括：招致人员、兵役检查、疫病防治、伤兵治疗、难民卫生、工区卫生、战区卫生等。

收藏单位：重庆馆、国家馆

01658

江西省卫生事业概况　江西省政府建设厅编

江西省政府建设厅，1938.6，102 页，32 开

本书介绍江西省 1928—1938 年间卫生事业的沿革、组织、工作成绩、施政纲要及初步改进计划等。附卫生事业有关刊物表。

收藏单位：重庆馆、桂林馆、国家馆、江西馆、南京馆、浙江馆

01659

晋察冀边区的卫生医疗工作　晋察冀边区行政委员会编

晋察冀边区行政委员会，[1938—1949]，油印本，22 页，大 32 开

收藏单位：国家馆

01660

九十年来为华人服务之仁济医院　仁济医院编

上海：仁济医院，[1936]，52 页，32 开

本书共 4 章：本院简史、行政组织、医务概况、经济状况。

收藏单位：国家馆

01661

历年来广西卫生行政

出版者不详，[1927—1949]，油印本，1 册，16 开

收藏单位：南京馆

01662

六个月之上海卫生行政　上海市卫生局编

上海：上海市卫生局，1946，34 页，16 开

本书辑 1945 年 9 月 12 日至 1946 年 3 月 15 日上海市有关卫生行政的报告。

01663

梅县筹办平民医院委员会概况

出版者不详，[1911—1949]，1 册，18 开

本书共 10 部分：卷头语、概况、章则、公牍、会议录、表汇、财政报告、征信录、附录、编后话。

收藏单位：国家馆

01664

梅县德济医院五十周年纪念特刊（1896—1946）

梅县（梅州）：德济医院，1947，40 页，18 开

本书内容包括：主席致词（梅师德）、崇真会总牧演讲词（何树德）、巴色传道会代表致词（万保全）、祝词、贺电、答谢词等。

收藏单位：国家馆

01665

民族健康论　叶维法著

南京：独立出版社，1948.1，156 页，32 开

本书共 16 讲，内容包括：国民体质之分析、民族健康与优生、妇女卫生要论、实施公医制度之展望、我国医学教育之改造、抗痨问题、伤寒论、维生素等。书前有谢冠生、马超俊等人题词。

收藏单位：国家馆、南京馆

01666

民族健康之医学基础　胡定安编著

金华：正中书局，1943.5，135 页，32 开

上海：正中书局，1945.11，复 1 版，135 页，32 开

上海：正中书局，1947.7，4 版，135 页，32 开

本书共 12 章，内容包括：民族健康运动、种族卫生、儿童培育、心理卫生、环境改善、合理营养、可怕的性病等。附各国出生率、死亡率、寿命预测比较表，民族健康运动方案。

收藏单位：重庆馆、东北师大馆、广东馆、国家馆、辽大馆、南京馆、上海馆、首都馆、天津馆、武大馆、浙江馆

01667

民族卫生　金子直著

外文题名：National hygiene

上海：商务印书馆，1930.7，54 页，32 开（医林丛刊）

本书共 5 章：民族卫生学之定义及其研究范围、吾民族之大问题、分量的民族卫生、形质的民族卫生、吾民族之将来。

收藏单位：重庆馆、东北师大馆、广东馆、国家馆、湖南馆、南京馆、内蒙古馆、上海馆、浙江馆

01668

民族与卫生　胡定安　司马淦著

重庆：商务印书馆，1946.11，130 页，32 开（国立中央民众教育馆进修丛书）

上海：商务印书馆，1947.5，130 页，32 开（国立中央民众教育馆进修丛书）

本书共 8 章：我国民族之体质、婚姻、妇婴保健、环境卫生、营养与食品、法定传染病、肺结核之传播及其防御、性病之传染及预防。

收藏单位：安徽馆、重庆馆、广东馆、桂林馆、国家馆、湖南馆、辽宁馆

01669

南京公私立医院及卫生机关　江南问题研究会编

江南问题研究会，1949.3，38 页，32 开（南京调查资料 特篇 2）

本书共 5 部分：南京中央医院、各市立医院、陆海空军医院、各私立医院、市立各卫生机关。

收藏单位：国家馆

01670

南京市卫生局工作报告（南京市参议会第一届第二次大会）　南京市卫生局 [编]

南京：南京市卫生局，1947.3，8 页，16 开

收藏单位：南京馆

01671

南京市卫生事务所工作报告（民国二十四年）　王祖祥编

南京：南京市卫生事务所，1935.12，60 页，16 开

收藏单位：国家馆、南京馆、上海馆、浙江馆

01672

南京市卫生事务所工作报告（民国二十五年）　王祖祥编

南京：南京市卫生事务所，1937.3，64 页，16 开

收藏单位：国家馆、上海馆

01673

南京市卫生事务所一年工作概况（民国二十一年十一月至二十二年十月）　南京市卫生事务

所编

[南京]：南京市卫生事务所，[1934]，24 页，16 开

　　收藏单位：国家馆

01674

南京市卫生事务所助产工作实施方式　南京市卫生事务所编

南京：南京市卫生事务所，1936.5，59 页，32 开

　　本书收助产人员工作细则、助产士讲习班等。

　　收藏单位：南京馆、浙江馆

01675

南京市卫生统计（民国三十六年度）　南京市政府统计处编

南京：南京市政府统计处，[1948.10]，48 页，16 开

　　本书共 7 部分：医院与诊所、诊疗、防疫、保健、环境卫生、医药管理、卫生工程。

　　收藏单位：重庆馆、国家馆、南京馆

01676

南京市卫生行政　周浚权编

南京：出版者不详，1933.11，1 册，16 开，精装

　　收藏单位：南京馆

01677

南京市政府卫生局十九年年刊　黄贻清编

南京：南京市卫生局，[1931.3]，[10]+145 页，16 开

　　本书内容包括：环境卫生、医务、防疫及生命统计、保健设施等。

　　收藏单位：国家馆、南京馆、首都馆、天津馆

01678

南京特别市市政府公安局卫生行政汇报

南京：南京特别市市政府公安局卫生课，1927.12，1 册，16 开

　　本书共 11 部分，内容包括：缘起、编例、

目录、插图、根据前项报告进行第一部之事项等。

　　收藏单位：南京馆、上海馆

01679

南京特别市卫生局组织及事业概况　南京特别市政府卫生局编

南京：南京特别市政府卫生局，[1911—1949]，8 页，32 开

　　收藏单位：广西馆

01680

南京特别市卫生行政实施方案　高维拟

南京：南京特别市卫生局，1928.6，20 页，32 开

　　本书共 5 部分：说明、现在卫生行政概况、卫生行政三年内设计系统表、三年内设计标准、结言。

　　收藏单位：国家馆、南京馆

01681

南京中央医院三十五年度年报　南京中央医院编

南京：南京中央医院，1946.12，[114] 页，16 开

　　本书共 3 部分：业务报告、图表统计、各项章则。

　　收藏单位：安徽馆、广东馆、国家馆

01682

南京中央医院三十六年度年报　南京中央医院编

南京：南京中央医院，1948，70 页，22 开

　　本书内容包括：本院业务之再检讨、内科报告、小儿科报告、外科报告、眼科报告等。书前有周贻春序。

　　收藏单位：国家馆

01683

内政部卫生署职员录　[内政部卫生署编]

[南京]：内政部卫生署，1934.1，26 页，22 开，环筒页装

　　本书附中央卫生试验所职员录。

收藏单位：国家馆

01684

内政部直辖县病院章则表式汇刊　[内政部编]

[内政部]，[1939]，1 册，32 开

　　收藏单位：南京馆

01685

内政部中央医院调查委员会报告书　[内政部中央医院调查委员会编]

南京：内政部中央医院调查委员会，1934.12，76 页，22 开

　　收藏单位：南京馆

01686

宁波华美医院征信录　华美医院编

宁波：华美医院，1930.3，[12]+53 页，23 开

　　本书共 22 节，内容包括：本院全景、本院全体摄影、自动电话摄影、新医院募建之经过等。

　　收藏单位：国家馆

01687

平山县卫生实验工作总结　华北人民政府卫生部编

北平：华北人民政府卫生部，1949.9，33 页，16 开

　　收藏单位：国家馆

01688

黔卫概况　贵州省政府卫生处编

[贵阳]：[贵州省政府卫生处]，1947，38 页，32 开

　　本书介绍贵州省政府卫生处组织概况、省立医院组织及工作等。

　　收藏单位：贵州馆

01689

黔卫三年　贵州省卫生处编

[贵阳]：贵州省卫生处，1944，1 册

　　收藏单位：南京馆

01690

全国各省市县戒烟医院一览　禁烟委员会编

禁烟委员会，1935.4，63 页，18 开

　　本书为全国各戒烟医院统计表，分县市、医院名称、性质、成立年月、经费书目、职员人数、一年来成绩等项。书前有说明。

　　收藏单位：北师大馆、重庆馆、国家馆、湖南馆、南京馆、上海馆

01691

全国经济委员会卫生实验处工作报告　卫生实验处编

[南京]：卫生实验处，1935.10，100 页，16 开

　　收藏单位：广东馆、国家馆、近代史所、南京馆、上海馆、浙江馆

01692

全国经济委员会中央卫生设施实验处工作报告　全国经济委员会中央卫生设施实验处编

出版者不详，1933.10，47 页，16 开

　　本书共 7 部分，内容包括：总述、防疫及检验股、寄生虫学股、环境卫生股等。

　　收藏单位：近代史所

01693

全国卫生行政会议报告　卫生署编

[南京]：卫生署，1946.11，84 页，16 开

　　本书共 10 部分，内容包括：出席人员、会议日程、各长官致词、各省市卫生处局长报告、各组决议案等。

　　收藏单位：国家馆、南京馆

01694

日本统治下的台湾卫生　中央设计局台湾调查委员会编

中央训练团，1944.12，44 页，32 开

　　本书为中央训练团、台湾行政干部训练班参考资料，内容包括：概况、卫生机关、防疫、主要地方病、毒蛇与狂犬、鸦片行政等。

　　收藏单位：南京馆、浙江馆

01695

三十年来中国公共卫生之回顾与前瞻　金宝善著

[上海]：中华医学杂志社，[1946]，[10]页，18开

本书为《中华医学杂志》第32卷第1期抽印本。

收藏单位：国家馆、南京馆

01696

三一七纪念特刊　三三医社编

杭州：三三医社，1929.10，109页，16开

收藏单位：南京馆

01697

山东黄灾救济会济南区之医疗工作报告书

[山东黄灾救济会编]

[济南]：[山东黄灾救济会]，[1911—1949]，10页

收藏单位：国家馆

01698

山东乡村建设研究院医院邹平县政建设实验区卫生工作第一年报告　山东乡村建设研究院编

山东乡村建设研究院，[1934]，80页，22开

本书为邹平县政建设实验区概况、县简图、组织系统表、乡村卫生组织系统表、工作计划大纲等。

收藏单位：浙江馆

01699

山东乡村建设研究院医院邹平县政建设实验区卫生院廿三年度第一、二期工作概况　山东乡村建设研究院编

山东乡村建设研究院，1935.1，52页，22开

本书分第一期工作概况、第二期工作概况两部分。述及筹备经过、工作、人员及组织情况等。

收藏单位：广东馆、国家馆

01700

陕西省教育厅健康教育委员会年报（二十三

年度）

西安：陕西省教育厅，1935.12，70页，16开

收藏单位：南京馆

01701

上海虹口同仁医院清单（1913年9月16号起1914年9月15号止）　上海虹口同仁医院编

上海：上海虹口同仁医院，[1914.10]，16页，22开

本书内容包括：董事部诸君姓名、本院办事人员姓名职务、就诊条例、本年纪事等。

收藏单位：国家馆

01702

上海市第一届参议会卫生委员会工作报告

上海：上海市第一届参议会卫生委员会秘书处，[1946—1949]，4册，32开

本书收6次会议记录。

收藏单位：国家馆、上海馆

01703

上海市近十年来医药鸟瞰　庞京周著

上海：中国科学公司，[1933.10]，130页，24开

本书从发展概况、机构设施、医学教育事业、医疗保健工作、医学书刊出版等方面介绍当时上海市医药卫生事业情况。共7章，内容包括：学说概论、市内医药混乱之现状、医药界业务各论、医药之行政等。

收藏单位：内蒙古馆、山西馆、上海馆、首都馆

01704

上海市四年来卫生工作概要（民国二十一年至二十四年）　[上海市卫生局编]

[上海]：[上海市卫生局]，[1936.1]，78页，10开

本书共4章：卫生行政之方针、机关之组织及人员与经费、近四年中创办事项摘要、继续推进前四年已办各事项摘要。

收藏单位：国家馆

01705

上海市卫生局概况 上海市卫生局编

上海：上海市卫生局，1946.5，53 页，16 开

本书内容包括：沿革、医药行政、保健防疫等。

收藏单位：广东馆、国家馆、南京馆、上海馆

01706

上海市卫生局工作报告 上海市卫生局编

上海：上海市卫生局，1946，34 页，16 开

上海：上海市卫生局，[1946.9]，50 页，16 开

本书共 4 部分：概论、工作报告、结论、附各种有关工作数字。

收藏单位：国家馆、内蒙古馆、上海馆

01707

上海市卫生局工作之概况 李廷安著

上海：上海市卫生局，1934.1，[9] 页，18 开

本书为《中华医学杂志》第 20 卷第 1 期抽印本。

01708

上海市卫生局三年来工作概况 上海市卫生局编

上海：上海市卫生局，1949.3，70 页，16 开

本书共 8 节：防疫设施、环境卫生、医药管理、保健设施、生命统计、人事、会计、统计。

收藏单位：山西馆、上海馆

01709

上海市卫生局十年来之公共卫生设施（中英文对照） 上海市卫生局编

上海：上海市卫生局，[1937]，68 页，12 开

收藏单位：上海馆

01710

上海市卫生局十年来重要工作统计（民国十六年至二十五年） 上海市卫生局编

上海：上海市卫生局，[1937.1]，66 页，12 开

01711

上海市卫生局实习总报告 张旭述编

出版者不详，1933.11，1 册，16 开，精装

收藏单位：南京馆

01712

上海市卫生展览会特刊 上海市卫生局编

上海：上海市卫生局，[1911—1949]，[72] 页，16 开（上海卫生 第 8 卷 5）

01713

上海市医院及卫生试验所奠基纪念 [上海市医院及卫生试验所编]

[上海市医院及卫生试验所]，[1935.1]，10 页，横 16 开

本书为该院的工作概要及建筑图等。

收藏单位：国家馆、江西馆、南京馆、天津馆

01714

上海特别市卫生局业务报告（民国三十年度） 上海特别市卫生局编

上海：上海特别市卫生局，1941，68+50 页，16 开

本书共 6 章：总务、防疫、环境卫生、卫生教育、保健、生命统计。

收藏单位：广东馆、国家馆、南京馆

01715

上海特别市卫生局业务报告（民国三十一年度） 上海特别市卫生局编

上海：上海特别市卫生局，[1942]，109 页，16 开

本书封面题名：卫生局业务报告。

收藏单位：国家馆、上海馆

01716

上海特别市政府卫生局职员录 上海市特别市卫生局编

上海：上海特别市卫生局，1928.12，7 页，16 开

本书收录上海特别市政府卫生局的职员名单。

收藏单位：国家馆

01717

实施新县制与卫生建设　金宝善讲　中央训练团党政高级训练班编

重庆：[中央训练团党政高级训练班]，1943.4，22页，32开（中央训练团党政训练班讲演录）

[重庆]：中央训练团党政高级训练班，1943.6，50页，32开

　　本书共6部分，内容包括：推行地方自治与卫生工作、为民健康及医药缺乏情形、县各级卫生设施现况之剖析、推进县卫生建设之原则、推进县卫生建设之问题等。附参考资料。

　　收藏单位：重庆馆、国家馆、南京馆、天津馆

01718

世界红十字会长沙分会重建院会诊所学校征信录　世界红十字会长沙分会编

[长沙]：世界红十字会长沙分会，[1948]，39页，18开

　　本书为工作及收支报告。书中题名：世界十字会长沙分会重建院分施诊所学校征信录。

01719

世界红十字会烟台分会附设普济医院简章　普济医院编

普济医院，[1940.6]，7页，18开

　　本书共8项：名称、宗旨、地址、组织、经费、诊例、施药、附则。附该院院规。

01720

世界红十字会治疗所二十七年份报告书　世界红十字会治疗所编

世界红十字会治疗所，1939.2，44页，16开

　　本书为该所1938年度诊疗工作情况。附董事、医务人员名录等。

01721

首都平民医院两周年报告　首都平民医院编

[南京]：首都平民医院，1933.9，110页，25开

　　本书内容包括：本院规则、病论、比较图表等。

　　收藏单位：广东馆、广西馆、国家馆、江西馆、南京馆、上海馆、天津馆

01722

首都卫生（第1集）　南京特别市卫生局编

南京：南京特别市卫生局，1929.10，1册，16开

　　本书内容包括：言论、法规、业务概况、统计等。

　　收藏单位：国家馆

01723

私立上海骨科医院（第1期周年报告　英汉对照）　私立上海骨科医院编

外文题名：Orthopedic hospital of Shanghai

上海：私立上海骨科医院，[1929.12]，[67]页，22开

　　本书共15节，内容包括：临时医师、特约医师、一年间成绩略述、住院医各主任报告、护士部报告、爱克司光部报告、会计员报告等。

　　收藏单位：国家馆

01724

四川省卫生实验处二十九年度工作报告　四川省卫生实验处编

[成都]：四川省卫生实验处，[1941]，42页，18开

　　本书共6部分，内容包括：绪言、组织及人员、工作概要、卫生事业费概况等。

　　收藏单位：国家馆、南京馆

01725

四川省卫生处三十年度工作报告　四川省卫生处编

成都：四川省卫生处，1942，[61]页，16开

　　本书共3部分：绪言、三十年度本处及所辖卫生机关之一般概况、本处三十一年度计划摘要。

　　收藏单位：南京馆

01726

"四一二"二周纪念新疆民众第二次全体代表大会保健报告　陈德立报告

新疆民众第二次代表大会，1935.4，9页，21开

　　本书介绍1933年4月12日新疆事变两年来医疗卫生工作。

01727

台湾省第二届卫生行政会议特辑　台湾省卫生处编

[台北]：台湾省卫生处，1947.12，42页，16开

　　本书共12部分，内容包括：出席人员一览、会议日程表、工作报告摘要、分组审查名单等。封面题名：台湾省第二届卫生行政会议特报。

01728

台湾省卫生统计要览（三十六年度）　卫生处统计室编

[台北]：卫生处统计室，[1948.10]，88页，20cm×29cm

　　本书共6部分：行政、防疫、保健、医疗、生命统计、统计图。

　　收藏单位：国家馆

01729

台湾一年来之卫生　台湾省行政长官公署民政处卫生局编

台湾省行政长官公署宣传委员会，1946.11，36页，32开（新台湾建设丛书9）

　　本书共两部分：接收的经过情形、接收后之改进措施。共10节，内容包括：接收各单位之处理情形、普设卫生及医疗机构、关于禁烟情形、关于药品及药商的管理、办理保健工作、办理生命统计等。

　　收藏单位：重庆馆

01730

天津市卫生概况　天津丛刊编辑委员会编

天津：天津市政府秘书处编译室，1948.9，80页，32开（天津丛刊）

本书共5部分：调整机构、加强人事、工作初步计划、现在工作概况、结语。

　　收藏单位：国家馆、天津馆

01731

同仁医院成立五十年小史　同仁医院编

北平：同仁医院，[1936]，[20]页，25开

　　收藏单位：国家馆

01732

推进卫生　王毓榛编著

浙江省民政厅，1943.8，114页，32开（乡镇自治指导读物14）

　　收藏单位：重庆馆、南京馆、浙江馆

01733

维建的卫生问题　朱凝如著

上海：商务印书馆，1936.8，3册（40+44+40页），32开（小朋友文库 第1集）

　　收藏单位：重庆馆

01734

维建的卫生问题　朱凝如著

上海：中华书局，1948.1，40页，32开（中华文库 小学 第1集 中级 卫生类）

上海：中华书局，1948.8，再版，40页，32开（中华文库 小学 第1集 中级 卫生类）

　　本书共8章，内容包括：我们为什么要吃食物、水是顶要紧的东西、吸新鲜空气等。

　　收藏单位：广西馆、内蒙古馆

01735

维建的卫生问题（2）　朱凝如著

上海：中华书局，1947.12，44页，32开（中华文库 小学 第1集 中级 卫生类）

上海：中华书局，1948.8，再版，44页，32开（中华文库 小学 第1集 中级 卫生类）

　　本书共8章，内容包括：为什么要种痘、预防可怕的喉痧、早起早眠的好处、我们要常常洗澡、怎样保护我们的眼睛等。

　　收藏单位：广西馆

01736

卫生　无锡协政卫生委员会编

无锡协政卫生委员会，1923.1，1册，大32开

　　收藏单位：南京馆

01737

卫生部工作报告表（自民国十八年五月至民国十九年六月）　卫生部编

[南京]：卫生部，[1930.6]，1册，16开

　　本书以表格形式按月报告卫生部各司工作情况。

　　收藏单位：国家馆

01738

卫生部三十七年下半年度施政计划纲要说明　卫生部编

[南京]：卫生部，[1948]，19页，16开

　　收藏单位：国家馆、南京馆

01739

卫生部施政纲领　卫生部编

[南京]：卫生部，1929.2，8页，18开（卫生部刊物27册籍类11）

01740

卫生部医疗防疫总队业务概况　卫生部医疗防疫总队[编]

出版者不详，[1911—1949]，油印本，1册，16开，环筒页装

　　收藏单位：重庆馆

01741

卫生部职员录　卫生部人事室编

南京：[卫生部人事室]，1948.10，34页

　　收藏单位：南京馆

01742

卫生年报（民国十四年七月至十五年六月）　广州市卫生局编

广州：广州市卫生局，[1926]，[200]页，16开

01743

卫生年鉴　广州市卫生局医务课教育股编

广州：广州市卫生局医务课教育股，1929.2，20+262页，18开，精装

　　本书共13部分，内容包括：著论、广州市卫生局之组织、保健事项、防疫事项等。

　　收藏单位：国家馆

01744

卫生实验处丛刊（第1册）　卫生实验处编

[南京]：卫生实验处，1935，[450]页，16开，精装

01745

卫生署公务统计方案　卫生署统计室拟编

卫生署统计室，1942，手抄本，249页，横8开

　　本书分卫生类、人口类两部分。内容包括：卫生行政管理、卫生实验、人口动态等。

　　收藏单位：重庆馆

01746

卫生署三年计划　[卫生署编]

[卫生署]，[1941]，油印本，1册，16开

　　收藏单位：南京馆

01747

卫生署三十二年度施政报告　[中央设计局]编

[中央设计局]，1943，油印本，1册，16开，环筒页装

　　本书共5部分：基层卫生设施、医药设施、防疫设施、人才训练及研究实验设施、中医中药设施。

　　收藏单位：国家馆

01748

卫生署三十三年度工作成绩考察报告

出版者不详，1944，油印本，1册，16开，环筒页装

　　收藏单位：国家馆

01749

卫生署三十三年度工作计划

出版者不详，1944，油印本，1册，16开，环

筒页装

    本书共 5 章：保健事业设施、医药救护设施、防疫设施、卫生人员管训设施、卫生研究实验设施。

    收藏单位：国家馆

01750

卫生署一年来工作报告　中央设计局编

[中央设计局]，1940，油印本，1 册，16 开，环筒页装

    收藏单位：国家馆

01751

卫生署职员录　卫生署编

[南京]：卫生署，1937.6，94 页，32 开

    本书附所属各机关职员录。

    收藏单位：国家馆

01752

卫生署职员录　卫生署人事处编

[南京]：卫生署人事处，1945.4，油印本，15 页，32 开，环筒页装

    收藏单位：国家馆

01753

卫生署职员录　卫生署人事室编

[南京]：[卫生署人事室]，1944.10，油印本，14 页，32 开，环筒页装

[南京]：卫生署人事室，1946.12，26 页，32 开

    收藏单位：国家馆

01754

卫生统计　内政部编

[南京]：内政部，1938.9，120 页，16 开（战时内务行政应用统计专刊 5）

    本书共 6 部分：卫生机关之组织、卫生行政经费、医药设施、防疫设施、体格及寿命、死亡统计。

    收藏单位：重庆馆、广东馆、国家馆、辽宁馆、南京馆

01755

卫生统计（民国二十二年五月）　青岛市社会局编

青岛：青岛市社会局，1933.5，[56] 页，16 开

    本书为青岛市 1932 年度的医疗卫生公共卫生事业的统计材料。

01756

卫生行政汇报　南京特别市市政府公安局卫生课编

南京：南京特别市市政府公安局卫生课，[1928]，[276] 页，16 开

    本书介绍 1927 年 12 月 16 日至 1928 年 3 月 15 日南京市公共卫生、防疫保健工作情况，共 5 部分：序、编制、目录、言论、报告事项。

    收藏单位：国家馆

01757

卫生业务之监察　孔繁瑾编

[南京]：中央训练团监察官训练班，1947.9，56 页，25 开（教字 第 10 号）

    本书共 6 章：概述、一般监察、军医署及各级指导机关之监察、医院之监察、荣善机关之监察、部队卫生之监察。附录共 8 种：陆军卫生人员任用资格审核规则、军用卫生器材保管规则等。

    收藏单位：国家馆

01758

卫生之道　陈果夫著

重庆：正中书局，1942.11，108 页，32 开

重庆：正中书局，1943，6 版，108 页，32 开

重庆：正中书局，1943.5，12 版，108 页，32 开

上海：正中书局，1946.5，108 页，32 开

上海：正中书局，1947.4，4 版，108 页，32 开

    本书共 5 章：绪论、卫生的十大原则、原则之外几桩重要事情、一般疾病的预防、怎样走上民族健康之路。附《读果夫先生〈卫生之道〉后的感想》（俞松筠）、《为〈卫生之道〉补白》（胡定安）。

    收藏单位：重庆馆、东北师大馆、贵州

馆、国家馆、湖南馆、辽大馆、南京馆、内蒙古馆、西南大学馆、浙江馆

01759

卫生组工作年报（二十七年九月至二十八年六月） 农村建设协进会乡政学院卫生组[编]

农村建设协进会乡政学院，1938，1册，18开，环筒页装

本书共12节，内容包括：概述、生命统计、医疗救济、妇婴卫生、环境卫生、传染病管理等。

收藏单位：国家馆

01760

温泉疗养院简章 温泉疗养院编

北平：温泉疗养院，1935.1，9页，32开

本书共5部分：温泉治疗上之功用、收费规则、温泉农村诊疗所简则、温泉同志会简则、介绍规则。

收藏单位：国家馆

01761

吴淞卫生模范区十九年度业务报告 吴淞卫生模范区办事处编

上海：吴淞卫生模范区办事处，1931，110页，20开，环筒页装

本书共5章：总纲、总务课、检查课、医务课、保健课。

01762

吴兴福音医院概况 吴兴福音医院编

吴兴福音医院，1929，40页，23开

本书共14节，内容包括：沿革、组织大纲、住院病人统计、门诊病人统计、支出报告等。

收藏单位：国家馆

01763

梧粤杭京沪平各地卫生行政概况 莫松著

[南宁]：[民政厅]，1929，60页，24开

本书共8章，内容包括：梧州市卫生行政概况、广州市卫生行政概况、杭州市卫生行

政概况、首都卫生行政概况等。

收藏单位：国家馆

01764

五年来之广西卫生行政（民国二一—二五年度） 广西省民政厅第四科编

广西省民政厅第四科，1937.7，300页，32开

本书共10章，内容包括：划分卫生区、推行公共卫生、审查医药人员、造就西医人才、整理医生药店等。

收藏单位：桂林馆、国家馆、南京馆

01765

西山天然疗养院简章 西山天然疗养院编

北平：西山天然疗养院，1935.1，7页，32开

本书共8条，内容包括：本院风景、住院规则、养病室价目、医药规则等。

收藏单位：国家馆

01766

峡防局廿二年种痘报告书 峡防特务学生队编

重庆：江巴璧合特组峡防局，1933，24页，32开

本书内容包括：筹备经过、组织系统表、工作人员一览表、实施概况等。

收藏单位：重庆馆

01767

厦门中山医院筹备委员会工作报告 厦门中山医院筹备委员会编

厦门中山医院筹备委员会，1930.12，8页，32开

收藏单位：国家馆

01768

厦门中山医院计划书（中华民国十八年七月） 厦门市卫生会编

厦门：厦门市卫生会，1929，1册，16开

本书内容包括：厦门中山医院计划概要、厦门中山医院各部职员月俸预算表、厦门中山医院董事会组织大纲等。

收藏单位：国家馆

01769

县单位卫生建设初步方案　河北省县政建设研究院编

河北省县政建设研究院，1934.10，28 页，22 开

　　收藏单位：重庆馆、国家馆

01770

县地方卫生实施法（第 1 篇 行政）　侯子明著

北平：河北卫生月刊社，1947.8，434 页，22 开

　　本书共 13 章，内容包括：我国县地方卫生事业之后顾与前瞻、中央颁布之卫生行政组织系统纲要、公文程式等。

　　收藏单位：国家馆、南京馆

01771

县各级卫生组织大纲

出版者不详，[1911—1949]，10 页，32 开

　　收藏单位：南京馆

01772

县卫生行政　胡定安编著

重庆：中央政治学校研究部，1941.2，92 页，32 开（三民主义县政建设丛书）

　　本书共 7 章，内容包括：绪论、县卫生行政组织机构、县卫生行政工作实施方案、县医疗工作实施方案等。

　　收藏单位：重庆馆、广东馆、贵州馆、国家馆、南京馆

01773

县卫生行政实施办法　卫生署编

南京：卫生署，1936.2，12 页，32 开

　　收藏单位：广东馆、南京馆

01774

县卫生行政实施办法纲要　内政部卫生署编

南京：内政部卫生署，[1939.11]，8 页，32 开

　　本书共 4 部分：引言、县卫生设施之组织标准、县卫生设施之经费标准、县卫生设施办法之说明。附县各级组织关系图及卫生员方案。

　　收藏单位：重庆馆、国家馆、南京馆、西南大学馆、浙江馆

01775

县卫生行政实施办法纲要　行政院卫生署编

庐山暑期训练团，1937，16 页，64 开

　　收藏单位：广东馆

01776

新湖北卫生须知　湖北省卫生处编

湖北省卫生处，1942.7，38 页，32 开

　　本书共 5 篇：总说、个人卫生、家庭卫生、环境卫生、社会卫生。书前有弁言。

　　收藏单位：国家馆

01777

新县制下应如何推行县卫生工作　卫生署编

重庆：卫生署，1941.11，1 册，32 开

　　收藏单位：南京馆

01778

行政院卫生署职员录　[行政院卫生署编]

[南京]：行政院卫生署，1936.3，14 页，22 开

　　本书共 3 部分：行政院卫生署职员录、中央卫生试验所职员录、本署电话号码一览。

　　收藏单位：国家馆

01779

修正上海市卫生局现行章则汇编　上海市卫生局编

上海：上海市卫生局，[1934]，74 页，16 开

　　收藏单位：南京馆

01780

训政时期卫生行政方针

南京：国民政府内政部，1928.8，94 页，42 开

　　本书共 5 章：特别市卫生行政应办事项、省（区）卫生行政应办事项、普通市卫生行政应办事项、县卫生行政应办事项、附录。

　　收藏单位：南京馆

01781

一年来的广东卫生行政（二十八年下半年至二十九年上半年） 广东省政府民政厅编

广州：广东省政府民政厅，1940.8，34页，32开

　　本书内容包括：充实组织与调整机构、培植人才、储备药械、增高医疗机关等。

　　收藏单位：重庆馆、南京馆、浙江馆

01782

一年来之甘肃卫生 甘肃省卫生处编

兰州：甘肃省卫生处，1940.8，94页，16开，环筒页装

　　本书共3部分：甘肃省办理卫生事业之沿革、现有卫生机关组织系统、一年来工作概况。

　　收藏单位：甘肃馆、国家馆

01783

医界指南 中华医学会编

外文题名：Medical guide

北京：中华医学会，1928.2，118页，16开

　　本书内容包括：北京之医务机关、国内各地之医务机关、中华医士姓名录等。封面印：民国十七年春第七次大会刊于北京。

　　收藏单位：广东馆、国家馆、天津馆

01784

云南全省卫生实验处二年工作概况（二十五年七月至二十七年七月） 云南省卫生实验处编

昆明：云南省卫生实验处，[1938]，130页，16开

　　本书介绍该省两年来卫生机构、设施发展，卫生人员培训，传染病与地方病的防治工作，公共卫生、医疗保健事业的开展情况。

　　收藏单位：南京馆、上海馆

01785

云南省卫生处民国卅一年工作报告 云南省卫生处编

昆明：云南省卫生处，[1942.4]，67页，18开

　　收藏单位：国家馆

01786

战后上海暨全国医药业调查录 许晚成编辑

上海：龙文书店，1939.12，205+80页，32开

　　本书共两编：上编介绍医师、医院；下编介绍药房、药行、制药厂。以表格形式介绍全国30多个省市的医师及上述单位的名称、地址、电话与概况。

　　收藏单位：国家馆、南京馆、上海馆

01787

战时地方卫生行政概要 金宝善讲

[重庆]：中央训练团，1939.12，16页，32开

[重庆]：中央训练团，1940.1，22页，32开

[重庆]：中央训练团，1941.5，再版，33页，32开

　　本书共6部分：绪言、国人健康情形、地方卫生行政机构之树立及其工作、中央协作事项、人员及经费、附统计图表。

　　收藏单位：安徽馆、重庆馆、广东馆、国家馆、南京馆、浙江馆

01788

浙江省卫生处成立五周年纪念刊 浙江省卫生处编

[浙江省卫生处]，1945.8，194页，16开

　　本书介绍1935—1940年省县卫生设施概况、五年来之医事、保健、防疫以及浙江省卫生机关会计事务概述等。

　　收藏单位：南京馆、浙江馆

01789

浙江省卫生处二十九年度工作报告 浙江省卫生处编

浙江省卫生处，[1941]，48页，16开

　　本书内容包括：前言、省卫生机构暨附属机关之办理情形、设置及其经费之支配、一般医事行政之调查及管理等。

　　收藏单位：浙江馆

01790

中国公共卫生之建设 胡宣明著

上海：亚东图书馆，1928.10，130页，32开

　　本书论述中国公共卫生事业的发展步

骤、政策及具体实施办法。共 7 章，内容包括：卫生智识、卫生人才、卫生经费、卫生法律等。

　　收藏单位：重庆馆、广西馆、桂林馆、国家馆、山西馆、上海馆、首都馆、天津馆、浙江馆

01791

中国红十字会第一医院国立上海医学院第一实习医院报告（中华民国二十一年度） 中国红十字会第一医院国立上海医学院第一实习医院编

上海：[上海市政府]，[1932]，90 页，25 开

　　收藏单位：国家馆、上海馆

01792

中国红十字会第一医院国立上海医学院第一实习医院报告（中华民国二十二年度） 中国红十字会第一医院国立上海医学院第一实习医院编

上海：[上海市政府]，[1933]，84 页，22 开

　　收藏单位：国家馆、湖南馆、上海馆

01793

中国红十字会第一医院国立上海医学院第一实习医院报告（中华民国二十三年度） 中国红十字会第一医院国立上海医学院第一实习医院编

上海：[上海市政府]，[1934]，125 页，22 开

　　收藏单位：国家馆、上海馆

01794

中国红十字会第一医院国立医学院第一实习医院报告（中华民国二十四年度） 中国红十字会第一医院编

上海：中国红十字会第一医院，[1936]，139 页，25 开

01795

中国红十字会总医院国立中央大学医学院第一实习医院报告（中华民国十九年度与二十年度） 中国红十字会总医院编

上海：中国红十字会总医院，[1932.1]，118 页，25 开

　　本书为中国红十字会总医院国立中央大学医学院 30 年、31 年两年度的医院、各科室业务工作报告，手术分类表及该院医护人员一览表。

　　收藏单位：国家馆

01796

中国铁路医务概况 郭培青著

南京：交通杂志社，1933，80 页，32 开

　　收藏单位：广东馆

01797

中国卫生刍议 黄子方著

北京：中央防疫处，1927.8，42 页，22 开

　　本书为《中央防疫处卫生杂志》第 3 特刊号，曾载于《燕京大学社会学界》第 1 卷。共 4 章：中国现时之卫生状况、创设卫生事业之原则及应加审慎各点、中国公共卫生之第一步办法、结论。

　　收藏单位：国家馆、山西馆

01798

中国卫生行政设施计划 胡定安著

外文题名：Plans for public health administration in China

上海：商务印书馆，1928.9，67 页，22 开

　　本书共两编。第 1 编"急要卫生行政计划"共 7 章，内容包括：卫生行政系统与组织、国际卫生问题、国家卫生行政费预算等；第 2 编"次要卫生行政计划"共 5 章，内容包括：发展地方卫生事业、一般公众卫生之整顿、民众食住问题等。书前有陈果夫与蔡元培序。

　　收藏单位：安徽馆、重庆馆、广东馆、广西馆、国家馆、湖南馆、江西馆、辽宁馆、南京馆、宁夏馆、山西馆、上海馆、天津馆、浙江馆

01799

中国卫生制度变迁史 马允清编

天津：天津益世报馆，1934.12，154 页，32 开

　　本书共 3 编：绪论、本论、结论。"本论"

共 11 章，内容包括：太古时代、周秦时代、唐及五代时代等。

收藏单位：国家馆、近代史所

01800

中国乡村卫生行政　薛建吾著

上海：商务印书馆，1937.2，274 页，32 开

本书论述中国乡村卫生行政的理论、组织及工作范围。共 9 章，内容包括：中国乡村卫生行政机关的组织、中国乡村卫生行政机关的经费、中国乡村卫生行政机关的设备等。

收藏单位：重庆馆、广东馆、广西馆、贵州馆、国家馆、南京馆、内蒙古馆、上海馆、首都馆、天津馆、浙江馆

01801

中国医界指南（民国二十一年）　中华医学会编

上海：中华医学会，1932，[510] 页，22 开，精装

上海：中华医学会，1932，3 版，296+215 页，22 开，精装

本书为中英文对照。内有全国西医医师、公共卫生机关、医院、医学院校及其他医学团体的名称、地址。

收藏单位：广西馆、湖南馆、上海馆

01802

中国医界指南（民国二十三年）　中华医学会编

外文题名：The Chinese medical directory 1934

上海：中华医学会，1934，4 版，355 页，22 开，精装

收藏单位：广东馆、国家馆、南京馆、上海馆

01803

中国医界指南（民国二十五年）　中华医学会编

外文题名：The Chinese medical directory 1936

上海：中华医学会，1936，366 页，16 开，精装

本书共 5 部分，内容包括：医师、公共卫

生行政机关、医院等。

收藏单位：国家馆

01804

中国医界指南（民国二十六年）　中华医学会编

上海：中华医学会，1937.7，391 页，16 开，精装

收藏单位：上海馆

01805

中国医界指南（民国二十八年）　中华医学会编

上海：中华医学会，1939，[403] 页，16 开，精装

收藏单位：上海馆

01806

中国医界指南（民国二十九年）　中华医学会编

上海：中华医学会，1940，[442] 页，16 开，精装

收藏单位：国家馆、上海馆、首都馆

01807

中国医界指南（民国三十年）　王吉民编

上海：中华医学会，1941，[430] 页，16 开，精装

收藏单位：广东馆、上海馆

01808

中国医界指南（民国三十六年）　中华医学会编

外文题名：The Chinese medical directory 1947

上海：中华医学会，1947，196 页，22 开

本书共 5 部分：医师、公共卫生行政机关、医学教育、医院、医学学术团体。

收藏单位：安徽馆、国家馆、湖南馆、江西馆、上海馆

01809

中华民国三十六年度卫生署工作计划

[卫生署]，[1946]，石印本，1 册，16 开

收藏单位：南京馆

01810

中华民国医事综览 （日）小野得一郎编辑
同仁会编
东京：同仁会，1935.4，475 页，32 开
　　本书内容包括：中国新医学之发达、中国医事行政法规、中国医事行政机关、中国医学教育机关、中国医院名录等。
　　收藏单位：安徽馆、国家馆、南京馆、上海馆

01811

中央国医馆宣言
出版者不详，1931.3，12 页，16 开
　　本书附章程草案。
　　收藏单位：国家馆

01812

中央国医馆一览　中央国医馆秘书处编
[南京]：中央国医馆秘书处，1934.8，89 页，25 开
　　本书共 28 篇，内容包括：中央国医馆组织系统表、中央国医馆理事会章程、中央国医馆组织章程、中央国医馆筹募基金委员会章程等。
　　收藏单位：广东馆、国家馆、湖南馆、南京馆、山西馆、上海馆

01813

中央卫生设施概况影集　中华民国卫生署
中华民国全国经济委员会卫生实验处编
外 文 题 名：National public health activities: a pictorial survey
南京：内政部卫生署，1934.9，[52] 页，16 开，精装
　　本书收卫生部建筑照片、各科室照片及地方卫生情况照片等。
　　收藏单位：重庆馆、广东馆、国家馆、南京馆、上海馆、浙江馆

01814

中央卫生实验院概况　[中央卫生实验院编]

出版者不详，1948，18 页，32 开
　　本书内容包括：引言、组织、历年主要工作等。
　　收藏单位：重庆馆

01815

中央卫生委员会第一次会议汇编　卫生部编
[南京]：卫生部，1929.6，1 册，172 页，16 开（卫生部刊物 37 册籍类 18）
　　本书共 8 类：法规、文电、演词、题名、纪录、议案、审查、附录。
　　收藏单位：国家馆

01816

中央卫生委员会第二次会议汇编　卫生部编
[南京]：卫生部，1930.3，1 册，194 页，16 开（卫生部刊物 59 册籍类 38）
　　本书共 7 类：法规、文电、演词、题名、纪录、议案、附录。
　　收藏单位：国家馆、南京馆

01817

中央医院　行政院新闻局编
南京：行政院新闻局，1947.9，38 页，32 开
　　本书介绍南京、重庆、广州、兰州、天津五所中央医院成立以来的工作情况。
　　收藏单位：安徽馆、重庆馆、大庆馆、广东馆、广西馆、桂林馆、国家馆、河南馆、湖南馆、江西馆、近代史所、辽宁馆、南京馆、上海馆、首都馆、天津馆、浙江馆

01818

中医救护章则摘要　中央国医馆编
重庆：中央国医馆，[1938.1]，26 页，23 开
　　本书共 7 部分，内容包括：中医救护医院章程、中医救护医院董事会章程（附董事会名单）、中医救护医院汉口第一分院简章（附汉口分院成立之经过）等。
　　收藏单位：国家馆

01819

周浦辅善医院报告册　周浦辅善医院编
上海：周浦辅善医院，[1934]，[190] 页，16 开

本书介绍该院 1930—1934 年间的医疗工作及发展建设等。

收藏单位：上海馆

其他各国

01820

德国对于世界病苦人群之功绩（中德文对照） 璧恒公司编

上海：璧恒公司，1942，107 页，16 开（德国丛书 第 2 册）

本书介绍德国自中古时代以来医药卫生防疫事业的发展及取得的成就。共 18 章，内容包括：卫生、化学治疗学、外科手术、神经病科与体质学、法医、遗传学、维他命与荷尔蒙、止痛等。

01821

赴英国及印度研究公共卫生报告 金子直述

出版者不详，[1911—1949]，46 页，24 开

本书共 22 节，内容包括：生命统计之研究、英国卫生机关之组织、印度卫生机关之组织、传染病之研究、学校卫生之研究、上水之研究、下水之研究等。封面题名：国际联盟请政府派员赴英国及印度研究公共卫生报告。

收藏单位：国家馆

01822

国民政府与公共卫生 （美）J. A. Tobey 著 王鸿文译 赵龙文校

外文题名：The national government and public health

汉口：汉口市政府秘书处，1930.10，320 页，16 开（市政丛书 4）

本书介绍美国政府兴办的各项公共卫生事业。

01823

墨索里尼结核疗养院之设计与建筑 李英标译 王祖祥校

南京：中华工程协进社，1937.3，19 页，32 开

本书简介该院医疗防治工作、人员组织及建筑设备情况。

收藏单位：国家馆、江西馆、南京馆、上海馆、首都馆、浙江馆

01824

日本近世卫生设施发展史 石原修著 陶炽孙译

上海：中华学艺社，1935.1，16 页，16 开（学艺小丛书 第 11 种）

收藏单位：上海馆

01825

苏联保健事业 （苏）密泰累夫著 余长河译 中苏文化协会编译委员会编

外文题名：Health protection in the Soviet Union

重庆：中华书局，1944.12，20 页，32 开（苏联建设小丛书 5）

上海：中华书局，1945，再版，20 页，32 开（苏联建设小丛书 5）

上海：中华书局，1949.7，3 版，20 页，32 开（苏联建设小丛书 5）

本书共 7 节，介绍苏联十月革命后医疗保健事业发展概况。书前有西门宗华序。

收藏单位：重庆馆、广西馆、桂林馆、国家馆、辽大馆、南京馆、上海馆、首都馆

01826

苏联保健事业 （苏）荪麦茨古著 王师复译

上海：商务印书馆，1937.11，134 页，32 开（苏联小丛书）

长沙：商务印书馆，1939.1，再版，134 页，32 开（苏联小丛书）

本书介绍苏维埃国家的医疗卫生组织原则、结构和发展情况。共 22 章，内容包括：苏维埃卫生公务发展的阶段、食品卫生、体育、苏联的健康休养所等。

收藏单位：重庆馆、国家馆、江西馆、上海馆、云南馆、浙江馆

01827

苏联保健制度 （美）雪葛立斯（H. E. Sigerist）著 郁维译

上海：西南医学杂志社，1949.8，54 页，32 开

本书共 6 章：苏维埃医学之发源、苏维埃医学之原则、苏维埃医事组织、集体之保健、个人之保健、科学研究。

收藏单位：安徽馆、重庆馆、国家馆、辽宁馆

01828

苏联的保健 （苏）马依斯特拉赫 （苏）古埃卓夫著　朱滨生译

上海：苏商时代书报出版社，1947.7，76 页，32 开（苏联医学丛书）

上海：时代出版社，1949.8，再版，76 页，32 开（苏联医学丛书）

本书共两部分。第 1 部分"苏联的保健事业"共 8 章，内容包括：医院事业、门诊诊疗救助、卫生及防疫组织等；第 2 部分"苏联母亲及小儿之保护"共 7 章，内容包括：母亲及小儿之保护为苏联国策之一、妊妇及哺乳妇之劳动保障及社会保险、托儿所等。

收藏单位：广东馆、国家馆、南京馆、上海馆

01829

苏联公共卫生的实质　江涛声著

上海：中华医学杂志社，1934.12，[54] 页，16 开

本书为《中华医学杂志》第 20 卷第 11—12 期抽印本。共 4 部分：引言、苏联公共卫生现状鸟瞰、苏联的工人的卫生保障、苏联产母婴儿的卫生保障。

收藏单位：国家馆

01830

苏联劳动者的保健 （苏）维诺格拉陀夫（苏）斯特拉舞著　涛译

上海：时代书报出版社，1949.1，83 页，32 开（苏联医学丛书）

本书介绍苏联保健制度的历史及特性、政策，以及卫国战争时期的保健事业和战后的保健五年计划等内容。

收藏单位：重庆馆、东北师大馆、广东馆、国家馆

01831

卫生行政概要　俞松筠编著

上海：正中书局，1947.4，172 页，32 开

本书共两卷。上卷共 5 章，内容包括：卫生行政的意义、卫生行政的历史、各国卫生行政概况等；下卷共 6 章，内容包括：各级卫生机关、医事人员、卫生经费等。

收藏单位：重庆馆、广东馆、国家馆、湖南馆、辽大馆、辽宁馆、南京馆、宁夏馆、浙江馆

01832

暹京中华赠医所十五周年纪念刊　江楚仁编

暹京中华赠医所，1936.1，1 册，16 开

本书共 48 节，内容包括：本所历年总理、历年医务报告、本所最近概况等。

收藏单位：国家馆

01833

暹京中华赠医所章程　周修年 [编]

暹京中华赠医所，1937.5，1 册，18 开

本书共 8 章：总则、同人、组织、职权、选举、经费、权益、附则。

收藏单位：国家馆

中国医学

01834

病理发挥·诊断提纲　祝味菊著

上海：祝味菊，1931.9，26+40 页，25 开，精装（祝氏医学丛书 1—2 集）

本书为合订本，内容包括：营卫障碍、气障碍、血障碍、脉理、沉脉、弦脉等。

收藏单位：重庆馆

01835

方剂、药物、妇科、儿科讲义四种　张子英编

贵阳：现代医药杂志社、复兴医学函授学社，

1945.11，[80] 页，32 开

本书系复兴医学函授学社中医讲义。

01836

关于国医之商榷　赵树屏编著

北平：北美印刷局，1929.4，46 页，32 开

本书附《汉方医学与日本医术》（石田保次）的译文。

收藏单位：国家馆

01837

国医补习科讲义　丁福保编

上海：医学书局，1935.10，2 册（[227]+176 页），32 开

本书上册"生理卫生学概论"共 20 章，内容包括：骨之卫生、筋肉、筋肉之卫生、皮肤之卫生、消化器之卫生、循环器之卫生等；下册"治疗编"共 10 章，内容包括：治疗概说、药物、临床疗法、理学的疗法、免疫疗法等。

收藏单位：重庆馆、国家馆

01838

国医初步读本　李铃和著　张达玉　萧熙编订

上海：校经山房书局，1934.4，76 页，32 开

本书共 6 章：药性赋、脏象别论、五脏补泻、六淫主治、六经定法、十二经部位虚实寒热病由。

收藏单位：国家馆、江西馆、南京馆

01839

国医的科学（药理篇）　李克蕙著　叶橘泉校

南京：李克蕙，1936.6，39 页，32 开

本书以现代医学原理及浅显通俗的文字介绍药学知识。

收藏单位：广东馆、国家馆

01840

国医馆与恽铁樵往来之文件　[中央国医馆编]

[南京]：中央国医馆，[1933]，40 页，32 开

本书为中央国医馆与恽铁樵商讨有关改进中医、统一病名等问题，此书收往来函件 10 篇。

收藏单位：上海馆

01841

国医释疑　黄啸梅著

出版者不详，1937，90 页，32 开（双呆医社医学丛书 1）

收藏单位：广西馆

01842

国医学指南　徐里甫纂辑

上海：中国医学书局，1935.10，1 册，32 开

本书共 6 卷，内容包括：药性歌、用药机要、奇经八脉歌、奇经主病、望色、问病、春温夏热、伤风、头痛、眩晕、身痛、麻木等。

收藏单位：广东馆、首都馆

01843

国医真传

育才学校，1947.6，1 册，16 开

01844

汉医须知（参照西医常识）　李纯编著

新京（长春）：益智书店，1941.9，246 页，32 开

新京（长春）：益智书店，1942.8，再版，246 页，32 开

本书共 7 编，内容包括：解剖生理学、看护学概要、传染病、内科疾病等。

收藏单位：国家馆、黑龙江馆

01845

皇汉医学　（日）汤本求真著　刘泗桥译

上海：东洞学社，1930.7，2 册（1150 页），23 开，精装

本书分总论、各论两部分，内容包括：中医诊断、伤寒论大意、六经辨证与方剂、中西医学比较、日本汉医的主要流派等。书前有曹拙巢、时逸人序及著者自序。

收藏单位：重庆馆、桂林馆、湖南馆、宁

夏馆、山西馆、上海馆、首都馆、天津馆

01846
皇汉医学 （日）汤本求真著　周子叙译
上海：中华书局，1930.9，3 册（1670 页），32 开
上海：中华书局，1931.5，再版，3 册（1670 页），32 开
上海：中华书局，1932，3 版，3 册，32 开
上海：中华书局，1934，4 版，3 册，32 开
上海：中华书局，1935.5，5 版，3 册，32 开，精装
上海：中华书局，1935—1936，6 版，3 册，32 开，精装
上海：中华书局，1939.5，7 版，3 册，32 开
上海：中华书局，1939，8 版，3 册，32 开，精装
　　本书分两部分。"总论"内容包括：中西医学之比较概论、腹证及诊腹法、论西医强心药之无谓等；"别论"内容包括：伤寒论之大意、太阳病篇、阳明病篇等。
　　收藏单位：重庆馆、广东馆、广西馆、国家馆、江西馆、辽宁馆、上海馆、绍兴馆、首都馆、天津馆

01847
皇汉医学批评　余云岫著
上海：社会医报馆出版部，1931.12，152 页，32 开（社会医学丛书）
　　本书为批评日本汤本求真所著《皇汉医学》一书。
　　收藏单位：大庆馆、内蒙古馆、上海馆

01848
家庭医药常识　朱振声编
上海：大众书局，1933.5，232 页，32 开
上海：大众书局，1936.4，重版，232 页，32 开
上海：大众书局，1947.5，再版，232 页，32 开
　　本书共 42 章，内容包括：温病门、霍乱门、咳嗽门、伤寒门、中风门、呕吐门等。
　　收藏单位：广东馆、湖南馆、江西馆、南

京馆、首都馆、浙江馆

01849
类证鉴别汉医要诀 （日）大塚敬节著　唐慎坊译述
苏州：苏州国医编辑馆，1935.8，[20]+270 页，32 开
苏州：苏州国医编辑馆，1936.4，再版，[20]+270 页，32 开
　　本书共 5 编：病症学、诊候学、治疗学、药物编、处方编。书前有译者序及原序。
　　收藏单位：国家馆

01850
类证鉴别皇汉医学要诀 （日）大塚敬节纂　陈景岐编译
上海：中西书局，1935.1，[34]+334 页，32 开
　　本书共 3 部分。"总论"共 3 编：病症学、诊候学、治疗学；"药物编"讲述中药 70 种；"处方编"讲述方剂 70 余种。附主要参考书目。书前有谢利恒、蒋鹤龄、陆京士等人题词，译者序与原序。
　　收藏单位：国家馆、南京馆、天津馆

01851
脑胃肠病不药自疗法　和声译著
上海：泰东图书局，1920.6，62 页，25 开
　　收藏单位：广东馆、江西馆

01852
生理、病理、诊断、脉学讲义四种　张子英编
贵阳：现代医药杂志社、复兴医学函授学社，1945.11，[70] 页，32 开

01853
生理学　天津国医函授学院编
天津：天津国医函授学院，[1911—1939]，28 页，25 开（新国医讲义教材）
　　收藏单位：江西馆

01854
实验医药顾问　陈国树编著

上海：万有书局，1941.12，148 页，25 开

　　本书共 20 编，内容包括：小儿病自疗法、妇女病自疗法、伤寒病自疗法、痢疾自疗法、黄疸病自疗法、疟疾自疗法、瘟疫症自疗法、吐血咳血自疗法等。

　　收藏单位：贵州馆、江西馆

01855

实验医药顾问

上海：文业书局，[1911—1949]，212 页，25 开（民众医药丛书）

　　收藏单位：江西馆

01856

苏州国医研究院简章（苏州国医学校设立） 苏州国医研究院编

苏州：苏州国医研究院，[1937]，8 页，16 开

　　收藏单位：国家馆

01857

提倡中医废止西医呈书合编　雷济著

上海：雷济，1929.9，48 页，16 开

01858

铁樵函授中医学校讲义　恽铁樵编著

上海：铁樵函授中医学校，[1925]，[492] 页，36 开

01859

文苑集·论医集　恽铁樵著　章巨膺编

上海：章巨膺，1948.1，[304] 页，32 开（药庵医学丛书 第 1 辑）

　　收藏单位：桂林馆

01860

现代医学和中医改进　何云鹤　章次公著

上海：何云鹤，1949.4，21 页，32 开

01861

学医门径讲义　陈存仁主编

上海：康健报馆，1930.5，328 页，16 开

　　本书内容包括：诊断学、内科学、外科概要、妇科概要、儿科概要等。

01862

医界之铁椎　（日）和田启十郎著　丁福保译

上海：医学书局，1911.9，158 页，22 开，精装

上海：医学书局，1917.5，再版，158 页，22 开，精装（丁氏医学丛书）

上海：医学书局，1930.5，158 页，22 开（丁氏医学丛书）

　　本书共两编。前编讲述中医理论，临床治疗方面的特点与长处，并列举实际病例证明。共 19 章，内容包括：中医西医之区别、中医非陈腐之学、食物与药物等。后编比较评论中西医学，意在振兴中医，内容包括：药力万能、医道传授、药不能治病等。

　　收藏单位：重庆馆、广西馆、国家馆、南京馆、山西馆、上海馆、浙江馆

01863

医经精义便读　饶凤璜编

[重庆]：四川北碚中医救济医院，1941，96 页，36 开

　　本书内容包括：总纲、五脏六腑、心脏、肺脏等。

　　收藏单位：重庆馆、南京馆

01864

医门要诀　王泰林著　周小农校正

上海：千顷堂书局，1938.5，68 页，32 开（国医丛刊 9）

　　本书内容包括：风寒治法、风热治法、暑热治法等。封面著者题：王旭高著。

　　收藏单位：上海馆、中科图

01865

医胜（3 卷 附录 1 卷）　（日）栎荫拙者编

上海：皇汉医学编译社，[1935]，152 页，32 开（聿修堂医学丛书 12）

　　收藏单位：广东馆

01866

医学门径　胡安邦著　储菊人校订

上海：中央书店，1936.9，262 页，32 开

上海：中央书店，1937.3，3版，262页，32开

上海：中央书店，1939.2，新1版，262页，32开

上海：中央书店，1941，2版，262页，32开

上海：中央书店，1948.4，10版，262页，32开

本书共8编：读书门径、本草门径、生理门径、病理门径、诊断门径、治疗门径、处方门径、方剂门径。

收藏单位：重庆馆、广东馆、国家馆、江西馆、上海馆、首都馆

01867

医学门径　徐里甫编

[上海]：百新书店，1934.5，[451]页，32开，精装

01868

医学入圣　我佛山人著

耒阳：京华印书馆，1943，再版，144页，32开

本书共15章，内容包括：总论十难、阴阳五行辟谬、脉学诬古、脉诊新诀等。

收藏单位：重庆馆

01869

医学知行集　孙易周著述

上海：中医指导社，1936.12，137页，22开（中医指导社丛书）

收藏单位：广东馆、南京馆、浙江馆

01870

医药大全（第1册 内科门）　茹十眉编著

大东亚出版社，[1930—1939]，10+260页，32开

本书共55章，内容包括：中风、伤寒、暑病、霍乱、咳嗽、痢疾、呕吐、脚气、疝病、哮喘、三消、诸汗、痿症、虚劳等。

收藏单位：国家馆

01871

医药学（中西对照）　胡友梅编

上海：世界书局，1941.12，391页，32开

上海：世界书局，1946.4，391页，32开

上海：世界书局，1947.3，4版，391页，32开

上海：世界书局，1948.3，5版，391页，32开

本书编者总结20年读书、临床经验，将中西医理论加以比较。共3编：基础知识、各科疗法、药物概要。

收藏单位：广东馆、国家馆、湖南馆、江西馆、南京馆、浙江馆

01872

医与药（第3卷 第1—4期）

出版者不详，[1934—1935]，4册，25开

收藏单位：江西馆

01873

医与药（第4卷 第1—4期）

出版者不详，[1935—1949]，4册，25开

收藏单位：江西馆

01874

医与药（第5卷 第1—3期）

出版者不详，[1935—1949]，3册（31+26+29页），25开

收藏单位：江西馆

01875

圆运动的古中医学（上编）　彭子益撰　李毓泾　刘运玫校

[彭子益]，[1947]，5册（642页），32开

本书著者认为中医为人身与宇宙同一大气物质势力圆运动之学。共5册。第1册：原理上篇、古方上篇、温病本气篇；第2册：儿病本气篇、时病本气篇；第3册：古方中篇、古方下篇、脉法篇、舌胎篇、药性提纲篇；第4册：金匮方解篇、伤寒论方解篇；第5册：生命宇宙篇。书前有王养林、汪英时、王祥瑞序。

收藏单位：国家馆、天津馆

01876

整理国医之我见　刘仲迈著

南京：文心印刷社，1936.10，32 页，32 开
　　收藏单位：南京馆

01877
致伊博恩函　张忍安著
[上海]：张忍安，[1935.6]，7 页，16 开
　　本书著者致函底斯德医学院生物学科科长伊博恩，商讨有关继承发扬中国医药学的设想，并请求资助筹建医药图书馆。

01878
中国医学的基础知识　綦殊著
出版者不详，1934，112 页，32 开
　　本书共 4 编：生理、病理、医理、药理。
　　收藏单位：广西馆、桂林馆

01879
中国医学建设问题　时逸人著
上海：国医讲习所，[1929.7]，[102] 页，16 开
上海：国医讲习所，1929.8，再版，[102] 页，16 开

01880
中国医学之精髓　张鸿生撰
[湘乡]：张鸿生，1942.7，再版，64 页，32 开
　　本书内容包括：生理学、病理学、诊断学、药剂学等。
　　收藏单位：国家馆

01881
中国医药问题　王一仁著
上海：[王一仁]，1928.1，72 页，32 开
上海：[王一仁]，1935.8，再版，72+10 页，32 开
　　本书共 7 章，内容包括：中医之优点及其弊病、中西医的比较、中西药的比较、中西医药界合作的方法等。
　　收藏单位：重庆馆、南京馆、浙江馆

01882
中国医药卫生常识　叶橘泉著　徐弘景校
上海：千顷堂书局，1933.12，77 页，32 开

　　收藏单位：国家馆

01883
中国医药新道路　沈炎南著
重庆：新中华医药月刊社，1947，16 页，32 开
　　本书为新中华医药月刊社社长沈炎南于 1945 年 11 月在中央广播电台的讲演词，对于怎样改进中医和国药，讲得非常具体而透彻。
　　收藏单位：重庆馆

01884
中华医药原理　陆钧衡编
梧州：出版者不详，1938，162 页，32 开
　　本书介绍阴阳五行与科学、先天生理概论、后天生理概论、五运六气与科学。
　　收藏单位：广西馆

01885
中西医界之警铎　吴汉仙著　刘仲迈等校
长沙：中西一家医院，1931.9，1 册，18 开，精装
长沙：中西一家医院，1936.12，再版，102 页，18 开
[长沙]：中西一家医院，1943.6，3 版，[268] 页，18 开
　　本书褒扬中医辨证求本理论特点及中药的诸多长处，批评国人盲目崇洋思想及诋毁中医的做法。共 3 编：西医正误录、中医破疑录、国医存亡公理。封面题名：医界之警铎。
　　收藏单位：重庆馆、桂林馆、国家馆、湖南馆、山西馆、浙江馆

01886
中西医略（五编）　巫燡撰
出版者不详，[1911—1949]，石印本，1 册
　　收藏单位：国家馆

01887
中央国医馆医务人员训练班讲义　赵峰樵 常续和等编
[重庆]：中央国医馆，[1945.3]，146 页，23 开
　　本书为中央国医馆医务人员训练班所用

教材。内容包括：训练大纲、病理概要、诊断辑要等。

　　收藏单位：重庆馆、国家馆、南京馆

01888

中医考试进修必读　陈其昌主编

苏州：和平医社，1946.10，2 册（[106]+[92] 页），32 开（新中医丛书 初集）

　　本书共两册，上册内容包括：三部脉诊图释、人身外形、人身内形图释、诊断学、方剂学、药物学等；下册内容包括：上下五千年医参、标准原则、临床认识、三焦通义、肺痨病界说、肺病有治法、陈其昌医案、中华民国临时约法、应考须知。

　　收藏单位：上海馆

01889

中医科学化之商兑、中国医学之根生问题

顾惕生　钱季寅著

上海：中医书局，1929.12，12 页，32 开

　　收藏单位：国家馆

01890

中医世界（二十一年五月第四卷第二十二期）

　中医世界社编

南京：中医书局，1932.3，60 页，32 开

　　收藏单位：南京馆

01891

中医维新集　陶毓英著

北平：万国道德总会印刷部，1947.2，98 页，36 开

　　本书介绍中医保健与诊断治疗常识、各种丸散膏丹的成分及功用。共 4 部分：常识门、药性门、四诊门、治疗门。

　　收藏单位：国家馆、首都馆

01892

中医学纲要　杨影庐著　秦又安校

上海：国医书局，1930.7，122 页，32 开（新时代国医丛书）

　　本书共 13 章，内容包括：阴阳之释义、原运气、原望、原闻、原问、药之研究等。

　　收藏单位：国家馆

中国医学理论

01893

东洋和汉医学实验集（现代医学改造之烽火）

（日）渡边熙著　张仲任译

上海：昌明医药学社，1934.7，再版，[440] 页，22 开

　　本书内容包括：总论、腺病质、小儿科病、脑神经系病、呼吸器病等。书前有著者《排斥极端模仿西洋、企图现代医学改造》论文一篇及祝味菊序。

　　收藏单位：浙江馆

01894

东洋和汉医学实验集（现代医学改造之烽火）

（日）渡边熙著　张仲任译

上海：徐小圃，1931.7，[440] 页，23 开，精装

　　收藏单位：天津馆、浙江馆

01895

各科研究法　秦伯未著

上海：中 医 指 导 社，1932.9，60 页，32 开（中医指导社丛书）

　　本书论述中医药物、生理、病理、诊断、方剂及内外妇幼等科，并说明研究方法。

　　收藏单位：国家馆

01896

和汉医学真髓（现代医学改造之烽火）（日）

渡边熙著　沈松年译

上海：昌明医药学社，1931.7，1 册，22 开

上海：昌明医药学社，1934.7，再版，[24+316] 页，22 开

　　本书内容包括：总论、腺病质、小儿科病、脑神经系统等。每篇均先列东西医学之议论，次述治疗与处方，后附经验治愈之病例。书前有曹家达、沈松年序文。

　　收藏单位：广东馆、国家馆、上海馆、中

科图

01897

鸟瞰的中医　许半龙著

上海：新中医社，1928.3，36 页，32 开

　　本书共 10 章，内容包括：定义、范围、价值、源流、与西医的比较等。

　　收藏单位：重庆馆

01898

生理的燃烧　张忍庵著

南京：中央国医馆，1933.10，68 页，22 开

　　本书以西医生理学理论解释中医学说，说明阴虚、阳虚体质的相对症候、诊察及疗养。内容包括：空气对于细胞生活的重要性、营养器官及其作用、外呼吸和内呼吸、水与火之间的均势等。

　　收藏单位：国家馆、南京馆

01899

新医学案　邱宗山著

北京：中国医学改进学社，1928.5，[24]+306 页，18 开

　　本书讲述中医传统诊治原理、各科常见病症的辨证施治、方剂及有效病案，试图融汇西医理论，阐发新意。内容包括：病机、证治要略、气血之变化、气味等。

　　收藏单位：国家馆、首都馆、天津馆、中科图

01900

医道还元

香港：永发印务有限公司，[1920—1949]，1 册，22 开

　　本书对脉理奥旨、症候源流、药法阐微、天地心、五气心法等进行了详解。

　　收藏单位：山东馆

01901

医化学理论　黄劳逸编

杭州：黄劳逸，1937.2，150 页，32 开

　　本书共两部分。"总论"共 7 篇，内容包括：理论化学概要、蛋白质、脂质等。"各论"共 8 篇，内容包括：组织化学、血液化学、淋巴化学等。本书版权页书名：医化学论理。

　　收藏单位：上海馆

01902

医事导游　秦伯未著

上海：中医指导社，1932.9，72 页，32 开（中医指导社丛书）

　　本书内容包括：如何研究中医学、入门之途径、张仲景之伟大贡献、伤寒论提纲、研究医籍之三要素、中医治病之提纲等。

　　收藏单位：广东馆、国家馆

01903

医药进步（第 1 辑）　沈伯超著　史寿之校

西安：医药进步编辑社，1942.1，[20]+138 页，36 开

　　本书涉及中医理论、内脏疗法、临床有效方药及案例、药物的改进、内分泌与生理病理的关系等，并引用一些现代医药科学知识和成果。共 12 篇，内容包括：妇科之部、外科之部、眼科之部、花柳之部、传染病之部、消化系之部、呼吸系之部等。书前有焦易堂、李阁辰等人序言及熊斌、薛健等人题词。

　　收藏单位：湖南馆

01904

中外医通　丁福保编译

上海：医学书局，1926.9，428 页，25 开，精装（丁氏医学丛书）

01905

中西汇通简明医学　卜子义著

上海：中医书局，1930.10，176 页，32 开

　　本书共 13 部分，内容包括：肺之疾患、心之疾患、胃之疾患、脾之疾患、肝之疾患、胆之疾患、肾之疾患等。

01906

中西汇通医经精义　（清）唐容川著

上海：育才书局，[1911—1949]，1 册

　　收藏单位：南京馆

01907

中西汇通医书五种　（清）唐容川著　秦伯未重校

上海：中国医学研究会，1935.7，5册，32开

上海：中国医学研究会，1935.10，再版，5册，32开

上海：中国医学研究会，1937.1，再版，5册，32开

　　本书共5种：《医经精义》《金匮要略浅注补正》《伤寒论浅注补正》《血证论》《本草问答》。著者原题：唐宗海。

　　收藏单位：重庆馆、广东馆、桂林馆、河南馆、湖南馆、江西馆、南京馆、上海馆、绍兴馆、首都馆、浙江馆

01908

中西医方会通　丁福保编

上海：医学书局，1914，再版，235页，23开（丁氏医学丛书）

上海：医学书局，1925.7，5版，235页，23开（丁氏医学丛书）

上海：医学书局，1929.5，6版，235页，23开（丁氏医学丛书）

　　本书共10章：呼吸器病、消化器病、神经系病、传染病、全身病、皮肤病、泌尿器生殖器病、目病耳病、外科各病、妇科各病。

　　收藏单位：安徽馆、重庆馆、贵州馆、河南馆、南京馆、浙江馆

01909

中西医学比观（第1集 卷1 汉法医典）　张公让编著

梅县（梅州）：张公让，1943.9，[200]页，32开

　　本书为处方篇，主要根据日本野津猛男所著《汉法医典》一书编译，并增补病因、症候、治疗方法等，介绍中医各科杂病60余种。内容包括：急性胃炎、慢性胃炎、急性肠炎等。

　　收藏单位：重庆馆、国家馆、南京馆

01910

中西医学比观（第1集 卷2 药物篇）　张公让编著

梅县（梅州）：张公让，1943.10，[168]页，32开

　　本书为药物篇，以中药为主，按药物功用分类介绍常用药物300余种。内容包括：解热剂、胃肠剂、强壮剂等。

　　收藏单位：重庆馆、国家馆

01911

中西医学比观（第1集 卷3 杂记）　张公让编著

梅县（梅州）：张公让，1943.12，86页，32开

梅县（梅州）：张公让，1946.7，3版，86页，32开

梅县（梅州）：张公让，1948.5，4版，86页，32开

　　本书为杂记，记述著者患肺病的经过、体验。从患者、医生双重角度向读者介绍肺病养护预防知识。共两部分：肺病自医记、吐血治验记。

　　收藏单位：重庆馆、广西馆、国家馆、南京馆、浙江馆

01912

中西医学比观（第1集 卷4 医案话治医杂记）　张公让编著

梅县（梅州）：张公让，1944.4，118页，32开

　　本书为著者临床经验杂记，含风湿、生半夏、吗啡、治学态度等230个小题目。共两篇：医案医话、治医杂记。

　　收藏单位：重庆馆、国家馆

01913

中西医学比观（第2集 卷1）　张公让编著

梅县（梅州）：张公让，1945.11，[140]页，32开

　　本书内容包括：生理漫谈、病理漫谈、治疗漫谈、谈切脉及伤寒金匮评注——太阳病篇。

　　收藏单位：重庆馆、国家馆、首都馆

01914

中西医学比观（第 2 集 卷 2—3） 张公让编著

梅县（梅州）：张公让，1945.3，206 页，32 开

本书共两卷：少阳病篇、阳明病篇。收小柴胡汤、柴胡加芒硝汤等医经中的 82 个成方。

收藏单位：重庆馆

01915

中西医学比观（第 2 集 卷 4） 张公让编著

梅县（梅州）：张公让，1946.5，150 页，32 开

本书共 5 篇：阳明病篇、太阴病篇、少阴病篇、厥阴病篇、补遗篇。收金匮、伤寒等医经中的 229 个成方。著者征引医经原文，运用现代医学知识加以评注说明，并附列处方药味与药量。

收藏单位：重庆馆、国家馆、湖南馆

01916

中西医学汇综 朱仁康著

上海：广益书局，1933.11，[394] 页，32 开，精装（医学丛书）

本书共 9 篇，内容包括：绪论、内科、女科、儿科、伤科等。列出病名、病原、症状、诊断、预后、治疗等，所述症状多采用西医理论，而疗法则以中医为主，病名均为中西医对照。书前有张孟昭序文及著者自序。

收藏单位：重庆馆、国家馆、山西馆、首都馆

01917

中医改良捷径 汪洋编

上海：中西医院，1924.10，改正 2 版，60 页，32 开

上海：中西医院，1925，改正 3 版，60 页，32 开

收藏单位：广东馆

01918

中医革新论 王半迷著

醴陵民报社，1942.3，66 页，32 开

本书内容包括：中医与中国、中国医学之比较及互助、中医诊治之改良等。

收藏单位：国家馆

01919

中医与科学化 谭次仲著

出版者不详，[1911—1949]，221 页，32 开

收藏单位：湖南馆、首都馆

01920

中医与自然化学 蒋定英著　秦伯未校

上海：中医书局，1936.6，182+126 页，32 开（近代医学丛书）

本书借助自然科学及现代医学知识诠释中医医理。共两篇。上篇"宇宙真诠"共 7 章，内容包括：论世界最初之元素、论先天自然化学之现象、论日与地、论后天自然化学之现象等；下篇"生理真诠"共 8 章，内容包括：论五脏所合各系、论精神之自然化学、论六经之自然化学、心理机能等。

收藏单位：上海馆、首都馆

学术团体、学会、协会

01921

北平国医公会会务辑要 北平国医公会编

北平：北平国医公会，[1932.8]，[134] 页，16 开

本书内容包括：国医同仁、医林消息、公文专载、会事记录、编余副刊等。

收藏单位：国家馆

01922

闽侯医师公会第一届年鉴（民国廿三年份） 闽侯医师公会编

闽侯医师公会，1935.4，322 页，16 开

本书内容包括：序文、医师信条、法规、本届职员表、议案、文件等。

收藏单位：国家馆

01923

闽侯医师公会第二届年鉴　闽侯医师公会编
闽侯医师公会，1936，1 册，16 开
　　收藏单位：福建馆

01924

闽侯医师公会第三届年鉴　闽侯医师公会年鉴编辑委员会编
闽侯医师公会，1937.3，273 页，16 开
　　本书内容包括：序、本会事略、会务组织及报告、大事记等。
　　收藏单位：福建馆

01925

上海市国医公会第五届会员大会纪念特刊
盛心如　蒋文芳等编
上海：上海市国医公会，1934.12，[74] 页，16 开
　　本书内容包括：会议纪录、会务报告、医药研究等。

01926

上海市国医公会第七届会员大会纪念特刊
上海市国医公会秘书处编
上海：上海市国医公会秘书处，1936.12，27 页，16 开

01927

上海市国医公会会员录　上海市国医公会秘书处编
上海：上海市国医公会秘书处，1936.12，42 页，16 开
　　收藏单位：上海馆

01928

上海市国医学会十周纪念刊　上海市国医学会秘书处编
上海：上海市国医学会秘书处，[1932.11]，[17+88] 页，16 开

01929

上海市中医师公会会员录　上海市中医师公会编

上海：上海市中医师公会，1948.6，68 页，18 开
　　收藏单位：上海馆

01930

松江县中医师公会会刊　松江县中医师公会编辑委员会编
松江县中医师公会，1947.6，84 页，16 开
　　本书内容包括：松江中医团体小史、特载、评论、学说、医案、杂著、本会会章等。
　　收藏单位：国家馆

01931

苏州国医学社（第二学期）　苏州国医学社编
苏州：苏州国医书社，1934，60 页，22 开
　　收藏单位：江西馆

01932

苏州国医学社第一学期纪念刊　苏州国医学社编
苏州：苏州国医书社，1934.2，72 页，16 开
　　收藏单位：南京馆

01933

武进国医学会第一二届会务特刊　钱今阳主编
江苏武进国医学会刊物委员会，1935，1 册，18 开
　　收藏单位：广东馆

01934

余姚县中医公会一周年纪念特刊　余姚县中医公会编辑股编
余姚：余姚中医公会，1936.12，108 页，18 开
　　本书内容包括：论坛、言论、学说、研究、特约著述等。
　　收藏单位：国家馆、浙江馆

01935

浙省中医协会五周年纪念刊　[汤士谚编]
出版者不详，[1911—1949]，148 页，16 开
　　收藏单位：广东馆

01936

中华国医学会第五届会员大会特刊　唐吉父编

上海：中华国医学会，1936.12，24页，16开

本书内容包括：论著、会务报告、提案等。

收藏单位：国家馆

01937

中华国医学会会员录　包句香编校

上海：中华国医学会，1936.3，28页，16开

本书收该会约450名会员的姓名、年龄、科别、通讯地址等。

收藏单位：国家馆

01938

中华医史学会工作报告（民国二十五年至卅五年）　中华医史学会编

中华医史学会，[1946]，7页，16开

本书内容包括：成立经过、会员人数、学术演讲、文献展览会、交换与合作等。本书残缺，仅存7页。

收藏单位：重庆馆

01939

中华医史学会五年来之回顾　王吉民著

[上海]：[中华医学杂志社]，1941.12，[6]页，18开

本书为《中华医学杂志》第27卷第12期抽印本。

01940

中华医史学会五周纪念特刊　王吉民等著

[上海]：中华医史学会，1941，171页，18开

收藏单位：湖南馆、首都馆

01941

中华医学会章程及细则　中华医学会编

上海：商务印书馆，1933，10页，32开

收藏单位：广西馆

展览会

01942

日本汉医勃兴展览会展览品目录　中国医学院编

上海：医界春秋社，1936.2，22页，16开

本书内容包括：汉医团体活动状况、汉医学校之勃发、汉医医师开业状态、汉医医院状态等。

收藏单位：国家馆

教育与普及

01943

驳正林德星、叶近仁、骆朝聘、孙崧樵、郑世隐等主编思明国医研究所讲义纠谬特刊

厦门国医专门学校学生会编订

厦门：厦门国医专门学校学生会，1934.11，27页，25开

本书内容包括：《驳孙崧樵第一期病理学讲义》（陈以专）、《驳林德星第一期中风讲义》（谢铭山）、《警告叶近仁》（史悠经）、《考证温热伏气新感各有不同以正郑世隐所编温病讲义之谬误》（陈影鹤）、《驳郑世隐编辑第一二期温病讲义》（陈影鹤）、《驳骆朝聘诊断学讲义》（洪赐平）等。

收藏单位：国家馆

01944

国医学院辛未级毕业纪念刊　上海国医学院编

上海：上海国医学院，1931，143页，16开

本书收中医论文。附杂志及同学录。

收藏单位：南京馆

01945

华北国医学院第一届毕业纪念刊　华北国医学院编

北平：华北国医学院，1935.6，[72]页，16开

本书内容包括：全体毕业生像、毕业论文、通讯录等。院长施今墨题书名并作序。

收藏单位：国家馆

01946

华北国医学院第二届毕业纪念刊　华北国医学院编

北平：华北国医学院，1936.6，[30]+381页，16开

本书内容包括：毕业论文、本院教职员一览表、同学人名录等。

收藏单位：东北师大馆、广东馆、国家馆、中科图

01947

华北国医学院第五届毕业纪念刊

[北平]：华北国医学院，1939，126页，16开

收藏单位：南京馆

01948

上海中医学院章程　上海中医学院编

上海：上海中医学院，1932.1，36页，32开

01949

上海中医专科学校第一届毕业纪念专刊　上海中医专科学校编

上海：复兴中医社，1940.5，75页，16开

本书内容包括：教职员照片、教职员作品、时氏内经学、学生作品等。

01950

上海中医专门学校第八届毕业纪念册　上海中医专门学校编

上海：上海中医专门学校，[1928]，[120]页，横18开，精装

本书内容包括：校务记载、学生作品、论文、同学录等。

收藏单位：国家馆

01951

上海中医专门学校章程

[上海中医专门学校]，[1918—1949]，1册，

22开

收藏单位：首都馆

01952

太医局程文　[丁福保重刊]

上海：医学书局，[1911—1949]，[168]页，23开，精装（丁氏医学丛书）

本书为宋代太医局医科考试题问答记录汇编。共9卷，有6种命题：墨义（9道）、脉义（6道）、大义（37道）、诸方（8道）、假令（18道）、运气（9道）。共87道试题。书中题名：太医局诸科程文。

收藏单位：湖南馆

01953

铁樵函授中医学校一周纪念特刊　[铁樵函授中医学校编]

[上海]：铁樵函授中医学校，1926.6，1册，22开

本书内容包括：本校创办宣言、本校大事记、职员名录、同学名录、章程摘要等。

收藏单位：国家馆、南京馆

01954

温州宗景国医专修社一周纪念特刊　温州宗景国医专修社编

温州：温州宗景国医专修社，1934.1，[36]页，21开

本书内容包括：论著、医案、学生成绩、笔记、本社职员名录、本社社员名录等。

01955

异哉旧医学校系统案驳议　赵树屏撰

出版者不详，[1911—1949]，粘贴本，1册

收藏单位：国家馆

01956

浙江中医专门学校一览

出版者不详，[1915—1949]，1册，16开

本书内容包括：沿革、大事记、章则、概况、人员一览等。

收藏单位：浙江馆

01957

中央国医馆医务人员训练班同学录　焦易堂署

中央国医馆，[1931—1949]，1 册，23 开

　　收藏单位：重庆馆

01958

中医概要　[少年医学社编]

上海：少年医学社，1937.2，57 页，32 开

　　本书内容包括：中医之特质、中医之病名、中医之处方、中医之治法等。

01959

中医教育讨论集　中西医药研究社编辑部编

上海：中西医药研究社出版委员会，1939.11，[176] 页，18 开

　　本书内容包括：《中医教育感言》（劲秋）、《斥余云岫医校系统案驳议》（秦伯未）、《中医加入学校系统问题》（王一仁）、《力争中医加入学校系统函》（时逸人）、《旧医谋加入学校系统之近闻》（胡定安）等。附中西医药研究社章程及职员表。

　　收藏单位：国家馆、上海馆

01960

中医学修习题解　章巨膺编著

上海：章巨膺，1947.1，1 册，18 开，精装

　　本书共 10 集，内容包括：内科学、妇科学、伤寒论、儿科学、外科学等。

　　收藏单位：国家馆、湖南馆

中医学丛书、文集、连续出版物

01961

百病常识　朱振声编著

上海：幸福书局，1934.7，[318] 页，25 开

　　本书为《幸福杂志》第 1—4 期汇刊，辑录现代各家中医论文 160 余篇。

　　收藏单位：湖南馆

01962

毕业纪念刊　翁叶蓁著

上海：俪光诊所，1931.9，116 页，32 开

　　本书收中医论文、杂论及《涵晖楼诗抄》等。

01963

陈微尘五种　陈微尘著

陈微尘，1935.5，108 页，16 开

　　本书内容包括：舌苔新诀、脉诀提纳、伤寒简要。

　　收藏单位：内蒙古馆、首都馆

01964

陈修园医书七十二种　（清）陈修园著

上海：中国医学书局，1936.8，12 册，32 开（南雅堂医学丛书）

　　收藏单位：广东馆、南京馆

01965

陈修园医书七十二种（仿宋古本）　（清）陈修园编著　刘藩校

上海：大文书局，1936.3，12 册，32 开

上海：大文书局，1937，再版，12 册（2706 页），32 开

上海：大文书局，1938.7，4 版，12 册，32 开

　　本书共 12 册。第 1 册：《神农本草经读》《医学三字经》《春温三字诀》等；第 2 册：《时方妙用》《时方妙用歌括》；第 3 册：《女科要旨》《女科杂症》《养生镜》等；第 4 册：《医学实在易》；第 5 册：《医学丛众录》《刺疗捷法》；第 6 册：《医法心传》《金匮方歌括》；第 7 册：《伤寒论浅注》《伤寒医诀串解》《伤寒真方歌括》；第 8 册：《灵枢素问集注》；第 9 册：《长沙方歌括》《十药神书注解》《福幼编》《太乙神针》《达生编》；第 10 册：《霍乱转筋》《急救奇痧方》《救迷良方》等；第 11 册：《眼科捷径》《眼科验方》《伤寒舌诊》等；第 12 册：《白喉法抉微》《咽喉脉证通论》等。书前有觉非子序及丁仲英题词。

　　收藏单位：大庆馆、国家馆、上海馆、首都馆、中科图

01966

陈修园医书四十八种（仿宋古本）（清）陈修园编著 刘藩校

上海：大文书局，1936.2，12 册，32 开

上海：大文书局，1941，12 册，32 开

　　本书共 12 册，第 1 册：《神农本草》《医学三字经》《春温三字诀》等；第 2 册：《时方妙用》《时方妙用歌括》《新方八阵砭》；第 3 册：《女科要旨》《女科杂症》《养生镜》；第 4 册：《医学实在易》；第 5 册：《医学丛众录》《医垒元戎》《刺疗捷法》《医法心传》；第 6 册：《金匮要略浅注》《金匮方歌括》；第 7 册：《伤寒论浅注》《伤寒医诀串解》等；第 8 册：《灵枢素问集注》；第 9 册：《长沙方歌括》《十药神书注解》等；第 10 册：《霍乱转筋》《急救奇痧方》等；第 11 册：《眼科捷经》《眼科验方》《伤寒舌诊》等；第 12 册：《咽喉脉证通论》《急救喉疹要法》等。

　　收藏单位：重庆馆、首都馆

01967

重订灵兰要览·肯堂医话（明）王肯堂原著（明）殷仲春订正（清）顾金寿评点

上海：大东书局，1937.1，[126] 页，32 开（中国医学大成 第 13 集 杂著类 甲）（医论丛刊）

　　本书收《重订灵兰要览》两卷、《肯堂医论》3 卷。《重订灵兰要览》讲述中风、卒中、疟、痰、水肿、腰痛、发热、盗汗、白浊等 42 证的诊治。《肯堂医论》上卷：痘疹发微、惊风；中卷：论望色、诊𧏾脉、论人参、论犀角、杂记；下卷：三疟治验、神水治验、制神水秘法、妇科验方。

　　收藏单位：国家馆

01968

重订御纂医宗金鉴内科外科全集（清）吴谦等编纂 胡协寅校勘

上海：广益书局，1943.1，2 册，32 开，精装

上海：广益书局，1948，新 2 版，1 册，32 开，精装

　　本书对医学经典著作《伤寒论》《金匮要略》二书进行考订、修正、纠讹、补漏、注释诠解，对中医的辨证、诊断、经络、脉象、针灸、运气、方剂、药物等学说加以系统论述，对内、外、儿、妇、正骨等病症及治疗方法予详尽解说。书中附有大量插图，以便于读者领会。

　　收藏单位：大庆馆、广东馆、黑龙江馆

01969

猝病新论　章太炎著

[上海]：章氏国学讲习会，[1938.7]，1 册，16 开

　　本书共 5 卷，内容包括：论五藏附五行无定说、论旧说经脉过误、论三焦即淋巴腺、论太阳病非局指太阳等。

　　收藏单位：桂林馆、国家馆、南京馆、中科图

01970

读医随笔（清）周学海著

上海：大东书局，1936.12，4 册（226 页），32 开（中国医学大成 第 13 集 杂著类甲）（医论丛刊）

　　本书共 6 卷：卷 1 证治总论，卷 2 形气类、脉法类，卷 3—4 证治类，卷 5 方药类，卷 6 评释类。著者原题：周澂之。

　　收藏单位：桂林馆、国家馆、江西馆、内蒙古馆

01971

仿宋古本御纂医宗金鉴（外科）　刘藩校正

上海：大文书局，1937.1，2 册（[506] 页），32 开

上海：大文书局，1938.7，2 册，32 开

　　收藏单位：大庆馆、首都馆

01972

废止中医案抗争之经过　张赞臣编

上海：医界春秋社，1929.4，68 页，16 开

　　本书收国民政府中央卫生委员会关于"废止中医案"的原文，全国中医界、医药团体反对该案的宣言、函电、请愿文和会议情况介绍等。

　　收藏单位：重庆馆、南京馆

01973
广西省立梧州区医药研究所汇刊（创刊号）
广西省立梧州区医药研究所教务处编
梧州：广西省立梧州区医药研究所，1935.6，
[252] 页，16 开
　　本书收中医论文、医药新闻、学术讲座、中医理论研究及临床各科症治经验等文章 150余篇。
　　收藏单位：国家馆

01974
广西省立梧州区医药研究所汇刊（第 4 期）
广西省立梧州区医药研究所教务处编
梧州：广西省立梧州区医药研究所，1937.3，
200 页，16 开
　　本书收中医言论、临床验案、针灸、方剂研究等方面的论文 160 余篇。末章为文艺选载。
　　收藏单位：国家馆

01975
国民医药须知（又名，万病自疗全书） 陈存仁编著
上海：康健报馆，1929.2，再版，[596] 页，16 开
　　本书述及妇、儿、喉科疾病、花柳病、痨病的治疗、自疗经验等。为《康健报》第一年合订本。
　　收藏单位：安徽馆

01976
国民医药须知（又名，万病自疗全书） 陈存仁编著
上海：康健报馆，[1930]，421 页，16 开
　　本书内容包括：内科百病自疗学、外科百病自疗法、小儿科论文丛刊等。为《康健报》第二年合订本。
　　收藏单位：安徽馆

01977
国民医药须知（又名，万病自疗全书） 陈存仁编
上海：康健报馆，1931.10，5 版，2 册（279+

247 页），16 开
　　本书为《康健报》第三年合订本。

01978
国民医药须知（又名，万病自疗全书） 陈存仁编著
上海：[千顷堂]，[1928—1931]，刻本，1 册，16 开，精装
　　本书分为内科、外科百病自疗学，妇科、小儿科、花柳病、痨病、喉科、胎产、暑疫论文丛刊，新达生编，饮食问题等部分。
　　收藏单位：国家馆

01979
国医新话　陆士谔著
上海：大新图书社，1935，2 册（230+174 页），32 开
上海：大新图书社，1936.5，再版，2 册（[403] 页），32 开
　　本书收中药学杂论短文 95 篇。共 5 部分：议论之部、辨论之部、正误之部、论学之部、疗治之部。
　　收藏单位：重庆馆、桂林馆、首都馆

01980
韩氏医通　（明）韩懋著
上海：大东书局，1936.12，[48] 页，32 开（中国医学大成 第 7 集 内科类）
　　本书分上、下卷。共 9 章，内容包括：六法兼施、脉诀、处方、家庭医案、药性裁成、方诀无隐等。
　　收藏单位：桂林馆、国家馆、湖南馆、江西馆、辽宁馆、内蒙古馆

01981
皇汉医学丛书　陈存仁编校
上海：世界书局，1936.6，14 册（8210 页），32 开，精装
　　本书第 1—4 册为总类；第 5—7 册为内科学；第 8 册为内科学、外科学；第 9 册为女科学、儿科学；第 10 册为眼科学、花柳科学、针灸学、治疗学、诊断学；第 11、12 册为方剂学；第 13 册为医案医话；第 14 册为药物

学、论文集。

收藏单位：重庆馆、大庆馆、广东馆、贵州馆、桂林馆、国家馆、黑龙江馆、湖南馆、江西馆、内蒙古馆、宁夏馆、山西馆、上海馆、首都馆、西南大学馆

01982

皇汉医药全书　（日）粟原广三著　吴嘉博译

上海：中西医药书局，1935，2 册（563 页），32 开

收藏单位：广东馆

01983

金铃子　金铃子编辑科编

杭州：金铃子出版科，1934.3，114 页，16 开（浙江中医专门学校学生自治会之丛刊）

本书共两部分。"医药"共 4 部分：医学评论、医学研究、方案研究、药物研究；"文艺"共 3 部分：小说、诗歌、杂俎。

收藏单位：国家馆

01984

康健集　丁仲英　陈存仁编著

上海：康健报馆，1942.6，122 页，16 开

本书以介绍中国医学为主。内容包括：喉疫浅说、天花与种痘、春温、咯血调养法等。

收藏单位：上海馆

01985

康健集（第 1 集）　丁仲英　陈存仁编著

上海：康健报馆，1927.5，[164] 页，23 开

上海：康健报馆，1927.8，再版，[164] 页，23 开，精装

上海：康健报馆，1927.11，3 版，[164] 页，23 开

收藏单位：国家馆、上海馆

01986

康健集（第 2 集）　丁仲英　陈存仁编著

上海：康健报馆，1927.12，[178] 页，23 开，精装

本书以介绍中国医学为主。内容包括：药物小词典、淋病谈、白带论、卫生食谱等。

收藏单位：南京馆

01987

雷鸿集　钱孟芳等著　上海萍社出版社编

上海：萍社出版社，1939，33 页，16 开

本书内容包括：中医学类，收辑中医论文 17 篇；文艺类 12 篇，内容包括：诗歌、散文、笔记等。

01988

李士材医宗必读　（明）李士材著　陆士谔主编

上海：世界书局，1937.5，[12]+392 页，32 开

本书辑自《内经》及先贤名论。共 10 卷：卷 1 论述中医阴阳、脏腑、经络等；卷 2 为脉法；卷 3—4 讲述本草；卷 5—10 论述伤寒及中风、虚劳、水肿、痰饮、白浊、痹瘘等病证，并附医案。书前有著者原序。书前题：李中梓著，吴肇广参，李廷芳订。

收藏单位：贵州馆、上海馆、浙江馆

01989

罗振湘驳前中卫部余氏医述谬点——昌明国医以救民族录　[罗振湘]撰

长沙：振湘医社，[1911—1949]，16 页，32 开

本书为国民政府教育部图书馆藏书。

收藏单位：南京馆

01990

侣山堂类辩　（清）张隐庵撰述　东山居士校正

上海：千顷堂书局，1935.1，128 页，32 开（国医丛刊 3）

本书为杂论医理，辨析脏腑功能、病症、证治，论述药性与方剂配伍。

收藏单位：国家馆、南京馆、青海馆

01991

如皋医学报五周汇选　如皋医学报社编

如皋医学报社，1930.12，372 页，16 开

本书选辑《如皋医学报》刊行五年来的中医文章。内容包括：生理、学说、方案（附验方）、药物、杂说、医话、卫生、评论、文

苑（附通讯）等。

收藏单位：桂林馆、国家馆、上海馆

01992

市隐庐医学杂著 （清）王严士著

上海：大东书局，1937.1，44 页，32 开（中国医学大成 第 13 集 杂著类甲）（医论丛刊）

本书内容包括：苦口婆心、急慢惊风辨、产前以攻病为安胎说、阴症忌用寒凉说、喉症亦有阴寒论等。大多从病症误治辨明分析。

收藏单位：重庆馆、桂林馆、国家馆、湖南馆、江西馆、内蒙古馆

01993

寿身小补 黄兑楣著

出版者不详，[1911—1949]，1 册，25 开，精装

收藏单位：上海馆

01994

双梅景暗丛书 叶德辉著

上海：双梅阁，1927.5，124 页，32 开

本书共 5 部分：《素女经》《素女方》《玉房秘诀》《洞玄子》《天地阴阳交欢大乐赋》。

收藏单位：上海馆

01995

双梅景暗丛书四种 叶德辉著

上海：上海图书局，1919，64 页，32 开

本书共 4 部分：《素女经》《素女方》《玉房秘诀》《洞玄子》。

01996

宋以前医籍考（第 1 册） （日）冈西为人编

[沈阳]：国立沈阳医学院，1948，542 页，16 开

01997

宋以前医籍考 （日）黑田源次编

奉天（沈阳）：东亚医学研究所，1936—1944，4 册（542 页），16 开

本书考证我国宋以前 27 种医学古籍的版本、序跋、作者及成书年代，内容包括：内经、难经、五藏、女科。

收藏单位：辽大馆、上海馆

01998

图书集成医部全录 （清）陈梦雷纂辑

上海：会文堂新记书局，1937，20 册（11671 页），32 开，精装

上海：会文堂新记书局，1937，60 册，32 开

本书共 520 卷。内容包括：黄帝素问；黄帝灵枢经；扁鹊难经、脉法、外诊法；脏腑门、经络门、身形门等；头门、面门、耳门、目门等；唇口门、齿门、舌门等；腰门、四肢门、前阴门等；风门、痹门、寒门等；呕吐门、泄泻门、霍乱门等；哮喘门、疟门等；饮食门、积聚门等；伤寒门；外科痈疽疔毒门、外科附骨流注门等；妇人经脉门、妇人胎前门等；小儿未生胎养门、小儿初生护养门等；小儿惊痫门、小儿吐泻门等；痘疹门；医术名流列传、艺文、纪事、杂录、外编。书中题名：钦定古今图书集成医部全录。精装 20 册，平装 60 册。

收藏单位：安徽馆、国家馆、黑龙江馆、吉林馆、江西馆、南京馆、上海馆、首都馆

01999

万有医库 朱振声编著

上海：幸福书局，1934.8，2 册（[24]+427 页），25 开

上海：幸福书局，1936.4，再版，2 册（[24]+427 页），25 开

本书为《长寿报》第 1—50 期选编。共 30 编：生理、卫生、药物、诊断、头脑、五官、齿牙、神经病、四肢、皮肤、吐血、时令病、花柳病、胃肠病、外科、杂科、医案等。

收藏单位：国家馆

02000

万有医库续集 朱振声编

上海：幸福书局，1935.4，2 册（[22]+469 页），25 开

本书为《长寿报》第 50—100 期选编。

收藏单位：国家馆

02001

新中医五种 王仁叟著

上海：中医书局，1931.6，[10+230] 页，32 开

本书对中医理论、治法等提出见解。共 5 篇著作：《气化真理》《经脉穷源》《症治会通》《病案实录》《药物格要》。书前有秦伯未及著者序。

收藏单位：湖南馆、上海馆

02002

杏林医学 江堃 张阶平编

广州：广州杏林医学社，1935，[396] 页，16 开

本书由《杏林医学月报》第 35 期至 70 期文章改编而成。共 9 项：言论、专著、释义、研究、讨论、方剂、药物、医案、验方。

收藏单位：国家馆

02003

徐灵胎先生医书全集 （清）徐大椿著 江忍庵增批 林直清校

上海：广益书局，1936，4 册，32 开

上海：广益书局，1939.5，再版，4 册，32 开

上海：广益书局，1942，再版，4 册，32 开

上海：广益书局，1948.10，新 1 版，4 册，32 开

本书共 4 卷，内容包括：难经经释、医学源流论、神农本草经百种录、医贯砭、伤寒论类方、兰台轨范（一）、兰台轨范（二）、洄溪医案、慎疾刍言、内经诠释、洄溪脉学、脉诀启悟注释、六经病解（一）、六经病解、伤寒约编、舌鉴总论、杂病源、女科医案。

封面题名：徐灵胎医书全集。

收藏单位：重庆馆、广东馆、国家馆、江西馆、上海馆、首都馆、中科图

02004

研经言 （清）莫枚士著

上海：大东书局，1936.10，2 册（18+68+78 页），32 开（中国医学大成 第 1 集 医经类）

收藏单位：重庆馆、广西馆、桂林馆、国家馆、湖南馆、内蒙古馆、绍兴馆、首都馆

02005

研经言 （清）莫枚士著 裘吉生校

上海：世界书局，1937.5，101 页，32 开（基本医书集成 9）

本书共 4 卷，内容包括：原易、五志论、学医说、伏冲解、素问平人气象阙文辨等。

封面题名：莫枚士研经言。

收藏单位：重庆馆、南京馆、首都馆

02006

叶选医衡 （清）叶天士著辑 （清）顾渭川重校

上海：大东书局，1937.1，2 册（[20]+64+66 页），32 开（中国医学大成 第 13 集 杂著类甲）（医论丛刊）

本书汇采前人论病、论脉、论治之说 70 余篇。共两卷，内容包括：养身论、病有真假辨、酒人多中风说、燥论、火论等。

收藏单位：桂林馆、国家馆、湖南馆、内蒙古馆

02007

医籍考（第 1—7 卷） （日）丹波元胤著

东京：国本出版社，1933—1935，7 册，16 开

本书内容包括：医经、本草、食治、诊法、方论等。著者原题：多纪元胤。

收藏单位：首都馆

02008

医林改错 （清）王清任著

上海：大东书局，1937.1，[16+72] 页，32 开（中国医学大成 第 5 集 通治类）

本书共两卷。上卷以论脏腑为主，纠正前人脏腑理论及其所绘脏腑图中谬误，兼辨 50 余种血淤之症；下卷主论半身不遂等症。书前有张润坡、刘必荣、知非子序及自序。

收藏单位：桂林馆、国家馆、湖南馆、内蒙古馆

02009

医林改错 （清）王清任著

北平：中华印书局，[1937]，72 页，32 开（中国医学大成 第 5 集 通治类）

02010

医事启源 （日）今村亮著

杭州：三三医社，[1924—1949]，46 页，32 开（三三医书 第 1 集 2）

　　本书共 33 篇，内容包括：温热逢源、医事启源、医经秘旨、医病简要、喉科秘诀、临症验舌法、本草衍句、曹仁伯先生医案等。

　　收藏单位：重庆馆、桂林馆、湖南馆、南京馆、内蒙古馆

02011

医学读书记 （清）尤在泾著

上海：大东书局，1937.2，[10+74] 页，32 开（医论丛刊）（中国医学大成 第 13 集 杂著类甲）

　　本书著者引经据典、考评辨析，记其研读证治之心得。书前有徐大椿、鲍晟序，附静香楼医案。

　　收藏单位：重庆馆、桂林馆、国家馆、江西馆、辽宁馆、内蒙古馆、首都馆

02012

医学纲目 （明）楼英编

上海：世界书局，1937.4，4 册（2572 页），32 开

　　本书共 40 卷，运用阴阳五行学说论述内外妇儿各科诸疾证治，并附名方（海藏方、仲景方、千金方、易简方），既有抉护元气之药，又有攻邪之剂。卷 1—10 为阴阳脏腑部，卷 11—15 为肝胆部，卷 16—20 为心小肠部，卷 21—25 为脾胃部，卷 26 为脾肺部，卷 27 为肺大肠部，卷 28—29 为肾膀胱部，卷 30—33 为伤寒部，卷 34 为妇人部，卷 35—39 为小儿部，卷 40 为运气部。编者原题：楼全善。

　　收藏单位：大庆馆、广东馆、广西馆、贵州馆、国家馆、黑龙江馆、湖南馆、内蒙古馆、上海馆、中科图

02013

医学源流论·慎疾刍言 （清）徐大椿著

上海：大东书局，1937.2，2 册（56+[82] 页），32 开（中国医学大成 第 13 集 杂著类甲）（医论丛刊）

　　本书共两部分。《医学源流论》共两卷，列经络脏腑、脉、病、方药、治法、书论、古今等医论；《慎疾刍言》论述用药治病之理、不同患者治疗上的区别、外科病证治法等。著者原题：徐灵胎。

　　收藏单位：桂林馆、国家馆、辽宁馆、首都馆

02014

医学衷中参西录 张锡纯著

奉天（沈阳）：章福记书局，1938.9，1 册，22 开

　　本书共 8 卷。内容包括：虚劳、喘息、心病、肺病、淋浊、痢疾、伤寒温病、疫病、女科等方。著者原题：张寿甫。

　　收藏单位：首都馆

02015

医学衷中参西录（第 5 集） 张锡纯著

奉天（沈阳）：章福记书局，1939.12，1 册，25 开

　　收藏单位：首都馆

02016

医学衷中参西录（前三期合编） 张锡纯著 张春生　高如璧校订　孙铭勋参校　孙玉泉等重校

天津：中西汇通医社，1929，2 册，32 开

天津：中西汇通医社，1935，5 版，2 册（[302]+[256] 页），32 开

　　本书共 8 卷。上册 1—4 卷共 19 类，内容包括：治阴虚劳热、治喘息、治消渴、治淋浊等，收中药方剂 101 种；下册 5—8 卷共 15 类，内容包括：治伤寒、治温病、治霍乱、治小儿风证、治女科等，收中药方剂 88 种。

　　收藏单位：贵州馆、国家馆、湖南馆、首都馆

02017

医学衷中参西录增广（第 4 期 药物讲义） 张锡纯著　杨秀章参订　刘诚柱参校

天津：中西汇通医社，1931，[262] 页，18 开

天津：中西汇通医社，1943.9，4 版，1 册，18

开

本书共5卷。卷1—4辑录中药75味，卷5介绍西药45种。每种药均有性味、效用、服法及临床病例验证等说明。书前有李慰农序。

收藏单位：国家馆、湖南馆

02018

医学衷中参西录增广（第5期 医论） 张锡纯 孙铭盛 孙铭勋著 孙蕊榜 黄润光参校

天津：中西汇通医社，1928，2册（260+292页），22开

天津：中西汇通医社，1932.11，2册（260+292页），22开

天津：中西汇通医社，1940，3版，2册，18开

本书又名《医论》。共两册8卷，辑集各省医学杂志中刊登的中医论文。

收藏单位：重庆馆、国家馆、绍兴馆、首都馆

02019

医学衷中参西录（第6期 即志诚堂医案） 张锡纯著

天津：中西汇通医社，1931.8，1册，18开

天津：中西汇通医社，1941，再版，1册，18开

本书共4卷，按虚劳、喘嗽、气病、血病、脑充血、肿胀、头部病等病症分为17门，汇集医案124例。每案例均有病因、证候、诊断、处方、方解、复诊、效果等说明。附《种菊轩诗草》，收入著者诗作50余首。

收藏单位：贵州馆、国家馆

02020

医学衷中参西录（第7期 伤寒讲义） 张锡纯著

天津：中西汇通医社，1934.6，[201]页，22开

天津：中西汇通医社，1942，再版，[201]页，18开

本书讲述六经总论，三阴、三阳病症及处方治法。共4卷，内容包括：六经总论、太阳病桂枝汤证、阳明病四逆汤证、少阴病题

纲及意义等。附温病遗方。书前有王居迪、高崇勋、林书丹、张堃、刘明宝、孙静明等人序。

收藏单位：国家馆

02021

医学衷中参西录（三期版） 张锡纯著

奉天（沈阳）：立达医院，1920.10，2册（[294]+[246]页），22开

收藏单位：国家馆、湖南馆

02022

医学衷中参西录补正（1—3期 上册1） 张锡纯著 邓炳煐补正

[重庆]：中国医药社，1945.3，152页，32开（中国医药丛书1）

本书共两卷10章，内容包括：治阴虚劳热方、治喘息方、治阳虚方、治心病方、治肺病方、治呕吐方等。书前有1—3期共8卷的目录，张慎、袁澍滋、苏中宜等人的序文。

收藏单位：重庆馆、国家馆

02023

医验随笔 沈奉江口述 周逢儒笔记

杭州：三三医社，[1924]，56页，36开（三三医书 第3集4）

本书系无锡中医友谊会理事沈奉江先生口述，门人周逢儒笔记。

收藏单位：重庆馆、桂林馆、湖南馆、内蒙古馆

02024

医药精华集（初集） 吴克潜编

上海：医药新闻报馆，1929.1，562页，25开，精装

收藏单位：广东馆、绍兴馆

02025

医药精华集（续集） 吴克潜编

上海：医药新闻报馆，1929.12，[501+88]页，32开，精装

本书收辑中医论文百余篇。内容包括：

病理门、肺病门、腹痛门、痔疾门、眼疾门、寒温门、妇女门、杂病门等。附集益录 160 条、忽救篇 60 条、验案选录 12 案。

    收藏单位：上海馆、绍兴馆

02026

医药年刊（民国三十年） 施济群编

上海：国医广告社，1941，[200] 页，24 开

    本书为中医医药卫生等方面的文章，内容包括：《徐氏三文》（徐相任）、《陆氏谈医》（陆士谔）、《儿童诊断学概要》（钱今扬）、《中西医学概论》（何公度）等。

    收藏单位：山西馆

02027

医医医病集（第 1 集） 尤学周等编

上海：中医专门学校，[1916—1949]，56 页，32 开

    收藏单位：南京馆

02028

医原 （清）石寿棠撰

上海：大东书局，1936.11，2 册（[12]+[116]+[62] 页），32 开（中国医学大成 第 7 集 内科类）

    本书共 3 卷，收医论 20 篇，论述中医基础理论，辨证施治及临床主要科目等。内容包括：人身——小天地论、阴阳互根论、五行生克论、燥气论等。

    收藏单位：桂林馆、国家馆、湖南馆、江西馆、内蒙古馆

02029

医宗金鉴（外科） 侯悔斋校

上海：鸿文书局，1939，1 册，32 开

    收藏单位：首都馆

02030

郁冈斋医学笔尘 （明）王肯堂著 秦伯未校

上海：中医书局，1919，29 页，32 开

上海：中医书局，1929.7，1 册，32 开

    本书内容包括：稀痘秘方、药误、痰、寒热因用、读本草法、中风、口糜、阴维病等。

    收藏单位：重庆馆、广东馆、上海馆

02031

遇安斋证治丛录 刘蔚楚著

上海：千顷堂书局，[1911—1949]，2 册，32 开

上海：千顷堂书局，1927，再版，2 册，32 开

    本书内容包括：中西医术案证论、中西医术续论、科学上中医应有之地位论、国医宜融汇各家勿偏一派论等。

    收藏单位：首都馆、浙江馆

02032

御纂医宗金鉴 侯悔斋校订

上海：校经山房书局，1936.5，8 册，32 开

    本书论述中医外科疾病的辨证、治法及方药等。

    收藏单位：重庆馆

02033

御纂医宗金鉴（1—8） 胡协寅校勘

[上海]：广益书局，[1911—1949]，8册（[894] 页），32 开

    本书共 8 册。内科部分为 1—6 册，内容包括：订正仲景全书伤寒论注、订正仲景全书金匮要略注、编辑运气要诀、编辑伤寒心法人诀、编辑杂病心法要诀、编辑妇科心法要诀等。外科部分为 7—8 册，内容包括：编辑外科心法要诀。

    收藏单位：广东馆、桂林馆、国家馆、黑龙江馆、江西馆、南京馆

02034

御纂医宗金鉴（8—17）

中国医学书局，[1911—1949]，150 页，32 开

    收藏单位：首都馆

02035

御纂医宗金鉴（大字足本 7）

出版者不详，[1911—1949]，166 页，32 开

    本书内有外科心法要诀及各种类方共 16 卷。

    收藏单位：首都馆

02036

御纂医宗金鉴全书 侯悔斋校订

上海：鸿文书局，1939.7，8 册，32 开

上海：鸿文书局，1942，再版，8 册，32 开

　　收藏单位：贵州馆、首都馆

02037

在医言医 徐相任著

上海：徐相任父子诊所，1933.10，[168] 页，20 开（徐氏医学丛刊）

　　本书收著者 1910—1913 年发表的有关中医药发展问题的短文，与同业人员的讨论函件、提案、报告等。

　　收藏单位：重庆馆

02038

曾女士医学全书 （清）曾伯渊著　王慎轩重订　王南山校

苏州：中国医学研究社，1933.1，[80] 页，25 开（王氏医学丛书）

　　本书内容包括：诊病要诀、寒温指南、杂症秘笈、妇科良方、幼科指迷、外科纂要。

　　收藏单位：国家馆

02039

珍本医书集成 裘吉生主编

上海：世界书局，1936.7，14 册（8413 页），32 开，精装

　　本书共 14 册：第 1 册医经类，第 2 册本草类，第 3 册脉学类，第 4 册伤寒类，第 5—6 册通治类，第 7 册内科类，第 8 册外科类、妇科类、儿科类，第 9—11 册方书类，第 12—13 册医案类，第 14 册杂著类。

　　收藏单位：安徽馆、重庆馆、大庆馆、广东馆、广西馆、贵州馆、桂林馆、国家馆、黑龙江馆、湖北馆、湖南馆、内蒙古馆、山西馆、上海馆、首都馆、中科图

02040

《珍本医书集成》《皇汉医学丛书》样本 世界书局编

上海：世界书局，1936.4，1 册，32 开

　　本书为两套丛书的出版征订广告。

　　收藏单位：国家馆、内蒙古馆、绍兴馆

02041

拯瘼轩医学就正录 周禹锡著述　王慎轩批校

苏州：苏州国医书社，1933.4，[14+146] 页，22 开

　　本书共两卷。上卷内容包括：《学医导径》《论火与热之病理》《十二经之经字解》《天癸述义》《戒除雅片烟之古方新法》《医学会谈社启》《会谈问答笔记》等；下卷收医案 23 例及拯瘼轩医学就正录附刊。

　　收藏单位：国家馆、湖南馆、浙江馆、中科图

02042

知医必辨 （清）李冠仙著

上海：大东书局，1937.1，68 页，32 开（医论丛刊）（中国医学大成 第 13 集 杂著类甲）

　　本书共 13 篇：合论诸书之得失以示初学之从违、论读医书之难、论诊病须知四诊、论景岳全书、论金匮肾气汤、论倪涵初先生疟疾三方、论吴又可温疫论、论时邪、论初诊用药、论肝气、论类中症不可妄用再造丸、论胎孕、杂论。

　　收藏单位：桂林馆、国家馆、湖南馆、江西馆、内蒙古馆

02043

中国医学大成样本 [上海大东书局编]

上海：大东书局，[1935.10]，1 册，32 开

　　本书介绍编纂《中国医学大成》的缘由、该套丛书的种册、编排体例及出版情况。

　　收藏单位：国家馆、内蒙古馆、上海馆、首都馆

02044

中国医学大成总目提要 [上海大东书局编]

上海：大东书局，[1935]，[690] 页，32 开

　　本书为发售、预订《中国医学大成》丛书而刊印。介绍该丛书的发行缘起、凡例、书目及各书提要等。该丛书原计划收辑 365 种医著，后出版 128 种。辑录魏、晋至明、

清历代重要医著及少数日本医家著作。分医经、药物、诊断、方剂、通治、外感、内科、外科、妇科、儿科、针灸、医案、杂著等，共 13 类。每种均经校阅标点，列有内容提要，其中不少医著附有历代医家评注。

收藏单位：重庆馆、东北师大馆、国家馆、湖南馆、江西馆、辽大馆、辽宁馆、内蒙古馆、山西馆、上海馆、首都馆、天津馆、中科图

02045

中国医学约编十种　周禹锡编著　萧尚之参订　中央国医馆审定

天津：中西汇通医社，1941.10，3 册（[768] 页），32 开

本书讲述中医理论、辨证施治原则及理法方药知识，并涉及西医有关知识。上册共 4 种：《生理约编》《病理约编》《诊断约编》《药物约编》；中册 3 种：《处方约编》《内科约编》《妇科约编》；下册共 3 种：《儿科约编》《疸疫约编》《医剩约编》。书前有焦易堂、钱今阳、汪堃、黄竹斋、时逸人、张赞臣、周小农、沈仲圭、周复生等 20 人的序或题词。

收藏单位：国家馆、内蒙古馆、山西馆、首都馆、浙江馆、中科图

02046

中国医药汇海（1—24）　蔡陆仙编纂　章翼方　薛定华助编

上海：中华书局，1941.2，24 册，32 开

本书共 24 册，分为 7 编：经部、史部、论说部、药物部、方剂部、医案部、针灸部。

收藏单位：重庆馆、桂林馆、国家馆、内蒙古馆、宁夏馆、西南大学馆

02047

中医改进之路　高德明著

出版者不详，[1947]，66 页，32 开

本书收文 8 篇：《新中华医学运动的理论与实践》《论公医制度》《中医改进之路》《医学理论与治疗经验》《新中华医药学会宣言》《从研究常山治疟说起》《方剂之配合与禁忌》《泻下剂之研究与应用》。

收藏单位：国家馆、浙江馆

02048

中医基本学说　秦伯未编

上海：中医指导社，1935.4，98 页，32 开（中医指导社丛书）

本书收中医论文 34 篇，内容包括：上古天真论、生气通天论、脉要精微论、中风论、相火论、大气论等。

收藏单位：国家馆

02049

中医师奋斗特集　中央国医馆医务人员训练班宣传处等编

[南京]：联合办事处，[1947]，[9] 页，16 开

本书系纪念医师节发行的特刊，内容包括赵峰樵的介绍等。

收藏单位：国家馆

02050

中医新论汇编　王慎轩编著

苏州：苏州国医书社，1932.1，4 册（[22]+156+172+216+198 页），22 开

本书共 12 篇：生理、哲理、病理、诊断、药物、方剂、治疗、内科（上）、内科（下）、女科、儿科、外科。每篇之末均加著者按语。书前有周禹锡序。

收藏单位：桂林馆、国家馆、南京馆、首都馆

02051

中医指导录（第 1 年汇订）　中医指导社编辑

上海：中医书局，1930.6，1 册，32 开

本书为《中医指导录》第一年汇订本。内容包括：医事导游（秦伯未）、秦伯未诗集、通信治疗方案选等。

收藏单位：首都馆、浙江馆

02052

中医指导录（第 4 年汇订）　中医指导社编辑

上海：中医书局，[1934—1949]，[385] 页，32 开

本书为《中医指导录》1933 年 6 月至1934 年 5 月合订本。内容包括：谦斋语录、

伤寒鸟瞰、医药论文、医药答问录、医学要闻、群经大旨、金匮杂记、中医基本学说、医案等。

　　收藏单位：国家馆、湖南馆

02053

中医指导录（第5年汇订） 中医指导社编辑

上海：中医书局，[1934]，[385]页，32开

　　本书内容包括：金匮杂记、伤寒鸟瞰、医药论文、医药答问录、医林诗录。

　　收藏单位：国家馆、湖南馆

参考工具书

02054

国医指南 李涵馥编著

上海：南方书店，1932，1册，32开

上海：南方书店，1934.7，再版，135页，32开

上海：南方书店，1934.8，3版，135页，32开

上海：南方书店，1934.9，4版，135页，32开

上海：南方书店，1934.10，5版，136页，32开

上海：南方书店，1934，6版，135页，32开

上海：南方书店，1935，7版，136页，32开

上海：南方书店，1935.3，8版，135页，32开

上海：南方书店，1935，9版，136页，32开

上海：南方书店，1935.10，10版，135页，32开

上海：南方书店，1935.12，11版，135页，32开

上海：南方书店，1936，12版，136页，32开

上海：南方书店，1936，13版，135页，32开

上海：南方书店，1938，15版，1册，32开

　　本书为中医实用读物。共3卷。上卷讲理，内容包括：阴阳之义、五行生克表、命门说等；中卷说药，内容包括：治寒法、治热法、八珍汤等；下卷论病，内容包括：心虚见证、心寒见证、脾寒见证等。封面题名：百病治疗全书。

　　收藏单位：安徽馆、重庆馆、广东馆、国家馆、湖南馆、江西馆、南京馆、首都馆、浙江馆

02055

国医指南 李涵馥编著

上海：新文化书社，[1929.9]，[126]页，32开

上海：新文化书社，1941.9，重版，123页，32开

　　本书共3卷。上卷讲述中医临床诊疗基本理论和技法，中卷介绍辨证施治六法和方药，下卷介绍各科常见疾病的诊治。

　　收藏单位：国家馆、湖南馆、宁夏馆

02056

医学南针 陆士谔编著

上海：世界书局，1935.6，[354]页，25开

上海：世界书局，1936.6，3版，[354]页，25开

上海：世界书局，1936.12，4版，[354]页，25开

　　本书共两集。上集共10编：脏腑南针、切脉南针、望色南针、闻声南针、问证南针、病机南针、论药南针、释方南针、运气南针、读法南针；下集共6编：治病总论、营卫论、辨证南针、用药南针、用药禁忌法、读法南针。

　　收藏单位：重庆馆、广东馆、广西馆、国家馆、南京馆

02057

中国医学大辞典 谢观编

上海：商务印书馆，1921.7，2册，32开，精装

上海：商务印书馆，1924.3，3版，2册，32开

上海：商务印书馆，1927.3，5版，2册，32开，精装

上海：商务印书馆，1931.1，6版，2册，32开，精装

上海：商务印书馆，1933.8，国难后1版，2册，32开，精装

上海：商务印书馆，1934.6，国难后2版，2册（4690页），32开，精装

上海：商务印书馆，1935.5，国难后3版，2册（[5052]页），32开，精装

本书共 7 类：病名、药名、方名、身体、医家、医书、医学。以中国原有医书所载名词为限，收 7 万余条，按首字笔画为序编排。附按四角号码检字法编制的"中国医学大辞典索引"。此书共有 66 人参加编纂。

收藏单位：安徽馆、重庆馆、广东馆、国家馆、山西馆、绍兴馆、首都馆、西南大学馆、浙江馆、中科图

02058

中国医药指南　李复光著

重庆：新中华医药学会，1946.10，504 页，23 开（新中华医药学会丛书）

重庆：新中华医药学会，1947.1，增订版，504 页，23 开（新中华医药学会丛书）

本书共 7 类：医药学术、医药常识、卫生常识、经验良方、制药法、医药法令规章、医药调查统计。书前有《李复光夫子小传》及伍应秋序。

收藏单位：中科图

中医预防、卫生学

02059

尊生秘录　循矩老人编

成都：新新新闻文化服务部，1942.3，44 页，25 开

收藏单位：南京馆

预防、卫生

02060

传染病预防法　中医改进研究会编

太原：中医改进研究会，1936.6，42 页，32 开

本书内容包括：传染病的来源、传染病的种类、传染病普通预防法等。

收藏单位：国家馆

02061

卫生新论　吴兖著　沈恩孚校阅

中国图书公司，1924.10，4 版，46 页，25 开

收藏单位：广东馆、湖南馆、江西馆

养　生

02062

长生不老记　范士鸿著

出版者不详，1936，10 页，32 开，环筒页装

本书共 10 节，内容包括：概论、结婚与戒淫、常受新鲜空气、起居、走路运动、饮食、大小便、少思虑等。

收藏单位：重庆馆

02063

李笠翁行乐秘术　惕庵主人编

上海：大通图书社，1936.8，117 页，32 开

本书辑录清代李笠翁所著有关颐养的文章。共 7 部分，内容包括：行乐之部、男女之部、却病之部、服用之部等。

收藏单位：北师大馆、广西馆

02064

男女节欲宝鉴（欲海明灯）　刘仁达编

上海：上海书局，1926.6，104 页，32 开

本书简介养生保健知识。共 5 编：淫欲伤生编、食欲伤生编、贪欲伤生编、劳苦伤生编、习俗伤生编。

收藏单位：国家馆

02065

身心调和法　（日）藤田灵斋原著　刘仁航译
　　蒋维乔校订

上海：商务印书馆，1916.11，69 页，25 开

上海：商务印书馆，1920.1，4 版，69 页，25 开

上海：商务印书馆，1921，5 版，69 页，25 开

上海：商务印书馆，1924，6 版，69 页，25 开

上海：商务印书馆，1931.4，7 版，69 页，25 开

本书讲述调息养生功法。共6章：叙说、理论、呼吸法之种类与目的、精神作用、实修方法、结尾。书中题名：藤田式身心调和法，原名，息心调和法。译者原题：灵华居士。题名页题：刘仁航著。

收藏单位：重庆馆、国家馆、江西馆、南京馆、首都馆、天津馆

02066

寿世丛谈 潘韵笙著

北平：博济医馆，1935.10，78页，32开

本书收短文100篇，内容包括：《说医卜星相》《医须专门》《说六味地黄》等。

收藏单位：国家馆、首都馆

02067

仙术秘传（心身修养） 浩然主人编

上海：神州催眠学会，1919.6，56页，25开，环筒页装

本书介绍道家养生之道。共两部分：总论、仙术修养法。

收藏单位：国家馆

02068

现代最真确之生命观、最真确之卫生长寿术合刊 丁福保编著

上海：医学书局，1942.2，28+18页，32开（虹桥疗养院丛书）

本书共两部，前部介绍生物学、医学知识，论述生命的本质；后部以中医观点讲述保健养生常识。

收藏单位：国家馆、浙江馆

02069

养生保命录

上海：道德书局，1936，48页，32开

本书劝人节欲养生。

收藏单位：重庆馆

02070

养生保命录

北京：天华馆，[1911—1949]，[82]页，32开

本书封面题名：新增养生保命录。

收藏单位：河南馆

02071

养生保命录

北京：中华印刷局，1919，75页，32开

本书内容包括：好色必不寿二则、尤须谨避时日二则、好色必死三则、节欲尤须淡意一则、尤须谨守限制三则等。附身世准绳。

收藏单位：国家馆

02072

养生慈航 金天基撰述 爱莲生校辑

上海：出版者不详，1935.4，106页，32开

本书内容包括：养生镜、歌集、文集、新生活等。

收藏单位：重庆馆

02073

养生丛录 上海慈善汇报总发行部编

上海：明善书局，[1911—1949]，56页，32开（慈善汇报丛刊 第1编6）

02074

养生导引术 陈师诚编著

上海：康健书局，1936.4，41页，32开（康健丛书）

上海：康健书局，1942.8，再版，41页，32开（康健丛书）

本书介绍道家养生秘术。共5章：总论、外功、内运、补亏、防弊。

收藏单位：安徽馆、重庆馆、广东馆、国家馆、湖南馆、江西馆、南京馆、上海馆、天津馆

02075

养生镜 （清）石成金著

上海：明德书局，1933.12，再版，[79+52]页，32开

上海：明德书局，1935.3，3版，[79+52]页，32开

上海：明德书局，1937，5版，[79+52]页，32开

本书谈论养生之道。共7章：绪论、心

思、房事、饮食、起居、医药、杂录。著者原题：石天基。

收藏单位：安徽馆、重庆馆、上海馆

02076

养生秘术 周郁年著

上海：广益书局，1931.6，1 册，32 开（卫生丛书 2）

上海：广益书局，1933.3，续版，[148] 页，32 开（卫生丛书 2）

上海：广益书局，1934.9，重版，[148] 页，32 开（卫生丛书 2）

本书共 4 部分：修养类、饮食类、起居类、防护类。

收藏单位：黑龙江馆、南京馆、首都馆

02077

养生三要 袁开昌著

镇江：润德堂，1919.5，[20]+72 页，32 开（润德堂丛书）

镇江：润德堂，1938.5，再版，[20]+72 页，32 开（润德堂丛书）

本书共 3 部分：卫生精义、病家须知、医师箴言。

收藏单位：广东馆、上海馆

02078

养生琐言 沈仲圭辑

[上海]：[新中医社]，[1927.9]，38 页，32 开

本书辑录有关养生的格言、语录数百则。

02079

药功真传秘抄（脱胎换骨长生不老） 陈凤山秘传 金佩生编辑

上海：上海武侠社，1932.10，100 页，32 开

上海：上海武侠社，1936.5，100 页，32 开

本书共 5 篇：药功之分析、修炼药功之要务、服食门之药功、洗浸门之药功、救治之药功。附蒙药之类、麻药之类、铳炮之类。

收藏单位：广东馆、贵州馆、国家馆、南京馆、绍兴馆、首都馆

02080

曾国藩养生术 陈清初著

兰州：新生书店，1945.12，28 页，36 开

本书共 6 部分，内容包括：精神之修养、体格之锻炼、环境之卫生等。

收藏单位：国家馆、首都馆

02081

中和子选集 胡钰著

出版者不详，[1911—1949]，石印本，[39] 页，28 开，环筒页装

本书为医学用书。

收藏单位：重庆馆

气　功

02082

冲庸（静坐学） 刘佑众著

上海：老庄道舍，[1949]，128 页，32 开

本书为道家静坐理论，除医学外，也含阴阳、因果等方面的内容。共 5 章：理论、法论、辨证、神通、调神说。

收藏单位：内蒙古馆、上海馆

02083

洞天秘笈 翠峰子编著

上海：时中书局，1914，52 页，32 开

本书介绍道家炼精、炼气、炼神等内修知识。

收藏单位：首都馆

02084

房中八段功（秘本） 金倜庵编

上海：上海武侠社，[1911—1935]，18 页，32 开

上海：上海武侠社，1935.4，3 版，18 页，32 开

本书介绍道家健身内修功。

收藏单位：天津馆

02085

冈田式静坐法 蒋维乔编译

外文题名：Sitting

上海：商务印书馆，1919.11，72 页，25 开

上海：商务印书馆，1920.4，再版，72 页，25 开

上海：商务印书馆，1921，3 版，72 页，25 开

上海：商务印书馆，1923，4 版，72 页，25 开

上海：商务印书馆，1926.1，5 版，72 页，25 开

上海：商务印书馆，1927.7，6 版，72 页，25 开

上海：商务印书馆，1931.2，7 版，72 页，25 开

上海：商务印书馆，1933.2，国难后 1 版，72 页，25 开

上海：商务印书馆，1935.8，国难后 2 版，72 页，25 开

本书共 5 篇：冈田先生、静坐之方法、正呼吸、静坐之原理、主要之注意。

收藏单位：重庆馆、广东馆、广西馆、国家馆、河南馆、湖南馆、江西馆、上海馆、首都馆、天津馆、浙江馆

02086

冈田式静坐心理 ［桥本五作著］ 雷通群译

上海：商务印书馆，1920.6，93 页，25 开

上海：商务印书馆，1922，再版，93 页，28 开

本书介绍日本当时盛行的一种身心健康锻炼法。共两篇：心理变化之实验、静坐方法之要领。书名又译为《静坐之力》。书前有蒋维乔序。

收藏单位：安徽馆、重庆馆、广东馆、广西馆、国家馆、首都馆、浙江馆

02087

呼吸哲学 余萍客著

上海：心灵科学书局，1934.5，143 页，32 开，精装

本书共两编。上编"哲学编"共 6 章，内容包括：唯心论与唯物论、瑜伽哲学中心主张、瑜伽哲学的进化观等；下编"呼吸编"共 16 章，内容包括：呼吸与生活、呼吸的生理、呼吸的四种分类等。

收藏单位：国家馆、吉林馆、上海馆

02088

静坐三年 （日）岸本能武太著 华文祺译

上海：商务印书馆，1916，244 页，32 开

上海：商务印书馆，1917，再版，244 页，32 开

上海：商务印书馆，1919，4 版，244 页，32 开

上海：商务印书馆，1920，5 版，244 页，32 开

上海：商务印书馆，1922.7，6 版，244 页，32 开

上海：商务印书馆，1925.2，7 版，244 页，32 开

上海：商务印书馆，1935.2，国难后 2 版，244 页，32 开

本书共两篇。前篇"静坐篇"共 5 章：总论、静坐之姿势、逆呼吸、身体之动摇、腹力；后篇"修养篇"共 5 章，内容包括：肉体与灵魂之关系、身心之调和、身心统一之结果等。书中题名：冈田式静坐三年。

收藏单位：重庆馆、国家馆、江西馆、南京馆、内蒙古馆、绍兴馆、首都馆、浙江馆

02089

女功正法 灵阳道人著 陈撄宁校订

上海：翼化堂善书局，1935，18 页，32 开（女子道学小丛书 第 2 种）

收藏单位：上海馆、首都馆

02090

神秘灵子术传授录 潜修居士 陶如山人编

［上海］：神州学会，1919.4，[76] 页，32 开，精装

上海：神州学会，1920.12，3 版，1 册，32 开

本书共 5 辑：灵子术讲义、灵子术传授、灵子潜动作用特别传授、附录、别录。

收藏单位：北师大馆、桂林馆、国家馆、湖南馆、上海馆、首都馆、天津馆

02091

神通入门 中国心灵研究会编辑部编译

上海：中国心灵研究会，1927.9，55 页，50 开

本书讲述神通的意义、目标、种类与行法等。共8章，内容包括：神通的意义、神通的目标、神通的种类、神通的行法、神通与健康的一致等。

收藏单位：国家馆、南京馆

02092

实验深呼吸练习法　王怀琪编

上海：商务印书馆，1922.6，[38]+74页，32开

上海：商务印书馆，1924.1，再版，[38]+74页，32开

上海：商务印书馆，1926.10，3版，[38]+74页，32开

上海：商务印书馆，1930.9，4版，[12]+74页，32开

上海：商务印书馆，1934，国难后1版，86页，32开

上海：商务印书馆，1935.4，国难后2版，86页，32开

[长沙]：商务印书馆，1939，国难后3版，86页，32开

本书共23节，内容包括：什么是深呼吸、浅短呼吸的害处、呼吸的力、深呼吸的效果等。封面印"教育部审定"字样。

收藏单位：重庆馆、东北师大馆、广东馆、广西馆、国家馆、南京馆、内蒙古馆、首都馆、天津馆、浙江馆

02093

藤田灵斋先生演讲录　（日）藤田灵斋著　集美调和会编译

厦门：集美调和会，[1924.9]，43页，25开

本书介绍一次健身法、气功、调和法等。

02094

藤田式调和法前传略解　（日）藤田灵斋著　陈敬贤译

厦门：集美学校消费公社、厦门大学合作商店，[1924]，166页，25开

本书共8编，内容包括：序说、调和道、调和法、调和法基础编等。

收藏单位：上海馆

02095

习坐须知

出版者不详，[1911—1949]，6页，32开，环筒页装

本书为道家坐禅规则，内容包括：至圣先天老祖十诫文说、道院坐则、道院过则等。

收藏单位：安徽馆、国家馆

02096

新灵子术　天岸居士译述

上海：心灵科学书局，1933.10，[446]页，32开，精装

本书共5卷：灵子术初讲、灵子显动作用、灵子潜动作用、附录、别录。

收藏单位：国家馆

02097

修坐须知

出版者不详，[1911—1949]，20页，32开，环筒页装

本书为道家坐禅书，内容包括：至圣先天老祖十诫文说、道旨简言、坐则等。

收藏单位：安徽馆、江西馆、南京馆、内蒙古馆、天津馆

02098

因是子静坐法　蒋维乔著

上海：商务印书馆，1914.10，48页，32开

上海：商务印书馆，1915.2，3版，48页，32开

上海：商务印书馆，1918.2，10版，48页，32开

上海：商务印书馆，1918，11版，48页，32开

上海：商务印书馆，1919，13版，48页，32开

上海：商务印书馆，1919.12，15版，48页，32开

上海：商务印书馆，1921.11，17版，48页，32开

上海：商务印书馆，1923，19版，48页，32开

上海：商务印书馆，1924.9，20版，48页，32

开

上海：商务印书馆，1927.6，21版，48页，32开

本书共3篇。"原理篇"共8章，内容包括：人类之根本、全身之重心、静字之真义等；"方法篇"共两章：姿势、呼吸；"经验篇"共14章，内容包括：青年时代、初入手时之困难、第一次之奇景等。附因是子先生传、咏怀五首。著者原题：因是子。

收藏单位：安徽馆、广东馆、国家馆、江西馆、南京馆、上海馆、首都馆、浙江馆

02099
周仲房静坐法秘术 周铭泽撰

出版者不详，[1926]，58页

本书介绍静坐法之源流、静坐方法等。

收藏单位：浙江馆

02100
坐功图说 （宋）陈抟著 陈希夷校

上海：大东书局，1926.10，37页，32开

上海：大东书局，1929，再版，37页，32开

本书收坐功图37幅，每图配坐功图势说明及功用。

收藏单位：重庆馆、浙江馆

中医基础理论

02101
汉医常识问答 宋慎著

新京（长春）：益智书店，1940.9，222页，32开

新京（长春）：益智书店，1942.1，再版，222页，32开

本书介绍中医内、外、妇、儿、五官、皮科的临床理论及施治方法。共13编，内容包括：小儿科、妇科、五皮病、肝胃病、呼吸器病、性病自疗法、传染病、诊断学等。

收藏单位：国家馆、首都馆、中科图

02102
科学科 中国国医函授学院主编

天津：中国国医函授学院，1937.6，5版，96页，22开

本书共6章：细菌学、生理学、病理学、检验学、注射学、解剖学。

收藏单位：国家馆

02103
群经大旨 秦伯未著

上海：中医指导社，1932—1933，2册（60+60页），32开（中医指导社丛书）

本书介绍《金匮要略》《伤寒论》《内经》《难经》四书概要。

收藏单位：国家馆

02104
群经见智录·伤寒论研究 恽铁樵著

上海：商务印书馆，1948.1，1册，32开（药庵医学丛书 第2辑上）

收藏单位：桂林馆、内蒙古馆、浙江馆

02105
实用中医学 秦伯未著

上海：中医书局，1930.7，4册，32开

上海：中医书局，1931.7，再版，4册（759页），32开

上海：中医书局，1936.3，3版，4册（759页），32开

上海：中医书局，1941.1，4版，4册（759页），32开

本书以中医学说和经验融汇而成，共12编：生理学、病理学、诊断学、药物学、治疗学、处方学、内科学、妇科学、幼科学、外科学、五官科学、花柳科学。

收藏单位：国家馆、江西馆、中科图

02106
实用中医学（第1集） 何任编著

杭州：何任，1947.10，84页，36开

杭州：何任，1949.3，7版，84页，36开

本书为中医初步综合教材，内容包括：生理、解剖、药物、诊断及处方法。

02107
天则 程宜生著
出版者不详，1924，144 页，18 开
　　本书共 16 篇，内容包括：图书篇、象数篇、五行篇、阴阳篇、性水篇、胞火篇、乾说篇、坤说篇、震说篇等。
　　收藏单位：国家馆、江西馆、上海馆、首都馆

02108
新内经 丁福保编辑
上海：医学书局，1912.7，3 版，2 册（166+110 页），18 开，精装（丁氏医学丛书）
上海：医学书局，1914.10，4 版，2 册，18 开（丁氏医学丛书）
上海：医学书局，1926.2，5 版，2 册，18 开（丁氏医学丛书）
　　本书共两集。第 1 集"新素问"共 2 篇：缩短人寿之条件、延长人寿之条件；第 2 集"新灵枢"共 21 章，内容包括：细胞篇、组织篇、骨骼解剖篇、骨骼生理卫生篇、筋肉解剖篇、皮肤解剖篇、消化器解剖篇、呼吸器解剖篇等。版权页题名：二十世纪新内经。
　　收藏单位：重庆馆、广西馆、湖南馆、上海馆、首都馆、浙江馆

02109
医经 曹渡辑编
北平国医学院，[1929—1949]，54 页，18 开
　　收藏单位：首都馆

02110
医学通论 陈无咎著
上海：民智印刷所，1923.9，[12]+80 页，32 开
　　本书讲述中国医学的本体、派别、定义、范围与其他学科的关系等。
　　收藏单位：广东馆、国家馆、首都馆、天津馆

02111
与恽铁樵论群经见智录 余云岫著
出版者不详，[1911—1949]，14 页，22 开

　　收藏单位：国家馆、河南馆、首都馆

02112
中央国医馆统一病名录 中央国医馆编审委员会编
南京：中央国医馆，1935.10，[200] 页，24 开
　　本书按内、外、妇、儿科病名分为 4 类，以表格形式介绍每科中医病名、重名、外名、证候。

02113
中医常识 陈迫强编
上海：经纬书局，1936.11，132 页，大 64 开（经纬百科丛书）
上海：经纬书局，1946，132 页，大 64 开
　　本书共 7 章，内容包括：中医之历史、中医之病理、中医之诊断、中医之治疗等。
　　收藏单位：重庆馆、广东馆、南京馆、内蒙古馆

02114
中医基础学 姜春华编著
北平：国医砥柱总社，1946.11，88 页，32 开
　　本书内容包括：脏腑总论、心、心包络、小肠、肝、胆、脾、胃、肺、大肠等。
　　收藏单位：宁夏馆、浙江馆

02115
中医基础学 叶劲秋编
上海：少年中医社，1933.7，[133] 页，32 开
　　本书介绍中医生理知识、病理知识以及疾病的诊断治疗等。
　　收藏单位：湖南馆

02116
中医基础知识 颜文亮著
上海：文山书局，[1936.6]，16 页，32 开
　　收藏单位：国家馆

02117
中医浅说 沈乾一著
上海：商务印书馆，1931.4，81 页，32 开（万有文库 第 1 集 513）（百科小丛书）

上海：商务印书馆，1934.6，81页，32开（百科小丛书）

上海：商务印书馆，1935.3，再版，81页，32开（百科小丛书）

长沙：商务印书馆，1938.11，4版，81页，32开（百科小丛书）

长沙：商务印书馆，1939.9，81页，32开（万有文库第1—2集简编500种190）（百科小丛书）

重庆：商务印书馆，1945.3，66页，32开（百科小丛书）

重庆：商务印书馆，1946，3版，67页，32开（百科小丛书）

本书共7章，内容包括：中医之解剖与生理、中医之病理、中医之诊断、中医之治疗等。附人体经络图。

收藏单位：安徽馆、重庆馆、大理馆、大连馆、东北师大馆、广西馆、贵州馆、国家馆、黑龙江馆、湖南馆、吉林馆、江西馆、辽大馆、辽师大馆、南京馆、内蒙古馆、宁夏馆、上海馆、首都馆、天津馆、浙江馆

内　经

02118

读内经记　秦伯未著

上海：中医书局，1929.7，再版，[16]+80页，32开（近代医学丛选）

上海：中医书局，1930.12，3版，[16]+80+20页，32开

上海：中医书局，1936.6，[16]+80页，32开（近代医学丛选）

本书系著者十年来研究《内经》的读书笔记。共3编：文字、训诂、句逗。

收藏单位：重庆馆、南京馆、首都馆、浙江馆

02119

仿宋古本灵枢素问集注　（清）陈修园编　刘藩校

上海：大文书局，1936.3，2册，32开

上海：大文书局，1937.4，再版，2册，32开

本书对《黄帝内经》作详细注解。封面题名：仿宋古本黄帝内经。

收藏单位：重庆馆、江西馆

02120

黄帝内经素问　王隰庵注

上海：[世界书局]，1937，158页，32开

收藏单位：山西馆

02121

黄帝内经素问（24卷）（唐）王冰注

上海：商务印书馆，1931，2册，32开

长沙：商务印书馆，1939，4册，32开

本书共24卷81篇，将《素问》加以整理、注释。内容丰富，以人与自然统一观、阴阳学说、五行说、脏腑经络学为主线，论述摄生、脏腑、经络、病因、病机、治则、药物以及养生防病等各方面的关系，集医理、医论、医方于一体。

收藏单位：广东馆、天津馆

02122

黄帝内经素问集注　（清）张隐庵集注

上海：大东书局，1936.12，8册（[728]页），32开（中国医学大成第1集医经类）

本书共8册，内容包括：五藏生成篇、三部九候论篇、六元正纪大论篇等。本书系流行较广的注本，注释较详。书前有注者自序。此书由张文启参订，张兆璜校正，曹炳章校刊。

收藏单位：重庆馆、广东馆、广西馆、桂林馆、国家馆、辽宁馆、首都馆

02123

黄帝内经素问集注　（清）张隐庵集注

上海：世界书局，1937，458页，32开（基本医书集成8）

本书共9卷，内容包括：上古天真论、阴阳应象大论、玉板论要篇、三部九候论等。

收藏单位：重庆馆、贵州馆

02124

黄帝内经素问注解　孙沛注

北京：救世新教总会，1939.8，5 册（[840]
页），18 开

本书共 10 卷，以唐代王冰注《素问》本
为蓝本，增删注解，全书共 79 篇，缺第 72
篇刺法论篇及第 73 篇本病论篇。书前有实善
社成员 57 人名录。

收藏单位：国家馆

02125

黄帝素问 （唐）王冰注 （宋）林亿等校正
上海：商务印书馆，1931.4，4 册（[347] 页），
32 开（万有文库 第 1 集 511）（国学基本丛
书）
[长沙]：商务印书馆，1939.12，4 册（348 页），
32 开（万有文库 第 1—2 集简编 189）（国学
基本丛书）

本书将《素问》加以整理、注释。共 24
卷 81 篇，内容包括：上古天真论、生气通天
论、阴阳别论等。

收藏单位：安徽馆、重庆馆、大理馆、大
连馆、东北师大馆、广西馆、贵州馆、国家
馆、黑龙江馆、江西馆、辽大馆、辽师大馆、
内蒙古馆、宁夏馆、上海馆、天津馆、浙江
馆

02126

灵枢经

上海：商务印书馆，1931.4，113 页，32 开（万
有文库 第 1 集 512）（国学基本丛书）
上海：商务印书馆，1935.9，128 页，32 开（国
医基本丛书）
长沙：商务印书馆，1940.3，再版，128 页，
32 开（国学基本丛书）

本书共 12 卷 81 问，以黄帝、岐伯等人
问答形式概述中医阴阳五行理论，并详述有
关脏腑功能、经络腧穴、针具、刺法、病理、
症状、诊断及治疗原则。内容包括：经别、骨
度、寒热病、肠胃等。

收藏单位：安徽馆、重庆馆、大连馆、大
庆馆、东北师大馆、广西馆、贵州馆、国家
馆、黑龙江馆、湖南馆、辽大馆、辽师大馆、
内蒙古馆、宁夏馆、上海馆、首都馆、天津
馆、武大馆、浙江馆

02127

灵枢经合纂（10 卷） （清）张隐庵 （明）马
元台合注
上海：广益书局，[1911—1949]，石印本，1
册，25 开，精装

收藏单位：广东馆

02128

灵枢识 （日）丹波元简著
上海：大东书局，1936.10，6 册（[562] 页），
32 开（中国医学大成 第 1 集 医经类）

本书共 6 卷，仍依《灵枢》原书列为 81
篇。引据各家《灵枢》注本，大体以马元台、
张景岳、张隐庵 3 家为遵循，结合著者心得
经验阐发奥义，辨正讹误。书后有孙元佶、
史久华跋两篇。

收藏单位：广西馆、桂林馆、国家馆、湖
南馆、江西馆、内蒙古馆、绍兴馆、首都馆

02129

灵素生理新论 杨百城著
太原：中医改进研究会，1924.1，2 册（36+
628 页），18 开，精装
太原：中医改进研究会，1924.3，再版，2 册
（36+628 页），18 开

本书按原始、形气、内形、外形四大纲
分为 24 章 315 节。试图融汇中医《内经》等
典籍中所述的气化理论与西医生理解剖学等
知识，阐发新意。著者原题：杨如侯。

收藏单位：桂林馆、绍兴馆、中科图

02130

内经类证 秦伯未著
上海：中医书局，1929.7，[14]+146 页，32 开
上海：中医书局，1933.11，再版，[14]+146 页，
32 开

本书摘录《内经》中有关病症的记载，
分为 50 种病类、357 种症候。每一病类分概
论与各症，按因、症、脉、治排列。书前有
谭泽民序及自序。

收藏单位：重庆馆、国家馆、湖南馆、南
京馆、内蒙古馆、上海馆、首都馆、浙江馆

02131

内经入门　陈景岐编　吴嘉宝校

上海：中西医药书局，[1934]，160 页，32 开（中国医药入门丛书）

本书为素灵节要。共 10 章：道生、望色、闻声、问察、切脉、经络、病机、审治、生死、杂论。

收藏单位：国家馆

02132

内经通论·难经通论　丁福保编

上海：医学书局，1926.8，34+16 页，22 开（丁氏医学丛书）

收藏单位：重庆馆、国家馆

02133

内经研究之历程考略　许半龙著　许太平校

上海：新中医社出版部，1928.10，54 页，32 开

本书共 3 部分。"总论"部分从《内经》产生的时代背景、地理命名、书籍版本篇目文辞等方面考证《内经》真伪讹误；"分论"部分共 9 章，介绍梁、隋、唐、宋、金、元、明、清及现代的名家对于内经的研究及成果；结论。书前有秦伯未序。

收藏单位：重庆馆、上海馆、绍兴馆

02134

内经知要　·（明）李士材原辑　（清）薛生白校正

上海：世界书局，1937.5，79 页，32 开（基本医书集成）

本书共上、下两卷，内容包括：道生、阴阳、经络、治则等。书中题名：薛生白校正李士材内经知要。

收藏单位：重庆馆、江西馆、南京馆、绍兴馆

02135

内难科　中国国医函授学院教务课编纂

天津：中国国医函授学院，1940.5，19 版，40 页，22 开

本书共 9 章：内经道生摘要、内经阴阳摘要、内经色诊摘要、内经脉诊摘要、内经经络概要、内经治则摘要、内经病能摘要、八十一难经摘要、奇经八脉集解。

收藏单位：国家馆

02136

秦氏内经学　秦伯未著

上海：中医书局，1934—1935，2 册（[239] 页），32 开

上海：中医书局，1938.9，再版，1 册，32 开

上海：中医书局，1941.3，3 版，1 册，32 开

上海：中医书局，1946.10，4 版，[239] 页，32 开

本书内容包括：生理学、解剖学、诊断学、治疗学、方剂学等。

收藏单位：广东馆、广西馆、首都馆、中科图

02137

时氏内经学　时逸人著

上海：复兴中医社，1941.1，171+7 页，32 开

本书共上、下两篇。上篇"导论"：内经合理之审定；下篇"本论"：内经真价之检讨。

收藏单位：广东馆

02138

素问识　（日）丹波元简著

[上海]：皇汉医学编译社，[1935]，4 册（190+142+138+136 页），32 开（聿修堂医药丛书 1）

收藏单位：大庆馆、广东馆、宁夏馆、中科图

02139

医经精义　（清）唐容川著　秦伯未重校

上海：广益书局，1947.9，新 1 版，127 页，25 开（中西汇通医书五种）

本书辑录灵素诸经要语，以经诠经，分篇详注。书中的脏腑图绘参照西医新学知识，探求中西融通。

收藏单位：江西馆

02140

医经精义 （清）唐容川著　秦伯未重校

上海：锦章书局，[1911—1949]，[127] 页，32 开（中西汇通医书五种）

　　收藏单位：首都馆

02141

医经精义 （清）唐容川著　秦伯未重校

上海：千顷堂书局，[1934.11]，[127] 页，32 开

上海：千顷堂书局，1936，3 版，[135] 页，32 开（中西汇通医书五种）

　　收藏单位：广东馆、广西馆、国家馆、上海馆、首都馆

02142

医经精义 （清）唐容川著　秦伯未重校

上海：中国文学书局，1935，再版，[98+78] 页，32 开（中西汇通医书五种）

　　收藏单位：重庆馆、国家馆、浙江馆

难　经

02143

难经古义 （日）藤万卿著　秦伯未校

上海：中医书局，1930.10，50+72 页，32 开

　　本书共两卷，注解诠释《难经》。书前有太原王勃序及著者自序。

　　收藏单位：重庆馆、上海馆

02144

难经集义　吴保神编纂　秦伯未阅校

上海：中医书局，1935.6，178 页，32 开

　　收藏单位：上海馆

02145

难经疏证 （日）丹波元胤著

上海：皇汉医学编译社，[1935]，1 册，32 开（聿修堂医学丛书 2）

　　收藏单位：大庆馆、广东馆、中科图

02146

难经注疏 （日）玄医著　秦伯未校

上海：中医书局，1929.10，148 页，32 开

上海：中医书局，1932，再版，148 页，32 开

　　本书根据日本名汉医玄医氏天和四年刊本重校印行。书前有著者及伊藤素安序。

　　收藏单位：重庆馆、国家馆、湖南馆、宁夏馆、中科图

02147

王叔和、李苹湖难经图解脉诀

上海：同声书局，1936.5，1 册，32 开

　　收藏单位：南京馆

伤寒、金匮（伤寒杂病论）

02148

重订伤寒百证歌 （宋）许叔微著

苏州：苏州国医书社，1935，1 册，32 开

　　本书归纳《伤寒论》中载述之证候，将证候总论及分证内容共编列为 100 种。包括伤寒脉证总论歌、伤寒病证总论歌、表证歌、里证歌、表里寒热歌、表里虚实歌及《伤寒论》中所见之多种证候，均以七言歌诀予以阐述分析。

　　收藏单位：国家馆

02149

重校正续伤寒补天石 （明）戈维城著　秦伯未重校

上海：中医书局，1932.11，86 页，32 开

　　本书论述中医内科病症及诊治，阐述张仲景《伤寒杂病论》。共两卷，卷上讲述伤寒统辨、病机辨证、理法及六经病证，卷下具体讲述病证 46 证。

　　收藏单位：重庆馆、上海馆、首都馆

02150

重刊金匮玉函经二注 （宋）赵以德衍义（清）周扬俊补注 （清）李春泉重刊 （清）叶万青参校

上海：大东书局，1937.1，4 册（[360] 页），

32 开（中国医学大成第 7 集 内科类）

收藏单位：桂林馆、国家馆、湖南馆、江西馆、内蒙古馆

02151

仿宋古本金匮要略浅注 （清）陈修园著　刘藩校阅

上海：大文书局，1936.2，214 页，25 开

收藏单位：江西馆

02152

古本康平伤寒论 余云岫　范行准鉴定　叶橘泉校

苏州：友助医学社，1947.10，[19]+124 页，32 开

本书又名《和气氏古本伤寒论》，据日本大塚敬节氏之校印本及所得之古抄本参校。重排版缩小篇幅，但保持原书面目，校正处加按语。又据白云阁藏本《仲景十二稿伤寒杂病论》参校，其异同之处加注于书眉。书前有陈郁、陆渊雷、范行准、宋大仁、李畴人、叶橘泉 6 人序。

收藏单位：国家馆、南京馆

02153

国医伤寒新解 （汉）张仲景著　王趾周注解

天津：中西医学研究社，1939.7，264 页，32 开

本书运用西医理论解释伤寒论，发扬祖国医学，汇通中西。共 6 章，内容包括：太阳经、阳明经、少阴经等。书前有张哲民、杨嘉修等人序。

收藏单位：国家馆、内蒙古馆、天津馆、中科图

02154

校正断句伤寒六书 （明）陶节庵著　秦伯未校

上海：中医书局，1931.3，[320] 页，32 开

本书中六书为：《伤寒琐言》《家秘的本》《杀车槌法》《一提金》《截江钢》《明理续论》。版权页题名：重校伤寒六书。

收藏单位：桂林馆、湖南馆、上海馆

02155

金匮发微 （汉）张仲景著　曹颖甫注

上海：医学书局，1936.4，[10]+273 页，25 开，精装

上海：医学书局，1936.9，再版，[10]+273 页，25 开，精装

本书为原著详注，并纠正前人一些注解。书前有焦易堂、丁宗兴、陆渊雷、许半龙、秦之济、姜佐景等人序。

收藏单位：重庆馆、桂林馆、国家馆、山西馆

02156

金匮录 儒宗真人鉴定

昆明：培和堂，1936.3，2 册，25 开

本书共 4 集：元（先师集）、亨（小圃集）、利（真人集）、贞（仙姑集）。附金匮录编后记。

收藏单位：重庆馆

02157

金匮入门 陈景岐编　吴嘉宝校

上海：中西医药书局，[1934]，14+134 页，32 开（中国医药入门丛书）

本书收录张仲景的《金匮要略》与陈修园的《金匮方歌括》。按所治病症分为 21 类，介绍中药方剂 100 余种。

收藏单位：重庆馆、国家馆

02158

金匮要略今释 陆渊雷著　沈本琰参校

上海：[陆渊雷]，1935.2，2 册（[484]+[524] 页），32 开

上海：[陆渊雷]，1935.8，2 册，32 开

上海：[陆渊雷]，1940.10，订正再版，2 册（[484]+[524] 页），32 开

上海：陆渊雷，1940，订正 3 版，2 册，32 开

上海：陆渊雷，1948，订正 4 版，2 册（[484]+[524] 页），32 开

本书分 8 卷。著者综合前人注疏，参考日人学说，对《金匮要略》原文作分析和诠注，某些释义试图融汇中西医学说。

收藏单位：重庆馆、国家馆、黑龙江馆

02159

金匮要略浅注 （汉）张仲景原文 （清）陈修园集注

上海：世界书局，1937.5，2 册（221 页），25 开（基本医书集成）

　　本书共 10 卷，内容包括：脏腑经络先后病脉证、百合狐惑阴阳毒病证治、胸痹心痛短气病脉证并治、消渴小便不利淋病脉证治、妇人妊娠病脉证治、杂疗方等。版权页题：陈修园金匮要略浅注。

　　收藏单位：大庆馆、贵州馆、江西馆、南京馆、山西馆

02160

金匮要略浅注补正 （汉）张仲景著 （清）陈修园浅注 （清）唐容川补正　秦伯未重校

上海：锦章书局，[1911—1949]，[12]+293 页，32 开（中西汇通医书五种）

　　本书以《金匮要略浅注》为基础，汇通中西医观点注释补正，删去歌括。共 9 卷，内容包括：脏腑经络先后病脉、百合狐惑阴阳毒病证治、胸痹心痛短气脉证等。书前有补正凡例、《金匮要略浅注》读法及林则徐序。

　　收藏单位：首都馆

02161

金匮要略浅注补正 （汉）张仲景著 （清）陈修园浅注 （清）唐容川补正　秦伯未重校

上海：千顷堂书局，[1911—1949]，[12]+293 页，32 开（中西汇通医书五种）

上海：千顷堂书局，1936，3 版，[12]+293 页，32 开（中西汇通医书五种）

　　收藏单位：广东馆、国家馆、河南馆、湖南馆、首都馆

02162

金匮要略浅注补正 （汉）张仲景著 （清）陈修园浅注 （清）唐容川补正　秦伯未重校

上海：中国文学书局，[1911—1949]，2 册（20+218+180 页），32 开（中西汇通医书五种）

　　收藏单位：重庆馆、广东馆、国家馆、上海馆

02163

金匮要略述义（3 卷） （日）丹波元简编

上海：中医书局，1935，176 页，32 开（聿修堂丛书）

　　收藏单位：广东馆、宁夏馆、中科图

02164

金匮要略心典 （汉）张仲景著 （清）尤在泾注

上海：大东书局，1937.2，3 册（[216] 页），32 开（中国医学大成 第 7 集 内科类）

　　本书共 3 卷，著者编集一部分前人对《金匮要略》的注释，结合自己的临床实践经验和学习心得，对《金匮要略》有所阐发。书前有徐大椿序及自序。

　　收藏单位：桂林馆、国家馆、湖南馆、江西馆、辽宁馆、内蒙古馆

02165

金匮要略心典 （汉）张仲景原文 （清）尤在泾集注

上海：世界书局，1937.5，160 页（基本医书集成）

　　本书版权页题：尤在泾金匮要略心典。

　　收藏单位：重庆馆、山西馆、首都馆

02166

金匮要略新注 （汉）张仲景原著　王和安编述

汉口：武汉印书馆，1929.9，308 页，16 开

　　本书内容包括：百合狐惑阴阳毒、五脏风寒积聚、痰饮咳嗽、消渴小便不利淋、水气等。

　　收藏单位：重庆馆

02167

金匮要略直解 （清）程林编注　秦伯未校

上海：中医书局，1930.5，[344] 页，32 开

　　本书共 3 卷。编注者以经证经，引证《内经》《神农本草经》《伤寒论》《脉经》《甲乙经》等古典医籍，参考六朝、唐、宋有关著作，解释《金匮要略》各篇条文。封面题名：金匮直解。编注者原题：程云来。

02168

金匮翼 （清）尤在泾著

上海：大东书局，1937.11，4 册（[344] 页），32 开（中国医学大成 第 7 集 内科类）

　　本书著者为补充《金匮要略心典》之不足，又从治疗经验中广泛运用古今方剂，编成此书。共 8 卷，阐述内科杂病 48 门，每门先著统论、继述各种证候和治法，最后附有按语。书前有徐锦、柏雪峰、尤岳岩序。

　　收藏单位：桂林馆、国家馆、江西馆、辽宁馆、南京馆

02169

金匮翼方选按·风劳鼓病论 恽铁樵著

上海：商务印书馆，1948.5，1 册，32 开（药庵医学丛书 第 4 辑 下）

　　收藏单位：浙江馆

02170

金匮玉函要略辑义 （日）丹波元简著

上海：中医书局，[1935]，3 册（224+206+146 页），32 开

　　本书共 6 卷，介绍各种医案。

　　收藏单位：重庆馆、广东馆、宁夏馆、中科图

02171

日本汉医伤寒名著合刻 （日）浅田惟常著 秦伯未编校

上海：中医书局，1929.11，80 页，32 开

　　本书共两篇：伤寒辨要、伤寒翼方。

　　收藏单位：重庆馆

02172

删定伤寒论 （日）南涯吉益删定

上海：医学书局，1916.5，再版，25 页，23 开，精装（丁氏医学丛书）

　　本书收《伤寒论》及有关医籍中的注解要语成书。

　　收藏单位：重庆馆、国家馆

02173

伤寒补天石

出版者不详，[1911—1949]，1 册，32 开

　　收藏单位：南京馆

02174

伤寒贯珠集 （清）尤在泾注 （清）朱陶性校

上海：大东书局，1936.12，4 册（[244] 页），32 开（中国医学大成 第 6 集 外感病类甲）（伤寒丛刊）

　　本书将原书重整编次，共 8 卷，按六经分为太阳、阳明、少阳、太阴、少阴、厥阴诸篇，并加注解。

　　收藏单位：重庆馆、广西馆、桂林馆、国家馆、湖南馆、江西馆、内蒙古馆、首都馆

02175

伤寒广解 祝味菊著

上海：祝味菊，1932，88 页，25 开，精装（祝氏医学丛书 4）

　　收藏单位：重庆馆

02176

伤寒来苏集 （汉）张仲景原文 （清）柯韵伯编注

上海：大东书局，1936.10，6 册，32 开（中国医学大成 第 6 集 外感病类甲）（伤寒丛刊）

　　本书共 8 卷。包括《伤寒论注》《伤寒论翼》《伤寒附翼》3 部分。《伤寒论注》4 卷，注解原文和辨正前人的学说，将《伤寒论》原文依据六经的方证，分立篇名，重加编次；《伤寒论翼》两卷，作者对前人编集、校注《伤寒论》持有异议，上卷阐明六经经界、治法和合并病等，下卷为六经的病解及制方大法；《伤寒附翼》两卷，论述《伤寒论》六经方剂，每方均列组成大义与使用法则等。

　　收藏单位：广西馆、桂林馆、国家馆、湖南馆、江西馆、内蒙古馆、首都馆

02177

伤寒六经辨证治法 （清）沈目南编注

上海：大东书局，1937.1，4 册（[208] 页），32 开（中国医学大成 第 6 集 外感病类甲）（伤寒丛刊）

本书共 8 卷。对张仲景《伤寒论》重编注释。突出六经主病，将六经篇目合病、并病、过经不解、差后劳复等均另立篇名。书前有吴人驹序及作者自序。

收藏单位：桂林馆、国家馆、湖南馆、内蒙古馆

02178
伤寒论读
杭州：三三医社，[1924]，1 册，32 开（三三医书 第 3 集 28）

本书内容包括：辨太阳证、辨阳明证、辨少阳证、辨太阴证等。

收藏单位：桂林馆、湖南馆、南京馆、内蒙古馆

02179
伤寒论改正并注　陈逊斋著
南京：陈逊斋，1935.3，1 册，22 开

本书著者参考诸家之说，以多年研讨心得校注伤寒论。随文释义，正讹补脱。共 28 节，内容包括：伤寒概说、六经概说、脉法概说、阳明篇、少阳篇、太阴篇等。

收藏单位：国家馆、南京馆

02180
伤寒论辑义按　恽铁樵著
上海：商务印书馆，1948.12，4 册，32 开（药庵医学丛书 第 7 辑）

本书内容包括：辨厥阴病脉证并治、辨霍乱病脉症并治。

收藏单位：浙江馆

02181
伤寒论讲义　宋志华编
志华医社，1942.2，316 页，32 开（宋氏医学丛书）

收藏单位：首都馆

02182
伤寒论今释　陆渊雷著
上海：陆渊雷，1931.10，2 册，32 开
上海：陆渊雷，1940.10，订正再版，2 册

（[455]+[398] 页），32 开

本书著者综合前人注疏，对《伤寒论》重加注释，对原著中某些论述，试图用近代医学理论加以融汇。

收藏单位：国家馆、南京馆、上海馆

02183
伤寒论启秘　叶劲秋著
上海：少年中医社，1934.8，再版，[24] 页，16 开

本书介绍《伤寒论》一书的内容梗概、历代注释版本。书前有著者及王一仁、周禹锡序。

02184
伤寒论浅注（仿宋古本）　（清）陈修园著
上海：大文书局，1936.3，1 册，32 开

本书共 6 卷，内容包括：辨太阳病脉证、辨阳明病脉证、辨少阳病脉证、辨厥阴病脉证等。

收藏单位：国家馆、湖南馆、南京馆

02185
伤寒论浅注补正　（清）唐容川著　秦伯未校
上海：千顷堂书局，[1911—1949]，288+[37] 页，32 开（中西汇通医书五种）

本书对陈念祖《伤寒论浅注》予以补缺正误。按六经顺序依次注释辨证、立法、列方、药物配伍以及服法、禁忌等。共 7 卷：辨太阳病脉证、辨阳明病脉证、辨少阳病脉证、辨太阴病脉证、辨少阴病脉证、辨厥阴病脉证、辨霍乱病脉证。

收藏单位：广东馆、广西馆、国家馆

02186
伤寒论浅注补正　（清）唐容川著　秦伯未校
上海：中国文学书局，1936，1 册，32 开
上海：中国文学书局，[1911—1949]，2 册（48+130+224 页），32 开（中西汇通医书五种）

收藏单位：重庆馆、广西馆、国家馆、首都馆

02187

伤寒论浅注补正 （汉）张仲景著 （清）陈修园浅注 （清）唐容川补正　秦伯未重校

锦章书局，[1911—1949]，[37]+288 页，32 开（中西汇通医书五种）

　　收藏单位：首都馆

02188

伤寒论通论　丁福保编

上海：医学书局，1915.12，再版，27 页，32开，精装（丁氏医学丛书）

　　本书对《伤寒论》的版本、卷次、内容、作者生平及历代为伤寒作笺释者进行考证，列出笺释者姓名及专著 26 种。附金匮通论。

　　收藏单位：重庆馆、国家馆

02189

伤寒论蜕　陈无咎著

上海：丹溪医学社，1929.4，34+42+32 页，25开（黄溪医垒丛书）

　　收藏单位：重庆馆

02190

伤寒论新解 （汉）张仲景著　潘澄濂注

上海：大众书局，1937.6，204 页，32 开

　　本书依《医宗金鉴》编目次，其中病理部分参照西医，不涉及阴阳五行。共 8 篇：太阳病脉证并治上篇、太阳病脉证并治中篇、太阳病脉证并治下篇、阳明病脉证并治篇、少阳病脉证并治篇等。各方后附有适应症。

　　收藏单位：广东馆、上海馆

02191

伤寒论新注　胡剑华著

上海：中医书局，1930，266 页，25 开

　　收藏单位：吉林馆、首都馆

02192

伤寒论翼 （清）柯韵伯著　陆士谔校

上海：世界书局，1937.5，154 页，32 开（基本医书集成）

　　本书共两卷，内容包括：全论大法、大经正义、合并启微、风寒辨惑、太阳病解、阳明病解、少阳病解等。著者原题：柯琴。

　　收藏单位：重庆馆

02193

伤寒论原文浅注 （汉）张仲景原文 （清）陈修园集注

上海：世界书局，1937.5，1 册，32 开（基本医书集成）

　　本书版权页题名：陈修园仲景伤寒论原文浅注。

　　收藏单位：山西馆

02194

伤寒论注 （清）柯韵伯编注

上海：世界书局，1937.5，191 页，32 开（基本医书集成）

　　本书是作者对《伤寒论》一书的注疏。版权页题名：柯韵伯伤寒论注。

　　收藏单位：重庆馆

02195

伤寒明理论 （宋）成无己撰 （明）吴勉学评注

上海：大东书局，1936.10，[114] 页，32 开（中国医学大成 第 6 集 外感病类甲）（伤寒丛刊）

　　本书共 3 卷。上、中卷辨析发热、恶寒、自汗、头痛、喘等 50 种伤寒证候的病象和病理；下卷专论方药，选《伤寒论》常用方 20种。

　　收藏单位：国家馆、湖南馆、内蒙古馆

02196

伤寒瘟疫条辨（6 卷） （清）杨璿著

[上海]：校经山房书局，[1936]，1 册，32 开

　　收藏单位：广东馆

02197

伤寒新释　陈拔群著　黎寿昌校

上海：涵煦庐医书出版部，1937.2，266 页，32 开，精装

　　本书以六经代表人体各部分疾病，并加注释。书前有张仲景原序，包识生、著者序，

谢观题字。书后有黎寿昌跋。

收藏单位：南京馆

02198

伤寒新义 祝味菊著

上海：祝味菊，1931.9，224 页，25 开，精装（祝氏医学丛书 3）

收藏单位：重庆馆、中科图

02199

伤寒医诀串解（仿宋古本）（清）陈修园著

上海：大文书局，1936.3，1 册，32 开

收藏单位：广东馆

02200

沈注金匮要略 （清）沈目南编注

上海：大东书局，1936.11，4 册（[366] 页），32 开（中国医学大成 第 7 集 内科类）

本书共 24 卷。沈氏因流传的《金匮要略》刊本与张仲景原著有所出入，故重加整理编排注释。

收藏单位：桂林馆、国家馆、湖南馆、江西馆、首都馆

02201

通俗伤寒论 俞根初著 何秀山选 何廉臣校

绍兴：绍兴医药学报社，1927.3，222 页，32 开（医药丛书 36）

杭州：绍兴医药学报社，1927.3，再版，1 册，32 开（医药丛书 60）

收藏单位：湖南馆、南京馆

02202

图表注释伤寒论新义 余无言著

昆明：中华书局，1940.7，[16]+346 页，22 开，精装（科学整理医籍）

本书共 10 卷。根据中医医理，参照西医解剖生理等知识，对伤寒论原文逐条加以注解。篇章仍沿用六经之名，编次上有所变更。原书中有法无方者，依据历代注家意见补附方药。每篇首页有生理解剖插图，篇后附删文评正。

收藏单位：国家馆、湖南馆

02203

新伤寒论 丁福保编

上海：医学书局，1930，294 页，22 开（丁氏医学丛书）

收藏单位：安徽馆、广西馆

02204

徐忠可金匮要略论注 徐忠可著

上海：世界书局，1937.5，229 页，32 开（基本医书集成）

本书书中题名：金匮要略论注。

收藏单位：南京馆

02205

张长沙原文读本 （汉）张机著 南宗景校刊

苏州：南宗景，1936.4，[20+266] 页，22 开

本书将《伤寒论》《金匮要略》两书中的原文与汤方分集成篇。每方之后附陈修园的长沙方歌括。

收藏单位：国家馆

02206

张卿子伤寒论 （汉）张仲景原著 （晋）王叔和撰次 （宋）成无己注释 （清）张卿子参订

上海：大东书局，1936.10，5 册（[350] 页），32 开（中国医学大成 第 6 集 外感病类甲）（伤寒丛刊）

本书内容包括：辨脉法、平脉法、伤寒例、辨太阳病脉证并治、辨阳明病脉证并治、辨少阳病脉证并治、辨太阴病脉证并治等。

收藏单位：广西馆、桂林馆、国家馆、湖南馆、江西馆、内蒙古馆

02207

张注伤寒论集注 张隐庵注释 高世栻纂集 侯悔斋校订

上海：校经山房书局，1936.5，[228] 页，32 开

本书参照前人注疏，结合注者的见解来

注释《伤寒论》。共 6 卷：辨太阳病脉证篇、辨太阳篇脉证篇、辨阳明少阳病脉证篇、辨太阴少阴厥阳脉证篇、辨霍乱病脉证、辨脉症。注释者原题：张志聪。

收藏单位：重庆馆、宁夏馆

02208

中国医药科学讨论 张子鹤著 余云岫鉴定

[上海]：梅鹤轩，1938.8，[420] 页，24 开，精装

[上海]：梅鹤轩，1939.7，再版，[420] 页，24 开

[上海]：梅鹤轩，1947.11，合订 3 版，[420] 页，24 开

本书将《伤寒论》中的病症参照现代医学观点加以研讨，认为仲景所谓伤寒即今日流行性感冒，并根据当时国药研究新成果，分析阐释《伤寒论》中的处方用药。共 17 讲，内容包括：伤寒论太阳病、伤寒论阳明病、伤寒论少阴病等。

收藏单位：安徽馆、重庆馆、国家馆、山西馆、上海馆、中科图

02209

仲景伤寒论评释 阎德润著

哈尔滨：哈尔滨医学专门学校出版部，1936.11，492 页，25 开

本书综合前人对《伤寒论》的注释，予以评价，以现代医学理论详作阐述。共两篇：伤寒论症状明理论、伤寒论治疗辨正论。

收藏单位：国家馆

02210

仲景学说之分析 叶劲秋编 缪俊德校

上海：少年医药社，1936.11，再版，214 页，32 开

本书探讨研究张仲景《伤寒杂病论》中的医理治法及方药。共 9 部分，内容包括：导言、杂症分辨、妊产、病因举要、治法举要、六经形症等。

收藏单位：安徽馆、湖南馆、中科图

中医生理

02211

国医生理学 胡安邦著

上海：中央书店，1935.10，56 页，32 开

上海：中央书店，1936.4，再版，56 页，32 开

上海：中央书店，1936.12，3 版，56 页，32 开

上海：中央书店，1941，4 版，56 页，32 开

上海：中央书店，1947.8，5 版，56 页，32 开

本书共 6 章：概论、五脏、六腑、形体、七窍、经络。

收藏单位：重庆馆、广东馆、国家馆、南京馆、上海馆、中科图

02212

华北国医学院生理学讲义 施如柏著

[北平]：华北国医学院，[1911—1949]，152 页，16 开

本书共 5 编：血液与循环、内脏生理、生殖生理、感觉生理、神经生理。

收藏单位：国家馆

02213

生理解剖图表展览会纪念刊 张蕴忠著

南京：中央国医馆，1935.3，104 页，16 开

本书共 15 篇论文，内容包括：《研究中国古医术为阐扬民族学术之途径》《太古西洋哲学与中国道学之源流》《我国医学原理与自然科学思想》《中国医学与世界太一主义》《中国自然科学之系统分析》《息脉论》等。书前有彭养光、陈立夫、陈果夫、王太蕤、焦易堂合作序文。

收藏单位：国家馆、江西馆、南京馆、山西馆、浙江馆

02214

生理解剖图表展览目录 张蕴忠著 伦灵飞编校

南京：中央国医馆，1935.3，46 页，32 开

本书辑录 110 种图表目录及简要说明，用现代医学知识探讨阐发中医脏腑、气血、

经络的解剖学理论。附简要说明。

收藏单位：南京馆

02215

中西生理学合璧　张拱端著

常德：敏文石印局，1943 印，石印本，[160] 页，32 开

本书版权页题名：生理三编。封面题名：中西生理合璧。

收藏单位：重庆馆

02216

中医系统学　王一仁编著

杭州：仁庵学舍，1936.6，146 页，32 开（仁庵医学丛书 第 1 集 国医读本 1）

本书共两篇：中医之基本学说、经脉与生理系统。

02217

中医系统学（生命宇宙篇）　彭子益编著

出版者不详，[1935.7]，26 页，21 开

收藏单位：安徽馆

经络、孔穴

02218

经穴摘要歌诀·百症赋笺注合编　承澹庵编著　邱茂良校对

中国针灸学研究社，1934.6，2 版，56 页，18 开

中国针灸学研究社，1937.6，3 版，56 页，18 开

收藏单位：江西馆

02219

考正周身穴法歌　（清）廖润鸿撰

北京：北京国医砥柱总社，1939，40 页，32 开

本书内容包括：手太阴肺经、手阳明大肠经、足阳明胃经、足太阴脾经、手少阴心经、足太阳膀胱经等。

收藏单位：国家馆

02220

六经纂要（5 卷）　（日）丹波元简著

上海：皇汉医学编译社，1935，212 页，32 开（聿修堂医学丛书）

收藏单位：广东馆

02221

奇经直指　刘野樵著

上海：宜昌国医针灸学社，1937.12，158 页，22 开（国医病理学 4）

本书共 11 章，内容包括：任脉、督脉（附十二经交穴考）、带脉、阴维阳维（附奇经病理补编）等。

收藏单位：广西馆、国家馆、中科图

02222

人身经穴考正图　四民氏编

巴监习艺所，1932，1 册，23 开

本书为人体经络图册。

收藏单位：重庆馆

02223

人体写真十四经穴图谱　（日）玉森贞助编

宁波：东方针灸学社，1935.10，[64] 页，32 开

收藏单位：国家馆

02224

铜人经络图骨度部位图说明书　猴山赤城医庐编

上海：中医书局，[1921—1949]，16 页，32 开

本书内容包括：肺手太阴经、大肠手阴明经、胃足阳经、头部、肢部等。

收藏单位：重庆馆

02225

子午流注　徐卓著　葛荣光　顾宝善校

南通：竞新公司，1936.6，[66] 页，22 开

本书为针灸学专著。共 9 章：绪论、流注穴道、十二经纳甲法、子午流注、流注用法、十二经纳子法、十二经补泻法、奇经纳卦法、气血阴阳法。书前有焦易堂、钟泰题字，沈赞枢、孙在兹等人序。

收藏单位：桂林馆、国家馆、南京馆

中医病理

02226
病理概论·病理各论　恽铁樵著
上海：商务印书馆，1948.4，1 册，32 开（药庵医学丛书 第 3 辑下）
　　本书共两部分。《病理概论》内容包括：表证与表药、麻黄定喘、其他诸表药等;《病理各论》内容包括：急性支气管炎篇、肺劳篇、疟疾篇等。
　　收藏单位：浙江馆

02227
病理学整理编　张子英编
贵阳：现代医药杂志社，1946.12，126 页，32 开
　　本书共 7 章，内容包括：病理学复古之商榷、病理学总论、病理学各论等。各论中分论中医 34 种病症，用现代医学知识阐释中医经典著作中有关病因、病理的观点。
　　收藏单位：国家馆

02228
巢氏诸病源候总论　（隋）巢元方著
上海：大东书局，1936.11，8 册（768 页），32 开（中国医学大成 第 5 集 通治类）
　　本书共 67 门，载列证候论 1720 条。论病源及治疗，不载方药，诸证之末多附导引法。
　　收藏单位：桂林馆、国家馆、湖南馆、江西馆、内蒙古馆、首都馆

02229
国医病理学　胡安邦著
上海：中央书店，1935.10，50 页，32 开
上海：中央书店，1936.4，再版，50 页，32 开
上海：中央书店，1936.12，3 版，50 页，32 开
上海：中央书店，1941.2，4 版，50 页，32 开
上海：中央书店，1947.9，5 版，50 页，32 开
　　本书内容包括：概论、病原论、六淫、七情、内因等。
　　收藏单位：广东馆、桂林馆、国家馆、黑龙江馆、江西馆、南京馆、上海馆、天津馆

02230
燥火病问答　蔡陆仙编
上海：华东书局，1935，104 页，32 开（民众医药指导丛书 4）
上海：华东书局，1936.4，104 页，32 开（民众医药指导丛书 4）
上海：华东书局，1937.4，再版，104 页，32 开（民众医药指导丛书 4）
　　本书共两编：上编燥症问答、下编火症问答。
　　收藏单位：重庆馆、广东馆、国家馆、南京馆、天津馆、浙江馆

中医临床学

02231
阿气悉活络使用法　（日）前岛震太郎著
东京：阿气悉活络奖励会，1922.4，201 页，32 开
　　本书共 4 章：总论、阿气悉活络之用法、使用细说、附说。
　　收藏单位：国家馆

02232
阿气悉活络说明书（治病实验例第五号）　李长春编辑
东京：阿气悉活络奖励会，1929，54 页，小 32 开
　　收藏单位：南京馆

02233
按摩术及改正操　吴澂编
出版者不详，1937，油印本，1 册，16 开
　　收藏单位：国家馆

02234
百病通论　秦伯未编　方公溥校

上海：中医书局，1930.1，52页，32开（家庭医药常识2）

上海：中医书局，1941.3，3版，52页，32开（家庭医药常识2）

　　本书共两种：时病通论、杂病通论。

　　收藏单位：重庆馆、国家馆、浙江馆

02235

百病诊断门径　胡安邦编著

上海：中央书店，1935.12，[123]页，32开

上海：中央书店，1936.4，再版，[123]页，32开

上海：中央书店，1937.4，3版，[123]页，32开

　　本书共两卷。上卷介绍中医诊断理论及方法，下卷以问答形式介绍诊断学练习法。

　　收藏单位：国家馆、南京馆、首都馆、浙江馆

02236

笔花医镜　江笔花著　周郁浩校

上海：广益书局，1937.2，92页，32开

上海：广益书局，1938.5，再版，92页，32开

上海：广益书局，1940，再版，92页，32开

上海：广益书局，1946.10，新1版，92页，32开

上海：广益书局，1948.9，新2版，92页，32开

　　本书共4编：总论、内科、妇科、儿科。

　　收藏单位：重庆馆、广东馆、桂林馆、国家馆、南京馆、首都馆

02237

笔花医镜　江笔花著　周郁浩校

上海：鸿文书局，1947.10，新再版，87页，32开

　　本书内容包括：总论、妇科、儿科等。著者原题：江涵暾。

　　收藏单位：广东馆

02238

笔花医镜（秦校）　江笔花著　秦伯未校

上海：中医书局，1930，[140]页，32开

　　收藏单位：重庆馆、南京馆

02239

砭经（孙真人传砭记、孙道人砭术述）　韬光居士著

出版者不详，[1911—1949]，24页，18开

　　本书著者托言曾遇仙人传授砭术，将其所述记录成册。书中介绍砭的起源、形状、功用及主治要略。书后有采药老人跋。

　　收藏单位：国家馆

02240

辨舌入门　陈景岐编　吴嘉宝校

上海：中西医药书局，1934，68页，32开（中国医药入门丛书）

　　本书共4编：江笔花望舌色、方耕霞舌苔歌诀、吴坤安察舌辨证歌、张诞先伤寒舌鉴。

　　收藏单位：国家馆

02241

辨证奇闻　（清）钱镜湖著　周郁浩　严士云重校

上海：广益书局，1937.7，2册（252+216页），32开

　　本书讲述中医内、外、妇、儿、五官等各科病症证治及方药。书前有钱松、钟志高、周国骧序。

　　收藏单位：重庆馆、广东馆、广西馆、桂林馆、湖南馆、首都馆

02242

辨证奇闻（上）（清）钱镜湖著　周郁浩严士云重校

锦章书局，[1911—1949]，251页，32开

　　收藏单位：重庆馆

02243

辨症论　徐友白著

出版者不详，1933，34页，32开

　　收藏单位：广东馆、湖南馆

02244

标病歌括·五炎证治合编　刘亚农著

北平国医月刊社 [等]，1939.8，38 页，32 开

本书共两部分。《标病歌括》内容包括：伤风证治歌、伤暑证治歌、太阳经症治歌、阳明经症治歌、少阳经症治歌。《五炎证治》内容包括：肺炎症治歌、气管枝炎症治歌、肋膜炎症治歌、脑膜炎症治歌、腹膜炎证治歌。

收藏单位：国家馆

02245

病家医家之常识（第 1 集） 张礼耕　张术仁著

重庆：求真庐，1938.11，[127] 页，32 开

本书收集张礼耕医案 52 篇。附张术仁的医篇论 3 篇，论述中医改革并提出建议。

收藏单位：重庆馆

02246

补品研究 杨志一编著

上海：国医出版社，1931.12，40 页，24 开

上海：国医出版社，1936.8，4 版，40 页，24 开

本书按年龄、性别、病症分类，介绍中医各种剂型的食补方剂 70 种。内容包括：小儿补品、老年补品、妇女补品、失血家补品等。

收藏单位：国家馆、上海馆

02247

曹仁伯医案 （清）曹仁伯著

杭州：三三医社，[1924—1949]，42 页，32 开（三三医书第 1 集 32）

本书共 36 篇，内容包括：藩署萧四爷治验丸方、卫道观前头鸣右盛、德清某、嘉兴吴、薛家湾郭复诊方、杭州钟徐若泉令亲姚名琨先生字来等。

收藏单位：重庆馆、桂林馆、湖南馆、南京馆、内蒙古馆

02248

曹颖甫先生医案 曹颖甫著　王慎轩记述　王南山编校

上海：中国医学研究社，1925.4，27 页，25 开

上海：中国医学研究社，1932.1，再版，27 页，25 开（王氏医学丛书）

收藏单位：国家馆

02249

察病指南 施政卿著

上海：中华新教育社，1932.7，4 版，1 册，32 开，环筒页装

上海：中华新教育社，1949.7，7 版，1 册，32 开

本书共 3 卷，内容包括：十二经总括、诊三部脉法、三部九候、诊六腑平脉法、察平人损至脉法等。

收藏单位：重庆馆、山西馆

02250

巢氏宣导法 （隋）巢元方著 （清）廖平辑撰　曹炳章续辑

上海：大东书局，1936.12，[90] 页，32 开（中国医学大成 第 11 集 针灸类乙）（按摩丛刊 1）

本书共两卷。卷上正编共 22 节，内容包括：腰背病诸候、消渴诸痛候、伤寒病诸候等；卷下续编共 31 节，内容包括：水肿病诸候、霍乱病诸候、中恶病诸候等。

收藏单位：重庆馆、桂林馆、国家馆、湖南馆、江西馆、内蒙古馆

02251

程国彭医学心悟 （清）程国彭著

上海：世界书局，1937.5，306 页，32 开（基本医书集成）

本书共 6 卷，内容包括：医中百误歌、伤寒类伤寒辨、中风门、遗精等。书中题名：医学心悟。

收藏单位：贵州馆、吉林馆、首都馆

02252

程杏轩医案 （清）程杏轩著 （清）陈安波评注

上海：大东书局，1936.10，3 册，32 开（中国医学大成 第 12 集 医案类）

本书分初集、续集、辑录 3 卷，收著者历年所治疑难病症验案。以治疗时病为多，

对伤寒、温病、复杂外感之治有独到之处。

收藏单位：重庆馆、桂林馆、国家馆、湖南馆、江西馆、首都馆

02253

重订汉译诊病奇侅 （日）丹波元简编 （日）松井操子静汉译 王慎轩重订

苏州：苏州国医书社，1931.7，[108] 页，25 开

本书采集日本 32 家名医诊病奇法。附五云子腹诊法。封面题名：诊病奇侅。

收藏单位：国家馆、湖南馆、中科图

02254

重订太素脉秘诀 （明）张太素著 （清）刘伯祥注

上海：大东书局，1936.11，2 册（54+64 页），32 开（中国医学大成 第 3 集 诊断类）

本书共两卷。论述诊脉各法，并列寿夭、智愚之脉象。书前有龚廷贤序。

收藏单位：国家馆、湖南馆、江西馆、内蒙古馆、绍兴馆

02255

重订诊家直诀 （清）周学海著

上海：大东书局，1936.10，[48] 页，32 开（中国医学大成 第 3 集 诊断类）

本书共两卷。上卷共 5 篇，内容包括：指法总义、二十四家会通、微甚兼独等；下卷共 17 篇，内容包括：独取寸口本义、说神、脉有两侧等。

收藏单位：桂林馆、国家馆、湖南馆、内蒙古馆

02256

重校赵氏医贯 （明）赵献可著 秦伯未重校

上海：中医书局，1932.11，[198] 页，32 开

本书共 6 卷，内容包括：玄元肤论、主客辨疑、先天要论等。

收藏单位：重庆馆、上海馆

02257

重庆科学针灸研究所概况 科学针灸研究所编

重庆：科学针灸研究所，1934，48 页，32 开

本书共 9 节，内容包括：工作进行计划大纲、本所沿革概略、本所组织概要、本所大事记、针灸推拿之特效病症、针灸学理简说、工作摘要等。封面题名：针灸研究所概况。

收藏单位：重庆馆

02258

崔真人脉诀详解 （宋）崔嘉彦著 （清）潘楫注

上海：中华新教育社，1928，1 册，32 开

上海：中华新教育社，1933.8，2 册（12+184+192 页），32 开

本书收方药 12 卷，附方 1 卷。书前有陈朝辅、潘楫等人序。

收藏单位：广东馆、国家馆

02259

大众实用百病小医囊 冯伯贤编 汪漱碧校

上海：中央书店，1937.5，[15]+162 页，32 开

本书内容包括：时疫门、内科门、外科门、杂症门、妇人科胎前门等。版权页题名：百病小医囊。

收藏单位：广东馆、国家馆、南京馆、浙江馆

02260

大众医药 吴克潜编辑

上海：大众书局，1933.6，4 册（861 页），32 开

本书讲述伤寒温病、疟痢痧痘、五劳七伤、虚损百病及妇儿内外各科，附简易效方 320 条及急救要法。

收藏单位：重庆馆、广东馆、国家馆、黑龙江馆、湖南馆、南京馆、绍兴馆、首都馆、天津馆

02261

当代名医验案菁华（上卷） 上海卫生报馆编

上海：卫生报馆，[1930—1949]，[11+192] 页

本书收中医病证 200 余种，每种有医案 1 例，每例医案均列病者、病状、病原、诊断、疗法、处方、效果等。共 4 部分：咳嗽、吐

血、风寒、温邪。

　　收藏单位：国家馆

02262

丁氏百病医方大全　丁甘仁著　赵公尚编

上海：卫生报馆，1929.2，再版，26+246 页，32 开

上海：卫生报馆，1931.1，3 版，26+246 页，32 开

　　本书收著者内、外、妇等科临床医案 330 余例，每例均有姓氏、病源、症状、诊断、治法、处方等。封面题名：百病医方大全。

02263

丁氏医案

出版者不详，[1911—1949]，1 册，16 开

　　本书医案中引经据典，详于脉学。多据脉理判断病因病机，凸显出丁氏精于各家学说，尤对刘河间、李东垣、朱丹溪、张景岳、叶天士等名家著作钻研深透，心得独到。

　　收藏单位：上海馆

02264

东医寿世保元　李东武著

北平：四象辨证医学研究社，1936.12，226 页，25 开，精装

　　本书讲述人体四象之征（即太阳、少阳、太阴、少阴）及其辨证方法。书脊题名：四象辨证医学。

　　收藏单位：国家馆

02265

断食治病法　（日）西川光次郎著　王羲稣译

上海：商务印书馆，1919.6，92 页，25 开

上海：商务印书馆，1920.4，再版，92 页，25 开

上海：商务印书馆，1925，3 版，92 页，25 开

　　本书共 19 章，内容包括：可怖之食欲、食物之神话、饮食之伦理、过饮过食说、一日二餐论、肉食及蔬食、生食论、食物分析表等。

　　收藏单位：重庆馆、广东馆、国家馆、河南馆、湖南馆、内蒙古馆、首都馆、天津馆、

浙江馆

02266

对山医话　（清）毛对山著　曹炳章补编

上海：大东书局，1937.1，[76] 页，32 开（中国医学大成 第 13 集 杂著类乙）（医话丛刊）

　　本书记述医药典故、医林逸事、民间疗法、医理等。末附对山医话补编。

　　收藏单位：重庆馆、国家馆、湖南馆、江西馆、内蒙古馆

02267

对山医话　（清）毛对山著　曹炳章补编

杭州：三三医社，[1924]，66 页，32 开（三三医书 第 3 集 7）

　　收藏单位：山西馆

02268

发背对口治诀论　谢应材著

杭州：三三医社，[1924—1949]，1 册，32 开（三三医书 第 2 集 18）

　　收藏单位：桂林馆、湖南馆、南京馆、内蒙古馆

02269

仿宋古本图注难经脉诀　（晋）王叔和著

上海：大文书局，1936，2 册（[108]+[176] 页），32 开

　　本书上册共 4 卷，注释《难经》，增绘图表；下册共 4 卷，讲述脉学原理及诊脉法，并收入脉象、诊脉的多种歌诀。附方 80 余种。封面印：王叔和先生原本。书前印：秦越人述、张世贤注。

　　收藏单位：广东馆

02270

仿宋古本针灸易学　大文书局编

上海：大文书局，1938，再版，98 页，32 开

　　本书逐页题名：绘图针灸易学。

　　收藏单位：南京馆、首都馆

02271

高等针灸学讲义（病理学）　缪召予编译

宁波：东方针灸术研究社，1933.2，212 页，
25 开

　　本书编译者原题：缪绍予。

　　收藏单位：桂林馆、国家馆

02272

高等针灸学讲义（解剖学） 陈景岐译

上海：东方医学书局，1937.4，136 页，32 开

　　本书译自日本《针灸医学研究所讲义录》。本书共 11 章：人体构成之原基、人体略说、人体各部表面上之区别及名称、运动器、消化器、呼吸器、泌尿器、生殖器、循环器、神经系统、五官器。

　　收藏单位：内蒙古馆

02273

高等针灸学讲义（生理学） 缪召予编译　张俊义校

上海：东方针灸书局，1937.3，再版，184 页，32 开

　　本书共 20 章，内容包括：人体之化学的成分、血液生理、呼吸生理、营养物消化、温生理、筋肉生理等。

　　收藏单位：国家馆

02274

高等针灸学讲义（针治学 灸治学） 缪召予编译　张俊义校

上海：东方医学书局，1941.1，3 版，82+34 页，32 开

　　收藏单位：国家馆、内蒙古馆、中科图

02275

高等针灸学讲义（针治学 灸治学） 缪召予编译　张俊义校

宁波：[东方针灸术研究社]，1931.10，[130] 页，32 开

　　本书内容包括：针灸学 诱导篇、针灸学各论等。译自日本《延命山针灸学院讲义录》。

　　收藏单位：广东馆、国家馆

02276

高等针灸学讲义（诊断学 消毒学） 缪召予编译　张俊义校

上海：东方医学书局，1941.4，3 版，48+56 页，25 开

　　本书共两部分。《诊断学》共 10 章，内容包括：问诊法、望诊法、检温法、检尿法等；《消毒学》共两章：消毒学总论、消毒学各论。

　　收藏单位：国家馆、首都馆、中科图

02277

高等针灸学讲义（诊断学 消毒学） 缪召予编译　张俊义校

宁波：东方针灸术研究社，1932.5，52+58 页，25 开

　　收藏单位：国家馆

02278

公余医录抄 刘绍熙编

民福公司，1933.12 印，6 册，32 开

　　收藏单位：重庆馆、国家馆、黑龙江馆、内蒙古馆

02279

古本影印卫生要术 （清）潘霨著

上海：益新书社，1931.8，影印本，80 页，32 开，环筒页装

　　本书以歌诀加图示的形式，介绍十二段锦、按摩导引方法。分行内外功、神仙起居法、易筋经十二图、却病延年法等。

　　收藏单位：国家馆

02280

古法新解会元针灸学（第 1 编） 焦会元编焦星五等校

北平：焦会元，1937.9，197 页，16 开

　　本书编者采集《内经》《甲乙经》《铜人经》等针灸古籍，结合行医经验编成。论述经络穴道、走行部位、奇经八脉之始终、阴阳交会、络脉治病特点、脏腑气血循环、针灸补泻手法、阴阳刺激等施针八法与升降吐下之实验。书前有焦星五及编者序。

收藏单位：国家馆、宁夏馆、上海馆、中科图

02281

古今名医奇病治法三百种 陈景岐编 谭孝先校

上海：大通图书社，1935.7，[16]+168 页，32 开

本书辑录散见于古今医籍中不能以外感六淫内伤七情之常理相衡的"奇病"案例 310 多种，分别介绍证候、四诊、辨证、立法、方药及功效，间附按书，探讨阐发医理，且注明各案出处及医生姓名。

收藏单位：南京馆

02282

古今医案按 俞震辑 李龄寿重校

出版者不详，[1911—1949]，1 册，25 开，精装

收藏单位：广东馆

02283

顾膺陀诊余集 顾膺陀著

北平：顾氏医室，1929.4，144 页，25 开

北平：顾氏医室，1932.6，再版，144 页，25 开

本书内容包括：中风、虚劳发热、咳嗽、盗汗、伤食、咯血、沙淋等。

收藏单位：国家馆、首都馆

02284

怪病奇症问答 蔡陆仙编

上海：华东书局，1935.11，82 页，32 开（民众医药指导丛书 24）

上海：华东书局，1936.4，82 页，32 开（民众医药指导丛书 24）

上海：华东书局，1937.4，再版，82 页，32 开（民众医药指导丛书 24）

本书内容包括：怪病奇症总辨、怪病奇症预防辨、怪病奇症脉象辨、怪病类辨等。

收藏单位：广东馆、国家馆、南京馆、浙江馆

02285

怪病奇治 杨志一 朱振声编

上海：大众书局，1933.6，[22]+240 页，32 开

上海：大众书局，1936.6，再版，[22]+240 页，32 开

上海：大众书局，1948.5，2 版，240 页，32 开

本书遴选全国各地征集的中医临床怪病、奇症 100 余个案例，分别介绍其症状、诊断、治疗经过、预后等，每例医案均提供医生的姓名。

收藏单位：重庆馆、广东馆、贵州馆、国家馆、湖南馆、江西馆、南京馆、上海馆、绍兴馆、浙江馆

02286

国术点穴秘诀、伤穴治法合刊 （清）梅占春编

上海：务本书药社，1930.2，72 页，32 开

上海：务本书药社，1930.10，再版，72 页，32 开

上海：务本书药社，1934.2，3 版，72 页，32 开

本书论述练习点穴的原理、方法、诊脉、用药原则，并有歌诀、点穴图。共两编：点穴编、治法编。附正骨止血法。

收藏单位：上海馆

02287

国医临诊秘典 张达玉 萧熙编著

上海：校经山房书局，1933.7，1 册，50 开

收藏单位：广东馆

02288

国医舌诊学 邱骏声编 秦伯未校

上海：中医书局，1940.7，再版，[132] 页，32 开

本书内容包括：舌诊学概论、舌察辨证纲要、舌诊图解等。

收藏单位：首都馆

02289

国医实用诊断学 吴克潜编著

上海：大众书局，1933.12，[24]+230+[20] 页，

32 开

上海：大众书局，1935.3，再版，[24]+230+[20]页，36 开

上海：大众书局，1936，3 版，[24]+230+[20]页，32 开

上海：大众书局，1941，9 版，[24]+230+[20]页，32 开

上海：大众书局，1946.11，10 版，[24]+230+[20]页，32 开

本书讲述中医四诊的诊断纲要。共 6 编，内容包括：诊断提纲、望诊纲要、闻诊纲要、问诊纲要等。书末有经穴图及附方备考。书前有许世英、谢利恒、蒋文芳序。

收藏单位：广东馆、广西馆、贵州馆、国家馆、湖南馆、首都馆

02290

国医诊疗学 胡善庐编

上海：校经山房书局，1934.4，[22]+94 页，32 开（善庐丛书）

本书共两卷。上卷共 3 章：生理、诊断、用药。下卷共 6 章，内容包括：内科、妇科、儿科等。

收藏单位：国家馆

02291

汉方治疗各论 （日）木村长久著 叶橘泉存济医庐译

重庆：中西医药图书社，1947.3，72+50 页，32 开（汉方医学讲义）

本书共两卷，上卷介绍内科诸病的汉方治疗，下卷介绍妇科、儿科、皮肤科、眼科等的汉方治疗。

收藏单位：重庆馆、南京馆

02292

何澹安医案 （清）何澹安著

上海：大东书局，1937.1，84 页，32 开（中国医学大成 第 12 集 医案类）

本书共 13 章，内容包括：类中、肝风、眩晕、头痛、咳嗽、吐血、肺痿、虚劳、遗精等。

收藏单位：桂林馆、国家馆、湖南馆、江西馆、内蒙古馆

02293

和缓遗风 金子久著

杭州：三三医社，[1924]，1 册，32 开（三三医书 第 2 集 24）

收藏单位：桂林馆、湖南馆、南京馆、内蒙古馆

02294

红疗法讲义、图谱合编（生理疗法秘本 5 版）

日本帝国红疗大学院著 ［东方红疗学会］译 张俊义编 傅贞校

宁波：东方红疗学会，1927.2，40+20 页，32 开

宁波：东方红疗学会，1932.7，6 版，40+20 页，32 开

本书中红疗法为一种物理疗法，将配制的红素药膏涂于患部皮肤，按摩以活血、消炎、镇痛等。红素由蓟科植物红花经化学提炼而成。共两编。第 1 编为脊椎疗法，讲述涂搽红素于脊椎各部治疗神经、消化、呼吸、泌尿生殖等系统疾患的方法；第 2 编为红疗法图谱，讲述全体疗法，治疗各科疾患的原理与方法。

收藏单位：上海馆

02295

红疗法实验报告集（第 1—2 辑） 东方红疗学会编

宁波：东方红疗学会，12+14 页，32 开

02296

红疗法学术大纲（生理疗法秘本） 张俊义著 傅贞校

宁波：钧和公司，1930.3，3 版，46 页，32 开

宁波：钧和公司，1931.6 印，4 版，46 页，32 开

本书原为《红疗法讲义》上编的部分内容，自第三版改印单行本。

收藏单位：上海馆

02297

红疗医典 张俊义编 魏其光校

02298—02308　　　　　　　医药卫生

宁波：东方红疗学会，1929.11，2册（84+46页），32开

本书共两编，介绍内、外、妇、皮肤、五官等科疾病的红疗法。

02298
花柳科、解剖科、正骨科、按摩科、精神科、针科合订册　天津国医函授学院编
天津：天津国医函授学院，[1931—1939]，80页，18开（新国医讲义教材）

收藏单位：国家馆

02299
黄氏医话　黄汉如著　黄汉芸　黄一照校订
上海：黄氏医寓，1933.12，72页，32开
上海：黄氏医寓，1935.10，4版，72页，32开

本书辑医案35例。附有宣传著者医术高明之短文11篇。

收藏单位：广东馆、黑龙江馆、上海馆

02300
洄溪医案　（清）徐大椿著　（清）王孟英评注　（清）李鸿庆圈点　姚若琴　徐衡之主编　陆渊雷校
上海：三民图书公司，1936，再版，72页，32开

本书为王孟英1855年根据抄本编辑并加按语刊行。收医案54例：中风、恶风、周痹、痱、伤寒、外感停食、游魂、暑、痰喘等。

02301
慧命经
出版者不详，[1944—1949]，98页，25开

收藏单位：江西馆

02302
疾病饮食指南　程国树编著
[上海]：中国医学研究社，1938.8，[106]页，32开

本书共6章，内容包括：蔬食类、荤食类、调和类、水饮类等。附煎药常识、治验录。

收藏单位：重庆馆、国家馆、内蒙古馆

02303
家庭食物疗病法　朱仁康撰
九龙：实用书局，1946.11，117页，25开

本书内容包括：杏仁能润肺止咳、橘皮开胃橘红化痰、枇杷叶治虚劳咳嗽、柿饼医痔柿蒂止呃、梨肉润肺止咳等。

收藏单位：浙江馆

02304
家庭食物疗病法　朱仁康编撰　汪漱碧校订
上海：中央书店，1937.5，117页，36开
上海：中央书店，1946.11，再版，117页，36开

本书共12章，内容包括：果品、茶点、蔬品、肉类、水产等。

收藏单位：广东馆、上海馆

02305
家庭医术　陆士谔编
上海：文明书局，1926.12，170页，32开
上海：文明书局，1930，再版，3册（123+128+170页），32开

本书共3册：内科通治、外科通治、幼科初生诸证。

收藏单位：重庆馆、内蒙古馆、上海馆、首都馆

02306
家庭医药宝库（第1—2集）　杨志一　朱振声编
上海：国医出版社，1935—1937，3版，2册（244+220页），25开

本书共两册，内容包括：内科自疗学、外科自疗学、传染病、花柳病科、性病指南、吐血门等。

02307
家庭医药宝库（第2册）　杨志一　朱振声编
上海：幸福报馆，1931.1，122页，大32开

收藏单位：南京馆

02308
家庭医药宝库（妇、产、育婴之部）　张文昕

254

编著

重庆：路明书店，1949，187页，36开

　　本书共9章，内容包括：月经的生理、常见的妇科病、妊娠的生理、分娩的生理、育儿法、避孕法等。

　　收藏单位：重庆馆

02309

家庭医药顾问　洪春圃编

上海：广益书局，1937.2，168页，32开

上海：广益书局，1939.7，再版，168页，32开

上海：广益书局，1946.11，新1版，168页，32开

　　本书介绍家庭中常见疾病的中药疗法。共17编，内容包括：小儿病自疗法、妇女病自疗法、伤寒病自疗法、痢疾自疗法等。

　　收藏单位：广东馆、国家馆、湖南馆、首都馆、西南大学馆、浙江馆

02310

家庭医药顾问　王冷斋编

桂林：文华书店，1943.8，74页，36开

　　收藏单位：重庆馆

02311

家庭医药指南　金秉卿编著

重庆：指南编辑社，1934.10，250页，32开

　　本书介绍中医医疗防治知识。

　　收藏单位：重庆馆、国家馆

02312

甲乙经　（晋）皇甫谧著

上海：大东书局，1936.12，4册（[348]页），32开（中国医学大成 第1集 医经类）

　　本书为《素问》《针经》与《明堂孔穴针灸治要》三书分类合编。书前有编者原序。

　　收藏单位：重庆馆、广西馆、桂林馆、国家馆、湖南馆、江西馆、内蒙古馆、绍兴馆

02313

江瓘名医类案　（明）江瓘集

上海：世界书局，1937.5，[15]+458页，32开

（基本医书集成）

　　本书介绍内、外、妇、儿、五官等科病证。选集古今医家及自家医案、秘方180例，并附编者释语。书中题名：名医类案。

　　收藏单位：贵州馆、国家馆、黑龙江馆、南京馆

02314

校正李濒湖脉学·奇经八脉考　李濒湖著

上海：中医书局，1930.7，80页，32开

　　收藏单位：黑龙江馆、南京馆

02315

校正图注难经脉诀　王叔和　李濒湖著

上海：春明书店，1941.4，93页，32开

　　本书著者"李濒湖"又题：李苹湖。

　　收藏单位：广东馆、首都馆

02316

金氏门诊案　金子久诊

杭州：三三医社，[1924—1949]，52页，32开（三三医书 第2集 26）

　　收藏单位：桂林馆、南京馆、内蒙古馆

02317

金针百日通　王可贤著　张世镳删订

宁波：东方针灸学社，1934.1，67页，32开

　　本书讲述经络学、针法、治病要诀及百病论治等，内容包括：练习行针手法、行针活动四字诀、起折针法等。

　　收藏单位：国家馆

02318

金针秘传　方慎庵编著

上海：医学回澜社，1937.5，[54]+342页，22开，精装

上海：医学回澜社，1939.7，再版，[54]+342页，22开，精装

　　本书内容包括：论针灸学之渊源及真传之难得、医经录要、骨度尺寸图说等。书前有焦易堂、成静生、张淦、徐卓立、汪绍达、宋国宾等人序及多页题诗、题词。

收藏单位：广东馆、广西馆、黑龙江馆、上海馆

02319

近世针灸学全书（实用针灸治疗学） 杨医亚编纂

北平：国医砥柱月刊社，1947.10，4版，1册，32开

北平：国医砥柱月刊社，1948.10，5版，80页，32开

收藏单位：广东馆、国家馆

02320

经方实验录（第1集） 曹颖甫著 姜佐景编按 许寿平等校

上海：千顷堂书局，1937.5，2册（225+367页），32开

上海：千顷堂书局，1947.5，再版，2册（225+367页），32开

本书共3卷。收医案100例。书前有著者自序、章次公、邵餐芝、叶橘泉、熊世琳、殷子正等人序言28篇及曹氏小传。附录祝怀萱、张鉴青、张治河、吴凝轩、黄炎培、姜佐景等人的医案笔记、讲演词、论文等14篇。

收藏单位：广东馆、上海馆

02321

灸法医学研究 （日）原志免太郎著 周子叙译

上海：中华书局，1933.2，[16]+282页，32开

上海：中华书局，1935.3，再版，[16]+282页，32开

上海：中华书局，1940.9，3版，282页，32开，精装

本书共7篇：总叙、灸法之医学的价值、论灸法之本态、灸法医学应用面之实验的研究、结核治疗之新福音、国民保健之新提倡、结论。书前有著译者序。

收藏单位：重庆馆、广东馆、广西馆、贵州馆、桂林馆、国家馆、黑龙江馆、湖南馆、江西馆、辽宁馆、内蒙古馆、宁夏馆、山西

馆、上海馆、首都馆、天津馆、浙江馆、中科图

02322

灸法自疗学 叶劲秋著

上海：少年医药学社，1936.2，94页，32开

本书共4编：灸法论理、灸法实施、灸法验案、部位参考。

收藏单位：国家馆、湖南馆

02323

旧德堂医案 李修之著

杭州：三三医社，[1924—1949]，48页，32开（三三医书 第1集 19）

收藏单位：桂林馆、湖南馆、南京馆、内蒙古馆

02324

救人利己的妙法 曾天治著

曾天治，1943.6，32页，32开

本书内容包括：中西名医眼光中的针灸、中西医界著作家对于曾天治针灸论著之批评、科学针灸医学院招面授函授生简章、本院毕业生的生活一斑、科学针灸治疗学的形成与透视等。

收藏单位：国家馆

02325

桔香庐医案 陆仁骥著 陆智澄编

陆仁骥，1931，76页，23开

本书收大头瘟、痧毒、疝气、横痃、牙疳、便血、梅毒等临床验案39例。

收藏单位：浙江馆

02326

康健之路 （清）潘霨著 郁慕侠编

上海：沪报馆，1935.3，65页，25开

本书即《卫生要术》（潘霨）的排印本。共10节，内容包括：编者道、十二段锦总诀、分行外功诀等。

收藏单位：国家馆

02327

科学化针灸医学（第 1—2 集） 曾天治编
广州：曾天治，1936，44 页，25 开

本书第 1 集收达人、王静、杨医亚、倪高风及编者有关针灸原理、疗法、治病方面的短文 13 篇；第 2 集内容包括：《针灸治疗与中西医术的比较研究》（曾天治）、《中国针术与内分泌》（宋国宾）、《遗精病的针灸疗法》（曾天治）等。

收藏单位：国家馆

02328

科学针灸治疗学 曾天治编著
重庆：科学针灸医学院，1944，3 册，32 开

本书以现代医学理论讲述中医针灸学的原理、效果及治疗方法。上册内容包括：针灸治疗成功之路、灸之生理的作用、常用而有效的经穴等；中、下册共 19 编，内容包括：呼吸系统病、神经系统病、妇科病、外科疾病、消化器疾病、皮肤病等。

收藏单位：广东馆、国家馆、首都馆

02329

客尘医话 （清）计寿乔著
上海：大东书局，1937.1，[56] 页，32 开（中国医学大成 第 13 集 杂著类乙）（医话丛刊）

本书共 3 卷：杂症述略、妇科述略、产后述略。记述著者诊治经验。

收藏单位：桂林馆、国家馆、湖南馆、江西馆、内蒙古馆、上海馆

02330

冷庐医话 （清）陆定圃著
上海：大东书局，1937.1，2 册（120+104 页），32 开（中国医学大成 第 13 集 杂著类乙）（医话丛刊 1）

本书共 5 卷。卷 1 内容包括：医范、慎疾、保生、慎药、求医、诊法等；卷 2：古人、今人、古书、今书；卷 3 内容包括：形体、中风、伤寒、暑等；卷 4 内容包括：吐血、诸血、汗、伤食等；卷 5 内容包括：幼科、痘、外科、药品等。附冷庐医话补编。

收藏单位：桂林馆、国家馆、湖南馆、江西馆、内蒙古馆、上海馆

02331

李莘湖脉学
上海：同声书局，1936.5，58 页，32 开

收藏单位：河南馆

02332

历代名医脉诀精华 （清）蒋廷锡编 东山居士校
上海：千顷堂书局，1932.5，4 册（[834] 页），32 开

本书参考《图书集成》医部，辑录《素问》《灵枢》，张仲景、华佗、王叔和、孙思邈等名医有关脉学的论著成书。

收藏单位：广东馆、国家馆、黑龙江馆、上海馆

02333

临床医药实验讲义 汪洋编纂
上海：中西医院，1924.10，改正 2 版，83 页，25 开
上海：中西医院，1925.9，改正 3 版，83 页，25 开

本书共 3 部分：医学之实验、药学之实验、器械之实验。

收藏单位：江西馆

02334

临证笔记·临证演讲录 恽铁樵著
上海：商务印书馆，1948.5，1 册，32 开（药庵医学丛书 第 4 辑 上）

收藏单位：桂林馆、浙江馆

02335

临证简诀 （清）九峰老人著
上海：国医出版合作社，1935.3，25 页，32 开（医学文库）

本书内容包括：望色、闻声、问症、切脉等。

收藏单位：上海馆

02336

临症验舌法 （清）杨云峰编辑　东山居士校

上海：艺海出版社，1928，50 页，32 开（国医丛刊 2）

上海：艺海出版社，1938，3 版，50 页，32 开（国医丛刊 2）

本书内容包括：临症以验舌为准统论、验舌分虚实法、验舌分阴阳法、验舌分藏府配方主治法、验舌决生死法、临症以验舌为准结语、方略等。

收藏单位：湖南馆、南京馆

02337

临症验舌法·察舌辨症新法 （清）杨云峰（清）刘恒瑞著

上海：大东书局，1936.10，[70] 页，32 开（中国医学大成 第 3 集 诊断类）

本书为两部分。《临症验舌法》分上、下两卷。上卷结合虚实、阴阳、脏腑等阐述临床验舌之法；下卷分析因舌象施治之方，备方 43 种。《察舌辨症新法》为著者临诊 30 余年的心得，共 15 章，内容包括：舌苔原理、辨舌八法、白苔类总论等。着重说明黄、白、黑苔分别诊断法。

收藏单位：广西馆、桂林馆、国家馆、湖南馆、内蒙古馆

02338

鳞爪集　恽铁樵著

上海：商务印书馆，1948.8，146 页，32 开（药庵医学丛书 第 6 辑下）

本书共 4 卷：霍乱新论、验方新按、金匮方论、梅疮见垣录。

收藏单位：内蒙古馆、浙江馆

02339

灵光录　浩然主人编

上海：神州学会，1920，74 页，25 开

上海：神州学会，1922.4，3 版，74 页，32 开

本书共两编：甲编灵界论丛，乙编灵界奇象。附人体刺针法、回精深息法。

收藏单位：河南馆、首都馆

02340

灵空禅师点穴秘诀　薛颠著

天津：天津县国术馆，1933.8，94 页，18 开

本书共 3 章，介绍经络穴位，诸穴损伤的调治，数百种伤科秘方、丸散膏丹的配制及应用。

收藏单位：上海馆、首都馆、天津馆

02341

柳选四家医案 （清）柳宝诒辑　姚若琴编

上海：春江书局，1941.4，[186] 页，32 开（江阴柳氏医学丛书）

本书内容包括：尤在泾医案 33 例、曹仁伯医案 18 例、王旭高医案 30 例、张仲华医案 16 例。书前有翁同龢跋文及柳宝诒序。

收藏单位：广东馆、上海馆、首都馆

02342

柳洲医话·餐塘医话 （清）魏玉横 （清）张景焘著

上海：大东书局，1937.1，[95] 页，32 开（中国医学大成 第 13 集 杂著类乙）（医话丛刊）

本书共两部分。《柳洲医话》采魏氏按语 85 条，附方 29 证，单方 103 个，有王氏评语。《餐塘医话》记述有关内科杂病证治心得体会。附《餐塘医话》补编。

收藏单位：桂林馆、国家馆、湖南馆、江西馆、内蒙古馆、上海馆

02343

马培之医案　马培之著

杭州：三三医社，[1924—1949]，70 页，32 开（三三医书 第 1 集 30）

收藏单位：桂林馆、湖南馆、南京馆、内蒙古馆

02344

脉经 （晋）王叔和著

上海：大东书局，1937.1，4 册（[294] 页），32 开（中国医学大成 第 3 集 诊断类）

收藏单位：桂林馆、国家馆、黑龙江馆、湖南馆、江西馆、内蒙古馆、首都馆

02345

脉经　（晋）王叔和著

上海：商务印书馆，1935.3，2 册，32 开（万有文库 第 2 集 359）（国学基本丛书）

上海：商务印书馆，1937.1，再版，1 册，32 开（国学基本丛书）

长沙：商务印书馆，1939.12，2 册，32 开（万有文库 第 1—2 集简编 国学基本丛书）

[长沙]：商务印书馆，1940，196 页，32 开

上海：商务印书馆，1941.6，3 版，1 册，32 开（国学基本丛书）

　　本书为晋朝太医令王叔和汇集前代名医岐伯、华佗等经脉要诀编成，共 10 卷。书中题名：新刊王氏脉经。

　　收藏单位：安徽馆、重庆馆、大连馆、贵州馆、国家馆、湖南馆、吉大馆、江西馆、辽大馆、辽师大馆、内蒙古馆、宁夏馆、山西馆、首都馆、天津馆、武大馆、浙江馆

02346

脉经·脉说　（晋）王叔和著·（清）叶子雨著　裘吉生校

上海：世界书局，1937，188+114 页，32 开（基本医书集成 22）

　　本书版权页题名：王叔和脉经·叶子雨脉说合璧。

　　收藏单位：重庆馆、贵州馆

02347

脉说　（清）叶子雨著

上海：大东书局，1936.10，2 册（66+70 页），32 开（中国医学大成 第 3 集 诊断类）

　　本书共两卷，上卷述脉，依据诸家论脉之说，阐明新义，并分述脉机、妇人脉法、幼儿诊法、奇经八脉、脉色兼察等，后附察色节要；下卷列举脉象 30 种，末附清脉浊脉。

　　收藏单位：广西馆、桂林馆、国家馆、南京馆、内蒙古馆、首都馆

02348

脉学　恽铁樵著

上海：铁樵函授中医学校，[1925—1928]，[346] 页，36 开，精装

02349

脉学丛书（第 2 集）　张子英编

贵阳：现代医药杂志社，1947.10，3 版，66 页，32 开

　　本书共 3 篇：脉学复古评注、诊少阴脉之发明、古本伤寒杂病论平脉增条。

　　收藏单位：国家馆、上海馆

02350

脉学丛书（第 3—4 集）　张子英编

贵阳：现代医药杂志社，1946—1947，2 册（30+46 页），32 开

　　本书第 3 集作者将其研究改进的脉学理论、诊法、主症，编成四言体口诀，约 350 句，称为四言科学脉诀。第 4 集共 4 篇：三部脉学论著、三部脉学质疑问难、三部脉学试卷、三部脉学实验录。

　　收藏单位：重庆馆、国家馆

02351

脉学纲要（上卷）　李炳南编著

梅县（梅州）：父子医务所，1941.2，96 页，32 开（父子医务所医学丛书）

　　本书内容包括：自序、小引、切诊纲要、脉取寸口、脉之形症、脉神等。

　　收藏单位：重庆馆

02352

脉学辑要评　（日）丹波元简著　廖平评

上海：大东书局，1936.12，[16+86] 页，32 开（中国医学大成 第 3 集 诊断类）

　　本书共 3 卷。卷上为总说；卷中为脉经四诊、诊皮法入门、诊络法三门等；卷下为妇人、小儿、怪脉等。附脉经诸反逆死脉要诀。丛书原题：中国医学大成 第 2 集 诊断类。

　　收藏单位：广西馆、桂林馆、国家馆、湖南馆、内蒙古馆

02353

脉学辑要评·医略钞　（日）丹波元简编

上海：皇汉医学编译社，[1935]，1 册，32 开（聿修堂医学丛书 9）

　　收藏单位：广东馆、南京馆、中科图

02354

脉因证治 （元）朱丹溪著

上海：大东书局，1936.11，4 册（[228] 页），32 开（中国医学大成 第 7 集 内科类）

　　本书共 4 卷。介绍各科病症 70 证，列出脉诊、病因、证论、治法。书前有缪遵义序。

　　收藏单位：重庆馆、桂林馆、国家馆、湖南馆、江西馆、内蒙古馆

02355

脉因证治 （元）朱丹溪著

上海：[仰圣出版合作社]，1937.2，176 页，32 开

　　收藏单位：南京馆

02356

眉寿堂方案选存 （清）叶天士著　郭维濬纂

上海：大东书局，1937.2，2 册（84+82 页），32 开（中国医学大成 第 12 集 医案类）

　　本书共两卷。上卷内容包括：春温、寒病、冬温、疟疾等；下卷内容包括：女科、幼科、痘科、痧疹、外科。所列病证，均介绍辨证立法、处方及疑似之症的辨析。

　　收藏单位：桂林馆、国家馆、湖南馆、江西馆、内蒙古馆、首都馆

02357

孟河丁氏医案　丁甘仁著

上海：丁济民，[1927]，1 册，22 开

上海：丁济民，1947，5 版，1 册，22 开

　　本书共 8 卷，内容包括：伤寒案、霍乱案、中风案、调经案等。

　　收藏单位：贵州馆、首都馆、浙江馆

02358

民众医药顾问　茹十眉编著　邝素玲校订

上海：中央书店，1933.8，4 册，32 开

上海：中央书店，1935.4，3 版，4 册，32 开

上海：中央书店，1935.8，7 版，4 册，32 开

上海：中央书店，1936.2，8 版，4 册，32 开

上海：中央书店，1936.7，9 版，4 册（878 页），32 开

上海：中央书店，1937.1，10 版，4 册，32 开

上海：中央书店，1942，1 册，32 开

　　本书内容包括：妇科门、儿科门、伤科、喉科、花柳科、五官科等。每种病均介绍病因、病状、疗法。附诊断要诀、药性要览。封面题名：民众实验医药顾问。

　　收藏单位：重庆馆、广东馆、国家馆、河南馆、南京馆、首都馆、中科图

02359

奇病实验　江少萱编　江一南校

[上海]：出版者不详，[1926.9]，[110] 页，32 开

　　本书收各科奇、急、变症杂病医案 40 例，并有编者对诊断、用药方面的异见。"附辨论"包括 19 篇中医论文，由江少萱、沈守仁、田肖明、梁子诚等 5 人撰写。

02360

千里医案 （清）张千里著

杭州：三三医社，[1924—1949]，1 册，32 开（三三医书 第 2 集 3）

　　本书为张千里先生医案汇集。共 5 卷，所记之案轻灵敏活，别具慧心。

　　收藏单位：重庆馆、桂林馆、内蒙古馆

02361

前清御医陈莲舫医案秘钞 （清）陈莲舫著　董韵笙校

上海：大中华书局，1934.11，再版，2 册，32 开

　　本书内容包括：中风、劳伤、膨胀、噎隔、咳嗽、吐血、哮喘、遗泄、怔忡、癫痫、消渴等。

　　收藏单位：湖南馆、南京馆

02362

前清御医陈莲舫医案秘钞 （清）陈莲舫著　董韵笙校

上海：文元书局，1925.6，再版，109 页，25 开

　　收藏单位：江西馆

02363

前清御医陈莲舫医案秘钞 （清）陈莲舫著
董韵笙校

上海：中华图书集成公司，1921.6，2 册（[218]
页），24 开

　　收藏单位：重庆馆、桂林馆、南京馆、内
蒙古馆、上海馆、绍兴馆、首都馆、天津馆、
浙江馆

02364

潜斋医话 （清）王孟英著

上海：大东书局，1937.1，[10]+86 页，32 开
（中国医学大成 第 13 集 杂著类乙）（医话丛
刊）

　　本书先录简效方，后载医话。分头风、
面皱、痰哮、口鼻病等 40 类，共 100 余方。
著者原题：王士雄。

　　收藏单位：桂林馆、国家馆、湖南馆、江
西馆、内蒙古馆、首都馆

02365

潜斋医话 （清）王孟英著

上海：大众医学社，1933.3，224 页，32 开

　　收藏单位：国家馆、上海馆

02366

窍穴图说推拿指南 成熙校

上海：中国医学书局，1935，129 页，32 开

　　本书共 4 章：总论、基本手术、实用手
术、大手术。

　　收藏单位：重庆馆、广东馆、南京馆

02367

切脉学 天津国医函授学院编

天津：天津国医函授学院，[1931—1939]，26
页，16 开（新国医讲义教材）

　　本书内容包括：心为脉之原、脉应于心何
以能诊周身之病、脉有变幻无定、脉数之反
常等。

　　收藏单位：江西馆、首都馆

02368

清代名医医案大全（原名，宋元明清名医类

案续编） 姚若琴　徐衡之编　陆渊雷校

上海：三民图书公司，1934.11，4 册（1111 页），
32 开，精装

上海：三民图书公司，1936.4，修订再版，4 册
（1111 页），32 开，精装

　　本书收辑清代叶天士、薛生白、尤在泾、
马元仪、吴鞠通、曹伯仁、张千里、王旭高、
赵海仙、张仲华、王九峰、马培之、陈莲舫、
曹沧洲、张聿青、金子久、丁甘仁 17 位名医
的医案。附上海国医学院医案讲义、现代药
物用量表。

　　收藏单位：重庆馆、广东馆、辽大馆、上
海馆

02369

清代名医医案精华 秦伯未编

上海：秦氏医室，1928.10，4 册（1024 页），
32 开

上海：秦氏医室，1933.4，3 版，4 册（1024
页），32 开

上海：秦氏医室，1947，4 版，4 册（[1024]
页），32 开，精装

　　本书选辑清代名医叶天士、薛生白、吴
鞠通、张聿青、金子久、丁甘仁等 20 多位医
家约 2000 例病案。编排体例以医家为纲，病
证为目。内容以内科杂病为主，兼有其他诸
科医案。

　　收藏单位：广东馆、国家馆、上海馆、首
都馆

02370

清代名医医案精华 秦伯未编

上海：新中医社，1928.10，4 册（[550] 页），
32 开，精装

　　收藏单位：贵州馆

02371

清代名医医话精华 秦伯未编　方公溥参校

上海：秦氏医室，1929.10，4 册，32 开

上海：秦氏医室，1933.4，再版，4 册（837
页），32 开

　　本书选录清代喻嘉言、魏玉横、张石顽、
徐灵胎、何鸿舫、林羲桐、王孟英等 20 位医

家治案笔记。以内科为主，以人为纲，以证为目，每人有小传。书前有柳亚子、方公溥题词，丁福保、顾实惕、蒋文芳、时逸人、严苍山序与编者自序。

　　收藏单位：安徽馆、重庆馆、贵州馆、国家馆、河南馆、黑龙江馆、中科图

02372

儒门事亲 （金）张从正撰 （明）吴勉学校

上海：大东书局，1936.11，6 册，32 开（中国医学大成 第 5 集 通治类）

　　本书共 15 卷，论述风、暑、光、热、温、燥、寒、内伤、内积、外积等病症，介绍诊治各科多种病症的临床经验，并附有较多治案。

　　收藏单位：桂林馆、国家馆、湖南馆、江西馆、内蒙古馆

02373

三家医案合刻 （清）叶天士著

上海：春明书店，1937.5，1 册，32 开

上海：春明书店，1947.7，再版，1 册，32 开

　　本书将古代名医叶天士、薛生白、缪宜亭三人的医案合编为一书，以供后人参考。

　　收藏单位：重庆馆、广东馆、桂林馆

02374

三家医案合刻 （清）叶天士等著

上海：大东书局，1937.12，3 册（[163] 页），32 开（中国医学大成 第 12 集 医案类）

　　收藏单位：国家馆、江西馆

02375

三指禅 周梦觉著 陈振奇重订

上海：中医书局，1930.10，重订版，76 页，32 开

　　收藏单位：南京馆

02376

上海名医医案选粹 冯伯贤编

上海：中央书店，1937.5，209 页，32 开

上海：中央书店，1941，新 1 版，208 页，32 开

本书收丁仲英先生、沈琢如先生、祝味菊先生、郭柏良先生、徐小圃先生等上海名医医案。

　　收藏单位：首都馆

02377

邵兰荪医案 （清）邵兰荪著 （清）史介生评注

上海：大东书局，1937.1，2 册（80+76 页），32 开（中国医学大成 第 12 集 医案类）

　　本书收辑绍兴城乡经邵氏治愈的病家留存的治案 200 余例。共 4 卷，内容包括：风、暑、湿、咽喉、咳嗽、肝风、腹痛、肿胀等。

　　收藏单位：桂林馆、国家馆、江西馆、内蒙古馆

02378

舌辨 （清）王孟英著 吴克潜注

上海：大众书局，1936.10，65 页，32 开

上海：大众书局，1947.3，重版，65 页，32 开

　　本书搜集古今名家医书中有关舌诊的论述编成，讲述 120 种舌象的图示、主证、治法及方药。共 9 章，内容包括：白苔舌总论、黄苔舌总论、黑苔舌总论、灰苔舌总论、紫色舌总论、妊娠伤寒舌总论等。书前有著者自序。书末有蒋光煦跋。

　　收藏单位：南京馆、上海馆、首都馆、天津馆

02379

生理新语·脉学发微 恽铁樵著

上海：商务印书馆，1948.4，1 册，32 开（药庵医学丛书 第 3 辑 上）

　　收藏单位：绍兴馆、浙江馆

02380

十二经穴病候撮要·神经系病理治疗 恽铁樵著

上海：商务印书馆，1948.8，1 册，32 开（药庵医学丛书 第 6 辑 上）

　　收藏单位：内蒙古馆、浙江馆

02381

实用简易治疗 胡昌其辑

出版者不详，[1911—1949]，1 册，25 开

本书附种痘须知。

收藏单位：江西馆

02382

食物疗病常识（续编） 杨志一　沈仲圭编著

上海：国医出版社，1937.5，再版，102 页，25 开

收藏单位：国家馆

02383

食治秘方 尤生洲著

苏州：苏州国医书社，[1911—1949]，25 页，32 开（王氏医学小丛书）

收藏单位：国家馆

02384

士谔医话 陆士谔著

上海：校经山房书局，1936.7，286 页，32 开

本书内容包括：日本汉医复兴记、论日本复兴汉医事、姚名达问病记、论愈肺病方、论药性等。

收藏单位：重庆馆

02385

寿世保元 （明）龚廷贤编 （明）龚定国（明）龚安国校　侯梅斋校订

上海：校经山房书局，1936.5，2 册，32 开

上海：校经山房书局，1938.9，重版，1 册，32 开

本书书中题名：增补医林状元寿世保元。

收藏单位：南京馆、首都馆、中科图

02386

说蜜 尹福清编辑

遵化：福益农林场，1934.6，3 版，26 页，50 开

遵化：福益农林场，1940.8，4 版，26 页，50 开

本书共 6 部分：古籍所载蜂蜜之主治、各医书蜂蜜治病之单方、蜂蜜与各种药品食品之比较、蜂蜜之成份、蜂蜜之鉴别、旧法养蜂采蜂之劣点。

收藏单位：首都馆

02387

宋元明清名医类案 姚若琴　徐衡之编纂

上海：三民图书公司，1936.4，再版，修订本，4 册，32 开

收藏单位：南京馆、绍兴馆

02388

宋元明清名医类案 姚若琴　徐衡之编　陆渊雷校

上海：国医印书馆，1934.11，2 册（1200+1100 页），32 开，精装

本书辑录宋、元、明、清 46 位医家医案，以人为纲、以证为目，每家医案均有小传一篇，案后多附评注、阐发医理，诠析利弊。

收藏单位：重庆馆、贵州馆、国家馆、内蒙古馆、上海馆、绍兴馆

02389

孙文垣医案 （明）孙泰来　（明）孙明来编

上海：大东书局，1936.12，3 册（[291] 页），32 开（中国医学大成 第 12 集 医案类）

本书以经治地区分为：三吴治验（2 卷，96 症）、新都治验（2 卷，114 症）、宜兴治验（1 卷，41 症）。所治病证列有子目。

收藏单位：重庆馆、桂林馆、国家馆、湖南馆、江西馆、内蒙古馆、首都馆

02390

太素脉诀 （明）张太素著　东山居士校

上海：千顷堂书局，1935，[20]+138 页，32 开（国医丛刊 5）

本书逐页题名：家传太素脉秘诀。版权页题名：太素脉诀秘传。

收藏单位：国家馆、首都馆

02391

太素脉诀全书 季蕚编著　吴敬晖校阅

上海：中西医药书局，1936.3，[46]+214 页，

32 开

本书共 5 编：人身经脉、脉之类别与诊脉法、太素脉法、四季太素脉、女子太素脉，并附人身十二经脉图、寸关尺图、十二脏腑部位图、诊法指掌图、推六脉出宫重交图等。

收藏单位：国家馆

02392

痛症大全　朱振声编

上海：大众书局，1933.5，58 页，32 开

上海：大众书局，1936，重版，58 页，32 开

上海：大众书局，1947.5，再版，58 页，32 开

本书按人体解剖部位分为 23 章，简述各种痛症的辨证施治方法及药方。

收藏单位：安徽馆、广东馆、桂林馆、河南馆、湖南馆、江西馆、首都馆

02393

图注难经脉诀　（晋）王叔和著

上海：建文书局，[1911—1949]，142 页，32 开

本书附濒湖脉学。

收藏单位：首都馆

02394

图注难经脉诀　（晋）王叔和著

上海：尚古山房，[1911—1949]，1 册，32 开

收藏单位：首都馆

02395

图注王李脉诀　（晋）王叔和　李濒湖著

上海：广益书局，1947.11，新 1 版，184 页，25 开

上海：广益书局，1948.11，新 2 版，184 页，25 开

本书封面题名：图注难经脉诀。

收藏单位：江西馆

02396

推拿法引言　（美）盖仪贞（N. D. Gage）原著　薛受益　徐应达翻译　吴建庵修正

外文题名：Introductory notes on massage

上海：广协书局，1947.4，2 版，8 页，32 开

收藏单位：上海馆

02397

推拿精要保赤必备　夏云集　曹芝文编　曹肃云校

[上海]：夏云集，1914.2，62 页，25 开

本书共两部。前部为保赤推拿法，共 86 法；后部讲述发汗法、治寒症法、止泻法等 40 余法。

02398

推拿科说明书　黄汉如　黄汉芸著

黄汉如，[1929.10]，8 页，32 开

本书简介推拿术的产生、历史沿革、基本原理及功用技法。

02399

万病疗法大全　赵公尚编辑

上海：卫生报馆，[1927—1931]，1 册，16 开，精装

本书内容包括：外科疗法大全、内科疗法大全、医药评论、卫生要旨等。

收藏单位：广东馆

02400

万病医药顾问　陆清洁编　陆士谔校订

上海：世界书局，1937.3，3 册，32 开，精装

上海：世界书局，1938，新 1 版，3 册，32 开

上海：世界书局，1939.6，新 2 版，3 册，32 开，精装

上海：世界书局，1946.11，新 3 版，3 册，32 开

本书共 3 册。上册共 4 部分：内科内伤病、内科外感病、妇人科、产科；中册共 3 部分：小儿科、小儿痧痘科、外科；下册共 9 部分：耳鼻咽喉科、眼科、齿科、皮肤科、急救科、伤科、性病科、花柳科、戒烟科。书前有夏应堂、戴达夫、贺芸生等序。封面题名：大众万病顾问。目录题名：大众万病医药顾问。

收藏单位：广东馆、贵州馆、国家馆、湖南馆、上海馆、绍兴馆、首都馆、浙江馆、中科图

02401

万病医药顾问　朱振声编

上海：幸福书局，1935.1，46页，25开

　　本书为《长寿报》内容选编。

　　收藏单位：国家馆

02402

万病治疗指南　叶慕樵编

上海：中华新教育社，1929.12，2册（[44]+160+164页），32开

上海：中华新教育社，1934.5，3版，2册（[44]+160+164页），32开

　　本书共12卷，内容包括：卷1为医学摘要，卷2为经脉图诀，卷3—7为内科，卷8为伤科毒门，卷9为女科，卷10为儿科，卷11为补遗，卷12为制造。

　　收藏单位：广东馆、国家馆、中科图

02403

万病自疗丛书　蔡玉堂编

上海：大中华书局，1935.11，2册，32开

　　本书共两册。上册共4编：小儿病、妇女病、五官病、肝胃病；下册共4编：肺病、性病、伤科、痈疽病。

　　收藏单位：桂林馆、国家馆、湖南馆

02404

万病自疗丛书（上册）　蔡玉堂编

上海：文业书局，1937.2，1册，32开

　　本书为上册，共4编：小儿病、妇女病、五官病、肝胃病。

　　收藏单位：首都馆

02405

万病自疗医药顾问大全（第1册 内科内伤病）

　陆清洁编　陆士谔校

上海：世界书局，1934.11，[20]+458页，32开

上海：世界书局，1935.10，再版，[20]+458页，32开

上海：世界书局，1935，3版，[20]+458页，32开

上海：世界书局，1936.1，4版，[20]+458页，32开

　　本册内容包括：总论、失眠证、消病证、咳血咯血证等。

　　收藏单位：重庆馆、广东馆、国家馆、黑龙江馆、湖南馆、南京馆、内蒙古馆、山西馆、首都馆

02406

万病自疗医药顾问大全（第2册 内科外感病）

　陆清洁编　陆士谔校

[上海]：[世界书局]，[1933.10]，[16]+273页，32开

上海：世界书局，1934.11，[14]+273页，32开

上海：世界书局，1935，再版，273页，32开

上海：世界书局，1935，3版，[14]+273页，32开

上海：世界书局，1936.1，4版，[14]+273页，32开

　　本册内容包括：伤寒证、伤风证、中风证等。

　　收藏单位：重庆馆、广东馆、桂林馆、国家馆、黑龙江馆、湖南馆、南京馆、内蒙古馆、山西馆、首都馆

02407

万病自疗医药顾问大全（第3册 外科）　陆清洁编　陆士谔校

上海：世界书局，1935.10，3册（743页），32开

上海：世界书局，1935.11，再版，3册（743页），32开

上海：世界书局，1937.1，3版，3册（743页），32开

　　本册内容包括：头部瘫疽疡毒证、项部瘫疽疡毒证、胸乳部瘫疽疡毒证等。

　　收藏单位：重庆馆、桂林馆、国家馆、黑龙江馆、湖南馆、南京馆、内蒙古馆、山西馆、首都馆

02408

万病自疗医药顾问大全（第4册 妇人科）　陆清洁编　陆士谔校

上海：世界书局，1935.2，[10]+287页，32开

上海：世界书局，1935.10，再版，[10]+287 页，32 开

上海：世界书局，1935.11，3 版，[10]+287 页，32 开

上海：世界书局，1936，4 版，[10]+287 页，32 开

　本册内容包括：调经证、经闭证、崩漏证等。

　收藏单位：重庆馆、广东馆、国家馆、湖南馆、南京馆、内蒙古馆、山西馆、首都馆

02409
万病自疗医药顾问大全（第 5 册 小儿科） 陆清洁编　陆士谔校

上海：世界书局，1935.4，[16]+356 页，32 开

上海：世界书局，1935，再版，[16]+356 页，32 开

上海：世界书局，1935.11，3 版，[16]+356 页，32 开

上海：世界书局，1935.12，4 版，[16]+356 页，32 开

　本册内容包括：初生诸病证、咳嗽证、感冒证等。

　收藏单位：重庆馆、广东馆、国家馆、黑龙江馆、湖南馆、南京馆、内蒙古馆、山西馆、首都馆

02410
万病自疗医药顾问大全（第 6 册 小儿痧痘科） 陆清洁编　陆士谔校

上海：世界书局，1935.4，[10]+127 页，32 开

上海：世界书局，1935.11，3 版，[10]+127 页，32 开

上海：世界书局，1936.2，4 版，[10]+127 页，32 开

　本册内容包括：痘证、痘中杂病证、男妇年长出痘证等。

　收藏单位：重庆馆、广东馆、国家馆、黑龙江馆、湖南馆、南京馆、内蒙古馆、山西馆、首都馆

02411
万病自疗医药顾问大全（第 7 册 性病科） 陆

清洁编　陆士谔校

上海：世界书局，1935.5，79 页，32 开

上海：世界书局，1935，再版，79 页，32 开

上海：世界书局，1935.11，4 版，79 页，32 开

　本册内容包括：遗精证、阳痿证、阴阳易证等。

　收藏单位：重庆馆、广东馆、桂林馆、国家馆、黑龙江馆、湖南馆、南京馆、内蒙古馆、首都馆

02412
万病自疗医药顾问大全（第 8 册 花柳科） 陆清洁编　陆士谔校

上海：世界书局，1935.4，[12]+88 页，32 开

上海：世界书局，1935，3 版，[12]+88 页，32 开

上海：世界书局，1936.1，4 版，[12]+88 页，32 开

　本册内容包括：梅毒证、下疳证、便毒证等。

　收藏单位：重庆馆、广东馆、桂林馆、国家馆、黑龙江馆、湖南馆、南京馆、内蒙古馆、山西馆、首都馆

02413
万病自疗医药顾问大全（第 9 册 皮肤科） 陆清洁编　陆士谔校

上海：世界书局，1935.6，[10]+112 页，32 开

上海：世界书局，1935，再版，112 页，32 开

上海：世界书局，1935.11，4 版，[10]+112 页，32 开

上海：世界书局，1936，5 版，[10]+112 页，32 开

　本册内容包括：风证、刺证、疮证等。

　收藏单位：重庆馆、广东馆、桂林馆、国家馆、黑龙江馆、湖南馆、南京馆、内蒙古馆、山西馆、首都馆

02414
万病自疗医药顾问大全（第 10 册 急救科） 陆清洁编　陆士谔校

上海：世界书局，1935.6，[12]+206 页，32 开

上海：世界书局，1935.10，再版，206 页，32

开

上海：世界书局，1935，4 版，[12]+206 页，32
开

上海：世界书局，1936，5 版，[12]+206 页，32
开

　　本册内容包括：吊死证、吞生鸦片证、煤
毒证等。

　　收藏单位：重庆馆、广东馆、桂林馆、国
家馆、黑龙江馆、湖南馆、南京馆、内蒙古
馆、山西馆、首都馆

02415
**万病自疗医药顾问大全（第 11—12 册 戒烟
科 产科）** 陆清洁编　陆士谔校

上海：世界书局，1935.10，29+65 页，32 开

上海：世界书局，1935.10，再版，[108] 页，32
开

上海：世界书局，1936.4，3 版，[108] 页，32
开

　　本册戒烟科共 4 部分：总论、戒烟、戒香
烟、戒酒。产科内容包括：总论、临产、难产
证、异产证等。

　　收藏单位：重庆馆、广东馆、桂林馆、国
家馆、黑龙江馆、湖南馆、南京馆、内蒙古
馆、山西馆、首都馆

02416
**万病自疗医药顾问大全（第 13 册 耳鼻咽喉
科）** 陆清洁编　陆士谔校

上海：世界书局，1935.8，[16]+263 页，32 开

上海：世界书局，1935.11，再版，[16]+263
页，32 开

上海：世界书局，1936，3 版，[16]+263 页，32
开

　　本册内容包括：耳鸣症、耳痛症、耳疗证
等。

　　收藏单位：重庆馆、广东馆、桂林馆、国
家馆、黑龙江馆、湖南馆、南京馆、内蒙古
馆、山西馆、首都馆

02417
万病自疗医药顾问大全（第 14 册 眼科） 陆
清洁编　陆士谔校

上海：世界书局，1935.9，138 页，32 开

上海：世界书局，1935.11，再版，[16]+138 页，
32 开

上海：世界书局，1936.6，3 版，[16]+138 页，
32 开

　　本册内容包括：外障证、内障证、杂治证
等。

　　收藏单位：重庆馆、广东馆、广西馆、桂
林馆、国家馆、黑龙江馆、湖南馆、南京馆、
内蒙古馆、山西馆、首都馆

02418
**万病自疗医药顾问大全（第 15—16 册 伤科
齿科）** 陆清洁编　陆士谔校

上海：世界书局，1935.11，[215] 页，32 开

上海：世界书局，1935.12，再版，[215] 页，
32 开

上海：世界书局，1937.1，3 版，143+58 页，
32 开

　　本册伤科内容包括：头面部受伤证、胸背
部受伤证、四肢部受伤证等；齿科内容包括：
风热牙痛证、风寒牙痛证、胃热牙痛证等。

　　收藏单位：重庆馆、广东馆、桂林馆、国
家馆、黑龙江馆、湖南馆、南京馆、内蒙古
馆、山西馆、首都馆

02419
万病自疗医药顾问大全样本 陆清洁编　陆
士谔校订

上海：世界书局，1935.7，16 页，32 开

02420
万病自疗指导 陆醉仙编

上海：南星书店，1931.9，208 页，32 开（民
众指导丛书）

上海：南星书店，1935.3，改订版，208 页，
32 开（民众指导丛书）

上海：南星书店，1936.6，再版，208 页，32
开（民众指导丛书）

　　本书共 5 编：内症自疗法、外科自疗法、
妇科自疗法、儿科自疗、急救自疗法。

　　收藏单位：广东馆、湖南馆、绍兴馆、浙
江馆

02421

王孟英医案 （清）王孟英著 陆士谔编校

上海：世界书局，1937.6，284 页，32 开（基本医书集成）

本书共两卷，内容包括：外感、伤风、风温、呕吐、痰、劳伤等。著者原题：王士雄。

收藏单位：贵州馆、黑龙江馆、湖南馆

02422

王孟英医案 姚若琴 徐衡之编纂 陆渊雷校阅

上海：三民图书公司，1934.11，114 页，32 开

上海：三民图书公司，1936.4，再版，114 页，32 开

收藏单位：南京馆、上海馆

02423

王氏医案绎注 （清）王孟英著 石念祖注

上海：商务印书馆，1919.7，195 页，32 开

上海：商务印书馆，1920.5，再版，3 册，32 开

上海：商务印书馆，1935.2，国难后 2 版，1 册，32 开

本书著者原题：王士雄。

收藏单位：天津馆

02424

王叔和脉诀 （晋）王叔和著 潘衍校

上海：中华新教育社，1928.2，[12+141] 页，32 开

上海：中华新教育社，1932.9，3 版，[12+141] 页，32 开

本书逐页题名：图注王叔和脉诀。

收藏单位：重庆馆、广东馆、国家馆、首都馆

02425

望诊遵经 （清）汪宏著

上海：大东书局，1936.10，2 册（[18]+62+98 页），32 开（中国医学大成 第 3 集 诊断类）

本书据《内经》《难经》《伤寒杂病》及其他著作中有关望诊资料整理，为中医诊断学论著。共两卷，讲述周身面貌的望诊，脸色、面目、舌、齿、耳、眼眉、鬓发望法，头、腹、背、手、足的诊法。著者原题：汪广庵。

收藏单位：重庆馆、桂林馆、国家馆、湖南馆、内蒙古馆

02426

畏庵医话 张鸿生著

长沙：畏庵医寓，[1934.9]，20 页，32 开

收藏单位：南京馆

02427

温灸术研究法 张鸥波编 魏其光校

宁波：东方针灸学社，1931.12，66 页，32 开

宁波：东方针灸学社，1932.10，再版，120 页，32 开

宁波：东方针灸学社，1933，3 版，120 页，32 开

宁波：东方针灸学社，1934.9，4 版，88 页，32 开

宁波：东方针灸学社，1935.7，5 版，88 页，32 开

收藏单位：安徽馆、重庆馆、大庆馆、广东馆、黑龙江馆、江西馆、南京馆、内蒙古馆、上海馆、首都馆

02428

温灸学讲义 张俊义编

上海：东方医学书局，1928.10，139 页，32 开

上海：东方医学书局，1940.10，6 版，1 册，32 开

[上海]：东方医学书局，1943.4，7 版，1 册，32 开

本书共 7 编，内容包括：解剖生理学、诊察学大意、病理学大意、一般统论、孔穴学、治疗学等。

收藏单位：国家馆、黑龙江馆、上海馆、首都馆、中科图

02429

温灸医报（第 1 卷 分类丛编） 张鸥波编

宁波：东方针灸学社，1935.9，100 页，32 开

本书内容包括：灸科医学、针灸说、同人

谈话会、高桥式中枢施术点之公开、温灸治验医案、温灸学讲义笺释等。

收藏单位：国家馆

02430

吴鞠通医案 （清）吴鞠通著

上海：大东书局，1936.10，4 册（[422] 页），32 开（中国医学大成 第 12 集 医案类）

本书共 5 卷，内容包括：风温、温疫、暑温、温毒、中风、肝风、痘症、呕吐、伤寒、食积等。著者自述诊疗治验。

收藏单位：安徽馆、重庆馆、国家馆、湖南馆、内蒙古馆、首都馆

02431

五色诊钩元 杨百城著

天津：杨达夫医社，1931，104 页，25 开

收藏单位：山西馆

02432

西洋按摩术讲义 丁福保译

上海：医学书局，1914.12，再版，83 页，23 开（丁氏医学丛书）

本书共两编。第 1 编"总论"内容包括：诱导篇、按摩之要约、技术之演习等。第 2 编"各部按摩术"内容包括：关节按摩法、头部按摩法等。附人身表部名称及解剖图。

收藏单位：重庆馆、广东馆

02433

先哲医话 （日）浅田惟常著

上海：大东书局，1937.1，2 册（86+70 页），32 开（中国医学大成 第 13 集 杂著类乙）（医话丛刊 1）

本书共两卷。汇集后藤艮山、北山友松、和田东郭、荻野台洲、华冈青洲、永富独啸庵、惠美宁固、福岛慎独轩、田中适所、福井枫亭、高阶枳园、多纪桂山、多莅纪庭诸医临床实验记录、随笔。

收藏单位：桂林馆、国家馆、湖南馆、江西馆、内蒙古馆

02434

先哲医话 （日）浅田惟常著

杭州：三三医社，[1924]，110+90 页，32 开（三三医书 第 1 集，25）

收藏单位：湖南馆、南京馆、内蒙古馆、山西馆

02435

小儿推拿广意 陈世凯重订　熊应雄辑　王元潞参阅　赵凤校

上海：校经山房书局，1936.5，[76] 页，32 开

本书共 3 卷，介绍推拿穴位、手法、治疗病症及方剂等。

收藏单位：国家馆、宁夏馆

02436

小云巢医学述闻六种 徐了缘著

出版者不详，1937.7，1 册，22 开

本书内容包括：四诊歌诀、望色、闻声、问症、切脉、医理大纲等。

收藏单位：浙江馆

02437

新编医药顾问 陈国树编

上海：国学书局，1942.9，[15]+148 页，32 开

上海：国学书局，1943.1，再版，[15]+148 页，32 开

上海：国学书局，1943.6，3 版，[15]+148 页，32 开

本书简略介绍中医临床各科病症的病状、病因及治法。共 20 编，内容包括：妇女病自疗法、痢疾自疗法、黄疸病自疗法、大小便病自疗法等。

收藏单位：重庆馆、广东馆、桂林馆、国家馆、湖南馆、南京馆

02438

新脉经（又名，西医脉诀） 陈滋著

上海：医学丛书社，1913，再版，68 页，23 开

本书试图用西医理论解释中医脉学。

02439
新脉学一夕谈　丁福保编
上海：医学书局，1926.10，[51]页，22开（丁氏医学丛书）
　　本书附《发热之原理》（丁福保译）。
　　收藏单位：重庆馆、国家馆

02440
新著中国针灸外科治疗学　罗兆琚编著
无锡：中国针灸学研究社，1936.12，16+248页，22开
　　本书内容包括：诊治指南、疗疮论、丹毒论、头面门、胸腹门、背脊门、四肢门等。
　　收藏单位：桂林馆、湖南馆

02441
徐渡渔先生医案　张元瑞录
杭州：三三医社，[1924—1949]，64页，32开（三三医书 第3集 32）
　　本书封面题名：徐氏医案。
　　收藏单位：南京馆、内蒙古馆

02442
徐批叶天士晚年方案真本　（清）叶天士著（清）张筱林参校　（清）徐大椿评批
上海：大东书局，1937.11，2册（106+106页），32开（中国医学大成 第12集 医案类）
　　本书书前有张祥龄序及跋。版权页题名：叶天士晚年方案真本。评批者原题：徐灵胎。
　　收藏单位：桂林馆、国家馆、辽宁馆

02443
许氏医案　许恩普著
杭州：三三医社，[1924—1949]，24页，36开（三三医书 第3集 21）
　　本书乃著者多年之验案，记述之断证如折狱，处方若用兵，且言简意赅，一目了然。
　　收藏单位：重庆馆、桂林馆、湖南馆、南京馆、内蒙古馆

02444
验舌篇　雷太声[编纂]
雷太声，[1911—1949]，手写本，1册，32开

　　收藏单位：国家馆

02445
药庵医案　恽铁樵著
上海：商务印书馆，1949.4，428页，32开（药庵医学丛书 第8辑）
　　本书共7卷：伤寒门、温病门、时病门、虚损门、杂病门、妇女门、小儿门。
　　收藏单位：浙江馆

02446
药草汉药民间疗法　（日）斋藤菊寿 （日）松岛实合著
[东京]：三省堂，1930，463页，22开，精装
　　收藏单位：广东馆

02447
药治通义　（日）丹波元坚著　张全功节录　秦伯未校
上海：中医书局，1934.5，68页，32开
　　本书为节录本。共8章：用药大例、治法大要、方法大纲、诸剂概略、气味、制药、煮药、经方权量考。原著内容大半集诸我国医籍。
　　收藏单位：黑龙江馆、湖南馆、南京馆、上海馆

02448
药治通义（12卷）　（日）丹波元坚撰
上海：皇汉医药编译社，[1911—1949]，320页，32开（聿修堂医学丛书8）
　　收藏单位：广东馆、首都馆

02449
叶天士医案存真　姚若琴　徐衡之主编　陆渊雷校　谢利恒审定
上海：三民图书公司，1936.4，再版，[203+38]页，32开
　　本书为叶天士曾孙叶万青取家藏医案《临床指南》一书所遗与《天元医案》中所载叶氏医案合编而成。全书不分类目，以内伤虚劳病案为主。附马元仪医案。

收藏单位：上海馆

02450

一指禅推拿说明书 黄汉如著

南京：黄汉如，1913.6，[24] 页，32 开

南京：黄汉如，1935.10，14 版，[24] 页，32 开

本书介绍推拿术的起源、功效和手法等。

收藏单位：广东馆、上海馆

02451

医醇剩义 （清）费伯雄编辑   王有声断句

上海：中国文学书局，1936，92+86 页，32 开

本书先论病症，随载自制方，后附成方。

收藏单位：重庆馆

02452

医灯续焰 （明）王绍隆著 （清）潘楫注

上海：大东书局，1937.11，8 册（[678] 页），32 开（中国医学大成 第 3 集 诊断类）

本书共 21 卷，辨证论脉，因脉及证，因证及方，并列举诸家所阐灵素之要。

收藏单位：广西馆、桂林馆、国家馆、江西馆、辽宁馆

02453

医界明灯 亦庐山人著

上海：中国医药书局，1931.2，38 页，22 开

本书共两卷，内容包括：十二地支、五行相克、经气、望色、闻声、问证、十二经气血注时歌、看人一言一动能知病在何宫秘诀等。

收藏单位：上海馆、浙江馆

02454

医暇卮言 （清）程林编撰

上海：大东书局，1936.11，2 册（52+50 页），32 开（中国医学大成 第 13 集 杂著类乙）（医话丛刊）

本书杂录医药典故，并论气化、物理现象。书前有吴绮、尤侗、薛珩序。附纳音释义与静观居士云游疏。

收藏单位：重庆馆、广东馆、桂林馆、国家馆、湖南馆、江西馆、内蒙古馆

02455

医学举要 （清）徐镛辑 （清）张声驰校

上海：大东书局，1936.11，2 册（60+44 页），32 开（中国医学大成 第 7 集 内科类）

本书共 6 卷：六经合论、时邪合论、杂证合论、治法合论、古今方补注、玉台新案。

收藏单位：重庆馆、桂林馆、国家馆、湖南馆、江西馆、内蒙古馆

02456

医学说约 秋田散人著

杭州：三三医社，[1924]，44 页，32 开（三三医书 第 2 集 16）

收藏单位：桂林馆、湖南馆、南京馆、内蒙古馆

02457

医学心悟 （清）程钟龄著

上海：大东书局，1937.1，4 册（388 页），32 开（中国医学大成 第 7 集 内科类）

本书共 6 卷。卷 1 总述四诊八纲及汗、吐、下、和、温、清、补、消八法；卷 2 阐述《伤寒论》理论与证治；卷 3—6 分论内、外、妇等科病症证治。书前有著者序。

收藏单位：国家馆、湖南馆、内蒙古馆

02458

医药常识 葛成慧编著

重庆：正中书局，1940.3，41 页，32 开（特教丛刊 7）

上海：正中书局，1946.2，41 页，32 开（特教丛刊 7）

上海：正中书局，1947.6，4 版，41 页，32 开（特教丛刊 7）

本书共 5 章，内容包括：常见的内科疾病和初步护理、常见的外科疾病和初步护理、常见的眼耳鼻喉科疾病和初步护理等。

收藏单位：安徽馆、重庆馆、广东馆、贵州馆、国家馆、河南馆、湖南馆、南京馆、内蒙古馆、上海馆、西南大学馆、浙江馆

02459

医药顾问 马小琴编著

上海：大众书局，1931.11，4 册（644 页），32 开

上海：大众书局，1932.5，再版，4 册（644 页），32 开

上海：大众书局，1932.11，4 版，4 册，32 开

上海：大众书局，1936.4，重版，4 册（644 页），32 开，精装

上海：大众书局，1940.4，再版，60+644+66 页，32 开，精装

上海：大众书局，1949.4，再版，4 册，32 开

　　本书共 19 卷，讲述中医临床各科常见病症诊治、中医方剂和丸散膏丹的配制方法。

　　收藏单位：重庆馆、广东馆、黑龙江馆、内蒙古馆、上海馆、首都馆、天津馆、中科图

02460

逸仙医案 （清）雷逸仙等著　龚香圃编校

[上海]：六一草堂，1929.10，[136] 页，16 开（六一草堂医学丛书 第 2 集 1）

　　本书共两卷。上卷共 6 门，内容包括：六淫、寒疫、泻痢等；下卷共 15 门，内容包括：内风、咳喘等。书前有"逸仙公小传"。

　　收藏单位：广东馆

02461

阴证略例 （元）王好古编

上海：大东书局，1936.11，[22+90] 页，32 开（中国医学大成 第 6 集 外感病类丙）（瘟疫丛刊）

　　本书采集前人著作，专以阴证设论，按病举例说明。

　　收藏单位：重庆馆、桂林馆、国家馆、湖南馆、江西馆、内蒙古馆

02462

饮膳正要　忽思慧撰

上海：商务印书馆，1935.3，177 页，32 开（万有文库 第 2 集 378）（国学基本丛书）

上海：商务印书馆，1935.10，[15]+177 页，32 开（国学基本丛书）

上海：商务印书馆，1936.3，再版，177 页，32 开（国学基本丛书）

长沙：商务印书馆，1939.9，3 版，177 页，32 开（国学基本丛书）

　　本书共 3 卷，记述元代皇亲国戚们的膳食谱。包括：食物的性质、效益、烹饪方法及饮食避忌。卷 3 还收食物本草约 200 种，按米谷、兽、禽、鱼、果、菜、料物分成 7 类。书中附有插图多幅。

　　收藏单位：安徽馆、重庆馆、大理馆、大连馆、东北师大馆、广东馆、贵州馆、国家馆、黑龙江馆、湖南馆、江西馆、辽师大馆、南京馆、宁夏馆、上海馆、首都馆、天津馆、武大馆、浙江馆、中科图

02463

饮食调养指南　王山阴 [著]

上海：麒麟书局，1937.1，60 页，32 开

　　本书书中题名：御制饮膳调养指南。

　　收藏单位：国家馆

02464

友渔斋医话 （清）黄退庵著

上海：大东书局，1937.11，3 册（16+80+84+74 页），32 开（中国医学大成 第 13 集 杂著类乙）（医话丛刊 1）

　　本书辑录著者在辨证治疗、辨药等方面的心得笔记、验方、医案等。共 6 种，内容包括：一览延龄、上池涓滴、证治指要等。

　　收藏单位：桂林馆、国家馆、江西馆、辽宁馆

02465

玉函经 （唐）杜光庭著　（宋）崔嘉彦注　（清）程云来评注

上海：大东书局，1936.10，[42] 页，32 开（中国医学大成 第 3 集 诊断类）

　　本书共有生死歌诀上、中、下 3 篇。说明脉证关系及脉象的生理、病理。书前有程林序及自序。

　　收藏单位：广西馆、国家馆、黑龙江馆、湖南馆、江西馆、内蒙古馆

02466

寓意草注释　姚若琴　徐衡之编　陆渊雷校

上海：三民图书公司，1934.11，[10]+141 页，

32 开

上海：三民图书公司，1936.4，再版，[10]+
141 页，32 开

本书共 4 卷，收辑以中医内科杂病为主
的疑难病案 60 条例。行间有小字批注，医案
后附评述。书前有《喻嘉言先生小传》（喻嘉
言即喻昌）。

收藏单位：南京馆

02467

杂病科 天津国医专修学院函授部编

天津：天津国医专修学院函授部，[1911—
1949]，2 册（30+30 页），16 开（新国医讲义
教材）

收藏单位：广东馆、江西馆

02468

杂病科 中国国医函授学院编

天津：中国国医函授学院，1940.5，19 版，88
页，22 开

本书共 9 章，内容包括：诊疗概要、目
疾、耳疾、鼻疾、舌疾等。

收藏单位：国家馆

02469

怎样减轻体重（林氏七日餐谱实验录） 吴琢
之著

上海：世界出版协社，1948.11，44 页，32 开

收藏单位：国家馆

02470

增订脉学丛书（第 1 集） 姚心源 张子英编

柳州：复兴医药杂志社，1941，再版，增订
版，48 页，32 开

本书共 8 篇，内容包括：脉学丛书发刊
词、三部脉学上海演讲词、三部脉学苏州演
讲词、中国三部脉法叙义、素问脉学鸟瞰、
灵枢脉学鸟瞰等。论述张仲景、王叔和脉学
皆源于灵素。

收藏单位：重庆馆、湖南馆

02471

增订脉学丛书（第 1 集） 姚心源 张子英编

贵阳：现代医药杂志社，1946，3 版，50 页，
32 开

收藏单位：国家馆

02472

增订脉学丛书（第 2 集） 姚心源 张子英编

柳州：复兴医药杂志社，1942，56 页，32 开

收藏单位：重庆馆、南京馆

02473

增订太乙神针

上海：宏善书局，1936.8，1 册，25 开

本书附备急灸法、针灸择日编。

收藏单位：国家馆、黑龙江馆、南京馆、
上海馆

02474

增订太乙神针·备急灸方合编

苏州：弘化社，1932，[108] 页，22 开

苏州：弘化社，1933，再版，[108] 页，22 开

苏州：弘化社，1934.8，再版，[108] 页，22
开

本书共两部分。《太乙神针》介绍太乙神
针方、用针法、人神禁忌、正面与背面穴道
图及说明等；《备急灸方》介绍 22 种急性疾病
的灸法，并附简明图说。

收藏单位：国家馆、内蒙古馆、首都馆

02475

增订中国针灸治疗学 承澹庵著 孙晏如参
订

上海：中国针灸学研究社，1931.6，470 页，
25 开

[上海]：中国针灸学研究社，1933.5，4 版，
170 页，25 开

上海：中国针灸学研究社，1934.5，5 版，470
页，25 开，精装

上海：中国针灸学研究社，1937.5，8 版，470
页，25 开

本书共 4 编，内容包括：总论、经穴之考
正、手术、治疗。

收藏单位：广东馆、桂林馆、国家馆、黑
龙江馆、湖南馆、南京馆、首都馆

02476

增图考释推拿法　夏宇祥著　许敬舆增释
秦伯未校订

上海：中医书局，1933.7，1 册，32 开

收藏单位：南京馆、上海馆

02477

张畹香医案　（清）张畹香著

上海：大东书局，1936.11，50 页，32 开（中
国医学大成 第 12 集 医案类）

收藏单位：桂林馆、国家馆、湖南馆、内
蒙古馆

02478

针灸传真　孙秉彝等著

孙秉彝，[1923]，[22+520] 页，18 开

孙秉彝，1936，2 册，22 开

本书收《针灸传真》《名医刺法》《内经
刺法》《考正穴法》各两卷。书前有阎锡山、
杨兆泰、高步青、郭学谦等人序。

收藏单位：国家馆、首都馆

02479

针灸传真（上编）　孙秉彝等著

太原：中医改进研究会，1933.10，再版，150
页，22 开，精装

收藏单位：广东馆、国家馆

02480

针灸传真精义　赵彩蓝著

北平：北平全民报社，1948.11，[30]+130 页，
32 开

本书著者就其父赵熙所著《针灸传真》
一书精选而成。原著共 8 卷，选为两卷，收
针灸总论、论针、论灸、杂论、针之禁忌、
诊断及经穴概论等 7 篇。附经穴异名表、经
穴图 6 幅、医案 8 则。

收藏单位：国家馆

02481

针灸大成　（明）杨继洲著

上海：艺海书店，1947.10，2 册，32 开

收藏单位：南京馆、宁夏馆

02482

针灸大成（12 卷）（明）杨继洲著　（清）章
廷珪重修

大中国图书公司，[1911—1949]，210 页，32
开，精装

收藏单位：国家馆

02483

针灸大成（仿宋古本彩印全图）（明）杨继
洲著　（清）章廷珪重增

上海：大文书局，1936.5，[554] 页，32 开，
洋装

上海：大文书局，1937.3，再版，[202] 页，
32 开

上海：大文书局，1938，3 版，[202] 页，32
开

本书共 12 卷，内容包括：针道源流、针
灸方宜始论、周身经穴赋、五运六气歌等。
选录各家针灸方法及医案，并附正人、侧人、
伏人、脏腑明堂图。版权页题名：仿宋古本五
彩全图针灸大成。书脊题名：仿宋古本针灸大
成。

收藏单位：重庆馆、国家馆、南京馆

02484

针灸大成（卷 8—12）（明）杨继洲著

上海：普及书局，1947.10，1 册，32 开

本书附铜人图。

收藏单位：首都馆

02485

针灸大成（下）（明）杨继洲著

上海：锦章书局，[1911—1949]，210 页，32 开

本书附铜人图。

收藏单位：首都馆

02486

针灸大成（增补）　陈继仁校

上海：鸿文书局，1937.4，3 册，32 开

收藏单位：首都馆

02487

针灸大成（增补 卷 1—7）（明）杨继洲著

上海：建文书局，[1911—1949]，1 册，32 开

本书内容包括：针灸理论、针灸歌赋、诸症针灸法、经络与腧穴等，并选录各家针灸方法及医案。封面题：增补绘图针灸大成。

收藏单位：首都馆

02488

针灸精粹　李文宪著

上海：中华书局，1937.8，[32]+173 页，32 开

本书共 14 章，内容包括：针灸治病论、实施方法、禁针禁灸篇、制普通针法、煮针法、治折针方法、穴性括要、配穴精义、证治等。

收藏单位：重庆馆、广东馆、桂林馆、国家馆、江西馆、辽宁馆、上海馆、首都馆、天津馆、浙江馆

02489

针灸秘笈纲要　赵尔康著

无锡：中华针灸学社，1948.6，248 页，22 开

本书共 4 部分：针科学、灸科学、经穴学、治疗学。

收藏单位：南京馆

02490

针灸秘开　（日）玉森贞助著　杨医亚　马继兴合编

北平：国医砥柱月刊社，1948.10，48 页，32 开（中国针灸学集成 第 1 集）

收藏单位：广东馆

02491

针灸术研究法　赵尔康编纂

宁波：东方针灸书局，1936，1 册，32 开

收藏单位：国家馆

02492

针灸素难要旨　（明）高武著　（日）冈本一抱子重订

上海：大东书局，1938.5，3 册（18+40+48+78 页），32 开（中国医学大成 第 11 集 针灸类甲）（针灸丛刊 1）

本书将《黄帝内经》与《难经》中有关针灸的部分节要立题分论。共 3 卷：卷 1 列难经针法；卷 2 列灵素用针法 36 篇、灵素各病针法 59 篇、灸法 8 篇；卷 3 列十二经病刺、奇经八脉病、十五络脉、十二经筋、空穴、同身尺寸、经脉长短等 10 篇。

收藏单位：国家馆、江西馆、上海馆

02493

针灸学　冀南军区卫生部编

冀南军区卫生部，1947.9，82 页，32 开

本书附针灸穴位图。

收藏单位：国家馆

02494

针灸医学　王春园编

北平：中华印书局，[1934.9]，2 册（304 页），32 开

本书内容包括：序言、辨症、指针、切法、循法等。书前有张悟虚、潘韵笙、周吉祥等人序。书中题名：新编针灸学。版权页题名：针灸学编。

收藏单位：国家馆

02495

针灸医学大纲　曾天治编

广州：汉兴国医学校，1935.10，1 册，22 开

本书共 5 编：绪论、原理、经穴、手术、证治。附曾天治针灸治验。书前有谭次仲、王映楼序。

收藏单位：国家馆

02496

针灸医学大纲（一名，针灸术研究法）　张俊义编　张世铨校

上海：东方医学书局，1937.7，1 册，32 开

上海：东方医学书局，1939.1，再版，1 册，32 开

上海：东方医学书局，1940.3，70 页，32 开

本书共两部分：第 1 部分讲述针灸学的历史沿革、在国外的影响以及医治效用等；第 2 部分介绍温灸术研究法、温灸术的特点、温灸器的使用等。

收藏单位：安徽馆、重庆馆、广东馆、国

家馆、首都馆

02497

针灸治疗实验集（又名，金针疗病奇书）（第1期） 承澹盦编

无锡：中国针灸学研究社，1936，42 页，32 开

无锡：中国针灸学研究社，1937.1，5 版，40 页，32 开

　　本书辑录中国针灸研究社社员的治验成绩报告。书前有读针灸治疗学经本社指导而得成绩诸君之近影 40 幅。本书版权页题名：针灸实验集。

　　收藏单位：重庆馆、桂林馆、国家馆

02498

针科学讲义 杨医亚编辑

北平：中国针灸学社，1946.9，3 版，53 页，32 开

　　本书共 31 章，内容包括：针术之定义、针尖之形状、折针之处置等。

　　收藏单位：广西馆、国家馆

02499

诊断大纲 秦伯未著

上海：中医书局，1930.9，38 页，32 开（家庭医药常识 4）

上海：中医书局，1934.7，再版，38 页，32 开（家庭医药常识 4）

上海：中医书局，1939.12，3 版，38 页，32 开（家庭医药常识 4）

　　本书共 4 部分：脉诊大纲、舌诊大纲、问诊大纲、杂诊大纲。

　　收藏单位：浙江馆

02500

诊断学讲义 华北国医学院编

华北国医学院，1949，111 页，32 开

　　本书共 6 篇：诊断提纲、望诊纲要、闻诊纲要、问诊纲要、切诊纲要、身形检查。

　　收藏单位：国家馆

02501

诊断学一夕谈 丁福保编纂

上海：医学书局，1914.12，再版，44 页，22 开

上海：医学书局，1926.5，44 页，22 开（丁氏医学丛书）

　　收藏单位：江西馆、浙江馆

02502

诊脉入门 陈景岐编　吴嘉宝校

上海：中西医药书局，1934.2，[22]+116 页，32 开（中国医药入门丛书）

上海：中西医药书局，1937，[22]+116 页，32 开（中国医药入门丛书）

　　本书共 5 章：南雅堂医书平辨脉法歌诀、珍珠囊脉法诸歌、医宗金鉴四言脉诀、梦觉道人三指禅辑要、金溪龚信脉诀。

　　收藏单位：国家馆、首都馆

02503

诊脉三十二辨 管玉衡辨辑

杭州：三三医社，[1924—1949]，12 页，32 开（三三医书 第 1 集 21）

　　收藏单位：桂林馆、南京馆、内蒙古馆

02504

诊余脞谈 许松如著

上海：大东书局，1939.1，108 页，25 开

　　本书为著者 30 年来行医的随笔杂谈。

　　收藏单位：国家馆、上海馆、绍兴馆

02505

诊余举隅录 （清）陈菊生著　王慎轩校正

苏州：中国医学研究社，1933.2，1 册，22 开（王氏医学丛书）

　　本书为著者的诊治笔记。共两卷。所举医案重辨证、审脉及病人体质因素，每案均收同证各病，按证论治。

　　收藏单位：国家馆

02506

证治宝鉴 （清）潘楫编著　潘衍校订

上海：中华新教育社，1934.4，2 册，32 开

本书共 12 卷，内容包括：中风、恶寒、消渴、吐血等 131 证，讲述各科疾病的脉法、辨证、治法等。

　　收藏单位：国家馆、中科图

02507

止园医话初集　罗止园著

北京：止园学社，1938.12，1 册

　　收藏单位：山西馆

02508

指道真诠　杨践形著

上海：春江书局，[1941]，138 页，22 开

　　收藏单位：上海馆

02509

指道真诠　杨践形著

上海：融五讲经社，[1911—1949]，138 页，25 开

　　收藏单位：国家馆、南京馆

02510

治病百法　周郁年著

上海：广益书局，1930.1，[156] 页，32 开

上海：广益书局，1931.8，再版，[156] 页，32 开（卫生丛书）

上海：广益书局，1933.4，再版，[156] 页，32 开（卫生丛书）

上海：广益书局，1934，再版，[157] 页，32 开（卫生丛书）

　　收藏单位：安徽馆、江西馆、南京馆、首都馆、天津馆

02511

治病法轨　王雨三著

上海：中医书局，1941.12，70+53+99 页，32 开

　　收藏单位：黑龙江馆、南京馆、内蒙古馆、首都馆

02512

治疗大全　（清）过玉书著

上海：大众书局，1948，再版，242 页，36 开

　　收藏单位：广东馆、湖南馆

02513

治疗新律　秦伯未撰

上海：中医指导社，1932.10，42 页，32 开（中医指导社丛书）

　　收藏单位：国家馆

02514

中风与针灸　胡子宜撰

苏州：胡子宜，1949，12 页，32 开

　　收藏单位：东北师大馆、国家馆、南京馆

02515

中风预防名灸　（日）吉原昭道著　陈景岐译述　张俊义校阅

宁波：东方针灸学社，1932.12，32 页，32 开（东方针灸丛书 1）

　　本书共 10 章，内容包括：灸术之略历、卒中发作时之手术法、秘传要穴等。封面题名：中风豫防名灸。

　　收藏单位：国家馆、内蒙古馆

02516

中国灸科学　杨医亚著

北平：中国针灸学社，1946.12，3 版，40 页，32 开

　　本书共 19 章，内容包括：灸术之定义、灸术之种类、施灸之原料、灸之生理作用、灸术之应用、施灸之方法、施灸之前后、施灸上之注意、灸之适应症等。

　　收藏单位：广东馆

02517

中国旧有医学研究四诊　潘兆鹏著

[北平]：曹锡珍，1934.9，126 页，32 开

　　本书内容包括：望色论、听声论、问病论、切脉论、脉与病论等。书前有李涛序。

　　收藏单位：国家馆

02518

中国针灸科学　周伯勤著　秦伯未校刊

上海：中医书局，1934.2，164 页，32 开

上海：中医书局，1946.10，再版，164 页，32
开

　　本书共 3 篇：经穴、手术、治疗。

　　收藏单位：大庆馆、江西馆、浙江馆

02519

中国针灸学讲习所消毒学讲义　罗兆琚编

出版者不详，[1911—1949]，51+33 页，22 开

　　本书收针灸学诊断学讲义和针灸学消毒
学讲义。

　　收藏单位：桂林馆

02520

中国针灸学讲习所治疗学原本　邱茂良撰稿

出版者不详，[1911—1949]，112 页，16 开

　　收藏单位：广西馆

02521

中国针灸学讲义　承澹庵编撰

无锡：中国针灸学研究社，1941.1，再版，
506 页，25 开

　　本书共 4 编：针科学讲义、灸科学讲义、
经穴学讲义、针灸治疗学讲义。

　　收藏单位：浙江馆

02522

中国针灸学研究社简章　中国针灸学研究社
编

无锡：中国针灸学研究社，[1935.10]，28 页，
22 开

　　本书共 13 节，内容包括：社景、教职员
照片、中国针灸学研究社简章等。

　　收藏单位：国家馆

02523

中国针灸治疗学指南　黄扬明编著　黄光章
改订

国粹研究社，1934，164 页，32 开，精、平
装

　　收藏单位：广东馆

02524

中国诊断学

出版者不详，[1911—1949]，42 页，18 开

　　本书内容包括：普通诊查法、经过之诊
查、现在症之诊查、自觉的症候等。

　　收藏单位：浙江馆

02525

中国诊断学纲要

出版者不详，[1911—1949]，112 页，22 开

　　收藏单位：湖南馆、南京馆

02526

中西合纂实验万病治疗法　张若霞编

上海：经纬书局，1935.10，176 页，32 开

上海：经纬书局，1936.4，再版，176 页，32
开

上海：经纬书局，1936.11，再版，176 页，32
开

上海：经纬书局，1936.12，再版，176 页，32
开

　　本书论症施治，融汇中西，凡病名、原
因、症状、疗法、方药均中西并列。本书编
述务求简明，使临症者便于检阅采用。分章
叙述各器官及各科病理治法，也可作普及一
般民众中西医学知识之著作。

　　收藏单位：重庆馆、贵州馆、上海馆

02527

中西临症疗法汇编　邓光济编

贵州晨报社，1937.4，138 页，32 开（贵州晨
报丛书 2）

　　收藏单位：贵州馆、国家馆

02528

中医各科精华（第 1 集）　李复光主编

重庆：中华医药学会，1947.9，74+76+38 页，
32 开（新中华医药学会丛书）

　　本书共 3 部分：内科学、儿科学、妇科
学。

　　收藏单位：重庆馆

02529

[中医疗方]　张树勋等著

上海：出版者不详，[1911—1949]，86 页，25

开

　　本书收咳嗽、吐血、风寒、温邪等疗方。书名编目者自拟。

　　　　收藏单位：江西馆

02530

中医诊断学　姜春华编著　杨医亚校阅

北平：国医砥柱月刊社，1947.4，140 页，32 开

　　本书共 5 章：望诊、闻诊、问诊、诊脉、病情观。

　　　　收藏单位：重庆馆、宁夏馆

02531

中医诊断学　张金鼎编

泊镇裕庆和印书局，[1911—1949]，58 页，32 开（张金鼎医学丛书）

　　本书为中医诊断学教材。

　　　　收藏单位：首都馆

02532

周慎斋遗书　（明）周慎斋著　（清）王琢崖评注

上海：大东书局，1936.12，4 册（[306] 页），32 开（中国医学大成 第 7 集 内科类）

　　本书共 4 册 10 卷。卷 1—5 为理论，包括理、法、方药等；卷 6—9 论以内科为主的 79 种病症的辨证与治疗；卷 10 专论五官、妇、儿、外科的主要病证。

　　　　收藏单位：桂林馆、国家馆、湖南馆、江西馆、内蒙古馆、首都馆

02533

诸病食养疗法　文明书局编　陈醒箴校阅

上海：文明书局，1926.9，118 页，32 开

　　　　收藏单位：山西馆、天津馆

02534

最新实习西法针灸　（日）冈本爱雄著　顾鸣盛编译

上海：进步书局，1915.12，154 页，22 开

上海：进步书局，1917.9，再版，154 页，22 开

本书共 3 章：针术之沿革、经穴解剖学、针灸学治病。附冈本治病实验谈 7 则。

　　　　收藏单位：江西馆、南京馆、首都馆

中医内科

02535

慈溪魏氏验案类编初集　魏文耀撰著

慈溪：魏文耀，1935.11，2 册，32 开

　　本书共 4 卷，内容包括：中风病案、伤寒病案、失音病案、失血病案、咳嗽病案、饮证病案、痿证病案、诸痛病案等。

　　　　收藏单位：浙江馆

02536

内科概要（中国内科普通疗法）　许半龙编

上海：半龙医药书社，1930.8，[80] 页，32 开

上海：半龙医药书社，1935.12，再版，[80] 页，32 开

　　本书共两部分。"绪论"共 6 章，内容包括：人体之部位、内腔之生活、病症概要表等；"各论"共 10 章，内容包括：循环系病、呼吸系病、消化系病等。

　　　　收藏单位：广东馆、上海馆

02537

内科学　王合光著

海城：王合光，1915，石印本，157 页，18 开（简明医鉴 4）

　　本书共 5 章：养生具病、排泄具病、运血具病、呼吸具病、生灵具病。

　　　　收藏单位：国家馆

02538

内科杂病问答　蔡陆仙编

上海：华东书局，1935，16+86 页，32 开（民众医药指导丛书 14）

上海：华东书局，1936.9，16+86 页，32 开（民众医药指导丛书 14）

上海：华东书局，1937.4，再版，16+86 页，32 开（民众医药指导丛书 14）

本书以问答的形式，详细介绍内科杂病的病因、病状、诊断、治疗等。共 12 章，内容包括：内科杂病总辨、郁病类辨、寒热病类辨、汗病症类辨、消渴症类辨等。

　　收藏单位：重庆馆、广东馆、国家馆、南京馆、浙江馆

02539

五痨自疗法　朱振声编著

上海：大众书局，1933.8，38 页，32 开（百病自疗丛书）

　　本书讲述中医心、肝、脾、肺、肾五痨（尤以肺痨为主）的病因、症状、治法及处方用药。共 4 部分：痨病自疗各法、痨病之自然疗法、咳嗽与肺痨、我治肺痨之经验法。

　　收藏单位：国家馆、江西馆、天津馆、浙江馆

02540

诊断与治疗　黄劳逸　沈仲圭著　毛瀞　张达玉校

上海：校经山房书局，1933.7，98 页，32 开

　　本书收中医临床内科杂病论文 27 篇，内容包括：产科临床诊断学、疗法分类表、人工气胸术之原理、秋燥论治、遗精论等。

　　收藏单位：国家馆

02541

症因脉治　（明）秦景明著　（清）秦之桢辑

上海：大东书局，1936.12，4 册（[498] 页），32 开（中国医学大成 第 7 集 内科类）

　　本书共 4 卷，内容包括：中风总论、伤寒总论、头痛论、咳嗽总论、嗽血论、肿胀总论、黄疸论、痢疾论、霍乱论等。

　　收藏单位：重庆馆、桂林馆、国家馆、湖南馆、江西馆、辽宁馆、内蒙古馆

02542

中西合璧内科新编　岑玄珍编著

上海：世界书局，1949.4，476 页，32 开

　　本书以中西两种医学观点阐述每种病的病因及症状，并将中西治法列表对照，比较异同。共两篇：传染病、脏器病。

　　收藏单位：国家馆

02543

中西合参内科概要　华实孚编

上海：中华书局，[1945]，303 页，32 开

上海：中华书局，1947.8，再版，[23]+303 页，32 开

上海：中华书局，1949.1，3 版，[23]+303 页，32 开

　　本书内容包括：血行器疾患、泌尿器疾患、生殖器疾患、血液疾患等。

　　收藏单位：重庆馆、广东馆、国家馆、江西馆、辽宁馆、南京馆、上海馆

02544

中医内科全书　南宗景著

上海：南宗景，1937.6，2 册，22 开，精、平装

　　本书内容包括：急性传染病、新陈代谢病、呼吸器病、消化器病、循环器病、血液及脾病、神经系统病、泌尿生殖器病、运动器病等。书前有林森、孙科、焦易堂、丁仲英等人题词，陆渊雷、许半龙、陈拾璜等人序文及自序。书末有袁云瑞跋。

　　收藏单位：贵州馆、国家馆

02545

中医内科全书　南宗景著

上海：中国食物疗病所，1937.6，2 册（14+538+318 页），25 开，精、平装

上海：中国食物疗病所，1940.12，再版，2 册（14+538+318 页），25 开，精、平装

　　收藏单位：国家馆

外感病证

02546

常山治疟初步研究报告　程学铭等编

[重庆]：中央政治学校国药研究室，[1944]，106 页，16 开

　　本书共两部分。概论共 3 章：研究常山之经过、研究常山结果之概述、研究常山今后

之步骤；专论共 4 章：常山之生药研究、常山之化学分析、常山之药理研究、常山之临床研究。书前有陈果夫序。

　　收藏单位：重庆馆、广东馆、国家馆、上海馆、浙江馆

02547

重订随息居霍乱论 （清）王孟英著

上海：大东书局，1937.1，2 册（60+90 页），32 开（中国医学大成 第 6 集 外感病类丙）（瘟疫丛刊 1）

　　本书共 4 篇：第 1 篇病情，引证有关霍乱症的重要文献，阐述必须辨明寒、热、虚、实而不得混治；第 2 篇治法，列各种外治、内服及预防等法；第 3 篇医案，录前人治验及著者的临床医案；第 4 篇药方，介绍经验方剂与单味主治药，并附录霍乱括要。著者原题：王士雄。

　　收藏单位：广西馆、桂林馆、国家馆、湖南馆、江西馆、内蒙古馆

02548

二十世纪伤寒论　刘亚农编

北平：刘亚农，1934.1，1 册，25 开

　　本书就《伤寒论》中汤液学说予以引申、增益，又搜求、参考近年名家有关著述内容，结合个人见解而成，并阐明《内经》中察四时、辨五方、审形气诸要旨，强调治病立法，须因人、因时、因地制宜，参酌损益，不可拘泥一方一法。共 6 卷，内容包括：病理篇、六经诊断篇、平脉篇等。1934 年由作者刊行。附《幼雪师努力国医学之经过》（刘煜辑）。

　　收藏单位：国家馆、内蒙古馆、首都馆、中科图

02549

仿宋古本急救奇痧方　（清）陈修园著

上海：大文书局，1936.2，[42] 页，32 开

上海：大文书局，1937.3，再版，[42] 页，32 开

　　本书介绍 60 余种时疫痧症的证候及治法，收丸散膏丹百余种。

　　收藏单位：重庆馆、广东馆、国家馆、天

津馆

02550

仿宋古本疟疾自疗法　（清）陈修园著　刘藩校

上海：大文书局，1936，[54] 页，32 开

　　收藏单位：广东馆、河南馆、南京馆

02551

仿宋古本温病条辨　（清）吴鞠通编

上海：大文书局，1936.4，2 册，32 开

上海：大文书局，1937.2，再版，2 册，32 开

　　收藏单位：首都馆

02552

伏气解·伏邪新书　（清）叶子雨著　裘吉生校·（清）刘吉人著　裘吉生校

上海：大东书局，1937.2，[88] 页，32 开（中国医学大成 第 6 集 外感病类乙）（温暑丛刊 1）

　　本书共两部分。《伏气解》共 7 篇，内容包括：论热病、论五脏痿病、论五脏移热、论暑燥、论痧胀等，阐析各种伏气病的病因、病理、证候和治法；《伏邪新书》分述伏燥、伏寒、伏风、伏湿、伏暑、伏热的证治。

　　收藏单位：广西馆、桂林馆、国家馆、辽宁馆、内蒙古馆

02553

伏邪新书　刘吉人遗著

杭州：三三医社，[1924—1949]，1 册，32 开（三三医书 第 2 集 7）

　　收藏单位：桂林馆、湖南馆、南京馆、内蒙古馆

02554

伏阴论　（清）田云槎著

上海：大东书局，1936.10，[16+74] 页，32 开（中国医学大成 第 6 集 外感病类丙）（瘟疫丛刊 1）

　　本书共两卷。著者认为时行伏阴有似霍乱而实非霍乱。书中首作总说，次述症辨，再分为原病、变症、列候、禁令、瘥后、比

类、舌鉴 7 则。体例仿仲景《伤寒论》。

收藏单位：国家馆、湖南馆、内蒙古馆

02555

霍乱病问答　蔡陆仙编

上海：华东书局，1935.6，92 页，32 开（民众医药指导丛书 10）

上海：华东书局，1936.4，92 页，32 开（民众医药指导丛书 10）

上海：华东书局，1937.4，再版，92 页，32 开（民众医药指导丛书 10）

　　本书列举霍乱病因、症状、治疗、预防以及善后等方法，皆沥取国医之精华，历收实验之奇效。内容包括：霍乱病症总辨、霍乱病因、霍乱症象等。

　　收藏单位：重庆馆、广东馆、国家馆、南京馆、天津馆、浙江馆

02556

霍乱痢疾合编　刘亚农编

[北平]：[刘亚农]，1940.8，58 页，32 开（亚农医学丛书）

　　本书用中医理论探讨霍乱、痢疾的病因、发医机理、症状及治疗。末附急性痢、虚寒痢等临床医案。

　　收藏单位：国家馆

02557

精校大字吴又可温疫论　（明）吴又可著（清）郑重光补注　陈纪仁校对

上海：鸿文书局，1938.3，重版，54+44 页，32 开

　　本书卷端、逐页、版权页题名：温疫论补注。

　　收藏单位：上海馆

02558

痢疾明辨　吴士瑛著

杭州：三 三 医 社，[1924—1949]，62 页，32 开（三三医书第 2 集 6）

　　收藏单位：桂林馆、湖南馆、南京馆、内蒙古馆

02559

痢之马齿苋疗法第一报告（临症方面）　余云岫等著

[上海]：[现代医学社]，1940，63 页，16 开

　　本书为《现代医学》第 2 卷第 5 期抽印本。

　　收藏单位：吉林馆

02560

马脾惩瘀篇　（日）浅田惟常著

上海：中医书局，1930.7，26 页，32 开

　　本书内容包括：论马脾风名义、论马脾风有三证、论马脾风有时、论马脾风急可治等。著者原题：栗园浅田。

02561

南病别鉴　（清）叶天士等著

上海：大东书局，1937.2，[18+44] 页，32 开（中国医学大成 第 6 集 外感病类乙）（温暑丛刊 1）

　　本书内容包括：《温证论治》（叶天士）、《湿热条辨》（薛生白）、《伤寒直解辨证歌》（薛望公）等。书前有顾文彬、徐康、叶长庆、宋佑甫、薛生白、李清俊序。著者原题：叶香岩。

　　收藏单位：桂林馆、国家馆、辽宁馆、内蒙古馆

02562

南病别鉴　（清）叶天士著

杭州：三三医社，[1924—1949]，1 册，32 开（三三医书第 1 集 33）

　　收藏单位：桂林馆、南京馆、内蒙古馆

02563

疟疾论　（清）韩善征著

上海：大东书局，1937.2，62 页，32 开（中国医学大成 第 6 集 外感病类乙）（温暑丛刊 1）

　　本书内容包括：疟不专属少阳、伏气外感内伤、合病、诸说正误等。

　　收藏单位：国家馆、江西馆

02564

疟疾学　梁乃津著
成都：中国医药文化服务社，1943.7，123 页，
32 开

　　收藏单位：重庆馆

02565

疟痢病问答　蔡陆仙编
上海：华东书局，1935，100 页，32 开（民众
医药指导丛书 9）
上海：华东书局，1936.4，100 页，32 开（民
众医药指导丛书 9）
上海：华东书局，1937.4，再版，100 页，32
开（民众医药指导丛书 9）
　　本书以问答的形式，详细介绍疟疾和痢
疾病的病因、病状、诊断、治疗等。共两编。
上编"疟疾病问答"共 8 章，内容包括：疟疾
释义、疟疾病因、疟病外候等；下编"痢疾病
问答"共 7 章，内容包括：痢病释义、痢疾病
因、痢病外候等。

　　收藏单位：重庆馆、广东馆、国家馆、南
京馆、浙江馆

02566

七十二种痧症救治法　陈景岐编　谭孝先校
上海：大通图书社，1935.3，[20]+204 页，32
开

　　本书共 3 编：痧症总说、诸痧分治、药方
备要。

　　收藏单位：国家馆、首都馆

02567

痧胀玉衡　（清）郭右陶著
上海：大东书局，1937.2，2 册（18+92+86 页），
32 开（中国医学大成 第 6 集 外感病类丙）
（瘟疫丛刊 1）

　　本书综合前人经验写成。共 4 卷，上卷：
痧胀发蒙论、玉衡要语、玉衡脉法；中卷：各
痧症状；下卷：玉衡备用要方；卷后：痧胀看
法、痧胀兼证及变证。

　　收藏单位：广西馆、桂林馆、国家馆、江
西馆、辽宁馆、首都馆

02568

伤寒病问答　蔡陆仙编
上海：华东书局，1935.4，[38]+112 页，32 开
（民众医药指导丛书 1）
上海：华东书局，1936.4，[38]+112 页，32 开
（民众医药指导丛书 1）
上海：华东书局，1937.4，再版，[38]+112 页，
32 开（民众医药指导丛书 1）

　　本书以问答的形式，详细介绍伤寒病的
病因、病状、诊断、治疗等。共 3 编：伤寒辨
治、中寒辨治、四时感冒症治。附中寒伤风
病问答。

　　收藏单位：重庆馆、广东馆、国家馆、南
京馆、浙江馆

02569

伤寒补例　（清）周学海撰
上海：大东书局，1936.12，[52] 页，32 开（中
国医学大成 第 6 集 外感病类甲）（伤寒丛刊）

　　本书共两卷，内容包括：三阳三阴分经名
义、伤寒重病多是下焦伏寒、伏寒触发与伤
寒时温脉、南北伤寒温病异治等。

　　收藏单位：重庆馆、桂林馆、国家馆、湖
南馆、江西馆、内蒙古馆

02570

伤寒纲要　孟承意著　秦伯未重订
上海：中医书局，1931.11，144 页，32 开

　　本书内容包括：伤寒总论、太阳脉证、阳
明脉证、少阳脉证等。

　　收藏单位：湖南馆、浙江馆

02571

伤寒广要　（日）丹波元坚著
上海：皇汉医学编译社，1935.11，2 册（171+
180 页），32 开（聿修堂医药丛书 5）

　　收藏单位：大庆馆、广东馆、宁夏馆、中
科图

02572

伤寒广要（2 第 1—19 期合订本）　铁樵函授
中医学校编
上海：铁樵函授中医学校，[1925—1928]，

[412] 页，32 开

本书为铁樵函授中医学校的讲义合订本。论述伤寒病的原理及处方。

02573

伤寒汇证表解　黄茂生著

成都：中国医药文化服务社，1943.7，33 页，32 开

本书为著者搜罗各家学说，将中医常见内科杂病四十七症汇集成表，列出各种理法方药，比较异同。

收藏单位：重庆馆

02574

伤寒兼证析义　（清）张飞畴著

上海：大东书局，1936.12，70 页，32 开（中国医学大成 第 6 集 外感病类甲）（伤寒丛刊）

本书专论伤寒杂病。共 21 篇，内容包括：中风兼伤寒论、虚劳兼伤寒论、内伤兼伤寒论等。

收藏单位：重庆馆、桂林馆、国家馆、湖南馆、内蒙古馆

02575

伤寒解毒疗法　聂云台著

外文题名：Therapeutic de-toxication in typhoid fever and other acute infectious diseases

上海：乐中印书社，1949.6，58+16 页，36 开

本书介绍伤寒病的病因、流行季节、症状分期、并发症及中医中药疗法。附医治流感、白喉、天花、斑疹伤寒、菌痢等病的中医验方及使用说明、数种急性传染病解毒疗法。

收藏单位：国家馆、山西馆、上海馆、中科图

02576

伤寒九十论　（宋）许叔微著　（清）贾其寿校

上海：大东书局，1936.10，78 页，32 开（中国医学大成 第 6 集 外感病类甲）（伤寒丛刊）

本书记载许氏治伤寒九十证验案。每证下均列病人姓名、证状、病理、疗法、用药

方义等。

收藏单位：桂林馆、国家馆、湖南馆、江西馆、内蒙古馆

02577

伤寒科　天津国医专修学院函授部编

天津：天津国医专修学院函授部，[1911—1949]，32 页，16 开，（新国医讲义教材）

收藏单位：广东馆

02578

伤寒科　中国国医函授学院教务课主编

天津：中国国医函授学院，1940.5，6 版，93 页，22 开

本书共 7 章：伤寒总论、太阳证、阳明证、少阳证、太阴证、少阴证、厥阴证。

收藏单位：安徽馆、国家馆

02579

伤寒疗养论　章巨膺著

上海：章巨膺，1949.9，33 页，32 开

本书共 7 部分，内容包括：伤寒症证状的大概、伤寒症治疗的大概、西医的伤寒治疗观等。附治验医案、失治案记。

收藏单位：国家馆

02580

伤寒入门　陈景岐编　吴嘉宝校

上海：中西医药书局，[1934]，120 页，32 开（中国医药入门丛书）

本书共两部分，《张仲景伤寒论》共 8 篇，内容包括：辨太阳病脉证篇、辨阳明病脉证篇、辨少阳病脉证篇、辨太阴病脉证篇等；《陈修园长沙方歌括》共 8 方，内容包括：太阳方、阳明方、少阳方、太阴方等。

收藏单位：国家馆

02581

伤寒食养疗法　程国树编著

上海：上海中医院，1947.9，再版，15 页，32 开

本书介绍伤寒病的病因、病状、诊断以及各种食疗的方法。

收藏单位：重庆馆

02582

伤寒条辨　费通甫著

上海：[上公学校]，1933.9，2 册（106+132 页），16 开

　　本书共 8 卷。卷 1：辨太阳表病脉证治法；卷 2：辨太阳腑病脉证治法；卷 3：辨阳明病脉证治法；卷 4：辨少阳病脉证治法；卷 5：辨太阳病；卷 6：辨少阴病脉证治法；卷 7：辨厥阴病；卷 8：辨阴阳易差后劳复、霍乱、风湿、暍病脉证。

02583

伤寒寻源　吕震名著

大陆书局，[1932—1945]，174 页，32 开

　　收藏单位：首都馆

02584

伤寒证治述要　陈宜生编

武昌：永盛印书馆，1932.8，54 页，32 开

　　本书内容包括：血结胸证治、结胸可灸证治、汗后劳复证治、手足逆冷证治等。

　　收藏单位：安徽馆、重庆馆、广东馆、桂林馆、国家馆、江西馆、辽宁馆、内蒙古馆、宁夏馆、天津馆

02585

伤寒证治条例（王氏传家秘本）（清）王橘泉著　张少泉校

上海：中西医药书局，1935.6，2 册（10+324 页），32 开

　　本书书前有徐世昌、张少泉序。封面题名：伤寒条例。

　　收藏单位：国家馆、黑龙江馆

02586

伤寒质难　祝味菊讲述　陈苏生记　陆渊雷校

上海：大众书店，[1947.10]，[24]+213 页，32 开

　　本书作者根据西医理论及多年中医临床经验，以师、徒对话形式研讨各家中医理论

之正误得失。附创设"中医实验医院"建议书。

　　收藏单位：内蒙古馆

02587

伤寒自疗　萧萍编著

上海：大众书局，1933.5，62 页，32 开

上海：大众书局，1936.4，重版，62 页，32 开

　　本书共 7 章，内容包括：释名（诠释伤寒病得名之由来）、病原（研究伤寒病从何而起）、病状（指示患伤寒者之情状）等。

　　收藏单位：广东馆、桂林馆、江西馆、内蒙古馆、首都馆

02588

湿温大论　胡安邦著述

上海：中医指导社，1935.8，48 页，36 开（中医指导社丛书）

　　本书共 16 章，内容包括：正名、病理、下法之研究、小柴胡汤之研究等。

　　收藏单位：国家馆、浙江馆

02589

湿温时疫治疗法　绍兴医学会编

上海：大东书局，1937.2，[80] 页，32 开（中国医学大成 第 6 集 外感病类乙）（温暑丛刊 1）

　　本书介绍绍兴地区春夏之际发生的"湿温时疫"（即小肠坏热病）的病因、症状及预防。

　　收藏单位：广西馆、桂林馆、国家馆、湖南馆、内蒙古馆

02590

湿温研究总论　刘晓东著　徐鸿经校

上海：千顷堂书局，1935.3，46 页，32 开（国医丛刊 4）

　　本书讲述湿温症的病因、证候及按三焦辨证诊治的临床经验。按上、中、下三焦分类，介绍 25 种方剂配方、主治及疗效，并有专章讲述小儿、老人、孕妇湿温症的用药问题。附医案验选 10 余例。

　　收藏单位：重庆馆、国家馆

02591

时病分证表 （清）雷少逸著　彭光卿辑

上海：中医书局，1934.3，[174] 页，32 开

上海：中医书局，1946.10，再版，[174] 页，32 开

　　本书共 3 卷：病证、诸法、成方。

　　收藏单位：广东馆、国家馆、首都馆

02592

时病论 （清）雷少逸著　（清）陈莲舫批注　江忍庵校正

上海：广益书局，1933.8，10 版，1 册，32 开，环筒页装

　　本书介绍各种时令的病因、症状与治疗方法。

　　收藏单位：重庆馆

02593

时病学 （清）雷少逸著

成都：中国医药文化服务社，1942.1，[276] 页，32 开

　　本书共 8 篇：温病、风苦寒疫附、泻痢、暑病、疟疾、伤湿、伤湿咳嗽、伤寒。每症均有临证治案，方药多歌括式。附温瘟不同论、伤寒书统治六气论、类证兼证论、胎前产后慎药论、治轻证宜细心重病宜大胆论等。

　　收藏单位：重庆馆

02594

时疫病问答　蔡陆仙编

上海：华东书局，1935.6，18+96 页，32 开（民众医药指导丛书 11）

上海：华东书局，1936.4，18+96 页，32 开（民众医药指导丛书 11）

上海：华东书局，1937.4，再版，18+96 页，32 开（民众医药指导丛书 11）

　　本书以问答的形式，详细介绍时疫病的病因、病状、诊断、治疗等。内容包括：时疫病定义、时疫病病因、时疫病分类等。

　　收藏单位：重庆馆、广东馆、国家馆、黑龙江馆、湖南馆、天津馆、浙江馆

02595

时疫科　天津国医函授学院编

天津：天津国医函授学院，[1931—1939]，68 页，18 开（新国医讲义教材）

　　收藏单位：国家馆

02596

时疫科　中国国医函授学院编

天津：中国国医函授学院，1937.6，5 版，186 页，22 开

　　本书共 7 章：绪论（汇集疫瘟病理各种论说）、统治（解说疫症成因及治法）、撮要（摘要解说时疫论调）、杂疫（分析论治各种杂疫）、诸方（汇列治疫诸方）、述古（摘录古经各论有关时疫记载）、究新（研讨当年流行的传染病，并有欧西时疫译名）。

　　收藏单位：安徽馆、国家馆、湖南馆

02597

暑湿病问答　蔡陆仙编

上海：华东书局，1935.4，108 页，32 开（民众医药指导丛书 3）

上海：华东书局，1936.4，108 页，32 开（民众医药指导丛书 3）

上海：华东书局，1937.4，再版，108 页，32 开（民众医药指导丛书 3）

　　本书以问答的形式，详细介绍暑湿病的病因、病状、诊断、治疗等。共两编：暑病问题、湿病问题。

　　收藏单位：重庆馆、广东馆、国家馆、湖南馆、南京馆、天津馆、浙江馆

02598

鼠疫抉微 （清）余伯陶著

上海：大东书局，1937.2，[20+90] 页，32 开（中国医学大成 第 6 集 外感病类丙）（瘟疫丛刊 1）

　　本书介绍鼠疫的中医治法。共 4 卷：病情篇、治法篇、药方篇、医案篇。

　　收藏单位：桂林馆、国家馆、辽宁馆

02599

鼠疫约编 （清）郑奋扬参订

北京：联兴印务局，1918，[14]+89 页，25 开

本书介绍鼠疫的病源、预防、症状、辨证及治法，并附医案与验方。封面题名：重印鼠疫约编。

收藏单位：国家馆、首都馆

02600

鼠疫治法 陈杰士节录

福建省政府秘书处，1941.6，26 页，25 开

02601

外感病发微 孙易周著

上海：中医指导社，1936.8，86 页，25 开（中医指导社丛书）

收藏单位：广东馆、湖南馆、江西馆、南京馆、首都馆

02602

温病赋 姜子房著

上海：中医书局，1931，再版，37 页，32 开

上海：中医书局，1940.7，4 版，37 页，32 开

本书内容包括：湿病赋、暑温赋、秋燥赋、痢疾赋等。

收藏单位：广东馆、上海馆

02603

温病科 中国国医函授学院编

天津：中国国医函授学院，1937.5，104 页，22 开

本书为温病科讲义。共 10 章，内容包括：肠窒扶斯（湿温）、温热发斑、肠热病、热病、春温、风温等。

收藏单位：国家馆

02604

温病论衡 谢诵穆著

上海：知行医学社，1936.9，[148] 页，32 开（中医研究丛刊）

本书共 6 章：温病学说思想之变迁、温病病名名实之歧异、伏气与外感、伤寒温病与时行、清代温书中所包含之疾病、叶派温病治术之批评。

收藏单位：国家馆、首都馆

02605

温病明理·热病学 恽铁樵著

上海：商务印书馆，1948.1，1 册，32 开（药庵医学丛书 第 2 辑 下）

收藏单位：内蒙古馆、浙江馆

02606

温病全书 时逸人著 沈啸谷改编 沈仲圭 张达玉校

上海：大众书局，1933.8，131 页，32 开

上海：大众书局，1936，重版，131 页，32 开

本书共 4 部分：绪言、概论、结论、温病各论。在概论和结论部分，讲述时令病的源流、原因、病理、诊断及治法；在温病各论部分，分述春温、风温、温病、秋燥、冬温等温病的诊断及应用方药等。原名《中国时令病学》，中医改进研究会 1930 年初版。书前有沈仲圭、萧熙及编者序。

收藏单位：重庆馆、广东馆、桂林馆、湖南馆、江西馆、内蒙古馆、山西馆、首都馆、天津馆

02607

温病入门 陈景岐编 吴嘉宝校

上海：中西医药书局，[1934]，126 页，32 开（中国医药入门丛书）

本书摘引《内经》及历代各家学说，分门别类汇辑成书。共 7 篇：原病篇、吴鞠通温病条辨上焦篇、吴鞠通温病条辨中焦篇、吴鞠通温病条辨下焦篇、江左寄瓢子温热赘言、薛生白湿热条辨、叶天士温热论。

收藏单位：国家馆、宁夏馆

02608

温病条辨 （清）吴鞠通选辑

上海：广益书局，1949.3，新 2 版，230 页，32 开

收藏单位：南京馆、山西馆

02609

温病条辨 （清）吴鞠通编

上海：中西医药书局，[1935]，2 册（283 页），32 开

收藏单位：广东馆

02610

温病条辨 （清）吴鞠通著　侯悔斋校订

上海：校经山房书局，1936.5，[168] 页，32 开

本书仿张仲景《伤寒论》体例，分篇分条论析温病三焦辨证及治法。书前引述《内经》有关温病条文并加释。卷 1 为上焦篇，卷 2 为中焦篇，卷 3 为下焦篇，卷 4 为杂说，卷 5 为解产难，卷 6 为解儿难。

收藏单位：广东馆

02611

温病条辨 （清）吴鞠通编　朱武曹评点　唐顺之校

上海：文新出版社，1936.8，2 册（138+119 页），32 开

收藏单位：绍兴馆、首都馆

02612

温病指南　王馥原著　王慎轩重订

苏州：中国医学研究社，1932.12，42 页，25 开（王氏医学丛书）

本书参考《温病条辨》《临症指南》《医效秘传》《温热赘言》等书，讲述风温、湿温的辨证施治。

收藏单位：国家馆

02613

温热便读　邹仲彝编

出版者不详，[1936.2]，76 页，32 开

本书讲述风温的治疗及方剂。附麻疹概论、小儿平脉之我见等。

02614

温热辨惑　章巨膺编著

上海：章巨膺，1933.8，1 册，25 开

上海：章巨膺，1934.8，2 版，1 册，25 开

上海：章巨膺，1941.5，3 版，1 册，25 开

本书共 3 编：病理总论、诊断概要、方剂汇说。

收藏单位：浙江馆

02615

温热标准捷效　聂云台增订

上海：医学书局，1941.4，68+18 页，25 开

本书集录《二分晰义》（陈良佐）和《寒温条辨》（杨栗山）两书要言成一卷。原名《瘟疫条辨摘要》，刊于 1811 年。聂氏重版增订时改名。书中原有的夹行小注，聂氏加按语标明。书前有吕氏订正重刊凡例，聂氏增订序言。后附肠热症及细菌痢特效方说明。

收藏单位：国家馆、湖南馆、内蒙古馆、上海馆、绍兴馆、天津馆

02616

温热标准捷效附篇　聂云台著

上海：医学书局，1942.9，28 页，32 开

本书共 4 章：表里和解丹温病三黄说明、霍乱治法摘要、起居卫生根本防疫法、罗卜治疗之功效。

收藏单位：大庆馆、上海馆

02617

温热病问答　蔡陆仙编

上海：华东书局，1935，[29]+98 页，32 开（民众医药指导丛书 2）

上海：华东书局，1936.4，[29]+98 页，32 开（民众医药指导丛书 2）

上海：华东书局，1937.4，再版，[29]+98 页，32 开（民众医药指导丛书 2）

本书以问答的形式，详细介绍温热病的病因、病状、诊断、治疗等。共 3 编：温热病辨治、温热病用药禁忌、温热病看护及病后调养。

收藏单位：重庆馆、广东馆、国家馆、湖南馆、天津馆、浙江馆

02618

温热病指南集 （清）陈平伯撰述 （清）江白仙鉴定 （清）钱愚庵　顾观光评校

上海：大东书局，1937.2，38 页，32 开（中国医学大成 第 6 集 外感病类乙）（温暑丛刊）

本书共 3 部分：温热病大意、风温证条例、湿温证条例。

收藏单位：桂林馆、国家馆、湖南馆、辽

宁馆、内蒙古馆

02619

温热逢源 （清）柳宝诒著

上海：大东书局，1936.10，2 册（44+64 页），32 开（中国医学大成 第 6 集 外感病类乙）（温暑丛刊）

上海：大东书局，1940.12，再版，108 页，32 开（中国医学大成 第 6 集 外感病类乙）（温暑丛刊）

　　本书共 3 卷。上卷详注中医经典《内经》《难经》《伤寒论》中有关温热病的原文；中卷就明、清医家吴又可、周禹载等有关温热病的论著提出商榷意见，加以辨正；下卷就某些温热病的病因、症状、疗法等加以论证。

　　收藏单位：重庆馆、广西馆、桂林馆、国家馆、湖南馆、江西馆、内蒙古馆

02620

温热逢源

杭州：三 三 医 社，[1924—1949]，40 页，32 开（三三医书 第 1 集 1）

　　收藏单位：桂林馆、湖南馆、南京馆、内蒙古馆

02621

温热经纬 （清）王孟英编　秦伯未校

上海：中医书局，1935.4，290 页，32 开

上海：中医书局，1947.11，再版，290 页，32 开

　　本书共 5 卷。卷 1：内经伏气温热篇；卷2：仲景伏气温病篇、仲景热病篇、仲景外感热病篇、仲景湿温篇、仲景疫病篇；卷 3：叶香岩外感温热篇、叶香岩三时伏气外感篇；卷4：陈平伯外感温病篇、薛生白湿热病篇、余师愚疫病论、疫证条辨；卷 5：方论。

　　收藏单位：南京馆、首都馆、中科图

02622

温热经纬 （清）王孟英著　（清）叶子雨评

上海：世界书局，1937，207 页，32 开（基本医书集成）

　　本书内容包括：内经伏气温热篇、仲景伏

气热病篇、叶香岩外感温热篇、陈平伯外感温病篇、方论等。

　　收藏单位：重庆馆

02623

温热暑疫全书 （清）周禹载著　（清）薛生白　吴正功重校

上海：大东书局，1937.1，2 册（10+48+82 页），32 开（中国医学大成 第 6 集 外感病类乙）（温暑丛刊）

　　本书选辑《伤寒论》《温疫论》等有关论述加以注释，分析各种证候及其治法，并附前人医案。共 4 卷：温病方论、热病方论、暑病方论、疫病方论。

　　收藏单位：广西馆、桂林馆、国家馆、湖南馆、内蒙古馆

02624

温疫论补注 （明）吴又可著　（清）郑重光补注　秦又安校

上海：中医书局，1930.10，74+60 页，32 开

　　本书共两卷，内容包括：温疫初起治法、狂汗、发斑、杂气论、应下诸证、主客交病等。

　　收藏单位：重庆馆、黑龙江馆

02625

温证指归 （清）周杓元著

上海：大 东 书 局，1936.12，2 册（12+82+50 页），32 开（中国医学大成 第 6 集 外感病类乙）（温暑丛刊）

　　本书首论温证之原，次辨温证之治，又列药方，末列医案。

　　收藏单位：重庆馆、广西馆、桂林馆、国家馆、湖南馆、江西馆、辽宁馆、内蒙古馆

02626

瘟热症

上海：出版者不详，[1911—1949]，8 页，32 开（中华卫生教育会小丛书 32）

　　收藏单位：首都馆

02627

瘟疫霍乱答问·霍乱审证举要 （清）陈蛰庐撰 （清）连文冲述

上海：大东书局，1936.11，[76]页，32开（中国医学大成 第6集 外感病类丙）（瘟疫丛刊）

　　本书共两部分。《瘟疫霍乱答问》论述瘟疫霍乱证治，介绍以白头翁汤加减等方法治疗霍乱的方法；《霍乱审证举要》辨霍乱阴阳，参考西法，说明各地水土气候与发病的关系，并列表对照各证脉象。

　　收藏单位：桂林馆、国家馆、湖南馆、辽宁馆、内蒙古馆

02628

瘟疫论 （明）吴又可著　年偶斋评注

上海：大东书局，1937.2，2册（56+68页），32开（中国医学大成 第6集 外感病类丙）（瘟疫丛刊）

　　本书提出传染病病因学的新概念——戾气学说，讲述传染病的流行特点、治疗原则与方法。著者原题：吴有性。

　　收藏单位：桂林馆、国家馆

02629

徐氏霍乱论（又名，脱疫证治） 徐相任著

上海：徐氏父子诊所，[1938.6]，24页，32开

　　本书共10节，内容包括：定名、范围、病因、预防、病情等。

　　收藏单位：南京馆、上海馆

02630

羊毛瘟论 （清）随万宁著

上海：大东书局，1937.2，1册，32开（中国医学大成 第6集 外感病类丙）（瘟疫丛刊1）

　　本书详论羊毛瘟的证治。书前有方昂、王英琴、陈廷硕、徐世昌序及自序。

　　收藏单位：桂林馆、国家馆、江西馆、辽宁馆、上海馆

02631

医门普度温疫论 （明）吴又可著 （清）孔以立　龚绍林评注

上海：大东书局，1936.10，2册（[18]+82+

108页），32开（中国医学大成 第6集 外感病类丙）（瘟疫丛刊1）

　　本书专论温疫与伤寒不同。上卷列有原病及辨明伤寒时疫方法数条；下卷有杂气论、伤寒例正误、诸家温疫论正误、刘宏璧集补方与各家治案。

　　收藏单位：广西馆、桂林馆、国家馆、江西馆、内蒙古馆

02632

芫根皮治疗急性热病之实效 王药雨编

北平：明日医药杂志社，1937.6，68页，32开（明日医药丛刊3）

北平：明日医药杂志社，1947.6，68页，32开（明日医药丛刊3）

　　本书共4章，内容包括：《伤寒病国药特效疗法》（董灵田）、《杭根治温热病之实验》（岳美中）、《对杭根治肠热之鄙见》（谭次仲）等。附《明日医药杂志》第1—2卷要目。

　　收藏单位：国家馆、浙江馆

02633

增补评注温病条辨 （清）吴鞠通原著 （清）叶子雨 （清）王孟英评注

上海：大东书局，1938.5，8册（[644]页），32开（中国医学大成 第6集 外感病类乙）（温暑丛刊1）

　　本书共8册。内容包括：第1—5册分6卷对《温病条辨》加以评注；第6册《温病条辨歌括》分上、下两卷，上卷讲述上、中、下三焦240证，下卷介绍上、中、下三焦方歌196首；第7册包括：《辑补温热诸方》（方内散人编，曹炳章订正）、《辑温病条辨论》（恒斋先生著，曹炳章订正）、《温病医方撮要》（杨璇著，曹德濂编，曹炳章增订）、《增补评注治温提要》（曹华峰手述）、《温病三字经》（张子培草创）；第8册收《温热经解》（沈麟著）。评注者"王孟英"原题：王士雄。书前有程宇光、钱桂森、纪恒庆、汪廷珍等人序及自序。

　　收藏单位：广东馆、国家馆、首都馆

02634

增订瘟疫明辨 （清）戴天章著　周禹锡增订

上海：大东书局，1937.11，2 册（18+60+96 页），32 开（中国医学大成 第 6 集 外感病类 丙）（瘟疫丛刊 1）

本书增删吴又可《瘟疫论》而成，区分瘟疫与伤寒。首先提出主要辨别法，再就兼症、类症、表症、里症作详细分析，继述汗、下、清、和、补等治法及病后遗症，末附应用方剂。

收藏单位：广西馆、桂林馆、国家馆、江西馆、辽宁馆

02635

增订叶评伤暑全书 （明）张凤逵著 （清）叶子雨增评

上海：大东书局，1936.12，2 册（20+44+96 页），32 开（中国医学大成 第 6 集 外感病类 乙）（温暑丛刊 1）

本书共 3 卷。对《伤暑全书》加以补充，讲述古今名医论暑学说及治暑医案。每条均附叶氏评注。封面、书脊及逐页题名：增评伤暑全书。

收藏单位：桂林馆、国家馆、江西馆、内蒙古馆

02636

增批温病条辨 （清）吴鞠通编　周郁浩　严士云校

上海：广益书局，1937.7，230 页，32 开

上海：广益书局，1947.2，新 1 版，230 页，32 开

本书共 7 部分，内容包括：原病篇、上焦篇、下焦篇、杂说等。

收藏单位：广东馆、湖南馆、宁夏馆、首都馆

02637

张氏温暑医旨 （清）张畹香著

上海：大东书局，1936.10，66 页，32 开（中国医学大成 第 6 集 外感病类乙）（温暑丛刊）

本书为临诊实验随笔，内容包括：舌苔辨、伤寒治论、温邪、瘄疹、风温、热入血室、痢、疟、暑湿、十二经所属、切脉等。

收藏单位：广西馆、桂林馆、国家馆、湖南馆、江西馆、内蒙古馆

02638

瘴气病 军事委员会委员长行营卫生处编

[南京]：军事委员会委员长行营卫生处，1936，14 页，32 开

本书介绍瘴气病的历史、分布区域，以及对贵州省政治军事经济的影响等。

收藏单位：重庆馆

02639

治伤寒痢疾肠炎捷效药 聂云台著

上海：文明印刷所，1942.9，20 页，32 开

本书附通治腹肠疟痢诸病阿魏丸新方。

收藏单位：桂林馆、上海馆

02640

中国时令病学 时逸人编订

太原：中医改进研究会，1930.10，[24]+154 页，32 开

太原：中医改进研究会，1935.6，3 版，[24]+154 页，32 开

[太原]：中医改进研究会，1937，4 版，[24]+148 页，32 开

本书共两编。第 1 编讲述时令病的源流、原因、病理、诊断及治法；第 2 编分述春温、风温、温病、暑温、伏温、湿温、秋燥、冬温、伤寒的辨证施治及应用方药等。

收藏单位：国家馆、湖南馆、上海馆、首都馆

02641

中医鼠疫验方 徐梦龄著

闽声通讯社，1943.11，8 页，32 开

收藏单位：南京馆

一般病证

02642

风症指南 方慎庵著

上海：医学回澜社，[1911—1949]，[74] 页，32 开

本书附中国针灸学。

收藏单位：国家馆、上海馆

02643

何氏虚劳心传 （清）何嗣宗撰著 （清）王铁山校定

上海：大东书局，1936.12，64 页，32 开（中国医学大成 第 7 集 内科类）（虚劳丛刊 1）

本书首列虚劳总论，讲述虚劳的病因、证候；次述虚劳选方 20 方，介绍其主治证候、药方、兼证、加减法、发明方义及禁忌；最后附名家虚劳验案。

收藏单位：桂林馆、国家馆、湖南馆、江西馆、内蒙古馆

02644

理虚元鉴 （清）绮石著 （清）柯怀祖（清）华宾旭集订

上海：大东书局，1936.10，[66] 页，32 开（中国医学大成 第 7 集 内科类）（虚劳丛刊 1）

本书以《素问》《灵枢》为基础，兼采诸家之说。上卷论治虚劳之法，下卷为治虚劳诸方。书前有陈焱晋、华杰、柯怀祖序及原序。

收藏单位：重庆馆、桂林馆、国家馆、湖南馆、内蒙古馆

02645

慎柔五书 （明）胡慎柔撰述 （清）石瑞章订正 （清）周学海评注

上海：大东书局，1936.11，[114] 页，32 开（中国医学大成 第 7 集 内科类）（虚劳丛刊）

本书共 5 卷。卷 1 为师训；卷 2 为医劳历例，多为临证体会和经验之谈；卷 3—4 分论虚损和痨瘵证治；卷 5 为医案，记述著者治验病案。

收藏单位：重庆馆、桂林馆、国家馆、湖南馆、江西馆、内蒙古馆

02646

痰饮病问答 蔡陆仙编

上海：华东书局，1935.6，100 页，32 开（民众医药指导丛书 7）

上海：华东书局，1936.4，100 页，32 开（民众医药指导丛书 7）

上海：华东书局，1937.4，再版，100 页，32 开（民众医药指导丛书 7）

本书以问答的形式，详细介绍痰饮病的病因、病状、诊断、治疗等。共两编：痰饮病、痰咳喘胀病。

收藏单位：重庆馆、广东馆、国家馆、天津馆、浙江馆

02647

吐血新论（又名，血证指南） 邹德民著

上海：邹氏医室，1935.9，102 页，25 开

本书介绍中医临床各种咯血、呕血症状的鉴别及诊治。共 16 章，内容包括：血之生理及作用、吐血与脾胃、肺血与胃血、吐血后之咳嗽、肺痨与吐血、吐血能成痨、吐血与年龄之关系等。

收藏单位：上海馆

02648

吐血须知 朱振声编著

上海：幸福书局，1934.9，58 页，32 开

本书共 15 章，内容包括：吐血是否可怕、如何发生吐血、吐血之诊断法、胃出血之治法等。

02649

吐血自疗法 朱振声编著

上海：大众书局，1933.8，34 页，32 开（百病自疗丛书）

上海：大众书局，1936.4，重版，34 页，32 开（百病自疗丛书）

本书共 4 部分：吐血治法总论、吐血自治各法、前贤意见、吐血单方选要。

收藏单位：广东馆、国家馆、江西馆、辽宁馆、上海馆、天津馆

02650

虚劳集 顾膺陀编著 施今墨鉴定

北平：顾氏医室，1933.12，[146] 页，25 开

本书共 3 卷。卷 1 讲虚劳病证的原因、证候、脉象、治则、用药、调养及预防；卷 2—3 简述 59 种中医各科虚劳证病象及治法。

　　收藏单位：国家馆

02651

虚痨病疗养法　朱振声编

上海：国光书店，1948.5，再版，75 页，32 开

　　本书共两部分：虚劳之种种、肺痨之证法。辑录中医诸家论述虚损病症及肺结核病临床诊治短文 30 余篇。

　　收藏单位：黑龙江馆、上海馆

02652

虚痨病问答　蔡陆仙编

上海：华东书局，1935.6，92 页，32 开（民众医药指导丛书 8）

上海：华东书局，1936.4，92 页，32 开（民众医药指导丛书 8）

上海：华东书局，1937.4，再版，92 页，32 开（民众医药指导丛书 8）

　　本书以问答的形式，详细介绍虚痨病的病因、病状、诊断、治疗等。共 9 章，内容包括：虚痨病释义、虚痨病病因、虚痨病各症辨、虚痨症辨脉、虚痨总治辨等。

　　收藏单位：重庆馆、广东馆、国家馆、南京馆、天津馆、浙江馆

02653

虚痨五种　尤学周著

上海：幸福书局，1931.3，108 页，25 开

　　本书共 5 集，内容包括：吐血、肺痨、遗精等。封面题名：虚劳五种。

　　收藏单位：国家馆

02654

虚损启微　（清）洪辑庵撰

上海：大东书局，1936.12，[80] 页，32 开（中国医学大成 第 7 集 内科类）（虚劳丛刊 1）

　　本书共两卷。上卷首述经义，次论阴虚、阳虚及劳瘵的诊治；下卷列方 72 个。

　　收藏单位：桂林馆、国家馆、湖南馆、江西馆、内蒙古馆、首都馆

02655

血证论　（清）唐容川著

上海：中国文学书局，1935.2，2 册，32 开（中西汇通医书五种）

上海：中国文学书局，1935.7，再版，2 册，32 开

　　本书论述中医内、外、妇、儿、五官诸科略、呕、淤、渗、崩、漏等血证，共 8 卷。卷 1 为总论；卷 2—6 论述血上干证治、血外渗证治、血下泄证治、血中淤证治及失血兼见诸证；卷 7—8 为方解，收 200 余方。著者原题：唐宗海。

　　收藏单位：重庆馆、广东馆、桂林馆、国家馆、河南馆

02656

血证论　（清）唐容川著

出版者不详，[1911—1949]，[124]+[150] 页，32 开

　　本书著者原题：唐宗海。

　　收藏单位：首都馆

02657

血证论　（清）唐容川编著　秦伯未重校

上海：千顷堂书局，1935.1，269 页，32 开（中西汇通医书五种）

上海：千顷堂书局，1935.7，再版，269 页，32 开（中西汇通医书五种）

上海：千顷堂书局，1936.9，3 版，269 页，32 开（中西汇通医书五种）

　　本书编著者原题：唐宗海。

　　收藏单位：广东馆、广西馆、国家馆、绍兴馆、首都馆、天津馆

02658

血证论（5—8）　（清）唐容川著

出版者不详，[1911—1949]，[150] 页，32 开

　　本书卷 5—8 论述血中瘀血论治、失血兼见诸证，并编列本书应用的方剂 200 余个，附以方解。

　　收藏单位：绍兴馆、首都馆

02659

血证与肺痨全书　张腾蛟编著　张伯熙鉴定　张赞臣校订

上海：中国医药书局，1930.11，1 册，32 开

上海：中国医药书局，1935，再版，[23+148]页，32 开

本书共两卷。上卷共 4 篇：吐血呕血治疗法、咯血吐血治疗法、咳血治疗法、血证特效药；下卷共 3 篇：普通肺痨治疗法、特种肺痨、贫血治疗法。附血证肺痨卫生疗养法、预防及善后法、古方备考。

收藏单位：广东馆、国家馆、湖南馆

02660

血症　大众医学社编

上海：大众医学社，1932.8，31 页，32 开

本书内容包括：气血源流辨、男女血各异同辨、血之生长功用辨、血症内因、血症外因、血症分经、血症分类辨等。

收藏单位：浙江馆

02661

血症问答　蔡陆仙编

上海：华东书局，1935.4，92 页，32 开（民众医药指导丛书 6）

上海：华东书局，1936.4，92 页，32 开（民众医药指导丛书 6）

本书以问答的形式，详细介绍失血病症的病因、病状、诊断、治疗等。共 9 章，内容包括：气血源流辨、男女血各异同辨、血之生长功用辨、血症内因、血症外因、血症分经等。

收藏单位：重庆馆、广东馆、国家馆、天津馆、浙江馆

02662

郁谢麻科合璧　郁氏　谢心阳著

合川（重庆）：合川民福印刷公司，1936，88页，32 开

本书内容包括：麻症总论、调治须知三则、避忌四则、辨症三则、用药准则四条、杂症八十三等。

收藏单位：重庆馆

02663

中风病问答　蔡陆仙编

上海：华东书局，1935，110 页，32 开（民众医药指导丛书 5）

上海：华东书局，1936.4，110 页，32 开（民众医药指导丛书 5）

上海：华东书局，1937.4，再版，110 页，32 开（民众医药指导丛书 5）

本书以问答的形式，详细介绍中风病的病因、病状、诊断、治疗等。共 30 章，内容包括：中风释义、中风病因、中风外候、辨编枯症、辨口眼歪斜、辨十指麻木等。

收藏单位：重庆馆、广东馆、国家馆、南京馆、天津馆、浙江馆

02664

中风斠诠　张山雷编著

上海：上海尊圣善会，1947.6，89+26+84 页，32 开

本书论述中风的原因、种类、证候、脉法及治法处方等。共 3 卷：中风总论、内风暴动之脉因症治、古方平谈。

收藏单位：国家馆、内蒙古馆

脏腑病证

02665

肠胃病问答　蔡陆仙编

上海：华东书局，1935.6，86 页，32 开（民众医药指导丛书 12）

上海：华东书局，1936.4，86 页，32 开（民众医药指导丛书 12）

上海：华东书局，1937.4，再版，86 页，32 开（民众医药指导丛书 12）

本书内容包括：肠胃病总辨、肠胃病病因、肠胃病分类、肠胃病分类症治辨等。

收藏单位：重庆馆、广东馆、国家馆、南京馆、天津馆、浙江馆

02666

肠胃病与痔疮病　吴克潜编

上海：大众书局，1934.10，86 页，32 开（国

医万病自疗丛书）

上海：大众书局，1936.4，重版，86 页，32 开（国医万病自疗丛书）

　　本书介绍各种肠胃病与痔疮病的病因及治疗方法。共 4 章：肠胃病、肠病、胃病、痔疮病。

　　收藏单位：重庆馆、大庆馆、贵州馆、国家馆、首都馆、浙江馆

02667

肺病根治原理　陈其昌编

上海：陈其昌，[1911—1949]，[30] 页，32 开（中医防痨运动专刊第 1 辑）

　　收藏单位：南京馆

02668

肺病疗养方法摘要　周博文编著

邵阳：周博文，[1943]，42 页，32 开

　　本书介绍肺病疗养方法，涉及休息、运动、户外空气等内容。共 9 章，内容包括：总论、休息、运动、户外、食物等。

　　收藏单位：贵州馆

02669

肺病全生集　陆奎生著

上海：陆奎生，1941.10，简编再版，74 页，32 开

上海：陆奎生，1948.11，增订 3 版，74 页，32 开（陆氏医丛）

　　收藏单位：桂林馆、国家馆、上海馆

02670

肺病全生集　陆奎生著

上海：中法肺病诊疗所，1941.9，74 页，32 开（陆氏医丛）

　　本书共 10 章：引言、肺病全生要旨、中国医学史上之肺病治迹、肺病诊断浅说、肺病之初征及其传变、痔疮瘰疬与肠痨、肺病食鉴、肺病养生论、肺病治愈后之保养法、结论。

　　收藏单位：南京馆

02671

肺病特效治疗法　陈静编

[上海]：陈静，1936.5，9 页，32 开

　　本书共 4 章：序言、肺结核神效治法、卫生与调养、肺结核初起之现象。

　　收藏单位：国家馆

02672

肺病无忧论　陈存仁著

上海：幸福书局，1935.10，168 页，25 开

　　本书共两编：前编肺痨概论、后编滋阴疗法之胜利。附"阴虚体质"之食品单、膏滋补药方之意义。

　　收藏单位：国家馆、上海馆

02673

肺病预防及概治法　陈爽秋著

成都：经纬书局，1946，98 页，48 开

成都：经纬书局，[1947]，98 页，48 开（医学丛书）

　　本书共 7 章，内容包括：酿成肺痨之原因及诱因、肺痨之各种症状、肺痨病之诊断、肺痨之预防法等。其他题名：肺病预防及治疗法。

　　收藏单位：重庆馆、湖南馆、南京馆

02674

肺病指南集（节录肺病全生集）　陆奎生著

上海：中法肺病诊疗所，[1941.10]，[30] 页，32 开（陆氏医丛）

　　本书节录《肺病全生集》的前 5 章，内容有删减。内容包括：肺病全生要旨、中国医学史上肺病治迹、肺病之初征及其传变等。

　　收藏单位：国家馆

02675

肺病治疗之中西医学比观　张公让著

广州：张公让，1943.12，62 页，32 开

梅县（梅州）：张公让，1945.2，再版，62 页，32 开

广州：张公让，1948，4 版，86+24 页，32 开

　　本书共两篇：肺病自医记、吐血治验记。附肺病全治要诀。此书同时作为《中西医学

比观》第 1 集第 3 卷刊出。

　　收藏单位：广东馆、国家馆

02676

肺痨病营养疗法　董志仁著　王慎轩校

苏州：国医编译馆，1936.8，18 页，32 开（王氏医学小丛书）

　　收藏单位：国家馆

02677

肺肾病自疗须知　陈养吾编撰

上海：养吾堂肺肾药府，1948.3，2 版，1 册，32 开

　　收藏单位：南京馆

02678

肺肾胃病研讨集　沈仲圭编著

重庆：新中华医药学会，1947.8，184 页，36 开（新中华医药学会丛书）

　　本书专谈肺痨肾亏胃病等症疗养方法。内容包括：肺痨病篇、肾病篇、胃病篇等。

　　收藏单位：重庆馆

02679

疯痨臌膈辨　林翼臣著

上海：中医书局，1930.7，28 页，32 开

　　本书内容包括：中风类中辨、虚损痨瘵辨、噎膈翻胃肠辨等。封面题名：重校疯痨臌膈辨。

　　收藏单位：南京馆

02680

肝气自疗法　朱振声编著

上海：大众书局，1933.8，31 页，32 开（百病自疗丛书）

上海：大众书局，1936，重版，31 页，32 开（百病自疗丛书）

　　本书介绍各种肝气病治法。内容包括：肝气病治法总纲、肝气自疗各法、关于肝气病之笔记、问病一束等。

　　收藏单位：广东馆、南京馆、绍兴馆、首都馆、天津馆

02681

肝胃病　朱振声编

上海：大众书局，1933.5，94 页，25 开

上海：大众书局，1936.3，重版，94 页，25 开

上海：大众书局，1947.4，3 版，94 页，25 开

　　本书共 3 篇：生理篇、肝病篇、胃病篇。

　　收藏单位：重庆馆、广东馆、国家馆、上海馆、首都馆、浙江馆

02682

肝胃病根治法　马问我编　孙思清校

上海：复兴书局，[1948.3]，17 页，25 开

　　本书简称：胃病指南。

　　收藏单位：上海馆

02683

黄溪大案（第 1 集）　陈无咎著

上海：丹溪医学社，1929.10，96 页，25 开（医垒丛书 8）

　　本书收主心肾、心脾、心脾肾等医案，共有 100 多个医方。

　　收藏单位：重庆馆、湖南馆

02684

黄溪医垒（第 2 辑）　陈无咎著

上海：丹溪医学社，1924.7，1 册，23 开（医垒丛书）

　　本书共 3 种：医轨、脏腑通诠、妇科难题蓝田集。

　　收藏单位：重庆馆、广西馆

02685

结核辅生疗法　聂云台著

上海：乐中印书社，1949.6，122 页，32 开

　　本书共 8 章，内容包括：补充生殖力增强细胞的发育、解毒作用、兴奋机能作用、营养卫生疗法等。

　　收藏单位：上海馆

02686

咳嗽自疗法　朱振声编著

上海：大众书局，1933.8，33 页，32 开（百病自疗丛书）

上海：大众书局，1936.4，重版，33 页，32
开（百病自疗丛书）

本书内容包括：咳嗽新解、咳嗽总论、咳
嗽自疗各法等。

收藏单位：江西馆、首都馆、天津馆

02687

咳嗽自疗法　朱振声著

上海：幸福报馆，1929.11，34+14 页，25 开

收藏单位：河南馆

02688

淋浊自疗法　朱振声编著

上海：大众书局，1933.8，30 页，32 开（百
病自疗丛书）

上海：大众书局，1936.4，重版，30 页，32
开（百病自疗丛书）

本书内容包括：淋浊自疗各法、淋浊之遗
害、淋浊问答 8 则、淋浊要方 10 则。

收藏单位：广西馆、辽宁馆、上海馆、首
都馆

02689

伤风不是痨病吗?　　江苏省立教育学院研究
实验部编

无锡：江苏省立教育学院，1931，6 页，32 开
（民众卫生丛书 5）

本书为卫生常识读物。

收藏单位：江西馆

02690

肾病研究（初集）　朱振声编著

上海：幸福书局，1932.10，101 页，25 开

上海：幸福书局，1934，5 版，101 页，25 开

上海：幸福书局，1935.11，6 版，101 页，25 开

上海：幸福书局，1940.4，8 版，102 页，25 开

本书用中医原理论治阳萎遗精、失眠、
腰痛及手淫等病症。共 3 编：肾病之原因、肾
病之现象、肾病之影响。附肾病问答一束。

收藏单位：国家馆、湖南馆、上海馆、首
都馆

02691

肾病研究（初、续集合订本）　朱振声编

上海：幸福书局，[1911—1949]，1 册，32 开

收藏单位：国家馆

02692

肾病研究（续集）　朱振声编著

上海：幸福书局，1933.4，102 页，25 开

上海：幸福书局，1933.11，再版，102 页，25
开

上海：幸福书局，1938.2，3 版，102 页，25 开

本书内容包括：肾病之发动、肾病之造
成、肾病之种种、肾病之影响等。

收藏单位：国家馆、上海馆

02693

肾病自疗法　江天览编著　平衡校

上海：中央书店，1933.9，130 页，32 开

上海：中央书店，1935，再版，130 页，32 开

上海：中央书店，1935.6，3 版，130 页，32 开

上海：中央书店，1937.1，5 版，130 页，32 开

上海：中央书店，1939.3，新 1 版，130 页，
32 开

上海：中央书店，1947，新 2 版，130 页，32
开

本书共 6 编：色情病自疗法、阳痿病自疗
法、遗精病自疗法、泌尿病自疗法、淋浊病
自疗法、花柳病自疗法。以中医观点简述各
病症的起因、症状、治法及方药。

收藏单位：重庆馆、广东馆、国家馆、首
都馆

02694

失眠自疗法　朱振声编著

上海：大众书局，1933.8，28 页，32 开（百
病自疗丛书）

上海：大众书局，1936.4，重版，28 页，32
开（百病自疗丛书）

本书内容包括：失眠总论、失眠自疗各
法、失眠医案选粹、失眠之卫生法等。

收藏单位：重庆馆、广东馆、国家馆、江
西馆、辽宁馆、首都馆、天津馆

02695

水肿膨胀病问答　蔡陆仙编

上海：华东书局，1935.9，82 页，32 开（民众医药指导丛书 13）

上海：华东书局，1936.4，82 页，32 开（民众医药指导丛书 13）

上海：华东书局，1937.4，再版，82 页，32 开（民众医药指导丛书 13）

　　本书以问答的形式，详细介绍水肿膨胀病的病因、病状、诊断、治疗等。共 13 章，内容包括：水肿病总辨、水肿与胀满辨、水肿分类辨、胀病总辨、肿胀脉法辨等。

　　收藏单位：重庆馆、广东馆、国家馆、南京馆、浙江馆

02696

痰火点雪　（明）龚居中著　曾师诚参校

上海：大东书局，1937.2，2 册（94+78 页），32 开（中国医学大成 第 7 集 内科类）（虚劳丛刊 1）

　　本书共 4 卷。卷 1—2 主论痰火的各种主证与兼证治疗，卷 3 介绍治疗方法与杂症补遗，卷 4 为灸法禁忌及保健气功疗法。著者认为肺肾阴亏、心肝火炽为痨瘵的病因、病理，滋肾清肺、柔肝降火为主治原则。

　　收藏单位：桂林馆、国家馆、江西馆、辽宁馆

02697

吐血肺痨指南　粮道山慈航药室编

杭州：粮道山慈航药室，[1911—1949]，40 页，32 开

　　本书内容包括：本人患吐血肺痨经过之实在情形、用药之宜忌、饮食之宜忌等。附肺痨肾病劳咳潮热验方。

　　收藏单位：天津馆

02698

吐血与肺痨　杨志一著

上海：幸福报馆，1929.7，42 页，32 开

　　本书内容包括：吐血、咯血与咳血、肺痨等。

02699

胃病自疗法　尤学周著　汪漱碧校订

上海：中央书店，1937.6，200 页，32 开

上海：中央书店，1940.3，新 1 版，200 页，32 开

上海：中央书店，1946.11，再版，200 页，32 开

　　本书共 3 篇：胃之生理与病理、胃病之证候疗法、胃病之根源疗法。

　　收藏单位：广东馆、贵州馆、上海馆、天津馆

02700

哮喘除根新说　郭柏良编

上海：郭氏医药室，1946.10，66 页，32 开

上海：郭氏医药室，1947.10，再版，66 页，32 开

　　本书内容包括：病名、病因、治法、哮喘病患之实验录等。

　　收藏单位：广东馆、国家馆、南京馆

02701

哮喘自疗法　朱振声编

上海：大众书局，1936.4，重版，36 页，36 开（百病自疗丛书）

　　本书以中医观点介绍盐、醋、水、热、寒、痰、阳虚、阴虚作喘等 19 种哮喘的自疗法。每种疗法都列有原因、症状、治疗及处方 4 项。列举有效医案 16 例。

　　收藏单位：国家馆、南京馆

02702

新订免痨神方　谢洪赍编

上海：青年协会书局，1926，44 页，32 开（体育小丛书 4）

　　本书介绍肺病的成因及疗法。

　　收藏单位：重庆馆、湖南馆

02703

遗精病预防疗养法　张宜全著

出版者不详，[1911—1949]，48 页，32 开

　　本书内容包括：什么是先天不足、什么是五痨、什么是七伤、手淫的原因、因手淫身

体上所受之痛苦等。

收藏单位：首都馆

02704

燥气总论　陈葆善著

上海：中医书局，1930.2，72 页，32 开（瑞安陈氏潪潡斋医学丛书）

本书论述燥气发病之理及治疗方法。附燥气验案。

收藏单位：重庆馆、西南大学馆

02705

最新肺病疗养指导书　爱世开洋行编辑部编

上海：爱世开洋行宣传部，1930.7，64 页，50 开

本书共 13 章，内容包括：中西医史上之肺结核、营养疗法、安静疗法等。

收藏单位：重庆馆

现代医学内科疾病

02706

白喉自治　楼国荣编

上海：文明书局，1933.3，32 页，32 开

本书内容包括：白喉通论、白喉寒热虚实辨别法、白喉用药须知、热白喉轻症治法、寒白喉轻症治法、虚热白喉治法等。

收藏单位：广西馆、黑龙江馆、内蒙古馆、上海馆

02707

肠炎症（伤寒症、湿温病）特效药速愈法　聂云台著

上海：聂云台，1938.8，19 页，36 开

本书介绍几种治疗肠炎的中医疗法与方剂。

收藏单位：上海馆

02708

传染病　茹十眉编

上海：大众书局，1933.9，114 页，32 开（国医万病自疗丛书）

上海：大众书局，1936.4，重版，114 页，32 开（国医万病自疗丛书）

本书共 10 章，内容包括：伤寒症治疗法、霍乱治疗法、痢疾治疗法、痘疹治疗法等。附传染病简疗法。

收藏单位：广东馆、国家馆、湖南馆、江西馆、内蒙古馆、首都馆

02709

呼吸器病治疗法　李术仁编著　施今墨鉴定

天津：李术仁，1939.4，80 页，32 开

本书共 4 章：呼吸之器官、呼吸之生理、呼吸器之卫生、呼吸器之疾病。

收藏单位：国家馆

02710

任氏传染病学　任应秋著　任鸿都等人校

江津：任应秋，1943—1946，2 册（218+176 页），21 开（益恒居丛书 医集 2）

02711

四季传染病　杨志一编著

上海：国医出版合作社，1933.5，再版，123 页，25 开

本书共 4 章：春季传染病、夏季传染病、秋季传染病、冬季传染病。

02712

四季传染病　杨志一编著

上海：幸福书局，1930.6，120 页，25 开

收藏单位：上海馆

02713

温疹述要　袁励桢编著

出版者不详，1935.1，10 页，32 开

出版者不详，1935.4，再版，10 页，32 开

本书简介猩红热病因、症状及中医方剂。

收藏单位：重庆馆、国家馆

02714

猩红热新书　王竹岑辑著　王尚圭校

上海：中医书局，1936.12，[10]+126 页，32 开

本书讲述中医对该病的审因、辨证、察形色、验舌苔、察体温、选方药等诊治理论及方法。

　　收藏单位：重庆馆

02715

猩红热之研究　邓绍先著

成都：中国医药文化服务社，1937.10，[72] 页，32 开

成都：中国医药文化服务社，1942.6，再版，[72] 页，32 开

　　本书用中医理论论述猩红热的病因、证候、治法及方药。共 5 章：总论、病原、脉证之辨识及治法、结论、兼夹诸证。附《食物疗法》（沈仲圭）。

　　收藏单位：重庆馆

02716

中国急性传染病学　时逸人编订

太原：中医改进研究会，1933—1934，2 册，32 开

　　收藏单位：国家馆、首都馆

中医外科

02717

刘涓子鬼遗方　（南朝齐）龚庆宣撰著

上海：大东书局，1937.1，[12+96] 页，32 开（中国医学大成 第 4 集 方剂类）

　　本书共两卷。卷 1 总论痈、疽两大症的鉴别诊断，卷 2 载列内、外治疗处方约 140 个。

　　收藏单位：广西馆、桂林馆、国家馆、湖南馆、江西馆、内蒙古馆

02718

马培之先生外科医案　马培之著　陈惠丰校订

上海：中医书局，1931.8，72 页，32 开

　　本书收各种外科医案 42 个。

　　收藏单位：重庆馆

02719

外科病问答　蔡陆仙编

上海：华东书局，1935，22+158 页，32 开（民众医药指导丛书 19）

上海：华东书局，1936.11，22+158 页，32 开（民众医药指导丛书 19）

上海：华东书局，1937.4，再版，22+158 页，32 开（民众医药指导丛书 19）

　　本书共 6 章，内容包括：外科病症总辨、阴疽症治总辨、外科症总禁忌调护辨等。

　　收藏单位：重庆馆、广东馆、国家馆、浙江馆

02720

外科全生集　（清）王洪绪著　（清）潘器之编　（清）马培之评　（清）陶阶臣批

上海：大东书局，1940.3，2 册（[102]+[76] 页），32 开（中国医学大成 第 8 集 外科类甲）（外科丛刊）

　　本书共 4 卷。卷 1 按阴、阳、有阴有阳及咽喉口舌杂症等分类，介绍外科病症的病因及治法；卷 2 讲述临床治法，收外科验案 10 余例，并附有家秘内科经验速效方；卷 3—4 按丸散、煎剂、敷药、吹药、膏药分类，介绍中医外科内外用药。卷 4 末附新增马氏试验秘方。

　　收藏单位：国家馆

02721

外科入门　陈景岐编　吴嘉宝校

上海：中西医药书局，[1934]，[175] 页，32 开（中国医药入门丛书）

　　本书共两部分，第 1 部分南丰李梴外科证治诗，论述痈疽疮痔证治。共 8 章，内容包括：痈疽总论、脑颈部、手部等。第 2 部分南丰李梴外科药方赋，按病症分类排序，介绍方散膏丹 200 余种。共 30 章，内容包括：脑疽、瘿瘤、肺痿等。

　　收藏单位：国家馆

02722

外科选要　（清）唐黉著　曹炳章圈校

上海：大东书局，1940.3，2 册（62+82 页），

32 开（中国医学大成 第 8 集 外科类甲）（外科丛刊）

本书选录《外科正宗》《外科大成》《疡医准绳》中简要内容汇编而成。共两卷，内容包括：治病则例歌、论病生死法、溃疡治法、经络、标使治宜、寒热等。

收藏单位：江西馆、辽宁馆

02723

外科学 王合光著
海城：王合光，1915，石印本，156 页，18 开（简明医鉴 5）

本书共 10 章，内容包括：总论疗疮法、皮肤类症、疮毒类症、花柳类症等。

收藏单位：国家馆

02724

外科眼科合订册 天津国医函授学院编
天津：天津国医函授学院，[1931—1939]，[66] 页，18 开（新国医讲义教材）

收藏单位：国家馆

02725

外科医镜 （清）张贞庵撰 曹炳章圈点
上海：大东书局，1936.12，[12]+46 页，32 开（中国医学大成 第 8 集 外科类甲）（外科丛刊）

本书收痈疽提纲、痈疽真假例，论及 104 种方剂与两种外治法，为著者外科治验。

收藏单位：桂林馆、国家馆、湖南馆、内蒙古馆

02726

外科真诠 （清）邹五峰著 （清）沈登峰校
上海：知新书社，[1929.11]，2 册（[26]+312 页），32 开

本书内容包括：疮疡总论、治疮疡要诀、膏散丹方、头项部、面部、眼部等。

02727

徐评外科正宗 （明）陈实功著 （清）许辛木订 （清）徐大椿评 曹炳章校
上海：大东书局，1937.12，6 册（[616] 页），

32 开（中国医学大成 第 8 集 外科类甲）（外科丛刊）

本书共 12 卷，总论外科，分述痈疽、疮疡、流注、肠痈、鹅掌风等病。附作者验案。此书以徐评为主，间附案语。评者原题：徐灵胎。

收藏单位：国家馆

02728

疡科纲要 张山雷述 裘吉生校
杭州：三三医社，[1924—1949]，[150] 页，32 开（三三医书 第 3 集 3）

本书共 4 章：总论、外疡脉状、疡科治疗法、膏丹丸散各方。述者原题：张寿颐。

收藏单位：桂林馆、国家馆、湖南馆、内蒙古馆

02729

中西合纂外科大全 顾鸣盛编
上海：大东书局，1918.8，2 册（108+80 页），32 开（中西医学丛书 1）
上海：大东书局，1922.6，再版，2 册（108+80 页），32 开（中西医学丛书 1）
上海：大东书局，1925.2，4 版，2 册（108+80 页），32 开（中西医学丛书 1）
上海：大东书局，1936.7，11 版，2 册（108+80 页），32 开（中西医学丛书 1）

收藏单位：广东馆

02730

中西外科大全 胡安邦著
上海：中央书店，1936.8，236 页，32 开
上海：中央书店，1936，再版，236 页，32 开
上海：中央书店，1938.8，3 版，236 页，32 开
上海：中央书店，1941.2，4 版，236 页，32 开
上海：中央书店，1942，236 页，32 开
上海：中央书店，1948.4，再版，236 页，32 开

本书简述各种病的病因、症状、治法及方药。以中医为主，部分症状后附有西法治疗。共 11 部分：总论、痈部、疽部、疮部、疔部、发部、风部、毒部、杂部、方剂部、

手术部。封面题名：中西自疗外科大全。

收藏单位：安徽馆、重庆馆、广西馆、国家馆、南京馆、宁夏馆、山西馆、首都馆

02731

最新实验外科大全　朱振声编

上海：国光书店，1939.4，93 页，32 开

上海：国光书店，1949.1，再版，93 页，32 开

本书讲述中医 90 余种外科常见疾患的诊治。共 10 类，内容包括：瘰疬、疔疮、五官病、咽喉病、皮肤病、乳病、四肢病等。

收藏单位：广西馆、上海馆

痈　疽

02732

痈疽病　茹十眉编　吴克潜校订

上海：大众书局，1933.5，149 页，32 开（国医万病自疗丛书）

上海：大众书局，1935，3 版，149 页，32 开（国医万病自疗丛书）

上海：大众书局，1936，重版，149 页，32 开（国医万病自疗丛书）

本书内容包括：痈疽之类别、痈疽之脉法、痈疽之善恶、痈疽之虚实、痈疽之内消法、痈疽之内托法等。

收藏单位：重庆馆、广东馆、湖南馆、江西馆、首都馆、浙江馆

疔　毒

02733

重刊刺疔捷法　（清）张镜撰

出版者不详，1929.4，再版，石印本，91 页，21 开

本书介绍各种疔疮的名称、部位及刺疔手法。王调生刊。

02734

刺疔捷法大全　（清）应侣笙著

上海：元丽印刷公司，1926.3，171 页，16 开

上海：元丽印刷公司，[1936.6]，5 版，石印本，[12]+171 页，16 开

本书讲述挑刺法 100 余种及疔疮的医理技法。疗处及刺穴均有图释，以歌诀形式作介绍。附治疗良方。

收藏单位：内蒙古馆、上海馆、浙江馆

02735

疔疮治疗　王皋荪著　谢嘉霖编

上海：王皋荪，1936.8，[144] 页，22 开

本书内容包括：人中疔、口角疔、太阳疔等。附艾灸、各种秘方、白喉全生集、格言。

收藏单位：上海馆

瘰　疬

02736

疬科全书·痰疬法门　（清）梁柘轩　（清）李子毅著

上海：大东书局，1938.5，[62] 页，32 开（中国医学大成 第 8 集 外科类甲）（外科丛刊）

本书共两部分。《疬科全书》共 6 篇：辨疬症之原理、辨疬症之证治、点疬之药方、点药之用法、疬家之忌食、疬家之宜食；《痰疬法门》共 8 篇：痰疬总论、痰疬鉴别法、外治法门、内治法门、禁用须知、禁戒须知、宜食物品、痰疬医案。附杨梅验方、喉蛾捷诀。

收藏单位：国家馆、辽宁馆

02737

瘰疬秘传　吴九言编辑

吴九言，1920.1，30 页

本书介绍瘰疬的中医疗法。

收藏单位：广东馆、浙江馆

02738

瘰疬之原因及治法　（日）三轮德宽著　丁福保译

上海：医学书局，1917，再版，138 页，22 开（丁氏医学丛书）

收藏单位：广东馆、内蒙古馆

02739

瘰疬治疗法（朱氏外科新论） 朱仁康著
出版者不详，[1911—1949]，[16] 页，32 开

瘿　瘤

02740

外科十三方考 张觉人编著　周复生校
重庆：中西医药图书社，[1911—1949]，98
页，32 开（四川省医药学术研究会丛书 2）
　收藏单位：南京馆

中医妇产科

02741

大生全书 杨静庵编校
上海：美华书馆，1933，1 册，32 开
　收藏单位：广东馆

02742

仿宋古本女科要旨 （清）陈修园著
上海：大文书局，1936.2，24 页，32 开
上海：大文书局，1937.3，再版，24 页，32 开
上海：大文书局，1938.8，3 版，24 页，32 开
　本书共 4 卷：调经、胎前、产后、杂病。
　收藏单位：广东馆

02743

仿宋古本叶天氏女科 刘藩校阅
上海：大文书局，1936，1 册，32 开
　本书共 4 卷。
　收藏单位：广东馆

02744

妇科论 陆正熙编著
出版者不详，1935.8，68 页，32 开
　本书内容包括：妇人当分科之常识、经病
求治愈之法、治妇科之总方药等。

收藏单位：广东馆

02745

妇科学·婴科学 王合光著
海城：王合光，1916.2，石印本，156 页，18
开（简明医鉴 6）
　本书共两部分。《妇科学》共 8 章：女病
之原、月经、阴部、妊娠、分娩、接生、产
后、乳;《婴科学》共 5 章：小儿初生、辨病
歌、体外、体内病、痘疹科。
　收藏单位：国家馆

02746

妇科易知录 孙崧樵编著
厦门：孙崧樵，1936.8，133 页，22 开
　本书共 8 章：生理、孕育、病理、经病、
带病、胎病、产病、杂病。
　收藏单位：广东馆

02747

妇女科 天津国医函授学院编
天津：天津国医函授学院，[1931—1939]，3
册（[97] 页），18 开（新国医讲义教材）
　收藏单位：广东馆、国家馆

02748

妇女科 中国国医函授学院编
天津：中国国医函授学院，1937.6，5 版，124
页，22 开
天津：中国国医函授学院，1941.4，9 版，124
页，22 开
　本书内容包括：处女期、少妇期、妊娠
期、产后期等。
　收藏单位：国家馆

02749

绛雪丹书 （明）赵贞观著
北平：北平美大图书馆，1932.8，[194] 页，
22 开
　本书正文前有《调经方论》1 篇。有李斌
卿、唐小圃序及原书王紫生序。据李斌卿藏
版排印。
　收藏单位：国家馆、天津馆

02750

坤体自全法 （日）绪方正清著

出版者不详，[1911—1949]，49 页，32 开

本书介绍妇科病的成因及疗法。共 5 编 18 章，内容包括：月经要论、无月经治疗之法、子宫内膜炎症治疗之法、萎黄症治疗之法、恶阻症治疗之法、产前产后卫生之法、对妇女有所问者四、论不妊与其家庭关系之情形等。

收藏单位：重庆馆、广东馆、南京馆、浙江馆

02751

女科经纶 （清）萧赓六著

上海：大东书局，1938.5，4 册（[330] 页），32 开（中国医学大成 第 9 集 妇科类）

本书共列病证 163 种。共 7 门：月经、嗣育、胎产、产后、崩带、带下、杂证。每门之下又分若干小题，题内先引前人有关论述，著者附加按语，予以补充或订正。

收藏单位：国家馆

02752

女科秘诀 郑厚甫著 王慎轩校

苏州：苏州国医编辑馆，1935.3，33 页，32 开（王氏女科小丛书）

收藏单位：国家馆

02753

女科秘诀大全 （清）陈莲舫编

上海：广益书局，1923.5，1 册，32 开，环筒页装

上海：广益书局，1932，9 版，1 册，32 开，环筒页装

本书论述妇女病源、证治，叙述妇女经、带、胎产疾病及杂症。卷 1—5 合订一册。

收藏单位：重庆馆

02754

女科切要 （清）吴本立纂辑

上海：大东书局，1936.12，2 册（[144] 页），32 开（中国医学大成 第 9 集 妇科类）

本书共 8 卷，内容包括：调经门、经水先期而来、血崩、白淫、广嗣论、妊娠中风、妊娠伤寒、难产、临产等。

收藏单位：重庆馆、桂林馆、国家馆、湖南馆、内蒙古馆

02755

女科入门 陈景岐编 吴嘉宝校

上海：中西医药书局，[1934]，86 页，32 开（中国医药入门丛书）

本书共 8 章：带下、血崩、鬼胎、调经、种子、妊娠、小产、杂证。

收藏单位：重庆馆、国家馆、宁夏馆

02756

女科医学实验录 王慎轩著

苏州：苏州国医书社，1929—1932，4 册（34+38+39+39 页），22 开

本书共 4 集。著者根据多年治病经验写成，载录妇女经带、胎产诸症治验。第 1 集出版者为王慎轩女科医室，其他 3 集出版者为苏州国医书社。

收藏单位：桂林馆、国家馆、浙江馆

02757

女科指南 叶衡隐编

上海：广益书局，1926.4，29 页，25 开

上海：广益书局，1932.8，6 版，29 页，25 开

本书内容包括：调经门、经闭门、崩漏门、带下门、嗣育门等。

收藏单位：南京馆、浙江馆

02758

女科指南集 戴武承著

苏州：中国医学研究社，1933.6，[98] 页，22 开（王氏女科医学丛书）

本书共 4 卷。卷 1 为经候门、调经门，卷 2 为广嗣门、胎前门，卷 3 为临产门、初产门，卷 4 为产后门、杂病门。

收藏单位：国家馆

02759

实用女科学 时逸人 王景虞编著

成都：中国医药文化服务社，1942.5，139 页，

32 开

本书共 3 编：月经病、胎前病、产后病。

收藏单位：重庆馆

02760

卫生集　张凌云编

上海：明善书局，1937，再版，[140] 页，24 开

收藏单位：上海馆

02761

新批女科歌诀　邵步青编　王慎轩批注

苏州：中国医学研究社，1930.2，1 册，22 开（王氏医学丛书）

苏州：中国医学研究社，1933.1，再版，1 册，22 开（王氏医学丛书）

收藏单位：广东馆、国家馆、上海馆

02762

叶天士女科（秘本）　浦士铏校订

上海：启文书局，1947.6，再版，[177] 页，32 开

本书内容包括：调经、安胎、保产等。

收藏单位：河南馆

02763

叶天士女科全书　（清）叶天士著　严星桥校

上海：广益书局，1937.7，192 页，32 开

上海：广益书局，1940.7，再版，192 页，32 开

长沙：广益书局，1948.3，新 2 版，192 页，32 开

收藏单位：广东馆、江西馆、首都馆

02764

浙江萧山竹林寺秘授女科一百二十症　竹林寺僧著　开明居士校　周岐隐重订

上海：万有书局，1932.1，58 页，32 开（万有丛书 医学类）

上海：万有书局，1932.7，再版，58 页，32 开（万有丛书 医学类）

上海：万有书局，1939.1，4 版，58 页，32 开（万有丛书 医学类）

收藏单位：南京馆、上海馆、浙江馆

02765

竹林女科　侯悔斋校

上海：校经山房书局，1936.5，142 页，32 开

上海：校经山房书局，1937.6，重版，142 页，32 开

本书共 5 卷。内容包括：种子门、胎前门、临产门等。

收藏单位：宁夏馆、首都馆

02766

竹泉生女科集要　彭逊之著　东山居士校

上海：艺海出版部，1931.10，[12]+64 页，32 开（民众医学丛书）

本书引用名家之说，结合著者心得，论述月经、嗣育、胎前产后各症及杂病。共 4 章：天癸确论、带证总论、调血精义、气化次序说。书前有张赞臣、严苍山序及著者自序。

收藏单位：国家馆、绍兴馆、首都馆、浙江馆

妇科病

02767

保赤新书·妇科大略·论药集　恽铁樵著

上海：新中医出版社，1948.8，1 册，32 开（药庵医学丛书第 5 辑）

收藏单位：内蒙古馆、浙江馆

02768

妇科集　顾膺陀编著　施今墨鉴定

北平：顾氏医室，1934.12，[22]+364 页，22 开

本书设调经、经闭、虚劳、血崩、带下、淋病、积聚、杂病、阴户、种子、胎前、临产、产后及乳病 14 类。详述妇产科常见病证及其治法方药。全书以中医理论为主，兼取西医之说。

收藏单位：国家馆

02769

妇科学讲义　瞿绍衡著

上海：诊疗医报社，1938.9，308 页，16 开

本书共两部分。"总论"内容包括：女子之生理、月经、妇科的诊疗法等；"各论"内容包括：外阴部之疾病、阴道之疾病等。

　　收藏单位：内蒙古馆、浙江馆

02770

妇女百病顾问

出版者不详，[1911—1949]，116页，32开（妇女病自疗丛书）

　　收藏单位：江西馆

02771

妇女病　茹十眉编辑　吴克潜校订

上海：大众书局，1933.6，12+176页，32开（国医万病自疗丛书）

上海：大众书局，1947.3，重版，12+176页，32开（国医万病自疗丛书）

　　本书共5章：处女期——处女通论、婚嫁期——婚嫁通论、妊娠期——妊娠通论、临产期——临产通论、产后期——产后通论。

　　收藏单位：广东馆、首都馆

02772

妇女病　朱振声著

上海：幸福报馆，1929.10，100页，25开

　　本书共10章，内容包括：月经问题、崩漏症、白带病、肝气病、求孕指南、孕妇必读等。

　　收藏单位：南京馆、浙江馆

02773

妇女病

上海：大众书局，1929.10，176页，32开（国医万病自疗丛书）

　　本书介绍女性成长发育的各个阶段的特点及常见病。每病症后附治疗药方。

　　收藏单位：重庆馆

02774

妇女病（初集）　朱振声编著

上海：幸福书局，1931.9，5版，100页，25开

上海：幸福书局，1934.9，7版，100页，25开

本书内容包括：月经问题、崩漏症、白带病、美容术、肝气病、求孕指南、避孕问题等。

　　收藏单位：广东馆、绍兴馆

02775

妇女病（续集）　朱振声编著

上海：幸福书局，1931.8，122页，25开

上海：幸福书局，1934，3版，122页，25开

　　本书共15章，内容包括：美容术、虚劳病、性的问题、月经病、崩漏病、求孕术、胎前病、小产等。

　　收藏单位：安徽馆、广东馆、绍兴馆

02776

妇女病经历谈　祝怀萱撰

苏州：苏州国医书社，[1935]，24页，32开（王氏女科医学小丛书1）

　　本书分经、带、胎、产四类，皆为病理常识，后附妇女病经效方。

　　收藏单位：国家馆

02777

妇女病自疗法　江天览编著

上海：中央书店，1933.9，10+160页，32开

上海：中央书店，1935.6，3版，10+160页，32开

上海：中央书店，1936.2，4版，10+160页，32开

上海：中央书店，1936.5，5版，160页，32开

上海：中央书店，1946.10，再版，10+160页，32开

　　本书介绍女性成长发育的各个阶段的特点及常见病。每病症后附治疗药方。共8编，内容包括：月经病自疗法、崩漏病自疗法、带下病自疗法、妊娠病自疗法等。附编：杂证病自疗法。

　　收藏单位：重庆馆、广东馆、广西馆、国家馆、上海馆、首都馆、浙江馆

02778

妇女科小儿科诸病预防及治疗法（第2集）

上海佛慈大药厂编

上海：上海佛慈大药厂，[1911—1949]，62页，32开

本书介绍该厂生产的中药制剂14种，以及妇儿科常见病的防治常识。共两部分：妇女科疾患治疗剂、小儿科诸病治疗剂。

收藏单位：国家馆

02779

妇人科病问答　蔡陆仙编

上海：华东书局，1935.9，22+100页，32开（民众医药指导丛书15）

上海：华东书局，1936.9，22+100页，32开（民众医药指导丛书15）

上海：华东书局，1937.4，再版，22+100页，32开（民众医药指导丛书15）

本书介绍妇科病的成因及疗法。共7章，内容包括：妇人科病总辨、妇人科调经类辨、妇人科带下崩漏病症辨等。

收藏单位：重庆馆、广东馆、国家馆、浙江馆

02780

男女青年病（续集）　杨志一编

上海：幸福报馆，1930.9，96页，25开

本书内容包括：青年与性欲、遗精新论、遗精问题、可怕的花柳病等。

收藏单位：江西馆

02781

求孕与避孕　陈秋爽编著

上海：经纬书局，1946.12，[108]页，25开

收藏单位：重庆馆

02782

求孕与避孕（又名，不孕之研究）（初集）　朱振声编著

上海：幸福书局，1933.1，90页，25开

上海：幸福书局，1935.11，3版，104页，25开

上海：幸福书局，1941.12，再版，104页，25开

本书共3部分：生物理、求孕篇、避孕篇。

收藏单位：国家馆

02783

求孕与避孕（又名，不孕之研究）（续集）　朱振声编著

上海：幸福书局，1933.12，[126]页，25开

上海：幸福书局，1936.6，再版，[126]页，25开

本书共6章：生理篇、不孕之原因、求孕、诊断、流产与安胎、避孕。

收藏单位：国家馆

02784

求孕与避孕（又名，不孕之研究）（最新实验）　朱振声编著

上海：国光书店，1938.10，2册（[104]+[126]页），32开

上海：国光书店，1946.10，2册（[104]+[126]页），32开

本书将《求孕与避孕》和《求孕与避孕》续集合订出版。

收藏单位：重庆馆、国家馆

02785

血崩自疗法　朱振声编著

上海：大众书局，1933.8，26页，32开（百病自疗丛书）

上海：大众书局，1936.4，重版，26页，32开（百病自疗丛书）

本书共5部分：血崩小言、血崩自疗各法、前贤论血崩之证情及治疗、血崩医案选粹、血崩单方（三十六则）。

收藏单位：重庆馆、广东馆、国家馆、南京馆、天津馆、浙江馆

02786

月经病证治大全　赵公尚编辑

上海：卫生报馆，1930.5，再版，53页，32开

本书内容包括：月经之来原、月经病总论、月经病各论等。

收藏单位：桂林馆、江西馆

02787

月经病自疗法 朱振声编著

上海：大众书局，1933.8，2 册（[64] 页），32
开（百病自疗丛书）

上海：大众书局，1936.4，重版，2 册（28+35
页），32 开（百病自疗丛书）

上海：大众书局，1947.3，重版，2 册（28+35
页），32 开（百病自疗丛书）

　　本书内容包括：月经病总论、月经病自疗
各法、前贤于月经病之意见、月经病治验笔
记等。

　　收藏单位：广东馆、贵州馆、国家馆、辽
宁馆、首都馆

02788

中国妇科学 时逸人编订

太原：中医改进研究会，1933.4，[21]+222
页，32 开

太原：中医改进研究会，1935.12，再版，
[21]+222 页，32 开

　　本书内容包括：月经病、胎产病、产后病
等。书中题名：中国妇科病学。

　　收藏单位：国家馆、上海馆

02789

竹林寺女科秘方 陆士谔主编

上海：世界书局，1937.6，63 页，32 开

　　本书介绍各类妇科病及其治疗药方，包
括经前、胎前、产后三大方面 113 类妇产科
疾病症状及疗法。

　　收藏单位：重庆馆

02790

竹林寺女科秘要 静光禅师放定 雪岩禅师
增广

绍兴：开文印刷局，1936.3，52+198 页，32
开

　　本书介绍女科 545 症及治疗秘方。

　　收藏单位：绍兴馆

产科病

02791

产科入门 陈景岐编 吴嘉宝校

上海：中西医药书局，[1934]，129 页，32 开
（中国医药入门丛书）

　　本书共 3 篇：函斋居士大生要旨、傅青主
治产编、傅青主产后编。

　　收藏单位：重庆馆、国家馆、南京馆、宁
夏馆

02792

产前产后要言 史又光著 史仲卿 史春生
校

[上海]：史又光，[1936.8]，[12]+22 页，32 开

　　本书共 6 章：产前要言、产后要言、瘟疫
大略、产前药方、产后药方、瘟疫要方。附
瘟疫大略。

02793

重订产孕集 （清）张曜孙原著 （清）包兴
言重订

上海：大东书局，1936.11，[84] 页，32 开（中
国医学大成 第 9 集 妇科类）

　　本书共 13 门：辨孕、养孕、孕宜、孕
忌、孕疾、辨产、产戒、用药、应变、调摄、
怀婴、拯危、去痰。书后有《包兴言补遗》1
卷。书前有包诚序。

　　收藏单位：桂林馆、国家馆、湖南馆、江
西馆、内蒙古馆

02794

重订胎产秘书 （清）翁元钧 （清）李启贤
校

上海：中医书局，1930.7，112 页，32 开

　　本书内容包括：胎前 34 症、临产 4 症、
产后 42 症。记述即产、调护法、胎衣石下调
护法、产后用药十误、杨子建十二难产论等。
附保婴要诀、经验各方。书前有翁元钧、徐
宗干及钱氏之孙钱学本序。封面印：越中钱氏
原本。

收藏单位：重庆馆

02795

重刊续增大生要旨 （清）唐千顷原纂　马振蕃增补　何大生续增　毛希蒙重刊

出版者不详，[1911—1949]，[176] 页，22 开

　　本书为清代唐千顷撰写的妇科类中医著作，以《大生要旨》为蓝本，增补汪馤《产科心法》及叶氏《家藏胎产》各方而成。其中卷 2 增订胎产病证 27 种，增补方 68 首，并纠正黄芩、白术为安胎圣药的不全面认识。

　　收藏单位：首都馆

02796

达生编 （清）亟斋居士编

上海：明德书局，1932.11，改装本，[100] 页，32 开

上海：明德书局，1934.5，改装本再版，[100] 页，32 开

上海：明德书局，1935.3，改装本 3 版，[100] 页，32 开

上海：明德书局，1937.4，改装本 5 版，[100] 页，32 开

上海：明德书局，1939.12，改装本 6 版，[100] 页，32 开

　　本书后附经验良药说明书。

　　收藏单位：河南馆

02797

达生编 （清）亟斋居士编

出版者不详，1929，66 页，32 开

　　收藏单位：广东馆、贵州馆、湖南馆、南京馆

02798

达生编 　王树森详注

无为：王浩然堂，1937，再版，62 页，22 开

　　收藏单位：河南馆、湖南馆

02799

达生编 　[（释）印光编]

上海：国光印书局，1934，再版，[96] 页，22 开

本书为清代亟斋居士所著，此为 1868 年连氏之删节本。内有原生、临产、保胎、产后、格言、方药等 14 篇。附《福幼编》。

　　收藏单位：上海馆、首都馆

02800

达生编 　[（释）印光编]

出版者不详，[1929.9]，1 册，22 开

出版者不详，1933.4，7 版，[96] 页，22 开

出版者不详，[1935.6]，9 版，[96] 页，22 开

　　收藏单位：安徽馆、重庆馆、贵州馆、国家馆、江西馆、内蒙古馆

02801

达生编（仿宋古本） （清）陈修园著　刘藩校

上海：大文书局，1936.2，36 页，32 开

　　收藏单位：广东馆、河南馆

02802

达生遂生福幼合编

出版者不详，[1940]，96 页，32 开

　　本书中《达生编》为清代亟斋居士所著。共 3 卷，内容包括：原生、临产、保胎、饮食、产后、格言、方药等。《福幼编》为清代庄一夔所著，论述温补法治疗小儿惊风症，内有治慢惊风心得神方、续附医案四则等。

　　收藏单位：国家馆

02803

达生约言

出版者不详，1930.2，100 页，32 开

　　本书内容包括：原生、保胎、饮食、临产等。

　　收藏单位：浙江馆

02804

夫妇必读生育宝典 　周松筠编著

上海：大中华书局，1936.5，3 册（[408] 页），32 开

上海：大中华书局，1937，4 版，3 册（[408] 页），32 开

　　本书共 6 篇：妊娠快览、分娩快览、产褥

快览、育儿快览、稚儿保育、儿病快览。

收藏单位：国家馆、首都馆

02805

关于产后淤血之辨误 瞿绍衡编著

上海：生生医院，[1935—1949]，6 页，22 开（瞿绍衡医师医药丛谈）

收藏单位：国家馆

02806

汉医产科学 宋慎编辑

新京（长春）：益智书店，1943.5，92 页，32 开

本书共 6 部分：总论、临产、难产证、小产证、异产证、杂治证。

收藏单位：首都馆

02807

经效产宝 （唐）昝殷著

上海：大东书局，1937.1，[12+106] 页，32 开（中国医学大成 第 9 集 妇科类）

本书共 3 卷。上卷论妊娠期杂病及难产诸疾，卷中、下论产后诸病。共列 300 余方。

收藏单位：重庆馆、桂林馆、国家馆、湖南馆、江西馆、内蒙古馆

02808

兰草中之香豆素与乳病及疟疾 朴柱秉编

出版者不详，1941.2，1 册，18 开

本书为上海雷氏德医学研究院生理科学组的病理研究报告。转载自《中华医学杂志》第 27 卷第 2 期。

收藏单位：上海馆

02809

流产浅说 瞿绍衡著

上海：生生医院，[1935—1949]，12 页，18 开（瞿绍衡医师医药丛谈）

本书内容包括：流产的原因、流产的症状、流产的诊断等。

收藏单位：国家馆

02810

盘珠集胎产症治 （清）施澹宁等编

上海：大东书局，1936.11，2 册（[74]+[48] 页），32 开（中国医学大成 第 9 集 妇科类）

本书分 3 卷。上卷列胎前 34 症；中卷列产后 61 症；下卷列胎产治疗方剂，包括补、散、攻、热、和泻剂及胎前、产后备用良方共计 253 剂。

收藏单位：桂林馆、国家馆、湖南馆、内蒙古馆

02811

乳病自疗法 辟支氏编

上海：汉文正楷印书局，1933.10，[18]+114 页，32 开

收藏单位：重庆馆、桂林馆、国家馆、湖南馆、内蒙古馆、首都馆、浙江馆

02812

生育宝鉴 洪基参订

上海：振声译书社，1935，石印本，2 册（23+27 页），36 开

本书书中题名：种子奇方。

收藏单位：广东馆

02813

生育问题 杨志一编著

上海：国医出版社，1931.9，148 页，25 开

上海：国医出版社，1932.8，再版，148 页，25 开

本书介绍胎教及妊娠期卫生，产科常见疾病的诊治等。内容包括：成胎原理、不孕原因、月经与生育、胎孕诊断法、乳房之变化等。

02814

四明宋氏家传产科全书 （明）宋博川著 冯绍蘧增编

上海：大通图书社，1936.8，1 册，32 开

收藏单位：国家馆、南京馆

02815

四明宋氏家传产科全书秘本（附秘方及方评）

（明）宋博川著　冯绍蓬增编

上海：中西书局，1934.1，1 册，32 开

　　本书共 4 卷：证论、秘方、方评、蓐劳。附秘方及方评。

　　收藏单位：国家馆、浙江馆

02816

胎产病理学　王慎轩著

苏州：苏州国医书社，1926.5，100 页，25 开

苏州：苏州国医书社，1930.9，再版，100 页，25 开

　　本书融合中西医理论，结合临证经验，阐明胎产各症的病理。

　　收藏单位：国家馆、上海馆

02817

胎产科病问答　蔡陆仙编

上海：华东书局，1935.9，76 页，32 开（民众医药指导丛书 16）

上海：华东书局，1936.4，76 页，32 开（民众医药指导丛书 16）

上海：华东书局，1937.4，再版，76 页，32 开（民众医药指导丛书 16）

　　本书共 4 章：胎产科病总辨、胎前病症总辨、临产病症总辨、产后病症总辨。

　　收藏单位：重庆馆、广东馆、国家馆、浙江馆

02818

胎产良方　妇科医社重编

上海：春明书店，1941，再版，78 页，32 开

　　收藏单位：广东馆

02819

胎产指南　（清）单南山著

上海：大东书局，1936.11，[16+152] 页，32 开（中国医学大成 第 9 集 妇科类）

　　本书共 8 卷，内容包括：胎前辨论诸症、临产须知异症、产后诸症、产后禁忌药物等。

　　收藏单位：广东馆、桂林馆、国家馆、湖南馆、内蒙古馆

中医儿科

02820

保赤新书　恽铁樵著

上海：恽铁樵，1928.4，71 页，25 开（药庵医学丛书 6）

上海：恽铁樵，1936.7，再版，71 页，25 开（药庵医学丛书 6）

　　本书共 8 卷，内容包括：小儿难育之故、种痘、痧疹、惊风、沈氏惊风说等。

　　收藏单位：国家馆、浙江馆

02821

陈氏幼科秘诀

杭州：三三医社，[1924—1949]，48 页，32 开（三三医书 第 1 集 26）

　　本书内容包括：初生、沐浴、伤风、咳嗽等。

　　收藏单位：桂林馆、南京馆、内蒙古馆

02822

慈幼新书　（明）程凤雏著

上海：大东书局，1937.2，4 册（[284] 页），32 开（中国医学大成 第 10 集 儿科类甲）（儿科丛刊 1）

　　本书共 12 卷。卷 1：禀赋、脏能、脉候、胎病、变蒸，卷 2：杂症，卷 3—6：痘疮，卷 7：麻疹、丹毒、风毒等，卷 8：伤寒；卷 9：感冒、咳嗽、痰等，卷 10：食积、腹痛、小便等，卷 11：疮疽杂症，卷 12：痘家应用药性。

　　收藏单位：桂林馆、国家馆、江西馆、辽宁馆、绍兴馆

02823

儿病常识　章巨膺编著

上海：章巨膺，1934.5，3 版，46 页，32 开

上海：章巨膺，1937.9，4 版，46 页，32 开

　　本书共 8 编，内容包括：胎疾、天花、惊风、时病、杂病等。封面题名由章炳麟题写。

　　收藏单位：南京馆

02824

儿科醒　芝屿樵客著　东山居士校

上海：千顷堂书局，1937.1，104页，32开（国医丛刊7）

　　本书阐发儿科医理，尤注重小儿惊风症。共12章，内容包括：诊治法论、表论、里论、寒论、热论、虚论、实论、治痘论等。

　　收藏单位：国家馆

02825

活幼心书　（元）曾世荣编撰

上海：大东书局，1937.2，3册（[26]+20+66+104页），32开（中国医学大成 第10集 儿科类甲）（儿科丛刊1）

　　本书共3卷。上卷为诀证歌赋75则；中卷为明本论43则、拾遗论8篇，分述儿科病证，介绍作者临床心得；下卷信效方，又分汤散门、圆膏门、丹饮门、金饼门。书前有廉公亮、吴刚中等人序及自序。

　　收藏单位：重庆馆、桂林馆、国家馆、湖南馆、辽宁馆、内蒙古馆、首都馆

02826

实用中国小儿科学　胡光慈著

重庆：新中华医药月刊社，1946.11，288页，32开（新中华医药丛书2）

重庆：新中华医药月刊社，1947.5，288页，32开（新中华医药丛书2）

　　本书共4编：小儿传染病、初生儿病、哺乳儿营养障碍病、一般疾患。

　　收藏单位：重庆馆、宁夏馆

02827

吴氏儿科　吴克潜编著

上海：大众书局，1934.8，[22]+393页，32开

上海：大众书局，1947.5，3版，[22]+393页，32开

　　本书共9章：出生前后、养育方法、儿科特证、痧痘论治、诸惊论治、咳嗽论治、吐泻论治、疟痢论治、杂证论治。

　　收藏单位：广东馆、内蒙古馆、首都馆、浙江馆

02828

小儿科　天津国医函授学院编

天津：天津国医函授学院，[1931—1939]，3册（[104]页），18开（新国医讲义教材）

　　本书内容包括：健康初生儿之状态、小儿发育之顺序、小儿病大纲、论小儿惊风之原因、论日光浴、论小儿感冒风寒等。

　　收藏单位：国家馆、南京馆

02829

小儿科　中国国医函授学院主编

天津：中国国医函授学院，1937.6，5版，96页，22开

　　本书为小儿科讲义，共5章：保婴须知、诊断捷径、初生时期、哺乳时期、孩童时期。

　　收藏单位：安徽馆、广东馆、国家馆

02830

小儿科病问答　蔡陆仙编

上海：华东书局，1935.9，80页，32开（民众医药指导丛书17）

上海：华东书局，1936.4，12+80页，32开（民众医药指导丛书17）

上海：华东书局，1937.4，再版，80页，32开（民众医药指导丛书17）

　　本书共3章：小儿科病总辨、小儿胎生病辨、小儿特病辨。

　　收藏单位：重庆馆、广东馆、国家馆、浙江馆

02831

小儿卫生总微论方

上海：大东书局，1937.2，8册，32开（中国医学大成 第10集 儿科类甲）（儿科丛刊1）

　　本书共20卷，总结南宋以前的儿科成就，论述小儿自初生至成童的各种病症百余条，各附处方。

　　收藏单位：桂林馆、国家馆、江西馆、辽宁馆

02832

幼科讲义　孙晓初编辑

出版者不详，[1935—1947]，452页，16开

收藏单位：江西馆

02833

幼科金针 （明）秦景明编著　吴果超校

上海：中医书局，1923.8，128 页，32 开

上海：中医书局，1936.4，再版，[13+128] 页，32 开

本书共两卷100编。论述儿科疾病100证，随证附方。内容包括：全胎、胎寒、胎热、胎惊、夜啼等。书前有吴果超撰写的《秦景明先生遗事》两则。

收藏单位：上海馆

02834

幼科秘诀　陈氏著

北京：国医砥柱总社，1940.5，40 页，32 开（中国医学海涵 第 10 集 儿科类甲）（儿科丛刊 1）

本书内容包括：咳嗽、腹痛、心痛、咽喉、霍乱、痢、疳、肿胀、黄疸、眼目赤肿等。

收藏单位：首都馆

02835

幼科秘诀　陈氏著

上海：中医书局，1930.6，48 页，32 开

上海：中医书局，1934.3，再版，48 页，32 开

本书介绍儿科常见病的诊断及疗法，内容包括：初生、咳嗽、吐、痢等。

收藏单位：重庆馆、南京馆、浙江馆

02836

幼科入门　陈景岐编　吴嘉宝校

上海：中西医药书局，[1934]，132 页，32 开（中国医药入门丛书）

本书内容包括：幼科杂病心法要诀等。

收藏单位：国家馆、宁夏馆

02837

幼科三种　侯悔斋校订

上海：校经山房书局，1936，1 册，32 开

上海：校经山房书局，1937.6，重版，1 册，32 开

本书共 3 篇：《增补痘疹玉髓金镜》《幼科铁镜》《推拿广志》。

收藏单位：重庆馆、广东馆、内蒙古馆

02838

幼科铁镜　（清）夏禹铸 [著]　侯悔斋校订

上海：校经山房书局，1936.5，1 册，32 开

上海：校经山房书局，1938.8，重版，1 册，32 开

本书主要论述小儿科医生应注意的事项和推拿疗法的具体应用。

收藏单位：广东馆

02839

幼科易知录　（清）吴溶堂著　秦伯未校

上海：中医书局，1929.7，[150] 页，36 开

上海：中医书局，1933.11，再版，[150] 页，36 开

本书共两卷。上卷鞠养类讲述育婴 15 法，如拭口、洗儿、断脐等；下卷及补编为胎疾类（68 种）、杂症类（4 种）、疮疡类（37 种），分别简介婴幼儿各种病症的诊治。

收藏单位：重庆馆、南京馆、上海馆

02840

幼科直言　（清）孟介石著

上海：大东书局，1936.10，2 册，32 开（中国医学大成 第 10 集 儿科类甲）（儿科丛刊 1）

收藏单位：桂林馆、国家馆、湖南馆、江西馆、内蒙古馆

02841

幼幼集成　（清）陈复正辑订

上海：大东书局，1938.5，6 册（[542] 页），32 开（中国医学大成 第 10 集 儿科类甲）（儿科丛刊 1）

本书共 6 卷。卷 1 概论儿科中指纹、脉法，初生婴儿的救治、调护，变蒸和保产等；卷 2—4 分述儿科主要疾病、杂证及疮疡诸症，并附有正方、验方、外治法等；卷 5—6 为经过作者修改的《万氏痘麻》歌赋 170 余首，附方 130 余则。

收藏单位：国家馆、辽宁馆

02842

育儿常识　朱振声编

上海：国光书店，1938.10，79 页，32 开

上海：国光书店，1947.3，3 版，79 页，32 开

　　本书共 3 篇：卫生问题、一般疾病、四大要症。

02843

杂病补亡论　方行子编辑

上海：校经山房书局，1934.4，46 页，25 开

上海：校经山房书局，1936.10，46 页，25 开

上海：校经山房书局，1938.8，46 页，25 开

　　本书内容包括：辨小儿初生脉证并治法、辨小儿疳癖脉证并治法、辨小儿杂病脉证并治法等。

　　收藏单位：江西馆

02844

中国儿科学（又名，钱氏儿科）　钱今阳著

上海：苍庵讲舍，1942.10，[22]+190 页，32 开

上海：苍庵讲舍，1948.1，改正版，[22]+190 页，32 开

　　收藏单位：湖南馆

02845

中西合纂幼科大全　顾鸣盛编

上海：大东书局，1931.7，6 版，2 册，32 开（中西医学丛书）

上海：大东书局，1936.4，7 版，2 册，32 开（中西医学丛书）

　　本书共 12 卷，内容包括：总论、痘疹门、黄疸肿胀门、瘟疫暑门等。

02846

庄氏福幼遂生合编　（清）庄一夔著

庄一夔，1926，石印本，72 页，32 开

　　本书为综合性中医文献。共 3 篇：福幼、遂生、广生。封面题：专治痘症慢惊。

　　收藏单位：河南馆

新生儿疾病

02847

儿病须知（生育问题续集）　杨志一编著

上海：国医出版社，1932.1，126 页，25 开

上海：国医出版社，1932.8，再版，126 页，25 开

　　本书内容包括：调护、诊断、初生、啼哭、胎毒、肺病、饮食伤、便秘与泄泻、小便、生殖器、虚弱、时邪、痧子、痘症、惊风、外症、急救等。

02848

小儿病　茹十眉编

上海：大众书局，1933.5，172 页，32 开（国医万病自疗丛书）

上海：大众书局，1933.9，再版，172 页，32 开（国医万病自疗丛书）

　　本书共 3 部分：初生期——初生通论、哺乳期——哺乳通论、孩童期——孩童通论。附保婴要诀、小儿病自己诊断法。逐页题名：国医小儿病。

　　收藏单位：广东馆、桂林馆、江西馆、南京馆、首都馆、天津馆

02849

小儿病自疗法　奚缵黄编著

上海：中央书店，1935，再版，[10]+176 页，32 开

上海：中央书店，1935.6，3 版，[10]+176 页，32 开

上海：中央书店，1936.11，6 版，[10]+176 页，32 开

上海：中央书店，1947.1，再版，176 页，32 开

　　本书列出病名、病状、病因及诸家治案，方剂选自唐宋元明清诸大家方书医案，并标明出处。共 10 章，内容包括：初生胎疾门、鞠育门、惊风门、痘疹门、风寒暑湿发热门、咳嗽哮喘门、杂病门等。

　　收藏单位：重庆馆、广东馆、国家馆、南

京馆、天津馆

02850

小儿病自疗新法　席令编纂

上海：文业书局，1937，112 页，32 开

　　本书共 5 章，内容包括：胎病治疗新法、乳儿病自疗新法、稚儿病自疗新法等。

　　收藏单位：首都馆

痘疹、麻疹

02851

重刊天花医治方法

出版者不详，[1911—1949]，5 页，32 开

　　收藏单位：南京馆

02852

痘科入门　陈景岐编　吴嘉宝校

上海：中西医药书局，[1934]，114 页，32 开（中国医药入门丛书）

　　本书共两编，"痘疹心法要诀"内容包括：痘门证治、痘中杂证、男女年长出痘门等；"海藏癍论萃英"内容包括：疮疹标本、洁古老人癍论、海藏老人癍论、未显癍证所用之药、已显癍证所用之药等。

　　收藏单位：国家馆、宁夏馆

02853

痘科学　缪俊德编著　章巨膺校

如皋：延龄医社，1935.10，70 页，32 开（中医诊疗大全）

　　收藏单位：国家馆、山西馆

02854

痘疹定论　朱玉堂手著　王藻亭删订

上海：世界书局，1937.5，72 页，32 开（基本医书集成）

　　本书共 4 卷，内容包括：痘疹源于胎毒、年长男女出痘、痘科诸方、治疹总论等。版权页题名：王藻亭删订朱玉堂痘疹定论。

　　收藏单位：贵州馆、南京馆

02855

痘疹诗赋　张五云著

上海：校经山房书局，1936.10，54 页，32 开

　　收藏单位：重庆馆

02856

痘疹症治辑要　陆钧衡编

梧州：寄春医庐，1935，130 页，25 开

　　本书共 5 章：痘科症治论、痘科杂症治论、疹科症治论、痘疹症治备用良方汇录、痘科心法要略。

　　收藏单位：广西馆、桂林馆

02857

救偏琐言　（清）费启泰撰

北京：共和印刷局，[1917]，126 页，18 开，环筒页装

　　本书共 10 卷，内容包括：救偏总论、论气、发热论、分别毒火论等。

　　收藏单位：国家馆

02858

麻科活人全书　谢璞斋辑述　朱绳先批评

上海：千顷堂书局，1937.1，[16+350] 页，32 开

上海：千顷堂书局，1948.5，再版，[16+350] 页，32 开

　　本书共 4 卷。卷 1 为麻疹辨治方法；卷 2—4 为麻疹的初潮至已出、已收、已后各阶段症候的辨证论治处方 108 条，有歌诀及解说。附麻疹论、瘄论、麻疹补论、朱礼堂医案。版权页题名：批评麻科活人全书。

　　收藏单位：国家馆

02859

麻科活人书　（清）谢玉琼著　（清）刘齐珍订刊

上海：广益书局，1921，1 册，32 开，环筒页装

　　本书共 4 卷，介绍麻疹等病的治疗及药方。

　　收藏单位：重庆馆

02860

麻疹 江济时　梁及津编著

广州：新中医月刊社，[1947]，40 页，32 开（临床医学小丛书 1）

　　本书为《急性发诊性传染病》卷 1。

　　收藏单位：国家馆

02861

麻疹自治 楼国荣编

上海：文明书局，1933.3，38 页，32 开

　　本书内容包括：麻疹通论、患麻疹不同时期和症状的自治方法和孕妇患疹诊治法，并附有麻疹效方。

　　收藏单位：广西馆、上海馆

02862

麻症集成 （清）朱载扬辑著　（清）王镜澜参订　（清）朱梦裘校编　王泽校字

出版者不详，[1911—1949]，1 册，32 开

　　本书共 4 卷。博采各家医书、评考。前两卷阐述中医有关麻疹病因病理理论及治疗用药原则；后两卷介绍经验麻方 188 种。书前有留余主人撰凡例，王镜澜、朱梦裘原序及王铣重印《麻症集成》序。

　　收藏单位：大庆馆、上海馆

02863

痧疹痘科病问答 蔡陆仙编辑

上海：华东书局，1935.9，22+76 页，32 开（民众医药指导丛书 18）

上海：华东书局，1936.4，22+76 页，32 开（民众医药指导丛书 18）

上海：华东书局，1937.4，再版，22+76 页，32 开（民众医药指导丛书 18）

　　本书共 15 部分，内容包括：痧痘各症总辨、痧痘症状分辨、痧疹症状分辨、痘症轻症辨等。

　　收藏单位：重庆馆、广东馆、国家馆、江西馆、浙江馆

02864

痧子新论 章巨膺编著

上海：章巨膺，1939.9，[56] 页，32 开

上海：章巨膺，1944.5，再版，[56] 页，32 开

　　本书讲述中医对麻疹的病原、病理、症状的认识，治疗、调护方法。共 9 章，内容包括：痧子病状篇、痧子病后篇、痧子外治篇、痧子诊断篇、痧子病原篇等。

　　收藏单位：上海馆

02865

时氏麻痘病学 时逸人编著　邓逸民等校

中央内政部　中央国医馆审查

上海：复兴中医社，1941.1，69 页，32 开

　　收藏单位：南京馆

02866

天花大全 楼国荣编

上海：文明书局，1936.4，1 册，32 开

　　本书内容包括：天花陷伏诊治、天花腹痛诊治、天花口唇有变诊治、天花中风诊治、天花烦燥诊治、天花失血诊治等。

　　收藏单位：重庆馆、国家馆、江西馆、辽宁馆、上海馆、首都馆、天津馆

02867

幼科痘疹 侯悔斋校

上海：校经山房书局，1936.5，[81] 页，32 开

　　收藏单位：广东馆、首都馆

02868

原瘄要论·麻疹备要方论 （清）袁氏撰编（清）吴砚丞著

上海：大东书局，1938.5，[112] 页，32 开（中国医学大成 第 10 集 儿科类乙）（痘疹丛刊 1）

　　《原瘄要论》概述麻疹的症状、诊断及用药等，并附虞氏麻疹治法一则。《麻疹备要方论》引用古人论述，简介麻疹的病原、疹脉、各种兼证、禁忌及备用诸方等。

　　收藏单位：国家馆、辽宁馆、南京馆

02869

治瘄全书 董西园著　陈仪廷校

上海：中医书局，1930.7，[54] 页，32 开

上海：中医书局，1936.6，再版，[54] 页，32 开

本书共两编：痧前治症方论、痧后治症方论。

收藏单位：黑龙江馆、浙江馆

02870
中国麻痘学　朱寿朋编著
上海：中国医药书局，1933.4，110 页，32 开

02871
中西痘科合璧　卜子义　陈醒箴编
上海：文明书局，1930.2，82 页，32 开
　　本书内容包括：发热、见点、起胀、痘后余毒、看痘秘法、引种牛痘法等。
　　收藏单位：黑龙江馆、山西馆、天津馆、浙江馆

惊　风

02872
七十二种急慢惊风救治法　陈景岐著　吴敬晖校
上海：大通图书社，1936，224+22 页，32 开
　　本书共 3 编：上编惊风概要、中编惊风分治、下编药方备要。
　　收藏单位：重庆馆

中医肿瘤科

02873
妇女须知　方慎庵著
上海：医学回澜社，[1929—1949]，[18] 页，32 开
　　本书介绍宫颈癌及胃病的病因、症状、诊断和中医针灸治疗方法。

02874
乳病研究　朱振声编
上海：国光书店，1940.5，再版，82 页，25 开
　　收藏单位：江西馆

中医骨伤科

02875
接骨拿环滚筋岔气全书　梁宝钲编著
[荣成]：山东省公署印刷所，1943.8，28 页，18 开
　　本书以现代医学知识整理介绍家传中医整骨推拿经验。共 28 节，内容包括：摸法、接法、按摩法、推拿法等。
　　收藏单位：国家馆

02876
民众医药伤科自疗新法　席灵凤编
上海：文业书局，[1934.10]，90 页，32 开
上海：文业书局，1936，90 页，32 开
　　本书为中医骨科专著，注重介绍治疗方法。共 5 章：打伤要穴之自疗、各种跌打损伤之自疗、接骨法与骨伤自疗、伤科之各种秘方、伤科单方等。
　　收藏单位：国家馆、首都馆

02877
伤科急救科病问答　蔡陆仙编
上海：华东书局，1935.11，[34]+[124] 页，32 开（民众医药指导丛书 22）
上海：华东书局，[1936.11]，34+124 页，32 开（民众医药指导丛书 22）
上海：华东书局，1937.4，再版，[34]+[124] 页，32 开（民众医药指导丛书 22）
　　本书共两编：伤科病问答、急救科病问答。
　　收藏单位：重庆馆、广东馆、国家馆、南京馆、浙江馆

02878
伤科入门　陈景岐编　吴嘉宝校
上海：中西医药书局，[1934]，108 页，32 开（中国医药入门丛书）
　　本书共两篇：正骨心法要旨、金溪龚信伤科证治。
　　收藏单位：广东馆、国家馆

02879

伤科真传秘抄　陈凤山秘传　金倜生编

上海：上海武侠社，1932.9，142 页，32 开

　　本书共 14 章，内容包括：伤科总论、十二经四脉之循行、人身各穴之部位、治疗总说、脉法述要、各种死证等。

　　收藏单位：广东馆、国家馆、上海馆、天津馆

02880

正体类要　（明）薛己撰

上海：大东书局，1936.11，[12+82] 页，32 开（中国医学大成 第 8 集 外科类乙）（外科丛刊）

　　本书共两卷。上卷为正体主治大法、扑伤之症治验、坠跌金伤治验、汤火所伤治验，下卷为方药。

　　收藏单位：桂林馆、国家馆、湖南馆、江西馆、内蒙古馆

中医皮科

02881

梅毒之病理症象及诊断　顾寅纂著

苏州：顾寅，1933.11，240 页，16 开

　　本书讲述梅毒的历史、症状、病象、诊断方法以及治疗方法。

　　收藏单位：广东馆、浙江馆

02882

皮肤病　茹十眉编　吴克潜校

上海：大众书局，1936.4，重版，109 页，32 开（国医万病自疗丛书）

上海：大众书局，1947.3，重版，109 页，32 开（国医万病自疗丛书）

　　本书按头面、四肢、全身等部位论述中医常见皮肤病症 44 种。介绍病状、病因、治法及验方等。附美容术。

　　收藏单位：广东馆、国家馆、黑龙江馆、上海馆、天津馆

02883

仁世麻风专科　蔡仁世著

出版者不详，[1911—1949]，38 页，16 开

　　收藏单位：广东馆

02884

实验梅毒自疗法　顾鸣盛编辑

上海：广文书局，1918，138+44 页，32 开

　　收藏单位：河南馆

02885

性病　茹十眉编

上海：大众书局，1933.6，120 页，32 开（国医万病自疗丛书）

上海：大众书局，1936.4，重版，120 页，32 开（国医万病自疗丛书）

　　本书用中医观点论述男女泌尿生殖系统疾患的治疗方法。内容包括：月经病治疗法、带浊病治疗法、男阴病治疗法等。

　　收藏单位：广东馆、国家馆、山西馆

02886

性病花柳科病问答　蔡陆仙编

上海：华东书局，1935.11，96 页，32 开（民众医药指导丛书 23）

上海：华东书局，1936.4，96 页，32 开（民众医药指导丛书 23）

上海：华东书局，1937.4，再版，96 页，32 开（民众医药指导丛书 23）

　　本书以问答方式介绍各种性病的成因及疗法。共两编：性病问答、花柳病问答。

　　收藏单位：重庆馆、广东馆、国家馆、湖南馆、浙江馆

02887

性病指迷　谢筠寿著

上海：社会医报馆出版部，1932.8，再版，158 页，32 开（社会医学丛书 2）

上海：社会医报馆出版部，1933，3 版，158 页，32 开（社会医学丛书 2）

上海：社会医报馆出版部，1934.3，4 版，158 页，32 开（社会医学丛书 2）

　　本书共 9 章，内容包括：历史、分类和病

原、性病发生的动机、性病的状态、预防法等。

收藏单位：重庆馆、国家馆、内蒙古馆、浙江馆

02888

性病自疗大全　胡安邦编　顾灏源校

上海：中央书店，1935.12，212 页，32 开

上海：中央书店，1936.7，再版，212 页，32 开

上海：中央书店，1937，212 页，32 开

上海：中央书店，1941，212 页，32 开

本书共两部分。男子部内容包括：遗精、滑精之自疗法、肝病遗精之自疗法等；女子部内容包括：月经病自疗须知、调经、经行后复行之自疗法等。封面题名：性病治疗大全。

收藏单位：上海馆、绍兴馆、首都馆、天津馆

02889

最新花柳病医治法　顾鸣盛编

上海：文明书局，1928.4，5 版，152 页，23 开

上海：文明书局，1930，7 版，152 页，23 开

上海：文明书局，1933.7，8 版，152 页，23 开

本书介绍性病的治疗方法。共 3 篇：梅毒篇、软性下疳篇、淋病篇。

收藏单位：广东馆、广西馆、黑龙江馆、湖南馆、江西馆、天津馆

中医五官科

02890

五官病　茹十眉著

上海：大众书局，1933.7，136 页，32 开（国医万病自疗丛书）

本书讲述五官病的种类及中医治疗方法。共 6 部分：目病、耳病、鼻病、口唇病、舌齿病、喉症病。

收藏单位：广东馆、国家馆、湖南馆、江西馆、宁夏馆、首都馆、天津馆、浙江馆

02891

五官病自疗新法　蔡玉堂编　席灵凤校

上海：大中华书局，1936，110 页，32 开

本书内容包括：耳病之自疗、目病之自疗、口唇病之自疗、鼻病之自疗。

收藏单位：首都馆

02892

眼耳鼻齿科病问答　蔡陆仙编

上海：华东书局，1935.11，24+72 页，32 开（民众医药指导丛书 21）

上海：华东书局，1936.11，24+72 页，32 开（民众医药指导丛书 21）

上海：华东书局，1937.4，再版，24+72 页，32 开（民众医药指导丛书 21）

本书共 4 编：眼科病问答、耳科病问答、鼻科病问答、齿科病问答。

收藏单位：重庆馆、广东馆、国家馆、南京馆、浙江馆

耳鼻咽喉科

02893

白喉治法忌表抉微　洞主仙师著

[马尼拉]：华洋印务公司，1932 印，56 页，25 开

本书附经验急救处方。

收藏单位：广东馆

02894

白喉治法忌表抉微　王铎声编

出版者不详，[1943]，22 页，36 开

本书附霍乱疟疾痢疾诸方。

收藏单位：广东馆

02895

白喉治法忌表抉微

出版者不详，[1911—1949]，52 页，32 开

收藏单位：江西馆、南京馆

02896

白喉治法要言　刘昌祁撰

枣强县武星楼，1932，1 册

本书附白喉新方、治痢良方。

收藏单位：国家馆

02897
重订囊秘喉书 （清）杨龙九著 （清）张汝伟评点
上海：大东书局，1936.12，[18+66] 页，32 开（中国医学大成 第 8 集 外科类丙）（喉科丛刊）
本书据张汝伟增评、王景华编订之陈坤培藏本刊印。张评本增方 6 道，共两卷。上卷内容包括：诊法、辨证、类证、治法、药例；下卷内容包括：医方论、制药、附录验方。
收藏单位：桂林馆、国家馆、湖南馆、江西馆、内蒙古馆

02898
重楼玉钥（喉科指南）（清）郑梅涧编
上海：中医书局，1930.5，32+30+28+24 页，32 开
本书共 4 卷，介绍各种咽喉病症及疗法。
收藏单位：重庆馆

02899
喉科合璧 （清）西园郑氏等著
出版者不详，[1931]，122 页，36 开
本书共两卷。上卷：喉症要说、喉症歌诀、喉症方药；下卷：喉症图说、喉症补编。

02900
喉科入门 陈景岐编 吴嘉宝校
上海：中西医药书局，[1934]，80 页，32 开（中国医药入门丛书）
本书共 5 章：陈若虚咽喉虚实论、喉科紫珍集指南赋、喉科指南赋方治歌括、曹心怡喉痧正的、耐修子录白喉治法忌表抉微。
收藏单位：重庆馆、国家馆、内蒙古馆

02901
喉科四种（新编 仿宋古本）（清）陈修园著 刘藩校阅
上海：大文书局，1936.2，1 册，32 开
本书共 4 部分：《咽喉脉证通论》《白喉治法抉微》《喉痧正的》《急救喉痧要法》。
收藏单位：南京馆

02902
喉舌备要秘旨·包氏喉症家宝 （清）包三鏸述
上海：大东书局，1937.2，[12+128] 页，32 开（中国医学大成 第 8 集 外科类丙）（喉科丛刊）
本书共两部分。《喉舌备要秘旨》首列咽部及喉科证治 43 症；次列证治辨阴阳证诀、喉症治法 21 条、论分经治喉药性、论用药变化歌、各种药方及 36 种喉散奇方。讲述各种口舌病及牙痛、牙疳方。末附戒烟良方。《包氏喉症家宝》由作者之子包岩等编，论述喉症诊治及用药，并附咽喉 72 证考。
收藏单位：桂林馆、国家馆、辽宁馆、南京馆

02903
喉症痧痘预防医治法 张梅生 张景范著
上海：上海商业书局，1933.8，5 版，修正本，79 页，32 开
本书为家庭应用医学常识读物。
收藏单位：重庆馆、湖南馆

02904
喜氏颈病及胸病·施氏喉头病学 丁福保译述
上海：医学书局，1928.2，24+14 页，25 开（丁氏医学丛书）
本书介绍咽喉诸病的治疗及处方。
收藏单位：重庆馆

02905
咽喉病 张汝伟编著
上海：大众书局，1933.9，130 页，32 开（国医万病自疗丛书）
上海：大众书局，1936.4，重版，130 页，32 开（国医万病自疗丛书）
上海：大众书局，1947.3，再版，130 页，32 开（国医万病自疗丛书）
本书内容包括：咽喉病总论编、咽喉病症

篇、病症总论等。

收藏单位：广东馆、辽宁馆、首都馆、天津馆

02906

咽喉病新镜　张赞臣编著

上海：中国医药书局，1931.6，108页，32开

本书内容包括：生理、总论、各论、预防法、治疗法、验方与列方等。

收藏单位：上海馆、浙江馆

02907

咽喉科病问答　蔡陆仙编

上海：华东书局，1935.11，74页，32开（民众医药指导丛书20）

上海：华东书局，1936.4，74页，32开（民众医药指导丛书20）

上海：华东书局，1937.4，再版，74页，32开（民众医药指导丛书20）

本书内容包括：咽喉形状及生理组织辨、咽喉口腔卫生及疾病预防辨、咽喉病之监察方法辨、咽喉病症总辨、咽喉病症治法概要辨等。

收藏单位：重庆馆、广东馆、国家馆、南京馆、内蒙古馆、浙江馆

02908

咽喉指掌　王春园编著

北平：中华印书局，1933.8，[16]+158页，32开

本书内容包括：咽喉总论、治法禁忌、临症看脉等，分述乳蛾、喉风、喉疳等病证的诊治。后附口齿唇舌诸疾。

收藏单位：国家馆、天津馆

02909

尤氏喉科　（清）尤乘著　东山居士校

上海：千顷堂书局，1934.1，[14]+52页，32开（国医丛刊1）

本书共9章：辨症总论、辨症细条、治症秘法、用药秘法、制药秘法、配药秘法、煎剂秘方、丸散秘方、吹药秘方。辨症细条中具体讲述喉痹、乳蛾、喉痛、牙痛、走马牙

疳、鹅口、面痛、颈痛等33种咽喉、口牙舌颈面腮部的病症。附吴氏喉科方。著者原题：锡山尤氏。

收藏单位：国家馆

02910

尤氏喉科秘书·咽喉脉证通论　（清）尤乘撰　（清）许梿校刊

上海：大东书局，1937.2，[64]页，32开（中国医学大成 第8集 外科类丙）（喉科丛刊）

本书共两部分。《尤氏喉科秘书》内容包括：喉症总论、咽喉门（7病）、口牙舌颈面腮门（19病）、喉症治法及制药法则、用药法、喉症验方等。《咽喉脉证通论》内容包括：总论、通治用药、禁忌及丸散方药等，分述锁喉、重舌、气痛、乳蛾等18种咽喉病证的诊治。

收藏单位：桂林馆、国家馆、湖南馆、内蒙古馆

眼　科

02911

宫藏秘本眼科自疗问答　姚若琴校阅

上海：中国医学书局，1935，94页，32开

上海：中国医学书局，1939.2，再版，94页，32开

本书以问答的形式介绍各种眼病的成因及疗法。

收藏单位：重庆馆、南京馆

02912

黄乔岳眼科全集　黄赞炳撰

汕头：艺文印务局，[1935]，[142]页，22开

本书辑录《黄乔岳遗著眼病全科》与《海物诗集》。书前有陆桂芳等人题词，杨祥达等人序。

收藏单位：国家馆、湖南馆、江西馆、浙江馆

02913

眼科捷径（仿宋古本）　（清）陈修园著

上海：大文书局，1936.2，1 册，32 开

上海：大文书局，1937.3，再版，1 册，32 开

本书附眼科验方。

收藏单位：广东馆

02914

眼科入门　陈景岐编　吴嘉宝校

上海：中西医药书局，[1934]，76 页，32 开（中国医药入门丛书）

本书内容包括：内障总名歌、外障总名歌、补遗等。

收藏单位：重庆馆、国家馆

02915

一草亭目科全书·异授眼科　（清）邓苑选（清）胡芝樵著

上海：大东书局，1936.12，[18+106] 页，32 开（中国医学大成 第 8 集 外科类丁）（眼科丛刊）

本书共两部分。《一草亭目科全书》将眼科症名总括为内外二障，首为目论、目议，次为治法及应用方药，附小儿眼疾治法及薛氏选方；《异授眼科》载眼病证治歌赋，眼科备用的主要方药及炼制、使用方法，并以问答体裁叙述眼科 72 症的病情、病因、治法、方药。

收藏单位：湖南馆

02916

银海指南　（清）顾锡著

上海：大东书局，1936.11，4 册（[230] 页），32 开（中国医学大成 第 8 集 外科类丁）（眼科丛刊）

本书共 4 卷。著者结合自身经验，参照古籍，讲述眼科及其有关的疾病诊治。

收藏单位：桂林馆、国家馆、湖南、江西馆、内蒙古馆

02917

中国眼科学　徐庶遥著

[成都]：中国医药文化服务社，1939.5，[20]+86 页，32 开

[成都]：中国医药文化服务社，1942.6，再版，

[20]+86 页，32 开

本书讲述中医医治眼科病证的理论及方法，书中也引用一些西医的生理、解剖知识。共 4 编：总论、论治、药物、灵药秘传。

收藏单位：重庆馆、国家馆

02918

中西眼科汇通　陈滋著

上海：上海眼科医院，1936.5，440 页，25 开

本书分述眼科诸疾的中西医诊治。共 13 章，内容包括：眼睑病、泪器病、结膜病、角膜病、水晶体病、玻璃体病、眼压病、眼位之障碍等。附中医眼科处方集。

收藏单位：国家馆

02919

中西眼科学讲义　汪洋编

上海：民友社，1922.7，62 页，32 开

本书共两部：中医部、西医部。讲述常见眼科疾病的原因和治疗方法。

口齿科

02920

口齿类要　（明）薛己著

上海：大东书局，1937.2，60 页，32 开（中国医学大成 第 8 集 外科类丙）（喉科丛刊）

本书记载茧唇、口疮、齿痛、舌症、喉痹、喉间杂症等 12 类口腔科疾病的症状、治验医案、药方等。

收藏单位：重庆馆、桂林馆、国家馆、湖南馆、江西馆、辽宁馆、内蒙古馆

中医其他学科

中医泌尿学

02921

傅青主男女科　（明）傅青主著　严星桥重校

上海：广益书局，1940，178 页，32 开

上海：广益书局，1940.2，再版，178 页，32 开

上海：广益书局，1941.7，再版，178 页，32 开

上海：广益书局，1947.1，新 1 版，178 页，32 开

上海：广益书局，1947.8，新 2 版，178 页，32 开

　　本书共两部分：男科 23 门、小儿科与妇科 9 门。讲述病症 300 余种。论及各种疾病的病因、证候、治法、方药。

　　收藏单位：重庆馆、广东馆、南京馆、首都馆、天津馆

02922

情欲研究·房中医术合编　怡养老人编

上海：医学进步社，1922.10，68 页，25 开，精装

　　本书共两部分。《情欲研究》共 41 条，内容包括：男女首宜研究夫妇之道、男女婚姻有人种强弱之关系、男女早婚之害等；《房中医术》内容包括：淋浊、遗精、肥胖不孕者等。

　　收藏单位：重庆馆

02923

嗣育宝镜　石润之编　刘慎之校

北平：润德堂药社，1937.8，91 页，64 开

北平：润德堂药社，1948，4 版，[34]+94 页，64 开

　　本书按 100 个专题介绍两性生理卫生及育儿知识。共 4 章：总论、男科、女科、儿科。

　　收藏单位：国家馆

02924

早泄症治疗法　刘丁著

上海：刘丁，1936.3，26 页，32 开

　　本书讲述早泄的原因及相应的药物及心理治疗方法。

　　收藏单位：浙江馆

02925

种子秘方　魏丕基著　华震东校

上海：大通图书社，1937.7，38 页，32 开

　　本书介绍男女生殖系统解剖生理及不孕症的中医方药治法。版权页题名：生理研究种子秘方。

中医神经病学与精神病学

02926

保脑新书　杨志一　朱振声编

上海：幸福书局，1933.2，再版，91 页，25 开

　　本书共 8 部分，内容包括：脑之生理、脑漏、神经衰弱、头痛、脑膜炎等。

　　收藏单位：国家馆、湖南馆

02927

精神健康实验录　魏鸿声著

北平：精神学研究会，1937.7，40+18 页，25 开

　　本书介绍应用中医传统气功疗法治疗常见精神病的方法、步骤及临床有效病例的治疗过程。附高等精神煅炼治疗问答。

　　收藏单位：国家馆

02928

脑病研究　杨志一著

上海：国医出版社，1935，106 页，25 开

　　本书共 12 部分，内容包括：脑之生理、脑之卫生、补脑之品、头痛、头眩、中风等。

02929

脑病研究（初续集合订本）　[杨志一编]

上海：幸福书局，[1934]，106 页，25 开

　　本书介绍脑的生理卫生，补脑用品，及头痛、中风、脑贫血等病症。

　　收藏单位：国家馆

中药学

02930

本草药性国药字典　陈景岐编　谭鹤轩校

上海：大通图书社，1935.6，30+282+[20] 页，32 开

上海：大通图书社，1936.10，[38]+282+[37] 页，32 开

上海：大通图书社，1939.10，1 册，32 开

上海：大通图书社，1941.6，282 页，32 开

本书按药名汉字笔画排序，收入中药近千种，介绍其性味、功用、产地、形态、禁忌、用法、制法等。逐页题名：国药字典。附药物用表及工物别名检索目录。

收藏单位：国家馆、山西馆、上海馆、绍兴馆、首都馆

02931

标准药性大字典　潘杏初编著　洪子良校

上海：医药研究学会，1935.9，2 版，488 页，32 开

上海：医药研究学会，1936.3，3 版，488 页，32 开

上海：[医药研究学会]，1947.1，6 版，[64]+448 页，32 开，精装

上海：医药研究学会，1948.4，增订 9 版，488 页，32 开

本书将常用中药按植物、动物、矿物、自然、物用分为 5 类，以药名首字笔画为序编排，介绍每种药物的产地、分科、形态、品类、成分、性味、功效、处方、单方、用法、用量、禁忌、反药等。书前有彩色药物标本图 400 余幅。

收藏单位：广东馆、广西馆、国家馆、湖南馆、江西馆、上海馆、首都馆

02932

丙康良药集　丙康化学制药厂编辑部编

上海：丙康化学制药厂，1943.12，119 页，25 开

收藏单位：江西馆

02933

草药新纂　张若霞编

上海：经纬书局，1946.12，[98+103] 页，32 开

本书共两篇。上篇"草药形性"收强壮药、行气药、止痛宁睡药、吐药、发表药、祛痰药等 15 类 200 余味，记述产地、形态、功用、用量及服法。下篇"草药处方"讲述 74 种病症，各病症均附列 5—8 种中药配方。

收藏单位：国家馆、辽宁馆

02934

古方通今　丁福保编辑

上海：医学书局，1914.6，再版，46 页，22 开，精装（丁氏医学丛书）

本书内容包括：桂枝汤、桂枝加桂汤、桂枝加芍药汤、桂枝去芍药汤、桂枝加葛根汤、桂枝加黄蓍汤等。

收藏单位：浙江馆

02935

古今药物别名考　刘亚农编　张纪昶　吉荫熙校

北平：[刘亚农]，1936.10，[107] 页，32 开

本书依据《本草纲目》及近人之药典、药物学著作，参照《本草备要》，按草木谷果、金石水土、禽兽鳞介鱼虫、人各部体例排序，考证辑录 600 余种中药的主名、别名（包括土名、方言名、处方用名、简略名等），并简单介绍新发现的部分药物的特别治验功效及产地。书前有焦易堂、江朝宗、曾毓隽、施今墨等人序。

收藏单位：国家馆、首都馆、天津馆、中科图

02936

国药宝库（第 1 辑）　衡阳敬一堂编辑处编辑　杨明金　傅德尊校正

衡阳：衡阳机器字印刷局，1934.8，105 页，32 开

收藏单位：南京馆

02937

国医制药学　张仲岩著

上海：万有书局，1931.7，74 页，32 开（万有丛书 医学类）

　　本书为清代炮制专书，收药物 232 种，较为系统地叙述各种炮制法。

　　收藏单位：湖南馆、浙江馆

02938

汉药旧戏大观　程介三著　陈治岐校对

天津：程氏医寓，1932，108 页，18 开

　　收藏单位：首都馆

02939

汉药实验谈　（日）小泉荣次郎著　晋陵下工编译

上海：医学书局，1914.3，[17]+318 页，32 开，精装（丁氏医学丛书）

上海：医学书局，1918.7，再版，[17]+318 页，22 开，精装（丁氏医学丛书）

上海：医学书局，1926.8，[17]+318 页，22 开，精装（丁氏医学丛书）

　　本书按药物的功用分类，介绍 200 余种中药的形态、植物科属、成分、效能、处方及用量等。共 19 章，内容包括：强壮剂、健胃剂、利尿剂、祛痰剂、通经剂、兴奋剂、吐剂、发汗剂、解热剂等。

　　收藏单位：广东馆、国家馆、浙江馆

02940

汉药新觉（上集 第 1 册）　郭若定编著　王药雨校　谭次仲　叶橘泉参阅

嵊县（绍兴）：郭氏医所，1937.5，[28]+374+[20] 页，32 开（明日医药丛刊 1）

　　本书共 8 篇，内容包括：药理总论、汉药汉方概说、调剂要义、兴奋药类、强壮药类等。

　　收藏单位：桂林馆、国家馆、上海馆、首都馆

02941

科学研究之国药（重要国药之化学分析与药理实验）　黄劳逸编译

杭州：黄劳逸，1937.1，138 页，32 开

　　本书编译者参考当时欧美、日本及国内研究中药的各种学术报告和论文，介绍黄连、红花、车前子等 79 种常用中药的化学成分及药理实验结果。共 13 类，内容包括：消化药、兴奋药、麻醉药、祛病药、发汗解热药、驱虫药、泻下药等。

　　收藏单位：上海馆、中科图

02942

临床药典　李龙文编著

韶州（韶关）：广东医药旬刊社，1943.11，15+96 页，32 开（现代中医药丛书）

　　本书以汉字笔画排序，收入常用中药 700 余种，介绍性味、主治、功用及用量等。书前有吴粤昌序。

　　收藏单位：重庆馆、国家馆、南京馆

02943

临证实用药物学　叶橘泉编　叶达仁等参校

苏州：存济医庐，1939.7，276 页，32 开

　　本书共 19 类，内容包括：强壮、兴奋、健胃、泻下、驱虫、发汗、解热、清凉等。收临床常用中药 539 种，说明药理、生理、医治作用。附药名索引与异名索引。

　　收藏单位：南京馆

02944

民生良药集

杭州：[出版者不详]，1935，245 页，16 开

　　收藏单位：湖南馆、江西馆

02945

明日医药（汉药新觉）　[明日医药杂志社编辑]

出版者不详，1939，1 册，18 开

　　本书为鄈香圃藏书。附药理总论、病理总论、药学总论、国药处方集等。

　　收藏单位：首都馆

02946

实用药性辞典　胡安邦编　顾孙安校

上海：中央书店，1935.12，[24]+272 页，32 开

上海：中央书店，1936，再版，[24]+272 页，32 开

上海：中央书店，1936.4，3 版，[24]+272 页，32 开

上海：中央书店，1936.12，4 版，[24]+272 页，32 开

上海：中央书店，[1937.3]，[5 版]，[24]+272 页，32 开

上海：中央书店，1937.6，6 版，[24]+272 页，32 开

上海：中央书店，1938，7 版，[24]+272 页，32 开

上海：中央书店，1939.4，新 1 版，[24]+272 页，32 开

上海：中央书店，1941.9，新 3 版，[24]+272 页，32 开

上海：中央书店，1946.5，再版，[24]+272 页，32 开

上海：中央书店，1948.1，再版，[24]+272 页，32 开

上海：中央书店，1949.2，再版，[24]+272 页，32 开

　　本书按补气助阳、补血养阴、收敛精气、发散风寒等功用将中药分为 31 个门类，收常用中药近 400 味，列出别名、产地、成分、性味、主治、各家学说、用量、禁忌、药价、编者经验等。书前有药名检索表。附煎药须知及煎药时刻表。封面题名：药性大辞典。

　　收藏单位：重庆馆、广东馆、广西馆、桂林馆、国家馆、湖南馆、南京馆、绍兴馆、首都馆、浙江馆

02947

实用中药大要　（日）宫田武雄著　钱信忠译

韬奋书店，1946.7，[16]+110 页，32 开

韬奋书店，1947.4，再版，[16]+110 页，32 开

韬奋书店，1948.12，3 版，[16]+110 页，32 开

[韬奋书店]，1949.8，[16]+110 页，32 开

　　本书讲述中药的采集炮制、常用中药的性味功用及 99 种配方。共 3 篇：总论、各论、处方集。

　　收藏单位：国家馆、山西馆

02948

寿世刍言（初集）　秦禹编

上海：同益名药流通社，1934.6，178 页，32 开

上海：同益名药流通社，1934.9，再版，石印本，1 册，32 开

　　本书共 4 部分：全国名药、药性歌括、药理浅说、夏秋自卫。介绍 80 余味中药的产地、药性、药理及夏秋传染病的预防知识。

　　收藏单位：国家馆、上海馆、中科图

02949

天仙正理　（明）伍守阳撰　（明）伍守虚注

山东省政府民政厅，[1928—1949]，[166] 页，18 开

　　本书共 9 部分，内容包括：药物直论、鼎器直论、火候经、筑基直论、炼药直论、伏气直论、胎息直论等。附直论起由。

　　收藏单位：山东馆

02950

现代实用国产药物提纲（上集）　高德明著

外文题名：Modern practical synopsis of Chinese drugs

重庆：新中华医药月刊社，1946，1 册，32 开（新中华医药丛书 1）

重庆：新中华医药月刊社，1947，再版，1 册，32 开（新中华医药丛书 1）

　　本书对解热药、发汗药、健胃药等国产药物的成分、药理作用、适应症、用量等九项进行介绍。

　　收藏单位：南京馆

02951

新中药　黄劳逸编

上海：医学书局，1930.9，200 页，25 开，精装

上海：医学书局，1934.7，4 版，200 页，25 开，精装

　　本书按药物功能分类，共 14 部分，介绍 148 种中草药的名称、别名、产地、形态、性味、成分、用量、用法、忌症、作用等。

　　收藏单位：上海馆、浙江馆

02952

药名汇考　虞哲夫编　东山居士校

上海：千顷堂书局，1935.1，[32]+365页，32开

　　本书以《本草纲目》为蓝本，汇集各种中药名称、别名，以备查考。

　　收藏单位：广东馆、国家馆、中科图

02953

药物科　中国国医函授学院编

天津：中国国医函授学院，1940.5，6版，106页，22开

天津：中国国医函授学院，1940.11，7版，106页，22开

　　本书介绍各类药材的来源、性质、忌恶、用量等。共5章，内容包括：植物类、动物类、矿物类、物用物类、自然物类。

　　收藏单位：安徽馆、国家馆

02954

药物学备考　刘文英编

国药化验社，1935.6，2册（[552]+[42]页），16开

　　本书按动物、植物、金石分3大类23章，收中药512种，介绍产地、气味、形色、功用、品类、采掘、用量、价值成分、畏忌、反恶、炮制、参考、化验、备考等内容，并有药材标本图500余种。附制药成规、万国药方、药名总论、化学器械图说、各品纪略等。版权页书名：药物学备考图说。

　　收藏单位：重庆馆、国家馆、黑龙江馆、山西馆、上海馆、中科图

02955

药物学类纂　蒋玉伯编

北京：共和印刷局，1922.2，[28]+120页，18开

　　本书参考《神农本草经》及各名家著述，结合中西药学实验资料，选辑常用药品300余种。按药物主治分为：补养剂、健胃剂、发汗剂、下剂、吐剂、理气剂、理血剂等19章，介绍药物别名、形状、性味、成分、功用、制法、入经、佐使、用量、毒性、禁忌等。

　　收藏单位：国家馆、首都馆

02956

药物学类纂（新编）　蒋玉伯编

北京：中西印刷社，1925.10，[28]+120页，18开

　　收藏单位：首都馆

02957

药性辞源　冯伯贤编　汪漱碧校

上海：中央书店，1937.5，107页，32开

上海：中央书店，1939.2，新1版，107页，32开

　　收藏单位：广东馆、首都馆

02958

药性大辞典　胡安邦编

上海：广益书局，1943.3，3版，272页，32开

　　本书版权页题名：实用药性大辞典。

　　收藏单位：湖南馆、南京馆

02959

药性字典　吴克潜编辑

上海：大众书局，1933.12，[30]+594页，32开

上海：大众书局，1934.10，3版，[30]+594页，32开

上海：大众书局，1947.8，[30]+594页，32开

　　本书以药物首字笔画为序排列，每种药物均列出产地、性味、主治、用量、禁忌。重要的药物另加编者按语。引文注明出处，书末附药物别名表，书前有谢利恒、顾渭川、蒋文芳等人题字，孙文蔚序与自序。封面题名：药性辞典。

　　收藏单位：安徽馆、广东馆、广西馆、国家馆、黑龙江馆、湖南馆、南京馆、绍兴馆、首都馆、浙江馆

02960

药要便蒙新编

天津：中医联合诊所，[1911—1949]，52页，25开

　　收藏单位：首都馆

02961

药征 （日）东洞吉益著　曹炳章校点

上海：大东书局，1937.1，[124] 页，32 开（中国医学大成 第 2 集 药物类）

收藏单位：广西馆、桂林馆、国家馆、湖南馆、南京馆、内蒙古馆

02962

药征全书 （日）东洞吉益 （日）村井杶著 （清）李启贤校

上海：中医书局，1931.2，184+[10] 页，32 开

上海：中医书局，1935.9，再版，184+[10] 页，32 开

本书包括《药征》和《药征续编》，分别为日本东洞吉益及其弟子村井杶所著。按考证、互考、辨误、品考等记述中药 140 余种，多采自张仲景《伤寒》《金匮》用方。详介诸药的性能与主治。

收藏单位：重庆馆、广西馆、湖南馆、南京馆、绍兴馆

02963

药征续编 （日）村井杶著　曹炳章校点

上海：大东书局，1937.1，[108] 页，32 开（中国医学大成 第 2 集 药物类）

本书内容包括：赤石脂、蜀漆、桃仁、巴豆、蜜、粳米、小麦、大麦、粉、赤小豆、酒、醇酒、清酒、法醋、苦酒、猪膏、云母、蛇床子、蜀椒等。

收藏单位：广东馆、广西馆、贵州馆、桂林馆、国家馆、湖南馆、南京馆、内蒙古馆、首都馆

02964

赵石民先生在国药学上之贡献　朱任宏著

[上海]：中国科学社，1933.9，[23] 页，16 开

本书为《科学》第 17 卷第 9 期抽印本。内容包括：麻黄之研究、莽草之研究、中国钩吻之研究等。

收藏单位：国家馆

02965

植物化学成分提炼法（中药提炼法）　丘晨波 陈新谦编著

广州：丘晨波药师事务所，1949，144 页，32 开

本书介绍植物提炼中药的方法。内容包括：植物中之化学成分、蛋白质与脂肪、中药制剂之改良等。

收藏单位：浙江馆

02966

中国药物论　任启瑞编

上海：启智书局，1936.4，2 册（[18]+189+163 页），32 开

本书共 5 卷，以药物的气味分类。每种药物均附明代以前中医药名家有关论述。

收藏单位：重庆馆、国家馆、天津馆

02967

中国药物新字典　江忍庵著

上海：中国医药研究会，1929.7，再版，1 册，32 开，精装

上海：中国医药研究会，1931.3，4 版，1 册，32 开，精装

本书据古今名人本草汇编。以药名首字笔画为序，分为 12 集。列出名称、种类、性质、功用、禁忌、用法等。

收藏单位：国家馆、湖南馆、山西馆

02968

中国药物形态学　沈嘉征著

上海：国医书局，1931.3，80 页，32 开（新时代国医丛书）

收藏单位：重庆馆、桂林馆、黑龙江馆

02969

中国药物学集成　蒋玉伯著

上海：国药研究社，1935.5，[47]+641 页，22 开

收藏单位：黑龙江馆、山西馆

02970

中国药物学集成　蒋玉伯编　汤钧校

上海：教育书店，1937.5，[47]+641 页，25 开，精装

本书共两部分。"总论"共 9 章，讲述中药的功用、药物补泻、配伍、服法、贮存及用药方法。"各论"共 22 章，内容包括：补养、健胃、发汗、理气、除痰、驱虫、兴奋剂等，讲述 400 余种常用中药的别名、气味、形状、功用、制法、有毒、无毒、用量、禁忌及处方等内容。书中还介绍部分日本汉医经验良方以及采用化学实验等科学方法研究中草药成分、药理作用的结果。书前有国药禁忌表、方证索引、参考书目，陈时敬、谢观、何成浚、丁仲英等人题字，盛心如、孔庚雯、丁福保等人序。

收藏单位：广西馆、国家馆、内蒙古馆、中科图

02971

中国药物学集成（样本）　蒋玉伯著

上海：知新书局，1935.3，641 页，22 开，精装

本书为《中国药物学集成》征订广告。

收藏单位：国家馆、浙江馆

02972

中国药学大辞典（上、下册）　中国医药研究社编辑　陈存仁主编

上海：世界书局，1935.5，2 册，32 开，精装

上海：[世界书局]，[1936]，2 册，32 开

上海：世界书局，1937.5，7 版，2 册（914+1109 页），32 开

本书以药名首字笔画为序，收中医药词汇近万条，讲述各种中药的名称、别名、产地、形态、性质、采制、主治及配伍等。

收藏单位：重庆馆、广东馆、贵州馆、国家馆、内蒙古馆、首都馆

02973

中国药学大辞典（简明本）　中国医药研究社编　陈存仁主编

上海：世界书局，1937.4，2 册（914+1109 页），42 开

上海：世界书局，1948.3，新 1 版，2 册（914+

1109 页），42 开

收藏单位：桂林馆、河南馆、南京馆、宁夏馆

02974

中国药学大辞典特价发售预约样本　世界书局编

上海：世界书局，[1935]，1 册，25 开

收藏单位：国家馆

02975

中国药学大辞典·中国药物标本图影　中国医药研究社编　陈存仁主编

上海：世界书局，[1917—1935]，1 册，16 开

上海：世界书局，1935.4，再版，3 册（1981+38+247 页），16 开

上海：世界书局，1935.4，3 版，3 册（1981+38+247 页），16 开

上海：世界书局，1935.4，4 版，3 册，16 开

上海：世界书局，1935.4，6 版，13+247 页，16 开，精装

上海：世界书局，1935.4，7 版，3 册，16 开

上海：世界书局，1935.5，8 版，3 册，16 开

收藏单位：安徽馆、重庆馆、贵州馆、桂林馆、国家馆、湖南馆、内蒙古馆、宁夏馆、绍兴馆、首都馆、浙江馆

02976

中药常识　陈国衣编

上海：经纬书局，[1911—1949]，100 页，48 开（经纬百科丛书）

本书介绍中药常识、煎制方法等。

收藏单位：重庆馆、广东馆、南京馆

02977

中药大辞典　卫生报馆编辑部编纂

上海：卫生报馆发行部，1930.8，530 页，25 开，精装

收藏单位：安徽馆、黑龙江馆、内蒙古馆、上海馆、首都馆、中科图

02978

中药浅说　丁福保著

上海：商务印书馆，1930.10，97 页，32 开（万有文库 第 1 集 514）（百科小丛书）

上海：商务印书馆，1933.3，97 页，32 开（百科小丛书）

上海：商务印书馆，1934.3，再版，97 页，32 开（万有文库 第 1 集 514）（百科小丛书）

上海：商务印书馆，1935.5，3 版，97 页，32 开（百科小丛书）

长沙：商务印书馆，1939.4，5 版，97 页，32 开（百科小丛书）

长沙：商务印书馆，1939.12，97 页，32 开（万有文库 第 1—2 集简编 500 种 202）（百科小丛书）

重庆：商务印书馆，1945.10，77 页，32 开（百科小丛书）

上海：商务印书馆，1947.3，6 版，97 页，32 开（新中学文库）（百科小丛书）

　　本书收常用中药 100 余种，按强壮健胃消化药、解热药、利尿药、镇痛镇静镇痉药、镇咳祛痰药、收敛药及虽无收敛作用而有止泻止血之效、兴奋药、泻下药、变质解凝药、驱虫药分为 10 类，介绍每味药的植物、形态、成分、应用等。印有：虹口法院移交陈公博案内图书。

　　收藏单位：安徽馆、重庆馆、大理馆、大连馆、大庆馆、东北师大馆、广东馆、广西馆、贵州馆、国家馆、黑龙江馆、湖南馆、吉林馆、江西馆、辽大馆、辽宁馆、辽师大馆、南京馆、内蒙古馆、宁夏馆、上海馆、首都馆、天津馆、浙江馆、中科图

02979

中药之科学原理（第 1 集）　朱鹮著

外文题名：Scientific basis of Chinese drugs

[重庆]：朱鹮，1945.9，[12]+216 页，25 开

　　本书共 3 篇。第 1 篇介绍药理学一般知识；第 2 篇按动物、植物、矿物性药分类，记述中药的形态与化学成分；第 3 篇按人体系统分类，讨论每种中药对于各组织器官及病原菌的药理作用和临床应用，并对我国古代医家的意见加以评述。

　　收藏单位：重庆馆、国家馆、南京馆

02980

中医与科学（又名，中药性类概说）　谭次仲著　周复生校

重庆：中西医药图书社，1947.4，[16]+[122] 页，32 开

　　本书倡导科学地发掘整理中草药，以中西医结合的观点，将中药按强心、镇痛、解热、泻下等分为 20 类，介绍方剂、药量、效用、药理等。

　　收藏单位：重庆馆

02981

最新实验药物学　温敬修著

上海：中医书局，1934.9，271 页，32 开

　　本书介绍各种中药的性质与效能、用量与禁忌等。共 23 章，内容包括：强壮药、健胃消化药、利尿药、收敛药、祛痰药、解热药、清凉药、镇静药、镇痛药、寄生虫驱除药、兴奋药、缓和药等。

　　收藏单位：广西馆、上海馆

02982

最新实验药物学续编　温敬修著

[上海]：[中医书局]，1934，42+49 页，32 开

　　本书将药物分为矿物部和动物部两部分，内容包括：强壮药、健胃消化药、利尿药、收敛药、清凉药、解毒药等。

　　收藏单位：广东馆、黑龙江馆

本　草

02983

本草备要　（清）汪昂编

出版者不详，1935，233 页，32 开

　　收藏单位：南京馆

02984

本草备要（大字详注）　（清）汪昂著　汪漱碧校订

上海：中央书店，1937.7，1 册，32 开

上海：中央书店，1948.5，再版，1 册，32 开

　　本书首论药性总义，而后按草、木、果、

谷菜、金石水土等 8 部收常用药物 470 余种。介绍其性味、形态、采集来源及主治病症等。书前有图 400 余幅。此书原刊于 1694 年，以《本草纲目》《神农本草经疏》两书为蓝本编选而成。著者原题：汪讱庵。

　　收藏单位：广东馆、上海馆

02985
本草备要（仿古宋本）（清）汪昂著
上海：[大文书局]，1937，[284] 页，32 开
上海：[大文书局]，1941.4，2 版，[284] 页，32 开

　　收藏单位：广东馆、贵州馆、江西馆

02986
本草备要（蒋氏原本）
上海：昌文书局，[1911—1949]，1 册，32 开
　　收藏单位：南京馆

02987
本草从新 （清）吴仪洛著
[上海]：校经山房书局，1936.7，215 页，32 开

　　本书共 18 卷，在汪昂所著《本草备要》的基础上重订。参照《本草纲目》分类，采录药品 720 余种。

　　收藏单位：湖南馆

02988
本草从新（仿宋古本）（清）吴仪洛著
上海：大文书局，1936.5，2 册，32 开
上海：大文书局，1937.3，再版，2 册（248 页），25 开

　　本书版权页题名：古本大字本草从新。

　　收藏单位：桂林馆、国家馆、黑龙江馆、江西馆、绍兴馆、首都馆

02989
本草从新（增注）（清）吴仪洛著　严星桥重校
上海：广益书局，1937.7，20+294 页，32 开
上海：广益书局，1940.2，2 版，294 页，32 开
上海：广益书局，1946，新 1 版，20+294 页，

32 开
上海：广益书局，1947.6，新 2 版，20+294 页，32 开
上海：广益书局，1948.3，3 版，20+294 页，32 开
上海：广益书局，1948.11，新 4 版，294 页，32 开

　　收藏单位：广东馆、黑龙江馆、江西馆、上海馆、首都馆

02990
本草纲目 （明）李时珍著 （清）张绍棠重订
上海：商务印书馆，1930.10，30 册（[3129] 页），32 开（万有文库 第 1 集 515）（国学基本丛书）
上海：商务印书馆，1933，国难后 1 版，8 册（[3129] 页），32 开
[长沙]：商务印书馆，1940，国难后 3 版，8 册（[3129] 页），32 开

　　本书共 52 卷，附图 3 卷，分 16 纲 62 目，载录药物近 1900 种，其中 370 余种为新收录。正文前先置实物图谱，次叙百病主治病，然后依纲目列出药物的释名、集解、气味、主治、修治、发明、正讹、附方等项。

　　收藏单位：安徽馆、重庆馆、大理馆、大连馆、东北师大馆、广东馆、广西馆、贵州馆、国家馆、黑龙江馆、湖南馆、江西馆、辽大馆、辽宁馆、辽师大馆、内蒙古馆、宁夏馆、上海馆、绍兴馆、首都馆、四川馆、天津馆、浙江馆

02991
本草纲目拾遗 （清）赵学敏辑
上海：世界书局，1937，369+118 页，32 开，精装

　　本书为《景印铜版本草纲目》之下册，共十卷。后附本草万方针线。

　　收藏单位：重庆馆、广东馆

02992
本草纲目索引
出版者不详，[1911—1949]，75 页，32 开

本书以表格形式收按四角号码检字法顺序排列的中药名 1892 种。注明所在《本草纲目》的卷次及页数。

收藏单位：广东馆

02993

本草经新注　阮其煜等著　中国医药学社编校

上海：千顷堂书局，1935.7，[25+326] 页，32开

本书结合中西医理研讨注释《神农本草经》，收载药物 300 种，介绍其性味、效能、用量、禁忌。附《神农本草疾病之分析》（谢诵穆）、《本草经考》（董志仁）。

收藏单位：国家馆

02994

本草品汇精要　（明）刘文泰等纂

上海：商务印书馆，1936，3 册（1219 页），25 开

收藏单位：天津馆

02995

本草时义　陈葆善著　陈绳夫校

上海：中医书局，1921，52 页，32 开（瑞安陈氏湫漻斋医学丛书 3）

上海：中医书局，1931.6，52 页，32 开

本书介绍人参、黄蓍、白术、薯蓣、柴胡、黄连等药性及功用。

收藏单位：重庆馆、广东馆

02996

本草思辨录　（清）周伯度著

上海：世界书局，1937.6，206 页，32 开（基本医书集成）

本书共 4 卷。介绍 128 味中药的产地、性味、归经、主治及配伍等。版权页题名：周伯度本草思辨录。

收藏单位：重庆馆、贵州馆、国家馆、湖南馆

02997

本草图解　（明）李士材著　潘衍校订

上海：中华新教育社，1928.2，142 页，32 开

上海：中华新教育社，1932.11，3 版，2 册（142页），32 开

本书按金石、草、木、虫、鳞、介、兽、人分类，介绍各种药物的性状、品味、主治等。附用药机要。

收藏单位：广东馆、国家馆

02998

本草问答　（清）唐容川辑本

上海：育才书局，1946.11，新 1 版，50+40 页，32 开（中西汇通医书五种）

收藏单位：广东馆、黑龙江馆

02999

本草问答　（清）唐容川著

上海：中国文学书局，1935.4，50+40 页，32开（中西汇通医书五种）

上海：中国文学书局，1935.6，再版，[90] 页，32 开（中西汇通医书五种）

本书共两卷。以问答形式讲述中医方剂药学知识。

收藏单位：重庆馆、国家馆、山西馆、首都馆、中科图

03000

本草问答　（清）唐容川编著　王有声断句濮文彬校

[上海]：千顷堂书局，[1911—1949]，90 页，32 开（中西汇通医书五种）

收藏单位：广东馆、广西馆、国家馆、江西馆、首都馆

03001

本草新义（上册）　胡光慈著

重庆：胡光慈，1947.9，120 页，36 开（中国医学精华 第 1 集）

本书共 6 类，内容包括：发表药（发汗药）、清热药（解热药）、燥湿药（健胃药）等。

收藏单位：重庆馆

03002

本草学（自然科学研究）　黄劳逸著

杭州：慈航药室，[1936.7]，28 页，32 开

03003

本草用法研究　周志林编

昆明：中华书局，1941.9，[28]+961+23 页，36 开，精装

上海：中华书局，1948.6，再版，18+961+23 页，36 开，精装

　　本书将草、木、金、石、水、土、鸟、兽、虫、鱼中的入药部分，依效用分成：发表、攻里、熄风、补养、杀虫、消导、化痰、泻火等 22 编，收常用中草药 800 余种。每编有概述，每味药均按：品状、成分性味、归经、功效、化学实验研究、禁忌、用量、炮制、配合等项作介绍。书前有参考书目 19 种，附中文名词索引。

　　收藏单位：重庆馆、广东馆、国家馆、湖南馆、辽宁馆、宁夏馆、上海馆、天津馆

03004

本草再新　（清）叶天士著　（清）陈修园评按　王慎轩校正

苏州：苏州国医书社，1934.9，[26+147] 页，18 开（王氏医学丛书）

　　本书共 12 卷。继吴遵程《本草从新》而作，书前附药性总义。评按者原题：陈念祖。

　　收藏单位：国家馆

03005

重刊本草衍义　（宋）寇宗奭著

上海：大东书局，1936.12，2 册（24+78+102 页），32 开（中国医学大成 第 2 集 药物类）

　　本书共 20 卷。依《唐本草》排列，对《（嘉祐）补注神农本草》中的 470 种释义作拾遗补充。书前有陆心源序。

　　收藏单位：广西馆、国家馆、黑龙江馆、湖南馆、江西馆、内蒙古馆、上海馆、首都馆

03006

滇南本草　（明）兰芷庵著

上海：世界书局，1937.5，183 页，32 开（基本医书集成）

　　本书为著者对滇南的奇花异草留心数年，审辨数品仙草而作。版权页题名：兰芷庵滇南本草。

　　收藏单位：重庆馆、贵州馆

03007

敦煌石室古本草　（唐）孟诜著　（日）中尾万三校核　范凤源订正

上海：大东书局，1931.9，[34]+148 页，32 开

上海：大东书局，1934.9，再版，[34]+148 页，32 开

　　本书校核散佚于莫高窟的唐代孟诜著《食疗本草》残本的部分内容，共载中草药 241 种。书前有赵燏黄、范凤源序。封面题名为蔡元培题字。

　　收藏单位：重庆馆、东北师大馆、国家馆、宁夏馆、上海馆、首都馆、中科图

03008

仿宋足本绘图本草备要　（清）汪昂著　洪子良校

上海：广益书局，1937.2，238 页，32 开

上海：广益书局，1938，5 版，238 页，32 开

上海：广益书局，1940.10，再版，238 页，32 开

上海：广益书局，1941，再版，238 页，32 开

上海：广益书局，1946，新 1 版，237 页，32 开

上海：广益书局，1947.1，新 2 版，237 页，32 开

上海：广益书局，1948.1，新 3 版，237 页，32 开

上海：广益书局，1948.5，新 4 版，237 页，32 开

　　本书选取药物 400 余味，分为药性总义和药物分论两部分。

　　收藏单位：重庆馆、广东馆、江西馆、首都馆

03009

国药展览会"新本草"专刊　国药展览会编辑委员会编

苏州：吴县医钟刊物社，1935.1，40 页，16 开

本书介绍寒凉类、热类、温类、平类等中药草。版权页题名：国药展览会特刊又名新本草。

收藏单位：南京馆、浙江馆

03010

国药之研究——本草实物摄影图说　赵燏黄著

[上海]：中国科学社，1933.9，[34]页，16开

本书为《科学》第17卷第9期抽印本。介绍三七、人参、桔梗、沙参、党参、黄连、汉防己、术防己、贯众9种药用植物，说明形态、成分、药用等。

03011

国医药物学（一名，本草精华）（清）赵海仙著　萧熙　糜雪亭　张达玉校订

上海：校经山房书局，1933.8，3册（406页），32开

上海：校经山房书局，1936.10，3册（[426]页），32开

本书按花木、金石、身体、鸟兽等分为4部，介绍中药381种。先引证本经原文，名医论述，再用四句歌简介其性味、治效，后附按语补充说明。

收藏单位：重庆馆、国家馆、江西馆

03012

化学实验新本草　丁福保译述

上海：文明书局，1912.11，3版，271页，大32开，精装（丁氏医学丛书）

本书共16章，内容包括：麻醉剂、兴奋剂、解热剂及清凉剂、变质剂、强壮剂、吐剂、利尿剂、发表剂等。

收藏单位：湖南馆、南京馆

03013

化学实验新本草　丁福保译述

上海：医学书局，1914.8，4版，271页，22开（丁氏医学丛书）

上海：医学书局，1922.4，6版，271页，22开（丁氏医学丛书）

上海：医学书局，1926.6，272页，22开

上海：医学书局，1929，272页，22开（丁氏医学丛书）

上海：医学书局，1934，30版，272页，22开（丁氏医学丛书）

收藏单位：广东馆、山西馆、上海馆

03014

家庭新本草　丁福保编纂

上海：文明书局，1911，3版，[94]页，22开，精装（丁氏医学丛书）

本书介绍日常生活中用到的中草药。共16类，内容包括：泻剂、利尿剂、发表剂、退热剂、杀虫剂、收敛剂、防腐消毒药、吐剂、缓和剂等。

收藏单位：广东馆、首都馆

03015

家庭新本草　丁福保编

上海：医学书局，1917.5，5版，[94]页，22开

上海：医学书局，1924.8，6版，[94]页，22开

上海：医学书局，1929.10，[94]页，22开（丁氏医学丛书）

收藏单位：安徽馆、国家馆、湖南馆、南京馆、上海馆、绍兴馆、浙江馆

03016

力氏灵验本草　力嘉禾著

北平：文化学社，1931.10，209+63页，32开，精装

本书内容包括：各科病症用方索例、滋养剂、镇静剂、解热剂、强心剂、名称应用量总览、古方摘要等。

收藏单位：国家馆、辽宁馆、山西馆、首都馆

03017

日用新本草　（日）房雄著　殷师竹编译

上海：中西书局，1931.7，[40]+276页，32开

上海：中西书局，[1911—1949]，276页，32开

本书介绍日本民间常用草药。分为总论、各论两部。"总论"讲述草药的化学成分、分

类、使用原则及禁忌等；"各论"按动物、植物、矿物分类，收入药物 228 味，介绍其形态、成分、效用及用量等。

收藏单位：广东馆、桂林馆、国家馆、上海馆、绍兴馆、首都馆

03018

神农本草经 （三国魏）吴普述 （清）孙星衍 （清）孙冯翼辑

上海：大东书局，1936.12，2 册（72+50+66 页），32 开（中国医学大成 第 2 集 药物类）

本书共 3 卷，分为上、中、下经。按玉石、草木、鸟兽、虫鱼分类，收药物 365 种。

收藏单位：广西馆、国家馆、黑龙江馆、湖南馆、江西馆、内蒙古馆

03019

神农本草经（2） （三国魏）吴普述 （清）孙星衍 （清）孙冯翼辑

上海：商务印书馆，1937.12，1 册，36 开

收藏单位：广西馆

03020

神农本草经读 （清）陈修园著　刘藩校

上海：大文书局，1936.3，1 册，32 开

上海：大文书局，1939.3，4 版，1 册，32 开

本书共 4 卷。按上、中、下三品选收《神农本草经》中 100 余种药物及《本草经》以外药物 40 余种，书中附《本草崇原》及《本草经解》。封面题名：(仿宋古本)神农本草。版权页题名：(仿宋大字)古本神农本草。

收藏单位：国家馆、南京馆

03021

食物新本草　丁福保译述

上海：医学书局，1913.10，再版，151 页，25 开，精装（丁氏医学丛书）

上海：医学书局，1917，3 版，151 页，25 开，精装（丁氏医学丛书）

上海：医学书局，1926.10，151 页，25 开（丁氏医学丛书）

本书共 10 章，内容包括：谷类之部、饮食之部、酒类之部、鱼肉之部、鸟肉之部等。

收藏单位：重庆馆、国家馆、内蒙古馆、山西馆

03022

食用本草学　陆观豹著

天津：永寿医社，1935.8，[12]+173 页，32 开（中国医学丛书）

天津：永寿医社，1943.6，再版，[12]+173 页，32 开（中国医学丛书）

本书为著者根据中国古今各种食疗本草书籍和自己搜集研究的材料，辑录 7 大类 222 种动植物食品，介绍品名、形性、成分、应用、禁忌等。

收藏单位：国家馆、黑龙江馆、山西馆

03023

四川省灌县、天全、洪雅、峨眉、犍为、崇庆、中江、遂宁、绵阳、江油、彰明等县重要药物调查报告　四川省政府建设厅编

成都：四川省政府建设厅，1938.7，15 页，16 开

本书为四川省政府卫生厅于 1937 年秋派谭炳杰赴灌县等地调查川芎、泽泻、牛膝、黄连等药物的种类、栽培情况与方法、市制及产销情况。

收藏单位：国家馆

03024

四川之药材

出版者不详，[1933]，手写本，1 册，16 开

收藏单位：国家馆

03025

新本草纲目 （日）小泉荣次郎著　晋陵下工编译

上海：医学书局，1930.6，2 册（1204 页），22 开，精装

本书共 25 章，内容包括：强壮药、健胃消化药、泻下药、利尿药、收敛药、祛痰药、解热药、清凉药、镇静药、通经药等。

收藏单位：重庆馆、贵州馆、国家馆、黑龙江馆、湖南馆、南京馆、宁夏馆、山西馆、上海馆、中科图

03026

新本草教本　顾子静编

上海：医学书局，1930.1，98页，22开

　　本书共两部分。"总论"共5章，内容包括：中药之分类与其成分、中药之药物学的作用、中药之应用等；"各论"共3章：中药之植物部、中药之动物部、中药之矿物部。

　　　　收藏单位：广东馆

03027

新增本草备要（名医精校 药性指南）（清）

汪昂著　陈咏华校

上海：春明书店，1947，180页，32开

上海：春明书店，1948.10，180页，32开

　　本书著者原题：汪讱庵。

　　　　收藏单位：桂林馆、首都馆

03028

药物图考　杨华亭著　周柳亭校

南京：中央国医馆，1935.8，2册，22开（中央国医馆医药丛书）

　　本书共两册6卷，选录重要常用的动植矿物类中药107种。每种药物均列出产地、形态、主治、考证、炮制、分剂、汤方、验案、插图及中外药物学经典中有关中药的论述节录。意在探索中药学的科学化。书前有焦易堂、周柳亭及著者序。

　　　　收藏单位：国家馆、南京馆、中科图

03029

增补本草备要　张礼五编

天津：诚文信书局，1939.12，2册（108+142页），32开

　　本书共4卷，按草、木、果、谷菜、金石水土、禽兽、蟹鱼虫、人等分类，介绍中药400余种，每种药均有插图。

　　　　收藏单位：国家馆、首都馆

03030

增辑医方集解·本草备要合编

上海：五洲书局，1936.6，2册，25开

　　　　收藏单位：南京馆

03031

增批本草备要（大字断句）　姜作民编辑

新京（长春）：大陆书局，1944.8，237页，32开

　　　　收藏单位：首都馆

03032

张兆嘉本草便读　（清）张兆嘉编

上海：世界书局，1937.5，122页，32开（基本医书集成）

　　本书集山草类、蔓草类、香草类、水草类、石草类等药品580余种，论述药性及主治功能。

　　　　收藏单位：重庆馆、广东馆

03033

整理本草研究国药之方案及其实例　赵燏黄著

外文题名：A programme together with concrete research examples, to make intensive study of "Pen Ts'ao" and Chinese materia medica

北京大学医学院中药研究所生药学部，1941.8，[143+58]页，16开（祁州药之研究 1 属于菊科及川续断科之药材）

　　本书为中英文对照，有标本图126幅。内容包括：研究方案及研究问题、研究旨趣及研究实例。

　　　　收藏单位：国家馆

03034

中国北部之药草　（日）石户谷勉著　沐绍良译述

上海：商务印书馆，1946.2，107+12页，32开

　　本书介绍东北地区所产草药的种类和药性。

　　　　收藏单位：重庆馆、国家馆、内蒙古馆、首都馆、天津馆、浙江馆

03035

中国新本草图志（第1集 第1—2卷）　赵燏黄[著]

上海：国立中央研究院化学研究所，1931—

1932，2 册，16 开（国立中央研究院化学研究所集刊 3）

本书第 1 卷介绍甘草、黄耆，列出产地、构造、成分、药用等。第 2 卷介绍人参、参须、参叶、高丽参、东洋参、西洋参，列出植物特性、产地，考据生药炮制、成分和功效等。

收藏单位：广东馆、国家馆

03036
邹润安本经疏证　（清）邹润安著
上海：世界书局，1937.5，2 册（[17]+308+[361] 页），32 开（基本医书集成）

本书收著者的《本经疏证》12 卷、《本经续疏》6 卷及《本经序疏要》8 卷。《本经疏证》及《本经续疏》考证并注释常用中药近 300 味。《本经序疏要》按临床病证将中药分类，每证下均列可选用之中药 10 余味，并附前人的评述及著者注释。书中题名：本经疏证。

收藏单位：贵州馆、国家馆、南京馆、首都馆

中药材

03037
辨药指南　（清）贾所学著　潘衔校订
上海：中华新教育社，1934.6，5 版，[10+116] 页，32 开

本书共 14 卷，内容包括：药母订例、气药、肝药、心药、肺药、肾药、痰药、火药、风药等。

收藏单位：重庆馆、广东馆、国家馆

03038
车前对于尿量之排泄及其成分之变异之研究　经利彬　吴炳宋编
北平：国立北平研究院，1934.5，6 页，18 开
收藏单位：南京馆

03039
除虫菊花中两种结晶之中性物质——克立生

新 Chrysanthine 与克立生纯 Chrysanthene
赵承嘏　朱任宏著
中华医学杂志社，[1934.6]，[3] 页，18 开

本书为《中华医学杂志》第 20 卷第 6 期抽印本。

收藏单位：国家馆

03040
滇产药材保险子之研究第一次报告　刘绍光　谭世杰编
卫生署中央药物研究所，1939，9 页，25 开
收藏单位：山西馆

03041
滇产药材金刚散之研究第一次报告　刘绍光等著
卫生署中央药物研究所，1939.5，22 页，23 开

本书内容包括：原料、化学成分之试验、药理实验、治疗用途等。附英文参考文献目录。

收藏单位：重庆馆

03042
杜仲与高血压　钱今阳编述
上海：中华医学会上海分会内科学会，[1949]，4 页，16 开

本书共 3 节：从文献上看杜仲的一般应用、类似高血压的症状和酒浸服用的记录、未来的展望。

收藏单位：国家馆

03043
简易治病捷诀（中和子）　安胡钰著
福星医药总社，1944.5，1 册，64 开（福星医药总社丛书 1）
收藏单位：南京馆

03044
鉴选国药常识　汪雪轩等编　朱吟声校
上海：灵学会国药研究部，1936.6，[122] 页，32 开

本书按草、果、兽、虫、石分部，介绍 50 种中药的产地、形态、价格等鉴别方法及

炮制常识。书前有焦易堂、吴铁城等人题词及序文。

收藏单位：国家馆、上海馆、浙江馆

03045
羚羊角辨　张锡纯著
上海：国医书局，1930.10，1册，36开（国医小丛书30）

本书介绍羚羊角的用途和药性。

收藏单位：浙江馆

03046
蒙古本草药之原植物　国立北京大学医学院中药研究所生药学部编辑
北京：国立北京大学医学院中药研究所生药学部，1941，20页，16开

收藏单位：广东馆

03047
四川大黄　王药雨编著
重庆：内政部卫生署中医委员会，1939.12，19页，25开（药产研究丛刊）

本书介绍四川大黄的形态、产地、采集、加工、成分鉴定及药用。

收藏单位：国家馆、南京馆

03048
新从中国麻黄中提出之三种有机物质　赵承嘏　梅斌夫著
[北平]：[中华医学杂志社]，1934.5，[3]页，16开

本书为《中华医学杂志》第20卷第5期抽印本。三种有机物质包括：麻黄副素、中性物质、挥发油。

收藏单位：国家馆、湖南馆

03049
芎蒡之生理作用　经利彬　石原皋编
北平：国立北平研究院，1934.5，13页，16开

收藏单位：国家馆

03050
益母草之研究（初步报告）　朱霈编

[重庆]：国立江苏医学院，1944.9，油印本，1册，16开

收藏单位：南京馆

03051
益母草子（茺蔚子）及其油之化学成分之研究　许植方著
[南京]：国立中央研究院化学研究所，1932.10，32页，16开（国立中央研究院化学研究所集刊8）

本书内容包括：总论、益母草及其种子之形态效用与性质、益母草子之分析及其大概成分之试验等。

收藏单位：国家馆

03052
真马宝实验录
三友实业社有限公司，[1911—1949]，1册，16开

本书主要介绍"真马宝"良药、上海三友实业社有限公司生产的其他商品，并有百家姓、治家格言等内容。

收藏单位：广东馆

03053
中国木防己之植物硷质　赵承嘏著
北平：中华医学杂志社，1935，4页，16开

本书为《中华医学杂志》第21卷第6期抽印本。著者自中国药木防己中分出两种结晶植物防己甲和防己乙，并分别论述其性质及化学成分。

收藏单位：重庆馆

中药炮制、制剂

03054
分类新编丸散膏丹自制法　胡安邦编
[上海]：[中央书店]，[1911—1949]，141页，32开
上海：中央书店，1941.5，新2版，141页，32开
上海：中央书店，1946.10，再版，141页，32

开

上海：中央书店，1948.3，10 版，141 页，32 开

本书以笔画数为序，介绍各种丸散膏的配方、制法及功用。版权页题名：丸散膏丹自制法。

收藏单位：重庆馆、南京馆、绍兴馆

03055
考正丸散膏丹配制法　姚若琴　徐衡之编著
上海：春江书局，1939.11，2 册（[418] 页），25 开

本书收方剂 400 余种，每方有说解。共 11 部分：内科、伤科、妇科、幼科、外科、眼科、诸胶、诸膏、药酒、花露、膏药。附成药与炮制药性之研讨。

收藏单位：国家馆、上海馆、首都馆

03056
考正丸散膏丹配制法　姚若琴　徐衡之编著
上海：三民图书公司，1948，2 册（[418] 页），25 开

收藏单位：广西馆、湖南馆

03057
丸散膏丹自制法　中华新教育社编著　陆士谔审订
上海：中华新教育社，1921.9，2 册，32 开
上海：中华新教育社，1933，6 版，2 册（[325] 页），32 开
上海：中华新教育社，1936.4，8 版，2 册（[325] 页），32 开

本书内分药丸、药散、药膏、药丹、药酒 5 部分。每部下又分内科、女科、幼科、外科、伤科等 7 门，共 700 种药剂。每种药剂均介绍主治、配方、分量、制法、服法及加减等。

收藏单位：重庆馆、广东馆、国家馆、湖南馆、绍兴馆

03058
药业指南　周复生编著
重庆：济生堂国药房，1942.3，186 页，32 开

重庆：济生堂国药房，1943.6，再版，192 页，32 开
重庆：济生堂国药房，1946.10，3 版，195 页，32 开

本书共两编。上编讲述中药各种炮制原理、标准、丸散膏丹制法及伪药的辨别方法；下编为改进中药制剂、古方权量研究、煎药服药法、专门名词释义等。书前有焦易堂、潘国贤、沈仲圭、周禹锡、张拱端等人序言及凡例。

收藏单位：重庆馆、国家馆、浙江馆

03059
原本丸散膏丹配制法　饲鹤亭医室集　夏橘人校
大通图书社，1941.4，166 页，32 开

收藏单位：首都馆

03060
增补雷公炮制药性赋解　（明）李士材编　嵩山居士校阅
上海：鸿文书局，1936.4，82 页，32 开
上海：鸿文书局，1937.8，重版，120+20 页，32 开
上海：鸿文书局，1940，120+20 页，32 开

本书共 6 卷，是编者对《雷公炮制药性赋》一书所做的解释。附四百味药性歌括。封面题名：雷公药性赋解。

收藏单位：重庆馆、广东馆

03061
制药指南　张睿编著
上海：中华新教育社，1934.2，4 版，72 页，32 开

收藏单位：国家馆

中药化学

03062
常山治疗初步研究报告　管光地等著
出版者不详，[1911—1949]，106 页，16 开

本书收文 4 篇：《常山之生药研究》（管光

地）、《常山之化学分析》（姜达衢）、《常山临床研究初步报告》（程学铭、张伯镛）、《常山治疟初步临症报告》（陈方之等）。

　　收藏单位：重庆馆、南京馆

03063

生药有效成分提制法　高维礽著

上海：商务印书馆，1935.11，74 页，32 开（医学小丛书）

上海：商务印书馆，1936.9，再版，74 页，32 开（医学小丛书）

上海：商务印书馆，1939.8，3 版，74 页，32 开（医学小丛书）

上海：商务印书馆，1947.7，4 版，74 页，32 开（医学小丛书）

　　本书共 44 个实验，内容包括：吗啡、可待因、甲种北美黄连素、左旋菲沃斯素与阿讬品、可卡因等。

　　收藏单位：重庆馆、广东馆、贵州馆、国家馆、湖南馆、江西馆、南京馆、山西馆、上海馆

03064

细辛化学成分之研究　赵承嘏　朱任宏著

出版者不详，1935，5 页，16 开

　　本篇为《中华医学杂志》第 21 卷第 6 期抽印本。

　　收藏单位：重庆馆

中药药理学

03065

仿宋古本雷公炮制药性赋　（清）汪昂编

上海：大文书局，1936.4，2 册（82+118 页），32 开

上海：大文书局，1937.1，再版，2 册（82+118 页），32 开

　　本书封面题名：仿宋古本雷公药性赋。

　　收藏单位：国家馆

03066

分经药性赋　（清）潘宗元著　沈懿甫校订

上海：中医书局，1934.12，35 页，32 开

　　本书介绍 200 余种中药的药性及功效。共 14 篇，内容包括：手太阴肺经用药赋、手阳明大肠经用药赋、足阳明胃经用药赋、手少阴心经用药赋、手太阳小肠经用药赋、足太阳膀胱经用药赋等。

　　收藏单位：黑龙江馆

03067

精制五百味药性说明　张焕亭编纂

范甫印刷局，[1911—1949]，32 页，32 开

　　收藏单位：首都馆

03068

雷公炮制药性赋　江忍庵校勘

上海：大达图书供应社，1935.11，2 册，32 开

　　本书介绍寒性药物 66 种、温性药物 54 种、平性药物 68 种，以及主治指掌的一些药物。附珍珠囊指掌补遗。书中题名：雷公炮制药性解。

　　收藏单位：重庆馆、广东馆、湖南馆、绍兴馆

03069

雷公炮制药性赋　江忍庵校勘

上海：广益书局，1937，2 册，32 开

上海：广益书局，1938，再版，2 册，32 开

上海：广益书局，1946.7，新 1 版，2 册，32 开

上海：广益书局，1947.3，新 2 版，2 册，32 开

上海：广益书局，1948.3，新 3 版，2 册，32 开

　　收藏单位：重庆馆、广东馆、江西馆、南京馆、绍兴馆、首都馆

03070

雷公炮制药性赋（下册）

上海：沈鹤记书局，[1911—1949]，101 页，32 开

　　收藏单位：首都馆

03071

雷公炮制药性赋解 （金）李杲编 （清）王子接重订

上海：商务印书馆，1934.9，国难后1版，221页，32开

上海：商务印书馆，1934.12，国难后2版，221页，32开

上海：商务印书馆，1935.6，国难后3版，221页，32开

上海：商务印书馆，1936.11，国难后4版，221页，32开

上海：商务印书馆，1947.7，10版，221页，32开

本书共10卷，内容包括：总赋、用药发明、主治指掌、草部、木部等。

收藏单位：重庆馆、广东馆、南京馆

03072

雷公药性 （明）李士材编辑 （清）王子接重订

大新书局，1934.11，101页，22开

本书封面题名：雷公药性赋。

收藏单位：广东馆

03073

雷公药性赋（足本大字）

上海：广益书局，[1940.3]，3册（18+22+31张），25开

本书附药性解。

收藏单位：上海馆

03074

雷公药性赋解 （明）李士材著

上海：春明书店，1947.3，1册，32开

上海：春明书店，1947.10，再版，1册，32开

本书内容包括：雷公药性赋、雷公药性解。附药性歌括。

收藏单位：重庆馆、桂林馆、绍兴馆、首都馆

03075

生理学研究所中文报告汇刊（第1卷）

北平：国立北平研究院，[1935]，202页，16开，精装

本书共9篇，内容包括：《金鱼的鳍及鳞之复生》（经利彬、章韫胎）、《党参的生理作用之研究》（经利彬、石原皋）、《党参对于血压作用之继续研究》（经利彬、石原皋）、《桑蚕胎体中肠壁膜之构造》（章韫胎）、《本草上数种解热植物之研究》（经利彬、李登榜）等。

收藏单位：国家馆

03076

生理学研究所中文报告汇刊（第2卷）

北平：国立北平研究院，1935—1936，237页，16开，精装

本书共10篇，内容包括：《国产粉防己中制得之赝碱关于药理之研究》（经利彬、石原皋）、《知母之药理作用》（经利彬、石原皋）、《地黄之药理作用》（经利彬、石原皋）、《地黄之抑制血糖作用》（经利彬、石原皋）、《玄参之药理作用》（经利彬、石原皋）、《船底动物之附着生活与金属物质关系之研究》（戴笠）、《木斛之药理研究》（经利彬、李登榜）、《瓦松之药理研究》（经利彬、李登榜）等。

收藏单位：国家馆

03077

生理学研究所中文报告汇刊（第3卷）

北平：国立北平研究院，[1936]，340页，16开，精装

本书共6篇，内容包括：《数种主治消渴本草植物对于血糖之影响》（经利彬、石原皋、李登榜）、《祁州药志》（赵燏黄）、《数种利尿本草植物对于利尿与血压之研究》（经利彬、李登榜）、《苍术生理作用之初步研究》（经利彬、李登榜）等。

收藏单位：国家馆

03078

药性入门 陈景岐编 吴嘉宝校

上海：中西医药书局，[1934]，146页，36开（中国医药入门丛书）

本书共5部分：青囊药性赋、药性歌括、

分类药性、本经便读、名医别录。

收藏单位：国家馆、辽宁馆、宁夏馆

03079

药性提要　秦伯未编

上海：中医书局，1932，再版，42 页，32 开（家庭医药常识 3）

上海：中医书局，1934.4，3 版，42 页，32 开（家庭医药常识 3）

本书内容包括：补益药提要、收敛药提要、发散药提要等。

收藏单位：广东馆

03080

珍珠囊补遗药性赋·雷公炮制药性解　（明）李明元撰　（清）王子接重订·（明）李士材撰　（清）王子接重订

上海：大东书局，1940.3，4 册（[360] 页），32 开（中国医学大成 第 2 集 药物类）

《珍珠囊补遗药性赋》共 4 卷，前两卷综述药性的寒热温平，用药的方法，畏、反禁忌等；后两卷分部按味介绍药物的性味、效用和主治病症。《雷公炮制药性解》共 6 卷，分金石、果、谷、草、木、菜、人、禽兽、虫鱼 9 部，收药物 330 余味，分别加注。第 1—2 册书脊题：珍珠囊补遗药性赋，第 3—4 册书脊题：雷公炮制药性解。著者"李士材"原题：李中梓，重订者"王子接"原题：王晋三。

收藏单位：国家馆、江西馆

中药品

03081

北平宏仁堂药家老铺丸散膏丹目录　宏仁堂编

北平：宏仁堂，[1931—1949]，36 页，32 开

收藏单位：重庆馆

03082

成药全书　丁甘仁　余继鸿厘订

上海：复兴中医社，1934.6，242 页，32 开

本书按成药的主治功用分为 16 门，收中医丸膏精丹等成药近 500 种。内容包括：补益心肾门、饮食气滞门、脾胃泄泻门等。

收藏单位：南京馆

03083

成药全书（一名，丸散膏丹全书）　丁甘仁编

上海：国医出版合作社，1934.7，[26]+272 页，40 开

收藏单位：上海馆

03084

春回一览　同仁老铺编

[成都]：[同仁老铺]，[1911—1949]，52 页，32 开

本书内容包括：妇科门、诸火门、眼目门、小儿门、痰饮咳嗽门等。

收藏单位：重庆馆

03085

方便通论　三友实业社编

上海：三友实业社，[1938.7]，64 页，64 开

本书为中医润便剂——方便丸的宣传广告。

收藏单位：国家馆

03086

分类实用丸散膏丹集成　郑显庭编

上海：世界书局，1937.5，[56]+743 页，50 开，精装

上海：世界书局，1943，新 2 版，[56]+743 页，50 开，精装

本书博采古今著名医书中丸散膏丹成方，按症证及功效治法分为补养、发散、和解、消导、祛风、理气、消暑、利湿、中风、经产等 64 类，介绍方药 2000 余种，每方均有：发明、功用、药品、制法及用法、参考五项内容。书前有以首字笔画为序的方剂名称索引。

收藏单位：贵州馆、国家馆、吉林馆、南京馆、首都馆

03087

冯存仁堂丸散膏丹全集

出版者不详，1934，重版，116页，50开

　　收藏单位：上海馆

03088

佛慈药厂科学国药（第1—3集）　佛慈药厂编

上海：佛慈药厂，[1933]，3册，32开

　　本书介绍该药厂的成立经过、经营计划及所出产药品的药理、效能等，介绍焦易堂、蔡元培、赵燏黄、胡定安等人有关改良国药的文章6篇及该厂改良国药标准大纲和该厂生产的各类丸散膏丹112种。

　　收藏单位：上海馆

03089

夫妇之道外行播音集　三友实业社国药部编

上海：三友实业社，1939.4，128页，32开

上海：三友实业社，1939.5，4版，128页，32开

　　本书宣传中成药"救苦丸"治疗不育症的效果。

　　收藏单位：上海馆

03090

汉药成方汇编　陈扶宇编纂

奉天（沈阳）：奉天汉药同业公会，1941，522+64页，16开，精装

　　本书内容包括：药名及分量、禁忌、内服用量等。

　　收藏单位：国家馆

03091

汉药方案　秦庆芝编　傅梦熊审　赵子钧校

新京（长春）：新京特别市药商同业组合，1937，233页，16开

新京（长春）：新京特别市药商同业组合，1940.9，再版，233页，16开，精装

　　本书介绍400余种成药的主治、功用、原料、制法、用量、用法等。

　　收藏单位：上海馆

03092

何制药品说明书　何公度著

上海：何公度，[1911—1949]，16页，32开

03093

胡庆余堂雪记简明丸散全集　胡庆余堂编

[上海]：胡庆余堂，[1911—1949]，112页，25开

　　本书介绍该药店所售自制丸药配方。

　　收藏单位：上海馆、首都馆、浙江馆

03094

京都达仁堂乐家老铺丸散膏丹简明目录　京都达仁堂乐家老药铺编

[北平]：京都达仁堂乐家老药铺，1939.8，22页，27开

03095

京都乐仁堂乐家老药铺丸散膏丹药目　[京都乐仁堂编]

出版者不详，[1911—1949]，60页，32开，环筒页装

　　收藏单位：首都馆

03096

京药集成　北平药局编

上海：北平药局，1938.10，272页，50开

　　本书介绍该药局及北平其他各家制药厂生产的中成药名称、功效。附上海市医生一览表。

　　收藏单位：南京馆、山西馆、上海馆

03097

考正丸散膏丹集　上海市国医学会编辑

上海：上海市国医学会，1934.11，4册（[1008]页），32开

　　本书对历代医家配制的名同而方异之丸散膏丹加以考正。以各方原名首字笔画为序排列，每方先列原名，再列书名、功用、药品、制法、用法、杂论等项。

　　收藏单位：国家馆、黑龙江馆、江西馆、内蒙古馆、上海馆

03098

雷允上诵芬堂丸散全集 雷允上诵芬堂编

[苏州]：雷允上诵芬堂，1932，再版，68页，50开

本书介绍雷允上诵芬堂生产的各种丹散膏丸的名称及功效。

03099

雷允上诵芬堂丸散饮片全集 雷学嘉 雷学乐编

苏州：雷允上诵芬堂，1938.9，增订版，1册，50开

上海：雷允上诵芬堂，1941，再版，296页，50开

收藏单位：广东馆、南京馆

03100

利溥集 张洗桐编

上海：施德之，[1914]，319页，23开

本书辑录赞扬神功济众水（类似十滴水的一种成药）功用的文章及诗歌百余篇。

收藏单位：上海馆

03101

律须德药厂良药说明 律须德药厂编

出版者不详，[1911—1949]，64页

收藏单位：江西馆

03102

讴歌集 黄楚九编

上海：上海印刷公司，1917.9，[18]+56页，24开

本书介绍黄楚九创制的中药——九造真正血。

03103

实验国药新手册 郑藻杰编著

贵阳：陆军兽医学校兽医国医药治疗研究所，1940.5，572页，50开（西药代替品丛书1）

收藏单位：南京馆

03104

寿世汇编 老太和广药庄编

天津：[老太和广药庄]，1915.9，126页，25开

天津：[老太和广药庄]，[1930.10]，增订再版，[26]+126页，25开

本书将该药房销售的近300种中药制剂分为风痰、伤寒、暑湿、补益等23个门类加以介绍。附常用西药及广东名家丸散药名表。

收藏单位：国家馆

03105

同仁堂药品主治简明录

乐家老铺，[1911—1949]，36页，25开

收藏单位：首都馆

03106

丸散易知 秦伯未编 方公溥校

上海：中医书局，1930.11，70页，32开（家庭医药常识6）

上海：中医书局，1937.1，再版，70页，32开（家庭医药常识6）

本书共两部分。第1部分"丸散易知"：内科类、妇科类、儿科类、外科类；第2部分"胶酒易知"：胶类、酒类。

收藏单位：黑龙江馆、绍兴馆、浙江馆

03107

西南抗疟药村之研究（新灵之研究第一次报告） 刘绍光著

北京：教育部中央药物研究所，1940，22页，25开

收藏单位：南京馆、山西馆

03108

叶树德堂丸散膏丹集 沈仲理编订

上海：叶树德堂，1936.12，129页，32开

本书内容包括：内科、女科、幼科、眼科、喉科、外科等。

收藏单位：上海馆

03109

饮片新参 王一仁主撰

上海：千顷堂书局，1936.1，2册（232+252页），32开

本书为中药手册。共两编 18 类,内容包括:平补、清补、温补、辛温、辛凉、清热、通泻、通络、分利、去淤、理气等。介绍药物形色、性味、功用、用量、用法、禁忌。

收藏单位:国家馆、黑龙江馆、首都馆、中科图

03110

治疯丸实验录 三友实业社编

上海:三友实业社,1938.9,76 页,16 开

本书介绍治疯丸等药品的用途及疗效。

03111

中华国产药物 (英)伊博恩(B. E. Read)著

上海:中华医学会,1940.12,35 页,25 开(中华医学会特种报告丛刊 13)

本书介绍中药西制药品,包括外用、消化道、放血及血循环等类药物,列出中西文药名、用法、剂量等。附中、英、拉丁文对照索引。

收藏单位:国家馆

03112

中西补品大全 万国长寿学会编辑

上海:大陆图书公司,1922,78 页,32 开

本书内容包括:补脑类、补血类、补肺类、补心类、补肾类等。

收藏单位:吉林馆、首都馆、浙江馆

中药药事组织

03113

国药业的危机及其补救策 王药雨编著

北平:明日医药杂志社,1936.7,24 页,32 开(明日医药丛刊 2)

本书共 6 章,内容包括:衰落状况、衰落原因、改革与补救等。

收藏单位:国家馆

03114

清代之御药房 鲍鉴清编著

北平:[民国医学杂志社],1930.8,14 页,16 开

本书为《民国医学杂志》第 8 卷第 8 号抽印本,介绍我国清代御药房的创设与组织、收藏的药品、检验手续、炮制工具等。

收藏单位:国家馆

03115

上海大中药房新药市价表 上海大中药房编

上海:白克路珊家园,1936.5,53 页,36 开

收藏单位:江西馆

03116

中药业概况 周选青著 潘吟阁校

上海:中华职业教育社,1929.12,18 页,32 开(职业概况丛辑 17)

本书简述我国中药业的历史、组织、待遇、学徒状况等。

收藏单位:国家馆

方剂学

03117

大藏治病法 百炼居士编辑

上海:大法轮书局,1948.11,76 页,64 开

收藏单位:上海馆

03118

古今医方新解 胡光慈著

重庆:胡光慈,1948.5,114+96 页,36 开(中国医学精华 第 2 集)

本书共 6 类:发表之剂、清热之剂、温中之剂、燥湿之剂、理气之剂、活血之剂。

收藏单位:重庆馆

03119

疗病验法选集 沈洗涤著

辛集:解放书店,1947.6,19 页,32 开

收藏单位:国家馆

03120

时方讲义 钱公玄著

[上海]：吴建嘉，1941.2，194 页，32 开

本书共 14 章，讲述中医方剂学，按发表、和解、攻下等功用分类。

收藏单位：黑龙江馆

03121

实用处方学　张子英著

桂林：复兴医药杂志社，1942.8，2 册（79+39 页），32 开

本书介绍处方的规矩、方剂组织法、配伍及活用法等，并列举历朝著名方剂 200 余方，加以解释。共 3 章：处方学概论、六经病解、方剂解释。

收藏单位：重庆馆

03122

实用处方学　张子英著

贵阳：现代医药杂志社，1946.3，再版，2 册（82+39 页），32 开

收藏单位：重庆馆、桂林馆、国家馆

03123

新中医方剂学　陈永梁著

广州：光华图书印务公司，1948.10，2 册，32 开

本书内容包括：处方、调剂、强壮剂、泻下剂、涌吐剂、利尿剂、提激剂、降辑剂等。

收藏单位：广东馆、浙江馆

03124

增补万病回春　王子文重书

上海：广益书局，1948.6，新 1 版，2 册（262+238 页），32 开

收藏单位：江西馆

03125

增补万病回春原本　（明）龚廷贤编

出版者不详，[1911—1949]，1 册，32 开

收藏单位：湖南馆、首都馆

方　论

03126

方药考论类编　张赞臣编　张仲勋校

上海：中国医药书局，1930.11，118 页，32 开

本书共两部分：方剂类、药物类。收张锡纯、丁仲英、沈仲奎、陆士谔、许半龙、陈无咎等人撰写的中医药论文 38 篇。

收藏单位：湖南馆、上海馆

03127

国药规范配典（上册）　高月如著

出版者不详，1949，142 页，32 开

收藏单位：国家馆

03128

汉方新解　（日）汤本求真著　徐柏生译

[上海]：徐柏生，1930.8，12+436 页，27 开

本书运用西医理论，从方药、药味、方证、适应症、用法、使用范围等方面解说 110 个中医方剂。内容包括：桂枝汤、甘草汤、真武汤、芍药甘草汤等。

收藏单位：中科图

03129

临床应用汉方医学解说　（日）汤本四郎右卫门著　刘泗桥译　章成之校

上海：东洞学社，1929.11，[20]+182 页，23 开，精装

本书用西医解说张仲景所创东洋古医学，解释中医成方百余种。各方剂后附治验病例、适应症、成分、剂量等。

收藏单位：广东馆、桂林馆、山西馆、上海馆、绍兴馆、首都馆、浙江馆、中科图

03130

临症处方学　沈焕章编著

上海：大众书局，[1933.6]，80 页，32 开（国医丛书）

上海：大众书局，1936.9，重版，80 页，32

开（国医丛书）

本书介绍方剂约 200 种。共 21 类，内容包括：补益剂、和解剂、发表剂、攻里剂等。书前有曹湘人、盛心如序及著者序。

收藏单位：广东馆、贵州馆、国家馆

03131
明教方　陈无咎著
上海：丹溪学社，1926.9，88 页，36 开（陈氏医垒 第 3 辑）（黄溪医垒 6）（黄溪方案 1）
上海：丹溪学社，1936.9，再版，88 页，36 开（陈氏医垒 第 3 辑）（黄溪方案 1）

本书收中药方 100 则，以实验有效方剂反论医理，借方研症。书后有黄元白跋。

收藏单位：重庆馆、黑龙江馆

03132
日医应用汉方释义　（日）汤本求真著　华实孚译
上海：中华书局，1946.10，[13]+134 页，32 开

本书著者汇集日本汉医学家东洞、村井、尾台等人学说，运用现代医学知识理论解释研究《伤寒》《金匮》两书中医方的组成与功用，共 91 方。比较中西医之长短，探讨现代医学临床治疗中的错误。此书初译者为刘泗桥，书名译为：汉方医学解说。

收藏单位：重庆馆、广东馆、桂林馆、国家馆、辽大馆、辽宁馆、上海馆、首都馆、浙江馆

03133
药物与验方　黄劳逸等著　张达玉等校
上海：校经山房书局，1933.7，170 页，32 开
本书收中医临床药物处方学方面论文 39 篇，内容包括：犀角之研究、黄连何以能厚肠、贝母、茶之研究、谈肉桂、方药碎语等。

收藏单位：重庆馆、贵州馆、国家馆、天津馆

03134
证治实验方解　王则樵著　秦伯未校订
上海：中医书局，1932.11，64 页，32 开
上海：中医书局，1936.7，再版，64 页，32 开

（近代医学丛书选）

本书介绍治疗头部、手部、胃部等疾病的中医药方（有少数西医药方）。

收藏单位：黑龙江馆

03135
中医十八反之检讨　张文元著
太原：中医改进研究会，1937.3，156 页，32 开

本书以表格形式列举乌头、甘草、藜芦等药与反药并用的方剂。对中医用药禁忌"十八反"提出异议。内容包括：十八反名实之歧异、反药并用之方剂、古医对于反药并用之解说、近人之研究、作者之检讨、结论。

收藏单位：国家馆、首都馆

医方汇编

03136
村居救急方　魏东澜辑
杭州：三三医社，[1924—1949]，1 册，32 开（三三医书 第 1 集 9）

本书共 7 卷，内容包括：外感门、内伤门、杂症门、小儿科等。

收藏单位：桂林馆、湖南馆、南京馆、内蒙古馆

03137
分类方剂　王一仁撰集　江绍芬　江声远参校
上海：千顷堂书局，1936.11，[22]+180 页，32 开

本书共 57 门，内容包括：中风、伤寒、温热、呕吐等。附外科方药选粹。

收藏单位：国家馆、南京馆

03138
福幼津梁（下册）　陈雅愉编
上海：国光印书局，1935.6，100+108 页，32 开
收藏单位：首都馆

03139

古今医方集成 吴克潜编

上海：大众书局，1936.7，2 册（[12]+2325 页），32 开，精装

　　本书以汉字笔画为序，收 2 万余种中药方。每方列出主治、功效、药物、用量、服法等。

　　收藏单位：国家馆、湖南馆、南京馆、内蒙古馆、山西馆、绍兴馆、首都馆、中科图

03140

鬼遗方 （南朝齐）龚庆宣撰

杭州：三三医社，[1924—1949]，[84] 页，32 开（三三医书 第 2 集 8）

　　据《医学大辞典》曰，本书为刘涓子得之于山中鬼物，后传其姊从孙龚庆宣，原书草写无次第，龚氏得之编为五卷，并作序于篇首。观书中制方之法，确为魏晋人手笔，据此可见此书之价值。

　　收藏单位：重庆馆、桂林馆、湖南馆、内蒙古馆

03141

经验医库 罗应章著

上海：中医书局，1932，122 页，32 开

上海：中医书局，1936.7，再版，122 页，32 开（近代医学丛选）

　　收藏单位：黑龙江馆

03142

两性医学 蒋璘荫编

上海：种玉堂书药社，1940.1，80 页，50 开

上海：种玉堂书药社，1946.6，4 版，80 页，50 开

上海：种玉堂书药社，1946.9，5 版，80 页，50 开

上海：种玉堂书药社，1947.9，7 版，80 页，50 开（蒋氏医学丛书）

　　本书内容包括：肾之构造与机能、肾脑与生育之关系、育嗣麟之药理与试验、育嗣麟之主治效能等。

　　收藏单位：重庆馆、上海馆

03143

临证医典 姚若琴编著 陆渊雷校

上海：三民图书公司，1935，增订再版，[50+389+26] 页，50 开

上海：三民图书公司，1937，[50+389+25] 页，50 开

　　本书以证分类，所选方药均与证候相对，每病冠以证解，略论病源及治法。附处方用量表。书前有丁仲英、谢利恒等人题字及陆渊雷序。

　　收藏单位：广西馆、国家馆、绍兴馆

03144

丸散真方汇录 张树筠著

天津：张相臣，1930.10，2 册，16 开

天津：张相臣，1933，修正再版，2 册，16 开（蘷蕷轩医学丛书 第 1 种）

　　本书按内、外、妇、儿等科列病症 70 余种，收处方近 500 个。各方下均标明出处及著者按语，介绍其主治、用法、忌服应戒、药品制法。附养子十法、调护小儿歌、医家劝世箴、医家五戒、医家十要、病家十要、卫生要言等。封面题名：蘷蕷轩丸散真方汇录。

　　收藏单位：国家馆、首都馆

03145

万病处方例案 陈景岐著

大通图书社，1939.5，310 页，32 开，精装

　　收藏单位：安徽馆、广东馆

03146

新增东洋汉方要诀（第 1—3 册） （日）长泽道寿原著 （日）中山三柳新增 （日）北山友松子按 王南山译

苏州：苏州国医学校编译馆，[1935.9]，3 册，22 开

　　本书共 3 卷，收 164 方，说明方药、配伍、效用、服法及禁忌。

　　收藏单位：国家馆、中科图

03147

医方简义 （清）王清源著

上海：沪江耕香斋图书店，1934，1 册，32 开

　　收藏单位：首都馆

03148

医心方 （日）[丹波康赖] 撰

东京：荻野仲三郎，1935，影印本，5 册

　　本书据仁和寺本影印。存 5 卷：卷 1、5、7、9—10。

　　收藏单位：国家馆

各代医方

03149

备用药方汇选（中华民国廿九年） 香港东华医院编

香港：[东华医院董事局]，1940.7，40 页，22 开

香港：东华医院董事局，1941.1，2 版，40 页，22 开

　　本书为香港东华三院（东华医院、广华医院、东华东院）院用中医协定处方。包括中医内科方剂、内科膏丹丸散方、外科跌打内服膏丹丸散方。初版时选收 96 方。2 版时经中医部联席会议审订增删成 81 方。

　　收藏单位：国家馆

03150

重订孙真人海上方 （唐）孙思邈著　王南山校

苏州：国医编译馆，1935.3，31 页，32 开（王氏医书小丛书）

　　本书辑录 120 余种常见病症的单验方，每病均编成七言歌诀。

　　收藏单位：国家馆

03151

膏方大全 秦伯未编著　方公溥参校

上海：中医书局，1929.9，39 页，32 开

上海：中医书局，1935，3 版，39 页，32 开

　　本书共两编。上编介绍膏方的性质、效力、用量、煎熬、禁忌等；下编介绍 27 种治疗咳嗽、痰饮、眩晕、耳鸣、失眠、多寐、瘕聚、调经、白带等病症的膏方，说明主治、剂量、配制方法及服法。

　　收藏单位：广东馆、国家馆、南京馆、绍兴馆、天津馆、浙江馆

03152

华佗神方大全 又梦子辑

中国医学书局，1936.3，36 页，32 开

　　收藏单位：广东馆

03153

华佗神方总目 （唐）[孙思邈辑]

[上海]：[四明书店]，[1936]，428 页，32 开，精、平装

　　收藏单位：广东馆

03154

华佗神医秘方大全 （汉）华佗撰　姚若琴重校

上海：春江书局，1938.11，2 册（[32]+369 页），32 开（医药丛书）

　　本书共 3 卷。卷上"病源论"共 48 章，内容包括：寒热论、脉要论、劳伤论等；卷中"神方大全"共 17 类，内容包括：神方、内、外、妇、产、儿、眼、耳、鼻、齿、喉、皮肤、伤科等，收方剂 1000 余种，各方均简介其药味、分量、制法、服用法、主治及效果等；卷下"附录"共两篇：华佗注仓公传、世补斋不谢方。

　　收藏单位：国家馆、首都馆

03155

华佗神医秘方真传 （汉）华佗著

国医研究社，1943.4，再版，250 页，32 开

　　本书版权页题名：华佗神医秘方。

　　收藏单位：广东馆

03156

经验各种秘方辑要 （清）王松堂编辑

上海：道德书局，1937.2，154 页，25 开

　　本书据《大生要旨》中验方与《广征秘方精选》汇编而成。分妇、儿、内、喉、眼、外、伤科及杂治 8 门，辑录秘方 300 余种。

介绍药味、剂量、制法、服法及主治疗效。

收藏单位：安徽馆、南京馆、上海馆

03157

普济方目录

出版者不详，[1937.4]，76 页，32 开

本书收 426 卷普济方目录，内容包括：脏腑总论、肝脏门、心脏门、脾脏门等。

收藏单位：国家馆、首都馆

03158

普济方样本 陈宜诚编

出版者不详，1937，[44] 页，32 开

本书收作者序、普济方提要、目录、样张、预约章程等。

收藏单位：首都馆

03159

沈氏经验方 沈心斋辑

杭州：三三医社，[1924—1949]，50 页，32 开（三三医书 第 1 集 14）

收藏单位：湖南馆、南京馆

03160

圣济总录纂要 （清）程林纂辑

上海：大东书局，1937.2，10 册（[1120] 页），32 开（中国医学大成 第 4 集 方剂类）

本书共 26 卷，内容包括：诸风门、伤寒门、疟疾门、咳嗽门、吐血门、黄疸门、心痛门、虚劳门、大小便门、脏腑虚实门等。纂辑者原题：程云来。

收藏单位：重庆馆、广西馆、桂林馆、国家馆、湖南馆、江西馆、辽宁馆、内蒙古馆

03161

十药神书 （元）葛可久著 （清）潘霨重校增注

苏州：江苏省立苏州图书馆，1939.11，[32] 页，32 开（江苏省立苏州图书馆吴中文献小丛书 9）

本书共 10 个治疗虚劳吐血经验方，大多实用有效。内容包括：十庆散、花蕊石散、独参汤、保和汤、保真汤、太平丸（又名宁漱

金丹）、沉香消化丸、润肺膏、白凤膏、补髓丹。书前有著者序、著者与潘霨小传。附平胃散方、四君子汤。

收藏单位：近代史所、南京馆、上海馆、首都馆、天津馆、中科图

03162

寿世新编 （清）万潜斋著 聂云台鉴定

上海：聂云台，[1927.9]，158 页，23 开

本书辑录常见病的经验方，分为时症外感诸方、目疾诸方、疮毒内服诸方、跌打损伤诸方。附卫生要旨。

收藏单位：湖南馆

03163

寿世新编 （清）万潜斋著 聂云台鉴定

上海：乐中印书会，1945.1，158 页，23 开

收藏单位：南京馆

03164

叶天士手集秘方 （清）叶天士著 陆士谔校

上海：世界书局，1937.6，146 页，32 开（基本医书集成）

本书内容涉及内、外、妇、儿、骨伤科等疾病 60 余类证候的效验秘方。著者原题：叶桂。

收藏单位：广东馆

03165

医方集解 （清）汪昂著

出版者不详，[1911—1949]，1 册，25 开

收藏单位：南京馆

03166

医方考 （明）吴鹤皋著

上海：大东书局，1937.1，6 册（[556] 页），32 开（中国医学大成 第 4 集 方剂类）

本书共 6 卷。按中风、伤寒、感冒、暑、温等 72 证辑录历代常用医方 700 余个。每类前有短叙，略述选方范畴。每证先叙证因，再辨诸家治法，汇集各方及方义解说。除《脉语》。

收藏单位：广西馆、桂林馆、国家馆、湖

南馆、江西馆、内蒙古馆、首都馆

03167

医方论（大字断句）（清）费伯雄著　王有
声断句

上海：中国文学书局，1936.5，64+64 页，32 开

　　本书共上、下两卷，根据汪昂《医方集
解》方剂次序，逐一评论，删去各方主治与
注文而成。

　　收藏单位：重庆馆

03168

增订正续验方新编　（清）鲍相璈编

上海：鸿文书局，1940.7，3 版，166+169 页，
32 开

　　本书版权页题名：验方新编。

　　收藏单位：广东馆

方　歌

03169

经方捷径　王德箴　杨梦麟著　王慎轩鉴定

苏州：国医编译馆，1935.4，18 页，32 开（王
氏医学小丛书）

　　本书共 3 卷：内经方歌括、金匮方歌括、
伤寒方歌括。

　　收藏单位：国家馆

03170

伤寒方症歌括　罗振湘著

长沙：振湘医社，1936.12，60 页，32 开

　　收藏单位：湖南馆、首都馆

03171

伤寒时方歌诀　俞根初著　陆士谔评注

上海：世界书局，1937.5，78 页，32 开（基
本医书集成）

　　本书共 6 编：发汗剂、和解剂、攻下剂、
温热剂、滋补剂、清凉剂。附吴鞠通温病条
辨方歌诀、雷少逸时病论医方歌诀。封面题
名：俞根初伤寒时方歌诀。

　　收藏单位：重庆馆、南京馆

03172

伤寒时方歌诀评注　俞根初制方　周越铭韵
次　何秀山注释　王慎轩评按

苏州：苏州国医书社，1933.3，再版，[126]
页，22 开（王氏医学丛书）

　　本书附温病条辨方歌诀、时病论医方歌
诀。

　　收藏单位：国家馆

03173

汤头歌诀　（清）汪昂著

上海：大众书局，1933.10，10+69 页，32 开

上海：大众书局，1936.4，重版，10+69 页，32
开

上海：大众书局，1947.3，再版，10+69 页，32
开

　　本书著者原题：汪讱庵。

　　收藏单位：广东馆、首都馆

03174

汤头歌诀　（清）汪昂著

上海：商务印书馆，1934.5，81 页，32 开

上海：商务印书馆，1934.7，国难后 2 版，70
页，32 开

上海：商务印书馆，1935.4，国难后 3 版，70
页，32 开

长沙：商务印书馆，1938.5，国难后 7 版，[10]+
81 页，32 开

长沙：商务印书馆，1940.5，国难后 8 版，[10]+
81 页，32 开

上海：商务印书馆，1948.4，9 版，[10]+81 页，
32 开

　　本书内有七言歌诀 200 余首，包括 300
多种方剂。按补益、发表、攻里、涌吐等分
成 20 类。附经络歌诀。

　　收藏单位：广东馆、贵州馆、国家馆、上
海馆、首都馆

03175

汤头歌诀　（清）汪昂著

上海：中华新教育社，1932，3 版，石印本，
[12]+68 页，36 开

上海：中华新教育社，1935，4 版，石印本，

84 页，36 开

收藏单位：重庆馆、广东馆、国家馆、南京馆

03176

汤头歌诀 （清）汪昂编　徐衡之　姚若琴校订

上海：三民图书公司，1946.12，再版，99 页，36 开

收藏单位：上海馆

03177

汤头歌诀

上海：京城书店，1941.3，2 版，60 页，32 开

本书版权页题名：旧本汤头歌。

收藏单位：南京馆

03178

汤头歌诀（重校） （清）汪昂著　周郁浩校

上海：广益书局，1936.5，90 页，32 开

上海：广益书局，1938.7，再版，10+90 页，32 开

上海：广益书局，1939.5，再版，90 页，32 开

上海：广益书局，1946.10，新 1 版，[13]+90 页，32 开

上海：广益书局，1947.9，新 2 版，[13]+90 页，32 开

上海：广益书局，1948.2，新 3 版，90 页，32 开

上海：广益书局，1948.9，新 4 版，100 页，32 开

收藏单位：重庆馆、广东馆、湖南馆、江西馆、南京馆、绍兴馆、首都馆

03179

汤头歌诀（大字足本） （清）汪昂著

上海：春明书店，1943.3，再版，[14]+84 页，32 开

收藏单位：国家馆、南京馆

03180

汤头歌诀（续编） 郑思聪编著

上海：中华新教育社，1927.5，[20]+[138] 页，

32 开

上海：中华新教育社，1931.5，34 页，32 开

本书共 4 卷。计有补养、发表、涌吐、攻里、表里、和解等 20 余剂。

收藏单位：国家馆、南京馆

03181

汤头歌诀（增订） （清）汪昂著　胡安邦增批

上海：中央书店，1937.6，100 页，32 开

上海：中央书店，1939.3，新 1 版，100 页，32 开

上海：中央书店，1947.8，再版，100 页，32 开

本书著者原题：汪讱庵。

收藏单位：江西馆、上海馆

03182

汤头入门 陈景岐编　吴嘉宝校

上海：中西医药书局，[1934]，76 页，32 开（中国医药入门丛书）

本书共两部分：《徐灵胎方剂论》《方耕霞新辑汤头歌诀》。

收藏单位：重庆馆、国家馆

03183

医药汤头歌诀 （清）汪昂著　鲍国昌主编　范凤源批注

上海：范凤源电化实验室，[1940.10]，56+190 页，32 开

本书用现代医学知识对《汤头歌诀》加以批注，并以化学及动物试验证明方药的功效与主治。共 20 章，内容包括：发表剂、涌吐之剂、和解之剂、理气之剂、理血之剂、祛风之剂、祛寒之剂、利湿之剂等。著者原题：汪讱庵。

收藏单位：广东馆、国家馆

03184

证治歌诀 郭云台编　徐继达校订

上海：中医书局，1937.1，[200] 页，32 开

本书共 4 卷，介绍伤寒、杂证以及其他疾病的治疗与药方。

收藏单位：上海馆

03185

最新白话台湾地号歌　姚三贵著

高雄：金鹤堂书局，1947.2，1 册，32 开

本书介绍内科、外科的中药偏方及饮食卫生。附青草药头。

收藏单位：国家馆

验方与单方

03186

百病良方　马问我编　孙思清校

上海：三江印书馆，1948.6 印，54 页，32 开

03187

百病秘方　朱振声编

上海：幸福书局，[1923]，1 册，25 开

上海：幸福书局，1930.5，1 册，25 开

上海：幸福书局，1931.10，3 版，1 册，25 开

上海：幸福书局，1932.12，4 版，1 册，25 开

本书内容包括：肺痨秘方、损伤秘方、血痔秘方、痛经秘方、白浊秘方、吐血秘方、痔疮外治秘方、血崩秘方、治癣秘方等。

收藏单位：国家馆、浙江馆

03188

百病秘方续集　朱振声编

上海：幸福书局，[1934.4]，[12]+99 页，25 开

上海：幸福书局，1935.3，再版，[12]+99 页，25 开

收藏单位：国家馆

03189

百病偏方（第 1 册）　大众印刷合作社编

大众印刷合作社，1947.4，16 页，32 开

本书收中医偏方 55 个。

收藏单位：国家馆

03190

不费钱的奇验方　孙纬才辑著　孙玉成校

上海]：孙纬才，[1922.5]，[90] 页，48 开

本书共两部分：奇验方、花柳病消灭法。

03191

重印增辑济生验方　上海半济医局编辑　陈平斋校订

上海：三友实业社，1934.1，250 页，32 开

上海：三友实业社，1934.6，2 版，250 页，32 开

上海：三友实业社，1934.11，3 版，250 页，32 开

上海：三友实业社，1935.1，4 版，250 页，32 开

上海：三友实业社，1936.3，5 版，[20]+250 页，32 开

本书为中医验方集。按人体解剖部位分类，并辅以妇女经带部、瘰子部、外症部、小儿杂症部等门类。简介中医单、偏验方的方药、剂量、主治及用法。书前有毛世济序。

收藏单位：上海馆

03192

重增验方新编　刘藩校阅

上海：大文书局，1935.8，2 册，32 开

上海：大文书局，1936.12，再版，2 册，32 开

上海：大文书局，1938.8，3 版，2 册，32 开

本书原著者搜辑考订 20 余年，所录各方，试之辄著奇效。后经书局觅其初刊善本，加以增订、校雠，排印采用仿古宋字，加以句读，重新出版。封面题名：重增仿宋版验方新编。

收藏单位：重庆馆、广东馆、首都馆

03193

丹方大全

上海：新华书局，1922.8，再版，[146] 页，32 开

本书共 10 篇，内容包括：全体病的单方、头部病的丹方、肢部病的单方、妇女病的单方、小儿病的单方等。版权页题名：吕纯阳丹方大全。

收藏单位：广东馆

03194

丹方大全 席灵凤编著 简乡老人校

上海：时还书局，1935.10，105 页，32 开

本书多为常见的中医验方。

收藏单位：广东馆、上海馆

03195

丹方二百种 姚若琴校阅

上海：中国医学书局，1935.10，35 页，32 开

上海：中国医学书局，1939.2，再版，35 页，32 开

收藏单位：首都馆

03196

丹方精华 大方书局编

上海：大方书局，1938，14+211 页，32 开

上海：大方书局，1948.11，再版，14+211 页，32 开

本书按诸风、诸寒、诸暑、诸血、诸虚、诸痛、诸咳、诸瘟、诸痧等 24 类收辑单偏验方千余种。

收藏单位：首都馆

03197

丹方精华 朱振声编

上海：幸福书局，1936.3，610 页，25 开

上海：幸福书局，1936.4，再版，[34]+704 页，25 开

上海：幸福书局，1936.11，6 版，[34]+704 页，25 开

本书收古今方书、官家、私家各种丹方，按功用分类。简介配方、剂量、制法、功用疗效等。多数注明出版或提供者。共 31 部分，内容包括：头部、五官、牙齿、咽喉等。

收藏单位：国家馆、湖南馆、首都馆

03198

丹方精华（续集） 朱振声编

上海：幸福书局，1937.7，再版，610 页，27 开

收藏单位：上海馆

03199

丹方一千种（又名，男女必需丹方全书）

[顾定安编]

上海：新华书局，1920.5，22+148 页，32 开

收藏单位：绍兴馆

03200

跌打损伤验方集成 稍颠大师编

上海：新光书局，1935，49 页，32 开

收藏单位：广东馆

03201

妇科验方 王建章编著

上海：文明书局，1927.11，38 页，32 开

上海：文明书局，1930.6，再版，33 页，32 开

本书共 3 编，介绍各种妇科病症及治疗方法。

收藏单位：重庆馆、黑龙江馆、湖南馆、内蒙古馆、天津馆

03202

古今秘方集成 四好居士编

上海：世界书局，1939.12，55+301 页，50 开

上海：世界书局，1947.5，3 版，55+301 页，50 开

本书共 4 卷。按人体解剖部位及病症分类，有秘方一千余种，单偏验方一千余种。版权页题名：分类古今秘方集成。

03203

怪疾奇方 （清）费伯雄著 秦伯未校正

上海：中医书局，1931.7，再版，58 页，32 开

上海：中医书局，1937.6，3 版，58 页，32 开

本书介绍舌上出血、破伤风、肉中恶毒口内肉球等相关疾病与治疗。

收藏单位：广东馆、南京馆

03204

广播秘方 李梦庚编

南京监察院，1936.8，35 页，16 开

本书收集民间中医单偏验方数百种，并按临床各科分类，介绍其方药、制法、服法主治、功效等。共 10 部分，内容包括：小儿

科、牙部、眼部、耳部等。

收藏单位：国家馆

03205

国医灵验方案大全

上海：大方书局，1935.10，2册（514页），32开

上海：大方书局，1936.12，再版，2册（514页），32开

本书共8卷，书中方药多奇验，药料亦价廉工省，贫富皆宜，家置一部，最为方便。

收藏单位：重庆馆、广东馆

03206

海上名医鉴定万病验方大全 陆清洁编 陆士谔校订

上海：国医学社，1930.6，2册（430+466页），32开

上海：国医学社，1931.7，再版，2册（430+466页），32开

上海：国医学社，1935.7印，2册，32开

本书介绍古今验方，分内、外、妇、耳鼻咽喉、急救、性病等科，科下又分系，系下列病，病下列方。

收藏单位：重庆馆、广东馆、湖南馆、江西馆、南京馆、上海馆、绍兴馆、首都馆

03207

汉法医典 （日）野津猛男著 丁福保编译

上海：医学书局，1929.2，[26]+72页，22开（丁氏医学丛书）

上海：医学书局，1934.4，30版，72页，22开（丁氏医学丛书）

本书介绍60种常见病症的汉医治疗方剂107方，主治、方药及剂量。内容包括：急性胃加多儿、慢性胃加多儿、急性肠加多儿、十二指肠虫等。

收藏单位：安徽馆、广西馆、国家馆、上海馆、浙江馆

03208

汉药神效方（原名，皇汉名医和汉药处方）

（日）石原保秀著 沈乾一编译

上海：医学书局，1929.9，208页，22开，精装

上海：医学书局，1935.10，再版，[26]+208页，22开，精装

本书按全身疾病、疼痛、血症、呼吸、传染、消化、神经、泌尿、眼、外、皮、妇儿、中毒等分古方为18门类，介绍方剂100余种。书后还有《本草略解》，讲解书中方剂各味中药的生物种属、性状、炮制、用法、功效等。附六陈八新及禁忌歌、禁忌配合十八反歌、禁忌配合十九畏歌等。

收藏单位：上海馆

03209

合理的民间单方 叶橘泉著

苏州：存济医庐，1936.10，3版，119页，大64开

收藏单位：南京馆

03210

合理的民间单方 叶橘泉著

上海：张云谊，1946.7，胜利后4版，[32]+119页，64开

03211

何性觉居士验方格言方合刊 白辅庭著

出版者不详，1934.5，254页，25开

本书内容包括：儿科诸方、喉科诸方、牙科诸方等。

收藏单位：国家馆

03212

喉症良方 麦秀岐编

广州：麦秀岐，1928.9，15页，32开

本书以中医《喉方备要》（陈铁笙）一书为蓝本，改编更名刊印。

收藏单位：重庆馆、国家馆

03213

汇编良方大全 张礼五编辑

天津：诚文信书局，1939，134页，25开

收藏单位：首都馆

03214

急救经验秘方　[从善医堂编]

上海：大通图书社，[1911—1949]，1 册，32
开

　　本书汇集中医名家及民间治疗内科杂病
的单、偏验方 180 余种。

　　　　收藏单位：国家馆

03215

集验方撮要　周憬选辑

无锡：周谦吉堂，1918，14 页，22 开

　　本书主要介绍各种验方，以及验方的组
成。

　　　　收藏单位：南京馆、浙江馆

03216

家庭必备效验良方　黄朴之著

[汕头]：黄朴之，[1933]，159 页，32 开

　　本书内容包括：望色、闻声、问病、切
脉、表里寒热实虚病状、伤寒六经病状等。

　　　　收藏单位：国家馆、天津馆、浙江馆

03217

家庭经验良方　新华书局编

上海：新华书局，1935.4，再版，92 页，32
开

　　　　收藏单位：绍兴馆

03218

家庭实用良方　王景贤编　王南山校正

苏州：苏州国医书社，1933.3，[14]+80 页，
22 开（王氏医学丛书）

　　本书简介一般疾病的中医药方。共 53
门，内容包括：头面、眼目、耳鼻、中风、儿
科、杂治等。

　　　　收藏单位：国家馆

03219

家庭实用验方　朱振声编

上海：幸福书局，1932.11，[31]页，25 开
上海：幸福书局，1933.3，再版，[31]页，25
开
上海：幸福书局，1934.6，3 版，[31]页，25

开

上海：幸福书局，1936.9，9 版，[31]页，25
开

　　本书内容包括：喉痛经验方、咳血自疗
法、遗精外治法、治白带简效方等。

　　　　收藏单位：上海馆、首都馆

03220

校注妇人良方　（宋）陈自明著　（明）薛立
斋校注

上海：大东书局，1937.11，8 册（[688]页），
32 开（中国医学大成 第 9 集 妇科类）

　　本书分调经、众疾、求嗣、胎教、妊娠、
坐月、产难及产后 8 门。每门又分数十证，
共 260 余论。论后附方案。校注者将部分内
容加以增删，每篇附加按语及治验。

　　　　收藏单位：桂林馆、国家馆、辽宁馆、首
都馆

03221

经验戒烟良方汇编

出版者不详，[1911—1949]，34 页，32 开

　　本书汇各中医家及民间戒除鸦片烟瘾经
验方 82 个。附治痢疾良方 22 个。

　　　　收藏单位：国家馆

03222

经验良方　中华印书局选辑

北平：中华印书局，1935，72 页，32 开

　　　　收藏单位：首都馆

03223

经验良方

出版者不详，[1911—1949]，360 页，32 开

　　本书内容包括：补益、急治、伤寒感冒、
中风、头面、手足等。

　　　　收藏单位：重庆馆

03224

经验良方集编　齐家本选辑

北平：中华印书局，1933.6，[184]页，32 开

　　　　收藏单位：国家馆

03225
经验寿世良方　唐星枢著
北京：长兴印务局，[1914.2]，299 页，32 开
　　本书内容包括：预备药物、忌食诸物、各种气痛、饮食积滞等。
　　收藏单位：国家馆、首都馆

03226
经验寿世良方　唐星枢编
北京：东成印字馆，1924.5，重版，334+48 页，32 开
　　收藏单位：国家馆、首都馆

03227
经验寿世良方　唐星枢著
出版者不详，1935，3 版，1 册，32 开
　　收藏单位：首都馆

03228
救急良方
[北平]：[恩善堂]，[1928—1949]，16 页，25 开
　　收藏单位：首都馆

03229
救急良方（外科）
[北平]：出版者不详，1944.6，8 页，36 开
　　本书封面印：验方广集——慈善。

03230
救急选方（2 卷）（日）丹波元简著
上海：中医书局，[1935]，160 页，32 开，精装
　　收藏单位：广东馆、南京馆、中科图

03231
居家必用方　江泽春　张建功编
出版者不详，1913，14 页，32 开
出版者不详，1917.5，14 页，32 开，环筒页装
　　本书内容包括：难产神验良方、生化汤方、小儿擦脐方、万金不传遇仙丹等。
　　收藏单位：国家馆

03232
临床秘典　冯绍蘧编
上海：世界书局，1937.5，12+154 页，32 开
（基本医书集成）
　　本书内容包括：急救心阳法、急救胃阳法、回阳救脱法、反佐通阳法、温中散结法等。版权页题名：冯绍蘧临床秘典。
　　收藏单位：重庆馆、黑龙江馆、南京馆

03233
临诊秘典　杨朴民编述
上海：大方书局，1948.11，再版，[22]+198 页，36 开
　　本书为中医验方集。共 10 篇，内容包括：急救、妇孺、疮毒、花柳、头脑、耳鼻咽喉等，辑录中医秘方 1000 余则，并附病症说明。
　　收藏单位：广西馆、辽宁馆、南京馆

03234
灵验秘方新编　马麟编著
上海：大中华书局，1946.12，新 1 版，36+210 页，32 开
　　本书共两编，收中医单偏验方 1000 余种。按头、须发、口鼻、牙齿、咽喉、吐血、痰嗽、噎膈、心胃、肿胀、风瘫、疟疾、伤寒、伤暑、养补、痢泻、大小便、淋浊遗精、痔漏、疝气、外疮、痞积、急治、损伤、妇女、小儿、瘟疫、杂治 28 门分类。列举具体病症及丹方。封面题名：广搜博采灵验秘方新编。

03235
民间百病秘方（实验灵效）　储菊人校订
上海：中央书店，1935.6，326 页，32 开
上海：中央书店，1936.3，再版，326 页，32 开
上海：中央书店，1936，3 版，326 页，32 开
上海：中央书店，1940.3，新 1 版，326 页，32 开
　　本书共 12 编，内容包括：内科门、外科门、产科门、小儿科门、皮肤病门等。
　　收藏单位：国家馆、上海馆、绍兴馆

03236

民间丹方精华（第 2 集） 白俊英编

上海：经纬书局，[1911—1949]，114 页，50 开（经纬百科丛书）

本书内容包括：小儿初生诸证、小儿杂病、小儿疮伤、麻痘病、皮肤病、痔疮、跌打损伤、花柳病等。

收藏单位：浙江馆

03237

民间实验百病丹方大全 中央书店编 赵桔仙鉴定

上海：中央书店，1935.7，33+184 页，32 开

上海：中央书店，1937，4 版，33+184 页，32 开

本书按内、外、妇、幼、花柳、急救科医治法分为 6 章。收中医单偏验方 900 余种，简述主治、功效、方药、制剂、服法等。

收藏单位：重庆馆、广东馆、国家馆、湖南馆、南京馆、绍兴馆、首都馆

03238

民间验方集 吴氏同门会汇编 吴叔和校阅

上海：[中国医学事务所]，1934.10，144 页，32 开

本书汇辑全国各地民间单偏验方，介绍功用、方剂、制法、用法等。共 5 部分：内科、妇科、儿科、外科、杂治。

收藏单位：上海馆

03239

民众万病验方大全（中国名医鉴定） 何澄平编

重庆：上海医学研究会，1947.5，36+173 页，32 开

本书共 18 章，内容包括：妇女病科、幼儿病科、五官及齿舌咽喉病科、咳嗽肺病科、心胃肝气病科等。

收藏单位：重庆馆、桂林馆

03240

难产神验良方·绣阁保产良方 姚文僖 沈二榆著

出版者不详，[1911—1949]，16 页，32 开

收藏单位：广东馆

03241

内外科百病验方大全 洪春圃编 周琢如校

上海：广益书局，1937，24+144 页，32 开

上海：广益书局，1937.2，再版，24+144 页，32 开

上海：广益书局，1940.11，再版，24+144 页，32 开

上海：广益书局，1948.5，新 2 版，24+144 页，32 开

本书收辑中医内、外、妇、儿等科应用丸散膏丹经验方千余则。

收藏单位：广东馆、湖南馆、首都馆

03242

内外验方秘传 赵竹泉编著 马培之鉴定 周志林校

上海：务本书药社，1930.6，124 页，32 开

本书按汤液类与丸散类收中医内、外、妇、儿科验方近 300 则。

收藏单位：上海馆

03243

普济良方 德轩氏选辑

上海：中医书局，1929.6，50 页，32 开

上海：中医书局，1929.11，2 版，50 页，32 开

上海：中医书局，1934.3，3 版，50 页，32 开

本书共 4 篇：急救方、疮毒方、小儿方、杂症。

收藏单位：重庆馆、南京馆

03244

人己良方汇集 唐星枢著

北京：天华印书馆，1940.3，3 版，332+40 页，32 开

收藏单位：国家馆

03245

人己良方汇集 唐星枢编辑

出版者不详，1935，332+40 页，32 开

收藏单位：首都馆

03246

蛇犬伤人之救星巳戊丹方　杨平著

梅县（梅州）：合群印务局，1935.6，[44] 页，36 开

本书共 6 部分：巳戊丹良方发刊序、记巳戊丹原方之由来、巳戊丹原方、巳戊丹治验、配药须知、施治须知。附刊经验良方。

收藏单位：国家馆

03247

蛇犬伤人之救星巳戊丹方

上海：国光印书局，1934.4，16+28 页，32 开

上海：国光印书局，1935.7，3 版，16+28 页，32 开

上海：国光印书局，1937.6，4 版，16+28 页，32 开

收藏单位：国家馆、湖南馆、上海馆、绍兴馆

03248

神效秘方指南　严艻麟著

上海：格言丛辑社，1931.8，30 页，32 开

本书共 9 部分：内科、外科、女科、儿科、眼科、产科、伤科、急救科、杂科。

收藏单位：国家馆

03249

审查征集验方　山西省政府村政处征集　中医改进研究会审查

太原：中医改进研究会，1933—1937，6 册，32 开

本书内容包括：传染病、呼吸器病、消化器病、全身病、小儿病、妇科杂证、胎前杂证等 44 门。各病均分述原因、证候、病理、治法等。每方下列审查意见。

收藏单位：国家馆、辽宁馆、内蒙古馆、中科图

03250

审查征集验方（第 1 集）　山西省政府村政处征集　中医改进研究会审查

太原：中医改进研究会，1937.1，再版，424 页，32 开

收藏单位：广东馆、国家馆、辽宁馆、山西馆

03251

审查征集验方（第 2 集）　山西省政府村政处征集　中医改进研究会审查

太原：中医改进研究会，1936.6，再版，448 页，32 开

收藏单位：广东馆、国家馆

03252

实验丹方大全　新华书局编

上海：新华书局，1933.5，148 页，32 开

上海：新华书局，1935.4，再版，148 页，32 开

本书介绍诸病丹方。共 10 编，内容包括：全体、头部、妇女、小儿、皮肤、花柳病等。

收藏单位：重庆馆

03253

万病良方大全　洪春圃编

重庆：时新书局，1944.1，[18]+202 页，32 开

重庆：时新书局，1944.9，再版，[18]+202 页，32 开

本书共 22 编，内容包括：小儿病自疗法、妇女病自疗法、伤寒病自疗法、大小便病自疗法等。

收藏单位：重庆馆、南京馆

03254

万病自疗验方（摄生秘籍）　周郁年编

上海：中西医学研究会，1930.12，[35]+173 页，大 32 开

上海：中西医学研究会，1934.4，再版，178 页，大 32 开

上海：中西医学研究会，1936.3，再版，[35]+173 页，大 32 开

本书内容包括：急救、伤科、内科、外科、妇科、儿科等。

收藏单位：桂林馆、湖南馆、南京馆、首都馆

03255

万有丹方治病指南　九一道人著

上海：万有书局，1931.4，1册，32开（万有丛书 医学类）

本书为中医验方集。共4卷26科，记载各科病症491种，处方971个。

收藏单位：国家馆

03256

卫生手册（沁水卫生委员会汇集）　沁水卫生委员会编

沁水卫生委员会，1947.2，1册，32开

收藏单位：山西馆

03257

温氏经验良方　温悦堂编著

上海：温悦堂，1933，50页，32开

[上海]：温悦堂，[1948.11]，再版，50页，32开

本书收辑中医验方80则，简述其主治、方药、分量及用法。

收藏单位：上海馆

03258

新编百病良方

出版者不详，[1911—1949]，240页，32开

本书收内、外、儿、妇、五官科的近百种病症，每种病症介绍治疗经验。

收藏单位：重庆馆、江西馆

03259

验方广集

北京：出版者不详，1944.6，8页，32开

收藏单位：国家馆

03260

验方辑要　中央国医馆编审委员会编　李克蕙等校订

[南京]：中央国医馆，1936.11，[50]+408页，32开（中央国医馆医药丛书2）

上海：中央国医馆，1947，408页，32开（中央国医馆医药丛书2）

本书收验方2000个。选辑《国医的科学（药理篇）》（李克蕙）、《合理的民间单方》（叶橘泉）、《单方汇报》（叶橘泉）、《验方新编》（叶橘泉）、《万病验方大全》（叶橘泉）、《丹方辑异》（蒋仲翔）、《医学的科学附方》（蒋仲翔）等书及其他临床效方。按中医内、外、妇、儿、五官及解毒急救分为6类，类下列症附方，介绍药味、加减、制法、收藏、服法应用，并有附录说明。

收藏单位：国家馆、首都馆

03261

验方精华　徐喆臧编纂

上海：徐世德堂震记，1935.1，1册，32开

本书收验方116种，内容包括：急救霍乱经验方、时疫神应酒十滴药水、解悬丹时疫良方、痢疾丸方、治痢疾良方等。

收藏单位：绍兴馆

03262

验方类编　秦伯未编　方公溥校

上海：中医书局，1930.1，50页，32开（家庭医药常识1）

上海：中医书局，1931，再版，50页，32开（家庭医药常识1）

上海：中医书局，1936.12，3版，50页，32开（家庭医药常识1）

本书共5部分：内科验方、妇科验方、幼科验方、外科验方、急救验方。

收藏单位：广东馆、绍兴馆、浙江馆

03263

验方新编　（清）汪昂编纂　中国医药研究社校阅

上海：春明书店，1943.2，2册，32开

上海：春明书店，1946.11，再版，2册，32开

上海：春明书店，1947.4，2册，32开

本书版权页题名：万病自疗验方新编。封面题名：增广验方新编。编纂者原题：汪讱庵。

收藏单位：重庆馆、桂林馆、江西馆

03264

验方新编

上海：大方书局，1935.10，2册（188+326页），

32 开

上海：大方书局，1936.6，再版，2 册（188+326 页），32 开

本书封面题名：实验灵方验方新编。

收藏单位：广东馆、首都馆

03265

验方新编（上册）（清）鲍相璈编 （清）张绍棠编辑

上海：启新书局，1924，石印本，1 册，32 开

收藏单位：广东馆

03266

验方新编（上册） 孙虚生著

安东（丹东）：诚文信书局，1938.12，1 册，32 开

本书封面题名：家庭百病自疗验方新编。

收藏单位：首都馆

03267

验方新编（上、下册）（清）鲍相璈编

上海：大众书局，1936.5，再版，2 册，32 开

本书书中题名：校正增广验方新编。

收藏单位：湖南馆、首都馆

03268

叶天士秘方大全（清）叶天士著 储菊人校订

上海：中央书局，1935.6，66 页，32 开

上海：中央书局，1936.5，再版，66 页，32 开

上海：中央书局，1936.11，3 版，66 页，32 开

上海：中央书局，1941.2，4 版，66 页，32 开

本书按胀病、腹痛、呕吐、泄泻、痢疾、脾胃等病症收载诸方。封面题名：实验百病治疗叶天士秘方大全。

收藏单位：重庆馆、国家馆、辽宁馆、绍兴馆

03269

医药单方

出版者不详，[1911—1949]，300 页，大 64 开

收藏单位：南京馆

03270

应用良方 瞿兑之编

北平：[瞿兑之]，1938.4，64 页，32 开

本书为中医验方集。每方列有主治、方药、制法、剂型。部分验方附临床有效病例说明。

收藏单位：国家馆、首都馆

03271

幼科指南家传秘方 万密斋撰 王南山 王景贤校

国医学会，1933.6，64 页，22 开（王氏医学丛书）

收藏单位：国家馆

03272

增订十药神书（元）葛可久著

上海：大东书局，1936.10，[14]+36 页，32 开（中国医学大成 第 7 集 内科类）（虚劳丛刊）

本书收 10 个治疗虚劳吐血的经验方。此书以周扬俊最初刻本为底本，增加程永培评注、陈修园详注、林寿萱歌括、潘霨眉批。内容包括：十药总论、十灰散、花蕊石散、保和汤、保真汤等。

收藏单位：桂林馆、国家馆、湖南馆、江西馆、内蒙古馆、首都馆

03273

增订验方新编（清）鲍相璈编 （清）张绍棠增订

上海：商务印书馆，1947.3，11 版，2 册（750 页），32 开

收藏单位：重庆馆、国家馆、湖南馆、辽宁馆、上海馆

03274

增订验方新编 储菊人校订

上海：中央书店，1935.11，再版，270 页，25 开

上海：中央书店，1936.7，3 版，270 页，25 开

上海：中央书店，1937.3，4 版，270 页，25 开

收藏单位：江西馆

03275

增订验方新编

上海：商务印书馆，1922.3，13 版，1 册，32 开

上海：商务印书馆，1927.7，15 版，[380] 页，32 开

上海：商务印书馆，1934.4，国难后 2 版，1 册，32 开

　　收藏单位：首都馆

03276

增广校正验方新编　　蔡陆仙编订

新加坡：陈嘉庚，1927，[686] 页，32 开，精装

　　收藏单位：绍兴馆

03277

增广验方新编　　江忍庵校勘

上海：大达图书供应社，1935.11，[66]+260+232 页，32 开

　　本书校勘者将清代鲍相璈所编的《验方新编》增订重刊，仍照原书分类编序，按科别、病症及疾患部位等分为 99 门。书后增补《咽喉秘集》。本书版权页题名：民间实验增广验方新编。

　　收藏单位：重庆馆

03278

增广验方新编　　江忍庵校勘

上海：广益书局，1935，[66]+260+232 页，32 开

上海：广益书局，1937.1，再版，60+260+232 页，32 开（万病自疗）

上海：广益书局，1938.7，再版，2 册（[66]+260+232 页），32 开

上海：广益书局，1941.1，再版，2 册（260+232 页），32 开（万病自疗）

上海：广益书局，1946.11，新 1 版，2 册（260+232 页），32 开（万病自疗）

上海：广益书局，1947.10，新 2 版，2 册（260+232 页），32 开

上海：广益书局，1948，新 3 版，[51]+260+232 页，32 开

收藏单位：重庆馆、广东馆、黑龙江馆、湖南馆、绍兴馆、首都馆

03279

增广验方新编

上海：昌文书局，1938.4，再版，202 页，32 开

　　收藏单位：广西馆

03280

增广验方新编

上海：锦章书局，1936.7，2 册，32 开

　　本书封面题名：增广灵验验方新编。

　　收藏单位：南京馆

03281

中国发明之科学药方　　李克蕙编著

吉安：李克蕙，1940.5，72 页，32 开（国医的科学丛书）

吉安：李克蕙，1943.12，增订再版，148 页，32 开（国医的科学丛书）

　　本书共 35 节，内容包括：雄性内分泌与植物刺激素配合的种子方、返老还童还元丹、预防传染病等。

　　收藏单位：重庆馆、绍兴馆

03282

中国经验良方　　叶瑗编　万钧校

上海：医学书局，1917.12，39 页，23 开，精装（丁氏医学丛书）

上海：医学书局，1933.3，2 版，39 页，23 开

　　本书收中医临床杂病的单方、偏方与秘方百余种，简介其药味、炮制、服法、功用、疗效等。

　　收藏单位：国家馆、上海馆

03283

中国名医验方集成　　中国名医验方社编辑部主编

成都：复兴书局，1944.5，再版，2 册，32 开

成都：复兴书局，1945.5，3 版，2 册，32 开

　　本书共 8 卷，卷 1—3 为人体各部位及常出现的疾病与治疗验方，卷 4 为妇人科疾病

及治疗验方，卷5为小儿科疾病及治疗验方，卷6—8为综合疾病及治疗验方。

收藏单位：重庆馆、国家馆

03284

中国名医验方集成 中国名医验方社编辑室主编 沈浩主校

成都：中国名医验方社，1943.3，2册（[726]页），32开

收藏单位：黑龙江馆、南京馆

03285

中西合璧验方新编大全 奚缵黄编 李子文校

上海：新亚书店，1931.6，[170]+[126]+[10]页，23开

上海：新亚书店，1935.7，再版，[170]+[126]+[10]页，23开

本书介绍各种常见疾病的症象、卫生、西药验方、中药药方等。共两编10章，内容包括：传染病、消化器病、神经器病、皮肤病等。封面题名：中西新药验方新编。逐页题名：中西验方大全。

收藏单位：国家馆、江西馆、南京馆

03286

中西合纂验方新编 顾鸣盛编

上海：文明书局，1917.4，198页，22开

上海：文明书局，1919.2，再版，198页，22开

上海：文明书局，1922，6版，198页，22开

上海：文明书局，1924.11，8版，198页，22开

上海：文明书局，1930，12版，198页，22开

上海：文明书局，1932，13版，198页，22开

上海：文明书局，1933，14版，198页，22开

本书共10章，内容包括：传染病、呼吸器病、全身病、皮肤病等。列常见疾病140余种，说明病证、卫生、中国经验方、外国经验方等。

收藏单位：重庆馆、广东馆、广西馆、国家馆、黑龙江馆、湖南馆、南京馆、首都馆

03287

中西良方大全 中西医学研究会编

[上海]：中西医学研究会，1927.2，5版，211页，22开

[上海]：中西医学研究会，1935.6，8版，211页，22开

收藏单位：首都馆

03288

中西良方大全（实验秘本） 中西医学研究会编

上海：中西医学研究会，1920.8，211页，22开

上海：中西医学研究会，1929.1，6版，221页，22开

上海：中西医学研究会，1930.8，8版，211页，22开

上海：中西医学研究会，1931.5，9版，211页，22开

[上海]：中西医学研究会，1932.6，续版，211页，22开

上海：中西医学研究会，1932.8，11版，211页，22开

[上海]：中西医学研究会，1933.2，7版，221页，22开

本书共3编：上编内科良方、中编外科良方、下编妇孺良方。

收藏单位：黑龙江馆、湖南馆、南京馆、首都馆

03289

中医经验处方精华 王祖雄编著

重庆：新中华医药学会，1947.3，98页，36开

本书共4门：时病、杂病、妇科、儿科。每门再以病名分类。附现代名医经验方选。

收藏单位：重庆馆

03290

最新增订验方新编 储菊人校订

上海：中央书店，1935，再版，2册，32开

上海：中央书店，1936，3版，2册，32开

本书收百种人患疾病以及家畜疾病的治

疗方剂。

收藏单位：广东馆、国家馆、绍兴馆

基础医学

03291

混合外科学总论 余无言编著

上海：中国医药书局，1934.1，98页，22开

本书共6章，内容包括：炎症论、创伤及其疗法、创伤传染病论等。

收藏单位：浙江馆

03292

伤科大成 赵竹泉著

上海：中医书局，1929.10，50页，32开

上海：中医书局，1931.10，再版，50页，32开

上海：中医书局，1937.6，3版，50页，32开

本书内容包括：先看穴道吉凶、看伤吉凶、死诊、跌打引经用药法等。

收藏单位：广西馆、浙江馆

03293

医科学 王合光著

[海城]：王合光，1915，石印本，10+111页，18开（简明医鉴1）

本书共7章：为医指迷、华医改良、生理须知、化学浅论、卫生要法、传染略述、急救良方。

收藏单位：国家馆

医用一般科学

医用化学

03294

护士用化学 （美）Stella Govstray （美）

Walter G. Karr著 黄杲译

外文题名：Applied chemistry for nurses

上海：商务印书馆，1947.7，[10]+234页，25开

上海：商务印书馆，1948.8，再版，234页，25开

本书据原书第3版译出，供护校教学及自学参考用，原书亦为美国护校教材。共27章，内容包括：物理变化及化学变化、原子量及分子量、氧及氧化、有机化学等。

收藏单位：重庆馆、广东馆、贵州馆、国家馆、辽宁馆、南京馆、绍兴馆、浙江馆

03295

化学术语 医学名词审查会审定

医学名词审查会，[1917.8]，15页，16开

本书为医学名词审查会化学名词组第二次审查本。化学名词表内有英、德、日文名和决定采用的中译名。

03296

化学术语草案 中华民国医药学会编

中华民国医药学会，[1915—1949]，24页，横16开

收藏单位：国家馆

03297

无机化合物 医学名词审查会审定

[医学名词审查会]，[1916—1918]，27页，16开

本书为医学名词审查会化学名词审查组第三次审查本。有英、德、日文名和决定采用的汉译名。

03298

医药中之化学 （美）朱利亚·施提格力（J. Stieglitz）主编 甘景镐 林谷音编译 王调馨校

外文题名：Chemistry in medicine

上海：商务印书馆，1937.4，[11]+490页，25开

本书共10章，内容包括：化学之价值及其解决根本问题之方法、遗传与发达、人体

与机械之比较、维他命之发现史等。

收藏单位：重庆馆、东北师大馆、贵州馆、国家馆、湖南馆、江西馆、南京馆、首都馆

03299

原质 [吴冰心编] 医学名词审查会审定

医学名词审查会，[1917.6]，6页，16开

本书为医学名词审查会化学名词审查组第一次审查本。书中只列化学原质，分气体、液体、非金属固体和金属固体原质，有拉丁、德、英、日、中文旧译名与决定名对照。附说明及医学名词审查会第一次化学名词审查员姓名录。

收藏单位：国家馆

03300

最新医药化学概论 顾学裘 朱月祥编著
宋国宾校

上海：世界书局，1936.4，120页，32开
上海：世界书局，1944.3，新1版，120页，32开
上海：世界书局，1947.10，再版，120页，32开

本书共7章，内容包括：爱克司光线、镭锭、内分泌腺、维他命、食品治疗等。

收藏单位：广东馆、贵州馆、国家馆、南京馆、山西馆、上海馆、天津馆

人体形态学

03301

人的故事 倪锡英编

上海：大众书局，[1946]，16页，36开（儿童知识文库）

收藏单位：国家馆

03302

人体的故事 （苏）卡巴诺夫著 水夫译

上海：天下图书公司，1947.9，67页，32开（大众科学丛书11）

北平：天下图书公司，1949.4，华北版1版，

67页，32开（人民科学丛书）

北平：天下图书公司，1949.6，华北版2版，67页，32开（人民科学丛书）

本书共10章，内容包括：软骨弹簧、最完善的滑润剂、根据力学定律、运输系统、中央管理局、皮肤等。

收藏单位：安徽馆、重庆馆、东北师大馆、南京馆、山东馆、山西馆、天津馆

03303

人体的奇妙 钱畊莘著

北平：文光书店，1949.9，238页，32开（新时代科学丛书1）

收藏单位：湖南馆、南京馆、内蒙古馆

03304

人体概论 T. B. Rice 著 梅晋良译

上海：广协书局，1938.12，100页，64开（国民健康丛书5）

本书共12章，内容包括：环境方面之需要、个人之需要、呼吸、循环系统、神经统制。

收藏单位：广东馆、上海馆

03305

人体构造 周汉藩编

教育部民众读物编审委员会，[1911—1949]，44页，50开（民众文库）

收藏单位：重庆馆、广东馆、国家馆、南京馆、上海馆

03306

体科学 王合光著

[复苏医院]，[1916]，石印本，1册，18开（简明医鉴2）

本书内容包括：皮肤、肌肉、骨、运行血具等。

收藏单位：国家馆

03307

体学撮要 乐柯冰玉（E. Rowley）著

上海：广学书局，1923，[32]页，14开

本书为初级人体解剖学图表。介绍骨骼、

肌肉和部分器官。著者原题：乐柯氏。

收藏单位：重庆馆

03308

体学图谱（中英文对照）

上海：[美华书馆]，1911，427页，大16开，精装

收藏单位：广东馆

03309

体学要领

出版者不详，[1911—1949]，726页，18开，精装

收藏单位：广东馆、湖南馆

03310

我的身体　培拉克　赖斯合编　洪超群译

外文题名：My body and how it works

上海：广学会，1940.3，64页，32开

本书共14章，内容包括：从外面到里面、皮肤、吃饭时身体有一些什么变化等。

收藏单位：广东馆

人体胚胎学（人体胎生学、发生学）

03311

东西胎生学　苏锦全编

台北：大明社，1930.3，73页，32开

本书内容包括：生物之生法、胎生与卵生、预备发生、妊娠成立、孕卵发育、胚叶发生等。

收藏单位：浙江馆

03312

胎儿的故事　吉尔柏（M. S. Gilbert）著　刘祖洞译

外文题名：Biography of the unborn

上海：家杂志社，1948.2，82页，32开

上海：家杂志社，1949.1，3版，82页，32开

本书介绍胚胎学知识，孪生、变异及畸形产生的原因。共12章，内容包括：溯源、第一个月始于未知、第二个月人脸、第三个月性的出现、诞生等。

收藏单位：北师大馆、重庆馆、东北师大馆、广东馆、桂林馆、辽宁馆、内蒙古馆、上海馆、首都馆

03313

胎生学　（日）大泽岳太郎编著　丁福保译述

上海：丁氏医院，1913.12，44+110页，22开，精装（丁氏医学丛书）

本书共两部分。"总论"共两章：预备发生、胚叶之发生；"各论"共5章：骨系统、内脏系统、血管系统、神经系统、五官器系统。

收藏单位：国家馆、内蒙古馆

03314

胎生学　徐衡如编

[上海]：东南医学院出版股，1930，46页，24开

03315

胎生学

军医教育班学员班，1936.6印，220页，18开

本书共两编。第1编"总论"共3章：预备发生、胚叶之发生及变化、胎儿之发生；第2编"各论"共9章，内容包括：消化器系诸器官之发生、呼吸器之发生、神经系诸器官之发生等。

收藏单位：国家馆

03316

胎生学讲义　麦少祺编著

出版者不详，[1929.12]，100页，16开

本书内容包括：卵子之构造、精子之构造、卵之受孕、全身骨骼之发育。

收藏单位：广东馆

03317

胎生学引阶　（美）雷斯（A. M. Reese）著　丁立成译

上海：美华书馆，1920，185页，18开，精装

本书共 10 章，内容包括：蛙之发育、鸡之发育、第一日之发育等。

收藏单位：安徽馆、北师大馆、广西馆、国家馆

人体解剖学

03318

格氏系统解剖学 （英）格雷（Gray）著（美）施尔德（R. T. Shields）编译 陈佐庭笔述

上海：中国博医会，1923.4，[20]+915 页，23 开，精装

本书据英文本第 20 版编译。内容包括：骨论、关节论、血管论、脑经统论等。书前有编译者序。

收藏单位：广东馆

03319

格氏系统解剖学 （英）格雷（Gray）著（美）施尔德（R. T. Shields）编译 陈佐庭笔述

南京：中国人民解放军第二野战军医科大学，1949.2 印，820 页，32 开，精装

本书内容包括：胚胎学、骨学、关节、神经学、感觉器及皮、内脏学、表面解剖学等。据医务生活出版社大连分社 1949 年版翻印。

收藏单位：安徽馆、重庆馆

03320

格氏系统解剖学 （英）格雷（Gray）著（英）应乐仁（L. M. Ingle）译

上海：中国博医会，1929，再版，[20]+915 页，18 开，精装

上海：中国博医会，1932，再版，915 页，18 开，精装

本书据英文本第 23 版编译，并补充初版删去的胎生学、组织学、图谱等。共 9 部分，内容包括：胚胎学、骨学、关节学、肌学、血管学等。书前有应乐仁、鲁德馨再版序言。

收藏单位：广东馆、国家馆、西南大学馆

03321

赫氏解剖学讲义 北京协和医学堂译

外文题名：Death's practical anatomy

上海：中国博医会，1911.3，1 册，22 开，精装

本书共 8 卷，内容包括：臂部解剖、腿部解剖、腹部解剖、眼球解剖等。

收藏单位：广东馆、首都馆

03322

活动人体解剖全图 汪于冈著

上海：生理学会，1930.2，8 页，10 开

本书内容包括：骨骼图、内脏外部图、肌图等。

收藏单位：国家馆、天津馆、浙江馆

03323

简明解剖生理及卫生 鲍爱公著

[广州]：义昌印书局，1932，104 页，32 开

本书为补习学校、同类产科学校及救护调剂学校适用。

收藏单位：重庆馆

03324

简明生理解剖学 中国人民解放军四纵队卫生学校编

中国人民解放军四纵队卫生学校，1948，26 页，32 开

收藏单位：重庆馆

03325

解剖学 白求恩学校编

白求恩学校，[1940—1946]，油印本，229 页，32 开

收藏单位：国家馆

03326

解剖学 （日）西成甫著 张方庆译

东京：同仁会，1929.10，2 版，253+34 页，22 开，精装

本书内容包括：骨骼系、筋系、泌尿生殖器系等。

收藏单位：国家馆

03327
解剖学 张崇熙编
上海：东亚医学编辑所，1935.12，再版，130页，22开（最新实用医学各科全书）

本书共5编：总论、骨学、肌肉学、神经学、感觉学。书脊题名：最新实用解剖学。

收藏单位：重庆馆、国家馆、首都馆

03328
解剖学 章诗宾著
上海：新医进修社，1937.4，2册（248+188页），22开（新医进修丛书）
上海：新医进修社，1939.4，订正再版，[440]页，22开，精装（新医进修丛书）
上海：新医进修社，1940，3版，1册，22开（新医进修丛书）
上海：新医进修社，1941，4版，1册，22开（新医进修丛书）

本书共两卷，内容包括：骨学、韧带学、筋学等。

收藏单位：广东馆、湖南馆、首都馆、浙江馆

03329
解剖学
出版者不详，1943，82页，32开

本书共16章，内容包括：构成身体组织的分类、身体各部的名称、骨骼的区分、神经系等。

收藏单位：国家馆

03330
解剖学（骨骼） 医学名词审查会编
[上海]：医学名词审查会，[1916.9]，89页，16开

本书收拉丁、德、英、日、中5种文字对照的医学名词1123个。附医学名词会第一次审查本之补遗。

收藏单位：南京馆

03331
解剖学（内脏 感觉器 皮） [医学名词审查会编]
[上海]：[医学名词审查会]，[1917.8]，86页，横16开

收藏单位：国家馆

03332
解剖学（内脏学） 华北医科大学解剖学教室编
中国人民解放军平原军区卫生部，1949.8，104页，32开

收藏单位：国家馆

03333
解剖学（下册） 十八集团军总司令部编
十八集团军总司令部，[1937—1946]，184页，32开（军医丛书7）

收藏单位：国家馆

03334
解剖学（血管学 神经学） 医学名词审查会编
[上海]：医学名词审查会，[1918.7]，126页，16开

本书收拉丁、德、英、日、中文医学名词1888个。

03335
解剖学大意 程瀚章著
上海：商务印书馆，1929.10，114页，32开（万有文库 第1集518）（医学小丛书）
上海：商务印书馆，1934.3，114页，32开（医学小丛书）
上海：商务印书馆，1934.7，再版，114页，32开（万有文库 第1集518）（医学小丛书）
上海：商务印书馆，1935.2，4版，114页，32开（医学小丛书）
上海：商务印书馆，1937.4，7版，114页，32开（医学小丛书）
长沙：商务印书馆，1939.6，114页，32开（医学小丛书）
重庆：商务印书馆，1945.2，114页，32开（医学小丛书）

重庆：商务印书馆，1945.9，2 版，83 页，32
开（医学小丛书）

本书共 6 章：组织学、骨学、肌肉学、循
环系、内脏、人体外部之名称及区分。

收藏单位：安徽馆、重庆馆、东北师大
馆、广西馆、贵州馆、国家馆、黑龙江馆、
湖南馆、江西馆、辽大馆、辽宁馆、辽师大
馆、南京馆、内蒙古馆、宁夏馆、山西馆、
上海馆、绍兴馆、首都馆、天津馆、西南大
学馆、浙江馆

03336

解剖学名词汇编　邹恩润编　高镜明校

上海：科学名词审查会，1927.3，226 页，横
16 开

本书经教育部审定。所载解剖学名词共
4822 个，分 8 类：骨骼学、韧带学、肌肉学、
内脏学、感觉器学、皮学、血管学、神经学。

收藏单位：国家馆、上海馆、浙江馆

03337

解剖学提纲　（德）给根宝耳（H. H.
Gegenbauer）等著　汤尔和译　顾寿白　程念
劬校订

上海：商务印书馆，1924.11，345 页，23 开，
精装

上海：商务印书馆，1927.9，再版，345 页，
23 开

上海：商务印书馆，1930，3 版，345 页，23
开，精装

上海：商务印书馆，1932.9，国难后 1 版，
345 页，23 开，精装

上海：商务印书馆，1934.8，国难后 2 版，
345 页，23 开，精装

上海：商务印书馆，1935.5，国难后 3 版，
345 页，23 开，精装

本书共 7 部分：绪论、骨骼、肌学、内
脏、管系统、神经系统、感觉器。

收藏单位：安徽馆、重庆馆、广东馆、广
西馆、贵州馆、国家馆、湖南馆、南京馆、
山西馆、西南大学馆、浙江馆

03338

精撰解剖学　（日）西成甫著　汤尔和译

[东京]：同仁会，[1937.9]，2 册（582+470
页），22 开，精装

本书共两册，内容包括：骨学、肌学、内
脏学、神经学、感觉器学等。

收藏单位：北师大馆、国家馆、黑龙江
馆、内蒙古馆、上海馆

03339

孔氏实地解剖学　（英）孔宁涵（Cunning-
ham）著　鲁德馨编译　（英）纪立生（T.
Gillison）校订　赵齐巽参校

外文题名：Cunningham's manual of practical
anatomy

上海：中国博医会，1921—1922，3 册（336+
466+524 页），32 开

上海：中华医学会，1934—1936，再版，3 册
（392+432+510 页），32 开，精装

本书共 3 卷。卷 1：上肢、下肢；卷 2：
胸部、腹部；卷 3：头颈及脑。

收藏单位：重庆馆、贵州馆、国家馆、湖
北馆

03340

皮肤　王修编

上海：商务印书馆，1932.11，56 页，32 开（医
学小丛书）

上海：商务印书馆，1933.3，再版，56 页，32
开（医学小丛书）

上海：商务印书馆，1934.3，56 页，32 开（医
学小丛书）

上海：商务印书馆，1935，4 版，56 页，32 开
（医学小丛书）

本书共 3 章：皮肤之解剖、皮肤之生理、
皮肤之卫生。

收藏单位：重庆馆、广东馆、广西馆、国
家馆、湖南馆、吉林馆、江西馆、内蒙古馆、
宁夏馆、上海馆、首都馆、天津馆、浙江馆

03341

人体解剖模型（符号说明书）

出版者不详，[1911—1949]，1 册，大 32 开

收藏单位：南京馆

03342

人体解剖实习法 （日）石川喜直著　万钧
徐云　孙祖烈译
上海：医学书局，1926.6，196页，24开（丁
氏医学丛书）

03343

人体解剖图　马仲魁编译
西安：军医学校第一分校，1943，油印本，
246页，16开（军医学校第一分校医学丛书）

收藏单位：重庆馆

03344

人体解剖图　薛德焴编
上海：新亚书店，1934.10，30版，1册，32开

收藏单位：广东馆

03345

人体解剖图谱　军医学校军医预备团第二分
团教务室编　何山绘
军医学校军医预备团第二分团，1942—1943，
石印本，2册，9开

收藏单位：南京馆

03346

人体解剖学　陈滋纂译
上海：新学会社，1914.2，再版，328页，22
开
上海：新学会社，1917.5，3版，328页，22
开，精装

本书内容包括：骨学、韧带学、筋学、血
管学等。

收藏单位：首都馆、浙江馆

03347

人体解剖学　军医教育班学员班编
军医教育班学员班，1936，44+380页，16开

收藏单位：国家馆

03348

人体解剖学

出版者不详，1936.12，392页，22开
出版者不详，[1911—1949]，94页，32开

本书内容包括：骨学、韧带学、肌学、内
脏学、消化器、呼吸器等。

收藏单位：首都馆、浙江馆

03349

人体解剖学（第1卷）（日）石川喜直著
钱稻孙译
东京：吐凤堂书店，1915.10，216页，22开
东京：吐凤堂书店，1916.10，216页，22开，
精装

本书内容包括：骨学。

收藏单位：国家馆、首都馆

03350

人体解剖学（第2卷）（日）石川喜直著
钱稻孙译
东京：吐凤堂书店，1916.5，268页，22开
东京：吐凤堂书店，1917.6，272页，22开，精
装

本书内容包括：韧带学、筋学。

收藏单位：国家馆、首都馆

03351

人体解剖学（骨学、韧带、筋肉）
东南医学院出版股，[1930—1949]，254页，
22开

收藏单位：重庆馆

03352

人体解剖学概要　赵敏学讲授　张世锡编述
殷兆祺绘图
重庆：体育与健康教育研究社，1943.12，2册
（66+74页），32开

本书内容包括：骨骼系统、肌肉系统、循
环系统、消化系统等。

收藏单位：南京馆

03353

人体解剖学讲义　常兆霖编
[上海]：春秋印刷局，[1911—1949]，494页，
21开

03354

人体解剖学名词　国立编译馆编

上海：正中书局，1947.1，195+18页，16开

上海：正中书局，1947.12，4版，195页，16开

　　本书将人体解剖学名词的拉丁新、旧名，汉译新、旧名按英文字母顺序排列成对照表格。

　　收藏单位：国家馆、江西馆、山西馆、上海馆、天津馆、西南大学馆、浙江馆

03355

人体系统解剖学　张岩编著　陆军军医学校审订　张炽君校

安顺：陆军军医学校解剖学系，1945.10，408页，16开（陆军军医学校丛书）

　　本书内容包括：骨学、韧带学、肌学、血管学等。

　　收藏单位：重庆馆、广东馆、国家馆、南京馆、西南大学馆

03356

人体正常解剖学　（德）布鲁雪克（Gustav Broesike）原著　俞绍基译注

上海：商务印书馆，1949.1，814+98页，25开，精装（大学丛书）

　　本书共3卷：骨学、韧带学、肌学，血管学及神经学，内脏学及感觉器官。

　　收藏单位：广东馆、国家馆、黑龙江馆、湖南馆、内蒙古馆、天津馆

03357

神经解剖学　卢于道著

北平：卢于道，1932.6，244页，16开，精装

北平：卢于道，1933.6，再版，244页，16开，精装

　　本书共17章，内容包括：神经系统、神经系的组织、头部神经、自动神经系、行为之神经的基础等。

　　收藏单位：国家馆、黑龙江馆、南京馆、内蒙古馆、首都馆

03358

神经解剖学　叶鹿鸣著

[重庆]：私立齐鲁大学医学院解剖科，1942，再版，196页，16开

　　收藏单位：南京馆

03359

实用人体解剖图　刘仁田编　谷光国校订

北平：国民政府陆军军医学校，1929.1，232页，18开

　　收藏单位：河南馆

03360

实用人体解剖图谱　萧竹修　殷培芝编译

北平：武学书局总发行所，1936，250+40页，22开

　　本书内容包括：骨骼系、筋肉系、内脏系等。

　　收藏单位：首都馆

03361

实用眼耳鼻咽喉科解剖图谱　王绍恭　何山编绘

邵阳：现代医学出版社，1943.4，64页，32开

　　本书为解剖图谱，内容包括：耳廓、鼓膜内观、鼻之骨及软骨架由前侧观、喉之冠状切面等。

　　收藏单位：重庆馆、江西馆

03362

嗜酸性白血球颗粒之原色——黄色——呈现法　袁可士著

[杭州]：[热带病研究所]，1931.12，7页，18开

　　本书共4节：准备、操作、镜下所见、黄色颗粒与赤染颗粒之变换实验。

　　收藏单位：国家馆

03363

我国新医之解剖学史　鲍鉴清著

[自然科学季刊编辑部]，1931.3，60页，16开

　　本书共5部分：新医解剖学史略、尸体解

剖之允许与解剖条例、解剖学之著述、解剖学术语之编著、参考书。

收藏单位：国家馆

03364

系统解剖学 史书翰等编译

关东友谊印刷厂，1949.1，644页，32开

收藏单位：天津馆

03365

新编解剖学图谱 黄启融编

广州：伟文印书局，1934.8，66页，22开

收藏单位：广东馆

03366

新撰解剖学讲义 （日）森田齐次著 丁福保译

上海：医学书局，1912，4册（[1447]页），25开（丁氏医学丛书）

上海：医学书局，1938.7，3版，4册（[1447]页），25开（丁氏医学丛书）

本书介绍人体解剖学的详细讲义，分上肢、下肢、背部、胸腹部等。

收藏单位：安徽馆、湖南馆、南京馆、浙江馆

03367

袖珍医用人体解剖学图 刘凤虎译绘

[北平]：和平印书局，1936，1册，25开

收藏单位：首都馆

03368

研究中国人的白血球组合式 梁伯强著

上海：[国立同济大学病理学研究馆]，1931.9，14页，16开

03369

应用解剖学 叶鹿鸣编

[济南]：齐鲁大学医学院解剖学系，1937.6，261页，16开

本书共8章：头部、颈部、胸部、上肢、腹部、盆部、背部及脊柱、下肢。

收藏单位：贵州馆

03370

怎样教解剖学 张鋆等著

教育部医学教育委员会，[1929—1949]，48页，16开（医学丛书第1种2）

本书收张鋆、冯海容、徐承德等9人有关解剖学教学方面的论文及译文12篇。

收藏单位：国家馆

03371

中西解剖学讲义 汪洋编纂

外文题名：Chinese and foreign anatomy

上海：[中西医院]，1920.7，改正版，82页，32开

上海：中西医院，1924.10，订正3版，82页，32开

上海：中西医院，1925，改正4版，78页，32开

上海：中西医院，1926.10，改正6版，82页，32开

本书讲述医学上常用的人体解剖方法。共两部分。前编"西之部"共11章，内容包括：骨骼、筋肉、皮肤、消化器、循环器等；后编"中之部"共15章，内容包括：肝、胆、心、小肠等。

收藏单位：广东馆、浙江馆

03372

自律神经系 吴健著 萧百新译

上海：商务印书馆，1936.3，93页，32开（万有文库 第2集368）

上海：商务印书馆，1936.10，93页，32开（自然科学小丛书）

本书共12章，内容包括：名称、自律神经系的定义、自律神经的分类、交感神经的解剖学底解说、副交感神经的解剖学底解说、自律神经的终末、自律神经的中枢等。

收藏单位：安徽馆、重庆馆、大理馆、大连馆、东北师大馆、甘肃馆、广东馆、贵州馆、国家馆、黑龙江馆、湖南馆、江西馆、辽师大馆、南京馆、内蒙古馆、宁夏馆、上海馆、首都馆、天津馆、西南大学馆、浙江馆

03373

局部解剖　渤海军区卫生部编

渤海军区卫生部，1947，167 页，32 开

　　收藏单位：国家馆

03374

局部解剖（前半部）　晋冀鲁豫边区卫生部编

晋冀鲁豫边区卫生部，[1947.7]，108 页，32 开

　　本书共 3 篇：总论、头部、躯干部。

　　收藏单位：国家馆

03375

局部解剖学　李定著

上海：商务印书馆，1936.10，398 页，22 开，精装（大学丛书）

上海：商务印书馆，1937.4，再版，398 页，22 开，精装（大学丛书）

　　本书为教本。共 7 章：头、颈、胸、腹、骨盆、上肢、下肢。

　　收藏单位：贵州馆、国家馆、湖南馆、南京馆、内蒙古馆、宁夏馆、上海馆、首都馆、浙江馆

03376

人体标志　（英）劳林（L. B. Rawling）著　（英）莫尔思（W. R. Morse）等译　王惠文　鲁德馨校

上海：协和书局，1926.4，78 页，22 开

　　本书摘录解剖学中基本内容按人体表面标记确定各器官位置。共 5 章：头颈部、上肢、胸部、腹部、下肢。附各管道等之长度、器官之重量、上下肢之骨之生成及骨骺。

　　收藏单位：国家馆、西南大学馆

03377

人体标志　（英）劳林（L. B. Rawling）著　（英）莫尔思（W. R. Morse）等译　王惠文　鲁德馨校

外文题名：Landmarks and surface markings of the human body

上海：中华医学会，1941.8，再版，72 页，22 开，精装

　　收藏单位：国家馆

03378

解剖生理学　彭狄（E. R. Bundy）著　吴建庵译

外文题名：Anatomy and physiology

上海：广学书局，1927，458+[87] 页，23 开

上海：广学书局，1929，修订 2 版，458+[87] 页，23 开

　　本书共 26 章，内容包括：骨组织与骨之分类及关节、头颅骨及其关节、脊柱与躯干之骨及其关节、四肢之骨与其关节、四肢之肌、消化器、血与循环器、血之循环、呼吸器与呼吸、生殖系统、无管腺或内分泌系统、交感神经系统等。内有单、彩色插图 251 帧。附中英文名词索引。

　　收藏单位：国家馆、天津馆

03379

解剖生理学　彭狄（E. R. Bundy）著　吴建庵译

上海：广协书局，1935，修正本，466+29+41 页，32 开，精装

上海：广协书局，1936，修正再版，466+29+41 页，32 开，精装

上海：广协书局，1937，修正再版，466+29+41 页，32 开，精装

上海：广协书局，1939，[565] 页，32 开

上海：广协书局，1940，466 页，32 开

上海：广协书局，1943，466 页，32 开，精装

上海：广协书局，1946，466 页，32 开

上海：广协书局，1947，466 页，32 开

上海：广协书局，1949.3 印，1 册，32 开

　　本书详述人体各部分的构造及功用。共 26 章，内容包括：骨组织与骨之分类及关节、脊柱与躯干之骨及其关节、四肢之骨与其关节、四肢之肌、消化器、血之生理学、血之循环、呼吸器与呼吸、生殖系统、神经系统、脊神经等。附全身动静脉表、中英文索引。

　　收藏单位：重庆馆、广东馆、贵州馆、国家馆、湖南馆、南京馆、首都馆

03380

解剖生理学　张查理编著

重庆：正中书局，1944.2，380 页，32 开

重庆：正中书局，1944.4，4 版，380 页，32 开

上海：正中书局，1945.12，380 页，32 开

上海：正中书局，1946.11，12 版，380 页，32 开

上海：正中书局，1947.5，19 版，380 页，32 开

上海：正中书局，1947.10，24 版，380 页，32 开

上海：正中书局，1948.6，6 版，380 页，32 开

上海：正中书局，1948.10，7 版，380 页，32 开

　　本书共 13 章，内容包括：组织学之概论、骨学、关节学、肌学、神经系统、循环系统、消化系统等。

　　收藏单位：广东馆、国家馆、南京馆、首都馆、浙江馆

03381

解剖生理学　张崇熙编

杭州：宋经楼书店，1936.7，[224] 页，25 开

杭州：宋经楼书店，1947.7，增订 5 版，[224] 页，25 开（最新实用医学各科全书）

杭州：宋经楼书店，1949.9，5 版，[224] 页，25 开（最新实用医学各科全书）

　　本书共 5 编：骨学、肌肉学、内脏学、神经学、感觉学。版权页题名：最新实用解剖生理学。

　　收藏单位：广西馆、国家馆

03382

解剖生理学纲要　晏良遂　魏炳堃合编

长沙：湘雅护病学校，1935，206 页，22 开，精装

　　收藏单位：广东馆

03383

解剖生理学问答　韩碧玲（W. P. Harris）编　马友芳　朱旭东译述

外文题名：Questions and answers on anatomy and physiology

上海：广协书局，1937.5，3 版，170 页，32 开

上海：广协书局，1940，4 版，170 页，32 开

上海：广协书局，1947.2，5 版，170 页，32 开

　　收藏单位：北师大馆、重庆馆、广东馆、首都馆

03384

普通解剖生理学　李赋京著

上海：中国科学图书仪器公司，1938.1，221 页，18 开，精装（中国科学社科学画报丛书）

上海：中国科学图书仪器公司，1939.12，再版，221 页，18 开（中国科学社科学画报丛书）

上海：中国科学图书仪器公司，1947.6，3 版，221 页，18 开，精装（中国科学社科学画报丛书）

　　本书共 13 部分，内容包括：解剖生理学发达史、细胞、细胞如何繁殖、生殖细胞及受精、物质循环等。

　　收藏单位：安徽馆、广东馆、国家馆、南京馆、上海馆、西南大学馆

03385

全体撮要　彭狄（E. R. Bundy）著　中国护士协会译

外文题名：Textbook of anatomy and physiology

上海：广学书局，1918，276 页，22 开

上海：广学书局，1919，276 页，22 开

上海：广学书局，1923，298 页，22 开，精装

　　本书内容包括：躯干骨与其骨节、四肢之骨与其骨节、骨成完全及复原与功用、四肢之肌、消化部之经、血之体功学、肺呼吸与呼吸之经等。

　　收藏单位：广东馆、南京馆、上海馆、首都馆

03386

人体生理解剖挂图说明书　北平师范大学生物学会编

北平：文化社，1933，57 页，32 开

　　收藏单位：首都馆

03387

生理解剖图说明书　卫生署编

上海：商务印书馆，1935.12，24 页，16 开

　　本书共 10 章，内容包括：骨骼系统、肌系统、消化系统、呼吸系统、循环系统、神经系统、排泄系统、内分泌系统等。

　　收藏单位：重庆馆、广东馆、国家馆、湖南馆、天津馆、西南大学馆

03388

生理解剖学　（英）格瑞西麦（Esther Maud Greisheimer）著　苏醒　刘星译

华东新华书店，1949.1，526 页，32 开

　　本书共 22 章，内容包括：神经系统生理学、循环系统解剖学、循环系统生理学、呼吸系统解剖学等。

　　收藏单位：南京馆、山东馆

03389

生理解剖学　（英）格瑞西麦（Esther Maud Greisheimer）撰　苏醒　刘星译

外文题名：Physiology and anatomy

[上海]：医务生活社，1948.12，543 页，32 开

　　收藏单位：山西馆、浙江馆

03390

生理解剖学　华中医科大学编

军事政治大学卫生部，1949 印，118 页，32 开（医学教材 1）

　　收藏单位：重庆馆

03391

生理解剖学　苏北军区卫生部编

华中新华书店，1948.11，49 页，32 开

　　收藏单位：南京馆

03392

生理解剖学　苏南军区卫生部编

无锡：苏南新华书店，1949.8，110 页，大 64 开（医药丛书 1）

　　本书共 12 章，内容包括：骨骼系统、肌肉系统、循环系统、淋巴系统等。

　　收藏单位：国家馆、山西馆

03393

生理解剖学

扬州：苏北新华书店，1949.7，75 页，32 开

　　本书共 13 章，内容包括：骨骼系统、肌肉系统、消化系统、排泄系统、呼吸系统等。

　　收藏单位：安徽馆、国家馆

03394

生理解剖学

中原军区卫生部，1948.11 印，130 页，32 开

　　本书共 15 章，内容包括：骨骼系统、肌肉系统、消化系统、血与循环器、新陈代谢等。

　　收藏单位：重庆馆

03395

最新解剖生理卫生学　商务印书馆编译所编译

上海：商务印书馆，1911.12，472 页，22 开，精装

上海：商务印书馆，1913.4，3 版，472 页，22 开，精装

上海：商务印书馆，1925.4，9 版，472 页，22 开，精装

上海：商务印书馆，1927.12，10 版，472 页，22 开，精装

　　本书以日本宫岛满治郎的《解剖生理及卫生》为主，参考其他生理卫生书籍编译而成。共 14 篇，内容包括：总论、骨骼系统、筋肉系统、皮肤系统、消化器系统等。

　　收藏单位：重庆馆、广东馆、国家馆、河南馆、湖南馆、上海馆、首都馆、天津馆、浙江馆

人体组织学

03396

肌学　南洋医科大学编

上海：南洋医科大学，[1924—1929]，62 页，32 开

　　本书介绍肌在解剖学上分为 3 类：横纹

肌、平滑肌、心肌。肌在生理上分为随意肌和不随意肌。

收藏单位：浙江馆

03397

解剖组织胎生学名汇 （美）施尔德（R.T.Shields）鲁德馨编订　科学名词审查会审查

上海：中国博医会，1921.7，277页，50开，精装

收藏单位：国家馆

03398

哭和笑　李劭青著

北平：中华平民教育促进会，1932.11，再版，18页，50开（平民读物55）

收藏单位：国家馆

03399

路氏组织学　（美）路易（F. T. Lewis）（德）司徒（T. P. Stöhr）著　（美）施尔德（R. T. Shields）译　陈佐庭校

上海：中国博医会，1918，542页，18开，精装

上海：中国博医会，1928，再版，486页，18开，精装

本书共4编：细胞学、普通组织学、特殊组织学、显微术。

收藏单位：广东馆、国家馆

03400

组织胚胎学　（日）平光吾一撰　汤尔和校译　新医同仁研究社增订

外文题名：Histology and embryology

杭州：新医书局，1949.4，增订版，231页，32开（新医丛书）

本书共3篇：细胞、组织、器官组织。

收藏单位：国家馆

03401

组织学　刘世清编

军医教育班学员班，1936.4，10+114页，16开

收藏单位：国家馆

03402

组织学　（日）平光吾一著　汤尔和校译　沈恭译

东京：同仁会，1936.5，416+14页，22开，精装

本书共4篇：细胞、组织、器官组织、检查术式一斑。

收藏单位：国家馆、上海馆

03403

组织学　吴克昌纂著

上海：新医进修社，1937.6，149页，大32开（新医进修丛书）

上海：新医进修社，1940.12，再版，149页，大32开（新医进修丛书）

本书共3篇。“总论”共5章，内容包括：细胞、组织、肌组织等；“各论”共12章，内容包括：呼吸器、泌尿器、内分泌脏器等；“技术概论”共3章：准备、标本制作法、显微镜使用法。

收藏单位：湖南馆、南京馆、绍兴馆、首都馆、浙江馆

03404

组织学（第1卷）　汤尔和著

东京：吐凤堂书店，1915.8，15+188页，22开，精装

本书内容包括：组织之发生、细胞及组织等。

收藏单位：国家馆、浙江馆

03405

组织学纲要　鲍鉴清编著

北平：文化学社，1928.9，174页，32开

北平：文化学社，1933.7，再版，212+58+2页，32开

本书共3篇：细胞、组织、显微镜的解剖学。

收藏单位：安徽馆、重庆馆、山西馆、天津馆

03406

组织学实习指导　孟廷秀编　马文昭　赵士卿校订

长沙：商务印书馆，1938.5，82+14 页，25 开（医学丛书）

长沙：商务印书馆，1938.8，再版，82+14 页，25 开（医学丛书）

　　本书内容包括：细胞学、器官、消化系统、呼吸系统、尿系统、生殖系统等。

　　收藏单位：重庆馆、东北师大馆、广东馆、贵州馆、国家馆、天津馆、西南大学馆

03407

组织学总论　（日）二村领次郎著　晋陵下工译述　丁福保编译

上海：医学书局，1930.1，203 页，22 开（丁氏医学丛书）

　　本书共两章：细胞、组织。

　　收藏单位：安徽馆、浙江馆

03408

组织学总论　晋陵下工译述

上海：丁氏医院，1913.12，203 页，24 开，精装（丁氏医学丛书）

　　收藏单位：国家馆、南京馆

03409

组织与胚胎　沈霁春等编译

上海：医务生活社，1949.5，1 册，32 开

　　本书内容包括：细胞、组织、器官等。

　　收藏单位：广东馆

人体生理学

03410

骨·肉·气·血　华汝成编

上海：中华书局，1948.7，32 页，36 开（中华文库 民众教育 1）

　　本书介绍生理卫生常识。共 4 章：骨、肉、气、血。

　　收藏单位：国家馆、辽大馆、上海馆

03411

国立北平大学医学院生理学教室论文集刊

国立北平大学医学院生理学教室编

北平：国立北平大学医学院生理学教室，1934，1 册，16 开

　　本书收论文 11 篇，内容包括：《上行蓄电器放电刺激所生之费氏间隙》（贾国藩、侯宗濂）、《神经电刺激之生理补遗（一）费克间隙之真理》（侯宗濂、柳安昌）、《神经电流刺激之生理补遗（二）平流电开放刺激之刺激阈何以转低于其闭锁刺激者》（侯宗濂）等。

　　收藏单位：国家馆

03412

国人生理水准之研究　吴襄编

国立中央研究院，1944.5，98 页，16 开

　　收藏单位：南京馆

03413

哈氏生理学　（英）哈里伯顿（W. D. Halliburton）著　（英）高似兰（P. B. Cousland）　萧惠荣译

外文题名：Handbook of physiology

上海：中国博医会，1919，7 版，16+410 页，18 开，精装

　　本书共 51 章，内容包括：生理学绪论、心之生理、身体之化学组成、身体的物质代谢等。

　　收藏单位：国家馆

03414

哈氏生理学　（英）哈里伯顿（W. D. Halliburton）著　（美）易文士（Philip S. Evans）（美）启真道（Leslie G. Kilborn）　吕钟灵重译　鲁德馨校

外文题名：Handbook of physiology

上海：中国博医会，1929.10，8 版，[18+551] 页，18 开，精装

上海：中国博医会，1936.8，9 版，[18+551] 页，18 开，精装

　　本书为当时欧美医学院的教科书。共 45 章，内容包括：应激机能及收缩机能、肌之电性现象、神经之生理、自主神经系统、循环

系统、血之循环、心之生理、血管内之循环、淋巴、内分泌器官等。

收藏单位：重庆馆、东北师大馆、广东馆、国家馆、西南大学馆、浙江馆

03415

哈氏体功学　（英）高似兰（P. B. Cousland）译述

外文题名：Halliburton's handbook of physiology

上海：中国博医会，1912，5 版，386 页，18 开

上海：中国博医会，1914，6 版，382 页，18 开，精装

本书共 50 章，内容包括：体功学绪论、略论缩肌、心之功用、胃液、肠之消化等。5 版译者题：萧惠荣，6 版译者题：朱剑。

收藏单位：广东馆、国家馆

03416

活的身体　日新著

香港：生活书店，1940.3，91 页，32 开（生活丛书）

生活书店，1940.7，再版，91 页，32 开（大众生理知识）

生活书店，1940.9，3 版，90 页，32 开（大众生理知识）

香港：生活书店，1948.5，胜利后 1 版，91 页，32 开

本书介绍人体生理知识。共 12 章，内容包括：死体和活体、消化——生命之漩涡、呼吸、排泄、生殖、运动、感觉等。

收藏单位：安徽馆、北师大馆、重庆馆、东北师大馆、广东馆、广西馆、贵州馆、国家馆、吉林馆、辽宁馆、南京馆、内蒙古馆、上海馆、首都馆、浙江馆

03417

机械人生（生理学）　沈寯淇著

贵阳：文通书局，1943.5，2 册（684 页），25 开（大学丛书）

上海：文通书局，1946，2 册（684 页），25 开（大学丛书）

本书据马克劳德和威格尔斯的生理学课

本，参考其他西医生理学教本编成。共两卷 13 章，内容包括：机械及其作用、河道沟渠之水利、推陈纳新之利用、总管全厂之使命等。

收藏单位：重庆馆、贵州馆、国家馆、湖南馆、南京馆

03418

机械人生索引（生理学）　沈寯淇著

贵阳：文通书局，1944.10，2 册（908 页），22 开（大学丛书）

收藏单位：重庆馆、贵州馆、国家馆

03419

简明生理学图解　中国医科大学生理学系

总卫生部编译处，[1948.4]，240 页，32 开

收藏单位：重庆馆

03420

江苏师范讲义（第 11 编 生理）　江苏师范生编辑

江苏宁属学务处，1926，94 页，大 32 开

03421

科学的生老病死观　朱洗著

上海：商务印书馆，1936.6，221 页，32 开

上海：商务印书馆，1936.11，再版，221 页，32 开

上海：商务印书馆，1937.3，3 版，221 页，32 开

长沙：商务印书馆，1938，4 版，221 页，32 开

本书共 9 章，内容包括：生物是长生不死的么、衰老是怎样来的、死亡的观察、返老还童的实验等。

收藏单位：重庆馆、广东馆、贵州馆、国家馆、湖南馆、南京馆、内蒙古馆、人大馆、上海馆、首都馆、天津馆、西南大学馆、浙江馆

03422

男女生理详解秘图一百幅　金惕庵编辑　吴虞公校阅

上海：中西医药书局，1936.8，242 页，32 开

上海：中西医药书局，1940.12，5 版，242 页，32 开

本书内容包括：人体之构造、人体之组织、肋骨之组织、胸骨之组织等。版权页题名：生理图解一百幅。

收藏单位：上海馆、天津馆

03423

人及人之力 （日）永井潜著　石锡祜译

东京：同仁会，1933，19+296 页，32 开，精装

本书共 15 部分，内容包括：由自然科学而惟心论、不老长生、强健精神之胜利、精神活动之生理、体育与能率增进问题、斯剖兹之精神与体育之勃兴等。

收藏单位：北师大馆、重庆馆、国家馆、南京馆、内蒙古馆、上海馆、首都馆

03424

人类生理学　蔡翘著

[上海]：商务印书馆，1929.7，2 册，25 开

[上海]：商务印书馆，1947.10，3 次增订 1 版，2 册，25 开

上海：商务印书馆，1948，增订 2 版，2 册，25 开

[上海]：商务印书馆，1948.8，3 次增订 3 版，2 册，25 开

上海：商务印书馆，1949.3，3 次增订 4 版，2 册，25 开（大学丛书）

本书共 11 篇，内容包括：普通生理学之原理、肌肉及神经、神经系统、感官生理、血液及淋巴、循环系统等。

收藏单位：重庆馆、东北师大馆、广东馆、南京馆、内蒙古馆、首都馆

03425

人身上的奇怪问题　戚肖波编著

上虞：金星出版社，1935.4，75 页，32 开

本书以故事形式向儿童讲解生理卫生常识。

收藏单位：上海馆

03426

人身生活论　加力克（L. N. Gulick）著　丁锡龄译　程瀚章校

外文题名：The body at work

上海：商务印书馆，1927.3，210 页，32 开（医学丛刊）

上海：商务印书馆，1934.2，国难后 1 版，210 页，32 开（医学丛书）

[长沙]：商务印书馆，1939.6，国难后 2 版，210 页，32 开（医学丛书）

本书论述运动、饮食等日常生活对人体各器官的影响。共 27 章，内容包括：肌骨之生长、学校桌椅之危害、肌肉、骨骼、足之束缚及解放、关节、体力足力之障碍物、毛细管、血液、酒精与血液循环、呼吸之短促、饮食之试验等。

收藏单位：重庆馆、广西馆、国家馆、湖南馆、江西馆、辽宁馆、南京馆、山西馆、上海馆、天津馆

03427

人生二百年　顾实编

外文题名：Man may live 200 years

上海：商务印书馆，1916.4，232 页，23 开

上海：商务印书馆，1917.3，再版，232 页，23 开

上海：商务印书馆，1919.11，4 版，232 页，23 开

上海：商务印书馆，1923.1，5 版，232 页，23 开

上海：商务印书馆，1929.3，6 版，232 页，23 开

本书概述人类进化，人体生理、卫生及寿命。共 11 章，内容包括：活动之曙光、四面楚歌之声、防疫与卫生、身体之研究等。

收藏单位：重庆馆、广东馆、国家馆、湖南馆、吉林馆、江西馆、南京馆、内蒙古馆、上海馆、首都馆、天津馆、西南大学馆、浙江馆

03428

人体的机构　周建人编

上海：北新书局，1930.5，260 页，22 开

本书共 6 篇：通论、荣养、生殖和生长、运动、感觉和调整器官、衰老和死亡。

收藏单位：重庆馆、广东馆、广西馆、国家馆、黑龙江馆、湖南馆、江西馆、南京馆、山西馆、上海馆、天津馆、西南大学馆、浙江馆

03429

人体的讲话　玉子编

上海：广益书局，1933，82 页，32 开（儿童科学故事丛书）

本书共 15 节，内容包括：张国安的演讲、人体的骨骼、人体的肌肉、血液和血液循环器、关于呼吸器的话等。

收藏单位：重庆馆、首都馆

03430

人体的趣味和神秘　殷师竹著　周志贤校

上海：科学书局，1929.11，76 页，32 开

本书内容包括：爪、心、鼻、唇、人体的异物、女性的游泳、月经、文身等。

收藏单位：国家馆

03431

人体的生活　胡珍元编

上海：世界书局，1931，118 页，32 开（生活丛书）

上海：世界书局，1932.11，3 版，118 页，32 开（生活丛书）

本书共 7 章，内容包括：消化管的生活、心脏和血液的生活、骨骼和肌肉的生活、神经和脑的生活、器官和腺的生活等。

收藏单位：重庆馆、广西馆、贵州馆、国家馆、湖南馆、江西馆、南京馆、宁夏馆、上海馆、首都馆、天津馆、浙江馆

03432

人体的研究　陈雨苍编撰

南京：正中书局，1937.2，226 页，32 开，精装（正中科学知识丛书）

金华：正中书局，1941.8，再版，226 页，32 开（正中科学知识丛书）

上海：正中书局，1947.7，226 页，32 开（正

中科学知识丛书）

本书介绍人体生理知识。共 12 章，内容包括：生命的原始和生物体构造的单位、我们人类的祖先来自何处、我们是这样生成的、像风箱一样的呼吸器官等。

收藏单位：重庆馆、广东馆、贵州馆、国家馆、黑龙江馆、湖南馆、辽宁馆、南京馆、浙江馆

03433

人体构造与生理　胡伯恳著

上海：亚细亚书局，1935.7，138 页，32 开（基本知识丛书）

本书共 7 章，内容包括：人体的基本单位和构造、基本的恒久运动、每日的更新、我们与我们的周围、人体的化学的联络等。

收藏单位：重庆馆、广西馆、国家馆、河南馆、南京馆、内蒙古馆、上海馆、首都馆、天津馆、西南大学馆、浙江馆

03434

人体构造与生理　胡伯恳著

上海：中国文化服务社，1936.4，再版，138 页，32 开（基本知识丛书）

收藏单位：广东馆、国家馆、山西馆

03435

人体构造与生理（四）　胡伯恳著

上海：亚细亚书局，1936.9，73 页，32 开（基本知识丛书）

收藏单位：重庆馆

03436

人体科学谈屑　索非著

上海：开明书店，1941.8，116 页，36 开

本书收发表在各报副刊上的有关人体生理卫生知识的短文。内容包括：《水与人体》《味的奥秘》《眼睛的秘密》《体温》等。

收藏单位：重庆馆、广东馆、广西馆、贵州馆、国家馆、浙江馆

03437

人体览胜　（日）高田义一郎著　舒贻上译

北平：国立华北编译馆，1943.1，221 页，32 开（现代知识丛书）

本书共 33 节，内容包括：皮肤、毛鬃、爪甲、牙齿、眼、耳、颜面、背等。

收藏单位：北师大馆、国家馆、上海馆、首都馆

03438

人体旅行记 索非著

上海：文化生活出版社，1939.8，226 页，32 开（少年读物丛刊乙辑 1）

上海：文化生活出版社，1947.10，再版，226 页，32 开（少年读物丛刊乙辑 1）

本书介绍人体循环、呼吸系统的生理常识，内容包括：消化系统巡礼（德级记录）、呼吸系统巡礼（智级记录）、循环系统巡礼（体级记录）等。

收藏单位：重庆馆、东北师大馆、广东馆、贵州馆、国家馆、江西馆、辽宁馆、内蒙古馆、上海馆、绍兴馆、首都馆、西南大学馆、浙江馆

03439

人体旅行记（科学物语）（日）小川荣著 黄重建译 陈载耘校

上海：儿童书局，1934.8，102 页，32 开

上海：儿童书局，1935.5，再版，102 页，32 开

本书以故事形式介绍人体生理知识。共 25 篇，内容包括：我是一粒小石子、体内的隧道、在洞穴旁边、各种牙齿的效力、食物和热力等。

收藏单位：国家馆、湖南馆、南京馆、上海馆、首都馆

03440

人体生理 （日）上野一晴著 顾寿白译

上海：商务印书馆，1936.9，4 册（506 页），32 开，精装（万有文库 第 2 集 363）（自然科学小丛书）

上海：商务印书馆，1947.8，3 版，2 册（506 页），32 开

本书共 14 章，内容包括：人体之形态、骨骼、人体之外面、人体之内部、肌肉之作用、呼吸、血行、消化与吸收等。

收藏单位：安徽馆、北师大馆、重庆馆、大理馆、大连馆、大庆馆、东北师大馆、国家馆、湖南馆、江西馆、辽师大馆、南京馆、内蒙古馆、宁夏馆、天津馆、武大馆、浙江馆

03441

人体生理 叶绍钧撰

上海：商务印书馆，1935.12，30 页，25 开（小朋友文库 第 1 集）

收藏单位：重庆馆

03442

人体生理 叶绍钧等编

上海：中华书局，1947.12，30 页，32 开

上海：中华书局，1948.8，再版，30 页，32 开（中华文库 小学 第 1 集 高级 卫生类）

本书共 15 节，内容包括：人体的部位、骨骼的生理及其卫生、筋肉的生理及其卫生、消化器的生理、消化器的卫生、循环器的生理、呼吸器的生理等。

收藏单位：国家馆

03443

人体生理学 徐丰彦编

重庆：独立出版社，[1928—1949]，[198] 页，25 开

03444

人体哲学 余新恩著

上海：上海工厂联合医务处，1946.9，33 页，32 开

本书讲述生理卫生知识。共 8 章，内容包括：骨骼与肌肉、循环系统、排泄系统、呼吸系统、消化系统等。

收藏单位：北师大馆、南京馆、上海馆

03445

人体知识 （美）L. Clendening 著 陈聘丞译

外文题名：Human body

上海：中国科学图书仪器公司，1944.9，393

页，32 开（中国科学社通俗科学丛书）

上海：中国科学图书仪器公司，1947.2，再版，393 页，32 开（中国科学社通俗科学丛书）

本书内容包括：遗传与环境、消化系、呼吸系、循环系、生殖器官、传染等。版权页题丛书名：中国科学社科学画报丛书。

收藏单位：重庆馆、东北师大馆、广东馆、江西馆、南京馆、内蒙古馆、上海馆、首都馆

03446

人之奥妙 （法）卡累尔（A. Carrel）著　王世宜译

重庆：中国文化服务社，1943.10，332 页，32 开（青年文库）

上海：中国文化服务社，1946.4，332 页，32 开（青年文库）

上海：中国文化服务社，1947.2，2 版，332 页，32 开（青年文库）

本书共 8 章，内容包括：心灵活动、内在时间、适应机能、论个人、人之改造等。

收藏单位：安徽馆、重庆馆、广东馆、广西馆、贵州馆、桂林馆、国家馆、南京馆、宁夏馆、首都馆、浙江馆

03447

生的秘密 吉尔波夫人著　流煜编

永化出版社，1940.3，130 页，25 开

收藏单位：江西馆、首都馆

03448

生活与生理 陈雨苍编著

南京：正中书局，1937.6，309 页，32 开，精装（正中科学知识丛书）

上海：正中书局，1947.4，308 页，32 开，精装（正中科学知识丛书）

本书介绍日常生活中的人体生理作用和意义。共 14 章，内容包括：从生活谈到人类的进化、从机器人说到人体的构造、运动机能和作息、循环机能和生命、呼吸机能及空气与住的问题等。

收藏单位：重庆馆、广东馆、国家馆、湖南馆、浙江馆

03449

生理常识 蔡翘著

重庆：黄河书局，1945.5，107 页，32 开（医学小丛书）

收藏单位：国家馆、南京馆

03450

生理及卫生学 王兼善编

上海：商务印书馆，1914.6，284+[12] 页，32 开，精装

上海：商务印书馆，1915.6，再版，284+[12] 页，32 开

上海：商务印书馆，1916.8，4 版，284+[12] 页，32 开

上海：商务印书馆，1919.6，6 版，284+[12] 页，32 开，精装

上海：商务印书馆，1921.7，9 版，284+[12] 页，32 开，精装

上海：商务印书馆，1922.1，10 版，284+[12] 页，32 开

上海：商务印书馆，1922.10，11 版，284+[12] 页，32 开，精装

上海：商务印书馆，1925.2，12 版，284+[12] 页，32 开

上海：商务印书馆，1927.1，13 版，284+[12] 页，32 开，精装

本书为中学校女子中学及师范学校女子师范学校教学用。共两篇。生理学共 8 章，内容包括：骨骼系、筋肉系、消化系等；卫生学共两章：个人卫生、公共卫生。

收藏单位：广东馆、国家馆、黑龙江馆、湖南馆、江西馆、内蒙古馆、绍兴馆、首都馆、浙江馆

03451

生理趣谈 陆亚楠译

[新化]：西南医学杂志社，1942.12，59 页，25 开

上海：西南医学杂志社，1947.8，再版，59 页，25 开

本书介绍一般的生理卫生常识。共 10

讲，内容包括：中枢神经的作用和睡眠、从饮食物变成肉体说起、生活力的根源、心脏与肾脏等。

　　收藏单位：重庆馆、东北师大馆、江西馆

03452

生理实验　（美）易文士（Philip S. Evans）编

外文题名：Laboratory experiments in physiology

上海：中国博医会，1921.10，35 页，22 开

上海：中国博医会，1924，再版，35 页，22 开

　　本书为编者选取美国医学课本中重要的生理学实验，共计 42 项。

　　收藏单位：国家馆

03453

生理卫生纲要　吴乔英编著　上海法学社校

上海：上海法学社，1929.11，116 页，大 64 开（考试丛书）

　　本书共 10 章，内容包括：骨骼系、肌肉系、消化系、呼吸系、排泄系、神经系等。

　　收藏单位：广东馆、国家馆、天津馆

03454

生理卫生讲义　广东省立小学教员补习函授学校编

广东省立小学教员补习函授学校，[1911—1949]，264 页，16 开

　　收藏单位：广西馆

03455

生理卫生界（上卷）　嵇联晋等编　薛德焴薛德炯校

江阴：华通印书馆，1921.11，126 页，25 开（理科常识教材丛书）

　　本书共 5 部分：骨骼系统、筋肉系统、消化系统、循环系统、呼吸系统。

　　收藏单位：国家馆

03456

生理卫生难题详解　张履慰编纂

上海：大方书局，[1935—1949]，126 页，大 64 开

　　收藏单位：江西馆

03457

生理卫生问答　秦思伟编

上海：三民公司，1930.3，78 页，36 开（各科常识问答丛书）

上海：三民公司，1935.10，增订再版，78 页，36 开（各科常识问答丛书）

　　收藏单位：重庆馆、广东馆、国家馆、南京馆

03458

生理卫生问答　徐养颐著

上海：东方文学社，1932.5，10 版，22 页，32 开

上海：东方文学社，1934.2，13 版，22 页，32 开

　　本书封面题名：生理卫生学问答。

　　收藏单位：广东馆

03459

生理卫生学　李约编

北平：文化学社，1929.10，3 版，114 页，32 开

北平：文化学社，1930.9，4 版，114 页，32 开

北平：文化学社，1932.8，5 版，114 页，32 开

　　本书共 9 章：皮肤、肌肉、骨骼、消化器、循环器、呼吸器、排泄器、神经器、五官。版权页题名：初级中学生理卫生学。

　　收藏单位：河南馆、江西馆

03460

生理卫生学　（美）吕特奇（J. W. Ritchie）著　（英）节丽春（D. C. Joynt）译　（英）莫安仁　王调生订正

外文题名：Physiology and hygiene

上海：广学会，[1913.8]，206+10 页，大 32 开

上海：广学会，1917，再版，206+10 页，大 32 开

上海：广学会，1921，3 版，174 页，大 32 开

上海：广学会，1923，4 版，174 页，大 32 开

　　本书共 14 章，内容包括：人之身体、骨

骼、筋、食料、消化器官及消化、血及循环、神经系、疾病微生物等。著者原题：李惹。

收藏单位：国家馆、南京馆

03461

生理卫生学 （美）吕特奇（J. W. Ritchie）著 罗庆堂译

外文题名：Physiology and hygiene

上海：科学会编译部，1913.2，264 页，23 开

上海：科学会编译部，1928.11，264 页，23 开

上海：科学会编译部，1930.12，再版，264 页，23 开

上海：科学会编译部，1933.2，国难后 1 版，264 页，23 开

上海：科学会编译部，1937.4，国难后 2 版，264 页，23 开

本书共 14 篇，内容包括：论人身、论骨骼、论筋肉、论消化及消化器、论循环及血液、论肾脏及皮肤、论神经系统等。

收藏单位：安徽馆、重庆馆、广东馆、国家馆、湖南馆、江西馆、辽宁馆、上海馆、首都馆、天津馆、浙江馆

03462

生理卫生学 （美）施列民（A. C. Selmon）编

外文题名：First book in physiology and hygiene

上海：时兆报馆，1926，3 版，171 页，25 开

上海：时兆报馆，1929，4 版，171 页，25 开

本书共 32 章，内容包括：论康健之紧要、论食物、论烹饪、论保存食物法、论牙齿、论所呼吸之气、论肺、论肾、论皮肤、论衣服、论骨与肌、论运动身体之紧要、论习惯、论烟草、论视觉、论急救法等。

收藏单位：重庆馆

03463

生理卫生学 曾彦编

上海：科学会编译部，1914，4 版，124 页，22 开

本书书中题名：普通教育生理卫生教科书。

收藏单位：首都馆

03464

生理卫生学（第 1 册） 抗大政治文化教育科研究室编

华北新华书店，[1942—1949]，石印本，1 册，32 开（抗大政治文化教育丛书 1）

收藏单位：国家馆

03465

生理卫生学表解 （日）后藤嘉之 （日）美岛近一郎著 陈滋译

上海：新学会社，1912，[60] 页，42 开（普通学表解丛书）

收藏单位：首都馆

03466

生理卫生学讲义 （日）杉木正直编

出版者不详，[1911—1949]，111 页，32 开

本书共 11 章，内容包括：骨骼系统、筋肉系统、消化系统、循环系统、呼吸系统、皮肤、五官等。

收藏单位：国家馆

03467

生理卫生学问答 毛起鹇著

上海：大东书局，1930.1，116 页，50 开（百科问答丛书 22）

上海：大东书局，1931.7，再版，116 页，50 开（百科问答丛书 22）

本书共 7 编：绪论、全体生理学概说、营养作用、运动作用、感觉作用、全身生理作用、病症。

收藏单位：国家馆、湖南馆、江西馆、南京馆

03468

生理卫生学习题详解 陈士杰编

上海：经纬书局，1936.4，再版，62 页，50 开（经纬百科丛书）

本书共 102 个习题详解，内容包括：何谓生理学、何谓解剖学、何谓卫生学等。

03469

生理学 胡哲撰编

[上海]：[东南医科大学]，[1926—1949]，246 页，25 开

本书为东南医科大学教科书。

收藏单位：黑龙江馆

03470

生理学　华北医科大学生理教研室编

北京：华北医科大学，1949，116 页，32 开

收藏单位：国家馆

03471

生理学　军医教育班学员班编

军医教育班学员班，1936.4，200 页，16 开

收藏单位：国家馆

03472

生理学　堪士德（M. D. Comstock）著　中华函授学校编译

中华函授学校，[1911—1949]，油印本，212 页，16 开，环筒页装

收藏单位：重庆馆

03473

生理学　裘景舟编著

上海：新医进修社，1937.6，2 册，22 开（新医进修丛书）

本书共两篇。第 1 篇"通论"共 5 节，内容包括：生理学之定义范围价值及与他种科学之关系、生物特性与生命现象、一般生活条件等；第 2 篇"各论"共 15 章，内容包括：血液生理、循环生理、淋巴生理、呼吸生理、一般肌肉生理、运动生理、神经生理总论等。

收藏单位：北师大馆、广东馆、首都馆

03474

生理学　薛德焴编

上海：世界书局，1931.4，260 页，32 开，精装（文化科学丛书）

上海：世界书局，1932.6，再版，260 页，32 开（文化科学丛书）

上海：世界书局，1934.9，3 版，260 页，32 开（文化科学丛书）

上海：世界书局，1936.10，4 版，260 页，32

开，精装（文化科学丛书）

本书介绍生理学上的一般理论。共 9 编：总论、运动、消化、循环、呼吸、排泄、神经、感觉、生殖。

收藏单位：重庆馆、国家馆、南京馆、上海馆、浙江馆

03475

生理学　薛德焴　顾钟骅编

上海：新亚书店，1934.6，149 页，32 开，精装（近代自然科学丛书 2）

本书共 12 章，内容包括：调和身体机能的霍尔蒙、中枢神经的作用和睡眠、神经和肌肉、保健食物的必要条件、生活力的根源、血液和血液的循环、新陈代谢与体温等。

收藏单位：东北师大馆、国家馆、江西馆、内蒙古馆、上海馆

03476

生理学　张崇熙编

上海：东亚医学编辑所，1934.7，94 页，25 开（最新实用医学各科全书）

上海：东亚医学编辑所，1935.12，再版，94 页，25 开（最新实用医学各科全书）

本书共 10 编，内容包括：血行生理（循环生理）、消化生理、吸收生理、呼吸生理、排泄生理、内分泌生理等。书脊题名：最新实用生理学。

收藏单位：重庆馆、国家馆、首都馆

03477

生理学　周颂声编著

北平：文化学社，1929.12，2 册，22 开，精装

北平：文化学社，1932—1933，再版，2 册，22 开

本书共两部分。"总论"共 4 章：何谓生、生物之基础构造、一般生活现象、外形化成；"各论"共 3 编 22 章，内容包括：消化生理学、吸收及同化、血液生理学、体温及其调节、肌肉生理学总论、肌肉生理各论、神经生理学总论、神经生理学各论等。

收藏单位：广东馆、国家馆、首都馆

03478
生理学
阳城：太岳军区卫生学校，1947 印，油印本，
1 册，32 开

　　本书共 10 编，内容包括：消化生理、吸
收生理、呼吸生理、排泄生理、内分泌生理、
神经生理、感觉生理等。

　　收藏单位：国家馆

03479
生理学（上卷） 周颂声编著
北京：国立医科大学生理教室，1928.5，14+
316 页，22 开，精装

　　收藏单位：国家馆、首都馆

03480
生理学粹（上、下册） 孙海环编辑
上海：科学书局，1912，再版，2 册，22 开

　　收藏单位：首都馆

03481
生理学大要讲习 孟天成　杨凤鸣编著
大连：满洲助产学讲习会，1943.6，91 页，25
开

　　收藏单位：江西馆

03482
生理学大意 戴栋龄著
外文题名：Essentials of physiology
上海：商务印书馆，1930.10，108 页，32 开
（万有文库 第 1 集 522）（医学小丛书）
上海：商务印书馆，1931.9，108 页，32 开（医
学小丛书）
上海：商务印书馆，1933.5，国难后 1 版，105
页，32 开（医学小丛书）
上海：商务印书馆，1934.2，国难后 2 版，105
页，32 开（医学小丛书）
上海：商务印书馆，1934.7，再版，105 页，32
开（万有文库 第 1 集 522）（医学小丛书）
上海：商务印书馆，1934，105 页，32 开（医
学小丛书）
长沙：商务印书馆，1938.5，国难后 7 版，105
页，32 开（医学小丛书）

长沙：商务印书馆，1939.8，国难后 8 版，105
页，32 开（医学小丛书）
重庆：商务印书馆，1943.5，81 页，36 开（医
学小丛书）
赣县（赣州）：商务印书馆，1944.4，81 页，32
开（医学小丛书）
重庆：商务印书馆，1944.9，2 版，81 页，32
开（医学小丛书）

　　本书共两部分。"总论"共 3 章：生活现
象、一般生活条件、刺激及其效用；"各论"
共 3 章：物质代谢、力之交换及力之发动、形
态变换。

　　收藏单位：安徽馆、重庆馆、大理馆、大
连馆、东北师大馆、广东馆、广西馆、贵州
馆、国家馆、黑龙江馆、湖南馆、江西馆、
辽大馆、辽宁馆、辽师大馆、南京馆、内蒙
古馆、宁夏馆、上海馆、首都馆、武大馆、
西南大学馆、浙江馆

03483
生理学概论 方怀时著
上海：中国文化服务社，1948.10，132 页，32
开（青年文库）

　　本书共 13 章，内容包括：肌肉、周围神
经、血液及淋巴、循环、呼吸、营养、体温、
排泄、内分泌、中枢神经等。

　　收藏单位：重庆馆、广东馆、国家馆、南
京馆

03484
生理学纲要 陶炽孙著
陶炽孙，1929，118 页，24 开

03485
生理学讲义 （日）宫入庆之助著　孙祖烈译
上海：医学书局，1916.7，2 册（464+478 页），
24 开（丁氏医学丛书）

　　本书共 4 编：绪论、物质交换、作业论、
生殖论。有插图 154 幅。

03486
生理学讲义 中华函授学校编
上海：中华函授学校，[1911—1949]，石印

本，[80] 页，18 开，环筒页装

03487

生理学名词（初审本） 国立编译馆编

国立编译馆，1947，油印本，149 页，26cm×28cm

　　收藏单位：国家馆、南京馆

03488

生理学实习指导 沈寯淇　李茂之编

贵阳：文通书局，1942.1，158 页，16 开，精装（大学丛书）

　　本书共 14 章，内容包括：生理学实验应用之器械及方法、生动、肌肉、反射、循环、血液等。

　　收藏单位：重庆馆、贵州馆、国家馆、南京馆

03489

生理学要览 刘纪编

上海：商务印书馆，1922.9，64 页，横 50 开

上海：商务印书馆，1926.7，3 版，64 页，横 50 开

　　收藏单位：广东馆、国家馆、湖南馆、江西馆

03490

生理学中外名词对照表 孙祖烈编

上海：医学书局，1917.2，40 页，25 开

上海：医学书局，1930.7，再版，40 页，25 开

　　本书为生理学中外名词对照表，内容包括：人体名词、生理名词、名词术语。

　　收藏单位：国家馆、上海馆、浙江馆

03491

实用生理学 季钟朴编译

中原大学医学院，[1948—1949]，193 页，32 开

　　收藏单位：广西馆、国家馆

03492

实用生理学 季钟朴编译

总卫生部编译处，1947.11，2 版，[157] 页，

16 开

　　收藏单位：国家馆

03493

陶烈论文集（卷 2 第 1 册） 陶烈著

上海：[东南医学院]，1940.6，110 页，16 开

　　本书收生理学论文 10 篇。有中、英、日三种文字。

03494

体学新编 （美）惠亨通译　刘功宇述词

上海：美华书馆，1913，再版，1 册，大 16 开，精装

　　收藏单位：南京馆

03495

我们的身体 沈志坚著

上海：新中国书局，1935，67 页，32 开

　　本书共 16 章，介绍一般的生理卫生知识。

　　收藏单位：重庆馆、南京馆、首都馆

03496

我们的身体 （英）司托泼（M. C. Stopes）著　胡伯恩节译

外文题名：The human body

上海：开明书店，1933.9，141 页，32 开（开明青年丛书）

上海：开明书店，1934.5，再版，141 页，32 开（开明青年丛书）

上海：开明书店，1941.5，3 版，141 页，32 开（开明青年丛书）

上海：开明书店，1947.2，4 版，141 页，32 开（开明青年丛书）

上海：开明书店，1948.7，特 1 版，141 页，32 开（开明青年丛书）

　　本书以浅显易懂的语言讲解人体生理卫生知识。共 22 章，内容包括：呼吸、肌肉、细胞、食和消化、食和排泄、发育、皮肤、生殖、男性、女性等。

　　收藏单位：重庆馆、大庆馆、东北师大馆、广东馆、广西馆、贵州馆、国家馆、湖南馆、江西馆、南京馆、内蒙古馆、绍兴馆、

首都馆、浙江馆

03497

新制生理学教本　顾树森编　吴家煦校

上海：中华书局，1917.1，122+16 页，32 开

上海：中华书局，1920.2，9 版，122+16 页，32 开

上海：中华书局，1921.5，13 版，122+16 页，32 开

上海：中华书局，1921.7，14 版，138 页，32 开

上海：中华书局，1923，23 版，138 页，32 开

上海：中华书局，1926.5，25 版，122+16 页，32 开

　　本书共 4 编：运动系统、营养系统、神经系统、关于全体之生理。附中西名词对照表。

　　收藏单位：国家馆、首都馆

03498

中西生理学讲义　汪洋编纂

外文题名：Chinese and foreign physiology

上海：中西医院，1924.10，改正 3 版，38 页，32 开

上海：中西医院，1925.9，改正 4 版，38 页，32 开

上海：中西医院，1926.10，改正 6 版，38 页，32 开

　　本书共两编。前编"西之部"共 11 章，内容包括：骨、皮肤、消化器、呼吸器等；后编"中之部"共 15 章，内容包括：总论、肝、胆、心等。

　　收藏单位：浙江馆

血液与循环生理

03499

血　陈鸿佑编

上海：中华书局，1935.6，166 页，36 开（常识丛书 44）

　　本书共 8 章，内容包括：赤血球、白血球、血内其他含有物和血液的性质、淋巴等。

收藏单位：重庆馆、贵州馆、国家馆、黑龙江馆、湖南馆、江西馆、辽大馆、辽宁馆、南京馆、内蒙古馆、上海馆、天津馆

03500

血液循环发现的故事　鲁子惠译

贵阳：文通书局，1949.4，78 页，32 开（文通青年丛书）

　　本书共 9 章，内容包括：血液的循环（附第一图）、古代血脉系统的知识（附第二图）、学术复兴时代、哈维 Harvey 等。

　　收藏单位：重庆馆、贵州馆

呼吸生理

03501

实验五分钟呼吸运动法　陆师通编　陆同一校

上海：中华书局，1923.9，3 版，22 页，32 开

上海：中华书局，1924，4 版，22 页，32 开

上海：中华书局，1928.5，8 版，[22] 页，32 开

上海：中华书局，1928.12，9 版，[16]+22 页，32 开

上海：中华书局，1929，10 版，22 页，32 开

上海：中华书局，1937.8，14 版，22 页，32 开

　　本书介绍五分钟呼吸运动应注意点、户外呼吸运动之说略、五分钟呼吸运动之问答等内容。此项运动，能使身体各部得到适当的锻炼。

　　收藏单位：重庆馆、广西馆、江西馆、上海馆、绍兴馆、浙江馆

消化与吸收生理

03502

比较消化生理　[（日）] 篠田统著　程瀚章译

上海：商务印书馆，1936.9，84 页，32 开（万有文库 第 2 集 700）（自然科学小丛书）

[长沙]：商务印书馆，1939.5，84 页，32 开（自然科学小丛书）

本书共 7 章：序言、消化器官、消化酵素、消化液之分泌、食饵之摄取、食饵之消化、养分之吸收。

收藏单位：安徽馆、重庆馆、大理馆、大连馆、大庆馆、东北师大馆、广东馆、贵州馆、国家馆、黑龙江馆、湖南馆、辽宁馆、辽师大馆、内蒙古馆、宁夏馆、上海馆、天津馆、西南大学馆、浙江馆

03503

食物是怎样消化的　凌云著

哈尔滨：光华书店，1948.6，44 页，36 开（少年文库）

本书共 5 章，内容包括：第一站——口、中间站——胃、食物完全变化了等。

收藏单位：国家馆、辽宁馆、南京馆、山东馆

排泄生理

03504

生活的副产物（屎屁尿）　薛德焴著

上海：世界书局，1930.3，81+14 页，32 开

本书共 12 章，内容包括：食物到肚便成屎、屁和寿命的关系、尿的来源和使命、蛋白尿和糖尿、便池内的理化学、便池内的生物学等。

收藏单位：重庆馆、广东馆、国家馆、黑龙江馆、湖南馆、江西馆、南京馆、宁夏馆、山西馆、上海馆、首都馆、西南大学馆、浙江馆

内分泌生理

03505

内分泌　顾寿白著

上海：商务印书馆，1924.3，52 页，32 开（百科小丛书 30）

上海：商务印书馆，1926.11，再版，52 页，32 开（百科小丛书 30）

上海：商务印书馆，1930.10，50 页，32 开（万

有文库 第 1 集 520）（百科小丛书）

上海：商务印书馆，1933.4，国难后 1 版，50页，32 开（百科小丛书）

本书共 8 章，内容包括：绪论、内分泌学说之概要、内分泌之生理、各内分泌器官相互间之关系、内分泌与性之关系等。

收藏单位：安徽馆、重庆馆、大连馆、大庆馆、东北师大馆、广东馆、广西馆、贵州馆、国家馆、黑龙江馆、湖南馆、江西馆、辽大馆、辽师大馆、南京馆、内蒙古馆、宁夏馆、山东馆、上海馆、首都馆、天津馆、武大馆、西南大学馆

神经生理学

03506

刺激大脑皮质所引起之瞳孔放大　汪敬熙等著

外文题名：Pupillary dilatation from cortical stimulation

出版者不详，1932，[11] 页，16 开

本书为《中华生理学杂志》1932 年第 6卷第 3 期抽印本。附中文摘要。

收藏单位：国家馆

03507

大脑皮层生后髓鞘之发展　卢于道著

上海：国立中央研究院心理研究所，1933.6，1 册，16 开（国立中央研究院心理研究所丛刊第 1 卷 2）

收藏单位：南京馆

03508

关于脑机能之心理学的研究　陶烈编

[上海]：[中华医学杂志社]，1934.10，[9]页，16 开

本书为《中华医学杂志》第 20 卷第 10期抽印本。

03509

脑之研究　陶烈著

上海：痴僧书房，1939.2，242+[40] 页，32 开

本书共 10 章，内容包括：脑的发生、神经系统的发达、人脑的组织学的形态、脑的化学、脑机能的行动学的研究等。附参考文献、陶烈著作介绍等。

收藏单位：国家馆、上海馆、中科图

03510

神经学　南洋医学院编

出版者不详，[1911—1949]，134 页，24 开

03511

中国人之大脑皮层　卢于道著

外文题名：The cerebral cortex of a Chinese brain

上海：国立中央研究院心理研究所，1934.6，62 页，16 开（国立中央研究院心理研究所专刊）

收藏单位：上海馆

感觉器官生理学

03512

杨妹的故事　江航编

重庆：大众晚报，1948，36+16 页，32 开

本书介绍 9 年不食的奇人杨妹。附重庆市卫生局考验杨妹的详细经过。

收藏单位：重庆馆

03513

杨妹小传　秦安编述

重庆：宇宙新闻社，1948，82 页，32 开

本书共 21 节，内容包括：杨妹的身世、杨妹的故乡、杨妹不食的由来、杨妹伯父的苦闷、杨妹的牧羊生活、桥头乡的传说等。

收藏单位：重庆馆、国家馆

03514

桌子浮扬现象　克罗佛德著　李声甫译

上海：心灵科学书局，1933.4，64 页，50 开

本书为研究桌子浮扬现象的实验报告。内容包括：灵座之组织及其他条件、实验的模样及种类、反作用兴起之个所等。

收藏单位：国家馆、上海馆

生殖（性）生理

03515

处女膜之生理功用　韩静斋著

北平：出版者不详，1934.7，26 页，32 开

收藏单位：南京馆

03516

男女生殖详解秘图一百幅（一名，生育胎产图解）　金侗庵编

上海：科学书局，1930.1，184 页，32 开，精装

本书以图和文字简介男女性生理卫生知识。

收藏单位：重庆馆

03517

你的来历　A. F. Guttmacher 著　明耀五译

外文题名：Life in the making

上海：中外书店，1937.5，309 页，32 开，精装

本书以动物为例，探讨人的生育过程。

收藏单位：重庆馆、上海馆

03518

人类的生殖　华文祺　丁文毅译

上海：新医学研究社，1926.8，106 页，32 开，精装

本书内容包括：精虫之面面观、精虫与卵子、睾丸及副睾丸输精管等。

收藏单位：桂林馆、上海馆、浙江馆

03519

生育顾问大全　殷惠民编著

上海：大通图书社，1935.3，2 册（[158]+[174] 页），32 开

上海：大通图书社，1937.1，2 册（[158]+[174] 页），32 开

本书共 6 篇：生育指导、分娩指导、妊孕

指南、月经指导、育儿指导、儿病指导。

收藏单位：国家馆

03520

生殖生理学 （日）荻野久作著　缪端生编译

上海：新亚书店，1936.12，195 页，32 开

本书共 8 章，内容包括：受胎期的历史的考察、卵子的受精能力保有期间、精子的受精能力保有期间、追试及应用法等。

收藏单位：广东馆、内蒙古馆、上海馆

03521

生殖谭 （日）渡边光国著　华文祺　丁福保译

上海：医学书局，1916.7，3 版，96 页，大 32 开（丁氏医学丛书）

上海：医学书局，1921.6，4 版，96 页，大 32 开（丁氏医学丛书）

上海：医学书局，1924.6，7 版，96 页，大 32 开（丁氏医学丛书）

本书共 23 章，内容包括：男子生殖器之解剖、女子生殖器之解剖、乳房、全身疾病对于生殖力之影响、结婚之注意、结婚者须知之事项等。

收藏单位：南京馆

03522

生殖作用之卫生　朱壬葆编

重庆：中西书局，[1911—1949]，174 页，32 开（医药常识丛书）

03523

完璞巵言 （美）昊尔（W. S. Hall）著　谢洪赍译

上海：青年协会书局，1915.5，32 页，32 开

上海：青年协会书局，1926.6，4 版，32 页，32 开（性教育用书 第 1 种）

本书浅显地介绍生殖生理及卫生常识。共 6 章，内容包括：生物之发育、长育之秩序、健康之方法等。

收藏单位：重庆馆、南京馆

03524

我们的来历　夏斧心编译

上海：儿童书局，1930.9，55 页，32 开

上海：儿童书局，1932.9，重订版，55 页，32 开

上海：儿童书局，1933，4 版，55 页，32 开

本书介绍生殖生理及性知识。共 7 章，内容包括：孩子是长成的、卵子生长的地方、动物与人类、求偶等。封面印"儿童的性知识读物"字样。

收藏单位：国家馆、首都馆

03525

先天构造图说（增修） （日）大野云潭著　王霖甫增订　张恩阁校

双城：精益书局，[1911.5]，石印本，[35] 页，32 开，环筒页装

双城：精益书局，1930，石印本，[35] 页，32 开，环筒页装

本书简介男女生殖系生理解剖及性卫生知识。原译名为：阴阳交构新论。

收藏单位：广东馆、国家馆、上海馆

03526

性冲动的分析 （英）霭理斯（H. Ellis）著　张竞生编　金钟华译

上海：美的书店，1927.10，2 版，50 页，大 64 开（新文化性育小丛书）

收藏单位：南京馆

03527

性冲动自制　王定九编

上海：健康书社，1940.6，新 1 版，78 页，32 开

本书共 5 章，内容包括：从性欲说到制欲、性教育与性欲史、标准房事指导等。

收藏单位：国家馆

03528

重男轻女　朱洗著

上海：文化生活出版社，1941.2，267 页，32 开（现代生物学丛书）

上海：文化生活出版社，1948.3，再版，267

页，32开（现代生物学丛书）

本书共4章：惟卵说、惟精说、惟精惟卵的争辩、精卵合。

收藏单位：广东馆、绍兴馆

发育及年龄生理

03529

生物学与长寿 周太玄著

外文题名：Biology and longevity

上海：商务印书馆，1927.10，64页，32开（百科小丛书152）

上海：商务印书馆，1930.10，58页，32开（万有文库第1集）（百科小丛书）

上海：商务印书馆，1933.10，国难后1版，58页，32开（百科小丛书）

上海：商务印书馆，1934.12，国难后2版，58页，32开（百科小丛书）

本书共11部分，内容包括：生物学对于生死问题的态度、细胞本身的生死问题、生物的寿命、衰老的研究、衰老与死亡的各种学说等。

收藏单位：安徽馆、重庆馆、大连馆、东北师大馆、广东馆、广西馆、国家馆、黑龙江馆、湖南馆、江西馆、辽大馆、辽宁馆、辽师大馆、南京馆、内蒙古馆、宁夏馆、上海馆、天津馆、武大馆、西南大学馆、浙江馆

03530

衰老防治法 （德）阿诺尔·罗兰德著 牟鸿彝译

上海：东方编译出版社，1949.5，78页，32开

本书共48章，内容包括：长命术即预防衰老法、何谓衰老、生物皆有衰老、外形之变化等。

收藏单位：国家馆、南京馆

03531

死之研究 华文祺译述

上海：商务印书馆，1923.11，2册，25开

本书从生理和心理等方面研究死亡前后的状况。共3篇：生理的研究、历史的研究、心理的研究。

收藏单位：安徽馆、重庆馆、广东馆、国家馆、河南馆、湖南馆、辽大馆、辽宁馆、上海馆、首都馆、天津馆、浙江馆

03532

遗传与儿童训练 （美）柴宾著

出版者不详，1922，218页，32开

收藏单位：南京馆

03533

遗传与儿童训练 （美）柴宾著 杜增瑞 胡秉昆译

北平：文化学社，1929.1，218页，18开

本书共16章，内容包括：儿童的重要、机体的遗传、社会的遗传、生育的选择、生命的起始、发展时期、学龄期前的儿童、智力训练等。

收藏单位：重庆馆、国家馆、江西馆、内蒙古馆、浙江馆

病理学

03534

病理各论 （德）考富曼（Kaufmann）著 洪伯容译 余云岫校

外文题名：Special pathology

上海：商务印书馆，1922.5，2册（[232]+[203]页），22开，精装（大学丛书 教本）

上海：商务印书馆，1931.5，3版，2册（[232]+[203]页），22开，精装（大学丛书 教本）

上海：商务印书馆，1933.9，国难后1版，2册（[232]+[203]页），22开，精装（大学丛书 教本）

[长沙]：商务印书馆，1940.7，国难后3版，2册（198+173页），22开（大学丛书 教本）

本书共两卷5篇：循环器、血液淋巴及造血脏器、呼吸器、消化器、泌尿器。

收藏单位：重庆馆、广东馆、广西馆、贵

州馆、国家馆、黑龙江馆、湖南馆、南京馆、内蒙古馆、宁夏馆、上海馆

03535

病理各论 恽铁樵口授 慧庄笔述

上海：新群印刷所，1933，12 页，32 开（铁樵函授医学 第 7 种 第 1 期）

收藏单位：广东馆

03536

病理解剖学 军医教育班学员班编

军医教育班学员班，1936.6，[224] 页，16 开

本书共 10 编：内容包括：血液之病理解剖、循环器之病理解剖、呼吸器之病理解剖、消化器之病理解剖、泌尿器之病理解剖等。

收藏单位：国家馆

03537

病理解剖学

上海：商务印书馆，[1911—1949]，1 册，22 开

本书内容包括：循环器、血液及造血脏器、呼吸器、消化器、泌尿器等。

收藏单位：浙江馆

03538

病理解剖学（上） 张致果著

出版者不详，1940.8，163 页，16 开

本书共 3 篇：循环器官、呼吸器官、消化器官。

收藏单位：重庆馆

03539

病理解剖学各论 洪伯容译述 余云岫校

上海：商务印书馆，1922.5，2 册（198+13+173+13 页），22 开

上海：商务印书馆，1926.2，再版，2 册，22 开，精装

本书共 5 篇：循环器、血液淋巴及造血脏器、呼吸器、消化器、泌尿器。

收藏单位：重庆馆、广西馆、国家馆、浙江馆

03540

病理名词类集

出版者不详，[1911—1949]，1 册，16 开

收藏单位：南京馆

03541

病理探源 （美）Councilman 著 胡宣明译

上海：中华卫生教育会，1920.6，80 页，25 开（中华卫生教育会丛书 5）

上海：中华卫生教育会，1928.10，再版，80 页，25 开（中华卫生教育会丛书 5）

本书讲述病生理及病原微生物知识。共 9 章，内容包括：生理要领、论发炎、论微生物、论传染、论兼患症等。

收藏单位：广东馆、广西馆、国家馆

03542

病理通论 陈滋纂译

上海：新学会社，1915.8，3 版，278 页，22 开，精装

本书共 3 编：病论、病原论、病变论。

收藏单位：安徽馆、首都馆

03543

病理学 （加）白求恩（Norman Bethune）著

白求恩医科学校，1946，112 页，32 开

收藏单位：国家馆

03544

病理学 华北国医学院编

[北平]：出版者不详，1936，132 页，16 开

本书为华北国医学院病理学讲义。共两部分，"总论"共 5 章，内容包括：循环障碍、进行性病变、炎症、肿瘤等；"各论"内容包括：呼吸系疾患、泌尿器疾患等。

收藏单位：国家馆

03545

病理学 （日）木村哲二著 徐诵明译

东京：同仁会，1937—1938，215+186 页，精装

本书内容包括：血液循环障碍、淋巴循环障碍、退行性变化、进行性变化、肿瘤各论、

病原论等。

收藏单位：广东馆、国家馆

03546

病理学 （日）木村哲二撰　徐诵明译　新医同仁研究社增订

杭州：新医书局，1949，增订版，382 页，25 开，精装（新医丛书）

收藏单位：国家馆

03547

病理学　十八集团军总司令部编

十八集团军总司令部，[1940—1949]，83 页，32 开（军医丛书 8）

本书共 5 编：一般病原论、疾病编、病理解剖总论、炎症、肿疡。

收藏单位：国家馆

03548

病理学　张崇熙编

上海：东亚医学编辑所，[1934]，112 页，25 开

上海：东亚医学编辑所，1935.12，再版，112 页，25 开（最新实用医学各科全书）

上海：东亚医学编辑所，1939.5，3 版，112 页，25 开（最新实用医学各科全书）

收藏单位：安徽馆、重庆馆、国家馆、首都馆、浙江馆

03549

病理学　张崇熙编

杭州：宋经楼书店，1949.1，5 版，112 页，25 开（最新实用医学各科全书）

本书版权页题名：最新实用病理学。

收藏单位：广西馆

03550

病理学　左季云编述

北平：增华印刷局，1934，2 册，18 开

收藏单位：首都馆

03551

病理学

第二野战军第三兵团卫生部，1949 印，76 页，32 开

收藏单位：重庆馆

03552

病理学

太岳军区卫生学校，1947.10 印，油印本，1 册，32 开

收藏单位：国家馆

03553

病理学

洛阳：中原军区卫生部，1948.11 印，115 页，36 开

本书共 5 章：循环障碍、退行性病变、进行性病变、炎症、肿瘤。

收藏单位：重庆馆、南京馆

03554

病理学大纲　江涛声　王鉴编译

济南：医务生活社，1949.8，130+14 页，36 开

本书共 12 章，内容包括：体液的病理变化、血循环的局部病理变化、发炎及细菌病、肾炎及肾病、结核性炎症、何杰金氏病等。

收藏单位：国家馆、辽宁馆

03555

病理学大纲　俞慎初编著　中央卫生署审查

福清：现代医药学社，1943.6，46 页，32 开（现代中国医药丛刊）

收藏单位：国家馆

03556

病理学纲要　叶曙著

[上海]：现代科学书社，[1944.12]，2 册（66+72 页），25 开

03557

病理学各论

北京：国立北京大学医学院，1942，油印本，1 册，16 开

收藏单位：国家馆

03558

病理学各论名词　科学名词审查会编

[上海]：科学名词审查会，1922.7，86页，横16开

　　本书收病理学名词1133个。按英、德、日、中文古名，旧译名、决定名、理由等项列表对照。

　　收藏单位：国家馆、南京馆、上海馆

03559

病理学各论名词（二）　科学名词审查会编

[上海]：科学名词审查会，1922.7，34页，27cm×19cm

　　收藏单位：国家馆

03560

病理学名词（第1册）　国立编译馆编

上海：正中书局，1948.5，403页，16开

　　本书依病理性质分部收名词7349个。按拉丁文名、德文名、英文名、决定名等项列表对照说明。篇首有分类目录。共11类，内容包括：分科名称、疾病概称、病因及传染、生物原病等。

　　收藏单位：国家馆、南京馆、上海馆、首都馆、西南大学馆、浙江馆

03561

病理学实习指导　孔锡鲲著

陆军军医学校，1945，76+152页，18开（陆军军医学校丛书）

　　收藏单位：重庆馆、广东馆

03562

病理学通论　庄畏仲　章诗宾纂著

上海：新医进修社，1937—1938，2册（157+220页），大32开（新医进修丛书）

上海：新医进修社，1940.12，再版，1册，大32开（新医进修丛书）

　　本书共两卷。上卷共3篇：诱导论、病原论、畸形论；下卷内容包括：肿瘤论、血液循环障碍论、炎症论、营养障碍及代谢障碍论等。

　　收藏单位：广东馆、南京馆、首都馆

03563

病理学一夕谈　丁福保编

上海：医学书局，1926.9，48页，22开（丁氏医学丛书）

上海：医学书局，1935.9，10版，48页，22开（丁氏医学丛书）

　　本书共9章，内容包括：疾病之意义、究因何故而起疾病、自然疗法与医疗、死亡及对于死亡之科学的观念、汉医学之病理思想等。

　　收藏单位：国家馆、江西馆、内蒙古馆

03564

病理学总论

北京：国立北京大学医学院，1942，油印本，1册，16开

　　收藏单位：国家馆

03565

病理学总论（上卷）　黄曼欧编

黄曼欧，1933.9，20+452页，16开

　　本书内容包括：绪论、疾病论、病理解剖总论、循环障碍、进行性病变——病理的发育、退行性病变——新陈代谢障碍、炎症论、肿瘤论、畸形论等。

　　收藏单位：浙江馆

03566

病理学总论讲义　陈辉编

春秋印刷局，[1911—1949]，634页，21开

03567

病理学总论名词补遗　科学名词审查会编

[上海]：科学名词审查会，1923.7，49页，横16开

　　收藏单位：国家馆、南京馆、上海馆

03568

病理总论　周威　洪式闾编　汤尔和校

上海：商务印书馆，1920.6，3册（211+[25]+167+[20]+183+[20]页），32开，精装

上海：商务印书馆，1923.12，再版，3册，32开，精装

上海：商务印书馆，1928.1，3册，32开

上海：商务印书馆，1928，4 版，2 册，32 开，精装

上海：商务印书馆，1930.12，5 版，3 册，32 开，精装

上海：商务印书馆，1933.8，国难后 1 版，3 册（[500] 页），32 开，精装（大学丛书）

上海：商务印书馆，1935.6，国难后 2 版，3 册（[500] 页），32 开，精装（大学丛书）

上海：商务印书馆，1935.8，国难后 3 版，[3 册]，32 开（大学丛书）

长沙：商务印书馆，1939.4，500 页，32 开（大学丛书）

本书共 5 部分：诱导论、疾病论、病理解剖总论、外因论、内因论。

收藏单位：安徽馆、重庆馆、广东馆、贵州馆、国家馆、黑龙江馆、湖南馆、南大馆、南京馆、山西馆、上海馆、绍兴馆、首都馆、天津馆、西南大学馆、云南馆、浙江馆

03569

病理总论名词　科学名词审查会编

[上海]：科学名词审查会，1921.7，76 页，横 16 开

收藏单位：国家馆、上海馆

03570

病理总论学　刘世清编著

军医教育班学员班，1936.4，[274] 页，16 开

本书共 4 编：疾病论、病原论、病变论、发病论。

收藏单位：国家馆

03571

病原辞典　文业书局编辑部编著

上海：文业书局，1937.1，131 页，32 开

本书依汉字笔画排序，分条目简介各科疾病的病因、症状及中西药方。

03572

病原学　余瀍编　顾寿白　程瀚章校

上海：商务印书馆，1931.4，209 页，22 开，精装

上海：商务印书馆，1933.4，国难后 1 版，209 页，22 开，精装

[长沙]：商务印书馆，1940.2，国难后 2 版，209 页，22 开

本书分类介绍生理、化学、生物（包括寄生虫、病原微生物）、心理性及先天性各种疾病的病因。共 3 编。第 1 编"内因"：个人之因素、一般因素、脏器间之相互关系；第 2 编"外因（上）"共 5 章，内容包括：气候及衣食住、理学的刺戟、化学的刺戟等；第 3 编"外因（下）"：微生物。

收藏单位：重庆馆、东北师大馆、广东馆、广西馆、贵州馆、国家馆、湖南馆、江西馆、辽宁馆、上海馆、天津馆、浙江馆

03573

病源辞典　吴克潜编

上海：大众书局，1936.4，47+121+12 页，32 开，精装

上海：大众书局，1937.6，再版，47+121+12 页，32 开，精装

收藏单位：广东馆、桂林馆、国家馆、南京馆、绍兴馆、首都馆、中科图

03574

广州国立中山大学医科病理学研究所新舍开幕纪念　道尔曼斯（E. Dormanns）著　金泽忠译

广州：国立中山大学出版部，1931.2，[54] 页，16 开

本书共两章：广州国立中山大学医科病理学研究所新舍、社会病理学论载。

收藏单位：国家馆

03575

疾病原因论　顾寿白著

上海：商务印书馆，1929.10，77 页，32 开（万有文库 第 1 集 536）（医学小丛书）

上海：商务印书馆，1931.9，77 页，32 开（医学小丛书）

上海：商务印书馆，1933.1，国难后 1 版，77 页，32 开（医学小丛书）

上海：商务印书馆，1934.1，国难后 2 版，77 页，32 开（医学小丛书）

上海：商务印书馆，1934.7，再版，77 页，32
开（万有文库 第 1 集 536）（医学小丛书 第 1
函）

上海：商务印书馆，1934.7，国难后 3 版，77
页，32 开（医学小丛书）

上海：商务印书馆，1935.1，国难后 4 版，77
页，32 开（医学小丛书）

上海：商务印书馆，1937.6，国难后 5 版，77
页，32 开（医学小丛书）

[长沙]：商务印书馆，1939.12，77 页，32 开
（万有文库 第 1—2 集简编 500 种 198）（医学
小丛书）

重庆：商务印书馆，1945.1，61 页，32 开（医
学小丛书）

重庆：商务印书馆，1945.10，2 版，61 页，32
开（医学小丛书）

　　本书讲述常见疾病的病因学知识。共 3
章：绪论、内因、外因。

　　收藏单位：安徽馆、重庆馆、大理馆、东
北师大馆、广东馆、广西馆、贵州馆、国家
馆、黑龙江馆、湖南馆、江西馆、辽大馆、
辽宁馆、辽师大馆、南京馆、内蒙古馆、宁
夏馆、上海馆、首都馆、天津馆、西南大学
馆、浙江馆

03576

简明病理学总论　戴农季编著

北京：长安医院，[1911—1949]，1 册，25 开

　　收藏单位：首都馆

03577

**江苏省立医学专门学校执行尸体解剖开始式
纪略**　江苏省立医学专门学校编

苏州：江苏省立医学专门学校，[1913.12]，16
页，22 开

　　收藏单位：国家馆

03578

临床病理学　丁福保译述

上海：医学书局，1912.5，394 页，22 开

上海：医学书局，1922.8，再版，294 页，22
开

上海：医学书局，1927.7，294 页，22 开

　　本书共 10 章，内容包括：传染病理、自
家中毒病理、新陈代谢病理、血液病理、泌
尿病理、循环病理等。

　　收藏单位：南京馆、山西馆、天津馆、浙
江馆

03579

女医者　（日）秋琴著　缪乃澄译

上海：广益书局，1916.9，再版，[46]+526 页，
25 开，精装

上海：广益书局，1922.12，4 版，[46]+526 页，
25 开，精装

上海：广益书局，1931.1，续版，[46]+526 页，
25 开，精装

上海：广益书局，1932.7，续版，[46]+526 页，
25 开，精装

上海：广益书局，1933.4，续版，[46]+526 页，
25 开，精装

上海：广益书局，1934.9，续版，[46]+526 页，
25 开，精装

　　本书分人身病理及生殖机能两篇。前篇
以问答形式简明扼要地介绍人体的解剖生理
知识，各系统、器官常见疾病的病因病理、
症状诊断、预防治疗等。后篇重点讲述男女
泌尿生殖系统的各种疾患，以及由此引起的
各种精神、行为异常等。

　　收藏单位：重庆馆、广东馆、国家馆、湖
南馆、江西馆、南京馆

03580

实用病理学（上册）　沈伯超编

西安：平民医药周报社，1945.6，168 页，32
开

　　收藏单位：重庆馆

03581

史氏病理学　（美）施滕格尔（Alfred Stengel）
（美）福克斯（Herbert Fox）著　（英）孟合
理（P. L. McAll）编译　鲁德馨校　张希武
陈佐庭笔述

外文题名：Textbook of pathology

上海：中国博医会，1913.11，505 页，18 开

上海：中国博医会，1928.1，再版，505 页，18

开，精装

上海：中华医学会，1935.3，3 版，505 页，18 开，精装

本书共 23 章，内容包括：组织之退行性变化、组织发炎及再生、血病、淋巴组织病等。

收藏单位：广东馆、国家馆、浙江馆

03582

史氏病理学（卷一）（美）施滕格尔（Alfred Stengel）著

外文题名：Textbook of pathology. Vol.1

上海：美华书馆，1913，226 页，18 开，精装

本书共两部分：病理学总论、一般病理学。

收藏单位：国家馆

03583

史氏病理学（卷二）（美）施滕格尔（Alfred Stengel）著

外文题名：Textbook of pathology. Vol.2

上海：协和书局，1916，404 页，18 开，精装

本书为病理专学。共 14 章，内容包括：血病、运血具之症、呼吸部症、育道之症、尿部之症、骨之症、肌之症等。

03584

新撰病理学讲义　丁福保编辑

上海：医学书局，1918.7，2 版，3 册（230+190+217 页），22 开，精装（丁氏医学丛书）

本书内容包括：疾病论、炎症、肿疡、一般病原论等。

收藏单位：国家馆、湖南馆

03585

中西病理学讲义　汪洋编

上海：[中西医院]，1920.7，改正版，52 页，32 开

上海：[中西医院]，1924.10，改正 3 版，76 页，32 开

上海：中西医院，1925，改正 4 版，67 页，32 开

上海：中西医院，1926.10，改正 6 版，67 页，32 开

本书共两部分。前编"西之部"共 10 章，内容包括：疾病概论、病原论、病变论等；后编"中之部"共 3 章：黄帝岐伯病因论、徐灵胎病因论、程钟龄病因论。

收藏单位：广东馆、浙江馆

医学微生物学（病原细菌学、病原微生物学）

03586

病原微生物学

出版者不详，[1911—1949]，1 册，16 开

本书内容包括：细菌学泛论、细菌学检查法、细菌学各论、病原性原虫、滤过性病原体等。

收藏单位：贵州馆、浙江馆

03587

病原微生物学概要总论　杨敷海著

杨敷海，1942，2 册（68+108 页），25 开

本书封面题名：病原细菌学概要。

收藏单位：国家馆

03588

活捉小魔王（新思想自然科学通俗讲话）　高士其著

上海：读书出版社，1946.6，再版，204 页，32 开

上海：读书出版社，1947.5，3 版，204 页，32 开

[大连]：读书出版社，1947.6，东北版，204 页，32 开

本书以故事形式讲述各种病原微生物的生物学特性及其与传染病的关系。内容包括：散花的仙子、肚子痛的哲学、细菌在中国等。

收藏单位：安徽馆、重庆馆、东北师大馆、广东馆、国家馆、黑龙江馆、山东馆、上海馆、首都馆、天津馆

03589

家庭细菌学　蔡松筠编著

上海：文明书局，1926.6，144 页，32 开

本书共 15 章，内容包括：细菌与人生之关系、细菌及细菌学、细菌之形态及构造、细菌之生活现象、细菌之生活作用、细菌之分类、发酵及其应用等。

收藏单位：重庆馆、内蒙古馆、山西馆、上海馆、天津馆、浙江馆

03590

简明细菌学 汪美先编译

上海：西南医学杂志社，1948.12，1 册，32 开

本书共 16 章，内容包括：细菌及其与人类之关系、细菌之形态与构造、细菌之培养、致病作用等。

收藏单位：山西馆

03591

简易细菌学 曹葭生编 程慕颐校

上海：五洲印务公司，1942.6，再版，96 页，32 开

本书内容包括：细菌学总论、水之细菌学、牛痘接种法概要等。

03592

简易细菌学 胶东军区卫生部编

胶东新华书店，1948.10，36 页，32 开

本书共 7 章，内容包括：细菌之形态学、细菌之生理、免疫、细菌的染色等。

03593

近世病原微生物及免疫学 （日）志贺洁著 汤尔和译

上海：商务印书馆，1928.4，[16]+542 页，22 开，精装

上海：商务印书馆，1933.9，国难后 1 版，[16]+542 页，22 开，精装（大学丛书）

上海：商务印书馆，1935.6，国难后 2 版，[16]+542 页，22 开，精装（大学丛书）

本书共 6 编：细菌泛论、细菌学检查法、微生物学要论、血清学及其应用、免疫学说及侧锁说、实验化学治疗术。附免疫学术语汇。

收藏单位：安徽馆、重庆馆、广东馆、广西馆、贵州馆、国家馆、黑龙江馆、湖南馆、江西馆、辽宁馆、南京馆、内蒙古馆、宁夏馆、上海馆、绍兴馆、首都馆、天津馆、浙江馆

03594

科学先生活捉小魔王的故事 高士其著

上海：读书出版社，1941.6，204 页，32 开

收藏单位：广东馆、上海馆、首都馆

03595

秦氏细菌学 （美）秦氏（H. Zinsser）著 汤飞凡译

外文题名：A textbook of bacteriology

上海：中国博医会，1931.9，844+116 页，18 开，精装

本书共 5 编，内容包括：细菌之生物学及研究细菌学之技术、传染及免疫、病原菌等。

收藏单位：贵州馆、国家馆、湖南馆、南京馆、宁夏馆

03596

微生物 余云岫编纂

上海：商务印书馆，1920.6，45 页，32 开（医学小丛书）

上海：商务印书馆，1921.11，再版，45 页，32 开（医学小丛书）

上海：商务印书馆，1924.6，3 版，45 页，32 开（医学小丛书）

上海：商务印书馆，1929.10，49 页，32 开（万有文库 第 1 集 538）（医学小丛书）

上海：商务印书馆，1931.6，5 版，45 页，32 开（医学小丛书）

上海：商务印书馆，1932.11，国难后 1 版，49 页，32 开（医学小丛书）

上海：商务印书馆，1934.7，再版，49 页，32 开（万有文库 第 1 集）（医学小丛书）

本书介绍有关病原微生物的知识。共 8 章，内容包括：生物发生问题、病原微生物之发达、细菌之生活现象、细菌之死因及消毒等。

收藏单位：安徽馆、重庆馆、大理馆、大

连馆、东北师大馆、广东馆、广西馆、贵州馆、国家馆、黑龙江馆、湖南馆、江西馆、辽大馆、辽师大馆、南京馆、内蒙古馆、宁夏馆、山西馆、上海馆、绍兴馆、首都馆、西南大学馆、浙江馆

03597

细菌微生体学讲义　黄成印译

军医教育班学员班，1936.1，[159] 页，16 开

　　本书共 5 编，内容包括：细菌微生体之泛论、细菌检查法、病原菌各论等。

　　收藏单位：国家馆

03598

细菌学　白求恩学校编

白求恩学校，[1940—1946]，油印本，165 页，32 开

　　收藏单位：国家馆

03599

细菌学　[华北国医学院编]

北平：[华北国医学院]，1936，106 页，16 开

　　本书为医学院校的微生物学教材，由王仲树、董又安等人分篇合作，未正式署名。共 4 编：细菌总论、细菌学检查法、传染论、免疫论。

　　收藏单位：国家馆

03600

细菌学　新医进修社编　庄畏仲主编

上海：新医进修社，1940.4，150 页，32 开

　　本书共 5 编：细菌学概论、细菌学各论、水之细菌学、牛痘接种法、免疫学概要。

03601

细菌学　张崇熙编

上海：东亚医学编辑所，1934.7，72 页，23 开

上海：东亚医学编辑所，1935.12，再版，72 页，23 开（最新实用医学各科全书）

上海：东亚医学编辑所，1939.5，3 版，72 页，23 开（最新实用医学各科全书）

　　本书共 12 章，内容包括：细菌之分类及其形状排列、细菌之构造、细菌之生活、细

菌之分布、细菌传染疾病之概况、细菌之死灭等。附寄生虫概论。

　　收藏单位：重庆馆、国家馆、首都馆、浙江馆

03602

细菌学　郑子颖著

上海：商务印书馆，1948.7，288 页，32 开

　　本书共 5 篇：通论、传染及免疫、各种常见之病原菌概述、公共卫生细菌学、普通细菌学的技术。

　　收藏单位：山西馆

03603

细菌学

[阳城]：太岳军区卫生学校，1947.2 印，油印本，41 页，32 开

　　收藏单位：国家馆

03604

细菌学初编　Mary. E. Reid 著　（美）盖仪贞（N. D. Gage）　吴建庵译　中国护士学会审订

外文题名：Bacteriology in a nutshell

上海：广协书局，1947，修正 7 版，245 页，32 开

　　本书共 8 章，内容包括：细菌学之源流、细菌与疾病之关系、细菌之形态及其增殖法、论普通传染病等。文末有补编：欧立区氏之侧锁说与美戚尼柯夫贪噬作用说之比较、血清疗法。据原著 1930 年第 11 修订版译成。

　　收藏单位：国家馆、辽宁馆、上海馆

03605

细菌学大全　葛成勋编

北京：[出版者不详]，[1911—1949]，28 页，18 开

　　收藏单位：首都馆

03606

细菌学各论　张效宗编著

上海：东南医学院出版股，1932，308 页，23 开

上海：东南医学院出版股，1935，再版，308

页，23 开
　　收藏单位：上海馆

03607
细菌学及免疫学实习指导　李振翩编
长沙：商务印书馆，1941.3，[12]+88 页，25 开
　　本书根据协和医学院及国立上海医学院的教学经验，参阅林宗扬的《细菌检查法》编成。1935 年教育部医学教育委员会组织编写，为医学院教学用书。共两卷。上卷细菌学，下卷免疫血清学。附细菌学教授经验谈。
　　收藏单位：重庆馆、广东馆、贵州馆、国家馆、辽宁馆

03608
细菌学及免疫学总论　张效宗编著
上海：东南医学院，[1930—1949]，[222] 页，24 开

03609
细菌学讲义　李应棠编
出版者不详，[1911—1949]，64 页，32 开
　　本书内容包括：细菌学源流、细菌通论、细菌与农业、细菌与疾病、细菌与健康等。
　　收藏单位：广东馆、南京馆

03610
细菌学免疫学名词　国立编译馆编订
上海：国立编译馆，1937.2，230 页，16 开
　　本书共两部分。细菌学名词共 14 节，内容包括：一般名称、细菌形态学、细菌生理学等；免疫学名词共 17 节，内容包括：免疫性及免疫法、毒素、杀菌素及其他等。1934 年 11 月教育部公布。
　　收藏单位：国家馆、湖南馆、江西馆、辽大馆、南京馆、山西馆、天津馆、浙江馆

03611
细菌学名词草稿·免疫学名词草稿　国立编译馆编订
出版者不详，[1911—1949]，油印本，1 册，8 开，精装
　　收藏单位：南京馆

03612
细菌学总论　张效宗编著
上海：东南医学院，1931.7，322 页，24 开
上海：东南医学院，1936.5，再版，322 页，24 开
　　收藏单位：上海馆

03613
细菌学总论及免疫学　程慕颐著
[上海]：同德医学院，1937.4，298 页，32 开

03614
细菌学总论、免疫学、细菌名称、细菌分类（英、德、日、中文名词对照）
出版者不详，[1911—1949]，88 页，16 开
　　本书为英、德、日、中文名词对照。

03615
细菌与疾病　叶维法著
上海：文通书局，1948.4，1 册，32 开（保健文库）
　　收藏单位：广东馆、湖南馆

03616
细菌与人类　司徒宗著
上海：永祥印书馆，1945.10，61 页，36 开（青年知识文库 第 1 辑 9）
上海：永祥印书馆，1947.9，再版，61 页，36 开（青年知识文库 第 1 辑 9）
　　本书共 14 章，内容包括：从细菌的形态说起、再谈谈细菌的分布、细菌的毒素、流行性感冒、细菌的死因和消毒等。
　　收藏单位：重庆馆、东北师大馆、广东馆、国家馆、辽宁馆、内蒙古馆、山西馆、上海馆、绍兴馆

03617
细菌与人生　胡步蟾编
上海：新亚书店，1933.9，58 页，32 开（科学知识普及丛书）
　　本书共 11 章，内容包括：细菌是什么、细菌研究的历史、细菌的形态和构造、细菌的生活、有用细菌、病原细菌等。

收藏单位：北师大馆、重庆馆、广东馆、国家馆、河南馆、江西馆、南京馆、浙江馆

03618

细菌与人生　张东民编

上海：中华书局，1929.4，75 页，32 开（常识丛书 34）

上海：中华书局，1934.5，再版，75 页，32 开（常识丛书 34）

上海：中华书局，1939.11，3 版，75 页，32 开（常识丛书 34）

　　本书共 6 章：细菌通论、细菌与农业、细菌与工业、细菌与疾病、细菌与健康、细菌与自然界。

　　收藏单位：重庆馆、广东馆、国家馆、黑龙江馆、吉林馆、江西馆、辽宁馆、上海馆、首都馆、天津馆、西南大学馆、浙江馆

03619

中华细菌学会免费研究章程　中华细菌学会编

[北平]：中华细菌学会，[1911—1949]，30 页，36 开

　　本书为该会函授研究生招生章程，内容包括：本会之便利、讲义内容之特长、中华细菌学会推广部代报告处简章等。

　　收藏单位：国家馆

人体病毒学（致病病毒）

03620

人菌战争　教育部民众读物编审委员会编

教育部民众读物编审委员会，[1911—1949]，18 页，50 开（民众文库）

　　本书讲述什么是细菌，细菌跟人类疾病的关系，以及怎样消灭细菌等常识。

　　收藏单位：重庆馆

03621

嗜菌体及其用途　颜春晖著

出版者不详，1941.1，[8] 页，16 开

　　本书为《中华医学杂志》第 27 卷第 1 期

抽印本。内容包括：嗜菌体之种类及其作用范围、嗜菌体之作用、嗜菌体之应用等。

　　收藏单位：国家馆

病原细菌

03622

病原细菌学　（日）佐佐木秀一著　丁福保编译

上海：医学书局，1914.5，2 册（218+271 页），22 开，精装（丁氏医学丛书）

　　本书共 4 编：细菌生物学（学说篇）、细菌检查法（实习篇）、病原菌各论、病原不明之传染病。

　　收藏单位：安徽馆、广东馆、广西馆、国家馆、山西馆

03623

病原细菌学及免疫学简义　庞敦敏著　吴祥凤校

北京：人人书局，1943.3，267 页，32 开

　　本书共两编。第 1 编"总论"共 15 章，内容包括：细菌形态学、细菌之生理、细菌之病理等；第 2 编"各论"共 47 章，内容包括：炭疽菌、恶性水肿菌、结核菌等。

　　收藏单位：国家馆、黑龙江馆

03624

国立同济大学医科研究所细菌学部工作报告　国立同济大学医科研究所细菌学部编

宜宾：国立同济大学医科研究所细菌学部，1944.5，油印本，1 册，25 开，环筒页装

　　本书收报告 3 篇：《四川泡菜与传染病关系之研究》《硼酸保藏血清之效力》《酸梅汤与传染病关系之研究》。

　　收藏单位：国家馆、南京馆

03625

霍乱菌在国产茶酒等饮料中生存力之试验　屠宝琦著

[杭州]：[热带病研究所]，1931.6，5 页，18 开

本书介绍实验所用菌类、实验时间、培养基和实验方法等。

收藏单位：国家馆

03626

稑学（稑性类） 莫家珍著

外文题名：Bacteria in nature

上海：广学书局，1920，[69] 页，22 开

收藏单位：国家馆

03627

稑学新编

[上海]：中国博医会，1919，3 版，[26]+246 页，23 开，精装

本书共 24 章，论述显微镜光学原理、应用方法、细菌学概论等。

收藏单位：安徽馆

03628

人类的暗杀者 周晦庵著 陈筑山等校

[北平]：中华平民教育促进会，1930.11，20 页，50 开

北平：中华平民教育促进会，1932.10，再版，20 页，50 开（平民读物 66）

本书介绍病原细菌。

收藏单位：国家馆

03629

肉眼看不见的病菌 徐君梅编

福州：福建省政府教育厅编辑委员会，1941.12，32 页，32 开（战时国民读物 健康知识）

本书共 8 部分，内容包括：肉眼看不见的病菌、老鼠和跳蚤、身体里少不得的几种东西、又便宜又滋补的食物等。

收藏单位：重庆馆、福建馆、国家馆、南京馆

03630

伤寒菌（副伤寒菌）赤痢菌等与大肠杆菌之一新鉴别培养基 屠宝琦著

[杭州]：[热带病研究所]，1933.1，8 页，18 开

本书内容包括：荇之性状、荇浸出液之制法、荇汁乳糖凝荣培养基之制法、培养所见、结论。

收藏单位：国家馆

医学寄生虫学

03631

寄生虫 顾寿白编著

上海：商务印书馆，1929.4，114 页，32 开（万有文库）

上海：商务印书馆，1930.4，114 页，32 开（万有文库 第 1 集 537）（医学小丛书）

上海：商务印书馆，1932.12，114 页，32 开（医学小丛书）

上海：商务印书馆，1934.3，再版，114 页，32 开（医学小丛书）

上海：商务印书馆，1934.7，再版，114 页，32 开（万有文库 第 1 集 537）（医学小丛书）

上海：商务印书馆，1937.3，4 版，114 页，32 开（医学小丛书）

[长沙]：商务印书馆，1939.12，114 页，32 开（万有文库 第 1—2 集简编 500 种 208）（医学小丛书）

本书共 12 章，内容包括：何为寄生虫、寄生虫之分类、寄生虫之感染、寄生虫之害、寄生虫所致之疾病、寄生虫存否之诊断等。

收藏单位：安徽馆、重庆馆、大理馆、大连馆、大庆馆、东北师大馆、广东馆、广西馆、贵州馆、国家馆、黑龙江馆、湖南馆、江西馆、辽大馆、辽师大馆、南京馆、内蒙古馆、宁夏馆、上海馆、绍兴馆、首都馆、天津馆、西南大学馆、浙江馆

03632

寄生虫学 （日）生驹藤太郎著 沈化夔译

上海：新学会社，1917，142 页，22 开

收藏单位：重庆馆、首都馆

03633

寄生物学·寄生虫学 科学名词审查会编

科学名词审查会，1923.7，15 页，16 开

本书为科学名词审查会第 7 次医学名词审查本。

收藏单位：国家馆

03634

人体的寄生虫 胡步蟾编

上海：新亚书店，1933.5，[10]+101 页，36 开（科学知识普及丛书）

本书介绍人体寄生虫分体外寄生虫和体内寄生虫方面的知识，讲述人体寄生虫的种类和防治。共 4 部分：人体寄生虫的意义及类别、体外寄生虫、体内寄生虫、寄生原虫。

收藏单位：重庆馆、广东馆、广西馆、国家馆、南京馆、内蒙古馆、天津馆、浙江馆

03635

人体寄生虫 陈耀曾编

北平：中国科学化运动协会北平分会，[1937]，50 页，大 64 开（通俗科学小丛书 2）

北平：中国科学化运动协会北平分会，[1940—1949]，50 页，大 64 开（通俗科学小丛书 2）

收藏单位：重庆馆、国家馆、首都馆、浙江馆

03636

人体寄生虫概说 王元璋编

杭州：浙江省立西湖博物馆，1935.6，20 页，32 开

本书内容包括：姜片虫、肝蛭虫、肺蛭虫、住血吸血、十二指肠虫等。

收藏单位：国家馆、浙江馆

03637

人体寄生虫概要 广西军医院出版部编

广西军医院出版部，1936，30 页，32 开

收藏单位：广西馆

03638

人体寄生虫学教范 姚永政编著

成都：中华医学会，1944.5，480+22 页，32 开

本书共 23 章，内容包括：显微镜、寄生虫学、螺旋体族、原虫学、根足虫纲等。

收藏单位：国家馆、南京馆

03639

人体寄生虫学图谱 金德祥编著

沙县：金德祥，1943.4，54 页，横 18 开

收藏单位：国家馆

03640

人体寄生虫·养蜜蜂 万人寿著

教育部民众读物编审委员会，[1911—1949]，[33] 页，大 64 开（民众文库）

本书共两部分。《人体寄生虫》共 9 节，内容包括：卫生展览会、寄生虫是什么、寄生虫的害处、蛔虫等。《养蜜蜂》共 10 节，内容包括：蜂蜜是怎样造成的、蜜蜂的生活、养蜂用的器具、分封、取蜜等。

收藏单位：国家馆

03641

实用人体寄生虫学 王福溢 李辉汉撰

济南：医务生活社，1949.6，1 册，32 开

济南：医务生活社，1949.8，再版，278+[22] 页，32 开

本书共 5 篇：绪论、寄生原虫学、寄生脏虫学、医学昆虫学、附录。

收藏单位：国家馆

医学原虫学

03642

北碚所见类似动物疟虫初步报告（第 7 号） 洪式闾著

[重庆]：[中国预防医学研究所]，1943.1，10 页，16 开

收藏单位：国家馆

03643

痢疾原虫之培养与维持其致病力之方法 金慈光著

北京大学出版部，1948.12，4 页，16 开

本书内容包括：简便的培养基、痢疾原虫之培养、痢疾原虫致病力之保存等。

03644

疟疾原虫方面几个问题　洪式闾著

[杭州]：热带病研究所，[1928—1949]，[6]页，18开

03645

人体寄生原虫学　陈超常编著

上海：中国科学图书仪器公司，1946.11，87页，18开，精装

上海：中国科学图书仪器公司，1947.9，增订再版，87页，18开，精装

　　本书共5章，内容包括：原虫之形态学生物学及分类、根足虫纲、胞子虫纲等。

　　收藏单位：广东馆、桂林馆、国家馆、上海馆

医学蠕虫学

03646

人体寄生蠕虫学　陈超常编著

上海：中国科学图书仪器公司，1947.3，198页，16开

　　本书共6章，内容包括：人体寄生蠕虫类、圆形蠕虫、扁形蠕虫、条形蠕虫等。

　　收藏单位：重庆馆、国家馆、黑龙江馆、辽宁馆、西南大学馆、浙江馆

医学昆虫学

03647

苍蝇与疾病　内政部卫生署编

南京：内政部卫生署，1931.8，18页，50开（传染病小丛书4）（内政部卫生署刊物5册籍类5）

[南京]：内政部卫生署，1932.6，再版，18页，50开（传染病小丛书4）（内政部卫生署刊物5册籍类5）

[南京]：内政部卫生署，1934.3，再版，18页，50开（传染病小丛书4）（内政部卫生署刊物5册籍类5）

　　收藏单位：重庆馆、国家馆、上海馆

03648

苍蝇与瘟疫　董纯才编　陶行知校

上海：儿童书局，1932.6，再版，2册（25+23页），32开（儿童科学丛书）

上海：儿童书局，1933，3版，2册（25+23页），32开（儿童科学丛书）

　　收藏单位：广西馆、江西馆、首都馆

03649

臭虫与蚊虫　尤其伟　陈家祥编

上海：中华书局，1926.6，92页，36开（常识丛书15）

上海：中华书局，1929.10，再版，92页，36开（常识丛书15）

　　本书概述臭虫的形状和种类等内容。共两编。上编"臭虫"共6章，内容包括：导言、臭虫的形状和种类、臭虫和人生的关系、驱除臭虫的方法等；下编"蚊虫"共6编，内容包括：导言、蚊虫的形状和种类、蚊虫的害处、疟蚊和家蚊的区别等。

　　收藏单位：安徽馆、北师大馆、重庆馆、广东馆、广西馆、国家馆、江西馆、辽大馆、南京馆、内蒙古馆、上海馆、首都馆、浙江馆

03650

跳蚤与苍蝇　尤其伟　陈家祥编　陆费执校

上海：中华书局，1926.12，154页，32开（常识丛书23）

上海：中华书局，1932.8，再版，154页，32开（常识丛书23）

　　本书简述跳蚤苍蝇对人类的危害及基本知识和防治的方法。共两编。上编"跳蚤"共7章，内容包括：跳蚤的形态、蚤的种类、跳蚤的害处等；下编"苍蝇"共5章，内容包括：苍蝇的形状和种类、苍蝇一生的变化和生殖、苍蝇的害处等。

　　收藏单位：安徽馆、重庆馆、广东馆、国家馆、黑龙江馆、湖南馆、江西馆、辽宁馆、南京馆、内蒙古馆、上海馆、首都馆、天津馆、西交大馆、西南大学馆

03651

蚊及其幼虫之采集保存并寄送方法　冯兰洲

著

北平：中华医学杂志社，1932，[7] 页，18 开

　　本书为《中华医学杂志》第 18 卷第 3 期抽印本。

　　收藏单位：国家馆

03652

蚊与疾病　内政部卫生署编

南京：内政部卫生署，1931.8，17 页，50 开

[南京]：内政部卫生署，1932.6，再版，18 页，50 开（传染病小丛书 3）（内政部卫生署刊物 4 册籍类 4）

[南京]：内政部卫生署，1934，3 版，18 页，50 开（传染病小丛书 3）（内政部卫生署刊物 4 册籍类 4）

南京：内政部卫生署，1936，5 版，17 页，50 开

　　本书共 4 章：蚊与疾病的关系、蚊的形态、蚊的生长、灭蚊法。

　　收藏单位：国家馆、上海馆

03653

吸血节足动物　周建人　尤其伟编译

外文题名：Blood-sucking arthropoda

上海：商务印书馆，1933.12，57 页，32 开（万有文库 第 1 集 504）（百科小丛书）

上海：商务印书馆，1934.3，57 页，32 开（百科小丛书）

上海：商务印书馆，1935，再版，57 页，32 开（百科小丛书）

　　本书共两篇：医学上及畜养上重要的吸血节足动物、臭虱之生态及其防治法。

　　收藏单位：安徽馆、重庆馆、大理馆、大连馆、大庆馆、东北师大馆、广东馆、广西馆、贵州馆、国家馆、黑龙江馆、湖南馆、江西馆、辽大馆、辽师大馆、南京馆、内蒙古馆、宁夏馆、上海馆、天津馆、西南大学馆、浙江馆

03654

医学昆虫学

出版者不详，[1911—1949]，202 页，16 开

　　收藏单位：南京馆

03655

医用昆虫学　吴希澄编

上海：中国科学图书仪器公司，1938.2，202 页，18 开（中国科学社科学画报丛书）（昆虫丛谈 2）

上海：中国科学图书仪器公司，1939.12，再版，202 页，18 开（中国科学社科学画报丛书）（昆虫丛谈 2）

　　本书讲述各种危害人类及家畜的昆虫的生活习性、传染疾病及防治方法。共 8 章，内容包括：引言、医用昆虫学之定义与范围、医用昆虫学为害吾人及家畜之方法、研究医用昆虫学之成功者与牺牲者、为害家畜之昆虫等。

　　收藏单位：重庆馆、广东馆、桂林馆、国家馆

03656

医用昆虫学概要　施正信　王申望编

[重庆]：军政部战时卫生人员训练所，1942.9，55 页，32 开

　　本书共 11 章，内容包括：概论、扁虱（Tick）、小虱（Mite）、蚤（Flea）、蝇（Fly）、蚊与疾病等。

　　收藏单位：广东馆、贵州馆、国家馆

03657

中国按那裴雷蚊之分布孳生并三种传染疟疾蚊之辨认法　冯兰洲著

北平：中华医学杂志社，[1932.3]，[14] 页，18 开

　　本书为《中华医学杂志》第 18 卷第 3 期抽印本。

　　收藏单位：国家馆

03658

组织学报告　汤尔和著

出版者不详，1918，26 页，21 开

　　本书为研究蝎毒腺的组织学的专著。

医学免疫学

03659

巴斯德学院血清及疫苗说明与其用法

法商立兴洋行，[1911—1949]，60 页，32 开

　　收藏单位：首都馆

03660

免疫学一夕谈　丁福保　徐蕴宣译述

上海：文明书局，1911，78 页，22 开（丁氏医学丛书）

　　本书内容包括：先天性菌免疫及原因、先天性毒免疫、后天性毒免疫及原因、抗毒素之作用性质及发生原因等。

　　收藏单位：南京馆、浙江馆

03661

免疫学原理　龙毓莹编

上海：商务印书馆，1923.4，197 页，32 开（医林丛刊）

上海：商务印书馆，1933.7，国难后 1 版，198 页，32 开（医学丛书）

上海：商务印书馆，1935.5，国难后 2 版，198 页，32 开（医学丛书）

　　本书共 9 章，内容包括：传染、毒素、免疫、抗毒素、溶解素、凝集素同沉淀素等。

　　收藏单位：安徽馆、重庆馆、广东馆、广西馆、国家馆、湖南馆、江西馆、南京馆、上海馆、首都馆、天津馆、武大馆、浙江馆

03662

西药调制法（一名，调剂术）　陈滋著

上海：新学会社，1919.8，3 版，174 页，32 开

上海：新学会社，1926.5，5 版，174 页，32 开

　　本书共 3 编：调剂总则、诸药之调法、附录。

　　收藏单位：广西馆

03663

血清浆苗论

德国天德，[1911—1949]，85 页，42 开，精装（天德丛书）

　　收藏单位：广东馆

03664

血清疫苗制造及检定法　余濆　常希曾编

北平：中央防疫处，1930.8，102 页，22 开

　　本书共两编。第 1 编"各种抗菌血清抗毒素制造及检定法"共 11 章，内容包括：各种检查之方法、链球菌血清制造及检定法、白喉类毒素制造法等；第 2 编"各种疫苗制造及检定法"共 15 章，内容包括：霍乱疫苗制造及检定法、百日咳疫苗制造及检定法、淋菌疫苗制造及检定法等。

　　收藏单位：国家馆、浙江馆

03665

应用免疫学　李振翮主编

安顺：军医学校血清研究所，1943.7，192 页，22 开，环筒页装（军医学校血清研究所丛书）

　　本书内容包括：免疫概论、预防注射原则、血清治疗、白喉、破伤风等。

　　收藏单位：重庆馆、贵州馆、国家馆、南京馆、内蒙古馆

医学遗传学

03666

血液型　胡步蟾编撰

上海：商务印书馆，1936.2，65 页，32 开（百科小丛书）

　　本书共 4 章：血液型研究的历史、医学方面血液型的研究、人类学方面血液型的研究、心理学方面血液型的研究。

　　收藏单位：重庆馆、大庆馆、东北师大馆、广东馆、贵州馆、国家馆、河南馆、湖南馆、南京馆、绍兴馆、首都馆、浙江馆

03667

血液型之概说　（日）古畑种基著　广东博爱会医院编译

广州：广东博爱会医院，[1936.2]，16 页，16

开

本书共 3 章：人同种血球凝集反应及血液型之意义、血液型之片谈、血液型上所见之世界民族。书后有编译者跋。

收藏单位：国家馆

03668

血液型之新研究　（日）富士山著　祖照基译

长沙：商务印书馆，1940.5，82 页，32 开

本书共 27 章，内容包括：血球凝集现象、血液型之称呼法、寒性凝集反应及普遍凝集反应、血液型物质存在赤血球内之部位、凝集原及凝集素之发生、血液型酵素、血球凝集素测定法、人血液型检查法、型特异性免疫凝集素、型特异性物质及型特异性免疫血球凝集素之本质、排出型、血液型之遗传、根据血液型之亲子鉴别法等。

收藏单位：贵州馆、国家馆、江西馆、辽宁馆、天津馆

03669

遗传与疾病　莫儿（O. L. Mohr）著　承五译

上海：世界书局，1941.12，149 页，32 开

上海：世界书局，1947.10，再版，149 页，32 开

本书共 5 章：总论、遗传的物质基础、遗传的基本原则及其机构、特别论题、实验遗传与人生的关系。

收藏单位：重庆馆、广东馆、广西馆、国家馆、南京馆、内蒙古馆、浙江馆

医学心理学、病理心理学

03670

国际心理卫生运动　吴南轩著

南京：[国立中央大学教育学院]，1934.12，39 页，16 开（心理卫生丛册 2）

本书共 12 节，论述美国、加拿大、英、法、德、意、苏、日本以及国际联合心理卫生运动的状况。

收藏单位：国家馆

03671

灵道秘钥自己治病法　余萍客著

上海：中国心灵研究会，1929.4，83 页，50 开

本书讲述利用灵道自己治病的道理和方法。全书共 3 编：第 1 编为自己治病总论，第 2 编为自己治病法各论，第 3 编为引生小法。

03672

身心保健术　张国华编著

[上海]：群学书店，1946.11，156 页，32 开

[上海]：群学书店，1947.3，156 页，32 开

本书共 12 讲，内容包括：吃的健康生活、住的健康生活、衣的健康生活、工作与健康生活、运动与健康生活、休息与健康生活、娱乐与健康生活等。

收藏单位：广东馆、黑龙江馆、吉林馆、首都馆、浙江馆

03673

心理锻练（又名，心理修养）　何景文编译

重庆：新中国书局，1948.10，再版，125 页，32 开（修养丛书）

重庆：新中国书局，1949，131 页，32 开（修养丛书）

本书共 8 章：情绪活用法、百无一失的判断方法、怎样克服和利用你的缺陷、怎样获得可靠的指示、克服你的自尊自大癖、怎样从别人的批评获益、怎样运用你的勇气、幽默的妙用。

收藏单位：重庆馆

03674

心理卫生丛谈（一名，怎样维持我们的常态）

（德）君克迩（F. Kunkel）著　夏斧心译

外文题名：Let's be normal

上海：商务印书馆，1936.7，208 页，32 开（家庭丛书）

本书讨论日常生活中的心理状态、心理治疗、教养方法、公共福利、个人的自我教育等。共 6 章：性格底样式、性格底发展、日常底性格、恋爱与结婚、痛苦的途程、澄清作用。附英汉名词对照表。

收藏单位：重庆馆、广东馆、国家馆、湖南馆、江西馆、南京馆、山东馆、上海馆、首都馆、西南大学馆、浙江馆

03675

心理卫生概论　章颐年著

上海：商务印书馆，1936.10，241页，25开，精装（大学丛书）

上海：商务印书馆，1937.4，再版，241页，25开，精装（大学丛书）

　　本书共12章，内容包括：心理卫生之意义及其重要、心理健康的标准、健全的人格、心理卫生与医学、心理卫生与教育、心理卫生与法律等。附中国心理卫生协会缘起、中国心理卫生协会简章。

　　收藏单位：重庆馆、东北师大馆、广东馆、贵州馆、国家馆、黑龙江馆、湖南馆、江西馆、辽大馆、南京馆、内蒙古馆、宁夏馆、山东馆、首都馆、天津馆、西南大学馆、浙江馆

03676

心理卫生概论　郑小杰　李为著

南京：正中书局，1936.10，171页，32开（师范丛书）

上海：正中书局，1947.1，171页，32开（师范丛书）

上海：正中书局，1948，3版，171页，32开（师范丛书）

　　本书共8章，内容包括：心理卫生的意义及其重要、国际心理卫生运动小史、人类活动的本源及其适应、心理疾病及其治疗等。

　　收藏单位：安徽馆、重庆馆、广西馆、贵州馆、国家馆、湖南馆、江西馆、南京馆、内蒙古馆、山东馆、西南大学馆

03677

心理卫生论丛　丁瓒著

重庆：商务印书馆，1945.3，114页，32开（人事心理研究社丛书5）

上海：商务印书馆，1946.6，114页，32开（人事心理研究社丛书5）

上海：商务印书馆，1947，再版，114页，32开（人事心理研究社丛书5）

　　本书论述心理卫生的诸方面问题。收论文与讲演13篇：《怎样开始心理卫生工作》《近代医事心理学的发展》《我国社会现代化过程中的心理卫生》《心理卫生工作和文化改进运动》《从心理卫生的立场来讨论建立民族哲学和精神动员》《什么是"神经衰弱"》《战时难童的心理卫生问题》《青年期的彷徨》《男女之间》《从心理卫生个案研究观察"男女之间"的问题》《儿童期的性教育问题》《父子之道》《自卑与傲慢》。

　　收藏单位：重庆馆、广东馆、贵州馆、国家馆、河南馆、黑龙江馆、江西馆、辽大馆、辽宁馆、南京馆、内蒙古馆、山东馆、上海馆

03678

心理卫生意义范围与重要性　吴南轩著

南京：国立中央大学教育学院，1934.12，11页，16开（教育丛刊 心理卫生丛册1）

　　本书论述心理卫生的含义、范围及其对于国民精神状态的重要意义。

　　收藏单位：国家馆

03679

心理卫生与人格培育　黄德馨著

重庆：商务印书馆，1945.8，178页，32开

　　本书论述健康心理对人生的重要意义，心理卫生与培养人格的关系，列出心理卫生的各项主要要求。共21章，内容包括：人格、不健全的心理研究法、儿童行为问题与心理卫生、人格与行为之改善方法、心理分析治疗法等。

　　收藏单位：重庆馆、广西馆、贵州馆、桂林馆、国家馆、南京馆

03680

心理卫生与修养　冯顺伯编著

长沙：商务印书馆，1940.3，136页，32开

长沙：商务印书馆，1941，2版，136页，32开

　　本书以"行为适应"概念为中心，以行为心理学理论为依据，阐述心理卫生原理与心理健康知识。共6章：基础概念、防御式适应、退避式适应、机种极端的不良适应、人

格的培养、心理卫生的修养原理。

收藏单位：广东馆、桂林馆、国家馆、湖南馆、内蒙古馆、山东馆、天津馆

03681
养心术　（日）越智真逸著　任一碧译述
上海：商务印书馆，1934.3，[99]页，32开（百科小丛书）
上海：商务印书馆，1935.1，再版，[99]页，32开（百科小丛书）

本书讲述精神因素、心理状态对人体消化、血压、月经等生理功能的影响。强调精神卫生的重要，并介绍睡眠术、自我精神修养的方法。原书名为《心之卫生》，译文有删节。共17章，内容包括：乳之分泌与精神作用、血压与精神作用、呕吐与精神作用、看护与精神作用、关于娱乐等。

收藏单位：重庆馆、贵州馆、国家馆、江西馆、南京馆、宁夏馆、绍兴馆

03682
医学心理学　William A. White 著　徐儒译
外文题名：Medical psychology
贵阳：文通书局，1947.2，166页，32开（医学丛书）
上海：文通书局，1947.11，166页，32开（医学丛书）

本书共12章，内容包括：有机体之完整性、心理的性质、个体与环境、观念世界、心的构造与机能、心理病理学、疾病中的心理因素等。

收藏单位：重庆馆、甘肃馆、广东馆、广西馆、贵州馆、国家馆、湖南馆、内蒙古馆、上海馆、首都馆、天津馆、西南大学馆、浙江馆

临床医学

03683
常见疾病

皖南军区卫生部，[1949]，42页，32开（医学基本知识5）

收藏单位：南京馆

03684
常见疾病手册　刘琳撰
济南：医务生活社，1949.6，216页，32开

本书内容包括：传染病、循环系统病、消化系统病、呼吸系统病等。

收藏单位：国家馆

03685
各科诊疗手册（前篇）　章志青撰
外文题名：Practitioner and interns handbook
杭州：新医书局，1948.3，556页，25开
杭州：新医书局，1949.9，增订再版，[16]+583+[62]页，25开，精装

本书内容包括：正常尿之成分、检尿方法、肾机能试验、肝之机能等。

收藏单位：辽宁馆、山西馆

03686
国民必读卫生金鉴　熊谈雪松著　谈彬订正
南通：南通医院，1912.8，149页，24开
南通：南通医院，1912.10，再版，149页，24开

本书参照日本大木省吾《卫生顾问》编著，讲述各种疾病的病因、症状及治疗法等。

收藏单位：上海馆

03687
汉译临床医典　（日）筒井八百珠编　丁福保译
上海：医学书局，1913.4，[304+54]页，22开，精装（丁氏医学丛书）
上海：医学书局，1922.10，4版，304页，22开，精装（丁氏医学丛书）
上海：医学书局，1926.1，5版，304页，22开，精装（丁氏医学丛书）
上海：医学书局，1929.4，[304+54]页，22开（丁氏医学丛书）

本书讲述各病的原因、症候、诊断、预后、疗法及处方。共33章，内容包括：传染

病、血行器疾患、鼻腔疾患、喉头疾患、肺脏疾患、生殖器疾患、血液疾患科等。版权页题名：临床医典。

收藏单位：广东馆、广西馆、湖南馆、南京馆、山西馆、浙江馆

03688
疾病图书馆（医学小品 法定传染病篇） 索非创作

上海：开明书店，1937.2，192 页，32 开（开明少年丛书）

上海：开明书店，1938.9，2 版，192 页，32 开（开明少年丛书）

上海：开明书店，1941，210 页，32 开（开明少年丛书 医学小品集 3）

本书为医学小品。共 9 章，内容包括：我的自传、芳的厄运、一周的日记、疾病图书馆、不好听的故事等。

收藏单位：重庆馆、贵州馆、国家馆、南京馆、内蒙古馆、上海馆、浙江馆

03689
家庭普通医学常识 王皋荪著

上海：王皋荪，1939.8，重订版，274 页，25 开

本书内容包括：普通医药常识、产科浅说、防毒品面具浅说等。

03690
家庭新医学讲本 丁福保编

上海：医学书局，1916，3 版，76 页，22 开（丁氏医学丛书）

收藏单位：广西馆

03691
家庭医库 吴瑞书编纂

上海：中央书局，1937.5，508 页，32 开

上海：中央书局，1941，508 页，32 开

本书内容包括：内科病、传染性病、小儿科病。

收藏单位：首都馆

03692
家庭医事 葛成慧编著

南京：正中书局，1937.3，233 页，32 开，精装（女子与家庭丛书）

[重庆]：正中书局，1942.1，再版，233 页，32 开（女子与家庭丛书）

重庆：正中书局，1943.8，4 版，233 页，32 开（女子与家庭丛书）

上海：正中书局，1947.11，233 页，32 开（女子与家庭丛书）

本书共 5 章：解剖生理概要、各种疾病的认识、护病常识、急救处置、家庭药库。

收藏单位：重庆馆、广东馆、贵州馆、国家馆、辽大馆、南京馆、上海馆、首都馆、天津馆、浙江馆

03693
家庭医学 陈继武编 陆爽校

外文题名：Home medicine

上海：商务印书馆，1915.12，[10]+222 页，32 开

上海：商务印书馆，1917，再版，[10]+222 页，32 开

上海：商务印书馆，1919.7，3 版，[10]+215 页，32 开

上海：商务印书馆，1924.4，5 版，215 页，32 开

上海：商务印书馆，1925.2，6 版，[10]+215 页，32 开（家庭丛书）

上海：商务印书馆，1927.7，7 版，246+11 页，32 开

上海：商务印书馆，1930.7，8 版，[13]+246+11 页，32 开

上海：商务印书馆，1934.4，国难后 1 版，[10]+215 页，32 开

上海：商务印书馆，1935.1，国难后 2 版，14+202 页，32 开（家庭丛书）

上海：商务印书馆，1935.5，3 版，202 页，32 开（家庭丛书）

本书共 8 编，内容包括：人体解剖及生理学、卫生学、病理学、诊断学等。

收藏单位：广东馆、广西馆、国家馆、湖南馆、江西馆、南京馆、山西馆、绍兴馆、

首都馆、西南大学馆、浙江馆

03694

家庭医学　金子直著

北平：博爱医院，1934.11，[12]+228 页，22 开

本书共 10 篇，内容包括：生理学概论、消化器疾病、呼吸器疾病、传染病、家庭必须之医药等。

收藏单位：国家馆、首都馆

03695

家庭医学（第 2 卷 第 9 期）　陈中权编

上海：中医书局，1931.5，1 册，32 开

本书内容包括：医学闲话、醒医警众录、煎药与服药、温病验案、我之卫生谈、疥疮之原因及治法等。

收藏单位：浙江馆

03696

家庭医学常识　王世婉著

上海：北新书局，1934，169 页，32 开（青年丛书）

本书共 4 篇：第 1 篇，论解剖生理之概要，为医学上之基础的常识；第 2 篇，论保健卫生之概要，为日常生活上的卫生常识；第 3—4 篇，论看护学及疾病救疗法，为实际应用上的医学常识。

收藏单位：重庆馆、国家馆、南京馆、首都馆、天津馆、浙江馆

03697

家庭医药顾问　拜耳大药厂编

[上海]：拜耳大药厂，1936，4 版，44 页，32 开

[上海]：拜耳大药厂，[1911—1949]，55 页，32 开

本书内容包括：医药目录、城市之缺点、各药治症表等。

收藏单位：广东馆、国家馆、内蒙古馆、上海馆

03698

家医　拜耳医疗新报社编

上海：[拜耳药品公司]，[1911—1949]，178 页，36 开

本书可作中国人及中国家庭的医药卫生顾问，也可作为人们的卫生常识读物。内容包括：营养论、消化论、感冒论、疼痛论、痨病论、血液论等。

收藏单位：安徽馆、重庆馆、广西馆、黑龙江馆、辽宁馆、南京馆、上海馆、首都馆

03699

家医　黄胜白著

上海：医药学杂志社，1947.1，改订版，173 页，36 开

收藏单位：重庆馆、广东馆、湖南馆、内蒙古馆、绍兴馆

03700

家用医书（第 1 集 头部各病）　江逢治　黄胜白辑

上海：[同德医学杂志社]，[1920—1922]，84 页，16 开

上海：同德医学杂志社，1922.3，再版，84 页，16 开

本书共 35 节，内容包括：头痛、偏头风、脑弱、失眠、发癣、少年白发、粉刺、红眼病、沙眼、失明等。

收藏单位：南京馆、上海馆

03701

临床医典（增订版）　（日）筒井八百珠（日）筒井德光著　新医同仁研究社译

杭州：新医书局，1948.8，16+658 页，25 开，精装（新医丛书）

本书共两篇。第 1 篇：各种疾病之原因、症候、豫后及疗法；第 2 篇共 71 节，内容包括：重要症候及其病原一览、麻醉法、绷带之用法、血液检查法等。

收藏单位：广东馆、黑龙江馆、湖南馆、南京馆、中科图

03702

临证秘典　张黻卿编译

上海：商务印书馆，1922.1，419+[34] 页，50

开

上海：商务印书馆，1922.9，再版，419+[34]页，50开，精装

上海：商务印书馆，1930.6，6版，419+[34]页，50开，精装

上海：商务印书馆，1933.5，国难后1版，419+[14]页，50开，精装

上海：商务印书馆，1934.7，国难后2版，419+[34]页，50开，精装

上海：商务印书馆，1935.5，国难后4版，419+[34]页，50开，精装

[长沙]：商务印书馆，1940.4，国难后9版，419+[34]页，50开，精装

成都：商务印书馆，1944.8，419+[34]页，50开

上海：商务印书馆，1945.11，新14版，419+[34]页，50开

本书以病名西文字母为序，介绍各种疾病的原因、症状、预后、疗法及处方。

收藏单位：重庆馆、广西馆、国家馆、江西馆、南京馆

03703

临症方法 （英）孔美格（J. G. Cormack）译述

上海：中国博医会，1916.9，[504]页，18开

本书内容包括：问病记录、病者情境及形式、育道及腹部、血运部、查血心、呼吸系统、论尿、皮肤、脑系统、目耳喉鼻之查法等。本书封面题名：胡瑞两氏临症方法。

收藏单位：首都馆

03704

全国医药专科以上学生集中训练工作报告（民国二十五年） 全国医药专科以上学生集中训练大队部编

全国医药专科以上学生集中训练大队部，1936，65页，16开

03705

人和病 彭庆昭著

华北新华书店，1947.9，145页，32开

华北新华书店，1948.8，再版，145页，32开

本书介绍人体生理、病理知识及药物常识。共31章，内容包括：营养、血和淋巴、人体内的交通网、心脏的疾病、人体内卫生工作、神经系的疾病、眼睛、耳朵、生殖系等。

收藏单位：国家馆、内蒙古馆、山东馆、山西馆

03706

人和病 彭庆昭著

冀中新华书店，1948.1，96页，32开

收藏单位：国家馆、宁夏馆、天津馆

03707

人和病 彭庆昭著

新华书店，1949.9，192页，36开（通俗卫生读物）

本书共34章，内容包括：营养、血和淋巴、人体内的交通网、心脏的疾病、人体内卫生工作、神经系的疾病、眼睛、耳朵、生殖系、传染病、花柳病、肠内寄生虫、心理和生理等。

收藏单位：重庆馆、国家馆、内蒙古馆、山东馆

03708

认病识症辞典 陆晋笙蓝本

康健报馆，[1911—1949]，134页，16开

收藏单位：广东馆

03709

实用诊疗要览 刘毅孙著

贵阳：文通书局，1941.10，142页，32开（公医丛书）

贵阳：文通书局，1943.7，再版，148页，32开（公医丛书）

本书共11章，内容包括：药物概要、细菌感染、寄生虫感染、病毒体感染、立克次氏体感染等。

收藏单位：重庆馆、贵州馆、国家馆

03710

卫生宝典 侯希民著

北京：北京医院，1918，128 页，32 开

本书内容包括家庭须知。

收藏单位：首都馆

03711

袖珍各科诊疗大全（上卷） 杨元吉译

上海：杨元吉，1933.4，338 页，32 开，精装

上海：杨元吉，1936.2，再版，338 页，32 开

本书共两编。"内科编"共 12 章，内容包括：心脏病、呼吸器官病、泌尿器官病、传染病等；"实用精神病编"共 5 章：有机性疾病、毒性及体内毒素病、"机能性"疾病、精神病的诊断与疗法之概略、德国最重要之法律条例。

收藏单位：广东馆、南京馆

03712

袖珍各科诊疗大全（下卷） 杨元吉译

上海：杨元吉，1935.8，412+46+43 页，48 开

本书内容包括：危急外科编、皮肤花柳科编、眼科编等。

收藏单位：重庆馆

03713

医家宝典 （日）古城梅溪著 徐华清校

北京：中国新书局，1913.2，3 版，[745] 页，32 开，精装

本书共 3 篇：内科摘要、医科摘要、医家备考。前两篇讲述内、外、妇、儿、皮肤、五官等临床诸科疾病的原因、症状、经过、预后、类症、治法、处方等；第 3 篇共 62 章，讲述临床诊断与各种治疗处置方法的原理及应用，并介绍防治传染病的基本原则。附汉和洋药名对照表。

收藏单位：国家馆

03714

医学各科治疗问答 汪洋编著

上海：中西医院，1919.5，1 册，32 开

收藏单位：南京馆

03715

医药顾问全书 陈存仁编

上海：康健报馆，1930.5，608 页，16 开，精装

本书内容包括：内科百病自疗学、外科百病自疗学、卫生与看护、生理汇谈、药物研究、杂录、妇科学、儿科学、康健识小录、康健别录等。封面题名：家庭医药顾问。

收藏单位：重庆馆、湖南馆

03716

医政漫谭 陈果夫著

金华：国民出版社，1941.4，82 页，32 开

南平：国民出版社，1944.4，再版，56 页，32 开

本书以患者的身份漫谈自己 30 余年患病诊治及养护的经过、体会，医药卫生知识的学习等。收短文 66 篇，内容包括：《微生物扩大作乱》《不能同时有两个信仰》《静养不是人人行得能》《自己作试验品》《伤寒病带来了一个好消息》等。

收藏单位：安徽馆、重庆馆、广东馆、国家馆、江西馆、南京馆、浙江馆

03717

医政漫谈 陈果夫著

重庆：天地出版社，1943.7，140 页，32 开

重庆：天地出版社，1944.2，增订再版，140 页，32 开

收藏单位：重庆馆、贵州馆、国家馆、南京馆、西南大学馆

03718

医政漫谈续编 陈果夫著

正中书局，1949.9，90 页，32 开

本书共 72 篇文章，内容包括：《又何必多此一举呢》《轮胎肋骨与肺》《打空气针与割神经》《人工太阳灯》等。

收藏单位：重庆馆

03719

赵氏临床结晶集 赵育德著

西安：恩光医学杂志社，1945.11，60 页，32 开

本书汇集著者 9 年多临床医疗工作的部

分病例记录与经验。各篇大都已在杂志上刊登。共 3 部分 17 篇，内容包括:《无肛门之初生儿手术经过》《无孔处女膜之手术经过》《用酒精治疗白喉之实验》《淋病治疗中之发现》《子宫出血治疗之经过》等。

收藏单位:国家馆

03720

诊疗实用指南 徐凌云编述

上海:东亚医学社，1933.7，158 页，22 开（最新实用医学丛书）

收藏单位:国家馆

03721

诊疗实用指南 张崇熙编

上海:东亚医学编辑所，1935.12，再版，158页，25 开（最新实用医学各科全书）

收藏单位:安徽馆、重庆馆

03722

诊疗手册 （苏）拉法尔克斯等编 陈述等译

沈阳:东北人民政府卫生部，1949.9，56+ 1663+56 页，32 开，精装

本书共 28 篇，内容包括:呼吸器疾病、肝脏及胆道疾病、肾脏疾病、血液及脾脏疾病、新陈代谢疾病、内分泌腺疾病等。

收藏单位:重庆馆、国家馆、湖北馆、辽宁馆、南京馆、山西馆

03723

中华新医临床医典 吴卫尔编译

天津:中华新医学研究会，1934，2 册（357+14+10+512+18 页），32 开，精装

本书讲述各种疾病的症候、病理解剖、细菌检查、治疗等。

收藏单位:国家馆

03724

中外病名对照表 吴建原编

上海:医学书局，1925.11，4 版，69 页，22 开（丁氏医学丛书）

上海:医学书局，1927.10，69 页，22 开

上海:医学书局，1929.10，69 页，22 开（丁氏医学丛书）

上海:医学书局，1933.1，再版，69 页，22 开（丁氏医学丛书）

本书中英、中日病名及药名对照。

收藏单位:安徽馆、重庆馆、广东馆、广西馆、国家馆、黑龙江馆、湖南馆、上海馆、浙江馆

诊断学

03725

初等诊断学教科书 丁福保译述

上海:医学书局，1920.7，4 版，80 页，22 开（丁氏医学丛书）

本书共 11 章，内容包括:总论、望诊法、检脉法、检尿法、打诊法、听诊法、小儿诊断法等。

收藏单位:河南馆

03726

临床诊断指南 张克成编

上海:生活医院，1933.6，[11]+254 页，32 开

上海:生活医院，1935.5，重订再版，[11]+254 页，32 开，精装

本书共 9 章，内容包括:循环器病之诊查、消化器病之诊查、泌尿器病尤其肾脏之诊查、血液及新陈代谢病之诊查、神经系统疾患之诊查等。

收藏单位:广东馆、国家馆

03727

实用诊断学

[鲁中军区卫生处]，[1945]，76 页，32 开

本书共 9 章，内容包括:病案记录、病人的情况与现象、消化系统和腹部检查、血循环系统的检查、皮肤、尿的检查等。

收藏单位:国家馆

03728

新医学六种 丁福保著

上海:医学书局，1911.6，1 册，32 开

上海：医学书局，1918.7，再版，[140] 页，32
开

本书内容包括：永免咳嗽法、实验良方
一夕谈、小儿服药一回之用量、诊断书举偶、
病理学材料实地练习法、郁血疗法等。

收藏单位：南京馆、天津馆

03729
袖珍诊断学 魏瑞之编
新化：西南医学书店，1941.8，140 页，50 开
收藏单位：重庆馆

03730
应用诊断学 （日）下平用彩编著 万钧译述
上海：医学书局，1914，98 页，22 开
上海：医学书局，1931.4，再版，98 页，22 开
（丁氏医学丛书）

本书内容包括：传染诸病、中毒诸病、器
质诸病等。

收藏单位：广东馆、内蒙古馆、天津馆

03731
诊断概要 吴强华编
广州：广州市国民高级助产学校，1946，34
页，32 开
收藏单位：广东馆

03732
诊断学 白求恩学校编
白求恩学校，[1940—1946]，油印本，111 页，
32 开
收藏单位：国家馆

03733
诊断学 陈应谦编著
中国医科大学，1946，183 页，32 开
本书详细讲述专家关于按摩的手法和技
术，如按摩方法等内容。
收藏单位：国家馆

03734
诊断学 华北国医学院编
北平：华北国医学院，1937，166 页，16 开

本书为 1936 年华北国医学院二年级讲
义。
收藏单位：国家馆

03735
诊断学 （日）下平用彩著 汤尔和译
上海：商务印书馆，1918—1919，2 册，22 开
上海：商务印书馆，[1911—1925]，3 版，16+
548+[66] 页，22 开，精装
上海：商务印书馆，1925—1926，4 版，2 册，
22 开，精装
上海：商务印书馆，1928—1929，5 版，2 册，
22 开，精装
上海：商务印书馆，1933，国难后 1 版，2 册，
22 开，精装
上海：商务印书馆，1935，国难后 2 版，[18]+
476 页，22 开
长沙：商务印书馆，1938，国难后 3 版，[18]+
476 页，22 开，精装

本书上册共 3 部分。"绪论"共两章：既
往症、现症；"诊法大凡"共 8 章，内容包括：
体格及体质、精神状态及容貌、皮之状态等；
"各部诊法"共两篇：呼吸系诊法、循环系诊
法。下册内容包括：消化系诊法、泌尿系诊
法、生殖系诊法、新陈代谢病诊法、神经系
诊法等。附应用诊断法。

收藏单位：安徽馆、重庆馆、广东馆、广
西馆、贵州馆、国家馆、湖南馆、江西馆、
南京馆、首都馆

03736
诊断学 张崇熙编
上海：东亚医学编辑所，1934.7，112 页，22
开（最新实用医学各科全书）
上海：东亚医学编辑所，1935.12，再版，112
页，22 开（最新实用医学各科全书）
上海：东亚医学编辑所，1939.5，3 版，112
页，22 开（最新实用医学各科全书）

本书共 16 章，内容包括：既往症之询问、
现症之检查、消化器之检查、体温检查法、
显微镜检痰法、显微镜检血法等。

收藏单位：重庆馆、国家馆、首都馆

03737

诊断学 庄畏仲编著 臧荷百 蔡禹门校

上海：新医进修社，1937.10，[11]+283 页，22 开（新医进修丛书）

上海：新医进修社，1940.7，再版，订正本，[11]+283 页，22 开（新医进修丛书）

　　本书共两篇。"总论"共 7 章，内容包括：病史、一般诊查、理学诊查等；"各论"共 6 章，内容包括：呼吸系统诊查、消化系统诊查、生殖器诊查等。

　　收藏单位：国家馆、黑龙江馆、绍兴馆、首都馆

03738

诊断学

军医教育班学员班，1936，244 页，16 开

　　收藏单位：国家馆

03739

诊断学

延安：中国医科大学，1945，油印本，126 页，18 开

　　收藏单位：国家馆

03740

诊断学大成 丁福保译

上海：医学书局，1918.6，再版，2 册，大 32 开（丁氏医学丛书）

上海：医学书局，1930.2，2 册，大 32 开（丁氏医学丛书）

上海：医学书局，1940.6，再版，2 册，大 32 开（丁氏医学丛书）

　　本书共 3 篇：既往症诊查、现症各论、应用诊断学。

　　收藏单位：南京馆

03741

诊断学大成（上卷） 丁福保译

上海：文明书局，[1911—1933]，418 页，22 开（丁氏医学丛书）

　　收藏单位：浙江馆

03742

诊断学讲义

出版者不详，[1911—1949]，1 册，32 开

　　本书与《病理学讲义》《解剖学问答》《生理学问答》等合订一册。

　　收藏单位：首都馆

03743

诊断学实地练习法 丁福保译

上海：文明书局，1913.1，再版，[100+159] 页，22 开，精装（丁氏医学丛书）

　　本书内容包括两编。上编为"问之部"，列各科临床典型病例摘要 143 份；下编为"答之部"，将 143 份病例逐一分析、解释，作出诊断及治疗方案。

　　收藏单位：国家馆、浙江馆

03744

中西诊断学讲义 汪洋编纂

上海：[中西医院]，1920.7，改正版，138 页，32 开

上海：[中西医院]，1924.10，改正 3 版，152 页，32 开

上海：中西医院，1925.9，改正 4 版，152 页，32 开

上海：中西医院，1926.10，改正 6 版，152 页，32 开

　　本书讲述中西医常用的诊断方法。

　　收藏单位：广东馆、浙江馆

症状诊断学

03745

内科诊察法纲要 徐承荫著

福建省立医学院，1949.5，改订再版，86 页，32 开

　　本书共 9 章，内容包括：一般疾病诊查之方式、急性热性病之诊查、呼吸器病之诊查、消化器病之诊查等。

　　收藏单位：福建馆

03746

世界奇病谈　顾鸣盛编

上海：文明书局，1917.3，[14]+88 页，22 开

上海：文明书局，1919.2，再版，[12]+88 页，22 开

上海：文明书局，1928，5 版，[14]+88 页，22 开

上海：文明书局，1932，6 版，[14]+88 页，22 开

本书搜集古今中外及编者自见的稀奇病例 170 种，诸如：男子孕、金鱼眼、男化女、少节指、人生角、肥病等。附怪生 14 则。

收藏单位：北师大馆、重庆馆、广西馆、国家馆、湖南馆、首都馆

03747

有病不求人　二分区人民画报社编

二分区新华书店，[1947—1949]，39 页，64 开

收藏单位：南京馆

物理诊断学（体检诊断）

03748

物理诊断学　（美）卡柏特（Richard Clarke Cabot）（美）阿丹斯（F. D. Adams）著　黄大有编译

外文题名：Physical diagnosis

上海：商务印书馆，1949，3 版，修订本，2 册

03749

物理诊断学　李振湘　向进编

上海：中国人民解放军华东野战军卫生部，1949.1，252 页，32 开

本书共 16 章，内容包括：怎样做诊断工作、体格检查概说、皮肤、头部、颈部、肺部、腹部、肛门与直肠、男生殖器、神经系统等。

收藏单位：重庆馆、国家馆

实验室诊断

组织学检验

03750

病理组织检查法　祝绍煌编

上海：商务印书馆，1935.11，120 页，32 开（医学小丛书）

长沙：商务印书馆，1939，再版，120 页，32 开（医学小丛书）

本书共 6 篇：检查应用之器械、检查应用之药品及其配合法、新鲜标本之检查、染色标本之检查、切片内之微生物染色法、血液检查法。书前有陈方之序、凡例及小引。

收藏单位：重庆馆、广东馆、广西馆、贵州馆、国家馆、湖南馆、江西馆、南京馆、内蒙古馆、首都馆、西南大学馆、浙江馆

03751

大便中少数住血吸虫卵之证明及其毛蚴培养法　徐良董著

[杭州]：[热带病研究所]，1934，[4] 页，18 开

收藏单位：国家馆

03752

定量化验体液法　林树模编

北平：北平协和医院，[1931.1]，120 页，32 开

本书共 30 章，内容包括：实验室纪录片、比色表之用法、测定血糖、测定尿中蛋白质等。

收藏单位：国家馆

03753

粪便之检查法　祖照基编

上海：商务印书馆，1937.5，129 页，32 开（医学小丛书）

本书共 8 章，内容包括：粪便之成分及性状、粪便之一般检查方法、粪便之肉眼检查法、显微镜检查法等。

收藏单位：东北师大馆、广东馆、贵州

馆、国家馆、南京馆、宁夏馆

03754

关于脑组织之染色法　陶烈著

中华民国医药学会，1934.10，[20] 页，18 开

　本书为《新医药》第 2 卷第 7—8 期抽印本。

03755

寄生性蠕虫与原虫检查法　李非白　杨复曦著

[杭州]：热带病研究所，1940.4，52 页，32 开（热带病研究所丛书）

　本书共 3 部分：设备、寄生蠕虫之处置、寄生性原虫检查法。

　收藏单位：重庆馆、贵州馆、国家馆

03756

检疫疾病之细菌学检查法（第 5 辑）　祝绍煌编著

上海：海港检疫所检疫丛书编译委员会，1949.3，11 页，32 开（检疫丛书）

　收藏单位：南京馆

03757

林氏细菌学检查法　谢少文　周辑五编撰

私立北平协和医学院，1949.8，增订版，184 页，32 开

　本书共 8 章，内容包括：玻璃器、染料及溶液、培养基之制造、临床细菌检查等。

　收藏单位：国家馆

03758

临床实用血液化学　马誉澂著

北平：中央卫生实验院出版委员会，1947.4，76 页，32 开

　本书共 13 章，内容包括：血糖、尿素、尿酸、肌酸与肌酐、脂类、血液中之酸类。

　收藏单位：国家馆

03759

临床血液检查法　熊悛著

南昌：熊悛，1936.5，98 页，32 开（卫生丛书）

　本书内容包括：主要血液检查法、血液有形成分之形态、血球数增减之临床的意义、补助血液检查法、血中寄生虫之检索法等。

　收藏单位：浙江馆

03760

临诊血液学、血化学及血清学要义　潘孺孙著

无锡：病理化验所医学丛刊部，1947.2，108 页，32 开

03761

马氏溷浊反应与坎氏反应及瓦氏反应之比较　林宗扬　褚葆真著

北平：中华医学杂志社，1931，1 册，18 开

　本书为《中华医学杂志》第 17 卷第 4 期抽印本。

03762

尿之检查法　祖照基编

上海：商务印书馆，1936.5，14+96 页，32 开（医学小丛书）

上海：商务印书馆，1936.9，再版，[16]+96 页，32 开（医学小丛书）

长沙：商务印书馆，1939.6，3 版，14+96 页，32 开（医学小丛书）

　本书共 4 章：尿之准备及检查次序、尿之肉眼的及学理的检查、尿之化学的检查法、尿之显微镜检查法。

　收藏单位：广东馆、国家馆、南京馆、内蒙古馆、首都馆、浙江馆

03763

人类赤血球内检出一种类似 Theileria parva 之寄生物　洪式闾著

[杭州]：[热带病研究所]，1930.5，4 页，18 开

　收藏单位：国家馆

03764

日光晒过血液凝菜培养基上溶血性连锁状球菌生物学的变化之研究　屠宝琦著

[杭州]：[热带病研究所]，1931，8页，18开

本书为热带病研究所刊物之一。内容包括：日光晒过血液凝菜之制法、生物学的性状、结论。

收藏单位：国家馆

03765

实验诊断法　温孟学著

出版者不详，[1911—1949]，270页，16开

收藏单位：南京馆

03766

实验诊断学（微生物学及血清学篇）　佟金惠编译

北平：佟文勋，1935.12，226页，18开，精装

收藏单位：国家馆、南京馆

03767

实验诊断学提要　陈超常编著

上海：龙门联合书局，1949.9，137页，22开

03768

实用实验诊断　黄登彛编译

贵阳：文通书局，1942.11，[24]+298页，32开

本书参考《斯氏临床实验诊断学》《道氏临床实验诊断学》及《秦氏细菌学》等书编译而成。共4编：临床检验法、细菌及血清学检查法、显微镜下之细菌研究、培养基之制备。

收藏单位：重庆馆、贵州馆、国家馆、南京馆

03769

斯氏实验诊断（寄生虫学部）　（美）斯梯特（E. R. Stitt）著　（美）施尔德（R. T. Shields）译　陈佐庭笔记

上海：中国博医会，1926.2，185页，24开，精装

本书共9章，内容包括：概论、扁形动物、圆形动物、昆虫、蚊等。书中题名：动物寄生物学。

收藏单位：国家馆、上海馆、绍兴馆

03770

斯氏实验诊断（体液学部）　（美）斯梯特（E. R. Stitt）著　江清译

外文题名：Examination of the blood: other body-fluids

上海：中国博医会，1926.2，267页，22开，精装

上海：中华医学会，1934.6，再版，366页，22开

本书内容包括：量微法与血液标本之配制法、健态与病态之血液、补遗等。

收藏单位：国家馆、江西馆

03771

斯氏实验诊断（细菌学部）　（美）斯梯特（E. R. Stitt）著　（英）孟合理（P. L. McAll）译

外文题名：Practical bacteriology

上海：中国博医会，1926.6，398页，24开，精装

上海：中国博医会，1931.8，再版，441页，24开，精装

本书共12章，内容包括：仪器、培养基、染色法、水乳空气之细菌学等。初版笔记者：张锡五、陈佐庭，再版笔记者：郭洲。

收藏单位：广东馆、国家馆

03772

细菌学检查法　林宗扬著　李涛译

北平：私立北平协和医学院，1929，190页，32开

北平：私立北平协和医学院，1935.9，2版，190页，32开

本书分两编。"总论"共5章：通则、玻璃器械、培养基之制造、染色及试药、检查室之动物学；"分论"共3章：临床细菌检查学、临床血清检查学、细菌学之重要文献。

03773

细菌学检查法　林宗扬主编　李涛译

上海：中华医学会，1936.5，2版，212页，32开，精装

收藏单位：重庆馆

03774

细菌学诊断法 （德）柏克尔（E. Boecker）（德）考富曼（Kaufmann）著　鲍鉴衡译

北平：北平医刊社，1934.2，301页，22开

收藏单位：国家馆、浙江馆

03775

显微镜用法及检查细菌法　张崇熙编

上海：东亚医学编辑所，1934.7，52页，23开（最新实用医学各科全书）

上海：东亚医学编辑所，1935.12，再版，52页，23开（最新实用医学各科全书）

本书共两部分，第1部共5章：显微镜之构造、显微镜之种类及选择、显微镜之装置、显微镜使用法、显微镜附属品及用途；第2部"检查细菌法"共两章：悬滴检查法、染色检查法。

收藏单位：重庆馆、国家馆、浙江馆

03776

荠汁乳糖凝菜培养基之改良法　屠宝琦著

[杭州]：[热带病研究所]，1933.6，6页，18开

本书共3节：制法、培养所见、结论。

收藏单位：国家馆

03777

医院检验室应用技术　孙仕清著

上海：西南医学杂志社，1947.8，再版，47页，32开

本书共10节，内容包括：检验室之设备及试药、显微镜使用法、血液检查法、尿之检验、脊髓液之检验法。

收藏单位：广东馆

治疗学

03778

百病治疗法　大中书局重编

上海：大中书局，1932.5，再版，28+294页，32开

上海：大中书局，1933.12，5版，28+294页，32开

本书共两编。第1编"急救百病"共32节，内容包括：急救五绝、急救触电等；第2编"内外百病"内容包括：眼目类、治耳类、口舌类、治喉类、牙鼻类、治面类等。

收藏单位：绍兴馆、首都馆

03779

百病自疗法　程瀚章著

上海：激流书店，1949.1，67页，32开

本书共12章，内容包括：什么叫做疾病、疾病是怎样发生的、用什么方法可以治病、肠胃里的普通疾病、肺里的普通疾病、心和肾的普通疾病、眼耳鼻口等部的疾病、皮肤的普通疾病、意外的伤害等。

03780

贺氏疗学　（美）贺德（H. A. Hare）著　（美）盈亨利（J. H. Ingram）编译　管国全校订

外文题名：A textbook of practical therapeutics

上海：中国博医会，1911.3，再版，774页，18开

上海：中国博医会，1915，620+81页，18开

上海：中国博医会，1925，3版，430页，18开

上海：中国博医会，1927，4版，774页，18开，精装

上海：中华医学会，1935.6，增订5版，1册，18开，精装

本书介绍药物科属、产地、化学成分、功用、疗效、用量、用法、制剂等。共33章，内容包括：总论、迷蒙药类、睡药类、激心药类等。

收藏单位：广东馆、广西馆、国家馆、河南馆、南京馆、宁夏馆、上海馆、首都馆、西南大学馆

03781

疾病和医疗　陈炎冰校

上海：家庭医药社，1949.1，162页，32开（家庭医药手册3医药篇）

本书共5部分，内容包括：内科散论、儿科漫谈、妇产科一夕谈等。

收藏单位：辽宁馆、浙江馆

03782

疾病和治疗　程瀚章编著

上海：商务印书馆，1936.3，71页，32开（小学生分年补充读本 五年级卫生科）

本书共26章，内容包括：疾病的意义、疾病的原因、急性传染病、消化器病、全身病、皮肤病、疾病的结果等。

收藏单位：绍兴馆

03783

疾病自疗常识　江蝶庐编

上海：新民书局，1933.5，再版，132页，50开（卫生丛书）

本书为卫生医书。共11章，内容包括：神经病、花柳病、皮肤病等。

收藏单位：上海馆

03784

简易疗病法　朱梦梅编　王蕴章校

上海：商务印书馆，1917.2，139页，32开（妇女丛书 第1集 第2编）

上海：商务印书馆，1927.12，9版，139页，32开（妇女丛书 第1集 第2编）

上海：商务印书馆，1931.4，10版，139页，32开（妇女丛书 第1集 第2编）

上海：商务印书馆，1933.9，国难后1版，74页，32开（家庭丛书）

上海：商务印书馆，1935.8，国难后3版，74页，32开（家庭丛书）

上海：商务印书馆，1937.3，国难后4版，74页，32开（家庭丛书）

重庆：商务印书馆，1943.2，64页，32开（家庭丛书）

赣县（赣州）：商务印书馆，1944.3，64页，32开（家庭丛书）

本书共16章，内容包括：骨之疾病、皮肤疾病、筋肉疾病、口腔之疾病、胃之疾病、肠之疾病、鼻腔之疾病、肺之疾病、心之疾病、肝之疾病等。

收藏单位：重庆馆、广东馆、广西馆、贵州馆、国家馆、湖南馆、内蒙古馆、首都馆、浙江馆

03785

简易治疗二十种

渤海新华书店，1947.4，60页，32开（医学小丛书）

收藏单位：国家馆、山东馆

03786

简易治疗二十种

威县：冀南新华书店，1948.10，61页，32开

本书介绍消毒、换药、冷热敷，以及五官科一般治疗方法。附手术前后的预备和护理法。

收藏单位：国家馆、山东馆

03787

简易治疗二十种

[沂南]：山东新华书店，1947.10，61页，32开

收藏单位：国家馆

03788

简易治疗二十种

洛阳：中原军区卫生部，1948.11，66页，36开

收藏单位：重庆馆

03789

经济治疗及调剂处方　姚伯麟译

上海：改造与医学社，1933.4，308页，16开，精装

本书内容包括：健康与疾病、治疗与其手段、药物与其种类、药物之作用、药物之选择等。

03790

临床治疗学　张克成编辑

上海：生活医院，1933，1册，50开，精装

本书介绍各种疾病的药物疗法。共25章，内容包括：睡眠不全、疼痛、心动异常、

血压亢进、血球异常、食欲不振、细菌感染等。

收藏单位：国家馆

03791

普通治疗法　周仲衡编纂
外文题名：General treatment
上海：商务印书馆，1918.5，12+218+28 页，32 开
上海：商务印书馆，1918，再版，[270] 页，32 开（医学丛书）
上海：商务印书馆，1926.10，4 版，[270] 页，32 开（医学丛书）
上海：商务印书馆，1933，国难后 1 版，12+175+28 页，32 开（医学丛书）
上海：商务印书馆，1935.4，国难后 2 版，[270] 页，32 开（医学丛书）

本书共两卷。卷 1 "证治通论" 共两章：对证治法、单所发炎疗法；卷 2 "证治各论" 共 7 章，内容包括：消化器病、皮肤病、脑经病等。

收藏单位：广东馆、广西馆、河南馆、南京馆、内蒙古馆、上海馆、绍兴馆、首都馆

03792

起死回生术　（苏）聂高夫斯基撰　志译
上海：时代书报出版社，1948.9，132 页，32 开（苏联医学丛书）

本书为苏联卫生部神经外科研究院实验生理学研究室合作研究报告。共 8 章，内容包括：实验室中和临床上 "起死回生" 的历史、急救方法、放血动物死亡及复活时之呼吸及循环、死亡及复活时之心动电流图等。

收藏单位：重庆馆、东北师大馆、国家馆、吉林馆、南京馆、上海馆、首都馆、天津馆

03793

实用经验治疗学　叶祖章编　万宝琛校
上海：医学书局，1920.3，[16]+306 页，22 开，精装（丁氏医学丛书）

本书主要介绍西医临床内科常见病症的诊断与治疗。共 9 章，内容包括：传染病、呼吸器病、消化器病、血行器病、神经系病等。

收藏单位：广西馆、国家馆、上海馆、浙江馆

03794

实用调剂及处方　刘步青编
上海：厚德堂，1930.9，[428+32] 页，32 开

本书共 5 篇：总论、调剂术、处方集、条例及规则、各种表解。

收藏单位：广西馆、湖南馆

03795

实用治疗概要　Harry Beckman 著　吴兴业编译
长沙：商务印书馆，1938.6，2 册（473 页），25 开
长沙：商务印书馆，1940.8，4 版，2 册（568 页），25 开
长沙：商务印书馆，1941，5 版，569 页，25 开
上海：商务印书馆，1947.8，6 版，2 册，25 开
上海：商务印书馆，1949.8，7 版，2 册（473 页），25 开

本书共 18 篇，内容包括：传染病、寄生虫病、过敏反应病、缺乏病、新陈代谢病、肠胃病等。

收藏单位：东北师大馆、广东馆、湖南馆、江西馆、南京馆、内蒙古馆、浙江馆

03796

通俗自疗病法　苏仪贞编
上海：中华书局，1922.5，74 页，32 开
上海：中华书局，1922.8，再版，74 页，32 开
上海：中华书局，1929，5 版，74 页，32 开
上海：中华书局，1931.1，6 版，74 页，32 开
上海：中华书局，1936.3，8 版，74 页，32 开

本书共 10 章，内容包括：通俗诊断法、看护上应注意各件、寻常药料的说明、小儿疗病法、救急疗法等。

收藏单位：重庆馆、广东馆、广西馆、国家馆、黑龙江馆、湖南馆、江西馆、南京馆、山西馆、首都馆、天津馆、浙江馆

03797

万病自疗全书 宋爱人等撰

[上海]：[康健报馆]，[1929]，再版，421页，16开，精装

本书以问答的方式对常见病症进行阐述，内容包括：口臭、子宫病、泪涕交流等。卷端题名、逐页题名及书脊题名：康健报。

收藏单位：上海馆、绍兴馆

03798

万病自疗全书 钟尚友编译

上海：大陆图书公司，1920.9，[193]页，22开

本书共两编6卷，内容包括：内科、皮肤科、眼科、耳鼻咽喉科等。

收藏单位：国家馆

03799

万病自疗全书（卫生常识） 易景戴编著

上海：世界书局，1929.9，[22]+144页，32开

上海：世界书局，1932.11，再版，[22]+144页，32开

本书共3编：医学之部、药物之部、卫生之部。

收藏单位：广东馆、国家馆、湖南馆、江西馆、首都馆、天津馆、浙江馆

03800

现代治疗方法 （美）麦克法登（Bernarr Macfadden）著 何清儒译

长沙：商务印书馆，1938.1，351页，22开（家庭健康丛书 卷4）

长沙：商务印书馆，1939.4，再版，351页，22开（家庭健康丛书 卷4）

本书介绍医疗卫生知识及家庭生活中常见的简易医疗方法。共8章，内容包括：水与健康、日光及电气治疗、医治的运动法等。

收藏单位：广东馆、贵州馆、国家馆、辽宁馆、浙江馆

03801

现代治疗学（实用药理学续编） 张昌绍著

外文题名：Modern therapeutics

上海：现代医学社，1946.1，182页，25开（现代医学丛刊4）

上海：现代医学社，1946.6，362页，25开

本书共10章，内容包括：血与造血系统之药理、肾之药理、无机物代谢之药理、梅毒之化学治疗等。

收藏单位：重庆馆、广东馆、南京馆

03802

现代治疗学续编 张昌绍著

上海：现代医学社，1947.9，160页，25开（现代医学丛刊6）

本书共5章（19章—23章）：阿米巴病之化学治疗、黑热病与血吸虫病之化学治疗、结核病之化学治疗、内分泌、维生素。

收藏单位：重庆馆、广东馆

03803

小方治病 陕西省立第一民众教育馆编

[西安]：陕西省立第一民众教育馆，1936.8，15页，36开（民众读物4）

本书介绍癣、冻疮、白喉等常见疾病的简易疗法。

收藏单位：国家馆

03804

新疗法汇志 郝必清 廖志山编辑

军政大学卫生部，1949.6，166页，32开

本书由《健康报》辑录而成。内容包括：内科、外科、药品、化验等。封面加题"医疗参考材料"字样。

收藏单位：国家馆

03805

新医学中药治疗法·古医方新医学解说合编
卢抑甫编 黄叔华校

天津：新医学印书部，1929—1930，2册，32开（新医学丛书）

收藏单位：首都馆

03806

医学指迷治疗问答 汪洋编

上海：中西医院，1924.10，改正2版，200页，32开

收藏单位：广东馆

03807

治疗学名词（第一部） 国立编译馆编

重庆：国立编译馆，1946.3，油印本，149 页，8 开

　　收藏单位：南京馆

03808

治疗学提要 姚伯麟著

上海：改造与医学社，1933.10，[306+32] 页，32 开，精装

　　本书据日本板仓武氏《治疗学摘要》编译而成。内容包括：睡眠不全、疼痛、兴奋状态、心动异常、血压沉降、出血、血球异常等。

03809

主证治疗学（治方原则） （日）渡边熙著 卢励俭译　卢抑甫校

天津：卢氏医院刊物部，1931.10，72 页，20 开（新医学丛书）

　　本书试图以现代医学知识阐发解释和汉医学的传统理论，内容包括：东西医术之相违、症候学之主眼、症候学之泉源、学东洋医学即和汉医术之顺序、三阴三阳谕之预备知识、历代先哲经验确实之治方原则等。卷端题名：（和汉医学之主体）主证治疗学（治方原则）。

　　收藏单位：国家馆

03810

最新内科治疗全书 姚伯麟著

上海：改造与医学社，1934.10，1 册，16 开，精装

上海：改造与医学社，1944.5，再版，1 册，16 开，精装

　　本书内容包括：原因总论、症状总论、诊断总论等。

　　收藏单位：广西馆、浙江馆

03811

最新治疗法及治疗学总论 姚伯麟著

上海：改造与医学社，1934.10，308 页，16 开

　　本书共 9 章，内容包括：总论、绷带术、止血法、外伤急救法、传染病及预防法等。

　　收藏单位：国家馆

处方法及剂量学

03812

处方调剂学 孙国桢著

西安：西北医学出版社，1947.5，114 页，32 开

　　本书共两编：处方学纲要、调剂纲要。

　　收藏单位：江西馆

03813

处方学 吴卫尔编

天津：中华新医学研究会，1934.11，466 页，32 开，精装

　　本书共 40 章，内容包括：解热剂、催吐剂、强心剂、镇痛剂、催眠剂等。

　　收藏单位：国家馆、天津馆

03814

处方学与配药术（医师临诊家庭应用） 系佐近著　殷师竹编译

上海：中西书局，1930.4，381 页，32 开，精装

　　本书中处方学按人体器官列举 200 余种常见病症，各病症均介绍几种中西药物配方；配药术讲述药剂学知识及简易实用的配药方法。附家庭必备的药剂。

　　收藏单位：广西馆、国家馆、湖南馆、辽宁馆、浙江馆

03815

临床经验处方 张崇熙著

奉天（沈阳）：大众书局，1942，258 页，32 开

　　收藏单位：南京馆、首都馆

03816

临床经验处方 张崇熙编

上海：东亚医学编辑所，1934.7，[13]+209 页，24 开（最新实用医学各科全书）

上海：东亚医学编辑所，1935.12，再版，[13]+209 页，24 开（最新实用医学各科全书）

本书内容包括：退热剂处方、兴奋剂处方、泻下剂处方、麻醉剂处方、催眠剂处方、健胃剂处方、消化剂处方、止血剂处方等。

收藏单位：安徽馆、重庆馆

03817

临床经验处方 张崇熙编

上海：东亚医学社，1933，184 页，25 开（最新实用医学丛书）

收藏单位：国家馆

03818

临床经验处方 张崇熙编

杭州：宋经楼书店，1936.7，209 页，25 开

杭州：宋经楼书店，1947.6，增订 5 版，184 页，25 开（最新实用医学各科全书）

本书版权页题名：最新实用临床处方。

收藏单位：国家馆、上海馆、浙江馆

03819

实验处方学 汪洋编

上海：中西医院，1924.10，改正 2 版，54 页，32 开

本书内容包括：内科病处方、外科病处方、儿科病处方、产科病处方等。

收藏单位：广东馆

投药法、用药法

03820

各病注射疗法大全 汪于冈著

上海：新医诊所，1926.9，11+319+63 页，36 开

上海：新医诊所，1930.12，再版，[11]+319+[63] 页，36 开，精装

本书内容包括：皮内注射法、皮下注射法、静脉内注射、注射药总论等。

收藏单位：重庆馆、广西馆、国家馆、上海馆

03821

各种注射疗法 张崇熙编

上海：东亚医学编辑所，1935.12，再版，[18]+136 页，24 开（最新实用医学各科全书）

本书共两部分。"总论"共 5 章：皮下注射法、肌肉注射法、静脉注射法、腰椎注射法、（附）各种医用器械及其附属用品；"各论"共 29 章，内容包括：兴奋注射药、镇痛镇咳注射药、止血注射药等。

收藏单位：安徽馆、重庆馆

03822

各种注射疗法 张崇熙编

杭州：宋经楼书店，1936，4 版，136 页，25 开（最新实用医学各科全书）

杭州：宋经楼书店，1949.3，增订 5 版，136 页，25 开（最新实用医学各科全书）

本书版权页题名：最新实用各种注射疗法。

收藏单位：国家馆、上海馆

03823

溶液论 Elsie M. Smith 著　吴建庵译　中国护士学会审订

外文题名：Solutions

上海：广协书局，1938.8，6 版，41 页，32 开

上海：广协书局，1948.4，10 版，41 页，32 开

本书为护士学校应用课本。共 10 课，内容包括：皮下药疗法、以纯药制百分数溶液、溶液稀释法、计算溶液之百分数等。

收藏单位：南京馆、上海馆

03824

溶液论 惠爱医院护士学校编

连县惠爱医院护士学校，[1911—1949]，油印本，39 页，32 开

收藏单位：广东馆

03825

注射法及注射药　江自愚编

新化：西南医学书店，1941.11，140 页，50 开

　　本书共两部分。"注射法"内容包括：注射法之效用、注射器械、皮下注射法等；"注射药"内容包括：兴奋药、肺痨药等。

03826

注射浅说　祝枕江译

上海：商务印书馆，1933.9，44 页，32 开（医学小丛书）

上海：商务印书馆，1934，再版，44 页，32 开（医学小丛书）

上海：商务印书馆，1935.3，3 版，44 页，32 开（医学小丛书）

上海：商务印书馆，1937.3，5 版，44 页，32 开

长沙：商务印书馆，1938.11，6 版，44 页，32 开（医学小丛书）

重庆：商务印书馆，1943.12，41 页，32 开（医学小丛书）

重庆：商务印书馆，1945，2 版，41 页，32 开（医学小丛书）

上海：商务印书馆，1947.7，7 版，44 页，32 开（医学小丛书）

　　本书共 18 章，内容包括：以麻醉镇痛为目的之注射、以兴奋为目的之注射、食盐水注射、以止血为目的之注射、影响于分泌神经之注射、预防注射、治疗血清、痔疾之注射疗法等。

　　收藏单位：安徽馆、重庆馆、广东馆、贵州馆、国家馆、湖南馆、辽宁馆、南京馆、宁夏馆、首都馆、西南大学馆、浙江馆

03827

注射治疗全书　周星一著

上海：大中医院出版部，1933.6，24+380+146 页，32 开，精装

上海：大中医院出版部，1934.8，增补再版，1194 页，32 开

上海：大中医院出版部，1936.9，增补 3 版，24+380+146 页，32 开，精装

　　本书共 3 卷：注射手术学、注射药物学、注射疗病学。

　　收藏单位：重庆馆、江西馆

03828

最新注射疗法　张坚编

上海：中华书局，1925.4，53 页，32 开

上海：中华书局，1930.3，3 版，53 页，32 开

上海：中华书局，1933，5 版，53 页，32 开

上海：中华书局，1939.8，6 版，53 页，32 开

　　本书共 8 章，介绍注射的起源、目的，注射药的种类，注射后的反应，以及最新注射药分类表等。

　　收藏单位：重庆馆、广东馆、广西馆、国家馆、黑龙江馆、湖南馆、南京馆、内蒙古馆、山西馆、浙江馆

药物疗法、化学疗法

03829

百浪多息

出版者不详，[1911—1949]，98 页，42 开（拜耳丛书）

　　收藏单位：首都馆

03830

化学疗法与杀炼敌

上海：五洲大药房，1939，15 页，大 64 开（五洲医药小丛书 1）

　　收藏单位：南京馆

03831

磺胺类化学治疗学　张昌绍著

外文题名：Chemotherapy with sulfonamides

重庆：现代医学社，1944.4，253 页，32 开（现代医学丛刊 1）

重庆：现代医学社，1945.7，2 版，增订版，160 页，32 开（现代医学丛刊 1）

上海：现代医学社，1947.9，3 版，增订版，162 页，32 开（现代医学丛刊 1）

　　本书共 3 部分 20 章，内容包括：磺胺类之化学、重要衍生物、药理、磺胺类抗菌作用之原理、肺炎之化学治疗、青霉菌素等。

收藏单位：重庆馆、广东馆、国家馆、湖南馆、南京馆、农大馆、上海馆

03832

磺胺类及青霉菌素治疗学

总卫生部编译处，1948，336 页，32 开

本书介绍磺胺类药物及青霉素的性质、用途。

收藏单位：重庆馆

03833

链霉素临床之应用 郑文思编著

上海：文通书局，1949.3，133 页，32 开（医学丛书）

本书共 4 部分：总论、链霉素应用之方法、分论各种适应症之链霉素治疗、补遗。

收藏单位：重庆馆、东北师大馆、贵州馆、国家馆、黑龙江馆、上海馆

03834

链霉素之临床应用 钱康龄译著

外文题名：Streptomycin in clinical use

杭州：新医书局，1948.7，48 页，25 开

杭州：新医书局，1949.1，48 页，25 开

本书共 33 节，内容包括：药理作用、毒性反应、抗菌作用、临床应用、抗药性、用法及剂量、结核病、脑膜炎、心内膜炎、腹膜炎、百日咳、结肠炎等。

收藏单位：国家馆、南京馆

03835

链霉素治疗学（包含其他抗生素治疗学）

（美）柯默（J. A. Kolmer）著 楼方岑译

上海：中国科学图书仪器公司，1947.11，70 页，25 开

上海：中国科学图书仪器公司，1948.1，再版，70 页，25 开

收藏单位：广东馆、国家馆、江西馆

03836

青霉菌素用法指南 青霉菌素管理委员会编

[重庆]：青霉菌素管理委员会，1944.12，15 页，50 开

收藏单位：重庆馆、广东馆

03837

青霉菌素用法指南 行政院善后救济总署卫生业务委员会编

[南京]：行政院善后救济总署，1946.3，15 页，大 64 开

本共书 3 章：引言；青霉菌素管制办法；青霉菌素之应用原则，适应症，禁忌症，用法，剂量及反应。

收藏单位：国家馆

03838

青霉菌素治疗学（理论与临床） 张昌绍著

外文题名：Penicillin therapy

重庆：中华医学会，1944.10，54 页，23 开（现代医学丛刊 5）

本书共 4 章：概论、理论之部、临床之部、其他抗生性物质。

收藏单位：重庆馆、国家馆、上海馆

03839

青霉素临床之应用（盘尼西林） 郑文思编著 凌敏猷校正

贵阳：文通书局，1947.9，170 页，32 开（医学丛书）

上海：文通书局，1948.3，171 页，32 开（医学丛书）

本书共 4 篇 26 章。上篇"总论"内容包括：生物检定、理化性状、抗菌作用等；中篇"临床应用之方法"内容包括：适应症之选择、剂量、给药方法等；下篇"分论各种适应症之治疗"，内容包括：葡萄球菌之传染、链球菌之传染、烧伤、梅毒等；附篇"Tyrothricin 之临床用法及其他"：青霉菌素与磺胺类药物之比较、美国青霉菌素之供应概况、其他抗生性物质。

收藏单位：重庆馆、广东馆、贵州馆、国家馆、内蒙古馆、上海馆

03840

青霉素治疗学 张昌绍 王岳著

[上海]：现代医学社，1946.1，增订 2 版，102

页，25 开（现代医学丛刊 5）

本书共 5 章：概论、理论之部、临床之部、微生物所产生之其他抗生性物质、青霉素之新制剂与剂量。

收藏单位：重庆馆、国家馆

03841

青霉素治疗之现状（内科近展）（美）罗曼斯基（M. J. Romansky）著　郁采繁译

上海：中华医学会，1949.1，[10] 页，22 开（中华医学会—近代医学丛书 7）

本书共 6 部分：引言、剂量、投药方法及途径、溶于蜜蜡及花生油之青霉素、水溶解青霉素及 P.O.B. 对于各种疾病之治疗法、综结。

收藏单位：重庆馆、国家馆、上海馆

03842

色素与化学疗法　（日）中里辰雄编辑

大阪：株式会社盐野义商店，1939.10，247 页，18 开

本书共 9 篇：综说，基础篇，内科篇，小儿科篇，外科、整形外科篇，皮肤科泌尿器科篇，产妇人科篇，耳鼻咽喉科篇，眼科篇。

收藏单位：国家馆、南京馆、上海馆

03843

色素与化学疗法（第 2 辑）

大阪：株式会社盐野义商店，[1939—1949]，266 页，18 开

收藏单位：上海馆、首都馆

03844

色素与化学疗法（特选篇）

大阪：盐野义制药株式会社，[1911—1949]，180 页，16 开

收藏单位：上海馆

03845

杨氏化学治疗研究所概况　杨氏化学治疗研究所编

[上海]：杨氏化学治疗研究所，[1937—1949]，[16+24] 页，32 开

03846

药治学大意

第十八集团军总卫生部，[1937—1948]，27 页，32 开

本书共 4 章：绪论、各论、关于服药等注意、副作用。

收藏单位：国家馆

03847

药治学讲义　（日）林春雄著　张克成译

上海：生活医院，1935.8，再版，218 页，22 开

本书讲述人体生理、病理及药理。内容包括：麻醉剂、止血剂、利尿剂、止汗剂、收敛剂等。

收藏单位：国家馆、上海馆

物理疗法、自然疗法

03848

按脊术专刊　谢剑新著

上海：利苏印书社，1935，1 册，32 开

收藏单位：吉林馆、首都馆

03849

不服药之自然疗法　黄阶泰编译

上海：医学书局，[1911—1949]，96 页，32 开（青年丛书）

收藏单位：南京馆、上海馆、天津馆

03850

电疗学　王克思著

福建省立医学院，1946.10，82 页，16 开

本书共 6 章，内容包括：平流电疗及感应电疗、各种疾病之平流及感应电疗法、感应静电之电疗、高周波电疗法等。

收藏单位：福建馆、国家馆、南京馆

03851

返老还童　（美）劳兰德（A. Lorand）著　王文勤摘译

[天津]：哈脑维亚太阳灯公司，1932，58

页，23 开

本书介绍紫外线理疗灯的原理、功能、效果等。

收藏单位：上海馆

03852

光疗浅说　陈明斋编著

上海：商务印书馆，1937.1，75 页，32 开（医学小丛书）

长沙：商务印书馆，1938.7，再版，75 页，32 开（医学小丛书）

本书讲述日光疗法的历史、光学原理，日光浴和太阳灯在防治疾病中的应用和疗效。共 9 章，内容包括：光疗法之发达史、几条光学上之原理、日光浴、光与结核症、太阳灯及其应用等。

收藏单位：重庆馆、广东馆、贵州馆、国家馆、湖南馆、江西馆、辽宁馆、南京馆、宁夏馆、上海馆、天津馆、西南大学馆、浙江馆

03853

克罗密氏自然治疗法　（美）克罗密著　王怀琪　吴洪兴编译

上海：大东书局，1926.9，42 页，32 开（健学社丛书 4）

本书共 3 编。上、中编介绍消化不良、便秘症的病因及治法；下编为治疗体操图解。封面题名：自然治疗法。

收藏单位：重庆馆、广西馆、南京馆、首都馆

03854

冷水浴　刘仁航著

上海：商务印书馆，1918.1，69 页，25 开

上海：商务印书馆，1919，3 版，69 页，25 开

上海：商务印书馆，1921.1，4 版，69 页，25 开

上海：商务印书馆，1923，5 版，69 页，25 开

上海：商务印书馆，1923，6 版，69 页，25 开

上海：商务印书馆，1926，7 版，69 页，25 开

上海：商务印书馆，1928.7，8 版，69 页，25 开

上海：商务印书馆，1931.5，9 版，69 页，25 开

上海：商务印书馆，1933.5，国难后 1 版，51 页，32 开（家庭丛书）

上海：商务印书馆，1934.3，国难后 2 版，51 页，32 开（家庭丛书）

长沙：商务印书馆，1939.3，国难后 3 版，51 页，32 开（家庭丛书）

本书讲述冷水浴的原理、方法及具体医疗保健效用。共 20 章，内容包括：冷水浴之意义及效力、冷水浴之方法、冷水浴与无病长寿、冷水浴与肠胃病等。

收藏单位：安徽馆、重庆馆、广东馆、国家馆、湖南馆、江西馆、南京馆、山西馆、首都馆、浙江馆

03855

理疗学　鲍成德纂译　军医教育班学员班编

军医教育班学员班，1936.6，108 页，16 开

本书共 5 编，内容包括：X 光线、日光疗法、水治疗法等。

收藏单位：国家馆

03856

理学的疗法　刘雄著

上海：商务印书馆，1925.10，49 页，32 开（医学小丛书）

上海：商务印书馆，1926.11，再版，49 页，32 开（医学小丛书）

上海：商务印书馆，1930.10，51 页，32 开（万有文库 第 1 集 533）（医学小丛书）

上海：商务印书馆，1931.8，3 版，51 页，32 开（医学小丛书）

上海：商务印书馆，1933.11，国难后 1 版，51 页，32 开（医学小丛书）

上海：商务印书馆，1934.3，国难后 2 版，51 页，32 开

上海：商务印书馆，1934.7，国难后 3 版，51 页，32 开（医学小丛书）

上海：商务印书馆，1939.6，国难后 4 版，51 页，32 开（医学小丛书）

上海：商务印书馆，1939.12，51 页，32 开（万有文库 第 1—2 集 简编 500 种 201）（医学小

丛书）

重庆：商务印书馆，1945.1，46 页，32 开（医学小丛书）

　　本书共 12 章，内容包括：X 光线、X 光线之诊断、电气透温法、温泉疗法等。

　　收藏单位：安徽馆、重庆馆、大理馆、大连馆、东北师大馆、广东馆、广西馆、贵州馆、国家馆、黑龙江馆、湖南馆、江西馆、辽大馆、辽师大馆、南京馆、内蒙古馆、宁夏馆、上海馆、首都馆、天津馆、武大馆、西南大学馆、浙江馆

03857

青年病自疗法　尤学周著

上海：中央书店，1937.4，118 页，32 开

　　本书共两编：青年病之原因、青年病之疗法。

　　收藏单位：广东馆、湖南馆、绍兴馆

03858

热力疗病法　马平甫编著

上海：康健书局，1936.6，39 页，32 开（康健丛书）

上海：康健书局，1948.10，再版，39 页，32 开

　　本书共两章：热的治疗、死光在医学上的价值。

　　收藏单位：广东馆、贵州馆、国家馆、南京馆、上海馆

03859

日光疗法　葛秉仁著

北平：北平医刊社，1933.12，[10]+158 页，22 开

　　本书共 7 章，内容包括：日光疗法之历史、日光之分解及气象、日光对于生物之作用、日光治病的能力等。

　　收藏单位：国家馆、上海馆、浙江馆

03860

日光浴与日光操　周尚著

长沙：商务印书馆，1940.9，58 页，32 开

上海：商务印书馆，1948.1，再版，58 页，32 开

　　本书共 7 章，内容包括：日光浴是什么、日光含有什么东西、日光浴的利益在哪里、日光浴怎样实施、日光操怎样举行等。

　　收藏单位：重庆馆、广东馆、国家馆、江西馆、辽宁馆、内蒙古馆

03861

实验勿药医病法　顾鸣盛编译

上海：文明书局，1919.4，84+72 页，25 开

上海：文明书局，1928.1，3 版，84+72 页，25 开

上海：文明书局，1932.12，5 版，84+72 页，25 开

　　本书共两编，内容包括：传染病、血行器病、呼吸器病、消化器病等。

　　收藏单位：湖南馆、江西馆、南京馆、上海馆、首都馆、天津馆

03862

实用按摩术与改正体操　（美）哈特维尼逊（Hartvig Nissen）著　陈奎生　金兆均译

外文题名：Practical massage and corrective exercises

上海：勤奋书局，1932.12，[27]+338 页，32 开，精装（体育丛书）

　　本书共 28 章，内容包括：自动与被动动作、各种部位、拳打法、颤振法、腿上之手术等。

　　收藏单位：重庆馆、东北师大馆、广东馆、国家馆、湖南馆、南京馆

03863

万病自然疗法　顾实编纂　黄士恒校订

上海：商务印书馆，1916.10，136 页，25 开

上海：商务印书馆，1917.7，再版，136 页，25 开

上海：商务印书馆，1921，3 版，136 页，25 开

上海：商务印书馆，1922，4 版，136 页，25 开

上海：商务印书馆，1925，5 版，136 页，25 开

　　本书共 67 章，内容包括：论盆景之国民、人体非器械说、人体超绝乎人智、人体之本能、人体为一国家、人体之妙机等。

　　收藏单位：重庆馆、广东馆、国家馆、河

南馆、湖南馆、江西馆、南京馆、山西馆、上海馆、绍兴馆、首都馆、天津馆、浙江馆

03864

卫生按摩法　戈绍龙编

上海：有正书局，1917.10，67页，32开

上海：有正书局，1918.5，再版，67页，32开

本书书中题名：家庭卫生按摩法。

收藏单位：国家馆、南京馆、首都馆、浙江馆

03865

温泉与医疗　陈炎冰著

昆明：中华书局，1940.11，[28]+208页，22开

本书系统地论述温泉的成因、物理化学性质、医疗防病效果及应用方法。共8编：温泉概论、温泉医疗效能之概念、温泉浴疗法、饮泉疗法、温泉之吸入含嗽洗涤疗法、温泉之适应症、温泉与气候食养、温泉之设备。

收藏单位：重庆馆、广东馆、国家馆、湖南馆、南京馆、上海馆

03866

无药疗病法　（日）系左近著　华文祺译述

上海：医学书局，1913.4，3版，76页，22开，精装

上海：医学书局，1915.12，4版，76页，22开

上海：医学书局，1919.6，5版，76页，22开

上海：医学书局，1927.2，76页，22开（丁氏医学丛书）

上海：医学书局，1930.11，再版，76页，22开（丁氏医学丛书）

本书共两部分。"总论"内容包括：过信服药之敝习、奸商之牟利、无药疗法与药物疗法之优劣等。"各论"内容包括：常习便秘症、神经性胃病、神经衰弱、肥胖病等。附沐浴疗法、空气疗法、运动疗法、饮食疗法、按摩疗法。

收藏单位：广东馆、国家馆、上海馆

03867

物理疗法　（英）恩薇露（G. V. L. Nunn）编译　（英）应乐仁（L. M. Ingle）校订

外文题名：A textbook of physiotherapy

上海：中华医学会，1935.8，212页，25开，精装

本书内容包括：按摩术、电疗法及光疗法等。

收藏单位：贵州馆、国家馆

03868

物理疗法便览　汉口同仁医院编

汉口：汉口同仁医院，[1930.10]，16页，32开

本书介绍物理疗法中的X光治疗对皮肤科、内科、妇科、耳鼻喉科等多种疾病的治疗效果和持续性等。书前有该院院长藤田敏郎序。

收藏单位：国家馆

03869

西洋按摩术　丁福保译

上海：医学书局，1928.1，83页，23开

本书分两编。"总论"共5章：诱导篇、按摩之要约、技术之演习、按摩术手技、关节运动法；"各部按摩术"共8章，内容包括：关节按摩法、头部按摩法、颈部按摩法等。

收藏单位：安徽馆、上海馆、浙江馆

03870

西洋按摩术　紫霞居士编译

上海：新学书局，1936，24页，32开

收藏单位：国家馆、天津馆

03871

紫光电波疗法大全　上海康元华行　绍敦电气公司编

上海：上海康元华行、绍敦电气公司，[1911—1949]，58页，40开

本书附电器美容术。

03872

紫光电气疗病说明书（万病通治）　大中华电器行编译

上海：大中华电器行，1928.1，再版，[75]页，24开

03873

紫外线治疗法　王文勤译　牟鸿彝校

上海：哈脑太阳灯公司，1930.12，72 页，22 开

　　本书系德国哈脑太阳灯公司的宣传品，主要介绍太阳灯对于治疗各科疾患之应用范围及方法。共 9 部分，内容包括：全身照射法、压迫照射法、紫外线等。

　　收藏单位：重庆馆、国家馆、上海馆

03874

自然疗法·德国式自然健康法·清洁之标准合编　丁福保编

上海：医学书局，1934.12，84 页，32 开

　　本书为 3 部作品合编。《自然疗法》共 8 章：自然疗法之起原、自然疗法大纲、外治法、食物疗法、精神疗法、病理、急性病、慢性病；《德国式自然健康法》译自德国人布瑙夫莱著《自然生活法》一书，提倡科学自然生活方法、锻炼身体、健康防病；《清洁之标准》列举个人饮食住行、环境卫生的标准。

　　收藏单位：国家馆、南京馆

血液疗法

03875

关于输血者之研究　褚葆真著

北平：中华医学杂志社，1931，17 页，18 开

　　本书为《中华医学杂志》第 17 卷第 6 期抽印本。

　　收藏单位：国家馆

03876

输血法　景凌灏著

[东京]：同仁会，1936.5，103 页，22 开，精装

[东京]：同仁会，1943.12，再版，103 页，22 开，精装

　　本书共 3 编 16 章，内容包括：输血之意义、输血之沿革、直接输血法、间接输血法、输血量及采血量等。

　　收藏单位：国家馆

03877

输血疗法　军医署编

[重庆]：军医署，1945.4，44 页，50 开（医术 6）

　　收藏单位：重庆馆、广东馆、南京馆

03878

输血疗法　戚寿南　卢永春著

外文题名：Blood transfusion

上海：商务印书馆，1930.11，126 页，32 开（医林丛刊）

上海：商务印书馆，1934.11，国难后 1 版，113 页，32 开（医学小丛书）

[长沙]：商务印书馆，1939.9，国难后 3 版，113 页，32 开（医学小丛书）

　　本书共 6 章：输血之历史、输血之分类、输血者之选择、输血之技术、输血后之反应、输血之适应症。

　　收藏单位：重庆馆、东北师大馆、广东馆、国家馆、湖南馆、山西馆、上海馆、天津馆、浙江馆

03879

输血实施法　（日）佐伯重治著　李墀身译

上海：商务印书馆，1934.3，96 页，32 开（医学小丛书）

上海：商务印书馆，1935，再版，96 页，32 开（医学小丛书）

　　本书共 10 章，内容包括：给血者之选择、输血用药品器械及材料、输血实施法、输血量及采血量、输血之续发症等。

　　收藏单位：重庆馆、广东馆、贵州馆、国家馆、江西馆、南京馆、内蒙古馆、宁夏馆、上海馆、浙江馆

03880

输血术及其他补充液体疗法　黄祯祥　朱亮威编

中央卫生实验院，[1945.8]，63 页，32 开

　　收藏单位：国家馆、南京馆

激素疗法

03881

补力贺尔蒙文献集 （日）小荣次郎等著

[大阪]：盐野义制药株式会社，[1911—1949]，44 页，25 开

　　收藏单位：广东馆

03882

补力贺尔蒙文献集（第 2 辑 脑下垂体前叶贺尔蒙剂）（日）川岛武夫等著

大阪：盐野义制药株式会社，[1940—1949]，67 页，16 开

　　本书收日本医生用垂体前叶激素治病的医案 11 篇。

　　收藏单位：国家馆

饮食疗法、临床营养学

03883

病人食谱 北平协和医学院膳食部著　叶恭绍　褚鸿箴编译

[北平]：中央卫生实验营养实验所，1946.2，62 页，32 开

[北平]：中央卫生实验营养实验所，1947.4，2 版，62 页，32 开

[北平]：中央卫生实验营养实验所，1948.3，3 版，64 页，32 开

　　本书内容包括：饮食学普通原则、膳食常规、重要及数量、主要的膳食、特别膳食等。

　　收藏单位：广东馆、国家馆、浙江馆

03884

不用药食物疗病法　陈寿凡编

外文题名：Health through diet

上海：商务印书馆，1917.11，83 页，25 开

上海：商务印书馆，1919.8，3 版，83 页，25 开

上海：商务印书馆，1920.5，4 版，83 页，25 开

上海：商务印书馆，1925，5 版，83 页，25 开

上海：商务印书馆，1927.3，6 版，83 页，25 开

　　本书内容包括：人体、人体有自然之抵抗力、营养充足则身体不罹疾病、胃肠与营养之关系、食物消化之理、胃肠之健全等。

　　收藏单位：重庆馆、国家馆、湖南馆、江西馆、首都馆、天津馆

03885

护士饮食学　J. Friedenwald　J. Ruhrah 著　吴建庵编译

外文题名：Dietetics for nurses

上海：广协书局，1935，6 版，262 页，23 开

上海：广协书局，1936，7 版，262 页，23 开，精装

上海：广协书局，1937，8 版，262 页，23 开

上海：广协书局，1941，262 页，23 开

上海：广协书局，1946.8，10 版，262 页，23 开

上海：广协书局，1947.8，11 版，262 页，23 开

上海：广协书局，1949.8，12 版，262 页，23 开

　　本书共 22 章，内容包括：关于消化之化学及生理学、食物之分类、病儿之饮食、传染病之饮食、肝病之饮食等。

　　收藏单位：安徽馆、重庆馆、广东馆、国家馆、江西馆

03886

护士饮食学　J. Friedenwald　J. Ruhrah 著　吴建庵编译

外文题名：Dietetics for nurses

广学会，[1911—1949]，战时本，159 页，23 开

　　本书按不同年龄、性别和疾病，讲述患者膳食的成分、特点、配制与进食方法，并介绍糖尿病等特殊饮食法。

　　收藏单位：重庆馆、广东馆

03887

护士饮食学　J. Friedenwald　J. Ruhrah 著

中华护士会编译

外文题名：Dietetics for nurses

上海：广学书局，1924.3，[262] 页，25 开，精装，环筒页装

上海：广学书局，1928，[262] 页，25 开

上海：广学书局，1930，[262] 页，25 开

收藏单位：重庆馆、广东馆、国家馆、首都馆、西南大学馆

03888

食物疗病法　丁福保编　丁惠康校

上海：医学书局，1939.1，2 册，32 开，精装（虹桥疗养院丛书）

上海：医学书局，1940.12，再版，[14+430] 页，32 开，精装（虹桥疗养院丛书）

本书共 5 部分：绪言、荣养概论、各种病症之食饵疗法、病人食饵中之重要疗法及其应用范围、施行食饵疗法时应特别注意之人。

收藏单位：重庆馆、国家馆、黑龙江馆、南京馆、上海馆

03889

医院食谱　沙甫（A. Shafer）著　私立北平协和医学院汉文部译

外文题名：Diet lists

北平：中华医学杂志社，1930.6，72 页，32 开

本书共两部分：普通膳、特别膳。

收藏单位：国家馆

03890

营养疗法　刘以祥著　程瀚章校订

上海：商务印书馆，1926.12，71 页，32 开（医学小丛书）

上海：商务印书馆，1931，再版，71 页，32 开（医学小丛书）

上海：商务印书馆，1934.5，国难后 1 版，68 页，32 开（医学小丛书）

上海：商务印书馆，1934.12，国难后 2 版，68 页，32 开（医学小丛书）

本书共两编。前编"总论"共 5 章，内容包括：营养疗法概论、食物之注意、理想的饮食物等；后编"各论"共 15 章，内容包括：口中疾患之食养、食道病之食养、胆石症之食养等。

收藏单位：重庆馆、广东馆、国家馆、湖南馆、南京馆、宁夏馆、西交大馆、浙江馆

03891

营养治疗法　陈素非著

北平：京津印书局，1935.7，[11]+246 页，18 开

收藏单位：国家馆

03892

诸病断食疗法　（美）查理士哈士开著　刘灵华译

上海：佛学书局，1934.3，56 页，32 开（乐天修养馆丛书 5）

上海：佛学书局，1935.11，再版，56 页，32 开（乐天修养馆丛书 5）

本书共 6 章：绪论、实验的报告、健康之学理（身体之部）、健康上的学理（身体之部下）、健康上的学理（精神之部）、结论。

收藏单位：国家馆、黑龙江馆、绍兴馆、浙江馆

03893

诸病断食疗法（又名，治病别法）　（美）查理士哈士开著　刘灵华译

上海：三友实业社，1936.8，3 版，55 页，32 开（乐天修养馆丛书 5）

收藏单位：广东馆、河南馆

急症、急救处理

03894

地方政府对救护事项之准备与实施　卫生署编

卫生署，1936，10 页，32 开

收藏单位：广东馆、南京馆

03895

盖棺复活问题　张武著

北京：出版者不详，1922.6，18 页，32 开

[北平]：出版者不详，1931.5，再版，18 页，32 开

本书讲述有关假死的医学知识。共 6 章，内容包括：复活之事例、死征、救济方法之研究、吾人之希望等。

收藏单位：国家馆、首都馆、浙江馆

03896

湖北省救护人员训练所讲义　湖北省救护人员训练所编

湖北省救护人员训练所，[1911—1949]，1 册，16 开

本书内容包括：护病学、急救学、创伤学、诊断学、绷带学、解剖生理概要等。

收藏单位：重庆馆

03897

急救常识　高履平著

[重庆]：军事委员会政治部，[1930—1949]，21 页，50 开（抗战小丛书 第 15 种）

本书共 9 节，内容包括：怎样止血、怎样消毒、怎样救护骨折、怎样救护火伤、怎样做人工呼吸等。

收藏单位：国家馆

03898

急救常识讲义　翟培庆编

[杭州]：[青年会]，[1926]，1 册，16 开

本书主要讲述一些急救常识，遇到突发情况时，该采取怎样的急救措施。

收藏单位：浙江馆

03899

急救法　汪定侃编

福州：福建省警官训练所，1937，74 页，32 开

收藏单位：南京馆

03900

急救法

上海：大东书局，1948.4，36 页，36 开（新儿童基本文库 中年级常识 16）

本书共 11 章，内容包括：急救的几种重要方法、溺水的急救方法、触电的急救方法、窒息的急救方法、晕倒的急救方法、出血的急救方法、火伤的急救方法等。

收藏单位：国家馆

03901

急救法图解　孙移新编

上海：少年用品供应社，1932，122 页，32 开

收藏单位：广东馆、南京馆

03902

急救须知　陈达明著

上海：东方印书馆，1930，38 页，50 开

上海：东方印书馆，1931，再版，38 页，50 开

收藏单位：上海馆

03903

急救学　张崇熙编

上海：东亚医学编辑所，1934.7，59 页，23 开

上海：东亚医学编辑所，1935.12，再版，59 页，23 开（最新实用医学各科全书）

本书共两部分。"绪论"共 4 章：人工呼吸法、急救药品、绷带及绷帕使用法、患者搬运法；"各论"共 33 章，内容包括：创伤急救法、骨折急救法、溺水急救法、河豚中毒急救法等。书脊题名：最新实用急救学。

收藏单位：重庆馆、国家馆

03904

急救学

辽东书店，1948.3，再版，75 页，64 开

本书共 12 章，内容包括：一般原则、出血、休克、食物中毒、人工呼吸法等。

收藏单位：国家馆

03905

急救与卫生

出版者不详，1948，168 页，32 开

收藏单位：广东馆

03906

急症救治法　姚昶绪著述　汪企张校阅　夏慎初增补

上海：中西医学实验会，1929，5 版，1 册，22 开

上海：中西医学实验会，1930.11，6 版，[114]页，22 开

上海：中西医学实验会，1933.11，7 版，[114]页，22 开

　　本书共 4 编：时疫、中毒、外伤、杂症。

　　收藏单位：安徽馆、广西馆、国家馆、江西馆、天津馆、浙江馆

03907

几个普通的救急法　江苏省立教育学院研究实验部编

无锡：江苏省立教育学院，1932.5，8 页，25 开（民众卫生丛书 14）

　　收藏单位：江西馆

03908

简易应急疗法与实用护病技术

[扬州]：苏北新华书店，1949.7，125 页，32 开

　　本书共两部分。《简易应急疗法》共两篇。上篇急救学，讲述出血、骨折、脑外伤、理化损伤等各种战伤的急救方法；下篇外科学，介绍军旅中外科常见病及战伤的外科处理和治疗。《实用护病技术》共 27 章，讲述外科、五官科和皮肤科的一般护理知识和方法。

　　收藏单位：国家馆

03909

救护训练班解剖生理简要

出版者不详，[1911—1949]，油印本，1 册，16 开，环筒页装

　　收藏单位：重庆馆

03910

救急病创常识　黄子方等编

上海：开明书店，1935.1，59 页，50 开

　　本书共 12 章，内容包括：家庭疗病常识、

普通疾病之医治、急病及创伤之处理、创伤、日射病及中暑、电伤等。

　　收藏单位：国家馆、浙江馆

03911

救急常识　龙毓莹著

长沙：湖南卫生实验处，1936.1，30 页，32 开

　　收藏单位：湖南馆

03912

救急法　程治平著

[成都]：黄河书局，[1944.10]，96 页，32 开（医学小丛书）

　　收藏单位：重庆馆

03913

救急法　梁铎著

北平：国立北平大学医学院，1929.12，94 页，32 开

　　收藏单位：国家馆、首都馆

03914

救急法（第 6 期）　赵绶新编

[杭州]：浙江省警官学校附属警士教练所，1933，108 页，32 开

03915

救急法概要

北京：武学书馆，[1911—1949]，34 页，64 开

　　本书共两章，第 1 章《一般之手术》内容包括：消毒法、止血法、人工呼吸法等；第 2 章内容包括：外伤救急法、传染病治疗法等。

　　收藏单位：重庆馆、国家馆

03916

救急法及卫生法大意　杨鹤庆编

上海：商务印书馆，1925.2，24 页，32 开（医学小丛书）

上海：商务印书馆，1927，再版，24 页，32 开（医学小丛书）

上海：商务印书馆，1929.8，3 版，24 页，32

开（医学小丛书）

　　本书共两编：救急法大意、卫生法大意。

　　收藏单位：广西馆、国家馆、湖南馆、江西馆、首都馆、天津馆、浙江馆

03917

救急法问答　庄觉编著

上海：大华书局，1934.9，147 页，32 开（医学卫生问答丛书）

　　本书共 7 章，内容包括：救急法的前提、救急的技术、猝发性内病的救急法、各种外伤的救急法等。

　　收藏单位：重庆馆、贵州馆、国家馆、湖南馆、南京馆、浙江馆

03918

救急疗法与应急手段　（日）富永哲夫著　任一碧译

长沙：商务印书馆，1938.11，[19]+308 页，32 开（家庭丛书）

长沙：商务印书馆，1939.6，再版，[19]+308 页，32 开（家庭丛书）

　　本书共 6 篇：人体构造、外科的救急疗法、内科的救急疗法、应急手段、一般处置、绷带概说。

　　收藏单位：重庆馆、贵州馆、国家馆、辽宁馆、南京馆、内蒙古馆

03919

救急疗术　朱剑　（英）高似兰（P. B. Cousland）译

上海：中国博医会，1915.3，83 页，22 开

上海：中国博医会，1924.12，3 版，83 页，22 开

上海：中国博医会，1927.12，[4 版]，83 页，22 开

　　本书共 12 篇，内容包括：解剖学及生理学、三角带及其用法、出血、创伤、骨折、人工呼吸及窒息等。

　　收藏单位：国家馆、首都馆

03920

救急善法　（英）余恩思（Bernard Upward）著

外文题名：First aid, life saving, and hygiene

汉口：出版者不详，1919，62 页，22 开

　　收藏单位：南京馆

03921

救急图　卫生署绘制

南京：卫生署，1933，14 张，64 开

　　本书有单页彩色图片 14 张。

　　收藏单位：国家馆

03922

普通急救法　朱允中编

上海：民众教育研究社，1932.12，56 页，42 开（注音符号民众万有丛书 医学类）

　　收藏单位：重庆馆、江西馆、首都馆

03923

普通救护法　祝振纲著

上海：商务印书馆，1930.4，140 页，32 开（万有文库 第 1 集 549）（医学小丛书）

上海：商务印书馆，1931.9，140 页，32 开（医学小丛书）

上海：商务印书馆，1933.2，国难后 1 版，140 页，32 开（医学小丛书）

上海：商务印书馆，1933.10，国难后 2 版，140 页，32 开（医学小丛书）

上海：商务印书馆，1934.7，再版，140 页，32 开（万有文库 第 1 集 0549）

上海：商务印书馆，1935.4，国难后 6 版，140 页，32 开（医学小丛书）

上海：商务印书馆，1937.4，国难后 7 版，140 页，32 开（医学小丛书）

[长沙]：商务印书馆，1939.9，140 页，32 开（万有文库 第 1—2 集简编 500 种 210）（医学小丛书）

长沙：商务印书馆，1939，国难后 8 版，140 页，32 开（医学小丛书）

　　本书共 10 章，内容包括：救急与防护之各种方法、中毒之救急法、体内异物之救急法、出血之救急法、其他病症之救急法等。

　　收藏单位：安徽馆、重庆馆、大理馆、大连馆、东北师大馆、广东馆、广西馆、贵州

馆、国家馆、黑龙江馆、湖南馆、江西馆、辽大馆、辽师大馆、南京馆、内蒙古馆、宁夏馆、上海馆、首都馆、天津馆、西南大学馆、浙江馆

03924

普通救急法（原名，实用急救法） 赵士法编

上海：商务印书馆，1921.6，106页，23开（南京高等师范学校丛刊）

上海：商务印书馆，1922，再版，66页，23开（南京高等师范学校丛刊）

上海：商务印书馆，1923，3版，66页，23开（南京高等师范学校丛刊）

上海：商务印书馆，1929，4版，106页，23开（南京高等师范学校丛刊）

上海：商务印书馆，1931.7，5版，106页，23开（南京高等师范学校丛刊）

上海：商务印书馆，1933.4，国难后1版，106页，23开（南京高等师范学校丛刊）

上海：商务印书馆，1933.9，国难后2版，66页，23开（南京高等师范学校丛刊）

上海：商务印书馆，1935.2，国难后3版，106页，23开（南京高等师范学校丛刊）

　　本书共9章，内容包括：绷带术、止血法、外伤急救法、传染病及预防法、寻常病症救护法等。

　　收藏单位：重庆馆、广东馆、贵州馆、国家馆、湖南馆、江西馆、南京馆、上海馆、首都馆、浙江馆

03925

普通卫生救急治疗法 （日）金泽岩著　卢谦译

上海：[医学书局]，[1911—1949]，60页，25开，精装

上海：医学书局，1920，再版，60页，25开

　　收藏单位：河南馆

03926

人死复活问题 步毓森编　许卓人校

出版者不详，1932.1，51页，25开，环筒页装（卫生教育丛书）

　　本书用科学知识讲解真、假死及还魂现

象，并报道客观案例及调查结果。最后介绍急救常识。

　　收藏单位：国家馆、首都馆、天津馆

03927

三大危险症急救方论 陈作人著

作人医馆，1933，24页，36开

　　本书介绍中风、温病、风毒脚弱症的治疗方法。

　　收藏单位：重庆馆

03928

实用急救法 黄龙光编译　郭任远校

上海：世界书局，1929.11，12+226页，32开

上海：世界书局，1930.3，再版，12+226页，32开

上海：世界书局，1933.4，3版，12+226页，32开

上海：世界书局，1937.5，4版，226页，32开

　　本书介绍流血、中毒、窒息、皮肤破裂、户外运动中意外损伤等情况的急救法。

　　收藏单位：安徽馆、重庆馆、国家馆、南京馆、上海馆、首都馆、天津馆、西南大学馆、浙江馆

03929

实用救急法 王羲龢译述

上海：商务印书馆，1919.8，100页，32开

上海：商务印书馆，1920，再版，100页，32开

上海：商务印书馆，1921.10，3版，100页，32开

上海：商务印书馆，1922.12，4版，100页，32开

上海：商务印书馆，1925.1，5版，100页，32开

上海：商务印书馆，1926.2，6版，100页，32开（通俗医书）

上海：商务印书馆，1931，8版，100页，32开

上海：商务印书馆，1933.4，国难后1版，102页，32开（家庭丛书）

上海：商务印书馆，1934.2，国难后2版，102页，32开（家庭丛书）

上海：商务印书馆，1935，国难后4版，102页，32开（家庭丛书）

上海：商务印书馆，1937.3，国难后5版，102页，32开（家庭丛书）

[长沙]：商务印书馆，1939.4，国难后7版，102页，32开（家庭丛书）

重庆：商务印书馆，1943.9，64页，32开（家庭丛书）

赣县（赣州）：商务印书馆，1944，64页，32开（家庭丛书）

重庆：商务印书馆，1945，[再版]，64页，32开（家庭丛书）

[上海]：商务印书馆，1947.1，8版，102页，32开（新中学文库）（家庭丛书）

本书共8章：内症救急法、中毒、窒息及假死（即气闭）、人工呼吸法（即回生术）、火伤及冻伤、创伤、止血法、异物摘出法。其他题名：通俗医书实用救急法。

收藏单位：安徽馆、重庆馆、广东馆、广西馆、贵州馆、国家馆、黑龙江馆、湖南馆、吉大馆、江西馆、辽大馆、南京馆、内蒙古馆、上海馆、首都馆、浙江馆

03930
市民救护须知 江西防空协会编
江西防空协会，1936，22页，25开
　　收藏单位：江西馆

03931
卫生法及急救法
出版者不详，[1911—1949]，68页，64开
　　本书共两编。第1编"卫生法"共6章：传染病之预防、传染病之种类、其他应注意之病、行军宿营之注意、寒时之注意、暑时之注意；第2编"救急法"共5章：创伤、三角巾之用法、急病、毒瓦斯、人工呼吸法。
　　收藏单位：安徽馆、国家馆

03932
卫生法及急救法摘要 国民政府军事委员会委员长南昌行营编
上海：中华书局，1935.2，34页，50开
上海：中华书局，1935.5，3版，33页，50开

本书共5章：卫生法、急救法、咬伤与螫伤、人工呼吸法、毒瓦斯。
　　收藏单位：国家馆、江西馆、南京馆

03933
卫生法及救急法 军官学校编辑
北平：武学书馆，1936，56页，64开
　　收藏单位：广东馆

03934
卫生法及救急法 宪兵学校编
重庆：宪兵学校，1942.4，28页，32开
　　收藏单位：重庆馆

03935
卫生与救急法 程万里著　赵步禅校
卫生与救急法总发行所，1941，20页，16开
　　收藏单位：国家馆

03936
应急疗法（英国红十字会） （英）伯克斯吞（J. D. Buxton）著　鲁德馨译校
上海：中华医学会，1934.5，308页，36开，精装
　　本书共17章，内容包括：应急疗法之总则、受伤者之处理法、关节及肌、骨折、血之循环、动脉出血、创伤、神经系统等。
　　收藏单位：国家馆、上海馆

03937
战区灾害急救法 朱广焜编
广州：[出版者不详]，1932，50页，32开
　　收藏单位：广西馆

03938
中级童子军救护教本 陈潮中编
南京：华记商店，1932.4，90页，32开
　　本书内容包括：绪论、血液的循环、止血的方法、消毒法、三角巾使用法、伤人的处置、救护队的组织等。
　　收藏单位：浙江馆

03939

最新各科危险症救急疗法　姚伯麟编纂及译著

上海：改造与医学社，1931.6，1 册，16 开，精装

本书共 28 章，内容包括：因昏睡之危险症与其处置、因出血之危险症与其处置、因疝痛之危险症与其处置、因急性中毒之危险症与其处置、小儿科疾患之急性危险症与其处置、因外伤之危险症与其处置等。

收藏单位：国家馆

其他疗法

03940

精神疗病法　杨志一编著

上海：国医出版社，1935.7，75 页，25 开

本书辑录毛逢孙、杨志一、丁福保等人有关各种疾病的心理疗法的文章 23 篇。

03941

精神治疗实验录　陈健民著

上海：中国精神治疗院，[1938.12]，再版，24 页，32 开

护理学

03942

初级护理技术讲义　广州中央医院附设高级护士职业学校编

广州：广州中央医院附设高级护士职业学校，1949，87 页，32 开

收藏单位：广东馆

03943

福建省抗敌看护生训练班讲义汇集　张振宗等编

福建省抗敌看护生训练班，[1911—1949]，[520] 页，16 开

本书收讲义 11 种，内容包括：护病学、传染病学、生理卫生学、医药常识、调剂学、绷带学、急救法及急救处置、战时环境卫生等。

03944

护病技术讲义

江西省立南昌高级护士职业学校，[1929—1949]，118 页，25 开

收藏单位：江西馆

03945

护病历史大纲　（英）施德芬（G. E. Stephenson）编著　刘干卿译　中华护士学会审订

外文题名：An outline of the history of nursing

上海：广协书局，1936.6，182 页，22 开

上海：广协书局，1938，100 页，16 开

上海：广协书局，1938，再版，182 页，22 开

上海：广协书局，1941.1，3 版，182 页，22 开

上海：广协书局，1946.11，4 版，182 页，22 开

上海：广协书局，1947.11，5 版，182 页，22 开

本书共 12 章，内容包括：太古时代之护病学、中国之医药事业、基督教给与护病事业之影响、中世纪时代、南丁格尔女士事迹、红十字会等。

收藏单位：重庆馆、广东馆、首都馆

03946

护病手册　医务生活社编辑

济南：医务生活社，1949.5，16+319+23 页，64 开

本书共 37 章，内容包括：敷料、消毒法、铺床法、沐浴、热疗法、冷疗法等。

收藏单位：重庆馆、广东馆、国家馆、山东馆

03947

护病学　管葆真编著　葛成慧校　教育部医学教育委员会主编

重庆：正中书局，1945.5，172 页，32 开

上海：正中书局，1946.7，172 页，32 开

上海：正中书局，1947.5，16 版，172 页，32 开

上海：正中书局，1947.10，20 版，172 页，32 开

上海：正中书局，1948.10，5 版，172 页，32 开

本书共两篇 38 章，内容包括：病人入院及出院手续、隔离规则、外科技术、药疗法、导尿术、婴儿沐浴及护理等。

收藏单位：重庆馆、国家馆、黑龙江馆、江西馆、西南大学馆、浙江馆

03948

护病学　华东医科大学编辑

胶东新华书店，1947.6，106 页，32 开

本书共 24 章，内容包括：护理工作、夹板、热疗法、冷疗法、药疗法、注射法、换药法等。

收藏单位：国家馆

03949

护病学　苏南军区卫生部编著

苏南新华书店，1949.8，108 页，大 64 开（医药丛书 4）

本书共 26 章，内容包括：护理工作、绷带缠法、敷料、夹板、器具及各种用品料理法、肌肉注射法、热敷法、导尿法、种痘法、预防注射法等。

收藏单位：山西馆

03950

护士教材（第五册 护病技术篇）　华北医政处教育科编辑

北平：华北军区卫生部，1949.2，314 页，64 开

本书共 3 篇：护病总则、病室一般护理法、护病治疗技术。

收藏单位：国家馆

03951

护士历史表演　C. H. Johnson 著　吴建庵译　中华护士会审订

外文题名：A pageantry on the history of nursing

上海：广协书局，1935.6，22 页，32 开

本书以戏剧形式简述自上古以来护理事业发展史。共 8 幕，内容包括：原始时代之护病、希腊国之护病、新约时代之护病、护病之黑暗时代、现代护病之发源地——恺撒华斯宅、弗罗伦斯·南丁格尔等。

收藏单位：国家馆

03952

护士历史略记　韩碧玲（W. P. Harris）编　董秀云译

外文题名：Notes on nursing history for Chinese student nurses

上海：广协书局，1937.3，再版，25 页，32 开

本书按照古传时代、黄金时代、中古时代、改革时代四个时期介绍护士历史。

收藏单位：广东馆、国家馆、上海馆

03953

护士应用饮食学　P. C. Kiang 编　中国护士学会审订

外文题名：Practical dietetics for nurses

上海：广协书局，1947，8 版，60 页，32 开

本书共 5 章，内容包括：绪论、饮食之分类来源以及化学成分、病时饮食调理法等。

收藏单位：上海馆

03954

疾病护理概论　叶维法著

上海：中国文化服务社，1948.1，92 页，25 开（国民文库）

本书共 14 章，内容包括：疾病的意义及分类、疾病的原因、疾病的症状、疾病的诊断及治疗、消毒法、移动扶抱病人法、洗胃灌肠及导尿、病人的饮食、传染病的护理等。

收藏单位：重庆馆、广东馆、江西馆

03955

疾病看护法讲义　鄞县中山民众教育馆编

鄞县中山民众教育馆，1936.11，61 页，32 开

本书内容包括：护士之修养、细菌学概要及防菌法、消毒法及消毒药、体温脉与呼吸等。

收藏单位：浙江馆

03956
简明看护学
保定：华北新华书店保定分店，1949.9，2 册（123+129 页），32 开

本书共两册 19 篇，内容包括：预备知识、一般看护的方法和治疗的辅佐、细菌学、消毒法、内科看护法、外科看护法、妇科学看护法、产科学看护法、眼科看护学等。

收藏单位：广东馆、国家馆、山东馆

03957
简明看护学（前篇）（日）石川信男著　叶曙译
东京：同仁会，1943.12，254 页，16 开，精装

本书共 9 篇，内容包括：解剖及生理、卫生与细菌学、消毒法、绷带学、药物学等。

收藏单位：国家馆、内蒙古馆

03958
看护常识　高竹君编著
长沙：中华平民教育促进会，1938.6，22 页，50 开（农民抗战丛书）

本书共 4 节：人体构造、几种看护常识与技术、看护用品、看护者应注意的几点。

收藏单位：国家馆

03959
看护教程（下卷）
出版者不详，[1911—1949]，1 册，[32] 开

本书共 5 部分：卫生勤务概要、看护勤务学、卫生材料学、消毒法、按摩术。

收藏单位：国家馆

03960
看护学　丁福保译述
上海：医学书局，1929.3，6 版，168 页，22 开（丁氏医学丛书）
上海：医学书局，1931，7 版，168 页，22 开（丁氏医学丛书）
上海：医学书局，1933.8，164 页，22 开（丁氏医学丛书）

本书内容包括：解剖生理概要、看护法、绷带法、传染病及杂病等。

收藏单位：广东馆、江西馆、内蒙古馆、浙江馆

03961
看护学　马春英编　郝右文校
北平：文化学社，1935.9，[24+260] 页，32 开

本书根据训练总监部与教育部颁布的修正高中以上学校女生看护课程暂行标准编辑，作为高中学校女生看护修习教材使用。共 20 编，内容包括：绷带术、战时救济法、军队内科病、护病职务上之美德、铺床法、患者之清洁、患者之饱食、排泄物之处置、简易治疗之技术、简易药物等。

收藏单位：国家馆、首都馆

03962
看护学　师哲编著
南京：正中书局，1936.5，206 页，25 开（应用科学丛书）
南京：正中书局，1937.11，再版，206 页，25 开（应用科学丛书）
重庆：正中书局，1943，6 版，206 页，25 开（应用科学丛书）
上海：正中书局，1946.5，206 页，25 开（应用科学丛书）
上海：正中书局，1948.9，2 版，206 页，25 开（应用科学丛书）

本书介绍一般的看护知识和各科普通病的看护法。共 9 章：绪说、卫生学及细菌学的大意、人体的组织及其生活现象、一般的看护知识、各别的看护、各种普通病的看护法、传染病的看护法、急性中毒及窒息救急法、普通用药物略说。

收藏单位：重庆馆、广东馆、贵州馆、国家馆、湖南馆、江西馆、南京馆、上海馆、武大馆、西南大学馆、浙江馆

03963
看护学　[韬奋书店编]
韬奋书店，1947.6，41 页，32 开

本书共 8 章：看护患者之注意、看护之勤务、病室之设备、患者衣服之交换、患者身体清洁法、医师诊察时之介助、各种测定法、各症状之看护法。

　　收藏单位：国家馆

03964

看护学　张崇熙编

上海：东亚医学编辑所，1934.7，71 页，22 开（最新实用医学各科全书）

上海：东亚医学编辑所，1935.12，再版，71 页，22 开（最新实用医学各科全书）

　　本书内容包括：病室、病人之医食、病人处理法、各种检定法等。

　　收藏单位：安徽馆、重庆馆、国家馆

03965

看护学全书三种　（日）五十岚玲等著　（日）确居龙太主编　丁惠康译

上海：医学书局，[1936.2]，[270] 页，32 开

　　本书选自《新撰看护学全书》（共 22 编），选译其中人体解剖学、人体生理学、内科看护学 3 编。

　　收藏单位：黑龙江馆、上海馆

03966

看护学总论　杨鹤庆编

上海：商务印书馆，1925.6，63 页，32 开

上海：商务印书馆，1931.4，3 版，63 页，32 开

上海：商务印书馆，1933.1，国难后 1 版，63 页，32 开

上海：商务印书馆，1934.8，国难后 3 版，63 页，32 开

上海：商务印书馆，1935.2，国难后 4 版，63 页，32 开（医学小丛书）

上海：商务印书馆，1935.6，国难后 5 版，63 页，32 开（医学小丛书）

[长沙]：商务印书馆，1938.10，5 版，63 页，32 开（医学小丛书）

[长沙]：商务印书馆，1941，国难后 3 版，63 页，32 开（医学小丛书）

　　本书共 8 章，内容包括：看护患者之注

意、看护之勤务、病室之设备、患者衣服之交换等。

　　收藏单位：重庆馆、广东馆、国家馆、河南馆、黑龙江馆、湖南馆、江西馆、南京馆、首都馆、天津馆、浙江馆

03967

实用护病学　（英）马克斯韦尔（A. C. Maxwell）（美）波普（A. E. Pope）著　吴建庵译　中华护士会审订

外文题名：Practical nursing

上海：广协书局，1934，956+78 页，23 开，精装

上海：广协书局，1935.9，重版，956+78 页，23 开，精装

上海：广协书局，1937.8，重版，956+80 页，23 开，精装

　　本书共 25 章，内容包括：对于护生之忠告、细菌学、铺床法、温度脉搏与呼吸、症状、预备病人受检查及治疗法、灌洗术、洗胃法、药疗法、疾病等。

　　收藏单位：重庆馆、广东馆、国家馆、首都馆、西南大学馆

03968

实用护病学　（英）马克斯韦尔（A. C. Maxwell）（美）波普（A. E. Pope）著　吴建庵译　中华护士会审订

外文题名：Practical nursing

上海：广学书局，1925，826 页，25 开，精装

上海：广学书局，1931，956 页，25 开

　　本书共 27 章，内容包括：细菌学、通气法、病室之注意及其器具什物、症候与体状、灌洗法、洗胃术及送食物入胃法、施药术、施行手术前后病人之保护、伤口与外科敷料、手术室之技艺、急救术等。

　　收藏单位：广东馆、国家馆、河南馆、南京馆

03969

实用护病学

[阳城]：太岳军区卫生学校，1947.4 印，油印本，1 册，32 开

收藏单位：国家馆

03970

实用护病学（一名，护士手册） 王宝山编译
　陈希声校订

中华书局，[1911—1949]，670页，32开

　　收藏单位：首都馆

03971

实用看护学（1看护学总论）（日）西川义方
著　王琰译

上海：中华书局，1945.11，436页，32开

　　本书共9编，内容包括：一般看护法、治
疗辅助、运搬法、消毒法等。

　　收藏单位：重庆馆、广东馆、贵州馆、国
家馆、辽大馆、辽宁馆、南京馆、上海馆

03972

实用看护学（2看护法各论）（日）西川义方
著　王琰译

上海：中华书局，1945.11，244页，32开

　　本书共10编，内容包括：内科看护法、
精神病之常识与看护、小儿科疾患之常识与
看护、产妇人科看护法等。

　　收藏单位：重庆馆、广东馆、国家馆、辽
大馆、辽宁馆、南京馆、上海馆

03973

实用看护学（3基础看护学）（日）西川义方
著　王琰译

上海：中华书局，1945.11，220页，32开
上海：中华书局，1948.12，再版，220页，32
开

　　本书共4编：卫生学、细菌学、生理学、
人体解剖学。

　　收藏单位：重庆馆、广东馆、国家馆、辽
大馆、辽宁馆、南京馆、内蒙古馆、上海馆

03974

现代看护学 （日）确居龙太著　丁惠康译

[上海]：商务印书馆，1936.11，2册（[1184]页），
32开，精装

上海：商务印书馆，1937.2，再版，2册，32

开，精装

上海：商务印书馆，1937.5，3版，2册，32开，
精装

长沙：商务印书馆，1938.4，4版，2册，32开，
精装

长沙：商务印书馆，1939.12，5版，4册（[1184]
页），32开

　　本书共两册23编。上册共9编，内容包
括：人体解剖学、人体生理学、看护法纲要
等；下册共14编，内容包括：患者搬运法、
急救看护法、治疗之辅助等。

　　收藏单位：重庆馆、贵州馆、国家馆、湖
南馆、南京馆、首都馆

03975

新纂看护学全书 苏仪贞著

广州：蔚兴印刷厂，1935，263页，32开

　　收藏单位：广东馆

03976

最新实用看护学 张崇熙编

杭州：宋经楼书店，1947.7，增订5版，71
页，25开（最新实用医学各科全书）

　　收藏单位：广西馆、湖南馆

03977

**最新增订实用护病学（又名，护病之技术与
原理）**（美）波普（A. E. Pope） Virna M.
Young 著　吴建庵译　中华护士学会审订

外文题名：The art and principles of nursing

上海：广协书局，1941.12，1册，32开，精
装

上海：广协书局，1946.8，2版，1册，32开，
精装

上海：广协书局，1947.2，3版，1148页，32
开，精装

上海：广协书局，1949.2，4版，1册，32开，
精装

上海：广协书局，1949.9，5版，2册，32开，
精装

　　本书共两部分。上编共28章，内容包
括：护士成功之要素、病室及其器具之料理、
铺床之原则、病人之舒适与安全、医院内之

常规、记录单与记录法、收集标本法、灌洗法、投药法、对抗刺激、体腔与器官排液法、试验法等。下编"疾病"内容包括：疾病之性质与原因及身体之各种异常状态、循环系统之病、呼吸系统之病、消化系统之病、泌尿系统之病、传染病等。

收藏单位：南京馆

护理学基础科学

03978

护理心理学（高级护士职业学校）　徐儒编著
重庆：正中书局，1943.3，148 页，32 开
上海：正中书局，1948.10，2 版，157 页，32 开

本书共 10 章，内容包括：心理学与护理、行为发生的因素、行为的发展、行为的错乱、行为的控制等。

收藏单位：重庆馆、广东馆、国家馆、湖南馆、南京馆、西南大学馆、浙江馆

03979

护士细菌学　王许德兰（H. W. Dorothy）著　吴建庵译
外文题名：Bacteriology for nurses
上海：广协书局，1935，224+12 页，22 开
上海：广协书局，1942，5 版，224 页，22 开
上海：广协书局，1947，8 版，224+11 页，22 开
上海：广协书局，1949.2，10 版，224+11 页，22 开

本书共 3 编。上编共 14 章，内容包括：细菌之分类认识与分布、论细菌致病、论细菌传病等；中编实验室练习；下编实习需用之物品。

收藏单位：重庆馆、东北师大馆、国家馆、湖南馆、辽宁馆、南京馆、上海馆、首都馆

03980

护士心理学　（美）毛母斯（M. B. Muse）著　安国衡译　吴建庵校　中华护士学会审

外文题名：A textbook of psychology for nurses
上海：广协书局，1937，修正版，[465+44] 页，22 开
上海：广协书局，1948，再版，[465+44] 页，22 开

本书共 16 章，内容包括：护士何以须读心理学、现代心理学之性质与范围、行为机构——感受器官、人类行为之动机等。

收藏单位：湖南馆、辽宁馆、上海馆、天津馆、浙江馆

03981

护士心理学　（美）毛母斯（M. B. Muse）著　李培廷译　中华护士会审订
外文题名：A textbook of psychology for nurses
上海：广协书局，1933，401 页，24 开

本书共 15 章，内容包括：护士何以须读心理学、现代心理学之性质与范围、行为之机体、人类行为之促进等。

收藏单位：重庆馆

03982

护士应用化学　罗朋奥登堡著　吴建庵译
外文题名：Chemistry for nurses
上海：广协书局，1938.10，6 版，97 页，32 开
上海：广协书局，1946.9，8 版，97 页，32 开
上海：广协书局，1947.4，10 版，97 页，32 开
上海：广协书局，1948.4，11 版，97 页，32 开

本书共 14 章，内容包括：原质与化合物、原子与分子、酸类、有机化学、脂肪、尿等。

收藏单位：重庆馆、湖南馆

03983

护士应用化学　罗朋奥登堡著　吴建庵译
上海：中华护士会，1925，121 页，32 开
上海：中华护士会，1933，97 页，32 开
本书收护士常用到的化学知识。
收藏单位：重庆馆、上海馆、浙江馆

03984

实用护病法　四纵队卫生学校编
四纵队卫生学校，1948，85 页，36 开
收藏单位：重庆馆、上海馆

护理一般技术

03985
病人看护法　龚厚生编译
出版者不详，[1911—1949]，54 页，50 开

03986
病人看护法　骆建勋编
上海：大东书局，1924.3，108 页，32 开
上海：大东书局，1924.8，2 版，108 页，32 开
上海：大东书局，1930，3 版，108 页，32 开
　　本书共 13 章，内容包括：概说、病室、病床与被褥、衣服与饮食、绷带法等。
　　收藏单位：重庆馆、广西馆、国家馆、首都馆、天津馆

03987
病人看护法　骆建勋编
上海：商务印书馆，1930.10，108 页，22 开
　　收藏单位：重庆馆

03988
病人看护法　姚昶绪编著
上海：商务印书馆，1920.8，48 页，32 开（医学小丛书）
上海：商务印书馆，1924，3 版，48 页，32 开（医学小丛书）
上海：商务印书馆，1930.10，59 页，32 开（医学小丛书）（万有文库 第 1 集 517）
上海：商务印书馆，1933.9，国难后 1 版，59 页，32 开（医学小丛书）
上海：商务印书馆，1934.7，再版，59 页，32 开（医学小丛书）（万有文库 第 1 集 517）
上海：商务印书馆，1934，国难后 3 版，59 页，32 开（医学小丛书）
上海：商务印书馆，1935.1，国难后 4 版，59 页，32 开（医学小丛书）
长沙：商务印书馆，1938.10，国难后 6 版，59 页，32 开（医学小丛书）
[长沙]：商务印书馆，1939.12，59 页，32 开（万有文库 第 1—2 集简编 500 种 193）（医学小丛书）
　　本书共 12 章，内容包括：总论、病室、病人之衣服、病人处理法、药品内服法、药品外用法等。
　　收藏单位：安徽馆、重庆馆、大连馆、东北师大馆、广东馆、广西馆、贵州馆、国家馆、黑龙江馆、湖南馆、江西馆、辽大馆、辽师大馆、南京馆、内蒙古馆、宁夏馆、上海馆、首都馆、天津馆、西南大学馆、浙江馆

03989
高中以上学校女生救护训练教本　[冯霁等编]
出版者不详，[1911—1949]，1 册，22 开
　　收藏单位：广东馆

03990
护病概要　中华护士会审定
外文题名：Nursing in medical diseases
上海：广学书局，1930，60 页，22 开
　　本书介绍 66 种传染病和非传染病的病史及护理方法，内容包括：霍乱、登革热、麻疯、痘症、痛风等。
　　收藏单位：国家馆

03991
护病新编　（美）车以轮（Eleanor Chesnut）编译
上海：协和书局，1930，4 版，202 页，22 开，精装
　　收藏单位：广东馆

03992
护病新编　（美）路夏（Isabel Hampton Robb）著　（美）车以轮（Eleanor Chesnut）（美）白喜氏（Ruth Bliss Boggs）译
外文题名：Nursing: its principles and practice for hospital and private use
上海：中国博医会，1914，2 版，336 页，16 开，精装
上海：中国博医会，1919.7，3 版，342 页，18 开

上海：中国博医会，1922.5，4 版，342 页，18 开

本书共 28 章，内容包括：学期毕业章程、医院病室、病室卫生、细菌学、内科看护法、药学、病时饮食等。

收藏单位：广东馆、国家馆、上海馆

03993

护病须知 （美）饶医姊（C. Ross）著　吴建庵译

外文题名：Nursing technic and general instructions for hospital use

上海：广协书局，1941.7，3 版，158 页，25 开

上海：广协书局，1947.12，4 版，158 页，25 开

本书内容包括：病室规则、敷料室规则、小儿病室之规则等。

收藏单位：重庆馆、贵州馆、国家馆、辽宁馆、南京馆、上海馆

03994

护病要术 （英）孟合理（P. L. McAll）撰　鲁德馨编

外文题名：Manual of nursing

上海：中国博医会，1916，3 版，增订版，[10]+181+13 页，22 开

本书共 7 章，内容包括：通常看护术、外科看护术、内科看护术、产科看护术等。

收藏单位：国家馆、上海馆

03995

护病原理与实习　B. Harmer 著　吴建庵编译　中华护士学会审订

外文题名：Textbook of the principles and practice of nursing

上海：广协书局，1935.8，1119+48 页，23 开

上海：广协书局，1938，再版，1119+47 页，23 开

上海：广协书局，1939.12，3 版，1119+48 页，23 开

上海：广协书局，1946.9，5 版，1119+47 页，23 开

上海：广协书局，1948.1，7 版，1119+47 页，

23 开

上海：广协书局，1949.3，8 版，1119 页，23 开

本书共两编 37 章。上编"确立护病之基础与初步护病"，内容包括：医院在公共卫生程序中之地位、观察与防治疾病之关系、新病人进医院等；下编"护理急性病人"，内容包括：对抗刺激法、热之全身应用法、灌洗法与药物浴等。

收藏单位：重庆馆、广东馆、绍兴馆

03996

护病原理与实习

出版者不详，[1911—1949]，616 页，16 开

本书共两编。上编为护理学总论；下编分内、外、五官等科，具体介绍护理技术与方法。

收藏单位：重庆馆、南京馆

03997

护士用书问答　濮乐克编　中华护士会审订

外文题名：National examination review book for nurses

上海：广协书局，1936，3 版，119 页，22 开

上海：广协书局，1938，4 版，119 页，22 开

本书共 12 章，内容包括：解剖生理学、细菌学、药物学、饮食学、眼科护病、内科护病、产科学等。

收藏单位：重庆馆、国家馆、辽宁馆、天津馆

03998

患者运搬法

出版者不详，[1911—1949]，649 页，25 开

本书与《急救看护法》《治疗之辅助》《内科看护法》《传染病看护法》《小儿科看护法》等合订。

收藏单位：江西馆

03999

救护训练　福建省政府教育厅编

福建省政府教育厅，[1937.11]，130+25 页，32 开（非常时期青年训练资料 5）

本书共 3 篇：急救训练篇、护病篇、公共卫生篇。附日内瓦万国红十字公约。

收藏单位：福建馆

04000

救护训练讲义

中华三育研究社，[1925—1949]，油印本，1 册，16 开

收藏单位：国家馆

04001

看护　薛元龙编著

南京：正中书局，1936.8，45 页，32 开（童子军小丛书 第 1 辑 2）

重庆：正中书局，1943，2 版，45 页，32 开（童子军小丛书 第 1 辑 2）

上海：正中书局，1946.12，45 页，32 开（童子军小丛书 第 1 辑 2）

本书共 11 章：总述、看护自身的注意点、病室、病床、病人、饮食、排泄、测验、病态、消毒法、药物。

收藏单位：重庆馆、广西馆、贵州馆、国家馆、湖南馆、江西馆、武大馆、西南大学馆、浙江馆

04002

看护法　吴克潜编

上海：大众书局，1934.12，88 页，32 开

上海：大众书局，1936.6，重版，88 页，32 开

上海：大众书局，1947.3，再版，88 页，32 开

本书共 5 编：平时之防卫、病时之看护、伤寒之看护、时病之看护、久病之看护。

收藏单位：重庆馆、黑龙江馆、辽宁馆

04003

看护问答　庄觉编

上海：大华书局，1934.10，106 页，32 开（医学卫生问答丛书）

本书共 8 章：总说、病象的观察、病室的要约、病人的衣食、病人的管理、服药法、外用药用法、看护技术。

收藏单位：贵州馆、国家馆、湖南馆

04004

看护要义　钟茂芳译

北洋女医学堂，1913.4，222 页，22 开，精装

本书共 3 卷：看护法、内外科讲义、医科讲义。

收藏单位：首都馆

04005

民众应有的卫生常识　山西省卫生事物局编

太原：山西省卫生事物局，1941.10，10 页，25 开

收藏单位：山西馆

04006

上海西门妇孺医院实用护病法纲要　（美）贺培德（Anne E. Herbert）编　中国护士学会审订

外文题名：Outlines of nursing procedures in use at the Margaret Williamson Hospital, Shanghai

上海：广协书局，1939.8，146 页，32 开

上海：广协书局，1948.1，再版，146 页，32 开

上海：广协书局，1948，3 版，293 页，32 开

上海：广协书局，1949，4 版，293 页，32 开

本书共两部分。"初级护病法"共 20 课，内容包括：铺床法、病房管理、床上浴、体温脉搏呼吸等；"高级护病法"共 12 课，内容包括：会阴料理法、阴道灌洗法、膀胱治疗法、水疗法等。

收藏单位：东北师大馆、广东馆、国家馆、浙江馆

04007

首善医院实用护病法　首善医院护士科著

北平：首善医院，1936.5，208 页，21 开

北平：首善医院，1939.10，再版，208 页，21 开，精装

本书共 104 章，内容包括：护病值班法、病室设备法、退院处理法、口腔清洁法等。

收藏单位：国家馆、首都馆

04008

卫护手册　胶东军区卫生部 [编]

胶东新华书店，1948.10，2 册（[197]+230+19

页），32 开

本书内容包括：概说、药物各论等。

收藏单位：国家馆、山东馆、山西馆、天津馆

04009

卫护手册　胶东军区卫生部 [编]

医疗文辑社，1948.10，1 册（[197]+230+19 页），32 开

收藏单位：国家馆

04010

一般看护法　陈光第编著

上海：世界书局，1935.6，149 页，32 开（医学丛书）

上海：世界书局，1948.4，再版，149 页，32 开（医学丛书）

本书共 7 章：准备、一般看护法与治疗上之介助、微生物学大意、消毒法、卫生学大意、患者运搬法、绷带学。

收藏单位：重庆馆、贵州馆、国家馆、湖南馆、辽宁馆、南京馆、山西馆、天津馆、西南大学馆

04011

医院护理纲要　美国医院委员会护理组　美国护士教育委员会编　王惠因译

[重庆]：中央印刷厂，1946 印，81 页，32 开

收藏单位：国家馆

04012

应用护病法　饶秀贞（Jeannette C. Ratcliffe）编

上海：广协书局，1936，125 页，32 开

收藏单位：广东馆

专科护理学

04013

各科看护法　陈光第编著

上海：世界书局，1936.4，[29]+147 页，32 开（医学丛书）

上海：世界书局，1948.4，再版，147 页，32 开（医学丛书）

本书内容包括：救急法、传染病看护法、内科看护法、外科看护法等。

收藏单位：重庆馆、广东馆、广西馆、贵州馆、国家馆、辽大馆、内蒙古馆、上海馆、浙江馆

社区护理学

04014

家庭护病临时设备图说　（英）奥尔逊（L. M. Olson）著　吴建庵译

外文题名：Improvised equipment in the home care of the sick

上海：广协书局，1941.2，[10]+220 页，32 开

收藏单位：国家馆、黑龙江馆、湖南馆、上海馆

04015

家庭看护法　胡珍元编

上海：新亚书店，1933.2，62 页，32 开（科学知识普及丛书）

本书共 12 章，内容包括：病人用具、料理病人、布置床褥、进药、敷药、管理创伤等。

收藏单位：重庆馆、国家馆、江西馆、南京馆、浙江馆

04016

家庭看护术　王君纲著

上海：女子书店，1935.1，2 册，32 开（女子卫生丛书）（女子文库）

本书共 12 章，内容包括：病室、病者的需要品、病者的注意、沐浴、创伤之治疗等。附妇女应有之战时看护常识。

收藏单位：重庆馆、广西馆、国家馆、江西馆、内蒙古馆、上海馆、首都馆、天津馆、西南大学馆

04017

家庭侍疾法　丁福保编纂

上海：文明书局，1913，再版，226 页，16 开（丁氏医学丛书）

　　本书内容包括：侍疾之职守、病室之设备、卧床之设备、病人之衣服、重要辅助法等。

　　收藏单位：浙江馆

04018

家庭侍疾法　丁福保编纂

上海：医学书局，1916.5，再版，226 页，32 开

　　收藏单位：安徽馆、江西馆

04019

看护病人要诀　　美国红十字会著　胡宣明杭海译

上海：中华卫生教育会，1920.7，94 页，32 开

上海：中华卫生教育会，1921.1，再版，98 页，32 开

上海：中华卫生教育会，1931，6 版，98 页，32 开

上海：中华卫生教育会，1932，国难后 1 版，94 页，32 开（家庭丛书）

上海：中华卫生教育会，1933.9，国难后 1 版，94 页，32 开（家庭丛书）

上海：中华卫生教育会，1935，国难后 2 版，94 页，32 开（家庭丛书）

　　本书共 11 章：病征、病室之照顾、床褥之照顾、沐浴、病室之用品、病人之饮食、药剂与治疗、发炎与压剂、患传染症者之照顾、普通疾病、童叟诸症之照顾。

　　收藏单位：安徽馆、重庆馆、广东馆、广西馆、贵州馆、国家馆、湖南馆、南京馆、内蒙古馆、宁夏馆、上海馆、首都馆、西南大学馆、浙江馆

内科护理学

04020

传染病护病法

上海：广协书局，1933，18 页，32 开

　　本书介绍看护得脑脊髓热症、水痘、霍乱、白喉等 17 种传染病的病人的方法。

　　收藏单位：浙江馆

04021

传染病看护法（图解 表解）　李兆时编著

南宁：广西军医学校编辑部，1938.11，54 页，16 开（广西军医学校丛书）

　　本书共 3 章：法定传染病看护法、非法定传染病看护法、慢性传染病看护法。

　　收藏单位：桂林馆、国家馆

04022

传染病实用看护法　（美）李嘉森（D. L. Richardson）著　私立北平协和医学院中文部译

外文题名：Infections diseases and aseptic nursing technique

北平：中华医学杂志社，1932.4，139 页，32 开

　　本书共两编 35 章。第 1 编"传染病"内容包括：百日咳、麻疹、风疹、天花等；第 2 编"无毒看护法"：管理法、病房管理法、消毒法。

　　收藏单位：重庆馆、国家馆、湖南馆、首都馆

04023

隔离医院护病须知　钟志和编

外文题名：The practical nursing of isolation hospital

杭州：杭州广济医刊社，1934.11，58 页，32 开

　　本书讲述传染病的概要、免疫、隔离规则等。书前有胡定安、钟志和、万友竹序文。

　　收藏单位：国家馆

04024

冠状血管疾病之加强护理　奥利夫（M. F. Oliver）等著

出版者不详，[1911—1949]，65 页，32 开

　　本书介绍冠状血流之生理学、急性心肌梗塞之并发症、护士的责任、心率不整等。

收藏单位：广东馆

04025

内科护病　韩碧玲（W. P. Harris）　吴建庵编译　中华护士学会审订

外文题名：Medical nursing

上海：广协书局，1935，11+325 页，23 开

上海：广协书局，1939，3 版，11+325 页，23 开

上海：广协书局，1941，4 版，11+325 页，23 开

　　本书内容包括：绪言、传染病、动物寄生病、呼吸道之疾病、消化道之疾病、泌尿器病、新陈代谢病、神经系统之疾病、妇人病症、骨病等。

　　收藏单位：重庆馆、广东馆、国家馆、上海馆

04026

内科护病学　斯蒂芬斯（Arthur Albert Stevens）　安柏勒（Florence Anna Ambler）著　吴建庵译

外文题名：A textbook of medical diseases for nurses

上海：广协书局，1946，再版，673 页，23 开

上海：广协书局，1947.6，3 版，673 页，23 开

上海：广协书局，1948，4 版，673 页，23 开

上海：广协书局，1949.3，5 版，673+[20] 页，23 开

　　本书共 20 章，内容包括：传染病、虫类寄生、新陈代谢紊乱与食物不足之病、消化系统之病、无管腺之病等。

　　收藏单位：重庆馆、东北师大馆、广东馆、国家馆、湖南馆、南京馆、首都馆

04027

内科看护法　丁惠康著

上海：医学书局，[1911—1949]，60 页，32 开

　　本书内容包括：呼吸器病、循环器病、消化器病、泌尿器病、全身营养障碍、关节病及筋肉病等。

　　收藏单位：浙江馆

04028

内科看护学　杨鹤庆编

上海：商务印书馆，1925.6，10+129 页，32 开

上海：商务印书馆，1926，再版，168 页，32 开（医学小丛书）

上海：商务印书馆，1931.4，3 版，10+129 页，32 开

上海：商务印书馆，1933.6，国难后 1 版，168 页，32 开（医学小丛书）

上海：商务印书馆，1934，国难后 2 版，168 页，32 开（医学小丛书）

上海：商务印书馆，1934.7，国难后 3 版，[12]+129 页，32 开（医学小丛书）

长沙：商务印书馆，1938.6，4 版，168 页，32 开（医学小丛书）

上海：商务印书馆，1947.7，9 版，10+129 页，32 开（医学小丛书）

　　本书以日本额田丰所著《临床看护医典》为蓝本，参考其他内科护理学书籍编辑而成。共 8 篇：消化器疾患、呼吸器疾患、心脏疾患、脑神经系统疾患（关于脑病症候之概念）、泌尿病疾患、新陈代谢疾患、传染病、食饵一览。

　　收藏单位：安徽馆、重庆馆、广西馆、国家馆、湖南馆、江西馆、南京馆、宁夏馆、上海馆、武大馆、西交大馆、浙江馆

外科护理学

04029

泌尿器病之护病法　戴维斯（D. M. Davis）著　（英）施德芬（G. E. Stephenson）等译

外文题名：Urological nursing

上海：广协书局，1936，再版，84 页，32 开

上海：广协书局，1949，3 版，84 页，32 开

　　本书共 8 章，内容包括：尿生殖器之解剖生理学、尿生殖器之各种病症、泌尿器病之普通护理法、施手术以后之料理法等。

　　收藏单位：重庆馆、广东馆、上海馆

04030

外科护病　丁美容　王振德编译　中华护士

会审订

外文题名：Notes on surgical nursing

上海：广协书局，1948，10 版，81 页，32 开

　　本书共 7 章，内容包括：普通预备病人法、手术后之护病法、外科染细菌、关节病等。

　　收藏单位：上海馆

04031

外科护病学　H. Cabot　贾尔斯（M. D. Giles）著　吴建庵译　中国护士学会审订

外文题名：Surgical nursing

上海：广协书局，1941，3 版，[500] 页，22 开

上海：广协书局，1947，5 版，[500] 页，22 开

上海：广协书局，1948，6 版，[500] 页，22 开

　　本书共 26 章，内容包括：近代外科学之发展、手术前之管理、麻醉法、手术后之管理、外科热、骨病、脊柱与脊髓、乳房之病、胸膜与肺、腹病、肠病、大肠之病、肾病等。

　　收藏单位：国家馆、南京馆

04032

外科看护学　杨鹤庆编

上海：商务印书馆，1925.9，85 页，32 开

上海：商务印书馆，1926.10，再版，85 页，32 开（医学小丛书）

上海：商务印书馆，1928.8，3 版，89 页，32 开

上海：商务印书馆，1933.9，国难后 1 版，85 页，32 开（医学小丛书）

上海：商务印书馆，1934.3，国难后 2 版，85 页，32 开（医学小丛书）

上海：商务印书馆，1935.3，国难后 3 版，85 页，32 开（医学小丛书）

上海：商务印书馆，1935.7，国难后 4 版，85 页，32 开（医学小丛书）

[上海]：商务印书馆，[1937]，85 页，32 开（医学小丛书）

长沙：商务印书馆，1938.6，国难后 8 版，85 页，32 开（医学小丛书）

　　本书共 12 章，内容包括：软部外伤、骨及关节之外伤、特殊之外伤、因外伤而发之全身症状、手术之准备、绷带交换等。

收藏单位：安徽馆、重庆馆、东北师大馆、广东馆、贵州馆、国家馆、湖南馆、江西馆、南京馆、宁夏馆、上海馆、首都馆、天津馆、西南大学馆、浙江馆

妇产科护理学

04033

护理产科学　J. B. De Lee 著　（美）狄乐播译

外文题名：Obstetrics for nurses

上海：广学书局，1930，306 页，23 开

　　收藏单位：广东馆

04034

护士产科须知　J. B. De Lee 著　（美）狄珍珠（Madge D. Mateer）　刘惠南译

外文题名：Obstetrics for nurses

上海：广协书局，1940，修正版，408 页，18 开

上海：广协书局，1944，修订 2 版，408 页，18 开

　　本书共 3 卷：生殖系统之解剖学和生理学、产时及产后之料理、受孕分娩及产后之病理。

　　收藏单位：广东馆、国家馆、湖南馆、辽宁馆

04035

护士产科学　（英）白祈理（Comyns Berkeley）著　余文光译

上海：中华医学会教会医事委员会，1949.4，再版，332 页，25 开，精装

　　本书共 10 编，内容包括：细菌之传染及免疫性、女性及胎儿之解剖学、产后期、胎儿、产科之各种手术等。

　　收藏单位：国家馆、上海馆

04036

护士接产须知　（英）安德鲁斯（Henry Russell Andrews）著　Elsic Chung Lyon 译　中国护士学会审订

外文题名：Midwifery for nurses

上海：广协书局，1941，6 版，278 页，22 开

上海：广协书局，1947，7 版，278 页，22 开

本书共 28 章，内容包括：产科诊断学、分娩之办法、怀孕之病、产后出血、论婴孩等。

收藏单位：广东馆、国家馆

04037

护士接产须知　（英）安德鲁斯（Henry Russell Andrews）（英）拉克（V. Lack）著　吴建庵译　中国护士学会审订

外文题名：Midwifery for nurses

上海：广协书局，1949，修正 2 版，258 页，25 开

本书内容包括：女生殖器解剖学、妊娠之诊断、产前护理、产科诊断学等。

收藏单位：国家馆、内蒙古馆、天津馆

04038

护士应用产妇科护理法　乐柯冰玉（E. Rowley）编译

外文题名：Gynecological and obstetrical nursing

上海：广协书局，1937，再版，115 页，32 开

上海：广协书局，1941，5 版，115 页，32 开

上海：广协书局，1947，6 版，115 页，32 开

收藏单位：重庆馆、湖南馆

04039

接产须知　（英）安德鲁斯（Henry Russell Andrews）著

外文题名：Midwifery for nurses

上海：广学会，1916，290 页，22 开

本书共 28 章，内容包括：产体学、卵、孕、产科诊断学、分娩、产之办法、脸额先露产、臀先露产、横产、脐带与四肢先落、多胎、产后期、怀孕之病、产后期之加杂病、急产与缓产、产前流血、产后流血、狭窄之盆、儿偶有之病、婴儿之食乳、喂婴儿法等。

收藏单位：首都馆、浙江馆

04040

孕妇调护法　美国劳工部儿童局编　宋显礼译

外文题名：Prenatal care

长沙：商务印书馆，1938.7，85 页，32 开（家庭丛书）

长沙：商务印书馆，1939，再版，85 页，32 开（家庭丛书）

上海：商务印书馆，1948.1，3 版，85 页，32 开（家庭丛书）

本书共 15 章，内容包括：受孕的现象、受孕的期间、聘定医师与护士、孕期的卫生、婴儿的降生、哺乳婴儿等。

收藏单位：重庆馆、国家馆、首都馆、天津馆

儿科护理学

04041

儿科护理学　G. Sellew 著　吴建庵译

外文题名：The child in nursing

上海：广协书局，1941.9，646+[34] 页，32 开

上海：广协书局，1946.11，2 版，646+[34] 页，32 开

上海：广协书局，1947.11，3 版，646+[34] 页，32 开

本书共 25 章，内容包括：初生儿与婴儿、两岁以下小儿之卫生、幼童之卫生、胃肠道之疾病、呼吸道之疾病、传染病、神经系统之病等。

收藏单位：重庆馆、国家馆、黑龙江馆、湖南馆、辽宁馆

04042

儿童救护院　梁士杰　汪晓初编

上海：儿童书局，1933，64 页，32 开（儿童学术丛书）

上海：儿童书局，1934.4，再版，64 页，32 开（儿童学术丛书）

收藏单位：重庆馆、湖南馆、南京馆、首都馆

04043

小儿病家庭疗护法 郭寿铎 杨竟芳著

重庆：商务印书馆，1946.3，103 页，32 开

上海：商务印书馆，1947.4，103 页，32 开

上海：商务印书馆，1947.12，再版，103 页，32 开

本书共 10 章，内容包括：新生儿的病患、小儿的消化器病、维生素缺症、小儿的呼吸器病、急性传染病等。

收藏单位：重庆馆、国家馆、湖南馆、江西馆、上海馆、天津馆、西南大学馆

04044

小儿护理学 刘静和著

上海：商务印书馆，1947.5，386 页，32 开

上海：商务印书馆，1948，再版，386 页，32 开

本书共 3 篇：正常小儿的教养、疾病护理、小儿科及小儿医院。

收藏单位：安徽馆、重庆馆、广东馆、国家馆、湖南馆、山西馆、天津馆、西南大学馆

04045

小儿科护病学 （美）山昌氏著 吴建庵编译

上海：广协书局，1938，4 版，[649+25] 页，32 开

收藏单位：广东馆、首都馆

04046

小儿科护病学 （美）山昌氏著 吴建庵译述

上海：中华护士会，1933，649 页，25 开

本书共 3 编，内容包括：初生儿与婴儿、乳头哺、人工哺、幼童之卫生、儿童入院时之手续、早产儿等。

收藏单位：湖南馆、浙江馆

04047

小儿科护病学 十八集团军留守兵团卫生部编

[十八集团军留守兵团卫生部]，[1938—1946]，[442+34] 页，32 开

本书共 3 编 24 章，内容包括：初生儿与婴儿、人工哺、儿童入院时之手续、早产婴、传染病等。

收藏单位：国家馆

04048

小儿科护理学（原理与技术）

出版者不详，[1911—1949]，202 页，32 开

04049

学校儿童护病法 麦克唐纳尔（I. MacDonald）著 吴建庵译

上海：中华护士会，1929.6，75 页，64 开

本书内容包括：个人卫生、骨与关节之病、神经系统之病等。

收藏单位：上海馆

04050

婴孩护病学 乐柯冰玉（E. Rowley）编

外文题名：Notes on the nursing of children

上海：广协书局，1940，6 版，46 页，32 开，环筒页装

上海：广协书局，1948，7 版，46 页，32 开

收藏单位：上海馆

神经病、精神病护理学

04051

精神病护病学 哈利·斐莱（H. Bailey）著 吴建庵译 中华护士学会审订

上海：广协书局，1938，再版，221 页，32 开

本书共 22 章，内容包括：心理学绪言、精神病护理之历史、精神病之法律观、精神病之原因与分类、精神病之预防、精神病之症状、损伤性精神病之护病法、才智不足之护病法、精神病治疗法等。

收藏单位：重庆馆、湖南馆

04052

精神病护病学 哈利·斐莱（H. Bailey）著 吴建庵译 中华护士学会审订

外文题名：Nursing mental diseases

上海：中华护士学会，1933，221 页，32 开

收藏单位：重庆馆

04053
精神病护理学 （美）卡米弃尔（F. A. Carmichael）（美）查浦曼（J. Chapman）撰　吴桢译

外文题名：A guide to psychiatric nursing

上海：广协书局，1949.2，176 页，32 开

　　收藏单位：东北师大馆、国家馆

耳鼻咽喉科护理学

04054
眼耳鼻喉之灵素

出版者不详，1936，14 页，32 开（卫生丛书 3）

　　收藏单位：广西馆

眼科护理学

04055
眼和耳的卫生　江苏省立教育学院研究实验部编

无锡：江苏省立教育学院，1932.5，16 页，25 开（民众卫生丛书 10）

　　收藏单位：重庆馆、江西馆

04056
眼科护病学　毕华德著

南京：教育部医学教育委员会，1937.5，130 页，32 开，精装

　　收藏单位：南京馆

04057
眼科护病学　毕华德编著　教育部医学教育委员会　护士教育委员会主编

重庆：正中书局，1941.8，139 页，32 开

重庆：正中书局，1944，5 版，139 页，32 开

重庆：正中书局，1944.4，7 版，139 页，32 开

上海：正中书局，1946.11，8 版，139 页，32 开

上海：正中书局，1947.5，12 版，139 页，32 开

　　本书共 9 章，内容包括：眼解剖学及生理学、眼药、检查眼法、眼病、屈光学、治疗眼病之各种机械及理学方法与外科用品等。

　　收藏单位：重庆馆、东北师大馆、广东馆、贵州馆、国家馆、湖南馆、辽大馆、内蒙古馆、宁夏馆、浙江馆

04058
眼科护病学　冯培译

北京：华北军区卫生部，1945，4 版，88 页，32 开

　　收藏单位：广西馆、国家馆

04059
伊氏眼科护病法　（英）伊利沃堤（R. H. Elliot）著　谭世鑫等译

外文题名：The care of eye cases

上海：广协书局，1935，5 版，88 页，22 开

上海：广协书局，1936.9，6 版，88 页，22 开

上海：广协书局，1939，88 页，22 开

上海：广协书局，1948.6，4 版，88 页，22 开

　　本书共 3 编。第 1 编共 9 章，内容包括：眼之解剖、眼外科之免毒及抗毒、眼药、眼科所用各种治法、眼科手术之预备等；第 2 编共 12 章，内容包括：结合膜疾病、角膜疾病、眼色素层疾病、青光眼、玻璃状体疾病、眼肌失调等；第 3 编补遗：器具、各种手术所需之器具、器具名词对照表、器具图表。

　　收藏单位：重庆馆、国家馆、湖南馆、内蒙古馆、首都馆

04060
伊氏眼科护病法　（英）伊利沃堤（R. H. Elliot）著　谭世鑫等译

外文题名：Care of eye cases

上海：广学书局，1929，再版，88 页，23 开

上海：广学书局，1931，3 版，88 页，23 开

　　收藏单位：重庆馆、国家馆

内科学

04061

惠嘉二氏内科要览 Wheeler Jack 著 （英）
孟合理（P. L. McAll） 张昌绍等译 鲁德馨
等校订
外文题名：Handbook of medicine
上海：中华医学会，1936.10，14+655 页，18
开，精装
　　本书共 18 章，内容包括：发热、免疫性、
特殊传染病、物理及化学原因所致之病患、
肝之病患、血液病、肾之疾病、神经性之病
等。
　　收藏单位：国家馆、黑龙江馆、上海馆

04062

嘉氏内科学 （美）嘉约翰 （美）赖马西
（M. W. Niles）译 潘剑生等校
外文题名：A treatise on the practice of medicine
上海：美华书馆，1917.4，3 版，629 页，23 开
　　本书共 6 卷，内容包括：育经病、呼吸具
病、肾病、养育不调之病等。
　　收藏单位：广东馆、首都馆

04063

近世内科国药处方集（第 1 集 传染病篇） 叶
橘泉著
上海：千顷堂书局，1936.5，50+332 页，32
开（叶氏医学丛书 1）
上海：千顷堂书局，1940.1，3 版，50+332
页，32 开（叶氏医学丛书 1）
上海：千顷堂书局，1946.10，4 版，332 页，
32 开（叶氏医学丛书 1）
　　本书共 31 种处方，概述关于肠热病、支
气管肺炎、百日咳等多种内科病的处方。内
容包括：肠热病、丹毒、大叶肺炎、支气管肺
炎、百日咳、淋病、破伤风等。
　　收藏单位：广东馆、广西馆、国家馆、上
海馆

04064

近世内科国药处方集（第 2 集 消化系统病篇）
叶橘泉著
上海：千顷堂书局，1939.6，268 页，32 开
（叶氏医学丛书 2）
上海：千顷堂书局，1941.10，重版，268 页，
32 开（叶氏医学丛书 2）
　　本书共 22 种处方，内容包括：寄生性口
内炎、坏死性口炎、食道癌、胃癌、慢性胃
炎、神经官能性胃病、小儿腹泻、梗阻性黄
疸等。
　　收藏单位：广西馆、国家馆

04065

近世内科国药处方集（第 3 集 呼吸系统病篇）
叶橘泉著
上海：千顷堂书局，1939.11，1 册，304 页，
32 开（叶氏医学丛书 3）
上海：千顷堂书局，1946.10，再版，304 页，
32 开（叶氏医学丛书 3）
　　本书共 20 种处方，内容包括：急性鼻卡
他、慢性鼻卡他、急性喉卡他、声门水肿、
喉软骨膜炎、结核性喉炎、梅毒性喉炎、喉
之肿瘤、肺气肿、肋膜炎等。
　　收藏单位：国家馆

04066

**近世内科国药处方集（第 4 集 循环系统病篇
成血器官病篇 维他命缺乏病篇 腺病篇）** 叶
橘泉著
上海：千顷堂书局，1940.7，[12]+336 页，32
开（叶氏医学丛书 4）
上海：千顷堂书局，1947.9，2 版，[12]+336
页，32 开（叶氏医学丛书 4）
　　本书共 4 部分。"循环系统病篇"共 8 种
处方，内容包括：急性心内膜炎、心肌炎、心
悸、动脉硬化症等；"成血器官病篇"共 6 种
处方，内容包括：贫血、白血病、血友病等；
"维他命缺乏病篇"共 3 种处方：坏血病、佝
偻病（婴儿骨软症）、脚气；"腺病篇"共 4 种
处方：甲状腺炎、甲状腺肿、甲状腺官能过
敏、脾肿。
　　收藏单位：广东馆、国家馆

04067

近世内科国药处方集（第 5 集 神经系统病篇）
叶橘泉著

上海：千顷堂书局，1941.3，324 页，32 开（叶氏医学丛书 5）

　　本书共 19 种处方，内容括包括：脊髓炎、脊髓痨、神经炎、偏头痛、神经衰弱等。

04068

近世内科国药处方集（第 6 集 泌尿系统病篇 运动系统病篇 新陈代谢病篇 物理系统病篇 中毒系统病毒病篇） 叶橘泉著

上海：千顷堂书局，[1944.1]，1 册，32 开（叶氏医学丛书 6）

　　本书共 5 部分。"泌尿系统病篇"共 14 种处方，内容包括：急性肾脏炎、慢性肾脏炎、化脓性肾脏炎、肾盂炎等；"运动系统病篇"共 5 种处方，内容包括：急性关节风痹、淋浊性关节炎、慢性关节风痹等；"新陈代谢病篇"共 3 种处方：痛风、肥胖病、尿崩症；"物理系统病篇"共 1 种处方：日射病；"中毒系统病毒病篇"共 4 种处方：醇中毒、鸦片吗啡慢性中毒、铅中毒、食物中毒。

04069

近世内科全书 （日）桥本节斋著　丁福保译

上海：医学书局，1920.1，再版，2 册（408+394 页），23 开，精装（丁氏医学丛书）

上海：医学书局，1927.10，2 册（408+394 页），23 开，精装（丁氏医学丛书）

　　本书共两册。共 11 章，内容包括：血行器疾患、呼吸器疾患、消化器疾患、泌尿器疾患、全身传染病、新陈代谢疾患等。附配合禁忌药、用量名目比较表、药物极量表。

　　收藏单位：广西馆、上海馆、首都馆、天津馆、浙江馆

04070

近世内科全书（第 1 册 传染病、新陈代谢病、缺乏生活素病、运动器病） 赵师震编

上海：中华书局，1935.5，1 册，32 开，精装
上海：中华书局，1939.1，2 版，1 册，32 开，精装

上海：中华书局，1941.2，3 版，1 册，32 开，精装

　　收藏单位：安徽馆、广东馆、国家馆、黑龙江馆、山西馆、上海馆、首都馆、天津馆、浙江馆

04071

近世内科全书（第 2 册 呼吸器病、消化器病） 赵师震编

上海：中华书局，1936.5，250+470 页，32 开，精装

上海：中华书局，1941.5，3 版，250+470 页，32 开，精装

　　收藏单位：安徽馆、广东馆、国家馆、黑龙江馆、湖南馆、山西馆、上海馆、首都馆、天津馆、西南大学馆、浙江馆

04072

近世内科全书（第 3 册 循环器病、泌尿器病、血液病、内分泌腺病） 赵师震编

上海：中华书局，1937.8，1 册，32 开
上海：中华书局，1940.4，再版，1 册，32 开，精装

上海：中华书局，1941.2，3 版，1 册，32 开，精装

　　收藏单位：广东馆、贵州馆、国家馆、黑龙江馆、首都馆、天津馆、浙江馆

04073

近世内科学 赵师震编

上海：中华书局，1947—1948，2 册，22 开，精装
上海：中华书局，1949，再版，2 册，22 开，精装

　　本书共两册，内容包括：传染病、呼吸器病、循环器病、消化器病、泌尿器病、血液病、内分泌腺病等。

　　收藏单位：重庆馆、广东馆、国家馆、黑龙江馆、上海馆、天津馆

04074

临床内科纲要 军医署编

军医署，1946.10，192 页，36 开

本书介绍空气传染疾病、水媒传染病、虫媒传染病、营养缺乏性疾症、花柳病等疾病的病因、预防治疗。

收藏单位：重庆馆

04075

临床内科学（上卷） 吴霁棠编著

出版者不详，1946.6，360 页，24 开

本书介绍内科常见的各种疾病的诊断及治疗方法。

收藏单位：重庆馆

04076

内科 江西省立助产学校讲义编审委员会编审

南昌：出版者不详，1932.8，176 页，22 开

本书为江西省立助产学校讲义。

收藏单位：江西馆

04077

内科便览 汉口同仁医院编

汉口：汉口同仁医院，[1930.12]，34 页，32 开

本书简述内科常见疾病的病因、症状及治疗方法。书前有藤田敏郎序言。

收藏单位：国家馆

04078

内科辨症与治疗 谢学洙 裘景舟译

第三战区军医学术研究会，1944.10，2 册，32 开

收藏单位：浙江馆

04079

内科传染病编 南洋高级职业学校编

南洋高级职业学校，[1911—1949]，40 页，32 开

本书讲述内科传染病的病源及防治方法。

收藏单位：浙江馆

04080

内科概要 庄畏仲主编

上海：[新医进修社]，1939.8，124 页，32 开

本书共 8 章，内容包括：普通传染病、血液之重要疾病、呼吸系统之重要疾病、消化系统之重要疾病等。

04081

内科鉴别诊断各论 李核译

上海：西南医学杂志社，1948.11，116 页，32 开

本书共 9 章，内容包含：内科病之临床检查法、传染病、消化系病、血液及无管腺之疾病、心脏及血管之疾病、关节病等。

收藏单位：广东馆、浙江馆

04082

内科鉴别诊断学 缪澄中编著

上海：大东书局，1933.3，2 册，25 开，精装

本书共两册，内容包括：既往症及全身症状、急性热性病或传染病之诊断、呼吸疾患诊断、血行器疾患之诊断等。

收藏单位：江西馆

04083

内科疗法大纲 （英）哈奇生（R. Hutchson） 樊登峰译

外文题名：The elements of medical treatment

徐州：樊登峰，1935.1，165 页，32 开

04084

内科临症方法 （英）哈奇生（R. Hutchson） 瑞应理（D. Hunter）著 （英）孔美格（J. G. Cormack）（英）孟合理（P. L. McAll）编译

外文题名：Clinical methods

上海：中华医学会，1923.7，再版，265+13 页，18 开，精装

上海：中华医学会，1935.5，4 版，287 页，18 开，精装

本书共 10 章：医案记录、病者之情况及现象、滋养系统及腹部、血循环系统、呼吸系统、尿之物理性检查、皮肤、神经系统、运动系统、小儿之临诊检查法。

收藏单位：广东馆、国家馆、浙江馆

04085

内科全书 （日）河内龙若著　丁福保译

上海：医学书局，1914.2，3 版，[47]+278+28 页，22 开，精装（丁氏医学丛书）

　　本书共两部分。"总论"共 8 章，内容包括：病理诊断学概说、病理学要项、中枢等；"各论"共 7 篇：传染病篇、呼吸器病篇、循环器病篇、消化器病篇、泌尿器病篇、运动器及体质病篇、神经系病篇。

　　收藏单位：国家馆

04086

内科全书 盛在珩等著　汤尔和校

上海：商务印书馆，1919，2 册，22 开，精装

上海：商务印书馆，1920，2 版，2 册，22 开

上海：商务印书馆，[1911—1923.1]，3 版，2 册，22 开，精装

上海：商务印书馆，1924—1926，5 版，2 册，22 开，精装

上海：商务印书馆，1926—1930.5，6 版，2 册，22 开，精装

上海：商务印书馆，1930.6，7 版，1 册，22 开，精装

上海：商务印书馆，1934.7，国难后 1 版，2 册，22 开（大学丛书 教本）

上海：商务印书馆，1935.3，国难后 2 版，2 册（[877] 页），22 开（大学丛书）

上海：商务印书馆，1935.6，国难后 3 版，[877] 页，22 开，精装（大学丛书）

　　本书共 8 章：急性传染病、新陈代谢疾患、呼吸器病、消化器病篇、循环器疾病、神经系统疾病、泌尿生殖器病、运动器病。

　　收藏单位：安徽馆、重庆馆、广东馆、广西馆、贵州馆、国家馆、黑龙江馆、湖南馆、江西馆、南京馆、上海馆、绍兴馆、首都馆、天津馆

04087

内科实习指导 戚寿南著　教育部医学教育委员会主编

长沙：商务印书馆，1938.5，10+222 页，25 开，精装（医学丛书）

成都：商务印书馆，1945.1，10+216 页，25 开

（医学丛书）

上海：商务印书馆，1947.4，3 版，222 页，25 开（医学丛书）

上海：商务印书馆，1948.7，4 版，222 页，25 开（医学丛书）

[上海]：商务印书馆，1949，5 版，10+215 页，25 开

　　本书共 5 章，内容包括：实习员对于病人入院后所需研究之点、病历及体格检查、检验室之工作、诊断之技术、治疗手续。

　　收藏单位：重庆馆、国家馆、湖南馆、天津馆

04088

内科学 华东医大编

烟台：胶东新华书店，1948.4，3 版，149 页，36 开

　　本书介绍内科常见疾病的诊断和治疗，内容包括：发热、伤寒、白喉、流行性感冒、胸膜炎、回归热等。

　　收藏单位：重庆馆

04089

内科学 晋冀鲁豫军区卫生部编

晋冀鲁豫军区卫生部，1947，176 页，36 开（医大教材 6）

　　本书介绍各种传染病的症状及治疗方法。

　　收藏单位：重庆馆

04090

内科学 军医教育班学员班编

军医教育班学员班，1936.4，3 册（350+266+390 页），16 开

　　本书内容包括：消化器疾患、呼吸器疾患、神经系统疾患等。

　　收藏单位：国家馆

04091

内科学 乔树民编著　教育部医学教育委员会　助产教育专门委员会主编

重庆：正中书局，1942.4，108 页，32 开

重庆：正中书局，1943.7，3 版，108 页，32 开

重庆：正中书局，1944.4，7 版，107 页，32 开

上海：正中书局，1946.7，108 页，32 开

上海：正中书局，1946.11，11 版，108 页，32 开

上海：正中书局，1947.5，15 版，108 页，32 开

上海：正中书局，1947.10，19 版，108 页，32 开

上海：正中书局，1948.10，5 版，107 页，32 开

本书共 11 章，内容包括：传染病、呼吸系统病、血及循环系统病、泌尿系统病等。

收藏单位：安徽馆、重庆馆、广东馆、国家馆、湖南馆、南京馆、上海馆、浙江馆

04092
内科学　十八集团军留守兵团卫生部编
十八集团军留守兵团卫生部，1944，2 册（[572] 页），16 开（医大教材 5）

收藏单位：国家馆

04093
内科学　苏南军区卫生部编
无锡：苏南新华书店，1949.6，142 页，32 开（医校教材 5）

本书介绍各种重要内科疾病，内容包括：传染病、消化器病、呼吸器病、维他命缺乏症等。

收藏单位：山西馆

04094
内科学　太岳卫生学校编
阳城：太岳卫生学校，1947.4，油印本，2 册，32 开

收藏单位：国家馆

04095
内科学　张崇熙编
上海：东亚医学编辑所，1934.7，[12]+163 页，25 开

上海：东亚医学编辑所，1935.12，再版，[12]+163 页，25 开（最新实用医学各科全书）

上海：东亚医学编辑所，1940.5，3 版，[12]+163 页，25 开（最新实用医学各科全书）

上海：东亚医学编辑所，1947，5 版，[12]+173 页，25 开（最新实用医学各科全书）

本书共 5 篇：呼吸器病、消化器病、循环器病、泌尿生殖器病、神经系病。

收藏单位：广西馆、国家馆、首都馆

04096
内科学　庄畏仲著
上海：新医进修社，1937.4，2 册，22 开（新医进修丛书）

本书共两卷，内容包括：消化器病篇、寄生虫篇、传染病篇、新陈代谢病篇等。

收藏单位：广东馆、湖南馆、首都馆

04097
内科学　总卫生部编译处编
总卫生部编译处，1948.7，10+581+12 页，32 开

本书共 11 篇：传染病、消化器疾病、呼吸器疾病、循环器疾病、血液及造血器官之疾病、泌尿生殖器疾病、神经系疾病、内分泌腺之疾病、新陈代谢之疾病、运动器之疾病、中毒。

收藏单位：国家馆

04098
内科学
南峰：冀鲁豫新华书店，1948.11，160 页，32 开

本书内容包括：发热、法定传染病、伤寒、白喉、阿米巴痢疾、霍乱等。

收藏单位：国家馆、南京馆、山东馆

04099
内科学
兴县：晋绥军区卫生部，1948，249 页，32 开

收藏单位：山西馆

04100
内科学
苏北淮阴军分区卫生处，[1911—1949]，171 页，32 开

04101
内科学
扬州：苏北新华书店，1949.7，132页，32开
　　收藏单位：国家馆、吉林馆、山东馆

04102
内科学（传染病篇） 陈礼节编著
台湾新生报社，1946.10，269页，16开（台湾新生报社丛书3）
　　收藏单位：上海馆、绍兴馆

04103
内科学（第1—4分册）
华北新华书店，[1946]，4册，32开（医大教材5）
　　收藏单位：国家馆

04104
内科学（第2—4分册） 十八集团军总司令部[编]
十八集团军总司令部，1947，3册（141+151+162页），32开（医大教材5）
　　本书内容包括：呼吸器疾病、神经系疾病等。
　　收藏单位：国家馆、山东馆

04105
内科学（第1卷）（日）小泽修造著　吴祥凤等译　汤尔和校译
东京：同仁会，1933，372+18页，23开，精装
东京：同仁会，1940.2，再版，372+18页，23开，精装
　　本书共3编：传染病、新陈代谢病、运动疾病。
　　收藏单位：重庆馆、黑龙江馆

04106
内科学（第2卷）（日）筱原昌治著　蹇先器译　汤尔和校译
东京：同仁会，1934，278+[16]页，23开，精装
　　本书介绍呼吸器疾病。

收藏单位：重庆馆、广东馆、黑龙江馆

04107
内科学（第3卷）（日）南大曹著　蹇先器　姚鸿翥译　汤尔和校译
东京：同仁会，1935.3，439+[35]页，16开，精装
东京：同仁会，1943.2，2版，439页，16开，精装
　　本书介绍消化器病，共3编：食管病、胃病、肠病。
　　收藏单位：重庆馆、广东馆、黑龙江馆、上海馆

04108
内科学（第4卷 上）（日）小宫悦造 （日）美甘义夫著　蹇先器译
东京：同仁会，1936.9，437+32页，22开，精装
　　本书为循环器病总论，内容包括：循环器之解剖及生理、诊断法等。
　　收藏单位：广东馆、黑龙江馆

04109
内科学（呼吸、循环、血液病编） 华北医科大学内科教室编
中国人民解放军华北医科大学，1949.8，88页，32开
　　收藏单位：国家馆

04110
内科学（上册） 白求恩医科学校编
白求恩医科学校，1946，194页，32开
　　本书内容包括：内科传染病学、血液病、运动器疾病等。
　　收藏单位：国家馆

04111
内科学纲要 （日）安藤重次郎等著　丁福保译
上海：医学书局，1926.11，374页，大32开（丁氏医学丛书）
　　收藏单位：湖南馆、南京馆

04112

内科诊断学　陈卓人编

上海：东南医学院出版股，1932.7，285 页，23 开

上海：东南医学院出版股，1935.7，再版，285 页，23 开

　　收藏单位：上海馆

04113

内科诊断学　（德）克伦贝勒（Klemperer）著　赵师震译

华北军区卫生部，1948.11，[11]+455 页，32 开

　　收藏单位：国家馆、天津馆

04114

内科诊断学　（德）克伦贝勒（Klemperer）著　赵师震译

十八集团军卫生部，1945.12，11+455 页，32 开

　　收藏单位：国家馆

04115

内科诊断学　赵师震编译

上海：中华书局，[1940.2]，12+596 页，22 开，精装

昆明：中华书局，1941.4，再版，596 页，22 开，精装

上海：中华书局，1948.2，5 版，[14]+596 页，22 开，精装

　　本书共 12 篇，内容包括：呼吸器病之诊断、循环器病之诊断、消化器病之诊断、重要病原体及其检查法、急性传染病之诊断、检尿、肾病及膀胱病之诊断等。

　　收藏单位：安徽馆、重庆馆、东北师大馆、广东馆、国家馆、内蒙古馆、上海馆、天津馆

04116

内科诊断学·内科临床技术操作·对症治疗

　冀东军区卫生部卫生学校编·冀察热辽军区医科专门学校编

冀东军区卫生部卫生学校，1947.11，油印本，

1 册，25 开

　　收藏单位：江西馆

04117

内科诊疗医典　陈公素编　魏建宏校

北平：北平医刊社，1934.10，380 页，32 开，精装

北平：北平医刊社，1935.9，增订再版，460+16 页，32 开，精装

　　收藏单位：国家馆、南京馆、浙江馆

04118

内科症候类编　E. Kapzan 原著　谢学洙　裘景舟译

杭州：远志医药服务社，1946.11，2 版，281 页，25 开

　　本书共 3 编：临证要领、症候类编、按候索症。

　　收藏单位：广西馆、浙江馆

04119

欧氏内科学　（英）欧司勒（W. Osler）著　（英）高似兰（P. B. Cousland）等译

外文题名：Principles and practice of medicine

上海：中国博医会，1925，增订 3 版，20+1221 页，18 开，精装

　　本书共 13 篇，内容包括：特殊传染病、中毒病、养素缺乏病、新陈代谢病、消化系统病、呼吸系统病、肾病、循环系统病等。

　　收藏单位：广东馆、国家馆、黑龙江馆

04120

邱氏最新内科学　邱倬译著　滕书同校

贵阳：文通书局，1941.7，2 册（[689] 页），16 开（大学丛书）

贵阳：文通书局，1943.4，增订再版，2 册（670 页），16 开（大学丛书）

上海：文通书局，1947.10，2 版，820 页，16 开，精装（大学丛书）

上海：文通书局，1948.10，5 版，820 页，16 开，精装（大学丛书）

　　本书共 11 篇，内容包括：消化器疾病、呼吸器疾病、循环系疾病、神经系疾病、内

分泌腺之疾病、新陈代谢之疾病、运动器之疾病等。参照《希氏内科学》及孟、司二氏《热带病学》等编译。

收藏单位：广东馆、广西馆、贵州馆、国家馆、黑龙江馆、南京馆、山西馆、浙江馆

04121

西塞尔内科学（第 1 册 传染病之部）（美）西塞尔（Russell La Fayette Cecil）撰　陈超常主译

外文题名：A textbook of medicine

上海：龙门联合书局，1949，154 页，22 开

收藏单位：东北师大馆、国家馆、辽宁馆、南京馆

04122

西色尔氏内科学（第 1 集）（美）西塞尔（Russell La Fayette Cecil）撰　杨济时译

外文题名：Textbook of medicine

北京：中华医学会，1949，667 页，22 开，精装

收藏单位：广东馆、国家馆

04123

新撰内科治疗法集成（增订）　刘荣敬编著

上海：开明书店，1930.3，670 页，32 开，精装

上海：开明书店，1933.7，增订再版，670 页，32 开，精装

本书内容包括：内服剂及注射剂之用量及用法、药量表使用法之注意、催眠剂、镇静剂、局所麻醉剂、解热剂等。

收藏单位：安徽馆、广东馆、广西馆、上海馆、天津馆、浙江馆

04124

循环器及呼吸器病（内科学讲义）　陈礼节编著

福建省立医学院内科学教室，1946，315 页，16 开

收藏单位：福建馆

04125

张子鹤内科临床演讲　张子鹤著　李慎微校

上海：商务印书馆，1931.10，1 册，22 开

上海：商务印书馆，1936.11，再版，234 页，22 开，精装

[长沙]：商务印书馆，1938.9，3 版，234 页，22 开

上海：商务印书馆，1947，4 版，234 页，22 开

本书为著者在南洋医校时所撰的讲稿，取材于临床实例。共 20 讲，内容包括：肺结核、胆石症、肝硬化、黄疸、糖尿病、痛风、肥胖症等。论述 50 余种病症。

收藏单位：东北师大馆、贵州馆、国家馆、湖南馆、山西馆

04126

中西内科学讲义　顾鸣盛编　汪奎东增注

出版者不详，[1926]，154 页，25 开

收藏单位：江西馆

04127

中西内科学讲义　汪洋编纂

上海：出版者不详，1921.1，改正版，286 页，32 开

上海：出版者不详，1924.10，改正 3 版，286 页，32 开

[上海]：出版者不详，1926.10，5 版，286 页，32 开

本书内容包括：呼吸器病、血行器病、消化器病、泌尿生殖器病、神经系病等。

收藏单位：浙江馆

04128

重要内科病概说　顾寿白编

上海：商务印书馆，1932.11，120 页，32 开（医学小丛书）

上海：商务印书馆，1933，再版，120 页，32 开（医学小丛书）

上海：商务印书馆，1934.3，3 版，120 页，32 开

上海：商务印书馆，1935.4，5 版，120 页，32 开（医学小丛书）

重庆：商务印书馆，1943，97 页，32 开（医学小丛书）

重庆：商务印书馆，1945.5，2 版，97 页，32 开（医学小丛书）

上海：商务印书馆，1947.7，9 版，120 页，32 开（医学小丛书）

本书共 9 章，内容包括：呼吸器病、消化器病、循环器病、血液之疾病、泌尿器之疾病等。

收藏单位：安徽馆、重庆馆、广东馆、贵州馆、国家馆、黑龙江馆、湖南馆、江西馆、南京馆、内蒙古馆、宁夏馆、上海馆、天津馆、浙江馆

04129

最新内科学治疗全书（卷二）（日）桥本节斋著　姚鑫振译

西安：和济书局，1914，[23]+614+33 页，16 开，精装

封面题名：最新内科治疗全书。

收藏单位：首都馆

04130

最新内科诊断总论　姚伯麟纂著

上海：改造与医学社，1934.10，[21]+382 页，16 开

收藏单位：国家馆

传染病

04131

传染病　程瀚章著

上海：商务印书馆，1933.12，47 页，32 开（小学生文库 第 1 集 生理卫生类）

上海：商务印书馆，1934.3，47 页，32 开（小学生文库 第 1 集 生理卫生类）

本书共 6 章，内容包括：什么叫做传染病、消毒法的大概、急性传染病等。

收藏单位：东北师大馆、湖南馆、上海馆、首都馆

04132

传染病　省立医院内科室编

上海：大东书局，1926.7，60 页，36 开（通俗医言 第 4 编）

收藏单位：广西馆

04133

传染病　余云岫著

上海：商务印书馆，1920.6，46 页，32 开（医学小丛书）

上海：商务印书馆，1921.9，再版，46 页，32 开（医学小丛书）

上海：商务印书馆，1924，3 版，46 页，32 开，精装

上海：商务印书馆，1926，4 版，46 页，32 开（医学小丛书）

上海：商务印书馆，1929.10，52 页，32 开（万有文库第 1 集 530）（医学小丛书）

上海：商务印书馆，1931.1，5 版，46 页，32 开（医学小丛书）

上海：商务印书馆，1933.1，国难后 1 版，52 页，32 开（医学小丛书）

上海：商务印书馆，1934.2，再版，52 页，32 开（万有文库 第 1 集）（医学小丛书）

上海：商务印书馆，1935.6，国难后 2 版，52 页，32 开（医学小丛书）

长沙：商务印书馆，1938.6，4 版，52 页，32 开（医学小丛书）

[长沙]：商务印书馆，1939.12，52 页，32 开（万有文库第 1—2 集简编 500 种 207）（医学小丛书）

重庆：商务印书馆，1943.1，40 页，32 开（医学小丛书）

重庆：商务印书馆，1945，3 版，40 页，32 开（医学小丛书）

上海：商务印书馆，1947.2，5 版，52 页，32 开（新中学文库）（医学小丛书）

本书共 12 章，内容包括：伤寒及类伤寒、痢疾、发疹伤寒、鼠疫、猩红热、流行性感冒等。

收藏单位：安徽馆、重庆馆、大理馆、东北师大馆、广东馆、广西馆、贵州馆、国家馆、黑龙江馆、湖南馆、江西馆、辽大馆、

辽宁馆、辽师大馆、南京馆、内蒙古馆、宁夏馆、山西馆、上海馆、首都馆、天津馆、西南大学馆、浙江馆

04134
传染病 余云岫编
上海：文明书局，1929.10，98 页，22 开
　　收藏单位：重庆馆

04135
传染病 周汝杰编
南京：首都实验民众教育馆，1935.7，46 页，32 开
　　收藏单位：南京馆

04136
传染病 周昱编著
上海：世界书局，1935.10，206 页，32 开（医学丛书）
上海：世界书局，1948.4，再版，206 页，32 开（医学丛书）
　　本书共 4 部分：传染性消化器病、传染性呼吸器病、动物媒介传染病、昆虫媒介传染病。
　　收藏单位：重庆馆、广东馆、贵州馆、国家馆、湖南馆、辽大馆、南京馆、上海馆、天津馆

04137
传染病常识 郭耀鼎著
桂林：文化供应社，1942.10，95 页，50 开
　　本书共 8 章，内容包括：可怕的传染病、消化系传染病、血液传染病等。
　　收藏单位：重庆馆、广东馆、国家馆、南京馆

04138
传染病常识 彭风潭编
杭州：浙江省立西湖博物馆，1938.6，28 页，32 开
　　本书共两章。第 1 章"传染病概念"共 3 节：病原体、传染路径、预防方法；第 2 章"传染病种类"共 16 节，内容包括：伤寒、霍乱、鼠疫、破伤风等。
　　收藏单位：国家馆、浙江馆

04139
传染病全书（卷 1 赤痢篇） 余云岫 刘崇燕著
上海：商务印书馆，1922.7，158 页，22 开，精装
上海：商务印书馆，1927.9，再版，158 页，22 开，精装
　　本书内容包括：细菌赤痢、拟足虫赤痢等。
　　收藏单位：广东馆、广西馆、国家馆、江西馆、南京馆、首都馆、浙江馆

04140
传染病全书（卷 2 伤寒篇） 刘崇燕著 顾寿白校
上海：商务印书馆，1924.3，159 页，22 开，精装
上海：商务印书馆，1926.12，再版，159 页，22 开，精装
　　本书内容包括：伤寒篇、类伤寒篇等。
　　收藏单位：重庆馆、广东馆、广西馆、国家馆、湖南馆、江西馆、浙江馆

04141
传染病问答 郭人骥编
上海：大华书局，1934.10，106 页，32 开（医学卫生问答丛书）
　　本书共两章。"总论"共 8 节，内容包括：传染病的原因、传染病的种类、传染病的预防等；"各论"共 10 节，内容包括：伤寒症、副伤寒、斑疹伤寒等。
　　收藏单位：贵州馆、国家馆、湖南馆、山西馆、首都馆、浙江馆

04142
传染病小集 祝绍煌编著
重庆：中华书局，1944.10，68 页，32 开
上海：[中华书局]，1946.10，再版，68 页，32 开
　　本书共 25 章，内容包括：鼠疫、天花、

黑热病、黄热病、白喉、猩红热、百日咳等。

收藏单位：重庆馆、国家馆、江西馆、辽大馆、辽宁馆、南京馆、上海馆

04143

传染病学　张崇熙编

上海：东亚医学编辑所，1934.7，57页，24开（最新实用医学各科全书）

上海：东亚医学编辑所，1935.12，再版，57页，24开（最新实用医学各科全书）

本书共26章，内容包括：赤痢、流行性脑脊髓膜炎、丹毒、破伤风、流行性感冒、猩红热等。

收藏单位：安徽馆、重庆馆、国家馆、首都馆

04144

传染病学　张崇熙编

杭州：宋经楼书店，1947，5版，61页，25开（最新实用医学各科全书）

收藏单位：江西馆

04145

传染病之知识　李元珏编

上海：文明书局，1926.4，38页，32开

收藏单位：重庆馆、内蒙古馆、上海馆、天津馆

04146

传染病治疗学　戴荣铃著

外文题名：Treatment of infectious disease

杭州：新医书局，1949.5，114页，25开

本书共7章，内容包括：滤过性病毒病、立克次氏小体病、细菌病、螺旋体病、原虫类传染病等。

收藏单位：国家馆、辽宁馆

04147

法定传染病学　（美）西塞尔（Russell La Fayette Cecil）编　叶维法主译

贵阳：文通书局，1946.12，249页，32开（医学丛书）

上海：文通书局，1947.3，再版，249页，32

开（医学丛书）

本书据美国Cornell大学医学院内科学教授西塞尔主编的《内科学教科书》第5版选译。共13章，讲述伤寒、霍乱、菌痢、回归热、天花、鼠疫等13种当时美国法定传染病的防治。附磺胺类药物要论、青霉菌素概述。

收藏单位：重庆馆、广东馆、贵州馆、国家馆、湖南馆、上海馆、浙江馆

04148

法定九种传染病浅说　卫生署编

南京：卫生署售品室，1937.7，57页，32开

收藏单位：南京馆

04149

各种传染病之原因　杭州市政府秘书处第三科编

杭州：杭州市政府秘书处第三科，1939，36页，64开

本书讲述致使传染病发病的原因。

收藏单位：浙江馆

04150

急慢性传染病学　陈方之著

重庆：商务印书馆，1942—1944，3册，25开

重庆：商务印书馆，1943—1944，2版，3册，25开

上海：商务印书馆，1946.8，3册（128+267+395页），25开

本书为教育部医学教育委员会审定。共两卷，第1卷"急慢性传染病总论"共10篇，内容包括：病名总论、病史总论、病原总论等；第2卷"急慢性传染病各论"共41篇，内容包括：伤寒、白喉、破伤风、百日咳、结核、霍乱、地中海热、败血病、淋病、斑疹伤寒、水痘、麻疹等。

收藏单位：东北师大馆、广东馆、国家馆、天津馆

04151

急性传染病　鲍鉴衡编

北平：文化学社，1929.7，96页，32开

收藏单位：安徽馆、首都馆、天津馆

04152
急性传染病大意　涂冰著
上海：中国文化服务社，1948.1，69页，32
开（国民文库）
　　收藏单位：广东馆、国家馆

04153
急性传染病概要
出版者不详，1943，30页，32开
　　本书内容包括：伤寒、赤痢、流行性感
冒、猩红热等。
　　收藏单位：国家馆

04154
急性传染病讲义　丁福保译
上海：医学书局，1920.9，再版，294页，25
开
　　本书共31部分，内容包括：绪言、猩红
热、赤痢、痘疮、动物病等。
　　收藏单位：广西馆

04155
**健康智识（肺痨病、花柳病、各种传染病等
自疗法）**　黄自元等编
桂林：真实书店，1943.4，80页，32开
桂林：真实书店，1943.9，再版，80页，32开
　　本书共6章，内容包括：病家须知、痨病
治疗法、食物疗病法等。
　　收藏单位：广东馆、国家馆

04156
可怕的传染病　卢正编
上海：民众教育研究社，1933.3，再版，58
页，42开（注音符号民众万有丛书 医学类）
　　收藏单位：江西馆、首都馆

04157
可怕的传染病　卢正编
上海：世界书局，1931，58页，50开（注音
符号民众万有丛书 医学类）
　　收藏单位：重庆馆、浙江馆

04158
慢性传染病概要
出版者不详，1943，25页，32开
　　本书共4部分：肺结核、梅毒、淋疾、癞
病。
　　收藏单位：国家馆

04159
三个窝子病　东北行政委员会卫生部编
[佳木斯]：东北书店，1948.10，25页，大
64开（大众卫生小丛书5）
　　本书介绍东北地区农村中流行的斑疹伤
寒、伤寒和再归热三种传染病的防治常识。
　　收藏单位：东北师大馆、国家馆

04160
实用传染病学　方春望译著
华北军区卫生部，1948.9印，217页，32开
　　收藏单位：重庆馆、国家馆

04161
实用传染病学　方春望编译
济南：山东新华书店胶东分店，1948.8，235
页，32开
济南：山东新华书店胶东分店，1949.9，再版，
235页，32开
　　本书内容包括：总论、普通伤风、流行性
感冒、麻疹、牛痘、天花等。
　　收藏单位：天津馆

04162
实用传染病学　方春望译著
中原军区卫生部，[1945—1949]，186页，32
开
　　本书介绍各种传染病的成因及分布情况。
　　收藏单位：重庆馆

04163
实用传染病学
南峰：冀鲁豫新华书店，1948.10印，249页，
32开
　　收藏单位：国家馆、山东馆

04164

卫生必读（时疫关系） 中国红十字会总办事处编

上海：中国红十字会总办事处，1914，再版，24 页，16 开

本书内容包括：中国红十字会时疫医院章程、时疫病之研究等。

04165

猩红热白喉脑膜炎问答 庄畏仲编著

上海：大华书局，1934.9，88 页，32 开（医学卫生问答丛书）

本书共 3 章：猩红热、白喉、脑膜炎。

收藏单位：贵州馆、国家馆、湖南馆、浙江馆

04166

中国传染病概论（护士应用） 饶秀贞（Jeannette C. Ratcliffe）著　吴建庵译　中国护士会审订

外文题名：Communicable diseases of China: a handbook for nurses

上海：广协书局，1944，再版，332 页，22 开

上海：广协书局，1947.7，3 版，332 页，22 开

本书共两卷。上卷共 6 章，内容包括：致病之微生物、免疫性与易感性、内科无菌法等；下卷内容包括：白喉病、猩红热、丹毒、败血病等。

收藏单位：广东馆、国家馆、湖南馆、辽宁馆、上海馆、西南大学馆

04167

重要传染病选辑 安东军区卫生部编

安东军区卫生部，1949.1，192 页，32 开

病毒传染病

04168

痘及种痘 钱守山　斯季绍编著　顾寿白校

上海：商务印书馆，1922.5，48 页，32 开（医学小丛书）

上海：商务印书馆，1924，再版，48 页，32 开

（医学小丛书）

上海：商务印书馆，1926，3 版，48 页，32 开（医学小丛书）

上海：商务印书馆，1931.2，4 版，38 页，32 开（医学小丛书）

上海：商务印书馆，1934.5，国难后 1 版，38 页，32 开（医学小丛书）

上海：商务印书馆，1937，国难后 4 版，38 页，32 开（医学小丛书）

上海：商务印书馆，1939.8，国难后 5 版，38 页，32 开（医学小丛书）

本书讲述痘疮的历史、定义、发病原因、传染路径、发病经过、症状、种类、并发症、治疗法以及种类要旨。共 4 章：绪论、天然痘（痘疮）、种痘要旨、水痘。

收藏单位：重庆馆、东北师大馆、广东馆、广西馆、国家馆、湖南馆、南京馆、宁夏馆、上海馆、天津馆、浙江馆

04169

狂犬病 严霈章著

上海：商务印书馆，1946.12，86 页，32 开

本书共 15 章，内容包括：犬的狂犬病、人的狂犬病、诊断、病理解剖等。书前有容启荣及著者序。

收藏单位：重庆馆、广东馆、广西馆、国家馆、湖南馆、江西馆、内蒙古馆、上海馆、浙江馆

04170

流行性感冒 （苏）罗西斯基著　朱滨生译

上海：时代出版社，1949.8，98 页，32 开

本书共 9 章，内容包括：流行性感冒及季节性呼吸经路加答尔之流行病学、流行性感冒之临床学、流行性感冒与呼吸经路季节性加答尔之鉴别诊断、流行性感冒及呼吸经路季节性加答尔中之合并症、流行性感冒及呼吸经路季节性加答尔中之病理解剖学变化等。

收藏单位：安徽馆、国家馆、天津馆

04171

流行性感冒之特殊疗法（一名，流感与灵子术） 玄妙观主编译

上海：新学书局，1936.5，52页，32开

本书共5编。简介流感的病因、症状及防治法，并介绍太灵道健身法术——灵子术对治疗流感的功效。

收藏单位：国家馆

04172

滤过性毒病发展之现状　李涛著

[上海]：中华医学杂志社，1941.1，[13]页，16开

本书为《中华医学杂志》第27卷第1期抽印本。内容包括：滤过性毒之生物性、滤过性毒之体积、滤过性毒之病理等。

收藏单位：国家馆

04173

麻疹刍言　陈子亮著

出版者不详，[1911—1949]，1册，大64开

收藏单位：广西馆、贵州馆

04174

麻疹风疹及水痘　刘崇燕编著

上海：商务印书馆，1924，48页，32开（医学小丛书）

上海：商务印书馆，1926.4，再版，48页，32开（医学小丛书）

上海：商务印书馆，1928，3版，48页，32开（医学小丛书）

上海：商务印书馆，1931.2，4版，48页，32开（医学小丛书）

上海：商务印书馆，1934.4，国难后1版，59页，32开（医学小丛书）

上海：商务印书馆，1935.1，国难后2版，59页，32开（医学小丛书）

上海：商务印书馆，1937，国难后3版，59页，32开（医学小丛书）

本书介绍麻疹、风疹及水痘的成因及疗法。共3部分：麻疹、风疹、水痘。

收藏单位：重庆馆、广东馆、广西馆、贵州馆、国家馆、黑龙江馆、湖南馆、南京馆、内蒙古馆、宁夏馆、上海馆、天津馆、西南大学馆、浙江馆

04175

麻疹急性传染病学　黄养民编

重庆：自力书店，1945.12，33页，32开

本书内容包括：麻疹顺逆决断法、看护、诊断、预防等。

收藏单位：重庆馆

04176

麻疹疗治法　李天佐　孙鼒著

上海：中华书局，1925.7，152页，32开

上海：中华书局，1928.3，再版，152页，32开

上海：中华书局，1931.1，3版，152页，32开

上海：中华书局，1937.6，4版，152页，32开

本书介绍各种治疗麻疹的方法。

收藏单位：安徽馆、重庆馆、广西馆、桂林馆、国家馆、黑龙江馆、湖南馆、江西馆、内蒙古馆、天津馆、浙江馆

04177

普通伤风　斯迈利（W. G. Smillie）著　吴建庵译

外文题名：The common cold

上海：广协书局，1940.7，84页，64开（国民健康丛书16）

本书共7章，内容包括：伤风之定义、伤风之流行、伤风之原因、伤风之治法、伤风之预防等。附译名注释。

收藏单位：广东馆、上海馆

04178

说痘　祝振纲　昝希昭著　顾寿白校

上海：商务印书馆，1931.2，69页，32开（医林丛刊）

上海：商务印书馆，1933.10，国难后1版，62页，32开（家庭丛书）

上海：商务印书馆，1935.4，国难后2版，62页，32开（家庭丛书）

本书共两编。第1编"痘疮"共9章，内容包括：痘疮之名称、痘疮之历史、痘疮之原因等；第2编"种痘"共13章，内容包括：种痘之历史、痘苗之种类、种痘之经过等。

收藏单位：重庆馆、广东馆、广西馆、贵

州馆、国家馆、湖南馆、江西馆、辽宁馆、南京馆、内蒙古馆、上海馆、首都馆、天津馆、浙江馆

04179

天花　丁仲著

华中新华书店，1949.2，12 页，64 开

　　本书共 6 章，内容包括：天花之分类、天花之治疗、由天花所引起之并发症等。

　　收藏单位：国家馆

04180

天花　南京市政府卫生局编

南京：南京市政府卫生局，1932.1，11 页，32 开

　　本书为梅贻林在南京市卫生局第十次学术演讲会的演讲记录。

　　收藏单位：国家馆

04181

天花　王光宇著

长沙：湘雅医科大学，1929.11，20 页，32 开（医药常识丛刊 2）

　　本书共 10 章，内容包括：天花之历史、天花之定义、天花之原因、天花之症状等。

　　收藏单位：国家馆、湖南馆、西交大馆、浙江馆

04182

天花　卫生部编

卫生部，[1928—1949]，6 页，36 开（法定九种传染病浅说 4）

04183

天花　卫生署医疗防疫队编

[重庆]：卫生署医疗防疫队，1940.1，16 页，64 开（医防丛刊 3）

　　本书共 9 章，内容包括：病原及传染方法、病死率、传染力及免疫力等。附种痘运动实施方案。

　　收藏单位：国家馆

04184

天花防治实施办法　容启荣编著

[重庆]：军医署，1945.4，33 页，50 开（防疫必携 第 2 种 医防 2）

　　收藏单位：安徽馆、重庆馆、广东馆

04185

天花防治实施办法　容启荣编

重庆：卫生署，1940，36 页，大 32 开

　　收藏单位：南京馆

04186

天花和种痘　安徽省立第一民众教育馆编

安徽省立第一民众教育馆，1934.3，20 页，32 开（民众持刊 1）

　　收藏单位：广西馆、江西馆

04187

天花和种痘　江苏省立教育学院研究实验部编

无锡：江苏省立教育学院，1932.5，8 页，32 开（民众卫生丛书 12）

　　本书介绍天花的病状、病因、传染，以及天花的预防和种痘的由来。

　　收藏单位：重庆馆、江西馆

04188

天花及其预防方法　内政部卫生署著

[南京]：内政部卫生署，1931.8，22 页，50 开（传染病小丛书 6）（内政部卫生署刊物 7 册籍类 7）

[南京]：内政部卫生署，1932.4，再版，22 页，50 开（传染病小丛书 6）（内政部卫生署刊物 7 册籍类 7）

[南京]：内政部卫生署，1935.3，4 版，22 页，50 开（传染病小丛书 6）（内政部卫生署刊物 7 册籍类 7）

重庆：内政部卫生署，1938.5，5 版，22 页，50 开（传染病小丛书 6）（内政部卫生署刊物 7 册籍类 7）

　　收藏单位：重庆馆、国家馆、湖南馆、南京馆、上海馆、西南大学馆

04189

天花及其预防方法　全国经济委员会卫生实验处编

全国经济委员会卫生实验处，[1931—1949]，22页，64开

本书内容包括：天花是什么、天花的症状、新法种痘的好处等。

收藏单位：重庆馆

04190

天花及其预防方法（汉藏文对照）　蒙藏委员会编译室编译

蒙藏委员会编译室，1941.9，[32] 页，32开（卫生常识小丛书4）

收藏单位：重庆馆、南京馆

04191

天花与种痘　内政部卫生署编

南京：内政部卫生署，1932.4，再版，30页，32开（内政部卫生署刊物10册籍类10）

南京：内政部卫生署，1934.12，3版，30页，32开（内政部卫生署刊物10册籍类10）

本书共4章：总论、天花、种痘、结论。

收藏单位：广西馆、国家馆、江西馆、宁夏馆

04192

天花与种痘　[全国经济委员会卫生实验处编]

[全国经济委员会卫生实验处]，[1931—1949]，30页，32开

收藏单位：重庆馆、南京馆

04193

天花与种痘　卫生部编

南京：卫生部，1929.2，[40] 页，32开（卫生部刊物26册籍类10）

本书附种痘条例。

收藏单位：重庆馆、上海馆

04194

夏季脑炎　华北人民政府卫生部编

华北人民政府卫生部，1949.9，12页，32开

收藏单位：国家馆

04195

小儿麻科专论　杨乾经著

重庆：民立文化公司，[1948]，8版，20页，36开

本书共8节，内容包括：麻症总论、调治须知三则、避忌四则等。

收藏单位：重庆馆

04196

预防天花　中央防疫处编

[北平]：中央防疫处，[1928—1935]，24页，25开

本书共10章，内容包括：天花传染、天花症候、种痘历史、种痘原理、选择痘苗、种痘方法等。

收藏单位：国家馆、首都馆

04197

疹痘新编　李绍康编

出版者不详，1942.3，41页，32开

收藏单位：南京馆

立克次（Ricketts）氏体传染病

04198

斑疹伤寒　卫生部编

[南京]：卫生部，[1928—1949]，4页，42开（法定九种传染病浅说2）

04199

斑疹伤寒防治概要　魏曦编

南京：中华民国红十字会总会，1947.9，21页，36开（红十字小丛书）

收藏单位：南京馆

04200

斑疹伤寒及其预防　罗嵩翰编著

上海：正中书局，1948.8，40页，32开（卫生教育小丛书）

本书共10章：病史、病原体、传染及免

疫、分布区域、病理解剖、症状、诊断、预后、疗法、预防。

收藏单位：国家馆、湖南馆、上海馆、浙江馆

04201

斑疹伤寒之接种预防　谢少文著
上海：中华医学杂志社，1941.1，5 页，16 开

本书为《中华医学杂志》第 27 卷第 1 期抽印本。

收藏单位：国家馆

04202

斑疹伤寒之临床经验　戚寿南　狄威德著
[上海]：中华医学杂志社，1929，[22] 页，16 开

本书为《中华医学杂志》第 15 卷第 4 期抽印本。

收藏单位：国家馆

04203

流行性斑疹伤寒——虱传的（内科近展）　美国作战部著　褚应章编译
上海：中华医学会，1949.3，12 页，22 开（中华医学会—近代医学丛书 9）

收藏单位：国家馆

04204

中国北部斑疹伤寒之研究　张汉民　罗忠著
[北平]：[中华医学杂志社]，1935.1，48 页，18 开

本书为《中华医学杂志》第 21 卷第 1 期抽印本。共 11 节，内容包括：材料、人类斑疹伤寒、实验斑疹伤寒等。

收藏单位：国家馆

螺旋体传染病

04205

上海回归热之研究　张学成著
上海：中华医学杂志社，1942.12，[7] 页，16 开

本书为《中华医学杂志》第 28 卷第 12 期抽印本。

细菌传染病、球菌传染病

04206

李氏疗学（第 1 册）　李焕燊著
广州：泽群科学编译社，1948.3，[10]+209 页，22 开

本书介绍细菌性传染病的治疗原则、用药方法，并发症的处理与预防。

收藏单位：重庆馆、广东馆、贵州馆、国家馆

04207

"音伯丁"学说及"煮沸免疫元"之治验　黄文陶编著
上海：小逸堂书室，1932.7，312+30 页，精装

收藏单位：内蒙古馆

猩红热

04208

可怕的猩红热　胡定安编　顾寿白校
上海：商务印书馆，1922.4，41 页，25 开（通俗医书）
上海：商务印书馆，1924，再版，41 页，25 开（通俗医书）

本书共 8 章：传染病之警告、猩红热的病原、猩红热传染的路径、猩红热的病状、猩红热的主要诊断法、猩红热的经过和豫后、猩红热的治法、猩红热的预防法。

收藏单位：重庆馆、广西馆、国家馆、湖南馆、江西馆、首都馆、天津馆、浙江馆

04209

危险的猩红热　东北行政委员会卫生部编
[佳木斯]：东北书店，1948.10，23 页，大64 开（大众卫生小丛书 3）

本书共 18 节，内容包括：猩红热的病原

菌、猩红热的病型及经过、中等型猩红热、轻症猩红热、重症猩红热、猩红热的合并症等。

收藏单位：东北师大馆、国家馆

04210

猩红热　胡定安编　顾寿白校

上海：商务印书馆，1922.4，29 页，32 开

上海：商务印书馆，1934.9，国难后 1 版，29 页，32 开（医书小丛书）

上海：商务印书馆，1935.4，国难后 2 版，29 页，32 开（医书小丛书）

本书共 8 章，内容包括：传染病之警告、猩红热的病原、猩红热的病状、猩红热的治法等。

收藏单位：重庆馆、广东馆、贵州馆、国家馆、黑龙江馆、江西馆、南京馆、宁夏馆、浙江馆

04211

猩红热　教育部民众读物编审委员会编

教育部民众读物编审委员会，[1911—1949]，20 页，大 64 开（民众文库）

收藏单位：国家馆

流行性脑脊髓膜炎（流行性脑膜炎）

04212

流行性脑脊髓膜炎　刘之常编

镇江：江苏省立镇江民众教育馆编辑部，1931，36 页，32 开（民众小丛书 甲种 6）

收藏单位：广西馆、南京馆

04213

流行性脑脊髓膜炎化学疗法　陈翠贞编

[重庆]：军医署，1945.4，6 页，50 开

收藏单位：重庆馆

04214

流行性脑膜炎预防须知　广西省政府编

桂林：广西省政府，1936.2，6 页，32 开

本书共 8 节，内容包括：病原、带菌者、症状、预防法等。

收藏单位：国家馆

04215

民国廿四年广西省防治流行性脑脊髓膜炎经过汇刊

出版者不详，[1935]，106 页，32 开

本书内容包括：本病发现之时间、本病最初发现之地点、本病发生之诱因、本病流行之警报、预防疫苗问题、各卫生机关防治情形等。

收藏单位：桂林馆

04216

脑脊髓热　南京市政府卫生局编

南京：南京市政府卫生局，1931.2，10 页，32 开

本书为梅贻林在南京市第一卫生事务所第 8 次读书会上的演讲记录。简介脑脊髓热（即流行性脑脊髓膜热）的流行、病原、症状及防治。共 7 节，内容包括：流行性、病菌、传染的途径等。

收藏单位：国家馆

04217

脑膜炎　江苏省立教育学院研究实验部编

无锡：江苏省立教育学院，1932.5，10 页，25 开（民众卫生丛书 19）

收藏单位：江西馆

04218

脑膜炎及其预防方法　内政部卫生署编

[南京]：内政部卫生署，1934.6，3 版，8 页，50 开（传染病小丛书 10）（内政部卫生署刊物 16 册籍类 16）

本书共 4 部分：什么是流行性脑脊髓膜炎、流行性脑脊髓膜炎的症状、流行性脑脊髓膜炎的传播方法、流行性脑脊髓膜炎的预防方法。

收藏单位：重庆馆、国家馆

04219

脑膜炎血清及疫苗　中央防疫处编

北平：中央防疫处，[1928—1935]，1 册，32 开

收藏单位：国家馆

杆菌传染病

04220

肠胃病（汉藏文对照） 蒙藏委员会编译室编
蒙藏委员会编译室，1943.12，20 页，32 开
（卫生常识小丛书 9）

本书介绍伤寒、霍乱、痢疾 3 种肠道传染病的防治常识。

收藏单位：国家馆、南京馆

04221

肠胃病（伤寒·霍乱·痢疾） 中央卫生实验院编
卫生署，1941，12 页，32 开（公共卫生丛书第 2 种 传染病预防类 2）

本书内容包括：种类、病源、传染、病状等。

收藏单位：重庆馆

04222

霍乱伤寒和痢疾问答 庄畏仲编
上海：大华书局，1934.7，172 页，32 开

本书内容包括：霍乱问答、伤寒问答、痢疾问答等。

收藏单位：重庆馆、贵州馆、国家馆、湖南馆、浙江馆

04223

疟疾、伤寒、痢疾、霍乱之预防及疗法 中央陆军军官学校广州分校医务科编
广州：中央陆军军官学校广州分校医务科，1937，44 页，32 开

收藏单位：广东馆

04224

伤寒、痢疾、霍乱预防法 国民政府军事委员会陆军军官训练团军医处编
国民政府军事委员会陆军军官训练团军医处，1934，12 页，50 开

收藏单位：广东馆

04225

伤寒、痢疾、霍乱预防法 军事委员会军医设计监理委员会编
军事委员会军医设计监理委员会，1934.6，11 页，50 开

本书共 5 部分：说明、病原、传染途径、症状、处理。

收藏单位：国家馆

04226

预防霍乱伤寒及痢疾 方石珊编
[北平]：[国立北平师范大学]，1930，18 页，22 开

收藏单位：首都馆

伤寒、副伤寒及其他沙门氏菌病

04227

近世伤寒病学（伤寒、副伤寒、斑疹伤寒）
李棻编著
上海：李棻，1933.8，124 页，36 开，精装

收藏单位：上海馆

04228

伤寒 华北人民政府卫生部编
华北人民政府卫生部，1949.9，33 页，32 开

本书为在职干部学习教材之一。

收藏单位：国家馆

04229

伤寒 江苏省立教育学院研究实验部编
无锡：江苏省立教育学院，1932.5，8 页，25 开（民众卫生丛书 17）

收藏单位：重庆馆、江西馆

04230

伤寒 卫生部编
[南京]：卫生部，[1928—1949]，[8] 页，42 开（法定九种传染病浅说 1）

04231

伤寒病之认识与治疗 车驹编著

出版者不详，1945.1，32 页，25 开

收藏单位：江西馆

04232

伤寒及类伤寒　牟鸿彝编著

上海：商务印书馆，1936.8，50 页，32 开（医学小丛书）

[长沙]：商务印书馆，1939.5，再版，50 页，32 开

本书共两编。"伤寒编"共 10 章，内容包括：原因、传染及流行、病理解剖、症状、预后、诊断、预防、疗法等；"类伤寒编"共 8 章，内容包括：原因、传染及流行、病理解剖、预后等。

收藏单位：重庆馆、广东馆、贵州馆、国家馆、黑龙江馆、湖南馆、南京馆、宁夏馆、山西馆、上海馆、首都馆、天津馆、浙江馆

04233

伤寒及其预防方法　内政部卫生署著

[南京]：内政部卫生署，1932.6，再版，20 页，50 开（传染病小丛书 1）（内政部卫生署刊物 2 册籍类 2）

[南京]：内政部卫生署，1935.3，4 版，20 页，50 开（传染病小丛书 1）（内政部卫生署刊物 2 册籍类 2）

本书共 7 部分：病原、传染、潜伏期、症状、诊断、治疗、预防。

收藏单位：国家馆、上海馆

04234

伤寒论　叶维法著

上海：中国文化服务社，1948.10，33 页，32 开（国民文库）

收藏单位：重庆馆、国家馆、南京馆、天津馆

细菌性痢疾

04235

赤痢　江苏省立教育学院研究实验部编

无锡：江苏省立教育学院，1932.5，10 页，25

开（民众卫生丛书 16）

收藏单位：重庆馆、江西馆

04236

赤痢　卫生部编

[南京]：卫生部，[1928—1949]，4 页，42 开（法定九种传染病浅说 7）（卫生部刊物 52 册籍类 31）

04237

赤痢实验谈　丁福保译

上海：医学书局，1917.12，34 页，24 开，精装（丁氏医学丛书）

收藏单位：重庆馆、浙江馆

04238

痢疾及其预防　司马淦　王培信著

重庆：正中书局，1945.11，128 页，32 开（卫生教育小丛书）

上海：正中书局，1946.11，128 页，32 开（卫生教育小丛书）

本书共 4 编：历史、细菌性痢疾、变形虫性痢疾、痢疾之预防。

收藏单位：国家馆、南京馆

04239

马齿苋对痢菌作用之初步试验　汪美先等著

[重庆]：中国预防医学研究所，1943.5，10 页，18 开

本书共 7 节，内容包括：培养试验、灭菌实验、伤寒菌对照试验等。题名页题：中国预防医学研究所论文（第八号）。

收藏单位：国家馆

霍乱、副霍乱

04240

北碚霍乱防治经过报告　北碚管理局卫生院
　　江苏医学院附设公共卫生事务所合编

北碚管理局卫生院、江苏医学院附设公共卫生事务所，1942.10，石印本，1 册，16 开，环筒页装

本书共 3 部分：霍乱发生以前防治工作之一般、霍乱发生之前奏、霍乱防治之经过。

收藏单位：国家馆

04241
吊脚痧方论　徐子默著
球新印刷厂，1932，重刊本，1 册，23 开，环筒页装
　　本书介绍吊脚痧的病因、症状、治疗、预防等。
　　收藏单位：重庆馆

04242
防霍乱歌·新劝人方　老向著·王泽民著
教育部民众读物编审委员会，[1911—1949]，16 页，50 开（民众文库）
　　收藏单位：首都馆

04243
虎列拉　（日）田边文四郎　（日）金子义晁著　（日）宫川米次监修
东京：同仁会，1938，51 页，32 开
　　收藏单位：国家馆

04244
霍乱　华北人民政府卫生部编
华北人民政府卫生部，1949.5，10 页，32 开
　　收藏单位：国家馆

04245
霍乱　江苏省立教育学院研究实验部编
无锡：江苏省立教育学院，1932.5，12 页，25 开（民众卫生丛书 18）
　　收藏单位：江西馆

04246
霍乱　山东省立民众教育馆出版部编
济南：山东省立民众教育馆出版部，1930.6，30 页，36 开（卫生小丛书 1）

04247
霍乱　卫生部编
[南京]：卫生部，[1928—1949]，16 页，42

开（卫生部刊物 51 册籍类 30）（法定九种传染病浅说 6）

04248
霍乱　卫生署医疗防疫队编
[重庆]：卫生署医疗防疫队，1940.2，16 页（医防丛刊 1）
　　收藏单位：南京馆

04249
霍乱丛谈　俞凤宾著
[上海]：俞凤宾，[1922]，40 页，48 开
　　收藏单位：上海馆

04250
霍乱防治实施办法　军医署编
军医署，1940，42 页，50 开（防疫必携 第 1 种）
军医署，1945，37 页，50 开（防疫必携 第 1 种）
　　收藏单位：重庆馆、南京馆

04251
霍乱概论　伍连德等编
上海：海港检疫管理处，1934.6，117 页，18 开，精装
　　本书共 4 编：病史与地理及流行之概况、化验、临证、教育及宣传。
　　收藏单位：广东馆、广西馆、国家馆、上海馆

04252
霍乱及痢疾　上官悟尘编著
上海：商务印书馆，1932.12，53 页，32 开（医学小丛书）
上海：商务印书馆，1933.6，2 版，53 页，32 开（医学小丛书）
上海：商务印书馆，1935，3 版，53 页，32 开（医学小丛书）
重庆：商务印书馆，1943.12，43 页，32 开（医学小丛书）
重庆：商务印书馆，1945，2 版，43 页，32 开（医学小丛书）

本书共两编。"霍乱"共两章：真霍乱、假霍乱；"痢疾"共两章：痢疾流行史、痢疾之种类。

　　收藏单位：重庆馆、广东馆、贵州馆、国家馆、黑龙江馆、湖南馆、江西馆、内蒙古馆、山西馆、上海馆、首都馆、天津馆、西南大学馆、浙江馆

04253

霍乱及其预防方法　蒙藏委员会编译室编

重庆：蒙藏委员会编译室，1942.6，1 册，32 开（卫生常识小丛书 6）

　　收藏单位：南京馆

04254

霍乱及其预防方法　内政部卫生署编

[南京]：内政部卫生署，1932.6，再版，24 页，50 开（传染病小丛书 5）（卫生署刊物 6 册籍类 6）

[南京]：内政部卫生署，1934.5，3 版，24 页，50 开（传染病小丛书 5）（卫生署刊物 6 册籍类 6）

[南京]：内政部卫生署，1936，5 版，23 页，50 开（传染病小丛书 5）（卫生署刊物 6 册籍类 6）

　　本书介绍霍乱菌来源、霍乱诊断、治疗和预防等。

　　收藏单位：重庆馆、国家馆、南京馆

04255

霍乱新论　牟允方著

黄岩：中国针灸医学社，1943.7，20 页

　　本书介绍霍乱的病原、传染路径、病状、诊断法、经过和预后以及防治法。

　　收藏单位：浙江馆

04256

霍乱新论·疟疾新论合编　丁福保译

上海：医学书局，1912.5，再版，46 页，22 开，精装（丁氏医学丛书）

上海：医学书局，1920.3，3 版，46 页，22 开，精装（丁氏医学丛书）

　　本书介绍霍乱和疟疾的定义、成因等。

　　收藏单位：广东馆、国家馆、黑龙江馆、上海馆

04257

霍乱研究　聂云台著

上海：五教书局，1942.8，34 页，32 开

　　收藏单位：上海馆

04258

霍乱预防法　朱梦梅编

上海：商务印书馆，1919.9，46 页，32 开（通俗医书）

上海：商务印书馆，1923.1，再版，48 页，32 开

上海：商务印书馆，1926.8，3 版，24 页，32 开（医学小丛书）

　　本书共两章。"总论"共 11 节，内容包括：传染病、霍乱、处置病人等；"霍乱预防法"共 9 章，内容包括：霍乱之病原、霍乱之疫史、霍乱之治疗等。

　　收藏单位：重庆馆、广西馆、国家馆、湖南馆、江西馆、南京馆、上海馆、天津馆、浙江馆

04259

霍乱自疗新法　陈醒箴编著

上海：文明书局，1926.6，64 页，32 开

　　收藏单位：广西馆、黑龙江馆、内蒙古馆、上海馆

04260

可怕的霍乱　顾绮仲著

中华平民教育促进会，1932.8，34 页，50 开（平民读物 130）

　　收藏单位：国家馆

04261

民国二十八年北京特别市霍乱预防工作简报　北京特别市公署卫生局编

北京：北京特别市公署卫生局，[1939.10]，[14+84] 页，16 开

　　本书共 12 部分，内容包括：本会经过情形、北京区防疫委员会名单、注射检疫工作、

患者处理工作、隔离工作、诊治方法、消毒工作、灭蝇工作、宣传工作、经费收支情形等。

收藏单位：国家馆

04262

民国二十九年北京特别市霍乱预防工作简报 北京特别市公署卫生局编

北京：北京特别市公署卫生局，[1940]，[17+100] 页，16 开

本书共 14 部分，内容包括：修正防疫委员会组织章程、常务委员会议事规程、防疫委员会委员名单、防疫会议纪录、注射检疫工作、患者处理工作、检便工作、诊治工作、消毒工作、灭蝇工作、宣传工作等。

收藏单位：国家馆

04263

民国三十年北京特别市霍乱预防工作简报 北京特别市公署卫生局编

北京：北京特别市公署卫生局，[1941]，[12+52] 页，16 开

本书共 20 节，内容包括：防疫委员会组织章程、常务委员会议事规程、防疫委员会委员名单、防疫会议纪录、防疫人员之训练、注射班工作之分配、管理各注射班工作方法、实施情形、患者处理工作、类似患者处理情形、诊治工作、隔离工作、消毒工作等。

收藏单位：国家馆

04264

民国二十七年北京特别市霍乱预防工作报告书 北京特别市公署卫生局编

北京：北京特别市公署卫生局，[1938.10]，[11+52] 页，16 开

本书共 8 部分：本会经过情形、注射检疫工作、患者处理工作、隔离诊治方法、消毒工作、灭蝇工作、宣传工作、经费收支情形。

收藏单位：国家馆

04265

青岛特别市霍乱预防工作报告书（民国二十八年） 青岛特别市公署卫生局编

青岛：青岛特别市公署卫生局，1939，[11+52] 页，16 开

收藏单位：首都馆

04266

预防霍乱之环境卫生设施纲要 卫生署编

[南京]：卫生署，1933.6，22 页，42 开（卫生署刊物 18 册籍类 18）

本书共 12 节，内容包括：组织调查、划定疫区、预防方法及步骤、消毒队应备之器具等。

收藏单位：国家馆

04267

战争与霍乱 李兆时著

南宁：广西军医学校编辑部，1938.10，10 页，16 开（广西军医学校丛书）

本书为《广西健社医学月刊》第 4 卷第 3 期抽印本。介绍世界现代战争中霍乱的流行情况。

收藏单位：国家馆

鼠 疫

04268

防治鼠疫工作人员须知 东北防疫委员会编

辽宁省政府，1947.12，27 页，32 开

本书内容包括：鼠疫概论、实地防疫工作须知等。

收藏单位：国家馆、山东馆

04269

福建省鼠疫之防治 福建省政府秘书处编

福建省政府秘书处，[1939]，78 页，32 开，环筒页装（闽政丛刊）

本书共 6 章：序言、沿革、防疫工作之进行、研究工作之进行、防疫人员之训练、防疫机构及计划。

收藏单位：重庆馆、福建馆、国家馆、南京馆、浙江馆

04270

哈尔滨傅家甸防疫摄影

上海：商务印书馆，[1911]，1 册，16 开，精装

　　本书收 61 幅反映 1910 年 12 月至 1911 年 4 月哈尔滨防治鼠疫经过的照片。

　　　　收藏单位：国家馆、黑龙江馆

04271

华北鼠疫之研究　伍连德著

[东省防疫总处]，1929.6，350+10 页，18 开

　　本书内容包括：通辽鼠疫流行区域、在通辽鼠疫流行区域研究报告、论文提要及结论等。

　　　　收藏单位：国家馆

04272

可怕的鼠疫　东北行政委员会卫生部编

哈尔滨：东北书店，1948.10，14 页，50 开（大众卫生小丛书）

　　本书共 5 节："鼠疫为啥那样可怕？我们为啥要防疫？""鼠疫是咋得的？咋闹大发的？""鼠疫的病状""用啥办法来防鼠疫""天天防贼，时时防疫"。

　　　　收藏单位：东北师大馆、国家馆、辽宁馆

04273

可怕的鼠疫　东北行政委员会卫生部编

[北平]：新华书店，1949，20 页，大 64 开

[哈尔滨]：新华书店，1949，14 页，64 开

　　　　收藏单位：国家馆

04274

实用鼠疫检验诊断法　伯力士著

[重庆]：军医署，1945.4，40 页，50 开（医术 9）

　　　　收藏单位：重庆馆、广东馆

04275

实用鼠疫检验诊断法　伯力士著　战时防疫联合办事处译

重庆：卫生署，1942.6，45 页，大 64 开（防疫必携第 5 种）

　　　　收藏单位：南京馆

04276

鼠疫　第三战区司令长官司令部卫生处编

军事委员会办公厅检诊所，1941，38 页，64 开

　　本书内容包括：流行略史、鼠疫原因、鼠疫菌检查、鼠疫之免疫性等。

　　　　收藏单位：重庆馆

04277

鼠疫　谭其濂编

外文题名：Bubonic plague

上海：商务印书馆，1915.8，[12]+94 页，32 开

上海：商务印书馆，1916.7，再版，[12]+94 页，32 开

上海：商务印书馆，1918，3 版，[12]+94 页，32 开

　　　　收藏单位：广东馆、国家馆、河南馆、首都馆

04278

鼠疫　中央卫生实验院编

南京：中央卫生实验院，1941，10 页，32 开（公共卫生丛书 第 3 种 传染病预防类 3）

　　本书讲述鼠疫的预防方法。

　　　　收藏单位：南京馆、浙江馆

04279

鼠疫防治概要　伯力士著

[重庆]：军医署，1945，119 页，50 开

　　本书内容包括：鼠疫杆菌、鼠蚤与鼠疫、鼠传鼠疫之防御方法等。

　　　　收藏单位：重庆馆、南京馆

04280

鼠疫防治实施办法　伯力士著　钱大椿译

[重庆]：军医署，1942，84 页，50 开（防疫必携 第 3 种）

[重庆]：军医署，1945，84 页，50 开

　　本书内容包括：鼠疫杆菌、蚤及其他传染鼠疫之虫媒、抗鼠方法等。

　　　　收藏单位：重庆馆、广东馆、南京馆、浙

江馆

04281

鼠疫概要　俞松筠　祝绍煌著

重庆：商务印书馆，1942.5，41 页，32 开

本书共 13 章，内容包括：定义、病原、传染、病理解剖、病之持续、诊断、治疗等。

收藏单位：重庆馆、广东馆、广西馆、贵州馆、国家馆、南京馆、内蒙古馆、宁夏馆、西南大学馆、浙江馆

04282

鼠疫学　东北行政委员会卫生委员会编

东北行政委员会卫生委员会，1948，151 页，32 开

本书共 3 编：鼠疫的临床、防疫站及各种检查工作、鼠疫媒介动物学。附防疫暂行条例、鼠疫预防暂行条例、防疫机关工作规章。

收藏单位：重庆馆、东北师大馆、国家馆、黑龙江馆、辽宁馆、上海馆、天津馆

04283

鼠疫要览　陈继武编

上海：商务印书馆，1918.3，134 页，32 开

本书共两编，上编《关于医学上之事项》内容包括：鼠疫略史、鼠疫之原因、鼠疫之传染等；下编《关于行政上之事项》内容包括：德国卫生局关于鼠疫之训示、德政府发布鼠疫消毒方法、日本政府发布鼠疫预防心得等。

收藏单位：重庆馆、广西馆、国家馆、湖南馆、江西馆、上海馆、首都馆、天津馆

04284

鼠疫预防工作须知　东北行政委员会卫生委员会编

东北行政委员会卫生委员会，1948，32 页，32 开

收藏单位：东北师大馆、广东馆、上海馆

04285

鼠疫之知识　振邦著

南京：现代学会，1941.1，10 页，32 开

收藏单位：南京馆

04286

战胜鼠疫之肺疫论　姚鑫振著

上海：泰东图书局，[1918.4]，44 页，32 开

白　喉

04287

白喉　江苏省立教育学院研究实验部编

无锡：江苏省立教育学院，1932.5，12 页，25 开（民众卫生丛书 15）

收藏单位：重庆馆、江西馆

04288

白喉　卫生部编

[南京]：卫生部，[1928—1949]，4 页，40 开（法定九种传染病浅说 3）

04289

白喉　姚星叔编著

上海：商务印书馆，1935.10，71 页，32 开（医学小丛书）

上海：商务印书馆，1936.1，再版，71 页，32 开（医学小丛书）

长沙：商务印书馆，1938.11，3 版，71 页，32 开（医学小丛书）

本书共 7 章：绪说、病因、症候、诊断、预后、预防、疗法。

收藏单位：重庆馆、广东馆、贵州馆、国家馆、黑龙江馆、湖南馆、江西馆、辽宁馆、南京馆、上海馆、浙江馆

04290

白喉及其预防方法　福建全省卫生处编

福建全省卫生处，1938.12，10 页，64 开（传染病小丛书 5）

收藏单位：南京馆

04291

白喉及其预防方法　蒙藏委员会编译室编

蒙藏委员会编译室，1941，12+8 页，32 开（卫生常识小丛书 5）

本书内容包括：白喉的病因、年龄和白

喉的关系、白喉的症状、白喉和个性的关系、白喉的治法等。

　　收藏单位：重庆馆

04292

白喉及其预防方法　内政部卫生署编

南京：内政部卫生署，1933，再版，12 页，50 开（传染病小丛书 9）

南京：内政部卫生署，1935.9，3 版，12 页，50 开

重庆：内政部卫生署，1938.5，3 版，14 页，50 开（传染病小丛书 9）（内政部卫生署刊物 15 册籍类 15）

　　本书共 10 章，内容包括：说明、白喉是怎样得来的、年龄和白喉的关系、白喉和个性的关系、白喉的症状等。

　　收藏单位：重庆馆、贵州馆、国家馆、南京馆、上海馆

04293

喉痧新论　丁福保译

上海：文明书局，1913.1，再版，28 页，22 开，精装（丁氏医学丛书）

　　本书共两编：上编"喉痧浅说"内容包括：本病发生时之注意、本病之症状、气管切开术等；下编"喉痧言粹"内容包括：原因、解剖的变化、诊断等。

　　收藏单位：重庆馆、浙江馆

04294

喉痧新论　丁福保译述

上海：医学书局，1911，再版，28 页，22 开（丁氏医学丛书）

上海：医学书局，1913.1，再版，28 页，22 开（丁氏医学丛书）

上海：医学书局，1922.6，3 版，28 页，22 开（丁氏医学丛书）

上海：医学书局，1930.7，再版，28 页，22 开（丁氏医学丛书）

　　收藏单位：安徽馆、国家馆、上海馆

04295

弱型白喉菌血症　童村著

出版者不详，1941.1，[4] 页，18 开

　　本书为《中华医学杂志》第 27 卷抽印本。内容包括：临床报告、细菌检查、病理检查、讨论、结论。

　　收藏单位：国家馆

04296

预防白喉及猩红热　方石珊著

华北医报，1929，14 页，22 开

　　收藏单位：首都馆

结核病

04297

AO 成绩集（第 1 辑）　有马赖吉氏等创制

大阪：有马研究所，1929.12，52 页，22 开

　　收藏单位：上海馆

04298

AO 之解说及文献　有马赖吉氏等发见

大阪：有马研究所，1929，5 版，16 页，22 开

　　收藏单位：上海馆

04299

肠结核在爱克斯光线上之研究　吴静　谢志光著

北平：中华医学杂志社，[1931]，21 页，18 开

　　本书为《中华医学杂志》第 17 卷第 5 期抽印本。

　　收藏单位：国家馆

04300

成都市结核病之流行病学　李克温　俞焕文著

[南京]：国立中央大学医科研究所公共卫生学部，1946.3，12 页，18 开（国立中央大学医科研究所公共卫生学部研究报告 5）

　　本书原载于《现代医学季刊》第 1 卷第 3—4 期。正文题目下印有：1884 小学生结核

素测验及萤光透视检查。

收藏单位：国家馆

04301

恩嘉罗波痨病药实验的证据

伦敦：英国本行司缔芬，[1911—1949]，48 页，32 开

收藏单位：江西馆

04302

儿童肺结核防治法 （苏）密陀维柯夫撰　朱滨生译

上海：时代书报出版社，1949.2，37 页，42 开（时代通俗医学小丛书）

本书内容包括：肺结核是一种小儿的病症、肺结核并不遗传、小儿肺结核的传染来源、小儿的肺结核感染性等。

收藏单位：广东馆、国家馆、天津馆

04303

儿童肺结核防治法 （苏）密陀维柯夫撰　朱滨生译

扬州：苏北新华书店，1949.8，29 页，50 开

收藏单位：国家馆

04304

防痨救国（中国防痨协会第三届征募大会特刊） 中国防痨协会编

［上海］：中国防痨协会，[1936.5]，46 页，16 开

本书内容包括：中国防痨协会第三届征募大会组织大纲、本会诊疗所之任务、中国防痨协会的过去与将来等。

收藏单位：国家馆

04305

防痨运动 行政院新闻局编

南京：行政院新闻局，1947.11，14 页，32 开

本书介绍中国结核病发病及防治工作情况。共 7 部分，内容包括：我国结核病之严重情形、肺结核病之特性、现代结核病防治之方法、我国最近防痨之概况等。

收藏单位：安徽馆、重庆馆、广东馆、广

西馆、国家馆、湖南馆、江西馆、近代史所、南京馆、内蒙古馆、上海馆、首都馆、天津馆、浙江馆

04306

防痨展览特刊 中国防痨协会编

上海：中国防痨协会，[1936.10]，20 页，32 开

收藏单位：江西馆、南京馆

04307

肺病 林莹编著

上海：世界书局，1935.1，108 页，32 开（医学丛书）

上海：世界书局，1948，再版，108 页，32 开（医学丛书）

本书共 14 部分，内容包括：肺结核之原因、肺结核之病理、肺结核之经过、肺结核之症状、肺结核之诊断、人生各时期之结核、肺结核之疗法等。

收藏单位：重庆馆、广东馆、贵州馆、国家馆、湖南馆、江西馆、辽大馆、绍兴馆、浙江馆

04308

肺病的自己诊断法和治疗大纲 宋大仁著

上海：[出版者不详]，1933.10，82 页，32 开

04309

肺病疗养法 （日）北里柴三郎著　景得益译

上海：中华书局，1919.10，96 页，32 开（卫生丛书）

上海：中华书局，1923，再版，96 页，32 开

上海：中华书局，1926，4 版，96 页，32 开（卫生丛书）

上海：中华书局，1928.3，5 版，96 页，32 开（卫生丛书）

上海：中华书局，1929.10，6 版，96 页，32 开（卫生丛书）

上海：中华书局，1930，6 版，96 页，32 开（卫生丛书）

上海：中华书局，1931.10，7 版，96 页，32 开（卫生丛书）

上海：中华书局，1933.2，8 版，96 页，32 开
（卫生丛书）

上海：中华书局，1936，10 版，96 页，32 开
（卫生丛书）

　　本书内容包括：肺脏有何作用、咯血为何
可怕、人牛结核之异同、深呼吸之实行法等。

　　收藏单位：重庆馆、广西馆、国家馆、湖
南馆、首都馆、浙江馆

04310

肺病疗养法　丁福保著

医学书局，[1933]，51+13 页，50 开

04311

肺病疗养法　丁惠康编

上海：中华书局，1929.7，79 页，16 开

　　本书介绍各种肺病的症状和疗养方法。

　　收藏单位：浙江馆

04312

肺病疗养法　何穆等著

张家口：新华书店晋察冀分店，1946.5，44
页，32 开（卫生常识）

　　收藏单位：国家馆

04313

肺病疗养法　王鸿智著

重庆：博文书局，1945.5，2 版，136 页，32 开

　　本书内容包括：绪论、肺结核之传染及
发病、初期肺结核之症状、肺结核之诊察等。
书中题名：肺结核病疗养法。

　　收藏单位：重庆馆、国家馆

04314

肺病疗养谈　龙毓莹著

上海：中华书局，1932.7，64 页，32 开

上海：中华书局，1938.10，4 版，64 页，32 开

上海：中华书局，1947.10，5 版，64 页，32 开

　　本书共 13 章，内容包括：导言、疗养总
论、体温与脉搏、运动、饮食、吐痰、咳嗽、
咯血及盗汗等。

　　收藏单位：广东馆、广西馆、国家馆、江
西馆、南京馆、上海馆、绍兴馆、首都馆、

浙江馆

04315

肺病疗养新法集　郭人骥等著

上海：康健书局，1936.6，130 页，32 开（康
健丛书）

上海：康健书局，1942.8，再版，130 页，32
开（康健丛书）

上海：康健书局，1943.9，再版，130 页，32
开（健康丛书）

上海：康健书局，1948.11，再版，130 页，32
开

　　本书共 18 项，内容包括：肺痨征候及其
疗法、经济的肺病疗养法、肺结核的福音、
肺结核病之空气疗法、肺痨患者的食饵疗法
等。

　　收藏单位：重庆馆、东北师大馆、广东
馆、贵州馆、国家馆、湖南馆、南京馆、上
海馆

04316

肺病疗养要诀　张锡贤著

出版者不详，[1947.5]，10 页，32 开

　　收藏单位：南京馆

04317

肺病疗养指南　刘仲明著

奉天（沈阳）：盛京施医院肺病科，1940，5
版，153 页，32 开

　　收藏单位：首都馆

04318

肺病临床实验录（第 1 集）　沈炎南著　胡光
慈　沈仲圭校

重庆：新中华医药月刊社、新中华医药学会出
版事业委员会，1946.9，106 页，32 开（新中
华医药丛书 3）

　　本书为中西医结合著作。上篇用西医理
论概述肺结核的病源、病理、症状及预防休
养问题；下篇收编肺结核临床病历 63 例，具
体介绍其症状、治疗经过及中药处方。

　　收藏单位：重庆馆、国家馆

04319

肺病实地疗养法　丁福保著

上海：医学书局，1940.1，121 页，32 开

上海：医学书局，1947.2，再版，121 页，32 开

　　本书共 23 章，内容包括：感冒可变成肺病或不变肺病、肋膜炎及其疗养法、易误为心脏病之肺病等。

　　收藏单位：上海馆、浙江馆

04320

肺病实验新疗法　（日）小田部庄三郎著　丁惠康校

上海：医学书局，1933.6，110 页，32 开，精装

04321

肺病四好疗养法　孙达之著

南京：善天国医院筹备办事处，1949.3，17 页，32 开

　　收藏单位：南京馆

04322

肺病特效疗法　丁惠康编

上海：上海肺病疗养院，[1911—1949]，52 页，32 开，精装

04323

肺病须知　冯子钧著

贵阳：文通书局，[1911—1949]，46 页，36 开

　　收藏单位：上海馆

04324

肺病预防及根治法　陈迫强编

上海：经纬书局，[1912—1949]，98 页，50 开（经纬百科丛书）

　　本书封面题名：肺病预防及自疗法。

　　收藏单位：广东馆、黑龙江馆

04325

肺病预防及疗养法　（日）原荣著　王颂远译　余云岫订补

上海：商务印书馆，1921.3，2 册（48+48 页），

32 开（医学小丛书）

上海：商务印书馆，1922.3，再版，2 册，32 开（医学小丛书）

上海：商务印书馆，1923.11，3 版，2 册（48+48 页），32 开（医学小丛书）

上海：商务印书馆，1925，4 版，2 册（48+48 页），32 开（医学小丛书）

上海：商务印书馆，1926.7，5 版，2 册（48+48 页），32 开（医学小丛书）

上海：商务印书馆，1929.1，6 版，2 册（48+48 页），32 开（医学小丛书）

　　本书共 5 章：预防总法、消极预防法、积极预防法、疗养总法、肺痨病人疗养之根本法。

　　收藏单位：重庆馆、广东馆、广西馆、贵州馆、国家馆、湖南馆、南京馆、首都馆、天津馆、浙江馆

04326

肺病预防疗养教则　（日）原荣讲述　谢筠寿译述　孙去病校

上海：社会医报馆，1933.4，2 册（160+116 页），22 开（社会医学丛书）

　　本书内容包括：结核病一般教则（人类对结核教则）、预防、疗养等。封面印：第 47 版。

　　收藏单位：国家馆、上海馆

04327

肺病之克服　陈长辛著

重庆：晨光书局，1944.1，74 页，32 开

重庆：晨光书局，1944.4，再版，74 页，32 开

[上海]：晨光书局，1946.4，74 页，32 开

上海：晨光书局，1948.6，3 版，74 页，32 开

　　本书共 13 章，内容包括：肺痨病的病状浅释、肺痨病者必须明白的几件事、肺痨病与气候的关系、肺痨病与妊娠、肺痨病的治疗等。

　　收藏单位：重庆馆、东北师大馆、广东馆、广西馆、国家馆、黑龙江馆、南京馆、上海馆

04328

肺病指南　丁福保编

上海：医学书局，1933.9，206 页，32 开

上海：医学书局，1941.4，3 版，206 页，32 开

上海：医学书局，1946.10，改正 11 版，206 页，32 开

上海：医学书局，1948.5，12 版，206 页，32 开

本书共 9 编，内容包括：肺病之历史及原因、治疗结核之概本方针、结核与精神修养、对症疗法、结核豫防法等。

收藏单位：广东馆、国家馆、湖南馆、南京馆、内蒙古馆、上海馆

04329

肺病指南　朱振声编

上海：大众书局，1933.5，113 页，25 开

上海：大众书局，1936，重版，113 页，25 开

本书共 3 部分：关于肺之生理者、关于肺之疾患者、关于肺病之现象者。

收藏单位：广东馆、首都馆、浙江馆

04330

肺病治疗法　陈其亮编

上海：商务印书馆，1935.9，24 页，50 开（民众基本丛书 第 1 集 卫生类）

上海：商务印书馆，1935.11，3 版，24 页，50 开（民众基本丛书 第 1 集 卫生类）

收藏单位：上海馆、首都馆

04331

肺病治疗原理　（日）松永佛骨著　吴藻溪译

北平：[东方学社]，1934.2，62 页，32 开

收藏单位：国家馆、首都馆

04332

肺病自疗法（最新学理：中西合治）　尤学周编

上海：中央书店，1941.2，256 页，32 开

上海：中央书店，1941.7，再版，255 页，32 开

上海：中央书店，1945，256 页，32 开

本书共 9 章，内容包括：肺痨之原因、肺痨之诊断法、肺痨之几个时期、肺痨之种种

现象、肺痨之预防法等。

收藏单位：重庆馆、国家馆、南京馆、绍兴馆、天津馆

04333

肺病自疗经验谈　孙佛影著

上海：华华书局，1932.11，72 页，32 开

本书共 17 章，内容包括：余肺病之治愈经过情形、肺痨之原因、肺痨病之症候、肺痨之疗治、休息疗法、饮食疗法等。

收藏单位：浙江馆

04334

肺病自然疗法　丁惠康译

上海：医学书局，1941.1，179 页，32 开，精装（虹桥疗养院丛书）

04335

肺结核　中共中央总卫生处编

[重庆]：中共中央总卫生处，1943，1 册，32 开（卫生小丛书 1）

本书内容包括：肺结核常识、肺痨病的疗养法、肺结核病人生活指南摘要等。

收藏单位：重庆馆、山东馆

04336

肺结核（肺痨）　Mering 氏著　俞绍基译注

广州：国立中山大学出版部，1933，55 页，16 开

收藏单位：国家馆、南京馆、浙江馆

04337

肺结核病疗养法（传染、发病、诊断、治疗、养生、预防）　王鸿智编著

出版者不详，[1914.2]，114 页，32 开

出版者不详，1941，114 页，32 开

本书内容包括：肺结核之传染及发病、初期肺结核等。

收藏单位：重庆馆、广西馆

04338

肺结核病（肺痨）问答一千则　崔谷忱编著

北平：崔谷忱，1936.10，[18]+348 页，32 开

本书内容曾于 1936 年 2—3 月间在《大公报》及《丙寅医学周刊》连载，共 1002 则。书前有全绍清、李涛序。

收藏单位：国家馆

04339

肺结核近世疗法　丁惠康编

上海：医学书局，1930，151 页，32 开，精装

本书内容包括：肺结核之近世疗法、肺结核最新治疗之种种、德国柏林大学之肺结核最新处方录、咯血之处置及疗法、肥壮法、盗汗之新疗法等。

收藏单位：广西馆、吉林馆、南京馆

04340

肺结核疗养新术　（日）远藤繁清著　文介藩　彭丰根译

上海：中华学艺社，1934.10，162 页，32 开，精装（学艺丛书 21）

上海：中华学艺社，1935.4，再版，162 页，32 开（学艺丛书 21）

上海：中华学艺社，1937.3，3 版，162 页，32 开，精装（学艺丛书 21）

本书共 28 章，内容包括：疗养法之根本方针、安静疗法、大气疗法、荣养疗法、疗养地与住居等。

收藏单位：国家馆、湖南馆、宁夏馆、上海馆、浙江馆

04341

肺结核浅说　胡嘉言著　杜克明校

上海：胡嘉言，1936.8，157 页，22 开

本书共 13 章，内容包括：结核菌、发生结核之诱因、肺结核之演进、病理解剖、肺结核症之分期、临床检查法、肺结核的合并症等。

收藏单位：贵州馆、国家馆、湖南馆、内蒙古馆、上海馆

04342

肺结核与人工气胸术　朱烨著

上海：永祥印书馆，1944.11 印，63 页，32 开

本书共两篇：肺结核、人工气胸术。

收藏单位：黑龙江馆、上海馆、浙江馆

04343

肺结核诊疗之实际（又名，近世肺结核研究概观）　方植民译著　姚伯麟校阅

上海：启智书局，1933.4，102 页，25 开

本书共 14 章，内容包括：历史、结核菌、疫学、病理解剖、症候、病型、诊断等。

收藏单位：广东馆、广西馆

04344

肺结核症再发之预防　（德）Lomisch 著　洪式间译　顾寿白校

外文题名：Prevention of relapses of tuberculosis

上海：商务印书馆，1922.6，57 页，32 开

上海：商务印书馆，1926.8，再版，57 页，32 开

上海：商务印书馆，1933.5，国难后 1 版，38 页，32 开（医学小丛书）

上海：商务印书馆，1934.12，国难后 2 版，38 页，32 开（医学小丛书）

长沙：商务印书馆，1939，国难后 4 版，38 页，32 开（医学小丛书）

[长沙]：商务印书馆，1939.12，国难后 5 版，38 页，32 开（医学小丛书）

上海：商务印书馆，1947，6 版，38 页，32 开（医学小丛书）

本书初版封面题名：通俗医学肺结核症再发之预防。译者原题：洪百容。

收藏单位：重庆馆、广东馆、广西馆、贵州馆、国家馆、湖南馆、江西馆、辽宁馆、南京馆、内蒙古馆、上海馆、首都馆、天津馆、西南大学馆、浙江馆

04345

肺结核之常识　（日）今村荒男著　傅麓崖译

上海：中华书局，1937.7，256 页，32 开（卫生丛书）

上海：中华书局，1949.3，再版，256 页，32 开（卫生丛书）

本书共 7 章，内容包括：绪论、肺结核之传染及发病、初期肺结核之症状、肺结核之诊查等。

收藏单位：重庆馆、东北师大馆、广东馆、国家馆、黑龙江馆、江西馆、上海馆

04346

肺结核之常识　（日）今村荒男著　张矫然译

上海：商务印书馆，1935.11，185 页，32 开（医学小丛书）

上海：商务印书馆，1936，2 版，185 页，32 开（医学小丛书）

长沙：商务印书馆，1939，3 版，185 页，32 开（医学小丛书）

重庆：商务印书馆，1943.12，149 页，32 开（医学小丛书）

重庆：商务印书馆，1945，2 版，149 页，32 开（医学小丛书）

上海：商务印书馆，1947，5 版，185 页，32 开（医学小丛书）

上海：商务印书馆，1949.4，6 版，185 页，32 开（医学小丛书）

收藏单位：重庆馆、广东馆、国家馆、湖南馆、吉林馆、江西馆、南京馆、宁夏馆、上海馆、首都馆、天津馆、西南大学馆、浙江馆

04347

肺结核之人工气胸疗法　（日）佐久间利久著　沈乾一译

上海：医学书局，1932.6，112 页，36 开，精装

收藏单位：广东馆、上海馆、天津馆

04348

肺结核之早期诊断　（美）Hawes 著　陈闻达编译　杨拙庐　张寿山校

出版者不详，[1930]，[64] 页，32 开

本书共 10 章，内容包括：病势之分类、既往症之询问、一般理学的诊查、胸廓部理学的诊查、结核素在诊断上之价值等。

收藏单位：国家馆、浙江馆

04349

肺痨　（日）原荣著　王颂远译

外文题名：Pulmonary tuberculosis

上海：商务印书馆，1921.3，83 页，32 开

上海：商务印书馆，1930.4，10+83 页，32 开（医学小丛书）（万有文库 第 1 集 542）

上海：商务印书馆，1932.11，国难后 1 版，10+83 页，32 开（医学小丛书）

上海：商务印书馆，1934，再版，10+83 页，32 开（医学小丛书）（万有文库 第 1 集 542）

上海：商务印书馆，1934.7，3 版，83 页，32 开（医学小丛书）

上海：商务印书馆，1934.9，国难后 4 版，83 页，32 开

上海：商务印书馆，1935.5，国难后 5 版，10+83 页，32 开（医学小丛书）

[长沙]：商务印书馆，1939，国难后 6 版，10+83 页，32 开（医学小丛书）

[长沙]：商务印书馆，1939.12，10+83 页，32 开（万有文库 第 1—2 集简编）（医学小丛书）

本书共 5 章：预防总则、消极预防法、积极预防法、疗养总则、肺痨病人疗养之根本法。

收藏单位：安徽馆、重庆馆、东北师大馆、广西馆、贵州馆、国家馆、黑龙江馆、湖南馆、江西馆、辽大馆、辽师大馆、南京馆、内蒙古馆、宁夏馆、上海馆、首都馆、天津馆、浙江馆

04350

肺痨病的常识　彭庆昭等著

韬奋书店，1945.10，57 页，32 开

本书共 6 章：呼吸和肺痨病、肺结核常识、肺痨病的疗养法、肺结核病人生活指南摘要、怎么用太阳光治肺痨病、一位痨籍逃生者的经验谈。

收藏单位：国家馆、山西馆

04351

肺痨病救护法　丁福保译

上海：医学书局，1911.1，112 页，22 开

上海：医学书局，1912.8，再版，112 页，22 开，精装（丁氏医学丛书）

上海：医学书局，1926.7，112 页，22 开（丁氏医学丛书）

上海：医学书局，1932.1，再版，112 页，22

开

本书论述肺结核的病因、病理、症状、合并症、治疗及预防等。共 11 章，内容包括：肺结核之名义、肺结核之原因、肺结核之症候、肺结核之合并症、肺结核之病理、肺结核之豫后等。

收藏单位：广东馆、国家馆、黑龙江馆、南京馆、内蒙古馆、上海馆、天津馆、浙江馆

04352

肺痨病人须知　陶荣锦　星兆铎合编

[南京]：中央卫生实验院，1947.1，20 页，32 开

[南京]：中央卫生实验院，1948.8，20 页，32 开

本书讲述肺结核病人如何注意病情和疗养等。

收藏单位：国家馆、南京馆、浙江馆

04353

肺痨病学　沈乾一译

上海：医学书局，1930.8，134 页，16 开

本书内容包括：原因及病理、症状及经过、病型、诊断、预防法、治疗法等。

收藏单位：广东馆、湖南馆、南京馆、上海馆、浙江馆

04354

肺痨病一夕谈　丁福保译述

上海：医学书局，1911.8，再版，48 页，23 开（丁氏医学丛书）

上海：医学书局，1914.12，3 版，48 页，23 开，精装（丁氏医学丛书）

上海：医学书局，1929.10，48 页，23 开（丁氏医学丛书）

本书介绍肺结核病的治疗养护知识。共两编：肺病摄生法、肺病豫防法。

收藏单位：国家馆、辽宁馆、南京馆、上海馆

04355

肺痨病预防法　（日）竹中成宪著　丁福保译

上海：医学书局，1913.4，3 版，95 页，22 开，精装（丁氏医学丛书）

上海：医学书局，1917.4，4 版，95 页，22 开，精装（丁氏医学丛书）

本书介绍结核病的危害、预防及治疗。

收藏单位：国家馆、湖南馆、浙江馆

04356

肺痨病预防疗养新书　张宜全著

出版者不详，[1911—1949]，38 页，32 开

本书共 8 章：肺痨病之原因、肺痨病之传染、肺痨病之经过、肺痨病之病状、肺痨病之预防、肺痨病之卫生、肺痨病之医治、肺痨病之疗养。

收藏单位：国家馆、天津馆

04357

肺痨病自己疗养法　刘棨敬编

上海：光达医院，1932.10，1 册，32 开

本书共 3 篇：肺痨病疗养原则、对症疗法及局部疗法、疗养生活上特须注意之事项。

收藏单位：广东馆、国家馆、上海馆

04358

肺痨病自己疗养法　刘棨敬编撰

杭州：新医书局，1948.12，2 版，84 页，36 开

收藏单位：国家馆

04359

肺痨答客问　胡昌其编著

出版者不详，1946.10，20 页，25 开

收藏单位：江西馆

04360

肺痨斗病术（一名，肺病最经济之疗养法）　丁福保编纂　丁惠康校订

[上海]：[医学书局]，1940.1，118 页，32 开

上海：医学书局，1947.4，再版，111 页，32 开

收藏单位：广东馆、南京馆、上海馆、绍兴馆

04361

肺痨概论　陈庆魁著

贵阳：文通书局，1947.9，76 页，32 开（医学丛书）

上海：文通书局，1948.3，76 页，32 开（医学丛书）

　　本书共 18 章，内容包括：结核病之传染源、结核菌及其检查法、肺结核之感染、肺结核病理解剖、肺结核之型类及经过、肺结核患者之症状等。

　　收藏单位：重庆馆、广东馆、广西馆、贵州馆、国家馆、南京馆、上海馆、西南大学馆、浙江馆

04362

肺痨咯血　M. Jaquerod 著　S. F. Silberbauer 英译　卢永春译

外文题名：Haemoptysis in pulmonary tuberculosis

北平：天然疗养院，1933.5，88 页，32 开，精装

　　本书共 6 章：咯血常率、咯血之发生、咯血临证分类、咯血之诱因与预防、肺痨咯血之疗法、结论。

　　收藏单位：国家馆、首都馆、天津馆

04363

肺痨家庭疗养法　中国防痨协会编

上海：中国防痨协会，[1933—1949]，11 页，36 开

04364

肺痨康复法　（美）白郎劳霖生著　郭美孙编译　姜体仁校

北平：青美图书室，1935.1，315 页，25 开

　　收藏单位：重庆馆、国家馆、首都馆

04365

肺痨康复法　俞凤宾译著

上海：商务印书馆，1923.5，106 页，32 开

上海：商务印书馆，1928.9，3 版，106 页，32 开

上海：商务印书馆，1930，4 版，[20]+106 页，

32 开（卫生学要义）

上海：商务印书馆，1932.12，国难后 1 版，[20]+106 页，32 开

上海：商务印书馆，1933.12，国难后 2 版，106 页，32 开（卫生学要义）

上海：商务印书馆，1935.5，国难后 3 版，125 页，32 开（医学丛书）

[长沙]：商务印书馆，1941，国难后 4 版，[20]+106 页，32 开

　　本书从患者的休息、饮食、起居、运动等问题，介绍该病的康复方法。共 26 章，内容包括：病者之一日间、户外安坐、病者之居室等。

　　收藏单位：安徽馆、重庆馆、广东馆、广西馆、国家馆、黑龙江馆、湖南馆、江西馆、首都馆、天津馆、浙江馆

04366

肺痨须知　刘蕴川著

北京：刘蕴川，[1942.10]，40 页，32 开

　　本书共两篇：肺痨病之预防、肺痨病之疗养。

　　收藏单位：国家馆、首都馆

04367

肺痨须知　吴兴业著

上海：吴兴业，[1927.6]，36 页，32 开

04368

肺痨预防法（一名，肺结核预防法）　丁福保著

上海：医学书局，[1911—1949]，60 页，50 开

04369

肺痨预防法及治疗法

出版者不详，[1911—1949]，8 页，18 开

　　本书为学术讲演会讲演录。

　　收藏单位：重庆馆、广东馆、首都馆

04370

肺痨预防及疗养　陈光宇著

上海：泰东图书局，1922.2，144 页，32 开

04371

肺痨预防与社会改良之关系 P. W. Chien 著
钱泰基译著
外文题名：Prevention of tuberculosis and social reform
上海：中华基督教青年会全国协会书报部，1916.12，28 页，64 开（社会改良丛书）

收藏单位：国家馆

04372

肺痨之原因及预防 俞庆恩著
出版者不详，[1911.7]，20 页，21 开

收藏单位：上海馆

04373

肺痨指迷 黄鼎瑚著
上海：上海肺病疗养院，1933.4，40 页，32 开
上海：上海肺病疗养院，1937.6，4 版，40 页，32 开

收藏单位：上海馆

04374

各国肺痨最近统计 丁惠康著
[上海]：[医学书局]，[1911—1949]，49 页，23 开

本书附我国防痨之实施方法。

收藏单位：广东馆、上海馆

04375

结核病（一名，痨病）（美）H. E. Kleinschmidt 著　吴建庵译
上海：广协书局，1939，94 页，64 开（国民健康丛书 18）

收藏单位：广东馆

04376

结核病预防法 北京特别市公署宣传处　北京特别市公署卫生局编
北京：北京特别市公署治安强化运动本部，1942，25 页，32 开，环筒页装（第五次治安强化运动丛书 6）

收藏单位：首都馆

04377

结核病预防法 朱烨著
上海：世界书局，1948.2，51 页，32 开

本书共 4 章：历史、感染预防、发病预防、BCG 疫苗结核预防接种。

收藏单位：重庆馆、东北师大馆、广东馆、上海馆

04378

结核常识 谭世鑫著
长沙：湘雅医科大学，1930.2，44 页，32 开（医药常识丛刊 4）

本书内容包括：结核病之传染方法、结核病之预防方法、肺结核治疗学等。

收藏单位：国家馆、浙江馆

04379

结核救星 沈伯超著
上海：平民医药周报社，1948.8，84 页，32 开

本书内容包括：结核的传染及发病、肺结核的进展、肺结核等。

收藏单位：南京馆、上海馆

04380

结核菌素及结素试验
出版者不详，1949.6，7 页，32 开

本书内容包括：结核菌素发明经过、结素反应与免疫力、结素实验有否危险等。

收藏单位：国家馆

04381

结核菌物语 天笑生编辑
上海：有正书局，1915，75 页，32 开

收藏单位：吉林馆

04382

近世肺病新疗法 丁福保著
上海：医学书局，1941.6，80 页，32 开

本书共 13 章：结核在社会上之蔓延状态、

结核之病原、肺结核之传染路径、结核菌所引起之病态变化、肺结核之各期、肺结核初期之病征、肺结核之诊断法、肺结核治疗法、活动性结核、肺结核病人之结婚、肺结核孕妇之打胎、肺萎缩疗法（肺虚脱疗法）、肺结核之豫防法。

　　收藏单位：南京馆

04383

抗痨　刘德启等著

上海：抗痨出版部，1941.1，149 页，32 开

　　本书共 10 章：本书著述之动机、健康人应如何防痨、呼吸器之解剖与生理、结核杆菌之性状、肺结核之病理学、肺结核患者对于自己病状应有之认识、肺结核之合并症、非肺结核性之肺病、肺结核与公共卫生、诊疗报告。

　　收藏单位：国家馆、内蒙古馆、上海馆

04384

抗痨战争　余正行编著

上海：家杂志社，1949.1，35 页，32 开

　　本书介绍结核病的病源、传染、诊断及防治。

　　收藏单位：广西馆、黑龙江馆、首都馆

04385

痨病　胡宣明编

上海：中华卫生教育会，1921，修正版，12 页，32 开（中华卫生教育小丛书 第 4 文理）

　　本书共 6 节，内容包括：痨病害人之深、人何以得痨病、肺痨之病状等。

　　收藏单位：国家馆

04386

痨病　江苏省立教育学院研究实验部编

无锡：江苏省立教育学院，1931.6，10 页，32 开（民众卫生丛书 4）

　　收藏单位：重庆馆、江西馆

04387

痨病　刘济群著

上海：中华书局，1948.6，24 页，36 开（中

华文库 民众教育 1）

　　本书收文 7 篇:《痨病是什么》《有了痨病不要怕》《早点发觉》《痨病的症状》《怎样治疗痨病》《怎样看护肺痨病人》《怎样预防痨病》。

　　收藏单位：东北师大馆、广东馆

04388

痨病防疗　李兴著

上海：文华图书公司，1934.7，51 页，32 开

　　收藏单位：广东馆

04389

痨病救星（实验图解）　郭人骥著　宓泰治刘绪权校订

上海：社会卫生丛书编辑部，1935.10，[92]+204+42 页，32 开（社会卫生丛书 第 1 辑）

　　收藏单位：重庆馆、国家馆

04390

痨病疗治与预防法　乐柯冰玉（E. Rowley）著　饶更钊校

汉口：中国基督圣教书会，1948，再版，14 页，42 开

　　本书共 6 部分：关于婴儿方面、关于成人方面、关于家庭方面、痨病的初状及饮食、肺病的简易疗治法、最后的几句话。

　　收藏单位：国家馆

04391

痨病论　卢永春著

北平：中华医学会反痨积金社，1929.1，142 页，32 开

北平：中华医学会反痨积金社，1930.6，再版，201 页，32 开

北平：中华医学会反痨积金社，1932，3 版，201 页，32 开

北平：中华医学会反痨积金社，1934.12，4 版，201 页，32 开

北平：中华医学会反痨积金社，1937.9，5 版，194 页，32 开

　　本书内容包括：痨病历史、痨病流行、痨菌说明、传染病大旨、痨病的传染、痨病病

因学、痨病免疫法、痨病病状说、痨病的诊断等。

收藏单位：国家馆、湖南馆、南京馆、上海馆、首都馆、天津馆

04392

痨病容易除根（白话小书）

北京：[北京协和医院]，[1925.6]，14页，32开

收藏单位：国家馆

04393

痨病学纲要 张腾蛟著

福州：福建胜利出版社，1947.12，124页，32开

收藏单位：福建馆

04394

痨虫战争记 丁福保著

上海：医学书局，1916.6，再版，62页，24开，精装（丁氏医学丛书）

本书介绍结核病的病因、症状、传染途径及其防治常识。共47节，内容包括：结核菌之繁殖法、结核菌与人类之战争、豫定之行动、肺结核早期诊断等。

收藏单位：上海馆、天津馆

04395

链霉素对于肺痨之效验——二二三例实验之初步报告（内科近展） 霍利（P. L. Hawley）著 余恩编译

[上海]：中华医学会，1948.9，19页，22开（中华医学会—近代医学丛书3）

本书内容包括：源起、病例选择之标准、摄生法、化验手续、连络工作、对照、X光观察、临床之观察等。

收藏单位：国家馆、辽宁馆、南京馆、上海馆

04396

煤油疗肺实验集 日本黎明会编 丁惠康校刊

上海：医学书局，1934.5，140页，32开

收藏单位：上海馆

04397

痊愈日记 卢永春编译

北平：卢永春，1929，65页，64开

收藏单位：国家馆

04398

施用两侧的人工气胸术之检讨 陈长辛著

[上海]：广济医刊，1935.1，[4]页，16开

本书为《广济医刊》1935年第12卷抽印本。

收藏单位：上海馆

04399

实验疗肺学 丁惠康编

上海：医学书局，1936.7，207页，22开，精装

本书共5部分：统计、预防、免疫、病理、治疗。

收藏单位：广东馆、国家馆、浙江馆

04400

实用长寿法 杜本岳著

长沙：湖南群治大学图书出版社，1925.8，84页，32开（群大丛书）

长沙：湖南群治大学图书出版社，1931.1，84页，32开（群大丛书）

长沙：湖南群治大学图书出版社，1944，8版，84页，32开（群大丛书）

长沙：湖南群治大学图书出版社，1945.1，9版，84页，32开（群大丛书）

长沙：湖南群治大学图书出版社，1945，10版，84页，32开（群大丛书）

长沙：湖南群治大学图书出版社，1945.7，11版，84页，32开（群大丛书）

长沙：湖南群治大学图书出版社，1947.7，11版，84页，32开（群大丛书）

本书共19章，内容包括：肺痨病的传染、肺痨病的主因、肺痨病的病状、肺痨病的治疗法等。

收藏单位：重庆馆、广东馆、国家馆、黑龙江馆、湖南馆、南京馆、内蒙古馆、上海馆

04401

四川北碚区学童结核菌感染率之研究　邵象伊　欧阳壬官著

镇江：国立江苏医学院卫生学教室，1947.4，8 页，16 开

　　收藏单位：南京馆

04402

四肢大长骨干结核病在临诊及爱克司光上之研究　谢志光　张去病等著

外文题名：Tuberculosis of the shaft of the large long bones of the extremities

[上海]：中华医学杂志社编辑部，1934.6，13 页，16 开

　　本书为《中华医学杂志》第 20 卷第 6 期抽印本。

　　收藏单位：国家馆

04403

危机潜伏阁下知道么　中国防痨协会编

上海：中国防痨协会，[1933—1949]，15 页，36 开

　　本书以问答形式介绍肺病防治知识。

　　收藏单位：南京馆

04404

新撰虚劳讲义（一名，结核全书）　丁福保译

上海：医学书局，1912.4，162 页，22 开，精装

上海：医学书局，1916，再版，[16]+162 页，22 开，精装

上海：医学书局，1926.8，162 页，22 开

　　本书共 25 章，内容包括：总论、肺结核（一名肺痨）、肠结核、胃结核、喉头结核、舌结核、鼻腔结核、结核性脑膜炎等。

　　收藏单位：重庆馆、国家馆、南京馆、上海馆、浙江馆

04405

虚痨精义　李振轩译著

外文题名：Treatise on tuberculosis

上海：李振轩，1917.5，再版，74 页，22 开，精装

　　本书共 6 部分：结核菌、结核菌之化学、病理及解剖变化、症候、诊断、特殊诊断法。

　　收藏单位：浙江馆

04406

一致抗痨　中国防痨协会编

[上海]：中国防痨协会，1935.4，12 页，16 开

　　收藏单位：国家馆

04407

隐敌——如何防御　（美）米勒耳（H. W. Miller）著　梅晋良译

外文题名：Tuberculosis:the hidden enemy

上海：时兆报馆，1935.12，62 页，32 开

上海：时兆报馆，1936.4，增订 4 版，62 页，32 开

上海：时兆报馆，1936.6，增订 5 版，93 页，32 开

上海：时兆报馆，1936.9，增订 6 版，93 页，32 开

上海：时兆报馆，1936.12，增订 7 版，93 页，32 开

　　本书内容包括：可怕而可治的痨病、痨病的细菌、痨病的种类、痨病的先兆、痨病的治疗等。

　　收藏单位：重庆馆、河南馆、湖南馆、江西馆、南京馆、内蒙古馆、宁夏馆、上海馆、西南大学馆、浙江馆

04408

隐敌——如何防御　（美）米勒耳（H. W. Miller）著　单英民译

外文题名：Tuberculosis:the hidden enemy

上海：时兆报馆，1949.5，修订 8 版，62 页，32 开

　　收藏单位：安徽馆、重庆馆、江西馆、首都馆

04409

预防痨病　方石珊著

北平：[首善医院]，[1930.3]，22 页，24 开

　　本书共 4 章：痨病之流行、痨病之原因、痨病之传染、痨病之诱因。

收藏单位：国家馆、首都馆

04410

怎样和肺病奋斗 陈德献编

上海：西南医学杂志社，1947.2，5版，174页，32开

本书内容包括：发现痨菌的伟大医学家科赫、痨病的流行、痨菌的说明、痨病的传染、痨病的病因、痨病的病状等。

收藏单位：广东馆、南京馆

04411

怎样和肺病奋斗 陈德献编著 邵象伊校

重庆：陈德献，1942.6，158页，32开

重庆：陈德献，1944.2，2版，[14]+158页，32开

重庆：陈德献，1944，3版，158页，32开

本书共9章，内容包括：痨病的流行、痨菌的说明、痨病的传染、痨病的病因、痨病的病状等。

收藏单位：重庆馆、国家馆、黑龙江馆、南京馆

04412

怎样和肺病奋斗 陈德献编著 邵象伊校

昆明：华侨书店，1945，157页，32开

本书内容包括：发现痨菌的伟大医学家科赫、痨菌的传染、痨病的治疗法、痨病预防上应有的设施等。

收藏单位：重庆馆

04413

怎样和痨病奋斗 陈德献编著 邵象伊校

新化：西南医学书店，1942.6，132页，32开

收藏单位：重庆馆

04414

怎样疗养痨病 余贻倜著

北京：北京特别市公署卫生局内卫生月报编辑室，1942.1，92页，32开（卫生月报丛书1）

本书共25节，内容包括：最容易好的是痨病、安静的意义、安静的效果、安静的期限、打开你的窗户等。

收藏单位：国家馆、首都馆

04415

怎样同肺病斗争 任一碧编译

上海：北新书局，1935.4，177页，32开

本书共两部分。"总论"共7章，内容包括：同肺病战斗的意义、树立要生存的意义、自然治愈力等；"本论"共19章，内容包括：肺结核的治疗与精神力、发病当时的心、食物和嗜好、日光和空气等。

收藏单位：国家馆、辽宁馆、首都馆、天津馆

04416

怎样预防肺病蔓延 中国防痨协会编

上海：中国防痨协会，[1933—1949]，7页，32开

收藏单位：南京馆

04417

中西合参痨病诊疗集 华实孚编

上海：中华书局，1948.1，116页，32开

本书共4部分：总论、童年期之痨病（疳）、成年后之痨病、痨病之一般疗法。

收藏单位：重庆馆、广东馆、广西馆、桂林馆、国家馆、湖南馆、南京馆、内蒙古馆、上海馆、首都馆

04418

最新肺痨病预防疗养法 姚昶绪著 汪企张校

上海：中西医学实验会，1926，5版，72页，32开

上海：中西医学实验会，1934.5，6版，72页，32开

收藏单位：广东馆、广西馆、国家馆

寄生虫病

04419

寄生虫病 郭绍周著

黄河书局，[1911—1949]，84 页，36 开（医学小丛书）

本书共 17 章，内容包括：疟疾、回归热、黑热病、阿巴原虫病、蛔虫病、钩虫病、丝虫病等。

收藏单位：重庆馆

04420

寄生虫病　姚昶绪编　余云岫校

上海：商务印书馆，1921.9，47页，32 开（医学小丛书）

上海：商务印书馆，1922，再版，47页，32 开（医学小丛书）

上海：商务印书馆，1926.8，3 版，47页，32 开（医学小丛书）

上海：商务印书馆，1931.5，4 版，47页，32 开（医学小丛书）

本书共 13 章，内容包括：肠寄生虫之种类、条虫病、蛔虫病、十二指肠虫病、鞭虫病等。

收藏单位：重庆馆、广西馆、国家馆、湖南馆、上海馆、首都馆、天津馆、西南大学馆、浙江馆

04421

论福建省之寄生虫病及病原动物之生态与分步　唐仲璋著

出版者不详，1947.6，[32] 页，16 开

本书为《研究汇报》第 2 期抽印本。

04422

人体寄生虫病编　（日）小西俊三编　丁福保译

上海：医学书局，1938.7，3 版，108 页，23 开

收藏单位：上海馆

04423

人体寄生虫学　中国医科大学编

中国医科大学，[1911—1949]，油印本，1 册，18 开

收藏单位：重庆馆

04424

人与虫的搏斗（虫性传染病篇）　索非著

上海：开明书店，1941.2，210 页，32 开（医学小品集 3）

本书共 9 篇，内容包括：长征通信（黑热病之话）、假日纪游（象皮病之话）、人与虫的搏斗（肝吸虫之话）等。

收藏单位：安徽馆、重庆馆、广东馆、广西馆、国家馆、山西馆、上海馆、绍兴馆、天津馆

04425

香山慈幼院学生肠内寄生虫及血液检查成绩　洪式闾等编

北京：[香山慈幼院]，[1924.3]，[144] 页，18 开

本书共 11 章，内容包括：引言、检查手续、男女性与寄生虫病之关系、肠寄生虫分类统计等。

收藏单位：国家馆

04426

渔村——嵊泗列岛——寄生虫病流行状况

洪式闾　周昱著

[杭州]：热带病研究所，1936，8 页，14 开

本书著者参加嵊泗视察团，视察岛上的卫生状况。将检查方法以及寄生虫之种类分别统计，形成一简单报告。

收藏单位：重庆馆

原虫病

04427

恶性疟疾之临床小经验　林莹著

[杭州]：[热带病研究所]，1931，8 页，18 开（热带病研究所刊物）

收藏单位：国家馆

04428

防止桂省疟疾意见书　姚永政著

南宁：广西军医学校，1938，7 页，16 开

04429

福建省之疟疾　陈国忠编
出版者不详，1940.12，18 页，16 开
　　收藏单位：南京馆

04430

杭州之疟疾　洪式闾著
洪式闾，1931.1，50 页，16 开（热带病研究所刊物）
　　本书内容包括：疟疾研究之历史、疟疾之分布区域、杭州市疟蚊之统计等。
　　收藏单位：国家馆、天津馆

04431

黑热病　山东省胶东区行政公署卫生局编
山东省胶东区行政公署卫生局，[1949]，45 页，32 开
　　本书为关于黑热病的专论。共 14 篇，内容包括：黑热病的病理学、黑热病之实验诊断、黑热病的重要并发病、走马疳的治疗、黑热病的化学治疗等。
　　收藏单位：国家馆

04432

黑热病的防治　华北人民政府卫生部编
华北人民政府卫生部，1949.5，8 页，32 开
　　收藏单位：国家馆

04433

黑热病防治　行政院新闻局编
南京：行政院新闻局，1948.4，22 页，36 开
　　本书共 9 章，内容包括：黑热病之流行、黑热病之病源、黑热病之认识、黑热病之治疗、黑热病之传播等。
　　收藏单位：安徽馆、重庆馆、大庆馆、广东馆、广西馆、贵州馆、国家馆、湖南馆、江西馆、近代史所、南京馆、山西馆、上海馆、首都馆、天津馆、浙江馆

04434

黑热病防治实施办法　孙志戎编著
[重庆]：联勤总部军医署，1945.6，44 页，64 开（医防 5）

　　收藏单位：重庆馆

04435

黑热病诊疗法　李入林编
上海：商务印书馆，1926.10，36 页，32 开（医学小丛书）
上海：商务印书馆，1936.9，国难后 1 版，36 页，32 开（医学小丛书）
　　本书共 10 章，内容包括：症候、经过、诊断、鉴别、豫后、治法、合并症及续发症之处置等。
　　收藏单位：广东馆、辽宁馆、上海馆、首都馆

04436

抗疟教育　周尚著
上海：商务印书馆，1947.5，[18]+212 页，32 开
　　本书讲述疟疾病因、传播途径、流行病史、危害以及防治方法。共 3 篇：教师的故事、抗疟教学、抗疟教育的行政
　　收藏单位：重庆馆、广东馆、广西馆、国家馆、黑龙江馆、湖南馆、江西馆、辽宁馆、上海馆、浙江馆

04437

两年来的苏南地方病防治工作　江苏省卫生处秘书室编
镇江：江苏省卫生处秘书室，1948，20 页，32 开
　　本书讲述苏南地区血吸病的防治工作。
　　收藏单位：浙江馆

04438

脑症状显著之热带疟数例　钱潮著
[杭州]：[热带病研究所]，1931.4，5 页，18 开
　　收藏单位：国家馆

04439

疟虫宿主细胞内之点斑染出法　袁可士著
[杭州]：[热带病研究所]，1931.1，12 页，18 开

本书共 3 部分：血片之干燥与固定、血片之染色、各固定法之优劣。

收藏单位：国家馆

04440

疟疾　洪式闾著

北平：国立北平师大附中理科刊丛社，1933.4，42 页，32 开（卫生丛刊）

本书共 14 章，内容包括：疟疾之定义与历史、疟疾分布的区域、疟疾流行的成因、疟疾原虫之种类、虫体内的疟虫有性生殖现象、疟疾的症状、小儿的疟疾、疟疾发热的原理及其致死的原因、疟疾的病理解剖、疟疾的诊断等。

收藏单位：国家馆

04441

疟疾　胡定安编　顾寿白校

上海：商务印书馆，1922.8，30 页，32 开（医学小丛书）

上海：商务印书馆，1931.6，3 版，30 页，32 开（医学小丛书）

上海：商务印书馆，1933.5，国难后 1 版，30 页，32 开（医学小丛书）

上海：商务印书馆，1934，国难后 2 版，30 页，32 开（医学小丛书）

上海：商务印书馆，1935.4，国难后 3 版，30 页，32 开（医学小丛书）

[长沙]：商务印书馆，1939.7，国难后 4 版，30 页，32 开（医学小丛书）

本书共 8 章：疟疾流行史、疟疾的主要原因、豫防疟疾的必要、疟疾一般的症状、各种疟疾的症状、疟疾的诊断和辨别、疟疾的豫后、最近通行的治法。

收藏单位：重庆馆、广东馆、贵州馆、国家馆、湖南馆、江西馆、南京馆、浙江馆

04442

疟疾　华北人民政府卫生部编

华北人民政府卫生部，1949.9，24 页，32 开

收藏单位：国家馆

04443

疟疾　江苏省立教育学院研究实验部编

无锡：江苏省立教育学院，1931.6，6 页，32 开（民众卫生丛书 2）

收藏单位：重庆馆、江西馆

04444

疟疾　内政部卫生署医疗防疫队编

内政部卫生署医疗防疫队，1940.1，22 页，64 开（医防丛刊 2）

本书共 10 章：定义、疟疾原虫、传染途径、疟蚊、症状、诊断、鉴别诊断、预防、疟疾之治疗、疟疾之社会问题。

收藏单位：广东馆、国家馆

04445

疟疾　英延龄 [著]

广西军医院健社出版部，1936.1，28 页，32 开（卫生丛书 1）

本书共 11 章，内容包括：中医之疟疾观、蚊之种类及其与疟疾之关系、疟疾之种类等。

收藏单位：桂林馆

04446

疟疾的为害及其防止（汉藏文对照）　蒙藏委员会编译室编

蒙藏委员会编译室，1941.1，[40] 页，32 开（卫生常识小丛书 2）

本书共 10 章，内容包括：疟疾的土名、疟疾能够夺人生命减少人口、疟疾的原因、疟原虫怎能到人体上去、病状是怎样等。

收藏单位：国家馆、南京馆

04447

疟疾防治实施办法　施正信编著

[重庆]：军医署，1941，80 页，50 开（防疫必携 第 4 种 医防 4）

[重庆]：军医署，1945.4，再版，80 页，50 开（防疫必携 第 4 种 医防 4）

本书共 3 章：传染概要、诊疗简要、防治方法。

收藏单位：重庆馆、广东馆、南京馆

04448

疟疾概要　钱沛泽编著　周纶校

[重庆]：中华医药服务社，1944.1，84 页，
32 开

　　本书共 13 章：定义、原因、传染途径、
地理之分布状况、病死率及免疫因素、病理
解剖、症候及经过总论、症候及经过各论等。

　　收藏单位：重庆馆、国家馆

04449

疟疾及其预防　赵慰先　金锦仁编著

重庆：正中书局，1945.11，[10]+86 页，32 开
（卫生教育小丛书）

上海：正中书局，1946.11，[10]+86 页，32 开
（卫生教育小丛书）

　　本书共 14 章，内容包括：疟疾的历史、
疟疾的病源、疟疾的传染媒介——疟蚊、疟
疾的传染途径、疟疾的病理、疟疾的免疫和
再发等。

　　收藏单位：重庆馆、东北师大馆、广东
馆、国家馆、上海馆、浙江馆

04450

疟疾及其预防方法　内政部卫生署编

[南京]：内政部卫生署，1932.6，再版，12
页，50 开（传染病小丛书 8）（内政部卫生署
刊物 9 册籍类 9）

　　本书共 3 章：疟疾的原因、疟疾的症状、
疟疾的预防法。

　　收藏单位：国家馆

04451

疟疾浅说　中央卫生实验院编

重庆：中央卫生署，1941，18 页，32 开（公
共卫生丛书 第 1 种）

　　收藏单位：南京馆

04452

疟疾须知

出版者不详，[1911—1949]，28 页，32 开（卫
生丛书）

　　收藏单位：广西馆

04453

疟疾一夕谈（通俗医书）　胡定安编　顾寿白
校

上海：商务印书馆，1922.8，42 页，25 开

上海：商务印书馆，1926.10，再版，42 页，25
开

上海：商务印书馆，1931.6，3 版，42 页，25
开

　　本书共 8 章，内容包括：疟疾流行史、疟
疾的主要原因、疟疾一般的症状、各种疟疾
的症状等。

　　收藏单位：重庆馆、广东馆、广西馆、国
家馆、湖南馆、南京馆、首都馆、天津馆、
浙江馆

04454

疟疾预防法　军事委员会军医设计监理委员
会编

南京：军事委员会军医设计监理委员会，
1934.6，7 页，50 开

04455

痞病诊疗法　李入林编纂　（美）卫仪来（J.
H. Wylie）　顾寿白校订

外文题名：Diagnosis and treatment of kala-azar

上海：商务印书馆，1926.10，43 页，32 开

　　本书共 10 章，讲述黑热病的病因、症
状、临床经过、诊断鉴别及防治方法等。

　　收藏单位：广东馆、广西馆、国家馆、湖
南馆、江西馆、天津馆、浙江馆

04456

秋疟指南　林天佑编

杭州：三三医社，[1924—1949]，1 册，32 开
（三三医书 第 1 集 27）

　　收藏单位：桂林馆、湖南馆、南京馆

04457

蚊虫与疟疾　董纯才编　陶行知校

上海：儿童书局，1932.4，2 册（25+33 页），
32 开（自然学园 儿童科学丛书）

上海：儿童书局，1933，再版，2 册，32 开
（自然学园 儿童科学丛书）

本书共 9 章：缘起、蚊虫的形态、蚊虫的生活史、蚊虫的习性、蚊虫的冬眠、本地蚊虫的调查、疟蚊和家蚊的区别、疟蚊与疟疾的关系、驱灭蚊虫的方法。校者原题：陶知行。

收藏单位：重庆馆、广西馆、贵州馆、国家馆、首都馆

04458

我国疟疾考　李涛著

[上海]：中华医学杂志社，[1934.10]，[5]页，16 开

本书为《中华医学杂志》第 18 卷第 3 期抽印本。

收藏单位：国家馆

04459

我国疟疾问题　许雨阶著

北平：中华医学杂志社，1932，[7]页，18 开

本书为《中华医学杂志》第 18 卷第 3 期抽印本。

收藏单位：国家馆

04460

厦门之疟疾及其传染之研究　冯兰洲著

北平：中华医学杂志社，1932，[25]页，18 开

本书为《中华医学杂志》第 18 卷第 3 期抽印本。

收藏单位：国家馆

04461

研究蚊类传染疟疾所用之方法　冯兰洲著

北平：中华医学杂志社，1932，[23]页，16 开

本书为《中华医学杂志》第 18 卷第 3 期抽印本。

收藏单位：国家馆

04462

中华白蛉之黑热病鞭毛体天然感染　孙志戎等著

外文题名：Natural infection of Phlebotomus chinensis with flagellates morphologically indistinguishable from those of leishmania donovani

[上海]：中华医学杂志社，1937.2，[11]页，16 开

本书为《中华医学杂志》第 23 卷第 2 期抽印本。

收藏单位：国家馆

蠕虫病

04463

北碚澄江镇钩虫病防治报告　洪式闾　李非先　赵慰先著

[重庆]：热带病研究所，1948.6，9页，16 开（热带病研究所刊物）

本报告共 5 部分：防治动机、普检记录、工作概况、工作检讨、结论。

收藏单位：国家馆、湖南馆、浙江馆

04464

德兴县住血虫病概况　江西全省卫生处编

江西全省卫生处，1939.7，26页，25 开

04465

杭州丝状虫病及其传播者（蚊类）之调查　陈超常著

[杭州]：[热带病研究所]，1936，8页，16 开（热带病研究所刊物）

收藏单位：重庆馆

04466

姜片虫病患者尿中之 Indican 反应　屠宝琦著

[杭州]：[热带病研究所]，1933.8，6页，18 开

收藏单位：国家馆

04467

萧山人肠内之各种姜片虫　洪式闾著

[杭州]：[热带病研究所]，1930.4，9页，18 开

本书对萧山人肠内寄生的姜片虫取样进行分析，并对赖式、高式等 5 种姜片虫的形

状特征进行说明。

收藏单位：国家馆

04468

由平卷贝论到姜片虫扑灭问题 洪式闾 屠宝琦著

[杭州]：[热带病研究所]，1934.6，[8]页，18开

收藏单位：国家馆

04469

中国血丝虫病之分布及其传染法 冯兰洲著

北平：中华医学杂志社，[1931]，10页，18开

本书为《中华医学杂志》第17卷第1期抽印本。

收藏单位：国家馆

心脏、血管（循环系）疾病

04470

顿死论 丁福保译

上海：医学书局，1917.12，32页，22开，精装（丁氏医学丛书）

本书讲述猝死的病理解剖知识。

收藏单位：重庆馆、国家馆

04471

高血压病例举隅（临床实录 第1辑） 张希渠著

上海：[张希渠]，1947.11，252页，24开

上海：张希渠，1947.12，再版，[10]+252页，24开，精装

本书介绍原发性高血压、继发性高血压临床病历50例。共10章，内容包括：绪论、发达史、肾炎性高血压、内分泌性高血压、梅毒性高血压等。

收藏单位：国家馆

04472

高血压的预防和疗养 牟鸿彝编著

上海：商务印书馆，1937.4，57页，32开（医学小丛书）

[长沙]：商务印书馆，1940，再版，57页，32开（医学小丛书）

本书共9章，内容包括：何为血压、血压的测定法、血压亢进的原因、高血压病的症状、高血压病的并发症等。

收藏单位：广东馆、贵州馆、国家馆、湖南馆、江西馆、辽宁馆、内蒙古馆、宁夏馆、上海馆、天津馆、浙江馆

04473

高血压与脑溢血之防治法 （日）板泽政治著 张希渠译

上海：张希渠，1938，60页，50开（张氏医学丛书）

本书内容包括：高血压与低血压之危险程度的比较、血压与寿命之关系、如何预防血压过高、高血压者之合理饮食等。

收藏单位：重庆馆

04474

高血压与中风之防治法 张希渠编

上海：张希渠，1940.11，增订再版，100页，32开

上海：张希渠，1946.9，增订4版，10+100页，32开

上海：张希渠，1948.3，增订5版，100+10页，32开

本书共24节，内容包括：何谓血压、生理的血压高低之变动、高血压何以危险、极危险可怖之脑溢血（中风）等。

收藏单位：重庆馆、广东馆、国家馆、上海馆

04475

心力衰竭处理法（内科近展） （美）A. C. De Graff （美）S. A. Brown 著 余新恩编译

[上海]：中华医学会，1949.4，6页，22开（中华医学会—近代医学丛书10）

本书内容包括：心理上之背景、卧床休息及限制活动之效果、膳食之钠之限制等。

收藏单位：国家馆、辽宁馆、上海馆

04476

心脏保健法　T. Stuart Hart 著　吴建庵译述

外文题名：Taking care of your heart

上海：广协书局，1939.6，126 页，64 开（国民健康丛书 12）

　　收藏单位：上海馆

04477

心脏保健法　缪维水编

上海：新亚书店，1933.7，61 页，36 开（科学知识普及丛书）

　　本书共 3 章：心脏的健康法、心脏病的预防法、心脏病的治疗法。

　　收藏单位：重庆馆、国家馆、浙江馆

04478

心脏病论　吴洁著

黄河书局，[1943]，95 页，32 开（医学小丛书）

　　本书内容包括：心脏之正常结构与功能、心脏病之统计、心脏病之原因及种类、心脏与婚姻问题等。

　　收藏单位：重庆馆

04479

循环器病　刘以祥著

上海：商务印书馆，1931.4，63 页，32 开（医学小丛书）（万有文库 第 1 集 539）

上海：商务印书馆，1933.5，63 页，32 开（医学小丛书）

上海：商务印书馆，1934.2，再版，63 页，32 开（医学小丛书）

上海：商务印书馆，1934.6，3 版，63 页，32 开（医学小丛书）

上海：商务印书馆，1934.8，4 版，63 页，32 开（医学小丛书）

重庆：商务印书馆，1943.9，51 页，32 开（医学小丛书）

赣县（赣州）：商务印书馆，1944.3，51 页，32 开（医学小丛书）

重庆：商务印书馆，1945.4，2 版，51 页，32 开（医学小丛书）

　　本书共 10 章，内容包括：绪论、循环器之解剖、循环器之生理、心脏病总论、循环

器病各论、心肌之疾患等。

　　收藏单位：安徽馆、重庆馆、大理馆、大连馆、东北师大馆、广东馆、广西馆、贵州馆、国家馆、黑龙江馆、湖南馆、江西馆、辽大馆、辽师大馆、南京馆、内蒙古馆、宁夏馆、山西馆、上海馆、绍兴馆、首都馆、天津馆、西南大学馆、浙江馆

04480

循环器病篇　姚志凤著

[北平]：[北平大学医学院]，[1928—1937]，[82] 页，18 开

　　收藏单位：国家馆

04481

循环器内科　东南医学院编

上海：东南医学院出版股，[1930—1949]，[180] 页，24 开

04482

亚急性菌原性心内膜炎之青霉素治疗法（内科近展）　G. Baehr　I. E. Gerber 著　郁采蘩编译

上海：中华医学会，1948.8，28 页，22 开（中华医学会—近代医学丛书 2）

　　本书内容包括：细菌性的开展动脉导管内膜炎之治疗法、青霉素治疗法绪言、青霉素治疗法现状、无菌病例之治疗、复发、辅助治疗等。

　　收藏单位：重庆馆、国家馆、辽宁馆、南京馆

血液及淋巴系疾病

04483

恶性贫血之食肝治疗　张孝骞著

[上海]：[中华医学杂志社]，[1929]，7 页，16 开

　　本书为《中华医学杂志》第 15 卷第 4 期抽印本。共 5 节，内容包括：沿革、肝及其提出素对于恶性贫血之特效、肝提出素之性质

及作用等。

收藏单位：国家馆

呼吸系及胸部疾病

04484

肺炎　刘祖霞著

上海：商务印书馆，1932.11，54 页，32 开（医学小丛书）

上海：商务印书馆，1933.3，再版，54 页，32 开（医学小丛书）

上海：商务印书馆，1934.4，3 版，54 页，32 开（医学小丛书）

本书共 7 章，内容包括：肺脏解剖与生理、分类、急性真正肺炎格鲁布肺炎或叶性肺炎、局部肺炎等。

收藏单位：安徽馆、重庆馆、广东馆、广西馆、贵州馆、国家馆、黑龙江馆、湖南馆、江西馆、辽宁馆、南京馆、天津馆、浙江馆

04485

肺脏诸病之治疗　刘雄编

外文题名：Treatment of the diseases of the lungs

上海：商务印书馆，1927.1，46 页，42 开（医学小丛书）

上海：商务印书馆，1931.3，再版，46 页，42 开（医学小丛书）

本书内容包括：肺痨、肺炎、肺气肿、肺栓塞等。

收藏单位：广西馆、湖南馆、宁夏馆、天津馆、浙江馆

04486

呼吸器病　苏仪贞著

上海：商务印书馆，1929.10，68 页，32 开（万有文库 第 1 集 540）（医学小丛书）

上海：商务印书馆，1931.9，68 页，32 开（医学小丛书）

上海：商务印书馆，1933.4，国难后 1 版，68 页，32 开（医学小丛书）

上海：商务印书馆，1934.6，国难后 2 版，68 页，32 开（医学小丛书）

上海：商务印书馆，1935.4，国难后 4 版，68 页，32 开（医学小丛书）

[长沙]：商务印书馆，1939.9，国难后 5 版，68 页，32 开（医学小丛书）

重庆：商务印书馆，1944，68 页，32 开

重庆：商务印书馆，1945.1，58 页，32 开（医学小丛书）

重庆：商务印书馆，1945.10，2 版，68 页，32 开（医学小丛书）

本书共 10 章，内容包括：呼吸生理、呼吸器之卫生、鼻之官能及其卫生、鼻之疾病、喉之疾病、支气管之疾病等。

收藏单位：安徽馆、重庆馆、大连馆、东北师大馆、广东馆、广西馆、贵州馆、国家馆、黑龙江馆、湖南馆、江西馆、辽大馆、辽师大馆、南京馆、内蒙古馆、宁夏馆、上海馆、绍兴馆、首都馆、天津馆、西南大学馆、浙江馆

04487

呼吸器病篇　姚志凤编

[北平]：[北平大学医学院]，[1928—1937]，136 页，16 开

本书为北平大学医学院本三四内科讲义，共 4 章：气管及气管枝病、肺脏病、肋膜疾病、纵膈膜疾病。

收藏单位：国家馆

04488

呼吸器病问答　石锡祜编

上海：大华书局，1934.10，84 页，32 开（医学卫生问答丛书）

本书共 13 节，内容包括：呼吸器概要、呼吸、咽头炎、喉头炎、肺炎、喘息等。

收藏单位：国家馆、湖南馆、浙江馆

04489

呼吸器科之病理与疗法　（日）伊藤尚贤著 吴正风译

上海：中西医药书局，1934.8，[12]+124 页，32 开（西医百日通）

本书共 5 章，内容包括：呼吸器的位置构造及呼吸生理、呼吸器之卫生、肋膜及肋膜腔之疾病、肺之疾病等。

收藏单位：国家馆、天津馆

消化系及腹部疾病

04490

便秘与下痢　姚星叔著

上海：商务印书馆，1934.6，42 页，32 开（医学小丛书）

上海：商务印书馆，1934.8，再版，42 页，32 开（医学小丛书）

上海：商务印书馆，1935.3，3 版，42 页，32 开（医学小丛书）

[长沙]：商务印书馆，1939.10，4 版，42 页，32 开

本书共 14 章，内容包括：粪便之来源、粪便之形色、生理上排便之需要、便秘之原因、便秘在解剖学上之区分、便秘之诊断、便秘之疗法等。

收藏单位：重庆馆、广东馆、广西馆、贵州馆、国家馆、南京馆、宁夏馆、上海馆、浙江馆

04491

腹膜炎诊断与治疗　景子军著

木铎诊所，1939.12，48 页，32 开

木铎诊所，1940.2，再版，48 页，32 开（木铎丛书 2）

收藏单位：上海馆

04492

肝脏病及盲肠炎　刘以祥编

上海：商务印书馆，1934.1，39 页，32 开（医学小丛书）

上海：商务印书馆，1935.7，3 版，39 页，32 开（医学小丛书）

上海：商务印书馆，1939.4，4 版，39 页，32 开（医学小丛书）

本书共 17 章，内容包括：急性传染性黄疸、急性肝炎、急性黄色肝脏萎缩、萎缩性肝脏硬化症、肥大性肝脏硬化症、肝脏梅毒、盲肠炎等。

收藏单位：重庆馆、广东馆、贵州馆、国家馆、江西馆、南京馆、内蒙古馆、宁夏馆、上海馆、首都馆、浙江馆

04493

急性阑尾炎　蒙藏委员会编译室编

重庆：蒙藏委员会编译室，1945，1 册，32 开（卫生常识小丛书 10）

收藏单位：南京馆

04494

韭芽与十二指肠虫病之关系　洪式闾　屠宝琦著

[杭州]：[热带病研究所]，1931.12，12 页，18 开

本书为热带病研究所刊物之一。内容包括：韭芽上十二指肠虫卵之检出法、各地韭芽上十二指肠虫卵之检出率、韭芽上十二指肠虫卵之发育状况等。

收藏单位：国家馆

04495

胃肠病　姜振勋　华汝明编著

上海：新医药刊社，[1931—1949]，84 页，32 开

收藏单位：南京馆

04496

胃肠病普通疗法　袁飞编　胡定安订补　顾寿白校

上海：商务印书馆，1922.9，48 页，32 开（医学小丛书）

上海：商务印书馆，1924，再版，48 页，32 开（医学小丛书）

上海：商务印书馆，1927.3，3 版，48 页，32 开（医学小丛书）

上海：商务印书馆，1931，4 版，48 页，32 开（医学小丛书）

上海：商务印书馆，1935.3，国难后 2 版，69 页，32 开（医学小丛书）

上海：商务印书馆，1947.7，6 版，48 页，32 开（医学小丛书）

本书共 4 编：胃肠病总论、胃病、肠病、肠寄生虫病。附条虫及十二指肠虫之预防法。

收藏单位：重庆馆、广东馆、广西馆、国家馆、江西馆、南京馆、宁夏馆、上海馆、首都馆、西交大馆、西南大学馆、浙江馆

04497

胃肠病普通疗法 袁飞编撰 李墀身修订

上海：商务印书馆，1947，6 版，修订本，69 页，32 开（医学小丛书）

收藏单位：山西馆

04498

胃肠病新诊断 李术仁编著 施今墨鉴定

天津：李术仁，1937.11，84 页，32 开

本书共 4 章：胃之解剖及生理摘要、胃之疾病、肠之解剖及生理摘要、肠之疾病。讲述 20 种常见胃肠疾患的诊治。提倡应用西医的生理解剖与病理诊断知识，结合中医处方用药施治。部分病症附有效案例说明。

收藏单位：国家馆、南京馆、首都馆

04499

胃肠病饮食指南 宋大仁著

上海：消化器病研究所，1941.6，260 页，50 开

上海：消化器病研究所，1942.1，再版，260 页，50 开（大仁丛书）

本书内容包括：食物学总论、食物学各论、胃病的饮食法、肠病的食饮法等。

收藏单位：国家馆、山西馆、上海馆

04500

胃肠机能保养法 王羲稣译

上海：商务印书馆，1919.9，93 页，32 开

上海：商务印书馆，1921，再版，93 页，32 开（通俗医书）

上海：商务印书馆，1922.9，7 版，93 页，32 开

上海：商务印书馆，1926.11，4 版，93 页，32 开

上海：商务印书馆，1931.7，5 版，93 页，32 开（家庭丛书）

上海：商务印书馆，1933.9，国难后 1 版，70 页，32 开（家庭丛书）

上海：商务印书馆，1934.4，国难后 2 版，70 页，32 开（家庭丛书）

上海：商务印书馆，1935.4，国难后 3 版，70 页，32 开（家庭丛书）

本书讲述人体消化系统的生理、机能，食品的品种、营养成分与饮食卫生常识。共 6 章，内容包括：消化生理概论、食养总说、动物性食品等。附重要食品分析表。

收藏单位：重庆馆、广东馆、广西馆、国家馆、江西馆、南京馆、首都馆、天津馆、浙江馆

04501

胃肠科之病理与疗法 （日）伊藤尚贤著 吴正风编译

上海：中西医药书局，1934.8，128 页，32 开（西医百日通）

本书为通俗医科大学讲座译本。版权页题：胃肠科百日通。

收藏单位：国家馆、南京馆、天津馆

04502

胃肠养生法 丁福保编辑

上海：医学书局，1914.7，再版，156 页，22 开

收藏单位：湖南馆、山西馆

04503

消化病学 （美）西塞尔（Russell La Fayette Cecil）主编 叶维法主译

外文题名：Diseases of the digestive system

上海：广协书局，1949.9，358 页，32 开

本书介绍口腔疾病、咽腔疾病、食道疾病、胃病、肠病等 11 类疾病及治疗方法。译自《内科学教本》第 7 版中"消化系统疾病"。书脊题名：（大学用书）消化病学。版权页印有分译者姓名：陈百川、邓露人、爽君、尉挺、陈义文、吴德鸿共 6 人。

收藏单位：广东馆、国家馆、黑龙江馆、

浙江馆

04504

消化器病　上官悟尘著
外文题名：The disease of digestive organ
上海：商务印书馆，1931.4，70页，32开（医学小丛书）（万有文库 第1集）
上海：商务印书馆，1934.2，70页，32开（医学小丛书）
上海：商务印书馆，1934.6，再版，70页，32开（医学小丛书）
上海：商务印书馆，1935.1，3版，70页，32开（医学小丛书）
重庆：商务印书馆，1945.2，56页，32开（医学小丛书）
上海：商务印书馆，1947.7，6版，70页，32开（医学小丛书）

　　本书共9章，内容包括：口腔之解剖及生理大要、口腔之疾病、口腔之卫生、胃之疾病、胃之卫生等。

　　收藏单位：安徽馆、重庆馆、大理馆、大连馆、东北师大馆、广西馆、贵州馆、国家馆、黑龙江馆、湖南馆、吉林馆、江西馆、辽大馆、辽师大馆、南京馆、内蒙古馆、宁夏馆、山西馆、上海馆、首都馆、天津馆、西南大学馆、浙江馆

04505

消化器病的电气治疗　徐逸民编
上海：晨光书局，1936.2，79页，32开
上海：晨光书局，1940.8，83页，32开

　　本书共11章，内容包括：绪论、消化器底生理、营养底生理、营养和食物的研究、食物的卫生等。

　　收藏单位：浙江馆

04506

消化器病疗养法　朱建霞编译
上海：世界书局，1940.8，83页，32开
上海：世界书局，1946.7，再版，83页，32开

　　本书共3章：消化器的解剖和生理、消化器的卫生、主要的消化器病及其疗养法。

　　收藏单位：广东馆

内分泌腺疾病及代谢病

04507

临床内分泌病学　（日）横森贤治郎著　晋陵下工译
上海：医学书局，1933.5，241页，23开，精装（丁氏新医学丛书）

04508

肾亏与血亏　尤学周著
上海：尤氏医室，1935.10，96页，22开

　　本书共两编：肾亏之证治、血亏之证治。

　　收藏单位：浙江馆

04509

糖溺病自疗新诀　周振禹著
上海：商务印书馆，1929.8，101页，25开

　　本书共10章，内容包括：食物之应用种类及其化学、糖溺病、糖溺病之食物分配法、尿之化验法、论岛素、糖溺病人之保养法等。

　　收藏单位：重庆馆、广东馆、国家馆、湖南馆、江西馆、南京馆、首都馆、天津馆、浙江馆

04510

糖尿病　（美）J. R. Scott 著　吴建庵译
上海：广协书局，1940.5，168页，64开（国民健康丛书17）

　　本书共12章，内容包括：何为糖尿病、糖尿病之原因、糖尿病之症状、正常的新陈代谢、饮食等。

　　收藏单位：内蒙古馆、上海馆

04511

糖尿病　（德）柏尔汤姆（F. Bertram）著　江涛声译　黄贻清校
上海：中华医学杂志社，1936.4，87页，16开

　　本书为《中华医学杂志》第22卷第1期抽印本。内容包括：糖尿病的发生、糖尿病的治疗、儿童的糖尿病、糖尿病的预防等。

收藏单位：国家馆、上海馆

04512

糖尿病近世治疗法 周振禹著

长沙：商务印书馆，1938.4，增订版，199 页，32 开

长沙：商务印书馆，1940，增订 2 版，199 页，32 开

本书共 18 章，内容包括：糖尿病之意义、糖尿病之原因、病状、糖容量之试验等。

收藏单位：重庆馆、广东馆、广西馆、贵州馆、西南大学馆

04513

糖尿病疗养法 牟鸿彝著

上海：商务印书馆，1936.7，52 页，32 开（医学小丛书）

本书共 6 章，内容包括：糖尿病的定义及历史、糖尿病的症候、糖尿病的诊断等。附食料品及嗜好品分析表。

收藏单位：重庆馆、广东馆、贵州馆、国家馆、湖南馆、南京馆、宁夏馆、山西馆、首都馆、浙江馆

04514

腺科浅说 张允中著

北京：允中腺科医院，1927，[22] 页，16 开

04515

侏儒症之研究（病理趣谈单行本） 赵育德著

西安：恩光医学杂志社，1945.12，14 页，32 开

本书共 8 节，内容包括：侏儒症的定义、病原、生理解剖、症状等。

收藏单位：国家馆、南京馆

全身性疾病

04516

蜂螫在医药上之价值 刘策安译

北平：李林园养蜂场，1935.11，30 页，32 开

本书介绍国外用蜂毒治疗风湿症、结核、红斑狼疮等疾病的具体方法及疗效。

收藏单位：国家馆

04517

钩吻中毒 朴柱秉著

[上海]：中华医学杂志社，1936.4，8 页，16 开

本书为《中华医学杂志》第 22 卷第 4 期抽印本。论述毒草钩吻的种类、成分及食后中毒的现象和救治方法。

收藏单位：上海馆

04518

杭州热带病研究所论文丛刊（第 1 卷） 热带病研究所编辑

杭州：热带病研究所，[1934]，1 册，18 开

本书收该所 1930 年以来发表的论文 23 篇，内容包括：《萧山人肠内之各种姜片虫》（洪式闾）、《人类赤血球内检出一种类似 Theileria Parva 之寄生物》（洪式闾）、《碘仿之新鉴别法》（黄鸣驹）、《疟虫宿主细胞内之点斑染出法》（袁可士）、《恶性疟疾之临床小经验》（林莹）、《霍乱菌在国产茶酒等饮料中生存力之试验》（屠宝琦）、《韭芽与十二指肠虫病之关系》（洪式闾、屠宝琦）、《杭州之气候性横痃》（林荣年）等。

收藏单位：国家馆

04519

杭州热带病研究所民国二十三年度论文 热带病研究所编

杭州：热带病研究所，[1935]，1 册，16 开

本书内容包括：《国货康氏梅毒沉降反应液》《伤寒肠出血之小统计》等。

收藏单位：浙江馆

04520

杭州热带病研究所民国二十四年度论文 热带病研究所编

杭州：热带病研究所，1936.4，[128] 页，16 开

本书收 10 篇论文，内容包括：《关于单核大淋巴球及小淋巴球吞噬赤血球之补述》（洪

式间）、《Takata-Reaktion Beikala-azar》（颜守民）、《痰中结核菌用 Ziehl-Neelsen 氏染色法检出浓染性颗粒之一例》（屠宝琦）、《蛔虫性脓肿及粪瘘》（刘兆霖）、《破伤风症全治之一例》（林莹）、《热带疟之呈顽固呕吐者》（钱潮）、《鸦片慢性中毒者白血球分类之检查》《杭州中华后睾吸虫之初步调查》（陈超常）等。

收藏单位：国家馆

04521

甲种维生素与疾病之关系　侯祥川著

[上海]：中华医学杂志社，1936.12，[14] 页，16 开

本书为《中华医学杂志》第 22 卷第 12 期抽印本。

04522

脚气病　内政部卫生署编

南京：内政部卫生署，1932.6，16 页，32 开（内政部卫生署刊物 12 册籍类 12）

本书共 5 章：总论、生活素、脚气病浅说、脚气病治疗法、脚气病预防法。

收藏单位：重庆馆、广西馆、国家馆、江西馆

04523

老人病　方声沈著

上海：商务印书馆，1930.10，90 页，32 开（万有文库 第 1 集 535）（医学小丛书）

上海：商务印书馆，1931.9，91 页，32 开（医学小丛书）

上海：商务印书馆，1934.3，国难后 1 版，90 页，32 开（医学小丛书）

上海：商务印书馆，1934.6，国难后 2 版，90 页，32 开（医学小丛书）

上海：商务印书馆，1935.1，国难后 3 版，91 页，32 开（医学小丛书）

长沙：商务印书馆，[1938—1940]，91 页，32 开（医学小丛书）

本书共两部分。"总论"共两章：老人性变化、一般疗法；"各论"共 15 章，内容包括：老人贫血、老人固有之口腔疾患、主发于老人之口腔疾患、老年性器质的精神障碍、

神经性疾患等。

收藏单位：安徽馆、重庆馆、大连馆、东北师大馆、广东馆、广西馆、贵州馆、国家馆、黑龙江馆、湖南馆、江西馆、辽大馆、辽师大馆、南京馆、内蒙古馆、宁夏馆、上海馆、首都馆、武大馆、西南大学馆、浙江馆

04524

倭麻质斯汇编　孙祖烈译述

上海：医学书局，1917.5，100 页，22 开，精装

本书为风湿病专论（"倭麻质斯"即拉丁文 "Rheumatismus" 的音译名）。共 6 章，内容包括：急性关节倭麻质斯、慢性关节倭麻质斯、关节鼠游离关节体、筋肉倭麻质斯等。

收藏单位：国家馆

04525

铅中毒之危险及预防　巴锡骥编译

社会部工矿检查处，1948，32 页，64 开（工矿检查丛书 卫生类 2）

本书共 5 节：铅中毒及其分类、铅质对人体之影响、中毒症状、诊断、预防。

收藏单位：重庆馆、广东馆、南京馆

04526

热带病学　朱广陶编

出版者不详，[1911—1949]，122 页，16 开

本书内容包括：疾病由寄生性动物而致者、养生素缺乏病、疾病由细菌而致者、病原未定之症、物理病等。

收藏单位：浙江馆

04527

热带病研究所民国二十九年度论文　热带病研究所编

[重庆]：热带病研究所，[1940]，34 页，16 开

本书收文 8 篇，内容包括：《地中海热发现于梧州》（毛咸）、《蒜之杀菌力试验》（毛采章）、《小儿疟疾肝脏巨大之一例》（周昱）、《鸦片慢性中毒之淋巴球增多症》（李非白）等。

收藏单位：国家馆、上海馆

04528

热带病研究所民国三十年度论文　热带病研究所编

[重庆]：热带病研究所，[1941]，[36]页，18开

　　本书收文6篇，内容包括：《蠕虫透明标本制作法——新法》（李非白、杨复曦）、《伤寒菌与副伤寒菌混合感染之一例》（徐承荫）、《再发性隔日疟原虫之锥形虫型》（洪式闾）等。

　　收藏单位：国家馆、上海馆

04529

热带病研究所民国三十二年度论文（纪念本所十五周年）　热带病研究所编

[重庆]：热带病研究所，[1943.12]，24页，18开

　　本书收文6篇，内容包括：《疟疾原虫方面几个问题》（洪式闾）、《巴西钩虫病例报告》（李非白）、《血小板来源学说之检讨》（赵慰先）、《因钩虫发生溶血性黄疸之一例》（任道性）等。

　　收藏单位：国家馆、南京馆

04530

维生素甲缺乏症在显微镜下所现之病的色素增生　裴乐德著　张式溥译

中华医学杂志社，1934.10，11页，18开

　　本书为《中华医学杂志》第18卷第5期抽印本。

　　收藏单位：国家馆

04531

维生素甲缺乏症之视野　姜辛曼著

中华医学杂志社，1934.10，13页，18开

　　本书为《中华医学杂志》第18卷第5期抽印本。

　　收藏单位：国家馆

04532

一年来广西军医院之脚气病　英延龄编著

广西军医院健社，1934.10，22页，32开

　　收藏单位：桂林馆、江西馆

04533

一氧化炭中毒及其防护　英国劳工部编　冯济民　金榜　何泽民译

南京：社会部工矿检查处，1948.1，26页，32开（工矿安全卫生福利小丛书5）

　　本书共8章，内容包括：绪言、工场之布置与管理、一氧化炭之检验与估计、呼吸用具防毒口罩之类、各种浓度之效应等。

　　收藏单位：重庆馆、广东馆、国家馆、南京馆

04534

瘴气病之研究（其一 贵州及广西边界瘴气病之真相）　姚永政　林梁城　刘经邦著

[上海]：[中华医学会]，1936.2，1册，16开

　　本书为《中华医学杂志》第22卷第2期抽印本。

　　收藏单位：南京馆

外科学

04535

简明外科学　（日）川村泰次郎编纂　万钧译述

上海：医学书局，1913.8，204页，22开（丁氏医学丛书）

上海：医学书局，1925.6，4版，204页，22开（丁氏医学丛书）

　　收藏单位：广东馆、天津馆

04536

简明外科总论讲义

出版者不详，[1911—1949]，72页，16开

　　收藏单位：广东馆

04537

军医外科学

[阳城]：太岳军区卫生学校，1947.2，油印本，1册，32开

　　收藏单位：国家馆

04538

卡恺两氏外科便览 （英）卡达（F. M. Caird）（英）恺斯克（C. W. Cathcart）著 （英）梅滕更（D. D. Main） 楚惟善（H. N. Churchill）译 林洞省等编校

外文题名：surgical handbook

上海：中国博医会，[1912]，16+258页，18开，精装

　　本书内容包括：病案、外科手术前后之治法、迷蒙药及麻药等。

　　收藏单位：国家馆

04539

罗卡两氏外科学 罗斯（W. Rose） 卡利斯（A. Carless）著

外文题名：Rose and Carless manual of surgery

上海：中国博医会，1913.2，1319页，18开，精装

上海：中国博医会，1922，再版，1册，18开

上海：中国博医会，1925，3版，2册，16开，精装

上海：中华医学会，1934，4版，1319页，18开，精装

　　本书共49章，内容包括：细菌学感染免疫性、康健及病者之血、溃烂、坏死及坏疽、创伤、手术之普通技术、出血、静脉病、淋巴系统之病、神经病、外科皮肤病、骨受伤及骨折、骨病、关节病、脊柱之损伤、脊柱之疾患等。

　　收藏单位：安徽馆、重庆馆、广东馆、贵州馆、国家馆、黑龙江馆、南京馆、上海馆、绍兴馆、西南大学馆、浙江馆

04540

罗卡两氏外科学（第1卷） 罗斯（W. Rose） 卡利斯（A. Carless）著 （英）孔美格（J. G. Cormack）等译

[上海]：中国博医会，1930，556页，18开，精装

　　收藏单位：广东馆

04541

剖腹理法 （美）傅利惇（Anna Martha Fullerton）原著 （美）富马利译述 周仲彝编订

上海：中国博医会，1916，126页，18开

　　本书共18章，介绍外科剖腹手术的一些知识。

　　收藏单位：首都馆、浙江馆

04542

剖腹理法 （美）傅利惇（Anna Martha Fullerton）著 （美）富马利译述 周仲彝编订

上海：商务印书馆，1916，2版，126页，22开，精装

　　收藏单位：重庆馆

04543

实验外科学 万福恩 张家瑜著

上海：世界书局，1949.3，59页，25开

　　本书共4章，内容包括：概论、实验教程、基本外科技术图解等。

　　收藏单位：南京馆

04544

实用伤害外科学 黄裕光编著 黄震陆校阅

[上海]：世界书局，1949.3，331页，32开

　　本书共两部分。"总论"共6章，内容包括：绪论、治疗概要、创伤等；"各论"内容包括：上肢外科、腿之外科等。

　　收藏单位：内蒙古馆、上海馆

04545

实用外科总论（上卷） 王吉人著

同仁外科医院出版部，1933.1，302页，32开，精装

04546

外科初步 陈义厚编

郑州：震华书局，1929.10，54页，32开

郑州：震华书局，1930.8，再版，54 页，32 开

本书共 8 章，内容包括：绷带材料、换药（交换绷带）之准备、麻醉等。

收藏单位：国家馆、天津馆

04547

外科概要 新医进修社编

上海：新医进修社，1939，202 页，32 开

收藏单位：国家馆、黑龙江馆

04548

外科纲要 祝振纲著

上海：商务印书馆，1929.10，114 页，32 开（万有文库 第 1 集 548）（医学小丛书）

上海：商务印书馆，1931.9，114 页，32 开（医学小丛书）

上海：商务印书馆，1933，国难后 1 版，114 页，32 开

上海：商务印书馆，1934，国难后 2 版，114 页，32 开（医学小丛书）

上海：商务印书馆，1934.7，再版，114 页，32 开（万有文库 第 1 集 548）（医学小丛书）

长沙：商务印书馆，1938.7，国难后 8 版，114 页，32 开（医学小丛书）

长沙：商务印书馆，1939.12，114 页，32 开（万有文库 第 1—2 集简编 500 种 209）（医学小丛书）

[长沙]：商务印书馆，1940，114 页，32 开（医学小丛书）

赣县（赣州）：商务印书馆，1943.6，114 页，32 开（医学小丛书）

本书共 14 章，内容包括：外科小史、消毒法、免痛法、止血法、输血法、外科的传染病、骨之外科等。

收藏单位：安徽馆、重庆馆、大理馆、大连馆、东北师大馆、广东馆、广西馆、贵州馆、国家馆、黑龙江馆、湖南馆、江西馆、辽大馆、辽师大馆、南京馆、内蒙古馆、宁夏馆、上海馆、首都馆、西南大学馆、浙江馆

04549

外科各论讲义（3） 沈王桢编

春秋印刷局，[1911—1949]，170 页，21 开

04550

外科各论讲义（4） 郑淑编

春秋印刷局，[1911—1949]，220 页，21 开

04551

外科实习指导 吴公良编著

南京：南京中央医院员工福利社，1947.12，108 页，32 开

本书共 12 章，内容包括：医务人员之职责、外科实习医生须知、外科技术、头部急性外科疾病等。

收藏单位：首都馆

04552

外科史 刘兆霖编

北平：北平大学医学院，1929.11，44 页，32 开

本书共 3 章：上古期之外科、中世纪之外科、近世纪之外科。

收藏单位：国家馆、南京馆、首都馆、天津馆

04553

外科通论 吴克昌著 瞿绍衡等校

上海：新医进修社，1937—1938，2 册（204+142 页），24 开（新医进修丛书）

上海：新医进修社，1940.9，3 版，142 页，32 开（新医进修丛书）

收藏单位：黑龙江馆、南京馆、首都馆

04554

外科学 科学名词审查会编

[上海]：科学名词审查会，1925.7，51 页，横 16 开

收藏单位：国家馆

04555

外科学 十八集团军总司令部 [编]

出版者不详，[1911—1949]，254 页，32 开（军医丛书 3）

收藏单位：国家馆

04556

外科学　苏南军区卫生部编

无锡：苏南新华书店，1949.8，28 页，50 开（医药丛书 7）

　　收藏单位：国家馆

04557

外科学　张崇熙编

上海：东亚医学编辑所，1935.12，再版，206 页，22 开（最新实用医学各科全书）

　　本书内容包括：灾害外科、外科传染病、皮肤外科、肌及腱外科、骨外科、关节外科等。

　　收藏单位：安徽馆、重庆馆、国家馆、首都馆

04558

外科学

皖西军区卫生部，1949 印，石印本，208 页，36 开

　　本书共 5 章：普通外科（包括战伤）、矫形外科、泌尿外科、麻醉术、手术。

　　收藏单位：重庆馆

04559

外科学（上、下册）　太岳军区卫生学校编

[阳城]：太岳军区卫生学校，1947.3，油印本，2 册，32 开

　　收藏单位：国家馆

04560

外科学（下卷）　[晋绥卫生部编]

晋绥卫生部，[1911—1949]，135 页，36 开

　　本书共两篇：外科手术、军阵外科。

　　收藏单位：重庆馆

04561

外科学（战伤编）　华北医科大学外科学教研室编

中国人民解放军平原军区卫生部，1949.8，407 页，32 开

　　收藏单位：国家馆

04562

外科学（总论）　晋绥军区卫生部编

晋绥军区卫生部，1945，184 页，32 开

　　本书内容包括：外科诊断、创伤、各组织损伤、外科传染、消毒学、麻醉学等。

　　收藏单位：重庆馆

04563

外科学（总论）　（日）茂木藏之助著　汤尔和译　新医同仁研究社增校

杭州：新医书局，1947，604 页，32 开（新医丛刊）

杭州：新医书局，1948.11，604 页，32 开（新医丛刊）

　　本书共 14 章，内容包括：损伤、外科之传染病、肿瘤或新生物、皮肤外科、血管外科、淋巴管外科、淋巴腺外科、肌肉外科等。附录共 3 章：消毒法或杀菌法、麻醉法、外科的救急处置。

　　收藏单位：山西馆、天津馆

04564

外科学（总论、各论）

太岳军区卫生教导队，[1911—1949]，油印本，1 册，32 开（教材 1）

　　收藏单位：国家馆

04565

外科学纲要　E. W. H. Groves 著　徐芳津译

外文题名：A synopsis of surgery

桂林：己卯通讯社，1942.9，2 册，32 开

　　收藏单位：重庆馆

04566

外科学纲要（下卷）

东北军区卫生部，1948.9，253 页，16 开

　　本书介绍头部、颈部、腹部及泌尿系统等的外科学知识。下卷内容包括：头部之损伤、颈癌之疾患、肠梗阻等。

　　收藏单位：重庆馆

04567

外科学各论　军医教育班学员班编

军医教育班学员班，1936.6，[433] 页，16 开
　　本书共 7 编，内容包括：头部外科、胸部外科、腹部外科、上肢外科等。
　　收藏单位：国家馆

04568

外科学各论（上）（日）茂木藏之助撰　李租蔚译
东京：同仁会，1936.1，497 页，16 开
东京：同仁会，1943，再版，497 页，16 开，精装
　　收藏单位：国家馆、上海馆

04569

外科学各论（中）（日）茂木藏之助著　孙遵行　刘兆桢翻译　汤尔和校译
东京：同仁会，1940—1942，479+405 页，16 开，精装
　　收藏单位：国家馆

04570

外科学各论（下）（日）茂木藏之助撰　刘兆桢译
东京：同仁会，1942.11，22+405+21 页，16 开，精装
　　收藏单位：国家馆

04571

外科学各论（上卷）（日）茂木藏之助撰　汤尔和译
杭州：新医书局，1933，337+13 页，25 开，精装（新医丛书）
杭州：新医书局，1948.1，337+13 页，25 开
杭州：新医书局，1949.3，增订版，549+23 页，25 开，精装（新医丛书）
　　本书共 4 编：头及面外科、颈部外科、胸部外科、脊椎外科。
　　收藏单位：东北师大馆、广东馆、国家馆

04572

外科学各论（中卷）（日）茂木藏之助撰　汤尔和译
杭州：新医书局，1947.12，554+[45] 页，25 开，精装（新医丛书）
杭州：新医书局，1949.1，增订版，554+28 页，25 开，精装（新医丛书）
　　本书共两编：腹部外科、泌尿器外科。
　　收藏单位：广东馆、国家馆

04573

外科学各论（下卷）（日）茂木藏之助撰　汤尔和译
杭州：新医书局，1948.1，14+440+20 页，25 开，精装（新医丛书）
杭州：新医书局，1949.2，增订版，14+440+20 页，25 开，精装（新医丛书）
　　本书主要介绍四肢外科。
　　收藏单位：东北师大馆、广东馆、国家馆

04574

外科学一夕谈　丁福保译述
上海：丁氏医院，1913.10，再版，66 页，22 开，精装（丁氏医学丛书）
　　本书共 24 章，内容包括：血塞栓塞、出血、出血之处置、炎症、消炎法、身体之损伤、创伤传染病、动物毒病等。
　　收藏单位：广东馆、国家馆、上海馆

04575

外科学一夕谈　丁福保译述
上海：医学书局，1927.10，65 页，22 开
　　收藏单位：江西馆、浙江馆

04576

外科学总论　（日）茂木藏之助著　时振麟译
东京：同仁会，1933，570+27 页，22 开，精装
　　收藏单位：重庆馆、国家馆

04577

外科学总论　（日）茂木藏之助著　许成芳译
东京：同仁会，1942.9，3 版，553+12 页，16 开，精装
　　收藏单位：国家馆、宁夏馆、山西馆

04578

外科总论　葛成勋　孙柳溪编

上海：商务印书馆，1920.4，1 册，22 开，精装

上海：商务印书馆，1921.5，2 版，1 册，22 开

上海：商务印书馆，1925.4，4 版，1 册，22 开，精装

上海：商务印书馆，1927.6，5 版，1 册，22 开

上海：商务印书馆，1930.8，6 版，[336+171+33+23] 页，22 开，精装

上海：商务印书馆，1932.11，国难后 1 版，[336+171+33+23] 页，22 开，精装

上海：商务印书馆，1934.4，国难后 2 版，1 册，22 开，精装

上海：商务印书馆，1935.5，国难后 3 版，575 页，22 开，精装

长沙：商务印书馆，1938，国难后 4 版，1 册，22 开，精装

　　本书共两卷 3 篇：外科病理学及疗法通论、外科手术法通论、外科绷带术通论。

　　收藏单位：安徽馆、重庆馆、广东馆、广西馆、贵州馆、国家馆、湖南馆、南京馆、内蒙古馆、上海馆、首都馆、浙江馆

04579

外科总论（前编 后编）（日）下平用彩著　徐云　万钧译

上海：医学书局，1915.8，3 册（310+400+224 页），23 开（丁氏医学丛书）

上海：医学书局，1924.6，再版，3 册（310+400+224 页），23 开（丁氏医学丛书）

　　本书共 3 册 5 编：外伤及炎症总论、各器官之外伤及诸病总论、肿疡论、外科手术及疗法总论、绷带术论。附按摩法。

　　收藏单位：广东馆、山西馆、天津馆

04580

魏氏简易外科学（英）威廉斯（G. Williams）著　张霁译（英）孟合理（P. L. McAll）（英）应乐仁（L. M. Ingle）校

[上海]：中国博医会，1931.3，361 页，22 开，精装

　　本书译自原著第 19 版。内容包括：病者之检查、无毒、手术后之疗法、出血、小手术等。书末有中英文名词索引。书前有 P.L.McAll、张霁、陈佐庭序。

　　收藏单位：广东馆、广西馆、国家馆

04581

现代外科纲要　张查理著

外文题名：A synopsis of modern surgery

上海：现代医学社，1947.8，230 页，32 开（现代医学丛刊 7）

上海：现代医学社，1948.11，再版，增订版，242 页，32 开（现代医学丛刊 7）

　　本书共 34 章，内容包括：炎症、非特原性传染、骨折、骨病、皮、手之传染、胸、腹膜、肠等。

　　收藏单位：广东馆、国家馆、吉林馆、内蒙古馆、山东馆、山西馆、天津馆

04582

现代外科纲要　张查理著

大连：医务生活出版社大连分社，1948.10，315 页，50 开，精装

　　收藏单位：重庆馆

04583

小外科学（日）中村爱助著　宋登峰译

晋冀鲁豫军区卫生部卫生通讯社，1947.9，437 页，32 开

　　本书共两编。第 1 编"总论"共 6 章，内容包括：外科处置的要诀、手术室及器械材料药物、细菌法、麻醉法等；第 2 编"各论"共 10 章，内容包括：颈部外科、胸部外科、脊柱外科、腹部外科、肛门部外科等。

　　收藏单位：重庆馆、国家馆、宁夏馆

04584

中西外科学讲义　汪洋编纂

上海：[中西医院]，1925.9，150 页，32 开

上海：中西医院，1926.5，改正 5 版，150 页，32 开

　　本书讲述常见外科疾病的治疗方法。

　　收藏单位：浙江馆

外科治疗学

04585
重订伤科急救法 （英）康德利（Cantlie）著
袁访赍译 应元道重订
外文题名：First aid to the injured
上海：青年协会书局，1925.12，68 页，32 开
上海：青年协会书局，1934.4，16 版，68 页，
32 开（体育小丛书 3）

本书共 13 章。内容包括：骨骼及其功用、
折骨及治法、循环器、神经系及呼吸器、受
伤及治法、中毒、各部受伤及治法等。

收藏单位：重庆馆、国家馆、湖南馆

04586
急救人工呼吸法 湖南电灯公司编
湖南电灯公司，1934.7，24 页，50 开

本书译自美国电业联合会出版的《触电
溺毙中毒之急救法》。

收藏单位：国家馆、浙江馆

04587
简单便利外科救护学 黄金书屋编
西安：九州书局，1938.11，[10]+62 页，大 64
开

本书共 12 章，内容包括：救护要务、救
护用品、创伤救护、骨折救护、电伤救护、
人工呼吸等。附救护实用药物学。版权页题
名：救护学。

收藏单位：国家馆

04588
流血及止血法（童子军救护图表 第 1 集） 蔡
显敏编
上海：中国童子军第一七六团上海少年童子军
团，1931.4，28 页，36 开（童子军丛书）
上海：中国童子军第一七六团上海少年童子军
团，1947.2，再版，28 页，36 开（童子军丛
书）

04589
人工呼吸法 糜赞治编
广州：中华书局，1938.12，14 页，50 开

本书共 4 部分：什么叫做人工呼吸法、
施行人工呼吸法时应注意什么事项、人工
呼吸法有那几种、什么病症要用人工呼吸
法。

收藏单位：国家馆、南京馆、上海馆

04590
实用外科诊断学 胶东军区卫生部编
华东新华书店胶东分店，1949.3，203 页，32
开
华东新华书店胶东分店，1949.4，再版，203
页，32 开

本书翻印自宫长泉所著《实用外科诊断
学》。共 22 章，内容包括：诊断的意义、外科
记录、痛的外科诊断等。

收藏单位：国家馆、山东馆、山西馆

04591
外科记录法 （英）C. F. M. Saint 著 张霁编
译 博医会编译部校
外文题名：Surgical note-taking
[上海]：中国博医会，1931.7，102 页，36
开，精装

本书介绍外科临床病历书写的一般格式
与内容，以及 18 种外科常见疾病病历的具体
书写要点。

收藏单位：重庆馆、国家馆、上海馆

04592
外科家具一览表 （英）施德芬（G. E.
Stephenson）译
上海：广协书局，1931，再版，81 页，22 开，
精装

本书介绍外科手术所需器械的种类与数
量。

收藏单位：国家馆

04593
外科疗法 余云岫编

上海：商务印书馆，1920.8，48 页，32 开（医学小丛书）

上海：商务印书馆，1923.10，3 版，48 页，32 开（医学小丛书）

上海：商务印书馆，1927.3，5 版，48 页，32 开（医学小丛书）

上海：商务印书馆，1929.1，6 版，48 页，32 开（医学小丛书）

上海：商务印书馆，1933.2，国难后 1 版，52 页，32 开（医学小丛书）

上海：商务印书馆，1935，国难后 3 版，52 页，32 开（医学小丛书）

[长沙]：商务印书馆，1939，国难后 5 版，52 页，32 开（医学小丛书）

重庆：商务印书馆，1943.12，45 页，32 开（医学小丛书）

　　本书共 3 编：小儿外科病、外伤与火冻伤及动物毒创、疮疖及湿疹。

　　收藏单位：重庆馆、广东馆、广西馆、贵州馆、国家馆、江西馆、辽宁馆、南京馆、内蒙古馆、山西馆、上海馆、首都馆、天津馆、西南大学馆、浙江馆

04594
外科器具一览表 （英）施德芬（G. E. Stephenson）编译　中国护士学会审订

外文题名：A handbook of surgical instruments for operation room nurses

上海：广协书局，1948.5，4 版，80 页，22 开

　　收藏单位：南京馆

04595
外科器械医院试验室用具总目（第 1 册 临床诊察用器医疗器械部） 礼和洋行编

上海：礼和洋行，[1911—1949]，22 页，16 开

04596
外科入院患者治疗纲领 景子军编

中央陆军军官学校第二分校，1938.10，26 页，32 开

04597
外科实用解剖学 张查理　陆振山著

中原大学医学院，[1940.12] 印，318+32 页，32 开

　　本书内容包括：头颈、上肢、胸部、腹部等。

　　收藏单位：国家馆

04598
外科实用解剖学 张查理　陆振山著

出版者不详，[1911—1949]，510 页，32 开

　　收藏单位：南京馆

04599
外科诊断学 大连市卫生局译

大连：大连市卫生局，1946.10 印，448 页，50 开

　　本书共 47 章，内容包括：损伤之诊断、创伤之诊断、头部损伤之诊断、脊柱损伤之诊断、面部损伤之诊断等。

　　收藏单位：国家馆

04600
外科诊疗要诀 郭云霄编

上海：医学书局，1920.7，再版，112 页，22 开，精装

　　收藏单位：南京馆

04601
止血法 糜子襄编

上海：中华书局，1937.12，18 页，50 开

　　本书为非常时期补充读物。共 7 章，内容包括：止血的重要、出血的种类、内脏出血的处置、感觉器官出血的处置等。

　　收藏单位：重庆馆、国家馆、南京馆、上海馆

外科手术学

04602
绷带缠法 （美）哈建（W. B. Hopkins）著（美）富马利（M. H. Fulton）编译

外文题名：The roller bandage

[上海]：中国博医会，1915，87页，22开，精装

上海：中国博医会，1931.1，5版，43页，22开

上海：中华医学会，1939，6版，43页，22开

　　本书共10章，内容包括：绷带、绷带之应用、特别绷带、头部之绷带、上肢绷带、下肢绷带等。1915年版题名：卷带缠法。1939年版著者原题：荷普金斯，译者原题：孚尔吞。

　　收藏单位：重庆馆、广东馆、广西馆、国家馆、内蒙古馆

04603

绷带术　糜子襄编

上海：中华书局，1937.10，24页，50开

上海：中华书局，1938，再版，24页，50开

　　本书共14章，内容包括：绷带的意义、绷带材料的选择、绷带的应用、绷带的种类、卷轴带的种类、卷轴带的缠法等。

　　收藏单位：重庆馆、国家馆、江西馆、南京馆

04604

绷带术讲义　军事委员会战时工作干部训练团第三团第一处编

出版者不详，1938.12，34页，16开

出版者不详，1939.5，70页，32开

　　收藏单位：重庆馆、广东馆

04605

绷带学　郭俊目编

出版者不详，[1911—1949]，石印本，[46]页，36开，环筒页装

　　本书介绍绷带的分类、材料、制作法及用法。

　　收藏单位：重庆馆

04606

绷带学　徐政编

北平：华北国医学院，1937，[118]页，16开

　　收藏单位：国家馆

04607

简明绷带学　霍斯金（M. R. Hosking）著　吴建庵译

外文题名：Bandaging made easy

上海：广协书局，1935，3版，21页，64开

上海：广协书局，1946，5版，21页，64开

上海：广协书局，1948，7版，21页，64开

　　本书内容包括：绷扎法与绷带、绷带之功用、各种绷扎法、头部绷带、眼之绷带、胸之绷扎法、腋之绷扎法、右乳绷扎法等。

　　收藏单位：广东馆、南京馆、上海馆

04608

局部麻醉学　高镜朗编译

上海：商务印书馆，1937.6，314页，25开（大学丛书）

　　本书为教本，内容多取自赖倍脱氏《局部麻醉学》，重编章节，附图270余幅。共11章，内容包括：头神经之阻塞、头部手术、脊神经之阻塞、颈部手术等。

　　收藏单位：广西馆、贵州馆、国家馆、黑龙江馆、湖南馆、辽宁馆、南京馆、内蒙古馆、西南大学馆

04609

局所麻醉　（日）阿部健著　杨蔚荪译

东京：同仁会，1933.9，70页，22开，精装

　　本书共7章，内容包括：局所麻醉之定义、局所麻醉法之种类、局所麻醉之准备、局所麻醉之应用等。

　　收藏单位：广东馆、国家馆

04610

全身麻醉法　（美）陶玛利（M. E. Townsend）编著　中国护士学会审订

外文题名：General anesthesia

上海：广协书局，1946，重版，33页，50开

上海：广协书局，[1931—1949]，33页，50开

　　本书内容包括：总论、醚、哥罗芳、手术前之药疗法、手术后之疗法等。

　　收藏单位：广东馆、国家馆、黑龙江馆、江西馆、上海馆

04611

实用绷带学　刘兆霖　葛秉仁编

上海：商务印书馆，1936.9，223 页，25 开，精装（大学丛书）

长沙：商务印书馆，1938.5，再版，[11]+223+[23] 页，25 开（大学丛书）

　　本书共两编。"总论"共 11 章，内容包括：绷带之作用、绷带之材料、绷带交换等；"各论"共 6 章，内容包括：创伤绷带、保持绷带、固定绷带等。

　　收藏单位：重庆馆、广东馆、贵州馆、国家馆、黑龙江馆、湖南馆、江西馆、南京馆、首都馆

04612

实用外科手术　（日）松本喜代美著　汪于冈编译　余云岫校

外文题名：surgical operation

上海：商务印书馆，1920.12，[18]+269+12 页，23 开，精装

上海：商务印书馆，1925，2 版，269 页，23 开，精装

上海：商务印书馆，1925.2，3 版，1 册，23 开，精装

上海：商务印书馆，1928.5，5 版，18+269+12 页，23 开，精装

上海：商务印书馆，1931，6 版，18+269+12 页，23 开，精装

上海：商务印书馆，1932.11，国难后 1 版，18+269+12 页，23 开，精装

上海：商务印书馆，1935.5，国难后 3 版，18+269+12 页，23 开，精装

　　本书共 14 章，内容包括：手术之准备、防腐法、麻醉法、组织之切离及缝合、头部手术、腹部手术等。

　　收藏单位：重庆馆、广东馆、广西馆、国家馆、湖南馆、江西馆、首都馆、天津馆、浙江馆

04613

外科副理须知　李广仁著　陈鸿信译

成都：华西大学，1930，[52] 页，25 开

　　本书共 16 节，内容包括：重要手术病人

之预备法、病人在手术室看护法、初施蒙药者注意、手术室、腹部手术、上石膏等。

　　收藏单位：重庆馆

04614

外科手术　T. G. Orr 著　陶煦译

南京：中国人民解放军第二野战军医科大学，1949.9，642 页，32 开，精装

　　本书共 12 部分，内容包括：伤口的愈合、新鲜伤口的治疗、截肢、胸廓与呼吸系统、循环系统、腹部切口等。

　　收藏单位：重庆馆、国家馆

04615

外科手术　朱效熹编辑

天津：天津医学书社出版部，1936，159 页，32 开

　　收藏单位：首都馆

04616

外科手术学　T. G. Orr 著　陶煦编译

大连：医务生活出版社大连分社，1948.11，642 页，32 开，精装

　　收藏单位：东北师大馆、辽宁馆、浙江馆

整形外科学（修复外科学）

04617

妇女必携人工美容术　钱瑛编

上海：进步书局，1915.11，102 页，23 开

上海：进步书局，1916，再版，102 页，23 开

上海：进步书局，1928.11，9 版，102 页，23 开

上海：进步书局，1930，10 版，102 页，23 开

上海：进步书局，1932.5，11 版，102 页，23 开

　　收藏单位：重庆馆、广西馆、黑龙江馆、湖南馆、江西馆、南京馆、山西馆、上海馆、首都馆、天津馆

04618

美眼整容新疗法　杨树荫著

上海：美眼整容医院，1939，增图4版，51页，32开

　　本书共7章，内容包括：美眼整容术总论、美眼整容术分论、其他各种整容医术、眼病之预防与养生等。

　　收藏单位：首都馆

04619

皮肤移植术　（美）布朗（J. B. Brown）（美）马克多卫尔（F. Mcdowell）著　王大玫译

外文题名：Skin grafting

中央人民政府人民革命军事委员会总后勤卫生部，1949，2版，192页，16开

　　收藏单位：国家馆、南京馆

04620

实验美容术　李青莲编著

上海：合作书局，1932.10，156页，32开，精装

上海：合作书局，1945.4，再版，156页，32开

　　本书共两部分：改造面容法、美容保持法。

　　收藏单位：上海馆

创伤外科学

04621

创伤治疗原则　李振湘编著

苏中军区一师卫生部，[1944]，24页，32开

　　本书共10节，内容包括：伤口愈合的途径、伤口愈合的限度、伤口愈合的条件、伤口愈合的结果、扩创和换药等。

　　收藏单位：国家馆

04622

冬期战与冻伤　朱鹏举译

联合勤务司令部第二十六兵站医院读书会，1946.12，176页，36开

　　收藏单位：广东馆

04623

汉药济急简效方　朱寿朋编辑

朱寿朋，1932.2，59页，22开

　　本书介绍日常动物咬伤的急救方法。

　　收藏单位：浙江馆

04624

外伤急救学　洪式闾主编　陈光第编著

上海：世界书局，1936.7，139页，32开（医学丛书）

上海：世界书局，1948.4，再版，139页，32开（医学丛书）

　　本书共16章，内容包括：一般外伤手术之准备、外伤手术之一般的知识、无痛法、止血法、缝合法、骨与关节之手术、器械性外伤等。

　　收藏单位：东北师大馆、国家馆、黑龙江馆、南京馆、山西馆、上海馆

04625

用电危险预防法·触电急救人工呼吸法图说　北平华商电灯股份有限公司编

北平：北平华商电灯股份有限公司，[1934.9]，5页，32开

　　收藏单位：国家馆

外科学各论

腹部外科学

04626

肛门病治病法　赵公尚编

上海：卫生报馆出版部，1932.5，46页，23开

　　本书介绍痔瘘、脱肛等肛门常见疾患的病因、症状、诊断及西医治疗方法等。

　　收藏单位：上海馆

04627

贺门氏外科学各论 （美）贺门氏（John Homans）撰　张同和编译

外文题名：Homans textbook of surgery

上海：中华书局，1945，526 页，25 开

收藏单位：国家馆

04628

患痔须知　江岳峦著

上海：东方印书馆，1933.9，6 版，10+62 页，32 开

本书内容包括：痔疮、痔漏、肛门湿疹等。

收藏单位：国家馆

04629

盲肠炎及其手术之注意　景子军著

上海：木铎社，1937.9，42 页，32 开（木铎社小丛书 2）

收藏单位：南京馆

04630

外科各论　白求恩学校编

白求恩学校，[1940—1946]，油印本，194 页，32 开

收藏单位：国家馆

04631

外科各论　刘兆霖编

北平：北平医刊社，1933—1934，2 册，16 开，精装

本书共两册 8 编：头部外科、颈部外科、胸部外科、脊柱脊髓及骨盆外科、腹部外科、泌尿生殖器外科、上肢外科、下肢外科。

收藏单位：国家馆

04632

外科各论

出版者不详，1919.4，油印本，1 册，16 开

收藏单位：南京馆

04633

歇尔尼亚论学　军医教育班学员班 [编]

军医教育班学员班，1936.6，48 页，16 开

收藏单位：国家馆

04634

医痔新法　江岳峦著

上海：痔疮医院，1924.1，36 页，36 开

04635

痔病略述　戴葆成编著

上海：沪江痔疮医院，1923.3，21 页，32 开

上海：沪江痔疮医院，1939.6，6 版，21 页，32 开

收藏单位：上海馆

04636

痔疮　内政部卫生署编

南京：内政部卫生署，1933.2，6 页，32 开（内政部卫生署刊物 14 册籍类 14）

本书共 4 章：为什么作此痔疮的浅言、怎么会发生痔疮、痔疮的症状是什么、痔疮的治法和预防法。

收藏单位：国家馆、南京馆

04637

痔疮疗养法　黄灼如著

北京：华北医院，1922.9，54 页，32 开

本书共 4 章：痔核、痔漏、脱肛、痔与各种的关系。

收藏单位：国家馆、首都馆、天津馆

04638

痔核注射疗法　梁心编著

广州：广东光华医科大学出版部，1929.1，130 页，48 开（广东光华医科大学丛书 2）（梁氏丛书 6）

收藏单位：广西馆、西南大学馆、浙江馆

04639

痔疾概要　黄渭南编著

上海：上海痔疮治疗院，1936.6，3 版，29 页，32 开

收藏单位：上海馆

04640

痔疾概要　王丽明编

上海：上海痔疮治疗院，1932.11，63 页，32 开

上海：上海痔疮治疗院，1941.12，6 版，63 页，32 开

　　收藏单位：广东馆、国家馆、上海馆

骨科学（运动系疾病、矫形外科学）

04641

各部骨折固定姿势和石膏绷带范围图谱　吴之理编

华东新华书店胶东分店，1949.1，1 册，64 开

　　收藏单位：南京馆、山东馆

04642

各部骨折固定姿势和石膏绷带范围图谱　吴之理编　何弘绘图

齐齐哈尔：先锋医务社，1947.12，25 页，32 开

　　本书介绍上肢各部骨折、下肢各部骨折、脊椎和骨盆骨折的固定姿势及石膏绷带范围图。

　　收藏单位：国家馆、吉林馆、辽宁馆

04643

骨折的疗救法　美国医学会骨折委员会著　邱少陵等译　黄贻清校

上海：中华医学会，1934.7，33 页，18 开

　　收藏单位：国家馆

04644

骨折救护法　糜子襄编

上海：中华书局，1937.12，18 页，50 开

　　本书共 5 节：骨折的原因、骨折的种类、骨折的症状、骨折的一般救护法、各种骨折的救护方法。

　　收藏单位：重庆馆、国家馆、南京馆、上海馆

04645

骨折疗法　史皮尔（H. W. Spiers）著　阴毓璋编译　鲁德馨校

成都：中华医学会，1943.1，154 页，18 开

　　本书共 14 章，内容包括：骨折概说、肩部骨折及脱位、肱骨骨折、骨盆及骨折、膝部骨折及脱位等。

　　收藏单位：国家馆

04646

骨折新疗法之概要　（英）孟合理（P. L. McAll）编译　陈佐庭笔记

外文题名：Outline of new treatment of fractures

上海：中国博医会，1926.12，19 页，18 开

上海：中国博医会，1930.7，再版，19 页，18 开

　　本书系 1922 年美国医学会波士顿会议上通过的骨折治疗标准法。共 6 节，内容包括：临时疗法、检查法、诊断等。附《骨折新疗法表》。

　　收藏单位：重庆馆、国家馆

04647

骨折与脱臼　（英）霍斯弗尔德（J. Hosford）著　谭壮译

中原军区卫生部，[1947.4]，149 页，32 开

　　本书封面题名：骨折与脱位。

　　收藏单位：国家馆

04648

骨折与脱臼　（美）米勒纳（L. J. Miltner）孟继懋著　黄振泰译　教育部医学教育委员会主编

外文题名：Fractures and dislocations

重庆：商务印书馆，1945.10，76 页，32 开

上海：商务印书馆，1947.8，1 册，32 开

上海：商务印书馆，1949.9，再版，76 页，32 开

　　本书共两编。上编"骨折"，内容包括：治愈病理、肱骨骨折、外科颈骨折、足骨骨折、脊椎骨折等；下编"脱臼"，内容包括：肩关节脱臼、腕骨脱臼、膝关节脱臼等。

　　收藏单位：安徽馆、重庆馆、国家馆、辽

宁馆、南京馆、浙江馆

04649

骨折与脱位　谭壮译

晋冀鲁豫军区卫生部，1948，148 页，32 开

　　本书共 31 章，内容包括：病状及诊断、治疗的一般原理、手术治疗、接连不正、脱位、肩胛骨骨折、骨盆骨折等。

　　收藏单位：重庆馆、国家馆

04650

摩登性寒腿病　瞿绍衡编著

上海：瞿氏夫妇医院，1934.7，12+18 页，25 开

上海：瞿氏夫妇医院，1935.1，5 版，12+18 页，25 开（瞿绍衡医师医药丛谈）

　　本书讲述寒腿病的原因、症状、防治方法等。

　　收藏单位：国家馆、上海馆

04651

石膏绷带关节挛缩骨盘及骨盘部脏器枪伤

陈述译

总卫生部编译处，1947.8，1 册，16 开

　　收藏单位：广东馆

04652

石膏绷带与关节挛缩　华北军区卫生部编

保定：华北新华书店保定分店，1948.10 印，149 页，32 开

保定：华北新华书店保定分店，1949.9 印，149 页，32 开

　　收藏单位：重庆馆、国家馆、山东馆

泌尿科学（泌尿生殖系疾病）

04653

电银胶治疗专集　法国克灵药厂编

上海：百部洋行，[1911—1949]，12 页，26 开

　　本书介绍电银胶的一般物理生物特性、外用之功效等。

　　收藏单位：重庆馆

04654

房中医（实验良法）　顾鸣盛编

上海：文艺编译社，1915.7，248 页，23 开

上海：文艺编译社，1916.6，248 页，23 开

上海：文艺编译社，1919.9，4 版，248 页，大 23 开

上海：文艺编译社，1923.11，7 版，248 页，23 开

上海：文艺编译社，1930.12，14 版，248 页，23 开

上海：文艺编译社，1930，15 版，248 页，23 开

　　本书专述男女泌尿生殖系统的生理、解剖，各种临床常见疾病的病因、症状、治疗、预防等知识，以外治法为主。共 5 篇：男子部、女子部各两篇和杂篇。

　　收藏单位：国家馆、湖南馆、南京馆、上海馆、首都馆

04655

泌尿科学　（日）北川正惇著　汤尔和校译

蹇先器译

东京：同仁会，1937，315+[35] 页，16 开，精装

东京：同仁会，1943.4，再版，262 页，16 开，精装

　　本书共两部分。"总论"共 3 章：检查术式、症候总说、药物疗法；"各论"内容包括：尿道病、前列腺病、膀胱病等。

　　收藏单位：广东馆

04656

泌尿器病篇　刘兆霖著

北平：北平大学医学院，[1928—1937]，59 页，16 开

　　本书为北平大学医学院本三泌尿器讲义。内容包括：泌尿生殖器之发育、泌尿器之解剖、尿之生理及病理等。

　　收藏单位：国家馆

04657

泌尿生殖器科之病理与疗法 （日）伊藤尚贤撰　吴正风译

上海：中西医药书局，1934.8，13+132页，32开（西医百日通）

本书内容包括：肾脏炎、其他之肾脏疾病、尿液有异常状态之疾病、膀胱之疾病、尿道之病、阴囊之病气、精囊之病等。

收藏单位：国家馆、天津馆

04658

男女秘密病自医法　姚昶绪著述　汪企张校

上海：中西医学实验会，[1919.12]，26+24+66页，23开

上海：中西医学实验会，1927.7，7版，116页，23开

上海：中西医学实验会，1940.12，8版，116页，23开

本书共3部分：男子部、女子部、杂治部。讲述生殖器病的自疗法。

收藏单位：国家馆、江西馆、浙江馆

04659

男女秘密病自医法（续集）　姚昶绪著述　汪企张校

上海：中西医学实验会，1920.10，再版，1册，22开

上海：中西医学实验会，1929.3，8版，102页，22开

上海：中西医学实验会，1933.7，7版，1册，22开

本书共两部分：上集"疗毒百法"内容包括：总论、软性下疳自疗法、白浊自疗法、梅毒自疗法等；下集"防毒百法"内容包括：软性下疳预防法、梅毒预防法、沿肛杨梅预防法等。

收藏单位：广西馆、国家馆

04660

男女生殖器性神经衰弱之预防及治疗　张克成编

上海：生活医院，1934.4，94页，36开

本书共9章，内容包括：生殖器的生理、生殖器性神经衰弱的原因、生殖器性神经衰弱的症候、手淫与神经衰弱等。

收藏单位：国家馆

04661

生殖泌尿器病及花柳病简编　（美）戴世璜著　余冠瀛译

上海：广协书局，1934，58页，32开

上海：广协书局，1941.10，再版，58页，32开

收藏单位：黑龙江馆、辽宁馆、上海馆

04662

生殖器病学　（日）佐藤进著　李祥麟译

上海：医学书局，1914.9，52页，23开，精装

04663

食物之各成分与尿石之关系　侯祥川著

出版者不详，1937.2，27页，16开

本书为《中华医学杂志》第23卷第2期抽印本。

04664

手淫过度与性器短小及包茎之最新疗法　中国健康学会编

上海：中国健康学会，1936.8，46页，32开

本书版权页题名：手淫过度、阴茎短小、包茎最新疗法。

收藏单位：上海馆

04665

性机能障碍最新疗法

出版者不详，[1911—1949]，26页，32开

04666

性神经衰弱与神经衰弱　屠企华著

上海：屠氏康健社，1939.9，144页，32开

上海：屠氏康健社，1940.7，再版，144页，32开

上海：屠氏康健社，1946.12，3版，144页，32开（屠氏医学丛书3）

上海：屠氏康健社，1947.7，4版，144页，32

开（屠氏医学丛书3）

上海：屠氏康健社，1948.7，5版，144页，32开（屠氏医学丛书3）

　　本书共两篇：性神经衰弱、神经衰弱。

　　收藏单位：江西馆、南京馆、内蒙古馆、山西馆、上海馆、绍兴馆

04667

性神经衰弱症　牟鸿彝编著

上海：康健书局，1937.12，115页，32开

上海：康健书局，1939.6，2版，增补改正版，115页，32开

上海：康健书局，1940.9，3版，增补改正版，79页，32开

上海：康健书局，1941.5，4版，增补改正版，93页，32开

上海：康健书局，1945.6，7版，增补改正版，93页，32开

上海：康健书局，1947.10，8版，增补改正版，115页，32开

　　本书共6章：情欲和生殖作用、性神经衰弱症、性神经衰弱治疗法、内分泌疗法（荷尔蒙疗法）、生殖器联合荷尔蒙、治疗实例。版权页题名：性神经衰弱症（普及版）。

　　收藏单位：广东馆、湖南馆、上海馆、首都馆、浙江馆

04668

性神经衰弱自疗法　汪于冈编著

上海：汪于冈，1932.12，103页，36开

　　收藏单位：浙江馆

04669

性神经衰弱最新治疗法　中国健康学会编

上海：中国健康学会，1936.11，29页，32开

04670

性之新智识（男性宝典 美国霍立克博士发明生殖自疗器说明书）　陈迺更著

上海：百灵药房，1935.5，5版，30页，36开

上海：百灵药房，1935.9，6版，30页，36开

　　本书内容包括：男子生殖器、交接之时间及回数、可怕的手淫之害、主治效力、精力

缺乏症、老衰等。

04671

遗精广论　中国康健学会编著

中国康健学会，1929.3，186页，22开（虚痨丛书 第2种）

　　收藏单位：湖南馆、江西馆、南京馆、内蒙古馆、绍兴馆

04672

遗精自疗法　朱振声编著

上海：大众书局，1933.8，38页，32开（百病自疗丛书）

上海：大众书局，1936.4，重版，38页，32开（百病自疗丛书）

上海：大众书局，1949.4，再版，38页，32开（百病自疗丛书）

　　本书共4部分：遗精自疗各法、近贤于遗精证治之主见、遗精治验笔记、遗精要方九条。

　　收藏单位：南京馆

04673

遗尿及遗精　赵建新编　余云岫校

上海：商务印书馆，1911.6，46页，32开

上海：商务印书馆，1921，46页，32开（医学丛书）

上海：商务印书馆，1924，3版，46页，32开（医学小丛书）

上海：商务印书馆，1924.6，4版，46页，32开（医学小丛书）

上海：商务印书馆，1927.9，6版，46页，32开（医学丛书）

上海：商务印书馆，1931.8，7版，43页，32开

上海：商务印书馆，1934.5，国难后1版，43页，32开

上海：商务印书馆，1935，国难后2版，43页，32开（医学丛书）

上海：商务印书馆，1935.4，国难后3版，43页，32开（医学小丛书）

[长沙]：商务印书馆，1940.8，国难后6版，43页，32开（医学小丛书）

本书共 4 章：泌尿器之解剖及生理、遗尿症、男性生殖器之解剖、遗精及梦遗。

收藏单位：重庆馆、广东馆、广西馆、贵州馆、国家馆、湖南馆、内蒙古馆、宁夏馆、上海馆、首都馆、浙江馆

04674
阴萎及遗精论　（英）汉贲尔（M. Hunnel）著
　牟鸿彝译
上海：东方编译社，1939.8，102 页，36 开

本书共 5 章，内容包括：机能的阴萎、心理的阴萎、女性的阴萎等。

收藏单位：首都馆

04675
自渎之害与发育不全及包皮过长之最新疗法
　牟鸿彝著
上海：东方编译社，1939，60 页，32 开
上海：东方编译社，1941，再版，60 页，32 开

04676
自渎之害与发育不全及包皮过长之最新疗法
　牟鸿彝著
上海：康健书局，1939.8，60 页，32 开
　收藏单位：广东馆

妇产科学

04677
伯特利护士产科年刊（创刊号）　伯特利医院护士产科学校编
上海：伯特利医院，1936.7，[130] 页，16 开，精装

04678
产妇儿三科常识　吴陈懿编著
杭州：济生科医院，1928.5，1 册，16 开
　本书内容包括：产科常识、妇科常识、儿科常识等。

收藏单位：浙江馆

04679
产妇科讲演集　（美）马士敦（J. P. Maxwell）著　方石珊　李士伟译述
北平：私立北平协和医学院，1930.9，[119] 页，23 开

本书辑录马士敦在协和医学院期间所撰妇产科学讲稿 10 篇。曾分别刊载于《中华医学杂志》第 14、15、16 各卷。

收藏单位：广东馆

04680
妇产小儿科学
晋冀鲁豫军区卫生部，[1945—1949]，53 页，32 开

本书共 3 部分：妇科学、产科学、小儿科学。

收藏单位：国家馆

04681
妇女生育论　苏仪贞编著
上海：中华书局，1922.12，65 页，32 开
上海：中华书局，1923，3 版，65 页，32 开
上海：中华书局，1924，4 版，65 页，32 开
上海：中华书局，1927.1，5 版，65 页，32 开
上海：中华书局，1931.6，8 版，65 页，32 开
上海：中华书局，1933.2，9 版，65 页，32 开
上海：中华书局，1934.7，10 版，65 页，32 开

本书共 5 编：妇女生殖器解剖、怀孕、分娩、妇科疾病、生育限制。

收藏单位：广西馆、国家馆、湖南馆、南京馆、内蒙古馆、上海馆、首都馆、天津馆

04682
富氏产科及妇人科学　丁福保编译
上海：医学书局，1918.4，62 页，24 开，精装（丁氏医学丛书）

04683
国立同济大学附设医院产妇科工作报告　国立同济大学附设医院产妇科编
宜宾：国立同济大学附设医院产妇科，1944.6，

油印本，23 页，18 开，环筒页装

　　本书共 4 篇论文:《临床罕见之皮样囊肿一例》(胡志远)、《子宫后屈原因之探讨》(梁勉程)、《一百十例白带之显微镜检查》(林挺嘉)、《本院二年来不妊原因之统计及治疗》(刘新华)。

　　　　收藏单位：国家馆

04684

生育宝鉴　王荣芝著

大连：实业印书馆，1943.5，171 页，32 开

　　　　收藏单位：首都馆

04685

生育预知法　吴瑞书编译

上海：中西书局，1926.5，2 版，36 页，32 开

上海：中西书局，1926，3 版，[119] 页，32 开

　　　　收藏单位：重庆馆、南京馆

04686

生育预知法　吴瑞书编译　吴敬晖校

上海：大通图书社，1936.5，[119] 页，32 开

　　本书分表格与文字两部分。表格有：妊娠月日及分娩月日前知一览表、年龄与妊娠季节及分娩男女性别统计表、季节表、男女性别妊孕季节与分娩期日表等；文字部分讲述经期卫生、妇科病的防治及胎产保育知识。原著者为日本高桥忠定，书前有原著者 1915 年序。

　　　　收藏单位：国家馆、江西馆

04687

胎前——产后（产科儿科常识）　陈去非编

开封：中大医院妇产科，1936.1，84 页，32 开

　　　　收藏单位：河南馆

04688

育嗣宝筏　璘荫氏编

上海：[蒋种玉堂]，[1934]，65 页，32 开

上海：蒋种玉堂，1935.6，再版，48 页，32 开

上海：蒋种玉堂，1937.6，7 版，48 页，32 开

　　本书内容包括：妇女生育迟早之原因、求

孕问题、生育常识及附图等。

　　　　收藏单位：国家馆、河南馆、江西馆、南京馆

妇科学

04689

白带自疗法　朱振声编著

上海：大众书局，1933.8，27 页，32 开（百病自疗丛书）

上海：大众书局，1936.4，重版，27 页，32 开（百病自疗丛书）

　　本书内容包括：白带总论、白带自疗各法、先贤对于带下之意见、带下单方选要（二十一条）。

　　　　收藏单位：重庆馆、广东馆、江西馆、首都馆

04690

卞劳妇科学　（美）卞劳著　周仲彝译

上海：中国博医会，1914，再版，1 册，18 开，精装

上海：中国博医会，1922，3 版，228 页，18 开

上海：中国博医会，1931，4 版，228 页，18 开，精装

　　本书共 43 章，内容包括：通常妇女起病之原、察法、阴道诸症、子宫脱、子宫前屈等。

　　　　收藏单位：广东馆、首都馆

04691

不妊症及治法　（日）宫田权之丞著　周藩编译

上海：译书公会、文明书局，1911，64 页，大 32 开，精装（丁氏医学丛书）

　　　　收藏单位：南京馆

04692

不孕之原因与新疗法　郭太华编著

上海：医学出版社，1932.6，109 页，32 开

上海：医学出版社，1934.7，增编 3 版，109 页，32 开（郭太华妇科医院丛书）

本书共 6 篇，内容包括：女性之生理、受孕之原理、人工帮助受孕新法等。

收藏单位：南京馆、上海馆

04693

妇病和月母之护病法　乐柯冰玉（E. Rowley）著

外文题名：Gynaecological and monthly nursing

上海：广学书局，1924，80 页，32 开

上海：广学书局，1932，再版，80 页，32 开

本书内容包括：阴道、阴门、胎盘、行经等。

收藏单位：重庆馆

04694

妇科纲要　李秀清编

[公益助产学校]，[1935—1949]，86 页，32 开

本书共 13 章，内容包括：一般妇科之诊察法、一般妇科治疗法、子宫颈管疾患、子宫疾病、宫外孕等。

收藏单位：首都馆

04695

妇科教本　（德）Walter Stoeckel 著　丁名全译

上海：商务印书馆，1947—1949，2 册（620 页），25 开

本书共 24 篇，内容包括：女子生殖器及尿脏解剖、女子生殖器之进化史、女子生殖器畸形、妇科检查、阴道病症、月经与月经异常、子宫炎、子宫上皮瘤肿、妇科放射治疗法、卵巢病症、子宫附件病症、女子淋病、乳房病症、腹壁病症、肠病等。

收藏单位：重庆馆、国家馆、浙江馆

04696

妇科学　（日）安井修平著　汤尔和校译　王同观翻译

东京：同仁会，1936.8，490+7 页，16 开，精装

东京：同仁会，1943.12，再版，440 页，16 开，精装

收藏单位：国家馆、上海馆

04697

妇科学　（日）安井修平著　王同观译

杭州：新医书局，1949.1，增订版，440 页，25 开，精装（新医丛书）

本书共 2 部分。“总论”共 10 章，内容包括：泌尿生殖器系之发生学、体质与遗传、妇人之年龄差异等；“各论”内容包括：妇人生殖器之畸形、阴道疾患、妇人泌尿器疾患、月经异常等。

收藏单位：国家馆、黑龙江馆、湖北馆

04698

妇科学　程浩编著　葛成慧校阅

长沙：商务印书馆，1939.2，10+188 页，32 开，精装（原教育部医学教育委员会丛书）

长沙：商务印书馆，1940.5，3 版，10+188 页，32 开（原教育部医学教育委员会丛书）

上海：商务印书馆，1946，5 版，10+188 页，32 开（原教育部医学教育委员会丛书）

上海：商务印书馆，1947.8，6 版，10+188 页，32 开（原教育部医学教育委员会丛书）

上海：商务印书馆，1949.1，7 版，10+188 页，32 开（原教育部医学教育委员会丛书）

本书为职业学校教科学。共两编。第 1 编“总论”共 4 章：妇科检查法、妇科一般症候、妇科一般疗法、妇科与产科之关系；第 2 编“各论”共 14 章，内容包括：生殖器发育不全、生殖器炎症、淋病等。

收藏单位：安徽馆、重庆馆、广东馆、广西馆、国家馆、湖南馆、辽大馆、绍兴馆、浙江馆

04699

妇科学　张崇熙编

[上海]：东亚医学编辑所，1935.12，再版，51 页，22 开（最新实用医学各科全书）

本书共两部分。“总论”内容包括：诊疗法；“各论”共 10 章，内容包括：外阴部病、阴道病、子宫病、月经困难等。

收藏单位：重庆馆、国家馆

04700

妇科学 张崇熙编辑

杭州：宋经楼书店，1949.1，增订5版，54页，32开

　　收藏单位：江西馆

04701

妇科学

出版者不详，[1928]，1册，18开

　　收藏单位：南京馆

04702

妇科学提纲 戴农季编著

北京：长安医院，[1911—1949]，[156]页，25开，环筒页装

　　本书共14编，内容包括：女子生殖器疾病之诊断法、妇人疾病之疗法总论、月经、外阴部之疾患等。

　　收藏单位：国家馆

04703

妇科学图汇 李元善著

上海：李启文，1948.6，132页，18开

　　收藏单位：上海馆

04704

妇女病之症状与疗法及预防 郭太华编著

上海：郭太华妇科医院，1936.4，118页，32开（郭太华妇科医院医学丛书）

　　本书共27篇，内容包括：妇女之生理与病理、尿道膀胱病之症状与疗法及预防、子宫病之症状与疗法及预防、孕妇卫生法、产妇卫生法等。

　　收藏单位：国家馆

04705

妇女病自疗新法 席令凤编著

上海：文业书局，1936，116页，32开

　　收藏单位：首都馆

04706

妇女生殖器病疗治法 戴龙骧编著

上海：文明书局，1926.4，80页，23开

上海：文明书局，1931，再版，80页，23开

　　本书共20章，内容包括：成年、白带、不受育、石女、阴户传染病、普通的外阴户炎、子宫炎、子宫癌等。

　　收藏单位：重庆馆、广西馆、黑龙江馆、内蒙古馆、天津馆、浙江馆

04707

妇女性科学知识 管思九编译

上海：女子书店，1935.2，180页（女子文库）（女子卫生丛书）

　　本书共6章，内容包括：切身知识的需要、性欲现象、生殖等。附月经时应注意的事、怀孕的每月现象、婴儿的调护、从普通细胞说到两性细胞、性腺等。

　　收藏单位：首都馆、天津馆

04708

妇人病 黄震陆编著

上海：世界书局，1948.4，125页，32开（医学丛书）

　　本书介绍外阴部疾病、阴道疾病、子宫疾病等妇科疾病。共两部分。"总论"共5章：妇女生殖器之解剖、妇女之生理、月经、子宫黏膜之周期性变化、妇人病诊察法；"各论"共11章，内容包括：外阴部疾病、阴道疾病、子宫疾病等。

　　收藏单位：国家馆、江西馆、辽大馆、上海馆、浙江馆

04709

妇人科学

[上海]：东南医学院出版股，1931，158+22页，24开

04710

妇人科之病理与疗法 （日）伊藤尚贤撰 吴正风编译

上海：中西医药书局，1934.8，11+115页，32开（西医百日通）

本书为通俗医科大学讲座译本。共 7 章，内容包括：月经之生理、月经之异常、子宫之疾病等。

收藏单位：国家馆、天津馆

04711

葛氏妇科全书 （美）W. P. Graves 著 （英）孔美格（J. G. Cormack）等编译 鲁德馨校订

上海：中国博医会，1926.6，475 页，18 开，精装

上海：中国博医会，1928.3，2 版，475 页，18 开，精装

上海：中国博医会，1930.10，再版，475 页，18 开，精装

本书共 3 卷：妇科对于全体之生理及关系、妇科病症、妇科手术。

收藏单位：安徽馆、重庆馆、广东馆、国家馆、黑龙江馆、南京馆、上海馆、首都馆

04712

葛氏妇科全书附录 （美）盖美瑞（M. P. Gell） 鲁德馨编译

上海：中华医学会编译部，1938.10，33 页，18 开

收藏单位：国家馆、上海馆、浙江馆

04713

闺房医库 王定九著

上海：中央书局，1937.7，14+194 页，32 开

上海：中央书局，1946.11，再版，14+194 页，32 开

本书共两编。上编共 5 章：闺房医事、闺房医理、闺房医术、闺房医方、闺房医病。下编共 7 章：闺房经病、闺房女病、闺房种子、闺房生产、闺房产病、闺房百病（上）、闺房百病（下）。

收藏单位：国家馆、浙江馆

04714

近世妇人科全书 丁福保编

上海：医学书局，1926.9，3 册（220+210+228 页），23 开

上海：医学书局，1933.4，2 版，3 册（220+210+228 页），23 开（丁氏医学丛书）

收藏单位：安徽馆、贵州馆、湖南馆、上海馆、天津馆

04715

近世妇人科全书 丁福保编

上海：译书公会，1912.1，3 册（220+210+228 页），22 开（丁氏医学丛书）

本书共 8 编 29 章。内容包括：子宫之疾病、尿道及膀胱之疾病、女子泌尿生殖系统之细菌的疾患等。

收藏单位：广东馆、南京馆、浙江馆

04716

近世妇人科学 （日）木下正中 （日）清水由隆著 汤尔和译

上海：商务印书馆，1926.7，18+604+40 页，22 开，精装

上海：商务印书馆，1929.5，再版，1 册，22 开，精装

上海：商务印书馆，1933.6，国难后 1 版，18+604+40 页，22 开，精装（大学丛书）

上海：商务印书馆，1935.6，国难后 2 版，536 页，22 开，精装（大学丛书）

本书共 16 编：女生殖器之解剖及组织、妇人科一般诊断法、妇科一般疗法、月经之生理及异常、妇人生殖器之发育异常、子宫疾病等。

收藏单位：重庆馆、广东馆、广西馆、贵州馆、国家馆、黑龙江馆、湖南馆、江西馆、南京馆、内蒙古馆、上海馆、绍兴馆、首都馆、浙江馆

04717

经绝 （美）马士敦（J. P. Maxwell）讲 钟品梅译

出版者不详，[1911—1949]，8 页，18 开

本书介绍妇女更年期的生理、病理变化及治疗方法。

收藏单位：国家馆

04718

女人之病 李菜著

上海：民众医学社，1933.7，103 页，32 开（李氏医学丛书 2）

上海：民众医学社，1934.7，再版，103 页，32 开（李氏医学丛书 2）

　　本书共 10 章，内容包括：神经衰弱、月经病、白带、子宫出血、头痛、背痛等。

　　收藏单位：广东馆、上海馆

04719

女性的疾病　牟尼编著

上海：北新书局，1935.5，88 页，32 开（现代医学小丛书 6）

　　本书共 13 章，内容包括：女性生殖器的构造和机能、月经和月经异常、不感症与不妊症、歇斯的里症、外部的疾病、子宫的疾病、卵巢的疾病等。

　　收藏单位：重庆馆、广西馆、国家馆、内蒙古馆

04720

女性生理与病态　诺瓦克（E. Novak）著　范存恒编译

外文题名：The woman asks the doctor

上海：家杂志社，1948.9，100 页，32 开

上海：家杂志社，1948.10，再版，100 页，32 开

　　本书共 16 章，内部包括：何谓女性、月经的迷信与传说、月经的病态、女性的不孕、白带等。

　　收藏单位：广东馆、内蒙古馆、上海馆、首都馆

04721

女性问题研究　姚伯麟译著

上海：星光书店，1928.5，382 页，32 开（女性丛书）

　　本书讨论女子生理与医学等。共两部分。通论共 10 篇，内容包括：民族卫生与妇女运动、女子在社会之地位、妇女秘藏之宝等；专论共 29 篇，内容包括：女子之体格、女子之精神、女性生理的优点等。

　　收藏单位：浙江馆

04722

女子医学常识　华淑君著

汉口：华淑君女医师诊所，1937，1 册，16 开

　　本书介绍女性生理和孕产等方面的常识。

内容包括：月经概论、白带琐谈、妊娠之原理等。

　　收藏单位：重庆馆

04723

普通妇科学　新医进修社编

上海：新医进修社，1939.8，132 页，32 开

　　本书共两章。"概要"共 4 节：妇科学之定义、妇科与产科之关系、妇科诊断总论、妇科治疗总论；"妇科疾病"共 10 节，内容包括：月经不正常、子宫异位、女子生殖器之结核等。

　　收藏单位：国家馆

04724

求孕顾问（又名，两性的结晶）　杨氤生　姚育英编著

上海：性教研究社，1946.7，增订再版，54 页，32 开（性学丛刊 性教 3 顾问）

04725

求孕指南　王逸夫著

上海：卫生研究社，1938.10，再版，1 册，32 开（性生活丛书）

　　本书内容包括：成孕论、养生之道、求孕秘诀等。

04726

月经的传说和迷信　王君纲著

上海：良友图书印刷公司，1933.2，55 页，50 开（一角丛书 56）

　　本书内容包括：正常的月经、反常的月经、月经的传说和迷信。封面题名：月经的迷信及其传记。

04727

中西妇科学讲义　汪洋编纂

外文题名：Chinese and foreign gynaecology

上海：[中西医院]，1921.1，改正版，60 页，

32 开

上海：中西医院，1924.10，改正 3 版，60 页，32 开

上海：中西医院，1925.9，改正 4 版，60 页，32 开

上海：中西医院，1926.5，改正 5 版，60 页，32 开

　　本书分为西之部和中之部，讲述妇科常见病的原因和治疗方法。

　　　　收藏单位：广东馆、绍兴馆、浙江馆

产科学

04728

病理胎产学　杨元吉译著

上海：杨元吉，1930.10，28+444+25 页，16 开，精装

上海：杨元吉，1933.10，增订再版，28+444+25 页，16 开，精装

上海：杨元吉，1936.7，校订 3 版，28+444+25 页，16 开，精装

上海：杨元吉，1940.8，校订 4 版，28+444+25 页，16 开

上海：杨元吉，1946.12，校订 5 版，28+444+25 页，16 开

　　本书共 5 编：胎产期之疾病、妊娠之病理与治疗、分娩之病理与治疗、产褥期之病理与治疗、产科手术。

　　　　收藏单位：重庆馆、广东馆、国家馆、浙江馆

04729

曹氏产科学（下卷）　陈晖成编

懿华书局，1936，579 页，22 开，精装

　　　　收藏单位：广东馆

04730

产后须知　南京卫生事物所编

南京：南京卫生事物所，[1933.6]，22 页，32 开

　　本书共 6 章，内容包括：胎盘未排出前之护理法、产后二十四小时内之护理法、产后第一周内之护理法等。

　　　　收藏单位：国家馆

04731

产后之死亡率及发病率　（美）马士敦（J. P. Maxwell）　王逸慧著

外文题名：On puerperal mortality and morbidity

北平：出版者不详，[1945—1949]，22 页，18 开

　　本书为《中华医学杂志》第 18 卷第 1 期抽印本。

　　　　收藏单位：国家馆

04732

产科讲义·病理妊娠及治疗

出版者不详，[1911—1949]，油印本，1 册，16 开，环筒页装

　　　　收藏单位：重庆馆

04733

产科生理学　李元善著

上海：同德产科医院，1938.1，197 页，18 开

上海：同德产科医院，1944.6，再版，197 页，18 开

　　本书共 24 章，内容包括：月经之生理、受孕、胎学之发育及生理、妊娠之诊断等。附单彩色图 180 幅。

　　　　收藏单位：内蒙古馆

04734

产科学　（日）磐濑雄一著　新医同仁研究会译

杭州：新医书局，1948.10，320 页，32 开，精装（新医丛书）

　　本书书末有附录、索引表。

　　　　收藏单位：东北师大馆、南京馆

04735

产科学　（日）磐濑雄一著　张方庆译

[东京]：同仁会，1931.7，681+23 页，16 开，精装

东京：同仁会，1943.6，3 版，681+23 页，16

开，精装

本书共6编，内容包括：妊娠生理及摄生、分娩之生理及摄生、妊娠病理及疗法、分娩病理及疗法等。

收藏单位：广东馆、广西馆、国家馆、上海馆、浙江馆

04736

产科学　张崇熙编

上海：东亚医学编辑所，1935.12，再版，65页，25开（最新实用医学各科全书）

本书共14章，内容包括：妊娠之生理、妊娠之诊断、分娩期之预测、产科诊察法、分娩之经过、难产原因及手术等。

收藏单位：重庆馆、国家馆、湖南馆、浙江馆

04737

产科学初步　（日）伊庭秀荣著　丁福保编

上海：医学书局，1926.10，136页，22开（丁氏医学丛书）

收藏单位：安徽馆、广西馆

04738

产科学讲义　瞿绍衡编著

北平：瞿氏夫妇医院，1928.12，498页，16开，精装

收藏单位：国家馆、南京馆

04739

产科学讲义（增订）　瞿绍衡编著

上海：生生医院，1939.7，增订再版，2册（393+548页），16开，精装

本书上册"生理篇"，内容包括：女子生殖器之解剖及其生理、妊娠生理及其摄生、分娩生理及其摄生、产褥生理及其摄生。下册"病理篇 手术篇"，"病理篇"内容包括：妊娠病理及其疗法、分娩病理及其疗法、产褥病理及其疗法、新生儿疾患及其疗法；"手术篇"内容包括：总论、各论。

收藏单位：黑龙江馆、上海馆

04740

产科学问答　J. M. Logan 编　中华护士学会审订

外文题名：Questions and answers on obsterics for nurses

上海：广协书局，1943.1，重版，36页，大64开

本书收176则产科学问答。内容包括：髋骨之形状若何、真骨盆穴之形状若何、盆之类分何几种等。

收藏单位：国家馆、浙江馆

04741

产科之病理与疗法　（日）伊藤尚贤撰　吴正风译

上海：中西医药书局，1934.8，[15]+129页，32开（西医百日通）

本书为通俗医科大学讲座译本，内容包括：妊娠之原因、胎儿之发育、胎内之胎儿位置、产前之心得等。

收藏单位：国家馆、天津馆

04742

产科指南（第1集）　贾倩颖编著

北平：光纶医院，1930.11，52页，16开

收藏单位：国家馆

04743

产褥之病理及疗法　刘云青译述

上海：中西医学研究会，[1912—1927]，1册，16开

收藏单位：南京馆

04744

分娩生理篇　华文祺　丁福保编辑

上海：医学书局，1918.7，2版，112页，22开，精装（丁氏医学丛书）

上海：医学书局，1930.5，112+[30]页，22开，精装（丁氏医学丛书）

本书共两篇。"分娩生理篇"内容包括：定义、骨部产道、大骨盘、男女骨盘之差异等；"产褥生理篇"内容包括：定义、产褥之临床的经过、产褥之诊断等。

收藏单位：上海馆

04745

父母之道 （美）理查孙（F. H. Richardson）著 张晓槐译

上海：神州国光社，1930.6，82 页，32 开

本书以书信形式介绍妊娠、胎产的医疗卫生常识。

收藏单位：国家馆、天津馆、浙江馆

04746

横产 王逸慧 钟品梅著

北平：中华医学杂志社，1932.2，[31] 页，18 开

本书为《中华医学杂志》第 18 卷第 1 期抽印本。

收藏单位：国家馆

04747

简易产科学 白求恩学校编

白求恩学校，[1940—1946]，油印本，52 页，32 开

收藏单位：国家馆

04748

简易产科学 于淑安 周萼芬编

中央卫生实验院，1939.2，16+290 页，32 开

中央卫生实验院，1948.6，3 版，16+290 页，32 开

收藏单位：国家馆、上海馆、首都馆

04749

科学的达生编 俞松筠著

上海：中德产科医院出版部，1933.9，204 页，32 开

上海：中德产科医院出版部，1934，再版，204 页，32 开

本书借用中医产科著作《达生编》书名，实为西医临床产科学专著。共 8 篇，内容包括：生产的必要和准备、生产安全法、无痛的生产法、产后的处置和摄生、异常妊娠的处置等。

收藏单位：重庆馆、南京馆、浙江馆

04750

科学的生育法 （瑞士）盖司脱（H. J. Gerster）著 罗菱译

重庆：国民书店，[1925—1927]，73 页，32 开

本书内容包括：女子之内生殖器、男子之生殖器、受精期与非受精期之计算、月经日历表及计算表等内容。

收藏单位：重庆馆

04751

科学的生育法 （瑞士）盖司脱（H. J. Gerster）著 邵森棣译

重庆：文信书局，1942.8，78 页，32 开

重庆：文信书局，1942.12，再版，78 页，32 开

重庆：文信书局，1943.8，3 版，78 页，32 开

重庆：文信书局，1944.11，4 版，78 页，32 开

本书介绍人体生殖器解剖及克脑司教授的生殖定律，即受精期与非受精期的计算。共 3 部分，"理论部"共 7 节，内容包括：女子之内生殖器、男子之生殖器、黄体等；"实验部"共 6 节，内容包括：月经圈之计算、科学的生育法、怀孕之期限等；"附录"内容包括：概论、月经日历表及计算表。

收藏单位：重庆馆、国家馆、南京馆

04752

临产须知评正 瞿绍衡评著

上海：生生医院，1940.11，51 页，32 开

上海：生生医院，1941.8，再版，51 页，32 开

本书共 14 则，内容包括：临产宜肃静须知、临产饮汤须知、孕妇产异须知、临产双生须知等。

收藏单位：南京馆

04753

女子产科学校第一届毕业纪念册 女子产科学校编

北京：女子产科学校，[1926.8]，1 册，16 开

本书共 5 编，内容包括：题叙、毕业式纪载、课外讲义等。

收藏单位：国家馆

04754

前置胎盘　　王逸慧　李涛著

[北平]：中华医学杂志社，1933.8，[21]页，18开

　　本书为《中华医学杂志》第19卷第4期抽印本。

　　收藏单位：国家馆

04755

前置胎盘与正位胎盘早期分离症（产科进展）

（美）萧佛立（G. C. Schauffler）著　腾波编译

[上海]：中华医学会，1948.11，8页，22开（中华医学会—近代医学丛书5）

　　收藏单位：重庆馆、国家馆、上海馆

04756

曲张静脉破裂所致之妊娠出血　　王逸慧　李涛著

外文题名：Bleeding in pregnancy caused by the rupture of a varix

[中华医学杂志社]，[1934]，[12]页，18开

　　本书为《中华医学杂志》第20卷第8期抽印本。

　　收藏单位：国家馆

04757

妊产与育儿　　洪秀越编著

上海：世界书局，1934.11，10+114页，32开（医学丛书）

上海：世界书局，1948.4，再版，10+114页，32开（医学丛书）

　　本书共3部分。"妇产"共10章，内容包括：结婚之条件、生殖器官、月经、妊娠、妊娠与胎儿等；"育儿"共8章，内容包括：初生儿养育法、生母与乳儿、乳儿养育法等；"初生儿病"共10章，内容包括：先天性体质薄弱、假死、外伤、分娩性麻痹等。

　　收藏单位：国家馆、黑龙江馆、湖南馆、江西馆、上海馆、浙江馆

04758

妊妇诊察法　　丁福保译

上海：医学书局，1911.5，53页，32开，精装（丁氏医学丛书）

上海：医学书局，1931.7，53页，32开（丁氏医学丛书）

　　收藏单位：南京馆、浙江馆

04759

妊娠的传说　　王君纲著

上海：良友图书印刷公司，1933.12，60页，64开（一角丛书77）

　　本书共12节，内容包括：正常的妊娠、反常的妊娠、一般求子的迷信、妊娠中的性交、妊娠的日子、胎教、分娩的前夜等。

　　收藏单位：吉林馆

04760

妊娠分娩及产褥期间并发之肠病　（美）马士敦（J. P. Maxwell）　王逸慧　钟品梅著

外文题名：The intestinal complications of pregnancy labor and puerperum

北平：出版者不详，[1945—1949]，23页，18开

　　本书内容包括：并发肠塞、孕时并发阑尾炎、产褥期并发肠热症及霍乱、孕时并发急性溃疡性结肠炎等。

　　收藏单位：国家馆

04761

妊娠及分娩期之急性阑尾炎　　钟品梅著

外文题名：Acute appendicitis in pregnancy and labor

[中华医学杂志社]，[1932]，9页，18开

　　本书介绍妊娠及分娩期急性阑尾炎的原因、症状、诊断、治疗、死亡率及病例报告。

　　收藏单位：国家馆

04762

妊娠生理篇　（日）今渊恒寿著　华文祺　丁福保译

上海：医学书局，1924.8，4版，108页，24开（丁氏医学丛书）

　　收藏单位：广东馆、南京馆、上海馆

04763

妊娠须知 （苏）季佐夫著 陈述译

[哈尔滨]：光华书店，1948.8，20页，大64开（医药卫生小丛书）

收藏单位：东北师大馆、国家馆、辽宁馆、山东馆、天津馆

04764

妊娠与娩产 姚昶绪编著

上海：商务印书馆，1920.6，117页，32开

上海：商务印书馆，1930.4，117页，32开（医学小丛书）（万有文库 第1集553）

上海：商务印书馆，1932.11，国难后1版，117页，32开（医学小丛书）

上海：商务印书馆，1934.7，再版，117页，32开（医学小丛书）（万有文库 第1集553）

上海：商务印书馆，1935.4，4版，117页，32开

上海：商务印书馆，1935，国难后4版，117页，32开（医学小丛书）

本书共7编，内容包括：妊娠生理、分娩生理、产褥妇与初生儿之状态及处置法、妊娠病理、分娩病理、产褥病理、初生儿之疾病。

收藏单位：安徽馆、重庆馆、大连馆、广东馆、广西馆、贵州馆、国家馆、黑龙江馆、湖南馆、江西馆、辽大馆、辽师大馆、南京馆、内蒙古馆、宁夏馆、上海馆、首都馆、天津馆、浙江馆

04765

妊娠早期诊断法 祖照基编

上海：商务印书馆，1947.10，85页，32开（医学小丛书）

本书共4章：已往之妊娠诊断法、Zondek-Aschheim氏妊娠诊断法、各种改良之实验法、妊娠反应与疾病之关系。

收藏单位：重庆馆、广东馆、国家馆、辽宁馆、浙江馆

04766

妊娠子宫出血 （美）马士敦（J. P. Maxwell）著 李士伟 方石珊译

中华医学杂志社，[1929]，14页，18开

本书为《中华医学杂志》第15卷第1期抽印本。

收藏单位：国家馆

04767

妊孕生产学 （日）高桥政秀 （日）伊藤尚贤著 沈郑浩译 吴敬晖校

上海：大通图书社，[1926.11]，12+188页，32开（性学丛书8）

本书共3编：妊孕之生理及其摄生、分娩之生理与其摄生、产褥之生理与其摄生。附无痛安产法、节制生育论。

收藏单位：国家馆

04768

生理胎产学 杨元吉译著 华美照相制版公司制图

上海：大德出版社，1943.10，5版，242页，16开

上海：大德出版社，1947.12，6版，15+242+20页，16开

本书共6章：绪论、妊娠、分娩、平产助产法、产褥妇与初生儿之状态及处理法、多胎妊娠。

收藏单位：重庆馆、广东馆

04769

生理胎产学 杨元吉译著 华美照相制版公司制图

上海：现代诊疗译丛社，1938.9，4版，242页，18开，精装

本书为作者根据临床经验并参考多种德文产科专著编著，曾作为上海同德产科学校讲义。

收藏单位：上海馆

04770

生理胎产学 杨元吉译著 华美照相制版公司制图

上海：杨元吉，1928.7，15+242+20页，18开，精装

上海：杨元吉，1930.10，再版，15+242+20页，

18 开，精装

上海：杨元吉，1933.9，校订 3 版，15+242+20 页，18 开，精装

收藏单位：重庆馆、国家馆、江西馆、绍兴馆、浙江馆

04771

生育图鉴　神州医学社编

上海：神州医学社，1937.5，6 版，1 册，32 开

上海：神州医学社，1943.4，增订 11 版，1 册，32 开

上海：神州医学社，1949.4，增订 1 版，1 册，32 开

本书内容包括：女子的外阴部、女子骨盆的内容、女子的内生殖器、胎儿的发育、胎儿血行的模型等。

收藏单位：广东馆

04772

生育诊疗说明书　[私立北平协和医学院产妇科编]

私立北平协和医学院产妇科，1944.7，1 册，32 开（产妇科丛书 3）

收藏单位：南京馆

04773

生殖胎产图解一百幅（一名，生育胎产图解）　金佣庵编

上海：大通图书社，1935.1，2 版，184 页，32 开

本书共 92 项，以图和文字简介男女性生理卫生知识。

收藏单位：国家馆

04774

受孕预测　刘贻德编译

上海：中华书局，1948.9，46 页，36 开（常识丛书 50）

本书共 6 章，内容包括：卵之寿命、精子在女性生殖器内之行程与寿命、卵之产出期、克努斯与荻野久作之受孕预测法等。

收藏单位：广东馆、国家馆、湖北馆、南京馆、上海馆、天津馆

04775

胎产必读　黄阶泰编

上海：医学书局，[1911—1949]，98 页，32 开（青年丛书 1）

本书共两编。上编"妊娠之生理与保摄"共 14 章，内容包括：妊娠时全身之变化及胚胎之大略、妊娠之诊断法、胎教、不正孕及怪胎、乳房之变化、乳房之保护法等；下编"月经与分娩及小儿养育法"共 14 章，内容包括：论月经之初潮及闭止、无月经及月经之多少、月经中之卫生、论正产及其处置法、双胎分娩、双胎分娩之处置法等。

收藏单位：上海馆

04776

胎产病防护法　姚昶绪编　余云岫校

外文题名：Obstetrical therapeutics

上海：商务印书馆，1920.7，48 页，32 开（医学小丛书）

上海：商务印书馆，1928，5 版，48 页，32 开

上海：商务印书馆，1931.3，6 版，48 页，32 开（医学小丛书）

本书共 4 编：妊娠期中之障碍、分娩期中之障碍、产褥期中之障碍、初生儿之疾病。

收藏单位：广东馆、国家馆、湖南馆、首都馆、天津馆

04777

胎产常识　刘无诤编辑

长沙：罗棣华印刷局，1928.6，108+18 页，32 开

本书共 4 编：妊娠、分娩、产后、育婴。

收藏单位：浙江馆

04778

胎产秘方　妇科医社重编

上海：春明书店，1935，78 页，32 开

收藏单位：首都馆

04779

胎产篇

上海：天德医疗新报社，[1927—1937]，32 页，32 开（拜耳丛书）

本书内容包括：妊娠期中常识、妊娠特征、妊娠小便诊断、妊娠诊断之手续等。

收藏单位：广东馆、国家馆

04780

胎产图鉴 神州医学社编辑

上海：[神州医学社]，1943.11，增订 11 版，36 页，40 开

[上海]：[神州医学社]，1949.4，增订版，18 页，40 开

本书图集正面为彩色印，绘示女子生殖器的构造、胎儿的形成及分娩等；反面为单色印，绘示胎儿的胎位与触诊、助产手术、异常妊娠、胎儿疾病及避孕法等。

收藏单位：国家馆、上海馆、天津馆

04781

胎产问题 （日）长谷川茂治著 程浩译

上海：商务印书馆，1936.9，20+233 页，32 开（家庭丛书）

长沙：商务印书馆，1938，再版，251 页，32 开（家庭丛书）

长沙：商务印书馆，1939.1，3 版，18+233 页，32 开（家庭丛书）

本书共 19 章，内容包括：男性及女性生殖器之知识与卫生、胎儿男女之性别由何而生、妊娠早知之普通方法、妊娠十个月中胎儿与妊妇应行注意事项、分娩后母体之经过及卫生等。附性生活的危机及其调和法。

收藏单位：重庆馆、广东馆、贵州馆、国家馆、湖南馆、天津馆、浙江馆

04782

胎产问题 李如珪编著

上海：幸福书局，1932.12，57 页，25 开

本书共 25 章，内容包括：妇女生殖器之解剖、受胎、妊娠、胎儿之生理、男胎女胎试因、妊娠期中母体之影响、妊娠时期之诊断等。

收藏单位：国家馆

04783

胎产须知 姚昶绪编 余云岫校

外文题名：Essentials of obstetrics

上海：商务印书馆，1920.6，48 页，32 开

上海：商务印书馆，1922.6，3 版，48 页，32 开（医学小丛书）

上海：商务印书馆，1927.3，5 版，48 页，32 开（医学小丛书）

上海：商务印书馆，1929.1，6 版，48 页，32 开（医学小丛书）

[重庆]：商务印书馆，1943，手抄本，14 页，32 开

本书共 3 编，第 1 编"妊娠"共 12 章，内容包括：女子生殖器之构造、月经、受胎等；第 2 编"分娩"共 9 章，内容包括：流产早产晚产、寻常产与难产、娩出力等；第 3 编"产褥妇与初生儿之状态及处理法"共 4 章，内容包括：产褥妇之状态、产褥妇处理法、初生儿之状态等。

收藏单位：重庆馆、广西馆、国家馆、上海馆、首都馆、浙江馆

04784

胎产医库（孕妇顾问） 宋忠钰编著 汪漱碧校

上海：中央书店，1937.6，90 页，32 开

上海：中央书店，1939.3，新 1 版，90 页，32 开

上海：中央书店，1947.8，再版，90 页，32 开

本书共 19 章，介绍男女生殖系统的解剖和生理、妊娠和分娩的医学知识。

收藏单位：广东馆、浙江馆

04785

胎盘及其病症 （美）马士敦（J. P. Maxwell）著 钟品梅译

中华医学杂志社，1931，[12] 页，18 开

本书为《中华医学杂志》第 17 卷第 1 期抽印本。

收藏单位：国家馆

04786

通俗产科三百咏 瞿绍衡著 余云岫等校

杭州：生生医院，1946.6，93 页，25 开

上海：生生医院，1949.3，再版，[125] 页，25 开

本书以五言、七言等歌诀形式介绍妇、产儿科的医疗、卫生常识。共 11 章，内容包括：产科上应用之解剖及生理、妊娠之生理及其摄生、妊娠之病理及其疗法、分娩之病理及其处置、新生儿之疾病及其疗法等。

收藏单位：上海馆

04787

心脏病与妊娠 （美）马士敦（J. P. Maxwell）著　汤润德译

中华医学杂志社，[1931]，[14] 页，18 开

本书为《中华医学杂志》第 17 卷第 2 期抽印本。

收藏单位：国家馆

04788

新撰产科学全书　邓纯棣纂著

上海：改造与医学社，1931.7，3 册（25+390+12+492+12+228 页），18 开，精装

本书分正常篇、异常篇、手术篇 3 部分。共 10 编，内容包括：中国古代产科学之文献、妊娠生理与摄生、分娩病理与疗法、产褥病理及疗法等。

收藏单位：广东馆、国家馆、绍兴馆

04789

新撰产科学问答（病理篇）　杨元吉编　张秀珍助编

上海：大德出版社，1948.5，14+347 页，32 开

本书共 4 篇：妊娠之病、分娩期之病症、产褥期之病症、胎儿之创伤及初生儿之疾病。

收藏单位：重庆馆、国家馆、江西馆、绍兴馆

04790

新撰产科学问答（生理篇）　杨元吉编　张秀珍助编

上海：大德出版社，1946.9，142 页，32 开

本书共 20 章，内容包括：女性内外生殖器骨盆之解剖生理、月经之生理、受孕、胎儿之发育及生理、妊娠诊断、分娩之生理、

平产助产法等。

收藏单位：重庆馆、国家馆、黑龙江馆、江西馆、内蒙古馆、上海馆

04791

性的决定　菲尔丁著　冯静涛译

上海：远东图书公司，1929.3，73 页，50 开（家庭知识小丛书）

本书共 4 章：性的比率、胎之性的发展、染色体机构与性的决定、人类之性的决定。附术语译名及解释。

收藏单位：重庆馆

04792

性的决定　王君纲著

上海：女子书店，1933.7，64 页，50 开（儿童教育丛书）

本书主要讲述婴儿性别的预定及怀孕时婴儿性别的诊断。

收藏单位：国家馆、南京馆、首都馆

04793

伊何二氏近世产科学　（英）T. W. Eden（英）E. Holland 著　鲁德馨编译

上海：中华医学会，1934.12，660 页，21 开，精装

本书据英文原著第 7 版编译。内容包括：正常之妊娠、异常之妊娠、正常分娩、初生儿、产科手术等。书中有插图 334 幅，书后有中英文索引。

收藏单位：广东馆、南京馆、首都馆

04794

伊氏产科学　（英）伊大卫（D. J. Evans）著（美）赖马西（M. W. Niles）译　黄雪贞等参校

上海：中国博医会，1917.8，3 版，340 页，23 开

上海：中国博医会，1923.8，5 版，340 页，23 开

上海：中国博医会，1926.9，6 版，340 页，23 开，精装

收藏单位：广东馆、广西馆、上海馆、绍

兴馆

04795
伊氏产科学附录 （美）盖美瑞（M. P. Gell）
著 鲁德馨译
上海：中国博医会，1931，32 页，22 开
　　收藏单位：河南馆

04796
孕产妇之友 赵师震编著
上海：中华书局，1935.2，[14]+112 页，32 开
（常识丛书 43）
上海：中华书局，1940.5，再版，[14]+112 页，
32 开（常识丛书）
　　本书共 10 章，内容包括：妊娠之诊断、
妊娠之病态、临产真言等。
　　收藏单位：国家馆、黑龙江馆、湖南馆、
江西馆、南京馆、天津馆、浙江馆

04797
孕妇应有的常识 陈爽秋编
重庆：经纬书局，1946，125 页，48 开
成都：经纬书局，[1911—1949]，125 页，48
开
　　本书共 4 编：妊娠、分娩、产褥病理、乳
期。
　　收藏单位：重庆馆

04798
孕期及产后卫疗撮要 （英）勃朗纳（G. E.
Browne）著 曹美英译
中央卫生实验院妇婴卫生组，1947.9，430
页，18 开
　　本书共 37 章，内容包括：病人检查、妊
娠保健、遗传、多胎妊娠、妊娠呕吐、妊娠
后期血中毒、妊娠中消化系统的疾病等。
　　收藏单位：国家馆、黑龙江馆、辽宁馆、
南京馆、浙江馆

04799
中西产科学讲义 汪洋编
上海：[中西医院]，1921.1，改正版，48 页，
32 开

上海：中西医院，1924.10，改正 3 版，55 页，
32 开
上海：中西医院，1925.9，改正 4 版，55 页，
32 开
上海：中西医院，1926.10，改正 5 版，55 页，
32 开
　　本书共两编。前编"西之部"共 4 章：胎
产生理诊断要略、胎前病、临产病、产后病；
后编"中之部"共 3 章：胎前病、临产病、产
后病。
　　收藏单位：广东馆、浙江馆

04800
子宫外妊娠 王逸慧 李涛著
中华医学杂志社，[1934]，[22] 页，16 开
　　本书为《中华医学杂志》第 20 卷第 3 期
抽印本。
　　收藏单位：国家馆

04801
最新胎产全书 李如珪编 朱振声 叶劲秋
校
上海：国光书店，1947.3，再版，57 页，32
开
上海：国光书店，1949.1，再版，57 页，32
开
　　本书内容包括：妇女生殖器之解剖、妇
女生殖器之发育成熟及衰老期之退行、受胎、
产后之疾病、产科手术等。
　　收藏单位：浙江馆

临床优生学

04802
产妇保健须知 中华平民教育促进会卫生教
育部编
中华平民教育促进会卫生教育部，1932，5
页，32 开，环筒页装
　　收藏单位：首都馆

04803

产妇须知　全国儿童年实施委员会编

全国儿童年实施委员会，1935.11，25 页，32 开

　　收藏单位：首都馆

04804

产前须知　露萍编

上海：玲珑妇女杂志社，1933.10，94 页，64 开（玲珑丛书 1）

04805

初产安全之指导　（日）安政秀雄撰　姚蓬心译

上海：康健书局，1936.6，177 页，32 开

上海：康健书局，1942.8，再版，177 页，32 开

　　本书内容包括：妊娠与生理的关系、胎教、妊娠中之疾患、妊娠分娩前之准备等。

　　收藏单位：国家馆、湖南馆、江西馆、南京馆、天津馆

04806

东渡考察产科报告及意见书　汪良寄述

浙江省立女子产科职业学校，1928，56 页，32 开

　　本书收《日本产科教育近况》《中日两国对于产科教育上地位之比较观》等。

　　收藏单位：浙江馆

04807

方法论的母性再教育　缪端生　王石锡著

上海：新亚书店，1934.2，162 页，32 开

　　本书讲述人类的遗传现象、已婚与妊娠妇女的卫生保健及营养学知识。共 7 章，内容包括：遗传学的知识、人类的遗传现象、处女时代、结婚别人的保健等。

　　收藏单位：重庆馆、国家馆、南京馆、浙江馆

04808

怀胎·生产　刘静群编

上海：中华书局，1948.6，16 页，32 开（中华文库 第 1 集）

收藏单位：广东馆、辽宁馆

04809

母亲准备课　朱新人编

[成都]：激流书店，1948.4，175 页，32 开

　　本书介绍孕妇的生理与保健，以及婴儿哺养的卫生知识。共 22 章，内容包括：女性的生殖世界、女性的成熟期、产期的预测等。

04810

女性生育指导　吴江枫著

上海：卫生研究社，1947.5，83 页，36 开（新女性指导丛书 2）

　　本书共 5 章：生理解剖、妊娠时期、分娩时期、产褥时期、授乳时期。

04811

妊娠卫生　中华卫生教育会编

上海：中华卫生教育会，1925，41 页，32 开（卫生丛书 84）

上海：中华卫生教育会，1930，再版，41 页，32 开（卫生丛书 84）

　　收藏单位：首都馆、浙江馆

04812

生产安全法　郭太华编著

上海：郭太华妇科医院，1933.12，90 页，36 开

上海：郭太华妇科医院，1934.6，增编再版，90 页，36 开（郭太华妇科医院丛书）

　　本书共 6 篇，内容包括：妊娠原理、产前疾病之正确疗法、无痛生产法等。

　　收藏单位：安徽馆、上海馆

04813

生产与育婴　洪式间　吴迈编纂　顾寿白　程瀚章校订

外文题名：Childbirth and nursing

上海：商务印书馆，1930.12，210 页，32 开（医林丛刊）

[上海]：商务印书馆，1935.5，国难后 1 版，210 页，32 开

长沙：商务印书馆，1939.2，国难后 3 版，210

页，32 开（家庭丛书）

本书共两篇。第一篇"妊娠生产及产后"共 3 章：妊娠、分娩、产后——产褥期；第二篇"婴儿之养育"共 3 章：初生儿之最初生活状况及婴儿之看护、婴儿之营养、小儿健康之表征。

收藏单位：广东馆、国家馆、湖南馆、江西馆、辽宁馆、上海馆、天津馆

04814

生育常识　胡定安编著　顾树森校

上海：大东书局，1933.7，116 页，32 开（家庭医学丛书 第 2 种）

本书共两篇。"生产篇"共 20 章，内容包括：月经与受孕、多胎妊娠、胎儿的生理、妊娠中的摄生法等；"育儿篇"分甲、乙、丙三类：小儿生理、小儿营养、小儿摄生。

收藏单位：国家馆、湖南馆、江西馆、南京馆、内蒙古馆、首都馆、浙江馆

04815

生育常识　上海生理学社编

上海：上海生理学社，1935.5，16 页，32 开

本书共 8 部分，内容包括：精虫、十个月胎儿发育、正规妊娠、胎儿的体位等。

收藏单位：国家馆

04816

生育顾问　姚昶绪编

上海：商务印书馆，1920，48 页，32 开（医学小丛书）

收藏单位：首都馆

04817

生育顾问（广嗣指导）　汪洋著

上海：中央书店，1933.8，4 册，32 开
上海：中央书店，1935.4，4 版，4 册，32 开
上海：中央书店，1936.2，5 版，4 册，32 开
上海：中央书店，1936.8，6 版，4 册，32 开
上海：中央书店，1948.2，再版，[646] 页，36 开，精装

本书共 4 编。第 1 编"妊孕"共 9 章，内容包括：妊孕原理、胎儿生理、妊孕诊断、

母体影响等；第 2 编"生产"共 10 章，内容包括：胎儿体位、分娩种类、分娩预备、分娩生理等；第 3 编"育儿"共 11 章，内容包括：乳儿发育、母乳营养、母乳选择、人工营养等；第 4 编"小儿病"共 12 章，内容包括：疾病由来、消化器病、呼吸器病、循环器病等。

收藏单位：重庆馆、河南馆、湖南馆、江西馆、内蒙古馆、山西馆、首都馆

04818

十封书——新达生篇　葛成慧著

上海：上海机制国货工厂联合会，1931.12，22 页，32 开

本书以书信形式向孕妇讲述妊娠、胎产、育儿等生理卫生知识。

04819

喜讯临门　（美）伍尔芙（A. W. M. Wolf）著　江同译

外文题名：Great expectations

上海：家杂志社，1948.10，69 页，32 开

本书以书信形式介绍著者多年的服务经验。前 9 封是写给孕妇的，从怀孕第 1 月起每月一封；后 6 封写给孩子出世后的母亲，每两个月一封，直到孩子一周岁为止。

收藏单位：重庆馆、东北师大馆、广东馆、国家馆、黑龙江馆、辽宁馆、南京馆、首都馆、天津馆、浙江馆

04820

献给健美孩子的母亲　陈兰著

上海：新地书店，1941，175 页，32 开（新地妇女生活丛书 1）

收藏单位：首都馆

04821

献给你一个健美的婴儿　俞竹贞　胡寄南合著

南京：正中书局，1936.2，164 页，32 开，精装（正中科学知识丛书）

南京：正中书局，1936.10，再版，164 页，32 开，精装（正中科学知识丛书）

上海：正中书局，1946.5，164 页，32 开（正

中科学知识丛书）

上海：正中书局，1948.2，4 版，164 页，32 开（正中科学知识丛书）

本书共 3 编 21 章。第 1 编"怀孕时期"共 7 章，内容包括：妊娠的生理、身体的卫生、怀孕期间最适宜的服装等；第 2 编"分娩时间"共 4 章，内容包括：临产前的准备、分娩的历程、产后的摄生、初生儿的状态；第 3 编"婴儿的日常生活"共 10 章，内容包括：婴儿的睡眠、日光浴、婴儿的牙齿等。

收藏单位：安徽馆、重庆馆、贵州馆、国家馆、湖南馆、辽宁馆、南京馆、绍兴馆、西南大学馆、浙江馆

04822

孕妇宝鉴 汉口同仁医院编

汉口：汉口同仁医院，1930.5，18 页，24 开

汉口：汉口同仁医院，1930.9，2 版，18 页，24 开

本书共 5 章，内容包括：孕妇之心得、产妇之心得、褥寝妇之心得等。

收藏单位：国家馆

04823

孕妇保养法 刘本立著

上海：家杂志社，1948.5，82 页，32 开

上海：家杂志社，1949.1，3 版，82 页，32 开

本书共 12 章，内容包括：孕妇保健的意义、怀孕的象征、孕妇生活的保健、产后、新生婴儿等。附《孕妇营养常识》（方文渊译）、《孕妇一周食谱》（方文渊作）。

收藏单位：重庆馆、黑龙江馆、湖南馆

04824

孕妇必读 南京市卫生事务所编

南京：南京市卫生事务所，1933.6，17 页，32 开

本书共 8 章，内容包括：孕期、孕期健康检查、孕期卫生、临产时之准备等。

收藏单位：国家馆

04825

孕妇和产妇 方白著

[重庆]：中国文化服务社，1944.11，80 页，32 开（国民文库）

[重庆]：中国文化服务社，1945.1，再版，80 页，32 开（国民文库）

上海：中国文化服务社，1945.12，80 页，32 开（国民文库）

上海：中国文化服务社，1946.11，3 版，80 页，32 开

上海：中国文化服务社，1948.5，4 版，88 页，32 开（国民文库）

本书共 6 章，内容包括：和科学交朋友、喜临门、生产之后等。

收藏单位：重庆馆、广东馆、国家馆、南京馆、天津馆

04826

孕妇须知 乐柯冰玉（E. Rowley）著 女铎报社译

外文题名：The Chinese mother's book

上海：广学会，1937.4，90 页，32 开

本书共 11 章，内容包括：婴儿未出世以前、产前应注意的事、产前病治疗法、预备你自己需要的东西、产妇调养法、婴儿的时间表等。著者原题：乐永和夫人。

收藏单位：国家馆、首都馆

04827

孕妇须知 唐泽鑫译

上海：中华卫生教育会，1921，34 页，22 开

收藏单位：首都馆

04828

孕妇须知 朱昌亚著

天津：公立女医局，1930.7，64 页，32 开

收藏单位：浙江馆

04829

孕妇须知（妇女必读） 朱振声编

上海：国光书店，1947.3，3 版，82 页，32 开

本书共 3 部分：胎前、临产、产后。内容包括：胎之始生论、妊妇饮食之禁忌、孕妇之卫生、分娩期之常识等。

收藏单位：黑龙江馆

04830

孕妇之友 朱季青编译

上海：商务印书馆，1933.11，61 页，32 开（医学小丛书）

上海：商务印书馆，1934.2，再版，61 页，32 开（医学小丛书）

上海：商务印书馆，1934，3 版，61 页，32 开（医学小丛书）

上海：商务印书馆，1935.3，4 版，61 页，32 开（医学小丛书）

上海：商务印书馆，1947.7，10 版，61 页，32 开（医学小丛书）

本书共 11 章，内容包括：受胎的征象、妊娠的期间、男女胎的鉴定、助产的准备、临盆等。

收藏单位：广东馆、国家馆、黑龙江馆、湖南馆、江西馆、辽宁馆、南京馆、宁夏馆、上海馆、浙江馆

04831

做母亲的准备 家编辑部编

上海：家杂志社，1949.2，93 页，32 开

本书共 12 篇文章：《孕妇常识三部曲》（刘本立）、《孕妇福音》（台维斯）、《减低产妇死亡率》（艾士基）、《做母亲的准备》（李迪亚）、《解剖不生育之谜》（刘本立）、《怎样防治不孕》（惠倪）等。

收藏单位：广东馆

助产学

04832

大德辛巳级纪念刊 大德助产学校辛巳级会编

上海：大德助产学校辛巳级会，1940，[180] 页，16 开，精装

本书为毕业纪念刊。

04833

第一助产学校年刊（第 1 卷） 第一助产学校年刊编辑部编

北平：第一助产学校年刊编辑部，1930.11，[163] 页，16 开，精装

本书内容包括：助产教育小史、校务一览、同学录、杂著等。

收藏单位：国家馆

04834

第一助产学校年刊（第 2 卷） 第一助产学校年刊编辑委员会编

北平：第一助产学校，1931.11，[238] 页，16 开，精装

本书内容包括：论著、学校大事记、通讯、图表、格式文件、章则等。

收藏单位：国家馆、南京馆

04835

第一助产学校年刊（第 3 卷） 第一助产学校年刊编辑委员会编

北平：第一助产学校年刊编辑委员会，1932.7，[125] 页，16 开，精装

本书内容包括：报告、本校大事记、格式文件、章则等。

收藏单位：国家馆

04836

第一助产学校年刊（第 4 期） 第一助产学校年刊编辑委员会编

北平：第一助产学校年刊编辑委员会，1933.7，1 册，16 开，精装

本书内容包括：报告、学校大事记、专载、讲演录等。

收藏单位：国家馆

04837

第一助产学校年刊（第 5 期） 第一助产学校年刊编辑委员会编

北平：第一助产学校年刊编辑委员会，1934.6，1 册，16 开，精装

本书内容包括：论著、报告、通讯、研究资料等。

收藏单位：国家馆

04838

第一助产学校年刊（第 6 期） 第一助产学校年刊编辑委员会编

北平：第一助产学校年刊编辑委员会，1935.6，[182]页，16开，精装

　　本书内容包括：弁言、论著、报告、通讯、演讲等。

　　收藏单位：国家馆

04839

第一助产学校年刊（第7卷）　第一助产学校年刊编辑委员会编

北平：第一助产学校年刊编辑委员会，1936.6，[152]页，16开，精装

　　本书内容包括：著译、报告、本校大事记、各地工作通讯等。

　　收藏单位：国家馆、吉林馆

04840

公益高级助产学校毕业纪念刊（第3期）　公益高级助产学校编

[北京]：公益高级助产学校，1940.7，[38]页，13开，精装

　　本书共12部分：校史、校景、董事、医院生活、学校生活等。

　　收藏单位：国家馆

04841

国立第一助产学校十周年纪念册　国立第一助产学校编

[北京]：国立第一助产学校，1939，[188]页，16开

04842

国立中央高级助产职业学校十四周年纪念（产院复院开幕 宿舍落成典礼特刊）　[国立中央高级助产职业学校编]

南京：[国立中央高级助产职业学校]，1947，10页，32开

　　收藏单位：南京馆

04843

国立中央高级助产职业学校章程（民国二十六年五月）　国立中央高级助产职业学校编

南京：国立中央高级助产职业学校，1937.5，

17页，22开

　　收藏单位：南京馆

04844

江西省立助产学校讲义　江西省立助产学校讲义编审委员会编审

南昌：江西省立助产学校，1932.8，190页，23开

　　收藏单位：江西馆、南京馆、内蒙古馆

04845

接生婆须知　国民政府内政部编

南京：国民政府内政部，1928.7，22页，64开

　　本书共4章：训令、管理接生婆规则、接生方法、接生月报表。

　　收藏单位：国家馆

04846

接生者对于初生儿脐出血及产妇急死之责任问题　瞿绍衡编

上海：生生医院，1935.1，再版，15页，22开（瞿绍衡医师医药丛谈）

　　本书共两篇论文：《接生者对初生儿脐出血之责任问题》《产妇急死非接生者过失论》。

　　收藏单位：国家馆

04847

实用助产学　（日）川添正道著　程瀚章译述

上海：商务印书馆，1933.11，476页，25开

上海：商务印书馆，1935.3，3版，476页，25开，精装

长沙：商务印书馆，1938.5，4版，476页，25开，精装

　　本书内容包括：解剖学大要、生理学大意、细菌学及消毒学大意、正规妊娠论、正规分娩论等。

　　收藏单位：重庆馆、广东馆、广西馆、贵州馆、国家馆、湖南馆、南京馆、绍兴馆、天津馆、西南大学馆

04848

私立人和高级助产职业学校卅周年纪念特刊

私立人和高级助产职业学校编

私立人和高级助产职业学校，[1946.12]，109页，25开

本书内容包括：本校校史、撰述、三十年中回忆录、学生文艺等。

收藏单位：国家馆、南京馆

04849

私立人和高级助产职业学校章程　私立人和高级助产职业学校编

上海：私立人和高级助产职业学校，1936，18页，22开

本书收私立人和高级助产职业学校的宗旨、资格、编制、学额等。附人和医院章程。

收藏单位：浙江馆

04850

私立生生助产学校第一届毕业纪念刊　生生助产学校编

上海：生生助产学校，[1935]，[200]页，16开，精装

本书大部分为师生照片等。

04851

中德高级助产职业学校十五周年纪念刊　中德高级助产职业学校十五周纪念刊编辑委员会编

上海：中德高级助产职业学校十五周纪念刊编辑委员会，1941.1，[400]页，16开

收藏单位：吉林馆

04852

竹氏产婆学　（日）竹中成宪著　丁福保译述

上海：医学书局，1913.4，3版，104页，22开

上海：医学书局，1920.5，4版，104页，22开（丁氏医学丛书）

本书内容包括：产婆之职务、产婆学、解剖学、生理学、产妇摄生法等。

收藏单位：广东馆、河南馆、上海馆、天津馆

04853

助产常识　王德一编

大连：大众书店，1949.1，再版，68页，32开

本书共5部分，内容包括：什么是妊娠、如何助产、产后护理等。

收藏单位：国家馆、山东馆

04854

助产常识　王德一编

大同：晋北新华书店，1949，1册，32开

收藏单位：国家馆、辽宁馆

04855

助产常识　王德一编

涉县：太行群众书店，1947.12，48页，32开

本书共5部分：双身、生孩子的时候怎么助产、产后、小孩的照顾和喂养、小孩子的病。

收藏单位：国家馆

04856

助产学　葛成慧编著　教育部医学教育委员会　助产教育专门委员会主编

金华：正中书局，1941.3，276页，32开

重庆：正中书局，1944.5，276页，32开

[重庆]：正中书局，1944，8版，276页，32开

上海：正中书局，1945.11，276页，32开

上海：正中书局，1946.7，7版，276页，32开

上海：正中书局，1946.11，17版，276页，32开

上海：正中书局，1947.10，26版，17+276页，32开

上海：正中书局，1948.10，10版，276页，32开

本书为高级护士助产职业学校教材。共3篇：生理产科、病理产科、应急处置之产科手术。

收藏单位：安徽馆、重庆馆、东北师大馆、广东馆、国家馆、黑龙江馆、湖南馆、辽大馆、南京馆、浙江馆

04857

助产学　洪式间编

上海：开明书店，1934.6，398 页，32 开，精装

　　本书共 14 编，内容包括：解剖学大要、妇人固有之体格、生理学大要、细菌学大意、消毒学大意、正规妊娠、正规分娩、正常产褥等。

　　收藏单位：广西馆、贵州馆、国家馆、湖南馆、首都馆、浙江馆

04858

助产学　（日）木下正中著　汤尔和校订　汤器译

东京：同仁会，1937.4，381 页，22 开，精装

东京：同仁会，1941.6，再版，381 页，22 开，精装

东京：同仁会，1942.8，3 版，381 页，22 开，精装

东京：同仁会，1943.4，4 版，381 页，22 开，软精装

　　本书共 9 篇。内容包括：正规妊娠之经过及妊娠处理法、正规分娩之经过及产妇处置法、妊娠中之异常状态及处理法等。

　　收藏单位：广东馆、国家馆、黑龙江馆、上海馆

04859

助产学　（日）木下正中著　汤尔和校阅　汤器译

杭州：新医书局，1949.1，336 页，25 开，精装（新医丛书）

　　收藏单位：广东馆、国家馆

04860

助产学　师哲编著

南京：正中书局，1937.3，243 页，32 开（应用科学丛书）

重庆：正中书局，1940.5，5 版，243 页，大 32 开（应用科学丛书）

重庆：正中书局，1942.5，7 版，243 页，大 32 开（应用科学丛书）

上海：正中书局，1947.9，235 页，32 开（应用科学丛书）

　　本书共 11 编，内容包括：解剖生理学大要、细菌学及消毒学大要、正规分娩论、正规产褥论等。附产科事项数量的简表、木内氏妊娠尿诊断基体、孕妇保健表。

　　收藏单位：重庆馆、贵州馆、国家馆、湖南馆、南京馆、宁夏馆、浙江馆

04861

助产学讲习录（第 1—6 号）　杨凤鸣编

大连：满洲助产学讲习会，[1940—1943]，6 册，25 开

大连：满洲助产学讲习会，[1943—1944]，再版，6 册，25 开

　　本书内容包括：生理学大要讲习、解剖学大要讲习、妇人科学讲习、助产学讲习、育儿学讲习等。

　　收藏单位：江西馆、首都馆

04862

最新助产妇学　（日）楠田谦藏著　姚昶绪译述

上海：大东书局，1925.9，2 册，25 开

上海：大东书局，1926.10，再版，2 册，25 开

上海：大东书局，1932.11，3 版，2 册（256 页），25 开

　　本书为著者在高等助产妇养成所教授的讲义。共 8 编，内容包括：人体之构造及生理、女子生殖器之生理、妊娠中之异常状态、分娩、产后之正规状态、初生儿之异常等。

　　收藏单位：国家馆、江西馆

产科手术

04863

产科撮要（手术）　乐柯冰玉（E. Rowley）著

外文题名：Operative midwifery for nurses

上海：广学书局，1923，8 页，25 开

　　本书收催产各术。著者原题：乐柯夫人。

　　收藏单位：浙江馆

04864

产科技术图谱 （美）泰塔斯（Paul Titus）原著 刘球译

济南：医务生活社，1949.7，200 页，32 开

本书共 15 章，内容包括：妊娠时的小手术、妊娠时的较大手术、流产、子宫外妊娠、引产与子宫口扩大术、生殖道损伤的处理、剖腹取婴术、产后处理等。

收藏单位：国家馆、辽宁馆、南京馆

04865

产科手术新编 （德）A. Dorderlien 著 程浩译

外文题名：Leitfaden für den Geburtshilflichen Operationskurs

上海：文明书局，1927.11，[204+16] 页，32 开

上海：文明书局，1928.4，再版，[204+16] 页，32 开

上海：文明书局，1930.1，3 版，[204+16] 页，32 开

上海：文明书局，1935，6 版，[204+16] 页，32 开

本书内容包括：胎儿之姿势及位置、分娩器械作用、回转术、钳子手术等。附帝王切开术及骨盆扩大术、译名对照表、引用人名表等。

收藏单位：广西馆、国家馆、黑龙江馆、天津馆、浙江馆

04866

产科手术学 李元善 张天庆著

上海：李启文，1947.3，3 版，95 页，16 开

本书内容包括：妇产科手术基本操作、手术前准备与手术后处理、补液、营养、输血与休克处理、妇产科手术麻醉、妇产科手术切口与缝合等。

收藏单位：浙江馆

04867

产科手术学 （日）磐濑雄一撰 瞿绍衡译

东京：同仁会，1944，增订版，291 页，32 开

收藏单位：山西馆

04868

产科手术学 （日）磐濑雄一著 瞿绍衡译

杭州：新医书局，1947.9，315 页，25 开，精装（新医丛书）

杭州：新医书局，1949.2，增订本，315 页，25 开，精装（新医丛书）

本书共两部分。"总论"共 3 章：产科手术之特征、产科手术之准备、产科手术之适应症及要约；"各论"共 4 章：产科手术之分类、分娩准备手术、挽出手术、后产期手术。

收藏单位：重庆馆、浙江馆

04869

催生素于临产第三期及产后的应用——导产术（产科进展） （美）萧佛立（G. C. Schauffler）著 腾波编译

[上海]：中华医学会，1948.10，9 页，22 开（中华医学会—近代医学丛书 4）

收藏单位：重庆馆、国家馆、南京馆、上海馆

04870

开腹手术——临床讨论（产科进展） （美）萧佛立（G. C. Schauffler）著 腾波译

上海：中华医学会，1949.2，1 册，22 开（中华医学会—近代医学丛书 8）

收藏单位：国家馆、南京馆

儿科学

04871

儿科常识 尤学周著

上海：尤氏医室，1935，102 页，22 开

本书内容包括：测小儿病症法、从表情上诊察小儿之疾病、胎毒、发热、发疹等。

收藏单位：浙江馆

04872

儿科更新（上册） 沈伯超编辑

西安：平民医药周报社，1946.7，198 页，32
开

　　本书共 3 编：绪论、本论、消化及神经系
病类等。

　　收藏单位：广东馆、国家馆、湖南馆、江
西馆、南京馆、内蒙古馆、首都馆、浙江馆

04873

儿科学　潘国贤编

成都：中国医学文化服务社，1942.5，207 页，
32 开

　　收藏单位：重庆馆

04874

儿科学　（日）中村政司撰　周颂声　冯启亚
译

东京：同仁会，1935.8，1 册，16 开，精装
东京：同仁会，1942.11，1 册，16 开，精装

　　本书共两部分。"总论"共 7 编，内容包
括：小儿期分类、小儿解剖概论、生理概论
等；"各论"共 16 编，内容包括：初生儿疾
患、肝脏及腹膜疾患、呼吸器系疾患等。

　　收藏单位：安徽馆、国家馆、黑龙江馆、
南京馆

04875

儿科学　（日）中村政司撰　周颂声　冯启亚
译

杭州：新医书局，1948.6，增订版，1 册，25
开，精装（新医丛书）
杭州：新医书局，1949，增订版，1 册，25 开，
精装（新医丛书）

　　收藏单位：国家馆、湖南馆、吉林馆

04876

儿科学

山西省立高级助产职业学校，1947.12，384
页，32 开

　　收藏单位：黑龙江馆

04877

儿科医典　熊悛著

上海：商务印书馆，1931.5，48 页，32 开（学

艺汇刊 32）

上海：商务印书馆，1933.2，国难后 1 版，48
页，32 开（学艺汇刊 32）
上海：商务印书馆，1935.4，国难后 2 版，48
页，32 开（学艺汇刊 32）

　　本书收 18 种儿科临床医用表格，内容包
括：各年龄之药量表、体格发育表、乳儿食饵
之热量表、正常血液表等。

　　收藏单位：广东馆、贵州馆、国家馆、湖
南馆、上海馆、浙江馆

04878

儿科易知　文明书局编

上海：文明书局，1927.6，5 版，1 册，32 开，
环筒页装
上海：文明书局，1929，6 版，1 册，32 开，
环筒页装
上海：文明书局，1935.3，8 版，1 册，32 开，
环筒页装

　　本书介绍各种儿科常见病的成因及治疗
药方。

　　收藏单位：重庆馆

04879

儿童疾病问答　章诗宾编

上海：大华书局，1934.9，23+196 页，32 开
（医学卫生问答丛书）

　　本书共两部分。"总论"共 6 章，内容包
括：小儿期中解剖的和生理的特异性、小儿的
发育、小儿病的检诊法等；"各论"共 15 编，
内容包括：初生儿疾患、小儿营养障碍、急性
传染病、消化系统疾患等。

　　收藏单位：重庆馆、贵州馆、国家馆、湖
南馆、山西馆、浙江馆

04880

**儿童疾病与新生儿解剖生理之特征及其护理
教学大纲**

出版者不详，[1949]，13 页，32 开

　　收藏单位：广东馆

04881

豪慈儿科学（初集）　（美）豪慈（L. E. Holt）

著　周仲彝编订

外文题名：The diseases of infancy and childhood

[上海]：中国博医会，1915，272 页，18 开

　　本书共 18 章，内容包括：论婴儿小儿卫
生学及其料理、论身体舒长、论婴儿特有之
病等。

　　收藏单位：首都馆

04882

豪慈儿科学（二集）（美）豪慈（L. E. Holt）
著　周仲彝编订

外文题名：The diseases of infancy and childhood

[上海]：中国博医会，1917，214 页，18 开

　　本书共 37 章，内容包括：论胃不消化症、
论小肠病症、论啼咳症、论肠热症等。

　　收藏单位：首都馆

04883

豪慈乳婴及小儿科（美）豪慈（L. E. Holt）
等著　（英）纪立生（T. Gillison）（英）孟合
理（P. L. McAll）译　夏贵三　郭洲笔述

外文题名：The diseases of infancy and childhood

上海：中华医学会，1934.11，5 版，916 页，
22 开

　　本书共两篇，第 1 篇共 3 章：乳婴及小儿
之卫生与通常之照料、身体之发育增长、小
儿病症之特殊点；第 2 篇共 12 段，内容包括：
初生婴之病症、滋养、消化系统之病症等。

　　收藏单位：重庆馆、国家馆、南京馆、浙
江馆

04884

豪慈氏儿科学（美）豪慈（L. E. Holt）著
（美）富马利（M. H. Fulton）周仲彝编译

上海：中国博医会，1924，368 页，18 开，精
装

[上海]：中国博医会，1929，338 页，18 开，
精装

上海：中国博医会，1930.9，4 版，338 页，18
开，精装

　　本书共 55 章，内容包括：婴儿小儿卫生
学及其料理、身体发育、小儿病之特点、滋
养、婴儿食物等。

　　收藏单位：重庆馆、广东馆、南京馆

04885

豪慈小儿科问答　J. M. Logan　S. H. Chen 编
辑　中华护士会审订

外文题名：Questions on children's diseases taken
from Holt's diseases of infancy and childhood

上海：广协书局，1935.5，2 版，32 页，32 开

　　收藏单位：南京馆、上海馆

04886

简明儿科学　钱济民编　邹保罗校对

上海：西南医学杂志社，1947.9，2 版，70 页，
32 开

　　收藏单位：广东馆

04887

简明儿科学　日本讲医会编辑部著　谢寿明
编译

上海：商务印书馆，1937.7，10+165 页，32 开
（医学丛书）

长沙：商务印书馆，1939.10，14+ 165 页，32
开（医学丛书）

[长沙]：商务印书馆，1940，再版，14+165
页，32 开（医学丛书）

　　本书共两部分。"总论"共 4 章，内容包
括：小儿期之分类、诊察法及一般疗法、生理
概论、乳儿营养论；"各论"共 14 章，内容包
括：初生儿病、先天畸形、泌尿器病、急性传
染病等。译自日本讲医会编《简明医学受验
准备丛书》中的一种。

　　收藏单位：重庆馆、广东馆、贵州馆、国
家馆、山西馆、首都馆、浙江馆

04888

近世小儿科学　（日）斋藤秀雄著　程瀚章译
　顾寿白校

上海：商务印书馆，1927.9，1 册，22 开，精
装

上海：商务印书馆，1929.3，再版，560 页，22
开，精装

上海：商务印书馆，1933.5，国难后 1 版，24
560+47 页，22 开，精装

上海：商务印书馆，1934.2，国难后 2 版，24+560+47 页，22 开，精装

上海：商务印书馆，1935.6，国难后 3 版，34+560+47 页，22 开，精装

　　本书共两部分。"总论"共 4 编：发育、乳儿荣养论、诊察法、疗法概论；"各论"共 15 编，内容包括：初生儿疾患及先天性畸形、体质性疾患、呼吸器疾患等。

　　收藏单位：重庆馆、广东馆、广西馆、贵州馆、国家馆、湖南馆、江西馆、辽宁馆、南京馆、内蒙古馆、绍兴馆、首都馆、西南大学馆、浙江馆

04889

实用儿科学　诸福棠主编

大连：医务生活社大连分社，1948.8，27+364 页，32 开

　　本书共 5 编，内容包括：总论、营养紊乱症、营养缺乏症等。

　　收藏单位：国家馆、江西馆、辽宁馆

04890

实用儿科学　诸福棠主编

上海：中华医学出版社，1943.1，1160 页，25 开

上海：中华医学出版社，1948.5，2 版，23+1163+21 页，25 开，精装

　　本书共 20 篇：总论、营养紊乱症、寄生虫病、呼吸系疾病、皮肤病等。

　　收藏单位：国家馆、黑龙江馆、内蒙古馆、山西馆、浙江馆

04891

现代小儿科学　尹莘农著

上海：大东书局，1934.9，[30]+276+28 页，22 开

上海：大东书局，1936.4，再版，1 册，22 开

　　本书共两卷。前卷共两编：小儿之生理、健康小儿之喂养；后卷共 15 编，内容包括：一般疾患、呼吸器疾患、慢性传染病等。

　　收藏单位：重庆馆、广东馆、国家馆、湖南馆、内蒙古馆、浙江馆

04892

小儿病　刘济群编

上海：中华书局，1948.6，22 页，36 开（中华文库 民众教育 1）

　　本书共 4 部分：开场白、营养病、传染病、惊风。

　　收藏单位：东北师大馆、国家馆、辽大馆、上海馆

04893

小儿病　姚昶绪著

外文题名：Diseases of children

上海：商务印书馆，1930.4，56 页，32 开（万有文库 第 1 集 554）（医学小丛书）

上海：商务印书馆，1932.11，国难后 1 版，56 页，32 开（医学小丛书）

上海：商务印书馆，1934.4，国难后 2 版，56 页，32 开（医学小丛书 第 2 函）

上海：商务印书馆，1934.7，再版，56 页，36 开（万有文库 第 1 集）（医学小丛书）

上海：商务印书馆，1934，国难后 3 版，56 页，32 开（医学小丛书）

[长沙]：商务印书馆，1939.7，国难后 6 版，56 页，32 开（医学小丛书）

　　本书共 6 章：全身病、消化器病、呼吸器病、泌尿器病、脑神经病、传染病。

　　收藏单位：安徽馆、重庆馆、东北师大馆、广东馆、广西馆、贵州馆、国家馆、黑龙江馆、湖南馆、江西馆、辽大馆、辽师大馆、南京馆、内蒙古馆、宁夏馆、上海馆、首都馆、天津馆、浙江馆

04894

小儿病疗法　龚厚生编译

上海：公民书局总发行所，1921，46 页，42 开（家庭医学丛书 15）

　　本书内容包括：生后一年间之饮食物、满一年之小儿饮食物等。

　　收藏单位：浙江馆

04895

小儿病预防及治疗法　陈爽秋著

成都：经纬书局，[1938—1949]，108 页，50

开（医学丛书）

上海：经纬书局，[1911—1949]，108 页，50 开（经纬百科丛书）

本书共 15 章，内容包括：小儿的生理、全身病、口腔和咽喉病、消化器病、呼吸器病、结核病、神经系病、泌尿生殖器病等。

收藏单位：南京馆、内蒙古馆

04896

小儿病指南 姚昶绪编纂 余云岫校订

上海：商务印书馆，1920.8，48 页，32 开（医学小丛书）

上海：商务印书馆，1923，3 版，48 页，32 开（医学小丛书）

上海：商务印书馆，1924，4 版，48 页，32 开（医学小丛书）

上海：商务印书馆，1926，5 版，48 页，32 开（医学小丛书）

上海：商务印书馆，1929.1，6 版，48 页，32 开（医学小丛书）

收藏单位：重庆馆、广东馆、广西馆、国家馆、湖南馆、南京馆、内蒙古馆、首都馆、天津馆、西南大学馆、浙江馆

04897

小儿的卫生与疾病 牟尼 宋虞琪编著

上海：北新书局，1936.1，91 页，32 开（现代医学小丛书 7）

本书共 8 章，内容包括：小儿的生理、小儿的卫生、传染病、全身病、消化器病、呼吸器病等。

收藏单位：重庆馆、广东馆、广西馆、国家馆

04898

小儿疾病常识 （美）史普克（B. Spock）著 江同编译

外文题名：Baby and child care

上海：家杂志社，1948.8，109 页，32 开

上海：家杂志社，1948.10，再版，109 页，32 开

重庆：家杂志社，1949，109 页，32 开

本书共两编：小儿的疾病、家庭急救法。

收藏单位：重庆馆、广东馆、内蒙古馆、上海馆、首都馆、浙江馆

04899

小儿科（上卷） （日）三轮信太郎著 宋虞琪 牟鸿彝译

长沙：商务印书馆，1938.7，500 页，25 开，精装

长沙：商务印书馆，1939.4，再版，500 页，25 开

上海：商务印书馆，1947.9，再版，500+14 页，25 开

上海：商务印书馆，1949.4，3 版，500+14 页，25 开

本书共两部分。"总论"共 6 章，内容包括：生理及解剖概论、小儿发育论、乳汁、小儿之营养法等；"各论"共 4 编（第一至四编）：初生儿疾患、小儿荣养障碍、急性传染病、消化器系统疾患。

收藏单位：重庆馆、广东馆、广西馆、国家馆、南京馆、首都馆、天津馆

04900

小儿科（下卷） （日）三轮信太郎著 宋虞琪 牟鸿彝译

上海：商务印书馆，1946.2，502+13 页，25 开

上海：商务印书馆，1949.4，再版，502+13 页，25 开

本书为各论部分，共 12 编（第五至十六编），内容包括：循环器系统疾患、全身疾患、呼吸器系疾患、梅毒等。

收藏单位：重庆馆、广东馆、国家馆、黑龙江馆、辽大馆、辽宁馆、首都馆、浙江馆

04901

小儿科不求人 刘长安编辑

旅顺：农业进步社，1943.6，220 页，32 开

收藏单位：黑龙江馆、首都馆

04902

小儿科护病笔记 韩碧玲（W. P. Harris）编 朱旭东译

上海：广协书局，1940，46 页，32 开

收藏单位：广东馆、浙江馆

04903

小儿科护病学 （美）山吕氏著　吴建庵译

上海：广协书局，1933，649页，32开

　　本书共3编24章，内容包括：教授小儿科护病问题之商榷、初生儿与婴儿、牛乳实验室、幼童之卫生、儿童入院时之手续、早产婴、胃肠道之疾病、心脏病与血病、传染病、神经系统病等。

　　收藏单位：南京馆

04904

小儿科学　张崇熙编

上海：东亚医学编辑所，1934.7，92页，16开

上海：东亚医学编辑所，1935.12，再版，84页，16开（最新实用医学各科全书）

　　本书内容包括：生齿困难、肠寄生虫、急性鼻炎、肋膜炎等。

　　收藏单位：重庆馆、国家馆、浙江馆

04905

小儿科学　张崇熙编

杭州：宋经楼书店，1949，增订5版，86页，25开（最新实用医学各科全书）

　　收藏单位：广东馆

04906

小儿科之病理与疗法　（日）伊藤尚贤撰　吴正风译

上海：中西医药书局，1934.8，13+135页，32开（西医百日通）

　　本书为通俗医科大学讲座译本。

　　收藏单位：国家馆、天津馆

04907

新纂儿科学　（日）伊藤龟治郎编著　丁福保编译

上海：医学书局，1930.1，245页，24开（丁氏医学丛书）

　　收藏单位：广东馆、浙江馆

04908

婴儿异常现象琐谈　（美）马士敦（J. P. Maxwell）著　钟品梅译

[北平]：中华医学杂志社，[1931]，[8]页，18开

　　本书为《中华医学杂志》第17卷第3期抽印本。

　　收藏单位：国家馆

04909

中西儿科学讲义　汪洋编纂

上海：[中西医院]，1921.1，改正版，80页，32开

上海：中西医院，1924.10，改正第3版，76页，32开

上海：中西医院，1925，改正4版，76页，32开

　　本书讲述儿童常见病的原因和治疗方法。共两编。前编"西之部"共8章，内容包括：生理解剖要略、传染病、呼吸器病等；后编"中之部"共6章，内容包括：消化器病、泌尿生殖器病、全身病等。

　　收藏单位：广东馆、浙江馆

婴儿的营养障碍

04910

哺乳儿之胃肠病　江圣钧编译

上海：新学会社，1918.1，88页，32开

04911

儿童传染病　高镜朗著

上海：高镜朗，1934，443页，22开，精装

　　本书共3卷：细菌性传染病、动物性传染病、特殊传染病。

　　收藏单位：广东馆

04912

儿童传染病　佘之珩编

广州：中华书局，1938.10，152页，32开

上海：中华书局，1949，再版，152页，32开

本书共 23 章,内容包括:初生儿及哺乳儿之败血症、初生儿破伤风、丹毒、流行性感冒、麻疹、水痘、伤寒等。

收藏单位:重庆馆、广东馆、广西馆、国家馆、上海馆、天津馆、浙江馆

04913

儿童传染病预防法 (俄)陀勃罗霍托娃著 朱滨生译

上海:时代出版社,1949.2,44 页,36 开(时代通俗医学小丛书)

本书共 10 章,内容包括:传染病的一般概论、麻疹、猩红热、白喉、百日咳、水痘等。

收藏单位:东北师大馆、国家馆、天津馆

04914

佝偻病 (苏)屠耳著 朱滨生译

上海:时代出版社,1949.8,56 页,32 开(医师临床手册)

本书内容包括:病原学、临床学、病理解剖学、发病论、晚期佝偻病等。

收藏单位:天津馆

04915

孩子们的灾难(医学小品 学校传染病篇) 索非著

上海:开明书店,1939.1,224 页,32 开(开明少年丛书)

上海:开明书店,1939.8,再版,224 页,32 开(开明少年丛书)

本书共 10 篇,内容包括:一个决议(百日咳)、昨夜的事(麻疹)、儿童歌剧(流行性腮腺炎)等。

收藏单位:重庆馆、广东馆、国家馆、湖南馆、吉大馆、江西馆、辽宁馆、南京馆

04916

破坏农村经济与减低儿童智能的寄生虫(民国二十二年十一月在国立北京大学讲演) 洪式闾著

[杭州]:[热带病研究所],[1934—1939],12 页,18 开

本书内容包括:住血吸虫、十二指肠虫、鞭虫等。

收藏单位:国家馆

04917

小儿病疗治法 苏仪贞编

上海:中华书局,1924.10,78 页,32 开

上海:中华书局,1927.12,3 版,78 页,32 开

上海:中华书局,1929.4,4 版,78 页,32 开

上海:中华书局,1930.9,5 版,78 页,32 开

上海:中华书局,1932,6 版,78 页,32 开

上海:中华书局,1933.10,7 版,78 页,32 开

上海:中华书局,1935.9,8 版,78 页,32 开

上海:中华书局,1940.6,9 版,78 页,32 开

本书共 9 章,内容包括:传染性疾病、消化器疾病、呼吸器疾病、神经性疾病、小儿营养法、小儿病诊察法、小儿病治疗法等。

收藏单位:重庆馆、广东馆、广西馆、湖南馆、江西馆、辽师大馆、南京馆、山西馆、首都馆、浙江馆

04918

小儿科对症疗法 (日)长尾美知 (日)长尾乾著 方望云译

[东京]:同仁会,1942.10,再版,37 页,32 开

收藏单位:广西馆

04919

小儿科对症疗法 (日)长尾美知 (日)长尾乾著 新医同仁研究社增译

杭州:新医书局,1949.1,2 版,增订版,40 页,32 开

本书内容包括:下血、下痢、口内恶臭、口角溃疡、小儿痉挛等。

收藏单位:国家馆

04920

小儿科及其处方 郭竹庵编著

北平:平凡社出版部,1933.10,20+420 页,32 开

本书共两部分。"总论"共 4 章:生理略论、乳儿之营养、小儿疾病之诊断、疗法通

诊；"各论"共 11 章，内容包括：初生儿疾病、神经系疾患、急性传染病等。

收藏单位：重庆馆、广东馆、广西馆、贵州馆、国家馆、南京馆、上海馆、首都馆、天津馆、浙江馆

04921

学校传染病处理法　高镜朗著

上海：商务印书馆，1925.3，120 页，25 开

本书共 9 章，内容包括：传染病概论、处理法概论、由口鼻传染的病症、由粪尿传染的病症等。

收藏单位：广东馆、广西馆、湖南馆、江西馆、南京馆、浙江馆

04922

婴儿时期之奇疹　诸福棠著

[北平]：中华医学杂志社，1931，[18] 页，16 开

本书为《中华医学杂志》第 17 卷第 2 期抽印本。

收藏单位：国家馆

04923

幼儿疾病附新生儿解剖（生理特点及其护理教学大纲）　贾同识译

出版者不详，1948，18 页，32 开

收藏单位：广东馆

肿瘤学

04924

癌症　（美）F. C. Wood 著　吴建庵译

外文题名：Cancer

上海：广协书局，1940.7，112 页，50 开（国民健康丛书 19）

收藏单位：上海馆

一般性问题

肿瘤治疗学

04925

H.11 最新癌症疗法　英国标准实验研究院编

香港：东成公司，[1911—1949]，30 页，32 开

本书介绍该院制成的 H.11 药剂、针剂及膏剂。

04926

中比镭锭治疗院治癌病　中比镭锭治疗院编

上海：中比镭锭治疗院，[1931—1949]，28 页，32 开

收藏单位：广东馆

泌尿生殖器肿瘤

04927

胎盘肿瘤　（美）马士敦（J. P. Maxwell）讲　钟品梅译

[北平]：中华医学杂志社，1931，5 页，18 开

本书为《中华医学杂志》第 17 卷第 2 期抽印本。

收藏单位：国家馆

神经病学与精神病学

神经病学

04928

神经病学　程玉麐著

上海：商务印书馆，1948，[17]+446+16 页，25

开

上海：商务印书馆，1949.8，446+16页，25开

　　本书共 21 章，内容包括：中枢神经系统解剖学概论、神经系统检查法、神经病之病原概论、肌肉营养不良病、周围神经之损害、多数性周围神经之损害、脊髓之损害、小脑之损害等。

　　收藏单位：重庆馆、湖南馆、天津馆

04929

神经病学　吴祥凤编著

北平：北平大学医学院，[1930—1935]，262页，16开

　　本书包含神经病的发病原因、症候、经过及预后、预防法和疗法等内容。

　　收藏单位：国家馆

04930

神经病学　吴祥凤著　汤尔和校

上海：商务印书馆，1932.12，273页，22开，精装

上海：商务印书馆，1933.8，再版，273页，22开

　　本书共两部分。"总论"内容包括：大脑及其机能之所在、大脑半球内面、大脑下面等；"各论"共 7 章：末梢神经病、脊髓病、脑髓疾病、脑膜病、血管神经症、锥体外系统病、精神神经症。

　　收藏单位：重庆馆、广东馆、广西馆、贵州馆、国家馆、黑龙江馆、湖南馆、江西馆、南京馆、山西馆、上海馆、首都馆、西南大学馆、浙江馆

04931

神经病学　（美）西塞尔（Russell La Fayette Cecil）等编　叶维法等译

外文题名：Diseases of nervous system

杭州：新医书局，1949.6，270页，25开

　　本书共 20 章，内容包括：总论、重要症状及征候、运动束疾病、重症肌无力、脑膜疾病、多发性硬化症、脑神经疾病等。

　　收藏单位：广东馆、国家馆、山西馆

神经病诊断学

04932

关于四川麻痹症（Paralysis Szechuaniea）的第一次报告　董道蕴著

重庆：中国预防医学研究所，1943.8，20页，16开

　　本书为《中国预防医学研究所论文》第 10 号单行本。

04933

神经病新疗法

上海：有正书局，1917，58页，32开

　　本书共 10 章，内容包括：烦恼病之解析、释神经衰弱、释不眠症、释职业神经病及恐怖狂、神经病状要释等。

　　收藏单位：首都馆

04934

头痛　（日）森繁吉著　苏仪贞译　程瀚章校订

上海：商务印书馆，1930.2，59页，32开（医学小丛书）

上海：商务印书馆，1933.9，国难后 1 版，59页，32开（医学小丛书）

上海：商务印书馆，1934.7，国难后 2 版，59页，32开（医学小丛书）

上海：商务印书馆，1935，国难后 3 版，59页，32开（医学小丛书）

[长沙]：商务印书馆，1939，国难后 4 版，59页，32开（医学小丛书）

　　本书共 5 章：总论、头痛之原因及种类、头痛之鉴别及其疗法、男子之常习性头痛、女子之常习性头痛。

　　收藏单位：重庆馆、广东馆、贵州馆、国家馆、湖南馆、江西馆、宁夏馆、山西馆、绍兴馆、首都馆、天津馆、浙江馆

脑部疾病

04935

脑脊髓神经科之病理与疗法 （日）伊藤尚贤撰 吴正风译

上海：中西医药书局，1934.8，12+130 页，32 开（西医百日通）

　　本书共 4 章：脑及脑膜等之疾病、机能的神经病、脊髓之疾病、神经之疾病。书中题名：脑脊髓神经科百日通。

　　收藏单位：国家馆

04936

脑神经病 刘雄著

上海：商务印书馆，1930.10，58 页，32 开（万有文库 第 1 集 547）（医学小丛书）

上海：商务印书馆，1933.10，国难后 1 版，58 页，32 开（医学小丛书）

上海：商务印书馆，1933，国难后 3 版，58 页，32 开（医学小丛书）

上海：商务印书馆，1934.7，再版，58 页，32 开（万有文库 第 1 集 547）（医学小丛书）

上海：商务印书馆，1935.3，国难后 4 版，62 页，32 开（医学小丛书）

长沙：商务印书馆，1940.1，国难后 5 版，62 页，32 开（医学小丛书）

重庆：商务印书馆，1945.2，48 页，32 开（医学小丛书）

　　本书共 8 章：绪论、脑脊髓病之最大原因、麻痹狂、脑出血、脑膜炎、癫痫、神经衰弱、记忆力增进法。

　　收藏单位：安徽馆、重庆馆、大理馆、大连馆、东北师大馆、广东馆、广西馆、贵州馆、国家馆、黑龙江馆、湖南馆、江西馆、辽大馆、辽师大馆、内蒙古馆、宁夏馆、上海馆、绍兴馆、首都馆、天津馆、浙江馆、中科图

04937

羊角疯（癫痫） 王耘蓬著

青岛：耘蓬医院，1936.8，36 页，32 开（耘蓬医学小丛书）

脑血管疾病

04938

中风之预防及治疗 张克成编

上海：生活医院，1934.6，53 页，大 64 开

　　本书共 25 章，内容包括：何谓血压、血压如何发生、血压之高与低、血压如何测定、常人可行之检尿法等。

　　收藏单位：国家馆

04939

中风之原因及治法 丁福保译

上海：医学书局，1913.10，96 页，23 开，精装（丁氏医学丛书）

　　本书共 8 章：绪论、解剖豫说、原因、病理解剖的变化、症候、诊断、豫后、疗法。附脊髓出血。

精神病学

04940

大精神医学讲义录 马化影编著

上海：大精神医学研究会，1919.11，13+118 页，23 开

　　本书共 6 编：精神解剖学、精神生理学、精神卫生学、精神病理学、精神诊断学、精神治疗学。

04941

大精神医学讲义录 （日）上田如水著 鲍芳洲译

上海：中国精神研究会，1921.1，133 页，22 开

　　本书共 6 编：精神解剖学、精神生理学、精神卫生学、精神病理学、精神诊断学、精神治疗学。

　　收藏单位：广东馆

04942

独习成功廿四种精神奇术 啸苍 镜尘编译

上海：学海书局，1919.10，再版，346 页，32 开，精装

本书讲述各种精神训练及治疗的方法。共 24 卷，内容包括：催眠术概论、自己催眠疗法、精神分析合成疗法、举证治疗法、心灵法、心理疗法、人身自由术、劳动无想疗法等。版权页题名：廿四种精神奇术。

收藏单位：首都馆

04943

精神病简述 （英）杨咖（E. G. Younger）著 （英）高似兰（P. B. Cousland） 朱剑译

外文题名：Insanity in everyday practice

上海：中国博医会，1929.2，2 版，65 页，24 开，精装

本书简介各种精神病的诊断与治疗。共两篇：概论、各种精神错乱之诊断像后及疗治。

收藏单位：国家馆、辽宁馆、上海馆

04944

精神病学 方石珊著

[北平]：协医通俗月刊，1928，24 页，22 开

收藏单位：首都馆

04945

精神病学 姚鸿巂编

[北平]：[北平大学医学院]，[1928—1937]，153 页，16 开

收藏单位：国家馆

04946

精神病学 赵翰恩著

上海：商务印书馆，1929.10，12+110 页，32 开（万有文库 第 1 集 546）（医学小丛书）

上海：商务印书馆，1931.9，12+110 页，32 开（医学小丛书）

上海：商务印书馆，1933.3，国难后 1 版，12+110 页，32 开（医学小丛书）

上海：商务印书馆，1934，再版，12+110 页，32 开（万有文库 第 1 集）（医学小丛书）

上海：商务印书馆，1934.7，国难后 3 版，12+110 页，32 开（医学小丛书）

重庆：商务印书馆，1945.2，86 页，32 开（医学小丛书）

重庆：商务印书馆，1945.10，86 页，32 开（医学小丛书）

本书共两部分。"总论"共 4 编：精神病之原因、精神病症状、精神病之经过及诊断、精神病豫防法及治疗法；"各论"共 6 章：睿智缺损性精神病、疲惫性精神病、感情性精神病、神经性精神病、中毒性精神病、精神之中间状态。

收藏单位：安徽馆、重庆馆、大理馆、东北师大馆、广东馆、广西馆、贵州馆、国家馆、黑龙江馆、江西馆、辽大馆、辽师大馆、南京馆、内蒙古馆、宁夏馆、上海馆、首都馆、天津馆、浙江馆

04947

精神病学一夕谈 王惠康译

上海：医学书局，[1911—1949]，38 页，32 开（青年丛书）

本书讲述精神病所分的种类以及治疗方法。

收藏单位：浙江馆

04948

精神病与心理卫生 冯鸿著

上海：中华书局，1949.7，202 页，32 开

本书共 8 章，内容包括：常态心理与变态心理、"精神分析派"的精神病学、习惯与遗传环境、性心理与婚姻问题、精神病、精神病的预防等。

收藏单位：重庆馆、国家馆、辽大馆、内蒙古馆、浙江馆

04949

精神卫生 （美）普拉特（G. K. Pratt）著 吴建庵译

上海：广协书局，1939.5，144 页，64 开（国民健康丛书 11）

收藏单位：上海馆

04950

精神卫生法　张达善编著

重庆：中华书局，1945.1，50 页，32 开（儿童卫生教育丛书）

上海：中华书局，1946.8，再版，50 页，32 开（儿童卫生教育丛书）

　　本书从衣、食、住、行诸生活问题入手，讲述精神卫生法。共 15 节，内容包括：我不如人、独角戏、空城计等。

　　收藏单位：重庆馆、国家馆、辽宁馆、南京馆、上海馆、首都馆、西南大学馆

04951

精神卫生讲话　单英民著

上海：时兆报馆，1947.12，127 页，32 开

上海：时兆报馆，1948.5，再版，127 页，32 开

　　本书从宗教角度谈论养生之道，讲述精神、心理卫生知识。共 12 章，内容包括：脑是人生的司令台、自然你有些习惯、人格的建造等。

　　收藏单位：重庆馆、贵州馆、江西馆、山东馆、上海馆、首都馆、浙江馆

04952

精神卫生论　秦同培编译

上海：商务印书馆，1916.10，141+12 页，25 开

上海：商务印书馆，1918.2，再版，141+12 页，25 开

上海：商务印书馆，1924，4 版，141+12 页，25 开

上海：商务印书馆，1926.5，5 版，141+12 页，25 开

　　本书共 8 章，内容包括：论身心之关系、论精神之力、论自然之法则、论精神疗病、论精神卫生法等。

　　收藏单位：国家馆、湖南馆、江西馆、南京馆、内蒙古馆、首都馆、西南大学馆、浙江馆

04953

精神与身体·神经健全法合册　邹德谨　蒋

正陆编译　秦同培校

上海：商务印书馆，1917.1，[33] 页，32 开（通俗教育丛书）

上海：商务印书馆，1921，5 版，[33] 页，32 开（通俗教育丛书）

上海：商务印书馆，1923，6 版，[33] 页，32 开（通俗教育丛书）

上海：商务印书馆，1927.5，8 版，[33] 页，32 开（通俗教育丛书）

上海：商务印书馆，1931.7，9 版，[33] 页，32 开（通俗教育丛书）

　　本书讲述精神卫生常识及重要性。共两部分。《精神与身体》共 3 章：精神对于肉体之消极的方面、精神对于肉体之积极的方面、在社会国家上之肉体与精神关系。《神经健全法》共 3 章：神经卫生之必要、使用头脑之经济、结论。

　　收藏单位：重庆馆、国家馆、湖南馆、首都馆、浙江馆

04954

灵心病简述　朱剑编

上海：中国博医会，1913.9，96+7 页，25 开，精装

　　收藏单位：广东馆

04955

现代精神病学　桂质良著

上海：新月书店，1932.8，93 页，32 开（现代文化丛书）

　　本书共 12 章，内容包括：概论、现代精神病学的起源、精神病的种类、思想反映的错乱等。

　　收藏单位：广东馆、国家馆、湖南馆、吉林馆、内蒙古馆、上海馆、天津馆、西南大学馆、浙江馆

04956

怎样保持精神健康　张国华编著

[上海]：群学书店，1946.10，109 页，32 开

[上海]：群学书店，1947.1，109 页，32 开

　　本书讲述精神健康的重要性。共 3 部分：精神如何领导行动、怎样治疗精神病、从精

神治疗到自我教育。

收藏单位：重庆馆、国家馆、湖南馆、南京馆、内蒙古馆、上海馆、首都馆

精神病治疗学

04957

变态心理诊疗术 刘秉文编译

上海：激流书店，1941.5，156 页，32 开

本书提出克服自卑、懦弱、偷窃、守财、偏执等心理病态的方法。共 3 编：怎样战胜你的感情、十种"心理病"的诊疗法、几个难题的答案。

收藏单位：国家馆、辽宁馆

04958

病态心理诊疗术 刘秉文编译

上海：激流书店，1946.10，156 页，32 开（心理改造丛书）

上海：激流书店，1947.4，156 页，32 开（心理改造丛书）

收藏单位：重庆馆、广东馆、国家馆、湖南馆、江西馆、上海馆、首都馆、天津馆、浙江馆

04959

催眠疗病学 唐心雨著

上海：中国心灵研究会，1921.11，[116] 页，32 开

上海：中国心灵研究会，1922.8.1，再版，78 页，32 开

上海：中国心灵研究会，1930.4，3 版，83 页，32 开

本书共两编。前编"催眠疗病之原理"共 5 章：何谓催眠术、精神作用与精神治疗、治疗上应用催眠状态之各种特性、催眠疗治之适应症及禁忌症、催眠治疗实际报告；后编"病理及暗示疗法"共 32 章，内容包括：精神衰弱症、肺结核、眩晕、乳腺炎等。

收藏单位：国家馆、上海馆

04960

催眠术速成法 陈爽秋著

上海：经纬书局，1946.11，67 页，32 开

本书共 18 章，内容包括：催眠术是什么、怎样使受术者提高感性、施术前的六项条件、怎样使人陷入催眠状态等。

收藏单位：桂林馆、国家馆

04961

催眠学函授讲义 鲍芳洲编纂

神户：中国精神研究会函授部，1916.7，再版，8 册（326 页），22 开

神户：中国精神研究会函授部，1917.7，4 版，323 页，22 开

本书内容包括：催眠术之定义、催眠术与非催眠术的区别、催眠术之原理当如何分类、二元论之要旨等。

收藏单位：山东馆、浙江馆

04962

催眠学治疗法 鲍芳洲编

上海：中国精神研究会，1922，再版，74 页，26 开

本书以网罗催眠术一般之治疗法为主，而系之以学理上之说明，且就前述之两大问题，述其方法与理论。

收藏单位：重庆馆

04963

催眠治疗必读初编 马化影著

上海：大精神医学研究会，1920，28 页，22 开

收藏单位：首都馆

04964

德国最近各病治疗催眠术 （日）涩江易轩撰 汪惕予译

上海：民国编译书局，1913.5，120 页，22 开

上海：民国编译书局，1915，再版，120 页，22 开

本书共 19 章，内容包括：催眠暗示之效力、术者之心得、应用催眠治疗之各病、催眠治疗之成绩等。书前有著者序。封面及版

权页题名：各病治疗催眠术。

　　收藏单位：重庆馆、国家馆、首都馆

04965

电镜催眠法　余萍客著

上海：心灵科学书局，1936.1，14 版，108 页，32 开，精装

上海：心灵科学书局，1940.2，15 版，1 册，32 开，精装

　　本书讲述电镜催眠法的原理、施法、治疗等。共 9 讲，内容包括：电镜、原理、状态、识别等。

　　收藏单位：南京馆、上海馆、浙江馆

04966

独习成功催眠术秘钥　高浅修编著

上海：中华新教育社，1924.6，1 册，32 开

　　本书主要讲催眠术的方法。编著之目的纯以实用为主旨，使无论何人读之，依法实修，均能实地试验而不失败。

　　收藏单位：浙江馆

04967

二十五派精神疗法　心灵科学书局编述

上海：心灵科学书局，1925.11，74 页，32 开

上海：心灵科学书局，1933.11，2 版，74 页，32 开

　　收藏单位：国家馆、南京馆、上海馆、绍兴馆

04968

妇女精神病治疗法　何兰德（B. Hollander）著　叶柏华译

外文题名：Nervous disorders women

上海：广学会，1941.6，165 页，32 开

　　本书内容包括：神经衰竭、精神控制的损失、精神治疗法、下意识和暗示治疗神经病法等。

　　收藏单位：重庆馆、广东馆、内蒙古馆、上海馆、浙江馆

04969

高等精神锻炼治疗问答　魏鸿声著

北平：魏鸿声治疗院，[1937]，18 页，32 开

　　本书以问答的形式解释精神治疗方法的相关问题。

　　收藏单位：国家馆

04970

即席成功催眠秘书　余萍客著

上海：中国心灵研究会，1922.1，70 页，42 开

　　本书论述催眠的具体方法。共 17 章，内容包括：催眠成立的原则、催眠状态、施术前的布置、施术方法、施术诀要、醒觉方法、暗示要义、检诊法等。

　　收藏单位：浙江馆

04971

简明催眠法　鲍芳洲编

[上海]：中国精神研究会，1926.7，11 版，32 页，22 开

　　收藏单位：重庆馆、浙江馆

04972

简易白话催眠术（绘图）　严艻麟著　郁道庵编辑

上海：格言丛辑社，1930.7，90 页，32 开

　　收藏单位：南京馆、浙江馆

04973

简易独习催眠新法　鲍芳洲著

上海：中华书局，1916.7，82 页，32 开

上海：中华书局，1918.6，再版，82 页，32 开

上海：中华书局，1919.10，4 版，82 页，32 开

上海：中华书局，1921.5，5 版，82 页，32 开

上海：中华书局，1927.3，9 版，82 页，32 开

上海：中华书局，1931.8，12 版，82 页，32 开

　　本书论述催眠术的生理与心理根据。共 48 章，内容包括：何谓催眠术、何谓暗示、暗示如何而后能行乎、施术无须准备及设备、暗示之感应与催眠深浅之关系、催眠状态之阶级分类、美士美路方法、布列特方法、南西派方法、烈气爱拖方法、路衣司方法等。

著者原题：鲍方洲。

　　收藏单位：湖南馆、上海馆

04974

精神病理学名词 国立编译馆编订

上海：国立编译馆，1937.6，153 页，16 开

长沙：国立编译馆，1940，再版，153 页，16 开

　　本书收 1935 年 12 月教育部审定公布的精神病理学名词 1100 多条，分成 16 大类，德、英、法、日、汉 5 种文字对照。书末有西文索引与中文索引。

　　收藏单位：重庆馆、贵州馆、国家馆、湖南馆、辽大馆、辽宁馆、南京馆、山西馆、上海馆、天津馆、西南大学馆、浙江馆

04975

精神病之社会的因素与防治 宋思明著

重庆：中华书局，1944.6，74 页，32 开（社会行政丛书 社会工作类）

上海：中华书局，1946.8，再版，74 页，32 开（社会行政丛书 社会工作类）

　　本书共 9 章，内容包括：精神病社会工作之功能与范围、精神病社会工作之原则与条件、精神病社会工作之内容与方法、精神病社会工作之教学与研究等。书末有精神病检查之方法等附录与附表 42 页。书中题名：精神病院社会工作。

　　收藏单位：重庆馆、复旦馆、广西馆、国家馆、吉林馆、南京馆、上海馆、首都馆、西南大学馆、浙江馆

04976

精神病宗教治疗法 冯尼尔（J. S. Bonnell）著 刘美丽 叶柏华译

上海：广学会，1946.11，291 页，32 开

　　本书提倡以《圣经》来医治人的灵魂。共 9 章，内容包括：练习服务、心灵治疗法、青年性的问题、自卑与自傲、悔罪与赦罪等。

　　收藏单位：重庆馆、国家馆、湖南馆、南京馆、上海馆、首都馆

04977

精神锻炼治疗实验问答 鸿声治疗院编

北平：鸿声治疗院，[1936.4]，[122] 页，25 开

　　收藏单位：国家馆、首都馆

04978

精神感应治疗法 富健康编

天津：富健康精神治疗所，[1911—1949]，64 页，32 开

　　本书内容包括：何谓精神感应治疗法、精神感应治疗法十二大功用、精神感应治疗法之适应症等。

　　收藏单位：国家馆

04979

精神感应治疗法 杨道真编

北平：杨道真精神治疗所，1936，4 版，14 页，32 开

　　本书简介精神感应治疗法的历史、原理及适应症。附有健康长寿说明。

04980

精神疗养学 （美）夏克逊（J. A. Jackson）（美）萨立佩（H. M. Salisbury）著 朱薛琪瑛译

外文题名：Outwitting our nerves

上海：广学会，[1931]，331 页，32 开

上海：广学会，1934.9，331 页，32 开

　　本书共 3 部分：神经反常之道、病机怎样轮转、神经的统治。

　　收藏单位：重庆馆、广东馆

04981

精神统一法 李声甫著

上海：中国心灵研究会，1929.11，92 页，42 开

　　本书共两篇。上篇"精神统一论"共 3 章：人的本质、精神统一意义、精神统一价值；下篇"精神统一方法"共 3 章：精神统一的课程、精神统一中的建设、结论。

　　收藏单位：国家馆

04982

精神治疗解说 萧昌明著

北京：北京宗教哲学研究社廿字金光明消灾挽劫法会，1940，14 页，64 开

　　收藏单位：上海馆

04983

久益式勃兰失施用法　李端士编

[国民精神养成会疗养院]，[1921—1930]，[2]
页，18 开

　　收藏单位：国家馆

04984

久益式读心术　李端士编

[国民精神养成会疗养院]，[1921—1930]，10
页，18 开

　　本书概述久益式读心术的办法。

　　收藏单位：国家馆

04985

久益式精神治疗医术二十大新法　李端士编

[国民精神养成会疗养院]，1926，2 册（73+
75 页），18 开，环筒页装

　　本书介绍精神治疗方法 20 种，内容包
括：催眠、暗示、静坐、呼吸、移念等。

　　收藏单位：国家馆

04986

乐天却病法（卷一）　刘仁航著　郭寅皋　徐
正权校

外文题名：Optimism as applied to the curing of
diseases

上海：商务印书馆，1915.11，98 页，25 开

上海：商务印书馆，1917.5，3 版，98 页，25
开

上海：商务印书馆，1917.9，4 版，98 页，25
开

上海：商务印书馆，1918，5 版，98 页，25 开

上海：商务印书馆，1920，6 版，98 页，25 开

上海：商务印书馆，1920.6，7 版，98 页，25
开

上海：商务印书馆，1924，8 版，98 页，25 开

上海：商务印书馆，1927.7，9 版，98 页，25
开

　　本书阐述心理疗病法。共 3 篇：心灵能
力与疾病寿命之关系、乐天却病实习法本论、
呼吸静坐。

　　收藏单位：重庆馆、广东馆、国家馆、河
南馆、江西馆、南京馆、首都馆

04987

乐天却病法（卷二）　刘仁航著　郭寅皋　徐
正权校

上海：商务印书馆，1916，再版，106 页，25
开（中华国民乐天修养馆丛书）

上海：商务印书馆，1920，4 版，106 页，25
开

上海：商务印书馆，1920.10，5 版，106 页，25
开

上海：商务印书馆，1922.12，6 版，106 页，25
开

　　本书阐述心理疗病法。共 4 篇：文明病痛
与解脱、动物生活及人类生活之真义、转心
法、结论及余论。

　　收藏单位：重庆馆、广东馆、国家馆、江
西馆、绍兴馆

04988

灵力拒病论　余萍客著

上海：心灵科学书局，1933.11，再版，106+
20 页，32 开

　　本书论述人的心理活动、精神状态与疾
病发生发展的关系，以及心理卫生对于防
治病的作用。共 4 编：何谓疾病、疗病信仰及
迷信、心灵力、灵肉合一。

　　收藏单位：广东馆、国家馆

04989

灵明法　李声甫编译

上海：心灵科学书局，1924.8，64 页，64 开

上海：心灵科学书局，1933.11，再版，64 页，
50 开

　　本书共 5 篇，内容包括：灵明法之意义、
灵明法之自觉、灵明色彩、定力之解说、灵
明疗法型式等。

　　收藏单位：国家馆、南京馆

04990

气合术（独习用书）　（日）古屋铁石著　浩
然主人编译

上海：神州催眠学会，1919.1，[11]+94 页，32
开

　　本书共 14 章，内容包括：精神与气合术

之关系、行气合术之要诀、武术奥义之气合术、身心康健法之气合术、催眠术之精意与气合术等。

收藏单位：河南馆

04991

三摩地法秘传 会稽山人编

出版者不详，[1911—1949]，20 页，22 开

本书讲述精神疗法。内容包括：诸法术及治病之原理、信念与治病、信念与死生、信念与针灸药等。附催眠术。封面题名：三摩地秘法函授讲义。

收藏单位：国家馆

04992

摄心速感催眠法秘义 高吾米著

上海：大精神医学研究会，1920.1，13 页，22 开

本书介绍摄心速感催眠法。共 8 章，内容包括：缘起、总论、释名、法理、预备、施术等。版权页题名：摄心速感催眠法。

04993

实用催眠术 庞靖编

上海：中华书局，1922.5，84 页，32 开

上海：中华书局，1923.6，再版，84 页，32 开

上海：中华书局，1925.1，3 版，84 页，32 开

上海：中华书局，1929，6 版，84 页，32 开

上海：中华书局，1931.3，8 版，84 页，32 开

本书叙述催眠术的理论与方法。共 12 章，内容包括：要义论、沿革论、暗示论、信仰论、方法论等。书前有刘笑佛、徐敏、编者序。

收藏单位：重庆馆、国家馆、首都馆、浙江馆

04994

谈心病 予且著

上海：良友图书印刷公司，1932.1，55 页，50 开（一角丛书 22）

本书共 7 部分：心病还须心药医、从色欲方面看心病、从权力意志方面看心病、"不自觉"中的宝藏、外向的和内向的性格、心理

分类、神秘的想象。

收藏单位：吉林馆、江西馆、上海馆、天津馆、浙江馆

04995

特别万能催眠术全书 汪达摩编

上海：美华图书公司，1919.5，2 册（194+178 页），25 开，精装

本书讲述催眠术的理论与方法。分为上、下两册，共 16 编，内容包括：特别万能催眠术全书大要、特别万能催眠术之原理、实验神秘法之原理、速成催眠术之原理、特别万能催眠术之修养法等。

收藏单位：南京馆、首都馆、浙江馆

04996

心理疗法 （日）井上圆了著 卢谦译

上海：医学书局，1917.3，62 页，25 开

上海：医学书局，1920.2，再版，62 页，25 开，精装（丁氏医学丛书）

本书共 13 节，内容包括：身心二面论、内外二科论、印度医法论、巫医关系论、身心关系论、精神起病论、精神治病论等。

收藏单位：山西馆、上海馆

04997

新撰催眠疗法 （日）石田升著 黄啸苍译

上海：神州催眠学会，1919.9，再版，120 页，32 开

本书共 13 章，内容包括：催眠术之沿革、暗示、催眠的现象概论、催眠状态之程度、觉醒、实地的暗示疗法等。

收藏单位：河南馆

04998

质疑答解补录 东方催眠术讲习会编

上海：东方催眠术讲习会，1917.5，48 页，25 开

本书以问答形式简要介绍催眠术的原理及施行等。书中出版者题：东方催术眠讲习会。

收藏单位：国家馆

04999

治疗病症矫正恶癖催眠术暗示应用指南
（日）中村芦舟著
上海：东方催眠术讲习会，1918.2，123页，25
开，精装
　　收藏单位：南京馆

05000

中国精神研究会精神特刊　中国精神研究会
编
上海：中国精神研究会，1936，66页，32开
　　本书内容包括：实验成绩报告、公函掇
录、特载、编后语等。
　　收藏单位：国家馆

05001

最高催眠学讲义　黄太依编
上海：神州灵学总会，1924，46页，32开
　　本书共10章，内容包括：精神修炼法、
速成统一精神之捷诀、精神力发挥法、能否
感应催眠术判定法、测定催眠状态深浅法等。
其他题名：上海神州灵学总会催眠学讲义。
　　收藏单位：重庆馆

05002

最高催眠学讲义录　马化影著
上海：大精神医学研究会，1919.11，64页，32
开
上海：大精神医学研究会，1921，重版，110
页，32开
　　本书共3编。上编为一般介绍，中编为
具体讲解，下编讲述催眠术的实施方法。

05003

最新实验催眠术讲义　唐心雨著
上海：三益公司，1919.5，12+144页，22开
上海：三益公司，1920，再版，144页，22开，
精装
　　本书共32章，内容包括：何谓催眠术、
精神作用与精神治疗、治疗上应用催眠状态
之各种特性等。
　　收藏单位：河南馆、首都馆

脑器质性精神障碍

05004

注射间日疟原虫对于治疗麻痹性痴呆之功效
（荷）狄瑞思（Ernst DeVries）著
北平：私立北平协和医学院神经系，1932，
[5]页，大64开
　　本书为《中华医学杂志》第18卷第3期
抽印本。介绍利用间日疟原虫治疗麻痹性痴
呆的功效。
　　收藏单位：国家馆

神经官能症

05005

神经衰弱病预防及治疗法　陈爽秋编著
成都：经纬书局，[1937—1949]，92页，42开
（医学丛书）
　　本书共8章：神经系和精神作用、神经衰
弱的原因、神经衰弱的症状、神经衰弱和失
眠、神经衰弱的经过和预后、神经衰弱的诊
断、神经衰弱的预防和摄养的方法、神经衰
弱的疗法。
　　收藏单位：重庆馆、广东馆、国家馆、南
京馆

05006

神经衰弱的究竟　庄畏仲著
上海：新医进修社，1941.10，63页，32开
　　收藏单位：上海馆

05007

神经衰弱及希斯台力　王耘蓬译　贾龙云校
青岛：青岛市台西区卫生所，1948.6，117页，
32开
　　本书共6章：绪论、神经疲弱、体质性神
经衰弱、强迫状态、希斯台力之情况及希斯
台力之体质、偏头痛。
　　收藏单位：国家馆

05008

神经衰弱及治疗 （日）杉田直树著　朱建霞译

上海：商务印书馆，1948.6，98页，32开（医学小丛书）

　　本书共5章：神经质和神经衰弱、神经质的症候、神经衰弱的原因、神经衰弱的症候、神经衰弱的治疗。

　　收藏单位：广东馆、国家馆、湖南馆、江西馆、宁夏馆、上海馆、首都馆、天津馆、浙江馆

05009

神经衰弱科之病理与疗法 （日）伊藤尚贤撰　吴正风译

上海：中西医药书局，1934.8，10+106页，32开（西医百日通）

　　本书共12章，内容包括：脑之作用、神经衰弱之本能及种类、神经衰弱之状态、外伤性神经病等。书中题名：神经衰弱科百日通。

　　收藏单位：国家馆

05010

神经衰弱疗养法　卢寿篯译

上海：中华书局，[1917.1]，68页，32开
上海：中华书局，1919.4，再版，68页，32开
上海：中华书局，1922，4版，68页，32开
上海：中华书局，1923，5版，68页，32开
上海：中华书局，1925.12，6版，68页，32开
上海：中华书局，1927.6，7版，68页，32开
上海：中华书局，1928.9，8版，68页，32开
上海：中华书局，1929.10，9版，68页，32开
上海：中华书局，1932.12，11版，68页，32开
上海：中华书局，1935.5，12版，68页，32开

　　本书共42章，内容包括：总说、神经衰弱病之原因、人体之脑神经系统、下等生物与人类等。

　　收藏单位：安徽馆、重庆馆、广东馆、广西馆、国家馆、河南馆、黑龙江馆、湖南馆、江西馆、南京馆、内蒙古馆、山西馆、上海馆、首都馆、浙江馆

05011

神经衰弱浅说　杨志一编著

上海：国医出版社，1933.4，1册，25开
上海：国医出版社，1933.6，再版，1册，25开
上海：国医出版社，1936.2，4版，1册，25开

　　本书介绍神经衰弱的得病原因、症候、经过及预后、预防法、疗法。共6卷，内容包括：神经之生理一般、神经衰弱与各种之关系、神经衰弱之预防法等。

　　收藏单位：国家馆、浙江馆

05012

神经衰弱问答　姚星叔编

上海：大华书局，1935.4，57页，32开（医学卫生问答丛书）

　　本书共6章：神经衰弱的原因、神经衰弱的症状、一般的经过、神经衰弱的诊断、神经衰弱预防和摄养的方法、神经衰弱的疗法。

　　收藏单位：重庆馆、贵州馆、国家馆、湖南馆

05013

神经衰弱症　任一碧编译

上海：良友图书印刷公司，1932.10，62页，64开（一角丛书47）

　　收藏单位：吉林馆、江西馆、上海馆、天津馆

05014

神经衰弱症（临床解说） （日）杉田直树著　牟鸿彝译

上海：东方编译出版社，1942.3，168页，25开

上海：东方编译出版社，1948.8，再版，168页，25开（医学院丛书）

　　本书共7章，内容包括：神经衰弱症之定义与病型、体质性神经衰弱症、神经衰弱症之诊断、神经衰弱症之治疗法等。

　　收藏单位：上海馆

05015

神经衰弱之大研究　丁福保译述

上海：医学书局，1919.12，再版，63页，22开，

精装（丁氏医学丛书）

上海：医学书局，1935.10，8 版，63 页，22 开

　　本书共 7 章，内容包括：症候、原因、诊断、治疗法等。

　　收藏单位：南京馆

05016

神经衰弱治疗法　居中州编述

上海：中国心灵研究会，1925.2，66 页，50 开（通俗医书）

　　本书共两篇。"神经衰弱治疗篇"共两部分：神经衰弱之本能、神经衰弱病之治疗法；"记忆增进术篇"内容包括：生理上之记忆、心理上之记忆、生理的记忆增进法等。

　　收藏单位：国家馆

05017

神经衰弱自疗法　王羲龢编译

上海：商务印书馆，1919.5，79 页，32 开

上海：商务印书馆，1920.1，再版，79 页，32 开（通俗医书）

上海：商务印书馆，1921，3 版，79 页，32 开（通俗医书）

上海：商务印书馆，1924.8，5 版，79 页，32 开（通俗医书）

上海：商务印书馆，1926.2，6 版，79 页，32 开（通俗医书）

上海：商务印书馆，1928，7 版，79 页，32 开（通俗医书）

上海：商务印书馆，1933.10，国难后 1 版，58 页，32 开（家庭丛书）

上海：商务印书馆，1934.3，国难后 2 版，58 页，32 开（家庭丛书）

上海：商务印书馆，1935，国难后 3 版，58 页，32 开（家庭丛书）

上海：商务印书馆，1935.4，国难后 4 版，58 页，32 开（家庭丛书）

[长沙]：商务印书馆，1938.11，国难后 7 版，58 页，32 开（家庭丛书）

[长沙]：商务印书馆，1939.9，国难后 8 版，58 页，32 开（家庭丛书）

　　本书共 5 章，内容包括：原因、症候、经过及预后等。

收藏单位：重庆馆、东北师大馆、广西馆、国家馆、江西馆、南京馆、上海馆、首都馆、浙江馆

05018

神经性失眠症　（日）杉田直树著　牟鸿彝译述

上海：东方编译社，1941.6，62 页，36 开

上海：东方编译社，1947.5，再版，62 页，36 开（临床医学讲座）

　　本书共 5 章：导言、睡眠、神经性失眠症、失眠症的预防、失眠症的治疗。

　　收藏单位：东北师大馆、国家馆、上海馆、首都馆

05019

失眠症之疗法　周进安编

上海：商务印书馆，1923.12，53 页，32 开

上海：商务印书馆，1934.5，国难后 1 版，53 页，32 开（医学小丛书）

上海：商务印书馆，1934.12，国难后 2 版，53 页，32 开（医学小丛书）

上海：商务印书馆，1935.4，国难后 3 版，53 页，32 开（医学小丛书）

上海：商务印书馆，1948.5，6 版，53 页，32 开（医学小丛书）

　　本书共 4 篇：何为睡眠、何为失眠、失眠症之预防及治法、杂录。

　　收藏单位：广东馆、广西馆、贵州馆、国家馆、南京馆、内蒙古馆、宁夏馆、上海馆

05020

失眠症之实验谭　周进安编

外文题名：Sleeplessness of its treatment

上海：商务印书馆，1923.12，42 页，32 开（医学小丛书）

上海：商务印书馆，1924，再版，42 页，32 开（医学小丛书）

上海：商务印书馆，1926.4，3 版，42 页，32 开（医学小丛书）

上海：商务印书馆，1931，4 版，42 页，32 开（医学小丛书）

　　收藏单位：安徽馆、重庆馆、广西馆、国

家馆、湖南馆、首都馆、西南大学馆、浙江馆

皮肤病学与性病学

05021

皮肤病、妇人病、花柳病便览　汉口同仁医院编

汉口：汉口同仁医院，[1930.10]，10 页，32 开

　　本书从皮肤病、花柳病、妇人病三部分介绍湿疹、带状疱疹、淋病、子宫内膜炎、子宫癌等。

　　收藏单位：国家馆

05022

皮肤病及性病学　高祀瑛编著

安顺：陆军军医学校，1936，278 页，16 开（陆军军医学校丛书）

[安顺]：陆军军医学校，1946，278 页，16 开（陆军军医学校丛书）

　　收藏单位：重庆馆、广东馆

05023

皮肤花柳病学　华北医科大学皮肤花柳科教室编

中国人民解放军华北医科大学，1949.6，102 页，32 开

　　本书共两部分。"皮肤病学"内容包括：皮肤之解剖、皮肤之生理、皮肤之病理、湿疹、荨麻疹等；"花柳病学"共 4 编：淋病、梅毒、软性下疳、第四性病。

　　收藏单位：国家馆

05024

皮肤花柳病学　晋冀鲁豫军区卫生部编

晋冀鲁豫军区卫生部，1949.4，99 页，32 开

　　本书分两个部分，"皮肤病学"分总论和各论，内容包括：皮肤病之原因、皮肤病之一

般症状、皮肤病之诊断、炎症性皮肤病、神经性皮肤病、寄生性皮肤病等；"花柳病学"内容包括：梅毒、软性下疳等。

　　收藏单位：国家馆

05025

皮肤花柳病诊疗医典　刘云青编译　张克成校

上海：生活医院，1933.6，[194] 页，42 开

　　收藏单位：国家馆、南京馆

05026

皮肤及花柳病科之病理与疗法　（日）伊藤尚贤撰　吴正风译

上海：中西医药书局，1934.8，30+138 页，32 开（西医百日通）

　　本书共两编：皮肤病科、花柳病科。书中题名：皮肤及花柳病科百日通。

　　收藏单位：国家馆、天津馆

05027

皮肤及性病学　（日）土肥章司著　蹇先器译

东京：同仁会，1935，[383] 页，16 开，精装

东京：同仁会，1943.5，再版，353 页，16 开

　　本书共两部分。"皮肤科学"内容包括：皮肤之解剖、皮肤之生理、皮肤之病理、皮肤循环障碍、出血性皮肤病、水疱性皮肤病等；"性病科学"内容包括：淋病、软下疳、梅毒。

　　收藏单位：广东馆、广西馆、国家馆

05028

皮肤及性病学　（日）土肥章司著　蹇先器译

杭州：新医书局，1949.1，增订版，387+22 页，16 开，精装（新医丛书）

　　收藏单位：国家馆、绍兴馆

05029

三大慢性病与中国青年　古鸿烈著

广州：古鸿烈，1946.12，60 页，32 开

　　本书共 4 章：总论、三大慢性病分论（即：麻风、梅毒、肺结核）、两性结合与健康检查、结论。

收藏单位：国家馆

05030
实用皮肤花柳病学　黄志上撰
上海：医务生活社，1949，394 页，25 开
　　本书共两部分。"皮肤病学"共 23 章，内容包括：皮肤胎生学、皮肤解剖学等；"花柳病学"共 4 章：梅毒、淋病、软性下疳、花柳性淋巴肉芽肿。
　　收藏单位：山西馆

05031
袖珍皮肤病泌尿生殖器病医典　桂华岳编译
上海：世界书局，1947.6，再版，30+296 页，48 开，精装
　　本书据日本旭宪吉所著《皮肤泌尿生殖器病医典》第 4 版编译。共 4 篇：皮肤科学——泛论、皮肤科学——各论、性病学、泌尿生殖器科学。
　　收藏单位：重庆馆、广东馆、辽宁馆、山西馆、上海馆

皮肤病学

05032
大麻风　顾世澄纂辑
出版者不详，[1911—1949]，1 册，25 开（疡医大全 26）
　　收藏单位：南京馆

05033
冻疮指南　孙家骥著
上海：中医书局，1931.11，20 页，32 开
　　本书介绍冻疮的成因及疗法。共 5 章，内容包括：冻疮发生的原因、报告冻疮的经过、治疗法等。
　　收藏单位：重庆馆、广西馆

05034
关于中国麻疯几个重要问题　邬志坚著
上海：中华麻疯救济会，[1926—1949]，14

页，64 开（麻疯小丛书 11）

05035
疥疮　谢学洙著
第三战区军医学术研究会，1943.3，20 页，25 开（部队多发病讲话 1）
　　收藏单位：江西馆

05036
麻风的防御诊断及新法治疗　傅乐仁著
上海：[中华卫生教育会]，[1922—1930]，38 页，32 开（卫生小丛书 59）
　　收藏单位：广西馆

05037
麻疯　傅乐仁著　邬志坚编译
上海：中华麻疯救济会，[1926—1949]，17 页，50 开

05038
麻疯的病象诊断和治疗　高克瑞（R. G. Cockrane）著
[上海]：万国麻疯救济会，[1930—1939]，50 页，32 开
　　收藏单位：国家馆

05039
麻疯人与麻疯　吴绍青讲　王侃如录
上海：中华麻疯救济会，[1935.3]，5 页，23 开

05040
麻疯之诊断及诊断问题　罗爱思著
上海：中华麻疯救济会，[1926—1949]，8 页，23 开
　　收藏单位：上海馆

05041
皮肤病　祝振纲著
上海：商务印书馆，1930.10，69 页，32 开（万有文库 第 1 集 544）（医学小丛书）
上海：商务印书馆，1931.10，69 页，32 开（医学小丛书）

上海：商务印书馆，1933.5，国难后 1 版，68 页，32 开（医学小丛书）

上海：商务印书馆，1934.1，国难后 2 版，69 页，32 开（医学小丛书）

上海：商务印书馆，1934.7，再版，69 页，32 开（万有文库 第 1 集 544）（医学小丛书）

上海：商务印书馆，1934，国难后 4 版，68 页，32 开（医学小丛书）

上海：商务印书馆，1935，国难后 5 版，68 页，32 开（医学小丛书）

[长沙]：商务印书馆，1939，69 页，32 开（万有文库 第 1—2 集简编 500）（医学小丛书）

重庆：商务印书馆，1944.12，57 页，32 开（医学小丛书）

重庆：商务印书馆，1945，57 页，32 开

上海：商务印书馆，1947.9，9 版，69 页，32 开（医学小丛书）

　　本书共两编。"总论"共 6 章，内容包括：皮肤之生理、健全与不健全之皮肤，皮肤之清洁法等；"各论"共 4 章：因寄生昆虫及细菌而起之皮肤病、因炎症及皮肤分泌异常而起之皮肤病、因神经血管障碍而起之皮肤病、爪甲及毛发之疾病。

　　收藏单位：安徽馆、重庆馆、大理馆、大连馆、东北师大馆、广东馆、广西馆、贵州馆、国家馆、黑龙江馆、湖南馆、江西馆、辽大馆、辽宁馆、辽师大馆、南京馆、内蒙古馆、宁夏馆、上海馆、首都馆、天津馆、西南大学馆、浙江馆

05042

皮肤病的预防及治疗　牟鸿彝编著

上海：北新书局，1934.6，99 页，32 开（现代医学小丛书 2）

　　本书共两编。"总论"共 4 章：皮肤的构造、皮肤的生理、皮肤的卫生、皮肤病的预防；"各论"共 4 章：炎症性和皮肤分泌异常的皮肤病、神经性和血行障碍等的皮肤病、寄生性和慢性传染性皮肤病、爪甲和毛发的疾病。

　　收藏单位：广西馆、国家馆、南京馆、天津馆

05043

皮肤病纲要　叶维法著　叶酉复编译

贵阳：文通书局，1948.10，60 页，36 开（保健文库）

[贵阳]：文通书局，1948.11，60 页，36 开（保健文库）

　　本书内容包括：外来损害所致的皮肤病、寄生动植物所致的皮肤病、传染的皮肤病、角质增殖的皮肤病、色素异常的皮肤病等。

　　收藏单位：贵州馆、湖南馆

05044

皮肤病汇编　（美）海贝殖（L. F. Heimburger）杨传柄编　鲁德馨校　马争存笔记

外文题名：A textbook of diseases of the skin

上海：中国博医会，1928.2，11+400 页，18 开，精装

上海：中国博医会，1932.1，2 版，13+400 页，18 开，精装

上海：中华医学会出版委员会，1940.10，3 版，11+408 页，18 开，精装

　　本书共 5 编：总论、原因已悉之病、先天性皮肤病、原因未悉之皮肤病、皮肤附属物之病。

　　收藏单位：广东馆、国家馆、南京馆

05045

皮肤病论　（英）华尔熙（D. Walsh）著　吴建庵译　中华护士学会审订

外文题名：Notes on skin diseases

上海：广协书局，1947，4 版，91 页，64 开

05046

皮肤病学　（日）筒井八百珠著　丁福保译

上海：虹桥疗养院，1912.6，369 页，32 开，精装（世界医学百科全书）

上海：虹桥疗养院，1940.6，再版，369 页，32 开，精装（世界医学百科全书）

　　本书讲皮肤病的种类、症状以及治疗方法。

　　收藏单位：南京馆、上海馆、浙江馆

05047

皮肤病学 （日）筒井八百珠著　丁福保译

上海：商务印书馆，1926，369 页，22 开

收藏单位：广西馆、湖南馆

05048

皮肤病学 （日）筒井八百珠著　丁福保译

上海：医学书局，1918.7，再版，369 页，22 开

收藏单位：南京馆、内蒙古馆、山西馆

05049

皮肤病学 张崇熙编

上海：东亚医学编辑所，1934.7，96 页，25 开
（最新实用医学各科全书）

上海：东亚医学编辑所，1935.12，再版，96 页，25 开

本书共两部分。"总论"共 5 章，内容包括：皮肤病之原因、皮肤病之一般症状、皮肤病之诊断等；"各论"共 11 章，内容包括：炎症性皮肤病、神经性皮肤病、寄生性皮肤病等。

收藏单位：重庆馆、国家馆、江西馆、首都馆

05050

皮肤病学讲义 惠生高级助产职业学校编

上海：惠生高级助产职业学校，[1929—1949]，83 页，32 开

本书讲述皮肤病的发病原因以及治疗方法。

收藏单位：浙江馆

05051

皮肤病学美容法 丁福保译述

上海：医学书局，1916.5，3 版，88 页，22 开

本书共 32 章，内容包括：洗颜法、入浴法、软膏、颜面之脂漏等。

收藏单位：山西馆

05052

皮肤疾病与卫生 翁之龙著

黄河书局，1944.7，128 页，32 开（医学小丛书）

本书共 5 编：总论、传染性皮肤病、过敏性及中毒性皮肤病、刺戟性皮肤病、不明原因之皮肤发炎症。

收藏单位：重庆馆

05053

皮肤证治 （美）聂会东（J. B. Neal）编译

外文题名：Diseases of the skin

上海：中国博医会，1918，5 版，12+129+14 页，18 开，精装

上海：中国博医会，1924.1，7 版，12+129+14 页，18 开，精装

05054

皮科概要 新医进修社编　张森玉校

上海：新医进修社，1939.8，104 页，32 开

本书共两部分。"总论"共 4 章：皮肤之解剖及生理、皮肤之健康及其免疫能力、皮肤之一般病理变象及其组织变化、皮肤诊疗总论；"各论"共 12 章，内容包括：普通常见之皮病、寄生植物所致之皮病、寄生动物所致之皮病、梅毒概要、因局部刺激致之皮病等。

收藏单位：国家馆、上海馆

05055

雀斑治疗法 刘丁著

上海：中外书局，1933.11，50 页，36 开

本书讲述治疗雀斑的各种方法及注意事项。

收藏单位：浙江馆

05056

秃疮 蒙藏委员会编译室编

重庆：蒙藏委员会编译室，1943.6，1 册，32 开（卫生常识小丛书 8）

收藏单位：南京馆

05057

秃疮 内政部卫生署著

[南京]：内政部卫生署，1932.6，再版，10 页，42 开（传染病小丛书 2）（内政部卫生署刊物 3 册籍类 3）

[南京]：内政部卫生署，1934.6，3版，10页，42开（传染病小丛书2）（内政部卫生署刊物3册籍类3）

　　本书共4章：总论、秃疮的原因、秃疮的症状、秃疮治疗法。

　　收藏单位：国家馆、上海馆

05058

[我国麻疯问题之商榷]　伍连德　麦稚谷著

上海：中华麻疯救济会，[1926—1949]，8页，22开

　　收藏单位：国家馆

05059

中国麻疯病学　俞慎初编著

上海：复兴中医社，1941.6，66页，32开

　　本书以中西医理论讲述麻疯病的源流、病理、症状、预防、治疗及特效药等。

　　收藏单位：上海馆

05060

中国麻疯史　海深德著

上海：中华麻疯救济会，[1936]，27页，23开

　　本书分初期史、近期史两部，介绍从古至今中国有关麻疯病的流行历史、发病情况、地理分布、对病因的认识、社会影响以及医疗诊治情况。

　　收藏单位：上海馆

05061

中西皮肤病学讲义　汪洋编纂

上海：出版者不详，1920.7，改正版，90页，32开

　　本书分为中西两部，讲述常见皮肤病的原因和治疗方法。

　　收藏单位：浙江馆

性病学

05062

娼妓与花柳病　不读书生著

上海：人美书局，1935.11，4版，52页，32开

　　本书内容包括：杨梅疮的发现、杨梅疮史、淋病的危险、现代破除花柳病的新法等。

05063

韩庄夜谭　不读书生著

上海：曼丽书局，1934，4版，3册，32开

　　收藏单位：重庆馆、绍兴馆

05064

花柳病　江苏省立教育学院研究实验部编

无锡：江苏省立教育学院，1932.5，12页，25开（民众卫生丛书20）

　　收藏单位：重庆馆、江西馆

05065

花柳病　斯诺（W. F. Snow）著　吴建庵译

上海：广协书局，1940.7，102页，64开（国民健康丛书20）

　　本书内容包括：梅毒与淋病传染、淋病之诊断与治疗、社会的保障等。

　　收藏单位：广东馆、黑龙江馆、内蒙古馆、上海馆

05066

花柳病　汪于冈著

上海：大东书局，1926.4，3版，20页，32开（通俗医言 第3编）

　　收藏单位：广西馆

05067

花柳病　中华教育卫生联合会编

上海：中华教育卫生联合会，[1916—1920]，12页（中华卫生教育小丛书17 国语）

　　收藏单位：首都馆

05068

花柳病（上卷 梅毒谈话）　刘崇燕编述　余云岫校

上海：商务印书馆，1921.7，48页，32开（医学小丛书）

上海：商务印书馆，1922.3，再版，48页，32开（医学小丛书）

上海：商务印书馆，1926.4，4 版，48 页，32
开（医学小丛书）

上海：商务印书馆，1931，5 版，48 页，32
开（医学小丛书）

　　本书共 10 章，内容包括：花柳病和梅毒、
梅毒的害、梅毒的区别、和梅毒相关的疾病
等。

　　收藏单位：重庆馆、广东馆、广西馆、国
家馆、湖南馆、首都馆、浙江馆

05069

花柳病（下卷 软性下疳及淋病） 姚昶绪编著
　余云岫校

上海：商务印书馆，1921.7，48页，32开（医
学小丛书）

上海：商务印书馆，1922.3，再版，48页，32
开（医学小丛书）

上海：商务印书馆，1926.4，4 版，48 页，32
开（医学小丛书）

上海：商务印书馆，1931，5 版，48 页，32
开（医学小丛书）

　　本书讲述性病软性下疳及淋病的发病原
因、症状以及治疗方法。

　　收藏单位：重庆馆、广东馆、广西馆、国
家馆、湖南馆、首都馆、浙江馆

05070

花柳病丛书 俞保康著

天津：俞保康，1933.5，56 页，32 开

　　本书共 5 章，内容包括：梅毒和软性下
疳的传染和经过、梅毒和软性下疳的诊断法、
梅毒治疗法等。

　　收藏单位：国家馆

05071

花柳病的预防及治疗 牟鸿彝编撰

上海：北新书局，1934.5，96 页，32 开（现
代医学小丛书 1）

　　本书内容包括：何谓花柳病、淋病、梅
毒、软性下疳等。

　　收藏单位：广西馆、国家馆、南京馆、西
南大学馆

05072

花柳病化学治疗学 杨国亮　张昌绍著

外文题名：Chemotherapy of venereal diseases

现代医学社，1945.5，168 页，24 开（现代医
学丛刊 2）

现代医学社，1946.1，再版，168 页，24 开
（现代医学丛刊 2）

现代医学社，1947.1，2 版，增订版，168 页，
24 开（现代医学丛刊 2）

　　本书共两编。第 1 编"梅毒之治疗学"
共 4 章，内容包括：梅毒病程发展之概要、梅
毒之疗法、治疗梅毒各种药剂之性质等；第 2
编"淋病及其他花柳病治疗学"共 5 章，内
容包括：诊断及痊愈之实验、化学治疗、抗磺
胺性淋病等。

　　收藏单位：重庆馆、广东馆

05073

花柳病及其预防方法 内政部卫生署编

南京：内政部卫生署，1931.5，12 页，50 开
（传染病小丛书 11）（内政部卫生署刊物 22 册
籍类 22）

　　收藏单位：国家馆

05074

花柳病及其预防方法（中蒙文对照） 蒙藏委
员会编译室编

蒙藏委员会编译室，1941.5，[39] 页，32 开
（卫生常识小丛书 3）

　　本书为中蒙文对照，介绍淋病、梅毒等
预防方法。

　　收藏单位：南京馆

05075

花柳病救护法 陈邦贤编

上海：医学书局，1924，90 页，25 开

上海：医学书局，1927.10，90 页，25 开

上海：医学书局，1940.6，再版，90 页，25 开

　　本书共两编。"总论"共 7 章，内容包
括：花柳病之绪论、花柳病与法律、花柳病
与结婚等；"各论"共 3 章：软性下疳、淋病、
梅毒。

　　收藏单位：首都馆、浙江馆

05076

花柳病疗法 丁福保译述

上海：医学书局，1918，5 版，117 页，22 开，精装（丁氏医学丛书）

收藏单位：首都馆

05077

花柳病问答 侯希民著

北京：北京医院，1916，62 页，50 开

收藏单位：首都馆

05078

花柳病新治法 王伦暨编著

上海：文明书局，1924.4，86 页，22 开

上海：文明书局，1930，3 版，86 页，22 开

上海：文明书局，1936.5，4 版，86 页，22 开

收藏单位：广东馆、广西馆、黑龙江馆、湖南馆、首都馆

05079

花柳病学 东南医学院编

上海：东南医学院出版股，[1930—1949]，126 页，23 开

05080

花柳病学 军医教育班学员班编

军医教育班学员班，1936.4，97 页，18 开

收藏单位：国家馆

05081

花柳病学 麦泽著 张连祺译

昆明：大中华印刷公司，1943，82 页，[25] 开

收藏单位：重庆馆

05082

花柳病学 吴克昌 庄畏仲著

上海：新医进修社，1937.4，174 页，24 开（新医进修丛书）

上海：新医进修社，1940.5，2 版，174 页，24 开（新医进修丛书）

本书共 5 篇：梅毒、淋病、软下疳、腹股沟淋巴肉芽肿、性官能障碍。

收藏单位：广东馆、湖南馆、南京馆、首都馆

05083

花柳病学 许仲雅编纂

天津：天津栖霞堂图书部，1915，108 页，22 开

收藏单位：首都馆

05084

花柳病学 张崇熙编

上海：东亚医学编辑所，1935，再版，65 页，22 开（最新实用医学各科全书）

本书共两部分。"总论"共两章：花柳病之历史、花柳病之害毒；"各论"内容包括：梅毒、淋疾等。

收藏单位：重庆馆、国家馆、首都馆

05085

花柳病预防法 侯光迪编

上海：侯光迪，1912.10，54 页，18 开

收藏单位：南京馆

05086

花柳病预防问题 李文澜著

南京：岭南夫妇医院，1933.7，75 页，25 开（卫生小丛书）

本书共 14 章，内容包括：医学上对于性病之豫防、教育上对于性病之豫防、法律上对于性病之预防等。

收藏单位：国家馆

05087

花柳病之陷溺个人与危害群众 俞凤宾著

上海：进德会，1921，11 页，48 开

收藏单位：上海馆

05088

花柳病治疗学 叶劲秋著述

上海：幸福报馆，1930.8，50 页，25 开

上海：幸福报馆，1935.8，50 页，再版，25 开

本书内容包括：绪论、梅毒、软性下疳等。

收藏单位：国家馆

05089

花柳梅毒淋浊下疳预防法及治疗法　殷鉴编
著　吴敬晖校

上海：大通图书社，1933.5，22+107 页，32
开

　　收藏单位：国家馆

05090

近世花柳病学　牟鸿彝编撰

上海：商务印书馆，1935.12，10+427+15 页，
22 开，精装

上海：商务印书馆，1936，再版，10+427+15
页，22 开

　　本书共 4 编：梅毒、软下疳、淋病、第四
性病。附花柳病处方集。

　　收藏单位：广东馆、广西馆、国家馆、湖
南馆、南京馆、山西馆、天津馆

05091

近世花柳病学　孙纬才著　孙玉成校

上海：孙纬才父子医院，1934.9，42 页，32
开

　　本书内容包括：慢性淋病、慢性淋病之新
根治疗法、淋病的预防等。

05092

经验花柳病自疗法（卷 1—4）　奚耶志编
仁济中西医馆，[1911—1949]，石印本，1
册，25 开，环筒页装

　　本书介绍各种花柳病的成因及疗法。

　　收藏单位：重庆馆

05093

男女：秘密病自疗奇方　徐石君著

上海：万象书局，1937.5，12+252 页，32 开

上海：万象书局，1939.1，再版，12+252 页，
32 开（医学丛书）

　　本书内容包括：秘密病总论、淋病、梅
毒、遗精、白带、男性器官其他病、女性器
官其他病、性病传染之场等。

　　收藏单位：首都馆

05094

男女性病指南

香港书局，[1911—1949]，1 册，32 开

　　本书共 3 部分：性病大全、生育指南、性
库。

　　收藏单位：首都馆

05095

男女性病治疗全书　奚惠民编

上海：上海商业书局，1935.7，20+265 页，32
开

　　本书内容包括：花柳病各症、花柳病治疗
法续编、男女性病各症治疗法。

　　收藏单位：广东馆、国家馆、湖南馆、天
津馆

05096

男女性病中西自疗法　（日）安藤平二著　沈
石顽编译

上海：昌明医药学社，1934.7，70 页，32 开

　　收藏单位：绍兴馆

05097

男子花柳病新编　美国军医总监著　（美）单
惠泉（T. Stearns）编译

外文题名：Venereal diseases and their manage-
ment

上海：中国博医会，1922.11，103 页，25 开

上海：中华医学会，1935.10，3 版，58 页，25
开

　　本书共 4 部分：梅毒、软下疳、坏疽性茎
头炎、淋病。

　　收藏单位：广东馆、国家馆、上海馆

05098

人类的性病　丁文毅编

上海：医学书局，[1911—1949]，[50] 页，24 开
（幸福之敌选刊 1）

　　本书内容包括：软性下疳、淋病、梅毒
等。

　　收藏单位：国家馆

05099

现代性病学　叶维法译著

贵阳：文通书局，1947.9，149 页，32 开（医学丛书）

上海：文通书局，1948.2，再版，149 页，32 开（医学丛书）

　　本书共 15 章，内容包括：不孕症、阳萎、手淫、遗精、异常勃起、性交疼痛、痛经、性神经病等。

　　收藏单位：重庆馆、广东馆、贵州馆、国家馆、南京馆、上海馆

05100

新编花柳病学　张克成编

上海：生活医院，1934.3，96 页，32 开（实验医学入门 13）

　　本书共 3 编：梅毒、淋疾、软性下疳。

　　收藏单位：国家馆

05101

性病　林荣年编著

上海：世界书局，1935.9，10+128 页，32 开（医学丛书）

上海：世界书局，1948.4，再版，10+128 页，32 开（医学丛书）

　　本书讲述性病的历史、状态以及预防法。共 5 部分：概说、梅毒、软性下疳、淋病、第四种性病。

　　收藏单位：国家馆、天津馆、浙江馆

05102

性病　刘崇燕　姚昶绪编著

上海：商务印书馆，1929.10，106 页，32 开（万有文库 第 1 集 545）（医学小丛书）

上海：商务印书馆，1932.11，国难后 1 版，106 页，32 开（医学小丛书）

上海：商务印书馆，1934.7，再版，106 页，32 开（万有文库 第 1 集 545）（医学小丛书）

上海：商务印书馆，1934，国难后 2 版，106 页，32 开（医学小丛书）

上海：商务印书馆，1934，国难后 3 版，106 页，32 开（医学小丛书）

上海：商务印书馆，1935，国难后 5 版，106 页，32 开（医学小丛书）

长沙：商务印书馆，1938.12，国难后 7 版，106 页，32 开（医学小丛书）

　　本书共 3 编：梅毒、软性下疳、淋病。

　　收藏单位：安徽馆、重庆馆、东北师大馆、广东馆、广西馆、贵州馆、国家馆、黑龙江馆、湖南馆、江西馆、辽大馆、辽师大馆、内蒙古馆、宁夏馆、山西馆、上海馆、绍兴馆、首都馆、天津馆、浙江馆

05103

性病常识　陈述著

[哈尔滨]：光华书店，1948.8，36 页，50 开（医药卫生小丛书）

　　本书共 7 章，内容包括：性病的意义、性病的历史、性病的统计、性病的预防、性病的药物治疗法等。

　　收藏单位：东北师大馆、国家馆、辽大馆、山东馆、首都馆、天津馆

05104

性病南针　姚尔昌编著

上海：姚尔昌，[1937—1949]，164 页，32 开

　　本书内容包括：性病概论、非传染性的（即单纯的）性病、传染性的性病（即花柳病）。

　　收藏单位：南京馆

05105

性病全书　姚菊岩编著　邓源和校

上海：新医学编译社，1933.5，20+185 页，32 开

上海：新医学编译社，1933，再版，20+185 页，32 开

上海：新医学编译社，1935.1，4 版，20+185 页，32 开

上海：新医学编译社，1937.1，5 版，20+185 页，32 开

上海：新医学编译社，1946.11，6 版，175 页，32 开

　　本书共 8 篇：花柳病、花柳病各论、淋病之疗法、花柳与性病之经验谈、性神经衰弱、梅毒、下疳、附录。

收藏单位：重庆馆、国家馆、湖南馆、南京馆、内蒙古馆、绍兴馆、浙江馆

05106

性病问答　姚昶绪编

上海：大华书局，1935.4，112页，32开（医学卫生问答丛书）

　　收藏单位：国家馆、湖南馆

05107

性病学　夏慎初编著

上海：诊疗医报社，1933.5，[108]页，25开

上海：诊疗医报社，1933.9，再版，[108]页，25开

上海：诊疗医报社，1933.11，3版，[108]页，25开

　　本书共两部分：男性疾病、女性疾病。

　　收藏单位：国家馆、南京馆、浙江馆

05108

性病研究　王逸夫编

上海：卫生研究社，1946.12，184页，36开（性生活指导丛书4）

　　本书共20章，内容包括：总说、西医之性病论、凶险的梅毒、驱梅法摘要、软性下疳、淋巴管炎、淋病总论等。

　　收藏单位：广西馆

05109

性病医典　黄振民编译

上海：中华医学丛书出版社，1946.11，50页，32开

　　本书内容包括：性之生理学、性之心理学、性病原因、性神经衰弱症、花柳病等。

05110

性病预防及自疗法　陈爽秋编

上海：经纬书局，1947.5，106页，32开

　　本书共4章：性的生理、性的官能病和机械病、性欲本能和不妊症的治疗、花柳病。

　　收藏单位：国家馆

05111

性病预防问题（通俗医书）　中华续行委办会编译　顾寿白校

上海：商务印书馆，1924.2，88页，32开

上海：商务印书馆，1931，再版，88页，32开

　　本书内容包括：花柳病之根源、淋病、梅毒等。

　　收藏单位：重庆馆、广东馆、广西馆、国家馆、湖南馆、江西馆、绍兴馆、首都馆、浙江馆

05112

性病之药物与验方　夏慎初著

上海：诊疗医报社，1935.12，再版，80+12页，22开

　　本书共两编：性机能障碍之药物、传染病即花柳病之药物与验方。

　　收藏单位：国家馆、浙江馆

05113

性病自疗法　医学研究社著

上海：卫生书店，1933.6，69页，32开

上海：卫生书店，1935.5，6版，69页，32开

　　本书共4章：花柳病绪论、梅毒、花柳病之养生、生殖器病与法律。

　　收藏单位：重庆馆

05114

性病自疗指南

出版者不详，[1911—1949]，42页，32开

　　收藏单位：南京馆

05115

预防花柳病　方石珊编

出版者不详，1930，28页，18开

　　本书为1930年冬为华北医报社讲演的讲演稿。

　　收藏单位：首都馆

05116

中西花柳病学讲义　汪洋编纂

上海：出版者不详，1920.7，改正版，46页，32开

上海：出版者不详，1925.9，改正 4 版，46 页，32 开

本书分中西两部，讲述性病的原因和治疗方法。

收藏单位：湖南馆、浙江馆

05117

最新花柳病诊断及治疗 （日）旭宪吉 （日）山田弘伦著　姚伯麟译

上海：改造与医学社，1929.11，516 页，16 开，精装

本书介绍性病的诊断治疗方法。

收藏单位：广东馆、国家馆

05118

最新实验男女性病自疗全书 朱振声编辑

上海：国光书店，1939.3，100 页，32 开

上海：国光书店，1947.3，再版，100 页，32 开

本书介绍性病的治疗与预防方法。共 8 部分：性欲卫生、手淫、结婚问题、遗精、横痃、下疳、淋浊、梅毒。

收藏单位：江西馆、浙江馆

梅　毒

05119

甘氏梅毒血清沉淀试验法 中央防疫处编

北平：中央防疫处，1932.7，13 页，32 开

本书内容包括：器械、试药、血清试验法等。

收藏单位：国家馆

05120

近代梅毒疗法 顾寅纂著

苏州：顾寅，1931.4，1 册，大 16 开

收藏单位：南京馆

05121

克氏梅毒试验之原法与秦王二氏改良法之比较 宋志仁著

[北平]：中华医学杂志社，1941.1，[10] 页，

18 开

本书为《中华医学杂志》第 27 卷第 1 期抽印本。

收藏单位：国家馆

05122

卖春害 顾鸣盛编

上海：文艺编译社，1920.11，4 版，90 页，23 开

上海：文艺编译社，1922，4 版，90 页，23 开

本书共 15 章，内容包括：检梅法、德京柏林记、法京巴黎记等。附梅毒经过之大略。

收藏单位：重庆馆、黑龙江馆、上海馆、天津馆

05123

卖春害 顾鸣盛　文艺编译社编

上海：文明书局，1915.8，90 页，32 开

收藏单位：南京馆

05124

梅毒病理论 （德）艾利（P. Ehrlich）著 [天德大药厂] 编

上海：谦信洋行，[1927.3]，81 页，18 开

上海：[谦信洋行]，1928.10，再版，98 页，18 开

本书内容包括：梅毒之危险、梅毒治法大要、洒尔佛散治疗梅毒之大法、梅毒治疗法之统一、六零六之历史、新洒尔佛散等。

收藏单位：广东馆、国家馆、南京馆、上海馆、天津馆、浙江馆

05125

梅毒处理法（内科近展）（美）O. W. Clark 著　余新恩编著

外文题名：The management of syphilis

[上海]：中华医学会，1948.12，10 页，22 开（中华医学会—近代医学丛书 6）

本书内容包括：引言、诊断、治疗程序、治疗发生之毒性反应、治疗后之观察、病案反应良好其治疗后之临床及血清步程、治疗失败之定义、治疗失败之处理等。

收藏单位：重庆馆、国家馆、上海馆

05126

梅毒详论 （美）海贝殖（L. F. Heimburger）编著 杨传炳 鲁德馨校

外文题名：Syphilis

上海：中国博医会，1924.2，163 页，22 开

上海：中国博医会，1926.6，再版，163 页，22 开，精装

上海：中华医学会，1933.1，3 版，162 页，22 开，精装

本书内容包括：梅毒之历史、器官之梅毒、先天梅毒等。

收藏单位：广东馆、国家馆、南京馆、上海馆、绍兴馆

05127

梅毒学概论 葛经编著

上海：法商永兴洋行，[1911—1949]，80 页，32 开

本书内容包括：梅毒之略历、梅毒史、病原学等。

收藏单位：首都馆

05128

梅毒治疗学 汪代玺 顾元曤译

出版者不详，[1933]，26 页，32 开

本书为"皮隆氏九一四"说明书。

收藏单位：重庆馆

05129

妊娠期梅毒（妊娠期梅毒与新生儿梅毒） 上海市卫生局性病防治所译编

[上海市卫生局性病防治所]，1948.1，[14] 页，32 开

收藏单位：上海馆

05130

神经衰弱与梅毒之关系 桂华岳编译

上海：桂一鹤，1931.9，177 页，32 开，精装

本书共 15 章，内容包括：神经衰弱与梅毒之接近、梅毒菌之浅说、梅毒菌之来源及其传染径路、第一期梅毒、梅毒第二潜伏期、第二期梅毒、后期潜伏期、第三期梅毒等。

收藏单位：广东馆、国家馆

05131

神经性梅毒之发热疗法 尤家骏 陈学渊著

[中华医学杂志社]，1934.7，[22] 页，16 开

本书内容包括：用发热疗法治神经梅毒之经过、行发热疗法后之病理改变、行施发热疗法之方法接种疟疾之手续、接种疟疾所有之病状、治止疟疾法等。

收藏单位：国家馆

05132

先天梅毒用斯砒螺刺脱治疗之新治法 尤家骏著

外文题名：The treatment of congenital syphilis with spirocid(acetarsone)

[中华医学杂志社]，1934.11，[16] 页，16 开

本书为《中华医学杂志》第 20 卷第 11 期抽印本。介绍斯砒螺刺脱应用之历史、斯砒螺刺脱之名称及化学公式、斯砒螺刺脱之剂量与服法、斯砒螺刺脱之效果、病案治疗中之经过、结论。

收藏单位：国家馆

淋 病

05133

白浊病理论 屠企华著

上海：屠氏康健社，1934.10，112 页，32 开（屠著丛书 1）

本书内容包括：急性淋的起因及变化、女子淋病的异殊处、淋病与生殖系的关系及症状的演变、关节炎之诊断等。

收藏单位：国家馆

05134

白浊之化学治疗

上海：拜耳大药厂，[1913—1949]，70 页，50 开，精装（拜耳丛书）

本书内容包括：白浊菌镜检及染色、白浊分类、男子白浊、女子白浊等。

收藏单位：国家馆

05135
淋病必治论 张希渠著
镇江：张希渠，1935，200 页，32 开（张氏医学丛书）
本书介绍淋病的发病经过、类型、症状及治疗方法。
收藏单位：浙江馆

05136
淋病根治常识 俞永康著
上海：俞永康，1936.8，改正 4 版，36 页，32 开（俞氏淋病丛书）

05137
淋病学概论 葛经编著
葛经，[1911—1949]，64 页，32 开
本书内容包括：定义、略历、对于社会之重要性、生理解剖图解、淋菌、传染、潜伏期、症候、鉴别诊断、治疗学、化学灭菌剂之历史、男女两性共有之并发症、男性之并发症、妇女之淋病等。
收藏单位：国家馆

05138
淋病一夕话 李振轩译著
上海：李振轩，1915，16 页，23 开

05139
淋病真相（又名，淋病常识） 谢筠寿编著
上海：谢筠寿，1934.9，16+158 页，32 开
本书共 4 编：编首、淋病的症状、淋病的治疗、编尾。
收藏单位：国家馆

05140
淋病之正确疗法 牟鸿彝编著
上海：康健书局，1935.5，106 页，32 开（康健丛书）
上海：康健书局，1948.11，再版，112 页，32 开
本书共 8 章：何谓淋病、淋病之细菌、淋病之传染、尿道解剖及组织、男子尿道淋病、男子淋病之并发症、女子之淋病、其他之淋菌性疾患。
收藏单位：广东馆、国家馆、天津馆

05141
淋科活人全书 谢璞斋辑
上海：千顷堂书局，1937.2，1 册，32 开
收藏单位：南京馆

05142
浊海慈航（淋病顾问） 林小川著
上海：医药研究社出版部，1933.9，114 页，32 开
收藏单位：湖南馆、上海馆

05143
最新实验男女淋病治法 顾鸣盛译辑
上海：文明书局，1922，104 页，22 开
上海：文明书局，1924.1，再版，104 页，22 开
上海：文明书局，1928.10，3 版，104 页，22 开
收藏单位：安徽馆、江西馆、上海馆、首都馆

性病淋巴肉芽肿

05144
杭州之气候性横痃 林荣年著
[杭州]：[热带病研究所]，1934.4，15 页，18 开
本书内容包括：气候性横痃的病因、症状、治疗法等。
收藏单位：国家馆

耳鼻咽喉科学

05145
鼻病微言 吴启泰撰

出版者不详，[1922]，36+28 页，22 开（雪堂医学丛书）

　　本书收《内经》学说，介绍鼻塞、鼻疳等。

　　收藏单位：广东馆、浙江馆

05146

鼻出血与普通医师　胡懋廉著

[北平]：中华医学杂志社，[1930]，[15] 页，18 开

　　本书为《中华医学杂志》第 16 卷第 4 期抽印本。

　　收藏单位：国家馆

05147

鼻科学　南洋医科大学编

出版者不详，[1924—1929]，110 页，24 开

05148

薄氏耳鼻咽喉科　（英）薄尔德（W. G. Porter）著　于光元　（英）倪维廉译　鲁德馨　（英）高似兰（P. B. Cousland）校

外文题名：Diseases of the throat nose and ear

上海：中国博医会，1924.2，300 页，25 开，精装

上海：中国博医会，1928.2，再版，242 页，25 开，精装

上海：中华医学会，1933.6，3 版，242 页，25 开，精装

　　本书共 4 编：咽病、喉病、鼻病、耳病。附耳鼻喉科局部常用药物配方、中英对照名词索引。书前有校订者序及初版序。

　　收藏单位：国家馆、南京馆

05149

耳鼻喉保健法　乔一乾编

重庆：中华书局，1945.2，46 页，32 开（儿童卫生教育丛书）

上海：中华书局，1946.8，再版，46 页，32 开（儿童卫生教育丛书）

上海：中华书局，1949，3 版，46 页，32 开（儿童卫生教育丛书）

　　本书共 12 章，内容包括：当心鼓膜震破、

这是塞耳用的、耳朵不可乱挖、戴起口罩来等。

　　收藏单位：重庆馆、东北师大馆、广东馆、国家馆、南京馆、上海馆、首都馆、浙江馆

05150

耳鼻喉的卫生与疾病　牟尼　周远夔编著

上海：北新书局，1935.3，76 页，36 开（现代医学小丛书 5）

　　收藏单位：重庆馆、广西馆、国家馆

05151

耳鼻咽喉病　苏仪贞编

上海：商务印书馆，1930.4，67 页，32 开（万有文库第 1 集 541）（医学小丛书）

上海：商务印书馆，1931.9，67 页，32 开（医学小丛书）

上海：商务印书馆，1933.4，国难后 1 版，67 页，32 开（医学小丛书）

上海：商务印书馆，1934.3，国难后 2 版，67 页，32 开（医学小丛书）

上海：商务印书馆，1935.2，国难后 4 版，67 页，32 开（医学小丛书）

上海：商务印书馆，1937.6，6 版，67 页，32 开（医学小丛书）

长沙：商务印书馆，1939，国难后 7 版，67 页，32 开（医学小丛书）

重庆：商务印书馆，1945.1，60 页，32 开（医学小丛书）

重庆：商务印书馆，1945.10，2 版，60 页，32 开（医学小丛书）

上海：商务印书馆，1947，8 版，67 页，32 开（医学小丛书）

　　本书共 3 编：耳之卫生及其疾病、鼻之卫生及其疾病、咽喉之卫生及其疾病。

　　收藏单位：安徽馆、重庆馆、大理馆、大连馆、东北师大馆、广东馆、广西馆、贵州馆、国家馆、黑龙江馆、湖南馆、江西馆、辽大馆、辽宁馆、辽师大馆、南京馆、内蒙古馆、宁夏馆、上海馆、首都馆、天津馆、西南大学馆、浙江馆

05152

耳鼻咽喉齿科学　张崇熙编

上海：东亚医学编辑所，1934.7，44 页，25 开
（最新实用医学各科全书）

上海：东亚医学编辑所，1935.12，再版，44
页，25 开（最新实用医学各科全书）

　　本书书脊题名：最新实用耳鼻咽喉齿科
学。

　　收藏单位：重庆馆、国家馆、湖南馆、浙
江馆

05153

耳鼻咽喉齿科学　张崇熙编

杭州：宋经楼书店，1947，5 版，44 页，25
开（最新实用医学各科全书）

　　收藏单位：广西馆

05154

耳鼻咽喉科学　（日）赤松纯一著　沈玉桢译
　汤尔和校

杭州：新医书局，1943，再版，262 页，25 开
（新医丛书）

杭州：新医书局，1947.11，297 页，25 开，精
装（新医丛书）

杭州：新医书局，1948.10，297+26 页，25 开，
精装（新医丛书）

　　本书共 7 部分：耳科学、鼻科学、口腔科
学、咽科学、喉科学、气管科学、食管科学。

　　收藏单位：安徽馆、广东馆、国家馆、山
西馆

05155

耳鼻咽喉科学　华北医科大学耳鼻科学教研
室编

石家庄：中国人民解放军华北医科大学，
1949，35 页，32 开

　　收藏单位：国家馆

05156

耳鼻咽喉科之病理与疗法　（日）伊藤尚贤著
　吴正风译

上海：中西医药书局，1934.8，134 页，32 开
（西医百日通）

本书为通俗医科大学讲座译本。共 23
章，内容包括：耳之卫生法、中耳之疾病、鼻
之构造、鼻腔内之疾病等。

　　收藏单位：国家馆、江西馆、天津馆

05157

耳之卫生　H. G. Rowell 著　吴建庵译

上海：广协书局，1939.9，86 页，64 开（国
民健康丛书 14）

　　本书内容包括：听觉机构、听觉受损、现
代之听觉测验法等。

　　收藏单位：广东馆、上海馆

05158

小儿耳鼻咽喉病学　格思列（Douglas Guthrie）
著　谭世鑫译　中国护士学会审订

外文题名：Diseases of the ear, nose and throat
in childhood

上海：广协书局，1943.9，6 版，65 页，32 开

上海：广协书局，1949.3，8 版，65 页，32 开

　　收藏单位：广东馆、上海馆

05159

眼耳鼻咽喉齿科学

晋冀鲁豫军区卫生部，[1945—1948]，62 页，
32 开

　　本书共两部分：眼科学、耳鼻咽喉齿科
学。

　　收藏单位：南京馆

05160

眼耳喉鼻病　余仲权著

重庆：三友书店，1943.1，74 页，32 开

　　本书分概论、分论两部分。分论共 4 篇：
眼的构造，官能，卫生和疾病的治法；耳的构
造官能，卫生，和疾病治法；咽喉的构造官
能，卫生，和疾病的治法；鼻的构造，官能，
卫生和疾病的治法。

　　收藏单位：重庆馆、国家馆、南京馆

05161

眼科齿科耳鼻咽喉科　刘国霖编译

辽宁：雨辰药房，1927，144 页，32 开（名医

丛著）

收藏单位：首都馆

05162

眼科耳鼻咽喉科便览 汉口同仁医院编

汉口：汉口同仁医院，[1930]，10 页，32 开

本书共 3 部分：眼科之一班、咽喉科之一班、耳鼻科之一班。

收藏单位：国家馆

05163

最新扁桃腺电除法 江适存编述

上海：江适存电疗医院，1936.10，4 版，13 页，32 开

眼科学

05164

帮助眼力的东西 江苏省立教育学院研究实验部编

无锡：江苏省立教育学院，1937.6，8 页，32 开（民众科学问答丛书 第 23 种）

收藏单位：南京馆

05165

北平学生砂眼之统计及北平学生色盲症之统计 张式溥著

[北平]：中华医学杂志社，1934.10，5 页，18 开

收藏单位：国家馆

05166

傅氏眼科 （美）傅氏著 （美）聂会东（J. B. Neal）译 钮汉逸笔述

上海：中国博医会，1911，[280] 页，22 开

[上海]：中国博医会，1919.11，328+30 页，18 开，精装

收藏单位：广东馆、首都馆

05167

虹膜异色之一例 王兰亭著

[北平]：中华医学杂志社，1934.10，[5] 页，18 开

本书为《中华医学杂志》第 18 卷第 5 期抽印本。

收藏单位：国家馆

05168

华人患假硬化时所显之 Kayser–Fleiser 角膜环 林文秉著

[北平]：中华医学杂志社，1934，[11] 页，18 开

本书为《中华医学杂志》第 18 卷第 5 期抽印本。

收藏单位：国家馆

05169

交感性眼炎之豫后 （日）中村文平著

出版者不详，[1911—1949]，11 页，25 开（日本医事新报 910 别册）

05170

角膜及结合膜之过度角化 江明著

[北平]：中华医学杂志社，1934.10，[9] 页，18 开

本书为《中华医学杂志》第 18 卷第 5 期抽印本。

收藏单位：国家馆

05171

结膜炎之诊断与治疗 （日）石原忍讲述 顾宗余译注

[上海]：复兴中医社，1939.12，50 页，32 开

本书内容包括：结膜炎之意义、狭义之结膜炎、续发症之结膜炎。

05172

近世眼科学 刘以祥著

上海：商务印书馆，1935.10，447 页，22 开，精装（大学丛书）

上海：商务印书馆，1936.1，447 页，大 32 开

（大学丛书）

上海：商务印书馆，1936.1，再版，447 页，22 开，精装（大学丛书）

上海：商务印书馆，1936.7，3 版，447 页，22 开，精装（大学丛书）

本书共两编 22 章，内容包括：眼之解剖及生理总论、检查法总论、结膜疾患、角膜疾患、水晶体疾患等。

收藏单位：重庆馆、广东馆、广西馆、国家馆、湖南馆、南京馆、内蒙古馆

05173

近视眼矫正法（无药医术） 余天岸著

上海：上海理疗器械行，1936.5，40 页，32 开

本书共 6 章，内容包括：眼的解剖、近视眼矫正法、眼的卫生等。

收藏单位：国家馆、天津馆

05174

两眼永存瞳孔之一例 苏达阔福著　张式溥译

[北平]：中华医学杂志社，1934.10，[6] 页，18 开

本书为《中华医学杂志》第 18 卷第 5 期抽印本。

收藏单位：国家馆

05175

梅氏眼科学 （美）梅嘉利（Charles. H. May）著　李清茂译

外文题名：Manual of the diseases of the eye

上海：中国博医会，1923.6，498 页，32 开，精装

上海：中国博医会，1928.2，增订再版，498 页，32 开，精装

上海：中华医学会，1933.1，3 版，521 页，32 开，精装

本书内容包括：检查眼之官能、眼睑诸病、眼眶部诸病、结合膜诸病、角膜诸病、虹膜诸病等。

收藏单位：重庆馆、广东馆、国家馆、黑龙江馆、南京馆、绍兴馆、浙江馆

05176

梅氏眼科学 （英）孟合理（P. L. McAll）编译

大连：大连市卫生局，1946.10，2 版，521+19 页，50 开，精装

收藏单位：国家馆

05177

梅氏眼科学附录 （英）孟合理（P. L. McAll）编译　陈耀真　鲁德声校订

出版者不详，[1911—1949]，19 页，25 开

收藏单位：上海馆

05178

屈光学全卷 （美）盈亨利（J. H. Ingram）译　陈桂清笔述　管国全校订

外文题名：Refraction of the human eye and methods of estimation the refraction

[上海]：中国博医会，1914.10，21+262 页，32 开，精装

[上海]：中华医学会，1934.1，再版，38+417+38 页，32 开，精装

本书初版共 12 章，内容包括：光理、目之功用、视影验法、镜配之例、配镜成规等。再版按原著第 2 版修订本重译，从初版的 12 章增至 23 章。

收藏单位：安徽馆、国家馆

05179

色盲检查簿 [陆军机械化学校编]

陆军机械化学校，1943.4，1 册，32 开

本书可迅速准确检查先天性色盲，以及其他最普遍的各种色盲。

收藏单位：国家馆、南京馆

05180

沙眼 江苏省立教育学院编

无锡：江苏省立教育学院，1931.9，4 页，32 开（民众卫生丛书 3）

收藏单位：江西馆

05181

沙眼 孙祖烈编

上海：泰东图书局，1922.11，41 页，32 开

本书共 9 章，内容包括：脱拿霍姆的名称、脱拿霍姆的来历、脱拿霍姆的原因、脱拿霍姆的传染径路、脱拿霍姆的症候、脱拿霍姆的经过及预防等。

收藏单位：上海馆

05182

沙眼防治概要　马玉汝编

南京：中华民国红十字会总会，1947.10，20页，36 开（红十字小丛书）

本书共 11 章，内容包括：盲目的痛苦、我国沙眼的估计、沙眼的治疗、沙眼的预防、防治沙眼手则等。

收藏单位：南京馆

05183

砂眼症　程瀚章编

上海：商务印书馆，1935.2，68 页，32 开（医学小丛书）

上海：商务印书馆，1935.4，再版，68 页，32 开（医学小丛书）

长沙：商务印书馆，1939，[3] 版，68 页，32 开（医学小丛书）

长沙：商务印书馆，1939.9，5 版，68 页，32 开（医学小丛书）

上海：商务印书馆，1947.7，7 版，68 页，32 开（医学小丛书）

本书共 10 章，内容包括：砂眼症的历史、砂眼症的害处、砂眼症的症候、砂眼症的经过和预后、砂眼症的合并症、病原体和传染、病理和诊断等。

收藏单位：重庆馆、东北师大馆、广东馆、广西馆、贵州馆、国家馆、江西馆、内蒙古馆、上海馆、首都馆、天津馆、云南馆、浙江馆

05184

神经衰弱与眼　（日）前田珍男子著　任一碧译

上海：商务印书馆，1934.3，14+103 页，32 开（医学小丛书）

上海：商务印书馆，1934.9，再版，14+103 页，32 开（医学小丛书）

长沙：商务印书馆，1939，4 版，14+103 页，32 开（医学小丛书）

本书共 9 章，内容包括：所谓神经衰弱、眼之生理与眼镜度数及种类、眼与神经衰弱之关系、视格矫正法之创案、可由视格矫正法治愈之病症等。

收藏单位：重庆馆、东北师大馆、广东馆、国家馆、黑龙江馆、湖南馆、江西馆、南京馆、宁夏馆、浙江馆

05185

实用眼科学　张连甲著

天津：联勤总部第一〇三后方医院医务室，1948.4，170+14 页，32 开

本书共 23 章，内容包括：眼病之诊察、眼病之治疗、视机能及其障碍、屈折异常等。

收藏单位：浙江馆

05186

实用眼科学（上卷）　张黻卿著

北京：张黻卿，1926.12，32+318 页，25 开，精装

收藏单位：国家馆、首都馆

05187

水泡性眼炎（和平医院眼科说明书之二）　和平医院编

北平：和平医院，1932.10，[10] 页，25 开

本书共 6 部分：概论、病象、病感与经过、合并症、原因、疗法。

收藏单位：国家馆

05188

我国人之虹膜睫状体炎　毕华德著

[北平]：中华医学杂志社，1934.10，[21] 页，18 开

本书为《中华医学杂志》第 18 卷第 5 期抽印本。

收藏单位：国家馆

05189

我国西医眼科之起源及现状　毕华德著

上海：中华医学杂志社，[1931]，[10] 页，18

开

　　本书为《中华医学杂志》第 16 卷第 5 期抽印本。

　　收藏单位：国家馆

05190

眼病　刘雄著

上海：商务印书馆，1929.10，82 页，32 开（万有文库 第 1 集 550）（医学小丛书）

上海：商务印书馆，1932.11，82 页，32 开（医学小丛书）

上海：商务印书馆，1933.5，再版，82 页，32 开（医学小丛书）

上海：商务印书馆，1934.7，再版，82 页，32 开（万有文库 第 1 集 550）（医学小丛书）

上海：商务印书馆，1935.1，4 版，82 页，32 开（医学小丛书）

长沙：商务印书馆，1939.7，7 版，82 页，32 开（医学小丛书）

重庆：商务印书馆，1945.1，71 页，32 开（医学小丛书）

　　本书共 25 章，内容包括：眼之构造及其机能、病因总论、症候总论、眼睑之疾患、结膜之疾患、角膜之疾患、虹膜及毛状体之炎症、白内障等。

　　收藏单位：安徽馆、重庆馆、大理馆、东北师大馆、广东馆、广西馆、贵州馆、国家馆、黑龙江馆、湖南馆、江西馆、辽大馆、辽宁馆、辽师大馆、南京馆、内蒙古馆、宁夏馆、山西馆、上海馆、首都馆、天津馆、西南大学馆、浙江馆

05191

眼病　上官悟尘编

上海：商务印书馆，1923.12，34 页，32 开（医学小丛书）

上海：商务印书馆，1924.10，再版，34 页，32 开（医学小丛书）

上海：商务印书馆，1931.5，3 版，34 页，32 开（医学小丛书）

　　本书介绍眼病的成因及疗法。共 10 章，内容包括：眼之构造及其作用、小儿之眼病、女子之眼病、老人之眼病、沙眼、需用眼镜之眼病等。

　　收藏单位：重庆馆、广东馆、广西馆、国家馆、湖南馆、南京馆、首都馆、浙江馆

05192

眼病传染论（眼眦肉砂炎症）　[陈垣编]

北京：孤儿工读园，1921.6，15 页（孤工小丛书）

　　收藏单位：国家馆

05193

眼病概论　陈耀真著

成都：黄河书局，1944.2，68 页，32 开（医学小丛书）

　　本书共 19 章，内容包括：眼之解剖及生理、眼之检查法、眼病之一般原因及其症状、眼病之治疗、眼睑疾患、泪器疾患、眼眶疾患、结膜疾患、虹膜及睫状体疾患、晶状体疾患、玻璃体疾患、青光眼、脉络膜疾患、视神经疾患等。

　　收藏单位：重庆馆

05194

眼病及其预防医疗之常识（可怕的砂眼）　沈毅著

[广西省立医学院眼科]，1935，44 页，32 开

　　本书共 5 部分：绪论、眼之构成及作用、眼之疾患、检眼及预防、眼之一般卫生法则及医疗常识。

　　收藏单位：广西馆

05195

眼病自疗法　卢梭望编　田大文译

天津：中国华洋防盲会，[1928]，1 册，22 开

　　收藏单位：国家馆、内蒙古馆

05196

眼的卫生与疾病　周远爱　牟尼编著

上海：北新书局，1934.12，84 页，32 开（现代医学小丛书 4）

　　本书共 22 章，内容包括：眼的卫生、眼病的原因、眼病治疗概论、眼睑的疾病、结膜的疾病、角膜的疾病等。

收藏单位：广东馆、广西馆、国家馆、南京馆、天津馆

05197
眼光学谈 中国精益眼镜公司著
北京：中国精益眼镜公司，1916.9，26 页，32 开

　　本书介绍眼球屈光不正的原因、光学知识与验光配镜技术。

　　收藏单位：国家馆

05198
眼睛的保健 朱镜坚编著
上海：中华书局，1947.2，26 页，32 开（中华儿童教育社儿童卫生教育丛书）

　　本书共 4 节：眼睛内容不得一粒尘埃、看书写字怎样可以不伤目力、害人不显的砂眼、吃了近视眼的亏。

　　收藏单位：重庆馆、贵州馆、国家馆、辽宁馆、南京馆、上海馆、云南馆

05199
眼睛卫生（国语） 中华教育卫生联合会著
中华教育卫生联合会，[1916—1920]，8 页，32 开（中华卫生教育会小丛书 25）

　　收藏单位：首都馆

05200
眼睛卫生（文理） 中华教育卫生联合会著
中华教育卫生联合会，[1916—1920]，8 页，32 开（中华卫生教育会小丛书 25）

　　收藏单位：首都馆

05201
眼科病之铋治疗法 萨尔曼（L. Sallmann）讲 张式溥译
[北平]：中华医学杂志社，[1931]，[39] 页，18 开

　　本书为《中华医学杂志》第 16 卷 5 期抽印版。

　　收藏单位：国家馆

05202
眼科大全 侯悔斋编
上海：校经山房书局，1937，1 册，32 开

　　收藏单位：首都馆

05203
眼科名词汇 周诚浒等著
上海：中华眼科学会，1940.4，121 页，16 开，精装

　　本书为拉丁、英、德、法、日及中文名对照。

　　收藏单位：国家馆、上海馆

05204
眼科学 高春顺编著
福州：福建医学院第十班，1948.4，171 页，18 开

　　收藏单位：福建馆

05205
眼科学 （日）石原忍著 石锡祜译
东京：同仁会，1932.3，289+14 页，22 开，精装

　　本书共两编：眼之机能及其障碍、眼病之诊断及治疗。

　　收藏单位：广西馆、国家馆、江西馆

05206
眼科学 （日）石原忍著 石锡祜译 新医同仁研究社增订
杭州：新医书局，1948.4，增订版，1 册，32 开，精装（新医丛书 1）
杭州：新医书局，1949.1，增订版，304+32 页，32 开，精装（新医丛书 1）

　　收藏单位：国家馆、黑龙江馆、宁夏馆、天津馆

05207
眼科学 张崇熙编
上海：东亚医学编辑部，1935.12，再版，55 页，22 开（最新实用医学各科全书）

　　本书共 22 章，内容包括：病原总论、诊查法、治疗药、洗眼法、眼睑之疾病、泪腺

及泪囊疾病等。

收藏单位：重庆馆、国家馆、浙江馆

05208

眼科学 庄畏仲 吴克昌编著 唐仁缙校订

上海：新医进修社，1937.8，12+144 页，22 开（新医进修丛书）

上海：新医进修社，1939.10，再版，12+144 页，22 开（新医进修丛书）

本书共两篇。"总论"共 10 章，内容包括：一般诊断法、瞳孔反应、各种检查法、健康之眼底等；"各论"共 15 章，内容包括：结合膜之疾病、角膜之疾病、视神经疾病、晶体之疾病等。

收藏单位：国家馆、湖南馆、绍兴馆、首都馆、浙江馆

05209

眼科学总论

出版者不详，[1911—1949]，53 页，16 开

本书内容包括：眼科解剖生理总论、眼发育学、眼检查法等。

收藏单位：浙江馆

05210

眼之卫生 P. Lewis 著 吴建庵译

外文题名：What you should know about eyes

上海：广协书局，1939.7，90 页，64 开（国民健康丛书 13）

本书共 5 章，内容包括：视觉机构、眼镜及其功用、眼之机构失调等。

收藏单位：上海馆

05211

由脑垂体异常而起之两侧小眼球症——例兼身体他部缺损 潘作新著

中华医学杂志社，1934.10，[3] 页，18 开

本书为《中华医学杂志》第 18 卷第 5 期抽印本。

收藏单位：国家馆

05212

余之肉沙眼及其续发症与胬肉扳睛之根治疗法 李博文著

广州：广东光华医科大学学术部，1929.4，22 页，32 开

本书共两编：余之肉沙眼及其续发症之根治疗法、余之胬肉扳睛（结膜翼状赘片）之根治疗法。

收藏单位：国家馆

05213

原发性青光眼（绿内障）药品治疗法之进步及其理论 萨尔曼（L. Sallmann）著 林文秉译

[北平]：中华医学杂志社，[1931]，[14] 页，18 开

本书为《中华医学杂志》第 16 卷 5 期抽印本。

收藏单位：国家馆

05214

中国淋性眼炎之统计及其治法 毕华德著

[北平]：中华医学杂志社，[1931]，[15] 页，18 开

本书为《中华医学杂志》第 16 卷第 5 期抽印本。

收藏单位：国家馆

口腔科学

05215

爱齿知识与口腔卫生 柳步青著

上海：五定公司医药书报部，1941.8，152 页，32 开，精装

本书共两篇。第一篇"爱齿知识"共 10 部分，内容包括：口腔与齿牙之概念、口腔与齿牙之作用、龋齿之原因与病理概要、口腔疾患与全身关系等；第二篇"口腔卫生"共 3 部分：齿牙强健法、齿牙清扫法、齿牙之医疗。附现代齿科医学之概念。

收藏单位：东北师大馆、国家馆、黑龙江

馆、中科图

05216

拔齿术 徐少明编

上海：徐少明，1936.9，68页，32开

　　本书共 12 章，内容包括：总论、麻醉法、拔齿器械及其使用法、拔齿之一般术式、上颚齿牙之拔去、齿根之拔去、拔齿后之处置等。

　　　　收藏单位：国家馆

05217

陈氏牙科指南 陈思明编译

上海：万国牙科医学社，1928.11，[102] 页，32开

05218

齿槽脓漏之病理及疗法 池清华著

广州：清华印书馆，1946，15 页，22 开

　　　　收藏单位：广东馆

05219

齿科医学临床的展望 池清华著

广州：清华印书馆，1946.8，78 页，25 开，精装

　　　　收藏单位：广东馆

05220

齿科医学全书 司徒博编纂　黄阶泰校阅

外文题名：A complete dentistry

上海：中国齿科医学书局，1929—1932，4 册，23 开，精装

　　本书共 4 集。第 1 集内容包括：胎生、组织、解剖及生理；第 2 集内容包括：治疗、充填、矫正及保存疗法图解；第 3 集内容包括：细菌、病理、口腔外科及药物；第 4 集内容包括：材料、技工、继续与架工。

　　　　收藏单位：国家馆

05221

齿牙的病理及疗法 （日）宫原虎著　汤尔和译

上海：商务印书馆，1934.11，[12]+174 页，22 开，精装

上海：商务印书馆，1935.6，再版，[12]+174 页，22 开，精装

　　本书共 3 部分：绪论、总论、各论。“总论”共 5 章：解剖学的、组织学的、生理学的、细菌学的、法医学的及人类学的；“各论”共 13 章，内容包括：齿牙畸形或异常、生齿障碍、齿髓疾患、齿龈诸病等。

　　　　收藏单位：重庆馆、广东馆、广西馆、国家馆、湖南馆、江西馆、浙江馆

05222

齿牙的二大疾患 池方著

牙科学报社，1947，16 页，32 开

　　　　收藏单位：广东馆

05223

齿牙卫生 L. M. S. Miner 著　吴建庵译

上海：广协书局，1940.7，70 页，64 开（国民健康丛书 15）

　　　　收藏单位：上海馆

05224

齿牙卫生常识 中国卫生牙刷工厂编

北平：中国卫生牙刷二厂，[1937.6]，[92] 页，32 开

　　本书共 6 部分，内容包括：引言、齿牙卫生常识、本所牙刷用刷的种类等。

　　　　收藏单位：国家馆、首都馆、西南大学馆

05225

齿牙卫生须知 梁桢干著

[北京]：出版者不详，1920，1 册，18 开

　　　　收藏单位：首都馆

05226

齿牙卫生专书 李雅庭编辑

[北京]：李雅庭牙医馆，1927，96 页，18 开

　　　　收藏单位：首都馆

05227

充填学讲义 徐少明编

上海：徐少明，1936.9，37 页，32 开

　　本书共 5 讲，内容包括：充填的定义、充

填用器械、施行的主要原则、水银之配合等。

收藏单位：国家馆

05228

重庆市镶牙业务人员训练班毕业特刊 重庆市镶牙公会编

重庆：民间出版社，1946.8，14 页，32 开

本书为考试院图书馆藏书。

收藏单位：南京馆

05229

儿童口腔卫生 池清华 池方合编

[广州]：中国牙科医学研究会，1948，56 页，32 开

收藏单位：广东馆

05230

改进中国牙医教育之理论与实际 林则著

成都：华西大学，[1911—1949]，12 页，32 开（华西大学甲种牙医丛书）

收藏单位：国家馆、南京馆

05231

家庭口腔卫生学 司徒博编著

上海：中国牙科医院，1931.1，20 页，32 开

本书共 9 章，内容包括：齿牙总论、齿牙之疾病、预防齿牙疾病与口腔腐败之法、妇人妊娠时期齿牙之应注意点等。

05232

简明齿科学 池清华编

广州：中国牙科医学研究会，[1948.8]，46 页，32 开

本书共 9 章，内容包括：齿牙解剖简说、齿牙硬组织疾患、齿髓疾患等。

收藏单位：广东馆、国家馆

05233

简明齿科治疗学 陈朝政著

[上海]：中华书局，1945.10，117 页，32 开

上海：中华书局，1948，再版，117 页，32 开

本书共 5 章，内容包括：口腔清扫法、牙齿硬组织疾患之处置、齿髓疾患之处置等。

收藏单位：重庆馆、广东馆、国家馆、湖南馆、江西馆、南京馆、上海馆、浙江馆

05234

简明口腔外科学 （日）三条慎吾著 陈朝政译

广州：中华书局，1938.10，215 页，32 开

本书共 9 章，内容包括：口腔黏膜及齿龈疾患、关于牙齿的疾患、口腔周围软部疾患、关于颚骨的疾患等。

收藏单位：重庆馆、广东馆、广西馆、上海馆、天津馆

05235

口齿疾病及防治概论 郑麟蕃编撰

医务生活社，1949，204 页，25 开

本书共 15 章，内容包括：口齿的概念及形态、牙齿的发生及组织、牙齿异常、齿槽浓溢、口腔检查、牙周病的治疗法、拔牙手术等。

收藏单位：国家馆、辽宁馆、浙江馆

05236

口腔化脓性疾患的一般基础疗法 池清华编

广州：中国牙科医学研究会，1949.3，46 页，16 开

收藏单位：广东馆

05237

口腔疾病与齿牙卫生 司徒学编著 司徒博校

上海：中国齿科医学书局，1937.2，[74]+55 页，22 开，精装

本书共 6 章，内容包括：不洁口腔之危险、口腔与齿牙之生理解剖、齿牙之病理概说、口腔卫生与齿牙疾病之预后、齿科治疗常识等。封面、版权页刊有：司徒博牙医师开业第二十五周年、司徒学牙医师卒业归国继续执业纪念合刊。

收藏单位：国家馆、南京馆、上海馆

05238

口腔卫生 戴述古著

成都：四川省政府教育厅，1940.4，49 页，
32 开（四川省教育厅教育丛刊 第 5 辑 卫字 1
号）

　　本书共 5 章：绪言、乳牙与恒牙、牙齿的
缺点疾病及其矫治、牙齿的卫生、学童口腔
卫生教育。

　　收藏单位：国家馆、南京馆

05239
口腔卫生　萧卓然著
上海：文通书局，1948，49 页，32 开（保健
文库）

　　本书共 5 章，内容包括：牙齿的解剖组织
及生理、口腔内常见的病患、口腔卫生等。

　　收藏单位：广东馆、贵州馆

05240
口腔与齿牙　（日）石原久著　任一碧译
上海：商务印书馆，1936.9，63 页，32 开（医
学小丛书）
长沙：商务印书馆，1938.11，再版，63 页，32
开（医学小丛书）

　　本书共 3 章：口腔、齿牙、齿牙与其他器
官之关系。

　　收藏单位：重庆馆、广东馆、贵州馆、国
家馆、湖南馆、南京馆、内蒙古馆、宁夏馆、
浙江馆

05241
临床应试齿科医学问答集　蒋长椿　阮周钦
著　徐少明校订
上海：现代印书馆，1937.6，269 页，22 开，
精装

　　本书共 10 章，内容包括：解剖学、药物
学、病理学、诊断学、治疗学、手术学等。

　　收藏单位：广东馆、南京馆、绍兴馆

05242
临证实用口腔及齿牙病学　李威强著
广州：李威强医务所，1949.6，160 页，25 开
　　收藏单位：广东馆

05243
**南京市参议员选举南京市镶牙商业同业公会
选举人登记名册**
南京：出版者不详，[1946]，手写本，1 册，
横 8 开
　　收藏单位：国家馆

05244
你的牙齿　亚尔爱斯东著　陈朝政译
上海：中华书局，1937.2，48 页，32 开
　　本书共 4 章：营养、牙齿的组织、牙齿的
疾病、口腔内的注意。

　　收藏单位：北师大馆、重庆馆、广东馆、
国家馆、黑龙江馆、南京馆、上海馆

05245
上海市镶牙公会成立大会特刊　上海市镶牙
公会筹备会秘书处编
上海：上海市镶牙公会筹备会秘书处，1935.9，
28 页，16 开

05246
牙齿保健法　马客谈编译
重庆：中华书局，1945.1，68 页，32 开（儿
童卫生教育丛书）
上海：中华书局，1946.8，再版，68 页，32
开（儿童卫生教育丛书）
上海：中华书局，1949，3 版，68 页，32 开
（儿童卫生教育丛书）

　　本书用文字与图画介绍牙齿保健的理论
和方法、牙齿与人体健康的关系，以及牙病
的防治知识。

　　收藏单位：重庆馆、广西馆、国家馆、江
西馆、南京馆、上海馆、首都馆

05247
牙齿的话　方白著
上海：文通书局，1948.4，28 页，32 开（文
通少年丛书）
　　收藏单位：广东馆、贵州馆、国家馆

05248
牙齿的卫生　江苏省立教育学院研究实验部

编

无锡：江苏省立教育学院，1932.5，10 页，25 开（民众卫生丛书 9）

　　收藏单位：江西馆

05249

牙齿口腔病防治常识　尹兆康著

重庆：出版者不详，[1944]，86 页，32 开

　　本书共 9 章，内容包括：细菌与齿、饮食与齿、齿与口腔病之起因及防治法、与齿和口腔病有关系的其他病症。

　　收藏单位：重庆馆、国家馆、南京馆

05250

牙齿卫生　中华教育卫生联合会编

上海：中华教育卫生联合会，[1916—1920]，9 页，32 开（中华卫生教育小丛书 28 文理）

　　本书共 6 节，内容包括：蛀牙、注重全体卫生以抵抗一区之传染、怪症须先验齿等。

　　收藏单位：国家馆、首都馆

05251

牙齿与衰年　（苏）葛莱司寇著　陶任思　王天龙译

青岛大学预备学校，1921.3，8 页，23 开

05252

牙科常识　李星泉等著

上海：李星泉父子牙科医局，1922，26 页，18 开

上海：李星泉父子牙科医局，1923.12，26 页，18 开

　　本书介绍牙科常见病以及中医治疗方法。

　　收藏单位：广东馆、南京馆、浙江馆

05253

牙科临床摘要　彭菊洲著

上海：新华药行书籍部，1934.10，72 页，32 开

　　本书内容包括：蛀牙之原因、牙痛诊断法、儿童牙齿之卫生等。

　　收藏单位：浙江馆

05254

牙医大全　彭菊洲编

上海：彭菊洲，1928.8，318 页，22 开，精装

　　本书共 18 章，内容包括：序论、解剖论、组织论、生理论、齿牙异常论、齿髓疾病、拔齿术、齿膜疾病等。

　　收藏单位：广东馆

05255

牙医大全　彭菊洲编纂

上海：新华药行书籍部，1934.7，318 页，22 开，精装

　　收藏单位：浙江馆

05256

牙医问答大全　徐炜民等编

上海：齿牙诊疗所，1937.6，120 页，32 开

05257

牙医学辞汇　邹海帆编　华西大学牙学院全体教员审订

外文题名：Dental lexicon

成都：华西大学牙学院，1945.6，101 页，16 开

　　收藏单位：重庆馆、国家馆

05258

中国牙科大会记事　刘东生编

广州：中国牙科医学展览会办事处，1914，1 册，22 开，精装

　　收藏单位：南京馆

05259

中国牙医之展望

[天津]：出版者不详，1937.5，70 页，25 开

　　本书共 5 部分，内容包括：介绍牙医师林则先生、林则先生论文节译、致中央牙医教育委员会书等。

　　收藏单位：国家馆

05260

最新实用拔牙术　彭菊洲著

上海：彭菊洲，1935.4，80 页，32 开

本书共 7 章，内容包括：拔齿室之构造及设备、拔齿术之适应症及禁忌症、局部无痛法、拔齿法等。

　　收藏单位：国家馆、首都馆

特种医学

放射医学

05261

放射线学　梁铎编

外文题名：Radiologie

出版者不详，1937，280 页，25 开

　　本书共 3 部分：X 光线学总论、X 光线诊断学、Radiun Theraphie。

　　收藏单位：国家馆

05262

镭疗浅说　陈明斋编著

上海：商务印书馆，1937.1，125 页，32 开（医学小丛书）

　　本书共 9 章，内容包括：放射性与放射性元素、镭疗之兴起、镭疗之原理、身体各部之治疗法等。

　　收藏单位：重庆馆、广东馆、贵州馆、国家馆、湖南馆、江西馆、辽宁馆、南京馆、上海馆、首都馆、浙江馆

05263

理想的 X 线管之考察　王克思作

出版者不详，1944.10，17 页，16 开

　　本书为《福建省立医院 7 周年纪念论文集》抽印本。

　　收藏单位：国家馆

05264

血管心脏摄影术及血管摄影术之检讨（内科近展）　Sussman　Grishman 著　唐祥千编译

[上海]：中华医学会，1949.5，25 页，22 开（中华医学会—近代医学丛书 11）

　　本书内容包括：普通应用之 X 光不透过物质之毒性反应、血管心脏摄影卫生理学上之应用、动脉摄影术、静脉摄影术等。

　　收藏单位：广东馆、国家馆

军事医学

05265

军医手册　黄岛晴编纂　熊庆渊校阅

成都：日新印刷工业社，1937.3，220 页，25 开

　　收藏单位：江西馆

05266

军医特刊

出版者不详，[1911—1949]，174 页，16 开

　　收藏单位：广东馆

05267

军医提絜　楼方岑编纂

上海：癸未医学社，1948.7，改编 3 版，2 册（2212 页），32 开，精装

　　本书共两册 28 篇，内容包括：公共卫生学、卫生勤务、担架教程、眼科学、牙科学、皮肤病学等。

　　收藏单位：国家馆、黑龙江馆、首都馆

05268

军医提絜　楼方岑编纂

上海：癸未医学社、军医提絜编辑委员会，1947.5，再版，影印本，1 册，32 开，精装

　　本书共 15 篇，内容包括：军队卫生及防疫篇、卫生勤务篇、诊断通论篇、治疗通论篇、药理及处方篇、内科篇、外科篇、眼科篇、毒气病篇等。

　　收藏单位：首都馆

05269

军医提絜　军医提絜编辑委员会编

安顺：军医学校，1944.12，1228 页，32 开，精装

收藏单位：贵州馆、国家馆、浙江馆

05270

军医学校同学录　陆军军医学校毕业生通讯社编

陆军军医学校毕业生通讯社，1941.1，186 页，50 开

收藏单位：广东馆

05271

医师典　楼方岑主编

外文题名：The encyclopedia of modern practical medicine

[上海]：癸未医学社，1949.3，增订 4 版，2 册（1278+1164 页），32 开，精装

本书共两册，内容包括：内科学、小儿科学、皮肤病学、性病学、实验诊断学、治疗通论、药物及处方学、外科总论、外科各论等。前 3 版书名为《军医提挈》，改编第 3 版时，内容大多重新编撰，增入航空医学、热带病学、精神病学、牙科学、医院通论、爱克斯光学、物理治疗学等。增订第 4 版时，重排 3 篇，并增补药物及处方学一篇。

收藏单位：首都馆、中科图

05272

怎样救伤　李风著

桂林：文化供应社，1941.2，3 版，27 页，64 开（国民必读 37）

本书共 4 部分：每个人都要有救伤知识、救伤消毒法、创伤、急救。

收藏单位：贵州馆

05273

战时医药　教育部社会教育司编著

[重庆]：正中书局，1938.8，54 页，32 开（教育部播音小丛书 12）（抗战讲演集 3）

本书共 4 篇：战时民众救护、战地急救法、战时常备药品应用法、战地霍乱的预防。

收藏单位：重庆馆、广西馆、国家馆、南京馆、西南大学馆

05274

战时医药　朱振声编

上海：幸福书局，1936.10，90 页，25 开

本书内容包括：毒气之防御及救护、伤兵之治疗、战时受伤急救法等。

收藏单位：上海馆

军队卫生勤务、军队卫生学

05275

北平国民伤兵医院报告书

北平：[北平国民伤兵医院]，1933，1 册，16 开

本书共 9 部分：相片、创办经过、国民伤兵医院组织大纲、医务股报告、服务股报告、总务股报告、会计股报告、伤兵统计（附统计表）、职员名单。

收藏单位：国家馆

05276

比较陆军卫生勤务学　邱倬译著

陆军军医学校卫勤系，1946，268 页，16 开（陆军军医学校丛书）

本书共 7 篇：军中救治及后送之诸原则、团卫生勤务、师卫生勤务之组织、师之卫生勤务、军及野战军团之卫生勤务等。

收藏单位：重庆馆、广东馆、南京馆

05277

部队健康及环境卫生之监察　中央训练团监察官训练班编

中央训练团监察官训练班，1948.1，6 页，22 开（教字第 14 号）

收藏单位：国家馆、内蒙古馆

05278

出动军下士官兵卫生心得　第三战区司令长官司令部参谋处译

第三战区司令长官司令部，1938，48 页，大 64 开

收藏单位：广东馆

05279
冬季卫生教材
华东军区第三野战军后勤卫生部，[1947—
1949]，32 页，大 64 开
　　收藏单位：南京馆

05280
非常区域救护事业办法大纲　卫生署编
[南京]：卫生署，1937.7 印，15 页，32 开
　　本书共 4 部分：组织、编制、准备工作、
附表。
　　收藏单位：河南馆

05281
各部队新兵保健运动实施办法
第三战区司令长官司令部，[1937—1945]，12
页，64 开

05282
国民革命军总司令部兵站总监部卫生处汇刊
　　国民革命军总司令部兵站总监部卫生处编
国民革命军总司令部兵站总监部卫生处，
[1928]，[202] 页，16 开
　　收藏单位：国家馆

05283
华北抗日军卫生作业纪录　国民政府军事委
员会北平分会第三处第十组编
北平：国民政府军事委员会北平分会第三处第
十组，1934，272 页，16 开
　　本书共 11 章：绪言、我军之配属、军委
分会对于战时卫生勤务之计划、卫生机关之
建制及配属、卫生机关之作业等。
　　收藏单位：重庆馆

05284
急造担架制法　军政部军医署编
出版者不详，[1928—1946]，10 页，50 开
　　收藏单位：广东馆

05285
晋察冀军区卫生勤务暂行条例草案
[晋察冀军区卫生部]，1949.5，92 页，32 开

本书内容包括：前方、战地救护之部（附
表）、医院工作之部、附录。
　　收藏单位：国家馆

05286
救护　范晓六著
上海：二二五童子军书报用品社，1937，再
版，116 页，32 开

05287
救护　国民政府军事委员会防空委员会编
重庆：重庆市市政府，[1938—1945]，22 页，
36 开（国民防空常识问答 7 教育部特种教育
委员会主编）
　　收藏单位：重庆馆、广东馆

05288
救护　张查理编著
金华：正中书局，1941.7，118 页，32 开（特
教丛刊 4）
重庆：正中书局，1943，4 版，118 页，32 开
（特教丛刊 4）
上海：正中书局，1945，118 页，32 开（特教
丛刊 4）
上海：正中书局，1947.7，3 版，118 页，32 开
（特教丛刊 4）
　　本书共 12 章，内容包括：救护对于抗战
的关系、救护的组织和训练、创伤的急救、
出血的急救、骨折的急救等。
　　收藏单位：重庆馆、广东馆、贵州馆、国
家馆、辽大馆、南京馆、天津馆

05289
救护（应用军事常识）　白动生编著
[重庆]：正中书局，1938.5，40 页，50 开
　　本书共 7 部分：怎样做救护工作、应该备
些什么急救用品、怎样救护伤口、怎样急救
骨折、怎样搬运伤者等。书前有《抗战常识
讲话的总说明》。
　　收藏单位：贵州馆、国家馆

05290
救护讲义　黄荣照编

恩平县立初级中学校，1941.2，100 页，32 开（战时教育科救护组讲义 11）

收藏单位：南京馆

05291

救护教程 第二战区司令长官司令部卫生处编

文化书店，1939.10，233 页，32 开

本书共 11 章，内容包括：人体解剖生理大意、消毒法、外伤及其处置、重要疾病等。

收藏单位：重庆馆、国家馆

05292

救护教程 第四路军总部军医处编

第四路军总部军医处，1937，226 页，32 开

收藏单位：广东馆

05293

救护教程 杭州市医师药师公会编

杭州市医师药师公会，1931.10，101 页，32 开

杭州市医师药师公会，1933.5，增补再版，102 页，32 开

杭州市医师药师公会，1937.6，增订 3 版，333 页，32 开

本书汇集毛采章、王吉民等 16 人编写的军队卫生勤务及内、外科救护知识。共 14 章，内容包括：人体解剖生理大意、消毒法、绷带、一般护病法等。书前有厉绥之与杨郁生序。

收藏单位：国家馆、南京馆、上海馆、浙江馆

05294

救护教程

出版者不详，[1911—1949]，69 页，32 开

收藏单位：广东馆

05295

救护伤兵运动宣传纲要 中国国民党中央执行委员会宣传部编

中国国民党中央执行委员会宣传部，1939.6，18 页，32 开

本书共两部分。"甲 救护伤兵运动的意义"共 7 节，内容包括：救护伤兵就是加强抗战的力量、救护伤兵就是激励士气、救护伤兵就是鼓励兵役等；"乙 内容要点"共 7 节，内容包括：战地救护、医院中的治疗与看护、伤兵娱乐与教育等。

收藏单位：重庆馆、国家馆、南京馆

05296

救护问答

中国国民党中央执行委员会训练部，1929.5，24 页，50 开

中国国民党中央执行委员会训练部，1931.4，4 版，24 页，50 开

本书译自英国童子军救护科章。

收藏单位：上海馆

05297

救伤法撮要 翟大光编译

外文题名：First aid to the injured

香港：圣约翰救伤会，1937，6 版，136 页，32 开

香港：圣约翰救伤会，1938.7，39 版，191 页，32 开

香港：圣约翰救伤会，1940，[增订 39 版]，191 页，32 开

本书共 18 章，内容包括：救伤法之原则、身体构造及机能、创伤及出血、特别部份出血、呼吸系、中毒、检查患者程序等。

收藏单位：广东馆

05298

军队卫生 刘瑞恒讲

南京：军事委员会陆军军官训练团军医处，1934，16 页，50 开

收藏单位：广东馆、湖南馆

05299

军队卫生 宪兵司令部编

重庆：合益印刷厂，1945，再版，34 页，36 开（宪兵上等兵教程 第 2 集 13）

本书共 6 章，内容包括：军人卫生须知、军队环境卫生须知、疾病预防、兵食卫生等。

收藏单位：重庆馆

05300

军队卫生　宪兵司令部编
重庆：商务印书馆，1945，34 页，36 开

05301

军队卫生常识及救急法
河南省政府，1935，74 页，64 开

　　收藏单位：河南馆

05302

军队卫生法及救急法
南京：军用图书社，1931.1，78 页，64 开
南京：军用图书社，1932，78 页，64 开
南京：军用图书社，1932.7，再版，78 页，64
开
南京：军用图书社，1934.6，77 页，64 开
南京：军用图书社，1944，78 页，64 开

　　本书共两编。第 1 编"卫生法"共 6 章，
内容包括：传染病之预防、传染病之种类、其
他应注意之病等；第 2 编"救急法"共 5 章，
内容包括：创伤、三角巾之用法、毒瓦斯等。

　　收藏单位：重庆馆、广东馆、江西馆、内
蒙古馆、西交大馆

05303

军队卫生法及救急法
出版者不详，[1911—1949]，56 页，50 开

　　本书共两编：卫生法、救急法。

　　收藏单位：重庆馆、南京馆

05304

军队卫生概要
军事委员会，1938，3 版，90 页，64 开

　　本书共 6 部分：军人卫生须知、军队环境
卫生须知、霍乱赤痢伤寒预防浅说、疟疾预
防浅说、兵食卫生浅说、各部队新兵保健实
施办法。

　　收藏单位：重庆馆

05305

军队卫生讲话　洪炉训练委员会编

太原：洪炉训练委员会，1941.12，18 页，25
开

　　收藏单位：山西馆

05306

军队卫生讲话
庐山暑期训练团，1937，20 页，64 开

　　收藏单位：广东馆

05307

军队卫生教程
出版者不详，[1911—1949]，100 页，64 开

　　本书共 7 章，内容包括：疾病之原因、传
染病预防之原则、给水、食物、行军之卫生
等。

　　收藏单位：广东馆、国家馆、西交大馆

05308

军队卫生手册　国防部编
国防部，1947.12，214 页，32 开，精装

　　本书共 3 篇：军队卫生、护理须知、担架
教程。

　　收藏单位：广东馆

05309

军队卫生小册合订本　军政部军医署编
重庆：军政部军医署，1942.5，92 页，50 开

　　本书内容包括：抗战军人卫生须知、战时
军队环境卫生须知，霍乱、赤痢、伤寒、疟
疾预防浅说，兵食卫生浅说，各部队新兵保
健实施办法等。

　　收藏单位：重庆馆、广东馆

05310

军队卫生小册合订本
陆军军官学校，1948，108 页，64 开

　　收藏单位：广东馆

05311

军队卫生学　军医教育班学员班编
军医教育班学员班，1936，150 页，16 开

　　收藏单位：国家馆

05312

军队卫生学　杨鹤庆编

上海：商务印书馆，1925.4，37页，50开（医学小丛书）

上海：商务印书馆，1926，再版，37页，50开（医学小丛书）

上海：商务印书馆，1931.2，3版，37页，50开（医学小丛书）

本书共7章：疾病之原因、传染性疾病预防之原则、传染性疾病发生时之处置、给水、食物、行军卫生、宿营之卫生。

收藏单位：重庆馆、广西馆、国家馆、辽宁馆、上海馆、首都馆、浙江馆

05313

军队卫生学　中央陆军军官学校军医处编

中央陆军军官学校教育处，1939.7，72页，32开

中央陆军军官学校教育处，1941.11，再版，72页，32开

本书共8章，内容包括：军中一般卫生、个人卫生、行军卫生、战壕卫生等。

收藏单位：重庆馆、贵州馆、国家馆、南京馆

05314

军队卫生学

军训部陆军军官预备学校筹备总处，1944，96页，32开

本书共6篇：人体生理解剖常识、个人卫生、军中环境卫生、兵食、防疫、急救法。

收藏单位：重庆馆

05315

军队卫生学教程　中央陆军军官学校编

南京：武学书局，1942.4，36页，25开

本书共6编：军服、给食、给水、兵营、兵业卫生、防疫。

收藏单位：国家馆

05316

军事委员会干部训练团军医训练笔记　编练总监部编

重庆：大中国图书出版社，1947.2，323页，32开

本书共12编，内容包括：军医人员训练方法、军医队战术、生理解剖学、军阵卫生学、急救治疗、传染病、化学战等。

收藏单位：广东馆、国家馆、南京馆

05317

军事委员会军医整理计划　军政部编

军政部，1945.8，18页，16开

本书内容包括：一般情况之调查、复员前准备事项、复员时实施事项等。

收藏单位：国家馆、南京馆

05318

军事卫生工程　陶葆楷著

长沙：商务印书馆，1941.4，133页，25开（国立清华大学丛书）

本书共6章：绪论、军营之设计、给水、下水处理、粪便及垃圾之处理、传病动物之防制。

收藏单位：重庆馆、广东馆、国家馆、湖南馆

05319

军医署军医行政组考察美国军区业务报告书　徐希麟等编述

出版者不详，1947，124页，16开

收藏单位：广东馆

05320

军医署业务概况暨各级卫生机关性能及主要任务一览表　[中央训练团监察官训练班编]

中央训练团监察官训练班，1948.1，22页，25开

本书共7部分，内容包括：军医署的沿革、军医署的任务和组织、国防医学院的编组成立、卫生器材的供应、选派军医人员赴美考察进修等。附表8张：各级卫生机关性能及主要任务一览表、卫生机关指挥系统表等。

收藏单位：国家馆

05321
军医院招待所政训工作指导通讯（16期） 军事委员会后方勤务部政治部编
[重庆]：军事委员会后方勤务部政治部，1940.5，178页，32开
　　本书共8部分：工作公报、工作指示（九则）、长官训示、业务研讨、工作意见、工作报导、工作参考资料、法令。书前有卷首语、编者的话。书后印有歌曲《我们要报仇》乐谱。
　　收藏单位：国家馆

05322
军医院政训工作规程 军事委员会政治部第一厅编
[重庆]：军事委员会政治部第一厅，1939，392页，32开
　　本书共4编：政训工作纲领、党务工作须知、法令辑要、参考资料辑要。
　　收藏单位：国家馆、南京馆

05323
军医之整理与建设方案 卢致德讲述
[重庆]：国防研究院，1943.7，126页，32开
　　本书共4章：概说、改进国民体格、改良军人之生活、军医之整理与建设。
　　收藏单位：南京馆

05324
军用卫生手册（卫生士兵业务训练纲要） 军医署编
南京：联合勤务总司令部，1948，12页，32开（联勤干部手册4）
　　收藏单位：广东馆

05325
军阵卫生学 曹峨编述　军需学校编
军需学校，1935，154页，22开
　　收藏单位：广东馆

05326
军阵卫生学 军医教育班学员班编

军医教育班学员班，1936.6，150页，16开，精装
　　收藏单位：首都馆

05327
军阵卫生学 李绪丕编著
长沙：商务印书馆，1939.2，147页，32开
长沙：商务印书馆，1941.9，再版，147页，32开
　　本书共8编，内容包括：军中最多之疾病、急性传染病之症候及预防法、衣食住行的卫生、救急法等。
　　收藏单位：重庆馆、广东馆、贵州馆、国家馆、武大馆、浙江馆

05328
军阵卫生学 训练总监部军学编译处编译
南京：军用图书社，1931.3，178页，25开（军队衣食住研究之资料）
南京：军用图书社，1932.11，再版，178页，25开（军队衣食住研究之资料）
　　本书共8编：绪言、军衣、兵食、野战给水法、兵营、兵业、防疫、卫生统计。
　　收藏单位：重庆馆、广西馆、国家馆、江西馆、内蒙古馆

05329
军阵卫生学
中央陆军军官学校，1936，126页，25开
　　本书共8章：军中卫生之重要、环境与健康之关系、军中传染病之预防、军队中之病原媒介物、军中要病浅说等。
　　收藏单位：重庆馆

05330
军阵卫生学教程（民国二十年改订） [中央陆军军官学校武汉分校编]
[武汉]：[中央陆军军官学校武汉分校]，[1931]，111页，22开
　　收藏单位：江西馆

05331
军政部陆军署军医司工作报告书 军政部陆

军署军医司编

[南京]：军政部陆军署军医司，1931.9，2册，16开

本书共两册。上册有本司之沿革及其工作之概况、本司及附属各机关编制表、各种规程、军兽医教育之措施、伤兵官兵之统计、各国军医会议之参与等21部分；下册收军政部首都第一陆军医院，驻杭、徐、鲁、皖、赣、湘陆军医院，驻鄂第一、二、三陆军医院，第一至五后方医院，总司令部第一、二重伤医院及第一、二临时后方医院的工作报告书，共20份。

收藏单位：国家馆、武大馆

05332

军政部战时卫生人员训练所中华民国三十年工作报告 林可胜编

[军政部]，1941，油印本，1册，9开，环筒页装

收藏单位：国家馆

05333

军中卫生 江良能著

重庆：商务印书馆，1945.11，121页，32开

上海：商务印书馆，1946.11，121页，32开

本书共5章：绪言、环境卫生、军队之营养问题、传染病管理、个人卫生。

收藏单位：重庆馆、东北师大馆、广东馆、国家馆、辽宁馆

05334

抗日战争中的救护队工作

出版者不详，[1938]，油印本，1册，9开

本书内容包括：战事演进、救护队及医护队工作表等。

收藏单位：国家馆

05335

抗战军人卫生须知 军医署卫生科编

军医署卫生科，1938，24页，64开（军政部军医署卫生小册1）

收藏单位：广东馆

05336

抗战卫生作业概要 军事委员会军官训练团编

军事委员会军官训练团，1938，22页，64开

收藏单位：广东馆、南京馆

05337

抗战与救护工作 庞京周著

长沙：商务印书馆，1938.1，47页，32开（抗战小丛书）

长沙：商务印书馆，1938.2，3版，47页，32开（抗战小丛书）

长沙：商务印书馆，1938，4版，47页，32开（抗战小丛书）

本书共4章：救护与抗战的关系、抗战中民众应有的救护准备、动员实施救护时的管理、抗战大众对救护的责任。

收藏单位：重庆馆、广西馆、贵州馆、国家馆、湖南馆、吉林馆、江西馆、近代史所、内蒙古馆、武大馆

05338

连队卫生课本 八路军联防军卫生部编

八路军联防军卫生部，1944，45页，32开

本书共24课，内容包括：疾病是我们的敌人、不要看轻了小病、肺炎是怎样一种病、避免呼吸传染、急性胃肠炎等。

收藏单位：重庆馆

05339

联合勤务总司令部卅六年度兵站卫生业务检讨会议报告书 兵站卫生业务检讨会编

兵站卫生业务检讨会，1947，60+26页，16开

收藏单位：广东馆

05340

疗养手册 华北军区后勤卫生部政治部编

华北军区后勤卫生部政治部，1949.6，137页，32开

本书共9章：三大纪律八项注意、休养员的权利与义务、住院规则、医疗救护常识、卫生常识与疾病预防、故事八则、智力测验三十二则、谜语一百一十则、游戏五十三则。

收藏单位：国家馆

05341

临时救护委员会工作报告　国立北平大学医学院编

北平：国立北平大学医学院，1933.9，52页，22开

　　本书共6章：本会产生及其组织、本会常委会会议之经过、前方救护工作、后方救护工作、收入及支出、本会结束。

　　收藏单位：国家馆、南京馆

05342

留粤滇军第四师暂定队附卫生员服务规则　留粤滇军第四师编

留粤滇军第四师，[1916—1925]，[26]页，32开

　　本书附陆军传染病预防消毒法19条。

05343

陆军卫生材料供应社售品目录　军医署购科委员会编

军医署购科委员会，1942，18页，25开

　　收藏单位：广东馆

05344

陆军卫生勤务教程　赖恺元编

北平：北平大学医学院，1934.4，60页，25开

　　本书共6章：卫生队、野战医院、野战预备医院、野战卫生材料厂、兵站医院、患者输送。

　　收藏单位：国家馆、首都馆

05345

陆军卫生学　赵士法　陈捷编　吴惠先　居硕桃校

上海：商务印书馆，1918.7，223页，32开

上海：商务印书馆，1920.6，再版，223页，32开

　　本书共6篇：概论、公共卫生、个人卫生、传染病、救急法、战时杂则。

　　收藏单位：重庆馆、国家馆、首都馆、天津馆、浙江馆

05346

陆军卫生学　中央军事政治学校第一分校编

中央军事政治学校第一分校，1934，112页，18开

　　收藏单位：广东馆

05347

陆军战、平时卫生勤务合刊　张仲山编

陆军军医学校，1928，[176+52]页，18开

　　本书共两部分，"战时卫生勤务"共6编，内容包括：师司令部卫生勤务、留守司令部卫生勤务、大本营卫生勤务等；"平时卫生勤务"共3编：军队内务规则摘要、野外勤务令摘要、陆军医院规则。

　　收藏单位：国家馆

05348

陆军战时卫生勤务参考摘要　郑志澜著

国民政府军事委员会陆军军官训练团，[1934]印，30页，22开

　　收藏单位：江西馆

05349

陆军战时卫生勤务学　军医教育班学员班编

军医教育班学员班，1936.4，174页，16开

　　本书共8篇，内容包括：战时卫生勤务之研究方法、动员时卫生勤务、行军卫生勤务等。封面题名：战时勤务学。

　　收藏单位：国家馆

05350

民国三年改订陆军卫生学教程　陆军训练总监编

陆军训练总监，1914.4，[50]页，25开

　　本书内容包括：土壤与卫生之关系、营地选定、室内扫除、衣服调温及选衣之要领、食之必需等。

　　收藏单位：浙江馆

05351

民国五年改订陆军卫生学教程　陆军训练总监编

陆军训练总监，1916，[158]页，32开

05352

民族革命战法卫生勤务　[第二战区司令长官司令部编]

第二战区司令长官司令部，1939.1，48页，32开

　　本书共5章：队属卫生勤务、野战病院之卫生勤务、师（旅）军医处之卫生勤务、游击部队之卫生勤务、有机根据地之卫生勤务。

　　收藏单位：重庆馆

05353

平时卫生勤务讲义　军医教育班学员班编

军医教育班学员班，1936.1，320页，18开

　　本书共14篇，内容包括：陆军医院之勤务、学校医之卫生勤务、陆军署军师司之勤务、航空者身体检查等。

　　收藏单位：国家馆

05354

平战时陆军卫生勤务学讲义　邱倬述

陆军军医学校，[1912—1936]，242页，16开

　　收藏单位：广东馆

05355

钱部长在第一兵团医务干部会议上的报告（石膏绷带）

出版者不详，1948，油印本，50+17页，32开

　　收藏单位：国家馆

05356

黔籍与非黔籍男子体格之比较　万昕等编著

安顺：军医学校陆军营养研究所，1944.5，[10]页，18开（营养研究专刊6）

　　收藏单位：国家馆

05357

伤兵医院之组织　朱松著

潮阳松寿堂，1934.1，44页，32开

　　本书内容包括：军医之责任、伤兵医院之系统、伤兵医院内部之组织、伤兵医院住址之选择、伤兵之输送、伤兵之管理、病房之布置等。

　　收藏单位：国家馆、黑龙江馆、浙江馆

05358

上海第十四伤兵医院纪念册　[上海第十四伤兵医院编]

上海：上海第十四伤兵医院，[1938]，[120]页，16开

上海：上海第十四伤兵医院，[1941]，100页，16开

　　本书内容包括：本院院务概况、本院收支实况等。

　　收藏单位：国家馆

05359

上海市救护委员会报告（中华民国二十七年）　上海市救护委员会编

上海：上海市救护委员会，1938.7，294页，16开

　　本书介绍"八一三"战争爆发后三个月期间上海抗日战地救护、治疗工作情况。书中有该会规程、会议记录等。

　　收藏单位：吉林馆、上海馆

05360

食物营养　张仿庸编

联合勤务干部训练班，1947，96页，32开

　　本书内容包括：联合勤务干部训练班膳食营养分析表、食物与人体之关系、食物之营养素、各种营养素之需要量、食物之卫生问题、食物之烹调问题、各种食物之营养分析等。

　　收藏单位：广东馆、国家馆

05361

卫生概要　章愈编

南京：中央训练团兵役研究班，1946.5，36页，32开

　　本书共4篇：体格检查、防疫、营养、环境卫生。

　　收藏单位：南京馆

05362

卫生会议汇刊（中国人民解放军东北军区）　中国人民解放军东北军区卫生部[编]

[哈尔滨]：中国人民解放军东北军区卫生部，

1948.2，154 页，32 开

本书共 4 部分：大会经过、大会结论报告、大会综合报告、大会通电。

收藏单位：国家馆、辽宁馆

05363

卫生器材之保管与补给 陈萃华编

联合勤务干部训练班，1947.1，64 页，32 开

本书共 6 部分，内容包括：卫生器材名称释义、卫生器材库之设置、卫生器材库之管理等。

收藏单位：广东馆、国家馆

05364

卫生勤务 陈嘉猷讲稿

陆军大学，1945，116+42 页，25 开

本书共 4 编：绪论、野战区作战军卫生机关之勤务、兵站区卫生机关之勤务、后方区卫生机关之勤务。

收藏单位：广东馆、国家馆、南京馆、上海馆

05365

卫生勤务 郭昌锦讲述

第一战区作战人员研究训练班，[1941]，86 页，72 开

05366

卫生勤务 国民革命军第二十四军训练处审定

国民革命军第二十四军训练处，1929，176 页，24 开

本书简述研究陆军卫生学之必要及目的，分类介绍陆军卫生学纲要。

收藏单位：重庆馆

05367

卫生勤务 联合勤务干部训练班编

联合勤务干部训练班，1947.8，268 页，32 开

本书共 3 编：总论、卫勤计划与运用、卫生器材之保管与补给。

收藏单位：国家馆、湖南馆

05368

卫生勤务 史国藩编著

南京：史国藩，1934.8，218 页，25 开

收藏单位：国家馆、吉林馆、南京馆

05369

卫生勤务讲义（第 1 种 现行卫生勤务概说） 郁葆棣等编

联合勤务干部训练班，1947，86 页，32 开

本书共 7 篇，内容包括：总论、卫生勤务作业及规程、陆军卫生勤务人员之人事与教育、伤患被服与特别营养等。

收藏单位：国家馆

05370

卫生勤务学教授法 李旭初著

[重庆]：军政部军医署，1939，103 页，32 开

本书内容包括：总论、教授卫生勤务学的计划、进行、设备方法，以及卫生勤务学的课程、教授方法等。

收藏单位：重庆馆

05371

卫生学 曹峨编

军需学校，1931，140+8 页，22 开

收藏单位：广东馆

05372

卫生学 陈魏编

中央军事政治学校军医处，[1926—1930]，油印本，1 册，16 开

收藏单位：南京馆

05373

卫生学教程 中央陆军军官学校编

出版者不详，1935.10，122 页，22 开

本书共 9 编：绪言、兵衣、兵食、给水、兵营、兵业、军队中之多发性疾患及其预防、防疫、救急法等。

收藏单位：东北师大馆、贵州馆、湖南馆

05374

现行卫生勤务概说 李育仁等编述

联合勤务干部训练班，1947，104 页，32 开（卫生勤务讲义 1）

收藏单位：广东馆

05375

行军卫生 第四野战军后勤卫生部编

天津：第四野战军后勤卫生部，1949.4，34 页，64 开

收藏单位：南京馆

05376

修正抗战部队消毒排之组成装备及各级勤务

出版者不详，[1937—1945]，6 页，32 开

收藏单位：广东馆

05377

修正战时卫生勤务纲要

出版者不详，1940，16 页，32 开

收藏单位：广东馆

05378

选兵医学 陆军军医学校军医预备团编

陆军军医学校军医预备团，1940.12，92 页，25 开

收藏单位：江西馆

05379

一个紧急的呼吁（伤兵工作之理论，实际，与建议） 陈明仙著

长沙：中兴公司，[1939]，42 页，32 开

本书共 14 节，内容包括：伤兵工作之重要性、伤兵工作之行政组织问题、伤兵的运输问题、伤兵的伙食问题、伤兵的待遇问题、伤兵的看护问题、伤兵的教育问题等。

收藏单位：贵州馆、上海馆

05380

义勇军卫生救护纲要 胡定安编

中国国民党中央执行委员会训练部，1931.11，38 页，32 开

本书共 10 章，内容包括：衣的卫生、食的卫生、住的卫生、防疫及消毒等。

收藏单位：国家馆、湖南馆、南京馆

05381

战地救护法 李兆时编

长沙：商务印书馆，1938.7，55 页，32 开

重庆：商务印书馆，1943.4，41 页，32 开

本书共 11 章，内容包括：战地救护的前提、战地避险法、伤病人救护法、战地伤病者收容法等。

收藏单位：安徽馆、重庆馆、广东馆、贵州馆、国家馆、上海馆、浙江馆

05382

战地救护法 李兆时编

广州：中山大学医科毕业同学会，1935.10，再版，60 页，32 开

本书共 6 部分：战地救护大纲、伤者搬运法、救护法述要、毒气预防法、救急用品、我国战时救护机关的组织概况。

收藏单位：广西馆、国家馆、南京馆

05383

战地救护工作 顾玉祺编著

南京：正中书局，1937.10，55 页，32 开（战时民众训练小丛书）

本书共 4 部分：急救、运送、包扎、看护。

收藏单位：国家馆、浙江馆

05384

战地救护学 金承铭编译

上海：军事学编译社，1933.11，188 页，32 开

本书共 6 章，内容包括：绷带使用法、出血及其急救法、创伤及其急救法等。

收藏单位：广东馆、南京馆

05385

战地救护学 军事委员会政治部编

军事委员会政治部，1938.6，188 页，32 开

本书共 6 章，内容包括：绷带使用法、出血及其急救法、火伤触电及其急救法等。

收藏单位：重庆馆、广东馆、贵州馆、国家馆、湖南馆、江西馆、南京馆、内蒙古馆、上海馆、西南大学馆

05386

战地救护学　训练总监部国民军事教育处编

南京：拔提书店，1936.4，188 页，32 开（国民军事教育教材丛书）

收藏单位：重庆馆、广东馆、国家馆、湖南馆、江西馆、南京馆、上海馆

05387

战地伤兵搬运法　（英）华克惠著　金承铭编译

上海：军事学编译社，1933.11，100 页，32 开

本书共 7 章，内容包括：搬运时伤兵身体的姿势、徒手搬运、伤兵车或通常货车搬运等。

收藏单位：南京馆、西交大馆

05388

战地伤兵搬运法　（英）华克惠著　金承铭编译

上海：抗日救国丛书社，[1911—1949]，100 页，32 开

收藏单位：广西馆

05389

战后新军医　国防部联合勤务总司令部军医署编

国防部联合勤务总司令部军医署，1947，18 页，32 开（军医丛刊）

本书共 4 篇，内容包括：抗战工作、目前设施、未来展望等。

收藏单位：南京馆

05390

战时救护工作　黄震著

西安：新中国文化出版社，1940.8，76 页，32 开（新中国文化丛刊 9）

本书共 10 部分：总论、止血法、消毒法、包扎法（绷带术）、搬运法（担架术）、骨折救护法、虚脱和中暑救护法、中毒气救护法、防疫要项、看护要项。

收藏单位：安徽馆、重庆馆、国家馆

05391

战时军队环境卫生须知　军医署卫生科编

军医署卫生科，1938，22 页，64 开（军政部军医署卫生小册 2）

收藏单位：广东馆

05392

战时伤病士兵夫处理暂行办法·战时伤病军官佐处理暂行办法　军政部公布

军政部，1937，11 页，25 开

收藏单位：广东馆

05393

战时卫生　蒋舜年编

上海：世界书局，1936.12，86 页，50 开（战时常识丛书）

上海：世界书局，1937.4，新 1 版，86 页，50 开（战时常识丛书）

本书共 13 章，内容包括：什么是卫生、为什么要注意卫生、战时的卫生是什么、疾病从哪里来的、怎样施救病人、怎样诊治病人、怎样实施公共卫生等。附编：英国战时医务人员的动员办法、英国战时救护的勤务。

收藏单位：安徽馆、重庆馆、国家馆、南京馆、天津馆、西南大学馆

05394

战时卫生工作规程（第 1 编 卫生勤务）　林可胜著

军政部战时卫生人员训练所，[1941.6]，1 册，32 开（训练教本——研究丛书）

本册共两篇：军事学概论、陆军卫生勤务。

收藏单位：安徽馆、重庆馆、广东馆、贵州馆、国家馆、南京馆

05395

战时卫生工作规程（第 1 编 续 2 卫生兵教练草案）　林可胜等编

军政部战时卫生人员训练所，1943，200 页，36 开

本册内容包括：步兵教练、搬运教练、卫生教练工作规程。

收藏单位：重庆馆、广东馆

05396

战时卫生工作规程（第 2 编 外科） 张先林编著

中华民国红十字会总会救护总队部、军政部战时卫生人员联合训练所，1940.1，254 页，32 开

　　本册共两编：治疗程序、各种外科技术之程序。

　　收藏单位：安徽馆、重庆馆、广东馆、贵州馆、国家馆

05397

战时卫生工作规程（第 3 编 内科） 周寿恺编著

中华民国红十字会总会救护总队部、军政部战时卫生人员联合训练所，1940.1，81 页，32 开

　　本册共 3 编：治疗程序、技术程序、诊断程序。

　　收藏单位：安徽馆、重庆馆、广东馆、贵州馆、国家馆

05398

战时卫生工作规程（第 4 编 护病） 周美玉编著

中华民国红十字会总会救护总队部、军政部战时卫生人员联合训练所，1940.1，80 页，32 开

　　本册共 3 编：护病常规、护病技术、特殊护病工作。

　　收藏单位：安徽馆、重庆馆、广东馆、贵州馆、国家馆、南京馆

05399

战时卫生工作规程（第 5 编 防疫） 容启荣施正信编

中华民国红十字会总会救护总队部、军政部战时卫生人员联合训练所，1940.1，58 页，32 开

　　本册共两编：工作规程、技术及方法。

　　收藏单位：安徽馆、重庆馆、广东馆、贵

州馆、国家馆

05400

战时卫生工作规程（第 5 编 防疫 续编 1 防疟计划） 军政部战时卫生人员训练所编

军政部战时卫生人员训练所，1943，26 页，32 开（研究丛书）

　　本书介绍疟疾传染的方法及防止办法等。

　　收藏单位：重庆馆、广东馆

05401

战时卫生工作规程（第 6 编 环境卫生） 过祖源主编　王兆霖助编

中华民国红十字会总会救护总队部、军政部战时卫生人员联合训练所，1940.1，90 页，32 开

　　本书共 4 篇：总纲、实施方法、工程建筑、报告表格。

　　收藏单位：安徽馆、重庆馆、广东馆、贵州馆

05402

战时卫生工作规程·标准卫生材料表

出版者不详，1941，141 页，36 开

　　收藏单位：广东馆

05403

战时卫生勤务（卷 1—2） 陈嘉猷　谭家骏编

陆军大学，1943，2 册（88+[104] 页），23 开

　　本书共 4 编：总说、野战区作战军之卫生勤务、兵站区卫生机关、后方区卫生机关之勤务。

　　收藏单位：重庆馆

05404

战时卫生勤务纲要

出版者不详，1939.1，15 页，32 开

　　收藏单位：广东馆

05405

中国红十字会第二十一伤兵医院报告书 中国红十字会第二十一伤兵医院编

上海：中国红十字会第二十一伤兵医院，

[1911—1949]，44 页，16 开

05406

中国军队营养之研究（2 夜盲症） 汤工英
万昕编著
安顺：军医学校陆军营养研究所，1943.12，
11 页，18 开（营养研究专刊 2）

　　收藏单位：国家馆

05407

中国军队营养之研究（4 士兵胸围与身长之关系） 万昕编著
安顺：军医学校陆军营养研究所，1945.1，10
页，16 开（营养研究专刊 7）

　　收藏单位：国家馆

军队临床医学

05408

军事看护学 戴玉章编著
上海：世界书局，1935.9，[12]+208 页，25 开
上海：世界书局，1936.3，3 版，[12]+208 页，
25 开
上海：世界书局，1936.9，4 版，[12]+208 页，
25 开

　　本书共两篇。"救急论"共 7 章，内容包括：人体生理解剖概要、简要药物、一般之救急法等；"护病论"共 20 章，内容包括：看护应注意之事项、病室之设备、患者衣服之交换等。

　　收藏单位：重庆馆、广西馆、贵州馆、国家馆、黑龙江馆、湖南馆、江西馆、辽宁馆、南京馆、内蒙古馆、天津馆、浙江馆

05409

军事看护学 何志浩编著
南京：首都国民军事训练委员会，[1936.10]，
125 页，32 开

　　本书为社会妇女训练用。共 12 章，内容包括：训练大意、救护大纲、卫生习惯、环境卫生、绷带术、妇婴卫生、传染病等。

　　收藏单位：重庆馆、国家馆

05410

军事看护学 首都国民军事训练委员会编
南京：拔提书局，1936，125+22 页，32 开

　　收藏单位：广东馆

05411

军事看护学 余德荪编撰
南京：正中书局，1935.8，[298] 页，32 开
南京：正中书局，1938.2，6 版，280 页，32 开

　　本书为高级中学修正课程标准适用。共 5 篇：绷带术、消毒法、战时救护法、军队内科病、军事卫生机关及其勤务。

　　收藏单位：重庆馆

05412

军事看护学（上册） 余德荪编撰
南京：正中书局，1935.8，3 版，140 页，32 开
南京：正中书局，1938.2，13 版，140 页，32 开

　　本书高级中学修正课程标准适用。

　　收藏单位：重庆馆

05413

军事看护学（上册）
出版者不详，[1935—1948]，159 页，25 开

　　收藏单位：安徽馆、江西馆

05414

军事看护学（下册） 余德荪编撰
重庆：正中书局，1942，17 版，242 页，32 开

　　收藏单位：重庆馆

05415

军事看护学概要
南京：首都公务人员训练委员会，1936.6，
200 页，32 开

　　本书共 12 章，内容包括：护病原则、消毒原则及各种消毒方法、敷料制法、急救常识、护病技术、病室及其他杂务之管理方法等。

　　收藏单位：南京馆

05416

军事训练高级看护学 国民革命军第四集团军司令部辑

出版者不详，1935，26+440 页，16 开

本书共 16 编，内容包括：简要细菌学及免疫学、诊断学上之技术、简要理学疗法、内科看护法、传染病看护法等。

收藏单位：桂林馆

05417

军医必携 军政部军医署编

重庆：军政部军医署，1938.9，增印本，978 页，50 开

重庆：军政部军医署，1943.10，4 版，892 页，64 开，精装

本书共 4 编：保健、医疗、急救与护病、法规。

收藏单位：重庆馆、绍兴馆、浙江馆

05418

军医必携 新医研究会编

大连：大连市卫生局，1946.10，2 册（910 页），50 开，精装

大连：大连市卫生局，1947.2，2 版，2 册，50 开，精装

本书为临床医疗手册，共 4 编：保健、医疗、急救与护药、卫生勤务。

收藏单位：国家馆、辽宁馆

05419

军医必携 新医研究会编辑

上海：医学出版社，1949.7，921 页，50 开，精装

收藏单位：国家馆、天津馆

05420

军医必携（上册）

晋察冀军区卫生部，1945，189 页，32 开

收藏单位：重庆馆

05421

军医必携（上、中册）

第十八集团军留守兵团卫生部，1945，2 册

（1620 页），32 开

本书共 3 篇：传染病管理篇、营养篇、军医统计篇。

收藏单位：山西馆

05422

看护兵用陆军看护学 军政部军医署编

重庆：军政部军医署，1938.6，220+[36] 页，32 开

本书共 13 篇，内容包括：看护兵之本分、卫生机关之组织及业务、卫生勤务之要旨、人之构造及其作用、外伤疾病及第一救护法、绷带术等。附主要药物表等。

收藏单位：重庆馆、广东馆、南京馆

05423

看护士兵手册 军政部军医署编

[重庆]：军政部军医署，1944.4，124 页，32 开

[重庆]：军政部军医署，1945.7，再版，124 页，32 开

本书共 7 编：生理解剖学、个人卫生、急救、护病学、环境卫生、化学战争、担架教练。书前有徐希麟序。

收藏单位：重庆馆、广东馆

05424

战时看护常识 陶鸿翔编

上海：中华书局，1937.12，26 页，50 开

本书共 14 章，内容包括：病室的处理、衣被的洗换、脉搏的检查、服药、外敷等。

收藏单位：国家馆、上海馆

军队流行病学

05425

军队防疫学大纲 陈大谟编

出版者不详，[1911—1949]，28 页，36 开

本书共 9 章，内容包括：绪言、传染病、传染病病原、传染途径、潜伏期、消毒法、传染病各论等。

收藏单位：重庆馆

05426

军阵防疫学　军医教育班学员班编

军医教育班学员班，1936.4，100 页，16 开

　　收藏单位：国家馆

05427

消毒排教练草案　军政部防毒处编

军政部防毒处，[1938—1949]，46 页，64 开

　　收藏单位：广东馆

野战内科学

05428

军队内科学　张宪文编

邵阳：振湘印刷局，1941.8，218 页，32 开

邵阳：振湘印刷局，1943.1，再版，218 页，32 开

　　本书共 11 章：循环器疾病总论（附狭心症、心脏肥大及扩张、脉学概要）、肾脏疾病总论（附尿毒症）、呼吸器疾病总论、消化器疾病总论、寄生虫疾病等。

　　收藏单位：重庆馆、广东馆、上海馆

05429

军阵内科学　军医教育班学员班编

军医教育班学员班，1936.6，48 页，18 开

　　本书共 5 部分，内容包括：初期肺结核诊断、胸腺淋巴腺体质、热带病治疗学等。

　　收藏单位：国家馆

05430

陆军军医处方手册　军医署编

军医署，1944.11，98 页，50 开（医术 2）

军医署，1945.7，再版，98 页，50 开

　　本书共 5 章：处方要点及简字应用、药品性能及处方录、疫苗及血清之应用、磺胺类药物用法简要、急性中毒救治须知。附药品性能，常用剂量及服用法索引表；标准制及英制重量容量单位对照表。

　　收藏单位：安徽馆、重庆馆、广东馆、南京馆

野战外科学

05431

创伤疗法　丁福保译述

上海：医学书局，1911.7，180 页，22 开（丁氏医学丛书）

上海：医学书局，1916.7，再版，180 页，22 开（丁氏医学丛书）

上海：医学书局，1926.2，3 版，180 页，22 开（丁氏医学丛书）

　　本书共 16 章，内容包括：制腐的创伤疗法之价值、空气传染及触接传染、消毒法、身体表面之消毒、金属器械杀菌、制腐的排液法、手术场及病室等。

　　收藏单位：江西馆、浙江馆

05432

订正再版实用救护法　易守常编

重庆：中华基督教青年会国难工作委员会，1938.1，104 页，64 开（国难小丛书 1）

　　本书共 10 章：急救时两件最重要的事、急救用品、创伤急救法、止血法、骨折急救法、急变救护法、人工呼吸法、绷带术、伤者搬运法、毒气防御法。

05433

防护常识　军事委员会战时工作干部训练团第一团政治部主编

重庆：国民政府军事委员会政治部，1938.6，104 页，32 开（抗战建国丛书）

　　本书共 4 篇：防空、防毒、救护、防护训练与组织。

　　收藏单位：重庆馆、广东馆、国家馆、湖南馆、江西馆、南京馆、内蒙古馆

05434

防护常识　刘晋暄著

重庆：青年书店，1940.2，再版，104 页，32 开（抗战建国丛书）

　　收藏单位：重庆馆、广西馆、国家馆

05435

防救常识 吴涵真编校

汉口：开明书店、生活书店，1937.11，32页，32开

　　本书共4部分：急救常识、防毒常识、防空常识、防火常识。

　　收藏单位：重庆馆、贵州馆、南京馆

05436

妇女救护十讲 张昌绍主编

上海：上海妇女救国联合会，1936.4，155页，32开

　　本书共10讲，内容包括：解剖生理大要、微生物学大要及消毒法、普通急性传染病预防法、军队中其他常见疾病、绷带术等。

　　收藏单位：重庆馆、国家馆、江西馆、上海馆

05437

妇女战地救护学 金承铭　曹剑光编译

上海：抗日救国丛书社，1931.9，188页，32开

上海：抗日救国丛书社，1931.10，再版，188页，32开

上海：抗日救国丛书社，1931.11，3版，188页，32开

　　本书共6章，内容包括：绷带使用法、出血及其急救法、创伤及其急救法等。

　　收藏单位：广东馆、黑龙江馆、江西馆、上海馆、浙江馆

05438

腹部战伤 宫乃泉编译

济南：医务生活社，1947.8，65页，42开

　　本书内容包括：小肠和肠系膜的创伤、大肠创伤、直肠创伤、肾创伤等。

　　收藏单位：国家馆

05439

国医军阵伤科学概要 董志仁著

上海：校经山房书局，1936.10，104页，32开

　　本书共两篇。"实用篇"共4章：总论、治疗、药物、死证；"考证篇"共8节，内容

包括：麻醉法之考证、骨骼名称之考证、云南白药方等。

　　收藏单位：国家馆、浙江馆

05440

急救与护病 钱信忠编

十八集团军总司令部，[1944]，101页，32开（军医丛书）

　　收藏单位：国家馆

05441

简易救护讲义 浙江省抗敌后援会编

杭州：出版者不详，1937.9，88页，64开

　　收藏单位：南京馆

05442

救护常识 大路社专门委员会编　许啸天审订

上海：国防常识出版社，1936.8，81页，48开（国防常识丛书）

上海：国防常识出版社，1936.12，3版，81页，48开（国防常识丛书6）

上海：国防常识出版社，1937.10，4版，81页，48开（国防常识丛书）

　　本书共10章，内容包括：救护团体组织法、战时救护法、普通救护法、止血方法等。

　　收藏单位：重庆馆、广东馆、国家馆、江西馆、内蒙古馆、天津馆

05443

救护常识 江西省妇女生活改进会编

南昌：江西省妇女生活改进会，1939.2，78页，25开（妇女组训丛书8）

　　本书共9章：绷带法、消毒法、止血法、骨折、人工呼吸法、搬运、急救法、防空防毒、救护应用敷料药品及其他。

　　收藏单位：重庆馆、国家馆、江西馆

05444

救护常识 教育部民众读物编审委员会编

[重庆]：正中书局，1938.8，27页，64开（非常时期民众丛书8）

　　本书共7部分：救护的重要、止血法、消

毒法、人工呼吸法、骨折急救法、烫伤救护法、中毒救护法。

　　收藏单位：国家馆

05445

救护常识 中华基督教青年会编

上海：中华基督教青年会，[1912—1949]，29页，32开

　　本书内容包括：急救时应注意之事项、急救用品、创伤急救法、止血法、骨折急救法等。

　　收藏单位：河南馆、浙江馆

05446

救护常识 周健孟编著

长沙：商务印书馆，1938.1，82页，32开（战时常识丛书）

长沙：商务印书馆，1938，2版，82页，32开（战时常识丛书）

长沙：商务印书馆，1938.6，3版，82页，32开（战时常识丛书）

　　本书共12章：伤兵的搜索、搬运伤兵的方法、创伤、急救、消毒、绷带、人工呼吸、防空大要、一般救护法、传染病及预防、普通的药品、公共卫生。

　　收藏单位：重庆馆、甘肃馆、广东馆、贵州馆、国家馆、湖南馆、江西馆、南京馆

05447

救护常识 邹平实验县卫生院编

邹平实验县县政府，1937.9，136页，32开

　　本书共5编：基础知识、急救、绷带与绷扎法、防毒与中毒急救、担架。书前有陈亚三弁言。

　　收藏单位：重庆馆

05448

救护常识

出版者不详，[1911—1949]，60页，32开

　　本书共3部分：急救法、担架术、绷带术。

　　收藏单位：南京馆

05449

救护常识问答 汪铁吾编

军事新闻社出版部，1936.12，36页，25开（战时实用常识丛书）

　　本书共20章，内容包括：战地救护的意义与责任、各种救护法、消毒常识、消毒法、救护用物与用具等。

　　收藏单位：贵州馆、江西馆

05450

救护概要 防空学校编著

防空学校，1935.8，84页，25开

防空学校，1937，3版，84页，25开

防空学校，1939，82页，25开

防空学校，1946，46页，25开

　　本书共16编，内容包括：创伤及其处置、骨折与脱臼及其处置、绷带、人工呼吸法、火伤及电气伤、徒手输送法、输送伤病之标准等。

　　收藏单位：安徽馆、重庆馆、广东馆、国家馆

05451

救护手册 中国红十字会北平分会编

北平：中国红十字会北平分会，1937.9，13+392页，50开，精装

　　本书内容包括：卫生团之组织、卫生员教导队通常训练课程、训练纲要等。

　　收藏单位：国家馆、内蒙古馆

05452

救护须知 第五路军总司令部政治部编

第五路军总司令部政治部，[1937—1945]，18页，64开（民众战时常识丛书5）

　　收藏单位：南京馆

05453

救护须知 国民政府军事委员会防空委员会编

国民政府军事委员会防空委员会，1935.11，16页，48开

　　收藏单位：重庆馆

05454

救护须知　南京防空研究会编

南京：南京防空研究会，[1931—1945]，40页，32开

　　收藏单位：广东馆

05455

救护须知　首都公务人员训练委员会编

南京：首都公务人员训练委员会，1936.3，60页，32开

　　本书共3部分：急救法、担架术、绷带术。

　　收藏单位：广东馆、贵州馆、国家馆、南京馆

05456

救护与防毒　汤蠡舟编

上海：上海市救护委员会，1937.8，4版，90页，16开

　　本书共4部分：急救学、绷带学、担架学、防毒学。

　　收藏单位：国家馆

05457

救护与急救　张茂永编著　吕金录校订

长沙：商务印书馆，1938.7，36页，50开

长沙：商务印书馆，1939.1，再版，36页，50开（民众战时常识丛书）

　　本书共11部分，内容包括：怎样搬运受伤的人、消毒法、止血法、骨折的急救法、冻伤的急救法、电伤的急救法等。

　　收藏单位：广东馆、国家馆

05458

救护与救急　陈公素编

北平：北平医刊社，1933.6，197页，50开

北平：北平医刊社，1937.1，增订再版，197页，50开

　　本书内容包括：人工呼吸法、火伤、溺死之救治、缢死者之救治等。

　　收藏单位：广东馆、国家馆、上海馆

05459

救护知识　史济煊著

汉口：战时大众知识社，1937，42页，36开（战时大众知识丛书）

汉口：战时大众知识社，1937.11，再版，42页，36开（战时大众知识丛书）

汉口：战时大众知识社，1938.4，3版，42页，36开（战时大众知识丛书）

　　本书共10节，内容包括：人体的构造、止血法、消毒法、伤兵搬运法、人工呼吸法、防毒常识等。

　　收藏单位：重庆馆、广西馆、湖南馆、江西馆、上海馆

05460

救护专科　赵慰祖编

上海：少年用品供应社，1932.5，194页，64开

　　本书为童子军高级课程教材。共12章，内容包括：生理构造、简易诊断法、三角巾包扎法、创伤急救法等。封面印"看护及卫生专科"字样。书前有盛朗西序。

　　收藏单位：国家馆

05461

军医外科学

[阳城]：太岳军区卫生学校，1947.2，油印本，1册，32开

　　收藏单位：国家馆

05462

军阵外科学　军医教育班学员班编

军医教育班学员班，1936.6，138页，16开

　　本书共两篇。第1篇"兵器"共两章：火药，武器；第2篇"战伤"共5章，内容包括：战伤之统计、战伤之感染总论、战伤治疗总论等。

　　收藏单位：国家馆

05463

军阵外科学概要　滕书同编译

北平：滕书同，1933.4，316页，32开

05464

军阵外科之技术（第 1 辑 消毒麻醉绷带） 鲍家德 斯米顿编 谢学洙 裘景舟译

第三战区军医学术研究会，[1943]，106 页，32 开

本书共 3 章：消毒、麻醉、绷带。

收藏单位：重庆馆、广东馆、江西馆、浙江馆

05465

空袭下救护法 华北政务委员会总务厅情报局编

华北政务委员会总务厅情报局，1944.7，[10]+104 页，32 开（时局丛书 35）

本书为鲍鉴清、田一绿据日本铃木军医在东京青少年团讲习会上的讲稿编译。共 12 章，内容包括：止血法、三角巾使用法、火伤、瓦斯防护等。书前有译者序及东京都青少年团原序。

收藏单位：国家馆、南京馆

05466

手术须知 军医署编

军医署，1945，64 页，50 开（医术 7）

本书共 3 章：手术室建筑及设施要点、手术前之准备、手术后之护理。

收藏单位：重庆馆、南京馆、内蒙古馆

05467

现代战争外科学 （英）Hamilton Bailey 主编 季钟朴等译

东北民主联军总卫生部编译处，1947.7，132 页，16 开，精装

收藏单位：国家馆、上海馆

05468

现代战争外科学 （英）Hamilton Bailey 主编 季钟朴等译

外文题名：Surgery of modern warfare

华北军区卫生部，1948.10，1 册，16 开，精装

本书共 6 卷 20 篇，内容包括：创伤概论、冻伤火伤及植皮术、伤员的麻醉、血管损伤、固定肢体方法、截断术、骨及关节之外伤、手与脚的外伤、脊柱的创作与损伤、眼及眶部的创伤、在亚热带遭遇的外科疾病等。

收藏单位：重庆馆、吉林馆

05469

行军病学 陈存善编译

陈存善，1933.3，122 页，32 开

05470

胸部战伤 黄志上等译

济南：医务生活社，1949.3，102 页，50 开

本书译自美国军队外科手册。内容包括：处理胸部伤的一般原则、治疗及处理胸部伤的概要、手术外科等。

收藏单位：国家馆

05471

血管战伤 宫乃泉 刘星编译

医务生活社，1948.8，67 页，32 开

本书内容包括：动脉创伤、静脉创伤、血管暴露等。

收藏单位：重庆馆、国家馆、辽宁馆

05472

野战外科学 （苏）爱兰斯基著 陈述等译

沈阳：东北军区卫生部教育处编译科，1949.5，272 页，32 开

本书共 3 部 24 篇，内容包括：野战外科学及其领域、创伤休克、战伤的分类、枪伤的治疗、胸部伤、腹部伤等。

收藏单位：东北师大馆、国家馆、天津馆

05473

怎样救护 穆伯龙著

[上海]：医声出版社，1937，73 页，32 开

本书共 7 章，内容包括：救护的意义、担架术、急救术、人工呼吸法等。

收藏单位：重庆馆、广东馆、广西馆、贵州馆、国家馆、上海馆

05474

战地及一般救护学 黄裕纶编

长沙：商务印书馆，1939.2，97页，32开（战时常识丛书）

长沙：商务印书馆，1940，再版，97页，32开（战时常识丛书）

本书共37章，内容包括：绪论、患者运搬法、绷带法、伤害救护法、止血法、吐血之救急法、骨折之救急法、窒息之救护法、消毒法等。书前有张建所作序言以及作者自序。

收藏单位：重庆馆、广东馆、国家馆、南京馆

05475

战地救护常识 郭培青编

上海：中华书局，1934，96页，32开

上海：中华书局，1935，再版，96页，32开

上海：中华书局，1936.4，3版，96页，32开

上海：中华书局，1936.2，60页，32开（初中学生文库）

上海：中华书局，1937.10，3版，60页，32开（初中学生文库）

上海：中华书局，1939，4版，59页，32开（初中学生文库）

本书共8章：总论、战地救护大纲、伤者搬运法、伤者昇负法、救护法述要、毒气预防法、救急用品、我国战时救护机关之组织概况。书前有褚民谊序及金宝善序。

收藏单位：重庆馆、广东馆、广西馆、贵州馆、国家馆、黑龙江馆、湖南馆、江西馆、南京馆、内蒙古馆、山西馆、上海馆、天津馆、浙江馆

05476

战地救护常识

中国国民党中央宣传委员会，1933.5，88页，50开

收藏单位：重庆馆、贵州馆、国家馆、江西馆、上海馆

05477

战地外科医护概要 军医署编

军医署，1945，110页，50开（医术15）

本书共16章，内容包括：人体水份平衡之维持、生物化液体应用之报告、化学疗法、休克、创伤、影响伤口愈合之因素、烧伤等。

收藏单位：安徽馆、重庆馆、广东馆、南京馆

05478

战伤疗法 宫乃泉译著

韬奋书店，1947.4，2版，196页，32开

本书共30章，内容包括：救护所的组织和工作、创伤治疗原则、战伤的化学疗法、创伤休克、破伤风等。附关于磺酰胺类药物的临床知识、潘尼西林的实用知识、石膏粉的制造、英美加外科代表团访苏记。

收藏单位：国家馆、山西馆

05479

战伤疗法 宫乃泉译著

医务生活社，1944.5，油印本，55页，32开

医务生活社，1946.10，再版，196页，32开

医务生活社，1947.6印，221页，32开

收藏单位：重庆馆、国家馆、南京馆

05480

战伤疗法笔记 宫乃泉讲 王旋笔记

福安区专员公署卫生科中心卫生院，[1937—1949]，油印本，1册，32开

收藏单位：国家馆

05481

战伤文集 胶东军区卫生部辑

胶东新华书店，1946.12，318页，32开

胶东新华书店，1947.7，2版，318页，32开

胶东新华书店，1948，3版，408页，32开

本书共26章，内容包括：伤口是怎样愈合起来的、一般创伤的处理、休克、头面部创伤、胸部创伤、护理等。

收藏单位：重庆馆、国家馆

05482

战伤文集（第2集） 医疗文辑社辑

华东新华书店胶东分店，1949.3，291页，32

开

本书共 19 章，内容包括：治疗原则、休克、麻醉、缝合、骨折、烧伤、冻伤等。

收藏单位：国家馆、山东馆、天津馆

05483
战伤眼科学撷要　姜殊文著
姜殊文，1932.9，99 页，32 开

收藏单位：重庆馆、国家馆

05484
战伤治疗技术　（加）白求恩（Norman Bethune）著
长春：东北书店，1949.3，29 页，32 开

本书共 5 节，内容包括：扩创术、外物之探取、开腹术及肠缝合术等。

收藏单位：重庆馆

05485
战伤治疗技术　（加）白求恩（Norman Bethune）著
韬奋书店，1947.4，30 页，32 开

收藏单位：国家馆、山东馆

05486
战伤总论　陶煦编译
[大连]：医务生活出版社大连分社，1948.7，213 页，32 开

本书内容包括：战伤外科的特性、创伤的总论、破伤风、休克等。

收藏单位：重庆馆、东北师大馆、国家馆、辽宁馆、首都馆、天津馆、浙江馆

05487
战时急救法　刘青萍编著
长沙：中华平民教育促进会，1938，24 页，50 开（农民抗战丛书）

本书以文学小品的形式向民众宣传战时最基本的急救常识和方法。

收藏单位：重庆馆

05488
战时急救法　内政部卫生署编

[南京]：内政部卫生署，1932.5，34 页，32 开（卫生署刊物 11 册籍类 11）

[南京]：内政部卫生署，1933.2，再版，34 页，32 开（卫生署刊物 11 册籍类 11）

本书共 9 章，内容包括：两件最重要的事、急救用品、创作救急法、止血法、骨折救急法等。

收藏单位：国家馆、江西馆、浙江馆

05489
战时急救法　全国经济委员会卫生实验处著
全国经济委员会卫生实验处，1935.9，3 版，34 页，25 开（卫生署刊物 11 册籍类 11）

收藏单位：安徽馆、江西馆

05490
战时简易急救法　鞠孝铭　骆文琴著
重庆：中山文化教育馆，1938.10，38 页，32 开（抗战丛刊 61）

本书共 13 节：急救常识的重要、施行急救时应有的注意、施行急救时两件最重要的事、急救用品、创伤急救法、止血法、骨折急救法、烫伤急救法、电伤急救法、冻死溺死急救法、人工呼吸法、绷带包缠法、受伤者搬运法。

收藏单位：重庆馆、国家馆、南京馆

05491
战时救护　索非编著
上海：开明书店，1939.10，103 页，32 开
桂林：开明书店，1940，103 页，32 开

本书共 3 部分：导言、急救编、护病编。

收藏单位：安徽馆、重庆馆、广东馆、国家馆、黑龙江馆、江西馆、辽大馆

05492
战时救护　索非编著
广州：文化生活出版社，1938.4，69 页，32 开（战时常识小丛书）

收藏单位：重庆馆、国家馆、南京馆

05493
战时救护常识　陈柏青编

[重庆]：中央警官学校，1940，94页，32开

本书共3部分：动员、救护工作的技术训练、战时救护应有的认识。书前有弁言、凡例、编者附言。

收藏单位：国家馆、浙江馆

05494

战时救护常识　陶鸿翔编

上海：中华书局，1937.10，26页，50开

上海：中华书局，1938，再版，26页，50开

本书共6章：总说、创伤的种类和急救、出血的急救、骨折的急救、人工呼吸、结语。

收藏单位：重庆馆、江西馆

05495

战时救护法　赵敬恒编

汉口：战时出版社，1938，再版，40，32开

收藏单位：广西馆

05496

战时救护概要　郭应槐著

北平：中国科学化运动协会北平分会，[1932—1949]，70页，50开（通俗科学小丛书 丙类2）

本书共4章：绪言、外伤救护法、伤者搬运法、毒气之预防及救护。

收藏单位：国家馆

05497

战时外科学　薛健著

中国文化服务社陕西分社，1942.1，321页，16开

本书共48章，内容包括：消毒法或杀菌法、胃之战伤、胸膜之战伤等。

05498

战争外科十八讲　于少卿著

[重庆]：陆军军医学校，1945.9，145页，22开（陆军军医学校丛书）

本书共18讲，内容包括：兵器、战争外科之一般工作、战伤之一般影响、弹创之治疗等。书前有教育长序及著者自序。

收藏单位：重庆馆、国家馆、绍兴馆

05499

战争外科学　白求恩学校编

白求恩学校，1944，油印本，1册，32开

收藏单位：国家馆

05500

战争外科学　谭壮编译

阳城：太岳军区卫生部，1947，118页，36开

收藏单位：山西馆

05501

战争外科学　周泽沼编

晋察冀军区卫生部，1947.9，78页，32开

本书参考中外许多名著及本军战地经验汇集编纂，介绍关于战争外科方面的一般知识。

收藏单位：重庆馆

05502

战争外科学　周泽沼编

中原军区卫生部，1947.9，78页，32开

本书共4篇：战争外科学总论、战伤的判断和初步治疗、潜伏弹的取出、创伤传染。书前有白求恩题词。

收藏单位：重庆馆、黑龙江馆、上海馆

特种武器损伤

05503

重庆防空司令部防毒训练班各科讲义　闵君雄等著

重庆：出版者不详，1942，[324]页，32开

本书收讲义10篇，内容包括：《化学战剂》（闵君雄）、《气象战》（徐尔灏）、《化学兵器大观》（张季侯）、《各个防御》（朱启明）、《集团防御》（吴宗道）、《消毒技术》（张其耀）、《防空工程学》（刘开坤）等。附本班第一、二期联合防毒演习实施计划草案，本班小组讨论总结论。贺国光、黄佑南作序。

收藏单位：重庆馆

05504

大众防毒知识　钱乐华著

汉口：战时大众知识社，1937.10，80 页，32 开（战时大众知识丛书）

汉口：战时大众知识社，1938.4，再版，80 页，32 开（战时大众知识丛书）

汉口：战时大众知识社，1948，再版，80 页，32 开（战时大众知识丛书）

　　本书共 6 部分，内容包括：毒气的种类和功能、毒气的施放和识别、毒气的防御、中毒者的救活等。

　　收藏单位：安徽馆、重庆馆、广东馆、广西馆、国家馆、江西馆、南京馆、浙江馆

05505

都市防毒概要　重庆防空司令部第四处编

重庆防空司令部第四处，[1937—1945]，62 页，64 开（防毒常识丛书 1）

　　本书共 14 节，内容包括：敌人用毒之种类、都市防毒之几种业务、防毒人员如何判别毒气弹、防空洞之防毒设备、各个防毒设备、消毒、毒伤救护等。

　　收藏单位：重庆馆、国家馆

05506

毒气防御及救护法　翟大光译

香港：大光报印务有限公司，1936.11，85 页，32 开

香港：大光报印务有限公司，1937.1，再版，85 页，32 开

　　本书共 11 章，内容包括：化学药剂性质及种类、毒气施救法、防毒要则、房舍防毒法、眼及肺之防毒、身体各部之防毒等。

　　收藏单位：国家馆

05507

毒气防御及治疗法　顾学裘著

上海：商务印书馆，1936.10，67 页，32 开（医学小丛书）

长沙：商务印书馆，1937，3 版，67 页，32 开（医学小丛书）

长沙：商务印书馆，1940.1，4 版，67 页，32 开（医学小丛书）

本书共 10 章，内容包括：引言、毒气的种类、各种毒气的效能、毒气的识别法、毒气施放的条件、毒气战争的策略等。

　　收藏单位：重庆馆、广东馆、贵州馆、国家馆、湖南馆、江西馆、辽宁馆、内蒙古馆、首都馆、浙江馆

05508

毒气防治概要　行营军医处编

行营军医处，1937.8，42 页，50 开

05509

毒气及其治疗概要　金鳌编著　张绍昌　黄贻清校订

出版者不详，1936.3，18 页，16 开

05510

毒气伤害治疗要义　张耀德译　英国陆军院著

长沙：商务印书馆，1941.1，122 页，32 开

　　本书共 10 章，内容包括：毒气防护之意义、感觉刺激性物质、催泪性物质、神经系统之直接毒剂等。

　　收藏单位：重庆馆、广东馆、贵州馆、国家馆、湖南馆、华东师大馆、南京馆、内蒙古馆

05511

毒气医疗手册　中央研究院应用化学研究所编

重庆：军政部防毒处，[1937—1945]，76 页，64 开

　　收藏单位：南京馆

05512

毒气战伤的预防及治疗　西北人民解放军野战卫生部编

西北人民解放军野战卫生部，1948，25 页，64 开

　　本书为军事常识读物。

　　收藏单位：重庆馆、山东馆

05513

毒气之防御 李尔康编著

重庆：中山文化教育馆，1938.12，50页，50开（抗战丛刊75）

本书共9节：引言、军用毒气、毒气之施放、防御毒气应具之心理、单独防御毒气、集团防御毒气、毒气之消除、中毒后之急疗、组织与训练。

收藏单位：重庆馆、桂林馆、国家馆、南京馆

05514

毒气之防御及治疗 国府警卫军司令部军医处编纂

南京：国府警卫军司令部军医处，1931.12，21页，25开

本书共8章，内容包括：判断毒气之种类、医生的处置方法、受毒气者之药物疗法、普通解救剂等。

收藏单位：国家馆

05515

毒气中毒之症状及其急救法

军事委员会军官训练团，1938，10页，64开

收藏单位：广东馆

05516

毒瓦斯及其防护治疗与消毒 史国藩编著

南京：军用图书社，1936.6，12+152页，22开

南京：军用图书社，1937.7，再版，[12]+152页，22开

本书共13节，内容包括：毒瓦斯及其作用、毒气之使用法、毒瓦斯的识别、集团防护、个人防护、防毒器材等。

收藏单位：重庆馆、东北师大馆、贵州馆、国家馆、江西馆、首都馆

05517

毒瓦斯之防护法 蔡宗濂编译

南京：军用图书社，1932.4，106页，32开

南京：军用图书社，1933.10，106页，32开

南京：军用图书社，1936.2，再版，106页，32开

本书共4篇：毒瓦斯之通说，各个防护、集团防护及物品之防护，战斗、行军及驻军间之防护，被毒瓦斯伤害人马之救急。

收藏单位：重庆馆、广东馆、贵州馆、桂林馆、国家馆、江西馆、内蒙古馆

05518

毒瓦斯中毒之症状及其治疗法

出版者不详，[1939—1949]，48页，32开

本书节译美国军政部军医总监部《世界大战报告》第14卷《毒瓦斯战争军医之部》。

收藏单位：广东馆

05519

防毒 刘献捷著

南京：军用图书社，1935.6，116页，32开

本书共20节，内容包括：化学战之缘起、毒气攻击法、前防的防毒、民众防毒等。

收藏单位：重庆馆、国家馆、江西馆

05520

防毒常识 程炎泉编

上海：世界书局，1936，49页，50开

上海：世界书局，1937，再版，49页，50开（战时常识丛书）

本书共10章，内容包括：概说、毒气战争的历史、毒气的种类、毒气的使用、防毒的方法、预防毒气须知、中毒的症状和急救、防毒员的常识等。附欧战时所用毒气表、毒气弹的识别。书前有《战时常识丛书发刊词》（陆高谊）。

收藏单位：重庆馆、贵州馆、国家馆、江西馆、南京馆

05521

防毒常识 防空学校编

防空学校，1936，3版，96页，32开（防空学校丛书7）

本书共7章：总论、毒气之性能与类别、毒气之使用、防毒器具、部队之毒气防御、毒气防御之战术、市民之毒气防御。

收藏单位：重庆馆

05522

防毒常识 黄镇球编

防空学校，1934，88 页，32 开

  收藏单位：重庆馆、广东馆

05523

防毒常识 教育部民众读物编审委员会编

[重庆]：正中书局，1938.8，27 页，50 开（非常时期民众丛书 第 3 集 9）

  本书共 4 部分：毒气的种类、事前的防备、毒气来袭时的防御、消毒法。

  收藏单位：国家馆

05524

防毒常识 刘致和 陈锡珍著

北平：中国科学化运动协会北平分会，[1932—1949]，43 页，50 开（通俗科学小丛书 丙类 1）

05525

防毒常识 南京市政府秘书处编

南京：南京市政府秘书处，1937.8，24 页，32 开

  收藏单位：南京馆

05526

防毒常识 中华基督教青年会编

上海：中华基督教青年会，[1937]，12 页，25 开

  收藏单位：江西馆

05527

防毒常识 汪浏编著

上海：商务印书馆，1937.6，48 页，32 开（教育部教育播音小丛书 9）

  本书共 5 章：绪论、各个防护、集团防护、毒气侦检与消毒、毒气创伤治疗。

  收藏单位：重庆馆、国家馆、南京馆

05528

防毒常识 中华职业学校编

出版者不详，1936.4，32 页，32 开（非常时期国民常识小丛书 5）

05529

防毒法规计划汇编 重庆防空司令部第四处编

重庆：重庆防空司令部第四处，1943 印，164 页，22 开

  收藏单位：首都馆

05530

防毒方法 白动生编著

重庆：正中书局，1937，34 页，50 开（抗战常识讲话 应用军事常识）

[重庆]：正中书局，1938.9，34 页，50 开（抗战常识讲话 应用军事常识）

  本书共 5 部分：毒气有哪几种、防毒的方法怎样、防毒有哪几种器具怎样使用、怎样消毒、怎样救护中毒的人。

  收藏单位：重庆馆、国家馆

05531

防毒概要 刘献捷编

国立武汉大学，[1928—1949]，86 页，64 开

05532

防毒概要 裘宏达编著

南京：正中书局，1936.9，74 页，32 开（童子军小丛书 第 1 辑 3）

  本书共 7 章：毒气战争的略史、毒气总论、军用毒气的性能、毒气攻击的技术、毒气的防护、防毒训练和组织、毒气中毒后的急救和疗法。书前有著者自序。

  收藏单位：重庆馆、广东馆、广西馆、贵州馆、国家馆、湖南馆、江西馆、辽宁馆、内蒙古馆、首都馆、浙江馆

05533

防毒概要 胥苹苏编著

出版者不详，[1930—1939]，176 页，50 开

  收藏单位：江西馆

05534

防毒纲要 向石编

兵学书局，1937，170 页，64 开

05535

防毒纲要 向石编

南京：军学编译社，1937，170 页，64 开

本书共 5 章，介绍毒气的概念、种类、价值、分析、使用及防护等。

收藏单位：重庆馆

05536

防毒讲话 刘献捷编

出版者不详，[1930—1939]，64 页，32 开

本书共 6 部分：化学战之缘起、毒气攻击法、毒气之种类及分配、毒气防御法、各种面具之原理、防毒组织。

收藏单位：安徽馆、福建馆、广东馆、国家馆

05537

防毒讲义 王由道编

军训部骑兵巡回教育班，1942.3，42 页，32 开

05538

防毒人员必携 胥苹荪编著

出版者不详，[1938]，90 页，50 开

收藏单位：江西馆

05539

防毒实施 龚作人编译

南京：军用图书社，1935.6，92 页，32 开

南京：军用图书社，1936.3，再版，92 页，32 开

本书共 10 章：毒瓦斯战争之重要性、毒瓦斯之攻击方式、各个防护法、集团防护法、特种防护法、军用动物之防护法、瓦斯战实施时之处置、瓦斯之毒害作用及急救法、氧化炭之危险性、防毒训练之方法。

收藏单位：重庆馆、广东馆、国家馆、江西馆

05540

防毒实施 胥苹荪著

江西全省防空司令部，1939.4，56 页，25 开

收藏单位：江西馆

05541

防毒实施 朱勉仙编

上海：世界书局，1936.12，49 页，50 开（战时常识丛书）

上海：世界书局，1937，新 1 版，49 页，50 开（战时常识丛书）

上海：世界书局，1937.4，再版，49 页，50 开（战时常识丛书）

本书共 8 节：毒气沿革、毒气之性能与分类、毒气之运用、防毒器材、市民之防毒、防毒之训练等。书前有《战时常识丛书发刊词》。

收藏单位：重庆馆、贵州馆、国家馆、南京馆、天津馆

05542

防毒手册 段世源著

长沙：商务印书馆，1938，26 页，42 开

收藏单位：广东馆、贵州馆

05543

防毒手册

出版者不详，[1938.7]，50 页，25 开

收藏单位：广东馆、江西馆、南京馆

05544

防毒须知 胥苹荪编

出版者不详，[1930—1939]，24 页，25 开（江西省战时警官补习班讲义）

收藏单位：江西馆

05545

防毒须知 [阳国栋] 撰

铜梁：铜梁县防治团，[1943.5]，9 页，64 开

本书共 6 节：毒气之分类、毒气之损害、防毒常识、中毒之处置、治疗概要、预防。书前有阳国栋弁言。

收藏单位：重庆馆

05546

防毒须知

第二十工厂防空服务队第一区，1942 印，油印本，1 册，64 开，环筒页装

本书内容包括：毒气性能、施放毒气之方法、防毒实施等。

收藏单位：重庆馆

05547

防毒须知

出版者不详，[1937]，78 页，25 开

收藏单位：江西馆

05548

防毒学浅说　航空委员会防空总监部民防处编

航空委员会防空总监部民防处，1942.4，135页，32 开（防空参考丛书 13）

本书共 7 章：总论、毒气性质各论、中毒者之救治法、毒气侦检法、毒气防御、消毒法、烟幕与毒烟。

收藏单位：重庆馆、广东馆、国家馆

05549

防毒训练　大路社专门委员会编

上海：国防常识出版社，1936.8，84 页，36 开（国防常识丛书）

上海：国防常识出版社，1936.12，3 版，84 页，36 开（国防常识丛书）

上海：国防常识出版社，1937.6，4 版，84 页，36 开（国防常识丛书）

本书共 10 章：什么是毒、什么是防毒、防毒的工作、防毒的器具、防毒器具使用法、个人防毒、集体防毒、消毒法、救急法、防毒的预测和警报。

收藏单位：安徽馆、重庆馆、广东馆、国家馆、江西馆、南京馆

05550

防毒要领　陶鲁书编译

[成都]：航空委员会训练监编译科，[1940]，152 页，64 开

本书共 9 章，内容包括：绪言、毒气的种类及性质、毒气的攻击法、个人防御法、团体防御法、物品防御法等。

收藏单位：重庆馆、福建馆、南京馆

05551

防空洞管理人员防毒必携　重庆市防空洞管理处编

重庆：重庆市防空洞管理处，1942.2，26 页，32 开

本书共 8 部分，内容包括：毒气概说、防毒须知、消毒大要、急救常识、防毒口罩之制造及草鞋之使用法、空袭期间重庆市各防空洞管理人员临时应付毒袭办法等。

收藏单位：重庆馆、南京馆

05552

公共防毒与除毒　陈宗仁编

长沙：商务印书馆，1938.3，42 页，32 开

长沙：商务印书馆，1938.4，再版，42 页，32开

赣县（赣州）：商务印书馆，1942.10，3 版，42 页，32 开

本书共 10 章：公共防毒之意义、关于毒气之常识、家庭防毒之设施——避毒室、工业机关防毒之设备、公共避毒所、除毒之处置、救护所、中毒之救急、结论、附录——参考书。

收藏单位：重庆馆、广东馆、广西馆、贵州馆、桂林馆、国家馆、华东师大馆、辽宁馆、南京馆、宁夏馆、上海馆、西南大学馆、浙江馆

05553

何谓毒气　（日）八木录郎著　训练总监部军学编译处译

南京：军用图书社，1933.7，128 页，22 开

本书讲述毒气应用于战争的历史、性质与防护方法。共 13 章，内容包括：毒气之意义、毒气之历史、何为毒气、如何使用毒气等。

收藏单位：广东馆、国家馆、江西馆、南京馆

05554

化学战单剂毒伤医疗法　军政部兵工署编

出版者不详，[1928—1949]，90 页，32 开

收藏单位：江西馆

05555

简易防毒法　华汝成编

上海：中华书局，1936.12，16 页，50 开

上海：中华书局，1937.8，再版，22 页，50 开

　　收藏单位：重庆馆、国家馆、吉林馆、内蒙古馆、上海馆

05556

军用毒气病之病理及治疗法　梁伯强　杨简编译

广州：国立中山大学出版部，1936.2，66 页，16 开

　　本书共 5 章，内容包括：毒气战争与军用毒气之概要、各种毒气病之理病及治疗法、毒气病之续发现象等。

　　收藏单位：甘肃馆、贵州馆、国家馆、南京馆、上海馆、天津馆

05557

军用毒气病之预防及简易疗法　上海雷氏德医学研究院病理部著

上海：中华医学会，1937.9，[31] 页，16 开

　　本书为《中华医学杂志》第 23 卷第 9 期抽印本。共 6 章，内容包括：毒气之化学组成、其他的毒物、受毒者之处理等。

　　收藏单位：国家馆、内蒙古馆

05558

军用毒气治疗学　王耕编纂

桂林：试评西医院，1938.3，532 页，32 开（试评医院丛书 1）

　　本书共 4 篇：总论、各论、毒菌、附录。书前有自序、编后之言由洪子顺、孙绳武序。封面题：王式平编述。

　　收藏单位：重庆馆、贵州馆

05559

军阵毒气学　军医教育班学员班编

军医教育班学员班，1936.6，164 页，18 开

　　本书共 10 章，内容包括：窒息性毒气、催泪性毒气、中毒性毒气、人造雾障、毒菌等。

　　收藏单位：国家馆

05560

抗战与防毒　周尚著

长沙：商务印书馆，1938.2，133 页，32 开（抗战小丛书）

长沙：商务印书馆，1938.3，再版，133 页，32 开（抗战小丛书）

长沙：商务印书馆，1938，3 版，[137] 页，32 开（抗战小丛书）

　　本书共 10 章：抗战时的毒气、毒气的施放、各种毒气侵袭时的辨别、毒气的不足畏、防毒的技术、抗战中的个人防毒、抗战中的集团防护、中毒的救护、卫生上的消毒、防毒教育。

　　收藏单位：安徽馆、重庆馆、广东馆、广西馆、贵州馆、桂林馆、国家馆、湖南馆、江西馆、宁夏馆、武大馆

05561

市民防毒要览　萧冠英编译

广州：国立中山大学出版部，1938.2，74 页，32 开

　　本书共 7 章，内容包括：都市之空袭、都市之防空、毒气防护、中毒患者之救急等。

　　收藏单位：贵州馆、国家馆、湖南馆、江西馆

05562

瓦斯弹之防护　国民政府军事委员会防空委员会编

国民政府军事委员会防空委员会，[1934—1946]，11 页，32 开

　　收藏单位：重庆馆、湖南馆

05563

物品防护与消毒　重庆防空司令部第四处编

重庆：重庆防空司令部第四处，[1937—1945]，16 页，64 开（防毒常识丛书 7）

　　收藏单位：重庆馆、上海馆

05564

物品防护与消毒　防空总监部民防处编

防空总监部民防处，1942，12 页，64 开（防空参考丛书 10）

本书介绍物品防护的重要性，毒气的分类，物品防护与消毒原则，物品消毒的方法，以及食物、被服、日常用具、动物、机械的防护与消毒。

收藏单位：重庆馆

05565

英国红十字会毒气急救法 （英）柯林（D. J. Collin）著 樊登峰译

上海：中华医学会，1937.11，45页，36开

本书共8章，内容包括：军用毒剂之分类、催泪剂及肺刺激剂、非军用毒气、化学战争之防御方法等。

收藏单位：重庆馆、贵州馆、国家馆

05566

怎样防毒 穆伯龙著

上海：医声出版社，1937，87页，32开

本书共7章，内容包括：毒气是什么、毒气的类别和性能、毒气的施放方法及条件、各种毒气的中毒症象及辨别法等。

收藏单位：重庆馆、广东馆、贵州馆、国家馆、江西馆、南京馆、宁夏馆

05567

战时毒气救护 （法）塔农（L. Tanon）等著 刘贻德译述

上海：开明书店，1940.4，97页，32开

本书共9部分：绪论、毒气之分类与症状、毒气之病理解剖、毒气之治疗、腐烂毒气之治疗、防空急救室、毒气之鉴别、消毒、化学战争中儿童之防御。

收藏单位：重庆馆、国家馆

05568

战时防毒问题 浦同烈编

成都：铁风出版社，1940.10，30页，大64开（防空丛书4）

本书共5章：惨痛的经验、遭遇毒气的必然性、防毒是确属有效的、如何加强防毒准备、结言。附《欧战中用毒效率比较表》。

收藏单位：重庆馆、国家馆

05569

战时简易防毒及急救法

出版者不详，1937.8，18页，32开

收藏单位：广东馆

05570

战时民众防毒 陈一均编著

南京：正中书局，1937.8，67页，32开（战时民众训练小丛书）

本书共3部分：前言、毒气、防毒。

收藏单位：重庆馆、东北师大馆、贵州馆、桂林馆、国家馆、江西馆、南京馆

05571

战用毒气的防御与其救护方法 李兆时编著

广州：健康知识社，1936.2，[21]+56页，32开（健康知识丛书5）

本书共8章：人类与战争、将来的毒气战、毒气的种类、毒气的攻击、毒气的防御、毒气对于身体各部伤害的作用、身体各部受伤害时的救护方法、救护前的准备与救护时的注意。

收藏单位：国家馆

05572

战用毒气医疗浅说 军政部兵工署编

[重庆]：军政部军医署，1939.7，34页，90开

收藏单位：广东馆、江西馆

05573

战用毒气医疗浅说

江西省卫生处，[1939—1945]，24页，32开

收藏单位：南京馆

05574

战争毒气防御常识 梁心著

佛山：崇德医院，1932.3，94页，42开（梁氏丛书15）

本书共两编11章。内容包括：糜烂性毒气、窒息性毒气、催泪性毒气、市民防御战争毒气之根本条件、战争毒气中毒后之治疗条例、防毒面具之制法等。

收藏单位：广东馆

05575

战争毒气防御常识 梁心著
上海：日新与地学社，1932.3，95 页，50 开
（梁氏丛书 15）
上海：日新与地学社，1933.6，2 版，95 页，
50 开（梁氏丛书 15）

收藏单位：重庆馆、国家馆、南京馆、浙江馆

专科疾病

眼 科

05576

陆军砂眼防治实施办法 军医署编
军医署，1945.4，19 页，64 开
本书共 3 章：传染概说、诊疗简要、预防方法。

收藏单位：重庆馆、广东馆、南京馆

航空航天医学

05577

航空生理 （日）永井潜著
[北京近代科学图书馆]，[1936—1945]，39 页，
22 开（北京近代科学图书馆丛刊 3）
本书为著者在北京大学医学院的 5 次讲演稿汇编。

收藏单位：国家馆

05578

航空卫生 张祖德编译
[成都]：航空委员会训练监，1940.1，42 页，
64 开
本书共 4 章：对于气流及寒冷之保护，对于闹声、震动之防御及航空病源之预防，发动机排除有害气体之防御，高空氧缺乏之预防。

收藏单位：国家馆

05579

航空医学文献丛集 张祖德编著 韩宗琦校
郭致文审定
成都：航委会空军军医训练班、航空医学研究室，1942.7，64 页，16 开，环筒页装（航医参考丛书 6）
本书共 10 篇，内容包括：航空医学史（包括年鉴）、高空作用之研究（静的研究）、加速度作用之研究（动的研究）、航空生理学的研究、航空心理学的研究等。

收藏单位：国家馆

05580

航空医学中的视觉器官 未尔哈根（K. Velhagen）著 缪天荣译 韩宗琦校正 张祖德审定
[成都]：航委会空军军医训练班、航空医学研究室，1941.11，102 页，25 开，环筒页装（航空医学参考丛书 4）
本书共 4 章：引言、飞行员视觉器官的生理和病理、实际应用情形、教学和研究。

收藏单位：重庆馆、国家馆

05581

人体与飞行 戴荣铃译 江世澄校
南京：航空委员会空军军医训练班，1946.6，
87 页，32 开
收藏单位：南京馆

运动医学

05582

运动救急法 阮蔚村编著
上海：勤奋书局，1932.8，68 页，32 开（体育丛书）
上海：勤奋书局，1936，68 页，32 开（体育丛书）
本书共 16 章，内容包括：人体解剖学、救急处置方法、内伤疗治法、外伤疗治法、止血法、真假死之区别、人工呼吸法等。

收藏单位：重庆馆、广西馆、国家馆、湖

南馆、江西馆、南京馆、浙江馆

药 学

05583

不老氏西药全书 ［华洋大药房编］

重庆：华洋大药房，［1924］，5 版，订正版，71 页，32 开

本书为华洋大药房所售药品目录，每种药品均有药性简介及功用说明。

收藏单位：重庆馆

05584

处方手册 医务生活社编

华东新华书店，1948.11，81 页，36 开

华东新华书店，1949.4，再版，81 页，36 开

本书共 5 章：处方要点及简字应用、药品性能及处方录、疫苗及血清之应用、磺胺类药物用法简要、急性中毒救治须知。

收藏单位：重庆馆、山东馆

05585

国立北平研究院药物研究所丛刊（第 1 卷 民国二十二年至二十三年）

北平：国立北平研究院药物研究所，［1934］，75 页，16 开

收藏单位：南京馆

05586

国立药学专科学校第一届毕业纪念册 国立药学专科学校编

南京：国立药学专科学校，［1940］，37 页，横25 开

本书内容包括：校史、级史、名录等。

收藏单位：国家馆

05587

国立药学专科学校概况 国立药学专科学校教务处出版组编

南京：国立药学专科学校教务处出版组，1947.4，油印本，1 册，32 开

南京：［国立药学专科学校教务处出版组］，1948.5，26 页，32 开

本书内容包括：沿革、行政组织、校舍设备及经费等。

收藏单位：国家馆、南京馆

05588

家庭药物学 朱梦梅编 王蕴章校

上海：商务印书馆，1919.3，260 页，32 开（妇女丛书 第 1 集 第 4 编）

上海：商务印书馆，1921，3 版，260 页，32 开（妇女丛书 第 1 集 第 4 编）

上海：商务印书馆，1924.4，5 版，260 页，32 开（妇女丛书 第 1 集 第 4 编）

上海：商务印书馆，1927，7 版，260 页，32 开（妇女丛书 第 1 集 第 4 编）

上海：商务印书馆，1929.1，8 版，260 页，32 开（妇女丛书 第 1 集 第 4 编）

上海：商务印书馆，1935.2，国难后 2 版，151 页，32 开（家庭丛书）

［长沙］：商务印书馆，1940.4，国难后 5 版，151 页，32 开（家庭丛书）

本书共 16 章，内容包括：强壮剂、健胃剂、泻剂、收敛剂、祛痰剂、通经剂、吐剂、解热剂及清凉剂、缓和剂等。

收藏单位：安徽馆、重庆馆、广东馆、国家馆、河南馆、湖南馆、江西馆、南京馆、山西馆、首都馆

05589

教育部公布药学名词 国立编译馆编订

［上海］：国立编译馆，1933，218+18 页，16开

本书共 5 部分：生药名词、化学药品及制剂名词、别名表、药理名词、索引。收 1500余个名词，按拉丁文名、德文名、英文名、法文名、日文名、旧译名、决定名、备注等项列表对照说明。

05590

救急药物学讲义

出版者不详，[1911—1949]，36 页

　　收藏单位：广东馆

05591

看护药料学（下册）

上海：广学书局，1923，684 页，23 开

05592

临床药物学　张克成编

上海：生活医院，1933.6，864+104 页，16 开，精装

　　本书译自日本长尾氏之《临床药理学》一书，并增入部分新药。共两部分。"总论"共两编：药物学泛论、处方学泛论；"各论"共 36 章，内容包括：缓和剂、收敛剂、防腐消毒剂、利尿剂、吐剂等。附毒剧药极量表、小儿药物用量算出表、配合禁忌表等。

　　收藏单位：广东馆、国家馆

05593

普通药物学教科书　丁福保编

上海：医学书局，1920.7，3 版，2 册（[22]+104+101 页），22 开，精装（丁氏医学丛书）

　　本书共 10 章，内容包括：健胃剂、皮肤病变、强壮剂、解热剂、防腐剂等。

　　收藏单位：国家馆、河南馆

05594

全国新药业同业公会附设上海药学讲习所第一届毕业纪念刊　新药月报社编

上海：中华民国全国新药业同业公会联合会，1937.4，1 册，16 开，精装

　　本刊作为《新药月报》第 2 卷第 2 期专号出版。书前有潘公展、李廷安、杨永年、胡定安等人题词，讲习所所址及师生照片。

　　收藏单位：国家馆

05595

日用药物学　牟鸿彝编撰

上海：北新书局，[1934]，120 页，32 开（现代医学小丛书 3）

　　本书共 19 章，内容包括：解热药、兴奋药、通便药、催吐药、镇静药、麻醉药、强壮药等。

　　收藏单位：广西馆、国家馆、南京馆、浙江馆

05596

实验药物学　顾学裘编著　上海新医研究会增订

上海：上海医学出版社，1949.5，增订本，342 页，32 开

　　本书共 21 章，内容包括：药物之历史、药用度量衡学、药物之来源、药剂学大意等。

　　收藏单位：国家馆、宁夏馆

05597

实用药物学　邓立铭　陈天枢编译

上海：商务印书馆，1917.8，1 册，32 开

上海：商务印书馆，1926.10，9 版，180+12 页，32 开

上海：商务印书馆，1927.12，10 版，180+12 页，32 开

上海：商务印书馆，1928.9，11 版，180+12 页，32 开

上海：商务印书馆，1929.7，13 版，180+12 页，32 开

上海：商务印书馆，1931.4，14 版，180+12 页，32 开

上海：商务印书馆，1932.11，国难后 1 版，180+12 页，32 开

上海：商务印书馆，1933.10，国难后 2 版，180+12 页，32 开

上海：商务印书馆，1934.10，国难后 4 版，180+12 页，32 开

上海：商务印书馆，1935.4，国难后 5 版，180+12 页，32 开

上海：商务印书馆，1937.6，国难后 8 版，180+12 页，32 开

[长沙]：商务印书馆，1939.3，国难后 11 版，180+12 页，32 开

[长沙]：商务印书馆，1940.8，国难后 13 版，180+12 页，32 开

赣县（赣州）：商务印书馆，1942.12，180+12 页，32 开

上海：商务印书馆，1947.5，17 版，145 页，32
开

上海：商务印书馆，1947.11，18 版，180+12
页，32 开

　　本书介绍 160 余种西药的性状、主治范
围、用量、各种处方等。共 17 章，内容包
括：解热药、杀菌药、驱虫药、发汗药等。

　　收藏单位：安徽馆、重庆馆、广东馆、广
西馆、国家馆、江西馆、南京馆、内蒙古馆、
上海馆、首都馆、天津馆、浙江馆

05598

实用药物学　华北医科大学药物学教室编
华北军区卫生部，1949.3，276+[45] 页，32 开

　　收藏单位：国家馆

05599

实用药物学　李向欣编著
东北药专，1948.10，[284] 页，32 开（药学
丛书 4）

　　本书共两部分。"绪论"共 10 章，内容
包括：药物及药物学、药物之种类、药物之作
用等；"各论"共 35 章，内容包括：兴奋剂、
麻醉剂、催眠剂、镇静剂等。

　　收藏单位：国家馆、辽宁馆

05600

实用药物学　吴建瀛撰
重庆：商务印书馆，1944.12，452+43 页，32
开

重庆：商务印书馆，1945，再版，512 页，32
开

上海：商务印书馆，1949.8，5 版，452 页，32
开

上海：商务印书馆，1949，6 版，1 册，32 开

　　本书介绍 600 余种药物的来源、标准含
量、性状、溶解度、作用及用途、配伍禁忌、
制剂、剂量等。附小儿药品用量计算公式及
表、欧美民间容量表、各种衡量比较表等 18
种。

　　收藏单位：重庆馆、国家馆、湖南馆、南
京馆、内蒙古馆、山西馆、天津馆

05601

司药必携　东北军区卫生部编
沈阳：东北军区卫生部，1948.12，2 册（326+
276 页），50 开，精装

　　收藏单位：辽宁馆、上海馆

05602

司药必携　国民革命军第十八集团军留守兵
团卫生部编
国民革命军第十八集团军留守兵团卫生部，
1943，2 册（[18]+692 页），32 开

　　本书共 7 篇：药物篇、调剂篇、制剂篇、
饮食物篇、毒物篇、毒气与防毒篇、卫生器
材篇。

　　收藏单位：国家馆

05603

西药实验大全　张润亭　赵玺忱编
抚顺：笑风医院，1929.10，252 页，32 开

抚顺：笑风医院，1936，再版，252 页，32 开

　　本书共 3 篇：药物学、配药学、处方学。

　　收藏单位：国家馆

05604

西药形性及效用新编　陈酉生编著　陈益钦
补辑　江起鲲校阅
上海：新学会社，1916.6，177+22 页，22 开，
精装

上海：新学会社，1932.7，5 版，177+22 页，22
开

　　本书介绍 270 种药物，内容包括：冰醋
酸、亚司匹林、亚砒酸（毒）、硼酸等。

　　收藏单位：首都馆、浙江馆

05605

新体实用药物学　戴虹溥编纂
北平：傅信印书局，1935，改订 2 版，228
页，32 开

　　本书内容包括：药物篇、处方篇、调剂及
制剂篇等。

　　收藏单位：首都馆

05606
新药物学纂要　卢谦编
天津：卢氏医院，1933.9，254页，32开（新医学丛书）

　　本书编者将其10余年来收集的有效新药按强壮剂、利尿剂、镇静麻醉剂等分为18类，并介绍各药的拉丁、日文名，效用及用法用量。书前有阎子玙序及编者序。

　　收藏单位：国家馆

05607
新纂药物学　梁心编著
广州：广东光华医科大学出版部，1930—1931，2册（242+164页），23开（广东光华医科大学丛书2）（梁氏丛书4）

　　本书对每种药品的成分、效用、用法、有无副作用等均详细说明。共两编：神经药族、循环药族。

　　收藏单位：宁夏馆、浙江馆

05608
袖珍药物学　朱云达编
新化：西南医学杂志社，1940.9，32+256页，50开
新化：西南医学杂志社，1943.4，6版，32+256页，50开
上海：西南医学杂志社，1949，增订8版，1册，50开，精装

　　本书共两章。第一章为绪论；第二章"各论"共30节，内容包括：收敛药、角质溶解药、麻醉药、镇痛药等。

　　收藏单位：重庆馆、国家馆

05609
药科学　王合光著
海城：王合光，1915，石印本，10+138页，18开（简明医鉴3）

　　收藏单位：国家馆

05610
药科学
出版者不详，[1911—1949]，155页，25开
　　收藏单位：江西馆

05611
药科学撷要　（英）伊博恩（B. E. Read）著
中国博医会，1929.5，订正8版，114页，50开，精装
中华医学会，1933.2，订正9版，158页，50开，精装
中华医学会，1934.6，订正10版，158页，50开，精装
中华医学会，1938.3，订正11版，223页，50开，精装

　　本书为中英对照。内容包括：药典之药、新药物、试药、标示剂等。

　　收藏单位：国家馆、上海馆

05612
药料详要　（英）溥密澈（J. M. Bruce）著（英）纪立生（T. Gillison）译　赵齐巽述
外文题名：Materia medica and therapeutics
上海：中国博医会，1914.8，1册，25开，精装
上海：中国博医会，1915.9，2册，25开，精装
[上海]：中国博医会，1926，812页，25开，精装

　　本书共4部分：总论、非生类药料、生类药料、印度及英属地另产药料。

　　收藏单位：安徽馆、广东馆、黑龙江馆、首都馆

05613
药料注释　（美）史汀生（J. C. Stimson）著泰罗（H. B. Taylor）　余冠瀛译
外文题名：Drugs and solutions
上海：广协书局，1947.11，6版，101页，22开

　　本书共5篇。第1篇共4章：药类之释义及例证、普通制药法及例证、寻常用药法、药剂量之等差；第2篇共两章：医学家权量度数以及液量表、溶液；第3篇共3章：药之实用分类法、药分类之解释、中药毒之病状及解毒与治法；第4篇共两章：寻常所用之药方、药方简字表；第5篇共两章：疗病血清理、抗毒素菌液与血清之功用及剂量。

收藏单位：国家馆、湖南馆、上海馆

05614
药料注释 （美）史汀生（J. C. Stimson）著
泰罗（H. B. Taylor） 余冠瀛译
外文题名：Drugs and solutions
上海：广学书局，1918，104 页，22 开
　　收藏单位：广东馆、首都馆

05615
药物配伍录 刘鸿勋编
北平：武学书局，1936，1 册，32 开
　　收藏单位：首都馆

05616
药物学 顾学裘编著 教育部医学教育委员
会主编
重庆：正中书局，1943.2，[11]+310 页，32 开
重庆：正中书局，1944.2，4 版，[11]+310 页，
32 开
重庆：正中书局，1944，7 版，[11]+310 页，32
开
[上海]：正中书局，1945.12，[11]+310 页，32
开
上海：正中书局，1946.7，4 版，[11]+310 页，
32 开
上海：正中书局，1946.11，13 版，[11]+310
页，32 开
上海：正中书局，1947.5，19 版，[11]+310 页，
32 开
上海：正中书局，1947.10，23 版，[11]+310 页，
32 开
　　本书共 20 章，内容包括：绪论、药物之
历史、药用度量衡学、药用数学及其应用、
溶液之定义及其制法、药物之来源、处方、
药剂学大意、神经系统药类等。
　　收藏单位：安徽馆、重庆馆、国家馆、湖
南馆、江西馆、南京馆、绍兴馆、首都馆、
西南大学馆、浙江馆

05617
药物学 林鸿编
北京：陆 军 军 医 学 校，1927.10，[12]+610+

[49] 页，22 开
　　本书讲述药理。附中毒疗法、小儿用量
表等。
　　收藏单位：国家馆、南京馆、山西馆、天
津馆、西南大学馆

05618
药物学 孟仲三编述
北平国医学院，[1929—1949]，232 页，18 开
　　收藏单位：首都馆

05619
药物学 苏南军区卫生部编
[无锡]：苏南新华书店，1949.8，128 页，48
开（医药丛书 3）
　　本书共 20 章，内容包括：药物学总论、
中枢神经之药物、感觉神经之药物、自主神
经系统之药物、平滑肌药物、心肌之药物、
呼吸系统之药物、消化系统之药物、强壮药
和补血药物、止血药物、利尿药物等。
　　收藏单位：国家馆

05620
药物学 新医进修社编
上海：新医进修社，1939.8，214 页，32 开
　　收藏单位：河南馆

05621
药物学 张崇熙编
上海：东亚医学编辑所，1934.7，221 页，22
开（最新实用医学各科全书）
上海：东亚医学编辑所，1935.12，再版，221
页，22 开（最新实用医学各科全书）
　　本书为药物学讲义。共两部分。"总论"
共 7 章，内容包括：西药之分类及制剂、西药
之用法、西药之用量、用药时之注意等；"各
论"共 31 章，内容包括：退热剂、兴奋剂、
泻下剂、利尿剂、催吐剂、制汗剂、镇咳剂
等。附脏器疗法、血清疗法及代克辛疗法。
　　收藏单位：国家馆

05622
药物学 张崇熙编

上海：东亚医学社，1933.7，122 页，32 开

收藏单位：国家馆

05623
药物学
三兵团川东军区卫生部，[1949]，222 页，36 开

本书供药科学校及一般司药、调剂人员演习与参考用，全书以拉丁文字母次序排列。

收藏单位：重庆馆

05624
药物学
[惠民]：山东渤海新华书店，[1940—1949]，油印本，54 页，32 开

本书共 3 部分：药物学总论、无机药物、有机药物。

收藏单位：国家馆、内蒙古馆

05625
药物学
上海：铁樵函授中医学校，[1925—1928]，1 册，32 开

本书介绍中药的药性和一些常见病的中药药方。

收藏单位：浙江馆

05626
药物学（摘录于司药必携）
保定：华北新华书店保定分店，1949.8，55 页，32 开

收藏单位：国家馆、首都馆

05627
药物学大成　丁福保译述
上海：医学书局，1930.4，2 册，25 开
上海：医学书局，1938.7，3 版，2 册，25 开，精装（丁氏医学丛书）

本书共两部分。"总论"内容包括：处方学泛论、处方学各论；"各论"内容包括：豫制药、收敛药等。

收藏单位：国家馆

05628
药物学大成　丁福保编纂
上海：译书公会，1912.1，2 册，22 开（丁氏医学丛书）

本书内容包括：收敛药、拔尔撒谟药、清凉药、神经药等。

收藏单位：浙江馆

05629
药物学大全　（日）森岛库太著
出版者不详，[1934]，340 页，25 开，精装

收藏单位：广东馆

05630
药物学纲要　（日）铃木幸太郎著　丁福保译
上海：文明书局，1911，再版，298 页，22 开（丁氏医学丛书）

本书共 16 章，内容包括：麻醉药、兴奋药、解热药、清凉药等。

收藏单位：广东馆

05631
药物学集说（1 卷）　医药学报社同人撰述　裘吉生编辑
绍兴：绍兴医药学报社，1918，48 页，22 开（医药丛书 40）

本书内容包括：《中华药学源流考》（曹炳章）、《药物与产出地之关系说》（裘吉生）、《藏红花栽培法》（张若霞）、《蓖麻油之中西异性说》（裘吉生）、《干生姜改良说》（阙名）、《药品之特长性》（裘吉生）等。

收藏单位：浙江馆

05632
药物学讲义　林鸿编
[春秋印刷局]，[1930.7]，404 页，21 开

05633
药物学疗学合编　（美）鲍林南（L. A. Parker）著　刘国华　（英）裴伟廉（W. P. Pailing）重译
外文题名：Materia medica and therapeutics
上海：广协书局，1936.6，增订再版，286+18

页，22 开，精装

上海：广协书局，1937.3，重版，286+18 页，22 开

上海：广协书局，1938，3 版，286+18 页，22 开，精装

上海：广协书局，1939.11，4 版，286+18 页，22 开

上海：广协书局，1941.5，6 版，286+18 页，22 开，精装

上海：广协书局，1943.9，7 版，286+18 页，22 开

上海：广协书局，1946.9，8 版，286+18 页，22 开

上海：广协书局，1947.1，9 版，286+18 页，22 开

上海：广协书局，1947.10，10 版，286+18 页，22 开

本书共 6 编：制药事项、研究药物之初步、药之别类、药于系统之功效、复杂事项、他种疗法。附剂量表及中西文对照索引。

收藏单位：广东馆、国家馆、黑龙江馆、湖南馆、首都馆、浙江馆

05634
药物学疗学合编　（美）鲍林南（L. A. Parker）著　孙鹏翔　（英）裴伟廉（W. P. Pailing）同译

上海：广协书局，1934，236 页，32 开，精装

上海：广协书局，1935，236 页，32 开，精装

本书共 6 编：制药事、学药之初步、药之别类、药于体之功效、零碎的事、别的疗法。

收藏单位：重庆馆、南京馆

05635
药物学疗学合编　（美）鲍林南（L. A. Parker）著　孙鹏翔　（英）裴伟廉（W. P. Pailing）同译

上海：广学书局，1930，236 页，22 开，精装

收藏单位：国家馆

05636
药物学调剂学讲义　于光元等编

于光元，[1921—1949]，52 页，36 开

05637
药物学一夕谈　丁福保译述

上海：医学书局，1925.7，3 版，82+22 页，22 开（丁氏医学丛书）

上海：医学书局，1929.5，4 版，1 册，22 开（丁氏医学丛书）

本书共两部分。"总论"共 11 章，内容包括：健康与疾病、药物之意义、药物之作用等；"各论"内容包括：神经筋肉毒、障碍局部营养之有机化合体、无机化合体等。

收藏单位：河南馆、内蒙古馆、首都馆

05638
药物学一夕谈　丁福保编

上海：译书公会，1911.8，1 册，22 开（丁氏医学丛书）

收藏单位：浙江馆

05639
药物研究室工作报告（二十三年份）　全国经济委员会卫生实验处编

[南京]：全国经济委员会卫生实验处，1935.4，48 页，16 开

本书共两部分。第 1 部：研究工作，内有研究室的工作情况及海藻制碘的研究报告；第 2 部：发表论文撮要，收研究室该年度发表的论文摘要 40 篇。

收藏单位：广东馆、国家馆、湖南馆、上海馆、首都馆、浙江馆

05640
药性辞典　吴克潜著

上海：大众书局，1933.10，594 页，32 开

上海：大众书局，1949.4，再版，594 页，32 开

收藏单位：东北师大馆、广东馆、宁夏馆、上海馆

05641
药学　（日）伊藤靖著　舒贻上译

上海：商务印书馆，1935.9，2 册（215 页），32 开（万有文库 第 2 集 373）（自然科学小丛书）

长沙：商务印书馆，1940.12，215 页，32 开

（自然科学小丛书）

本书共 15 章，内容包括：总论、麻醉药及催眠药、局部麻醉药、神经药、解热药及止痛药等。

收藏单位：安徽馆、重庆馆、大理馆、大连馆、贵州馆、国家馆、黑龙江馆、湖南馆、江西馆、辽师大馆、内蒙古馆、宁夏馆、首都馆、天津馆、西南大学馆、浙江馆

05642

药学名词　国立编译馆编订

上海：国立编译馆，1933.11，218 页，16 开

收藏单位：重庆馆、桂林馆、国家馆、南京馆

05643

药学篇

出版者不详，[1911—1949]，50 页，36 开

本书介绍陆军常备药品及其主要用途。

收藏单位：重庆馆

05644

增订药物学纲要　丁福保编

上海：医学书局，1914.12，[30]+ 422 页，22 开，精装（丁氏医学丛书）

上海：医学书局，1920.10，再版，418+26 页，22 开（丁氏医学丛书）

上海：医学书局，1924，3 版，418+26 页，22 开（丁氏医学丛书）

上海：医学书局，1929.4，[30]+422+25 页，22 开（丁氏医学丛书）

收藏单位：广东馆、桂林馆、首都馆

05645

中国药物学史纲　何霜梅著

上海：中医书局，1930.10，98 页，32 开

本书叙列中国历代药物学之沿革及其演进之阶段。共 12 章，内容包括：中国药物之发明、古代之药物学、魏晋之药物学、隋之药物学、唐之药物学、宋之药物学等。

收藏单位：重庆馆、广东馆、国家馆、浙江馆

05646

中华新药物学大辞典　吴卫尔编

天津：中国新医学研究会，1934.8，再版，[20]+544+[36] 页，16 开，精装

本辞典以药名首字笔画为序，收传统中药草药、民间秘传药及欧美日本诸国药用植物 1400 余种，列出学名、产地、成分、功效、用量、别称等。附本辞典应用之新医病名解释表及本辞典药物性质分类索引。

收藏单位：国家馆、宁夏馆、上海馆、首都馆

05647

中华医师良药实验录　黄自雄等著

出版者不详，[1927.1]，1 册，32 开

本书内容包括：良药实验录序、先灵伤风神药、白浊谈、急性痛风特效疗法、催眠药之经验等。

收藏单位：广东馆

05648

中西药物学讲义　汪洋编纂

上海：[中西医院]，1926.10，6 版，60 页，32 开

本书讲述药物学基础知识。共两编，前编"西之部"共 14 章，内容包括：退热剂、祛痰剂、利尿剂、麻醉剂等；后编"中之部"内容包括：利尿剂、麻醉剂、兴奋剂、强壮剂等。

收藏单位：浙江馆

05649

中西应用药物常识　顾学裘编著

上海：世界书局，1935.8，114 页，32 开

上海：世界书局，1944.3，新 1 版，114 页，32 开

上海：世界书局，1948.10，2 版，114 页，32 开

本书共 20 章，内容包括：矫味剂、着色剂、润滑剂、健胃剂等。附衡量表及其符号、施药法、剂量与人体之关系、剧药用量表、药方简字表。

收藏单位：广西馆、桂林馆、国家馆、黑龙江馆、江西馆、南京馆、上海馆

药物基础科学

05650

实用有机药物化学　薛愚著

上海：商务印书馆，1941.1，516页，25开（大学丛书）

上海：商务印书馆，1947.6，再版，516页，25开（大学丛书）

　　本书共14章，内容包括：解热药、麻醉药、维生素类、激动素类等。

　　收藏单位：重庆馆、广东馆、南京馆、内蒙古馆、上海馆、西南大学馆

05651

药的识别和用法　沈成权编

上海：新中国书局，1932，66页，32开（高年级健康丛书）

　　本书为小学校社会科补充读物，小学参考用书。

　　收藏单位：重庆馆

05652

药物化学研究报告（第1集 第1期）　全国经济委员会卫生实验处编

全国经济委员会卫生实验处，1935.5，60页，16开（全国经济委员会卫生实验处专刊2）

　　本书共5篇，内容包括：《国产汉防己赝硷之精制》（刘绍光、马杰、李士毅）、《国产汉防己赝硷之有机化学鉴定》（刘绍光、罗振福）、《日产汉防己赝硷之精制》（刘绍光、马杰、李士毅）等。

　　收藏单位：广东馆、国家馆、湖南馆、南京馆、首都馆

05653

药用有机化学　顾学裘编译

上海：商务印书馆，1937.5，419页，32开

　　本书共两篇：脂肪族化合物之化学构造与药理作用、芳香族化合物之化学构造与药理作用。

　　收藏单位：重庆馆、广东馆、国家馆、湖

南馆、上海馆

药物分析

05654

药物定量分析　（美）G. L. Jenkins　A. G. Dumez著　朱任宏译　宋梧生校订

上海：中法大学药学专修科，1934.9，432页，32开（中法大学药学专修科丛书）

　　本书共两编：规定药物分析之常用方法、规定药物分析之特殊方法。

　　收藏单位：上海馆

05655

药用定量分析化学　顾学裘编

长沙：商务印书馆，1939.6，[11]+208页，32开

　　本书内容包括：药用定量分析总论、药用定量分析实验、附录等。

　　收藏单位：重庆馆、国家馆、江西馆

药典、药方集（处方集）

05656

常用处方集　李定著　新医同仁研究社增订

杭州：新医书局，1948.12，378页，36开，精装（新医丛书）

　　本书共36章，内容包括：清凉剂、健胃剂、催吐剂、泻下剂、止汗、止血等。

　　收藏单位：广东馆、国家馆、首都馆

05657

处方集成　（日）金子义晁著　沈俭译

东京：同仁会，1936，472页，50开，精装

东京：同仁会，1941，再版，472页，50开，精装

　　本书内容包括：心脏血管剂、兴奋剂、利尿剂等。

　　收藏单位：广东馆

05658

第五次改正日本药局方　内务省卫生局纂译

东京：日本药剂师局，1933.9，540 页，22 开

本书内容包括：凡例、一般试验法、本文、试药、定规液及附表。

收藏单位：广东馆、广西馆

05659

临床处方（华德对照）　潘经编译

上海：学术研究会出版部，1930.9，[400] 页，32 开

本书选译德国 G.Friesicke 等著的《袖珍处方》，共 13 编，除药物一览、处方学摘要之外，全书按临床科别编排。

收藏单位：广西馆、天津馆

05660

美国西药谱

上海：中华书局，1923，[1205] 页，32 开

本书译自原著第 9 版，分上、下两编。上编介绍此书的历史、大意、特别条例解释及西药纲目；下编讲述诸种药剂、试液等，说明制备标准、理化特性、药剂来源、剂型、剂量等。

收藏单位：东北师大馆、绍兴馆、浙江馆

05661

实用经验良方·儿科经验良方　丁福保　李祥麟编

上海：医学书局，1912.5，[111] 页，22 开

上海：医学书局，1915，再版，1 册，22 开，精装

上海：医学书局，1918.7，3 版，[111] 页，22 开，精装

上海：医学书局，1924，5 版，[111] 页，22 开（丁氏医学丛书）

本书简介常用西药的主治及用量。版权页题：实用经验良方详解、儿科经验良方详解合编。

收藏单位：安徽馆、国家馆、河南馆、上海馆

05662

协济制药公司药方

出版者不详，[1911—1949]，[100] 页，16 开

05663

新万国药方　丁福保译

上海：医学书局，1914.5，再版，659 页，22 开，精装（丁氏医学丛书）

上海：医学书局，1922.3，4 版，659 页，22 开，精装（丁氏医学丛书）

上海：医学书局，1926.6，2 册（659 页），22 开（丁氏医学丛书）

本书收集西医处方 10714 种。

收藏单位：重庆馆、国家馆、湖南馆、辽宁馆、山西馆、首都馆

05664

新药本草　谢恩增编　迟乾元　牛贺麟校

北京：华安药房，1943.8，2 册（2380+[103] 页），16 开，精装

本书以《中华药典》为蓝本增补并加注解，内分：各药本论、外科敷裹料、制剂处方及制造法、附录及索引。收中西药品 1500 余种，制剂 3760 余种。列有：同义名称、性状、鉴别、检查法、贮藏法、功用、剂量等项内容。按拉丁文名称顺序排列，并有中、日、英、德、法文对照。附化学试药、一般试验法、法定量衡表等 16 种。

收藏单位：东北师大馆、国家馆、黑龙江馆、农大馆、山西馆

05665

新药本草初版发售预约样本　谢恩增编辑

北京：华安药房，1943，[3] 页，16 开

收藏单位：国家馆

05666

新医诊治精华药物辞典合编　郭人骥编著

上海：郭人骥，1939.8，128 页，25 开，精装（郭氏社会卫生丛书 第 2 辑）

收藏单位：安徽馆、上海馆

05667

新撰处方 （日）黑田昌惠 （日）本多芳太郎著　丁周陆译

邵阳：丁周陆，1942.7，[353] 页，32 开

　　本书共选用 41 类处方，介绍其药理作用、医治效用、副作用、适用症、禁忌等。附小儿药物用量算法表。

　　收藏单位：重庆馆、桂林馆

05668

新撰处方 （日）黑田昌惠 （日）本多芳太郎编　牟鸿彝译

上海：北新书局，1931.1，404+40 页，50 开，精装

　　本书内容包括：清凉剂、饱和剂、解热剂、强心剂、祛痰剂、肺痨剂、吸入剂、含嗽剂、镇痛剂、镇静剂等。

　　收藏单位：国家馆

05669

新撰处方 （日）黑田昌惠 （日）本多芳太郎著　张克成译

上海：生活医院，1933.6，再版，301 页，36 开，精装

上海：生活医院，1936.4，3 版，301 页，36 开

　　收藏单位：国家馆

05670

医科大学病院经验方 （日）须子太一编　万钧译

上海：医学书局，1914.12，217 页，22 开（丁氏医学丛书）

上海：医学书局，1931.5，217 页，22 开（丁氏医学丛书）

　　本书辑录日本各医科大学附属医院协订的西药处方数百种，简介药物成分、含量及配制方法。共两部分，"总论"内容包括：药品之用量、合剂、饱和剂等；"各论"内容包括：驱虫剂、强壮剂、止血剂等。

　　收藏单位：广西馆、国家馆、上海馆

05671

英国药制（一九一四年节本） 高镜朗译

外文题名：The British Pharmacopoeia 1914 (abridged)

上海：上海英商会、伦敦商会，1927.2，1000+59 页，22 开，精装

　　本书附《化学试验所用之试药及物件》《化学试验所用之溶液》等 15 篇。

　　收藏单位：安徽馆、广东馆、国家馆、辽大馆

05672

中华药典 卫生部编

内政部卫生署，1931.8，763+210 页，18 开，精装

内政部卫生署，1931 印，[34]+763+[360] 页，18 开，精装

内政部卫生署，1936.7，再版，[34]+763+ [360] 页，18 开，精装

内政部卫生署，1937.1，再版，1 册，18 开，精装

内政部卫生署，1939，1146 页，18 开，精装

内政部卫生署，1941.9，3 版，763+210 页，18 开

内政部卫生署，1943.3，4 版，763+210 页，18 开

内政部卫生署，1947，5 版，763+210 页，18 开

内政部卫生署，1949，6 版，1 册，18 开

　　本书收中西药品近 700 种，依拉丁名字母顺序排列，有来源、标准含量、制法、性状、鉴别、检查法、贮藏法等 10 项说明。附录包括：试药、试剂、标示药、定规液、一般试验法等。

　　收藏单位：安徽馆、重庆馆、广东馆、广西馆、贵州馆、国家馆、湖南馆、辽宁馆、山西馆、上海馆、首都馆、天津馆、浙江馆

生药学（天然药物学）

05673

生药学 顾学裘编著

上海：商务印书馆，1947.1，[10]+163 页，32

开

上海：商务印书馆，1948.5，再版，[10]+163页，32 开

本书依据教育部颁布的高级药剂职业学教材大纲编著。共 19 章，内容包括：生药学之分类法、生药学通则、藻类植物与菌类植物、皮类、木类、根类、花类等。

收藏单位：广西馆、桂林馆、国家馆、内蒙古馆、农大馆、山西馆、首都馆、天津馆

05674
生药学（下册）　叶三多著
杭州：浙江省立医药专科学校，1937.7，1 册，22 开，精装

本书介绍原植物与标本、古代本草记载、有效成分等。

收藏单位：浙江馆

05675
生药学讲义　[赵燏黄]著
北平：北平市药学讲习所第十一期级会缮印组，[1948]，油印本，1 册，16 开

收藏单位：重庆馆、国家馆

05676
现代本草生药学（上编）　赵燏黄　徐伯鋆编著
中华民国药学会，1934.4，[517]页，18 开，精装

本书共两部分。"总论"共 5 章：生药之起源、生药学与旧本草学、生药学概说、生药学通则、生药研究法；"各论"共 5 章：隐花植物之生药、皮类、木类、根茎类、根类。

收藏单位：重庆馆、广东馆、国家馆、江西馆、南京馆、浙江馆

05677
洋参大王利丰隆药品说明书　利丰隆编
重庆：利丰隆，1936，58 页，32 开

收藏单位：重庆馆

药剂学

05678
安瓿剂与眼药水　戴凯著
上海：世界书局，1941.6，160 页，32 开
上海：世界书局，1947.3，再版，160 页，32 开

本书共 9 章，内容包括：安瓿、溶剂与原料、渗压度、灭菌、常用安瓿剂处方等。

收藏单位：桂林馆、辽宁馆、南京馆、山西馆、上海馆、首都馆

05679
北京大学理本科四年级调剂术讲义　[北京大学编]
北京大学，[1931.1]，3 册（[494]页），18 开

05680
简明配药法　顾鸣盛编
上海：文明书局，1922.1，130 页，22 开
上海：文明书局，1928.4，4 版，130 页，22 开
上海：文明书局，1929.2，5 版，130 页，22 开
上海：文明书局，1932.5，7 版，130 页，22 开
上海：文明书局，1936.1，8 版，130 页，22 开

本书讲述制剂学一般知识。共两部分。"总论"共 5 章，内容包括：配药之心得、药方之检查、重量之比较等；"各论"共 15 章，内容包括：水剂、饱和剂、乳剂等。附药物名略语、配合禁忌、西药价目表、各国度量表、日本药局方表等 18 种。

收藏单位：重庆馆、广西馆、国家馆、湖南馆、江西馆、南京馆、浙江馆

05681
简明调剂学　（日）铃木梅藏编纂　张彭年译
上海：医学书局，1920，再版，122 页，25 开，精装（丁氏医学丛书）
上海：医学书局，1929，122 页，25 开（丁氏医学丛书）

收藏单位：安徽馆、广西馆、南京馆、首都馆

05682

卖药集　吴卫尔编译

天津：中华新医学研究会，1935.1，60+478页，32开，精装

　　本书译自日本平野一贯所著《欧米卖药集集珍》一书，内容包括：药房之设计、药房之管理、药房应备之药品、制剂与调剂、各国度量衡之比例等。

　　收藏单位：国家馆

05683

民生特制良药　杭州民生制造厂编

杭州：同春大药房，1934，56页，14开

　　本书为杭州民生制造厂之药品目录，及药品功效、性状的介绍。

　　收藏单位：重庆馆

05684

实验中西药品制造术　黄亚伟编

宁波制药社，1935.7，54页，32开

　　本书共5编：丸散类、丹膏类、药剂类、西药品类、卫生品类。

　　收藏单位：首都馆

05685

实用配伍禁忌（美）拉第曼（E. A. Ruddiman）（美）尼科尔斯（A. B. Nichols）著　金理文译

外文题名：Incompatibilities in prescriptions

长沙：商务印书馆，1940.10，388页，25开

上海：商务印书馆，1947.7，再版，388页，25开

上海：商务印书馆，1948.4，3版，388页，25开

上海：商务印书馆，1949.10，4版，388页，25开

　　本书由教育部医学教育委员会审定。共两篇。上篇"配伍禁忌通论"，按药名的拉丁名称字顺排序，介绍各种药物的化学性质、溶解度、化学反应条件、类型等；下篇分处方及注释两部分，先列举禁忌处方501种，再说明配伍禁忌的原因及避免禁忌的方法。附溶解度表及等量之两固体药物互相研磨后反应表。

　　收藏单位：重庆馆、东北师大馆、广东馆、国家馆、南京馆、山西馆、浙江馆

05686

实用调剂学　周森编

湖北省卫生干部人员训练所，1948.6，166页，32开

　　收藏单位：首都馆

05687

调剂教程　庄绍周编纂

南京：美吉印刷社，1936.11，再版，158页，32开

　　本书为南京市立民众图书馆藏书。

　　收藏单位：南京馆

05688

调剂须知　胶东军区卫生部编

胶东军区卫生部，[1942—1949]，2册（32+97页），32开

　　收藏单位：国家馆

05689

调剂学　张崇熙编

上海：东北医学编辑所，1934.7，89页，22开

上海：东北医学编辑所，1935.12，再版，[89]页，22开（最新实用医学各科全书）

上海：东北医学编辑所，1939.5，3版，89页，22开

　　本书共两部分。"总论"共7章，内容包括：药剂师之任务及责任、处方上药物之种别、药品配合之禁忌；"各论"内容包括：水剂、煎剂、乳剂、散剂等。

　　收藏单位：重庆馆、国家馆、上海馆

05690

调剂学　张子道等纂著　庄畏仲校订

上海：新医进修社，1937，147页，22开（新医进修丛书）

　　收藏单位：黑龙江馆、绍兴馆、首都馆

05691

调剂学大意　第十八集团军总卫生部编

第十八集团军总卫生部，[1937—1948]，82页，32开

　　本书共两部分。"总论"共9章，内容包括：药品、配药室、重量及容量等；"各论"分内用药和外用药，共31章，内容包括：饱和剂、乳剂、注入药、洗涤药、漱口药等。

　　收藏单位：国家馆

05692

调剂学讲义　刘步青编著

上海：东南医学院出版股，1933，[110]页，23开

05693

调剂学切要　邓志诚　冯赞编译

南京：南京印刷厂，1912.6，106页，18开

　　收藏单位：南京馆

05694

调剂与制剂　唐怡敏编著

上海：医学出版社，[1911—1949]，139页，25开

　　本书共4编：总说、调制剂篇、外科敷料原料药品、配合禁忌。

　　收藏单位：黑龙江馆、浙江馆

05695

调剂与制药学　师哲编著

重庆：正中书局，1941.10，[11]+388页，25开（应用科学丛书）

重庆：正中书局，1942，3版，[11]+388页，25开（应用科学丛书）

　　本书共3编。上编为总说与泛论，介绍调剂与制药基础学；中编为调药各论，专述调剂的方法；下编为制药各论，专论制药技术。附拉丁文调剂用语、常备药表、配合禁忌表、药师暂行条例等12种。

　　收藏单位：重庆馆、贵州馆、国家馆、南京馆

05696

西药配制大全　潘经著

上海：学术研究会出版部，1923.10，576页，32开

上海：学术研究会出版部，1930.6，再版，576页，32开，精装

上海：学术研究会出版部，1935.10，3版，576页，32开，精装

　　本书共5编：总论、分论、各种制剂、药品一览、各种表解。

　　收藏单位：安徽馆、桂林馆、上海馆、首都馆

05697

袖珍调剂学　赵碧如编　张丽英校对

新化：西南医学书店，1941，222页，64开

　　本书内容包括：调剂者之责任及修养、处方笺、药品、配药室等。

　　收藏单位：重庆馆

05698

药剂手册　胶东军区卫生部编

华东新华书店胶东分店，1949，2册（230+97页），32开

05699

药剂学　顾学裘编　教育部医学教育委员会主编

上海：商务印书馆，1947.5，224页，32开

上海：商务印书馆，1948.8，再版，224页，32开

上海：商务印书馆，1949.4，3版，224页，32开

　　本书共33章，内容包括：绪论、药学之历史、度量衡、药用数学、中药药典之用法、药剂学中基本技术之应用、水剂、溶液等。

　　收藏单位：国家馆、湖南馆、内蒙古馆、山西馆、天津馆

05700

药剂学　十八集团军总司令部编

十八集团军总司令部，1944—1945，2册（218+196页），32开

收藏单位：国家馆

05701

药剂学实习

出版者不详，1937，192 页，22 开

　　收藏单位：南京馆

05702

药剂制品

出版者不详，[1911—1949]，48 页，16 开

　　收藏单位：广东馆

05703

药片与药丸　戴凯著

上海：世界书局，1940.1，195 页，32 开

上海：世界书局，1943.3，再版，195 页，32 开

上海：世界书局，1947.10，3 版，195 页，32 开

　　本书共两篇 14 章。上篇介绍药片的种类、成分配合、各种药物之处理、种类药片的制法以及常用药片处方；下篇介绍药丸的种类、各种药物之处理、制法及常用处方。

　　收藏单位：重庆馆、广东馆、广西馆、贵州馆、黑龙江馆、江西馆、上海馆

05704

药品配伍禁忌　林公际编著

林公际，1934.8，294 页，32 开，精装

　　本书共两部分。"总论"内容包括：配伍禁忌之意义、配伍禁忌之类别、危险的配伍禁忌等；"各论"内容包括：硫酸锌、配伍禁忌处方例注解、剧毒药剂量一览表等。

　　收藏单位：桂林馆、国家馆、绍兴馆

05705

药品配伍禁忌

出版者不详，[1911—1949]，油印本，13 页，大 16 开

　　收藏单位：广东馆

05706

战时配方须知　卫生署编订

重庆：战时医疗药品经理委员会，1942.7，60 页，32 开

　　本书共 7 章，内容包括：医师处方注意事项、配方部注意事项、战时处方参考表、战时医疗药品经理委员会平价配方部配方手续等。所载药品均依拉丁字母顺序列表，并有中文、拉丁文对照名称缩写形式，以及最高与最低剂量。

　　收藏单位：国家馆、南京馆

05707

制药全书

上海：学林印书馆，1931，130 页，32 开

　　本书为西药界之必需物，首述制剂上之各种重要常识，后述各良药之名贵处方。

　　收藏单位：重庆馆

05708

制药引阶　（美）罗嘉礼选译　刘玉峰笔述（英）纪立生（T. Gillison）（英）高似兰（P. B. Cousland）校订

上海：中国博医会，1912.11，2 册（150+364 页），18 开，精装

　　本书内容包括：论制药之通规、论普属之制药法、论制药特别之法等。

　　收藏单位：国家馆

05709

中外注射药品对照表　周星一著

上海：大中医院出版部，1936.2，138 页，32 开，精装

　　本书介绍各国各厂同类注射药剂。共 23 章，内容包括：退热剂、强心剂、结核剂、祛痰剂、喘息剂、镇静剂、解毒剂等。

　　收藏单位：安徽馆、国家馆

药事组织

05710

湖南临武县国医药同业公会暂行章程　临武县国医药同业公会编

临武：临武县国医药同业公会，1936，9页，16开

本书附施行细则。

收藏单位：广东馆

05711

万国大药房同人须知　重庆万国大药房编

重庆：重庆万国大药房，[1936]，1册，32开

本书内容包括：万国大药房组织大纲、营业部办事细则、会计部办事细则、货务部办事细则、事务部办事细则、广告部办事细则、门市规则、奖惩规程、考绩规程等。

收藏单位：重庆馆

05712

五洲大药房三十周年纪念刊　五洲大药房股份有限公司编

上海：五洲大药房股份有限公司，1936.10，232页，16开

本书内有该公司史略、组织情况、营业情况、附设各药厂生产情况及大事记。附项松茂先生纪念堂介绍。

收藏单位：国家馆、近代史所

05713

瀛西二二纪事　姚子杨著

出版者不详，1940，361页，25开

收藏单位：首都馆

药理学

05714

古艾二氏实验药理学　C. W. Edmonds　A. R. Cushiny 著　于光元译　江清校

外文题名：Laboratory guide in experimental pharmacology

上海：中国博医会，1925.7，122页，24开，精装

收藏单位：黑龙江馆

05715

简明药理学实习　马克奴司（R. Magnus）著　徐佐夏译

外文题名：Einfaches Pharmacologisches Practicum

出版者不详，[1934]，10+100页，25开

收藏单位：国家馆

05716

康福良友

上海：[正德药厂]，1934，53+90页，32开

本书为药品康福多的用法用量及说明。附应酬汇编。

收藏单位：河南馆、南京馆

05717

临床药理学（附处方学）　章志青著

杭州：新医书局，1948.7，10+549+20页，25开，精装

本书著者曾在浙江省医学院执教，此书根据讲义改订增补，按临床应用分类，每章末附最新处方例。共两部分。"总论"内容包括：制剂之分类、处方学、药物之作用等；"各论"共30章，内容包括：局部麻醉药、自主神经药物、平滑肌药物、呼吸器药物等。

收藏单位：安徽馆、重庆馆、国家馆、湖南馆、山西馆

05718

实验药理学　徐佐夏编

出版者不详，1936，224页，32开

收藏单位：首都馆

05719

实用药理学　张昌绍著

外文题名：Practical pharmacology

[上海]：现代医学社，1945.3，180页，16开（现代医学丛刊3）

[上海]：现代医学社，1946.1，180页，16开（现代医学丛刊3）

上海：现代医学社，1947.1，增订再版，180页，16开（现代医学丛刊3）

本书共8章，内容包括：中枢神经之药理、自主神经系统之药理、心肌之药理、消

化系统之药理等。

　　收藏单位：重庆馆、广东馆、南京馆

05720

实用药理学　张昌绍著

大连：医务生活社大连分社，1948.10，224页，32开

　　本书共两编。上编内容包括：绪论、中枢神经之药物、感觉神经之药理等；下编内容包括：肾之药理、无机物代谢之药理、重金属与类金属等。

　　收藏单位：山东馆、首都馆

05721

现代药理学（上卷）　张昌绍著

上海：现代医学社，1948.4，增订3版，198页，25开（现代医学丛刊3）

上海：现代医学社，1949.7，增订4版，198页，25开（现代医学丛刊3）

　　收藏单位：广东馆

05722

现代药理学（中卷）　张昌绍著

外文题名：Applied pharmacology Vol. II

上海：现代医学社，1948.4，1册，25开（现代医学丛刊4）

　　本书内容包括：血与造血系统之药理、肾之药理、无机物代谢之药理、重金属与类金属等。

　　收藏单位：广东馆、浙江馆

05723

药理学　白求恩学校编

白求恩学校，1944.8，油印本，253页，32开

　　收藏单位：国家馆

05724

药理学　陈应谦编

总卫生部编译处，1947.11，2版，[330+35]页，16开

　　本书共两部分。"总论"共8章，内容包括：药之成分、药之制剂、药之用法等；"各论"内容包括：作用于自主神经之药物、作用于体温中枢之药物、作用于循环系之药物等。

　　收藏单位：东北师大馆、辽宁馆

05725

药理学　（日）林春雄编　刘懋淳译

东京：同仁会，1930.1，515+25页，22开，精装

　　本书共两部分。"总论"内容包括：药理的作用、对于药的作用之条件、药之末路等；"各论"内容包括：神经筋肉毒、使局部起荣养变调之有机化合体、无机化合体、有器械的作用之药等。

　　收藏单位：安徽馆、重庆馆、广东馆、国家馆、浙江馆

05726

药理学　（挪威）普耳孙（E. Poulsson）著　赵师震译

上海：中华书局，1941.5，[10]+660+[38]页，22开，精装

上海：中华书局，1947.2，3版，[10]+660+[38]页，22开

香港：中华书局，1948.2，增订4版，706+20页，22开，精装

上海：中华书局，1949，增订5版，706页，22开，精装

　　本书共7篇：发挥作用于吸收后之有机性药物，发挥作用于局部之有机性药物，轻金属盐、硷类、酸类、卤素、氧化药等，重金属，酵素与营养素，内泌素与维生素，抗毒素与细菌制品。附极量一览表、中名索引、西名索引。

　　收藏单位：重庆馆、国家馆、河南馆、内蒙古馆、山西馆、上海馆、天津馆

05727

药理学　朱恒璧著

上海：中华医学会，1939.10，446页，18开，精装

　　本书对药物的成分、性体、给药方法、制剂、鉴定以及各系统各类药物的药理作系列讲述。附剂量表、管理成药规则及索引。

　　收藏单位：重庆馆、国家馆

05728

药理学　庄畏仲编著

上海：新医进修社，1938.8，290页，23开（新医进修丛书）

上海：新医进修社，1940.3，再版，290页，23开（新医进修丛书）

本书共两部分。"总论"共两章：药物之作用、用法及剂量，药物之种类及形状；"各论"共5编：作用于一般组织细胞之药物、对于一定脏器有选择作用之药、用于一定疾病之药、滋补剂、无特别作用之药。

收藏单位：首都馆、浙江馆

05729

药理学

第十八集团军总卫生部，[1937—1948]，2册（[798]页），32开

本书共两部分。"总论"共8章，内容包括：药之成分、药之用法、配合禁忌等；"各论"共18章，内容包括：主要作用于末梢神经之药物、作用于循环系之药物、影响于呼吸系统之药物等。

收藏单位：国家馆

05730

药理学（一）

四纵队卫生学校，1948.8，222页，32开

收藏单位：国家馆、南京馆

05731

药理学（上卷）（日）林春雄编　余云岫编译

上海：商务印书馆，1920.9，259+[50]页，22开，精装

上海：商务印书馆，1921.11，再版，259+[50]页，22开，精装

上海：商务印书馆，1924.10，3版，259+[50]页，22开

上海：商务印书馆，1926.2，4版，259+[50]页，22开

上海：商务印书馆，1927.11，5版，259+[50]页，22开，精装

上海：商务印书馆，1930.10，6版，259+[50]

页，22开，精装

本书上卷共3部分。"总论"内容包括：药理的作用、对于药物作用之条件、药物之末路等；"处方学"内容包括：重量及容量、处方笺、药剂之形状；"各论"内容包括：神经肌肉毒。

收藏单位：重庆馆、广西馆、国家馆、湖南馆、江西馆、内蒙古馆、首都馆、天津馆、浙江馆

05732

药理学（下卷）（日）林春雄编　余云岫编译

上海：商务印书馆，1922.6，294+[48]页，22开

上海：商务印书馆，1923.7，再版，294+[48]页，22开

上海：商务印书馆，1926.10，3版，294+[48]页，22开

上海：商务印书馆，1930.5，4版，294+[48]页，22开，精装

上海：商务印书馆，1933.2，5版，294+[48]页，22开，精装

上海：商务印书馆，1933.3，国难后1版，[294+48]页，22开

上海：商务印书馆，1935.5，国难后2版，294+48页，22开，精装

本书下卷共6部分：起局部营养变调之有机化合体、无机化合物、消化酵素及滋养品、器械的作用之药用、脏器疗法、血清疗法及细菌疗法。

收藏单位：重庆馆、广东馆、贵州馆、国家馆、河南馆、南京馆、上海馆、首都馆、浙江馆

05733

药理学大要　汪德镕编

[重庆]：陆军军医学校军医预备团，1940.6，188页，32开

本书共15章，内容包括：概论、外用治疗药、利尿剂、呼吸器病剂、瞳孔治剂、催吐及止吐剂、尿防腐剂、新陈代谢病及内分泌障碍之治剂等。

收藏单位：国家馆

05734

药理学实习指导　国立北京大学医学院药理学科编

出版者不详，1948.2，1 册，16 开

本书内容包括：醚、氯仿、巴比特鲁、化学解毒药等。

收藏单位：国家馆

05735

药理研究报告（第 1 集 第 1 期）　全国经济委员会卫生实验处编

全国经济委员会卫生实验处，1935.4，1 册，16 开（全国经济委员会卫生实验处专刊 1）

本书收文 12 篇：《国产与日产汉防己赝碱之毒性试验》《国产与日产汉防己赝碱对于血压及呼吸之作用》《国产与日产汉防己赝碱对于排泄之作用》《国产与日产汉防己赝碱对于心脏及血管之作用》《国产与日产汉防己赝碱对于肌肉神经结合点之特殊麻痹作用》《国产与日产汉防己赝碱对于子宫及小肠之作用》《当归素对于子宫之效用》《当归素对于血压及呼吸之效用》《黄芩流浸膏之解热作用》《藏红花流浸膏对于子宫之效用》《浙贝母赝硷之初步药理试验》《益母草流浸膏对于子宫之效用》。

收藏单位：广东馆、国家馆、南京馆、浙江馆

05736

药理研究报告（第 1 集 第 2 期）　全国经济委员会卫生实验处编

全国经济委员会卫生实验处，1935.4，2 册，16 开（全国经济委员会卫生实验处专刊 1）

本书收文 12 篇：《藏红花白色结晶体之毒性试验》《藏红花白色结晶体对于血压及呼吸之作用》《藏红花白色结晶体对于涎分泌之作用》《金鸡纳（Quinine）、扑疟母星（Plasmoquine）及疟涤平（Atebrin）之毒性试验》《金鸡纳扑疟母星及疟涤平对于血压及呼吸之作用》《西远志流浸对于子宫之作用》《京市香附子流浸膏对于子宫之作用》《川牛膝流浸膏对于子宫之作用》《浙贝母甲种赝硷

之毒性试验》《浙贝母甲种赝硷对于肺枝气管肌之作用》《浙贝母甲种赝硷对于瞳孔之作用》《浙贝母甲种赝硷对于涎分泌之作用》。

收藏单位：广东馆、国家馆、南京馆、浙江馆

药　品

05737

DDT·盘尼西林　赵淇编

上海：中华书局，1948.6，23 页，36 开（中华文库 民众教育 1）

本书介绍 DDT 和盘尼西林两种药物的发明史、性质和应用。

收藏单位：重庆馆、东北师大馆

05738

巴毕那儿之戒烟及治疗慢性吗啡中毒报告专集

出版者不详，[1911—1949]，32 页，23 开

05739

白喉抗毒素　中央防疫处编

北平：中央防疫处，[1928—1935]，1 册，32 开

收藏单位：国家馆

05740

白浊论　天德大药厂编

上海：天德大药厂，1937.3，37 页，32 开

本书宣传天德药厂（即：拜耳 Bayer 药厂）生产的 6 种治疗性病的药物。

收藏单位：国家馆

05741

百部良药汇编

上海：法商百部洋行药品部，1935.10，1 册，22 开，精装

收藏单位：广东馆、上海馆

05742

百部良药摘要　李菜编译

上海：法商百部洋行药品部，1935.10，267页，23开，精装

　　本书介绍该洋行所经理的法国16家药厂生产的西药。附对症用药表。

　　收藏单位：广东馆

05743

拜耳良药

上海：拜耳大药厂，[1924]，82页，18开

　　收藏单位：上海馆

05744

拜耳良药五十周纪念（1888—1938）　拜耳大药厂编

上海：拜耳大药厂，1938，[84]页，16开，精装

　　本书内容包括：拜耳药部发达史、退热剂与止痛剂、安眠剂、热带病医学、睡疫、疟疾、荷尔蒙等。书中题名：拜耳药厂创立五十年大庆纪念册。

　　收藏单位：国家馆、内蒙古馆

05745

拜耳新药大全　[拜耳药品无限公司编]

[上海]：拜耳药品无限公司，1937，再版，486页，18开，精装

[上海]：拜耳药品无限公司，[1947.2]，再版，[523]页，18开，精装

　　本书为拜耳大药厂生产的160余种西药商品录，附拜耳新药大全目次及分类用药表。书前有黄胜白于1937年写的序。据称该书初版名《新药大全》，后有续编印行。再版本将正、续编及血清专册合为一书，改名为《拜耳新药大全》。书脊题名：新药大全。

　　收藏单位：重庆馆、国家馆、黑龙江馆、内蒙古馆、首都馆

05746

拜耳新药大全补遗　拜耳大药厂编

上海：拜耳大药厂，[1938.11]，65页，18开

　　本书介绍该厂生产的药品30余种。

　　收藏单位：广东馆、国家馆、内蒙古馆

05747

标准药物之临床应用（TM4.011）　军医署编

重庆：军医署，1945，110页，32开

　　收藏单位：南京馆

05748

产科药学纲要　李焕燊编

出版者不详，1929，128页，22开

　　收藏单位：广东馆

05749

常用的药　严真　刘星　于峰译

外文题名：Useful drugs

医务生活社，1948.7，310页，32开

　　本书共6部分：常用的药、药物制剂、重量及容量、本书常用溶解度表示法、百分溶液、治疗索引。

　　收藏单位：南京馆

05750

常用药品　华汝成编

上海：中华书局，1948，28页，36开（中华文库 民众教育1）

　　本书共8章，内容包括：内科病的药、眼科病的药、外科病的药、中毒的药、常用的维他命等。

　　收藏单位：重庆馆、东北师大馆

05751

德国肠城怡默克厂成药汇刊　怡默克药行编

上海：怡默克药行，[1934]，[146]页，18开

　　本书介绍该厂出品的西药，附对症用药表。书中题名：怡默克大药厂成药汇刊。

　　收藏单位：内蒙古馆

05752

德国狮牌良药　德国赫斯脱城法普唯坑厂编

上海：谦信洋行，1923.9，273页，32开，精装

上海：谦信洋行，1925.10，再版，273页，32开，精装

上海：谦信洋行，1926.7，3 版，273 页，32 开，
精装

本书介绍该厂生产的药品。

收藏单位：安徽馆、内蒙古馆、浙江馆

05753

德国怡默克药品说明书（六） 陈伦会编

上海：怡丰公司，[1911—1949]，[140] 页，23
开

05754

第一制药新药鉴 第一制药株式会社编

东京：第一制药株式会社，1938，5 版，122
页，32 开

东京：第一制药株式会社，1940，6 版，122
页，32 开

收藏单位：首都馆

05755

兜安氏健身篇 兜安氏西药公司编

上海：兜安氏西药公司，[1928.3]，[30] 页，
32 开

本书介绍该公司生产的各种药品。附中
国八段锦操法。

收藏单位：国家馆

05756

兜安氏西药公司 兜安氏西药公司编

上海：兜安氏西药公司，1916，32 页，22 开

本书介绍该公司生产的各种药品。

收藏单位：河南馆

05757

兜安氏英雄宝鉴 [兜安氏西药公司编]

[上海]：兜安氏西药公司，1912.2，32 页，
22 开

收藏单位：国家馆

05758

妇科之进步 [拜耳药厂编]

[上海]：天德医疗新报社，[1927—1949]，
20 页，32 开（天德丛书）

本书介绍部分妇科西药的功效及用法等。

05759

各国西药辞典（正编） 黄有纪编

上海：西药商情社，1948.8，[54] 页，36 开

本书介绍西药中英文名称、主治各症、
包装规格及各国出品厂名。书前有上海 86 家
西药商店的地址、电话、经纪人和营业范围。

收藏单位：上海馆、首都馆、天津馆

05760

固奶根 礼和洋行编

上海：礼 和 洋 行，[1911—1949]，28 页，23
开

05761

光明良药

光明化学制药厂，[1911—1949]，1 册，22 开

收藏单位：上海馆

05762

广东保太和广药庄家庭备用平安药品目录
林润涵著

广东保太和广药庄，[1911—1949]，1 册，32
开，环筒页装

收藏单位：首都馆

05763

海而平 礼和洋行编

上海：礼和洋行，[1911—1949]，37 页，23 开

05764

宏济汇编 中英大药房编

上海：中英大药房，[1923]，102 页，27 开

本书宣传介绍该药房生产的中西药品，
列出主治、功效、价目等。

收藏单位：重庆馆、江西馆

05765

化学药品辞典 （美）格累哥利（Thomas C.
Gregory）编　高铦编译

上海：新亚书店，1946.9，843 页，18 开

上海：新亚书店，1946.12，843 页，18 开

上海：新亚书店，1948.11，再版，843 页，18
开，精装

收藏单位：重庆馆、东北师大馆、广西馆、国家馆、辽宁馆、内蒙古馆、上海馆、天津馆、浙江馆

05766

磺胺类及青霉菌素治疗学

总卫生部编译处，1948.1，336 页，32 开

　　本书介绍磺胺类药物及青霉素的性质、用途。

　　收藏单位：重庆馆

05767

磺胺类药物　军医署编

军医署，1944，20 页，32 开

　　收藏单位：广东馆、南京馆

05768

磺胺类药物临床之应用　郑文思译

重庆：军医署，1945.10，118 页，50 开

　　收藏单位：南京馆

05769

磺胺类之研究及其临床应用　连洁群编

外 文 题 名：Investigation and clinical usage on sulfonamides

杭州：新医同仁研究社，1948.10，再版，40 页，25 开（新医临床丛刊）

杭州：新医同仁研究社，1949.9，40 页，25 开（新医临床丛刊）

　　本书共 7 章，内容包括：化学及重要衍生物、药理与抗菌作用、剂量及其应用方法、毒性反应及其处理方法等。

　　收藏单位：国家馆、农大馆

05770

磺醯胺类之研究及制造法　王世椿　吴蔚著

上海：中国科学图书仪器公司，1945.4，105 页，32 开

上海：中国科学图书仪器公司，1946.4，再版，11+105 页，32 开

上海：中国科学图书仪器公司，1947.3，3 版，105 页，32 开

　　本书共 9 章，内容包括：磺醯胺化合物的

历史概述、磺醯胺类之分类、水溶性磺醯胺类化合物之制造法等。

　　收藏单位：重庆馆、东北师大馆、广东馆、贵州馆、国家馆、中科图

05771

家庭用药指南　科发药房编

上海：科发药房，[1911—1949]，30 页，32 开

05772

煎药须知

出版者不详，[1911—1949]，1 册，25 开

　　本书介绍各种药的成分、效用、用法及注意事项等。

　　收藏单位：浙江馆

05773

健康百咏图释（第 1 辑）　上海新亚药厂广告部编

上海：新亚药厂广告部，[1930—1939]，1 册，32 开

　　本书以韵文、注释、插图的形式宣传该药厂生产的"宝青春"（即干燥酵母制剂）等药品。

　　收藏单位：国家馆

05774

救急妙药乐百令　礼和洋行化学部编

上海：礼和洋行，[1925.6]，28 页，24 开

　　本书介绍德国英格海药厂出品的呼吸兴奋剂乐百令的应用及疗效。

05775

卡介苗　（丹麦）贺尔姆著　赵逵善译

平津防痨协会，1949.6，42 页，32 开

　　本书共 30 章，内容包括：引言、谁应该接种卡介苗、卡介苗是什么、卡介苗可以使用多少时期、结素是什么、卡介苗怎样接种等。

　　收藏单位：国家馆

05776

科德孝（内服樟脑剂）　德国英格海药厂编

上海：礼和洋行，[1925.8]，27页，23开

　　本书介绍该药厂生产的科德孝和派利教药剂的效能、主治范围、用法等。

05777
奎宁之药理及其代用品 裘景舟译著
第三战区军医学术研究会，1943.3，34页，32开
　　收藏单位：重庆馆

05778
拉德法英美日药物名汇 华鸿编　顾寿白校
上海：商务印书馆，1922.3，50页，横16开
上海：商务印书馆，1923，再版，50页，横16开
上海：商务印书馆，1927，5版，50页，横16开
上海：商务印书馆，1928.6，6版，50页，横16开
上海：商务印书馆，1931.5，7版，50页，横16开
上海：商务印书馆，1936.8，国难后3版，50页，横16开
[长沙]：商务印书馆，1940，国难后5版，50页，横16开
上海：商务印书馆，1947.5，7版，50页，横16开
　　本书以德国药制（即药典）所收药品为准，依拉丁字母为序列表，五种文字对照。
　　收藏单位：重庆馆、广东馆、广西馆、国家馆、河南馆、湖南馆、江西馆、天津馆、浙江馆

05779
连锁状、葡萄状球菌性疾患化学疗法剂"阿克疾白色"文献（第1集）（日）佐野次郎（日）天方卓郎等述
[大阪]：株式会社盐野义商店，[1940]，55页，22开
　　本书共9篇文章，内容包括：《水溶性sulfonamide剂"阿克疾白色"之临床的治验》（佐野次郎、天方卓郎述）、《小儿皮肤疾患之一疗法》（德古武夫述）、《肺脓疡之一疗法》

（竹内慎洽）等。
　　收藏单位：国家馆

05780
良药汇集 信谊药厂编
上海：信谊药厂，1942，增订5版，111页，36开
上海：信谊药厂，1944.9，7版，1册，36开
　　本书收信谊药厂出品的常用西药170余种。每药按：总说、主治、禁忌、用法及剂量、包装等方面作介绍。后附良药索引。
　　收藏单位：国家馆

05781
良药汇刊 先灵洋行编
[上海]：先灵洋行，[1911—1949]，[70]页，48开
　　本书介绍该厂生产的药品20余种。

05782
良药汇纂 礼和洋行编
上海：礼和洋行，1931，增订3版，172页，18开
上海：礼和洋行，1934.11，增订5版，181页，18开
　　本书介绍该洋行出售的各种药品。
　　收藏单位：重庆馆

05783
良药提要 天德大药厂编
上海：谦信洋行，[1911—1949]，17页，18开
上海：[谦信洋行]，[1911—1949]，2版，21页，18开
　　本书介绍该厂的药品。
　　收藏单位：广东馆、江西馆、山西馆、上海馆

05784
良药与毒药 江愈编
上海：商务印书馆，1932.11，53页，32开（医学小丛书）
上海：商务印书馆，1933，再版，53页，32开（医学小丛书）

上海：商务印书馆，1933.8，3版，53页，32
开（医学小丛书）

上海：商务印书馆，1934.8，4版，53页，32
开（医学小丛书）

上海：商务印书馆，1947.7，5版，53页，32
开（医学小丛书）

　　本书共8章：疾病是什么、药物的作用、
药物的应用、药物与个人的关系、药物适用
的方法、药物的分量、药品的种类与药剂的
形状、药物的分类及其作用。

　　收藏单位：安徽馆、广东馆、广西馆、贵
州馆、国家馆、湖南馆、吉林馆、江西馆、
辽宁馆、南大馆、南京馆、内蒙古馆、宁夏
馆、山西馆、首都馆、天津馆、浙江馆

05785

六〇六　汪企张著

上海：大东书局，1926.5，3版，33页，36开
（通俗医言 第1编）

　　本书共8章，内容包括：我做这本书的缘
故、六〇六的来历、六〇六的种类、六〇六
的功效等。

　　收藏单位：广西馆

05786

"茂尔丁"文献集（非特异性刺戟疗法）

大阪：株式会社盐野义商店，[1930—1939]，
142页，16开

　　本书共10篇，内容包括：基础篇、内科
篇、小儿科篇、外科篇、妇产人科篇等。

　　收藏单位：国家馆、上海馆、首都馆

05787

"茂尔丁"文献集（非特异性免疫元）　佐谷
有吉等述

大阪：株式会社盐野义商店，[1930—1939]，
34页，22开

　　本书内容包括：对于慢性湿疹之非特异性
免疫元疗法、非特异性免疫元等。

　　收藏单位：内蒙古馆、浙江馆

05788

美国来苏新药集

香港：铠兴有限公司，[1911—1949]，再版，
52页，32开

　　收藏单位：广东馆

05789

迷蒙药学之备忘录　朱旭东编译　中华护士
学会审订

外文题名：Notes on anaesthesia

上海：广协书局，1941.9，36页，22开

　　本书共5篇：迷蒙药之历史、总论、迷蒙
药、选择迷蒙药、位置。

　　收藏单位：广东馆、上海馆

05790

疟　天德大药厂编

上海：谦信洋行，[1911—1949]，15页，32开

　　本书以宣传广告形式介绍天德药厂出品
的"扑疟母星"之效能。

05791

疟论

上海：天德医疗新报社，[1927—1949]，53页，
32开

　　本书为拜耳药厂配制"扑疟母星"的广
告宣传品，介绍疟疾的成因及治疗。

05792

女性刺戟素人工合成之研究　黄鸣龙著

上海：中华药学杂志社，1940.7，[8]页，16
开

　　本书为《中华药学杂志》第2卷第3期
抽印本。

　　收藏单位：国家馆

05793

盘尼西林　（美）拉特克里夫（J. D. Ratcliff）
著　范存恒译

上海：商务印书馆，1947.6，131页，32开（新
中学文库）

上海：商务印书馆，1948，再版，131页，32
开

　　本书共14章，内容包括：黄色之魔、曙
光、红色素、不再是珍宝奇货、对细菌作战

之胜利、探照灯下之夜工等。

收藏单位：安徽馆、重庆馆、广东馆、广西馆、桂林馆、国家馆、黑龙江馆、湖南馆、江西馆、辽大馆、辽东学院馆、辽宁馆、南京馆、内蒙古馆、绍兴馆、首都馆、天津馆

05794

盘尼西林是什么　赵淇编
上海：中华书局，1938.2，42 页，32 开（中华文库 小学 第 1 集 高级 自然类）
　　收藏单位：国家馆

05795

汽巴新药汇刊　瑞士汽巴药厂编
上海：瑞士汽巴药厂，[1911—1949]，48 页，32 开
　　收藏单位：广东馆、南京馆

05796

青霉菌素　军医署编
重庆：军医署，1944.12，18 页，50 开
　　收藏单位：南京馆

05797

青霉素与链霉素及其他抗生素　张昌绍著
外文题名：Penicillin streptomycin and other antibiotic substances
现代医学社，1947.1，增订 3 版，121 页，25 开（现代医学丛刊 5）
[现代医学社]，1948.9，增订 4 版，151 页，25 开（现代医学丛刊 第 5 种）
　　本书介绍常用抗生素的药性和用途，共 5 章：概论、青霉素（配尼西林）、链霉素（斯瑞妥美辛）、其他抗生性物质、青霉素链霉素及其他抗生素之进展。
　　收藏单位：浙江馆

05798

青霉素之研究及其临床应用　连洁群编
杭州：新医同仁研究社，1948.2，102 页，25 开（新医临床丛刊）
杭州：新医同仁研究社，1949，102 页，25 开
　　本书共 7 章，内容包括：青霉素简史及其

最近生产情形、青霉素之化学及其性状、青霉素之生物检定、青霉素之制剂、青霉素之药理作用等。
　　收藏单位：重庆馆、国家馆

05799

青霉素之制造与应用（般尼西林性质，用途与制剂）　楼之岑编译
上海：中国科学图书仪器公司，1947.9，146 页，22 开
　　本书共 8 章，内容包括：青霉素之制造、青霉素之化学、青霉素之安定性、青霉素之药理等。
　　收藏单位：广西馆、国家馆、江西馆

05800

庆祝中华医学会第七届年会生化药刊　中国生化制药厂编
上海：中国生化制药厂，1947，52 页，32 开
　　收藏单位：南京馆

05801

祛痰镇咳新药"发多馨"临床的报告及批评小集
出版者不详，[1911—1949]，1 册，22 开
　　收藏单位：浙江馆

05802

人和良药集
外文题名：Pharmaceutical products
上海：人和化学制药厂，1946.11，1 册，32 开
　　本书为人和制药厂所产药物名称目录。
　　收藏单位：浙江馆

05803

人用狂犬病预防疫苗　中央防疫处编
北平：中央防疫处，1933.6，1 册，32 开
　　本书内容包括：狂犬病预防疫苗之应用、巴氏法制成狂犬病预防疫苗、用法等。
　　收藏单位：国家馆

05804

人与疾病的战争　雪尔佛曼著　张静译

上海：文摘出版社，1946.3，150页，32开（文摘小丛刊）

　　本书以故事形式介绍奎宁、阿斯匹林、维他命、荷尔蒙与吗啡的发明经过及临床使用效果。

　　收藏单位：重庆馆、广东馆、国家馆、湖南馆、上海馆、首都馆

05805

人造药　戴凯编

昆明：中华书局，1941.9，[216]页，32开（化学工业丛书7）

昆明：中华书局，1947.10，再版，[216]页，32开（化学工业丛书7）

　　本书共12章，内容包括：药物致效之学理、药物在身体内之化学变化、利尿药及溶除脲酸药、麻药及催眠药等。

　　收藏单位：广东馆、贵州馆、国家馆、江西馆、辽大馆、辽宁馆、内蒙古馆、上海馆、西南大学馆

05806

人造药　朱积煊著

上海：商务印书馆，1936.5，198页，32开（工学小丛书）

　　本书共10章，内容包括：麻醉药及全身麻药、局部麻药、解热与止痛药、防腐及消毒药、泻药、利尿药及脲酸之溶剂等。

　　收藏单位：重庆馆、广东馆、广西馆、贵州馆、国家馆、南京馆、上海馆、首都馆、浙江馆、中科图

05807

萨克生血清厂良药汇刊　萨克生血清厂编

[上海]：萨克生血清厂，[1911—1949]，205页，32开

　　本书共5章：血清、万克醒、蛋白体治疗剂、异应新生质诊断剂及治疗剂、生物学及化学制剂。

　　收藏单位：重庆馆、广东馆、国家馆、首都馆

05808

山之内新药抄集　（日）山之内药品商会编

东京：山之内药品商会，1941，10页，32开

　　收藏单位：广东馆

05809

伤风　黄胜白等著

上海：先灵洋行，[1911—1949]，16页，36开（先灵医疗丛书）

　　本书宣传伤风片治疗伤风感冒的效果。

05810

伤风论　天德大药厂编

上海：天德医疗新报社，[1937.3]，38页，25开（天德丛书）

　　本书宣传该厂生产的解热镇痛药和消炎药10余种。简述伤风、感冒及其他传染病的病因、病理、症状、治疗及药物的选择。

　　收藏单位：国家馆、首都馆

05811

伤寒混合疫苗　中央防疫处编

北京：中央防疫处，[1921]，1册，32开

　　收藏单位：国家馆

05812

生化良药目录　中国生物化学制造药厂编

上海：中国生物化学制造药厂，1948.7，[34]页，32开

05813

生活素　陈香贻编著

北京：北京书店，1928，116页，32开（珍农社丛书2）

　　本书讲述生活素（即维生素）的种类、性质、功用、提取方法及其在食物中的含量。共10章，内容包括：生活素发见之过程、生活素之种类及其性质、食品中之生活素、生活素之提取法、生活素之功用等。

　　收藏单位：重庆馆、国家馆、首都馆

05814

生物学疗法·最新哺乳法合编　上海美利洋

行编

上海：上海美利洋行，[1911—1949]，108 页，32 开

本书共两部分。《生物学疗法》内容包括：血清疗法、毒素与抗毒素、血清之预防作用、血清病等;《最新哺乳法》内容包括：人乳与爱斯美之化学的物质的分拆比较、何时应用爱斯美乳粉、哺乳表、早产婴儿与瘦弱小儿之哺乳法等。

05815

施贵宝各种良药　[广大华行编]

上海：[广大华行]，[1911—1949]，[100] 页，32 开

收藏单位：国家馆

05816

施贵宝良药大全　广大华行编译

上海：广大华行，1947.6，1 册，32 开，精装

上海：广大华行，1947.9，再版，434 页，32 开

本书介绍美国施贵宝药厂生产的各种药品。

收藏单位：广东馆、南京馆、绍兴馆

05817

实验西药菁华　美国医学会著　汪奎东译

上海：文明书局，1926.10，再版，[14]+272+17 页，32 开，精装

上海：文明书局，1928.11，3 版，1 册，32 开，精装

上海：文明书局，1930.12，4 版，[14]+272+17 页，32 开

上海：文明书局，1933.8，5 版，[14]+272+17 页，32 开，精装

本书根据美国医学会、化学药剂会等共同选出的有效药物目录编写。附中文药名索引。

收藏单位：安徽馆、国家馆、上海馆、绍兴馆

05818

蒨茨那仁（海葱精）　礼和洋行编

上海：礼和洋行，[1911—1949]，21 页，23 开

本书介绍强心利尿药蒨茨那仁（Scillaren）的效用。

05819

世界各国新药集（第 1 卷）　顾寿白编

上海：商务印书馆，1931.8，[475] 页，32 开，精装

上海：商务印书馆，1933.8，缩本初版，[475] 页，32 开，精装

[长沙]：商务印书馆，1939.8，缩本再版，[475] 页，32 开，精装

本书分本国、外国两篇。按英文药名首字母排序，介绍新药成分、性状、功效、适应症及应用。部分药注明配合禁忌、副作用、贮法、种类、处方等。附小儿药品用量、各国药厂名录、中西文药名索引。

收藏单位：安徽馆、广东馆、广西馆、贵州馆、桂林馆、国家馆、湖南馆、宁夏馆、上海馆、首都馆、西南大学馆、浙江馆

05820

世界医药之新发明　丁锡康编

上海：中华书局，1929.4，216 页，32 开，精装（常识丛书 35）

上海：中华书局，1933.4，再版，216 页，32 开（常识丛书 35）

上海：中华书局，1936.8，3 版，216 页，32 开（常识丛书 35）

本书介绍 26 种药物，内容包括：糖尿病新药因苏林（Insulin）、痢疾新药药特灵 105（Yatren 105）、结核病新药散拿克拉斯（Sanocrysin）等。介绍紫外线治疗法、神经系梅毒之疟疾疗法、输血法医疗发明等。

收藏单位：安徽馆、重庆馆、广东馆、广西馆、贵州馆、国家馆、湖南馆、江西馆、内蒙古馆、上海馆、首都馆、天津馆、浙江馆

05821

寿尔康实验说明书·内分泌浅说合集　上海柯尔登洋行编辑部编

上海：柯尔登洋行宣传部，1934.12，72页，50开

上海：柯尔登洋行宣传部，1935.11，再版，72页，50开

上海：柯尔登洋行宣传部，1937.5，3版，72页，50开

本书宣传西药寿尔康补丸的功效。内容包括：内分泌生理浅说、寿尔康小史、病理一夕谈、寿尔康服者征信录。

05822

酸化碸基赝碱

出版者不详，[1911—1949]，29页，23开

本书介绍阿米多药厂出品之酸化碸基赝砼、舍乃色林、舍纳托品等几种药品的效用。

05823

太华良药集　太华化学制药厂编

上海：太华化学制药厂，1949，[54]页，32开

05824

天德新药大全　天德大药厂编

[上海]：[天德大药厂]，[1940]，536页，18开，精装

收藏单位：广东馆、国家馆、黑龙江馆、湖南馆、内蒙古馆、上海馆、绍兴馆、西南大学馆、浙江馆

05825

天德新药大全续编　天德大药厂编

上海：天德大药厂，[1911—1949]，[12]+176页，18开，精装

本书为天德药厂商品广告集，介绍该厂生产的药品及医疗器械54种。每种商品均有介绍，分总论、功用、临床应用、注意事项等。

收藏单位：广东馆、国家馆、上海馆

05826

维生素新论　卢邵灏容编著

重庆：正中书局，1945.9，72页，32开

上海：正中书局，1947.3，[72]页，32开

本书共7章，内容包括：引言、维生素

C——抗坏血病、维生素 D——抗软骨病、维生素 E 及其他新维生素等。

收藏单位：重庆馆、广东馆、国家馆、湖南馆、南京馆、上海馆、西南大学馆、浙江馆

05827

维他命 A 之生物化学　陈朝玉著

[上海]：中国科学社，1933.2，[15]页，16开

本书内容包括：引言、维他命 A 发现之过程、维他命 A 之生理效应、维他命 A 之提取方法等。

收藏单位：国家馆

05828

维他命常识　吴蔚编

上海：中华书局，1948.2，82页，32开（中华文库 初中 第1集）

本书共11章，内容包括：维他命 A、维他命 B 错杂因子、维他命 C、维他命 D 等。

收藏单位：重庆馆、东北师大馆、广东馆、桂林馆、国家馆、黑龙江馆、江西馆、辽大馆、南京馆、内蒙古馆

05829

卫生格言　天德大药厂编

上海：天德大药厂，[1911—1949]，[10]页，36开

本书宣传该厂出品的“六〇六”“扑疟母星”等药品。

05830

卫生指南　五洲大药房编

上海：五洲大药房，1918.6，130页，32开

上海：五洲大药房，[1918]，4版，重订本，[80+12]页，32开

上海：五洲大药房，1932，18+96页，32开

上海：五洲大药房，1933，1册，32开

本书为药房的医药商品广告。附各种医疗器械样品照片100余张。

收藏单位：国家馆、南京馆、内蒙古馆、上海馆、首都馆

05831

西药宝库　郑希陶编著　屠坤华校

外文题名：Druggist's handbook

上海：贸易印刷公司，1920.10，1 册，36 开

本书共 8 章：西药纲目、实验西药谱、新西药谱、西药论说、药海锦囊、药林余谈、中国自制西药品、中国通销西药品。简介临床各科常用西药的成分、物理化学性质、配制方法、剂型、功效及服法等。

收藏单位：广东馆、国家馆

05832

西药常识　陈爽秋编著

上海：经纬书局，1936.12，116 页，50 开（经纬百科丛书）

[成都]：经纬书局，[1940—1945]，116 页，50 开（医学丛书）

本书共 5 章：总说、药剂的使用、药剂的性质和应用、滋养制剂、药物的禁避现象。

收藏单位：重庆馆、广东馆、国家馆、南京馆、上海馆

05833

西药辞典　李龙公编　汪于冈　赵质民校

上海：大众书局，1935.12，179 页，32 开，精装

上海：大众书局，1936.7，重版，179 页，32 开

上海：大众书局，1947.8，再版，179 页，32 开，精装

本书介绍药物形态、性状、功用、用量、制剂、禁忌等。共 17 类，内容包括：兴奋剂、麻醉剂、解热剂等。

收藏单位：广东馆、广西馆、贵州馆、国家馆、湖南馆、绍兴馆、首都馆

05834

西药概论　江清编译　马争存撰述

[上海]：中国博医会，1931.3，437+19 页，22 开，精装

本书汇编各种西药的中西文名称、作用及用途、剂量等。

收藏单位：广东馆、国家馆、辽宁馆、南

京馆、上海馆

05835

西药浅说　程瀚章著

上海：商务印书馆，1930.10，89 页，32 开（万有文库 第 1 集）（百科小丛书）

上海：商务印书馆，1931.10，89 页，32 开（百科小丛书）

上海：商务印书馆，1933.3，国难后 1 版，89 页，32 开（百科小丛书）

上海：商务印书馆，1934.6，国难后 2 版，89 页，32 开（百科小丛书）

上海：商务印书馆，1935.4，国难后 3 版，89 页，32 开（百科小丛书）

[长沙]：商务印书馆，1938，国难后 5 版，89 页，32 开（百科小丛书）

长沙：商务印书馆，1939.12，89 页，32 开（万有文库 第 1—2 集简编 百科小丛书）

上海：商务印书馆，1947.3，6 版，89 页，32 开（百科小丛书）

上海：商务印书馆，1948.6，7 版，89 页，32 开（百科小丛书）

本书共 8 章，内容包括：疾病和药效、西药的作用、西药的分类、西药作用的要约等。

收藏单位：安徽馆、重庆馆、大理馆、大连馆、大庆馆、东北师大馆、广东馆、广西馆、贵州馆、桂林馆、国家馆、黑龙江馆、湖南馆、江西馆、辽大馆、辽师大馆、南京馆、内蒙古馆、宁夏馆、上海馆、绍兴馆、首都馆、天津馆、西南大学馆、浙江馆

05836

西药实验谈　丁福保译述

上海：医学书局，1914.11，再版，435 页，22 开（丁氏医学丛书）

本书内容包括：序言、退热剂、下剂、利尿剂、祛痰剂、麻醉剂等。

收藏单位：浙江馆

05837

西药万应良方　汪洋编

上海：中西医院，1925.9，改正 3 版，86 页，32 开

收藏单位：广东馆

05838

西药问答　章诗宾编

上海：大华书局，1935.4，116页，32开（医学卫生问答丛书）

本书共5章：总论、对于一般细胞有作用的药物、对于一定脏器机能有作用的药物、对于一定疾病使用的药剂、滋养制剂。

收藏单位：贵州馆、国家馆、浙江馆

05839

西药择要　江清编译　马争存笔记　鲁德馨校

外文题名：Useful drugs

上海：中国博医会，1926.12，284页，25开，精装

上海：中华医学会，1933.10，再版，增订版，276页，25开，精装

本书精选美国常用药物900余种，列出作用、用途、剂量。附疗学索引及中西文对照名词索引。

收藏单位：国家馆

05840

西药指南　觉迷编　天虚我生鉴定

上海：家庭工业社，1934.8，5版，2册（312+334页），32开

本书共两册，介绍药名、别名、化学物理性状、功用、制法，并有附注。上册讲述无机类药品，内容包括：气类、液类、石类和金类；下册讲述有机类药物，内容包括：酒精类、酒类、油类、糖类、有机酸类、杂类等。

收藏单位：重庆馆、国家馆、内蒙古馆

05841

西药指南　觉迷编　天虚我生鉴定

交通图书馆，1918.8，2册，32开

收藏单位：首都馆

05842

仙桃万寿丁

出版者不详，[1911—1949]，22页，25开

收藏单位：广东馆

05843

先灵开尔邦良药汇刊　[先灵洋行编]

上海：先灵洋行，[1911—1949]，[289]页，32开

本书为德国先灵开尔邦制药厂产品广告。共40章，内容包括：阿卡奴、阿尔梯共、亚陀方等药物的优点、性状、功效、主治、用法及剂量和包装。

05844

先灵良药汇刊　[先灵洋行编]

上海：先灵洋行，[1911—1949]，[166]页，32开

本书宣传该药厂生产24种药品的性状、功用、主治及用法等。

收藏单位：内蒙古馆

05845

现代眼科药剂与处方汇（中英文对照）　姜殊文著

北平：京华印书馆，1932.12，127页，64开（殊文著述2）

05846

乡村诊疗常备药品录　内政部卫生署编

南京：全国经济委员会卫生实验处，1932.6，40页，8cm×12cm，精装

南京：全国经济委员会卫生实验处，1935.2，再版，40页，8cm×12cm，精装

收藏单位：国家馆

05847

心脏血管剂

出版者不详，[1911—1949]，36页，32开

本书介绍德国克努而药厂出品之心脏血管剂药品4种。

05848

新星大观（一名，大观园）　瞿世蕃著

上海：新星出版社，1936，再版，236页，32开

本书介绍上海新星西药行生产的各种药品及化妆品。

收藏单位：重庆馆、国家馆

05849

新药　唐廷仁编著

上海：正中书局，1948.4，19 页，32 开（儿童科学丛书）

上海：正中书局，1948.6，2 版，19 页，32 开（儿童科学丛书）

本书为一本关于药物知识的儿童读物。

收藏单位：重庆馆、贵州馆、国家馆、江西馆、浙江馆

05850

新药常识　周金黄著

重庆：黄河书局，1945.4，170 页，32 开（医学小丛书）

本书共 10 章，内容包括：新药与旧药、治病与致命的药、买药与用药、美容药与皮肤病等。

收藏单位：国家馆

05851

新药大成（1—3 集）　梁心编著

广州：广东光华医科大学出版部，1929—1932，3 册，23 开（广东光华医科大学丛书 1）（梁氏丛书 5）

本书每集按神经、循环、呼吸、消化、泌尿、生殖等 12 个人体系统分类，介绍各种西药的成分、效用、用法及注意事项等。

收藏单位：上海馆、西南大学馆、浙江馆

05852

新药大观

出版者不详，[1911—1949]，2 册，16 开

收藏单位：首都馆

05853

新药汇编　陈伟编

新化：西南医学书店，1942.9，118 页，64 开

本书为药品用法及用量的介绍。共分甲、乙、丙 3 部分：注射药类、其他、内服及外用药类。

收藏单位：重庆馆

05854

新药集（下集）　张崇熙编

杭州：宋经楼书店，1936.7，10+97 页，25 开（最新实用医学各科全书）

杭州：宋经楼书店，1944.6，4 版，10+97 页，25 开（最新实用医学各科全书）

本书介绍西药 200 余种，简介其生产厂家、成分、主治及用法。附中国各药厂出品各种注射新药。

收藏单位：国家馆、浙江馆

05855

新药临床实验录　先灵药厂编

[上海]：先灵药厂，[1926.1]，82 页，16 开

本书介绍先灵药厂出品的新药的功能及疗效。

收藏单位：上海馆

05856

新药摘要

大阪：株式会社盐野义商店，[1924]，208+16 页，22 开

本书封面题名：盐野新药摘要。

收藏单位：国家馆

05857

信谊长命牌各种良药汇集　华商信谊化学制药厂股份有限公司编

上海：华商信谊化学制药厂股份有限公司，[1933.9]，[219] 页，32 开

本书为宣传该药厂生产的各种长命牌药品。

收藏单位：重庆馆、湖南馆、江西馆、南京馆、首都馆

05858

袖珍新药摘要　盐野义制药株式会社编

[大阪]：盐野义制药株式会社，[1943—1949]，7 版，140 页，50 开，精装

本书封面题名：袖珍盐野新药摘要。

收藏单位：广东馆

05859

星牌良药集　新亚药厂编

上海：新亚药厂，1929.1，186 页，32 开

上海：新亚药厂，1935.10，12 版，198 页，32 开

上海：新亚药厂，1936.7，13 版，186 页，32 开

上海：新亚药厂，1937.4，14 版，202 页，32 开

上海：新亚药厂，1938.10，15 版，186 页，32 开

上海：新亚药厂，1939.10，16 版，186 页，32 开

上海：新亚药厂，1943.4，19 版，278 页，32 开

上海：新亚药厂，1946.4，20 版，[26]+292+10 页，32 开

　　本书介绍新亚药厂出品的各种药品的性状、成分、主治范围、用法等。书中题名：星牌特制药品类说明。

　　收藏单位：重庆馆、广东馆、国家馆、内蒙古馆、上海馆、绍兴馆、首都馆

05860

星牌临床袖珍良药集　新亚药厂编

上海：新亚化学制药股份有限公司，[1934]，354 页，50 开，精装

05861

袖珍本战时常用药品录　顾学裘编

重庆：华中图书杂志公司，1944.4，再版，185 页，50 开

　　本书共 4 章：战时常用药品录、度量衡、制剂释义、药方简字表。附著名处方。

　　收藏单位：重庆馆、国家馆

05862

袖珍武田新药鉴　武田长兵卫商店股份有限公司编辑

大阪：武田长兵卫商店股份有限公司，1935，233+21 页，50 开

大阪：武田长兵卫商店股份有限公司，1939.7，3 版，320 页，50 开

大阪：武田长兵卫商店股份有限公司，1942，4 版，362+41 页，50 开，精装

　　本书共 3 篇：武田牌新出品介绍、武田牌新药分类、武田牌新药处方汇编。

　　收藏单位：广东馆、黑龙江馆、湖南馆、南京馆、内蒙古馆

05863

血清疗法

上海：美狄根洋行，[1911—1949]，123 页，25 开

　　本书专论各种血清治疗法。书中题名：萨克生血清厂血清疗法。

　　收藏单位：首都馆

05864

血清万克醒生物药品及化学药品　德国特赉赐登萨克生血清厂编

[上海]：德国特赉赐登萨克生血清厂，[1911—1949]，28 页，23 开

　　本书是德国特赉赐登萨克生血清厂商品目录。

05865

亚力山丁"山德士"　山德士化学药厂编

上海：礼和洋行，[1911—1949]，24 页，23 开

　　本书为瑞士山德士化学药厂的药品广告。介绍大蒜提取物"亚力山丁"对急慢性肠炎、神经性腹泻等病症的疗效。

　　收藏单位：上海馆

05866

眼科用药水与软膏之研究初步　姜辛曼著

中华医学杂志社，[1931]，[17] 页，16 开

　　本书为《中华医学杂志》第 16 卷第 5 期抽印本。

　　收藏单位：国家馆

05867

药品名汇（七种语文对照）　谢家骏编著

上海：世界书局，1941.5，183 页，32 开

[上海]：世界书局，1944，再版，183 页，32
开

[上海]：世界书局，1949.4，4 版，183 页，32
开

　　收藏单位：重庆馆、广西馆、南京馆、宁
夏馆、上海馆

05868

药物便览　潘经编著

重庆：甲申药友社，1944.5，226 页，48 开，
精装

上海：甲申药友社，1947，3 版，226 页，横
48 开，精装

　　本书共 3 篇。第 1 篇"药物性状主治功
效及其用法"，以表格形式按拉丁名字母顺序
介绍临床常用药品的名称、性状、主治功效
及用法；第 2 篇"处方学摘要"，内容包括：
佐药、药剂用量、小儿药用量、处方应用拉
丁文略语注解等；第 3 篇"附表"，内容包括：
备药表、毒药表、剧药表、德日药典极量对
照表等。

　　收藏单位：重庆馆、南京馆、上海馆

05869

药物改良　徐炽生著

出版者不详，[1911—1949]，189 页，25 开

　　收藏单位：广东馆

05870

药物详要　（英）溥密澈（J. M. Bruce）著
（英）纪立生（T. Gillison）译

外文题名：Materia medica and therapeutics

上海：中国博医会，1928.5，再版，540 页，
16 开，精装

上海：中华医学会，1937.2，3 版，525 页，16
开，精装

　　本书内容包括：总论；无机药物；植物
药，动物药及综合制剂；疫苗及血清疗法。

　　收藏单位：东北师大馆、广西馆、国家
馆、南京馆、浙江馆

05871

药物要义　姚昶绪编著

外文题名：Essentials of pharmacology

上海：商务印书馆，1922.3，2 册（48+48 页），
32 开（医学小丛书）

上海：商务印书馆，1923，再版，2 册，32 开
（医学小丛书）

上海：商务印书馆，1925.2，3 版，2 册，32 开
（医学小丛书）

上海：商务印书馆，1929.10，138 页，32 开
（万有文库 第 1 集 532）（医学小丛书）

上海：商务印书馆，1931.2，5 版，2 册（48+
48 页），32 开（医学小丛书）

上海：商务印书馆，1932.11，国难后 1 版，
138 页，32 开（医学小丛书）

上海：商务印书馆，1933.9，国难后 2 版，138
页，32 开（医学小丛书）

上海：商务印书馆，1934.7，再版，2 册，32
开（万有文库 第 1 集 532）（医学小丛书）

上海：商务印书馆，1934，国难后 3 版，138
页，32 开（医学小丛书）

上海：商务印书馆，1937.3，国难后 5 版，
138 页，32 开（医学小丛书）

长沙：商务印书馆，1938，国难后 6 版，138
页，32 开（医学小丛书）

重庆：商务印书馆，1944.9，国难后蓉 1 版，
138 页，32 开（医学小丛书）

　　本书内容包括：解热剂、兴奋剂、通便
剂、利尿剂、催吐剂、发汗剂、驱痰剂等。

　　收藏单位：重庆馆、广东馆、广西馆、贵
州馆、桂林馆、国家馆、黑龙江馆、湖南馆、
江西馆、辽大馆、辽师大馆、南京馆、内蒙
古馆、宁夏馆、上海馆、首都馆、天津馆、
西南大学馆、浙江馆

05872

药用有机砒化物　张乃燕编著

北京：北京大学新知书社，1921.10，60 页，
22 开

　　本书为国立北京大学化学系三年级讲义。
共 3 章：绪论、脂肪族砒化物、芳香族砒化
物。封面为蔡元培题字。

　　收藏单位：国家馆、上海馆、首都馆

05873

医家必备药物辞典　董坚志编辑　崔俊夫校阅

上海：文业书局，1936.9，186 页，32 开

上海：文业书局，1937.5，再版，186 页，32 开

　　本书以药名首字笔画为序，介绍药物的气味、形色、功用、主治等。附药物用量标准。版权页题名：药物辞典。

　　收藏单位：国家馆、首都馆、天津馆

05874

医师日记　德国拜耳大药厂编

[上海]：德国拜耳大药厂，[1943]，235 页，50 开，精装

　　本书内容包括：分类用药表、分类药名录、血清药名录、各种重要药物之最高用量表、血液之形态与成分、常用处方略语表等。书中有德国拜耳大药厂总管理处及分公司的全球分布规模、产品经营等情况介绍及照片。

　　收藏单位：国家馆

05875

怡默克各种最新灵药血清　陈伦会编译

上海：怡丰公司，[1911—1949]，90 页，18 开

05876

怡默克各种最新要药　陈伦会编译

上海：怡丰公司，[1911—1949]，180 页，18 开

05877

英拉德中药名对照表　任爱幼编

上海：西南医学杂志社，1947.5，78 页，横 64 开

　　收藏单位：浙江馆

05878

应用药物词典　章巨膺编

章巨膺，1934.3，94 页，32 开

　　本书以药物名称笔画为序，介绍药物功用，每次最少至最多用量。

　　收藏单位：国家馆

05879

永生化学制药公司化学药品目录　永生化学制药股份有限公司编

天津：永生化学制药股份有限公司，1936.7，33 页，16 开

　　收藏单位：国家馆

05880

鹧鸪菜制剂"减疳宁"驱除蛔虫实验　朝鲜总督府医院第一内科著　三昌洋行新药部译

上海：三昌洋行，1926.2，20 页，23 开

05881

整编师标准药物应用分论讲义　联合勤务干部训练班编

联合勤务干部训练班，1947.6，59 页，32 开

　　收藏单位：国家馆、南京馆

05882

中外药名对照表　万钧编

上海：医学书局，1913.8，[72] 页，22 开（丁氏医学丛书）

上海：医学书局，1922.6，3 版，[72] 页，22 开，精装

上海：医学书局，1927.8，5 版，[72] 页，22 开

上海：医学书局，1928.12，[72] 页，22 开（丁氏医学丛书）

上海：医学书局，1932.1，再版，[72] 页，22 开

上海：医学书局，1935.7，再版，[72] 页，22 开

　　收藏单位：安徽馆、广西馆、国家馆、湖南馆、绍兴馆

05883

中西验方新编　陈继武编纂

上海：商务印书馆，1916.4，520 页，32 开，精装

上海：商务印书馆，1919.8，再版，520 页，32 开

上海：商务印书馆，1927.5，6 版，520 页，32 开，精装

上海：商务印书馆，1933.3，国难后 1 版，520 页，32 开

上海：商务印书馆，1935.5，国难后 2 版，520 页，32 开，精装

　　本书收集各类疾病的中西医验方。共 13 章，内容包括：消化器病、呼吸器病、循环器病、泌尿器病、生殖器病、皮肤病、神经器病等。

　　收藏单位：安徽馆、广东馆、湖南馆、辽宁馆、南京馆、山西馆、绍兴馆、首都馆、中科图

05884

中英良药集　中英大药房编

上海：中英大药房，[1933.9]，12+115+19 页，32 开

上海：中英大药房，1936，3 版，12+115+19 页，32 开

上海：中英大药房，1941.8，4 版，12+115+19 页，32 开

　　本书宣传介绍上海中英大药房的医药商品 300 余种。

　　收藏单位：国家馆、南京馆、上海馆

05885

注射治疗宝笺　海普制药厂编

上海：五定公司，1930，98 页，32 开

上海：[五定公司]，1934，再版，127 页，32 开

上海：[五定公司]，1934，3 版，144 页，32 开

　　本书宣传介绍海普制药厂生产的药品 60 余种。

　　收藏单位：重庆馆、广东馆、国家馆、河南馆、宁夏馆

05886

最新六零六一夕谈　潘继祖著

上海：千金山房，1918.11，84 页，32 开

　　本书内容包括：论梅毒之由来、论六零六之种类、论六零六之变化、论六零六之用量等。书中题名：六零六一夕谈。

　　收藏单位：南京馆

05887

最新西药辞典　吴茗编著

成都：景生化学社，1947.9，246 页，32 开

　　本书按照药物功能分类，收多种西药。共 17 类，内容包括：兴奋剂、麻醉剂、解热剂等。

　　收藏单位：重庆馆

05888

最新药物名汇　（日）室勉　（日）二村编

东北药专，1948.6，142 页，横 18 开（药学丛书 2）

　　本书以药物名称的拉丁字母顺序排列，并列出中、日、英三种文字名称，同时说明药物的主要成分、作用、用途及剂量。

　　收藏单位：国家馆、辽宁馆

05889

最要军用防护药品四十种　徐百汇编

杭州：浙江省立医药专科学校，[1936—1949]，14 页，18 开

　　本书选录军用防护药品共 40 种，并分别记述每种药品的化学式、性状、作用、使用剂量。

　　收藏单位：国家馆

毒物学（毒理学）

05890

毒及爆发　高铦编

上海：商务印书馆，1934.9，133 页，32 开（百科小丛书）

上海：商务印书馆，1935，再版，133 页，32 开（百科小丛书）

上海：商务印书馆，1937，3 版，133 页，32 开（百科小丛书）

　　本书介绍各种有毒物的毒性、危害、处理、各种解救方法。共 4 编：总论、非金属元素及其化合物、金属元素及其化合物、有机化合物。

　　收藏单位：北师大馆、重庆馆、东北师大

馆、广东馆、贵州馆、国家馆、湖南馆、辽宁馆、内蒙古馆、宁夏馆、天津馆、浙江馆

05891

毒剂问答　中华全国基督教协进会拒毒委员会编

上海：中华国民拒毒会，1925.9，再版，16页，32开

　　本书说明各种毒质麻醉药品的成分、性质及对人的毒害。内容包括：毒性麻醉剂、麻醉毒剂之效力、消除毒品法等。

　　收藏单位：国家馆、南京馆、上海馆

05892

毒理学　（英）伊博恩（B. E. Read）编著　李雨田译　鲁德馨校

外文题名：Manual of toxicology

上海：中国博医会，1932.2，[10]+153页，24开，精装

　　本书参考《本草纲目》《洗冤录》及西方的《毒理学》《法医学》等著作编写，介绍毒物品性、中毒症状、检验和急救方法。共15章，内容包括：毒理学之定义及法律、腐蚀性毒物、动物毒类等。

　　收藏单位：国家馆、浙江馆

05893

毒品问题与公共卫生　伍连德著

上海：中华国民拒毒会，[1924—1937]，16页，36开（拒毒小丛书）

　　本书论述鸦片、海洛因对公共卫生的影响。

　　收藏单位：安徽馆

05894

毒品之害（吗啡）　河北省教育厅绘

河北省教育厅，1931.12，4页，36开，环筒页装（通俗教育画丛刊6）

　　本书以图画形式宣传吗啡毒品对人的危害。

　　收藏单位：国家馆

05895

毒品之害（鸦片）　河北省教育厅绘

河北省教育厅，1931.12，8页，36开，环筒页装（通俗教育画丛刊5）

　　本书以图画形式宣传鸦片毒品对人的危害。

　　收藏单位：国家馆

05896

毒物　叶峤著

上海：商务印书馆，1927.8，82页，32开（百科小丛书144）

上海：商务印书馆，1930.4，66页，32开（万有文库 第1集534）（百科小丛书）

上海：商务印书馆，1933.4，国难后1版，66页，32开（百科小丛书）

上海：商务印书馆，1934.7，66页，32开（万有文库 第1集534）（百科小丛书）

上海：商务印书馆，1935.2，国难后2版，66页，32开（百科小丛书）

　　本书共4章：总论、无机类毒物、有机类毒物、毒物检查法。1927年8月初版时书名题为：毒物浅说。

　　收藏单位：安徽馆、重庆馆、大理馆、大连馆、大庆馆、东北师大馆、广东馆、广西馆、贵州馆、国家馆、河南馆、黑龙江馆、湖南馆、江西馆、辽大馆、辽师大馆、南京馆、内蒙古馆、宁夏馆、山东馆、上海馆、绍兴馆、天津馆、西南大学馆、浙江馆

05897

毒物分析化学　黄鸣驹编

上海：医药学杂识社，1932.7，464页，25开，精装

　　本书"各论"共4编：在酸性水溶液中与水蒸汽同挥发之毒物、不随水蒸汽挥发而能从酸性酒精中浸出毒物试验法、金属毒、其他不能列入以上三大类之毒物试验法。

　　收藏单位：安徽馆、广东馆、山西馆、天津馆、浙江馆

05898

毒物学　（美）F. P. Underhill 著　佘小宋译

外文题名：Toxicology or the effects of poisons

上海：商务印书馆，1936.8，314页，32开（医学丛书）

上海：商务印书馆，1937.2，再版，314页，32开

上海：商务印书馆，1940.11，3版，314页，32开（医学丛书）

上海：商务印书馆，1946，[再版]，314页，32开（医学丛书）

本书共6章：绪论、无机毒物、有毒之气体、金属性毒物、有毒生物碱类、各种有机毒物。

收藏单位：广东馆、广西馆、国家馆、湖南馆、山西馆、首都馆、天津馆、浙江馆

05899

基氏毒学 （英）Q. H. Qiffen 著 （英）齐德义（E. J. Stuckey）译

上海：美华书馆，1916，161页，25开，精装

本书内容包括：毒剂定义、毒药分类、中毒治法、病人病状等。

收藏单位：广东馆

05900

鸦片 顾学裘著

上海：商务印书馆，1936.11，110页，32开（医学小丛书）

本书共10节，内容包括：鸦片之史略、鸦片之种类、罂粟植物之形状及鸦片之制取法、鸦片或吗啡之中毒及其检验法、鸦片成瘾之原理及戒烟法等。

收藏单位：广东馆、国家馆、湖南馆、江西馆、辽大馆、南京馆、宁夏馆、山西馆、上海馆、天津馆、浙江馆

题名首字汉语拼音检索表

（按题名首字汉语拼音音序排列，对应页码为题名索引页码）

题名索引

（按题名首字汉语拼音音序排列，题名尾部五位数码即该书的顺序号）

biao

bing

bo

bu

C

cang

cao

cha

chan

chang

chao

che

G

gai

gan

gang

gao

H

ha

hai

jun

K

ka

kai

kan

L

la

lan

lao

le

lei

leng

li

lian

X

xi